吕绍纲文集

吕绍纲 著

吉林大学出版社

图书在版编目（CIP）数据

吕绍纲文集 / 吕绍纲著. -- 长春 : 吉林大学出版
社, 2017.1
ISBN 978-7-5677-8868-8

Ⅰ.①吕… Ⅱ.①吕… Ⅲ.①吕绍纲—文集 Ⅳ.
①C53

中国版本图书馆CIP数据核字(2017)第033663号

书　　名：吕绍纲文集
　　　　　LÜ SHAOGANG WENJI

作　　者：吕绍纲　著
策划编辑：邵宇彤
责任编辑：邵宇彤
责任校对：陈俊达　等
装帧设计：林　雪
出版发行：吉林大学出版社
社　　址：长春市朝阳区明德路501号
邮政编码：130021
发行电话：0431-89580028/29/21
网　　址：http://www.jlup.com.cn
电子邮箱：jlup@mail.jlu.edu.cn
印　　刷：吉林市海阔工贸有限公司
开　　本：16开　787毫米×1092毫米
印　　张：46.5
字　　数：988千字
版　　次：2017年1月第1版
印　　次：2017年1月第1次
书　　号：ISBN 978-7-5677-8868-8
定　　价：198.00元

目　录

继承与攀登（代前言）

我祖籍安徽旌德，1933年4月生于辽宁盖县。日伪时代在那里读小学。祖国光复后来到长春，先后在省立第二中学、长春师范学校、吉林师专中文系读书，1954年入吉林大学历史系学习。1958年毕业，分配到黑龙江省当中学教员。1979年3月调回吉林大学历史系任讲师，而后晋升副教授、教授，现任古籍研究所中国古代史专业博士生导师。社会兼职有：国际儒学联合会理事、中国孔子基金会副会长、东方国际易学研究院学术委员、中国先秦史学会理事、曲阜师范大学孔子文化学院兼职教授、韩国大邱东洋古典学术研究所顾问。

我研究中国先秦史，侧重在孔学、易学、《尚书》、儒学和经学。如今我的学术略有成就，初具模样，与两位前辈有关。一是我的祖父，一是我的恩师金景芳先生。祖父给我以始，金师助我以成。为节省文字，突出重点，以下仅记述孔学、易学、《尚书》三个方面。

一　关于孔学研究

我研究孔子，多少有一点家学渊源，从我祖父那里接受过熏陶。我的祖父是晚清奉天乡试举人，因为儒家思想浓重，给官不做，在家开书馆教学，穷愁清贫一辈子。我小时候曾从祖父在书馆里念过《论语》、《孟子》、《大学》、《中庸》。《易经》、《诗经》也涉猎一些。背书是主要的，篇义句义多不甚了了。但是耳提面命，耳濡目染，思想认识上不免受到影响。祖父常说的"巧言令色鲜矣仁"、"不义而富且贵，于我如浮云"两句话，我多少年不忘。当时我已知道孔子是个聪明、伟大的人，他讲的话是我们应该做到的。还知道孟子对孔子特别崇拜，说孔子是"圣之时者"，比伊尹、伯夷、柳下惠等人更高明，他"中心悦而诚服"。小时候留下的孔子的好印象，扎下心底，一辈子难以改变。"文革"期间把孔子说成最坏的人，说成万恶之源，丝毫不曾破坏我心中孔子的伟大形象。"批林批孔"时，我所在县的县委领导命我写一篇批孔的文章，我一拖再拖直至拖黄，因为我下不得笔。

我的恩师金景芳先生关于孔子的观点对我影响最大。20世纪50年代在吉林大学历史系读书时，曾从金师学《先秦思想史》，我心中朴素的孔子观与金师博大精深的孔学体系很容易接轨。1979年春我调回吉林大学，边教书边为金师做助手。从那时起至于今日，长期在金师的指导和影响下研究孔子，取得一些成果。我与金师合作（合作者还有吕文郁博士）写成《孔子新传》一书，还合作发表《从儒家文化的渊源说到现代文明》、《论〈中庸〉》、《关于孔子及其思想的评价问题》等有关孔子问题的三篇论文。我自己发表有关孔子问题的论文有《孔子不是有神论者》、《关于孔子思想的几个问题》、《论孔子"中"的哲学》、《论孔子的哲学体系》、《说孔老异同》、《孔子学说与21世纪》、《孔子的教育观与中国未来教育》、《孔子教学观浅议》等16篇。我的孔子观大体上有一个体系,其要点是这样的:

1. 孔子是无神论者。"孔子说:'天何言哉?四时行焉,百物生焉,天何言哉!'这一段话中所说的天,与《易传》中所表达的'天之道'的含义一致,指的都是自然之天。孔子认为人死后无知无鬼。孔子虽重祭祀,但并非相信鬼神,只是为了神道设教。孔子以后的荀子、王充是较孔子更为彻底的无神论者,然亦重祭祀。他们都出于政治上的考虑,而并不真信鬼神。孔子之所谓'天命',是指自然界和人类社会历史变化的客观规律。他所谓'命',是指人的寿命、运命而言。无论在形神关系上还是在天人关系上,孔子都不是有神论者"(《孔子不是有神论者》)。"孔子其实不是有神论者,他答学生问鬼神,不肯定也不否定就是证明。如果他心中相信鬼神,完全可以直言不讳。他支吾搪塞,说明他不信鬼神又不能挑破。挑破了鬼神便否定了祭祀,而祭祀是当时维持社会秩序所不可缺少的。孔子在鬼神问题上的这个秘密后来被荀子揭开(见《荀子·天论》)"。"本不相信鬼神,却又利用鬼神进行教化,这就是《周易》观卦彖传讲的'神道设教'。'神道设教'是历史的产物,它的产生自有它的历史必然性。不是某些思想家、政治家主观愿望决定的"(《关于孔子及其思想的评价问题》)。

关于孔子是无神论者的观点和神道设教问题,学术界有不少人不能接受。1993年6月我在台北辅仁大学主办的两岸中国哲学讨论会上发表题为《孔子的学说及其历史命运》的论文,里边言及孔子是无神论者。台湾大学的邬昆如、傅佩荣两位著名教授明确表示说孔子是无神论者他们难以理解和接受,他们认为孔子是有神论者是毋庸置疑的。

2. "中"的哲学构成孔子全部思想的基础和前提。"中是方法论的哲学,相当于古希腊哲人讲的辩证法。但是辩证法却不等于中。老子是辩证法大师,然而他不知道中为何物"。"有人说中就是孔子说的无过无不及。无过无不及当然是中,但是说中仅有无过无不及的意义,那就错了。人们讲中是无过无不及时往往忽略孔子的另一段话。孔子说:'我则异于是,无可无不可。'""那么哪个是中的含义呢?都是,缺一不可。就是说,中有两个层次的含义,一是无可无不可,二是无过无不及。二者各自成义,不可混淆,且有先后次序"。"前者说,在可与不可二者之间选定一个,选的前提是时。时可则可,时不可则不可。后者说,在选定可或不可之后,施行时把握适当的度,使无过无不及,恰到好处"。孔子有时用另一说法表达"无可无不可",《中庸》记孔子说:"执其两端,用其中于民。"这"执两用中"就是无可无不可之意。"《孟子·离娄上》'男女授受不亲,礼也;嫂溺援之以手,权也'的比喻,最得'执两用中'之真谛。'男女授受不亲'与'嫂溺援之以手',这是两端;施行起来只能取其一端,或前者或后者依时而定,这是用中。取两者中间,所谓不偏不倚,是办不到的"(《论孔子的哲学体系》)。

中的哲学"促使孔子对客观世界和人类自身表现出全面的关注和旺盛的热情。他从人类社会虑及天道自然，又从天道自然回顾人类社会，最后把思维的重心落实在人上。他相信人和天道自然本来存在着一致性，主张人遵循天道自然，努力展现自己，创造自己，保持质的一面又开拓文的一面，力争达到文质彬彬的效果。他重视自然，更重视人为，归根结底是个现实主义者。他关心的事情特多，历史、现实和未来都在他的视野之内，人伦、道德、政治、经济、法律、教育、军事、音乐等等凡属人事一一涉及。孔子之所以如此，与他始终贯彻着执两用中的方法论不无关系。相比之下，老子的情形大不同。老子哲学走着一条极端的路，绝对排斥中道。他虽然和孔子一样相信天与人本是合一的，但是主张人回归自然，让人消弭早已产生的自觉意识，重新成为自然的一部分。所以他尚质朴而轻人为，乃至宣布一切人文的东西都是本不该产生，产生了亦应消除的赘疣。哲学上的不切实际，缺乏责任感，反倒造成他身后的轻松。当人们精神上需要超脱的时候，自然想到他的清静无为，而有时追究历史失误却总是忘掉他。他对历史似乎不负有责任，因为他的哲学把道和自然推得最高，而关于积极意义上的现实人生问题几乎什么也未曾说"（同上）。

3. 孔子的仁义礼三者是不可分割的统一体。"在孔子那里，仁义礼三者是一个人生论的体系，不是各自单独立义的"。"当他讲到仁的时候，义与礼也在内了；当他讲到礼的时候，仁与义必也在其中"。"说孔子思想的核心是仁义也可以，但我以为说是仁义礼三者的统一更为妥当"。"说礼是孔子思想的核心，那就距离实际更远。仁义是本，是内容；礼是末，是形式。离开本的末，抽出内容的形式，是不存在的。孔子绝不可能丢掉仁义而空言礼。言礼的不是孔子一人，言仁义的也不是孔子一人，孔子的过人之处是他把仁义礼三者作为一个整体考察，看到了人的本质，并据以给人们指出一条仁义礼三位一体的修养目标和途径"。"孔子用仁义礼三者界定人的本质，仁义是人的本质内容即两种社会关系的总和，礼是人的本质内容的表现形式。仁义的内容和礼的形式的统一，就是人"。"仁义礼三者也是孔子提出的道德规范。依孔子的要求做去，人将求得主体与客体的和谐统一，并且在血缘关系与政治关系制约的此岸世界中争得最大限度的自由，从而做一个完美的人。这完美的人是具体的，现实的，他有明确的独立人格，其志不可辱不可夺。他这独立人格的本质特征是：讲修养，对己不对人；讲利益，为人不为己"（《关于孔子思想的几个问题》）。

4. 孔子的道与宋儒不同。《论语》言道颇多，都存在于各类事物之中，不是超然物外的抽象物。《系辞传》"一阴一阳之谓道"，"形而上谓之道，形而下谓之器"，这是孔子给道下的定义。"孔子言道，至'一阴一阳之谓道'为止，往上不再说。这个道不具有宇宙本体论的意义。《易传》中具有宇宙本体论意义的范畴是太极，不是道。太极与道不同。老子的道包括两个层次，就是说，老子其实有两个道。一个道是具体的，含在万事万物之中，与孔子的道相当。一个道是抽象的，超越万事万物之外而与时空无涉，它具有宇宙本体的意义"。朱熹说："统体是一太极，然又一物各一太极。""把道视同太极，以为二物乃一物。这与孔子及其《易传》是不同的。朱熹虽承认道只有一个，但是他强调'理一分殊'，理既在万物之外，又分散在万物之中。不说道有两个，实际也等于承认道有两个。这与孔子及其《易传》更是不同，而与老子如出一辙"（《说老孔异同》）。

5. 孔子的天人合一观与老子不同。"孔子天人合一的观点，天即自然而然，指天地，且到天地为止，不再上推，主张人的行为要效天法地，顺天应人。老子的天人合一观点则有不同的主张，老子的'自然'概念在天地之上，与道等同，其含义是自动自足，自然而然，无为而无不为。老子所说'人法地，地法天，天法道，道法自然'，'弱者道之用'，'道常无为而无不为'，就是这个意思。老子讲法自然，这个法字值得体味。法是效法，孔子讲效法，是效法天地，不言效法自然。老子讲效法，是效法道，效法自然，不讲效法天地。老子的道和自然具有清静无为柔弱质朴的品格。孔子效法的天地则是生动活泼，自强不息的。所以孔子主张学习，通过感官认识世界，以为达到精义入神、穷神知化的程度为最好，与老子迥然不同。老子号召超越天地，直接效法道，效法自然，以达到两种效果，一是人要像道像自然那般无为和柔弱；二是整个社会都要抱朴返真，绝圣弃智，回到结绳以治，小国寡民的原始状态，以为重新成为大自然的一部分为最好。因此老子否定学习和感知的意义，主张'致虚极，守静笃'，通过直觉直接体悟道与自然，走着一条'为道日损'的道路。与孔子的'为道日益'不同"（《说老孔异同》）。

6. 孔子的历史观虽不是科学的，但是很正确。孔子不可能具有只有资本主义社会化大生产时代才能产生的历史唯物主义观点，却并不妨碍他对历史问题产生某些正确的认识。孔子说："殷因于夏礼，所损益可知也。周因于殷礼，所损益可知也。其或继周者，虽百世可知也"。又说："周监于二代，郁郁乎文哉，吾从周。"这两段话有深刻的理论意义。孔子"认定历史是连续有序发展的，因而是可知的。就是说，历史有继承性，不能割断。后代对前代势必要因要损要益。因损益与今日常语说的批判继承实无根本的不同"。"三代相比，夏商为古，周为今。周在后，后来者居上，最盛最好。孔子宣称他从今不从古，当然是正确的。过去曾有人据此指责孔子复古倒退，是不妥当的"（《关于孔子及其思想的评价问题》）。

7. 用对比方法评价孔子及其哲学。"老子热衷于自然而对一切人文文化持极端冷漠的态度，号召人们以柔弱退缩求生存。这种消极的哲学精神作为人们精神生活的补充部分，的确曾经多次引起士人和政治家们的浓厚兴趣，但是毕竟未能成为中国传统文化的主流。孔子哲学则以全部的热情投入到人类自身上来，因此人生论成为它的重心，从而道德哲学、政治哲学成为它关注的焦点，它的积极的哲学精神使之构成中国传统文化的主干"。"但是，当人们把孔子哲学同与他同时代的希腊哲学家赫拉克里特相比较时，往往会以为赫氏哲学中形上学居第一位，道德的部分是次要的。孔子似乎全神贯注于道德和政治方面的说教，不涉及形而上学问题。因此不仅外国人，连中国人自己也不大情愿承认孔子是哲学家。其实这是误解。赫氏并非不讲道德和政治，孔子也并非不言形上学。就各在自己民族哲学与全部文化发展中的地位来说，哲学家孔子比哲学家赫拉克里特更伟大更深刻。孟子对孔子哲学及其历史意义最为了解，他敏锐地看到了孔子是集大成者，孔子哲学是金声而玉振，始条理终条理，是智之事、圣之事。智之事、圣之事就是形上学之事。所谓集大成，正是孔子哲学独具的特点。《中庸》说'仲尼祖述尧舜，宪章文武，上律天时，下袭水土'，孔子自谓'述而不作'，并与集大成同意，都说明孔子哲学渊源有自，不是忽然独创。说孔子哲学是中国古代早期哲学的结晶和代表，实不为过"（《论孔子的哲学体系》）。

二　关于易学研究

　　我的恩师金景芳先生是海内外闻名的易学大家，我自1979年春以来一直跟金师学易，于易学用功最多。少小时曾在易学方面受过祖父熏染。祖父通易，而且也是义理派，不务术数，反对算卦。只是我年纪太小，理会不了。今从金师学易，我已是中年，进展相当快。80年代初期，金师先后给硕士生、博士生、进修生讲5次《周易》，我5次都听。金师平时单独向我授易的机会更多，有问必答，可谓诲我不倦。1986年金师给研讨班讲易，我据记录整理成《周易讲座》一书。金师出《学易四种》，作序不请名家，一定叫我作，金师对我之看重，可见一斑。以后写《周易全解》，金师竟邀我合作。金师指导，润色，审定，由我执笔苦干一年完成。书成，金师至为满意，于序中褒奖有加。我敢说，金师的易学观点，我已吃深吃透；金师的易学体系已为我所理解、融会、继承。同时我有自己的开拓和发展。1990年我出了一本易学专著《周易阐微》，随后主编了一部《周易辞典》。金师审读过《周易阐微》，评价甚高。金师在一封信中说："《周易阐微》一书，我读了以后觉得全书都写得很好。其中一二三和七八九六章是在《全解》之基础上又做了深入的、系统的阐发。四五六三章则自出新意，尤为难得。我看这本书不但写得好，对当前的易学研究已起到实际效果。即一方面它对真正要学易的，能起到普及作用，另方面对滔滔者则是一个有力的批判。我估计这书可以传世"。后面又强调了一句："'人生论'一章写得特别好"。金师的鼓励增强了我的自信。我还发表了一些易学论文，其中比较重要的有：《周易乾坤二卦浅议》、《〈易大传〉与〈老子〉是两个根本不同的思想体系》、《〈周易〉热与传统思想文化》、《〈系辞传〉属儒不属道》、《略说卦变》、《咸恒渐归妹四卦浅解》、《儒学与〈易经〉研究之今后发展》、《周易的哲学精神》、《〈周易辞典〉前言》、《胡煦易学平议》。

　　总的说来，我的易学体系承自金师，但是我有我的特点。兹将我有所开拓有所发展之处，撮其要者记述几点。

　　1. 1990年前后学术界有人提出新见解，说《易传》是受道家思想影响的战国人作品，甚至干脆说《易传》就是道家著作。我不同意。我认为《易传》与道家《老子》属于两个根本不同的思想体系。我的根据是："《易传》的天道观与《老子》根本对立。《易传》的最高范畴是太极，太极是物质性实体。《老子》在太极之前加上一个道。道是老子虚构出的超物质的规律，也是观念性实体。《老子》提出'弱者道之用'的命题，强调守柔抱一，主张自然无为，使它的辩证思维实际上半途而废。而《易传》

'一阴一阳之谓道'的命题和'知柔知刚'、'变通趋时'的特点把它对世界的辩证认识推向较高的程度。在辩证法这两个体系最容易接近的领域里,《易传》与《老子》却相去甚远。只有在不承认上帝鬼神的存在上它们是共同的,然而由于《易传》主张'神道设教',它们又远远分开。说到思想渊源,《老子》受殷易《坤乾》的影响分明较深,而《易传》与《坤乾》有着截然不同的思想内涵,它的思想理所当然地来自《周易》古经,又与孔子及其儒家学派一致。我们的结论只能是:《易传》与《老子》是两个不同的思想体系,《易传》的思想骨干得自孔子及儒家,而与《老子》无关。《老子》思想可以上溯至殷易《坤乾》,它绝不可能是《易经》与《易传》发展的中介"(《〈易大传〉与〈老子〉是两个根本不同的思想体系》)。

2. 近两年又有人不从思想体系着眼,抓住《系辞传》的某些词句与道家相似,便说《系辞传》是道家作品。我从四方面反驳这一似是而非的观点;一、《系辞传》的道不是道家的道。二、《系辞传》的太极(或太恒)不是道。三、《系辞传》的"天尊地卑,乾坤定矣",不是道家思想。四、《系辞传》讲仁义礼知,讲文明进步,讲知柔知刚,并是儒家本色,与道家绝不相谋(《〈系辞传〉属儒不属道》)。

3. 《周易》的思维方式问题,近年学术界多有讨论,意见颇多分歧。我认为"《周易》思维的独特之处在于它所用不是语言符号。八卦、六十四卦、三百八十四爻不表示音节、字义、概念,不是语言。用非语言符号组成一个完整圆融的系统,把具体世界和价值世界囊括无遗,除《周易》这个哲学体系之外,找不出第二个"。孔子把《周易》的非语言符号称作象。"它不是具体的形象、影象、画象,它是由具体达于抽象的象,是超越语言和任何具象的象。它具有普遍意义,能反映具体世界和价值世界的各类关系以及形上之道"。"《周易》这种思维方式极其特别,它归入任何一类思维方式都不合适。艺术创造如文学、绘画、音乐、雕塑等等的思维是形象思维,即借助具体、个别的形象表现一定的思想或美感经验。《周易》的象是抽象的、普遍的,当然不属于这一类。理论作品如古今中外众多的哲学、经济学、政治学、教育学等著作的思维是抽象思维,即借助语言符号通过概念、命题、推理等逻辑手段表现思想,《周易》不使用语言文字符号和概念、命题、推理的办法表达思想,故也不属于这一类。还有一种实质是直觉思维的所谓灵感思维,《周易》的思维与这种思维尤其不相干。《周易》的思维是特殊的抽象思维,即非语言符号的浑沦思维"(《周易的哲学精神》)。

4. 《周易》的重点在人生论。"《周易》由天道说起,而其终极关怀在人间。《周易》的自然哲学毕竟落实在人文精神上,所以《周易》讲伦理讲道德。《周易》最令人折服的一点是它把人立于顶天立地的地位。人在《周易》中是主体也是客体。首先是主体。人是主体,且人本身就是目的。人为了完善自己才须修养,修养不是为了任何别的目的。孔子讲'古之学者为己'是也。这是《周易》人文精神之根本处"(《周易的哲学精神》)。

5. 《周易》将自然哲学与道德哲学统一起来的原理是这样的:"《周易》的天道地道皆有道德价值,都是善的。人间修养的最高目标就是仿效这个善,成就这个善。

故有'天行健,君子以自强不息','地势坤,君子以厚德载物'之说"。"《周易》首先把具体世界的条理性、秩序性揭示给人看,然后告诉人们人间行为相互关系亦当如此。事实不如此,那么人就须从自身做起,调整之,克服之。就是'进德修业','学以聚之,问以辩之,宽以居之,仁以行之','敬以直内,义以方外',功夫全在践履上。这与古希腊、近代西方根本不同,与中国道家大为不同,与后世儒家有所不同"(《周易的哲学精神》)。

6. 我一直在怀疑卦变说,受清康熙年间胡煦《周易函书》的启发,我得出以下结论:一、《周易》只讲卦之生成,不讲卦变。卦变是汉人宋人发明创造的。二、卦变是汉人所创众多易例中的一种,不能说互体、反对、旁通、升降等也是卦变。三、卦变说建立在对《象传》上下往来内外终始八字错误理解的基础之上,其要害是认为六十四卦生成之后卦体继续变动,继续相互生成,故卦变说是一个混乱的、错误的生成论体系。四、苏轼、程颐、李惇未能从根本上批倒卦变说。在理论上彻底批倒卦变说的是清初胡煦的《周易函书》。胡氏发前人所未发,用"体卦主爻"说解释《象传》上下往来内外终始八字,至为正确。可惜书入四库,知者不多,影响不大(《略说卦变》)。

三 关于《尚书》研究

近些年金师与我把研究重点转入《尚书》,正在合作撰写四卷本的《尚书新解》。今第一卷《虞夏书新解》业已完成,辽宁古籍出版社已于今年4月出版。另在杂志上发表《〈汤誓〉新解》、《〈甘誓〉浅说》、《〈尧典〉新解》、《〈皋陶谟〉新解》、《〈禹贡新解〉前言》、《〈盘庚〉新解》等6篇单篇文字。我自己发表《〈吕刑〉约解》、《说〈禹贡〉碣石》两篇单篇文字。我们研究的办法是:金师指导,共同讨论,由我执笔,金师审定;对古人近人今人的观点进行尽可能全面的分析研究,正确者取之,错误者弃之,歧异者折中之,大大小小问题一一提出我们自己的见解。难以遽下结论的则存疑。我们在《尚书》研究方面已存在一个与别人不同的体系。因篇幅有限,这里只作为举例记述几点。

1. 司马迁说《尚书》是孔子论次(即编定)的。孔子编定的《尚书》本子可能就是汉初伏生口授的今文29篇。鲁共王坏孔子宅所得《尚书》古文本子当是未经孔子论次的另一种本子,其中有29篇与孔子编定的本子相同,另有16篇是孔子所不取的。因此,今文29篇之写定成篇必在孔子之前,大多在周平王东迁后不久。

2. 孔子编定《尚书》以《尧典》为第一篇,尧以前不取,非出偶然,必有深意。第一,《尧典》的材料确凿可信。第二,尧这个人物和他的事迹具有划时代的意义。华夏族的血缘之根在黄帝,中国人传统思想文化的源头却在尧。尧的事迹主要保存在《尧典》里,《尧典》是中国远古历史的重要史料。

3. 疑古派学者断言《尧典》是战国儒家精工编造而成,"非先秦之旧",甚至说"其编定成书当在秦并六国之后",是不能成立的。《尧典》所记"十有二州"、"同律度量衡"、"五载一巡守"诸事,必是尧时史实之反映,载入简策流传下来,绝非到秦并六国之后由某人照抄秦制而成。《尧典》之写定成篇当出于周平王东迁之后不久某熟悉官方档案的大家之手。

4. 《皋陶谟》的"九德"反映人的性格、心理以及行为能力方面的特点,尚不具有后世仁义礼知信忠孝等道德范畴的意义。"宽而栗"、"强而义"的句式,反映一种过犹不及的思想,与孔子表述的中庸之道一致。"九德"与《尧典》之"直而温,宽而柔,刚而无虐,简而无傲"似有渊源关系。《洪范》之三德正直、刚克、柔克正是《皋陶谟》"九德"之概括。《吕刑》亦有三德之说。这说明《尚书》各篇是贯通的,也证明《皋陶谟》"九德"的早期性和真实性。

5. 《禹贡》不可能叙结成篇于虞夏之时,更不会是禹本人手定。最可能的情况是,虞夏之时记录留下了禹别九州,任土作贡的史料,传至后世,到了周平王东迁之后,即春秋初期,经过一位大学者加工润色而写定成篇。今之学者有人断定《禹贡》是战国作品,我们不敢苟同。

6. 《禹贡》之"九州",纯粹是地理概念,根本不具有行政区划的性质。当时不是国中有州,而是州中有国。有人说"九州"之说出于战国时代,故断言《禹贡》之作不会早于战国。这一说法不能成立。"九州"作为自然条件分区,必是禹时的事实。若说"九州"是行政区划,则战国时代也不存在。战国七雄割据,全中国范围内不存在一个中央政权,怎可能有"九州"之划分。战国之九州说是从禹时流传下来的。

7. 《禹贡》碣石,谭其骧70年代作《碣石考》,正确地指出即今河北昌黎县北偏西10里之碣石山。但是谭先生同时确认此碣石山亦即后世秦皇、汉武、魏武登临的碣石。80年代辽宁、河北两省考古工作者分别在绥中和秦皇岛、北戴河发现秦皇、汉武留下的建筑遗址,且在相应的海滨水中发现碣然特立的碣石。辽宁人说碣石就在山海关外之绥中,河北人说碣石就在秦皇岛、北戴河。我们认为三种说法都不错,谭其骧说碣石是昌黎县之碣石山,是《禹贡》碣石。绥中、秦皇岛、北戴河之碣石是秦皇、汉武、魏武登临过的碣石。两者不必是一回事。

8. 自汉迄今讲《盘庚》者都说民不愿意迁移,盘庚强制他们迁于殷,因而把《盘庚》篇根本讲错,其原因是他们对篇首"盘庚迁于殷,民不适有居"两句理解有误。其实"盘庚迁于殷"当是篇题,不是正文首句。首句是"民不适有居",此适字应训悦训乐,不当训往。民不喜欢现在的居处,希望迁走。这样理解,全篇皆顺。

以上记述了孔学、易学、《尚书》三大块。余如经学、儒学及史学其他方面的情况,姑且从略。

最后照抄金师《学术自传》的一段话作为结束:"吕绍纲同志最能理解和阐释我的学术观点,我认为他最有条件在学术上接我的班,做我的学术传人。我的治学方法他已基本掌握,我的学术观点他能够正确理解,准确阐述,而且能够补充、发展。现在他在我最熟悉的史学、经学、孔学诸领域已有自己相当可观的成果。"

(原载《我的学术思想》,吉林大学出版社1996年)

生产力与生产关系的矛盾是社会历史发展的根本动力

最近一年来，我国史学界热烈地讨论社会历史发展动力的问题。什么是社会历史发展的动力呢? 这个问题，据我们看，马克思主义早已解决。今天所以有必要提出这个问题，在于过去一个时期内，思想上和政治上片面地强调阶级斗争，把阶级斗争看作是社会历史发展的唯一动力，因而一个紧接着一个无休止地搞政治运动。其结果，不但社会主义建设不能正常进行，而且使整个社会长期陷入灾难性的动乱之中。这个教训太惨痛了。今天，在政治上已经拨乱反正，适时地强调安定团结，而在思想理论上，人们还有不少糊涂观念，亟需通过社会历史发展动力的讨论，加以澄清。

这次讨论是由戒笙同志的一篇文章引起的。戒笙的文章提出，[1]农民战争不是中国封建社会的唯一动力，阶级斗争也不是阶级社会发展的唯一动力。文章认为，人类社会历史发展的动力是生产力与生产关系的矛盾，它因时而异，有不同的表现形式。有时表现为用阶级斗争去改变旧的落后的生产关系以解放生产力; 有时表现为用武装斗争去摧毁保护旧的落后的生产关系的上层建筑为生产力的发展创造条件; 有时表现为国家权力保护先进的生产关系以促进生产力的发展; 有时表现为劳动人民用生产斗争和科学实验去发展生产力。

我们认为，戒笙同志的看法很有价值。尽管关于四个“有时”的概括和把“生产斗争”做为一种动力的提法，尚有待于进一步推敲，但是他的基本观点以及思考问题的方法是正确的，是符合马克思主义的。不管人们怎么看，这些意见对于被“四人帮”搞乱了的史学研究领域，无疑会起到拨乱反正的作用。问题是我们长期以来已习惯于搞绝对化，认定什么东西重要，那就是绝对的重要，别的什么都不重要。在林彪、“四人帮”横行时期，阶级斗争被吹成万能的药方，成了现实生活一切领域的永恒的主宰。在它面前，一切一切都成为多余的，都要回避。这种情况不可避免地也影响到史学研究领域。阶级斗争、农民战争的作用被夸大到荒谬的地步，其他历史因素都置于不顾。甚至经济的发展也成了阶级斗争、农民战争的附属物。遇到发展，就是阶级斗争、农民战争的推动; 遇到发展缓慢，就是统治阶级压迫和剥削的结果。纷纭繁复的历史过程变成了比简单的数学公式还简单的公式。问题的严重性还在于，直至今日有人仍然坚持认为这才是马克思主义。谁一提出阶级斗争、农民战争不是历史发展的唯一动力，除阶级斗争、农民战争以外，还要考虑别的，就被认为是贬低阶级斗争、农民战争的作用，离开了马克思主义。一些同志感到戒笙的观点不好接受，其原因即在于此。

马克思主义真的认为阶级斗争是历史发展的唯一动力吗？不是的。我们知道，马克思、恩格斯、列宁谁都没有专门论述过历史发展动力问题，谈到一些也是在论述别的问题时涉及到的。因此，每一次都不可能谈到动力问题的一切方面。尤其应当注意的，是他们的著作不是学术论文，而是针对现实生活所提出的问题，很多是为了同敌人论战而写。马克思、恩格斯处于无产阶级革命兴起的时代。列宁所面临的问题，是如何取得无产阶级革命的胜利。他们根据现实斗争的需要，突出强调阶级斗争、社会革命的伟大作用，是必要的。我们要从他们的著作的总的联系中去把握马克思主义的思想实质，理解它的完整的思想体系，而不要热衷于某些个别词句。只要我们全面地研究他们的思想，便不难发现，阶级斗争唯一动力说并不是马克思主义的原义。

从历史实践来看，30年的现实和数千年的历史已经无情地证明：人类社会的发展，既需要急剧的革命变革，也需要和平与稳定。革命固然是"助产婆"，但"助产婆"对于婴儿的孕育和出生后的成长，毕竟无能为力。戎笙同志的文章，从历史实际出发，提出阶级斗争、农民战争能够为生产力的发展开辟道路，提供可能性，但要使生产力的发展由可能变为现实，尚需有别的因素起作用，我们认为，他抓住了问题的关键所在。我们见到的所有力主阶级斗争、农民战争唯一动力说的文章，迄今尚无一篇能够在这一点上拿出令人信服的论据来驳倒戎笙。

《光明日报》1979年12月18日，发表了一篇题为《农民战争是推动中国封建社会历史发展的动力》的文章，在坚持农民战争唯一动力说方面，可以说是代表作。但是即便是它，也没有解决戎文提出的问题。文章认为，战国秦汉时期奴隶制残余的消灭，魏晋隋唐时期农奴制为租佃制取代，均田制的衰落等等，都是农民战争打击的结果。宋元明清时期，宋如果不是被蒙元所灭，而是被农民战争推翻，中国的资本主义萌芽可能会早于西欧诸国。想要以此证明农民战争是中国封建社会发展的唯一动力。但这是有问题的。首先，奴隶制残余的消灭、租佃制的兴起、均田制的衰落，每一个都是长达数百年之久的历史过程，造成这个过程的有多种因素，其中起决定作用的，是经济因素自身。一种生产关系当它尚未发展到熟透的程度时，任何力量也不能使它消灭。如果单靠农民战争能够变革生产关系，那么为什么大小数百次农民起义、农民战争，有的甚至明确提出过"均贫富"、"等贵贱"、"均田免粮"、"有田同耕"的口号，竟终于未能消灭封建土地所有制呢？

其次，资本主义萌芽出现的早晚，尤其同农民战争扯不上。西欧资本主义萌芽出现早，而且发展成为典型的资本主义生产方式，可是那里极少发生农民战争。我国在元朝以后有朱元璋、李自成领导的两次大规模农民战争，而资本主义萌芽却始终是萌芽。这是为什么呢？原因很明显，资本主义生产方式的产生，必须有一个小生产者被剥夺而成为一无所有的雇佣劳动者的过程。为什么欧洲出现了这一过程，而中国没出现这一过程，这要从两者社会经济结构的不同上去探究其根源，从农民战争上找不到答案。

文章还提出"两个根本动力"说，说除生产力与生产关系矛盾这个根本动力外，阶级社会里还有另一个根本动力，即阶级斗争。目的还是想证明阶级斗争是唯一动力。这在理论上是很值得商榷的。什么是"根本动力"？按照马克思主义，根本动力是在历史过程中归根到底起决定性作用的那个因素，即终极原因。它只有一个，没有两个。恩格斯说："经济条件归根到底还是具有决定意义的，它构成一条贯穿于全部发展进程并唯一能使我们理解这个发展进程的红线。"[2]恩格斯认为，"经济条件"在"归根到底还是具有决定意义"这一点上，是"贯穿于全部发展进程"的，是唯一的。他在其他任何地方都不曾说还有别的什么因素具有这样的作用。对于阶级斗争，他只说是"伟大动力"，而从不说"根本动力"。

文章指责戎笙同志的四个"有时"的提法，没指明哪个起决定作用，是多元论。这也说不通。马克思主义只承认经济因素归根到底起决定作用（着眼点在归根到底），而不承认有什么永恒的在任何情况下都直接起决定性作用的因素（包括经济因素在内）。恩格斯1890年在写给约·布洛赫的信中申明说："根据唯物史观，历史过程中的决定性因素归根到底是现实生活的生产和再生产。无论马克思或我都从来没有肯定过比这更多的东西。"而且他强调说，如果有人"说经济因素是唯一决定性因素"，那就是"歪曲"，"就是把这个命题变成毫无内容的、抽象的、荒诞无稽的空话"。[3]在马克思恩格斯看来，在历史发展进程中，只有经济因素是归根到底起决定性作用的，但是直接起决定性作用的，除了经济因素以外，还有别的。经济因素尚且不是唯一的决定性因素，受它制约的阶级斗争难道可能是唯一的决定性因素吗？事实是：在经济因素归根到底起决定性作用的基础上，诸种因素交互起作用。有时候经济因素自身起决定性作用，有时候阶级斗争起决定性作用，有时候其他某种因素起决定性作用。马克思主义认为，在整个伟大的发展过程中，"没有任何绝对的东西，一切都是相对的"，[4]"原因和结果经常交换位置，在此时或此地是结果的，在彼时或彼地就成了原因，反之亦然"，[5]反对"把原因和结果刻板地、非辩证地看作永恒对立的两极"。[6]事实确是如此，有什么办法呢。没有任何一种因素永远是它起决定性作用，也没有任何一个历史时期，只有一种因素起作用。怎么好说不承认阶级斗争是唯一动力就是多元论呢。硬说在动力问题上有多元论，那么关于"两个根本动力"的主张倒有点像。《近代史研究》创刊号上有一篇文章，也是坚持阶级斗争唯一动力说的，而且在理论上是更为有力的一篇。不过，它的论据仍然不能令人信服。它说生产力的发展全靠社会革命推动，革命一旦解放了生产力，生产力就可以发展起来。文章举了中外历史上许多典型事件来证明这一点。但是，所举事例对它的论点帮不了什么忙。这些事例哪一个也回答不了戎笙同志提出的关于生产力的发展如何由可能变为现实的问题。

文章认为，英国工业革命完全是英国资产阶级革命的结果。实际上并非如此。英国资产阶级革命给工业革命提供了政治前提，使它的出现成为可能。但是，工业革命之所以首先发生在英国，除资产阶级革命为它开辟了道路以外，众所周知，还有其他原因。况且在英国，阻碍资本主义生产方式发展的封建桎梏，是逐渐打破的，社会制度的变革是在工业革命过程中最后完成的。怎么好说政治革命是工业革命的唯一原因呢？

文章把太平天国放到110年的革命斗争之中，从近现代历史的总体中去考察它的作用，说它同它以后的一系列革命运动一起，解决了一个反帝反封建的历史任务，解放了生产力。这样做固然可以，不过如果从另一方面，即从生产力方面看，就有问题了。生产力并不因为革命为它开辟了道路，就一顺百顺；它要发展，还必须有另外一些因素发挥作用。中国革命胜利后的实际情形如何尖锐地证明了这一点，我们每一个人都有深刻的体会。三座大山推倒了，土地改革完成了，社会主义改造实现了。仅仅由于党的路线、政策出现偏差，我们的经济发展仍然遭遇到严重挫折。粉碎"四人帮"，扫除了经济发展的最大障碍，但是如果不是国家调整了经济政策，变革了生产关系中某些不相适应的部分，便不可能出现目前这样全国性的经济繁荣局面。

太平天国及其以后的几次政治运动没能直接推动当时的经济发展，这个事实文章无法否认，所以只好把它们的动力作用统统算到中国革命胜利、完成反帝反封建任务这笔总账上，而把110年当中民族工业的发生发展，生产力的进步，轻轻一笔带过，似乎这110年的经济不值一提。然而，不提怎么可以？假如近代史上的经济发展可以忽略，那么新中国社会主义建设的物质基础在哪里？难道可以以鸦片战争前后的经济水平为起点？再说，不考虑近代工业的发生发展，中国无产阶级和中国共产党的产生便无法理解；没有无产阶级和共产党，又哪里有中国革命的胜利可言？可见，把历史看简单了，历史是不会答应的。

文章还以法国革命、十月革命为例，说历史的发展只表现在社会革命推翻旧社会、旧制度，建立新社会、新制度上。社会革命使历史发生质的飞跃，当然是发展。但是马克思主义认为任何发展都是由量变和质变的交互出现而实现的。质变是发展，量变也是发展。没有量变也就没有质变。社会革命不可能从天而降，在它之前必然要有一段量变的发展过程。在俄国，资本主义生产尽管比较落后，但还是在它有了一定的发展并且进入帝国主义阶段之后，才爆发十月革命的。在西欧，近千年的中世纪历史，是在默默无闻的相对安稳中度过的，看来微不足道，但是没有这一千年的发展，便不会有法兰西民族的形成，当然也不能有1789年的革命。

文章还断定，关于历史发展动力，除生产力和阶级斗争之外，马克思、恩格斯不认为还需要再补充什么。这个问题上文已经谈及，这里再提到一点就够了。他们确实有"补充"。恩格斯晚年曾经说："我们在反驳我们的论敌时，常常不得不强调被他们否认的主要原则，并且不是始终都有时间、地点和机会来给其他参与交互作用的因素以应有的重视"，"可惜人们往往以为，只要掌握了主要原理，而且还并不总是掌握得正确，那就算已经充分地理解了新理论并且立刻就能够应用它了"。[7] 从这段话里我们知道，恩格斯到了晚年确实认为除了主要原则之外，还有其他因素应当给予重视。这些其他因素是什么呢？恩格斯1894年在一封信[8]中曾经肯定，国家权力、法律、哲学、宗教、文学、艺术这些因素对经济发展都起积极作用。他甚至认为，一个国家的地理基础和外部环境对经济的影响也不容忽视。

总之，历史的发展，"是在归根到底不断为自己开辟道路的经济必然性的基础上的互相作用"的结果。[9]说阶级斗争是根本动力或者唯一动力，既不符合实际，也与马克思主义的观点相悖。最近20多年的实际情形给了我们多么深刻的教训！阶级斗争唯一动力论给我们的思想理论造成了极大混乱，给我们的现实生活带来了深重灾难。因此，戎笙同志提出阶级斗争、农民战争能够解放生产力，为生产力的发展开辟道路，不能直接发展生产力，人们尽管可以不赞成，却无法把它驳倒。

有一些文章走了另一个极端。他们把生产力看作历史发展的根本动力，并且认为生产力的发展是由自身的内在矛盾造成的。这也不妥。从理论上看，生产力如何离不开生产关系的影响而自行发展，如何离不开生产关系而单独成为历史发展的根本动力，斯大林在《苏联社会主义经济问题》一书中早已阐述得一清二楚。生产力同生产关系是构成一定社会生产方式的一个事物的两个方面，它们是对立的统一，互相依存，不可分割。有时为了叙述的方便，才可以单独地提哪一个，在实际过程中，两者永远联系在一起。人们为了强调生产力是根本动力，往往只注意生产力是最活跃、最革命的因素这一点，而另一点，即生产力的任何发展都必须有一定的生产关系同它相适应，竟被忽略了。谈到英国工业革命时，只强调它的社会后果，赞赏它的伟大革命作用，而工业革命之所以产生并且在全欧洲凯歌前进，直接原因是生产关系的变化这一点则很少提及。欧洲资产阶级一方面把中世纪普遍存在的小农、自由农和城市手工业者的分散、细小的生产资料加以集中和扩大，变为大多数人共同使用的社会化的生产资料，即变为"现代的强有力的生产杠杆"[10]，一方面把这些小生产者变成无产者，推向雇佣劳动市场。这才有工场手工业的发展和大工业的出现。我国因为始终没发生如同西欧那样的生产关系的革命，所以虽然科学技术一度比较发达，产生了资本主义萌芽，却终于未能出现工业革命的过程。

戎笙同志把生产力发展的直接动力归结于生产斗争，这是可以商榷的。生产斗争主要是指人们改造自然，同物打交道的实践活动而言，它反映不出人们在生产实践中结成了怎样的相互关系以及这些关系怎样影响他们的活动。把"生产斗争"做为生产力发展的动力，提法不科学，容易引起误解。好像人们已由必然王国进入了自由王国，可以不受什么制约，只管干就行了。可是事实上人们至今还做不到这一点。"人们在发展其生产力时，即在生活时，也发展着一定的相互关系"[11]。人们的任何活动只能在这"一定的相互关系"中进行。例如在我们今天的四化建设中，光提"生产斗争"显然不够，还必须解决怎样把"生产斗争"搞起来以及怎样进行"生产斗争"的问题。今人如此，古人进行生产斗争就更不会有多少自由。戎文提"生产斗争"的用意可以理解，但这种提法本身值得研究。

戎笙同志把阶级斗争、武装斗争、国家权力和生产斗争等概括为生产力与生产关系矛盾的四种表现形式，看来也不妥当。前二者说是生产力与生产关系矛盾的表现形式还可以，后二者则显得牵强。即使可以这样概括，也不可能使之适用于一切社会形态。况且，这样概括，对于研究动力问题实不必要。研究动力问题，应着力于确定什么是根本动力，寻求在根本动力归根到底起决定性作用的基础上还有哪些因素起作用，弄清楚它们之间的关系。戎笙同志的本意，可能正是要说生产力与生产关系的矛盾是根本动力，其他因素在根本动力归根到底起决定性作用的基础上交互起作用。如果是这样的话，就应直截了当这样讲，何必在表现形式上绕圈圈。

那么，究竟什么是人类社会历史发展的根本动力？是什么力量、什么原因使如此复杂的人类社会，经过上下几千年，一代一代发展到现在这个样子？为什么纵横五大洲，数以百计的大小国家，不约而同地经历了大体相同的几个发展阶段，而发展进程却又快慢不等呢？这曾经是一个难解的谜，马克思以前没有一个人能够真正地把它解开。古代的情形不必说，就是到了近代，多少思想家、历史家对它仍然不得要领。马克思主义产生之前的欧洲旧唯物主义，认为历史变动的终极原因在于精神方面。费尔巴哈是半截子唯物主义，他把历史看作令人不愉快的可怕的领域，而不予问津。只有黑格尔，这个几乎在所有领域都起了划时代作用的学问渊博的人，才第一次把人类社会历史描述成为一个有起有落、有生有灭的发展过程，并且试图揭示这个过程的内在联系，找出隐藏在人们的表面动机后面的最终原因。但是，他是个唯心主义者，他没能完成这个任务。圣西门、欧文、傅立叶三位伟大的空想社会主义者，在历史观上表现出某些辩证法的观点，圣西门甚至预言政治将为经济所包容。由于当时资本主义经济关系尚不甚发达，也由于他们忙于发明一套完善的社会制度方案，致使他们的思想到此未再前进。

法国复辟时期的某些历史家如梯叶里、米涅、梯也尔、基佐等，曾经将此问题向前推进一步。他们发现了当时法国社会的阶级斗争现象，并且把阶级斗争作为理解中世纪以来法国历史的钥匙。一切经济现象都应当由政治原因来解释的古老观念，第一次被动摇了。不过，阶级斗争学说仅仅给解谜提供了钥匙，要最后解开人类社会历史发展之谜，拿到钥匙之后还需有进一步的发现，即寻求阶级和阶级斗争的根源。

当马克思和恩格斯把阶级和阶级斗争同生产的一定发展阶段联系起来考察时，人类社会历史发展的最终原因才被发现，历史唯物主义也才终于创立。他们所以能做到这一点，除了他们的天才和博学以外，当时西欧资本主义的经济状况由于大工业的发展而日益成熟，是一个根本条件。在古代和中世纪，生产和经济关系处于不发达的低级阶段，奴隶制和封建制的产生极易被归于政治原因，归于暴力掠夺。国家的意志往往被看成最终的决定力量。大工业发展起来之后，情形就不同了。这时，经济过程表现得比较明显。资产阶级和无产阶级这两大直接对立的阶级的产生及其斗争，是由于纯粹的经济原因所造成，国家意志是统治阶级经济利益的集中反映，这些历史真相，人们能够清楚地看得出来。人们有可能把自古以来隐藏在人们表面动机后面的那个根本动力揭示出来了，而它终于被揭示出来了。

这个根本动力是什么？恩格斯在他晚年写的某些信件中表述得十分明白。他说，历史进程的归根到底的决定性因素是"现实生活的生产和再生产",是"经济",是"经济条件",是"经济的前提和条件"。恩格斯所使用的这些概念的具体含义是什么呢?我们从马克思的《〈政治经济学批判〉序言》和恩格斯的《费尔巴哈与德国古典哲学的终结》、《社会主义从空想到科学的发展》中知道,恩格斯所指,就是社会生产力和生产关系的矛盾运动。马克思说:"社会的物质生产力发展到一定阶段,便同它们一直在其中活动的现存生产关系或财产关系(这只是生产关系的法律用语)发生矛盾。于是这些关系便由生产力的发展形式变成生产力的桎梏。那时社会革命的时代就到来了"。"我们判断这样一个变革时代也不能以它的意识为根据;相反,这个意识必须从物质生活的矛盾中,从社会生产力和生产关系之间的现存冲突中去解释"。[12]马克思的话讲得何等明白,社会历史发展的根本动力就是社会生产力和生产关系之间的矛盾冲突,应该不至于产生什么误解。怎奈"四人帮"当道时,马克思的这个思想不许提起。把阶级斗争说成是决定一切的唯一的动力。仿佛阶级斗争可以超越历史,可以不受经济状况的制约,抓住了它便一切万事大吉。"四人帮"那么干,有其恶毒的用心,自然不足奇;今天我们有人仍然坚持认为阶级斗争是历史发展的唯一动力、根本动力,便不能不令人费解。

恩格斯在描述资本主义经济发展过程时,具体应用了生产力与生产关系之间的矛盾是历史发展根本动力的观点。恩格斯说,在资本主义社会,社会化的生产同资本主义占有之间的矛盾,表现为两种对立,即资产阶级和无产阶级的对立和个别工厂中的生产的组织性和整个社会的生产的无政府状态之间的对立。资本主义生产方式是在这两种表现形式中前进的。恩格斯把个别企业中的生产的组织性叫做"杠杆",认为"资本主义生产方式利用这一杠杆结束了旧日的和平的稳定状态"。把社会的生产无政府状态叫做"推动力",认为这个推动力"使大工业中的机器无限改进的可能性变成一种迫使每个工业资本家在遭受毁灭的威胁下不断改进自己的机器的强制性法令"。[13]在恩格斯看来,资本主义社会的阶级斗争状况和生产的发展,是由社会化的生产同资本主义占有之间的矛盾决定的。

有人承认生产力与生产关系的矛盾是历史发展的终极原因,而不承认它是动力;也有人认为生产力与生产关系的矛盾既然是客观规律,不能自行创造历史,它便不是历史发展的动力。其实,原因就是动力。我们讨论动力问题,讨论的其实就是原因。如果说原因之外另有动力,动力之外另有原因,那么两者是什么关系?难道原因是永恒的原因,动力是永恒的动力?在马克思主义经典作家的有关论述中,找不到把原因和动力看作两回事的说法。往往倒是把两者作为同一概念交互使用。恩格斯在批评旧唯物主义的历史观时,就是将原因和动力做为同一含义的概念交互使用的。[14]

说生产力与生产关系的矛盾运动是历史发展的根本动力,同承认历史是人们自己创造的,完全一致,并不矛盾。列宁在评价马克思、恩格斯创立的历史唯物主义时,恰恰认为这两点是历史唯物主义同旧历史观的根本不同之处。列宁还特别指出:"人们自己创造自己的历史,但人们即人民群众的动机由什么决定,各种矛盾思想或意向间的冲突由什么引起"，"造成人们全部历史活动基础的客观物质生活条件究竟怎样，这些条件的发展规律又是怎样，——马克思对这一切都注意到了"。列宁还认为，马克思这样做，给历史研究指出了一条科学途径，就是：把历史当作一个十分复杂并充满矛盾但毕竟是有规律的统一过程来研究。[15]

按照历史唯物主义的观点，社会历史与自然史既不相同又相同。不同之处在于，在自然史中起作用的全是不自觉的、盲目的动力；而在社会历史过程中，人们的活动全是有意识、有目的的。相同之处，是人们不能随心所欲地创造历史，"历史进程是受内在的一般规律支配的。"[16]这一真理，在历史过程中已经得到千百次的证明。如今我们诅咒奴隶制，说它残暴；而在古代，它是不可避免的，甚至奴隶们自己也曾欢迎过它，因为它可以使战俘活下来而不被杀死。资本主义大工业开始兴起时，工人对它表示欢迎，而为工人谋划理想未来的空想社会主义反倒得不到响应。我国太平天国在它坚决推行《天朝田亩制度》的地区，往往遭到人民的抵制和反对，在承认封建关系的地方，却受到欢迎，那里的生产也有所发展。1958年有人曾想在一个早晨实现共产主义，结果以遭受严重挫折而告终。"四人帮"疯狂推行极"左"路线，终于把我国的经济推向崩溃的边缘。

为什么人们不能随心所欲地创造历史？这原因就在于生产力与生产关系的现存冲突归根到底决定着历史的进程。"无论哪一个社会形态，在它们所能容纳的全部生产力发挥出来以前，是决不会灭亡的；而新的更高的生产关系，在它存在的物质条件在旧社会的胎胞里成熟以前，是决不会出现的。"[17]旧的生产关系的灭亡和新的生产关系的产生，不能由人们的愿望决定。一个阶级、一个政党，必须顺应生产力与生产关系的矛盾运动的客观规律，提出自己能够解决的任务。不然的话，即使像我们共产党这样的坚强的革命党，也要吃苦头，到头来还是要按规律办事。

肯定生产力与生产关系的矛盾是历史发展的根本动力，是说在历史的长河中任何偶然性始终都是受内部的隐蔽着的经济必然性支配的。这当然不等于说，人事的活动，同经济必然性相对而言的诸偶然性，对历史发展都毫无意义。尤其在研究个别国家的个别时代和个别事变的历史时，偶然性是极为重要的。所以，马克思主义认为，经济因素虽然归根到底起决定作用，但它不是在任何情况下都起决定性作用。由它决定并受它制约的阶级斗争、暴力革命、国家权力以及意识形态诸领域，在一定条件下也交互起决定性作用，它们也是动力。

生产力与生产关系的矛盾这个根本动力怎样决定历史的发展，其他因素又怎样在它的基础之上交互起作用，下面着重谈这个问题。

我们认为，所有这些因素对历史的推动作用，是在社会的两种状态的交替中表现出来的。

辩证唯物主义告诉我们："无论什么事物的运动都采取两种状态，相对地静止的状态和显著地变动的状态"。"当着事物的运动在第二种状态的时候，它已由第一种状态中的数量变化达到了某一个最高点，引起了统一物的分解，发生了性质的变化，所以显出显著地变动的面貌。"[18]

人类社会历史的发展，也是采取这样两种状态。第一种状态，生产关系适应或基本适应生产力的发展，社会处于相对稳定的状态。第二种状态，生产力发展到一定程度，同生产关系发生冲突；生产关系由生产力的发展形式变成生产力的桎梏。于是，马克思所说的"社会革命"的时代就应运而来。社会进入急剧的革命变革即质变时期。一种社会经济形态为另一种社会经济形态所代替。然后，社会又进入第一种状态。人类社会历史在两种状态的交替之中先后形成了原始的、亚细亚的、古代的、封建的、资产阶级的和社会主义的几种社会经济形态。

第二种状态，即"社会革命"时代，生产关系以及同它相适应的包括国家权力在内的上层建筑，成为生产力发展的桎梏。阶级斗争达到空前激烈的程度，通常爆发为武装斗争。结果，不是几个阶级同归于尽，便是一个阶级被另一个阶级所消灭。不管哪种情况，都必然导致旧社会、旧制度的灭亡和新社会、新制度的诞生。

在不同国家、不同时期，社会革命所采取的形式不一样。社会主义取代资本主义，因为是用公有制否定私有制，所以必然要通过无产阶级的暴力革命来实现。迄今没有无产阶级非暴力取得政权的先例。封建社会转变为资本主义社会，因为是一种私有制取代另一种私有制，阶级斗争的激烈程度要差一些。有的通过资产阶级领导的暴力革命来完成，如英国革命和法国大革命；有的则采取自上而下的改良的办法来完成，如日本的明治维新。德国和俄国走的实际也是这种道路。由奴隶制向封建制的转变，因为它们之间的差别最小，所表现的社会革命过程，也最不典型。全世界没有一个奴隶制国家是被奴隶革命推翻的。在西罗马帝国，奴隶和隶农的起义虽然敲响了奴隶制的丧钟，但是使西罗马帝国最终归于灭亡并在它的废墟上建立起封建制的，是日耳曼蛮族的入侵。外族的入侵在此起了决定性作用。我国古代，由奴隶制向封建制的前进，是通过战国时期各国的变法实现的。新兴地主阶级同奴隶主阶级之间的阶级斗争以及各国之间的长期战争，摧毁了奴隶主阶级的国家政权。秦统一六国的胜利，最后完成了奴隶主政权向封建政权转变的过程。

这三种新旧社会交替所采取的方式和所表现的激烈程度尽管各异，其实质却都是社会革命，起决定性作用的都是阶级斗争。

这第二种状态，是社会历史发展的质变过程。它由第一种状态的量变过程准备成熟，而最终还要转变为第一种状态。第二种状态是发展，第一种状态也是发展，两种发展都重要。第二种状态，解放生产力，为生产力的发展开辟道路。生产力的发展由可能变为现实，还有待于第一种状态去解决。

在第一种状态，阶级斗争有时潜伏，有时活跃，有时甚至很激烈，但一般不采取暴力革命的形式。社会总的来看是处于相对稳定的状态。这时候，国家权力的作用不容忽视。无产阶级专政国家的动力作用，有目共睹，无须证明。以往的剥削阶级的国家权力，也是社会经济发展的重要杠杆。国家作为一种暴力，不可能任意消灭一种所有制或者创立一种所有制。它也是一种经济力，它除了有镇压被统治阶级这个职能以外，还有经济职能和社会职能。它能够保护社会的共同利益，使社会"免遭内部和外部的侵犯。"[19]它既然集中地代表着统治阶级的经济利益，它对于经济的发展便不可能在局外旁观。西欧中世纪的封建国家政权曾经用它的骑士制度、公会和行会制度保护乡村小农和城市手工业者不受侵犯。中国封建社会的国家政权，在调整生产关系、鼓励农业生产、防止游牧民族侵犯以及统一管理水利方面所起的重要作用，例子是举不胜举的。资产阶级国家权力对于经济发展所起的作用，更是显而易见。恩格斯曾说，资产阶级的"国家就是通过保护关税、贸易自由、好的或者坏的财政制度发生作用的。"[20]马克思那句名言，"暴力是每个孕育着一个新社会的旧社会的助产婆，它本身也是一种经济力。"[21]正是在谈到资产阶级国家权力如何通过暴力手段推行殖民制度、国债制度等，从而缩短封建生产方式向资本主义生产方式过渡时间的时候说的。历史上任何一个政府，即使是最专制的政府，都要在经济上发挥它的作用，不是顺应经济的发展，就是阻碍经济的发展。当它阻碍经济发展的时候，它灭亡的时刻也就来临了。

社会处于发展的第一种状态时，特别是开始阶段，生产关系适应生产力的发展，国家权力顺应经济发展的方向起作用，这时生产力的发展便成为历史前进的决定性因素。古今中外的历史毫无例外地证明了这一点。其中最有说服力而且极少有争议的例证，是大家经常提到的英国工业革命。问题是自那时起至今已200年过去，某些资本主义国家生产力的发展并未引起无产阶级革命。一些同志对此感到困惑不解，或者以为马克思主义不灵了，或者索性宣布资本主义国家生产力的发展既然没有引起社会革命，便可以略而不计。这是不对的。马克思主义是科学的理论体系，它没有失灵。按照马克思主义的观点，一切社会现象都要从生产力与生产关系的现存冲突中去找答案，"无论哪一个社会形态，在它们所能容纳的全部生产力发挥出来以前，是决不会灭亡的。"[22]资本主义历史从英国革命算起，才只有300年，做为一种社会经济形态来说，不能算长。尤其当今的世界，各种因素、力量、利益交织着、冲突着，十分错综复杂。历史愈来愈成为世界性的历史。我们坚信资本主义必将为社会主义所代替，但是具体的历程，我们必须想得曲折些、艰难些。

至于资本主义国家的生产力发展，没有引起革命，算不算发展，我们认为应当承认是发展。历史如同江河流水，无论波涛汹涌还是风平浪静，水都在不停地前行。你只承认革命是发展，可是革命不是可以信手拈来的花朵，任你随意采撷，革命是风暴，没有长期的风云变幻，反复酝酿，它是不会来临的。

总之，人类社会历史归根到底由生产力与生产关系的矛盾冲突所决定，它总是循着两种状态交替出现的途径向前发展。相对稳定的发展时期，导致社会革命阶级的到来；然后又是相对稳定时期。如此向前发展，直到共产主义。这就是社会历史的实在过程。

联系到中国封建社会，情形也大抵如此。

在中国封建社会从秦统一到鸦片战争的两千年的历史过程中，发生过大小数百次农民起义、农民战争,但始终不曾发生过马克思所说的那种社会革命。因为中国封建社会同西欧中世纪相比,有其独特之处。就经济状况而言,中国是地主和农民的对立,不是封建贵族和农奴的对立,土地可以自由买卖,缴纳的是租赋,不是什一税。一直是小农业和家庭手工业相结合的自然经济占统治地位。农民虽受残酷压榨,但一遇荒年,可以逃亡。在政治方面,中国封建社会和欧洲不同,一开始就有统一的中央集权的国家政权,代表着整个地主阶级的利益,推行着重农抑商的政策。这两方面的情况合起来,就造成了这样的结果:生产关系虽迭经变化,却始终维持在封建的所有制的限度之内。生产力的发展,没能够使生产关系、社会制度变成它的桎梏。资本主义萌芽没能发展成为资本主义生产方式。经济状况终究未赶到政治状况前头去。这就决定了中国封建社会的长期性。

在这里,变成桎梏的,从根本上说,不是经济关系和社会制度,而是上层建筑中的封建王朝统治。农民战争推翻已成为经济发展桎梏的旧王朝,建立新王朝;新王朝由顺应经济发展而逐渐变成阻碍经济发展,又被另一次农民战争所推翻。周期性重演着的革命震荡和反复出现的相对稳定,一治一乱,治乱相间,形成了中国封建社会艰难而缓慢的发展过程。这种情形,甚至古人也有所察觉。早在西汉,陆贾就曾对刘邦说过"居马上得之,宁可以马上治之乎"[23]的话,朦朦胧胧地提出了治乱观念。以后各代每每有人谈及所谓"治世尚文,乱世尚武"或"武能戡乱,文能安邦"的问题。意思都是说,天下有时治有时乱;对付治与乱的办法不能相同。

因此,确如戎笙同志所说,农民战争不是中国封建社会发展的唯一动力。有时农民战争起决定性作用,而有时则是别的因素起决定性作用。

社会处于急剧变革,即第二种状态时,农民战争起决定性作用。

这时,或者由于统治阶级的超经济剥削加重,或者由于土地兼并加剧,农民破产流亡,或者由于封建生产关系的某些方面阻碍了生产力的发展,农民不能照旧生活下去了,旧王朝不能照旧统治下去了,一直潜伏着的阶级斗争一下子爆发出来,汇成汹涌的革命巨流,向统治阶级冲去。这就是农民战争。但是,在封建社会的胎胞里并未孕育着新的生产方式。农民阶级本身不代表什么新的生产力。他们起来斗争,是为了改善、巩固和发展现有的生存条件,而不是要消灭这个条件。他们开始时往往提出使地主阶级闻风丧胆的平均主义口号,到头来却只能打倒旧王朝,而不能推翻旧制度。从这个意义上看,农民战争并非都失败了。凡是打倒了旧王朝的,就是基本胜利;有的能够直接建立起王朝的,就是完全成功。所谓农民战争的果实被地主阶级篡夺或者农民领袖变质蜕化的说法,不过是一种偏见。人们只是说农民战争一次一次都失败了,却不说农民战争究竟怎样才算胜利。总觉得朱元璋当皇帝不应该,说他背叛了农民阶级。他不当皇帝又怎么样,难道当大总统吗?也有人责怪李自成搞流寇主义,进北京后只顾登基坐殿,没能把汉族地主阶级团结过来,而终为清军所乘。但这与其说是他的过错,勿宁说是他的不幸。我们不可用今日的标准去要求古代的农民英雄,正如我们不希望300年后的子孙依据彼时的条件胡乱地品评我们今日一样。

中国封建社会的农民起义、农民战争确实举世无双，伟大无比。不仅次数之多规模之大是世界历史上所仅见，所起作用之伟大也是世界历史上所独有。欧洲的农民战争，就其结果来说，没有一次赶得上中国。最著名的德国农民战争和捷克的胡斯战争莫不被封建主阶级投入血泊之中。而中国农民战争把一个个皇冠打翻落地，又建立起一个个新王朝。推翻旧王朝，建立新王朝，扫荡着一切应该扫荡的旧东西，这是中国农民战争对历史发展做出的了不起的贡献。过去人们总是回避改朝换代，以为承认农民战争改了朝换了代，就是贬低甚至诬蔑了农民战争。其实不然，中国封建社会就是通过新旧朝代的更迭向前发展的，没有改朝换代，两千年的历史便是不可思议的。农民战争推翻了旧王朝，建立了新王朝，历史就是这样，必然这样。这样说有什么不可以？

问题在于一次农民战争之后的历史应当怎样评价，这一段历史发展的动力是什么。

农民战争之后，社会进入相对稳定，即第一种状态。不管新王朝一开始注意些什么，它迟早要转向生产，采取轻徭薄赋、招抚流亡、抑制豪强之类的新政策。有的朝代还推行变法，实行屯田、均田等等。通过这些措施，在封建生产方式允许的限度内调整生产关系的某些不适应的部分，从而促进生产的发展。这是基本的历史事实，谁也无法否认。

事实相同，结论各异。史学界持"反攻倒算论"的同志坚持认为，即使新王朝有一些改革，也是重新强加的一种剥削，是旧制度的恢复。就是说，新王朝不比旧王朝强或者甚至更坏。这就有了问题。人们不禁要问，农民到底应该怎么办？为了避免地主阶级的反攻倒算压根儿不起义？农民不会同意，因为他们无法照旧生活下去了。起义之后建立起一个使农民不受压迫不受剥削的新社会新国家？不可能，因为不但当年的农民办不到，就是在今天，也没有谁能够给农民想出一个可行的理想国方案来。旧王朝灭亡，新王朝更坏，按照"反攻倒算论"同志的主张，农民们为了免受"反攻倒算"的苦，最好是抵制新王朝，永远占山为王，把农民战争无限期地打下去。可惜农民们不买这个账，因为这样干下去的结果，全社会将同归于尽。

"让步政策论"承认封建国家政权对经济发展所起的作用，并把这个作用统统归于农民战争打击、推动的结果，从而肯定只有农民战争才是中国封建社会历史发展的动力。这种观点，究其根源，同"反攻倒算论"一样，也是极"左"路线影响所致。总是不肯承认历史上的统治阶级会干出什么好事；干了什么好事，也一定要记到农民战争的账上。不然就是立场不稳，敌我不分，就是对马克思主义的背叛。而其实，这种观点恰恰不是马克思主义。按照马克思主义的观点，任何剥削阶级的国家权力，都可以朝两个方向起作用。"或者按照合乎规律的经济发展的精神和方向去起作用，在这种情况下，它和经济发展之间就没有任何冲突，经济发展就加速了。或者违反经济发展而起作用，在这种情况下，除去少数例外，它照例总是在经济发展的压力下陷于崩溃。"[24]不论它朝哪个方向起作用，都是它所代表的统治阶级的经济利益所决定。

农民战争只能在某个封建王朝违反经济发展而起作用时，把它推翻。而且有些王朝的建立，如拓跋魏和隋朝，是民族战争和民族融合的结果，同农民战争联系不上。有些王朝如北宋，是在农民战争之后很久才建立的。这些朝代的经济都有相当的发展。可见，新王朝采取顺应经济、鼓励生产的政策，同农民战争没有必然的内在联系。新王朝终归要转向生产，否则统治阶级自身的生存也将成为问题。

看来，在社会处于相对稳定，即第一种状态时，封建的国家政权是经济发展的一个重要杠杆。在一定条件下，它甚至起决定性作用。当社会出现比较安定的局面，生产关系又得到一定的调整时，生产力的发展便成为决定性的因素。此外，民族间的战争和融合、中外经济文化交流以及地理环境，在某些地区某些时候所起的重要作用，也是否认不了的。这方面的情况本文限于篇幅，不拟详谈。

历史和现实都已证明，生产力与生产关系的矛盾是历史发展的根本动力。在它归根到底起决定性作用的基础上，在社会发展的两种状态交替中，包括阶级斗争在内的各种历史因素交互起作用。我们相信，这才是马克思主义的动力观。

注释:

[1]戎笙:《只有农民战争才是封建社会发展的真正动力吗?》,《历史研究》1979年第4期。

[2] [3] [4] [6] [7] [8] [9] [11] [14] [16] [19] [20] 《马克思恩格斯选集》第4卷,人民出版社1972年,第506、477、487、502、479、479、506、325、244、243、249、506页。

[5] [10] [13] [24] 《马克思恩格斯选集》第3卷,第419、426、430-431、222页。

[12] [17] [22] 《马克思恩格斯选集》第2卷,第82-83、83、83页。

[15] 《列宁选集》第2卷,人民出版社1976年,第586页。

[18] 《毛泽东选集》,人民出版社1964年,第306页。

[21] 《资本论》第一卷,人民出版社1963年,第828页。

[23] 《史记·郦生陆贾传》。

*此文为与金景芳、黄中业合作

（原刊《吉林大学社会科学学报》1980年第4期）

"刑不上大夫"的真谛何在

——兼与陈一石同志商榷

近一两年来不少同志发表文章,对于《礼记·曲礼》"礼不下庶人,刑不上大夫"的说法,提出了新见解。读了很受启发,但是有的文章的观点,似乎有进一步研究的必要。例如陈一石同志发表在《法学研究》1981年第1期上的《"礼不下庶人,刑不上大夫"辨》一文(《光明日报》1981年4月22日《百家争鸣》副刊曾予扼要介绍),认为"刑不上大夫"的说法不仅有乖于史实,而且在理论上也说不通,这种观点就是可以商榷的。本文拟提出一点粗浅看法,就教于陈一石同志和学术界其他同志。

我们认为古人"刑不上大夫"的说法符合周代的历史实际,在理论上也完全说得通,是推不倒的。有什么根据呢?这要从陈一石同志的观点说起。

陈一石同志为了证明刑是上大夫的,从《左传》上举出四条卿大夫或因弑君,或因有贰心,或因窝藏逃奴,或因战争失败而遭死刑的例子。其实这样的例子岂止四条,《左传》里多得很。而且有些比陈文所举更为典型。如《左传》襄公二年记载,晋国的魏绛因杀了晋侯弟弟的御者,险些被"归于司寇"处死。又如《左传》昭公二年记载,郑国的公孙黑因犯重罪,在子产的勒令下,自缢而死。魏绛和公孙黑这一类统治阶级的上层人物竟被议以死刑,这是明摆着的事实,古人为什么还要说"刑不上大夫"呢?

这个问题早就引起了人们的注意。汉代学者许慎,在《五经异义》中断定"无刑不上大夫之事",他的根据是古《周礼》"士尸肆诸市,大夫尸肆诸朝"那句话。汉代的另一学者郑玄肯定"刑不上大夫",但他找不到像样的根据,便把"刑不上大夫"的含义解释为"不与贤者犯法,其犯法则在八议,轻重不在刑书"(《礼记》注疏)。唐代学者孔颖达也肯定"刑不上大夫",同样也找不到合适的理由,便说"刑不上大夫者,制五刑三千科条不设大夫犯罪之科目也"(《礼记》注疏)。

许慎只是提出了问题,并未使问题朝着解决的方向前进一步。因为他的说法没有超出问题原来的起点。即:既然大夫有被处死而暴尸于朝的,怎么能说刑不上大夫呢?至于人们为什么明知大夫不免于受死刑,却硬要说"刑不上大夫"?他没有讲。郑玄和孔颖达既否定不了"刑不上大夫"的说法,便在别处寻觅解决问题的途径。两人用语虽有不同,意思却是一个,那就是"刑不上大夫"体现在:关于大夫犯罪的问题不写进法律条文,大夫一旦事实上犯了罪,则根据"八议"的传统办法从宽从轻议处。这是一种无可奈何的曲解。因为他们不愿意承认刑上大夫，又找不出"刑不上大夫"的确据，便走上了折中的道路，结果在他们那里，"刑不上大夫"仅仅表现在形式上，事实上还是刑上大夫。刑到底是上大夫还是不上大夫，问题丝毫没有得到解决。

那么，古人的刑不上大夫说究竟该怎样理解才是正确的呢？我们认为关键在那个"刑"字上，"刑"字的含义搞清楚了问题便会迎刃而解。陈一石同志和古人许慎、郑玄、孔颖达因为没能抓住这个关键，所以诠释都不得要领。

翻开古书，便知道古人使用刑字这个概念是很灵活的。有时单指死刑，有时单指肉刑，有时又二者兼指。究属何指，要依上下文的意义来定。《左传》襄公十九年说："妇人无刑，虽有刑，不在朝市。"这两句话中的两个刑字，含义显然有别。杜预注说前一个刑字是"黥刖之刑"，后一个刑字是"死刑"。杜预这么讲是对的。只有这么讲，全句的文意方可通。即：对妇女不施黥刖等肉刑；即使妇女犯了死罪，也不应当在朝市这样的公共场所行刑。如果将前后两个刑字作同一含义理解，全句便将不知所云。

《左传》"妇人无刑"一语对于我们理解"刑不上大夫"的含义是一个很重要的启发。"妇人无刑"与"刑不上大夫"这两句话，句式略同，句义亦相通。若将妇人无刑改为"刑不上妇人"或将"刑不上大夫"改为"大夫无刑"，完全可以，丝毫无损于原意。那么，既然"妇人无刑"就是对妇人不施肉刑，则"刑不上大夫"便也应该是肉刑不施于大夫的意思。

由此可知，所谓"刑不上大夫"只是说肉刑不上大夫，并非死刑也不上大夫。古人使用刑字这个概念，有时外延包括极广，一切刑罚均在内，如《国语·鲁语上》说"大刑用甲兵，其次用斧钺。中刑用刀锯，其次用钻笮。薄刑用鞭扑"，即是证明。而在更多的情况下，刑字的外延是有限的，往往只有肉刑一义。肉刑称刑或称刑罪，死刑称杀或称死罪。刑不含杀义，杀亦不称刑。刑杀有别，各有所指。这几乎是古人行文的通例。这样的例子在古文献上简直举不胜举。《尚书·康诰》："罚蔽殷彝，用其义刑义杀。"《周礼·乡士》："辨其狱讼，异其死刑之罪而要之。"贾疏谓："云异其死刑之罪者，死与四刑，轻重不同，文书亦异。"《管子·法禁》："刑、杀勿赦，则民不偷于为善。"《商君书·画策》："以杀去杀，虽杀可也；以刑去刑，虽重刑可也。"《荀子·议兵》："古者帝尧之治天下也，盖杀一人刑二人而天下治。"《晏子春秋·柬下》："犯槐者刑，伤槐者死。"直到秦律，行文依然刑、杀有别。如出土秦律《司空》："公士以下，居赎刑罪、死罪者。"《法律答问》："擅杀、刑、髡其后子。"这些是刑、杀连文，其义有别的例子。

古文献上单将肉刑称刑或刑罪的例子更是俯拾皆是，如《史记·商君列传》："秦太子犯法，卫鞅刑其傅公子虔，黥其师公孙贾。"《史记·孙吴列传》："庞涓恐孙膑贤于己，疾之，则以法刑断其两足而黥之。"《商君书·境内》："爵自二级以上有刑罪则贬，爵自一级以下有刑罪则已。"《左传》庄公十九年记楚鬻拳自刖，君子曰："鬻拳可谓爱君矣，谏以自纳于刑，刑犹不忘纳君于善。"

到了汉代，把刑与杀分别开来的行文方法更为严格、更为明确了。刑，就是指肉刑，死刑不称刑而称杀，两者绝少相混。如桓宽《盐铁论·申韩》："法能刑人而不能使人廉，能杀人而不能使人仁。"荀悦《申鉴·政体》："死者不可以生，刑者不可以复。"都是刑归刑，杀归杀，泾渭分明。再如《汉书·刑法志》记"太仓令淳于公有罪当刑"，其女缇萦至长安上书曰："死者不可复生，刑者不可复属，虽欲改过自新，其道无由也。妾愿没入官婢，以赎父刑罪，使得自新。"其中关于刑或刑罪的含义，讲得十分清楚。刑，仅仅指毁坏身体的肉刑，不指死刑，刑罪仅仅指当受肉刑之罪，不指死罪。

《礼记·曲礼》成书于汉代，其行文用字当与上述各例相同。且该书"刑不上大夫"句下紧接着的一句是"刑人不在君侧"。"刑人"，毫无疑问是指受过肉刑而又活着的人。两个"刑"字用法一样，均指肉刑而言。

现代的行文习惯已与古代大不相同，今日说刑，所有的刑罚种类，如死刑、徒刑、肉刑、流刑和赎刑等等都包括在内。古人说刑虽然有时也有这种情况，如《尚书》和《周礼》中都讲五刑，但只是在讲刑罚概念和刑罚种类时才这样用的，而具体作为一种刑罚手段时，则多指肉刑而言。所以对于"刑不上大夫"，我们今人极容易困惑莫解，而古人产生误解的，则只有少数的例外。

"刑不上大夫"一语作为等级制阶级社会的法权观念，它的出现不是偶然的。从先秦文献中能够找到它的源，而在秦汉以后两千年的封建社会的历史中又可以随处寻得它的流。《孟子·离娄上》说的"君子犯义，小人犯刑"，《荀子·富国》说的"由士以上则以礼乐节之，众庶百姓则必以法数制之"，都具有明显的"刑不上大夫"的意向。这表明，"刑不上大夫"在先秦某些思想家的心目中是不言而喻的。《周礼》除在《秋官·小司寇》规定"凡命夫命妇不躬坐狱讼"，即大夫及其妻子有罪可以免于被拘讯以外，还有所谓"八议之法"，规定凡"亲"、"故"、"贤"、"能"、"功"、"贵"、"勤"、"宾"这八种人，犯法时要特别审议，尽力予以减免。《周礼》关于"八议之法"的规定并非空言，它是实际上被应用的。《左传》襄公二十一年记叔向因其弟有罪受连累时，祁奚劝范宣子予以赦免，他说："夫谋而鲜过，惠训不倦者，叔向有焉，社稷之固也。犹将十世宥之，以劝能者。"这其实便是"八议之法"的实际应用。"八议之法"在中国法制史上影响极为深远，自魏晋至隋，皆载于律，甚至《唐律》、《宋刑统》、《大元通制》、《大明律》、《大清律例》等亦均有"八议"的规定。而"八议之法"正是实行"刑不上大夫"的一项具体措施。

"刑不上大夫"在先秦社会之确实存在，还可以从下述一点得到反证。司马谈《论六家要指》说："法家不别亲疏，不殊贵贱，一断于法"。《商君书·赏刑》说"刑无等级，自卿相将军以至大夫庶人，有不从王令、犯国禁、乱上制者，罪死不赦。"法家如此奔走呼号，要求刑无等级，不殊贵贱，不正说明在法家产生之前，刑是有等级、殊贵贱的吗？假若真如陈一石同志所认为的那样，"刑不上大夫"只是春秋战国时期部分贵族的政治要求，实际上本无其事，那么，战国法家"一断于法"的主张，岂不成了无端的梦呓？而且事实上，虽经法家的奋斗，"刑不上大夫"的法权观念并未从法律实践中被消灭净尽。即使在变法最彻底的秦国，也远未做到大夫犯禁，罪死不赦。据出土秦简，受"什伍连坐"的是刑徒、奴隶、庶人和一至四级的有爵者；大夫（五级爵）以上和"吏从事于官府者"免坐，大夫依然享有特权。及至秦亡以后，"刑不上大夫"的思想还是屡屡表现出来。据《汉书·贾谊传》记载，"丞相绛侯周勃免就国，人有告勃谋反，逮系长安狱治，卒无事，复爵邑"。贾谊就此事曾上疏文帝发一顿感慨，他说，古者"廉耻节礼以治君子，故有赐死而无戮辱，是以黥劓之罪不及大夫"，今大臣有罪，"帝令废之可也，退之可也，赐之死可也，灭之可也，若束缚之，系緤之，输之司寇，编之徒官，司寇小吏詈骂而榜笞之"则不可也。文帝纳其言，"是后大臣有罪，皆自杀，不受刑"，自汉以后，各代都不同程度地给统治阶级成员以法律上的优待，如章太炎《五朝法律索隐》说南朝梁武帝"为法急于黎庶，缓于权贵"，《隋书·刑法志》更说"梁朝将吏以上及女人应有罪者，以罚金代之"；《无刑录》引宋徽宗的诏令说，品官犯罪，不许"不候三问追摄，不原轻重枷讯，与常人无异"，宗室犯罪"无得辄加捶拷"。所有这些，均可视为先秦时期"刑不上大夫"的遗迹。

需要说明的一点是，中国奴隶社会进入春秋时代以后，大夫已不再是肉刑的禁区，各国刑上大夫的事间或出现。所以在春秋战国时代的一些文献中，既能看到"刑不上大夫"的影子，又能找到刑上大夫的实例。夏曾佑说春秋时代"劓刵椓黥之法，惟行之于民，而贵族无之。贵族有罪，止于杀而已，其次则为执、为放"[1]，是因为他没注意到春秋时代的变化，话说绝对了。《礼记·文王世子》："公族其有死罪，则磬于甸人。其刑罪，则纤剸，亦告于甸人。公族无宫刑。"（陈文在引用这一条材料时，省略了"公族无宫刑"一句）这条记载恰好反映了"刑不上大夫"和"刑上大夫"两种刑罚制度并存的情况，它说明春秋战国时代刑已开始上大夫，但仍保留着"刑不上大夫"的痕迹："公族无宫刑"，公族有"死罪"或"刑罪"与平民有别，不在公共场所执行。《礼记》这条看来矛盾而实属自然的记载告诉我们，在春秋出现刑上大夫之前，确实有一个"刑不上大夫"的时代。

黥、劓、宫、刖等肉刑不上大夫的法权观念不惟中国古代有，在欧洲古代和中世纪也有。在那里，奴隶主和封建贵族阶级世世代代享有法律上的特权，这是常识范围以内的事，无须证明。如果不是如此，近代资产阶级为什么要提出法律面前人人平等的口号？

既然"刑不上大夫"不是中国古代的特有现象，而是世界史上普遍存在过的事实，那就更不好说它有乖于史实了。

"刑不上大夫"不但于史无乖，在理论上也完全说得通。马克思说，占统治地位的诸多个人"通过法律的形式来实现自己的意志，同时使其不受他们之中任何一个单个人的任性所左右。这一点不取决于他们的意志，如同他们的体重不取决于他们的唯心主义的意志和任性一样，他们的个人统治必须同时是一个一般的统治"[2]。马克思认为法律反映统治阶级的整体利益，统治阶级的任何个别成员都不能超越它的约束而为所欲为,这个论断无疑是正确的,陈一石同志据以提出的"刑法具有维护整个统治秩序的职能","它不允许个别统治者为所欲为不受阶级和统治阶级的共同利益的约束"的体会,当然也不错。问题是中国古代的"刑不上大夫"同马克思的论断不是有悖,而是相符。"刑不上大夫"并不允许大夫们超脱他们的阶级的法的约束而为所欲为。他们当中的任何个人随时都有因自己的不慎而被废黜、被剥夺、被处决的危险。"刑不上大夫"仅仅意味着同被统治阶级相比,大夫们享有法律上的特权:他们犯罪,可杀而不可施以黥、劓、宫、刖等肉刑。

统治阶级成员在法律上享有特权,是奴隶社会和封建社会的特点。马克思主义经典作家们对此曾有明确的阐述。列宁说:"社会划分为阶级,这是奴隶社会、封建社会和资产阶级社会的共同现象。但是在前两种社会中存在的是等级的阶级。在后一种社会中则是非等级的阶级。"[3]马克思和恩格斯也说过,在奴隶社会和封建社会,"几乎到处都可以看到社会完全划分为各个不同的等级,看到由各种社会地位构成的多级的阶梯"[4]。中国古代社会的情形正是如此。《左传》昭公七年所说"天有十日,人有十等","王臣公,公臣大夫,大夫臣士,士臣皁,皁臣舆,舆臣隶,隶臣台,马有圉,牛有牧。"恰是马克思恩格斯讲的"由各种社会地位构成的多级的阶梯,在这种等级制的社会中,如果统治阶级诸等级在法律上不享有特权,同被压迫阶级一样承受黥、劓、宫、刖等肉体的刑罚,将是不可思议的。

统治阶级,特别是其中的上层部分,在法律上享有特权的现象,经过资产阶级革命的扫荡,连同它赖以存在的等级制度一起,基本消失了。但他的残迹,它的传统势力,在标榜法律面前人人平等的资产阶级社会,依然通过种种曲折的形式被保存下来。即使像英国那样典型的资产阶级社会,"法律压迫穷人,富人管理法律"和"对于穷人是一条法律,对于富人是另外一条法律"[5]的情形,并没有绝迹。

注释:

[1] 夏曾佑:《中国古代史》,三联书店1955年,第181页。

[2] 《马克思恩格斯全集》第8卷,人民出版社1961年,第377—378页。

[3] 《列宁全集》第29卷,人民出版社1956年,第438页。

[4] 《马克思恩格斯全集》第1卷,人民出版社1956年,第251页。

[5] 《马克思恩格斯全集》第1卷,第702—703页。

*此文为与李衡梅合作

(原刊《史学集刊》1982年第1期)

论孟子

　　孟子是我国古代一位影响较大的思想家，先秦儒家学派的第二号人物。他生当奴隶制社会向封建社会急剧转变的战国时期，虽然历史证明他的整个思想体系是代表没落奴隶主阶级利益的，与当时历史发展的趋势背道而驰，但是这也并没有妨碍他的思想中蕴藏着某些积极的甚至闪光的东西。这些东西，对于后来两千多年的中国历史曾经产生过深刻的影响，而且即使在今日看来，也并非完全没有意义。

　　遗憾的是，长期以来我们的学术界在宁左勿右思想的笼罩下，对于孟子的研究，方法极其简单，对他的所有思想总是一概地加以贬斥。似乎只要是儒家，是没落阶级的代表人物，其思想便全是错的，不会有丝毫的可取之处。还有另外一些同志，为了替孟子讲好话，力图将孟子拉进法家的范围；以为只要是法家，他的全部思想就都是正确的。

　　这两种方法都不能使孟子思想的研究工作前进一步。出路只有一个，就是：实事求是，把古人放到古人的历史环境中去分析，坏的方面要指出，好的方面也要老老实实给予承认。

一　孟子是儒家的嫡传

　　孟子名轲，战国邹人。其先鲁国孟孙氏之后。生卒年不可确考，大约生于公元前370年前后，卒于公元前290年左右。

　　孟子无论生前或死后，无论他自己的看法或在别人的心目中，都和孔夫子紧密相连，不可分割。但是，孟子的思想确有一些东西与孔子不同。这就生出了一个疑问，孟子到底是不是儒家的嫡传？他的观点是不是儒家的正统思想？这是研究孟子需要首先解决的一个问题。

　　古人已经发现，孟子思想与孔子有不同之处。宋代的朱熹曾说"孔子尊周，孟子不尊周"[1]。近人章太炎说得更为干脆："同乎荀卿者与孔子不同，异乎荀卿者与孔子异。"[2]因为《韩非子·显学》曾说孔子以后儒分为八派，《荀子·非十二子》又对孟子大加抨击，说孟子"略法先王而不知其统"，所以可知章氏的意思是说孟子不同于孔子。

　　孟子确实有不同于孔子的地方，孟子的政治主张显然与孔子有所不同，但是，不能因此得出孟子背离儒家的结论，相反，倒应该承认孟子继承和发展了孔子的一套，是战国时期儒家学派最重要的代表人物。

所谓孟子不尊周，就是不尊周室。孟子力主法先王，言必称尧舜，对于禹汤文武周公推崇备至，为什么不尊周室呢？这与孟子所处的时代有关。孟子所处的战国中期与孔子所处的春秋末期不同。春秋末期，尽管王纲废弛，礼乐崩坏，"季氏八佾舞于庭"（《论语·八佾》）、"三家者以雍彻"（《论语·八佾》）的僭越行为比比皆是，臣弑其君者有之，子弑其父者有之，但是周天子在天下人的心目中依然有一定的位置。而孟子所处的战国中期，则完全是另外一种情形了。这时，新兴的封建地主阶级同没落的奴隶主阶级以及封建制度同奴隶制度已进入最后的决战阶段。人们无不以强战为能事。"上无天子，下无方伯"，"诸侯放恣，处士横议"，先前所有"纳民于轨物"的东西，都失去了约束力。在天下一片大乱之中，周室无可挽救地衰落了，竟连仅有的一点政治上的象征意义也已不复存在。

孔子之时，至少人们尚未忘记周室的存在，所以孔子倡正名，作《春秋》，尊周室，动辄说"如有用我者，吾其为东周乎"（《论语·阳货》），"吾从周"（《论语·八佾》），"吾不复梦见周公"（《论语·述而》），幻想以周室为号召，恢复早已没落的奴隶制度。而孟子之时，正如黄梨洲所说："周室仅一附庸耳，列国已各自王，齐秦且称帝矣，周室如何可兴？以春秋之论加于战国，此之谓不知务"（《孟子师说》卷一放桀伐纣章）。因此，孟子不再尊周室，也不以正名为号召；孟子在政治上选择了与孔子同归而殊途的道路。

孟子的道路是什么呢？孟子认为结束混乱局面的出路在于天下归一；天下归一的希望在于"有王者兴"。"五百年必有王者兴"，"由周而来，七百有余岁矣，以其数则过矣，以其时考之，则可矣"（《孟子·公孙丑下》），孟子认为"有王者兴"的时候已经到了。王者在哪里？孟子说："师文王，大国五年，小国七年，必为政于天下矣。"（《孟子·离娄上》）显然，孟子认为王者不在周室，而在诸侯列国之中。列国当中，孟子瞩目于齐。孟子觉得齐国最有王天下的希望，所以他说：

夏后殷周之盛，地未有过千里者也，而齐有其地矣。鸡鸣狗吠相闻，而达
乎四境，而齐有其民矣。地不改辟矣，民不改聚矣，行仁政而王，莫之能御也。

（《孟子·公孙丑上》）

而且孟子以为，当时天下归一已到瓜熟蒂落的程度。只要齐国国君行仁政，王天下之事便可以水到渠成。孟子所说"王者之不作，未有疏于此时者也；民之憔悴于虐政，未有甚于此时者也。饥者易为食，渴者易为饮"，"以齐王，由反手也"（《孟子·公孙丑上》），正是这个意思。

孟子无意于周室，而欲师文王，行仁政，以齐王天下，确实与孔子的正名主张有所不同。但是，如果以为孟子从根本上背离了孔子，那就错了。孟子与孔子虽有不同，却尽在相通之中。清代学者章学诚说：

孟子善学孔子者也，夫子言仁知而孟子言仁义；夫子为东周而孟子王齐
梁；夫子信而好古，孟子乃曰尽信书不如无书。而求孔子者必自孟子也。故得其

是者不求似也。求得似者，必非其是者。然而天下之误于其似者，皆曰吾得其似矣。(《文史通义》内篇三《辨似》)

章氏这话可谓讲得极得孟子的真谛。孟子没有照搬孔子的一套，正是他善学孔子的表现。孟子学孔子，讲究时变，不求得似，看来似乎与孔子有异，而结果呢，"求孔子者必自孟子也"。可见，善学不必求相似，求相似者，必非其是，不但今人如此，自古亦然。

"求孔子者必自孟子也"，不是章学诚一个人的看法，古代还有许多学者都是这样认为的。韩愈认定孟子是儒家的正统嫡系，他说圣人之道由尧舜禹汤传至文武周公孔子，"孔子传之孟轲，轲之死，不得其传焉"(韩愈《原道》)，"故求观圣人之道，必自孟子始"(韩愈《送王埙秀才序》)。清代学者崔东壁认为，"孔子虽圣人，无孟子以承之，则圣道之详不著"(崔东壁《孟子事实录》)，"七十子以后，知孔子者，莫如孟子"(崔东壁《洙泗考信录》)，看法与韩愈完全一致。

这些人尊孔扬孟，自有其阶级的根源，我们可以姑且不论。他们把孔子与孟子紧紧拴到一起，恐怕是反映了历史的真实，并没有冤枉孟子。孟子崇拜孔子，简直达到五体投地的程度。孟子书说孟子言必称尧舜，可是孟子借用孔子弟子宰我的话说，孔子"贤于尧舜远矣"(《孟子·公孙丑上》)。孟子曾将孔子和伯夷、伊尹、柳下惠放到一起加以比较，认为孔子是"圣之时者"，是"集大成"(《孟子·公孙丑上》)，能够通通包容并且远远超过他们。孟子把孔子看作是"以德服人"的典范，说七十子对孔子是"中心悦而诚服"(《孟子·公孙丑上》)。所以孟子曾表白说："乃所愿，则学孔子也。"(《孟子·万章下》)在孟子的心目中，孔子至高无上，不可企及。

知孔子者，确实莫过于孟子。孔子的政治思想集中地反映在《春秋》一书上。正名思想是孔子作《春秋》的精义所在。《庄子·天下》用"道名分"一语概括《春秋》，固然是一代之论，孟子指出"孔子惧，作《春秋》"，"孔子成《春秋》而乱臣贼子惧"(《孟子·滕文公下》)，尤为千古卓见。不是对孔子及其所作《春秋》有深刻的了解，绝难用短短几句话将孔子作《春秋》的用心和意义讲得如此透彻。司马迁在《史记·自序》中关于《春秋》所发的那段言论，亦不过是对于孟子见解的发挥而已。

总之，孟子的思想，就其整体来说，完全不出孔子及其所创儒家学派的大格；有些变化，也不能认为是实质性的突破，其阶级属性，同孔子一样，仍然跳不出没落奴隶主阶级的范畴。有人据孟子有"五亩之宅，树之以桑"的主张，断定孟子代表战国小农的利益，在理论上和实际上都是讲不通的。

二　孟子不反对周礼，也不倾向法治

近来有些论者提出孟子反对周礼，倾向法治的新观点，从而打算得出孟子代表新兴地主阶级利益，是孔门异端的结论。这对于孟子是极不公正的。

通观《孟子》全书7篇260章，知道孟子向往尧舜之道，主张由诸侯国君行仁政王天下。有这样政治目标的人，可以不理睬周室，却绝不至于反对周礼。实际上，孟子对于周礼不但不反对，而且是大力提倡。这里仅举三件例证加以说明。第一件，《孟子·万章下》记卫人北宫锜问周室班爵禄制度，孟子对答如流。黄梨洲曾肯定孟子所讲大体符合周礼实际，认为研究周代的制度，《孟子》是可以信据的（《孟子师说》卷五周室班爵禄章）。第二件，三年之丧是周礼的重要内容之一，孟子鼓吹最力。滕文公为他的父亲定公行三年之丧礼，就是孟子百般劝说的结果。清人毛奇龄说三年之丧是孟子所定（《四书改错》），近人胡适和傅斯年断言三年之丧是殷制不是周礼[3]，都是不确的。孟子自己说三年之丧，"自天子达于庶人，三代共之"（《孟子·滕文公上》）。既然是"三代共之"，又因为殷因于夏礼，周因于殷礼，便可以肯定三年之丧既是殷制，也是周礼，绝非孟子个人所为。第三件，孟子对于某些违礼的僭越行为虽未像孔夫子那样疾呼"是可忍，孰不可忍"，却也不是马马虎虎。例如万章问孟子当年齐景公招虞人以旌，虞人不至，说："敢问招虞人何以？"孟子回答他说："以皮冠。庶人以旃，士以旂，大夫以旌。以大夫之招招虞人，虞人死不敢往，以士之招招庶人，庶人岂敢往哉？"（《孟子·万章下》）这是周礼中不甚重要的一项，孟子竟了解得如此具体而微，讲话的口气又是如此庄重认真，怎么好给孟子戴上反对周礼的帽子呢？

至于说孟子倾向法治，更是无稽之谈。所谓法治，古代和今日的含义并不相同。今日讲法治，是与人治相对而言；古代讲法治，是与德治、礼治相对而言。先秦儒家鼓吹德治、礼治，意在强调治国主要靠德和礼，并非绝对否定刑罚的作用。儒家的重要经典之一《礼记·曲礼》上面不是明明记有"礼不下庶人，刑不上大夫"的话吗！先秦法家鼓吹法治，意在强调治国要靠法，而不要靠德和礼。无论儒家还是法家，都没有也不可能排除人治。即使在商鞅那里，也不是法约束国君，而是国君驾驭着法，并且高高站在法之上。

儒家虽主张德治、礼治，但并不是无政府主义者，不一般地反对法、刑、罚。所以，在儒家的著作中发现这方面记述或议论，丝毫不足为奇。孟子讲仁义，倡仁政，主张与民休养生息。《孟子·尽心下》提到孟子所举治国有三件大事，一是信仁贤，二是尚礼义，三是有政事。他认为重要的，几乎都讲了，唯独不曾强调刑法。在另一个地方孟子还说：

> 若民则无恒产，因无恒心；苟无恒心，放辟邪侈，无不为己。及陷于罪，然后从而刑之，是罔民也。焉有仁人在位，罔民而可为也？（《孟子·梁惠王上》）

这段话很要紧，它充分地表明孟子优先考虑的是给人民以生计，而不是用刑。

有人抓住《孟子·离娄上》"上无道揆也，下无法守也"这句话中有"法守"两字，认定孟子倾向法治。"法守"是什么呢？从下文"上无礼，下无学，贼民兴，丧无日矣"一句可知，法字的含义是制度而不是法律。有人还用《孟子·尽心上》所载桃应同孟子关于舜的父亲杀人，舜该怎么对待的谈话来证明孟子倾向法治。但是，稍微仔细分析一下，便知孟子这里强调的仍然不是法治，而是尧舜之道，即孝悌、亲亲。孟子恰恰认为亲亲重于法,不是法重于亲亲。在孟子看来,天子之父犯死罪,天子应该"窃负而逃"。这正是儒家思想的体现,同任何法家的主张都搭不拢。

退一步考虑,即使孟子在某些个别场合强调过刑罚,也不能据以断定孟子倾向法治。因为,正如上文已提到的,儒家鼓吹德治、礼治,但并不一般地反对施用刑罚。孔子也不反对用刑,他说过"礼乐不兴,则刑罚不中;刑罚不中,则民无所措手足"的话,又做过鲁国的大司寇,而且杀过人,然而谁能说孔子倾向法治呢?

如果从孟子所倡导的仁政学说的出发点的实质来看,孟子之不倾向法治,则尤为显而易见。孟子仁政学说的出发点和理论基础是性善论。性善论的合乎逻辑的结果,是导致德治、礼治,不大可能导致法治。孟子仁政学说的目标是尧舜之道。尧舜之道,按照孟子的解释,就是"孝弟而已矣"(《孟子·告子下》)。孝悌的实质是亲亲。孟子把亲亲看得比什么都重要,他说,"仁之实,事亲是也;义之实,从兄是也","事,孰为大?事亲为大","事亲,事之本也"(《孟子·离娄上》)。亲亲被孟子强调为仁义之实以及一切大事的根本。孟子理想中的实行了尧舜之道的社会,是百姓亲睦,"死徒无出乡,乡田同井,出入相友,守望相助,疾病相扶持"(《孟子·滕文公上》)。怎样把这一理想社会变成现实?孟子说,"君行仁政,斯民亲其上死其长矣"(《孟子·梁惠王下》),"人人亲其亲,长其长,而天下平"(《孟子·离娄上》),"老吾老以及人之老,幼吾幼以及人之幼,天下可运于掌"(《孟子·梁惠王上》)。这样,尧舜之道即亲亲,不但是一种政治目标,而且是实现这一目标的手段。

如果从先秦中国历史的比较长远的背景来考察,恐怕当承认,孟子的政治主张比孔子还要更保守,更落后。孔子只是希望重建文武周公的盛世,孟子却要把社会从文明时代拉回到原始状态去。像孟子这样一个强调亲亲,高唱仁义,眼光一直向后看的保守的政治家,古人对他的弱点已经有深刻的认识,说他"迂远而阔于事情"(《史记·孟子荀卿列传》),"第疑其非救时之急务"(《孟子师说》孟子致为臣章),而我们今人却偏偏能够在他的思想中寻觅出所谓法治的倾向,实在是不可思议的事情。

三　孟子有强烈的民主思想

研究孟子这样一位影响深远的古代思想家、政治家,只判定其体系的阶级属性(以及哲学性质)是远远不够的。为了使他的丰富的思想,具有特色地展现开来,还必须对他进行具体的深入的研究。一切古代思想家都不可能有自觉的阶级意识,孟子也不例外。因此,孟子的思想体系虽然代表了没落奴隶主阶级的利益,却不曾把这一立场坚持无误地贯彻到他的一切观点中去。他的民主思想,就是突出的一例。

人们常常以为,民主思想产生于资产阶级时代,其实这是误解。民主是一个几乎和我们民族历史同样悠久的古老观念,至迟在氏族制阶段就产生了,而后经过几百年的有夏一代的过渡阶段,氏族制度被国家取代,而关于古代氏族社会的民主观念却在人们的记忆中遗留下来,并作为君主专制主义的对立物,反映在诸多古代文献之中。到了社会变动、思想解放的战国时期，在孟子那里，它作为实现仁政学说的一种思想武器，被赋予了某种理论的形式。

这种古老的民主思想，被孟子概括为简单明了的公式，即："民为贵，社稷次之，君为轻。"（《孟子·尽心下》）不过，这个公式的含义，长期以来被严重地歪曲了。十年动乱期间出版的一部很权威的哲学史著作，竟然从问题大小难易的角度解释它，说孟子强调的是"治民的问题比管理山川土地更要紧，君的问题不大"。这种解释缺乏起码的科学态度，无法令人信服。试想，如果孟子反复告诫人们的只是民的问题大，君的问题不大，那么，这是当时任何人都可以接受的观点，何须他奔走呼号，到处游说？为什么孟子在表述了这个公式之后，紧接着便说"得乎丘民而为天子"，"诸侯危社稷，则变置"？

很显然，孟子这个公式回答的是，在国家政治生活中，民、社稷和君三者谁具有决定性意义的问题。孟子认为，社稷和国君在一定的前提下都可以变换，而民则在任何情况下都不能更动。孟子的这个思想是十分深刻的，而且有一定的理论深度，它在承认君主制的前提下，最大限度地限制了君主的权力。孟子能够在奴隶制社会欲亡未亡的时代，就提出如此明确的民主思想的公式，理应给以充分的肯定，然而有人总是绕着圈子，随心所欲地加以否定。

只要我们把孟子全书有关这方面的论述拿过来同他的这个公式相参照，便会发现，孟子的民主思想是鲜明的，透彻的。

第一，孟子认为，天下国家的大本不是君，而是民；君位的得失，事实上由民来决定。他强调说，天下之得失，全在于民之得失；得民则得天下，失民则失天下。所谓"桀纣之失天下也，失其民也"，"得天下有道，得其民，斯得天下矣"（《孟子·离娄上》），讲的正是这个意思。孟子在游说各国国君的时候，曾反复发挥过这个思想。例如他与梁惠王讨论治国问题，无论涉及到哪个方面，最后总是归结到得民失民问题上。不是说"王如知此，则无望民之多于邻国也"，就是说"斯天下之民至焉"（《孟子·梁惠王上》）。有一次滕文公问滕国小，竭力事大国，也将不免于灭亡，怎么办。孟子用周太王避狄去邠迁岐的故事回答他，意在故土可以抛弃，只要有人民，便不愁王天下（《孟子·梁惠王下》）。

第二，孟子认为，人君不得独断专行，大事要与臣下、人民共议。例如像选贤和杀人这类大事，孟子说："左右皆曰贤，未可也；诸大夫皆曰贤，未可也；国人皆曰贤，然后察之，见贤焉，然后用之。""左右皆曰可杀，勿听；诸大夫皆曰可杀，勿听；国人皆曰可杀，然后察之，见可杀焉，然后杀之。"（《孟子·梁惠王下》）

第三，孟子认为，人君不能无过，有过亦当改。他说："古之君子，过则改之；今之君子，过则顺之。古之君子，其过也如日月之食，民皆见之，及其更也，民皆仰之。今之君子，岂徒顺之，又从为之辞。"（《孟子·公孙丑下》）孟子对于"古之君子"有过或改过，都堂堂正正，不怕人民知道的做法，推崇备至，而对于"今之君子"对自己的过错遮遮掩掩，文过饰非的风气，则深恶痛绝。

第四，孟子认为，臣下、人民忠君是有条件的。他说："君之视臣如手足，则臣视君如腹心；君之视臣如犬马，则臣视君如国人；君之视臣如土芥，则臣视君如寇雠。"（《孟子·离娄下》）这就是说，在一定条件下，臣下可以反对君上。孟子认为，如果君上有问题，臣下可以离去，可以撤换他，乃至杀掉他。国君"无罪而杀士，则大夫可以去；无罪而戮民，则士可以徙"（《孟子·离娄下》）。"君有大过则谏，反覆之而不听，则易位"，"君有过则谏，反覆之而不听，则去"（《孟子·万章下》）。假如君上像桀纣那样，贼仁贼义，臣下、人民杀死他，不过诛一独夫，不算弑君。

孔孟思想是后来两千年封建制度的精神支柱，而孟子却又有与秦汉以后形成的君主专制主义格格不入的强烈的民主思想。人们面对这个矛盾，感到困惑莫解。于是有人以为孟子鼓吹犯上作乱，给他扣上孔门异端的帽子。也有人说孟子的民主思想不过是用来作为掩饰奴隶主反动观点的骗人装饰。这两种解释并不科学，它们丝毫不能打消浮在人们心头的疑团。

孟子"民为贵，社稷次之，君为轻"的民主思想，自秦汉以后的观点看，觉得出奇，但如果从去古未远的战国时期考虑，则顺理成章，自然得很。孟子的这一思想可以从原始氏族社会中寻找其渊源。"氏族制度本质上是民主的"[4]，是"自然长成的民主制"[5]，当时不存在同人民大众分离并可以用来同人民对抗的君主制。那是"不需要国家，而且根本不知国家和国家权力为何物的社会"[6]。那时候，氏族首长是站在社会之中，他享有的无可争辩的尊敬，不是用强力手段获得的。而当时的全部机关加到一起的权威，还没有文明国家一个普通警察的权威大。那是一个民主的社会。后来经过由原始社会向文明社会的过渡，民主制逐渐为君主制所取代。民主制被否定了。到秦汉以后，专制主义取得绝对优势，民主制终于被扫荡净尽，只有关于民主的观念依然残留在人们的思想之中，并且一再地闪现出来，有时还会射出令人目眩的光辉。

原始的自然长成的民主制被文明社会的君主制所否定，这是历史的进步。孟子的民主思想出现在酝酿中央集权封建专制主义国家的战国时代，无疑是逆潮流而动的。但是，当我们看到延续数千年之久的文明社会即将被更高级的社会所否定，历史从形式上要向先前被否定了的古老的民主制回复的时候，我们便不得不承认，在人类社会这个伟大的发展周期中，孟子的民主思想，既是关于往日历史的重要见证，也是我们民族的一份宝贵的精神遗产。

四　孟子的某些命题反映了客观真理

孟子同所有的古代思想家一样，由于时代的限制，在社会历史观上总是囿于唯心论而不能自拔。所谓"五百年必有王者兴，其间必有名世者"，"当今之世，舍我其谁也"（《孟子·公孙丑下》）以及"天之生此民也，使先知觉后知，使先觉觉后觉也"（《孟子·万章上》）等，众所周知的著名命题，正是他的英雄创造历史的唯心史观的典型表现。不过，一个古代的持唯心史观的思想家，他的在社会历史领域的某些命题，有时也能够反映客观真理。孟子由于他的渊博的知识和深邃的洞察力，对于当时人们普遍关心的社会历史现象，做出了带有唯物论倾向的正确解释，其深刻程度往往为他的同时代人所望尘莫及。

最突出的是我们大家熟知的那个命题：

> 或劳心，或劳力。劳心者治人，劳力者治于人。治于人者食人，治人者食于人。天下之通义也。（《孟子·滕文公上》）

30年来孟子思想以这个命题遭到的责难为最多、最激烈。自建国迄于今，几乎所有涉及到孟子的学术著作，都对这个命题持批判态度，说它为剥削制度的合理性与永恒性辩护。这种批评是不科学公正的。孟子不过是把历史上客观存在的事实老老实实地讲了出来。面对客观世界讲实话，本来是一个思想家应有的起码的品德。孟子作为一个思想家讲了几句实话，何错之有？何罪之有？

孟子的这个命题，讲的无非是这么两点意思，一是肯定社会分为两部分人，一部分人剥削和统治另一部分人；二是认为这种人剥削人、人统治人的现象是普遍存在的。孟子的认识完全正确，无可指责。

人类自跨入文明时代的门槛之后，无论东方西方，社会人口都毫无例外地分成两大部分。一部分是从事单纯体力劳动的群众，一部分是从事管理劳动、经营商业、掌管国事以及专搞艺术和科学的少数特权分子。两部分人之间的关系，既是阶级对立，也是社会分工。这种分工的最简单的、完全自发的形式，就是奴隶制。出现这种分工的原因，是当时的劳动生产率非常低下。"当实际劳动的人口要为自己的必要劳动花费很多时间，以致没有多余的时间来从事社会的公共事务，例如劳动管理、国务事务、法律事务、艺术、科学等等的时候，必然有一个脱离实际劳动的特殊阶级来从事这些事务"[7]。

这种分工如果用今日的感情来衡量，自然是不合理的，可憎的。可是在古代，一切社会进步都是以它为前提的。倘若没有孟子所说的"或劳心，或劳力"的这种分工，我们民族的经济、政治、文化科学的发展将是不可想象的，会不会有现代的社会主义中国，也是一个疑问。

至于说这种分工是不是"天下之通义"，可以说是，也可以说不是。说它是，是因为孟子说此话，对整个阶级社会来说，是正确的；就全世界的情况看，甚至在今天也还是反映了客观真理。在我们中国，虽然消灭了剥削制度，而最后消灭脑体差别，却还是属于未来的事情。说它不是，是因为人类总有一天会通过生产力的提高，把劳动无例外地分配给一切社会成员，"把每个人的劳动时间大大缩短，使一切人都有足够的自由时间来参加理论和实际的公共事务"[8]，从而彻底消灭"或劳心或劳力"的对立和差别。

总之，孟子讲"或劳心或劳力"是天下之通义，不能说不正确。因为人类的认识，按其本性来说，是相对的，暂时的它总是不可避免地要受到历史条件的限制。任何人乃至任何时代的认识，只能使人类的认识，在漫长的认识长河中向绝对真理推进一步，而自身不可能是绝对真理。我们今天掌握了历史唯物主义的人的认识，也是相对的。我们认为是"天下之通义"的东西，随着历史的发展，迟早也要变成不是或者不完全是"天下之通义"。今人尚且如此，却硬是要求两千多年前的孟子的认识是永恒的真理，难道是公正的吗？

此外，孟子还有些命题具有鲜明的唯物论倾向，十分宝贵。例如他说："乐岁终身苦，凶年不免于死亡，此惟救死而恐不赡，奚暇治礼义哉？"（《孟子·梁惠王上》）"圣人治天下，使有菽粟如水火，而民焉有不仁者乎？"（《孟子·尽心上》）孟子懂得人们的物质生活决定人们的精神生活，所以他主张仁政要从使百姓"养生丧死无憾"做起，让人民有起码的生存条件，"仰足以事父母，俯足以畜妻子，乐岁终身饱，凶年免于死亡"（《孟子·梁惠王上》）。只要想一想我们今人有时候也不免忽略这个朴素到家了的真理，就该能想见，古人孟子为这个真理奔走呼号，力争与民休养生息，是多么不简单！

孟子曾告诫梁惠王："王无罪岁，斯天下之民至焉"（《孟子·梁惠王上》）。百姓饿死了，国君要承担责任，而不要说"非我也，岁也"。把自己的过错说成是年成不好，那无异于一个人用兵器杀了人，不说自己杀了人，而说是兵器杀的。"王无罪岁"，在野有饿莩，人死沟壑的战国时代，肯定是一句如同金子般有分量的话。今天时代不同了，这句话的实际意义可以说不大了，但是有时候想到它，并非无益。

孟子是先秦儒家学派的重要代表人物，后来的历史证明，他的思想体系反映没落奴隶主阶级的利益，是保守的，反动的。但是，他的思想是复杂的，既无必要把他打成孔门异端，拉向法家一边，也不应一概加以否定。如果我们从令人窒息的形而上学的束缚下解脱出手脚来，便会发现，孟子思想中饱含着民主性的精华，他是一位伟大的古代思想家。

注释：

[1] 熊赐履：《学统》上册，商务印书馆1937年，第92页。

[2] 章太炎：《后圣》，载《章太炎政论选集》上册，中华书局1977年。

[3] 胡适：《胡适论学近著》第一集上《说儒》及附录，商务印书馆1935年。

[4] 马克思：《摩尔根〈古代社会〉一书摘要》，人民出版社1978年，第176页。

[5][6]《马克思恩格斯选集》第4卷，人民出版社1972年，第101、170页。

[7][8]《马克思恩格斯全集》第2卷，人民出版社1957年，第198页。

（原刊《历史人物论集》，吉林人民出版社1982年）

中国古代不存在城邦制度

——兼与日知同志商榷

　　中国古代城邦制度问题是近年来从国外史学研究成果中引进的。尔后，有关这方面的文章与日俱增，以至于城邦制度问题已成为我国史学研究不容回避的一个重大课题。日知同志发表在《历史研究》杂志上的两篇文章[1]，比较全面地阐述了城邦制的观点。文章认为城邦制度是全世界历史发展的一个普遍规律，各个民族无例外地都经历过城邦制阶段。从这个理论前提出发，他把中国先秦社会描绘成城邦制发生发展和灭亡的历史，并且概括为四个时期："尧舜时代是古代中国城邦制产生的前夕；三王时代是城邦制各自发生的创始时日；五霸时代是城邦制全盛时代，城邦联盟的中心转移了；战国时代则是城邦制衰亡时期。"

　　世界各国的历史，其早期阶段是否无例外地普遍经历过城邦制，这是一个很大的问题，需要进行更多的研究，逐步加以认识。但是有一点似乎是清楚的，即世界历史有其无容怀疑的一致性，也有其有目共睹的多样性。人类社会按照一定的规律，依次经历了五种社会形态，走着一条大体相同的发展道路，然而历史又是纷纭复杂的。各个民族在各自不同的条件制约下，创造自己的生活，犹如千岩竞秀，万壑争流。世界上难以找到历史完全相同的两个民族。唯其如此，历史才成其为历史。

　　中国古代国家与古希腊就大不一样。希腊古代作家的历史著作表明，希腊的城邦都以一个城市为中心，无论它发展到什么程度，都不能不同这个城市的命运联系在一起。大多数这样的城市都有发达的工商业。在较为发达的城邦如科林斯和雅典，则依赖广泛的贸易以及由此产生的殖民活动来支持其国家的发展，维系它对疆域之外的控制。而在古代中国，谁能说出哪一个诸侯方国，其命运同某一城市紧密相关？

　　生活在公元前4世纪的希腊学者亚里士多德曾深入研究过希腊城邦制度。他认为比较理想的城邦，人口和土地不宜太多太广，应以"观察所能遍及"为最大限额。城市当然只有一个，构成城邦的军事、商业中心[2]。希腊诸城邦实际上不会每一个都如亚里士多德设计的这般小。但，小确是希腊城邦的特点。它们大多数是人口较少，疆土不大，一邦一城的。而且它们虽有战争，但不兼并，国家数目不是由多而少，而是由少而多。按照希腊城邦的标准来衡量，中国古代的国家委实不是什么城邦。中国古代国家的发展道路与希腊截然不同。国家开始很多，后来逐渐减少；疆土开始很少，而后不断扩大。原因是中国古代国家有过一个不可逆转的强兼弱削的兼并过程。兼并的结果是郡县制的产生和一国多城现象的普遍存在。至春秋时代，这一特点已经十分明显，晋、楚、齐、秦诸大国，个个土广数圻，城邑众多，在兼并战争中不断地扩张自己。发展到战国，逐渐出现天下统一的趋势。古人已注意到这一现象，指出"禹合诸侯，执玉帛者万国，至周武王仅千八百国，春秋见于经传者百四十余国，又并而为十二诸侯，又并而为七国"[3]；"终春秋之世，而国之灭为县邑者强半天下"[4]。甚至早在春秋当代，子产就已经感叹过："昔天子之地一圻，列国一同，自是以衰。今大国多数圻矣，若无侵小，何以至焉？"（《左传》襄公二十五年）古代希腊没有发生过兼并的过程。斯巴达曾企图武力扩张，但很快就转为用结盟代替吞并。雅典领导的提洛同盟，俨然是一个海上帝国，然而雅典从未把一个盟国吞掉，它绝不肯把雅典公民权赐予盟国的公民。这是城邦的特点造成的。因此古代希腊自身不曾出现统一的趋势。

　　和城邦制的人少地小，一邦一城的特点相联系的，还有一个政体问题。这两方面是表里相衬，互为前提的。因此西方学者从古至今研究城邦制度无不重视分析政体问题。亚里士多德把城邦的本质高度概括为"维持自给生活而有足够人数的一个公民集团"[5]。美国现代学者梅森·哈蒙德（Mason Hammond）在论及城邦国家概念时，特别重视政体问题。他以古希腊为例，提出城邦国家的突出特点是混合政体。混合政体包含行政长官、议事会和公民大会三个成分以及国家主权属于公民和政权必须考虑全体公民利益两个概念。另一个特点是城邦结成同盟[6]。

　　中国古代国家是否具有城邦国家政体上的这两个特点呢？这是研究中国古代国家是不是城邦的关键问题，有必要加以深入研究。日知同志对此做了十分肯定的回答。他认为夏、商、周三代天子同诸侯的关系原则上是平等或对等的同盟关系，春秋时代各国存在国君系统、诸大夫会议和国人会议三个政治机关。三种政治机关和哈蒙德氏说的三种成分的混合政体恰好相对应。这一点如果能够肯定下来，中国古代有过城邦制度便是毋庸置疑的了。不过，笔者认为三代国家不是城邦联盟，三代的王不是盟长，是确有至高权威的天子。春秋列国是单一的君主制，没有诸大夫会议和国人会议。中国古代不存在城邦制度，三代的历史是中国君主专制制度从无到有，从弱到强，直至形成君主专制主义帝国的历史。

一　夏商两代的王同诸方国的关系不是同盟关系

　　要说夏商两代是城邦联盟，就必须证明夏和商的最高统治者同诸方国的关系是平等的同盟关系，他们的地位不过和雅典之于提洛同盟，斯巴达之于伯罗奔尼撒同盟一样，只是个略略有点权威的头头而已。然而，我国夏商两代的最高统治者，地位是至高无上的。他们代表上天的旨意行使统治之权。《尚书·甘誓》说："天用剿绝其命，今予维共（恭）行天之罚。"《尚书·汤誓》说："夏德若兹，今朕必往，尔尚及予一人致天之罚。"这两句话在《史记》的《夏本纪》和《殷本纪》中，也分别有所记载。前者说的是夏后启伐有扈氏，后者说的是成汤伐夏桀。"行天之罚"不是一般的誓词。启和汤既然使用这样的字眼，把自己的行为说成是天的行为，是有实际意义的，并非吓人的空话。《公羊传》僖公三十一年说："鲁郊何以非礼? 天子祭天，诸侯祭土。天子有方望之事，无所不通; 诸侯山川有不在其封内者，则不祭也。"何休注说："土，谓社也，诸侯所祭，莫重于社。"说明祭天是天子独有的特权，诸侯只能祭社稷即地方神。诸侯若举行郊天之祀，便是不能饶恕的非礼行为。《公羊传》讲的是春秋时代鲁僖公的事情，那么夏商时期是否如此呢? 据金景芳同志的研究[7]，郊天之祭很可能兴起于唐尧之时，而且同历法有关。中国最早的历法是重黎制定的火历。火历根据大火即心宿二作为确定季节的标准。《国语·郑语》说的"夫黎为高辛氏火正，以淳耀敦大，天明地德，光照四海，故命之曰祝融，其功大矣"就是证明。后来到了唐尧时期，历法发生一次意义重大的变革，火历被羲和制定的太阳历取代了。太阳历如同《尚书·尧典》所说，是"钦若昊天，历象日月星辰，敬授人时"，"期三百有六旬有六日，以闰月定四时成岁"的，它不是光观察大火即心宿二，而是观察日月星辰整个天体。这是一个值得注意的变化。从此，天便成为人们心目中神秘莫测而又伟大圣洁的崇拜物。是它"敬授人时"，使人们有可能在大地上劳动生息，繁衍后代。它是至高无上的，一切地方之神在它面前都退居次要地位。它成了社会生活的精神中心。然而，天毕竟是无言无为的，谁来代天行事呢?《尚书·皋陶谟》说，"天工人其代之"，《论语·泰伯》说，"唯天为大，唯尧则之"，由人来代行天意。这"人"先前是部落联盟首长尧、舜、禹，进入文明社会以后，夏、商的最高统治者成为天意的代表，便是顺理成章的事了。所以，启和汤所说"恭行天之罚"的话，是为当时社会所承认所接受的。

使王的权威高高凌驾于诸侯之上的，还有一个更有实际意义的环节，那就是告朔制度。什么是告朔?《谷梁传》文公十六年说："天子告朔于诸侯，诸侯受乎祢庙，礼也。'公四不视朔'，公不臣也，以公为厌政以甚矣。"《公羊传》文公六年何休注说："礼，诸侯受十二月朔政于天子，藏于大祖庙，每月朔朝庙，使大夫南面奉天子命，君北面而受之。"由这些记载可以知道两点: 第一，所谓告朔，是中央政权以天子的名义下达一年的时节月日及其行事安排; 第二，告朔是天子权威中的一项主要内容，是天子政权的标志。《论语·尧曰》记尧对舜传位时说的"天之历数在尔躬"那句话中的"历数"一词，正是"告朔"的另一种叫法。"历数"落到谁的身上，谁就是天子。开国的天子为了使新朝与前朝有所区别，还要改正朔等等，《史记·殷本纪》说"汤乃改正朔，易服色，上白，朝会以昼"，就是证明。告朔制度说明天子对诸侯的统治在一定意义上是有效的。

夏代还处于摩尔根《古代社会》所说的由氏族制度向国家制度过渡的过渡时期，其政治制度之不完善，是不言而喻的。但是，即便如此，从为数不多的史料中依然可以看出夏代实际存在的是君主制，而不是城邦同盟。据《史记·夏本纪》记载，启即天子位后，"遂灭有扈氏，天下咸朝"。战前曾"召六卿申之"，告诫他们要努力战斗，"用命，赏于祖; 不用命，戮于社"。启为了巩固政权，需要用武力征服不接受统治的部落；而且完全由他自己做出决定，手下的"六卿"只能去效力而已，这哪里有城邦联盟首长的味道？如果看看桀的情况，问题就更清楚了。桀被汤用武力驱赶到鸣条以后，桀曾无限感慨地说："吾悔不遂杀汤于夏台，使至此。"说明夏天子可以杀诸侯。诸侯欲推翻天子，取而代之，除在时机成熟时使用暴力以外，别无他法。这同希腊、罗马的城邦联盟何尝有丝毫相似之处。

到了商代，天子与诸侯之间的君臣关系更加清晰可见。殷道的兴衰，总是同诸侯的归服或畔离紧紧地连在一起。《史记·殷本纪》中不乏这方面的记载。"于是诸侯毕服，汤乃践天子之位"；"伊尹摄行政当国，以朝诸侯"；帝雍己时"殷道衰，诸侯或不至"；帝太戊时"殷复兴，诸侯归之"；自中丁以来，比九世乱，"于是诸侯莫朝"；帝盘庚时，"殷道复兴，诸侯来朝"等等，都是说殷王的统治巩固与否取决于各诸侯国是否归服来朝。既然诸侯之亲疏对他有如此重大的干系，就说明殷王的身份主要是天下之天子，而非一邦之君。

殷纣王的作为更能说明问题。据《史记·殷本纪》说，纣王重刑辟，有炮烙之法。"以西伯昌、九侯、鄂侯为三公"，"用费中为政"，"又用恶来"。"商容贤者，百姓爱之，纣废之"。"剖比干，观其心"。他需要时，可以任用诸侯做他的三公；盛怒之下，又可以醢之，脯之，囚之，将他们剁成肉酱，制成肉干，或者投入监狱。而所有这些犯众怒的作为，在周武王用武力把他推翻之前，竟可以畅行无阻，这绝非出于偶然。诸侯在纣王面前分明是战战兢兢的臣下，哪里是平起平坐的友邦关系？纣王实行的这种君主专制制度，自然不能同后来秦始皇相提并论，但是无论如何不能说，纣王治下的殷，是实行民主政治的城邦国家。

总之，夏商两代的天子同诸侯方国的关系不是平等或对等的同盟关系，中国早期的国家形式不是城市国家联盟，而是由以天子为代表的中央政权管辖的，有待发展的，不完备的君主制国家。

二 西周时期天子的权威明显加强

到了西周时期，天子的权威明显加强，成为天下之至尊。这是由几个因素促成的。西周从周公旦致政成王起，创立立子立嫡的君位继承制，对于天子权威的加强有极重要的意义。殷代天子的所有兄弟和嫡子庶子都有资格和可能继天子位。周代有资格继天子位的只有嫡长子或嫡长孙，君位是素定的。每一代周天子都是文王的继体者，他的身体、德行乃至实行的政策，被认为是文王的代表和象征。他的亲属们要像对待开国君主文王那样恭敬他，服侍他。西周以后人们说的"父至尊也"，"天子至尊也"（《仪礼·丧服》），"天无二日，土无二主，国无二君，家无二尊，以一治之也"（《礼记·丧服》），"尊尊君为首"（《礼记·大传》郑注），等等，正是西周实际情况的反映。

西周实行宗法制度，使天子的君权从血缘亲属关系的束缚下解脱出来。按照宗法制度，天子（诸侯亦然）即位，他的所有昆弟都要自卑别于尊，从原来的血统中"别"出去，另立自己的新血统。其结果，一方面，"诸侯夺宗"（《汉书·梅福传》），"诸侯之尊，弟兄不得以属通"（《谷梁传》隐公七年、昭公八年），"不以亲亲害尊尊"（《谷梁传》文公二年），"不以家事辞王事"（《公羊传》哀公三年），"族人不得以其戚，戚君位也"（《礼记·大传》），宗统不得干预君统。天子诸昆弟对天子要君事之，不得兄事。从而把血缘关系对君权的干扰限制在最小范围内。另一方面，"君有合族之道"（《礼记·大传》），天子对于其昆弟以及族人可以讲亲亲，以从各宗族寻求支持自己的力量。这样，连天子的昆弟都要对天子讲君臣关系，不讲血缘关系，天子的权威毫无疑问地加强了。

使天子权威得到加强的更为重要的一个因素是分封制。《荀子·儒效》说，周公"兼制天下，立七十一国，姬姓独居五十三人"。《左传》僖公二十四年说："昔周公吊二叔之不咸，故封建亲戚，以藩屏周。"除封国外，周天子在王畿之内以及受封诸侯在其封内又陆续封同姓子弟为卿大夫。古人所谓"天子建国，诸侯立家"（《左传》桓公二年），即指此事。这就是说，西周的诸侯国家不是像希腊、罗马的城邦国家那样，以城市为中心自己形成，而是由天子所封建，政权得之于天子。西周的天子也不是像雅典和斯巴达那样，作为诸城邦国家之一，由于经济、政治发展的结果，逐渐形成为诸城邦国家的盟主；而是在诸侯国政权产生之前就已存在的，高高在上的统治者。

诸侯都受命于天子，在天子的统治之下，并且处于一定的等级之中。"王者之制爵禄，公侯伯子男凡五等。诸侯之上大夫卿、下大夫、上士、中士、下士凡五等"（《礼记·王制》），"上公九命"，"侯伯七命"，"子男五命"（《周礼·春官·典命》）。不但始封君受命于天子，继世君必须受天子之赐命。生前未命，死后也要追命。如《春秋》庄公元年载"王使荣叔来锡桓公命"，就是死后追命的。诸侯国的官也由天子赐命。"大国三卿皆命于天子"，"次国三卿，二卿命于天子"（《礼记·王制》）。《左传》宣公十六年记王"以黻冕命士会将中军，且为太傅"，就是天子为诸侯命官之显证。"天有十日，人有十等"，自天子以下，公侯伯子男卿大夫士形成一个界限分明的"王臣公，公臣大夫，大夫臣士"（《左传》昭公七年）的宝塔式等级系列。天子与诸侯，诸侯与诸侯，诸侯与卿大夫，根本无平等或对等而言。这种严格的等级制度同任何城邦国家的民主制度都是不相容的。

诸侯国的主权是相对的，有限的。大事情一概要受天子的管辖。诸侯不得专封，专杀，专征。"天子作师，公帅之，以征不德；元侯作师，卿帅之，以承天子"（《国语·鲁语下》）。诸侯"赐弓矢然后征，赐斧钺然后杀"（《礼记·王制》）。"非天子之命不得动众兴兵诛不义"（《白虎通义·诛伐》）。在祭祀问题上，"天子有方望之事，无所不通。诸侯山川有不在其封内者，则不祭也"（《公羊传》僖公三十一年）。天子有祭天之权，可以祭天下之山川，诸侯只可祭社稷和疆内山川。希腊的城邦国家在宗教方面当然不存在这样不平等的现象。

诸侯对天子要尽臣子之道。"比年一小聘，三年一大聘，五年一朝"（《礼记·王制》）。天子死，诸侯要像对待父亲那样，服斩衰三年（《仪礼·丧服》）。"天子在上，诸侯不得以地相与"（《谷梁传》桓公元年）。"诸侯见天子，曰臣某侯某"（《礼记·曲礼下》），天子自称"余一人"（《左传》昭公九年；《礼记·曲礼下》），"天子不下堂而见诸侯"（《礼记·郊特牲》）。"诸侯勤以辅事于天子"（《礼记·丧记》，"诸侯有善归诸天子"（《礼记·祭义》）。

周天子握有对诸侯的生杀大权。《公羊传》庄公四年和《史记·齐世家》记载周夷王听纪侯之谮，活活烹了齐哀公。齐国不怨天子而恨纪侯，与纪国结下了九世冤仇。这种情况在城邦联盟之中绝对不会有。

周天子对诸侯的权威，甚至到了"礼乐征伐自诸侯出"的桓文时期也未稍减。齐桓公九合诸侯，一匡天下，是威名赫赫的霸主，也还是对天子小心翼翼，不敢稍有疏忽。有一次，周天子"使宰孔赐齐侯胙"，交待说齐侯受胙时可免下拜。但是齐桓公说："天威不违颜咫尺，小白余敢贪天子之命无下拜？"终于下拜，然后登堂受胙（《左传》僖公九年）。三年之后，管仲因平戎事赴京师，周襄王欲以上卿之礼接待他，他坚辞不受，说"臣贱有司也"，终"受下卿之礼而还"（《左传》僖公十二年）。这是不是故作姿态呢？不是。即使诸侯有所僭越，哪怕是细微末节，天子也绝无容许之理。晋文公曾"定襄王于郏"，于天子可谓有大功，但是当他不受王之赏地而"请隧"时，周襄王还是板起面孔狠狠申斥他一番。他别无办法，只好乖乖撤回"请隧"的要求，"受地而还"（《国语·周语中》）。又，晋惠公即位时，周襄王"使邵公过及内史过赐晋惠公命"，晋惠公"执玉卑，拜不稽首"，表现稍有不敬，便引得内史过大为不满，回去向襄王打了他的报告，说他这是严重的"轻王"行为（《国语·周语上》）。

古文献上有关这方面的记载多得很，上面提到的这些已经足够说明问题。周天子与诸侯之间的君臣关系是严峻的，不容忽略的。有些学者认为"普天之下，莫非王土"的《诗》句讲的不是土地所有制，而是"表明周王的权力是最高的，无限的"[8]，"周王拥有国家主权"[9]，看来完全正确。列国是他褒封或新封的，征伐予夺的大权在他手里，哪里有这样的城邦同盟的盟主？

三　春秋时代不存在诸大夫会议和国人会议

日知同志断定春秋时代各国有诸大夫会议和国人会议；两个会议加上国君系统，构成城邦国家通常应该有的三种政治机关；三种政治机关的存在，足以表明这些国家有贵族政治和民主政治。但是，中国的确不像雅典，没有三种政治机关，没有雅典那种混合政体。中国春秋列国有的是国君和他治下的大大小小贵族以及国人群众。

日知同志把古书上提到的几次国君"朝诸大夫"、"朝国人"说成是诸大夫会议、国人会议，根据实在不算充足。相反的材料，古书中倒是俯拾皆是。上文提到，列国始封君由天子命封，继世君也须经天子承认，所以孟子说"得乎天子为诸侯"

（《孟子·尽心下》）。诸侯是继世的，终身的，没有一个像雅典执政官那样由什么会议选举产生。国家主权由天子那里得来，掌握在国君手中，也不像雅典那样，主权属于全体公民。孟子说"得乎诸侯为大夫"（《孟子·尽心下》），是正确的。卿大夫爵位由天子或国君授命，采邑和田禄由国君赐给，而且世禄不世爵。卿大夫依附于国君，作为国君的臣下和辅贰而存在。国君可以随心所欲而且堂堂正正地把卿大夫杀掉，而卿大夫如果弑君，史官则必舍命书进史册，视之为贼，人人得讨之。"国君一体"，"国君以国为体"（《公羊传》庄公四年），"以大夫为股肱，士民为肌肤"（《公羊传》僖公七年何注）。国君是国家的代表。国家的命运与城市关系不大，国都陷落，国家可以照旧存在。只有国君绝祀，社稷无主，才是国家灭亡的标志。孟子说"诸侯危社稷，则变置"（《孟子·尽心下》），纵然有此等情事，换上来的不是别的，还是国君。

春秋当代人对于国君和卿大夫关系问题讲得尤为清楚。晋国的师旷说："有君而为之贰，使师保之，勿使过度。是故天子有公，诸侯有卿，卿置侧室，大夫有贰宗，士有朋友"，"以相辅佐也，善则赏之，过则匡之，患则救之，失则革之"（《左传》襄公十四年）。史墨说："王有公，诸侯有卿，皆有贰也。天生季氏，以贰鲁侯"（《左传》昭公三十二年）。他们都认为卿大夫是国君的辅贰，可以规谏国君，听不听在于国君。这样的言论在先秦文献里随处可见。甚至连晋国的一个小小膳宰屠蒯也会说"君之卿佐，是谓股肱"（《左传》昭公九年）的话。

诸侯与卿大夫的君臣关系，在当时人们的行动上也有明显的反映。鲁卿季孙宿访问晋国，晋侯以享礼接待他，他不敢当，说："寡君犹未敢，况下臣，君之隶也，敢闻加贶？"（《左传》昭公六年）晋先轸为遣返秦俘事同晋襄公发生争执，一气之下，"不顾而唾"。不等襄公处置他，他自己就寻死了。死前说："匹夫逞志于君而无讨，敢不自讨乎！"（《左传》僖公三十三年）楚昭王被吴军战败，逃到郧国。郧公之弟要乘机报杀父之仇，郧公制止说："君讨臣，谁敢仇之？君命，天也。若死天命，将谁仇？"（《左传》定公四年）鄢陵之战，晋将韩厥和郤至在阵前遇上楚王和郑伯，竟说"不可以再辱国君"，"伤国君有刑"（《左传》成公十六年），终不敢有所触犯。请看，在卿大夫的头脑中，君臣观念有多么深刻！有时对敌国国君也要敬畏三分。

卿大夫做为国君的辅贰和臣下，他们的任务是小心谨慎地服事国君。"建邦能命龟，田能施命，作器能铭，使能造命，升高能赋，师旅能誓，山川能说，丧祭能诔，祭祀能语"[10]，是他们的职责。"进思尽忠，退思补过"（《左传》宣公十二年），"善则称君，过则称己"（《谷梁传》襄公十九年），"夙夜匪懈，以事一人"[11]，"大夫无遂事"（《公羊传》庄公十九年），"君不尸小事，臣不专大名"（《谷梁传》襄公十九年），是他们做事必遵的原则。"威权在君"（《国语·晋语八》），"专在寡人"（《国语·晋语一》），"在我而已"（《左传》襄公十九年），权力掌握在国君手里，因此，"畏君之威"（《左传》昭公元年）是他们的第一大节。

春秋时代国君和卿大夫的关系是这样的严峻，在国君的系统之外，不可能允许有个诸大夫会议存在。

列国的生杀、和战、废立大权，无不操之于国君手中，不见有什么诸大夫会议或者国人会议来分享他的权力。君杀大夫之事，见于《春秋》的不下数十起。"君亲无将，将而诛焉"（《公羊传》庄公三十二年）。国君的亲属有弑君、谋叛的迹象，也将诛无赦，其他异宗异姓卿大夫自然更不待说。晋厉公一朝杀三大夫，晋景公族灭赵同、赵括，楚成王杀子玉、子上，楚共王杀子反，这些是春秋大国国君擅杀卿大夫的著名的例子。卿大夫们对国君的生杀大权并不怀疑。被杀者往往还要表示"君赐臣死，死且不朽"（《左传》成公十六年）。不唯大国如是，小国亦然。曹伯与戎战，死于战场，随从作战的几个大夫未能死义，为嗣君所杀。《春秋》认为君辱臣不死，杀得对（《公羊传》庄公二十六年）。

对外战争也是由国君决定的。《春秋》书战以及直接书败的，共40次。其中《左传》加以详叙的有僖公二十二年宋楚泓之战、僖公二十八年晋楚城濮之战、僖公三十三年晋秦殽之战、文公十二年晋秦河曲之战、宣公十二年晋楚邲之战、成公二年晋齐鞍之战、成公十六年晋楚鄢陵之战、定公四年吴楚柏举之战等8次。这8次意义重大的战争，交战双方都不见开过什么诸大夫会议，实际都由国君决策。

战争的统帅也由国君任命。如《史记·孙子吴起列传》说"臣既已受命为将，将在军，君命有所不受"；《史记·司马穰苴列传》说"将在军，君令有所不受"；《孙子·军争》说"将受命于君"；《公羊传》襄公十九年说"大夫以君命出，进退在大夫"，等等，无不说军将由国君任命。实际情况也确实如此。晋士匄"受命于君而伐齐"，闻齐侯卒，不战而退军。《春秋》对他受君命而能权宜行事，大加赞许，以善辞书"还"（《公羊传》襄公十九年）。晋与狄战，襄公欲以狐射姑为中军大夫（主帅），后来听阳处父谏，改命他人。事后，襄公把内情告诉给狐射姑，结果酿成狐射姑刺杀阳处父的祸事（《公羊传》文公六年）。军队的主帅受命于国君，这不是明明白白吗！

外交权力同样也属于国君，对外结交、绝交、媾和，均由国君决定。"郑伯将会诸侯于鄢"，与晋结盟，大夫们不同意，说"中国不足归也，则不若与楚"（《公羊传》襄公七年）。郑伯坚持己见，被弑。大夫们可以杀死他，却不能改变他的决定。《左传》成公十六年所记晋秦绝交（即"吕相绝秦"）一事，决定是由晋厉公一人做出的。楚庄王率师围郑，郑伯肉袒牵羊向楚求和。庄王当即决定撤军，与郑媾和，虽将军子重百般反对，媾和的决定终于不改（《公羊传》襄公十二年）。终春秋之世，由大夫决定媾和，只有一次。楚庄王围宋，宋国易子析骸，楚军亦只有七日之粮。宋华元与楚子反未经请示各自的国君而于军前擅行媾和。他们本来办了一件好事，但是由于他们"在君侧，不先以便宜反报，归美于君，而生事专平"[12]，《春秋》不书他们的名氏，而贬称人，写作"宋人及楚人平"（《春秋》宣公十五年）。而这也是由他们个人决定，并未举行过什么诸大夫会议。

世子废立，也由国君决定。这方面最典型的例子是晋献公废世子申生而立庶子奚齐。废嫡立庶，是谓不正，不符合嫡长子继承制的要求。但因为是国君这样做的，不正，臣下也要服从。所以大夫荀息因参与此事而被里克杀死，《春秋》认为荀息做得对，把他的名字写进《春秋》[13]。国君废嫡立庶，虽不正，臣下也要服从的观念，古人是清楚的。《春秋》对国君废嫡立庶的事，一概不书，不予讥贬，正是这个意思。齐景公欲立庶子舍，田乞满心不同意，嘴上也要说："所乐乎为君者，欲立之则立之，不欲立则不立。君如欲立，则臣请立之。"（《公羊传》哀公六年）董仲舒说："君之立不宜立者，非也。既立之，大夫奉之是也。荀息死先君之命，是以贤之也。"[14]清人孔广森说："次当立，正也。非次当立，而受之天子，命之先君，乃可言也。"[15]这些话都是说，君立不宜立者，卿大夫要承认，要服从。

由此看来，国君大权面面在握，遇事要不要征询臣下意见，臣下的谏议，采纳不采纳，全由他一人的好恶而定，根本无须举行诸大夫会议或国人会议。《左传》、《公羊传》、《国语》等书所讲的"朝诸大夫"，不过是谏议制度的反映，是国君或者主意已定，为了寻求支持，或者主意未定，为了权衡得失，而进行的一种临时性的咨询活动。它由国君召集，提出议题，做出决定，对国君没有任何约束力，实非什么会议。如晋"灵公朝诸大夫而暴弹之，观其避丸也"（《谷梁传》宣公二年），大夫们对灵公的无礼行为无可奈何，不得不在"会议"之外采取暴力行动将他杀死。大夫们无权主动决定什么，一般总是像秦穆公让大夫们讨论对被俘的晋惠公杀之、逐之、归之、复之孰为有利那样[16]，就国君提出的问题发表意见，由国君做结论。有时连这一点也做不到，如吴王夫差决定自越退兵，转而伐齐，"告诸大夫曰，孤将有大志于齐，吾将许越成，而无拂吾虑！"（《国语·吴语》）国君把自己的决定通报给诸大夫知道而已，不允许他们发表意见。

至于"朝国人"、"盟国人"、"致众"、"朝众"等，是原始氏族社会自然长成的民主制遗迹，在春秋时期作为国君争取支持的一种手段残留下来，而不是给予国人以实际上的政治权力，因而就其性质说，不是"国人会议"。

值得注意的是，国君一般都是在他的统治出现严重危机，需要借助国人的力量以摆脱困境的时候，才"朝国人"，"致众"。每次"朝国人"都是让国人依国君的意图干什么，而不是国人决定什么，然后让国君执行。以晋惠公为例，晋惠公在位十三年，"背秦赂"，"杀里克"，"杀丕郑及七舆大夫"，不予秦粟，以及与秦战于韩等关系内政、外交的大事[17]，均未"朝国人"商议，唯独到他战败做了秦国俘虏的时候，才急忙派人"朝国人"。日知同志以为这次"朝国人"决定了晋国立君问题、对秦和战问题、田制改革问题、兵制改革问题，说明国人会议决定的多是国之大事。这是一个很大的误解。第一，晋惠公做的许多大事并没有"朝国人"；第二，他战败被俘后"朝国人"，用意显然不在于解决问题，而是要为保住君位收买人心。因为按照当时人们的传统观点，"国君者社稷之主，百姓之望，当与社稷宗庙共其存亡者也，而见获于敌国，虽存犹亡，死之与生，皆与灭同"[18]。"大辱莫甚于去南面之位而束获为虏也"，"辱若可避，君子视死如归"[19]，他战败当死，未死而被生俘，已失去做国君的资格，所以才"朝国人而以君命赏"。表示"孤虽归，辱社稷矣，其卜贰圉也"（《左传》僖公十五年）。这与其说是罪己，勿宁说是不得不做的一种姿态。第三，"作爰田"、"作州兵"，是晋惠公为了加强军备而采取的两项措施。由吕甥、郤乞乘战败之机取得国人的支持而付诸实行，绝不是国人们主动做出的决定。

其他"朝国人"，如《左传》定公八年卫灵公问叛晋和《左传》哀公元年陈怀公问欲与楚欲与吴，情况皆如此。都是在万分危急的关头，国君把自己的意愿加给国人，让国人支持他。

《周礼·小司徒》说："凡国之大事致民，大故致余子。"日知同志以为"致民"就是召开国人会议。若依二郑和孙诒让的解释，断难得出这个结论。郑玄注说："大事谓戎事也，大故谓灾寇也。"什么是"戎事"、"灾寇"？孙诒让《正义》说，"戎事谓征伐邦国之事"，灾寇"谓凡大事之凶者"，"灾谓水火大灾，寇谓外寇侵犯及内寇窃发"。什么叫"致民"、"致余子"？郑司农说："致，谓聚众也。"[20]又说："国有大事当征召会聚百姓。"[21]孙诒让说："凡国之大事致民者，谓国有军旅之戎，则发六乡之正卒以备守事及追胥也。"[22]讲的多么清楚！国家仅仅在有大事大故即发生战争或大水大火的非常时刻才"致民"、"致余子"的。"致"也不是请来开会，而是征召他们来打仗或救灾。如果"致民"是召开国人会议，那么为什么平时不开，偏偏等到国家处于紧急状态时才开，于理难通。《国语·吴语》所载勾践决定伐吴，"乃命有司大令于国中曰，苟在戎者，皆造于国门之外"，正可与《周礼·小司徒》相印证。

征诸史料，所谓春秋时代的诸大夫会议、国人会议，实属子虚乌有。春秋时代，诸侯国的君主专制制度比先前任何时候都更明确，更严格，不存在什么三种政治机关或者雅典式的混合政体。没有城邦制度，更谈不上"城邦制的全盛时代"。

四 《春秋》称人之人非指国人

日知同志为了复原古代中国的所谓城邦制度，从《春秋》中"切出一小块称人之例来"，证明"春秋时代有不少国人在各邦执行内政、外交、军事各种职务"。证明的根据是，《春秋》一书中凡称人皆指国人。

以为《春秋》称人之"人"皆为国人的论点实难成立。把《春秋》称人的"人"一概说成是一种什么人，这首先就与《春秋》的本义不符。《春秋》重在明义，不像别的史书那样重在书事。古人除刘歆、刘知几等少数几人另有居心以外，无不作如是观。清代诸家讲得尤为明确，如钟文烝说：《春秋》"主于因事明义，不以记事为重"[23]，章学诚说："以《春秋》分属记事，失之甚也。"[24]所谓"因事明义"，就是记事是为了表达立场、观点。《春秋》17000左右字，记载1800例历史事件，能够准确无误地表达它的思想，功夫全在用辞的变化上。正如古人所说，《春秋》之道，"有常有变，变用于变，常用于变，常用于常，各止其科，非相妨也"[25]，"《春秋》无通辞，从变而移"[26]，"唯义所适"[27]，"《春秋》不过几个字换来换去，忽如此用，忽不如此用，忽用忽不用，千变万化，不可思议，又至稳至当"[28]。用《春秋》做史料，不注意《春秋》的这个特点，以为一个辞到处只有一个含义，凡见"人"字，就以为是国人，是绝对不可以的。《春秋》常用的"人"字，所指是什么人？看看公、谷二传及诸家注疏便知。《春秋》"人"字所指，从王朝之士、诸侯国君到列国卿大夫士都有，唯独没有国人。我们看看"人"字的具体所指，比如盟会称人之人，没有一个是国人。《春秋》书盟会192次，其中称人者35次。这35次盟会按照称人者的实际身份可分为四类。一为小国大夫称人，共17次。如僖公二十八年书公会晋侯以下秦人于温，孔广森《公羊通义》说"秦人者，小国无大夫"，秦是小国，小国大夫不录名氏，故知"秦人"实为秦的大夫。二为大国大夫称人，共7次。如桓公十一年书"齐人、卫人、郑人盟于恶曹"，刘敞说，"此非微者也，大夫之交盟于中国自此始，故贬之也"[29]。又如成公二年书公及楚人以下盟于蜀，陈立说："大夫不敌君，故诸大夫皆贬称人"（《公羊义疏》）；僖公二十九年书公会王人以下盟于翟泉，孔广森说："公会大夫之辞也"[30]；襄公三十年书晋人以下会于澶渊，《公羊传》说，此"卿也"。三为诸侯称人，共7次。如僖公二年书齐侯、宋公、江人、黄人盟于贯，钟文烝说江、黄"以远国之辞称人，实是其君"（《谷梁补注》）。又如隐公八年书公及莒人盟于包来，董仲舒说："诡莒子号谓之人，避隐公也"[31]。四为卑者称人，仅4次。其中诸家一致认为是卑者称人的，只有两次，即僖公三十二年"卫人及狄盟"和隐公元年"及宋人盟于宿"。可见《春秋》盟会称人之"人"，绝大多数是指列国国君和卿大夫。

卑者是什么身份呢？《公羊义疏》隐公五年引孔疏说，"将卑为大夫，将尊为卿"。《公羊传》旧疏说，"公羊之例，大夫悉见名氏，与卿同，今此不见名氏，故知士也"（《公羊义疏》隐公元年引）。诸说不一，今姑从后说，以卑者为士。又据《礼记·王制》注说"凡非命士，无出会之事"，知出会之士必为命士。命士自然不宜视作国人。

日知同志置这些情况于不顾，肯定"及宋人盟于宿"的宋"人"是国人，并且把钟文烝《谷梁补注》的一段话引来当作"称人的一套成规"，以此例全书，说《春秋》凡称人皆指国人。日知同志完全错了。第一，上文说过，《春秋》无通辞，唯义所适，无成规可言。第二，钟文烝说的"列国皆有大夫，非大夫则称人，称人则知是卑者，此其常文，犹内之直书其事。诸小国本无大夫，虽大夫亦称人，亦是卑之。楚之先无君无大夫，不论君臣，其常文皆称人。戎、狄、吴、淮夷，不论君臣，其常文皆称人"那段话，特别强调他讲的是"常文"。所谓"常文"，是对"变文"而言，绝不可理解为"成规"。钟氏此处所说，意思是大国、小国、楚国和吴及淮夷等四种类型国家，在一般情况下，什么人该称人，什么人不该称人。以此为基准，如果发现该称人却不称人，不该称人却称人的情况，那就是变文。《春秋》以变文见褒贬进退之义，变文多而常文少。《春秋》而无变文，便不成其为《春秋》了。

日知同志为了证明国人参与军国大事，提出"春秋时代有些小国尚无大夫，如出兵，将兵者，非国君即平民"的说法，更加令人难于理解。在所能见到的古代文献中，没有一部说小国没有大夫。凡涉及这一问题，如《左传》说"小国之上卿，当大国之下卿"（成公三年）。《礼记》说"小国二卿皆命于其君，下大夫五人……"（《王制》），

《春秋》说"曹杀其大夫"（庄公二十六年），《周礼》说"子男之卿再命，其大夫一命"（《春官·典命》）等等，无不肯定小国有大夫。公、谷二传说"小国无大夫"，"莒无大夫"，"曹无大夫"，"秦无大夫"，"邾娄无大夫"，讲的是《春秋》书法，其意义如孔广森所说，"《春秋》之义，小国无大夫。无大夫者，称人不录名氏也"[32]，并不是说小国事实上没有大夫。日知同志似乎说他的根据来自钟文烝。但是钟文："小国无大夫者，虽是大夫，皆直称人"（《谷梁补注》隐公二年），也是说小国有大夫。所谓"小国无大夫"，不过说小国大夫名氏不上《春秋》而已。

至于平民将兵的事，亦不见古人有任何记载。日知同志说他根据钟文《谷梁补注》，但是钟氏实未讲过小国平民将兵的话。他说"小国无师，君将称君，非君皆称人"（《谷梁补注》桓公十三年），"小国无师又无大夫，苟非君将，则无论将之尊卑，师之众寡，皆以称人为常"（《谷梁补注》隐公五年），恰恰是认为小国将兵者，如不是国君，便是卿大夫。其实这不是钟氏的独见，《谷梁传》范宁注也说："小国君将称君，卿将称人。"[33]可见春秋并不存在小国平民将兵之事。

日知同志把《春秋》称人的情况概括为两种，一是所谓的"卑辞"，一是"众辞"，别无其他。这是有些武断的。至少贬称人一项古来绝大多数学者都承认。公羊家就认为"微者亦称人，贬亦称人"[34]。日知同志却把贬称人拼入所谓"卑辞"里面，一从卑者称人之例。比如把《公羊传》隐公五年所说"将卑师少，称人"笼统地划入所谓"卑辞"一类，似乎凡外用兵称人，将兵者全是卑者。其实不是这么回事。《公羊传》那句话是常文，它的含义仅仅是，凡外用兵，将卑师少必称人，并不排除将尊师少也称人的可能，更不是说，凡外用兵称人的，都是将卑。《春秋》书外用兵称人，真正属于将卑的极少，绝大多数是国君和卿大夫。桓公五年书"蔡人、卫人、陈人从王伐郑"。何休以为三国称人者实为国君。文公十七年书"晋人、卫人、陈人、郑人伐宋"。据《左传》四国称人者皆为卿。文公九年书"公子遂会晋人、宋人、卫人、许人救郑"。据《左传》，晋、宋、卫三国都是大夫。《春秋》外国君卿大夫将兵称人的例子，举不胜举。还有一点值得注意，历来诸家都认为，关于外用兵称人之例，春秋前后期有所不同。通常以文公三年"晋阳处父帅师伐楚以救江"为界。至此，外卿大夫将兵始称名氏，以前一概称人，即"师少称人，虽尊卿为将，亦不别"（《谷梁补注》庄公十四年），"虽卿将，但称人，将尊师少与将卑师少同"[35]。就是说，文公以前，只要师少，将卑将尊皆称人。

《公羊传》有"七等"之说，也涉及称人的问题。"七等"就是"州不若国，国不若氏，氏不若人，人不若名，名不若字，字不若子"[36]的州、国、氏、人、名、字、子。《春秋》以此"七等""进退四夷，绌陟小国"[37]。因此，《春秋》书"楚人"、"吴人"、"曹人"、"莒人"、"邾娄人"，往往指楚君、吴君、莒君、邾娄君。如果按照称人除众辞便是卑者的说法，把楚、吴诸国之君一概视作卑者，岂不太强《春秋》之所难！

《春秋》以众辞称人之人，也不是指国人。"众辞"是公、谷二传用以解释《春秋》称人常用的一个概念。"众辞"的含义是什么呢？《春秋》庄公十七年书"齐人执郑詹", 《谷梁传》解释说: "人者, 众辞也。以人执, 与之辞也。" 钟文烝补注说: "众辞者, 与之之辞, 与其执有罪也。" 陈立《公羊义疏》说: "传云'人者, 众辞也', 决与微者贬者称人异也。" 可知 "众辞" 之义有二, 一为 "与之", 即赞许某人做某事做得对, 得人心; 二是表示此处称人不是卑者, 也不是贬。

《春秋》称人的实际情况表明, 这样理解是对的。宣公十五年书 "宋人及楚人平" 和宣公十一年书 "楚人杀陈夏征舒", 《谷梁传》以为众辞, 而《公羊传》以为贬。二传一致承认, 前两 "人" 是宋华元和楚司马子反, 后一 "人" 是楚庄王。而对 "平"、"杀" 称人的意义, 二传看法却截然相反。这恰恰证明《春秋》称人, 贬也罢, 众辞也罢, 着眼点在于明义, 而不在于那个 "人" 究竟是谁。《春秋》只要认为事情做得对, 得人心, 任什么人它都要以众辞书做 "人"。因为国人实际上无权参与国家大事, 所以《春秋》以众辞称人的 "人", 事实上都是国君和卿大夫。

有时一件事有两个或两个以上的意义, 《春秋》也尽量要表达出来。例如隐公四年书 "卫人立晋", 孔子对这件大事的评价有两方面。一方面认为臣下立君是不对的, 应该抨击。另一方面又觉得晋这个人得人心, 在卫君已死, 社稷无主的情况下, 有人立他为君, 也是必要的, 应该赞许。结果他写下 "卫人立晋" 四个字。书 "立", 表示根本不应当立, 即公、谷二传说的 "立者, 不宜立也"。按照嫡长子继承制, 国君不是谁立的。先君死, 世子即位, 没有世子, 也要由先君临终前指定继承人。所以书 "立" 等于告诫人们说, 在任何情况下, 谁都无权立君。即如孔广森《公羊通义》所说, 晋 "未受之天子, 命之先君, 得国于臣下之手, 恐开后世权臣废立之渐, 故书立以戒之"。称 "人" 是众辞, 表示晋得人心, 立他为君, 有可取的一面。把这两点意思表达出来, 《春秋》就算达到目的。立晋者实为卫国著名的大夫石碏, 但是《春秋》并不关心这个。它认为称人才能表达它的义, 不管是谁他都要称人。《公羊传》讲 "众立之之辞也", 也是用其义, 而非取其实。

日知同志从 "卫人立晋" 一例得出国人有权立君, 从而有权废君、执君的结论, 并由此推测出《春秋》有民贵君轻的思想, 恐怕是误解了《春秋》的本义。孔子作《春秋》的目的就是诛讨弑君弑父的乱臣贼子, 他肯定不会自己打自己的嘴巴, 认为国人有立君废君之权。若说他们实际上有这个权利, 终春秋之世不见有哪个国君是国人弑的。退一步说, 即便曾经有过国人弑君废君之事, 也不宜说那是他们的权。犹如后世的农民, 常常起义杀掉皇帝, 那不是因为封建制度赋予了他们弑君之权, 那是造反、革命。

至于称人以弑, 弑君者亦绝非国人群众。《春秋》书弑26次, 称人者只有文公十六年 "宋人弑其君杵臼", 十八年 "齐人弑其君商人" 和襄公三十一年 "莒人弑其君密州" 三次。据《左传》记载, 这三弑真正的弑君者, "宋人" 是宋昭公的 "君祖母" 襄夫人王姬, "齐人" 是齐懿公的御者和骖乘 (因报私仇而弑君), "莒人" 是密州的儿子, 全不是国人。《春秋》称人的原因, 应从公羊说, 前二弑为从贱者弑君称人之例, 后一弑为从莒无大夫而称人之例, 都不是众辞。由这三次弑君称人看不出国人有弑君之权或弑君之实。

关于称人以执，日知同志以为反映了一种古老的民主传统。按此传统，同盟邦国要互相监督国君和国人的正常关系。若国君不道于其民，同盟邦国得讨而执之。这是根据《左传》成公十五年之"君不道于其民，诸侯讨而执之，则曰某人执某侯"的凡例而来的。但是《左传》凡例不足信据，解经应据《公羊传》。按公羊家的说法，"称侯而执者，伯讨也；称人而执者，非伯讨也"[38]。称侯曰伯讨，意在著明被执者之罪；称人曰非伯讨，意在显现执者之恶。《春秋》书执凡29，其中执国君者11，3例称侯，8例称人。日知同志所举称人以执的3例，僖公十九年"宋人执滕子婴齐"，僖公五年"晋人执虞公"和僖公二十八年"晋人执卫侯"，被执诸侯全不是不道于其民者。其所以称人，是为显现执者之恶。"宋人"实为宋襄公，《春秋》贬称人，"恶其专执也"[39]；"晋人"实为晋献公，他灭人之国，谈不上为别国讨不道之君，《春秋》贬称人，"恶晋也"[40]；后"晋人"实为晋文公，《春秋》贬称人，"卫之祸，文公为之也"[41]。这里实看不出诸侯执诸侯是为了监督所谓同盟邦国国君与国人的正常关系。况且，"诸侯尊贵，不得自相治，当断之于天子"[42]，诸侯无权定诸侯之罪。

《春秋》称人之人，事实上全是诸侯卿大夫之类，不是国人。不是国人而称人，《春秋》有其特殊的用意，此不可不知。不必说《春秋》，就是重记事的《左传》，也不见有国人指挥作战、出使别国、管理内政的迹象。中国古代的国人和古希腊城邦的公民不同。希腊城邦是公民集团，即使在有国王或僭主的情况下，公民的权力依然不可忽视。而中国的国人则始终处于无权的地位。

总之，尽管全世界有不少地方古代经历过城邦制阶段，但是中国古代确实不存在城邦制度。因为，第一，城邦是以一个城市为中心，居民和疆土都有限的国家。城邦之间可以发生战争，但绝不兼并。中国先秦国家却有一个数目由多到少，疆土由小到大的兼并过程。第二，城邦国家必然结成同盟，国家之间是同盟关系。中国三代天子与诸侯方国的关系是君臣关系。天子的威权具有中央政权的性质。第三，研究过150多年城邦政制的亚里士多德把希腊城邦政体归纳为君主、贵族、共和、僭主、寡头和平民6种。每一种都以部分公民或全体公民的利益为基础[43]。而中国先秦国家自始至终是君主制政体，不是公民的集团，它从来不以什么公民的利益为基础。诚然，自春秋至战国，天子式微，诸侯崛起，大夫擅权，乃至陪臣执国命，但这是权力重心的下移，不是政制的改变。晋六卿、齐田氏、鲁三家，他们可以分晋、代齐、专鲁，却谁都不曾摆脱旧制度的窠臼，离开君主专制的轨道。

春秋战国时期的情况最能说明问题，先前的140余国减至十二诸侯和七雄，这些在强兼弱削过程中的胜利者，个个拥有众多的人口、城市和一片很大的疆域。它们的一直存在的君主制政体继续得到加强，把它们当中的任何一个说成是城邦，都是十分困难的。

注释：

[1]《孔孟书中所反映的古代中国城市国家制度》，《历史研究》1980年第3期；《从〈春秋〉称人之例再论亚洲古代民主政治》，《历史研究》1981年第1期。

[1][4][43]参见亚里士多德：《政治学》，商务印书馆1965年，第356、113页，及第三卷第七章。

[2]顾炎武：《日知录》卷二二郡县条。

[3]顾栋高：《春秋大事表·列国原姓及存灭表叙》。

[5]Mason Hammond：*The City in the Ancient World* Chapter 15：The Cocept of the City-State. Harvard.University Press.1972.

[6]金景芳：《中国古代思想的渊源》，《社会科学战线》1981年第4期。

[7]金景芳：《中国古代史分期商榷》（上），《历史研究》1979年第2期。

[8]李学勤：《重新估价中国古代文明》，人文杂志增刊《先秦史论文集》，1982年。

[9]《诗·鄘风·定之方中》毛传。

[10]《左传》襄公二十五年引《诗》。

[11]《公羊传》宣公十五年何注。

[12]事见《公羊传》僖公十年。

[13][24][30]《春秋繁露·玉英》。

[14][26][31][36][38][39][40]《春秋公羊通义》隐公四年、文公元年、庄公二十四年、庄公七年、僖公十九年、僖公五年。

[15][16]事见《国语·晋语三》。

[17]《公羊义疏》庄公十年引村氏释例。

[18][25]《春秋繁露·竹林》。

[19]《周礼·大司马》注引。

[20]《周礼·小司徒》郑注引。

[21]《周礼正义》小司徒职。

[22]《谷梁补注》僖公三十二年。

[23]《文史通义·书教上》。

[27]《谷梁补注·论经》引李光地语。

[28]《谷梁补注》疏引。

[29]《公羊通义》。

[32]《谷梁传》僖公元年范注。

[33]《公羊传》隐公七年何注。

[34]《谷梁补注》文公三年引陈博良说。

[35]《公羊传》庄公十年。

[37]《公羊传》僖公四年。

[41][42]《公羊传》僖公二十八年及何注。

（原刊《中国史研究》1983年第4期）

金景芳和先秦史研究

　　金景芳是我国老一辈的著名先秦史学家。现在80岁。新中国成立前曾任东北大学教授，新中国成立后任吉林大学历史系教授至今。现兼任历史系名誉主任、先秦史研究室主任、吉林大学哲学社会科学学术委员会副主任委员。除做研究工作外，还指导4名硕士研究生、两名博士研究生。

　　作为一名先秦史学家，金景芳有深厚的古文献根底。这根底主要靠平生不懈的刻苦自学得来。经部书最喜《周易》、《春秋》"三传"、"三礼"，造诣颇深，所论多有前人所未及。于《易经》尤有颇深的研究。史部书精于"四史"和《资治通鉴》。先秦诸子书无所不读，而喜老庄几近乎癖。40年代曾在四川三台东北大学中文系开过《经学概论》和《易经》、《老子》、《庄子》等专书选读。

　　金景芳读书喜欢先读白文，有所体会后再读古人注疏。这样做的好处是有利于独立思考，避免受家派成见的左右。他还恪守博闻强记的古训，凡应记住的都吟咏成诵，所以从不做卡片引得之类。这对他治先秦史很有意义。

　　金景芳有一副清醒的头脑，做学问不迷信任何古人、今人，善于独立思考，说自己的话，走自己的道路，不依草附木，随波逐流。奴隶社会的阶级和阶级斗争是先秦史研究中的一个重要理论问题。新中国成立后包括几本著名史书在内的所有历史著作，都把奴隶社会的阶级斗争说成主要是奴隶反抗奴隶主的斗争，奴隶制度是奴隶的起义和革命推翻的。完全不理会列宁说过，罗马帝国由斯巴达克领导的最大一次的奴隶起义，并没有能推翻奴隶制。[1]也不管恩格斯所说"古代是没有用胜利的起义来消灭奴隶制的事情的"[2]和马克思说的"古代的罗马，阶级斗争只是在享有特权的少数人内部进行，只是在自由富人与自由穷人之间进行，而从事生产的广大民众，即奴隶，则不过为这些斗士充当消极的舞台台柱"[3]的正确论断。这些历史著作的提法既与马克思主义经典作家的论述大相径庭，也与中国奴隶社会的实际情况不符。古代文献中找不到关于奴隶革命的记载，大量存在的倒是奴隶主阶级内部的斗争和新兴地主阶级与奴隶主阶级的斗争。

　　关于奴隶社会阶级和阶级斗争的错误观点是怎样产生的呢？金景芳经过反复研究，发现错误出自解放初期印行的一本《社会发展简史》。《社会发展简史》抄自苏联列昂节夫著的《政治经济学初学读本》。列昂节夫则根据斯大林的一次讲话。斯大林说："奴隶革命把奴隶主消灭了，把奴隶主剥削劳动者的形式废除了。"[4]斯大林的论点显然没有任何根据，是错误的。斯大林是伟大的马克思主义者，但他是人不是神，理论上出一点疏漏，实不难理解。别人引他的话做根据，也不足奇。奇怪的是，我们许多同志，竟然在这么长的时间里，在一个至关重要的理论问题上，对于一个显然违背马克思主义的错误观点，照搬照抄，人云亦云，而不做稍许的思考。许多史学著作甚至用曲解古书，歪曲史料的办法给这一错误的观点做注。金景芳治先秦史的可贵之处就在于敢于独立思考，无论谁说的，他都要先弄清是非，绝不随波逐流。他把自己的观点写成《论中国奴隶社会的阶级和阶级斗争》的论文，发表在《中国社会科学》1980年第3期。

金景芳治先秦史是从专题研究入手的。他把精力投在解决问题上，不急于著书。先秦史中凡属重要的问题，如尧舜禹启文武周公，分封制、宗法制、井田制、礼制、诸子思想、古史分期、古代阶级和阶级斗争等等，他都一一进行研究，加以解决。例如孔子研究，金景芳有与人不同之处。第一，把《周易》和《春秋》两部书同孔子联系起来，承认《春秋》系孔子所作，"十翼"的思想属于孔子。一方面肯定孔子在政治上的反动性，另一方面肯定孔子的辩证法思想和自然观上的唯物论。这是他在孔子研究中的独到之处。第二，主张研究孔子必先了解孔子，应实事求是，据事实说话，随意贬低或抬高都是不对的。第三，孔子的价值要分析看。他的政治主张和某些伦理思想在今天已不适用，必须彻底批判。但是孔子作为伟大的教育家、哲学家，在整理并保存古代文化遗产方面是有贡献的。他的思想在形成中华民族共同心理素质中无疑起过重要作用，至今也应视作一份珍贵的历史遗产加以批判继承。

对中国的古史分期问题，金景芳审慎地进行了研究。关于中国奴隶社会的上限，金景芳认为应在启杀益夺权建立夏王朝。因为划分氏族社会和阶级社会的标志是国家的产生。私有制和阶级的出现是导致阶级社会产生的直接原因而不是它的标志。又因为国家和氏族制度是不相容的，氏族社会向奴隶社会的转变必然有一个过渡时期。这个过渡时期是有夏一代，不是夏代以前。他的这一观点集中地反映在发表于《光明日报》1978年2月2日的《谈谈中国原始社会向奴隶社会过渡的问题》一文上。

1979年，金景芳在《历史研究》第2期和第3期连续发表《中国古代史分期商榷》一文的上下两部分，对郭老的分期说提出八点意见，批评郭老在理论、方法及史料使用上的错误，把中国奴隶社会的下限划在秦统一。

金景芳坚信马克思主义与历史实际结合，即史论结合，是历史研究的唯一正确的方法，从未接受"以论带史"或"论从史出"的观点。他几十年如一日地刻苦学习马克思主义。他特别重视马克思主义关于两种生产和农村公社这两个理论对先秦史研究的指导意义。如宗法制度、分封制度、"殷道亲亲、周道尊尊"等等，过去只能做些孤立研究，就事论事，不能把握其内在的联系和历史必然性。金景芳把马克思主义两种生产的理论作为先秦史研究的一个重要指导思想，情况就发生了变化。恩格斯说："根据历史唯物主义观点，历史中的决定性因素，归根结底是直接生活的生产和再生产。但是，生产本身又有两种。一方面是生活资料即食物、衣服、住房以及为此所必需的工具的生产；另一方面是人类自身的生产，即种的繁衍。一定历史时代和一定地区内的人们生活于其下的社会制度,受着两种生产的制约:一方面受劳动的发展阶段的制约。劳动愈不发展,劳动产品的数量、从而社会的财富愈受限制,社会制度就愈在较大程度上受血族关系的支配。"又说:"国家的基层单位已经不是血族团体,而是地区团体了。"[5]

夏、商、周三代属于奴隶社会历史阶段,第一种生产不发展,它们虽然已进入文明时代,产生了以地区团体为基础的国家,但是其社会制度仍然不可能摆脱血缘关系的影响。三代比较起来,因为发展阶段不同,血缘关系的影响的大小也有所区别。夏代是过渡时期,以血族团体为基础的氏族、部落组织同以地区为团体的国家组织并存,血缘关系对社会生活的影响之深自不待说;殷代所谓"殷道亲亲"也正是血缘关系依然具有强大影响的表现。西周已是奴隶社会的全盛期,第一种生产已相当发展,社会财富比较丰富起来,血缘关系的影响相对减弱,从而有所谓"周道尊尊",阶级关系亦即政治关系明确地被提到最重要的地位上来。"亲亲"之血缘关系只是在不妨碍,并且有利于"尊尊"之阶级关系即政治关系的情况下才受重视,西周开始出现的宗法制度是原始的血缘关系的残余。统治者出于保证君权、土地、财产的嫡长子继承制和分封制的需要,把原有的血缘关系加以利用并改造,使之成为具有人为模式的严格的血缘关系体系即宗法制度。宗法要受政治的约束,为政治服务,而不能相反。所以宗法制度讲"别子为祖,继别为宗"。王子和公子都要从君统中"别"出去,另立自己的宗统。周王和诸侯有自己的君统,不讲宗法。宗法只适用于大夫士范围内。由此可知,西周行宗法制度的根本意义在于把血缘关系的影响排斥在君权之外,使之成为拱卫君权的支柱而不得干扰君权。因此,在西周当时,君统和宗统是既有密切联系又有严格界限的两个系统,绝不牵混。至秦统一六国,分封制不复存在,土地实行自由买卖,宗法制度随之破坏。宗法制度以及分封制的这个秘密只有用马克思主义关于两种生产的理论能够解开。王国维及以后的几乎所有史家都把宗统与君统牵混在一起,就是因为他们未能真正了解血缘关系发展变化的历史特点和宗法制度的本质。金景芳于1956年发表《论宗法制度》一文,第一次用马克思主义关于两种生产的理论来解释宗法制度以及分封制度。

马克思主义关于农村公社(马尔克)的理论是解决中国井田制度及中国奴隶社会类型问题的钥匙。金景芳是研究这方面问题的有影响的学者之一。

胡适说"豆腐干块"的井田制是孟子的乌托邦,事实上不存在。以后许多人都以这种理由否定井田制的真实性。郭老和范老虽然承认井田制的存在,但又认为孟子讲的井田制是幻想,是乌托邦。郭老更把井田制的内容和实质做了难以令人信服的解释。

金景芳根据马克思主义经典作家关于农村公社问题的论述,遍检古文献上有关井田制的记载,科学地说明井田制不仅是可以理解的,而且是历史的必然。马克思说:"把所有的原始公社混为一谈是错误的;正像地质的形成一样,在这些历史的形成中,有一系列原生的、次生的、再次生的等等类型。"[6]又说农业公社"是原生的社会形态的最后阶段。"[7]恩格斯说:"差不多一切民族都实行过土地由氏族后来又由共产制家庭公社共同耕作,继而差不多一切民族都实行过把土地分配给单个家庭并定期实行重新分配。"[8]马克思和恩格斯把原始社会分成氏族公社、家庭公社和农村公社三个发展层次,恩格斯又强调"差不多一切民族"都是如此,在家庭公社之后都有一个"把土地分配给单个家庭并定期实行重新分配"的农业公社(或称农村公社、马尔克)阶段,这个研究成果十分重要,它揭示的是普遍性的规律,绝非某一民族的特例。

金景芳发现马克思、恩格斯的论述同中国古文献的有关记载有着惊人的相似之处。《周礼·地官》之《遂人》职所说"以岁时稽其人民而授之田野",《小司徒》职所说"乃均土地以稽其民而周知其数",《公羊传》宣公十五年何休注说"肥饶不得独乐,硗确不得独苦,故三年一换土易居",《孟子·滕文公上》赵岐注"死徙无出乡"句说"徙为爱土易居,平肥硗也",指的都是农田的分配或定期重新分配。证明井田制不是别的,正是马克思、恩格斯说的农业公社或农村公社或马尔克。

胡适说《孟子·滕文公上》说的"方里而井,井九百亩,其中为公田,八家皆私百亩"是"豆腐干块",以为是孟子的幻想,事实上不可能;其实不但可能,而且必然如此。马克思讲道:"如果你在某一个地方看到有垄沟痕迹的小块土地组成的棋盘状耕地,那你就不必怀疑,这就是已经消失的农业公社的地产!"[9]恩格斯则把农业公社的土地形状叫做"狭长带状地块",说这些大小相等的"狭长带状地块"是由一大块分成的。公社中有多少人有权分地,地就分割成多少块,然后"用抽签的办法,分配给有权分地的人"[10]。金景芳正确地抓住了问题的实质,指出农村公社到处都是把耕地划分成相等的小块土地分配给单个农户,"棋盘状"、"狭长带状"、"井"、"豆腐干块"等都是对农村公社这个特点的恰当形容。

金景芳在理论和史料两个方面否定郭老的井田说,同时指出这两种井田说是要把中国奴隶社会硬纳入希腊、罗马式的"典型的奴隶社会"的轨道,以符合那种全世界只有一种奴隶社会类型的理论。金景芳用马克思主义关于农村公社的理论理解井田制,同马克思主义的两种奴隶制的说法完全一致。中国奴隶社会实行井田制的土地政策,即把土地分配给单个家庭并实行定期重新分配,这就只能是"小土地劳动"。中国奴隶社会自始至终建立在这种"小土地劳动"的基础之上,没有也不可能产生罗马奴隶主庄园那样的大农业,它属于古代东方型是无疑问的。

金景芳采用马克思主义与历史实际相结合的方法进行多年的一系列专题研究之后,写成一部30多万字的《中国奴隶社会史》,即将由上海人民出版社出版。这是一部有特色的书。第一,就内容来讲,他自成体系,成一家之言,它的每一个观点都是自己独立研究的结果。在一些重要问题上努力遵循马克思主义,一扫那些"左"倾思想影响下的陈辞旧说。第二,就方法来说,结论出在研究之后,绝不先下结论后寻材料,不靠曲解古书的办法立论。叙述历史注意历史的整体性、统一性、联系性,不搞中药铺式的现象罗列。第三,就史料来说,文献与实物并重而以文献为主。文献材料用马克思主义理论加以检验。对史料取舍持谨慎态度，反对疑古派怀疑、否定一切古书的虚无主义观点。

80年代里，金景芳将领导先秦史研究室完成《中国古代思想史》、《春秋新论》、《左传新注》、《易经新论新注》、《中国古代名物制度大辞典》的著述。

注释：

[1]《列宁全集》第29卷，人民出版社1961年，第438页。

[2][8]《马克思恩格斯全集》第21卷，人民出版社1965年，第177、159页。

[3]《马克思恩格斯全集》第16卷，人民出版社1964年，第406页。

[4]《斯大林全集》第13卷，人民出版社1962年，第215页。

[5]《马克思恩格斯选集》第4卷，人民出版社1972年，第2页。

[6][7][9][10]《马克思恩格斯全集》第19卷，人民出版社1963年，第432、450、425、355页。

（原刊《先秦史研究动态》1983年第1期）

漫评史论结合

史家治史，从来就有一个史论关系问题。50年代有人提出"以论带史"，结果发展成为"以论代史"，历史变成了没有实在内容的空谈。空谈毕竟不是历史，于是出现"论从史出"的主张。最后，一场动乱把"左倾"思想推向顶峰，不但"史"被扫荡净尽，"论"也变成了一片胡言乱语。史学被中断了十年。如今万事复苏，史学要发展，史论关系问题自然地又被提了出来。"以论带史"的口号，大多数人不提了。剩下的是"论从史出"和"史论结合"两种意见。其中似乎"论从史出"说占优势。

其实，"论从史出"很值得商榷。"论从史出"这个提法本身固然不无道理，史家治史不能脱离史，欲得成果和做出正确结论，必须钻研史料，只说空话归根到底无济于事，若要问论从史出还是从空话出，回答无疑问是"论从史出"。但是一旦把"论从史出"作为史论关系的一般原则对待，它的弱点就显而易见了。第一，"论从史出"的"论"所指系史家治史的成果和具体结论，不是马克思主义。"论从史出"，仅仅回答史论关系中"史"一个方面的问题，马克思主义的重要作用完全被排除。第二，既然"论从史出"实质在于强调史，忽视马克思主义的指导意义，那么长此下去，便完全可能促使人们由先前的轻"史"转而走向轻"论"。轻史轻论都是片面性。"论从史出"同当年"以论带史"的主张，具有几乎同等的潜在危险性。

史与论两者都重要，偏废那一方面也不行。它们应当是结合的关系。"史论结合"说得具体些就是理论与实际结合。理论，是马克思主义理论、方法；实际，是历史实际。搞历史，必须用马克思主义理论、方法作指导，必须从历史实际出发。马克思主义之所以强大，没有别的原因，就是因为它是科学。它对于所有的实证科学的学科都有指导意义。中国的传统史学就其丰富性和实证性来说，在全世界都是名列前茅的。它留给我们的烟海般浩繁的史料和诸多优良史学传统，至今仍是我们新史学的宝贵财富。但是，尽管如此，传统史学不是科学。19世纪末到20世纪初，中国史学界曾经吸取过西方资产阶级史学理论和方法，试图用外国人的新思想改造自己的旧史学。结果当然是徒劳无所获。只是至马克思主义传入中国，旧史学中才生出了新史学。马克思主义指导下的新史学，从小到大，从弱到强，发展至今日，乃出现勃勃有生气的局面。

可以说，中国新史学是"史论结合"的产物；新史学要发展，要开创新局面，唯一的途径还是"史论结合"，还是要用马克思主义指导我们的史学研究。这看来是历史研究的唯一正确的方法。30多年来的实际经历表明，不管史家自己主观怎样想，实际上总是受这个规律的影响。当离开马克思主义的时候，无论向左向右，史学无不遭受损害。这方面最真切最惨痛的教训莫过于十年浩劫。

十年浩劫中，遭劫最重的莫过于马克思主义。马克思主义讲唯物论，按唯物论研究历史，最起码的条件是从史实出发，尊重史实。然而那时唯心论裹着马克思主义的虎皮横行，一切从想当然出发，今天这样说，明天又可以翻过去那样说。"以论代史"发展到了极端，史实仅仅在它能为某种事先定下的结论做注脚的时候，才偶而被提及。历史真正成了让人任意打扮的女孩子。这给人一种错觉，以为是马克思主义强调过分给史学带来了灾难。其实恰恰相反，不是马克思主义强调过分，而是马克思主义被唯心论所取代，马克思主义在史学领域被扫地出门。失去马克思主义的指导，才是史学衰落的真实原因。

加强马克思主义的指导，不是用马克思主义理论排斥史的研究，搞"以论代史"。马克思主义的指导作用同史的研究二者是"结合"的关系。在史家治史过程中，论与史处于互为前提，互相制约的对立统一状态。所谓"史论结合"，就是史论统一。任何一方的削弱，都意味着同时也是另一方的削弱。

加强马克思主义对史学研究的指导作用，首先要坚持唯物论。坚持唯物论，要求史家治史从史实出发，不从原则出发。结论要出在研究工作的末尾，而决不是在它的开头。历史是一门实证科学，它的任务是描述人们的实践活动和实际发展过程，并且从对人类历史发展的观察、研究中抽象出某些规律来。总之，史学离不开史实、史料。离开史实、史料的学问，称它是什么都可以，唯独不能称为史学。研究历史，即使只是在一个方面或一个历史事件上做出成绩，解决一定的问题，也需要做长期的刻苦钻研，靠掌握大量的、可信的史料，而不能靠空话。史家如果要真正在自己的研究过程中坚持唯物论，那么没有别的办法，他必须在史料上下大功夫。搞中国古代史，不可不读中国古书。不读古书，又要治古史，实等于自欺欺人。今天，当人们在史料上用功夫的时候，便屡屡有人发出告诫的信号，埋怨史家重史轻论了。其实，史与论的关系是对立统一，史家而不务史，论也就成了空论；空论不外乎唯心主义的一套，同马克思主义毫无共同之处。

为强调治史从大处着眼，避免细屑考据，一些同志从自然科学那里借来宏观、微观的概念，把史学划为宏观和微观研究两大部类，要求史家多做宏观研究，少做或者不做微观研究。这个讲法，用意可以理解，但不宜提倡。它不见得有利于加强马克思主义对史学的指导作用；是否因此就可以开创史学研究的新局面，更属难说。物理学中有宏观物理、微观物理两大方面，那是客观存在，两者界线分明，各有自己的领域，自己的研究方法。在历史科学领域要截然分成宏观、微观两部分，则不是容易的事。在这里，宏观、微观只能相对而言。古史分期问题、资本主义萌芽问题，可以说是比较宏观的了，但是从整个中国历史发展过程来说，它们似乎又是微观的。况且历史是一门具体科学，它的每一个环节都难以离开史料做基础，一个史家，其专攻的方向无论怎样宏观，也必须做史料整理工作，而且少不了要做些考辨。怎能说他不须做微观研究? 历史科学有许多辅助学科, 大多属于所谓微观研究, 哪一个都是必不可少的。有些人可能由于某种原因钻进无谓的考据中去不回头, 应该加以反对, 不过完全不必因此而不要一切"微观研究"。宏观、微观都是必要的, 关键问题是他的研究是否在马克思主义的指导下, 是否做到了马克思主义的"论"和"史"的统一。

加强马克思主义对史学研究的指导作用, 还有一个重要问题是坚持辩证法。按照辩证法的观点, 人类历史是一个有规律的生动的发展过程, 它绝不是无数不相干的僵化事实的偶然堆砌。史家在这个观点的指导下研究历史, 就要全面、历史地看问题, 不能孤立、静止地看问题。这说来容易, 做来却难。例如《左传》襄公九年说: "君子劳心, 小人劳力, 先王之制也。"《孟子》进一步说: "或劳心或劳力。劳心者治人, 劳力者治于人。治于人者食人, 治人者食于人。天下之通义也。"这个命题本是正确的, 它不过反映了一个历史事实, 由于劳动生产率低下, 人类不得不分为从事脑力劳动和体力劳动两部分。可是孟子的这段反映了客观真理的话, 长期以来一直受到批判。人们在陷于感情激动状态时, 竟然忘记了彻底克服脑体劳动的差别是属于共产主义社会的事情。历史是发展的, 怎好要求明日或今日是甚样的, 昨日或前日也是甚样呢?

实行史论结合, 加强马克思主义对史学研究的指导作用, 还要把历史唯物主义运用于史学研究中。这是更为重要的一个问题。

马克思主义传入中国60多年, 中国史学面貌在历史唯物主义的指导下发生了根本变化。30多年来, 我们的史学走过弯路, 出过偏差, 每一次归根结底都是由于对历史唯物主义原理的理解出了毛病造成的。我们曾经把阶级斗争视作历史发展的唯一动力, 两千年封建社会历史的变化完全归之于农民战争的推动。然而按照马克思的历史唯物主义原理, 历史发展的原因归根结底在于经济因素。阶级和阶级斗争是和生产的一定发展阶段相联系的。一种社会形态, 它所能容纳的生产力不充分发挥出来, 不会灭亡; 新的社会形态, 在它的物质条件在旧社会的胎胞中成熟以前, 不会产生。由于违背了历史唯物主义的原理, 我们的一些提法往往在理论上缺乏说服力, 甚至不能自圆其说。例如说农民战争是中国封建社会的唯一动力, 而在讲到两千年历史发展缓慢的时候却又抛开唯一动力, 从其他方面找原因。这岂不自相矛盾? 这就是说, 历史唯物主义的原理我们早已熟知, 但是能否将这些原理应用到史学研究中去, 还是个很大的问题。史学研究离开历史唯物主义的指导, 实无异于躲开敞亮大路不走, 退回黑暗中摸索。

近来有人就史论关系问题撰文, 强调社会存在决定社会意识是贯穿唯物史观所有原理和范畴的基本线索, 是唯物史观的核心, 是唯物史观区别于唯心史观的根本标志; 认为唯物史观对于史学研究的全部意义就在于它给史学研究提供了一条用社会存在决定社会意识的研究道路。

这意见看来似乎很重视历史唯物主义对史学研究的指导作用, 实则恰恰削弱了这种作用。首先, 说唯物史观给史学研究提供了用社会存在决定社会意识的研究道路，固然不错，但是只此而已，别无其他，那就很成问题，因为重要的问题是，什么是社会存在以及它为什么和怎样决定社会意识的。如果史家不解决这些问题，仅仅强调社会存在决定社会意识如何重要，那么到头来充其量不过等于说了一句看来正确的空话而已。区分唯物史观和唯心史观，简单地回答社会存在与社会意识谁决定谁还不够，必须指出唯物史观是通过怎样一条道路，亦即用那些原理证明社会存在决定社会意识的；还要指出唯心史观为什么它不能不用社会意识说明社会存在。

其次，把区分唯物史观与唯心史观的标志，仅仅划在社会存在和社会意识谁决定谁上，而不管对于"社会存在决定社会意识"这一命题的科学含义是否理解，只要抽象地承认或者偶然猜到社会存在决定社会意识，都划归唯物史观，势必给史学领域造成混乱。事实上混乱已经出现。有人认为，只要能从逻辑上对"社会存在决定社会意识"这个命题做出常识性的解释，或者某些史学观点不违背"社会存在决定社会意识"，就是唯物史观。有人根据孟子重视生产和衣、食、住，具有民主思想等等，就断定孟子具有唯物史观。有人宣布司马迁的历史观是"历史唯物主义的萌芽"，根据是他重视经济问题，《史记》中专门写了反映经济生活的《货殖列传》和《平准书》。有人甚至宣称中国古代已经有了唯物史观，说马克思以前没有历史唯物主义，系指欧洲而言。

这在理论上是荒唐的，在实践上是有害的。中国三千年的历史，属于奴隶制和封建制社会阶段，生活在这个阶段的古代史家，尽管其某些关于社会问题的命题，可能是唯物主义的，但是由于时代条件的限制，他们谁也不可能发现阶级和阶级斗争，更无法用纯粹经济的因素解释人们的利益上的矛盾，尤其是无论孟子还是司马迁，谁都未曾把社会变动的原因归之于经济状况的变化，把社会历史看成是自然历史的过程。他们重视生产和生活，与其说是历史观上的表现，勿宁说是属于政治方面的主张。在古代思想家、历史家那里确实产生过某些具有唯物主义光彩的思想，但那和建立在科学基础之上的唯物史观绝不是一回事。

总之，史家治史的过程是史家的主观意识同客观的历史史实统一的过程；史家的主观意识要用马克思主义来武装，而马克思主义本身要求史学研究不能离开史，在史学研究过程中史与论两者必然是结合即对立统一的关系，"史论结合"是历史研究的唯一正确的方法。史家治史，不管什么"论"，总要有一定的"论"做指导，马克思主义史学家应自觉地把马克思主义运用到自己的研究中去。

（原刊《晋阳学刊》 1983年第6期）

试论春秋前期和中期的道德

在中华民族源远流长丰富多彩的历史遗产中, 作为调节我们社会生活行为规范的道德遗产, 由于十年内乱时期在 "左" 倾思想的影响下, 采取全盘否定的态度, 不加分析, 一律排除, 结果是这种把孩子和洗澡水一齐泼掉的荒谬做法以至人们的是非善恶美丑标准被搞乱了, 道德遗产中的精华部分遭到毁弃, 致使新中国成立后已经纠正的不道德的丑恶现象重又出现。

党的十二大提出, 要在今后五年内, 通过一切可能的途径, 采取一切有效的办法, 在全国人民中首先是全国青少年中普及道德教育。因而, 对于历史上的道德遗产进行分析研究, 识别哪些是应当继承的优秀的东西要加以发扬, 哪些是糟粕要予扬弃乃是当前学术界一项重要而紧迫的现实任务。本文试图粗略地分析一下春秋前期和中期的古代道德, 以备参考。

过去研究古代道德, 特别是研究先秦道德, 一般都重视孔子和战国诸子, 对于春秋前期和中期则注意甚少。这不能说不是一个缺漏。从中国道德的全部发展过程来看, 春秋前期和中期是一个十分重要的阶段。这时固然没有孔子那样里程碑式的思想大家, 但是孔子及战国诸子伦理思想中某些精辟的东西, 在春秋前期和中期已开先河发凡例。后世常见的诸多道德规范, 此时大多已经有所体现并初步形成大体明确的系统, 个人的道德行为也颇有可称道之处。它们之中蕴含着无数真理性的颗粒和民主性的精华, 标志着道德认识到此已提高到了相当的水平。

一

春秋前期和中期道德意识主要表现在某些道德范畴的形成和深化上。早在夏代就在《尚书·皋陶谟》中概括提出: "宽而栗, 柔而立, 愿而恭, 乱而敬, 扰而毅, 直而温, 简而廉, 刚而塞, 强而义。" 所谓九德的范例, 至西周初, 箕子陈《洪范》九畴, 把九德简约为 "一曰正直, 二曰刚克, 三曰柔克" 的三德。九德是夏代统治者任用官人的标准, 按照这九个方面的修养去要求每一个官吏。已然由原始社会的道德原则是服从和维护氏族或部落的利益所形成的道德观念, 带有自发的、狭隘的性质, 几乎不存在个人的独立意识那样的状态, 发展衍变为个人意识的理性的自觉, 以适应于当时的奴隶主统治阶级内部相互间的调节制约而达到维护巩固其阶级整体利益的需要, 从而进一步制定出相应的道德准则。

　　至春秋前期和中期，社会经济和政治发生急剧变化，王权陵落，礼坏乐崩，诸侯力政，互相兼并，奴隶制的经济基础及与之相适应的统治秩序处于一片动荡之中，先前的社会关系破坏了。奴隶主阶级的思想家们一边无可奈何地怀念早已逝去的西周盛世，一边在道德这个意识形态的特殊领域中寻求阶级的出路。这尽管无力回天，无法阻挡历史前进的车轮，却使社会的道德认识又迈进了一步，有所开展，有所提高。

　　这时的思想家们把天下大乱的根源归咎于天子和各国国君的无德，认为这些最高统治者有德无德是至关重要的。春秋前期和中期，德的内容是什么，怎样才算有德，虽然没有明晰的规定性，如关于仁的概念，春秋前期和中期人们提及的并不多，远不及后来孔子讲得那样明确，更没有孟子仁政学说那样深刻。但是为政以仁的思想毕竟隐隐约约地产生了。郑子产问政于然明，然明回答说："视民如子，见不仁者诛之，如鹰鹯之逐鸟雀也。"（《左传》襄公二十五年）鄙公辛之弟欲杀来鄙避难的楚昭王，鄙公辛阻拦说："乘人之约，非仁也。"（《左传》定公四年）秦晋联合伐郑，秦穆公听郑烛之武之说而与郑盟，片面终止了战争，子犯建议晋文公伐秦，文公以为秦穆公曾支持自己回国即君位，乃对子犯说"因人之力而敝之，不仁。"这三个人的言论，一方面是强调国君对内要惜民、利民，另一方面是强调国君对外不能乘人之危和忘恩负义。这就为仁和仁政学说的出现准备了思想材料。

　　德的内涵有了发展，德的外延也自然相应地有了变化。德不再仅仅是对于一般统治阶级成员个人品德提出了主要规范和内容，而且进而扩展道德的约束作用来解决当时社会关系的主要方面即君与民及国与国这两个方面的关系问题。

　　关于道德的舆论，在当时是十分强烈的。晋范宣子为政重币轻德，郑子产写信告诫他说："德，国家之基也。有基无坏，无亦是务乎！有德则乐，乐则能久。"（《左传》襄公二十四年）卫国州吁作乱，鲁众仲答隐公问说："臣闻以德和民，不闻以乱。以乱，犹治丝而棼也。"又说："不务令德，而欲以乱成，必不免矣。"（《左传》隐公四年）晋韩宣子问叔向楚子能否成事，叔向答以"取国有五难"，其中最后一项也是最为要紧的一项便是"有民而无德"（《左传》昭公十三年）。郑文公欲执周襄王的使臣伯服和游孙伯，襄王怒欲伐郑，富辰谏阻说："不可。臣闻之，太上以德抚民，其次亲亲以相及也。"（《左传》僖公二十四年）这些有识见的贤能之士都在大声疾呼为政者要以德治国取民，从统治者这一方面解决君民关系问题。从根本上说，剥削阶级当然不可能解决得了它与民的关系问题。事实上，春秋前期和中期大量存在的倒是德的反面。不过，当时人们对统治者自身提出了这等明确的道德要求，无疑是道德发展史上的一个进步。

　　关于处理国与国的关系，特别是大国与小国的关系，人们也强调有德无德的问题。宋襄公执滕子和鄫子，用鄫子于次睢之社，欲以使东夷诸国附己。公子目夷拿齐桓公事规谏他，说齐桓公存三亡国以属诸侯，义士犹说他"薄德"，何况"今一会而虐二国之君，将以求霸，不亦难乎？"（《左传》僖公十九年）晋郤缺就归还卫国土地问题对执政的赵宣子说："日卫不睦，故取其地。今已睦矣，可以归之。""无德，何以主盟？子为正卿，以主诸侯，而不务德，将若之何？"（《左传》文公七年）秦饥求籴于

晋，惠公不予。庆郑批评说："背施不亲，幸灾不仁，贪爱不祥，怒邻不义。四德皆失，何以守国？"（《左传》襄公十四年）

春秋前期和中期，对于德提到了以德立身传世的高度。鲁叔孙豹答晋范宣子何谓之"三不朽"，"太上有立德，其次有立功，其次有立言。"（《左传》襄公二十四年）是人们所熟知的。他把贵族基准的"世禄"否掉，强调立德，这已更进一步体认到道德观念品质修养的重大职能，具有了在不同阶级之间存在着某些共同的道德准则的自觉认识的意义。

我们应该怎样对待历史上的这一份道德遗产呢？当然我们的精神文明和道德规范是社会主义的，同古人的道德认识有原则的区别的。对于古代道德的阶级本质必须批判。但对有进取性积极作用、存在着社会共同规范与准则的道德意识，则应深入发掘切实整理予以继承发扬，否则将有悖于马克思主义对待历史遗产的态度。

二

在春秋前期和中期的道德体系中，德居最高层次。德以下比较重要的道德规范是忠与信。忠和信在当时的道德实践上表现最为强烈，影响到社会关系的许多重要方面。

忠这个道德规范，一般说来，阶级性较为明显，在两千多年的历史中，它是为巩固统治阶级的利益服务的，特别是秦汉以后；随着君主专制主义逐步达到"朕即国家"的情势，忠成了只具有忠于君主的单一内容的道德规范。但是，实际上即使在那样的条件下，统治阶级和被统治阶级对忠的理解也是有区别的。甚至统治阶级内部也并不一致。有些正直的上层人物，往往把忠君同忧国忧民联系在一起。人民则按照自己的理解来接受忠的内涵，他们对于那些为国家为民族为人民做出有益贡献的人，则称之为忠臣，赞颂之声虽经百代而不衰。这就证明，历史上剥削阶级提出的道德准则也是一分为二，不能简单地说某些道德规范是非阶级性的，可以全盘继承，某些道德规范是剥削阶级的，必须一概抛弃。

秦以前，忠这个道德规范本来就是多层次的，有更大的可以区分的余地。那时没有形成忠君的观念。一部《论语》，忠字出现18次，大多数是讲一般的人与人之间的关系的。孔子虽说过"臣事君以忠"的话，但同时也说"君使臣以礼"，他认为君臣双方都有应尽的道德义务。春秋前期和中期，忠大约有四个层次，即忠于君，忠于社稷，忠于民，忠于朋友。这里着重分析前两个层次。忠于君这个层次可谓最多糟粕，如晋怀公执狐突，命令他召回随重耳在外的两个儿子，他拒绝说："父教子贰，何以事君？"（《左传》僖公二十三年）晋庆郑于韩之战自认对惠公被俘有责，坐而待诛，还自愧说："陷君于败，败而不死，又使失刑，非人臣也。"（《左传》僖公十五年）这等忠君的言行，即在封建社会时代，也受到"愚忠"的指责，当然只可彻底批判，绝对不能吸取。但是，春秋前期和中期的忠君观念中并不全是糟粕，其中也有值得称道的东西，不该埋没。鲁国的季文子，连相宣、成、襄三君，当他死后入殓时人们发现他很廉洁,称赞他"忠于公室也,相三君矣,而无私积,可不谓忠乎!"(《左传》襄公五年)晋范文子也说他"奉君命无私"(《左传》成公十六年)。这里,人们对季文子的道德评价,着眼点显然在于"无私"。晋国的臾骈与贾季有夙怨。贾季因罪出奔,臾骈奉君命遣送贾季妻子出境。臾骈属下鼓吹他杀之以报前仇。臾骈不听,以为"以私害公,非忠也"(《左传》文公六年)。在臾骈的忠君观念中包含着排斥假公济私的内容。季文子的"廉洁奉公"和臾骈的不假公济私,无疑是属于剥削阶级道德范畴的。前者无私,依然不妨碍他是个有妾有马的奴隶主;后者无私,其内在的动机是为了忠于君命。但是,比起同时代的那些损公肥私、假公济私的人,他们的行为毕竟是有价值的、高尚的、具有社会共同道德准则的含义。诸如此类是应加裁别的。

春秋前期和中期忠这一道德规范的另一个层次是忠于社稷。忠于社稷和忠于君往往交织在一起。当两者不可得兼时,人们认为忠于社稷重于忠君。晏婴在崔杼弑齐庄公后,站在崔氏门外,不死君难,也不出境。他说:"君民者,岂以陵民,社稷是主。臣君者,岂为其口实,社稷是养。故君为社稷死,则死之,为社稷亡,则亡之。若为己死而为己亡,非其私昵,谁敢任之?"(《左传》襄公二十五年)这话讲得十分透辟。他认为,社稷是最高利益所在。君主社稷,臣养社稷;君为社稷死则臣死,君为己死则臣不予理会。晏婴的言论可以视作春秋前期和中期具有代表性的言论。

更值得注意的是,春秋前期和中期,与忠于社稷的道德观念的形成密切相关,爱国主义思想已见端倪。鲁叔孙豹"临患不忘国",就是那个时代所可能有的典型的爱国主义行为。叔孙豹代表他的国家参加虢之会。适逢季武子伐莒取郓,被莒国控告到会上。参加会议的楚公子围因此要杀叔孙豹,以示惩罚。陪同赵武赴会的晋乐王鲋企图乘机以说情为由向叔孙豹索贿,叔孙豹一心想着国家的安危,置自身生死于不顾,既不向乐王鲋行贿,也不抱怨给他招致祸患的季武子。他准备牺牲自己,挽救国家。他说:"诸侯之会,卫社稷也。我以货免,鲁必受师。是祸之也,何卫之为?""虽怨季孙,鲁国何罪?叔出季处,有自来矣,吾又谁怨"?(《左传》昭公元年)在叔孙豹面前本来可以行贿求免一死,其结果,自己虽可得生,然楚、晋必兴师伐鲁,国家必将遭难。叔孙豹毅然选择了牺牲自己的一条路。这个选择集中地反映出他在对待个人命运同国家命运的关系问题上具有一种先国后己的高尚的意愿、情感和道德意识。赵武对叔孙豹的行为给予公正的评价,说这是"临患不忘国,忠也。"(《左传》昭公元年)这个忠,正是一种朴素的爱国主义思想。

类似叔孙豹这样的爱国主义的忠,如晋解扬冒死不辱君命,实际上也是爱国主义意识的反映。楚威胁宋,宋告急于晋。晋遣解扬赴宋,告宋勿降楚,晋援兵马上就到。解扬途中被郑国逮住,虏送于楚。楚庄王令其登楼车反其意以告宋。解扬乘机将晋的原意告诉宋国,终于完成使命。楚庄王要杀他,他凛然无惧,说"谋不失利,以卫社稷,民之主也","受命以出,有死无霣","下臣获考,死又何求"(《左传》宣公十五年)。又如,楚囚钟仪在晋景公面前"言称先职,不背本","乐操土风,不忘旧"(《左传》成公九年);晋知罃囚楚获释时答楚共王问所以报,说今后若再得率师同楚国打仗,一定还要竭力致死，为晋国而战，"无有二心，以尽臣礼"（《左传》成公三年）以为报答。他们面对强敌，胸怀国家，临危不惧的品格，都自觉地发扬着爱国主义内容的忠的意识。

在怎样处理个人同国家的关系问题上，人们对于舍己为国的行为，充分肯定它的道德价值，给予高度赞许，而对于为一己之私而背叛国家的人，则深恶痛绝，大加挞伐。宋国华元的御者羊斟，只因少吃一顿羊肉，战时便违命驱车驰入敌阵，使宋军吃了败仗，人们痛骂"羊斟非人也，以其私憾，败国殄民"（《左传》宣公二年），有无爱国思想作为忠奸是非的道德标准在当时已形成为公论。我们民族的爱国主义传统，可以说春秋前期和中期已经树立。自此以后直至1949年的两千多年的历史过程中，多少仁人志士为国家为民族忘我奋斗，乃至献出热血生命。他们这种高尚的情操、意志和行为及与之相应的道德评价，是构成我们中华民族共同心理素质的重要因素之一。我们理所当然地要加以继承，使我们的无产阶级爱国主义根基更深，生命力更强。

在春秋前期和中期的社会交往中，守信与失信是作为人们有无道德的又一重要标志。这与春秋变幻多端的政治形势有关。春秋时代，大国为争霸，小国为图存，会盟连绵不断，攻战侵伐数以百计，最缺少的是信，因而人们最强调守信。

《说文》："信，诚也"。所谓诚，就是要说真话，说话要算数。当时的统治阶级对信的道德价值已有所认识，把信看作"国之宝也"（《左传》僖公二十五年），"言之瑞也，善之主也"（《左传》襄公九年），认为"人所以立，信、知、勇也"（《左传》成公十七年），"失信不立"（《左传》襄公二十八年），"小所以事大，信也"（《左传》襄公二十二年），"君以礼与信属诸侯"（《左传》僖公七年），"无信，何以求诸侯"（《左传》成公六年）。总之，认为治国、争霸、图存、立身少不了信。任何道德准则都是一定阶级的利益的反映，任何个人遵循一定的道德准则采取一定的行动都意味着做出某些自我利益的牺牲。因此，守信与利益是相反相成，对立统一的。春秋前期和中期人们已经认识到了这个问题。他们既指出"义，利之本也"（《左传》昭公十年），"义以建利"（《左传》成公十六年），"义以生利"（《左传》成公二年），也强调应该"居利思义"（《左传》昭公二十八年），"行则思义，不为利回"（《左传》昭公三十一年）。但是，剥削阶级在口头上讲的很堂皇，做起来往往是另一回事，特别在信的问题上尤为明显。在春秋前期和中期，有人甚至口头上也不讲信。楚国的子反就公然宣称："敌利则进，何盟之有？"（《左传》成公十五年）子木也公开申明他不讲信，"晋、楚无信久矣，举利而已。苟得志焉，焉用有信？"（《左传》襄公二十七年）小小郑国的子良也看穿了大国的面目，忿然说："晋、楚不务德而兵争，与其来者可也。晋、楚无信，我焉得有信？"（《左传》宣公十一年）这三人的言论正是现身说法一语破的，自我揭露他们唯利是图的剥削阶级本质。

当时统治阶级中也有些人从长远的、根本的利益出发，真诚地讲信守信。宋之盟，晋国叔向得知楚人弃信暗置衷甲，从容不以为患，坚信楚国"以信召人，而以僭济之，必莫之与也，安能害我"（《左传》襄公二十七年）。虽则这次宋之盟楚终得先歃，占了上风，数年之后提起此事，晋赵武仍坚持说："今武犹是心也。楚又行僭，非所害也。武将以信为本，循而行之。特如农夫，是穮是蓘，虽有饥馑，必有丰年。"（《左传》昭公元年）认为只要自己守信不移，不怕楚人无信。

春秋前期和中期最典型的守信不爽的是齐桓公的柯之盟和晋文公的围原。柯之盟，鲁曹刿以手剑逼齐桓公答应归还汶阳之田。事后桓公信实照办。晋文公率师围原，行前约定三日必还。围三日而原不降，文公命退兵。谍报说原马上就要投降，军吏建议待原降后退兵。文公仍持前言，退兵一舍而原降。对于这两件事，后人给以极高的评价。《公羊传》说"要盟可犯，而桓公不欺，曹子可仇，而桓公不怨。桓公之信，著乎天下，自柯之盟始焉。"（《左传》庄公十三年）董仲舒说："齐桓挟贤相之能，用大国之资，即位五年不能致一诸侯。于柯之盟见其大信，一年而近国之君毕至。"（《春秋繁露·精华》）史称晋文公围原之信取信于民，乃使城濮一战而称霸诸侯。

同是剥削阶级，有的不讲信不守信，有的讲信守信，其社会效果和人们的道德评价迥然不同，这很值得研究，应当肯定守信是积极的进步的道德准则。"言必信，行必果"成为中华民族的一项重要的传统美德。

忠和信这两个道德准则产生于春秋之前，至春秋前期和中期开始走向深化和成熟，被思想家们作为道德规范正式肯定下来，形成社会舆论、传统习惯、个人的内心信仰，在社会关系的诸多方面起着作用。它们一方面自然是属于当时剥削阶级道德体系的东西，另一方面具有社会性，全社会的人们都按照本阶级的利益去理解它、接受它，发展为民族的优良传统。我们应作历史的、具体的分析。剔除其糟粕，继承其精华。如热爱祖国、与人忠诚，讲求信义，等等。

三

现在进而考察春秋前期和中期的个人道德行为。这是主要反映个人怎样解决自己同别人、社会的关系具有正面或反面道德价值的个体行为。它是个人主观上自觉选择的自我奉行的道德准则、规范和道德思想、观点的出发点和归宿。任何道德准则、规范和道德思想、观点，只是当它们落实到个人的道德行为上时，才具有客观性和现实性。道德的继承，实际上也必须通过个人的道德行为来实现。因此在分析了春秋前期和中期的道德思想、道德规范之后，研究一番它的某些具有典型性的个人道德行为，是十分必要的。可以加深我们对于那个时代的道德的认识，也可以丰富我们现实的道德教育的内容。

春秋前期和中期的个人道德行为，凡是与当时已有的道德准则、规范直接相关的，上文已约略谈及，这里仅评述似乎同当时的任何道德准则、规范都搭不拢，却又很有价值的几例。

第一例，卫国的石碏，是个握有国家实权的大夫。他管教儿子石厚很严格，但是石厚却参与了州吁的叛乱。怎样对待这个问题，石碏可能有各种选择，而他以国家利益为重，亲自派人处决了自己的儿子。石碏很有原则性，所以人们给他的行为以"大义灭亲"（《左传》隐公四年）的评价。

第二例齐国的贤臣晏婴，住宅近市，"湫隘嚣尘，不可以居"。齐景公要给他换到高爽地方去住。晏婴不肯，辞以"君之先臣容焉，臣不足嗣之，于臣侈矣"。后来景公趁他出使晋国的机会，给他改建了房子。晏婴回来竟把新宅"毁之而为里室，皆如其旧，则使宅人反之"（《左传》昭公三年）。晏婴作为一个大国的相，在住宅问题上如此谨守初衷，难能可贵。

第三例，宋国大夫子罕，他对自己品德修养方面要求很严格。有人得一块玉想献给他，他拒而不受。献玉的人说："以示玉人，玉人以为宝也，故敢献之。"子罕解释说："我以不贪为宝，尔以玉为宝，若以与我，皆丧宝也。不若人有其宝。"（《左传》襄公十五年）子罕从双方各自的社会地位出发，认定了自己所宝的是精神上的"不贪"，也允许献玉人所宝的是物质上的"玉"。

第四例，晋国的祁奚，官至中军尉，告老时推举仇人解狐继任，解狐未到职而死，再荐举自己的儿子祁午。人们赞赏他"外举不弃仇，内举不失亲"（《左传》襄公二十一年），"称其仇，不为谄；立其子，不为比"（《左传》襄公三年）。18年后，祁奚当已是耄耋老人了，这时叔向因其弟羊舌虎卷入栾、范政争失败被处死一事，株连入狱，或将不免。德行不佳而又得宠的乐王鲋要为叔向解脱，叔向却不予理睬，而祁奚主动说服执政的范宣子，请示晋平公赦免了叔向。事后祁奚、叔向均不相见以示慰问和感谢。两个人都认为这不过是了结一件份所应尔的公事，无须诉诸私谊，表现他们坦荡的高尚情操。

石碏"大义灭亲"，晏婴不受宅，子罕以不贪为宝，祁奚、叔向公而忘私等等个人的道德行为，是获得了全社会的意义道德中的精华。在我们民族历史的早期阶段能够产生过这样璀璨的道德行为，我们得引以为骄傲而应继承之发扬深化之。

毛泽东同志历来十分重视我们民族的历史遗产，肯定中华民族是一个有"优秀的历史遗产的民族"（《毛泽东选集》第586页）。在我们的丰富的历史遗产中，道德是有关多方面品德修养的精神财富。在其发展历程中，春秋前期和中期的社会道德认识、道德规范和道德行为中，即已蕴含着许多优秀的值得探索分析、继承、发扬的应视为精华的积极的东西，如上面所论述的做事考虑到利民，以民为重，忠于社稷先社稷后自己，不以私害公，与人交往真诚守信等美德早已深深融化于我们民族的共同心理素质之中。

道德除了由于它是一定的社会经济状况的产物因而必然打上时代的印记和具有阶级的属性以外，还要受传统力量的影响。任何时代的道德，它一经产生，便不会随着产生它的经济基础的消失而立即消失，它的优秀部分，总是在后世人们的教育、舆论和实践中一再地显示其社会功能，这确证道德之具有连续性即继承性，是合乎历史发展规律的。我们树立发展共产主义的新道德，对于以往剥削阶级道德，自然要循守马克思主义和毛泽东思想的立场、观点、方法，予以审察、抉择、去取而继承、发扬其所有的精华，以丰富我们的道德生活内容。

（原刊《社会科学战线》1984年第2期）

谈孟子历史观的评价问题

　　关于孟子历史观的评价问题，近年来报刊上发表了许多有益的意见，解决了一些问题。为使讨论再深入一步，我以为有两个问题需要着力探讨。第一，孟子作为一个古代剥削阶级的思想家，他的历史观中究竟哪些是有价值的东西；第二，孟子的历史观是唯心主义的，到底"唯心"在哪一点上。这两个问题很要紧，大家应当在这上面下些功夫。我在这篇短文中只能粗粗地谈一点看法，引出批评来，我是高兴的。

　　孟子是代表剥削阶级利益的思想家，在他的历史观中会不会包含着真理呢？回答应该是肯定的。历史观固然属于上层建筑，要受基础的制约，因而必有阶级性，但历史观也是认识，是认识就有真理与谬误的问题。真理是客观的，真理无论出自谁之口，都是真理。资产阶级哲学家黑格尔，谁都知道他的历史哲学是唯心主义的。恩格斯却说他的历史观是"新的唯物主义观点的直接理论前提"[1]，列宁竟说黑格尔的历史观中有"历史唯物主义的萌芽"[2]，因为黑格尔的历史观中包含着辩证发展的光辉思想以及诸多天才的猜测。同样在唯物史观产生之前，黑格尔的唯心史观中有真理在，为什么孟子的历史观中就不能有合理的因素？

　　孟子的历史观中的确包含着丰富、合理的内容。孟子在论及社会政治问题时特别重视人的物质生活条件对社会政治生活和精神生活的制约作用。这个思想并非孟子始创。在孟子之前，管子说过"仓廪实而知礼节，衣食足而知荣辱"[3]的话，孔子有先富后教的主张。然而在先秦思想家中把这个思想发挥到极致程度的却是孟子。一部《孟子》书包含着人的衣、食、住最关紧要的言论。什么"养生丧死无憾"，"老者衣帛食肉"，"仰足以事父母，俯足以畜妻子"，"黎民不饥不寒"，"不违农时"，什么"无恒产者无恒心"，"此惟救死而恐不赡，奚暇治礼义哉"[4]，"富岁子弟多赖，凶岁子弟多暴"[5]，"菽粟如水火，而民焉有不仁者乎"[6]，等等，在《孟子》书中，通贯一气，每每提到。这表明，物质生产和物质生活是第一性的这个真理，孟子已经猜测到了。

　　孟子在2400年前能够对物质生活条件的重要意义形成如此清醒的、自觉的认识，实属难能可贵。而更为可贵的是孟子实际上已经在用辩证发展的观点来看待历史。孟子将历史描绘成为不断发展的过程并且试图寻觅出它的规律性来。孟子说："五霸者三王之罪人也，今之诸侯五霸之罪人也，今之大夫今之诸侯之罪人也"[7]。这话具有深刻的含义，它认为自古迄今的历史可以划分为几个层次即阶段。后一个阶段是前个阶段的否定。有人说孟子认为历史是倒退的。不能这样看。孟子坚信天下将"定于一"，即由"不嗜杀人者"实现王政，而且强调"当今之时"民憔悴于虐政极甚，是行仁政的最好时机。还认为齐国地大物博人口众多，已超过"夏后殷周之盛"，由它统一天下，易如反掌。孟子显然把历史看作一个前进的过程。

孟子提出两个比较思辨的哲学命题，用以概括历史发展的规律。一个是"五百年必有王者兴"[8]，一个是"天下之生久矣，一治一乱"[9]。两个命题含义是一致的。它们的含义究竟正确与否，并不重要，重要的是孟子毕竟提出了历史规律性的问题，有了关于历史规律性的观念。这种思想在春秋时代已有萌芽，但是像孟子讲得这样深刻还是第一次。

这两个命题是根据对历史现象的直觉观察做出的猜测，没有科学的依据，只是指出历史是这样，而不知道历史为什么必然这样。"王者兴"就是"治"，就是所谓王政即仁政的实现，天下大治之后，还要大乱。大乱之后还要大治。孟子的这个思想大体符合阶级社会的历史实际。无论是社会形态的转换，还是一个社会形态内部各个历史阶段的更替，无不表现为治乱相间的形式。治，无非是社会处于相对稳定状态，这时阶级矛盾缓和，社会生产上升；乱，无非是社会处于急剧变革状态，这时阶级矛盾激化乃至形成对抗，进而演成革命变革。结果或者社会制度更迭，或者一个历史阶段、一个王朝宣告结束。历史发展过程的特征难道不正是如此吗？至于说治乱的周期为五百年，当然没有多少道理，这只能说古人孟子认识水平不能同今人相比。我们今天同样也不该用今日的认识水平去苛求古人。

有人说孟子是历史循环论者，这恐怕不妥。顾名思义，循环论认为历史沿着一个封闭的圆圈，周而复始地循环运动。孟子不是这样。他讲"五百年必有王者兴"，"一治一乱"，还是肯定历史发展是向前的，并不以为历史前进到一定程度又回到起点。孟子"言必称尧舜"这张牌鞭策时王，鼓吹仁政。这自有他的政治用意，并非以为历史会回到尧舜时代去。古人对此看得极清楚。朱熹说"孔子尊周，孟子不尊周"[10]，章学诚说"夫子为东周而孟子王齐梁"[11]。孟子既然只属意于眼前的齐梁两国，连周室也不放在眼里，自然不会想象历史将返回尧舜时代。

孟子历史观中最为精彩的部分，即它的中心内容，是关于民是历史主人的思想。孟子在研究历史发展的决定性力量时，经常提及天、圣贤和民三种因素。孟子认为三者的关系是互相制约的，而民居主要地位。

孟子在回答万章关于尧舜传贤、大禹传子问题时，说"天子不能以天下与人"，舜之得天下，不是尧与之而是"天与之"。当人们问到大禹不传贤而传子是否由于"德衰"时，他回答说："否，不然也。天与贤，则与贤；天与子，则与子"[12]。（孟子弄错了一个史实，禹未传子启，启是用暴力从益手中夺得政权的）。孟子以为古代传贤传子这样的重大历史事件是天决定的。有人据此断定孟子历史观中有"天命论"。其实孟子所说的"天"不是上帝，不是人格化的神，而是一种不以人的意志为转移的客观规律。孟子说："莫之为而为者，天也；莫之致而至者，命也"[13]。没有人的行为和意愿，便自然出现了什么事情，像是有什么东西在起作用，这东西不是客观规律是什么？况且还有一点不该忽视，孟子强调天时更强调民。孟子说："昔者，尧荐舜于天，而天受之，暴之于民，而民受之"，"天与之，人与之"[14]。天子得天下，既须"天受之"，"天与之"，又须"民受之"，"人与之"。可见孟子的"天"不是上帝，若是上帝，"天受之"，"天与之"便足够了，根本无须"民受之"，"人与之"。孟子在另外的地方引《泰誓》上的话说："天视自我民视，天听自我民听"[15]。孟子又说："得乎丘民而为天子"[16]。这就更加证明孟子确实认为"天"的作用要受民的作用制约。没有民的作用，天的作用则无从发挥。从而也更能认定孟子心中的"天"是客观的规律，不是上帝。因为客观规律隐藏在包括民在内的社会之中，当然不可与民脱节。上帝则不然，上帝是超社会、超历史的，它的本性不容许另有什么现实的力量站在它的上面。

孟子同孔子以及其他儒家大师一样，在社会政治和历史问题上是重人事而不信，甚乃不谈上帝鬼神的理性主义者。其中孟子尤其突出。孟子谈历史问题时，总是把注意力放到人的活动上。他虽不曾讲过人们自己创造自己的历史的话，但从他的全部言论看，这样的思想他肯定是有的。他善于运用辩证的方法观察历史。他在向历史本身寻找历史前进动力时，不只强调圣贤的作用，也不只强调民的作用。两方面他都强调，却又不是平分秋色，等同看待。在孟子看来，天下国家兴衰存亡，起决定性作用的是民。孟子是剥削阶级的代言人，他在政治上不会站在民的一边。是急剧震荡的时代、儒家先辈留下的思想资料，以及他特有的一副清醒的、博学的、善于理性思考的头脑，使他的认识接近乃至成为真理。

孟子恰当地估价了人在历史上的作用。他极推崇尧舜禹汤文武周公以及孔子这些杰出的历史人物。他说："昔者禹抑洪水而平天下，周公兼夷狄驱猛兽而百姓宁，孔子成《春秋》而乱臣贼子惧"[17]。又说："文王一怒而安天下之民"[18]。又说："武王亦一怒而安天下之民"[19]。又说："一正君而国定矣"[20]。孟子这样肯定杰出人物的历史作用是正确的。不应据此就定孟子有英雄史观。是否英雄史观，还要看两点。第一，英雄人物是怎样产生的，第二，英雄人物与人民群众有着怎样的关系。孟子在这两点上，认识全无问题。

关于第一点，孟子说"尧舜与人同耳"[21]，"人皆可以为尧舜"[22]，"子服尧之服，诵尧之言，行尧之行，是尧而已矣。子服桀之服，诵桀之言，行桀之行，是桀而已矣"[23]。"舜发于畎亩之中，傅说举于版筑之间，胶鬲举于鱼盐之中，管夷吾举于士，孙叔敖举于海，百里奚举于市。故天将降大任于是人也，必先苦其心志，劳其筋骨，饿其体肤，空乏其身，行拂乱其所为"[24]。这几段话含义十分清楚。孟子认为，肩负历史重任的英雄人物与普通人本来没有什么不同，经过艰难困苦的磨炼之后，才走上历史前列。是历史造英雄，不是英雄造历史。

关于第二点，孟子说，"三代之得天下也以仁，其失天下也以不仁。国之所以废兴存亡者亦然"[25]。"尧舜之道，不以仁政不能平治天下"[26]。"桀纣之失天下也，失其民也。失其民者，失其心也。得天下有道，得其民斯得天下矣。得其民有道，得其心斯得民矣"[27]。孟子还说，"民为贵，社稷次之，君为轻"[28]。"诸侯之三宝：土地、人民、政事"。孟子的意思是明白的。天下国家的命运掌握在人民的手里。民心向背决定着废兴存亡。任何圣贤仁君，得民与否是关键，得民则兴则存，失民则废则亡。孟子力倡仁政，仁政的根本在得民。在孟子这里，人民是历史的主人，没有英雄史观存在的余地。有人要说孟子讲文王、武王"一怒而安天下之民"，不是英雄史观是什么？这句话也不是英雄史观。孟子这话是讲小勇大勇的问题。齐宣王好敌一人之匹夫小勇。孟子劝他勿好小勇，要好文王武王那样一怒而平治天下的仁者大勇。孟子此话的要害在于强调国君应将眼光放大到全天下，不要纠缠于身边细事。况且文王、武王的所谓"一怒"，是以经过长期惨淡经营，获得天下人民拥护作为基础的。

如此说来，孟子的历史观中具有这样众多诸如物质生产和物质生活是第一性的、社会历史是发展的、有规律的、人民是历史的主人等等合理的、有价值的东西，是否可以认为孟子已经形成唯物史观了呢？不能这样认为。上边提到的孟子的关于历史问题的思想确实深刻、精彩，有的就是唯物主义的，孟子似乎接近了历史唯物主义，或者可以说他有了历史唯物主义萌芽。但是从整个体系来看，孟子毕竟未能突破唯心史观的范围。孟子是个历史唯心主义者。

说孟子是历史唯心主义者，不是因为它有"天命论"、英雄史观、历史循环论（上文已分析，孟子不存在这些问题），而是因为他在一个根本问题上没有离开唯心主义。恩格斯说："唯物史观是以一定时期的物质经济条件来说明一切历史事变和观念、一切政治、哲学和宗教的"[29]。即用社会存在说明社会意识，而不是相反，这是唯物史观的基本前提。孟子恰恰相反，他把经济包容在政治之内，以为经济是政治决定的，政治决定于人，人又决定于道德本性。孟子说的"先王有不忍人之心，斯有不忍人之政矣。以不忍之心，行不忍人之政，治天下可运之掌上"这段话就是这个意思。归根结底一句话：社会意识决定社会存在。孟子固然有衣食足知礼义的正确思想，但是唯物史观讲的社会存在、物质经济条件是指生产方式、交换方式及所由产生的阶级斗争而言，笼统地讲衣食问题并不就是社会存在或经济条件。

总之，在古代，一个持唯心史观的人，也可能具有诸多唯物主义的思想，孟子正是这样一个典型的古代思想家。

注释：

[1][29]《马克思恩格斯选集》第2卷，人民出版社1972年，第121、537页。

[2]《列宁全集》第38卷，人民出版社1963年，第202页。

[3]《史记·管晏列传》。

[4]《孟子·梁惠王上》。

[5]《孟子·告子上》。

[6]《孟子·尽心上》。

[7][22][23][24]《孟子·告子下》。

[8]《孟子·公孙丑下》。

[9][17]《孟子·滕文公下》。

[10]熊赐履:《学统》上册,商务印书馆1936年,第92页引。

[11]《文史通义》内篇三《辩似》。

[12][13][14][15]《孟子·万章上》。

[16][28]《孟子·尽心下》。

[18][19]《孟子·梁惠王下》。

[20][25][26][27]《孟子·离娄上》。

[21]《孟子·离娄下》。

（原刊《辽宁师范大学学报》1985年第4期）

孟子论《春秋》

　　孟子最了解《春秋》。孟子未给《春秋》作过章句训诂，似乎也不曾接触过《春秋》"三传"。孟子书中提及《春秋》的地方并不多，主要的只有两处。但是，这仅有的两处却把《春秋》的几个主要问题讲清楚了。孟子关于《春秋》的观点对后世《春秋》学的发展有极大影响。特别是汉代公羊家，他们的一些关于《春秋》的基本论点，肯定是吸取了孟子的成果。

　　孟子说：

　　　　世衰道微，邪说暴行有作，臣弑其君者有之，子弑其父者有之。孔子惧，作《春秋》。《春秋》，天子之事也。是故孔子曰："知我者其惟《春秋》乎！罪我者其惟《春秋》乎。"

　　又说：

　　　　昔者禹抑洪水而天下平，周公兼夷狄，驱猛兽而百姓宁，孔子成《春秋》而乱臣贼子惧。

　　以上见《孟子·滕文公下》。《离娄下》说：

　　　　王者之迹熄而诗亡，诗亡然后《春秋》作。晋之《乘》，楚之《梼杌》，鲁之《春秋》，一也。其事则齐桓晋文，其文则史，孔子曰："其义则丘窃取之矣。"

　　与《孟子》类似的文字亦见于《公羊传》和董仲舒的言论。《公羊传》昭公十二年说："《春秋》之信史也，其序则齐桓晋文，其会则主会者为之也，其词则丘有罪焉耳。"《史记·太史公自序》引董仲舒的话说："子曰：'我欲载之空言，不如见之于行事之深切著明也。'"可见孟子关于《春秋》的见解与《公羊传》及公羊家说是相通的。

　　《孟子》书关于《春秋》的这两段论述解决了三个问题。第一，它明白无误地肯定《春秋》为孔子所作。第二，它正确地回答了孔子作《春秋》的政治用意。第三，它指出《春秋》与一般史书不同，史书重事，《春秋》重义。

　　第一个问题，《春秋》是否孔子所作，是汉代及其以后经今古文两大门派争执不休的问题。这个问题的焦点在于《春秋》究竟是孔子将鲁史旧文抄录一过，还是孔子以鲁史旧文作材料，加入自己的政治观点，从而形成自己的一部新作品。孟子是肯定《春秋》为孔子所作的。《孟子》说"王者之迹熄而诗亡，诗亡然后《春秋》作"，文简意赅，有理有据，可谓抓住了问题的症结所在。

什么是"王者之迹熄"？"王者之迹熄"，就是孔子所见所闻之春秋时代的时代特点。春秋时代，周室衰微，诸侯力政，子弑父臣弑君的非礼行为比比出现，孔子理想中的西周盛世的王政已为霸政所取代。孔子面对这君臣父子名分紊乱的状况，感到恐惧，以为发展下去不堪收拾，所以据鲁史旧文以作《春秋》。《春秋》实非孔子偶然所为，孔子是抱着一定的政治用意而作《春秋》的。这用意不是别的，就是正名。《论语》有孔子为政主张正名的话，与《孟子》所说"王者之迹熄而诗亡，诗亡然后《春秋》作"，正好相印证。孟子说孔子惧而作《春秋》，是说得对的。

孔子惧而作《春秋》，然而《春秋》确是鲁国的史记，史记是史官记载的旧文，为什么说是孔子作呢？"孔子惧，作《春秋》"的这个"作"字的含义究竟是什么？这个问题也是孟子第一个讲明白的。孟子说"晋之《乘》，楚之《梼杌》，鲁之《春秋》，一也。其事则齐桓晋文，其文则史，孔子曰：'其义则丘窃取之矣。'"说清楚了孔子作《春秋》的"作"字的含义。孔子作《春秋》的作，是指依据鲁史旧文加以改造而言，不是说原先什么也没有，孔子无中生有地硬造出一部《春秋》来。古人已经认识到这一点，所以常常将未经孔子加工的鲁《春秋》叫做不修《春秋》，经过孔子修过的《春秋》与先前的不修《春秋》有本质上的不同。

不同表现在哪里？就内容说，孔子修的《春秋》所讲依然是齐桓、晋文之类的霸业。就文体说，与不修《春秋》一样，是一部史书。不同之处就在于孔子修《春秋》时把自己的政治思想加进去了。这是不修《春秋》所没有的，纯属孔子的创造。孔子对此并不隐讳，所以他说："其义则丘窃取之矣。"这"窃取"一词实不简单。它表明孔子所修的《春秋》中有不修《春秋》中所没有的义。这义孔子自己承认是他窃取的。孔子给《春秋》窃取了一定的义，这义当然属于孔子。这就是孔子作《春秋》的含义。这个奥秘也是孟子第一个指明的。孟子的确说对了。如果《春秋》并没有孔子窃取之义，只是一部普普通通的鲁史，孔子自己完全不必如此看重《春秋》，以至于说后世无论骂他捧他都必然根据《春秋》这部书。

把孔子作《春秋》一事讲明白，是孟子对《春秋》学的一大贡献。汉代学者如董仲舒、司马迁、班固等都事实上继承了孟子的观点，肯定《春秋》乃孔子作。最早否定孔子作《春秋》的是晋人杜预。杜预出于政治上的原因，用《左传》压《春秋》，以周公排挤孔子。他在《春秋序》中说，"仲尼因鲁史策书成文，考其真伪，而志其典礼，上以遵周公之遗制，下以明将来之法"，"其发凡以言例，皆经国之常制，周公之垂法，史书之旧章，仲尼从而修之，以成一经之通体。"既然说《春秋》凡例主要是周公之遗制，只有一部分凡例属于孔子，便等于说《春秋》非孔子作。杜预为自己的论点找到的论据是《左传》昭公二年韩宣子适鲁见易象与鲁《春秋》曰周礼尽在鲁矣这一条。以为用这一条即可证明孔子修《春秋》不过翻检周公旧制，钞录鲁史旧文而稍加刊正而已。

古人对杜预早已作过有力的驳难。唐人陆淳在《春秋集传纂例》一书中指出，杜预以为《左传》之五十凡例皆周公之旧制，实不足信。《左传》之凡例有云："弑君称君君无道也,称臣臣之罪也。"周初未见有臣弑君之事,周公何能预先定下书臣弑君之办法?清人皮锡瑞在所著《经学通论》中说,倘依杜氏,孔子修《春秋》不过经承旧史,钞录一过,并无自己的褒贬义例,"孔子何以有知我罪我,其义窃取之言"?"孟子何以推尊孔子作《春秋》之功配古帝王,说得如此惊天动地"?

杜预否定《春秋》为孔子作,但不可不理睬孟子。他在《春秋序》中采用了孟子论《春秋》那段话中的一句,即:"楚谓之《梼杌》,晋谓之《乘》,而鲁谓之《春秋》,其实一也。"并将孟子的这句话同《左传》昭公二年韩宣子适鲁观易象春秋那段记载连在一起,作为《春秋》非孔子作的证据。但是,孟子强调的显然是鲁之不修《春秋》与别国史记本无不同。经过孔子修过的《春秋》则大不一样了。所以孟子紧接着还有一句:"孔子曰:'其义则丘窃取之矣。'"因为这一句于杜说不利,引用时便被断然舍弃了。

第二个问题,关于孔子作《春秋》的宗旨,孟子讲的最为清楚、深刻。孟子说"孔子惧,作《春秋》","孔子成《春秋》而乱臣贼子惧",两个"惧"字下得铿锵有声。孔子因惧乱臣贼子作乱不息而作《春秋》,乱臣贼子因孔子作《春秋》而不能不有所畏惧。孟子的话符合实际情况。孔子是一个政治上极端保守的思想家。根据《论语》记载,孔子对东迁以后的社会变化,确是忧心忡忡。礼坏乐崩,名分淆乱的状况,在他看来无异于洪水猛兽。他想恢复西周奴隶制盛世而又深知力不能及,乃作《春秋》,针砭当时,规范后人,以达王事。乱臣贼子是历史的产物,当然不是一部书能够解决的,但是孔子作《春秋》的用意确然如此。孟子又说:"《春秋》,天子之事也。"表明孟子认为《春秋》绝非普通史书,它是一部反映一定的政治观点的政治学著作。

两千多年来,孟子是讲明《春秋》宗旨的第一人。司马迁《史记·自序》关于《春秋》宗旨引用董仲舒的几句话,即:"孔子知言之不用,道之不行也,是非二百四十二年之中,以为天下仪表,贬天子,退诸侯,讨大夫,以达王事而已矣。"不过是孟子观点的发挥。公、谷、左三传无明文言及孔子作《春秋》的宗旨。左氏家以为孔子因周公之凡例,述周公之志而成《春秋》,自然不强调孔子修《春秋》的政治用意。公羊家虽肯定《春秋》孔子作,但却无端生出所谓孔子黜周王鲁,以《春秋》当新王之说,把孔子作《春秋》的宗旨给歪曲了。谷梁家则说平王东迁,周室衰微,天下板荡,王道尽矣,孔子伤之乃作《春秋》,著劝诫,以继"三五"。其说大体可取,但远不及孟子精粹。

《春秋》还有个大义微言的问题。《汉书·艺文志》采刘歆说,以为"昔仲尼没而微言绝,七十子丧而大义乖,故《春秋》分为五"。范宁作《谷梁传序》亦云"微言隐,异端作,而大义乖"。从而提出了《春秋》有所谓大义微言的问题。但是究竟什么是大义微言,古人一直没讲清楚。皮锡瑞《经学通论》说"大义在诛讨乱贼,微言在改立法制"。诛讨乱贼乃孔子作《春秋》的目的,孟子早已指明,倘若这就是《春秋》之大义,人们本应一目了然,何以自汉迄清一直无定论?又汉人去古未远,何以竟宣布孔子作《春秋》之大义微言已乖已绝!应当说,大义微言是孔子作《春秋》达到诛讨乱贼之目的的手段。《史记·司马相如列传》说"《春秋》推见至隐","推见"指记事,"至隐"即明义。《春秋》通过记事以明义,是有一套办法的。这办法就是大义微言,亦即《春秋》书法。《春秋》书法内容是丰富的复杂的。《史记·孔子世家》说的"据鲁、亲周、故殷"和《公羊传》说的"所见异辞,所闻异辞,所传闻异辞"以及"内其国而外诸夏,内诸夏而外夷狄",即是《春秋》书法的主要部分。后来何休把这三条概括为所谓"三科九旨"。这"三科九旨"的内容,《孟子》书未见涉及。

第三个问题,关于《春秋》一书的性质,孟子也完全讲明白了,孟子说《春秋》"其事则齐桓晋文,其文则史,孔子曰:'其义则丘窃取之矣'"。这话看来简单,其实深刻,三言两语便将《春秋》的特点给刻划出来了。据孟子的看法,《春秋》写的是齐桓晋文之类的事件,采取的文体形式是历史,而要表达的则是作者自己的义。《庄子·天下》说"《春秋》以道名分",《史记·自序》说"《春秋》以道义",与孟子意同。都是肯定《春秋》表面上看是史书,实质上是一部政治书。

《春秋》不过16500字,写242年的历史,用这样少的文字写出这样长的历史,孔子用的办法概括起来说有两点,一是笔削,二是用辞多变。笔就是录,削就是不录,录与不录都有一定的意义。录,在用辞上又有一定的差别,利用用辞的差别表达一定的意思。例如庄公四年载:"纪侯大去其国。"本来是齐襄公出兵灭了纪国,可以书"灭纪"。孔子不书"灭纪"而书"纪侯大去其国",是为了表彰齐襄公报他的九世祖齐哀公因纪侯僭而为天王所烹的仇。如《公羊传》所说:"大去者何? 灭也。孰灭之?齐灭之。曷为不言齐灭之? 为襄公讳也。《春秋》为贤者讳。何贤乎襄公? 复仇也。"

又如僖公二十二年载:"冬十有一月,己巳朔,宋公及楚人战于泓,宋师败绩。"此为偏战,称日可矣。称日又称朔表示宋襄公的行为《春秋》要肯定。《公羊传》解释说,宋襄公在你死我活的战争中能够做到"不厄人","不鼓不成列","临大事而不忘大礼",所以孔子褒奖他。

又如桓公十一年载:"宋人执郑祭仲。"此称字不称名是"贤也"。"何贤乎祭仲"?《公羊传》认为孔子贤祭仲是因为祭仲知权。权,是办事既守原则又能权宜应变的意思。宋人执祭仲,威逼他赶走忽,立突为郑国国君,祭仲照办了。结果,郑国未亡于宋,且最终巩固了合法继承人忽的君位,赶走了突。

齐襄公、宋襄公和郑祭仲三人的事迹被孔子写进《春秋》中,这就叫笔,也叫录,孔子把一个人物一个事件录进《春秋》,都有一定的用意。怎样表达他的用意呢? 这要靠用辞的变化,孔子借用这三个人的三件事,用"大去其国"、称朔、称字不称名的不同修辞方法分别表达他的复仇之义、行仁义之师之义和知权之义。由此我们可以肯定地说,《春秋》不是普通的历史书,它是一部以史书为形式的政治学著作。王安石说它是"断烂朝报",梁启超说它是"流水账簿",都因为他们只把《春秋》当作一部史书来看。从历史的角度衡量《春秋》,它的价值无法与《左传》相比,说它是"断烂朝报"实不为过。然而《春秋》却昂然存了2500年,人们持久不断地研究它,为它写出数不尽的著作来。它对后世政治生活所产生的影响,是任何史书望尘莫及的。原因没有别的，就是因为它是一部政治性的书。《春秋》的这一性质是隐晦不明的，不像亚里士多德《政治学》那样一目了然。《春秋》的这一性质，需要人们去认识。首先指出《春秋》是明义之书的是孟子。

后世仍不断有人不理会孟子的关于《春秋》的言论。他们以史法绳《春秋》，否认《春秋》中有孔子窃取之义，以为孔子修的《春秋》与列国国史无异，杜预是其中有代表性的一个。他在《春秋左传集解》后序中将《春秋》与《竹书纪年》相比照，证明《竹书纪年》"文意大似《春秋》经"，进而推定此乃"古者国史策书之常"，孔子为《春秋》，一仍旧史，无甚变化。其所举例是：竹书"称鲁隐公及邾庄公盟于姑蔑，即《春秋》所书邾仪父"。竹书"称晋献公会虞师伐虢灭下阳，即《春秋》所书虞师晋师灭下阳"。竹书"称周襄王会诸侯于河阳，即《春秋》所书天王狩于河阳"。杜预忽略了《竹书纪年》记诸侯列会皆举谥号，表明它不是春秋当世正史，乃是战国魏襄王时人的追记之作。它的体例并非"古者国史策书之常"，它文意简约虽似《春秋》，但是是它仿《春秋》，不是《春秋》仿它。

唐人刘知几更不解《春秋》的特点，所作《史通》有《惑经》、《申左》二篇，以实录与否论"三传"短长，以史家标准衡量《春秋》，指摘《春秋》"于内则为国隐恶，于外则承赴而书。求其本事，大半失实"，"寻斯义之作也，盖是周礼之故事，鲁史之遗文，夫子因而修之，亦存旧制而已"。刘氏扬《左传》而抑《春秋》，视《左传》之义高于《春秋》。所谓"孔子成《春秋》而乱臣贼子惧"，"善人劝焉，淫人惧焉"，唯《左传》当之无愧，《春秋》是大为逊色的，刘氏谬矣，殊不知《春秋》不是史书，故不必实录，亦不必善恶必书。它固然离不开史，但它不是史，它的特点是明义，却不空言。它从明义出发取舍史料，亦从明义出发，遣辞行文，如《左传》闵公元年载晋侯灭耿、灭魏、灭霍，此灭国大事，史书不可缺如，但《春秋》以为此于义无补，故削而不书。僖公十六年春，同一个月里发生"陨石于宋五"和"六鹢退飞过宋都"两件事。事情虽小，《春秋》以为此异事，且发生在王者后的宋国，故笔而录之。刘知几不知《春秋》有笔削之义，对于《春秋》大事有所不书，小事有所不削的现象大惑不解，断定《春秋》于外事一仍赴告，全无用心，表明刘氏于《春秋》所知甚浅，不逮孟子远矣。

《春秋》一书的实际情形，也证明孟子是最了解《春秋》的人。《春秋》"为尊者讳，为贤者讳，为亲者讳"。什么是讳呢？有些事情如果照直说，不符合孔子的思想观点，因而往往把事情换一种说法表达出来，这就是讳。要讳，就做不到善恶必书。刘知几以实录与否要求《春秋》，肯定错了。如闵公二年狄灭卫，这是事实，《春秋》却书成"狄入卫"。"入"与"灭"含义根本不同。"入"是占领之后又撤去，"灭"则是国家灭亡，不复存在。《春秋》把狄灭卫书成"狄入卫"，是为尊者讳。尊者指齐桓公。卫国是华夏国家，它在堂堂霸主齐桓公的眼皮底下竟被狄人灭了。《春秋》为无损尊王攘夷的信念，也为维护霸主桓公的尊严，不得不把"灭"书成"入"。这又证明孟子说《春秋》其事则齐桓晋文，其文则史，其义则丘窃取之矣，是正确的。

更为典型的例子是僖公二十八年晋文公召周襄王至温会诸侯。分明是文公召天子,《春秋》却书作"天王狩于河阳",仿佛天子是主动巡狩,而不是被召。这反映了孔子的尊王思想。《左传》引孔子语说:"以臣召君,不可以训。"《左传》作者尚且理解孔子用意,独刘知几谴责《春秋》不是实录,够不上良史。《春秋》非史,何为以史视《春秋》!襄王受召,《春秋》书狩河阳,正可见《春秋》以正名为务,以明义为重,看来是史书,实为一部政治书。刘氏视《春秋》以史,倘非盲昧,亦属偏见。

总之,孟子最了解《春秋》。能够用简短的三五句话将《春秋》的几个主要问题如此准确恰当地概括起来,不是对《春秋》有深刻的了解是办不到的。赵岐《孟子题辞》说孟子"通五经,尤长于诗书",不能算是全面的评价。孟子于诗于书唯引用而已,评论绝少,而于《春秋》则体会宏深,非后世肤浅之辈可比。汉代经今文家许多观点得自孟子,公羊家治《春秋》更以孟子为起点。说孟子最了解《春秋》,是两千多年《春秋》学的奠基人,他是当之无愧的。

（原刊《史学史研究》1986年第1期）

董仲舒与春秋公羊学

西汉董仲舒是《春秋》学史上第一位声名显赫的公羊大家；他虽未给《公羊传》作注，但是他的著名作品《春秋繁露》几乎涉及了《春秋》一书的全部主要问题。他的观点无论对错，都对后世的春秋公羊学产生过深刻的影响。两千年来的春秋公羊学，其精华与糟粕无不与董仲舒有关。研究孔子的《春秋》经，离不开公羊学；公羊学的理论框架是汉代人搭起的；汉代人公羊学的根底是董仲舒奠定的。

董仲舒，景帝时为《春秋》博士，为人廉直，终身不治产业，只做学问，是个典型的儒生。史称自汉高至武帝五世间，以治公羊而得名的，唯他一人而已。其著作，《汉书·艺文志》有《公羊董仲舒治狱》16篇，《隋书·经籍志》有《春秋决事》10卷，《春秋繁露》17卷。今存世者只有《春秋繁露》一书，另有《汉书》本传所记武帝时对策一段文字。

《春秋繁露》是董仲舒治春秋公羊学的一部论文集。清人著《四库全书总目提要》将它作为附录列在经部《春秋》类诸书之后。《提要》肯定这书应属于董仲舒，说："今观其文，虽未必全出仲舒，然中多根极理要之言，非后人所能依托也。"

从《春秋繁露》一书看董仲舒的春秋公羊学，尽管糟粕不容忽视，而贡献毕竟是主要的，可谓功大于过。

第一，《春秋》大义是《春秋》学的一个大问题，董仲舒有所触及，有些地方讲得很深很透也很对。

《春秋》是一部奇特的书。表面看它是一部史书，实际上又不是史书。《孟子·离娄下》说"其事则齐桓、晋文，其文则史，孔子曰：'其义则丘窃取之矣。'"《庄子·天下》说"《春秋》以道名分"，说的正是《春秋》的这一特点。《史记·司马相如列传》赞说"《春秋》推见至隐"，是对《春秋》这一特点的更为简炼的概括。孔子作《春秋》，由于种种原因，许多要表达的思想未能直接写进书中，另用口说的方式传授给他的弟子们。这就是所谓《春秋》微言大义。

《春秋》之微言大义应当保存在由孔子的弟子们直接传授下来的《公羊传》和《谷梁传》之中。但是，什么是《春秋》微言大义，二传并未明确点出。于是后人生出种种疑端，见仁见智，莫衷一是。《汉书·楚元王传》记刘歆的话说："夫子没而微言绝，七十子终而大义乖。"这表明孔子既没，《春秋》微言便成为难以知晓的谜，待孔子之七十弟子死后，《春秋》大义又被曲解。清人皮锡瑞的《春秋通论》说大义是诛讨乱臣贼子，微言是改制立科。这是不对的。因为，诛讨乱贼是孔子作《春秋》的目的。

孔子自己对此并不讳言，孟子也已讲得清清楚楚。如果这便是微言大义，那么人们早已明白，汉人何以谈到"绝"和"乖"呢？　实际上《孟子》书并未涉及《春秋》大义问题。第一个触及《春秋》大义的，是董仲舒。

《公羊传》成公十五年说："曷为殊会吴？外吴也。曷为外也？《春秋》内其国而外诸夏，内诸夏而外夷狄。王者欲一乎天下，曷为以外内之辞言之？一言自近者始也。"所谓内外之别，系指地域上的远近而言，非谓华夏与夷狄之种族上的差别。周代制度，京师为中，诸夏为外，夷狄为再外。《公羊传》认为《春秋》记事便依据这个先内后外的原则。它把这叫作"自近者始"。"自近者始"反映在地域关系上便是"内其国而外诸夏，内诸夏而外夷狄"。《公羊传》的这两句话正是《春秋》大义之一。《春秋》大义，其实也就是《春秋》书法，书法亦即写书时遵循的原则。

董仲舒对于《公羊传》"自近者始"这一观点理解极为深透。《春秋繁露·王道》说："亲近以来远，故未有不先近而致远者也。故内其国而外诸夏，内诸夏而外夷狄，言自近者始也。"他把《公羊传》"自近者始"的观点加以发挥，从地域远近问题推及到其他方面。在董仲舒看来，《春秋》处处包含着"自近者始"的精神。《春秋繁露·观德》篇甚至将《春秋》"陨石于宋五"和"六鹢退飞"都说成是"自近者始"原则的体现。说那是"耳闻而记，目见而书，或徐或察，皆以其先接于我者序之"。推及至国家大事，更是如此。他举会盟朝聘之礼为例，说"诸侯与盟者众矣，而仪父独渐进"，"诸侯朝侨者众矣，而滕薛独称侯"，"吴楚国先聘我者见贤"，都蕴含着《春秋》"自近者始"的原则。

《公羊传》于隐公元年、桓公二年、哀公十四年三次述及"所见异辞，所闻异辞，所传闻异辞"，这也是《春秋》大义之一。根据《公羊传》的这一条，我们知道《春秋》不仅在地域方面有"自近者始"的精神，在时间上也有远近的差别。所谓所见所闻所传闻之说，并没有什么神秘，其实就是今日之现代、近代、古代之分。今人写历史，时代愈久愈简约，愈近愈加详，古人也是这样。

董仲舒清楚地看到了这点。他在《春秋繁露·楚庄王》篇中把《春秋》十二公划分为所见、所闻、所传闻三个时期。说《春秋》对这三个时期的记事，用辞是有区别的："于所见微其辞，于所闻痛其祸，于所传闻杀其恩"。"微其辞"，"痛其祸"，"杀其恩"，其说虽异、其义相同，即时间远近不同，对待亦不同。为什么要这样呢？董仲舒解释说，"义不讪上，智不危身，故远者以义讳，近者以智畏。畏与义兼，则世逾近而言逾谨矣"。远的事情有所讳避，近的事情有所畏忌，总起来说，时间越近，说话越小心谨慎。董仲舒据《公羊传》提出的所见所闻所传闻之说，把《春秋》所记242年历史按鲁十二公划分为三个阶段，并且指出孔子作《春秋》对三个阶段的事情有不同的对待办法，这无疑是正确的。

还有一项《春秋》大义，董仲舒也注意到了。《孟子》说："《春秋》，天子之事也。"《公羊传》僖公四年说："桓公救中国而攘夷狄，卒怗荆，以此为王者之事也。"《春秋》"天子之事"，《春秋》"王者之事"，其含义不外是说《春秋》站在王者的高度,用王道的标准衡量、评说242年的历史。《春秋》用以表达它的这个用意的主要办法是笔削。

司马迁从董仲舒学过《春秋》,对于董仲舒的《春秋》公羊学他是了解的。他说:"余闻董生曰:'周道衰废,孔子为鲁司寇,诸侯害之,大夫雍之。孔子知言之不用,道之不行也,是非二百四十二年之中,以为天下仪表,贬天子,退诸侯,讨大夫,以达王事而已矣。'"又说:"夫《春秋》上明三王之道,下辨人事之纪,别嫌疑,明是非,定犹豫,善善恶恶,贤贤贱不肖,存亡国,继绝世,补敝起废,王道之大者也。'"[1]据司马迁的转述,我们看得出,董仲舒很了解孔子作《春秋》的深远用意。孔子梦想恢复西周盛世而又深感力不能及,乃作《春秋》针砭当时,规范后人,以达王事。达王事的办法,司马迁在《史记·孔子世家》中已经讲明白了。司马迁说:"至于为《春秋》,笔则笔,削则削,子夏之徒不能赞一辞。弟子受《春秋》,孔子曰:'后世知丘者以《春秋》,而罪丘者亦以《春秋》。'"司马迁认为孔子作《春秋》,有笔有削,通过笔削达到他褒贬王侯,鞭挞时人的目的。这就是所谓"以达王事",就是"王道之大者也",这当然也是孔子作《春秋》的一项重要原则。司马迁关于《春秋》的认识,无疑是来自董仲舒的。

董仲舒的另一些言论,完全可以证明司马迁上面转述的思想确实属于董仲舒。《汉书·董仲舒传》记董仲舒的话说:"孔子作《春秋》,先正王而系万事,见素王之文焉。"《春秋繁露·俞序》说:"史记十二公之间,皆衰世之事,故门人惑,孔子曰:'吾因其行事而加乎王心焉。'"孔子说他借记事表达他的"王心"。"王心"不是别的,当然就是孔子的王道思想。董仲舒说孔子作《春秋》先正王而系万事,见素王之文,可谓深得孔子自己概括出来的"王心"之意。

董仲舒之后,还有一些学者持相同的观点。《史记·太史公自序》引壶遂的话说:"孔子之时,上无明君,下不得任用,故作《春秋》,垂空文以断礼义,当一王之法。"壶遂以孔子作《春秋》比作司马迁之作《史记》,司马迁当即表示不敢当,说把他的《史记》"比之于《春秋》,谬矣"。但他并未说壶遂认为《春秋》"当一王之法"不对。可见,《春秋》"当一王之法"的观点,是当时大家公认的。贾逵《春秋序》说:"孔子览史记,就是非之说,立素王之法。"卢钦《公羊序》说:"孔子自因鲁史而修《春秋》,制素王之道。"董仲舒说的"素王之文",贾逵、卢钦、壶遂说的"素王之法"、"素王之道"、"一王之法",含义是一致的,无非说孔子以文字为武器,垂空文以断礼义,抨击乱贼,警惕后人,行王者之道。

第二,董仲舒对《春秋》用辞有常有变的特点,理解非常深刻,这是他对春秋公羊学的又一贡献。《春秋繁露》的许多篇章都谈到这个问题,分析都极透彻。《竹林》篇说:"《春秋》无通辞,从变而移。"这是对《春秋》用辞特点的最为恰当的概括。《竹林》篇又说:"《春秋》之道,固有常有变,变用于变,常用于常,各止其科,非相妨也。"又进一步发挥了《春秋》无通辞的特点。余如《精华》篇说:"《春秋》固有常义,又有应变。"《玉英》篇说:"《春秋》有经礼有变礼"。《楚庄王》篇说:"《春秋》

之用辞，已明者去之，未明者著之。"等等，这些言论尽管考虑问题的角度不同，但意思是一贯的。那就是说，用辞多变，不拘一执，是《春秋》的一大特色。这一点，后世治《春秋》的人大多承认。尤其是公羊家更强调《春秋》的这个特点。因为《春秋》的这个特点对于公羊家的全部理论的创立，至关重要。而这个特点是董仲舒第一个提出，第一个讲明白的。

董仲舒对《春秋》的熟悉程度是惊人的。为了说明自己的观点，他举了许多例子，仿佛信手拈来，却又具有极大的说服力。孟子明明说"《春秋》无义战"，而实际上《春秋》对于数百起战攻侵伐之事必一二书，而且有所谓偏战、诈战之分。这是一个矛盾，董仲舒从《春秋》多变的角度把这个问题解释得很得当。《竹林》篇说："会盟之事，大者主小，战伐之事，后者主先。"几个国家举行盟会，《春秋》记载时要把大国放到前面。几个国家发生战争，《春秋》记载时要把先发者列在后头，使之居下，以示惩诫。《春秋》用这个办法在不义的战争中将交战各国分出优劣来。至于《春秋》处理战争有偏战、诈战之分，董仲舒说《春秋》之于偏战，只是善其偏，而不是善其战。偏战"比之诈战，则谓之义。比之不战，则谓之不义"，故"战不如不战，然而有所谓善战。不义之中有义，义之中有不义，辞不能及，皆在于指"。董仲舒的这段话颇有点辩证法的味道，比孟子讲的"《春秋》无义战"那句独断的话，更灵活，也更符合《春秋》的实际。《春秋》正是如此，用辞机动得很，即使有时无法直接表达出细微的分寸来，只要你仔细玩味它的用心，可以让你体会出它的含义。

再如，《春秋》宣公十五年书"宋人及楚人平"，依《春秋》常辞，无鲁国参与的外平，不书，这里却书了，这就是《春秋》的变辞。《春秋》往往运用变辞来把它要表达的义表达出来。"宋人及楚人平"这件事，记的是楚庄王围宋，宋国易子而食，析骸而爨，楚军亦只有七日之粮。在这交战双方濒临绝境的情况下，楚国的司马子反未经请示，即擅行与宋国媾和。依《春秋》常例，"卿不忧诸侯，政不在大夫"。司马子反是楚国的大夫而恤宋民，是犯了"卿不忧诸侯"一条。又，当时楚庄王在军中，他不复君命即与敌国媾和，是犯了"政不在大夫"一条。两条都犯了，孔子竟书进《春秋》给予表彰，这是什么原故呢？董仲舒解释说，司马子反在特殊情况下违背了常礼，做了当仁不让的事，孔子以变礼书之。董仲舒因此强调说，读《春秋》不可以"平定之常义"怀疑"变故之大义"。董仲舒的看法是正确的。后世公羊家无不承继它，发挥《春秋》有常义变义之说。

第三，《春秋》记事在对待鲁国自身、周王室和殷后宋国的态度上是有差别的。司马迁把三种不同的对待概括为"据鲁、亲周、故殷"。这个概括是正确的。司马迁曾向董仲舒学《春秋》，所以这个观点很可能得之于董仲舒。

什么是"据鲁、亲周、故殷"？《史记·孔子世家》说孔子"因史记作《春秋》，上至隐公下迄哀公十四年，十二公。据鲁、亲周、故殷，运之三代，约其文辞而指博"。《索隐》解释说："言夫子修《春秋》以鲁为主，故云据鲁。时周虽微，而亲周王者，以见天下之有宗主也。"《索隐》解释的很恰当。《春秋》本鲁史，理应以记鲁事为主，这叫"据鲁"。周是天子之国，有些事情虽与鲁无关，例不应书，但因发生于周，孔子也要书进《春秋》，这叫"亲周"。宋国乃殷之后，宋国发生的事情，《春秋》也要适当予以书之，这叫"故殷"。"故殷"就是"故宋"。"故宋"与"亲周"意义相同，只是周比宋更重要，更亲近，故《春秋》记周事详于宋事。

司马迁概括出来的这三句话与《公羊传》的意思如合符节。《公羊传》宣公十六年说："成周宣谢灾。成周者何？东周也。宣谢者何？宣宫之谢也。何言乎成周宣谢灾？乐器藏焉尔。成周宣谢灾，何以书？记灾也。外灾不书，此何以书？新周也。"新、亲二字古通用，《公羊传》之"新周"即《史记》之"亲周"。孔广森《公羊通义》把"新周"之"新"解作新旧之新，说："周之东迁，本在王城。及敬王避子朝之难，更迁成周。作传者据时言之，号成周为新周。犹晋徙于新田谓之新绛，郑居郭邻之地，谓之新郑云尔。"孔说本极荒谬，陈澧《东塾读书记》卷10却说，"《公羊》'新周'二字自董生以来将近二千年，至异轩乃得其解。"1943年出版的罗倬汉《史记十二诸侯年表考证》一书更将孔说视为定论。孔说其实大谬。金景芳早在1940年《春秋释要》一文中已断然指出："亲、新古字通用。《公羊》'新周'即《繁露》与《史记》之'亲周'也。且就传文论，说以'亲周'则不烦言，而解以为'新周'，反诘屈难通。孔氏之蔽正坐误会一'新'字耳。"金说于文于理最为明通，实与《公羊传》本义相符。倘依孔说，训"新"为新旧之新，将它作为形容词与动词"据"、"故"并列使用，则不仅有悖于《春秋》原义，且在语法上亦属窒碍。

关于"故宋"，《公羊传》襄公九年说："宋火何以书？记灾也。外灾不书，此何以书？为王者后记灾也。"《谷梁传》说："宋灾。外灾不志，此其志何也？故宋也。"二传所云相同，"故宋"的"故"肯定是动词无疑。"新周"与"故宋"，句式当为一例，都是谓宾结构。若"新"训为新旧之"新"，则"新周"将不知所云为何。

董仲舒对于《公羊传》之据鲁、亲周、故宋的说法究竟注意到没有呢？我看是注意到了的。《春秋繁露·三代改制质文》对这个问题固然讲得很混乱，如既言"亲周"，又讲"存周"、"王鲁"，自相矛盾。但是这实不难理解，因为《春秋繁露》一书经过后人的严重窜乱，出些矛盾，实未足奇。若遍检全书，仔细寻绎，董氏以为《春秋》"亲周"而非"拙周"、"王鲁"的观点，是明晰可见的。如《王道》篇说："晋文再致天子，皆止不诛，善其牧诸侯，奉献天子而复周室，《春秋》予之为伯，诛意不诛辞之谓也。"既说《春秋》肯定晋文有"奉献天子而复周室"的勋劳，自然不会认为《春秋》有"拙周"之意。又《奉本》篇："齐桓、晋文不尊周室不能霸。"又《王道》篇说："鲁舞八佾，北祭泰山，郊祀天地，如天子之为。"这些言论都表明董仲舒的确不曾认为《春秋》将周室拙至二王后的地位。

可以肯定地说，《史记·孔子世家》讲的《春秋》"据鲁、亲周、故殷"的原则得之于董仲舒。这一条原则连同上文提及的"内其国而外诸夏，内诸夏而外夷狄"和"所见异辞，所闻异辞，所传闻异辞"两条，后来经另一位公羊大家何休概括为"三科九旨"，成为两千年春秋公羊学的理论框架。这个框架的奠基人，应当说不是别人，就是董仲舒。

董仲舒春秋公羊学的糟粕也不应忽视。他的天人感应说对当代和后世所产生的坏作用，无论怎样估计都不会过分。他把人世间的变化和自然界的灾异通归诸天意之感应。《王道》篇说，周衰，诸侯背叛，并兼无已，臣下上僭，于是"日为之食，星陨如雨，雨螽，沙鹿崩，夏大雨水"，"地震，梁山崩，雍河三日不流，彗星见于东方，孛于大辰，鸲鹆来巢"，"《春秋》异之，以此见悖乱之征"。董氏将他这天人感应的臆说硬加到《春秋》头上，既给后世的《春秋》公羊学投下了深刻的阴影，也开了汉代政治生活中符瑞、谶纬风的先河。

总之，公羊家的长处和短处都可以在董仲舒那里找到它的根源。董仲舒作为汉代第一位负盛名的经学大师，他对于《春秋》公羊学的贡献，无论如何也应当说是主要的。

注释：
[1]均见《史记·太史公自序》

（原刊《天津社会科学》1986年第1期）

何休公羊"三科九旨"浅议

何休在春秋公羊学的历史上是个承先启后的人物,早期春秋公羊学的理论体系是由他完成的,他提出的"三科九旨"说事实上已成为后世春秋公羊学的理论核心。清人刘逢禄竟说:"无'三科九旨'则无《公羊》,无《公羊》则无《春秋》"[1],可见何休的"三科九旨"在公羊家心目中的地位何等重要。但是,何休的"三科九旨"就其思想内容来说,究竟与《春秋》和《公羊传》有何密切关系,却是值得进一步探讨的问题。我认为,何休的"三科九旨"在其主要观点上歪曲了《春秋》和《公羊传》的本义,它的思想应该说属于何休自己。

一 何休公羊"三科九旨"是同左氏家论战的产物

何休生活于公元2世纪,是汉代最后一位也是最重要的一位公羊学大师。从西汉末年刘歆掀起左氏争立学官算起,到何休在世时止,公羊家与左氏家的斗争断断续续进行了将近两个世纪。在这场既是学术斗争也是政治斗争的论战中,从表面上看,公羊家似乎占了上风,《公羊传》一直立于学官,得到朝廷的承认,但是在学术上它极少建树。左氏虽始终未得立学官,但出现了一批如郑兴、郑众、贾逵、服虔等学识渊博的有影响的大师,在学术上倒取得了压倒公羊家的优势。

何休是一个坚定的公羊学派,他不能容忍左氏家们的得势。他的确是一位头脑睿智的人物,敏锐地觉察到,公羊学派之所以在斗争中失利,不是因为对手高明,而是由于自身的某些失误给左氏家们造成了可乘之机。因此,他奋起力争,认为公羊家的当务之急是要在理论上提高自己,完善自己,以扭转局面。他饱含着愤懑之情,埋头17年,写完他那部公羊学巨著——《春秋公羊传解诂》。此外,他还写下了《春秋》驳汉事六十条、《公羊墨守》、《左氏膏肓》、《谷梁废疾》、《公羊文谥例》等著作。他的目的达到了,尽管这些著作除《解诂》外已大部分亡佚,然而他为公羊学派建立的理论体系却完整无损地保留了下来。我们这里要讨论的"三科九旨"就蕴藏在《解诂》这部巨著中。而后世学者的引文中又往往可见何休关于"三科九旨"的具体表述。徐彦《春秋公羊传注疏》书题下引《公羊文谥例》说:"'三科九旨'者,新周故宋以《春秋》当新王,此一科三旨也。所见异辞,所闻异辞,所传闻异辞,二科六旨也。内其国而外诸夏,内诸夏而外夷狄,是三科九旨也。"这就是何休概括的公羊"三科九旨"。

所谓"三科",其实是说孔子作《春秋》时所遵循的三条原则。所谓"九旨",其实是说这三条原则共包含九个概念。三条原则的后两条用语出自《公羊传》原文,前一条则是何休自己提炼出来的。何休抓住这三条,把它们概括为"三科九旨"加以强调,表明何休的确比他的公羊家前辈们高明。后世有人提出另外的"三科九旨"说,企图取代何休的"三科九旨",都没有成功,因为它们没有抓住《春秋》和《公羊传》的根本问题。

何休的"三科九旨"虽然问题抓得准,但他对问题的解释却加入了自己的观点,致使"三科九旨"成了何休的"三科九旨",而不是《春秋》和《公羊传》的"三科九旨"。何休用自己的理论解释《春秋》经传,这与当时的斗争形势有一定的关系。何休不能容忍左氏家们在学术和理论上的得势,急于为公羊学派建立自己的完善的理论体系。这就不免要清算前人的影响,而在这一斗争中何休所表现出的理论勇气是前无古人的,这是他的可取之处。但是却走过了头,把自己的思想说成是《春秋》和《公羊传》的,这是他的过错。

何休在清算前人影响的斗争中有两点是值得称道的,这从他写在《解诂》书首的仅有205字的短序中,可以看得十分清楚。第一,他对《春秋》一书的认识超过了前人。他认为《春秋》本据乱而作,传《春秋》的公羊家又不止一人,因此经传中出现"非常异义可怪之论"实不可免。何休所谓的"非常异义可怪之论",据徐彦疏的分析,不是别的,乃是庄四年齐襄公复九世仇而灭纪,禧元年齐桓公救邢以及昭三十一年邾娄叔术妻嫂之类。依常义,诸侯不得擅灭,亦不得专封,更不得妻嫂。《春秋》却要加以记载,是肯定他们于不义之中有义的一面。这也就是董仲舒在《春秋繁露》中多次提及的"《春秋》固有常义,又有应变"。何休严厉谴责他的前辈严彭祖、颜安乐之流是教条主义者,讲诵师说百万言,却不得《春秋》经传的要领,以至于产生"倍经、任意、反传、违戾"的错误,乃至被左氏家们斥之为俗儒。第二,何休进而提出反对"守文持论"的主张。汉人治经最重师法,师弟传授,只字不得移易,提倡的正是"守文持论"。何休指出他的公羊家前辈们由于"守文持论",泥守公羊之文,以论左氏,却并不真正了解公羊之义,因而往往吃败仗,所以何休反其道而行之,他治公羊,不拘泥字句,而重在发挥义理。这对那种僵化了的"守文持论"的传统治学方法,无疑是一个突破。但是,作为一个公羊家,何休从理论到方法虽然都有所创新,但也在走一条新路时滑向了另一个极端,即在许多问题上加入了自己的主观臆想,使他的理论似公羊,又不纯是公羊。他的"三科九旨"说就是最为明显的一例。

二　黜周王鲁,实非公羊之义

何休公羊"三科九旨"第一部分"新周故宋,以《春秋》当新王"的基本思想是黜周王鲁。《春秋》本无黜周王鲁之义,《公羊传》亦无《春秋》黜周王鲁之说。黜周王鲁之说是何休强加给《春秋》和《公羊传》的。

那么,何休的黜周之说是怎样得来的呢?

《春秋》宣公十六年书："成周宣谢灾。"《公羊传》解释说："成周宣谢灾，何以书？记灾也。外灾不书，此何以书？新周也。""新周"是什么意思？新、亲二字古通用，"新周"就是"亲周"。何休却说："新周，故分别有灾不与宋同也，孔子以《春秋》当新王，上黜杞，下新周而故宋，因天灾中兴之乐器，示周不复兴，故系宣谢灾于成周，使若国文，黜而新之，从为王者后记灾也。"何休这段话有两层意思。第一，他把天人感应的观点加诸孔子，说孔子从天火烧了宣王中兴之乐器一事看出周室已无复兴的希望，乃黜周为王者后。第二，周虽被黜为王者后，但比宋为新。黜而新之，故曰新周。新周即黜周。这样，何休就把"黜周"的帽子硬加到《春秋》的头上了。

周既被黜为王者后，便必须给找出一个新王来。新王本无有，何休乃"以《春秋》当新王"。但《春秋》毕竟是书不是国，何休在《解诂》一书中又进而提出"王鲁"之说，以为《春秋》以鲁当新王，用鲁统取代周统。《春秋》隐公元年书："三月，公及邾娄仪父盟于眛。"《春秋》为什么称邾娄君之字以褒之？《公羊传》说："渐进也"。《公羊传》所言极明，即《春秋》乃鲁史，必以鲁为内。邾娄君先与鲁隐公盟，故《春秋》褒之称字。何休却扯到"王鲁"上来。说："《春秋》王鲁，托隐公以为始受命王，因仪父先与隐公盟，可假见褒赏之法，故云尔。"托鲁隐公为始受命王，完全是何休的主观想象，根本不是《春秋》的意思。倘孔子以鲁隐公为始受命王，则王与诸侯盟，孔子何以褒而书之？

何休既杜撰了《春秋》"黜周王鲁"之说，凡遇稍可牵强之事，都扯到"王鲁"上来。这样的例子在《解诂》一书中随处可见。《春秋》隐公七年书："滕侯卒"。滕乃小国，《春秋》何以称侯？《公羊传》说是因为"《春秋》贵贱不嫌同号，美恶不嫌同辞"。意谓滕是小国，尽人皆知，称侯也不会有人疑它是大国。何休不顾《公羊传》的解释，另搞一套，说："所以称侯而卒者，《春秋》王鲁，托隐公以为始受命王，滕子先朝隐公，《春秋》褒之以礼。"又《春秋》隐公七年书："六月辛亥宿男卒。"何休说："《春秋》王鲁，以隐公为始受命王，宿男先与隐公交接，故卒褒之也。"其实书卒而日之乃《春秋》常辞，与"王鲁"与否无涉。《春秋》大夫亦多有书日者，如隐六年"十有二月辛巳公子驱卒"。大夫卒尚且书日，宿国之君卒书日乃当然之理，何必"托隐公为始受命王"！

"黜周王鲁"实非《公羊传》之义，何休既然是为《公羊传》作注，便不宜完全脱离传文而驰骋臆想。有时传文无懈可击，不容旁生枝节，他只好讲几句违背己意的话，于是便出现自相矛盾的现象。如《春秋》定公二年书："雉门及两观灾。"又书："新作雉门及两观"。《春秋》为什么只书雉门及两观之灾以及新作而不书雉门及两观之立？何休注说："立雉门两观不书者，僭天子不可言。"又说："天灾之，当减损如诸侯制，而复修大，僭天子之礼。"何休不得不承认《春秋》谴责了鲁定公的僭越行为，与他的《春秋》"黜周王鲁"说形成了鲜明的对立。又如《春秋》桓公元年书："郑伯以璧假许田。"《公羊传》说："有天子存，诸侯不得专地也。"何休注说："桓公无尊事天子之心，专以朝宿之邑与郑，背叛当诛，故深讳使若暂假借之者。"象这样自相违忤的例子,于《解诂》一书中殊非少见。它足以证明 "黜周王鲁" 说乃何休所臆造,并非《春秋》及《公羊传》所固有。

何休的 "黜周王鲁" 说在他的前辈那里也找不到根据。司马迁在《孔子世家》中提出 "据鲁、亲周、故殷" 这三条才是反映《春秋》及《公羊传》精义的 "一科三旨"。《索隐》注说:"言夫子修《春秋》以鲁史为主,故云据鲁。时周虽微,而亲周王者,以见天下之有宗主也。"《史记》和《索隐》是正确的,孔子作《春秋》,对待鲁、周、宋三国的态度有所区别。《春秋》因鲁史而作,故以记鲁事为主,此谓 "据鲁"。周是天子之国,有些事情例不应书,但因发生于周,孔子也要书进《春秋》,这叫 "亲周"。宋为殷后,宋国发生的事情,《春秋》也要适当地写入,这叫 "故殷"。"故殷" 就是 "故宋",与 "亲周" 义同。只是对于鲁来说,周亲于宋,所以《春秋》记周事详于宋。

司马迁的观点大体上来自董仲舒。董仲舒在《三代改制质文》篇讲得很混乱,既言 "亲周",又言 "存周"、"王鲁",自相矛盾。但是,如果遍检《春秋繁露》全书,细细寻绎,便可发现董氏以为《春秋》"亲周" 而不以为《春秋》"黜周"、"王鲁"。如《王道》篇说:"晋文再致天子,皆止不诛,善其牧诸侯,奉献天子而复周室,《春秋》予之为伯,诛意不诛辞之谓也"。又说:"鲁舞八佾,北祭泰山,郊祀天地,如天子之为。" 这些话显然是认为《春秋》有尊周的思想,而根本没有 "王鲁" 的倾向。

后世学者对何休的《春秋》"黜周王鲁" 说也是反对的多,赞成的少。晋人王祖游批评何休说:"任城何休训释甚详,而黜周王鲁,大体乖硋,且志通《公羊》而往往还为《公羊》疾病。" [2]晋代著名的左氏家杜预更为明确地反对 "黜周王鲁" 说,他在《春秋序》中说:"所用之历即周正也,所称之公即鲁隐公也。安在其黜周而王鲁乎?子曰:'如有用我者,吾其为东周乎!' 此其义也。" 隋代经学大家刘炫也不赞成何休的 "黜周王鲁" 说,他说:"新王受命,正朔必改。是鲁得称元,亦应改其正朔,仍用周正,何也?既王于鲁,则是不事文王,仍奉王正,何也?诸侯改元自是常法,而云讬王改元,是妄说也" [3]唐人孔颖达在《春秋序》疏中反对何说更加斩钉截铁,他说:"鲁用周正,则鲁事周矣。天子称王,诸侯称公。鲁尚称公,则号不改矣。《春秋》之文安在'黜周王鲁'乎?若'黜周王鲁',则鲁宜称王,周宜称公。" 又说:"孔子之作《春秋》,本欲兴周,非黜周也。" 啖助是唐代经学名家,治《春秋》,三传皆所不取,独辟蹊径,于何休的 "黜周王鲁" 说斥之尤力。他说:"夫子伤主威不行,下同列国,首王正以大一统,先王人以黜诸侯,不书战以示莫敌,称天王以表无二尊,唯王为大,邈矣崇高,反云黜周王鲁以为《春秋》宗指。两汉专门,传之于今,悖礼诬圣,反经毁传,训人以逆,罪莫大焉" [4]。

上述学者反对何休 "黜周王鲁" 说的理由可以归纳为两点,第一,《春秋》既用周正,鲁不改正朔,则《春秋》必不王鲁;第二,《春秋》天子称王,鲁侯称公,则《春秋》亦必不王鲁。这两条都是有理有据,无容置疑的事实,是驳不倒的。

在中国经学史上,关于何休的 "黜周王鲁" 说,今文家多曲意附合,古文家则反对之。两派所争固因是非短长,但门户之见起的作用也极大。今日我们清算 "黜周王鲁"

说，自然不存门户之见，是为寻求真理。弄清楚这个问题，对于《春秋》一书性质的确定及孔子思想的研究是有意义的。

三 《春秋》"张三世"说乃何休所创

《春秋》"张三世"说，实非《公羊传》所固有，它是由董仲舒提出，经何休发挥完成的。应当说，"张三世"的思想是属于何休的。"张三世"说在何休所奠定的公羊学理论体系中，居于极重要的地位。除"黜周王鲁"外，何休几乎把《春秋》的所有书法原则全纳入"三世"的框架之中加以说明。

何休的"张三世"说是从他提炼的"三科九旨"的第二部分，即"所见异辞，所闻异辞，所传闻异辞"中发挥出来的。《公羊传》于隐元年、桓二年、哀十四年凡三次发传。《谷梁传》桓十四年说："孔子曰：'听远者闻其疾而不闻其舒，望远者察其貌而不察其形。'立乎定哀以指隐桓，隐桓之日远矣。"这段话可以视作《公羊传》那三句话的注脚。孔子作《春秋》，记242年间事，时间远近不同，史料来源不同，用辞亦必不同。近者详远者略，犹如今日写史，于古代、近代、现代，详略取舍自然有所区别，这道理极平常易解，毫无神秘可言。至于"三科九旨"的第三部分，原文见于《公羊传》成公十五年，"内其国而外诸夏，内诸夏而外夷狄"，意在区别内外。所以这一条书法原则也叫"异外内"。依周制，中为京师，外为诸夏，再外为夷狄。《春秋》据鲁史而作，以鲁为内，近者亲，远者疏。《春秋》于用辞称谓上有差别，以反映远近之不同。因此，"所见异辞"等三句是反映时间上的远近，"异外内"是反映空间上的远近。

《春秋》无达辞，义有常有变，故读《春秋》不可拘泥。"内其国而外诸夏，内诸夏而外夷狄"是一般性原则，具体运用时并非一成不变。所谓诸夏、夷狄，不是种族上的划分。"诸夏"在中原，礼俗先进多文，于京师为近。"夷狄"居处四裔，礼俗质朴粗犷，于京师为远。既使这样的差别，也远不是绝对不变的。如西周末犬戎入杀幽王，至春秋，狄人更深入中原灭邢灭卫，陆浑之戎甚至迁至京师附近定居。吴楚尤甚，竟与中原大国争雄。《公羊传》僖四年："南夷与北狄交，中国不绝若线。"当为实录。《春秋》对于这种变化不得不以实书。吴楚诸国，《春秋》先是夷狄之，尔后则与诸夏同列。相反，有时竟把诸夏大国当作夷狄书之。

董仲舒对于《公羊传》这两条书法原则的见解有对有错，总的说来，问题不是太大。《楚庄王》篇把《春秋》十二世划分为三等。有见世包括哀、定、昭三公，计61年。有闻世包括襄、成、宣、文四公，计85年。有传闻世包括僖、闵、庄、桓、隐五公，计96年。董仲舒把《公羊传》用以表达《春秋》史料来源的不同和时间远近差别的三句话推衍为刻板、固定的所谓"张三世"的模式，用它规范《春秋》，显然不当。不过，有一点是重要的，董氏并没有把《春秋》的其他书法原则一概纳入"张三世"的轨道。比如在董氏书中，"异外内"一条仍有其独立的意义，不曾与"张三世"牵混。董氏对于"异外内"的理解恰如其分。《王道》篇说："亲近以来远，故未有不先近而致远者也。故内其国而外诸夏，内诸夏而外夷狄，言自近者始也。"这话讲得极是，可谓抓准了《公羊传》的要领，而且没有旁生枝节。

但是，至何休，问题就更严重了。何休说：

> 于所见之世，恩己与父之臣尤深，大夫卒有罪无罪皆日录之，"丙申季孙隐如卒"是也。于所闻之世，王父之臣恩少杀，大夫卒，无罪者日录，有罪者不日略之，"叔孙得臣卒"是也。于所传闻之世，高祖曾祖之臣恩浅，大夫卒有罪无罪皆不日，略之也。公子益师、无骇卒是也。

> 于传闻之世，见治起于衰乱之中，用心尚粗粝，故内其国而外诸夏；先详内而后治外；录大略小；内小恶书，外小恶不书；大国有大夫，小国略称人；内离会书，外离会不书是也。于所闻之世，见治升平，内诸夏而外夷狄，书外离会，小国有大夫，宣十一年秋晋侯会狄于攒函，襄二十三年邾娄劓我来奔是也。至所见之世，著治太平，夷狄进至于爵，天下远近大小若一，用心尤深而详，故崇仁义，讥二名，晋魏曼多、仲孙何忌是也。所以三世者，礼，为父母三年，为祖父母期，为曾祖父母齐衰三月。立爱自亲始，故《春秋》自哀录隐，上治祖祢，所以二百四十二年者，取法十二公，天数备足，著治法式。[5]

何休这段话讲的就是他的《春秋》"张三世"说，它不同于董仲舒，与公羊之义相去尤远，更不反映《春秋》的真面目。

第一，以为《春秋》有据乱、升平、太平三世的说法，纯系何休所创。何休把《春秋》242年的历史划分为三个不同发展层次，以为孔子作《春秋》，一切书法原则都按照这三个层次加以安排，后世读《春秋》亦须以这三个层次为线索理解。其实，《春秋》根本没有什么据乱、升平、太平三世的意思。在孔子的心目中，整个春秋都是衰乱的时代，而且世道每况愈下，由礼乐征伐自诸侯出发展到自大夫出，乃至陪臣执国命。孔子对这"天下无道"的景况明明是深恶痛绝的，怎么会把它视作升平、太平之世？纵然《春秋》有三世之分，何以将春秋最乱的昭、定、哀阶段目之为最理想的太平之世？何休以"《春秋》定、哀之间文致太平"[6]来解释这个问题，亦不可通。《春秋》固然是"文致太平"的，但"文致太平"适用于全部242年。从春秋的实况看，十二公无一不是衰乱之时，从《春秋》的文辞看，十二公无一不是太平之世，把"文致太平"仅仅限定在定、哀二公，也是没有道理的。

第二，何休为使三世说不流于徒具其表的空架子，将"异外内"等《春秋》书法原则一股脑儿塞进三世说之中，这是错误的。因为《春秋》不是这样。《春秋》用辞有常变。唯其有常有变，方见进退褒贬之义。比如称人的问题，依《春秋》常义，小国大夫称人，大国大夫不称人，国君更不称人。然而有时小国大夫不称人，大国大夫却称人，甚至齐桓、晋文亦称人。该称人者不称人，不该称人者却称人，《春秋》籍此表达它对历史人物的褒贬。倘依何休说法，小国大夫于据乱世称人，至升平、太平世便不称人，岂不等于否定了《春秋》有常变之义？《春秋》而无常变之义，便不成其为《春秋》。

第三, 何休用三世说解释《春秋》大夫卒日与否, 亦与公羊传义不符。依公羊义, "何以不日? 远也。所见异辞, 所闻异辞, 所传闻异辞"[7], 即大夫卒日与不日主要依据时代远近。远则辞简, 不书日; 近则辞详, 书日。这是一般性原则,《公羊传》并不排除有例外的情况。何休说所传闻士大夫卒有罪无罪一概不日, 而实际上《春秋》于所传闻世书大夫卒7次, 竟有4次书日。何休说所闻士大夫卒有罪不书日, 无罪书日, 而实际上《春秋》于所闻世书大夫卒13次, 只有宣五年叔孙得臣卒不书日, 余皆书日, 而叔孙得臣据《公羊传》云也是无罪之人。《公羊传》是讲究日月例的, 但大夫卒书日或不书日乃另有缘故, 与三世说无涉。

综上所述, 我们认为, 何休概括的公羊"三科九旨", 三方面问题都是《春秋》书法原则中最重要的。但是, 何休"三科九旨"中包含的思想是属于他自己的。在第一部分"亲周、故宋, 以《春秋》当新王"中推衍出的"黜周王鲁"说, 从根本上歪曲了孔子作《春秋》的目的。在第二部分"所见异辞, 所闻异辞, 所传闻异辞"和第三部分"内其国而外诸夏, 内诸夏而外夷狄"中, 何休籍用《公羊传》的用语, 创造出他自己的"张三世"说, 强行加诸《春秋》。这都是由于他反对他的前辈"守文持论", 反过了头和急于建立公羊学理论体系以利同左氏家对抗的缘故。我们必须加以分析, 将《春秋》、《公羊》的思想归诸《春秋》、《公羊》, 何休的理论归诸何休。这样, 当我们研究它们各自的思想的时候, 才不至于误入歧途。

注释:

[1] 刘逢禄《公羊春秋何氏释例》。

[2] 《晋书·王接传》。

[3] 《左传·隐公元年》《孔疏》引。

[4] 陆淳:《春秋集传纂例·春秋宗指议》。

[5] 《春秋公羊解诂》隐公元年。

[6] 《春秋公羊解诂》定公六年。

[7] 《公羊传·隐公元年》。

（原刊《人文杂志》1986年第4期）

孔子不是有神论者

对于孔子是有神论者还是无神论者的问题，人们经历着一个艰难的认识过程。郭沫若同志30年代曾提出一个在当时说来可谓新鲜的观点，他说"孔子所说的'天'其实只是自然，所谓'命'是自然之数或自然之必然性。"[1]他承认孔子是泛神论者，但未做出孔子是无神论者的结论。新中国成立以后，更多的人强调孔子的"天"是上帝，是人格神；"天命"是上帝的旨意、命令；孔子对于鬼神只是怀疑，并未否定。十一届三中全会以后，孔子研究日渐深入，有人发生怀疑。我认为，孔子是个真正的无神论者。下面从五个方面粗浅地谈谈自己的看法，以就正于学界同仁。

一 研究孔子是不是有神论者，不可无视《周易》一书

研究孔子是不是有神论者，《周易》这部书实不可忽视。据《史记·孔子世家》和《汉书·艺文志》，《周易》之传的部分即"十翼"系孔子所作。虽然自宋以来至"五四"以后，不少学者提出怀疑乃至完全的否定，但我仍然相信司马迁和班固的结论毕竟推不倒。这个问题，金景芳同志前不久发表在《孔子研究》创刊号上的《孔子与六经》一文已有详尽的论证。我这里只想说，《论语》的思想与《周易》是相通的、一致的。

《论语》"天何言哉？四时行焉，百物生焉，天何言哉！"（《论语·阳货》）一段话，是判断孔子在天人关系上是有神论者还是无神论者的关键，无论持哪种观点的人都很重视它。但是孔子讲的"天何言哉"的"天"的含义是什么，《论语》本身未有提供更多的说明，人们见仁见智，理解各有不同。有人说"天何言哉"的"天"是具有精神意志的最高主宰，四时运行，百物生长，是天意的体现。有人说这个"天"不是宗教的上帝，它是一种抽象的精神，是人的理性和主观精神的绝对化。有人说这个"天"指的是自然界，"四时行焉，百物生焉"是自然界有规律的生息变化。究竟哪一种认识反映了孔子的真实思想，把《易传》同《论语》对照起来看就清楚了。

《周易》本是卜筮之书，经孔子为之作传，其中蕴含的思想被阐发出来，才成为一部可以理解的哲学著作。庄子说"《易》以道阴阳"（《庄子·天下》），司马迁说"《易》以道化"（《史记·太史公自序》），"《易》本隐以之显"（《史记·司马相如列传》），都肯定《周易》是一部讲哲理的书。

《周易》的哲理反映在筮与卦之中。它包括两方面内容，一是反映关于自然知

识的所谓"天之道",一是反映关于社会知识的所谓"民之故"。《周易》中对于天的认识,没有丝毫的上帝鬼神的意识。只有《系辞传》中"天垂象,见吉凶"一句带有宗教观念的痕迹,但它与整个《易传》的思想体系格格不入,很可能是汉人羼入的,与孔子无涉。《系辞传》说:"大衍之数五十有五,其用四十有九,分而为二以象两,挂一以象三,揲之以四以象四时,归奇于扐以象闰,五岁再闰,故再扐而后挂";"乾之策二百一十有六,坤之策百四十有四,凡三百六十,当期之日。二篇之策万有一千五百二十,当万物之数也。"这些话本来是讲《周易》筮法的。筮法用四十九根蓍草经过"分二","挂一","揲四","归扐"等四个步骤的反复摆布,形成一个六画卦,其实纯系主观、人为的东西。但是古人为了强调筮法是客观的、可以信赖的,便把筮法同日月运行、四时交替联系起来,结果无意中把它朴素的唯物主义的天道观表达了出来。

这种情况也表现在卦及卦的关系方面。《周易》重视乾坤二卦,认为其他六十二卦全是乾坤二卦引申变化的结果。乾卦好像天,坤卦好像地,六十二卦好像万物。万物生成于天地之间,天地之间除却万物之外,更无其他。所以《序卦传》说:"有天地然后万物生焉,盈天地之间者唯万物。"象天地的乾坤二卦是怎样产生象万物的其他六十二卦的呢?《系辞传》说:"刚柔相摩,八卦相荡,鼓之以雷霆,润之以风雨,日月运行,一寒一暑,乾道成男,坤道成女。"阴阳交错,相互作用,产生六十二卦。很像天地间雷电风雨,日月运行,寒暑交替,而有万物生长。这里还是未给上帝鬼神留下一点位置。

总之,孔子在《易传》中表达出来的"天之道",毫无人格化的神或者有意志的上帝的影子,也不见抽象精神或者人的理性与主观精神的绝对化。《周易》筮与卦中体现的"天之道",并没有任何神秘可言。孔子在《易传》中讲的"天",其含义就是自然。那么,《论语》中"天何言哉"那四句话中的"天",其含义当然也是自然。《论语》的那四句话,实际上正是《易传》中"天之道"的简明概括。

二　孔子认为人死后无知无鬼

认为人死后有知还是认为人死后无知,是区分有神论与无神论的一个重要问题。说人死后有知,就是承认有鬼,是有神论;说人死后无知,就是认为无鬼,是无神论。孔子在这个问题上,没有一个斩钉截铁的明确回答。但是如果我们仔细加以研究,拨开表面云雾看它的本质,便会发现孔子是以为人死后无知,因而无鬼的。

《论语》记载孔子这方面的言论不算少,其中《八佾》"祭如在,祭神如神在"这两句话最为典型。把它的含义弄明白,孔子究竟认为人死后有知还是认为无知的问题便清楚了。

孔子"如"字用得妙极。他不说人死后无知无鬼,也不说人死后有知有鬼。因为若说人死后无知无鬼,便等于否定祭祀;而否定祭祀是孔子所不愿意的,也是时代所不允许的。他用了一个"如"字，这只能有一种解释，孔子实际上认为人死后无知无鬼。说好像在，用意很明显，他要告诫人们：你祭祖先，要像祖先活生生地坐在那里一样，要虔诚恭敬地对待。一个"如"字，既委婉地掩藏了他的人死无知无鬼的思想，又含蓄地表达了他希望人们虔敬祭祖的意图。

鲁迅先生对孔子的这两句话是吃得透的。鲁迅说："'祭如在，祭神如神在'，只用他修《春秋》的照例手段以两个'如'字略寓'俏皮刻薄'之意，使人一时莫明其妙，看不出他肚皮里的反对来。"[2]按鲁迅先生的理解，孔子肚皮里面隐藏着的是无神论思想，他不愿意把这思想直接表露出来。

古人对孔子的这个奥秘也有所了解，并不认为孔子信鬼信神。孔安国说："言事死如事生也"[3]，程颐说："祭先，主于孝；祭神，主于恭敬。"[4]朱熹说："此门人记孔子祭祀之诚意。"（《四书章句集注》）这几位古人对"祭如在"的解释，极得要领。他们都明白孔子的着眼点在于强调活着的人应该如何对待死去的人，而不在于死去的人究竟有知无知。既然要祭先人，你就权当先人有知，表现出诚意来。归根结底还是说人死后无知。

孔子认为人死后无知无鬼，在别处还可以找到证据。

《礼记·檀弓上》记孔子说："之死而致死之，不仁而不可为也。之死而致生之，不知而不可为也。是故竹不成用，瓦不成味，木不成斫，琴瑟张而不平，竽笙备而不和，有钟磬而无簨虡，其曰明器，神明之也。"孔子这段话讲给死人送葬用明器的道理，附带把他不信鬼的思想表露出来了。"之"训往。"之死"是说往死者那里送东西。"致死"，意为以死者之礼对待死者。"致生"，意为以生者之礼对待死者。在孔子看来，这两种对待均有缺点。如果孝子把死去的父母作为无知无鬼的死者对待，死了就是死了，那便显得孝子缺乏爱亲之心，是谓不仁。如果孝子以为死去的父母有知有鬼，死了如同没死，那便显得孝子缺乏烛理之明，是谓不智。不仁不智当然都不可行，怎么办呢？采取折中的办法，送给死人明器。明器的特点是具有物品的外貌，却不堪使用。孔子这样说，好像认为说死者有知有鬼亦可，说死者无知无鬼亦可，但其内心显然认为人死后无知无鬼。

孔子这段话讲的是夏代的情况。至商周，又有所变化。孔子的弟子原宪说："夏后氏用明器，示民无知也。殷人用祭器，示民有知也，周人兼用之，示民疑也。"（《礼记·檀弓上》）夏代给死人送葬用明器，以使百姓知道人死后是无知的。殷代给死人送葬用祭器，祭器是人器，以使百姓知道人死后是有知的。周代兼用明器和祭器，以使百姓既不以为人死后有知，也不以为人死后无知。原宪的认识与孔子是一致的。《礼记·表记》记孔子的话，有云"夏道尊命，事鬼敬神而远之"，"殷人尊神，率民以事神"，"周人尊礼尚施，事鬼敬神而远之"。正是说夏代不信鬼神，所以送葬用不堪使用的明器，殷人特别信神信鬼，所以送葬用祭器，以为人死后有知；周人的特点是尊礼尚施，也是不信鬼神的。但是周人既然尊礼尚施，便不能像夏代那样朴质无文。周人要在肯定人死后无知的同时，在人的生、死、葬、祭诸方面表现出子女对父母的亲情和后人对祖先的追念来。

荀子是人们公认的无神论者,他在《礼论》篇中谈及丧礼时说:"荐器则冠有鍪而毋继,甕庑而不实,有簟席而无床第,木器不成斵,陶器不成物,薄器不成用,笙竽具而不和,琴瑟张而不均,舆藏而马反,告不用也。"又说:"具生器以适墓,象徙道也。略而不尽,貌而不功,趋舆而藏之,金革辔靷而不入,明不用也。"又说:"故丧礼者无它焉,明死生之义,送以哀敬而终周藏也。"荀子关于丧礼的言论与《檀弓上》所载孔子那段话如出一辙。荀子说的荐器就是明器,生器就是祭器。他的意思是给死人送葬无论用明器或用生器,都不是为了给死者使用,只是为了表达生者的哀敬之情。荀子作如此想,孔子也当是作如此想。荀子和孔子是一脉相承的。荀子的人死后无知的思想很可能从孔子那里得来。

汉人刘向《说苑·辨物》说:"子贡问孔子:'死人有知无知也?'孔子曰:'吾欲言死者有知也,恐孝子顺孙妨生以送死也。欲言无知,恐不孝子孙弃不葬也。赐欲知死人有知将无知也,死徐自知之,犹未晚也。'"此与《论语》"未知生,焉知死","未能事人,焉能事鬼"语意略同。都是拒绝正面回答人死后有知无知亦即有鬼无鬼的问题。表面上看,似乎孔子对于鬼不能肯定其有,也不能肯定其无,只是怀疑而已。然而看他的口气,有鬼无鬼早已成竹在胸。不是不能说明白,而是不想说明白。他担心说明白了后果不堪收拾。尽管如此,孔子还是透露了他心中的底蕴。他告诉子贡,人死有知无知的问题现在不必急于追究,将来自己死了,自然知晓。这正是暗示死人无知。

三 孔子既然以为人死无知无鬼,为什么又重祭祀?

孔子既然以为人死无知无鬼,那么他重祭祀又当作何解释?这的确是一个问题。不唯今人困惑不解,古代早已有人发出疑问了。

墨子是大家公认的有神论者,他谴责公孟子不信鬼却重祭祀,有几句话是人们熟知的。他说:"执无鬼而学祭礼,是犹无客而学客礼也,是犹无鱼而为鱼罟也。"(《墨子·公孟》)公孟子是孔子以后的儒家人物,无神论者,但也重祭祀。他的思想与孔子肯定有渊源关系。墨子质问他,实际上等于质问包括孔子在内的整个儒家学派。墨子是孔子以后不久的人,他的质问对于我们来说有两点是重要的。第一,肯定了一个确凿的历史事实:当时确实有人既重祭祀又不信鬼。一个思想家一方面重祭祀,一方面又坚持无神论,不仅是可能的,而且是现实的。第二,墨子认为不信鬼而又学祭礼,同世间本无鱼偏要作渔网、人们无往来却要学客礼一样荒唐和不可思议。人们作渔网是为了捕鱼,倘若世间本无鱼,作渔网无疑是蠢的。但是墨子不明白,不信鬼与行祭祀不是不可两立的,因为祭祀就其本质来说,是为了人,不是为了神,是为了活着的人,不是为了死了的人。这个道理其实我们今人最容易理解。今日虽无祭祀,但对死人总还有一些表示,比如向遗体告别,开追悼会,向死者鞠躬默哀,奉献花环以及举行纪念活动等等,谁也不认为人死后有知有鬼,人们这样做只是为了表达自己对死者的思念爱敬之情。

这个道理古人并不都明白,墨子就不明白。不过有不少古人,特别是一些无神论者,则是非常明白的。战国的荀子,东汉的王充,还有早于他们的孔子,就是这样的明白人。

荀子提出过"制天命而用之"的思想,他的无神论者的地位大概无人怀疑。他也不反对祭祀。他对祭祀的实质做过极明晰的分析,他说:"祭者,志意思慕之情也,忠信爱敬之至矣,礼节文貌之盛矣,苟非圣人,莫之能知也。圣人明知之,士君子安行之,官人以为守,百姓以成俗。其在君子以为人道也,其在百姓,以为鬼事也。"(《礼记·礼论》)荀子对祭祀抱着一种清醒的理性主义的态度。在他看来,祭祀是当然的事情,无须讨论。它的意义,只有圣人才能了解;一般的上层人物也是知其然不知其所以然;普通的官员只能按章办事地执行祭祀的职责;至于广大的平民百姓对祭祀则是形成了风俗习惯。荀子把问题看得清澈见底,一下子便把祭祀的本质抓住了。一般百姓以为祭祀是鬼事,统治阶级心里明白,祭祀是治人之道。祭祀是要表达生人的志意思慕之情和忠信爱敬之心,让人们孝亲尊君,接受统治。祭祀完全是为了解决活着的人的问题,与死人没有关系。

王充是汉代著名的无神论思想家,他在《论衡》中毫无掩饰地打出无神论的大旗,从理论到实践,十分具体地论证根本没有鬼神存在。然而即便是他,也不否认祭祀的必要性。他说:"其修祭祀,是也;信其享之,非也。实者,祭祀之意,主人自尽恩勤而已,鬼神未必欲享之也。"(《论衡·祀义》)王充也以为祭祀的用意在于活人,不在于死人。他说祭祀的意义不外乎两方面。尧、舜、禹、汤、文、武,"凡此功烈,施布于民,民赖其力,故祭报之"(《论衡·祭意》),是"报功"。"宗庙先祖,己之亲也,生时有养亲之道,死亡义不可背,故修祭祀,示如生存。推人事鬼神,缘生事死"(同上),是"修先"。"报功"不是为了先烈,"修先"也不是为了祖先。王充说:"报功以勉力,修先以崇恩。力勉恩崇,功立化通,圣王之务也。"(同上)都是为了解决活人的问题,取得治国平天下的效果。

荀子和王充是著名的无神论者,就其思想体系的基本特征来说,都是属于儒家的人物。他们都强调祭祀的重要性,而对他们的无神论者的地位却谁也不曾表示过丝毫的怀疑。为什么单单对孔子就一定要求他反对祭祀,不反对祭祀就说他是有神论者呢?

和荀子、王充一样,孔子重祭祀也不是因为他真的相信有鬼神存在。孔子重祭祀完全由于祭祀是"神道设教"的一个基本内容。所谓"神道设教",是统治阶级利用鬼神观念从精神上笼络、束缚乃至麻痹人民以巩固其统治的手段。祭祀对于当时的社会是绝对不可缺少的。"夫祭有十伦焉:见事鬼神之道焉;见君臣之义焉;见父子之伦焉;见贵贱之等焉;见亲疏之杀焉;见爵赏之施焉,见夫妇之别焉;见政事之均焉;见长幼之序焉;见上下之际焉"(《礼记·祭统》)。古代等级制社会中礼义制度的几乎一切方面都包容在祭祀之中,祭祀实在太重要了。"凡治人之道莫急于礼。礼有五经,莫重于祭"（同上）。"夫祭之为物大矣，其兴物备矣。顺以备者也，其教之本与"（同上）。祭祀是治人之道中最急最重最大的一项，也是教民之根本。孔子有一段话讲得很深刻。孔子说："立爱自亲始，教民睦也。立教自长始，教民顺也。教以慈睦而民贵有亲。教以敬长而民贵用命。孝以事亲，顺以听命，错诸天下，无所不行。"（《礼记·祭义》）孔子把教民的内容归结为"事亲"和"听命"两条，是归结得对的。这两条都离不开祭祀。倘要否了祭祀，把一切愚民的东西都彻底拆穿，孔子所生存的那个等级式的阶级社会将整个地塌台。历史没有提出否定祭祀的任务。孔子、荀子、王充这些杰出的思想家一边坚持无神论，一边强调祭祀，乃历史之必然，不足为奇。认识了这一历史的特点，就应当明白：当我们评价某位古代思想家是一个彻底的无神论者的时候，所谓"彻底"是有条件的。同我们今日的认识水平相比，古代思想家的无神论观点没有一个是真正彻底的，因为他们无论谁都不可能彻底解决祭祀的问题。在这一点上，孔子、荀子和王充是一样的。我们不该抓住他们重祭祀的一面而否认他们坚持无神论的更为重要的一面。

由于时代的原因，荀子、王充的无神论思想表现得比孔子彻底。孔子的无神论观点潜藏在他的诸多模糊不明的言论之中。荀子与王充则公开打出无神论的旗帜。关于祭祀的问题，他们把孔子未能说明白的东西说明白了。他们把人划分为两类，两类人对祭祀有着不同的态度。没有知识的、处于受愚弄地位的人，他们由衷地相信人死有知有鬼，天地山川有神有灵。有知识的、处于统治地位的人，并不真的相信鬼神，他们出于政治上的考虑，才强调祭祀。孔子当然属于后一类人。

四　孔子之所谓"天命"是指客观规律而言

孔子之所谓"天命"，是一个很大的概念。孔子从天体运行、四时交替、百物生长等现象中看到默默无言的自然界有不为人所见、更不为人所左右的规律存在，他把这规律叫做"天命"。这是孔子"天命"概念的一方面含义。孔子不只看到自然界，他同时也注意到人类社会历史的变动往往与人的主观意愿不一致，似乎在人类社会历史的变化中也有一种人们看不见的东西在起作用。它究竟是什么，孔子讲不具体，他把它也叫做"天命"。这是孔子"天命"概念的又一方面含义。由此看来，孔子讲的"天命"，是指整个客观世界的规律而言，它既包括自然界的规律，也包括人类社会历史的规律。自然界与人类社会的规律究竟是怎样的，孔子实在并不知道。他只是觉察到客观世界有它自身的规律存在，人的主观愿望无法改变它。但是在孔子看来，人固然不能改变"天命"，却可以认识"天命"，适应"天命"，调整自我与"天命"的关系，用现代用语说，就是克服主观世界与客观世界的矛盾问题。可以说，孔子一生都在为实现这一目标而学习、奋斗。

孔子在概括自己一生走过的道路时说："吾十有五而志于学，三十而立，四十而不惑，五十而知天命，六十而耳顺，七十而从心所欲，不逾矩。"（《论语·为政》）有人说"五十而知天命"是说人到五十岁才能领会上帝的旨意，这是说不通的。领会上帝的旨意不过是一种宗教意识，树立这种意识并非难事，二三十岁的青年都可以办到，何须一定待到五十岁。为什么会得出这样的结论呢？这是由于把"五十而知天命"这句话孤立地来看的缘故。若要把六句话连系起来作为一个整体考察，结论则一定是另一种情形。总括说，孔子这六句话的基本含义是表述他一生如何认识客观世界、适应客观世界的历程。如果把"五十而知天命"理解为五十岁才知道上帝的旨意，那么前后的另外五句便将是无法解释的了。孔子在五十岁以前遭遇坎坷，为推行他的政治理想，栖栖皇皇，奔走东西，结果四处碰壁，没人买他的账。这使他感觉到客观世界有一种看不见的东西在起作用，它不以个人的意志为转移，人只可顺应它而不可漠视它。我们今人把它叫作规律或者客观必然性，孔子则称之为"天命"。

只有这样理解"五十而知天命"，其他五句才将是具有实在意义的、可以理解的。"志于学"，是认识客观世界的开始。"而立"，是对客观世界有了初步的认识并且有了一定的适应能力，足以在社会和人生的舞台上站住脚跟。"不惑"，是对客观世界有了相当的分析能力，能够不受一切表象、假象的蒙蔽了。"知天命"，是整个一生认识过程的飞跃，至此才真正认识到客观世界有它自身固有的规律。这规律是无情的、不可抗拒的，人的主观意志要受它的制约，不可以超越它而为所欲为。一个人只有在认识上真正解决主观与客观的关系问题，才有可能无论遇上什么事情都镇定自若、处之坦然，即所谓"耳顺"。"耳顺"之后，达到"从心所欲，不踰矩"。这是一个极境，一个有限的自由王国。在认识上进入这个王国已属不易，在实践上尤难。"从心所欲"与"不踰矩"，驰骋己意与尊重客观，看来是对立的，不可并举，然而孔子却发现了它们的统一性，把它们并列在一起。孔子懂得，一个"不踰矩"，尊重客观的人，才可能是真正自由的。仅仅从这一点，我们已经看见了孔子作为一个古代伟大智者所闪现的理性主义光辉。

现在我们回到原来的问题上。试想，假使孔子的"知天命"是对上帝旨意的体认，后面"从心所欲，不踰矩"的话便无从说起。一个听任上帝摆布的人，没有自己独立的意志，盲从神意犹苦不迭，自然不存在"耳顺"与否的问题，更何谈"从心所欲"？

《论语·季氏》载孔子语说，君子"畏天命"。人们往往据此而断定孔子之所谓"天命"是上帝的旨意。其实"畏天命"与"知天命"是两个相互关联的命题。"天命"系指客观规律而言。"知天命"是认识客观规律。"畏天命"是因已知客观规律的不可抗拒性而对它产生审慎戒惧的态度。"知"是"畏"的前提，"畏"是"知"的结果，两者相互关联。所以，孔子接着说："小人不知天命而不畏也。"由此又可得知一点消息：君子"知天命"、"畏天命"，小人反是，恰好说明"天命"是难知的。若是上帝的旨意，有什么难知？况且在古人看来，君子并不真的相信上帝相信神，只是小人才信以为真。荀子谈到雩祭等迷信活动时说"君子以为文，而百姓以为神"（《荀子·天论》），就是证明。

五　孔子之所谓"命"是指人的寿命、运命而言

孔子讲"天命"，有时又讲"命"。"天命"与"命"是有联系有区别的两个范畴。"天命"的含义比较广大，它包括一切，世上万事万物无不在它的范围之中。"命"的含义比较小，是指人的寿命、运命而言。但是在孔子的语言应用上，这两个范畴的界限并非十分严格。有时"天命"一词含有寿命、运命的意义，有时"命"这个词含有客观规律的内容。不过，尽管孔子在用词方面往往有混淆的时候，而在逻辑上，范畴的含义却是清楚的。就是说，不管孔子怎样用词，在他的思维中，关于命的问题，肯定有两个范畴，一指客观世界的不以人的意志为转移的规律，一指人的寿命和运命。

先说寿命。孔子说颜渊"不幸短命死"，冉伯牛"亡夫，命矣夫"（《论语·雍也》），以及子夏说"死生有命"（《论语·颜渊》）的"命"，就是指人的寿命而言。

寿命是什么？《白虎通义·寿命》说："命者何谓也？人之寿也。"是说得对的。所谓寿，就是人的生命的短长问题。人之生命寿夭不等，其中的奥秘在哪里？古人用正命、遭命之说加以解释。《孟子·尽心上》说："尽其道而死者，正命也；桎梏死者，非正命也。"《庄子·列御寇》说："达大命者随，达小命者遭。"孟子与庄子实际上已经提出了正命、遭命的问题，并下了确切的定义。自汉迄清，人们的认识就更加清楚了。汉人王充说："正命，谓本禀之自得吉也。性然骨善，故不假操行以求福，而吉自至，故曰正命。……遭命者，行善得恶，非所冀望，逢遭于外，而得凶祸，故曰遭命。"（《论衡·命义》）宋人朱熹说："命禀于有生之初，非今所能移。"（《四书章句集注》）清人熊伯龙说："盖人之生也，受父母之精血而成形，禀气厚则寿命而长生，禀气薄则夭而早死。"[5]简言之，先天体质的优劣决定一个人生命之短长。自然而殁，终其天年，就是正命。遭遇横事，天年不终，就是遭命。古人以为人之命有正命、遭命之分，是对的。但他们谁都未能解决正命与遭命两者的关系问题。他们不懂得人之寿命短长有必然性一面，也有偶然性一面。偶然性是诸必然性的交叉点。必然性总要通过偶然性表现出来。正命是必然性。只要不使诸必然性发生交叉，遭命是可以避免的。

汉人在正命与遭命之外增加一个随命，凑成所谓命之三科。《孝经纬》、《白虎通义》以及《论衡》都是如此。他们把人的操行善恶同年寿联系起来，以为"戮力操行而吉福至，纵情施欲而凶祸到"（《论衡·命义》），这就是所谓"随命"。"随命"之说把人的寿夭同操行善恶联系起来，显然是荒唐的。但这是汉人的思想，与孔子无涉。孔子的"天命"、"命"的概念实无所谓"随命"的含义在内。孟子也是如此。

现在回过头来说孔子。有人以"死生有命"一语为根据，责难孔子是宿命论者亦即有神论者。此语本出自子夏之口，孔子未作反驳，事实上等于默认，说它的思想属于孔子，未为不可。然而"死生有命"这句话并不错，依此也断定不了孔子是有神论者。"死生有命"的"命"，其实就是孟子和汉人讲的"正命"。清人熊伯龙说："人之死

生，由于元气。元气者，先天之谓也。故曰'死生有命'，盖言人所禀受天之元气也。元气有厚薄，故寿数有长短，非世俗所谓命禄之命也。"熊氏的理解明晰透彻，实为可取。儒家讲"死生有命"，不过是强调一个人生命短长取决于他先天禀受元气之厚薄。用今日用语表达，就是一个人的体质强弱决定他究竟活多大年纪。这正是无神论的思想。

若要说"死生有命"是讲人的寿夭早已由上帝安排有定，那么孔子及后世儒家便不该于正命之外又提出遭命的概念。因为承认人的寿夭是由上帝早已定了的，再讲遭命便无意义。然而孔子是承认遭命的。他认为人的遭遇带有很大的偶然性，或逢吉或逢凶全不是人之正命所能前定的，所以人应小心戒慎、避免凶事。既然孔子以为人的遭遇不是前定的，偶然性不容忽视，我们为什么一定要说孔子是主张宿命论的有神论者呢？

颜渊死了，孔子说"不幸短命死"。冉伯牛病重，孔子说"亡夫，命矣夫。"孔子此处所说的命，正是后世儒家所说的"遭命"。既云"不幸"，就是说颜回本可不死，然而却死了，是由于遭遇不幸的缘故。假若孔子是有神论者，以为人的生命短长是由上帝早已定了的，便不会感叹颜回之幸与不幸了。孔子自己的行动也至为审慎。"鲁城门久朽欲顿，孔子过之，趋而急行。左右曰'久矣'。孔子曰'恶其久也'。"（《论衡·幸偶》引）孔子过有倒塌危险的城门，快步而行，怕遭遇不幸，而不存侥幸的心理，这就是知命。孔子说"不知命无以为君子也"（《论语·尧曰》），其实就是这个意思。"知命"是说能够把正命与遭命区分开来。因为人有遭命，所以君子对待有危险的事情总是戒慎为之，绝不莽撞从事，心存侥幸。孟子说："莫非命也，顺受其正。是故知命者不立乎岩墙之下。"（《孟子·尽心下》）孟子的这段话可视作孔子所说"不知命无以为君子也"一语的注解。

孔子说"不知命无以为君子也"这句话里，"命"的概念，除包括人之生命长短问题的含义以外，还有人之境遇的含义在内。境遇问题古人也笼统地称作"命"。为了把这种命同表达寿命问题的正命、遭命区分开来，我们姑且称之为"运命"。孔子怎样看待运命呢？我认为孔子在这个问题上也是个无神论者。孔子讲君子应该知命，并非说人能够前知他自己一生的运命如何，而是说君子应该能够正确处理主观努力与客观限制的关系。王逢原说孔子"苟为知命，曷为聘七十二国，老而后止哉"[6]？王氏以为孔子不知命，倘若知命，他便不会周游应聘所谓七十二国，到头来一无所成、白费心血。王氏谬矣。孔子所谓知命，恰恰不是说君子可以前知自己一生的结局，然后坐等其成或坐等其败。孔子自称"其为人也奋发忘食，乐以忘忧，不知老之将至"。孔子是个孜孜以求、奋斗不息的人。他所谓之知命，是知其不可而为之，尽人事然后听其自然。

《孟子·万章上》记孟子评孔子的一段话对我们了解孔子之所谓命的问题很有用处。原文云：万章问曰："或谓孔子于卫主痈疽，于齐主侍人瘠环，有诸乎？"孟子曰："否，不然也。好事者为之也。于卫主颜仇由。弥子之妻与子路之妻，兄弟也。弥子谓子路曰：'孔子主我，卫卿可得也。' 子路以告。孔子曰：'有命。' 孔子进以礼，退以义，得之不得曰 '有命'。而主痈疽与侍人瘠环，是无义无命也。" 孟子这里于 "有命" 之外又提出 "无命" 的问题。依通常的理解，只能说 "有命"，不宜说 "无命"，因为无论济与不济，得与不得，事情总要有个结果，有个结果就是 "有命"。孟子说 "无命" 是什么意思？这只能有一种解释，那就是：一个人做事应该为其所当为，做其所当做。不该做的，绝对不做。到头来得与不得，济与不济，都是他应该得到的结果。这就是 "有命"。承认这一点并且做到这一点，就是 "知命"。"知命" 的人是君子。与此相反，一个人采取不义的手段，为其所不当为，获得他本来不该获得的结果，这就是 "无命"。这样想也这样干，就是 "不知命"。"不知命" 的人是小人。由此看来，孔子所谓知命，从运命这一方面说，似乎包括两个层次的含义：一、知其不可为而为之，绝不坐等。二、为其所当为，不该为的事，绝对不为。孟子所说 "求之有道，得之有命"（《孟子·尽心上》）这两句话，大概正是孔子 "知命" 说的注脚。王逢原以为孔子聘七十二国，老而后止，为不知命，肯定是错了。孔子当然不可能前知他周游应聘七十二国的最终结果如何，但他知道他应该奋斗、应该争取，以达到他的理想目标。经过努力，却以失败告终，于是他明白了，他的目的不能达到，他承认失败和失败的必然性。而且他始终不曾想过为了达到自己的目标可以采取不正当的手段。这就是孔子的所谓知命。这当中我们的确看不出有丝毫的宿命论思想存在。

总而言之，无论在形神关系还是天人关系上，孔子都不是有神论者。在中国无神论史中，第一块丰碑上刻下的应该是孔子的伟大名字。

注释：

[1] 郭沫若：《先秦天道观之进展》，《郭沫若全集·历史编1》，人民文学出版社1982年，第358页。

[2] 《鲁迅选集》第2卷，人民文学出版社1983年，第58页。

[3] 程树德：《论语集释》上册，中华书局1990年，第152页。

[4] 《二程集》第一册，中华书局1981年，第285页。

[5] [6] 王逢原：《无何集》，中华书局1979年，第319、319页。

（原刊《孔子研究》1986年第4期）

孔子研究的新突破

——评《孔子评传》

自党的十一届三中全会以后,国内孔子研究十分活跃,文章和专著不断涌现,可谓硕果累累。匡亚明同志的《孔子评传》是这众多硕果中更为突出的一个。《孔子评传》站在马克思主义的立场,运用马克思主义的理论、方法,对孔子及孔子思想作了历史主义的、实事求是的系统研究,取得很大的成功。《孔子评传》的可贵之处在于它提出了一些新认识、新概念,有了新的突破。

——

孔子是个非凡的人物,他对后世有着巨大的影响。研究这样一位不同寻常的历史人物,应该做出一个合乎历史的公正的评价。过去各个时代各个阶级对孔子都做过评价。封建制时代不必说了。21世纪20年代以来,在对待孔子的态度上主张骂倒打倒的居多,至"文革"期间达到极点,孔子成了历史的罪人。这当然是不足取的。近几年,学术界开始实事求是地研究孔子,既充分肯定孔子的伟大之处,又指出孔子思想中的弱点和保守性,对孔子及其思想做全面、科学评价的论著日益增多。学术界所取得的这方面的成果已经相当可观了。《孔子评传》的新贡献是,它明确地提出孔子及孔子思想具有二重性。这是一个新的概念。它从一个方面反映出1985年国内孔子研究的新水平。

《孔子评传》依据孔子及孔子思想具有二重性的新概念,没有象通常那样,简单地论定孔子是某某阶级的代表。它对孔子和孔子思想做了历史的,全面的考察。它认为,孔子其人是封建社会秩序的忠实维护者,封建统治阶级的忠实代言人,同时又是一位好学而又博学的伟大思想家、政治家和教育家。

孔子既然是封建统治阶级的代言人,其思想的基调必然带有浓厚的封建性、保守性的消极因素,同时,孔子又是一位伟大的思想家,对若干问题的看法比同时代人高而且远。因此,孔子思想中不能不带有一定的、明显的人民性、民主性的积极因素。消极的因素和积极的因素缠绕在一起,构成孔子思想的二重性。最明显的例证是孔子的仁。当他强调"克己复礼",维护剥削阶级的统治秩序,幻想借助明王圣君的"善心"实现其"仁政"的理想时,就暴露出仁的封建性、保守性。而当他面向下层,宣传仁者爱人，真正关心人的时候，就显示出仁的人民性、民主性。

孔子思想的二重性导致它对后世产生两种不同的影响。封建统治阶级利用并强化孔子思想中的消极因素，构成了中国封建社会长期停滞的原因之一。孔子思想中的积极因素在正派的知识分子和劳动人民中传播，形成了中华民族的某些优良传统和风尚。

《评传》关于孔子及孔子思想二重性的提法符合历史唯物主义原理。存在决定意识，孔子生于2500年前，思想带有历史的与阶级的印记，实属必然。一个古代的庞大的思想体系，其中充满着内在的矛盾，也不足奇。以往人们评价孔子，往往习惯用数学的方法说他功大于过或者过大于功，千方百计想给孔子定个固定的调子。结果总是不成功，得不出令人满意的结论。《评传》用二重性的新概念去评价孔子，就客观得多，全面得多了。《评传》认为孔子思想既反映剥削阶级及其首脑君王的要求，同时也反映统治阶级下层即读书人的要求，甚至也反映广大被统治阶级尤其是农民和农奴的要求。《评传》说孔子身上沾满封建主义泥污，又是一个值得我们学习的人类优良品质体现在个人身上的光辉典范。这是一个令人折服的结论。

二

《评传》在解决孔子研究中关于"继承"这个更为麻烦的问题方面也有所突破。关于文化遗产的继承问题，马克思主义经典作家早有明确的理论阐述，对孔子的继承问题，毛泽东同志也早就号召继承孔夫子到孙中山的这一份珍贵遗产。但是由于"左倾"思潮的冲击，孔子思想遗产的继承问题实际上很少有人谈。近年虽每每有人言及，却大都不系统不充分。

《评传》在论述关于孔子思想继承这个敏感的问题时，表现了一个马克思主义者应有的坚定性和理论勇气。它敢于触及麻烦的问题并且亮出自己的观点，斩钉截铁，旗帜鲜明，绝不含混其词。这是《评传》诸多成功处之一，也是它的一大特色。

列宁曾经说，一个共产主义者要用人类创造的全部知识财富来丰富自己的头脑。这话谁都承认是正确的。但是孔子的思想是否包含在列宁讲的"人类创造的全部知识财富"之内呢？长期以来人们大都绕开这个问题。《评传》却肯定地说孔子的思想就是"人类创造的全部知识财富"的一个重要组成部分。我们应当对包含孔子思想在内的人类知识财富进行广泛性的继承，否则便不能成为一个共产主义者。它把孔子研究同我们的现实紧密联系起来，认为，认真研究并且继承我们这位谁也不能从历史上抹掉的伟大人物的思想中的宝贵精华，就会丰富具有中国特色的社会主义物质文明和精神文明建设的内容。

继承孔子的思想，还有个在实践上落实的问题。这也是一个没有得到解决的问题。《评传》采取科学的实事求是的方法具体剖析孔子的思想。对孔子思想中所固有的封建因素和人民性的因素加以区别，在人民性因素中又把仅可作参考借鉴的东西和直接有用的东西加以区别。一般对古人的东西只做一个"区别"。《评传》提出两个"区别"，这是关于孔子思想继承问题的一个新方法。两个"区别"的实质是把孔子的思想明确划分为三部分，采取三种不同的态度。对封建性的东西，采取与之决裂的态度。对带有人民性和真理性智慧而仅具参考价值的东西，采取分析与借鉴的态度。对于具有人民性、科学性而今日尚有生命力的东西，采取大胆继承。这就是《评传》提出的"三分法"。两个"区别"及由两个"区别"产生的"三分法"的可贵之处，在于它认定孔子思想中有完全正确的、具有现实意义的东西，这些东西是不受阶级局限性限制的，拿过来就可以继承使用，例如"知之为知之，不知为不知，是知也"；"当仁不让于师"；"学而不厌，诲人不倦"；"人无远虑，必有近忧"；"无欲速，无见小利；欲速则不达，见小利则大事不成"；"不以言举人，不以人废言"；"不患人之不己知，患其不能也"；"己欲立而立人，己欲达而达人"；"不义而富且贵，于我如浮云"；"过而不改，是谓过矣"，等等。孔子的这些闪耀着人类智慧光芒的警语箴言具有极强的生命力。人民对它们的继承是十分自然的。过去两千多年是如此，未来一万年也不能不如此。过去人们对这个明白而简单的客观事实，却不敢给以理论上的承认，《评传》正确地承认了这一历史事实。这在孔子思想的继承问题乃至整个文化遗产的继承问题上，是一个重要的理论突破。

《评传》在继承问题上还有一点新认识是重要的。按照"三分法"的划分，孔子思想的第二部分，是效果违背动机的或不成熟但却带有远见的智慧萌芽的东西。这些东西虽不能直接继承使用，但可以加以批判和清理，做到古为今用。例如关于"庶富教"的思想，关于"政者正也，子帅以正，孰敢不正"的思想，关于"百姓足，君孰与不足"的思想，都是孔子站在封建统治阶级立场，为维护统治阶级的统治地位提出的。但是《评传》特别注意到这些思想在当时的条件下对人民也是有利的。其意义已远远超越封建社会的局限，在一定程度上成了一切国家、一切民族、一切社会走向兴旺发达的基本要求。《评传》认为这是带有普遍性的真理，社会主义社会也应作为借鉴。尤其"政者正也，子帅以正，孰敢不正"的主张，社会主义时代的干部也应以为自励自勉。

三

孔子为什么在漫长历史过程中受到历代帝王经久不衰的尊崇，朝代更迭，而孔子的地位一直不变。对这一个问题，《孔子评传》的作者作了深刻的分析。《评传》认为孔子受到历代王朝尊崇的原因，最关键的要害，可以归纳为四个字，就是"忠君尊王"。"忠君尊王"是孔子政治思想中最突出也是最保守的部分。孔子一生恪守周礼，从思想到行动，对君主都毕恭毕敬，不敢有一丝一毫的越轨行为。虽然孔子主张忠君是有条件的，例如他说"君使臣以礼"，然后臣才事君以忠。但是孔子并未明确指出遇上昏君、暴君应该怎样对待，只是说"天下有道则见，无道则隐"，这种消极办法，当然无济于事。孔子"忠君尊王"的思想在他所作的《春秋》一书中表现更为强烈。他尊崇周天子，强调诸侯国君的权威。任何弑君立君的行为，不问什么原因，都受到他的谴责。他主张君臣父子各安其名分。他不能容忍任何违礼犯上的行为。他想用"克己复礼"的号召调和君臣之间的矛盾，巩固周天子和诸侯国君的统治地位。天子诸侯的形象在孔子的心目中是至高无上的，神圣不可侵犯的。所以自汉以后的历代君王无不尊崇孔子。孔子的"忠君尊王"的思想对任何剥削阶级的统治都是必不可少的。

《评传》用孔子"忠君尊王"解释孔子受到历代君王尊崇的原因，的确是抓住了问题的最关键的要害之所在。"忠君尊王"是孔子思想中糟粕的主要表现，它在两千多年的历史中被统治阶级充分利用了。

这是问题的一方面。《评传》也特别重视问题的另一方面。它多次强调孔子思想中的积极因素在广大劳动群众中广为传播，在封建时代的优秀知识分子中曾起过深刻的熏陶哺育作用。孔子思想中的积极因素与劳动人民、优秀知识分子相结合，形成了中华民族的优良传统，这优良传统在近百年的民族解放斗争和人民解放斗争中，为前仆后继的千千万万优秀的中华儿女所继承发扬。中国人民在中国共产党的领导下，将在更大更深的广度和深度上进一步结合马克思主义精神继承发扬这种可贵的优良传统。

这样，《评传》就给我们搞清了一个问题。孔子思想既有属于封建统治阶级的部分，也有属于广大人民群众的部分。当我们看到历代帝王尊孔的时候，我们要注意到孔子思想中有闪光的人民性、民主性的东西。当我们肯定孔子思想与人民结合形成中华民族优良传统的时候，也无须讳言孔子思想中有为剥削阶级特别看重而对社会进步无益的糟粕。

四

《评传》关于孔子的仁的论述也极有特色。仁的含义是什么，它与礼是怎样的关系，在孔子的整个思想中处于什么地位，这些问题近几年来学者已经提出许多很好的见解，《评传》则在另一方面即哲学方面，对孔子仁的研究有所突破。它认为孔子仁的本义是爱人与修己，属于伦理学范畴。但是当孔子强调"仁者人也"的时候，仁便成了哲学范畴。这个意义的仁，是人类对其本质的自我意识，是对于有关人的各种学问的哲学反思。"仁者人也"的仁源于伦理又超越伦理。伦理学意义的仁指示人如何做人，哲学意义的仁则把人看作它要研究的对象。它研究人的本性、人生的价值、人的解放和人类社会的理想境界。孔子重人道轻天道，主张人的命运由人自身决定，不依赖上帝鬼神。孔子讲的"仁者人也"的人，是具有生物本性、社会本性和道德本性的现实世界的人，不同于神，也不同于禽兽。孔子这个以人为对象的关于仁的思想，就是孔子的哲学，孔子的世界观。孔子的哲学不在别处，就表现在他的仁的学说上。

《评传》把孔子的仁的哲学思想概括为人本哲学。人本哲学是欧洲文艺复兴之后产生的一种哲学思潮，孔子的"仁者人也"的思想就其对象来说，同它基本上相似。《评传》用人本哲学概括孔子仁的思想，很有道理，而且强调孔子的人本哲学与西方近代资产阶级人本哲学有根本不同之处。西方的人本哲学追求的是人的感性的享乐、个人主义、个人自由；孔子则特别注重人的道德修养，充实人的精神生活。物质生活要在完善精神生活的前提下加以考虑。

《评传》对孔子整个思想的分析和论述也别具一格。一般学术界通常使用的最简便的办法是将孔子思想砍成哲学、伦理、政治、教育等几大块，然后一块一块分头去说。《评传》完全采取了另外的办法。它把孔子的全部思想作为一个整体来看。这个整体的核心、出发点或者说"一以贯之"的总纲，就是孔子的仁的学说亦即人本哲学。它认为孔子的全部思想是在这个总纲统摄下，包括哲学、伦理、政治、教育乃至文献整理在内的一个博大庞杂的体系。仁是这个体系的内容，礼是这个体系的形式，中庸是这个体系的方法论。仁的内容，礼的形式，中庸的方法论，构成了孔子博大思想体系的骨架。《评传》依据这个骨架展开它对孔子思想的评述。虽然也划分为哲学、伦理、政治、教育几个部分，每部分都有自己的侧重，但是展现在读者面前的，的确是一个以仁为核心也以仁为标志的浑然一体的思想体系。无论讲到哪一部分，其间都体现着孔子的"仁者人也"的人本哲学。

《评传》对于孔子思想的哲学性质问题也提出了新认识、新概念。现在有人主张研究古代思想家不管他的思想是唯心唯物，他有什么思想就研究他的什么思想。理由主要是：中国古代哲学重于人事社会问题，不像西方古代哲学那样重视世界本原问题，因此不宜判断一个中国古代哲学家的思想究竟是唯心还是唯物。这种轻率的观点并未得到多数学者的赞同，因为哲学思想有唯心唯物之分，是人类认识史上客观存在的现象，是不可避免的。近年国内许多知名学者对孔子思想的哲学性质问题表现出浓厚的兴趣，发表很多很好的见解。尽管分歧是大的，不大容易取得一致的意见，但是这分歧本身恰好表明人们对孔子的研究空前深入了。至1984年止，关于孔子思想的哲学性质问题大约已有6种观点。宗教唯心论说[1]，精致唯心论说[2]，"包含"说[3]——认为孔子思想基本上是唯心主义的，但包含着具有唯物主义观点的因素，"动摇"说[4]——认为孔子的天道观动摇于唯心主义与唯物主义之间，两面说[5]——认为孔子在天人关系方面是有神论者，在形神关系方面是无神论者，以及唯物论说[6]。

《评传》没有采纳上述6种观点的任何一种。它提出了第7种观点即"多面性浑沌体"说。这是关于孔子哲学性质问题1985年的最新概念。它认为孔子思想有4个主要特征。一是二重性，二是多面性，三是略于天道而详于人道，四是以仁为中心。第一第三第四三个特征上文已略有提及。所谓多面性浑沌体，是说孔子思想错综复杂，包容广泛，有时好像自相矛盾的多面性浑沌体。从哲学的根本问题上说，孔子思想中既有唯心主义的因素，又有唯物主义的因素。它主张我们对孔子思想的态度应该是在这个问题上有唯物主义思想，就肯定其为唯物主义思想，在那个问题上有唯心主义思想，就肯定其为唯心主义思想。不笼统说孔子是唯物主义者，或孔子是唯心主义者。

《评传》全书在分析孔子思想时始终遵循这一原则。它认为孔子的哲学主要是仁的哲学。仁的哲学重点在人道而不在天道。所以它用极少的篇幅讲孔子的天命观。讲孔子的天命观，着意强调孔子天命观的多面性。它指出，孔子一方面继承传统观念，尊重天的至上神地位，另一方面又尽力容纳进步思想，宏扬人的地位与价值。以旧的观念肯定和安慰人们的宗教情感，用新观念论证和指导人的现实行动，力求两者的并存和协调。在新旧思想的协调中，孔子限制了天的地位和作用，引导人们用现实的世俗的观点对待人事，而不用宗教迷信指导自己的行动。这一思想在当时具有重大的理论价值，促进着人们的思想解放。这样，《评传》论定孔子的天命观是个多面性的浑沌体，有唯物主义思想的一面，也有唯心主义思想的一面。不笼统肯定它究竟是唯物论还是唯心论。

《评传》关于孔子思想的哲学性质的"多面性浑沌体说"，是不是真理，这里不应该也不可能做出评价。然而它是有关这一问题的最新一说，是个新概念，则是毋庸置疑的。它同其他六说一起，必将推进人们对孔子思想哲学性质的认识。

总之，《孔子评传》是一部马克思主义的书，一部老老实实讲实话因而是可以信赖的书。在掌握大量史料的基础上，审慎地提出一些新认识、新概念，在孔子研究中有新的突破。如果说尊孔的时代已经过去，盲目批孔的时代也已经过去，而现在的任务是对孔子作科学研究的时代的话，这部书便是科学地研究孔子的最新的一例。

注释：

[1]任继愈：《中国哲学发展史》先秦卷，人民出版社1983年；蔡尚思：《孔子思想体系》，上海人民出版社1982年。

[2]冯契：《中国古代哲学的逻辑发展》上卷，上海人民出版社1983年。

[3]钟肇鹏：《孔子研究》，中国社会科学出版社1983年。

[4]张岱年：《论孔子的哲学思想》，《中华文史论丛》1983年第4期。

[5]牙含章：《孔子学说与中国无神论思想的关系》，《社会科学战线》1981年第1期。

[6]金景芳：《中国奴隶社会史》，上海人民出版社1983年。

（原刊《孔子研究》1986年第1期）

评《中国奴隶社会史》

　　金景芳同志著《中国奴隶社会史》，1983年由上海人民出版社出版以后，在史学界引起很大反响。

　　本书最大的特点，是作者独立思考，说自己的话，走自己的道路。郭沫若同志是我国马克思主义历史学的奠基人，他最早运用马克思主义理论、方法研究中国古代史，确认中国与其他国家一样也经历过奴隶社会阶段。这是郭沫若同志的重要贡献。但是，史学要发展，金景芳同志对郭沫若同志的成果采取了承继、突破、发展的态度，对有关中国奴隶社会的一系列问题提出了自己的新看法。

　　中国是什么样的奴隶社会呢？作者经过仔细研究之后发现，马克思主义经典作家认为历史上有过两种类型的奴隶制，一种是古典的劳动奴隶制，一种是东方的家庭奴隶制。两种都是充分发展的奴隶制。他根据古代文献记载，认定所谓井田制度就是马克思、恩格斯讲的把土地分给单个家庭并定期实行重新分配的"马尔克"，即农村公社。古书上说的"庶人"就是农村公社的社员，是进行农业生产劳动的人，马克思称这类人为"普遍奴隶"。中国不是希腊、罗马那样的大规模的奴隶劳动和土地私有制，而是小土地劳动和表现为各级奴隶主多层次占有的土地国有制。井田制度即农村公社的存在，是中国奴隶社会为"古代东方型"的一个铁证。

　　作者把井田制度作为中国奴隶社会的经济基础加以论述，贯穿于全书的始终。井田制度加上分封制度、宗法制度、礼治这四个方面构成中国奴隶社会进入全盛期以后从经济基础到上层建筑的主要内容。井田制度破坏，逐渐为土地私有制取代；分封制度破坏，逐渐为郡县制取代；宗法制度破坏，逐渐为阶级、政治关系的加强取代；讲究亲亲尊尊的礼治破坏，逐渐为"不别亲疏，不殊贵贱"的法治取代。本书以这四个方面的线索，论述中国奴隶社会从全盛到衰落乃至转化为封建社会的历史。尤其是将井田制度的发展、解体，作为中国奴隶社会向封建社会转变的重要标志。基于这样的认识，书中将中国奴隶社会历史的下限划在井田制宣告彻底破坏的秦统一，而上限划在夏后启杀益夺权。夏商周三代是中国奴隶社会发生、发展的时期，其间夏带有过渡性质，商代完成了过渡，西周达到全盛；春秋是衰落时期，战国是向封建社会转变的时期。古人习用"三王"、"五霸"、"七雄"这些概念来描绘历史演变的过程，这虽然没有历史唯物主义的科学认识，不可能将概念从具体上升到抽象的程度，但是古人至少能够从外部现象给历史划出完全不同的阶段来。例如孔子将夏、商、西周的特点概括为"礼乐征伐自天子出"，将春秋的特点概括为"礼乐征伐自诸侯出"，刘向将战国的特点概括为"上无天子,下无方伯,力功争强,胜者为右",本书将古人划分的先秦文明历史的三个阶段与中国奴隶社会历史的分期巧妙地统一起来。中国奴隶社会发生、发展时期恰与夏商西周相当;中国奴隶社会的衰落时期恰与春秋相当;中国奴隶社会向封建社会转变的时期恰与战国相当。

《中国奴隶社会史》对许多重要的历史问题,经过独立思考,提出了自己的看法。例如,《春秋》宣公十五年的"初税亩"一语,郭沫若同志认为十分重要,它等于鲁国正式宣布废除井田制,承认土地私有的合法性,表明中国的地主阶级第一次登上历史舞台。本书却认为"初税亩"不过是鲁国公室增加剥削的措施。由过去的"制公田,不税夫"变为现在的既制公田又税夫。在公田上剥削一份,在私田上又剥削一份。仅仅是清人顾栋高说的"加赋",根本没有什么社会变革的意义。

又如,《左传》襄公十一年的"三分公室",昭公五年的"四分公室",郭沫若同志把它们与"初税亩"联系起来,说"三分公室"表明季孙氏采用封建的剥削方法,"四分公室"表明鲁三家都采用了封建的剥削方法,于是鲁国形成了封建社会,它的政权已经是代表地主阶级的了。作者仔细分析《左传》记载的上下文语意,认为"三分公室"、"四分公室"讲的是鲁国兵制的变化,并无它义。

又如,《诗·北山》之"普天之下,莫非王土,率土之滨,莫非王臣"四句,郭沫若同志据以断定当时"一切土地在名义上都属于周王,周王把土地分赐给臣下,让他们世代享用,但他们只有享有权而无所有权"。本书用充分的材料证明《北山》诗讲的是王权至高无上,不是土地所有制。并举出了另外一些史料如《周语》:"昔我先王之有天下也,规方千里以为甸服,……其余以均分公侯伯子男,使各有宁宇";《左传》襄公二十五年:"且昔天子之地一圻,列国一同,自是以衰",证明天子所有的土地只是"规方千里"的"一圻",其中还有公卿大夫的采地。"规方千里"之外的土地则属于列国诸侯及卿大夫。就是说,"普天之下"的土地并非属于天子一人所有。有人著文说《中国奴隶社会史》否定了中国奴隶社会的土地国有制,这是误解。土地国有私有,区别不在归天子一人所有还是归各级奴隶主多层次所有。土地国有的实质性特征是地租与赋税的合一及转让方式是超经济的分封、赏赐、侵夺而不是买卖。

理论受史实的检验,史实不可屈从理论,亦即实事求是,是《中国奴隶社会史》在治史方法上的一大特色。例如关于古代的阶级与阶级斗争问题,30多年来一直流行的观点是奴隶社会的阶级斗争主要是奴隶反抗奴隶主的斗争,奴隶社会是奴隶的起义和革命推翻的。尽管这个理论与史实不符,却很少有人怀疑它。《中国奴隶社会史》作者本着探索与求实的精神,认为中国奴隶社会的奴隶与奴隶主是划分成等级的,而且奴隶们起义反抗奴隶主的斗争极其少见,奴隶革命则根本没有,大量存在的倒是奴隶主阶级内部的斗争和奴隶主阶级与地主阶级之间的斗争。于是,他怀疑那个流行理论的正确性,发现它与马克思主义经典作家的论述大相径庭。马克思、恩格斯说:"在过去的各个历史时代,我们几乎到处都可以看到社会完全划分为各个不同的等级,看到由各种社会地位构成的多级的阶梯。"又说:"我们的时代,资产阶级时代，却有一个特点：它使阶级对立简单化了。整个社会日益分裂为两大敌对的阵营，分裂为两大相互直接对立的阶级：资产阶级和无产阶级。"[1]马克思还说："即在古代的罗马，阶级斗争只是在享有特权的少数人内部进行，只是在自由富人与自由穷人之间进行，而从事生产的广大民众，即奴隶，则不过为这些斗士充当消极的舞台台柱。"[2]恩格斯说："古代是没有用胜利的起义来消灭奴隶制的事情的。"[3]列宁说："我们知道，奴隶举行过起义，进行过暴动，掀起过内战，但是他们始终未能造成自觉的多数，未能建立起领导斗争的政党，未能清楚地了解他们所要达到的目的，甚至在历史上最革命的时机，还是往往成为统治阶级手下的小卒。"[4]

关于奴隶社会阶级与阶级斗争的流行观点是怎样产生的呢？作者寻根问底，发现错误出自解放初期印行的一本《社会发展简史》。《社会发展简史》抄自苏联列昂节夫著的《政治经济学初学读本》。列昂节夫则根据斯大林的一次讲话："奴隶革命把奴隶主消灭了，把奴隶主剥削劳动者的形式废除了。"[5]显然，斯大林的论点是错误的。《中国奴隶社会史》依据文献记载，记述了中国奴隶社会的阶级和阶级斗争，诸如少康中兴、成汤灭夏、武王伐纣、厉王奔彘、平王东迁、五霸纷争、各国政权下移以及战国变法等等奴隶主阶级内部的斗争。但对于古代奴隶们的直接的反抗斗争则很少提起，更没有讲奴隶怎样通过革命推翻奴隶制度，因为历史本来如此。

有人不同意《中国奴隶社会史》的观点，认为"马列主义关于阶级斗争的概念是指历史上压迫阶级和被压迫阶级，剥削阶级与被剥削阶级这两大对抗阶级的斗争，而不是阶级社会中统治阶级之间的内部斗争。"很明显，这是忽略了马克思主义关于前资本主义社会与资本主义社会之阶级与阶级斗争有区别的观点。马克思主义创始人只是说历史进入资产阶级时代，社会才日益分裂为两大直接对立的阶级即资产阶级与无产阶级，使阶级对立与阶级斗争简单化了。他们从未说过奴隶社会与封建社会也分裂为两大直接对抗的阶级。况且即使在资本主义社会，两大阶级直接对抗的状态也不是一开始就出现，而是逐渐形成的。恩格斯在1847年说："因为由于现代工业，由于运用机器，英国一切被压迫阶级已经汇合成为一个具有共同利益的庞大阶级，即无产阶级，因为对方阵营里的一切压迫阶级也由此联结成为一个阶级，即资产阶级。这样，斗争便简单化了"[6]。恩格斯在1886年又说："从1830年起，在（英、法）这两个国家里，工人阶级即无产阶级，已被承认是为争夺统治而斗争的第三个战士。当时关系已经非常简单化"[7]。按照恩格斯的说法，在英法这两个欧洲先进国家，两大阶级直接对立的形势直到1830年才形成，中国古代怎么会有两大阶级的直接对抗？

至于说到马克思主义关于阶级斗争概念包括不包括阶级社会中统治阶级内部斗争的问题，还是请看马克思主义创始人的言论。举个关于近代的例子，"至少从1815年签订欧洲和约以来，在英国，谁都知道，土地贵族和资产阶级这两个阶级争夺统治的要求，是英国全部政治斗争的中心。"举个关于古代的例子，"在关于罗马共和国内部斗争的古代史料中，只有阿庇安一人清楚明白地告诉我们，这一斗争归根到底是为什么进行的，即为土地所有权进行的。"这两段话是恩格斯1886年在《费尔巴哈和德国古典哲学的终结》中讲的。虽然是外国的事情，但是它从理论上肯定了统治阶级内部存在阶级斗争。

翻开《春秋》、《左传》、《国语》、《战国策》，统治阶级内部的斗争比比皆是，而奴隶反抗奴隶主的斗争确实不甚显著。奴隶总是在政治斗争中充当统治阶级手下的小卒或者消极的舞台台柱。历史本来就是如此。莫说古代的奴隶，就是近代无产阶级也曾有这样"不光彩"的经历。1884年恩格斯在论及德国问题时说："只要被压迫阶级（在这里就是无产阶级）还没有成熟到能够自己解放自己，这个阶级的大多数人就仍将承认现存的社会秩序是唯一可能的秩序，而在政治上成为资本家阶级的尾巴"。又说："虽然它在实质上是资产阶级的危险敌人，但另一方面它仍然是资产阶级的政治附庸。"[8]

《中国奴隶社会史》纠正了我国史学界长期存在的关于奴隶社会阶级和阶级斗争问题的一个错误理论，实事求是地论述和评价了中国奴隶社会的阶级和阶级斗争。不过我以为，本书在解决古代社会阶级与阶级斗争问题中所使用的方法更耐人寻味。治史应以马克思主义为指导，论与史要结合。但是当出现理论与史实不一致的时候，怎么办呢？是让史实屈从理论还是让理论接受历史实际的检验？我想，选择后者是明智的。

《中国奴隶社会史》反映了作者多年来运用马克思主义理论解决中国古史难题所取得的成果。井田制问题，古人没讲清楚，近人自胡适起多有人否定井田制的存在。郭沫若同志虽然承认井田制存在，但他讲的井田制却离开了文献的记载，带有臆想的色彩。本书作者把马克思主义关于农村公社的理论与中国古书《周礼》、《孟子》关于井田制的记载相对照，说明了井田制不仅是可以理解的，而且是历史之必然。

马克思说："把所有的原始公社混为一谈是错误的，正像地质的形成一样，在这些历史的形成中，有一系列原生的、次生的、再次生的等等类型。"又说："农业公社时期是从原生形态到次生形态的过渡时期。"[9]恩格斯说："差不多一切民族都实行过土地由氏族后来又由共产制家庭公社共同耕作，继而差不多一切民族都实行过把土地分配给单个家庭并定期实行重新分配。"[10]马克思把原始公社分成民族公社、家庭公社和农村公社三个发展层次，恩格斯又强调"差不多一切民族"都是如此，都有一个"把土地分配给单个家庭并定期实行重新分配"的农业公社（或称农村公社、马尔克）阶段。马克思、恩格斯的这个研究成果揭示的是普遍性规律，绝非某一民族的特例。在农村公社中，土地怎样分配给单个家庭呢？马克思说："如果你在某一个地方看到有垄沟痕迹的小块土地组成的棋盘状耕地，那你就不必怀疑，这就是已经消失的农业公社的地产！农业公社的社员并没有学过地租理论课程，可是他们了解，在天然肥力和位置不同的土地上消耗等量的农业劳动，会得到不等的收入。为了使自己的劳动机会均等，他们依据土地的自然差别和经济差别把土地分成一定数量的地段，然后按农民的人数把这要比较大的地段再分成小块。然后，每一个人在每一块土地中得到一份土地。"[11]恩格斯讲的尤为具体："在那里，虽然不再一年分配一次，但是每隔3年、6年、9年或12年，总要把全部开垦的土地（耕地和草地）合在一起，按照位置和土质，分成大块。每一大块，再划分成若干大小相等的狭长带状地块，块数多少，根据公社中有权分地者的人数而定。这些地块，采用抽签的办法，分配给有权分地的人。所以，每一个社员，在每一个大块中，也就是说，在每一块位置与土质各不相同的土地上，当初都分到了同样大的一块土地。"[12]马克思、恩格斯在这里讲的农村公社分配土地给单个农户的办法，也是规律性的，不是某个民族的个别情况。

中国古代的实际情况如何呢？作者发现马克思、恩格斯的论述与中国古文献的记载有惊人的相似之处。《周礼·地官·遂人》说："辨其野之土：上地、中地、下地，以颁国里。上地，夫一廛，田百亩，莱五十亩，余夫亦如之，中地，夫一廛，田百亩，莱百亩，余夫亦如之；下地，夫一廛，田百亩，莱二百亩，余夫亦如之。"《周礼·地官·大司徒》说："凡造都鄙，制其地域而封沟之，以其室数制之。不易之地家百亩，一易之地家二百亩，再易之地家三百亩。"《公羊传》宣公十五年何休注说："肥饶不得独乐，硗确不得独苦，故三年一换土易居。"《孟子·滕文公上》赵岐注"死徙无出乡"句说："徙谓爱田易居，平肥硗也。"这些记载与上述马克思、恩格斯讲的西方的古代农村公社的情况完全一致。中国古文献与马克思、恩格斯所处的时代不同，所云竟不谋而合，表明了农村公社的普遍存在。井田制不是别的，正是马克思、恩格斯讲的农村公社或马尔克。作者正确地抓住了问题的实质，指出马克思所说的"棋盘状耕地"，恩格斯所说的"狭长带状地块"，中国古人所说的"井田"，都是对农村公社特点的恰当形容。

《中国奴隶社会史》解决了贡、助、彻的问题。贡，是在一夫分得的土地的产品中抽取十分之一的实物地租。助，是一家分得百亩田，八家共耕公田百亩。公田百亩的产品被剥削去。实际上是一种劳役地租。周代实行彻法，彻是双轨的意思，既行贡又行助。在国行贡法，在野行助法。无论行贡法还是行助法，前提都是把土地分配给单个农户耕种的小土地劳动。所谓私田，就是分给农户的田，也称民田。所谓公田，就是八家农户共耕的那百亩田，收获物全部被剥削去。郭沫若同志认为："凡是属于井田范围内的田都是公家的田，也就是所谓'公田'。这些公家的田被分配给臣下，同时也把一定的生产者分配给他们。"又说："有一些臣下们超额地榨取耕奴们的剩余劳动，以开垦井田以外的空地。这被开垦出来的田地，便成为私家的黑田"。这样解释公田与私田，根本的弱点是缺少史料依据，推理因素太重。

宗法制度在中国奴隶社会史的研究中具有关键的意义。这个问题虽然从清代诸家到近人王国维已经取得了相当可观的成果，但是毕竟未能弄清楚宗法制度的本质是什么。《中国奴隶社会史》在宗法制度问题上的新贡献，主要在于运用马克思主义关于两种生产的理论阐释了宗法制度产生的原因及其本质。

恩格斯说："根据唯物主义观点，历史中的决定性因素，归根结底是直接生活的生产和再生产。但是，生产本身又有两种。一方面是生活资料即食物、衣服、住房以及为此所需的工具的生产；另一方面是人类自身的生产，即种的蕃衍。一定历史时代和一定地区内的人们生活于其下的社会制度，受着两种生产的制约：一方面受劳动的发展阶段的制约，另一方面受家庭的发展阶段的制约。劳动愈不发展，劳动产品的数量、从而社会的财富愈受限制，社会制度就愈在较大程度上受血族关系的支配。"[13]恩格斯关于两种生产的理论，有两点对于研究宗法问题至关重要：第一，所谓人类自身的生产，实际上是指人们的血缘关系即家庭形态而言，第二，人们的血缘关系即家庭形态对社会制度有制约作用，这种作用越是在古代越是表现强烈。

依据恩格斯关于两种生产的理论，《中国奴隶社会史》展示了如下的思想：夏商西周三代虽然已经进入文明时代，产生了以地区团体为基础的国家，但是第一种生产还不太发展，其社会制度仍然不可能摆脱血缘关系的影响。三代比较起来，血缘关系的影响大小不同。夏代是氏族社会向奴隶社会过渡的时期，血族团体与地区团体并存，血缘关系影响之大，自不待说，商代，所谓"殷道亲亲"正是血缘关系依旧有强大影响的表现。西周是奴隶社会的全盛时期，第一种生产已相当发展，血缘关系的束缚作用在君位继承问题突出地表现出来。从而"周道尊尊"即政治关系被提到重要的地位上来。西周统治者出于保证君位、土地、财产的嫡长子继承制和分封制的需要，对原有的血缘关系加以改造，使之成为具有人为模式的宗法关系，把政治上的尊卑等级注入血缘关系中去，从血缘关系内部削弱血缘关系对国家政治生活的影响，其直接后果是嫡庶制的确立。嫡庶制是天子诸侯乃至卿大夫妻妾中的等级制度，由嫡庶制的确立导致嫡长子继承制的产生。天子诸侯之嫡妻所生长子成为素定的君位继承人。其余诸王子成为内外诸侯或畿内卿大夫。成为诸侯的王子依据"尊尊"的原则，建立与周天子相似的君统。天子与诸侯的君统是孤单的体系，他们的众昆弟被排斥在君统之外。没有继承君位的王子、公子，成为卿大夫。各个卿大夫形成诸多独立的、封闭的、以氏为标志的血缘团体，这个血缘团体就是贵族宗族。贵族宗族是以宗法关系为纽带组合起来的，宗法制度就是关于贵族宗族的制度。宗法关系以血缘关系为基础，但不同于血缘关系，它不论父母兄弟，而论始祖与大宗，大宗与小宗，大宗与族人、宗子与庶子。宗族之大宗也按嫡庶制和嫡长子继承制的原则代代继世，形成直系的统系即宗统。宗统仅存在于诸贵族宗族之中，宗族之外无宗统。宗统与君统不能混在一起。天子诸侯以及庶人不行宗法，因为他们不属于任何贵族宗族。宗法只在卿大夫和士的范围内实行。

有人坚持另一种宗法制度的理论，说"天子是天下之大宗，诸侯是一国之大宗"。把君统与宗统牵混到一起，以为自天子至于庶人全行宗法；把宗法关系与血缘关系混同起来，以为有血缘关系的人们，就有宗法关系。这种观点在逻辑上的混乱姑且不论，就是在史料方面也缺乏根据。他们常用的史料是《公刘》"君之宗之"和《板》"大宗维翰"两句诗。这两句诗本身不能说明"天子是天下之大宗"，于是求诸毛传。毛传说"君之宗之"是"为之君，为之大宗"，说"大宗维翰"是"王者，天下之大宗"。毛传给"天子是天下之大宗"说提供了证据。《诗经》虽是可信的史料，但用毛传则要慎重。况且郑笺早已驳正了毛传对那两句诗的解释。郑笺解释"君之宗之"

说："宗，尊也。公刘虽去邰国来迁，群臣从而君之尊之，犹在邰也。"解释"大宗维翰"说："王之同姓之适子也。"郑笺的解释，无论从训诂、逻辑、诗义等方面都比毛传高明可信。

持这种宗法说的同志还喜用《左传》文公二年"宋祖帝乙，郑祖厉王"驳《礼记·郊特牲》"诸侯不敢祖天子"，借以证明天子与诸侯之间有宗法关系，诸侯要奉天子为大宗。然而"宋祖帝乙，郑祖厉王"两句话起不到这样大的作用。诸侯以始封君为始祖，故立始封君之庙为祖庙。郑国的始封君是桓公，桓公庙必然是郑国的祖庙，这是常礼，所谓"郑祖厉王"，是因郑有大功德，天子特允郑国立周厉王庙。孙诒让《周礼·春官·都宗人》正义引《郑志》说，"郑祖厉王，为时君之赐。"既是赐，便不是常礼。纵然立了厉王庙，郑国仍以桓庙为祖庙。"宋祖帝乙"更是特殊情况。宋是殷后，周给予特别待遇，允许它行殷礼，不受周礼限制，"宋祖帝乙"，是它行殷礼的表现。郑宋之特例证明不了"天子是天下之大宗"。倘若一定要说"天子是天下之大宗"，那也应是政治上的大宗，不是宗法意义上的大宗。

《中国奴隶社会史》一书不足之处也是有的。给人最突出的感觉是战国部分写的单薄一些。战国是奴隶社会向封建社会转化的时期，究竟怎样转化的，土地公有制何以转化为土地私有，虽然在战国变化那一节里涉及到了，但是远不如氏族社会向奴隶社会过渡的夏代及全盛时期的西周等几部分讲的透彻、充分。在史料应用方面，有些考古资料被忽略了，比如近些年出土的秦简，对于解决战国晚期土地制度的变化问题极有价值，却未能采用。

注释：

[1] [6]《马克思恩格斯选集》第1卷，人民出版社1972年，第215、289页。

[2]《马克思恩格斯全集》第16卷，人民出版社1964年，第406页。

[3] [10]《马克思恩格斯全集》第21卷，人民出版社1965年，第177、159页。

[4]《列宁全集》第29卷，人民出版社1956年，第442页。

[5]《斯大林全集》第13卷，人民出版社1956年，第215页。

[7] [8] [13]《马克思恩格斯选集》第4卷，第246、169、178、2页。

[9]《马克思恩格斯全集》第29卷，人民出版社1972年，第432、435页

[11] [12]《马克思恩格斯全集》第19卷，人民出版社1963年，第452、355页。

（原刊《历史研究》1987年第4期）

《学易四种》序

我的老师金景芳先生弱龄嗜易，广涉群书，而以王注程传为依归。壮岁接受马克思主义以为指导，加深了对易的认识。新中国成立以后，随着马克思主义理论修养渐深，更将易学研究建立在科学的基础之上，形成了自己有特色的易学思想体系。于易可谓彬彬矣。

先生勤奋治易，60多年不曾稍懈。新中国成立后任教于吉林大学历史系和古籍研究所，多次给博士生、硕士生、进修生系统讲易。为了总结平生积累的学易心得体会，目前正着手写作《周易全解》。我作为先生的助手，有幸多次聆听先生系统讲易，协助先生写作《周易全解》，还多有机会听取先生对我个人授易。为了全面了解先生的易学思想，我们少不了常常把先生的旧作找来研读。

先生易学旧作中主要的一种是《易通》。《易通》是先生治易的奠基作，也是成名作。1939年底写于流亡在四川自流井静宁寺的东北中学，1941年获教育部学术奖励，1945年由商务印书馆出版，是我国较早用马克思主义观点系统研究《周易》的专著。它已经不是先生个人的东西，它是祖国易学宝库中的一份珍贵财富，应当妥善保留，无令散佚，留传给后代。然而这书印在抗战期间，印刷质量极差，印数又少，现在在大图书馆已经不易寻到。我们能看到的，只有先生自存的破旧的一本。此书若不及早重印，便有永远被湮没的危险。我和二三师弟鼓吹再三，先生勉强答应重印。我们将先生的易学旧作选取四种，编成一个集子，名曰《易学四种》，由吉林文史出版社出版。先生说，他的东西都是自己学易的体会，称不上易学，乃改名曰《学易四种》。

《学易四种》的另外三种是新中国成立后写的三篇论文。它们写于不同时期，都有一定的代表性，从中可以看出先生易学思想不断前进的足迹。《易论》原分上下两篇，发表于《东北人民大学文科学报》1955年第2期和1956年第1期。《说易》写作较晚，发表于《史学月刊》1984年第1期。《关于周易的作者问题》是尚未见刊的近作。这三篇是先生新中国成立后学了更多的马克思主义著作，在旧作《易通》的基础上，经过继续研究写成的。每一篇对先前的观点或有补充，或有纠正，或有发展，总之都有新的东西提出。

我跟先生学易，读先生书，先生与他人不同的治易方法，令我感受最深。先生生于辽宁义县乡下，贫寒的家境，偏僻的居处，迫使他养成不怕艰难，勇于探索，不因循前人，不随波逐流，喜欢独立思考的习惯。人们都说易书难读，他偏要读。二三十年代疑古风大盛，民族虚无主义流行，他却坚信古人的东西绝不可一概否定。他学易有自己的见解。他对把《周易》当作纯粹卜筮之书，为了占卜而治易的象数派易学不感兴趣，他欣赏由王弼、程颐等人奠基的易学中的义理派，因为他认为义理派重视《周易》中蕴含着的哲学思想是正确的。当30年代他开始接触马克思主义哲学著作的时候，他惊奇地发现，《周易》著卦中的思想同马克思主义所讲的辩证法若合符节。从此，他接受了马克思主义，更加深切地认清了《周易》这部伟大古典著作的价值。逐渐形成了自己的独特的治易方法。这方法若分析开来说，是这样的：

一、先生对马克思主义特别有感情有兴趣，他已经把对《周易》的研究同马克思主义紧紧地连在一起了。《易通》写于30年代的国统区，书中竟有《周易与唯物辩证法》的专章，明确说辩证法的三大基本规律，《周易》中全有反映。以后发表的《易论》和《说易》诸文，更加熟练地把马克思主义融汇在其中。一些不容易讲明白的问题，如《周易》作为一种哲学，为什么要以卜筮为形式；卜筮是一种原始宗教，它为什么会产生哲学；哲学既然已经产生，为什么与卜筮长期结合在一起，等等，都用马克思主义做了合理的解释。于是神秘莫测的《周易》也就没什么神秘可言了。

二、先生确认《周易》是一部讲哲学讲思想的书，卜筮不过是它的躯壳。对《周易》所有问题的研究，都以此为出发点。《周易》究竟是一部什么性质的书，这是易学研究中的一个根本问题。先生60多年来对此问题始终保持着清醒的认识。从古至今，人们对《周易》的看法一直分为两派。《国语》、《左传》言及卜筮时往往引用《周易》，汉人治易讲"卦气"、"纳甲"、"爻辰"，唐人李鼎祚编《周易集解》，清人惠栋作《易汉学》，张惠言作《虞氏易》，近人以殷墟甲骨卜辞比附《周易》，等等，都把《周易》视作纯粹卜筮之书，他们研究《周易》的目的是为了进行卜筮。依这一派的观点治易，势必把易学引上歧路。另一派认为《周易》是讲哲学讲思想的书，卜筮只是它的躯壳。一般认为这一派肇始于王弼，发扬于程颐。其实这一派的观点早在先秦时期就有了。《左传》昭公二年载晋韩宣子访问鲁国，见到《易象》与《鲁春秋》，赞叹不已，认为这表明周礼尽在鲁国了。韩宣子把《易象》与周礼联系起来，显然不认为《易经》是单纯的卜筮之书。后来《庄子》讲"易以道阴阳"，司马迁说"易以道化"，"易本隐以之显"，《汉书·艺文志》于《六艺略》列《周易》，以及清代《四库全书总目提要》说易"寓于卜筮"，也都把《周易》看作是讲思想的书。

先生继承并发展了后一派的观点。《易通》主要肯定了两点。一、易"包括宇宙已往未来之全部现象"即《易传》所谓"冒天下之道"。具体说，就是"天之道"与"民之故"，即自然规律与社会规律。二、易不直接表达思想，易通过著与卦即象与数间接地把思想反映出来。易不可没有象数，但易之象因时因物而异，不应以《说卦》为限，更非荀爽、虞翻所言之象。数是用以定爻的揲著之数，而与"河图"、"洛书"无涉。《易论》进一步明确指出《周易》是未成熟的哲学。它反映了原始的、朴素的但实质上是正确的宇宙观。《周易》主要是讲矛盾的，它很像一部古代的矛盾论。它在哲学上的成就，可以同古希腊哲学家赫拉克利特相媲美。但是，《周易》的哲学由卜筮产生并以卜筮为形式。《易论》改变了《易通》肯定伏牺作八卦的观点。认为筮先于卦产生。筮的产生不应早于夏,晚于周,最可能的时间是商代卜发展最盛时期。卦与蓍的关系是影与形的关系。卦依蓍的变化而创立。蓍有阴阳,卦便有阴阳。蓍有变化,卦便有变化。卦是蓍的摹本,蓍是宇宙发展变化的摹本。蓍包括数,卦包括爻和辞。蓍与卦合起来构成易。

至《说易》,认识有新发展。先生这时更加明确地肯定《周易》在形式上仍旧是卜筮之书,而实质上已变成一部蕴藏着深邃的哲学和社会政治思想的理论著作。《周易》依旧把蓍与卦视作"神物",但这种神物之所以神,已不在于神物本身,而在于这个神物背后贮藏着关于"天之道"与"民之故"的高深的知识。道理与今日之电脑相似。作《易经》的人和作《易传》的人都不相信蓍卦有灵,可以前知。他们肯定卜筮,利用蓍卦的用意在于以神道设教作为统治人民的工具。

三、先生始终认为今本《周易》之经与传思想一致,两者密不可分。尤其重视《易传》的意义和作用。先生以为《易传》的功绩在于,它用哲学的语言代替《易经》的卜筮语言,把《周易》藏在神秘外衣后面的思想直接地表达出来,使之成为真正意义上的哲学。先生确认《易传》基本上是孔子所作,《周易》哲学其实是孔子哲学。研究《周易》应与研究孔子结合起来。

《易通》为这一观点奠定了基础。第一,它说《易传》即使不是孔子手编,也是孔子门人所辑。说《易传》是孔子所作,未为不可。书中专门立有《周易与孔子》一章,详细分析《周易》哲学与孔子哲学的一致性。第二,它强调《易经》的精义本来隐藏在蓍卦里面,鲜为人知,至孔子作《易传》,用哲学的眼光加以推阐,《周易》的真面目才有可能被人认识。书中正是把《周易》经传作为一个浑然整体,而从《易传》入手加以考察的。

《易论》与《说易》没有正面论述这个问题,但是它们对《周易》的一切分析,都是在肯定孔子作《易传》,《易传》释《易经》的前提下展开的。《关于周易的作者问题》一文对《易传》的作者问题,提出四种情况。一部分是孔子以前就有的旧说,被孔子接受下来。一部分是后世好事者窜入的,与孔子无关。还有一部分是弟子在平日孔子讲述时所作的记录,其思想应属于孔子,除这三种情况外,其余全是孔子所作。孔子所作的部分是大量的,主要的。

四、涉及到怎样从历史的角度看《周易》的问题,人们大多只对卦爻辞中"高宗伐鬼方"之类的史料感兴趣,常常拿来证成某一个具体的历史结论,而先生则把注意力放在《周易》和周代历史的宏观对照研究上。

据《周礼·太卜》和《礼记·礼运》记载,古有《连山》、《归藏》、《周易》三易。《连山》是夏易,首艮。首艮有何意义,今已无从征考。《归藏》即《坤乾》。《坤乾》是殷易。孔子说可用《坤乾》之义观殷道,可见《坤乾》能够反映殷代的意识形态和政治制度,不是一般卜筮之书。《周易》由《坤乾》直接发展而来。但二者有根本的区别。《坤乾》六十四卦以坤卦为首,乾卦居次。《周易》则乾卦为首,坤卦居次。

先生特别重视《坤乾》与《周易》二易的这个区别,认为二者乾坤颠倒,绝非出于偶然，不是作易者的任意杜撰，它反映着殷周两代的不同历史特点。《坤乾》以坤卦为首，反映"殷道亲亲"。《周易》以乾卦为首，反映"周道尊尊"。"殷道亲亲"与"周道尊尊"的不同，集中表现在继承制问题上。"殷道亲亲"，强调血缘关系，重母统，传弟，说明殷代还有氏族社会的残余。"周道尊尊"强调政治关系，重父统，传子，说明周代社会，阶级统治已经完全确立。由"亲亲"变为"尊尊"，这是重大的历史变革。这种变革明显地反映在《周易》中。

《周易》把《坤乾》首坤次乾的排列次序颠倒过来，变成首乾次坤，并且突出地强调天尊地卑，男尊女卑，君尊臣卑，父尊子卑，夫尊妻卑。这看来平常，其实不简单，它深刻地反映了与殷代不大相同的周代的政治观念和政治制度。

"亲亲"与"尊尊"之别是了解商周历史变革的钥匙。《周易》是研究"亲亲"变为"尊尊"的周代意识形态和政治制度特点的重要文献。它既然具有如此深刻的历史内涵，就更加证明它不是单纯的卜筮之书。从这个角度探讨《周易》一书的历史价值，除先生外，我至今尚未发现第二个人。

先生60多年潜心研易，问题无论宏微巨细，无所不涉及，无所不思考。如今已积累了极其丰富的心得体会，有待整理成书，而长期形成的科学和自成体系的研易方法，尤为学界所称道。我上述诸点，不过略举先生易学成果的大要而已，《学易四种》基本反映了先生易学思想的全貌。还有一点必须说明，先生的治易方法是由许多要点交织而成的一个体系，那么哪一点是主要的呢？先生自己常说，他欣赏孔夫子，但他更信仰马克思。因为虽然孔夫子在古人中是对《周易》讲得最为明白的一个，然而只是在有了马克思以后，人们才有可能对《周易》有一个真正科学的认识。

（原刊《社会科学战线》1987年第1期）

"理足神完"的佳作

——评《周代家庭形态》

　　青年历史学者谢维扬的《周代家庭形态》,是他1984年获得吉林大学历史学博士学位的学位论文。在通过答辩时,老一辈历史学家对这篇优秀的、出色的论文给予极高的评价。他的导师金景芳教授欣赏他思路广阔,有所突破。张政烺先生赞扬这是一篇"理足神完"的佳作。我和专家们的意见一样,也认为这是一篇不可多得的优秀博士论文。

　　首先,课题选得好。周代家庭这个题目选在人类学与历史学的交叉点上,它既对西周、春秋、战国社会历史的研究有意义,又可以从揭示中国周代血缘关系现象的个性特征这个侧面丰富现代人类学的内容。前一点尤为重要。几十年来,我们对于先秦社会的物质生产及阶级关系研究得极多,对于人类自身的生产及血缘关系研究得极少。而实际上,我们的古人原本生活在阶级关系与血缘关系这两种社会关系的交互影响之中。根据恩格斯1884年在《家庭、私有制和国家的起源》第一版序言中提出的关于"两种生产"的理论,社会的物质生产愈不发展,社会制度就愈在较大程度上受血缘关系的支配。原始社会没有阶级关系,血缘关系起决定作用。及至文明时代,阶级关系出现并日益加强,血缘关系退居次要地位,但并未完全消失。在中国先秦历史上,血缘关系对社会生活依然起着相当大的制约作用,这是大家一致承认的。问题是夏、商、周三代,特别是周代,血缘关系对社会生活究竟影响到怎样的程度,应该做出怎样的估价才算恰如其分,这在我们的史学研究中几乎可以说还是一个空白。谢维扬选定这个题目做文章,对周代家庭作历史的考察,提出具体的历史证据,对于我们认识周代的社会性质,估价我国古代文明的发展水平,探讨中国传统历史文化形成的途径,具有重要的意义。

　　其次,《周代家庭形态》在方法论上的特点也不容忽视。它运用的是人类学与历史学结合的方法。这个方法说来并不新鲜。由于家庭史这个课题本身的性质所决定,人们研究这一类问题采用的全是这个方法。《周代家庭形态》在方法上超过前人之处,仅仅在于它在运用这个方法时表现出的系统性与有机性。它将现代人类学的概念系统地应用到文明时代家庭史的研究上,用世系和世系集团的概念来解释中国周代家庭形态和整个血缘关系的面貌,从世系问题入手,依次分析周代的婚姻、亲属制度、世系集团,最后水到渠成地归结到血缘关系的一个聚合点——家庭上,从而把周代血缘关系方面家庭与以家庭为基础的其他世系集团并存这一重要特征清楚地反映出来。这就避开了容易出现、在某些他人的论著中已经出现的两个偏差。一是把家庭与以家庭为基础的世系集团混为一谈，二是忽略二者之间的内在联系，讲家庭就只讲家庭而无论其他。《周代家庭形态》于是形成了自己的有特色的研究体系。

第三，《周代家庭形态》的基本结论是卓越的，令人信服的，有很高的学术价值。它的基本结论是：周代贵族的家庭是早期宗法家庭，庶人的家庭是农村公社家庭。两种家庭的规模都不是很大的，其主要形式是由夫妻及其子女构成而不含旁系的个体家庭和含一个旁系的简单扩展家庭。含有两个旁系的家庭比较少，含三个旁系家庭则属罕见。作者据此有力地批评了周代家庭还存在着"家长制家庭公社"或"父家长大家族"的意见，正确地指出了父系家庭公社与周代贵族家庭的实质性区别。父系家庭公社与周代贵族家庭属于不同的社会发展阶段。前者存在于父系氏族制度之下，氏族及氏族首领对它有相当大的约束力，而且是不脱离生产的血缘团体，规模很大。后者则是氏族制度瓦解的产物，在本质上与氏族制度不相容，它完全不是生产制度，早已脱离生产，只是消费和生育的单位，而且规模很小。但是周代贵族家庭也不同于现代个体家庭，它存在于宗法制度之下，是一种宗法家庭；又不同于秦汉以后形成的封建宗法大家庭，它是早期的宗法家庭。

周代国中与野中的庶人家庭处于农村公社制度之下。这时的农村公社已不是原始社会开始向阶级社会过渡时期的原生的农村公社，而是中国奴隶社会发展到鼎盛时期的、民族学称之为"蜕变质态"的农村公社。周代庶人的个体家庭或简单扩展家庭没有摆脱农村公社的支配。后世的封建依附农民、租佃农民或自耕农，直接与地主或国家发生关系，而周代庶人家庭通过公社的环节成为贵族或国家的"普遍奴隶"。

《周代家庭形态》得出以上结论，与它对人类学中家庭这一概念的理解有关。它摈弃了摩尔根的家庭概念。在摩尔根那里，家庭与婚姻是两个完全叠合的概念。他把群婚时代发生婚姻关系的集团都称作家庭，如"血缘家庭"、"普纳鲁亚家庭"等等。摩尔根的家庭概念是不确定的，极容易使人把婚姻关系和亲子关系误认为家庭。当代有的学者提出婚姻关系与供养关系结合在同一社会单位内构成家庭的家庭概念。本文作者则将家庭定义为"由婚姻和亲子关系联系在一起的，在经济上有共同的利益，同居的人们的共同体"。特别强调同居是家庭存在的前提。同居的规模与家庭的规模一致。由此出发，作者使用大量的民族学、考古学与历史学的资料，令人信服地论证了周代存在的是个体家庭和简单扩展家庭，而不是父系家庭公社。

第四，《周代家庭形态》在论述周代世系和世系集团的同时，还对周代某些重要的历史问题提出了自己独到的见解。有的见解是很精采的。例如，有些学者把周代政权完全看成是家庭组织的国家化，认为"卿大夫以采邑为家，诸侯以国为家，天子以天下为家。周天子就是以天下为家的这个家族系统的总族长。每个在血缘关系中处于不同等差地位的家族，同时就是国家政治结构的不同环节，政权与族权合一"。这是周代历史研究中的一个重要问题。本文作者根据诸侯国氏集团与卿大夫同氏集团的区别及二者在血缘关系上的隔断的分析,提出了这样的观点:由于周代天子与诸侯,诸侯与卿大夫之间在血缘关系上的被隔断,周代天子与诸侯代表两级国家政权,已经把政治关系与血缘关系区分开来,它的活动具有充分的政治性质与公共性质。它和后世的君主政体一样,把它保留着的一定程度的基于血缘关系的活动,限制在极其有限的范围内。它不是"家族组织的国家化",也不是"扩大化的家族",而是真正的国家政权。仅仅在卿大夫所代表的政权内,由于它在血缘关系上未能继续向下隔断,才在公共性质之外,具有更多的私人性质,有人不承认周代王朝和诸侯两级政权的公共性质及其同卿大夫政权的区别,是不科学的。又如,亲亲与尊尊这两个周代意识形态领域中的著名命题,周人自己说是"人道之大者",汉人则说"殷道亲亲者立弟,周道尊尊者立子"。亲亲与尊尊的区别究竟在哪里?本文作者在对周代父系宗亲内部血缘关系状况做过详密分析后指出,在血缘关系范围内,亲亲是就广泛的父系宗亲关系而言,亦即把旁系亲属关系考虑在内。尊尊则是专指父系直系亲属关系,就是说,只考虑直系,不考虑旁系。这是很有见地的,而且别人未曾讲过。

《周代家庭形态》的长处不是这篇短文所能一一论列的,但我敢一言以蔽之:把此书列入中国社会科学出版社所出版的优秀著作之中,它是当之无愧的。

(原刊《图书评论辑》,中国社会科学出版社1988年)

《易大传》与《老子》是两个根本不同的思想体系

——兼与陈鼓应先生商榷

一

陈鼓应先生在《〈易传·系辞〉所受老子思想的影响》一文中说:"《老子》这本书在哲学史上第一次有系统地建立了一套完整的形而上学体系及独特的人生观。其自然观的形成,可上溯《易经》而下启《易传》,并成为《易传》哲学思想的主要骨干。"又说:"老子哲学与《易传·系辞》的内在联系,表现在两个最重要的方面:就其哲学内涵来说,是天道观;就其思维方式来说,是辩证法思想。而这两个哲学领域中的重要部分,在孔子学派那里是一个空白。因此我们可以断言,就严格哲学观点而言,《易传·系辞》是较近于道家系统的著作。"[1]陈先生特别强调《易大传》在宇宙观和方法论这哲学的两个重要方面较近于道家系统,但是接下来并未做深入的论证,只是在哲学范畴、概念和命题上将《易大传》与老子思想做了一般性的直接对比,指出它们的某些表面的相似之处。这是不能令人信服的。

就天道观来说,《易大传》与《老子》的确有相同之处。《易大传》的《系辞传》说"生生之谓易",又说"易与天地准","易无思也,无为也","天地设位而易立乎其中矣",易"明于天之道而察于民之故",都是肯定天地与易一样,是一个生生不息的运动变化的过程,而且是真实存在的,不是虚幻的。《易大传》所看到的天完全是自然之天,不是主宰之天。《老子》的天也是自然之天。它讲"天地不仁,以万物为刍狗",显然认为天地是没有意志的自然之物。《老子》中"天道"一词多次出现,如"天之道,利而不害","天之道不争而善胜","功成名遂身退,天之道","天之道其犹张弓与? 高者抑之,下者举之。有余者损之,不足者与之。天之道损有余而补不足也",等等,无不把天道看成是自然规律,完全否定了主宰之天。可见,在承认天道即自然规律,否定主宰之天这个问题上,《易大传》与《老子》的观点基本一致。

但是,在宇宙原始是什么这个哲学的基本问题上,《易大传》与《老子》却表现出它们观点的截然分歧,属于根本不同的两个思想体系。《易·系辞传上》说:"易有太极,是生两仪,两仪生四象,四象生八卦。"古人对这四句话的解释颇多歧义,而以为这四句话是讲宇宙原始及万物生成过程和八卦在产生与形成中所经历的几个阶段,最为通达可信。以这两个角度理解这四句话,最关键的一点是如何解释"太极"。

"太极"是什么，汉人已经讲得比较清楚，郑玄说："极中之道，淳和未分之气也。"虞翻说："太极，大一也，分为天地，故生两仪也。"许慎的《说文解字》解释一字说："惟初太极，道立于一，造分天地，化成万物。"这些理解都符合《易大传》的原意。那么《易大传》的太极究竟是什么呢? 金景芳先生说："太极就是太一，这个一是整体的一，绝对的一。"[2]张岱年先生说："太极即是天地未分的原始统一体，《系辞上》以太极为天地的根源，这是一种朴素的唯物论观点。"[3]按照汉人和两位老前辈的理解，《易大传》所说的太极是宇宙在天地未分时的一种混沌状态，一种存在的状态。《易大传》把宇宙的根源追溯到太极，而且只追溯到太极，太极之前是什么，它不讲了，于是它就否定了世界是被创造出来的说法。因此我们可以说，太极是《易大传》的最高范畴。在思维与存在孰是第一性这个基本问题上，《易大传》显然肯定存在具有决定性的意义。我不想分析和评价《易大传》的哲学性质，我只想说明《易大传》作为一部哲学著作，作为一个完整的思想体系，它有自己的特点，它的宇宙论讲到太极为止，它不讲太极之先还有什么别的，所以太极才称作太极。陈鼓应先生强调"太极"一词最早见于《庄子·大宗师》"在太极之先而不为高"，断定《系辞传》的太极概念来自《庄子》，这是不能令人信服的。张岱年先生说，《系辞传》讲"易有太极，是生两仪"，以太极为最高的实体，而《庄子·大宗师》说：道"在太极之先而不为高，在六极之下而不为深"，"这显然是不承认太极是最根本的，而把道凌驾于太极之上。这是对于'易有太极'的反命题。所以，《系辞》的这部分文字应在《庄子·大宗师》之前。"[4]张先生的论证实足可信，因为思想发展的一般规律，反命题，总是产生在正命题之后。退一步说，纵然《易大传》的太极一词是采自《庄子》，那又能说明什么呢? 充其量只能证明孰先孰后。谁采用谁一个词并不重要，重要的是看它们用这个词构成了怎样的命题。《系辞传》明明说"易有太极"，以为宇宙的本根是太极，《庄子·大宗师》明明说，道"在太极之先而不为高"，以为在太极之先还有个道，怎么能说《系辞传》"无论在那一种意义上都与道家思想相合"! 陈先生又说，太极是指宇宙本体，《庄子·天下》称之为太一，这当然是对的。但接着却说太极"也就是老子的道"，这就令人费解了。《庄子》与《老子》是一家，如果道与太极是同一个概念，《庄子·大宗师》为什么还要特别描述道"在太极之先"? 庄子是思想大家，无论如何不至于在如此要紧的问题上发生逻辑混乱。

现在看看老子。老子哲学的最高范畴是道，这是《老子》书自身表白得一清二楚的，也是大家公认的。那么，老子的道是什么，是不是就是太极呢? 从《老子》书自身看，显然不是。《老子》第四十二章说："道生一，一生二，二生三，三生万物。万物负阴而抱阳，冲气以为和。"第四十章说："天下万物生于有，有生于无。"一是天地混沌未分的统一体即《易大传》所说"易有太极"的太极。二是天地，亦即《易大传》所说"是生两仪"的两仪。三是阴阳和冲气。《老子》的"一生二，二生三，三生万物"，"天下万物生于有"这些话与《易大传》的"易有太极，是生两仪"的说法一样，没有区别。问题在于老子在一的前头加上一个道，说"道生一"，在有的前头加上一个无，说"有生于无"，等于用一个反命题将《易大传》的"易有太极"的正命题否掉了。《易大传》说宇宙的本始是有，是太极。《老子》说宇宙的本始不是有，有的前头还有无，不是太极，太极的前头还有道。《老子》与《易大传》在哲学的基本问题上不仅不一致，而且是根本对立的。

那么，老子的道究竟是什么呢?《老子》第一章开宗就提出"道可道，非常道"的命题，它实际上在告诉人们它那里的道不是一个概念，而是两个概念。一个道是非常道，是"可道"之道，即可以言说之道。另一个道是常道，不"可道"之道，即不可言说之道。不可言说之常道就是四十二章"道生一"，二十五章"天法道，道法自然"中的道。可以言说的非常道就是七十三章"天之道不争而善胜"，七十七章"人之道则不然，损不足以奉有余"，八十一章"圣人之道，为而不争"的道。这可以言说的非常道乃是存在天地万物之中的具体的道，这种道与德结合在一起。非常道与德的关系，《管子·心术上》讲得最为明晰，深得《老子》的精义。它说，"虚无无形谓之道，化育万物谓之德"，"德者道之舍，物得以生"，"故德者得也，得也者，其谓所得以然也。无为之谓道，舍之之谓德，故道之与德无间，故言之者不别也。间之理者，谓其所以舍也。"这个舍与"神不守舍"的舍同义，是房舍的意思。非常道兼德而言，是有舍的，而且与舍不能分开。也就是说它寓于世间各种事物之中。每一种事物都是自己的特殊的道与德的统一。各种事物是可变的，可言说可名状的，有规定性的，因而各种事物所赖以存在的道与德，即它的内容与形式的统一，也是可变的，可言说可名状的，有规定性的。《庄子·知北游》讲的"在蝼蚁"，"在瓦甓"，"在屎溺"的每况愈下的道，就是这种兼德而言的非常道。《老子》书中特别强调道与德的问题，《庄子》、《管子》亦然，司马谈《论六家要指》因此径称之曰道德家。《易大传》则不然。《易大传》尽管也讲道讲德，但却与老、庄有两点根本不同。第一，《易大传》所讲的德或指人的修养，或指事物的特点，与《老子》的德是不同的概念。这样的德概念在《易大传》里俯拾即是，举不胜举，前者如《系辞传下》的"利用安身以崇德也"，"穷神知化，德之盛也"以及"履，德之基也;谦，德之柄也;复，德之本也"等等，后者如《系辞传上》的"蓍之德圆而神，卦之德方以知"以及《系辞传下》的"天地之大德曰生"等等，这些"德"全不是象老、庄那样在作为道之舍的意义上所讲的德。第二，《易大传》与老、庄讲道讲德所要达到的目的截然不同。《老子》三十八章说:"失道而后德，失德而后仁，失仁而后义，失义而后礼。"它讲道讲德是为了让人去掉仁、义、礼等修养，以见素抱朴，绝圣弃智，去知与故，回到赤子婴儿般的自然状态，即所谓"为道日损，损之又损，以至于无为，无为而无不为"。《易大传》讲道讲德是为了让人们"进德修业"（《乾文言》），"反身修德"（蹇《大象》），"日新其德"（大畜《象传》），不断加强自身品德修养，即《老子》所不取的"为学日益"。陈先生说《系辞传》中的"道"、"德"概念与老庄思想是同一系统的，实有再作讨论之必要。

以上所说是《老子》的非常道。《老子》的常道是什么呢? 常道是《老子》的最高范畴，是宇宙本体，它是不可道之道。虽然不可道，《老子》还是尽可能地描述了它的性状。三十二章:"道常无名。"四十一章:"道隐无名。"无名即没有规定性。没有规定性,所以不可名状。二十五章说:"有物混成,先天地生,寂兮寥兮,独立而不改,周行而不殆,可以为天下母。吾不知其名,故强字之曰道。"十四章说:"视之不见名曰夷,听之不闻名曰希,搏之不得名曰微,此三者不可致诘,故混而为一。其上不皦,其下不昧,绳绳兮不可名,复归于无物。是谓无状之状,无物之象,是谓惚恍。迎之不见其首,随之不见其后。"二十一章说:"道之为物,惟恍惟惚。惚兮恍兮,其中有象。恍兮惚兮,其中有物。窈兮冥兮,其中有精,其精甚真,其中有信。"不管这个道的哲理涵义是什么,它没有舍,不兼德,超然天地万物之外而寂寥独立,它只有一个,没有匹配,它不仅在天地之先,依《庄子·大宗师》之说而且在"太极之先",是毫无疑问的。它是宇宙之本始,而且实际上也是老子虚构出来的东西。这样涵义的常道乃道家所独有,《易大传》里是绝对没有的。《易大传》屡言天道、地道、乾道、坤道、人道、家道、妻道、臣道、君子道、小人道、天地之道、日月之道、道穷、从道、一阴一阳之谓道,等等,都是兼德有舍,寓于具体事物之中的具体的道,亦即《老子》书所说的非常道。《易大传》没有一个道字具有宇宙本体的意义,《易大传》的最高范畴是太极,太极才是宇宙本体,《易大传》使用的一切概念都在太极之下。

总之,老子的道有宇宙本体和事物具体规律两个哲学涵义。前者是常道,后者是非常道。常道独立而不兼德,非常道兼德有舍与道合一。《易大传》只言非常道,不言常道。老子言道言德意在引导人们见素抱朴,回归自然,达到"为道日损"的效果。《易大传》所言之德是指人的修养而言,意在鼓励人们加强修养,利用安身,达到《老子》所反对的"为学日益"的效果。《易大传》与《老子》在道与德的问题上显然是对立的,因而说《系辞》中的道、德概念与老庄思想是同一系统,看不出有什么立得住的根据。

二

《易大传》作为一个完整的思想体系,它与老子之根本对立,还反映在它们对待祭祀与鬼神的不同态度上。在宇宙论问题上,《老子》虚构出一个道来作为宇宙本体,它的这个道创生宇宙,但是"生而不有,为而不恃,长而不宰"(五十一章),道是自然无为,没有意志,没有意识的,它是宇宙的本体却不是宇宙的主宰。因此《老子》不言鬼神上帝,也不给鬼神上帝留下任何余地。《老子》仅仅在五十四章偶尔一次言及"祭祀"一词,其文曰:"善建者不拔,善抱者不脱,子孙以祭祀不辍。"此处使用祭祀一词,不过是比喻善建者与善抱者能够子孙繁盛,世继不断而已,并非肯定和提倡祭祀。老子认为世间一切皆是"道生之,德畜之,物形之,势成之","万物莫不尊道而贵德"(五十一章),心中自然没有上帝鬼神的地位。况且老子追求的人生目标是通过"损之又损"的途径,去甚去奢去泰,去仁义礼智,守静守柔,无欲无争,达到昏昏沌沌的婴儿状态,没有必要求助于上帝鬼神。换言之,上帝鬼神在老子那里派不上用场。老子是一个清白可辨的无神论者。

在宇宙论上,《易大传》提出物质性实体太极作为宇宙的本体,其《序卦传》又明确表述出"盈天地之间者唯万物"的命题,从而形成了它的唯物论的哲学体系。同样,在理论上也是排除了上帝鬼神的。《系辞传上》说:"阴阳不测之谓神。"《说卦传》说:"神也者,妙万物而为言者也。"这两个命题赋予神以新的涵义。事物运动变化的内因是阴阳两个对立面的相互转化,在相互转化的过程中,阴阳两在,不易测知,表现出一种人类无法穷尽的极端复杂性,这就是神。由此可见,《易大传》是唯物论的著作,又是无神论的著作。《老子》与《易大传》都是无神论的著作。在无神论这一点上,二者相同。

然而《易大传》肯定甚至提倡以上帝鬼神为对象的祭祀。例如鼎卦《彖传》"圣人亨以享上帝,而大亨以养圣贤"。豫卦"大象"说:"先王以作乐崇德,殷荐之上帝,以配祖考。"涣卦"大象"说:"先王以享于帝,立庙。"《彖传》说:"王假有庙。"既济九五"小象":"东邻杀牛,不如西邻之时也。"震卦《彖传》说:"出可以守宗庙社稷,以为祭主也。"升卦六四"小象"说:"王用亨于岐山,顺事也。"损卦《彖传》说:"曷之用,二簋可用享"。这些全是讲祭祀上帝鬼神的。《易大传》在理论上不承认上帝鬼神的存在,却又肯定祭祀,这是它与《老子》的一个重要差别;在比较《易大传》与《老子》的时候,这个差别是忽略不得的。《易大传》是《易经》的传,它为解释《易经》而写作;它的既不信上帝鬼神却重视祭祀的自我矛盾,在《老子》那里寻不到一点踪迹,因此我们可以断言,《易大传》的哲学观点理所当然地直接来自《易经》,《老子》不是它们的中介环节。

《易大传》既在理论上排除上帝鬼神的存在,又在实际上重视祭祀,表面看来,它似乎摇摆于无神论与有神论之间,其实不是。《易大传》在哲学上是很坚定的唯物论和无神论,它重视以上帝鬼神为对象的祭祀的原因,它自己已经讲明白了。观卦《彖传》说:"观天之神道而四时不忒。圣人以神道设教而天下服矣。"观是有以示人,使人景仰的意思。天之神道用四时不忒示人而使人信服。《易经》原本是卜筮之书,统治者以此卜筮之书即神道来教化天下之人,天下之人莫不来服。《易大传》很推崇《易经》可以被统治者用以设教的作用,认为以神道设教来治理百姓,比其他任何办法都有效。《系辞传上》说"神以知来,知以藏往,其孰能与于此哉!古之聪明睿智神武而不杀者夫!"利用卜筮这个神道来设教,以教化百姓,使之服从统治,只有那些聪明睿智神武而又不轻开杀戒的统治者能够做到。卜筮是神道,祭祀也是神道。利用卜筮,重视祭祀,就统治者来说,不过是为了"以神道设教"而使人民服从统治而已。对于上帝鬼神,统治者心中实在并不信,真正相信而受愚弄的是普通百姓。后来的荀子对个中道理看得更清楚,《荀子·天论》说:"雩而雨,何也?曰无何也,犹不雩而雨也。日月食而救之,天旱而雩,卜筮然后决大事,非以为得求也,以文之也。故君子以为文,而百姓以为神。以为文则吉,以为神则凶也。"

知道了《易大传》重视祭祀即以神道设教的个中奥秘,我们就不能不承认《易大传》的思想实与《老子》无涉。《易大传》讲祭祀，祭祀是一种与质相对立的文的行为，与讲究见素抱朴的《老子》恰好处在对立的地位。祭祀的目的是通过"以神道设教"的手段实现政治统治，而《老子》追求的"小国寡民"社会，需要的是统治者自然无为，使老百姓自正自化，上下全趋于返璞归真，任何形式的教化都是《老子》思想所不能容忍的。"以神道设教"的思想是对《老子》的对立而绝不是汲取。

三

陈先生说《易大传》的辩证思想多来自道家老子，认为《易大传》的辩证思想方法和《老子》辩证法显然是同一系统。我则以为不然。在古代，两个哲学家或者两部哲学著作在某一哲学领域尤其在思维方法方面有某些相近、相似之处，是常见的事，既然它们都发现了客观辩证法的某些原理并且运用这些原理观察世界，那么发生观点接近甚至相同的现象，实属必然。重要的是要看看它们有没有相异之点。

《易大传》是《易经》的传，它的目的是解释《易经》。它的思想应当说主要来自《易经》，是《易经》思想的发掘和发挥。事实上正是如此。《易经》已经用辩证的方法观察世界、说明世界。《易经》是讲矛盾的书。《庄子·天下》说"《易》以道阴阳"，可谓一语破的，一句话就说到了要害处。整个儿一部《易经》就是讲阴阳的，离开阴阳，则《易经》便不复存在。阴阳是《易经》的基础，八卦、六十四卦都由阴阳构成。筮法讲的奇数偶数也是阴阳。有人说《易经》不讲阴阳，因为里边未见阴阳二字。其实阴阳只是名的问题，有了表达对立统一的实，取名什么都一样，天地、奇偶、正负，全是阴阳的同义词。《易经》既然讲阴阳，讲矛盾，就必须讲变化，因为阴阳在变化中显现出来，变化在阴阳对立统一的过程中进行。《易经》用两两比邻，不反则对的六十四卦表现变化中的世界，而且将变化看成过程。六十四卦从乾坤开始，至既济未济结束，代表事物发展的一个大过程。这个大过程实际上是乾坤亦即阴阳变化的结果。既济之后有未济，表明变化永远不会终止，旧过程结束正是新过程的开始。一卦代表一个时代，一爻代表一个时代中的一个发展阶段。一卦从初至上达到穷极的程度，于是新的一卦开始。《易》的辞中也不时地直接表达出关于对立统一及转化的思想。例如泰九三"无平不陂，无往不复"，坎九五"坎不盈，祗既平"，否九五"其亡其亡，系于苞桑"，就是极典型的例子。自讲变化的角度看，司马迁说"《易》以道化"，一个"化"字便道出了《易》的本质，是讲得准的。程颐《易传》序说："易变易也，随时变易以从道也。"讲得更为明白透辟。

但是《易经》是卜筮之书，它用言语直接表达辩证法观点的地方毕竟不多，它用以观察、说明世界的辩证的思维方法可谓尽在不言中。经过孔子作《易传》，《易经》的辩证思想才被系统地发掘出来。《易传》讲辩证法源自《易经》又高过《易经》。《易经》的辩证法是含而未放的苞，《易传》的辩证法是盛开的花。《易传》是一部素朴而高明的辩证法著作，我们把它叫做古代的矛盾论，实未尝不可。《易经》用象与数把世界模拟成为变化不止的过程，《易传》则据以概括为"天地之大德曰生"、"生生之谓易"。生是变化、发展。生生是说变化、发展的普遍性、永恒性。《易经》把变化中的天地万物一概分为阴阳两个部分，而以为一切的变化无非是阴变阳，阳变阴，阴阳交迭，相互作用的结果，《易经》则提炼为"刚柔相推而生变化"，"一阴一阳之谓道"诸命题，把《易经》中被卜筮的外壳包裹着，隐晦难晓的关于对立统一是事物变化的根本规律的思想，用真正的哲学语言，明快而准确地表达出来了。肯定变化的普遍性、永恒性，肯定统一物永远分为阴阳两个部分，两个部分相互对立和转化，永远是事物变化的原因，这就是《易传》的辩证法，当然也是《易经》的辩证法。

《老子》的辩证法与《易大传》当然有相同之处，《老子》也讲事物双方的对立与转化，书中随处可见有无、难易、长短、高下、先后、善恶、美丑、智愚、损益、荣辱等等对子，并且概括为"万物负阴而抱阳"。这个命题与《易大传》"一阴一阳之谓道"是相似的，这无须证明，大家都会承认。问题在于《老子》提出的"反者道之动"和"弱者道之用"这两个命题是《易大传》所没有的。"反者道之动"，事物不可避免地要走向自己的反面，这是万事万物的普遍规律。《易大传》虽然也有这种思想，例如《系辞传下》说："危者安其位者也，亡者保其存者也，乱者有其治者也。是故君子安而不忘危，存而不忘亡，治而不忘乱，是以身安而国家可保也。"但是仍停留在讲实际问题的水平上，未能上升到抽象的理论高度。《老子》为了充分表述它的事物总要走向反面的观点，在"反者道之动"之外还提出一些较为具体的命题作为补充。《老子》说，"正言若反"，"大直若屈，大巧若拙，大辩若讷"，"正复为奇，善复为妖"，"祸兮福之所倚，福兮祸之所伏"，事物的正面中包含着反面，肯定中包含着否定，甚至于正面、肯定的东西通过反面、否定的形式表现出来。这是一个极深刻的观点。"辩证法在对现存事物的肯定的理解中同时包含着对现存事物的否定的理解。"[5]《老子》的辩证法正是具有如此特征。从常识的角度看，直就是不屈，巧就是不拙，它却说："大直若屈，大巧若拙"。曲就是不全，枉就是不直，洼就是不盈，敝就是不新，它却说："曲则全，枉则直，洼则盈，敝则新"，意谓曲就是全，枉就是直，洼就是盈，敝就是新。《系辞传下》讲"日往则月来，月往则日来，日月相推则明生焉。寒往则暑来，暑往则寒来，寒暑相推则岁成焉"，只是说日月寒暑是交替相推的，实没有肯定之中包含着否定的意思。如果我指出的二书之间的这一差别能够成立的话，那么，我们便不好说，在辩证法领域里，《老子》在《易经》与《易大传》之间起着承先启后的作用。

《老子》最具特色的辩证法命题是"弱者道之用"。这个命题告诫人们，柔弱可以延缓反的到来，最为重要的是守住柔弱的地位。这个命题所揭示的思想在《老子》书中几乎无处不在，可谓全方位表达。如"致虚极，守静笃"（第十六章），"夫唯不争，故天下莫能与之争"（第二十二章），"静为躁君"（第二十六章），"柔弱胜刚强"（第二十六章），"道常无为而无不为"（第三十七章），"天下之至柔，驰骋天下之至坚"（第四十三章），"天下莫柔弱于水，而攻坚强者莫之能胜"（第七十八章），等等，无不强调守柔守静，以后退为上。这是道家思想的最为醒目的特色，它甚至比尊道贵德更令人瞩目，在人们的心中，老子之所以为老子，道家之所以为道家，以此。《吕氏春秋·不二》说："老聃贵柔。"《荀子·天论》说："老子有见于屈，无见于伸。"《汉书·艺文志》说：道家者流"清虚以自守，卑弱以自持"。古人一致指出老子和道家辩证法的这一特点，当非偶然巧合。老子的"反者道之动"、"正言若反"的命题正确地指出物极必反，事物总要走向自身的反面的道理。然而不幸的是，他的辩证思维到此为止，未能再前进一步。他看到了肯定的东西要转变为否定的东西，却不知任何否定都不是简单、空洞、一刀两断的否定，否定的东西实含着先前肯定的东西，否定的东西与先前肯定的东西是联系着的，是统一的。他不知道发展是前进上升的运动，因而才提出"弱者道之用"，"柔弱胜刚强"，"不敢为天下先"的命题的。

《易大传》是否有类似《老子》这样的命题呢？我看没有。陈先生说《系辞传下》所说"尺蠖之屈，以求伸也"，正是老子守柔、以退为进思想的表述。其实二者所言恰是不同的道理。《系辞传》要屈是为了求伸，故不要守屈，是"一阴一阳之谓道"这个命题的表述，而与老子思想无干。老子强调守柔，以退为进，是有见于柔无见于刚，有见于退无见于进，要柔不要刚，要退不要进，是"弱者道之用"这个命题的运用，与《易大传》未见得有关系。

《易大传》的辩证思维以"一阴一阳之谓道"这个命题为主干而展开，故不贵柔守柔，也不贵刚守刚。《系辞传》总是反复强调刚柔之间的对立统一，相互依存，相互转化的关系。《系辞传上》说，"刚柔相摩"，"刚柔相推"，"刚柔者昼夜之象也"。《系辞传下》说，"刚柔者立本者也"，"知微知彰，知柔知刚，万夫之望"，"刚柔相易，不可为典要，唯变所适"。《说卦传》说"分阴分阳，迭用柔刚"。总之，刚柔相摩相推相易，才有事物的发展变化，这是客观的规律。人在主观上要知柔知刚，用柔用刚，"不可为典要，唯变所适"，不能死守柔或死守刚，一切根据情况而定。所以《易大传》最讲究时、中、正。只有"一阴一阳之谓道"这个对立统一规律是绝对的，适用于一切场合，其余动静行止全依时而变。故艮卦《彖传》说："艮止也，时止则止，时行则行，动静不失其时，其道光明。"益卦《彖传》说："天施地生，其益无方。凡益之道，与时偕行。"既济九五"小象"说："东邻杀牛，不如西邻之时也。"《系辞传下》更把一切的变通概括为"趣时者也"。其实《易》之六十四卦就是表现时的，一卦反映一个特定的时代，一个时代有一个时代的要求，离开"时"，六十四卦便失去意义。王弼《周易略例》说"卦者时也"，最得《易》的真谛。《易》重乾卦，乾卦辞曰："元亨利贞"，"大象"言"天行健，君子以自强不息"，强调刚健奋进，自强不息，然而《彖传》说："时乘六龙以御天。"龙在前进中的六个不同阶段，依时的不同，有潜、见、惕、或、飞、亢六种不同的表现。初九龙在潜时，不当奋进而当隐遁。隐遁也要以"乐则行之，忧则违之"为原则，绝非老子鼓吹的那种出世的隐遁。又如坤卦的基本要求是顺承，卦辞言"元亨利牝马之贞，君子有攸往，先迷后得主"，有不为先的意思。但不是像老子说的那样不为天下先。人处坤的时代，宜顺承乾健，仅仅不为乾健之先，犹如游牧部落马群中之牝马,要顺承那匹领头的牡马走,不可为牡马之先,否则要迷失方向。这是说"时",至于中、正,《彖传》讲"刚中"、"柔中"、"中正"、"以正"、"大正"的话,比比皆是,无须赘举。《易》对刚柔动静先后进退,唯求中求正,一切以时为准,究竟怎样为好,全不事先限定。

在辩证法这个哲学领域,尤其在古代,人们的观点最容易接近。然而不巧得很,《易大传》与《老子》的辩证法并不接近,虽然用词有时候很相似,可是体系却是极不同的,至少不能说它们属于同一系统。这是无可辩驳的事实。一个讲"生生之谓易","刚柔相推而生变化"、"一阴一阳之谓道",强调世界是变化的,变化的原因是事物之阴阳两个部分的对立与统一,即相互依存,相互转化。一个讲"反者道之动","弱者道之用","正言若反","柔弱胜刚强",强调一切事物都要由肯定走向否定,却不知否定之中包含着先前的肯定在内,所以极力告诫人们为使自身不被否定,应守柔守静守黑,为天下后而不为天下先,与《易大传》"一阴一阳之谓道"命题形成鲜明的对照。差别如此之悬殊,怎好说《易大传》的辩证法受老子的影响最大!

四

我们已经讨论过《易大传》的天道观和辩证法与《老子》不属于同一系统,甚至根本相反。现在有必要探讨《易大传》与儒家的关系以及《老子》思想的渊源两个问题。

陈鼓应先生说天道观和辩证法这两个重要的哲学领域,在孔子学派那里是一个空白。这话未免武断。我们不妨将《象传》、《彖传》的思想同孔子学派对照着看,只要不抱成见,就不难发现,它们相象得简直若合符节。"大象"是《易大传》作者学习一卦之后指出如何应用到自身修养和政治上的指导性意见。六十四卦的六十四条"大象"之辞,几乎没有一条不是儒家的东西而与《老子》相反对。如乾卦"大象"曰:"君子以自强不息。"与《论语》"不知老之将至"语意相同。再如大壮"大象"曰:"君子以非礼弗履。"益卦"大象"曰:君子以见善则迁,有过则改。兑卦"大象"曰:"君子以朋友讲习。"节卦"大象"曰:"君子以制数度,议德行。"渐卦"大象"曰:"君子以居贤德善俗。"噬嗑"大象"曰:"先王以明敕效法"。旅卦"大象"曰:"君子以明慎用刑,而不留狱。"这些讲礼,讲改过,讲学习,讲制度,讲慎刑,讲德行的话,全是《论语》表达过的思想,而这些主张全在《老子》所极力反对之列。

《彖传》是不是深受老子思想的影响呢?我看也不是。《彖传》的思想俨然一派儒家特色。观卦《彖传》说:"观天之神道而四时不忒,圣人以神道设教而天下服矣。"以神道设教,就是用祭祀、卜筮之类的宗教活动教化天下百姓,使之服从统治。上文已经言及,这是儒家用以治国治民的一贯办法,而《老子》是绝不讲这一套的。家人《彖传》说:"女正位乎内,男正位乎外。男女正,天地之大义也。家人有严君焉,父母之谓也。父父子子兄兄弟弟夫夫妇妇,而家道正。正家而天下定矣。"这是多么地道的齐家治国平天下的儒家观念！可以说没有丝毫的含糊，一个受道家思想影响的人无论如何也讲不出这种话来。

《彖传》极讲究趣时之义。豫卦《彖传》"豫之时义大矣哉。"与此相同或类似的话，随、颐、大过、坎、遯、睽、蹇、解、姤、革、旅等卦的《彖传》都讲过。如升卦《彖传》说："柔以时升。"蒙卦《彖传》说："时中也。"大有《彖传》说："应乎天而时行"，等等，所有这些关于"时"的话，无非说人的一切行为，是行是止，是动是静，是损是益，是盈是虚，都要因时而定，不可拘于一偏。这恰恰是孔子和儒家的一贯思想。孔子自己说："我则异于是，无可无不可。"（《论语·微子》）孟子很了解孔子的这个特点，把孔子同伯夷、伊尹、柳下惠诸圣人相比，指出伯夷是"圣之清者"，伊尹是"圣之任者"，柳下惠是"圣之和者"，都拘于一偏，缺乏灵活性，而孔子高过他们，因为孔子乃"圣之时者也"。孔子做事情，"可以速则速，可以久则久，可以处则处，可以仕则仕"（《孟子·万章下》），绝不抱一不变。《老子》则异于是，《老子》虽然也讲变讲动，但《老子》要人们在变动中"抱一"，"抱朴"，"守柔"，"守静"，"守雌"，"守黑"等等，即所谓秉要执本，卑弱自持。《老子》与《彖传》的思想显然格格不入。一个讲时变，一个抱朴守一，怎么能说《老子》有辩证法而孔子学派在辩证法上是个空白呢！

《系辞传》也是讲究时变的。例如《系辞传下》说："吉凶悔吝者生乎动者也，刚柔者立本者也，变通者趣时者也。"《系辞传上》说："化而裁之谓之变，推而行之谓之通，举而错之天下之民谓之事业。"变通趣时，是说明处理事变应重在一个"时"字。"化而裁之"，是说明人做事情要顺乎自然又要发挥主观能动性与创造性。"趣时"是变通，"化裁"也是变通。把变通的原则应用到社会上来解决人事的问题，就叫做"事业"，讲化裁讲事业，实与儒家思想一致，而与《老子》的自然无为思想无共同之处。

《彖传》用天道说明人道的特点，不能成为它受道家思想影响的证据。《老子》用天道说明人道，如第九章说"功遂身退，天之道也"，第七十三章说"天之道，不争而善胜"，是说人道应象天道那样自然无为。《彖传》用天道说明人道，是说人道应象天道那样永远不停地运行变化。例如颐《彖传》讲"天地养万物，圣人养贤以及万民"，革《彖传》讲"天地革而四时成，汤武革命，顺乎天而应乎人"，所讲天道，着眼点在运行变化上，所讲"养贤"与"革命"，也是人的积极主动行为。天道是有为的，人道也是有为的，与儒家思想显然为一路，绝不是道家的"无为主义"、"自然主义"。

乾、坤二卦的《彖传》，陈先生引用李镜池的话说，"要从老子所说的来理解，才能明白这些话的意义"。我看恰恰相反。乾《彖传》说："大哉乾元，万物资始，乃统天。云行雨施，品物流形，大明终始，六位时成，时乘六龙，以御天。"坤《彖传》说："至哉坤元，万物资生，乃顺承天。坤厚载物，德合无疆，含弘光大，品物咸亨，牝马地类，行地无疆。"这些话是什么意思呢？这些话的意思来自"易有太极，是生两仪"

和"有天地然后万物生焉"以及"天尊地卑，乾坤定矣"，或者说同这些命题一脉相承。一方面说天地伟大，万物由它们生成，一方面说在生成万物的过程中二者的关系是天施地生，乾统坤承。这本来不难理解。李镜池用老子所说的来解释，以为《象传》说的"乾元"，可能取自《老子》，乾是"有物混成，先天地生"的道，元是"吾不知其名，字之曰道，强为之名曰大"的大。"乾元"即天道，"天法道"的道，反而弄得非常糊涂。第一，在《老子》那里天道与"天法道"的道不是一个范畴，前者是与地道相对待的具体的道，后者是无对待无匹配的最高范畴的道，亦即"道生一，一生二"的道。李氏将它们混同为一，是不对的。第二，用"先天地生"的道解释"乾元"，那么"坤元"又是什么？乾元而无坤元，万物何从始何从生？可见用《老子》解释不通乾、坤《象传》，证明《象传》谈不上深受老子思想的影响。乾、坤《象传》天施地生，乾统坤承的观念，实质上是儒家天尊地卑思想的反映。

　　《易大传》思想与《老子》不同甚至表现为深刻对立，并不奇怪，因为它们的思想渊源不同。《易大传》源自《周易》古经，《老子》思想则显然与《归藏》有关。据《周礼·春官·大卜》"掌三易之法，一曰《连山》，二曰《归藏》，三曰《周易》，其经卦皆八，其别皆六十有四"的说法，知古代有三易。又《礼记·礼运》说："孔子曰，我欲观夏道，是故之杞，而不足征也，吾得《夏时》焉。我欲观殷道，是故之宋，而不足征也，吾得《坤乾》焉。《坤乾》之义，《夏时》之等，吾以是观之。"孔子据《坤乾》观殷道，说明《坤乾》是一部反映殷代社会思想的特点的著作。《坤乾》据郑玄注说就是殷易《归藏》。孔颖达疏说，殷易以坤为首，故先坤后乾，这是可信的。《归藏》先坤后乾，《周易》先乾后坤，这个变化实不简单，反映殷周两代社会思想的根本不同。不同就在于《史记·梁孝王世家》记袁盎所说"殷道质"，"周道文"；"殷道亲亲"，"周道尊尊"。殷代社会尚质多朴，自然状态的血缘关系影响还很大，还存在着母权制下重母统观念的残余，所以它在继承制上父死子继和兄终弟及两种办法并行。周代社会尚文多义节，尊尊的观念贯穿在社会生活的一切方面。先前的一切东西都被严格的等级制度改造过，甚至最自然的血缘关系也人为地加入了尊尊内容，从而产生了嫡庶制、嫡长子继承制、宗法制。社会在一切礼仪制度中确立了"以一治之"的原则。"上无二王，国无二君，家无二尊"的观念被人们象接受"天无二日"这个事实一样所接受（《礼记·丧服四制》）。《周易》先乾次坤，强调君尊臣卑，父尊子卑，男尊女卑，夫尊妻卑，正是"周道尊尊"的反映。

　　《老子》思想中找不出"周道尊尊"的意向，倒是"殷道亲亲"的观念表现得明显而强烈。它反反复复地讲母讲雌，如"万物之母"，"为天下母"，"知其雄，守其雌"等等，非常尊崇母性和阴柔，实质上它把女性放在首位了。《坤乾》早已不存，其辞我们不得而知，但是仅就《坤乾》先坤后乾这一点说，我们只能说《老子》作为一个思想体系与《坤乾》有关，而与《周易》没有瓜葛。

　　总而言之，《易大传》的天道观与《老子》根本对立。《易大传》的最高范畴是"太极"，"太极"是物质性实体。《老子》在"太极"之前加上一个道，道是老子虚构出的超物质的规律，也是观念性实体。《老子》提出"弱者道之用"的命题，强调守柔抱一，主张自然无为，使它的辩证思维实际上半途而废。而《易大传》"一阴一阳之谓道"的命题和"知柔知刚"、"变通趣时"的特点把它对世界的辩证认识推向较高的程度。在辩证法这两个体系最容易接近的领域里，《易大传》与《老子》却相去甚远。只有在不承认上帝鬼神的存在上它们是共同的，然而由于《易大传》主张"以神道设教"，它们又远远分开。说到思想渊源，《老子》受殷易《坤乾》的影响分明较深，而《易大传》与《坤乾》有着截然不同的思想内涵，它的思想理所当然地来自《周易》古经，又与孔子及其儒家学派一致。我们的结论只能是：《易大传》与《老子》是两个不同的思想体系，《易大传》的思想骨干得自孔子及儒家，而与《老子》无关。《老子》思想可以上溯至殷易《坤乾》，它绝不可能是《易经》和《易大传》的发展中介。

注释：

[1] 陈鼓应：《〈易传·系辞〉所受老子思想的影响》，《哲学研究》1989年第1期。

[2] 金景芳：《周易讲座》，吉林大学出版社1987年，第63页。

[3][4] 张岱年：《中国哲学发微》，山西人民出版社1981年，第374、370页。

[5]《马克思恩格斯选集》第2卷，人民出版社1972年，第218页。

（原刊《哲学研究》1989年第8期）

论早期儒家的战争观念

早期儒家学派孔子、孟子、荀子三位大家有一个虽有明显差异而基调却始终一致的战争观念。他们对战争的看法具有强烈的保守主义色彩。他们过多地看到战争反人道的一面而忽视战争的社会历史作用。他们正确地猜到了战争受政治制约这个历史的奥秘，因而力图通过好的政治消灭战争。在决定战争胜负的主要因素是什么的问题上，他们十分强调政治的作用而以为军事的因素不足道。因而总的说来，他们对于战争轻蔑有余而研究不足。

孔子、孟子、荀子三位大家的战争观念有共性也有个性，而且是一个发展过程。这个过程由孔子开端，由荀子集大成。能够代表早期儒家学派战争观念的是荀子，不是孔子、孟子。孔子提倡正名，在政治上主张复古，所以他说"天下有道，礼乐征伐自天子出"，绝然反对诸侯间争霸的战争。孟子追求仁政，而战争与仁政是对立的，所以他说"春秋无义战"，"仁者无敌"，抨击战争甚于孔子。他们用仁与礼做尺度看待战争，不知道战争本来就是人们解决利益冲突的暴力手段。只有荀子谨慎而有限地承认了战争的历史价值，既重视战争的政治因素，也重视战争的军事因素。荀子的战争观念融合了传统思想和时代精神两方面内容。在整个先秦时期没有谁的军事战略思想达到荀子的水平。

"礼乐征伐自天子出"，孔子保守主义的战争观念

孔子的战争观念主要反映在《论语·季氏》所记他的一段话中。孔子说："天下有道，礼乐征伐自天子出，天下无道，礼乐征伐自诸侯出。"这段话表明孔子身处春秋末期，战争观念却滞留在西周的水平，远远落在时代发展的后边。孔子追念"天下有道"的西周盛世，向往文武周公的仁德政治。可是历史在无情地变化，至孔子生活的时代，"天下有道"的礼制社会已经成为遥远的过去，代之而起的是"上无天子，下无方伯"的动荡不安的局面。周天子的权威衰落了，只是在他的天子名号表现出某种实际用处时，人们才偶而感觉到他的存在。传统社会与由它延续而来的残酷的现实发生了深刻的矛盾。这矛盾的最直接最生动的表现形式是战争。战争发生在百数十个大小诸侯国之间，兼并土地和掠夺人民的欲望促使某些大国走上争霸的道路，诸多小国则在大国争夺中艰难地苟求生存。四裔夷狄加入斗争的行列，使春秋时代的战争具有更加复杂的性质。由诸侯发动的这些战争，在孔子看来是无道的，然而却是存

在的；出自天子的征战，在孔子看来是有道的，然而实际上早已成为不可能实现的空想。时代变了，孔子的战争观念基本上没有变。

孔子的保守的战争观念集中地反映在他所作的《春秋》一书中。根据《公羊传》的解释，孔子在《春秋》中记载了大小40次战争是为了批判这些战争。孔子用侵、伐、战、围、入、灭等概念把战争区分成不同的等次，以求对不同的战争罪恶给以不同的惩诫。将兵至境问罪，服则引兵而去曰侵，不服则推兵入境攻击曰伐。侵与伐罪行较轻。两军合兵血刃曰战，攻城与守城之争曰围。战与围的罪行较重。占领敌方国都但不居而去曰入，入是更重的罪行。最严重的罪行是灭，灭是绝人之祀、灭人之国。孔子无情鞭挞的正是这一种战争。因为它彻底地破坏了周礼规定的诸侯不得专地、专封、专征的旧制，违背了儒家学派崇尚的道义原则。但是若从历史主义的角度考察，正是这种非礼的兼并战争体现了历史的真正的进步。孔子不能容许绝人之祀、灭人之国的战争发生。已经发生了，怎么办？孔子退而求其次，主张既然"上无天子，下无方伯"，则天下诸侯有为无道者，有相灭亡者，"力能救之则救之可也"，"力能征之则征之可也"，"力能讨之则讨之可也"。（语见《公羊传》）基于这种思想，孔子赞赏继绝存亡且九合诸侯一匡天下的齐桓公和管仲，沐浴而朝，无比郑重地请讨杀齐简公的田成子。孔子把"礼乐征伐自诸侯出"视作"天下无道"，同时力主"君君，臣臣，父父，子子"，当二者不得兼及之时，他更重视的是后者。可见孔子用以衡量战争的真正标准是礼，而不在究竟是出自天子抑或出自诸侯。孔子关于战争的观念的确是保守的、向后看的。

孔子还有另外一些言论表明他并不是一般地反对战争的和平主义者。《左传》成公十三年说："国之大事在祀与戎。"这是更为古老的传统观念。孔子的战争观念与它有直接的联系。孔子很重视一个国家的武备，认为有了一定的武备方可免遭灭国绝祀的厄运。《论语》中记载了孔子这方面的言论。《颜渊》："足食，足兵，民信之矣。"《子路》："以不教民战，是谓弃之。"又："善人教民七年，亦可以即戎矣。"又《史记·孔子世家》记孔子说："有文事者，必有武备。"立国，兵是重要的。古代兵农合一，平时务农，战时打仗。教民即练兵，即戎即打仗。用未经教育和训练的民去作战，等于弃民。教民七年，坚持长期，务求实效，不能速成。孔子自己很可能是个有相当军事修养的人。《论语·卫灵公》记卫灵公问阵于孔子，孔子对曰："俎豆之事则尝闻之矣，军旅之事未之学也。"第二天孔子离卫而去。卫灵公是无道之君，孔子不屑理睬他，所云"军旅之事未之学也"，实为搪塞之辞。其实孔子是个懂军事的人。据《史记·孔子世家》记载，孔子弟子冉有为季氏率师与齐国作战获胜，季康子问他："子之于军旅，学之乎，性之乎？"冉有答以"学之于孔子"。冉有作为孔子弟子出此语，不至于有虚。《论语·子罕》记孔子说："吾何执！执御乎执射乎？吾执御矣。"当时战争以车战为主，孔子能执御车作战，掌握了最重要的作战技能。《论语·述而》还说："子之所慎：斋、战、疾。"不会作战或不曾作战的人，别人何以说他慎于战！孔子不仅慎于战，而且勇于战。孔子说"知仁勇，天下之达德也。"（《中庸》），又说："仁者必有勇,勇者不必仁",“知者不惑,仁者不忧,勇者不惧。”(《论语·卫灵公》)孔子不但慎于战,勇于战,而且战以谋。《论语·述而》记子路问:“子行三军谁与?”孔子答曰:“暴虎冯河,死而无悔者,吾不与也。必也,临事而惧,好谋而成者也。”孔子是聪明人,主张“杀身成仁”,但绝不赞成白送死。《史记·鲁周公世家》所记著名的孔子夹谷之会,迫使齐侯“归鲁侵地而谢过”,是外交斗争,其实也是军事斗争。这场斗争的胜利,表明孔子的确是个有勇有谋的人。

但是,孔子讲智谋是以仁为前提的,与战国时代兵家、法家追求的权谋颠覆有根本的不同。孔子以仁为根本,兵家、法家则唯利是图。《春秋》书中关于宋楚泓之战的记载最能说明孔子的这一观念。孔子反对“礼乐征伐自诸侯出”,不赞成诸侯之间为了兼并土地,掠夺人民而发动战争,但是一旦战争发生,他则反对诈战,赞许偏战。以偷袭、设伏、权诈、暗算取胜的诈战,孔子不取。两方对阵,击鼓出战,并且事先结日定地,堂堂正正,不诈不欺的偏战,孔子大加赞赏。宋楚泓之战中,宋襄公不鼓不成列,不禽二毛,不重伤,结果一败涂地,贻为千古笑柄,而孔子以为他干得对,因为他在作战中做到仁至义尽。春秋时代著名的秦晋之战是诈战的典型,晋军在崤函设伏截击东征归来的秦军,致使秦军全军覆没,匹马只轮不返。这一仗应该说晋方是打得很漂亮的,但是孔子在《春秋》中记载下来,加以谴责,因为晋方不仁不义,以权诈取胜。

说到这里,我们必须回到本文开始时的话题上。我们曾经说“天下有道,礼乐征伐自天子出;天下无道,礼乐征伐自诸侯出”是孔子战争观念的基本内容。这样的提法是有几分道理的。征伐出自天子,意味着合于礼;出自诸侯,意味着违于礼。合礼违礼,说到底还是仁与不仁的问题。孔子正是拿仁做标准看待战争的,他嘉许管仲以仁和肯定以仁义作战的宋襄公就是证明。战争本是利益之争,实力之较量,以力服人的手段,春秋时代的战争尤其如此,而孔子却对这些战争采取不承认主义并将作战行为同道德判断牵混到一起,实在是迂阔的。

总之,孔子用儒家的政治观点看战争,一方面表现出他的善良本性,一方面暴露出他的书生之气,合而观之则是固执和保守。他好古轻今,背负着沉重的传统包袱,过多地看历史,不大正面现实,瞻视未来。孔子的这一特点构成了儒家学派战争观念的思想基础,对后世的影响极其深刻。孟子受孔子的影响自不待言,便是荀子的深刻的军事战略思想,也是以孔子的战争观念为基础而形成的。

“春秋无义战”、“仁者无敌”:孟子不要战争的战争观念

孟子作为战国时代的儒学大家,各个方面都是师承孔子的,但是并不照搬照抄。他对孔子的学说既继承又有所修正,所以后世学者说孟子是最善学孔子的人。孔子主张“为政以德”,孟子则发展成为有体系的仁政学说。孔子寄希望于周室,幻想恢复昔日周天子的权威,而孟子则彻底丢掉对周室的幻想,明确提出王齐梁的主张,把统

一天下的目标寄托在诸侯大国身上。政治观点的变化势必导致战争观念的变化。孟子不再讲孔子讲的天下有道无道，礼乐征伐自天子出自诸侯出的问题，因为孟子所处的战国时代实际上是诸侯甚至大夫逞雄的时代，周室已降至附庸国的地位，遍地竟是较量实力的兼并战争。孟子用"春秋无义战"和"仁者无敌"两句独断的话，表达他反对战争的战争观念。这一观念同孔子相比，既是新的又是旧的。

说孟子的战争观念是旧的，是说基调与孔子一致，孔子赞赏尧舜禹汤文武周公的政治，反对以兼并虐杀为能事的战争，孟子亦然。说孟子的战争观念新，是说它同孔子相比有很大的不同。孔子心中始终立着一尊周天子的偶像，而孟子则根本不提及它。孟子心中有的不是偶像，孟子依据"五百年必有王者兴"的理论，认定某一个诸侯国家只要实行不嗜杀人的仁政便可成为统一天下的王者。孔子不要战争，却没有告诉人们用什么来取代它；孟子不要战争，同时给人们指出一条走向彼岸的路，那就是由王者实行仁政，使天下人象水之就下一般来归服它；虽可望而不可行，但毕竟不失为一条路。孔子对战争的态度若离若即，犹疑不决，孟子对战争表现出的厌恶具有强烈的鲜明性和坚定性，而且蕴含同样强烈的时代感和使命感。

《孟子·尽心下》说："春秋无义战。彼善于此，则有之矣。征者上伐下也，敌国不相征也。""春秋无义战"，一句话完全否定了春秋时代的战争，口气决绝，不留余地。这就与孔子不同。不过我们要知道，孟子讲的义战不是今日所谓的正义战争，孟子没有革命战争和反侵略战争的概念。他所谓的义战即"征者，上伐下也"，天子征伐有罪诸侯的战争，与孔子的"礼乐征伐自天子出"义同。"敌国不相征"，名分相同的诸侯国之间不允许彼此征伐。春秋时代或者说《春秋》书中记载的战争，全是敌国相征，不义之战。孟子说"春秋无义战"，那么战国无义战便是不言而喻的了。孟子反对一切曾经发生和正在发生的战争。在他看来，进行战争的人，都是不仁之人，都是杀人的凶手。他指斥那些自诩"我善为阵，我善为战"的人罪大恶极。就是说，国不必武备，人不必习武。征就是正，各自正好自己就是了，"焉用战"！孟子用最激烈的言辞抨击战争行为，谴责战争罪恶。他说："争地以战，杀人盈野；争城以战，杀人盈城，此所谓率土地而食人肉，罪不容于死。故善战者服上刑，连诸侯者次之，辟草莱任土地者次之"（《离娄上》）。孟子对战争的这种态度特别值得注意，它与孔子大不一样。孔子还讲"有文事者，必有武备"，"以不教民战，是谓弃之"，而且自己也很有作战的本领。孟子则不仅不要战争，也不要准备防御别人发动战争。他甚至大胆地说："域民不以封疆之界，固国不以山溪之险，威天下不以兵革之利。"（《公孙丑上》）"甲兵不多，城郭不完，非国之灾也。"（《离娄上》）

孟子敢于如此坚决彻底地反对任何意义上的战争行为有他的理论做基础，这理论便是"仁者无敌"。仁者是实行仁政的诸侯国君，这样的国君必能使天下人来归服，所以仁者亦即王者。王者由于实行仁政，能服一国之人，也能服天下人。天下没有谁可能成为他的敌手。"仁者无敌"，有王者出现，仁政泽及天下，战争自然不会发生。孟子"仁者无敌"的理论有以下两个要点：

（一）民本主义思想基础上建立起来的仁政学说，是孟子"仁者无敌"观念的支柱。民本主义是个古老的思想，不是孟子的创造，但孟子把它发扬光大并且理论化。在孟子看来，民是治国之本，更是平天下之本。所谓仁政学说，其实即是民本主义思想的具体化。所谓仁政即是实行以民为本的政治。以民为本的政治并非民主的政治，而是君主的政治。尽管孟子强调立国的基本条件是土地、人民、政事，评价立国诸因素的价值把民放在首位，说"民为贵，社稷次之，君为轻"，但是他的政论中的主体却始终是统治者诸侯国君。谁应当具有"民贵君轻"的观念，是诸侯国君。谁应当忧民之忧，乐民之乐，予民以养生送死的保证，诸侯国君。诸侯国君才是"仁者无敌"的"仁者"。"仁者"的根本特点是"以德行仁"，令民"中心悦而诚服"。这样的诸侯乃天下民心所向，可以七十里、一百里的小小国土王天下。孟子理想的仁者是汤和文王。所以"仁者"必是王者。王者"民望之若大旱之望云霓也"，"天下信之，东面而征，西夷怨；南面而征，北狄怨。曰：'奚为后我'？"王者进行的战争，"诛其君吊其民"而已（《梁惠王下》），其实不是战争。孟子肯定历史上的武王伐纣和当代的齐人伐燕，因为他认为那是救民于水火之中的行动，不是杀人盈野盈城的战争。王者是无敌的，无敌当然便无所谓战争。

孟子用"仁者无敌"的理论给人们指出一条避免战争的道路，说明他是很迂阔的。难怪司马迁说他"迂远而阔于事情"。根本的问题在于，他的理论偏重理想而远离现实。远离现实的理论必然不是好的理论。他以为诸侯国之间争地以战，争城以战，只是诸侯国君个人的思想认识问题，只要诸侯国君认识到治国平天下以民为本，实行仁政，战争即可消失。他实际上看到了战争与政治有关，这是对的。但是他不知道政治是受经济发展水平决定的。战争归根结底是经济利益的冲突。而孟子看战争的根源仅仅看到政治为止。政治决定历史发展的古老观念在他那里仍然占据统治地位。

（二）天下必然走向统一的思想是孟子"仁者无敌"理论的前提。孟子认定天下必将走向统一。认定天下必将走向统一，"仁者无敌"的理论才有意义。孔子欲恢复西周天子为天下共主而诸侯国各自分立的旧秩序，所以孔子提出的是"礼乐征伐自天子出"。在他的理论中，天子无敌是当然的。他不可能提出"仁者无敌"的思想，因为承认"仁者无敌"，等于承认"礼乐征伐自诸侯出"是合于道的。孟子生活在天下大乱的战国时代，他坚信历史不可能逆转回西周去，他正确地预言天下将"定于一"。"定于一"是对孔子尊周室的否定。"定于一"的历史使命将落在某个不嗜杀人的诸侯的身上，于是提出"仁者无敌"的理论。"仁者无敌"是对孔子"礼乐征伐自天子出"的否定。在这一点上，孟子比孔子有很大的进步。

"仁者无敌"给天下"定于一"指出了一条道路，一条不要战争的道路。不要战争的道路在当时不可能走得通。战争反人道，却符合历史发展的要求。仁政合于人道，却解决不了历史提出的问题。孟子无条件地否定战争的意义，不屑研究战争，甚乃宣布"善战者服上刑"。在这一点上，孟子不如孔子。孔子强调国家应有武备，而且自己就懂兵事。

孟子欲通过"仁者无敌"的途径使天下走向统一的理论,有着自身不可克服的矛盾。孟子相信"五百年必有王者兴",鼓吹齐君做王者,又鼓吹梁君做王者。同时出现两个或两个以上的王者,"仁者无敌"的命题岂不成了空论。倘若同时出现两个王者,那么天下人之心将归服于谁呢? 两个王者都想统一天下,最终还是要由战争解决问题,于是"仁者无敌"也有敌了。孟子"仁者无敌"的理论还有一个漏洞无法弥补。它回答不了小国面临大国威胁,如何求得生存的问题。万章问他,宋国要行王政,而齐楚不许,必来伐它,宋国怎么办? 孟子说:"不行王政云尔。苟行王政,四海之内皆举首而望之,欲以为君,齐楚虽大,何畏焉!"(《滕文公下》)孟子等于没有回答万章的问题。因为正是由于宋国将行王政,齐楚才要伐它,而孟子还是要它行王政,所答实非所问。孟子有时可能也觉得他的"仁者无敌"的理论不是普遍适用的,所以偶而也言及战守问题,而与他的"域民不以封疆之界,固国不以山溪之险,威天下不以兵革之利"(《公孙丑下》)的战略思想相悖。滕文公问他,滕这样的小国,在齐楚之间,是事齐好还是事楚好。孟子说:"是谋非吾所能及也。"(《梁惠王下》)承认他回答不了。不得已就又肯定了战守的必要性,告滕文公以"凿斯池也,筑斯城也,与民守之,效死而民弗去,则是可为也"(同上),承认小国行仁政并不可抵御大国侵略,抵御大国侵略还是要靠战守。孟子在这里面对严酷的现实,在辞穷的情况下,被迫给自己"仁者无敌"的理论打上了自相矛盾的印记。

孟子通过"春秋无义战"和"仁者无敌"两个命题对当时普遍存在的兼并战争采取批判的态度,其否定战争的程度远远超过孔子。孔子在政治上主张恢复西周模式的统治,所以虽反对诸侯间进行的战争,却允许"礼乐征伐自天子出",也强调国家应有武备。孟子则抛开周天子,设想天下由某一个诸侯通过仁政实现统一。实行仁政的诸侯即是王者。王者以德服天下人,王者天下无敌。统一天下不需战争,战争只能使天下更加混乱。战争与天下统一是对立的。战争与仁政更是对立的。孟子要统一,要仁政,所以不要战争。战争是率兽食人的罪恶行为。孟子憎恶战争,故不研究战争,不懂战争。他用善去衡量人的行为动机,不知道恰恰恶才是推动历史前进的动力。而恶产生于利益;利益冲突采取实力较量、争夺的形式便是战争。从人道角度看战争,战争不可取;从历史角度看战争,战争不可无。孟子过分强调民本主义的意义,过分看重仁政的效用,而忽略了战争的必然性,对战争缺乏历史主义分析,形成了过激的、不要战争的战争观念。

"兵要在乎善附民"、"将帅末事也"、"唯坚凝之难": 荀子集早期儒家战争观念的大成

荀子是早期儒家战争观念的集大成者。他关于战争问题的基本观点与孔、孟是一致的,尤其在兵以仁义为本的问题上与孟子没有很大的差别。但荀子绝不像孟子那样迂阔;荀子是一个真正的战略思想家,荀子对战争规律的精湛研究,与兵家相比,

并无逊色。

孟子提倡仁政，断言"仁者无敌"。说"仁者无敌"，其实就是反对一切战争。孟子"善战者服上刑"一句话概括了他对战争的全部态度。荀子与孟子有相似之处，孟子说"仁者无敌"，荀子也说仁义之兵"不战而胜，不攻而得，甲兵不劳而天下服"（《荀子·王制》，下引文不注者皆引自《荀子·议兵》），"王者有诛而无战"，也向往汤伐有夏，文王伐崇，武王伐纣之"兵不血刃，远迩来服"。但是，荀子不是任何战争都反对；只反对为争夺而进行的战争，不反对为了禁暴除害而进行的战争。

孟子反对任何意义上的战争，所以极少言及战争本身的问题，而荀子则对战争有精湛的研究。荀子首先研究决定战争胜负的根本条件问题。在这个问题上，荀子继承了孔孟的观点，表明他是道地的儒家学派。孟子讲"天时不如地利，地利不如人和"，讲"得道多助，失道寡助"，意谓人的因素是主要的。荀子则进一步提出"用兵攻战之本在乎壹民"，"兵要在乎善附民而已"的观点。"壹民"，"附民"，不是战时一朝一夕之事，是战前长时期"前行素修"的结果。战争胜负决定于战前，不决定于战时。荀子认为像孙武、吴起那样的权谋变诈是靠不住的。仁义之兵，我对敌不须诈；敌对我不可诈。仁义之兵"百将一心，三军同力。臣之于君，下之于上也，若子之事父，弟之事兄，若手臂之扞头目而覆胸腹也。诈而袭之，与先惊而后击之一也"。诈犹如不诈，反而必如"以卵投石，以指挠沸，若赴水火，入焉焦没耳"。再者，敌方之民"亲我，欢若父母"，"而反顾其上则若灼黥，若仇雠"，敌若诈袭我，其民"必将来告之，夫又何可诈也"？

怎样"壹民"、"附民"呢？荀子认为一是修礼，一是爱民。荀子视礼为"治辨之极"，"威行之道"，"功名之总"，富国强兵战胜之本。君上能够修礼，则国必治，兵必强，战必胜。甚乃认为修礼即是行道。行其道，"时使而诚爱之，下之和上也如影响"，天下可得。不行其道，"坚甲利兵不足以为胜，高城深池不足以为固，严令繁行不足以为威"，而社稷必危。在荀子看来，爱民与修礼是并行不悖的。荀子说："君人者，爱民而安，好士而荣，两者无一焉而亡"。又说："有社稷者而不能爱民，不能利民，而求民之亲爱己，不可得也。民不亲不爱，而求其为己用为己死，不可得也。民不为己用，不为己死，而求兵之劲，城之固，不可得也。兵不劲，城不固，而求敌之不至，不可得也。敌至而求无危削，不灭亡，不可得也。"（《荀子·君道》）君上修礼爱民即可"壹民"、"附民"。能够"壹民"、"附民"之兵即是仁义之兵。仁义之兵是有本统的，是最高层次的。其次是春秋五霸之兵，五霸之兵能够和齐人心，但未有本统，未能前行素修，是和齐之兵。和齐之兵，荀子不完全否定。荀子最为不取的是盗兵。盗兵掎契司诈，权谋倾覆，专尚功利，而不由仁义。田单、商鞅、庄蹻、缪虮是这方面的典型人物。荀子说："君子不由也。"

推崇仁义之兵是孟荀在战争观念上的唯一的共同之点，而在战争的重要问题上荀子不同于孟子。孟子在宣称"仁者无敌"之后，无视战争的存在，表现出十足的迂阔气，荀子则对战争持现实主义的态度，他在肯定仁义之兵，强调"壹民"、"附民"

的时候，仅仅说出了他对战争的一部分看法，他的更为重要的观点表现在"将帅末事也"这一命题上。"将帅末事也"这个命题表现荀子的战争观念具有强烈的时代精神，表明荀子对战争问题的思考已从政治领域真正跳入了军事领域。孟子过分看重政治与战争的一致性，以为政治好就必然战胜，甚乃完全忽视军事自身具有的独立价值。荀子承认政治对战争的决定意义，但更重视要最后赢得战争，必须靠军事。在这一点上，荀子远远超过孟子。荀子够得上一位伟大的战略思想家，而孟子不是，孟子仅仅想到过战争问题而已。

荀子讲"将帅末事也"这句话，含义有两层，而结论是一个，"凡在于军，将帅末事也"，是说在战争问题上政治是本，军事是末。政治是什么？政治是礼，是道，是仁义。这是第一层含义，上文已论及，兹不赘述。第二层含义，"凡在大王，将帅末事也"，是说从另一个角度看，在战争问题上君主是本，指挥作战的将帅是末。君主实指君主的政策，将帅实指将帅指挥作战的素质与水平。君主的政策正确，则兵强，反之则兵弱。正确的政策，主要系指隆礼贵义而言，其次是好士、爱民、重赏、威刑、齐民、政令信，权出一等等。表面看来"将帅末事也"的两层含义都是重政治而轻军事，其实不然。荀子虽然继承了战争的胜负，政治是根本的传统观念，但是他的用意显然在于强调军事因素在战争中的地位。在早期儒家学派中荀子是第一个真正看重战争中军事因素的人。在他看来，战争不仅是政治的较量，更是军事的较量。说"将帅末事也"，不是本统之事，但毕竟承认了战争问题上除了政治因素外，还有军事因素。既重视政治因素，又重视军事因素，是早期儒家战争观念的一大进步。

荀子总结将帅指挥作战的经验，概括出"六术"、"五权"、"三至"、"五无圹"的理论。六术是：制号政令，欲严以威；庆赏刑罚，欲必以信；处舍收藏，欲周以固；徙举进退，欲安以重，欲疾以速；窥敌观变，欲潜以深，欲伍以参；遇敌决战，必道吾所明，无道吾所疑。"六术"是将帅指挥作战的六条战术原则。"五权"是：无欲将而恶废；无急胜而忘败；无威内而轻外；无见其利而不顾其害；凡虑事欲熟，而用财欲泰。"五权"是将帅指挥作战的五项机变性原则。"三至"是：可杀而不可使处不完，可杀而不可使击不胜，可杀而不可欺百姓。"三至"是要求将帅指挥作战绝对遵守的三条死规矩。宁肯担违君命的风险也不使军队处不完，击不胜，欺百姓。"五无圹"是：敬谋无圹，敬事无圹，敬吏无圹，敬众无圹，敬敌无圹。"五无圹"要求将帅指挥作战务须时时处处敬慎戒惧，不可稍有懈怠。一个将帅必须努力做到"六术"、"五权"、"三至"、"五无圹"。做到这些，是否一定每战必胜呢？荀子认为不一定。荀子主张，将帅指挥作战不能指望仗仗获胜，因为这是不可能的。但是有三点是一定要做到的；做到这三点，纵然战败，也是好将帅。第一点是"弃疑"，作战决策建立在情况明的基础上，决者不疑，疑者不决。第二点是"无过"，作战行动慎之又慎，避免过失。第三点是"无悔"，能想到的全想到，该做到的全做到，毫无遗憾。为将帅者能如此，亦可矣，故荀子说："事至无悔而止矣，成不可必也。"荀子的这一思想值得注意。他既重视战争中将帅主观能动作用的意义，又坚凝之。坚凝之，不易做到。所谓凝之，即以德兼人。以德兼人，战时做到使被兼并国家的人民"贵我名声，美我德行，欲为我民，故辟门除涂以迎吾入"，我得"因其民，袭其处，而百姓皆安，礼修而士服，政平而民安"。士服民安则谓大凝。以大凝守可守，征可征，天下可统一，统一可巩固持久。这一点又与法家不同。荀子关于以并和凝两种办法促使天下统一的思想，汲取并包括了儒家及法家的长处，合乎历史发展的要求。后世历史证明，荀子"唯坚凝之难焉"的命题是深刻的、伟大的。荀子的敏锐历史洞察力实在高过同时代所有思想家之上，他把人的主观努力同客观条件的限制连在一起加以考察，很有一点唯物论的精神。

战国时代的社会的总趋势是天下走向统一。当时的几乎所有思想家无不对此有所觉察，而究竟将以怎样的途径实现统一，却见仁见智。孟子断言不嗜杀人者能一之，即摈弃战争的道路。荀子则不排除通过战争兼并的可能性和必要性。这一点是他与孟子的不同之处。但荀子在"并"之外，又提出一个"凝"的问题。把统一的过程分为并与凝两个环节，并告诫说："兼并易能也，唯坚凝之难焉。"这是荀子的新观点，是当时任何别的思想家所不及的。并是军事兼并，容易做到，但不易巩固；欲巩固，还要善于凝，即便今人也不能不为之叹服。只要我们想想孟子力主不要战争实现统一，多么迂阔可爱，秦始皇全用武力统一六国而不知凝民以德，结果转瞬败亡，就应该能够正确估量出荀子"兼并易能也，唯坚凝之难焉"的思想在理论与实践两个方面所具有的历史价值有多么大。

战争是政治的继续，政治是经济的表现。因此，战争归根结底是经济的产物。战争在一定的历史发展阶段是不可缺少也不能避免的东西。它总是同杀人、流血连在一起。早期儒家以提倡人道主义为己任，鼓吹德治仁政，所以形成了以反对战争为基础的战争观念。他们猜到了战争是政治的继续，以为有了好的政治便可能避免战争，而好的政治又决定于一两个人的道德修养。他们不知道政治的背后有着一个广阔的、强有力的经济背景。孔子认为现实的战争根本不应该发生，孟子则对一切战争都深恶痛绝。只有荀子对战争采取现实主义的冷静态度，进行深刻的研究，形成了合乎时宜的战争观念。荀子的"兵要在乎附民"、"将帅末事也"和"唯坚凝之难焉"的思想，既继承了孔孟又突破了孔孟，它反映早期儒家学派战争观念的最高水平和最后水平。

（原刊《先秦史论集》，中州古籍出版社1989年）

早期儒家礼概念的历史考察

本文的主旨是，采用历史的方法阐释早期儒家学派对礼概念的发展所作的贡献。为了展开论述，首先要说明关于礼概念有两重含义的观点，并阐述儒家产生之前人们对礼概念第二层含义的理解。

一　礼概念的两重含义及儒家之前的礼

在早期儒家的思想体系中，礼是一个特殊的概念。它既是观念，又是观念形态的物质附属物。当我们言及礼这个词的时候，我们实际上讲出了两个概念。一个是作为观念形态的物质附属物的礼，它指国家的政治、经济、文化、军事、宗教诸方面的典章制度以及通过人们的生活日用、风俗习惯表现出来，反映人际关系差等的社会规范。这种礼是人们在漫长的历史过程中为了自我控制而创造的文化积淀物。另一个是作为人的观念的礼，它是人们对自己创造出来的礼的认识及所做的价值判断。这里我们要讨论的是后一种礼。

人们创造礼的过程是漫长的，使用礼的过程是痛苦的，认识礼的过程是艰难的。人按其本性来说，要自我发展，却又不得不创造出礼来控制自己。这不能自拔的矛盾曾经给人造成长时期的痛苦。人们认识礼，对礼做出价值判断的步履是在艰难中走过的。

道家看到人需要自我发展的一面，忽略人需要自我控制的一面，把礼的价值估为负数，所以《老子》说："礼者忠信之薄而乱之首。"以为人越讲礼，美好品行越得不到发展，社会越得不到控制。人应该将礼这个万恶之源的东西抛弃。然而礼之产生必有它产生的理由，礼之存在必有它存在的价值。只有儒家把对礼的认识建立在理性的基础之上。

第一个揭示出礼的实质，做出礼的价值判断，试图克服人的自身发展与自我控制之间的矛盾的人，是孔子。孔子及早期儒家学派对礼概念的认识成果，不是凭空而来，早于他们的春秋时代的人们对礼的认识是它的源头活水。

孔子之前的春秋时代的人，认识到了礼的不可避免性及其价值。《左传》礼字出现数百次，几乎成了政治家们的口头禅。不过他们对礼的认识未能越过经验主义与功利主义的水平。他们看到了礼在国家政治生活中的积极作用，却不知道礼这个为人所创造的异己物与人自身的关系。在他们那里，礼仅仅是个政治学概念。

前儒家人物对礼的认识是直觉的，经验的，又是功利主义的，总的说来还具有相当原始的性质。在他们看来，礼对于人来说是一种不容忽视的异己力量，它与政联系在一起，影响着社会生活的各个方面甚至决定着国家的兴亡，战争的胜负，外交的得失和个人的命运。礼是外在的，没有道德价值。因此可以说，他们的礼概念距离揭示礼的本质还相当遥远。他们言论中的礼更多的是政治学概念。把礼纳入伦理学的范围，是后来儒家学派的功劳。

春秋时代人们对礼的认识有几点值得注意。春秋时代人们把仪从礼的概念中区分出来，限定生活日用的细末小节是仪不是礼，礼是国计民生攸关的大事。《左传》昭公五年记载的晋国智者妇女叔齐的言论具有典型意义。他说外交上郊劳赠贿之类礼节是仪不是礼，礼是"所以守其国，行其政令，无失其民者也"的大事。类似的认识当时极为普遍。叔向说："礼，政之舆也；政，身之守也。怠礼失政，失政不立"（《左传》襄公二十一年）。北宫文子说："礼之于政，如热之有濯也，濯以救热，何患之有！"（《左传》襄公三十一年）子产说："夫礼，天之经也，地之义也，民之行也"（《左传》昭公二十年）。他们把生活中的表面仪节从礼概念中剥开去，礼被归结为与国家政治生活有关的大事，这在向礼的本质的探求上无疑是一个进步。但是这个进步极其有限。他们从功利主义出发，把礼看作比政更重要的统治手段，以为礼是政的根本，主张治国应"导之以礼"（《左传》文公六年），与后来孔子讲的"导之以德，齐之以礼"大异其趣。儒家讲礼治，以务德为前提，而孔子以前的人把礼直接与政相联系，言礼而不及德。

他们注意到礼对于个人的意义，强调"礼以庇身"（《左传》成公十五年申叔时语），"礼，人之干也，无礼无以立"（《左传》昭公七年孟喜子语）。这与后来儒家"不学礼，无以立"的认识已经很接近。再进一步，关于人怎样行礼的问题，他们提出了敬、忠信和卑让三条。"敬，礼之舆也，不敬则礼不行"（《左传》僖公二十一年周内史过语）。"忠信，礼之器也；卑让，礼之宗也"（《左传》昭公二年晋叔向语），这很可能是后来儒家"忠信之人可以学礼"和辞让之心是礼之端的思想滥觞。与卑让相对应，他们又经常强调威仪这个概念。威仪是卑让的反义词。卑让要有个度，要适合各人的身份，不可过分，这就必须讲究威仪。威仪是屡见于诗书的古老用语，如《诗·柏舟》说："威仪逮逮，不可选也。"春秋时人继承过来加以发挥，用以丰富他们对礼概念的理解。叔向说："有业而无礼，经则不序；有礼而无威，序则不共"（《左传》昭公十三年）。礼与威是相反相成的两个概念。威即威仪。威仪是什么，《左传》襄公三十一年北宫文子在楚发现楚令尹围之威仪似君，于是发感慨说："有感而可畏，谓之威；有仪而可象，谓之仪"。"君有君之威仪"，"臣有臣之威仪"，"君臣上下父子兄弟内外大小皆有威仪"。这是说，行礼要有个前提，尊卑贵贱各有等分，不可逾越。《左传》庄公十八年说："名位不同，礼亦异数。"宣公十二年随武子说："君子小人物有服章，贵有常尊，贱有等威，礼不逆矣。"都是这个意思。礼有等级，礼反映等级，维护等级；没有等级便没有礼。礼的这个奥秘是后来儒家彻底揭开的，春秋时人不过隐约有所认识罢了。

孔子之前没有"三纲"思想，但是关于君臣关系与男女关系的初步观念已经有了。在君臣关系上，他们主张臣以礼事君，君也要受礼的约束。臧文仲教育儿子事君之礼说："见有礼于其君者，事之如孝子之养父母也；见无礼于其君者，诛之如鹰鹯之逐鸟雀也。"（《左传》文公十八年）这是说臣要礼事君。齐崔杼弑其君，晏婴不死不亡也不归，说："君民者岂为其口实，社稷是养。故君为社稷死，则死之，为社稷亡，则亡之，若为己死而为己亡，非其私暱，谁敢任之！"（《左传》襄公二十五年）这是说君要守君之礼，否则臣得不视之为君。关于君臣关系的这两方面思想，后来儒家思想中均有所发展。

男女有别的思想开始出现。《左传》庄公二十四年御孙说："今男女同贽，是无别也。男女之别，国之大节也。"僖公二十三年君子曰："妇人送迎不出门，见兄弟不逾阈，戎事不迩女器"。叔詹说："无别不可谓礼。"昭公元年子产说："男女辨姓，礼之大司也。"

春秋时代男女有别的思想，在早期儒家那里结出两只不同的果，一是男尊女卑，一是认定男女有别夫妇有义是礼的根源。

二 孔子第一次解决了礼的实质和起源问题

孔子作为儒家学派的创始人，在礼的问题上提出过哪些新东西，做出过哪些新贡献呢？有人说孔子对周礼作出了某些损益。这是不对的。现实生活中的礼，大的是周初周公制定的，小的是历史上逐步形成的。只有天子才有资格议礼，加以损益。孔子不过是个有贵族身份的不当权的知识分子，无权损益周礼。即便损益了，也没有人买他的账。孔子在礼的问题上的贡献，是他对礼概念的理解有远远超出前人的精彩卓越的新认识。

孔子对礼概念的新认识主要有三点。第一，他有史以来第一次把礼的本质搞清楚了。第二，他弄明白了礼的起源。第三，第一次提出了礼治的政治观点。有了这三点，儒家学派关于礼的学说的理论基础就基本上奠定了。以后孟子、荀子虽有发展，却大体上不离孔子奠定的这个基础。

先谈第一点。春秋时代人们绝少讲仁，礼则讲的特多，几乎达到言必称礼的程度。据统计，一部《左传》，礼字出现462次，讲仁不过33次，不足讲礼的一个零头。他们把礼的价值看得高极了。没有礼，就要国灭家亡身死。礼成了生命线，是关乎"经国家，定社稷，序民人，利后嗣"（《左传》隐公十一年）乃至天之经、地之义、民之行的大问题。但是，什么是礼的本质，谁也没有讲。是孔子把这个问题讲清楚的。孔子发现了礼是表达人之情与人之理的形式，孔子说，"君子礼以饰情"（《礼记·曾子问》），"礼也者理也"（《礼记·仲尼燕居》），就是这个意思。举例来说，古人讲礼最重丧祭，丧礼要表达人的哀情，祭礼要表达人的敬情。人的情感的表达必得通过一定的形式，这形式便是礼。孔子说："祭礼与其哀不足而礼有余也，不若礼不足而哀有余也。祭礼与其敬不足而礼有余也，不若礼不足而敬有余也"（《礼记·檀弓上》）。孔子把哀敬之情与礼对应起来说，说明他已经认识到礼是表达人之情的形式了。

人之情与人之理要表达，但不可以任意表达。人生活在社会之中，要受血缘关系和政治关系的约束，不可乱来。在古代，这两种关系主要表现在君臣、父子、夫妇、兄弟、朋友五个方面，即所谓五伦。五伦之中间三伦属于血缘关系，头尾两伦属于政治关系。在实际生活中两种关系往往交错在一起，血缘关系中有政治关系，政治关系中也有血缘关系。在政治关系中，人有等级。在血缘关系中，人分亲疏。就是说，人与人的关系有差等。在人际交往中，这个差等必须表现出来，不能回避。表现差等要用度，要用分寸。把度和分寸变作现实，便是礼。礼表现人的社会关系的那个度，那个分寸。孔子深刻地理解了这一点，他说："礼所以制中也"（《礼记·仲尼燕居》）。"制中"就是表现度，表现分寸。孔子之前没有人把礼讲得如此切当深刻。

再向前深入一步，孔子便揭开了礼的奥秘。孔子说："仁者人也，亲亲为大。义者宜也，尊贤为大。亲亲之杀，尊贤之等，礼所生也。"（《礼记·中庸》）尊贤即尊尊。尊尊就是政治关系，亲亲就是血缘关系。杀、等就是差等。孔子发现了礼是血缘关系与政治关系之差等的反映。孔子用仁这个古老的概念概括血缘关系，用义这个概念概括政治关系。两种关系都有差等。人生活在两种有差等的社会关系之中。人受礼的控制与人生活在社会关系之中同样不可避免。孔子把礼同仁义联系起来考察，认定仁义是礼的内容，礼是仁义的表现形式，仁义与礼是一个东西的表里两个方面。孔子一方面肯定礼的必然性与必要性，一方面强调仁义，从而使礼开始具有自觉道德意识与自觉道德行为的性质，开始由单纯的政治学概念变为伦理学的概念。这是早期儒家学派在对礼概念的认识上的一个重大突破。孔子之前，没有人认识到这样的程度。孔子用人应当爱人，人有被爱的权利的主张，强调人的价值，以此尽可能减弱礼作为人的异己力量对人的控制。

近年人们争论仁与礼孰为孔子思想核心的问题，我看孔子思想的核心是仁不是礼。《吕氏春秋·不二》说"孔子贵仁"，而不说孔子贵礼。《庄子·天道》说孔子学说"要在仁义"而不说孔子学说要在礼。这不是没有道理的。上文说过，孔子以前的人重礼特甚，对仁则极少言及，孔子虽也重礼，但更强调仁。甚至可以说，仁概念是孔子创立的（尽管仁这个词早就有了）。孔子与前人不同之处，即孔子思想的特点，是他对仁做了新的解释。孔子之所以是孔子，难道不就是因为他讲究仁吗！孔子固然主张"为国以礼"，"复礼"，"齐之以礼"，"立于礼"，但这不过是他的政治观点；孔子思想体系的核心在伦理学和哲学方面，而仁正是孔子的伦理学与哲学思想的基本概念。

有人用确定仁与礼谁是目的的方法判断仁与礼谁是孔子思想的核心，尤为不当。在孔子的思想中，仁义与礼是一体的，不宜确定哪个是目的哪个是方法，在实践上两者也是同步的。若要一定找出目的来，那么仁义礼哪个也不是目的，目的是政。因为孔子在讲"仁者人也，亲亲为大"那段话时，前头紧接着是"为政在人，取人以身，修身以道，修道以仁"。难道能说孔子思想的核心是政吗! 看一个思想家的思想核心是什么，要看在他的体系中居主导地位的是什么。在孔子的思想体系中居主导地位的显然是仁不是礼。他的哲学思想，政治思想，伦理思想，教育思想，经济思想，乃至美学思想，无不以仁为基础。孔子自己也说"吾道一以贯之"，据曾参透露，他的"一贯之道"是忠恕。忠恕属于仁的范畴。

有人说孔子讲"仁者人也，亲亲为大"，严辨亲疏，以爱亲孝敬父母为首要，先爱亲而后才爱他人，实行差等爱，是血缘观点或宗法观点的反映，不是对全人类的平等的爱，所以不足取。似乎墨子的兼爱值得称赞。我以为，孔子的仁不是血缘观点的反映，而是血缘关系存在的反映。孔子的时代，生产还不发达，血缘关系的影响无处不在，孔子说仁由亲亲始，是很现实的。孔子还说，"唯仁者能好人，能恶人"（《论语·里仁》）。有爱也有憎。不是好人坏人都爱，说明孔子的仁里包含着义。这一条也极重要。孔子的仁爱有差等，分善恶，现实可行，墨子的兼爱，要王公大人爱平民百姓，要全社会平等相爱，不要一切战争，是近乎宗教狂热的东西，即使在今天也有借鉴意义。我们总把祖国比作母亲就是证明。不爱母亲的人怎么会爱祖国，不爱祖国的人怎么能爱全人类。孔子说"立爱自亲始"（《礼记·祭义》），是正确的。不过应当指出，孔子对仁概念的贡献实不在此，而在于他说"仁者人也"，把包括奴隶、贱民在内的一切人都当作人看，人的价值得到了肯定。

第二，孔子解决了礼的起源问题。孔子关于礼的起源的观点在今天也还立得住。孔子以为礼与文明时代同时出现。孔子在叙述过原始社会的特点之后说："今大道既隐，天下为家，各亲其亲，各子其子，货力为己，大人世及以为礼"，"礼义以为纪，以正君臣，以笃父子，以睦兄弟，以和夫妇，以设制度，以立田里，以贤勇知"，"禹汤文武成王周公由此其选也，此六君子者，未有不谨于礼者也"（《礼记·礼运》）。孔子说礼由禹汤文武成王周公起，正是以为礼产生于夏代，产生于禅让变为世及亦即国家出现的时候。礼与文明同步产生，礼是文明的标志。原始氏族社会，虽然也有礼，但其性质、内容、作用与后来文明时代的礼绝不相同。孔子这里讲的是至文明时代才有的礼，是表现等级差别和国家、社会各项制度的礼，孔子还说礼产生于个体婚制下的父权制。这也是正确的。孔子在他所作的《序卦传》里说："有天地然后有万物，有万物然后有男女，有男女然后有夫妇，有夫妇然后有父子，有父子然后有君臣，有君臣然后有上下，有上下然后礼义有所错。"夫妇、父子、君臣、上下，这些关系的产生与其说时间上有先后，不如说先后主要是逻辑上的。一夫一妻的个体婚制是礼产生的最初契机，《昏义》、《郊特牲》里也有与《序卦传》类似的说法。可见孔子的观点反映了早期儒家学派的一般观点。现在有人说礼起于祭祀，有人说礼始于饮食，有人说礼源于贸易，虽都有一定的道理，却都没有说到本质处。祭祀、饮食、贸易可能与礼的产生有关，但决不是礼产生的根本原因。

把礼与德统一起来，把德教纳入礼治中来，实行德教基础上的礼治，是孔子对礼概念的第三个贡献。

敬德保民的观念早在西周初就有了,但没有形成系统、完整的思想;至春秋,各国的政治家们强调"以礼治国",却不知道德教的效用。礼对于他们来说,不过是治国手段的一种。只有孔子发现了礼的内在本质是仁义这两个最高层次的德,提出了"为政以德"的新思想。孔子以前的人强调"为国以礼",孔子也讲"为国以礼",但含义迥然不同。前人的礼治伴随着刑与政。孔子的礼治则以德教为前提。孔子主张"导之以德,齐之以礼",反对"导之以政,齐之以刑"(《礼记·为政》)。德就是仁义。人应当首先得到宽松的教化,其次才是由礼来约束。这是孔子比他的前人高明之处。

"导之以德",要求统治者以自身的仁义修养教育感化人民,先德后礼,迫不得已方用刑罚。这就与前人讲的礼治大不相同了。以前统治者实行礼治,出于利害得失的考虑,有利则行,无利则不行,礼不是唯一的治国方法。依孔子的设想,礼治是最好的治国方案,它以德教为基础;统治者实行礼治,应该是出自内心的自觉的道德意识。这样一来,本来是政治学概念的礼,便开始具有伦理学的性质了。

三　孟子把礼理解为人之内在的自觉的道德意识

孟子是战国儒家学派的主要代表人物,孔子思想的嫡系传人,一生标榜"乃所愿则学孔子也"。他学孔子不是照搬,他善于根据时代的变化巧妙地修正孔子的思想,既继承又有发展,正符合孔子提倡的"君子和而不同"的精神。

孟子倡导仁义,鼓吹仁政,对于礼则极少提起,从他涉及到礼的一些言论来看,他关于礼的认识,与孔子有很大的不同。孟子对礼的认识超过了孔子。孟子在解决人的自我发展与礼的社会控制的矛盾上,向前迈进了一大步。

第一,关于礼概念的含义问题,孟子继承了孔子,又提出了自己的新认识。孟子说:"仁之实,事亲是也;义之实,从兄是也;智之实,知斯二者弗去是也;礼之实,节文斯二者是也。"(《孟子·离娄上》)孟子给仁义礼下的这个定义,与孔子说的"仁者人也,亲亲为大;义者宜也,尊贤为大。亲亲之杀,尊贤之等,礼所生也",基本一致。这就是说,在礼的实质和礼与仁义的关系这最重要的问题上,孟子与孔子无甚区别。孟子说,"恭敬之心,礼也"(《孟子·告子上》),"辞让之心,礼之端也"(《孟子·公孙丑上》)。这是古老的观点,不是孟子的新创,与孔子的说法当然不违背。但是,孟子为什么突出强调礼是恭敬之心、辞让之心呢,为什么在谈到"礼之实"的时候,只说礼是仁义之节文,而不像孔子那样指出礼反映亲亲之杀和尊贤之等呢?这样问题值得注意,我以为这不是孟子的疏忽,而是他的体系决定的。

孟子思想体系的核心是仁政学说,依据仁政学说的理论,诸侯国君欲治国得天下,主要的问题不是君上如何坊民治民,臣民如何忠君事君,而是君上如何仁民亲民,臣民百姓如何制约监督君上。仁政的关键在君不在民。所以孟子言礼,强调恭敬辞让而不重差等。不主张用礼来约束臣民。相反,孟子为了让臣民百姓制约君上,倒给臣民百姓行礼以极大的灵活性。孟子讲礼,矛头是针对君上而不是针对臣民百姓的。

　　孟子说："非礼之礼，非义之义，大人弗为。"(《孟子·离娄下》)孟子的这个思想很重要，可惜没有引起人们足够的重视。依孔子的观点，人们对于礼只能学习、照办，不能根据自己的意志加以判断取舍。"不学礼，无以立"，人生在世，无条件地"克己复礼"就是了。孟子说礼有是非之分，人要履行真正的礼，其貌似礼而其实不是礼的"非礼之礼"，不能履行。孰是孰非，全由自己判断。例如孟子说"闻诛一夫纣矣，未闻弑君也"(《孟子·梁惠王下》)有德之君，臣民要尊之，这是礼。无德之君，是独夫民贼，臣民要诛之，这也是礼。倘独夫民贼也尊之，那便是"非礼之礼"了。这等于与孔子唱了一个反调。孔子作《春秋》，凡弑君者皆有罪，不论被弑之君如何，一律书弑，予以惩戒。有君之名，就要君事之，至于为君的那个具体的人怎样，可以不问。孟子将君之名实分开对待，给人以选择、判断的自由。这在早期儒家礼概念的认识上，无疑是一个突破。《孟子》书中类似的言论不止一处，如《离娄上》："男女授受不亲，礼也。嫂溺援之以手，权也"。"嫂溺不援是豺狼也"；《万章上》：取妻必告父母，礼也。"舜之不告而娶。何也？孟子曰，告则不得娶。男女居室，人之大伦也。如告，则废人之大伦，以怼父母，是以不告也。"都是说礼是可以分析，可以选择的，个人有独立做出道德判断的自由。

　　第二，在孔子那里，礼对于个人来说，主要还是外在规范。所以他要求人们学礼，复礼，非礼勿视，勿听，勿言，勿动。至孟子，礼成为人的自觉的道德意识了。礼非铄于外，礼根于心。外在的规范变为人的内在的需求。礼由政治学的概念变成了伦理学的概念。

　　孟子说，"仁义礼智根于心"(《孟子·尽心上》)。"非由外铄我也，我固有之也，弗思耳矣。故曰求则得之，舍则失之"(《孟子·告子上》)。又说，"恻隐之心，仁之端也；羞恶之心，义之端也；辞让之心，礼之端也；是非之心，智之端也。人之有是四端也，犹其有四体也。有是四端而自谓不能者，自贼者也，谓其君不能者，贼其君者也，凡有四端于我者，智皆扩而充之矣"(《孟子·公孙丑上》)。

　　孟子认为，人人皆有天赋潜在的"四心"，这四心乃人之内在本性，有的人能够自我意识到，加以扩充，而发展成为仁义礼智四德。有的人则自我意识不到，四心终生埋没，成不了一个有四德的君子。成为哪一种人，关键在于自己能否扩充，能否将丢掉的四心求回来。

　　孟子说，人与禽兽的差别仅仅在这一点上："耳目之官，不思而蔽于物，物交物则引之而已矣。心之官则思，思则得之，不思则不得也"(《孟子·告子下》)。耳目之官是感官，不能思考，人兽共有，"心之官则思"，人能够用心之官进行理性的思维，而禽兽不能。

　　孟子用天赋人性的理论解释人的道德品格的根源，忽略社会存在对人的影响，肯定是唯心主义的。但是，他的这一思想同时也有不容忽视的进步意义。人人皆有善性，君子小人的划分，决定于自己能否扩充"四心"，能否求"放心"，所以"人皆可以为尧舜"。这是一。第二，礼由外在的社会规范，变为人之内在的道德自觉，人不再只是被礼规范的对象，人也是自觉行礼的主体了。人受到了重视，人进一步被发展了。还有一点，礼治的主张被仁政的理想所取代包容。仁政的重点在君上，不在百姓，君上要"以不忍人之心，行不忍人之政"（《孟子·公孙丑上》）。用礼约束百姓，成了次要的事情。百姓不得温饱，"救死唯恐不赡，奚暇治礼义哉"（《孟子·梁惠王上》）。孟子的这一思想是伟大的，后世儒家"存天理，灭人欲"，"饿死事小，失节事大"的观点，与孟子背道而驰。

第三，孟子重视人的自我发展，所以最少"三纲"思想。"三纲"这个后世封建礼教的核心成于汉代。如《礼纬·含文嘉》说："君为臣纲，父为子纲，夫为妻纲"。《白虎通义·三纲六纪》说："三纲者何谓也？谓君臣、父子、夫妇也。"但是"三纲"思想非汉人首创，其源头实在孔子。《易系辞上》说："天尊地卑，乾坤定矣"，"乾道成男，坤道成女"。《易·坤卦·文言》："阴虽有美含之，以从王事，弗敢成也，地道也，妻道也，臣道也。地道无成，而代有终也"。《易·家人卦·象传》："女正位乎内，男正位乎外，男女正，天地之大义也，家人有严君焉，父母之谓也，父父子子兄兄弟弟夫夫妇妇而家道正。正家而天下定矣"。《易大传》的这些言论显然有君尊臣卑，父尊子卑，夫尊妻卑的思想在内。《易大传》虽不必为孔子亲笔撰定，其思想属于孔子当无疑问。《仪礼·丧服传》说："父至尊也"，"君至尊也。""妇人有三从之义，无专用之道"。《丧服传》系子夏作，它的思想肯定与孔子有关系。又《礼记·杂记下》说："恤由之丧，哀公使孺悲之孔子学士丧礼，士丧礼于是乎书"，更证明《仪礼》一书与孔子不无关系。《春秋》是孔子作的。"《春秋》以道名分"（《庄子·天下》）。"《春秋》以道义"（《史记·自序》）。名分，主要是君臣、父子、夫妇之名分，义，主要是君臣、父子、夫妇之义。这些东西很明显是"三纲"的思想，匡亚明同志的《孔子评传》说孔子因有忠君尊王思想才受到后世封建统治者的尊崇，是对的。

孟子与孔子不同。孟子有一点"三纲"思想的倾向，但是极不显著，例如他说："使契为司徒，教以人伦：父子有亲，君臣有义，夫妇有别，长幼有序，朋友有信"（《孟子·滕文公上》）。"以顺为正，妾妇之道也"（《滕文公下》）。相反地他反对"君为臣纲"的言论倒相当激烈。他对君提出极高的要求，给臣以极大的权利。他说："惟仁者宜在高位，不仁而在高位，是播其恶于众也"（《孟子·离娄上》）。"君有大过则谏，反复之而不听，则易位"（《孟子·万章下》），"君之视臣如手足，则臣视君如腹心；君之视臣如犬马，则臣视君如国人；君之视臣如土芥，则臣视君如寇仇"（《孟子·离娄下》）。君不仁，臣可以视之如寇仇，可以易其位，这与"君为臣纲"的思想是直接对立的。

孟子的理想人格是独立独行的大丈夫，孟子说："居天下之广居，立天下之正位，行天下之大道，得志与民由之，不得志独行其道。富贵不能淫，贫贱不能移，威武不能屈。此之谓大丈夫"（《孟子·滕文公下》）。这个独行其道的大丈夫，是个只相信仁义，不甘受君臣父子之道束缚，具有独立人格的个体形象。孟子虽不公开反对礼对人的制约，却也对礼不以为然。孟子更重视的是人本身，人的个性，人的独立人格的发展。至少可以说，孟子比孔子更看重人。孔子说人应当爱人，人有被爱的权利，于是人成为自我认识的对象，孟子则进一步强调人应该自我思考，自我完善，自我修养，于是人不仅仅是对象，人更是主体了。孔子认为人有生而知之，学而知之，困而后学，困而不学之分。孟子则断定就其本性来说，人是相同的，都有"四端"藏于心，都有机会成为尧舜。孟子给予人更多更大的自我创造的自由。在孟子这里，礼在人的心中，礼是人的内在需求。人是行礼的主体，不再单纯是受礼规范的对象，人有权利对礼做出道德判断。

四　荀子强调礼的社会控制作用和社会规范意义

荀子是早期儒家学派中异军突起的一位，就其思想体系的主流和基调来说，他与孔孟并无二致，而在对礼概念的认识上却有自己独特的一套，不同于孔子，更与孟子相反对。儒家的礼概念在荀子这里发生一次飞跃。孟子说"仁义礼智根于心"，礼是内在的自觉的道德意识，荀子则把礼看作纯粹人为的外在的社会规范。孟子倡仁政，荀子主礼治。荀子由重礼而重刑，进而主张礼刑并用。在以后两千多年的封建社会中，荀子其人表面上虽不被重视，但他的礼刑并用的思想一直暗暗被统治者所应用。

关于礼的实质，孔子的观点上文已经论及，礼的实质内容是仁义，礼是仁义的表现形式。仁的基本内容是亲亲，亲亲是血缘关系。义的基本内容是尊尊，尊尊是政治关系。两种关系有差等，这差等表现出来便是礼。这是儒家关于礼的实质的经典性的观点。荀子继承了这一观点，他也认为仁义与礼密不可分。他说："君子处仁以义，然后仁也。行义以礼，然后礼也。三者皆通，然后道也。"（《荀子·大略》）他也认为礼是表达尊卑贵贱亲疏远近之差等的。他说："程以立数，礼以定伦"（《荀子·致士》）。"君臣、父子、兄弟、夫妇。始则终，终则始，与天地同理，与万世同久。夫是之谓大本"（《荀子·王制》）。五伦的关系就是血缘与政治两种关系。荀子看到了这两种关系中有差等，所以他说，"礼者，贵贱有等，长幼有差。贫富轻重皆有称者也"（《荀子·富国》）；"少事长，贱事贵，不肖事贤，是天下之通义也"（《荀子·仲尼》）。人有五伦，五伦有差等，差等有标志，示人不得逾越，这就是礼。荀子用"表"比喻礼，他说："水行者表深，使人无陷。治民者表乱，使人无失。礼者，表也，先王以礼表天下之乱"（《荀子·大略》）。

在孔子之前，人们把礼作为社会规范，用以治国坊民。孔子把礼同仁义联系起来，为求使礼具有内在的自觉道德意识的性质。孟子则进一步使礼完全成为主观的道德意识，从而用仁政取代礼治。荀子则反过来，强调礼是外在的社会规范，是修身齐家治国平天下的主要环节，圣人君子要通过礼治国治民，控制社会。荀子虽然也主张王政，不要霸政，但是他的王政的内涵不是"以不忍人之心，行不忍人之政"，不是王者仁民亲民，而是王者治民坊民。

荀子与孟子不同。孟子强调个人自由,荀子强调社会控制。他把礼的功用强调到无以复加的程度。说礼是治辨之极,强国之本,威行之道,是"政之辁。为政不以礼,政不行"(《荀子·大略》)。礼之于国家,犹如绳墨之于曲直,"故人无礼不生,事无礼不成,国家无礼不宁"(《荀子·大略》)。甚至连子产、管仲都不是他的理想。"子产取民者也,未及为政也。管仲为政者也,未及修礼也。故修礼者王,为政者强,取民者安"(《荀子·王制》)。荀子认为"取民"、"为政"都不行,"修礼"才是第一流的政治。

荀子主张礼治,像似于孔子的"导之以德,齐之以礼"。其实不然,孔子的礼治以德教为前提,且有"礼下庶人"的意向。荀子的礼治则是礼法并用,坚持"礼不下庶人"的老传统。他说,"礼之经,礼与刑"(《荀子·成相》),"王者之政也,听政之大分,以善至者待之以礼,以不善至者待之以刑,两者分别,则贤不肖不杂,是非不乱"(《荀子·王制》)。又说,"由士以上则必以礼乐节之,众庶百姓则必以法数制之"(《荀子·富国》)。对士大夫用礼,对庶民百姓用刑,礼与刑并举,说明礼在荀子那里完全是一种外在的约束力量,一种强制性的社会规范。

但是礼与刑毕竟不同,礼一旦与个体的人发生关系,它必然会具有道德意识或者道德行为的意义,于是产生个体的人怎样形成礼这种道德观念的问题。孟子的回答是性善论。礼,作为一种善性,人人与生俱有,只要自己主观努力扩充,就会发展成为一种完善的德性。礼是人之性,无须外铄。荀子的回答是性恶论。他说:"人之性,恶;其善者,伪也。"(《荀子·性恶》)伪,人为,创造。人的本性是恶的,一切美好的道德意识都通过后天的"伪"即教养,锻炼获得。看起来荀子似乎降低了对人的估价,其实恰恰是提高了。孟子主人性善,说礼无须外铄,固然是对人的重视;荀子主人性恶,说礼乃后天人为养成,则是对人的伟大创造力的发现。

荀子因为主人性恶,所以对礼之起源问题提出了与孔子不同但并不矛盾的看法。荀子说:"礼起于何也?曰:人生而有欲,欲而不得,则不能无求。求而无度量分界,则不能不争。争则乱,乱则穷。先王恶其乱也,故制礼义以分之,以养人之欲,给人之求,使欲必不穷于物,物必不屈于欲,两者相持而长,是礼之所起也。"(《荀子·礼论》)在这里,荀子明确提出了礼是社会控制系统的观点。他说礼是对人的控制。人群居而欲恶相同必有争。为了使社会得到控制,不至于在纷争中崩溃,礼的产生不可避免。

那么荀子是否认为有了人类就有礼呢?不是。荀子实际上与孔子一样,也把个体婚制与父权制看作礼产生的最初契机。荀子说:"人之所以为人者,非特以其二足而无毛也,以其有辨也,夫禽兽有父子而无父子之亲,有牝牡而无男女之别,故人道莫不有辨,辨莫大于分,分莫大于礼"(《荀子·非相》)。又说:"易之咸,见夫妇。夫妇之道不可不正也,君臣父子之本也"(《荀子·大略》)。这个观点说明,礼是人类自野蛮时代进入文明时代的标志。禽兽无礼,人在群婚时代也无礼。荀子又说:"礼义者,治之始也;君子者,礼义之始也"(《荀子·王制》)。荀子认为礼是阶级社会的产物,从来不认为君子即统治者产生之前已有了礼。然而这个观点属于孔子，不是荀子的首创。荀子对礼概念所作的特殊贡献是他强调礼之社会控制作用，指出礼是后天人为养成。

总之，早期儒家礼概念奠基于孔子，孔子发现仁与义是礼的内容，孔子由于贵仁才重礼，孔子确认礼起源于夫妇有义，父子有亲。孟子继承并发展了孔子的礼概念，孟子用人性善的理论说明礼是出自人的善性的一种道德观念，在社会群体生活方面孟子鼓吹仁政，用仁政取代礼治。在孟子那里，礼主要是伦理学的概念。荀子在人性恶理论的基础之上，突出强调礼的社会控制作用和社会规范的意义。在荀子那里，礼完全是政治学的概念。

早期儒家礼概念的共同特点是重视人的价值。他们力图在理论上解决礼与人自身的关系问题。既肯定礼的必然性与必要性，又充分估价人的主观能动精神和伟大的创造力。这与汉以后形成的封建礼教有极大的区别。封建礼教从早期儒家那里吸取了"三纲"思想做为思想骨架，用以压抑人的情性，禁锢人的欲求，否定人的价值。而在早期儒家那里，除却孔子的"三纲"思想是真正的糟粕以外，其他有关礼概念的东西，作为中国的思想文化传统，都有借鉴意义。不管人们主观上愿意不愿意，借鉴是不可避免的，因为历史上产生礼的初始原因，在可以预见的将来不可能消失。我们面临的任务是，从古老的礼概念中汲取合理的精华，从观念和实践两个方面建设我们民族的现代精神文明。

（原刊《儒学国际学术讨论会论文集》，齐鲁书社1989年）

儒学万宗　一书总揽

——评《中国儒学辞典》

　　随着国家文化生活的振兴,近年来有一大批新编辞书问世。就我们所接触到的看,很有一些优秀之作,既满足了学术界和广大人民群众的需要,也丰富了我们的文化宝库。最近辽宁人民出版社推出的由赵吉惠、郭厚安主编的《中国儒学辞典》,是我们见到的所有优秀之作中更具特色的一部。

　　《中国儒学辞典》顾名思义是一部专业性辞书,它和人名辞典、地名辞典、成语辞典一类综合性辞书不同。综合性辞书只管搜集辞条,按笔画为序编排起来就是了。专业性辞书首当其冲的是分类,划定涉及界限。这项工作看来容易,实则不易。界限划大了,不该包括的包括了,便会使编出来的辞书不伦不类;界限划小了,该包括的没有包括,就要名实不副,起不到辞书的作用。《中国儒学辞典》对这个问题解决得比较好。它包括人物、文献、词语、学派和书院四类。打开书翻来覆去地看,从先秦到当今80年代,儒学所占居的地场不过这四大方面,这四大方面也无不含有儒学的内容。书的编排也极合适。全书2200多辞条分类排队,每一类中按出生和出书先后编次。读者可以当辞典用又可以当书看,可谓横看侧看均可,成峰成岭皆宜。

　　编一部专业性辞典,架构框梁确定之后,更难处理的是选择辞条。专业性辞典的辞条不像综合性辞典那样广为搜集即可,专业性辞典除了少数大部头巨著之外,一般总要有所选择,尤其《中国儒学辞典》不过百八十万字,要想把两千多年来积累起来的儒学人物、文献、词语、学派、学院诸方面内容尽行囊括,是不可能的。单说文献一项,儒家的著作简直浩如烟海。古人说,"儒者以六艺为法"、"儒家者流","游文于六经之中"。儒家关于六经的书多得难以计数,收入《四库全书》的就有大约1600种,《四库全书》以后至今不知更有多少种。这还不算子部、集部中与儒家有关的书。儒家人物从古到今多得很,各史《儒林传》里收入可观的一批,之外还有许多虽不专治六经却与儒家学派紧密相关的各类人物。《中国儒学辞典》的成功之处就在于它的辞条选得慎,选得精。入选辞条有一定的原则。人物,从孔夫子到孙中山,凡属儒学大家,或者构成儒学发展史一个环节的,一概不漏。儒家"祖述尧舜,宪章文武",所以尧舜禹汤文武周公也要选入。黄帝是华夏祖先,选入亦有必要。对今人的选择尤其煞费苦心。选入蒋介石、戴季陶,表明编者具有明确的辞典意识。辞典的工具书价值,要靠它的客观性与全面性保证。最难选的是概念词语部分。这方面的东西多而杂,有的现成有的不现成。《中国儒学辞典》的这部分辞条选得也是比较好的,基本上能够反映儒家学派的思想面貌。近年来国内儒学研究渐兴，热心儒家研究的人多了，也出现了一批儒学研究的新成果，还成立了像中国孔子基金会那样的儒学研究团体。《中国儒学辞典》积极审慎地将这些新东西连同21世纪初以来涌现的儒学人物和儒学现象吸收进来，是可贵的。

撰写释文是编纂辞书最艰难的工作。主编者和撰写者的功力和社会责任心要在这里接受最后的检验。《中国儒学辞典》释文撰写得很有特色。首先，他们心中藏着一把尺子，即一切释文都贯彻儒学这个中心。与儒学无关的不写或者只是略提而已。这一点很重要，因为不如此，会把一部专业性辞典弄成杂凑。这一点也很难为，因为几十个人的编写队伍，思路不容易协调一致。辞条中有些人物不是专门治儒学的，或者名气主要不在儒学方面，如司马光、王安石、苏轼等，则着重介绍他们的儒学见解和儒学成就。近代以来专门治儒学的大家越来越少，对这些人的释文也是如此处理。胡适、郭沫若、吕振羽、范文澜诸家，只评介他们的儒学一面，基本不及其他。李大钊辞条释文只介绍反映他马克思主义儒学观的几篇文章及其对孔子的基本态度，写得扼要简明，具有代表性。《辞典》对于文献部分的处理同样遵循这个原则。象郭沫若的《十批判书》、侯外庐的《中国思想通史》、张岱年的《中国哲学大纲》及古代的《汉书·艺文志》、《隋书·经籍志》以及古人的一些集部书，都不是专讲儒学的，释文只介绍它们的有关儒学部分。

《中国儒学辞典》的释文撰写得平实无华，据实说话，读起来令人觉得可靠可信。以往的旧辞书多有一个特点也是弱点，就是只罗列史料，排比前人成说，而作者绝不折中。近年以来又有些辞典急于发表自己的议论而根据不多。"儒学"是意识形态的学问，没有一点论是不行的。《中国儒学辞典》释文的作者们处理得较恰当，既介绍史料又不罗列史料，既发议论又不空发议论。对于有争议的问题或择善而从，或诸说并存。比较难处理的是政治上的反面人物，他们却也处理得很得体。曾国藩、蒋介石、戴季陶等条的释文，只是客观地介绍其关于儒学方面的政治、学术思想，不加品评，褒贬由读者自己去做。对于在"文化大革命"中有影响也有争议的人物杨荣国、赵纪彬及他们的著作《中国古代思想史》、《论语新探》，写得也公道、实在，并无旁生枝叶之处。如果我们说这部辞典释文的作者们心中有一个实事求是的态度，那是不为过的。

这部《辞典》的释文给我们留下的另一个突出印象是，它们在评介儒学人物、儒学文献、儒学词语的时候，都不忘记中国传统文化的大背景和近年来学术界关于文化史讨论的新进展。释文之中渗透着批判继承的精神，它献给读者的都是真东西，精华和糟粕揭示得也清楚。

辞典的文字，要求言不烦，规范准确。这部辞典的绝大多数释文是做到了的。而且话说得都很顺畅。虽然文白间错，但是并不觉疙瘩。有些释文还颇富文采，饶有生趣。有些生僻难懂的古代词语还加了简注，便于阅读。

*此文为与金景芳合作

（原刊《辽宁书讯》1989年7月20日）

《周易全解》纂后剩语

全国高校古籍整理研究工作委员会资助的古籍研究重点项目《周易全解》，经过3年多的工作，已于今年3月间脱稿，由吉林大学出版社编辑出版，10月可望见书。据出版社曹德本总编辑告知，一次征订4万册。在目前出版业不甚景气的情况下，这个数字是令人兴奋的。这说明我们的工作已初步得到社会的承认，功夫没有白费。

《周易全解》是金景芳先生牵头的项目。金景芳先生早在20年代就自学《周易》，至今60多年不曾间断。1939年底在四川自流井东北中学教书时写成《易通》一书，1941年获教育部学术奖励，1945年由商务印书馆出版。《易通》是我国较早运用马克思主义理论与方法写成的易学专著之一，是先生的奠基作也是成名作。新中国成立以后，先生来吉林大学任教，先后发表《易论》、《说易》、《关于周易的作者问题》等重要论文，还多次给博士生、硕士生、进修生开《周易》的课。先生对《周易》的兴趣老而弥笃，功夫或不亚于"韦编三绝"，而休会渊深，形成了自己有特色的易学思想体系。

记得1983年到1984年的时候，先生萌生写一部总结性易学著作的念头。1985年正式提出写作计划。当时先生感到自己已80多岁，体力恐怕有所不支，邀我合作，先生指导，由我动笔。我觉得这是先生对我的信任和看重，乃欣然接受。50年代我在吉林大学历史系学习，跟先生学习历史文献和先秦诸子，先生以为不是朽木，毕业时曾提议留下做他的助手，由于政治气候的原因而未果。1979年春天，先生终于把我调到身边工作。10年来，我作为先生的助手，除了协助他做研究工作、教书以及担任一些行政事务之外，余下的精力大部分用在跟先生学《易》上。先生把写作《周易全解》的任务交给我之后，压力迫使我不得不下大功夫深入体会先生的易学思想，达到举一反三、融会贯通的程度，力求把先生的体会变成我自己的体会。1985—1986学年度，先生举办了一次《周易》研讨班，我随班听了先生一年的课。事后根据记录整理出一部书，就是1987年秋出版的《周易讲座》。整理这部书对于我来说无疑是一次很好的磨炼。

值得一提的还有一点，我们所以能够完成这部书，与我们遇到的一个压力和一个动力很有关系。1986年全国高校古籍整理研究工作委员会把《周易全解》列为它资助的古籍研究重点项目之一，拨给数千元的经费。从此我们等于被"逼上梁山"，想干不想干，干好干不好，都必须干，退路是一点没有的。金先生本人对于国家的资助尤其念念不忘。先生是旧社会过来的人，旧社会高校教师搞科研是个人的事，政府是不管的。现在国家财政不宽裕，还拨出这么多钱支持搞古籍整理研究，先生深知个中的甘苦，所以经常以此激励我，教育我，切切不可以不放在心上，或者马虎从事。这无论对于金先生还是对于我，都是一个很大的压力。

近些年的传统文化讨论热和《周易》研究热，是我们写成《周易全解》的一个推动力。我们对传统文化讨论中出现的否定传统文化和鼓吹全盘西化的观点感到忧虑。有人把中国古老文明叫做黄色文明，贬得一无是处，似乎不用所谓先进的蓝色文明来取代，中国民族便面临绝境。这是荒唐也是危险的见解。每一个民族都有自己传统的根。每一个传统都有它优秀的一面和不优秀的一面。因为它有优秀的一面，所以它能支持一个民族存在下来。因为它有不优秀的一面，所以它必须吸取先进，改造自己，从而推动一个民族不断前进。完全否定传统文化的倾向，促使我们增强了研究传统文化的决心。《周易》这部书是中国传统文化的菁华，中国人的传统思维方式、价值观念、审美标准、政治意识，莫不与它有关。《周易》也是儒家经典中最为精粹的部分。无论我们承认与否，它对我们民族的影响是客观存在的。它经得起时间的考验，人民对它的兴趣经久不衰，直到我们民族奔向现代化道路的今天，人们对它的兴趣竟由激情发展成为狂热，这使我们受到震动和鼓舞。《周易全解》必须尽快地写出来。

写这样一部书最好思维连续而不经常被打断。我受姚孝遂先生率一班人马出走杭州短时间内完成大部头的《殷墟甲骨刻辞类纂》的成功经验的启示，1988年从年初到年终违例躲进博士生宿舍，苦思苦斗365个日夜，无异于走过365里艰难的路。精力一集中，功效倍增，书稿终于完成，金先生几乎同时完成删润、定稿工作，旋即付梓。

关于《周易全解》的思想特色，金先生在书序中已经做了详赡的交代。我这里再扼要的谈几点。有的是金先生说过的，有的则是我的补充。一、《周易》是一部古老的哲学著作，艰涩难懂，神秘莫测，非用马克思主义理论与方法解不开它的迷。我们正是这样做的。二、易学史上有象数和义理两大派。象数派起于汉代。汉人治《易》是为了卜筮，所以讲卦气、纳甲、爻辰等等，把《周易》视作纯粹卜筮之书。唐人李鼎祚的《周易集解》、清人惠栋的《易汉学》、张惠言的《虞氏易》等等都属于这一派。这一派贬低了《周易》的价值并把《易》的研究引上歧路。义理派应当说发轫于孔子，形成于王弼，光大于程颐，清人的《周易折中》集其大成。这一派以为《周易》是讲思想的书，我们赞成这一派的观点。三、《易传》是孔子作。《易传》的思想属于孔子。《易经》之由卜筮产生且蕴藏于卜筮之中的哲学经过孔子的发掘，我们才得以认识。四、《周易》的作者是唯物论者和无神论者。他们讲卜筮讲祭祀只是为了"以神道设教"，使百姓服从统治。这是《周易》哲学的特点，也是整个中国古代哲学的特点。但是《周易》与《老子》不同。《老子》哲学是客观唯心论，却不言及鬼神祭祀。《周易》利用卜筮，重视祭祀，屡言上帝鬼神，却是唯物论。五、《周易》是一部哲学著作，它代表古代中国人的理论思维水平。它的价值和作用在哲学方面。哲学是指导实践的理论，仅此而已，过分夸大它的作用，以为什么都可以从《周易》里找到现成的答案，是不对的。

　　除以上诸思想特色之外,《周易全解》在表达上也有它的特点,它一律用现代汉语解说,对于古人的东西,只是吸取其精义,而不罗列它的原文,读起来极其方便。这个字怎么讲,那个字怎么讲,独不管句中思想怎么讲的写法,我们不取。古人甲怎么说,古人乙怎么说,征引一大篇,独少见自己怎么说的写法,我们也不取。

　　完成了《周易全解》的写作任务,顿有如释重负的轻松之感,我们觉得自己为古籍研究工作尽到了一点应尽的责任,为继承和发扬我们民族的优秀的传统文化做出了一点贡献。我们要衷心感谢全国高校古籍整理研究委员会周林同志及安平秋、马樟根、曹亦冰和吉林大学出版社曹德本、黄曼萍诸同志,因为在我们的成果中饱含着他们的关注、支援和友情。

（原刊《古籍整理出版情况简报》1989年11月10日）

关于孔子思想的几个问题

一 孔子的仁概念有三个层次

孔子仁概念最主要的一个层次是回答人的本质的问题。孔子说：

> 仁者人也，亲亲为大。义者宜也，尊贤为大。亲亲之杀，尊贤之等，礼所生也。

《中庸》里记载的这段话反映孔子对人的本质的深刻认识。孔子已经从社会关系的角度来观察人了。社会关系纷纭繁复，但不外乎血缘关系与政治关系（经济关系，阶级关系由政治关系表现出来）两类。

"仁者人也，亲亲为大"，仁是什么？仁就是人。人之所以为人，就是因为人知有父母，生活在由父母引申而来的血缘关系中。人一旦失去这种关系，便与禽兽无异，不再是人。

血缘关系的特点一是有限度，二是有等次，在血缘关系中，"亲亲为大"。以与父母的关系为根本，为第一，然后上下左右依次有限地引申。《礼记·丧服小记》说："亲亲以三为五，以五为九，上杀下杀旁杀而亲毕矣。"以自己为基准，上亲父下亲子，这是三。因亲父而亲祖，因亲子而亲孙，这是以三为五。因亲祖而亲曾祖、高祖，因亲孙而亲曾孙、玄孙，这是以五为九，杀是减的意思。亲属关系依次递减，分出不同的等次。虽说九代，对于每个人来说，实际上就是五代，即高、曾、祖、祢及己身。超出这个范围就出五服了，不算亲属关系。

仁就是要求人对自己有限的亲属关系圈中的人实行有等差的爱，孔子说："立爱自亲始"（《礼记·祭义》），"孝弟也者，其为仁之本与"（《论语·学而》）！人对人的仁爱有先后等次，首先爱父母，爱兄弟，然后推及五服之内的亲属，然后推及所有的人。一个能仁爱的人，首先必须是孝敬父母，友爱兄弟的人。

除对亲属的爱之外，仁还包括人类之爱。《吕氏春秋·爱类》说："仁于他物，不仁于人，不得为仁。不仁于他物，独仁于人，犹若为仁。"这是强调仁是人类之爱，即解决人作为一个人与同类的关系问题。这种关系讲的比较抽象。《孟子·尽心上》说："君子之于物也，爱之而弗仁。于民也，仁之而弗亲。亲亲而仁民，仁民而爱物。"这样讲就比较具体，仁不包括爱物，爱人也有亲疏远近不同。首先是亲亲，其次是仁民。亲亲与仁民都是仁，但有先后和程度的差别。

"义者宜也，尊贤为大"，宜是应该、适当的意思，尊贤即尊尊。人除了有血缘关系及由血缘关系引申而来的人与人之间的关系以外，还有一种尊卑上下的关系，即政治关系。尊卑上下有严格的等级规定。每个人都属于一定的等级，都有与上与下的君臣关系或主奴关系。《左传》昭公七年所说"天有十日，人有十等"，"故王臣公，公臣大夫，大夫臣士，士臣皂，皂臣舆，舆臣隶，隶臣僚，僚臣仆，仆臣台。马有圉，牛有牧"，就是等级制度的具体说明。每个人都必然地处在这界限分明的等级关系之中，除王至高无上以外，其余每人都要尊自己的君。奴隶之间也有上下等级的不同。《谷梁传》成公元年说："古者立国家，百官具。农工皆有职以事上，古者有四民：有士民，有商民，有农民，有工民。"这些材料说明，人们无不生活在等级阶梯中，并且受这种关系的制约。人的这种政治关系（表现为等级关系）和处理好这种关系，就叫义。义与仁不同，仁反映血缘亲爱，义反映上下服从。

一个人的身上同时体现血缘与政治两种关系，于是就有怎样摆正这两种关系的关系问题。古人的原则是："恩者仁也，理者义也"，"门内之治恩掩义，门外之治义断恩"（《礼记·丧服四制》）。在家族之内论血缘关系，政治关系须服从血缘关系。在家族之外论政治关系，血缘关系要服从政治关系。《左传》隐公四年记载卫国大臣石碏杀掉自己的犯弑君罪的儿子石厚，史称"大义灭亲"，就是"门外之治义断恩"的例子，人皆逃不出这两种关系。这两种关系的总和就是人之本质的规定。

"亲亲之杀，尊贤之等，礼所生也"。血缘关系有亲疏远近，政治关系有尊卑贵贱，二者都有等差。礼就是由于显示人与人之间的等级差别的需要而产生的。把仁与义两种关系表达出来，使之成为现实，这就是礼。仁与义体现人的本质，礼就是仁与义的表现形式。仁义礼三者是不可分割的整体。这整体就是人。

反映孔子这一正确认识的还有《易传》。《说卦传》说："立天之道曰阴与阳，立地之道曰柔与刚，立人之道曰仁与义。"天与地，即自然界的规律，是阴与阳或柔与刚的对立统一。人的规律则是仁与义的对立统一。这等于说人就是血缘关系和政治关系的总和，而且两种关系如同阴与阳，柔与刚，互为存在的前提，是不可或缺的。

这是孔子的仁概念的第一个层次，仁是血缘关系，和义一起构成人的本质。

孔子仁概念的第二个层次是指一种理想的人格。这种人被称为仁者。在早期儒家的语言里，仁者与智者对言。如《系辞传》言"仁者见之谓之仁，智者见之谓之智"。仁者是极难能的品格，孔子说："若圣与仁，则吾岂敢！"（《论语·述而》）圣人与仁者并提，而且孔子自认做不到。可见做个仁者不容易。孔子说："君子而不仁者有矣夫，未有小人而仁者也。"（《论语·宪问》）君子可能不是仁者，但小人绝不会是仁者。

仁者有什么特点呢？孔子说知者是"务民之义，敬鬼神而远之"。仁者是"先难而后获"（《论语·雍也》）。"知者乐水，仁者乐山。知者动，仁者静。知者乐，仁者寿"（同上）。"仁者安仁，知者利仁"。"唯仁者能好人，能恶人"（《论语·里仁》）。"巧言令色鲜矣仁"（《论语·学而》）。"夫仁者，己欲立而立人，己欲达而达人"（《论语·雍也》）。"仁者不忧，知者不惑，勇者不惧"。"仁者必有勇，勇者不必有仁"（《论语·宪问》）。"刚毅木讷近仁"（《论语·子路》）。"仁者其言也讱"（《论语·颜渊》）。

"微子去之,箕子为之奴,比干谏而死,孔子曰,殷有三仁焉"(《论语·微子》)。"子曰,志士仁人,无求生以害仁,有杀身以成仁"(《论语·卫灵公》)。

根据孔子上述这些言论看,仁者讷于言而敏于行;仁者推己及人,好事自己想得到,也让别人得到;仁者,行仁就是目的,不是为了利己才行仁;仁者爱人,但爱好人,不爱坏人,能爱也能憎;仁者为人不为己,故无所畏惧,必要时可以奉献生命;但是仁者成仁不必死,只要能够维护正义和原则,不死也一样。如比干谏而死是仁者,微子逃走,箕子佯狂为奴,也是仁者,三人在反对纣王无道上并无区别。

孔子仁概念的第三个层次是指示为仁之方法、途径。第一,行仁的基本条件是要有行仁的意识和觉悟,亦即首先要解决思想认识问题。孔子说:"仁远乎哉?我欲仁,斯仁至矣。"(《论语·述而》)"为仁由己,而由人乎哉!"(《论语·颜渊》)

第二,为仁贵在坚持,时时刻刻,一生一世都如此。孔子说:"君子无终食之间违仁。造次必于是,颠沛必于是。"(《论语·里仁》)颜渊能做到"其心三月不违仁",孔子就夸他了不起(《论语·雍也》)。

第三,行仁的基本方法和途径主要有三个方面。一、礼是仁的表现形式,所以要从礼上用功夫,即所谓"非礼勿视,非礼勿听,非礼勿言,非礼勿动","克己复礼为仁"(《论语·颜渊》)。二、仁的意义是解决己与人的关系问题,所以遇事要推己及人,即所谓"能近取譬","己欲立而立人,己欲达而达人"(《论语·雍也》),"己所不欲,勿施于人"(《论语·颜渊》)。三、行仁是个大目标,所以要有全面的修养。"恭、宽、信、敏、惠,恭则不侮,宽则得众,信则人任焉,敏则有功,惠则足以使人","能行五者于天下,为仁矣"(《论语·阳货》)。仁者不必是知者,但不可是愚人,所以须好学。"好仁不好学,其蔽也愚"(同上)。

总之,孔子的仁是个内涵丰富的体系,它的主干和基点是关于人的本质的规定。仁反映血缘关系,义反映政治关系,礼是两种关系的外部体现。仁义礼三者的统一构成人的本质。人是两种社会关系的总和。人必然是具体的,现实的,不存在超社会的抽象的人。这一深刻的思想是孔子人生论的理论基石。孔子的人生理论以反身修己为特征。反身修己的直接目标是追求仁义礼统一的完美人生。

二 仁义礼的统一是孔子思想的核心

较为流行的常见说法是仁核心说和礼核心说,两说的共同特点是它们的绝对对立。仁核心说排斥礼,礼核心说排斥仁,这正是它们的问题所在。它们抓住一个概念、范畴当作一个思想家的思想核心,而忽略它的整体性。

我们看孔子的思想要见木更见林,看到它的整体性。仁义礼三个概念在孔子那里是一个人生论的体系,不是各自单独立义的。

孔子用仁义礼三者界定人的本质,仁义是人的本质内容即两种社会关系的总和,礼是人的本质内容的表现形式。仁义的内容和礼的形式的统一,这就是人。

孔子给人指出自我完善的理想目标——做一个仁者，这个仁里也包含着义和礼。无义无礼的仁者是不可思议的。所以孔子讲"三十而立"（《论语·为政》）."立于礼"（《论语·泰伯》），"不学礼，无以立"（《论语·季氏》）。仁者必是知义知礼的人。

仁义礼三者也是孔子提出的道德规范。依孔子的要求做去，人将求得主体与客体的和谐统一，并且在血缘关系和政治关系制约的此岸世界中争得最大限度的自由，从而做一个完美的人。这完美的人是具体的，现实的，他有明确的独立人格，其志不可辱不可夺。他这独立人格的本质特征是：讲修养，对己不对人；讲利益，为人不为己。

孔子既然讲仁义礼三者共同构成人的本质、人的理想人格、人的修养途径和目标。那么，当他讲到仁的时候，义与礼也在内了；当他讲到礼的时候，仁与义必也在其中，孔子讲话时不可能三者同时论及，随具体的语言环境而必然要有所侧重。说孔子思想的核心就是仁或者就是礼，显然与孔子的本意相悖。

说孔子思想的核心是仁义也可以，但我以为说是仁义礼三者的统一，更为妥当。孔子的仁义礼三者不可分，从道家的言论也看得出来。道家老庄对孔子的思想是极清楚的，他们对孔子是仁义礼全面反对。《老子》第十八章讲："大道废，有仁义。智慧出，有大伪。"第三十八章说："夫礼者，忠信之薄，而乱之首。"第十九章说："绝圣弃智，民利百倍，绝仁弃义，民复孝慈。"全面反对孔子的仁义礼，不单攻击其中的哪一项。这从反面证明仁义礼的哪一个都不是孔子思想的核心。

《庄子·天道》记孔子往见老子，大讲十二经。老子不耐其烦，让他说出自己学说的基本点，孔子答以"要在仁义"。这话固然不必以为真出孔子口，但是说庄子认为孔子思想的要点是仁义，恐无问题。这大概也反映当时人们的一般看法。孔子和整个儒家学派一直是以高谈仁义著称的。而仁义之中已经有了礼。不讲礼或忽略礼的仁义根本不存在。

说礼是孔子思想的核心，那就距离实际更远。仁义是本，是内容；礼是末，是形式。离开本的末，抽出内容的形式，也是不存在的。孔子绝不可能丢掉仁义而空言礼。孟子、荀子言礼，墨子也言礼。言礼的不是孔子一人。言仁义的也不是孔子一人，孔子的过人之处是他把仁义礼三者作为一个整体考察，看到了人的本质，并据以给人们指出一条仁义礼三位一体的修养目标和途径。

三 孔子思想的现代意义

对传统思想文化的继承，乃历史发展之必然，历史既然不能割裂和隔断，继承也就无法避免。我们曾经试图与传统彻底决裂而终于不获成功，就是最好的证明。继承不仅是个理论问题，也是个实践问题。孔子思想中哪些有现代意义，应该继承，哪些没有，应该摈弃；历史家和理论家的鉴别是重要的，但是归根结底要受亿万人民革命实践的检验。

社会存在决定社会意识，孔子是奴隶制时代的人，他的思想当然反映那个时代的精神，但它已汇入传统的长河，供后人汲取。汲取什么和不汲取什么，要依据我们时代的要求来决定。想证明孔子思想全是精华或全是糟粕，是同样的徒劳无益。关键的问题是我们需要什么和孔子思想中哪些适应我们的需要。

孔子有君主主义思想，鼓吹忠君，维护君主制度，没有民主共和的观念，所以孔子思想要不得。这一想法我以为可以改变。就孔子说，由于时代的原因，他只能有君主主义思想。我们现代中国人自辛亥革命起才开始普遍接受民主共和的观念，至今刚刚80年，怎可要求25个世纪前的孔子和我们一样！就我们自己说，谁也不会想到学孔子的榜样，提倡和追求君主制。人们对孔子感兴趣，不是向往他的君主主义，而是他的强烈的仁民、保民的民本思想。民本思想与民主主义不同，但它对我们无疑有借鉴意义。

孔子的忠君尊君的思想保护并延长了中国两千年之久的封建专制主义统治。我以为这一说法也可以改变。首先，秦始皇的专制主义统治是依据法家韩非的理论建立起来的。因为孔子思想对他不利，所以才焚烧了儒家的书。其次，自汉武帝起历代帝王尊崇孔子，不是因为他有君主制的思想。君主制的思想，有韩非在，孔子根本排不上。孔子受崇，恰恰因为他有反专制主义倾向的民本主义思想。帝王们用孔子的这一思想进行宣传教育，以笼络民心，巩固统治。

那么，是不是孔子思想为封建专制主义统治增强了应变能力，延缓了它的死期呢？这要分析看，君主专制主义曾经是合理的，进步的，并非一开始就该死。给他注入一些活力未必是过错。后来到它该死时它却不死，主要是没有及时产生崭新的思想体系做为启蒙的先驱和强有力的新制度取代它。责任不在孔子的思想。犹如堡垒未攻克，原因不在堡垒守卫坚固，而在你未能攻克。

在分析孔子思想现代意义时还应注意划清界限。研究孔子就是研究孔子，不把别的人同他混淆。尤其不可将董仲舒及其以后儒家的东西扣到孔子的头上。后世人的思想不应该由孔子负责。研究先秦的儒家就是研究先秦的儒家，不可将宋明新儒家等等与之混为一谈。

孔子的仁义礼，对于我们来说，里边也有精华可取。仁义礼当初是作为三位一体提出的。仁有三个层次的含义，即人的本质、理想人格、理想人格的道德规范。与古代相比，今天的中国人的理想人格和道德规范已大不相同。但是人的本质却一仍如旧，人还是一切社会关系的总和，还要在血缘关系和政治关系的交互制约中实现自我价值，不但今天如此，在可以预见的将来也不会不如此。现代中国人的价值观念、道德意识不能不继承传统中的某些东西。仁义礼我们不可以作为整体拿过来，分别加以吸取则是必要的。我们要培养的是修己、利他、爱人、奉献、意志独立的理想人格，孔子和儒家提倡的反身修己、仁者爱人、己所不欲勿施于人、四海之内皆兄弟、杀身成仁、不义而富且贵于我如浮云、舍生而取义，等等，对我们仍然有用。西方追求我就是我，我行我素，我为自己的利己主义的价值观念，不适合我们的国情和人情。舍己为人的人令人感动、崇敬；与世冷漠，只顾自己的人没有人欢迎；而损人利己者必遭唾弃。这就是我们的价值观念。

孔子与儒家的礼是反映剥削阶级的等级观念的，大部分今日已不适用。但是我们不能没有礼，因为差别还存在，人群还存在。只要不是大家都变成鲁滨逊，礼就不能缺少。男女有别，长幼有别，亲疏有别，上下有别，主客有别，人己有别，对待也须有别。有别就是礼。讲礼与虚伪不是一回事。讲礼与平等待人也不抵触。我们现在礼不是讲得太多而是太少。我想，大家都像孔子要求的那样去做，视听言动都合于礼，肯定不是什么坏事。

（原刊《孔子研究》1990年第4期）

早期儒家思想与中国传统文化

儒家思想是传统思想文化的主干，在传统思想文化的讨论中，如何评价儒家思想的问题是重要的，有历史的意义，也有现实的意义。儒家思想源远流长，有一个长期发展演变的过程。活跃于先秦百家争鸣环境里的早期儒家和后世封建专制主义条件下的儒家是不同的，该区别对待。为了廓清世人的误解，本文拟就先秦早期儒家思想在中国传统文化中的若干问题提出自己的看法，以就教于方家。

一　早期儒家哲学的思辨性

黑格尔说孔子的学问主要是道德说教，缺少思辨的哲学。这话不符合实际。由于黑格尔的学术地位太高，他的说法曾经广泛地为人所接受，特别是中国学者受他的影响更大。孔子及儒家甚至全部古代中国学术界缺乏理论思维，缺乏真正的哲学，在不少中国人的头脑中已成无须讨论的定论。但是我以为大有讨论之必要。黑格尔对中国古代的思想未必有多深的了解，他的判断至少说是片面的。

孔子是儒家学派的创始人。孔子固然讲人的修养多，讲伦理道德多，甚至可以说孔子的学问就是反身修己的学问，但是这并不影响孔子思想具有深刻的思辨性。《论语·子罕》："子在川上曰：'逝者如斯夫，不舍昼夜！'"孔子把一切都看作变的，动的，就像流水一样昼夜不止地前行。这当然是很思辨的哲学思想，很深刻的理论思维，与古代希腊的那位伟大的哲人赫拉克里特说的"一个人不能两次踏进同一条河流"那句著名的话相比，毫不逊色。可以说，两位大家使用两种不同风格的语言表述了一个相同的命题，看不出谁的思辨性弱一些。

《论语》里讲思辨性哲学的地方不多，那是由于孔子侧重教导学生如何做人和如何做官的缘故。讲的少不等于讲的浅，讲伦理道德也缺不了理论思维做基础。比如孔子要求人们要做到中庸，《论语》里只有两句话，一句说："中庸之为德也，其至矣乎，民鲜久矣。"（《雍也》）另一句说："过犹不及。"（《先进》）两句话委实不多，可是它们的深刻的思辨性，在二千多年前的古代是无与伦比的。我不知道西方古代哲人有谁讲过类似的话。中庸的意思是做事看问题要有个度，将分寸把握得恰到好处，不足不好，过也不好。坏事不必说，好事做过了头也不好。这叫做"过犹不及"。懂得坏事不做，容易。懂得好事须做足，也不难。懂得好事做过了头要变坏，则不是一般人能办到的。又在行动中做得到，那就几乎不可能。所以孔子说中庸是至德，寻常百姓做不到。如果把《礼记·中庸》所载孔子的话："天下国家可均也,爵禄可辞也,白刃可蹈也,中庸不可能也",拿来对照看,中庸的意义就更明确了。孔子认为仁义都可以做到,中庸不能做到。不仅百姓做不到,大人君子也不可能。这就说明中庸是个哲学概念,孔子深刻地认识了它。

那么中庸是什么呢?我们知道,真理与谬误的差异只在有限的范围内有意义,真理达到极界时再前迈出哪怕一小步,就变成谬误。我以为,这也就是中庸的含义。无论如何不能说这不是理论思维,不是思辨的哲学。有人说中庸哲学是搞阶级调和,是折中主义。完全是歪曲或者是出于误解。孔子虽无阶级的观点,不懂阶级间的斗争,但是斗争观念还是有的。例如他总是极力划清君子和小人的界限,强调"唯仁者能好人能恶人"(《里仁》),教人"不仕无义"(《微子》),自称"不义而富且贵于我如浮云"(《述而》),陈恒弑其君,他沐浴而朝,"请讨之"(《宪问》),等等,都说明孔子是讲原则的人,不提倡搞调和,和稀泥。孔子更反对折中老好,虚仁假义。他把那种人叫做"乡原",称之为"德之贼也"(《阳货》)。孟子对乡原的特点和危害有详细的阐述(见《孟子·尽心下》)。孔子既痛恨乡原的老好伪善,他提倡的中庸必不是折中主义。况且,如果中庸是调和折中,孔子何须说"中庸不可能也"!

《礼记·中庸》记孔子说:"君子之中庸也,君子而时中。小人之中庸也,小人而无忌惮也。"把中与时联系起来称作"时中",指出"时中"的反面是无忌惮。世界是变化的,变化通过时空形式表现,而空的形式归根结底表现为时。人欲认识并适应客观世界,准确把握环境的变化,做出恰当的反应,必须依时而行。依时而行就是中,中必是合时宜的。孔子一生的活动都贯穿着时中的精神,他从政,教书,周游各国,鼓吹仁义,都以时中为前提。时中是孔子思想的哲学基础。孔子自己说过:"我则异于是,无可无不可。"(《微子》)孟子说,"可以仕则仕,可以止则止,可以久则久,可以速则速,孔子也","自有生民以来未有孔子也"(《孟子·公孙丑上》),孔子"圣之时者也"(《万章下》)。孔子之高明过人处,孔子之所以为孔子,全不在仁义礼智,而仅仅在一个时字。孟子是最善学孔子的人,他对孔子思想的基本特点抓得准,学得好。孟子学习孔子,着眼点在一个时字上,他并不照搬孔子的主张,一切依时而定。所以孟子思想与孔子有很大的不同。

孔子思想有深厚的哲学根基,孔子哲学的思辨性在中国是前无古人的,在外国也不比同时代的任何哲人为弱。孟子哲学的思辨性同样值得称道。据司马迁记载,《易传》系孔子作。如果把《周易》与孔子联系起来,那么早期儒家哲学的思辨性就会看得更加清晰。不能认为孔子和儒家学派的哲学缺乏思辨性,没有理论思维,他们的思辨性的东西被大量的政治言论和道德说教掩盖了,受人冷落是可以理解的。

二 早期儒家的人概念

在传统思想文化讨论热中,儒家的人概念遭到的谴责最为强烈。人们激动地把西方哲学中的人概念拿来同孔子与儒家的人概念相对比，赞赏西方哲学重视个人的独立人格，尊重人的个性发展，批评中国儒家泯灭个人的独立人格，扼杀人的个性发展，并将中国历史发展缓慢归咎于儒家思想，说儒家思想对于人性和社会历史起了禁锢作用。

这是一个极须纠正的理论偏见。

需要先从人的本质谈起。所有的哲学都不能不言及人的问题。人是具体的，表现为个体的。所有的哲学把人作为对象时，那人都是表现为个体的，否则便不是人而是社会了。社会由人组成，但社会与人毕竟是两个对象。但是远不是所有的哲学都把人理解为具体的。中国儒家哲学中的人是具体的。西方哲学大多否认人的具体性而强调人的抽象性。人的本质即人之所以成其为人的东西寓于人的具体性之中。人总是生活于一定的社会里，人的具体性即人的社会性。离开社会性，人就要返祖而成为一般动物。近年报上常有儿童落入兽群而被动物养大又与动物为伍的报道，那些动物化了的人虽有人之身却没有人之性了，他们不再是人，因为他们失去了社会性。他们回到自然的怀抱，成为自然的一部分，彻底摆脱社会对他们的约束，获得了绝对的自由，与化作泥土的死人没有什么两样。庄子向往的鼓腹而游的至德之世大概就是这种情形。

人所生存的社会表现为一定的社会关系。社会关系自古及今不外乎两大类。恩格斯在《家庭、私有制和国家的起源》第一版序言中说人类社会有两种生产，一是生活资料的生产，一是种的繁衍即人类自身的生产。人在两种生产中结成两种社会关系。在前一种生产中结成生产关系及由此形成的经济关系、政治关系、阶级关系，在后一种生产中结成血缘关系。两种关系交互起作用决定社会历史的发展水平。人是构成两种社会关系网络中的一个个的点，并且生活在两种社会关系之中。当人生活在这两种社会关系之中并受它们约束的时候，人才是人。人总是社会的，世俗的。禽兽与上帝鬼神不具有社会性、世俗性，没有生产关系和血缘关系的约束，所以不是人。马克思正是从这个意义上给人下定义说："人的本质并不是单个人所同有的抽象物。在其现实性上，它是一切社会关系的总和。"同时指出费尔巴哈的错误，说"他只能把人的本质理解为'类'，理解为一种内在的、无声的、把许多个人纯粹自然地联系起来的共同性"，不知道"他所分析的抽象的个人，实际上是属于一定的社会形式的"[1]。马克思关于人的本质的定义至今仍然是不能取代的真理。

中国早期儒家学派生活在遥远的古代，不可能给人的本质下一个科学的定义，但是他们确实直觉地看到了人生活在社会关系之中，无法摆脱社会关系的约束。孔子为《周易》作的《说卦传》说："立天之道曰阴与阳，立地之道曰柔与刚，立人之道曰仁与义。"人道是仁与义，实际上等于说出了人道表现为两种社会关系，人的本质就是两种社会关系的总和。仁反映血缘关系，义反映受生产关系决定的阶级关系、政治关系。这一点早期儒家另有明确的阐释。《中庸》记孔子的话说："仁者人也，亲亲为大；义者宜也，尊贤为大。亲亲之杀，尊贤之等，礼所生也。"孔子把仁义理解为血缘关系和政治关系，人在这两种关系中所处的地位有等级性，礼是关于这两种关系之等级性的规定。孟子也是这样理解的："仁之实，事亲是也。义之实，从兄是也。知之实，知斯二者弗去是也。礼之实，节文斯二者是也。"（《孟子·离娄上》）仁义是两种社会关系，知是对它们的认识和把握，礼是对它们的规定。孟子对人的本质的认识比孔子更深刻一层，他已经把反映社会关系的仁义礼知纳入人的本性之内。这是正确的。有人批评孟子不该将后天获得的东西看作人的本性，然而事实上人的本性恰恰由后天的社会属性构成，自然属性仅仅为形成人的本性提供必要的前提。人们对孟子之所以发生误解，症结在于不知道或者不愿意知道孟子的仁义礼知是道德范畴更是对人生活于其间的社会关系的概括。

人在其现实性上是一切社会关系的总和这一关于人的本质的定义反映个体的人势必与他生存其间的社会发生一定的关系。个体的人与社会之间的关系应当表现为怎样的状态，是一切哲学在探讨人的问题时，不管它情愿不情愿，自觉不自觉，必然要回答的题目，而且一切关于人的哲学都要以此为出发点，所有的判断和命题都在这个题目下展示出来。

早期儒家认为个体的人与社会应当处在和谐亦即对立统一的状态。个体的人须适应社会关系的约束，不应也不能超然物外，这就是通常说的入世主义。孔子主张中庸，时中，主张反身修己，克己复礼，主张己欲立而立人，己欲达而达人，己所不欲勿施于人，以及孔子自述"吾十有五而志于学，三十而立，四十而不惑，五十而知天命，六十而耳顺，七十而从心所欲，不逾矩"（《学而》），讲的全是个体的人如何适应外部环境的问题。孟子讲仁义礼知四德，讲"求放心"，荀子讲"化性起伪"，整个早期儒家学派都强调人要受礼的约束，都重视君臣、父子、夫妇、兄弟、朋友之所谓五伦，其意义无不在于追求个体的人与社会的和谐、统一。

道家老庄走着另一条道路。他们力求使个体的人从现实社会中分离开来，回到无知无欲的赤子婴儿状态，让人们老死不相往来，隔断社会联系，摆脱一切制约，使社会的人变成自然的人，即抽象的人。《庄子·大宗师》说："泉涸，鱼相与处于陆，相呴以湿，相濡以沫，不如相忘于江湖。与其誉尧而非桀也，不如两忘而化其道。"这是反映道家出世主义的最为精卓的言论。它鼓吹泯灭是非善恶，抛弃一切世俗的价值观念，号召人们回归自然。这种观点乍看似乎极超脱，其实是以自我为中心的哲学。它考虑问题的出发点是个人自我。《庄子·让王》说："道之真以治身，其绪余以为国家，其土苴以治天下。由此观之，帝王之功，圣人之余事也，非所以完身养生也。今世俗之君子，多危身弃生以殉物，岂不悲哉!"这里说的"身"即自我，是离开社会整体的抽象个体，它已失去了人之作为人的本质规定性。从哲学的意义上说，它不是人。

近代西方哲学与中国道家有所不同，它基本上是入世的，它把个体的人作为社会整体的一部分看待，不但不主张个体脱离社会整体，还要求个体作为社会的一员服务社会，遵守法律，热爱别人。但是它的个体也是抽象的，它把一切社会关系、社会礼法制度排除在人的本质属性之外，提倡个体的人为了实现自己的欲望把它们作为外在的手段加以利用，造成身在社会而心在我的矛盾状态。在这种哲学精神的指引下,以自我为中心的抽象个性发展、抽象独立人格等等利己主义的东西成为潮流。这样的人是抽象的,失去了人的本质规定性。

个体与社会不是部分与整体的关系,而是具体与抽象的关系。社会寓于个体之中,个体是社会的具体体现。社会整体的一切关系、规律、制度不在个体之外,在个体之中,个体本性的规定性就是由它们构成的。作为主体的个体要实现自己的规定性,它自己必须处在一切社会关系和礼法制度的制约之中。

早期儒家哲学持的正是这样的观点。孔子有许多言论都表明他认为个体本性的规定性由社会关系和礼法制度构成,社会关系和礼法制度通过作为主体的个体表现出来。"仁者人也"(《中庸》),"人而不仁,如礼何;人而不仁,如乐何"(《八佾》),"人而不仁,疾之已甚,乱也"(《泰伯》),"君子务本,本立而道生。孝弟也者,其为仁之本与"(《学而》),"克伐怨欲不行焉,可以为仁矣"(《子路》),"无求生以害仁,有杀身以成仁"(《卫灵公》),"君子义以为质"(《卫灵公》),"君子义以为上"(《阳货》),"三十而立"(《为政》),"立于礼"(《泰伯》),"不学礼,无以立"(《季氏》)。孔子这些话综合观之,有两层含义,一是人的本质属性是由反映社会关系的仁义礼构成的,二是仁义礼也是道德规范,一个人要正确处理自己与社会的关系,还要学习、修养。

孟子说,"仁义礼知根于心"(《尽心上》),"非由外铄我也,我固有之也"(《离娄下》),把人的社会属性划入自然本性之内,固然错误,但他坚定不移地视仁义礼知为作为主体的人的本质属性却是非常正确的。荀子讲"人之所以为人者,非特以其二足而无毛也,以其有辨也。夫禽兽有父子而无父子之亲,有牝牡而无男女之别。故人道莫不有辨,辨莫大于分,分莫大于礼"(《非相》),"君子处仁以义,然后仁也。行义以礼,然后义也。制礼反本成末然后礼也。三者皆通,然后道也"(《大略》),也明确将人的本性归结为反映血缘关系和政治关系的仁义礼。

早期儒家哲学是以个体为中心的,有人说以社会整体为中心,是误解。在早期儒家那里,仁义礼知既是个体作为主体的本质属性,也是道德规范。所以个体的人不仅仅消极地处在社会关系的制约之中,还有一个如何积极对待的问题。对待社会,接受制约,但不同流合污。对待自己,卓然独立,但不超乎物外。早期儒家因此非常重视反身修己。孔子自不待言,孟子主人性善,主张"求放心","养吾浩然之气",荀子主人性恶,主张"化性起伪",都给个体以适应社会,实现自我的广阔余地。他们谁都不曾压抑人性,泯灭独立人格。相反,发展人的个性,培养独立人格,正是他们终生苦苦追求的目标,只是他们理想的人格不是以自我为中心的利己主义者罢了。

三　君主专制主义思想不属于早期儒家

在传统思想文化讨论中有人说中国历史上影响很坏的君主专制主义思想源于儒家,要由儒家负责。这个观点是可以研究的。这里有三个问题需要搞清楚,第一,中国君主专制主义思想产生于何时；第二，它是不是彻头彻尾地坏；第三，儒家的政治思想是不是君主专制主义的。尤其后一个问题至为重要，要说得多些。

君主专制主义思想产生于法家学派，是法家各位大师陆续提出，最后由韩非完成的。时间在战国时代。韩非君主专制主义思想由法术势三要项构成，基本精神是国家政治出于君主一人，一切臣民都处于君主一人的驾驭、统治之下。自秦汉起，这一思想成为现实并且居统治地位。这是明显的事实，无须证明。法家的君主专制主义思想如果要找理论渊源的话，那么可以肯定地说，它与道家老庄有关系。《韩非子》有《解老》、《喻老》两篇，是意味深长的。道家"无成势，无常形，故能究万物之情。不为物先，不为物后，故能为万物主"（《史记·自序》），"知秉要执本，清虚以自守，卑弱以自持，此君人南面之术也"（《汉书·艺文志》），这种思想可以说直接通向韩非。这不是本文讨论的重点，提到可也，不须费辞。

君主专制主义在今天是过时的东西，事实上早已进入历史的垃圾堆。我们要消除它的思想影响，使它的臭气不毒害我们，是必要的，必然的。但是我们对它在历史上曾经起过的进步作用却不可否认，不能说君主专制主义彻头彻尾地坏。历史主义是大家认同的治史方法，这里没有多说的必要，点出几个意思就够了。君主专制主义政治大体上与中国封建社会相始终，封建社会至少在唐以前不能说过时，在元以前不能说已成障碍。君主专制主义与国家统一本是两个不同的概念，而在中国古代是联系在一起的。秦统一中国与它在全国推行君主专制主义几乎同步，而且有内在的、互为因果的逻辑关系。为实现国家的统一，推动历史的前进，在秦汉乃至宋元这段历史时期，除君主专制主义以外，我们能替古人拿出什么更好的选择！我们大可不必追究是谁始作君主专制主义之俑。糟粕未必曾经不是精华，秦皇汉武不应与袁世凯同样评价。

儒家的政治思想是不是君主专制主义的？我说不是。

中国古代的政治制度和政治思想，早期可以划三道界限，即西周初、战国和秦统一。西周行封建，确立王室和诸侯两级政权，战国形成一批强大的独立国家，秦统一造成统一的帝国。秦统一的第三道界限带有根本的性质。自此以后实行中央集权的君主专制主义政治，与之适应的是君主专制主义思想。先秦实行分权的、多元的君主主义政治，与之适应的是君主主义思想。君主专制主义与君主主义是属于不同历史时期的两个概念，两个体系。秦汉君主专制主义政治和思想是对先秦君主主义政治和思想的否定。君主专制与君主制，政权都以君为主，非以民为主，这是二者的共性。二者的不同在于，前者建立在全国统一政权的基础上，而后者的政权是多元的、分散的。天子名义上是天下共主，实际上他的权力在各诸侯国起的作用是有限的，因为诸侯国是拥有相当主权的政治实体。诸侯作为一国之君虽拥有统治权，但他的权力也是有限的，因为他的上面有天子（春秋时代是霸主）制约。天子与诸侯的意志不是自由的，他们的权威不能同秦以后的任何一位皇帝相比。战国发生变化，天子一级的政权不复存在，几个较强大的诸侯国成为独立的真正主权国家，而且出现了无可逆转的统一趋势。适应这一变化，法家的君主专制主义思想应运而起。同时，自西周以来就有的民本主义前提下的君主主义思想在儒家孟子那里发展到极致。这就是说，先秦的政治思想有两条鲜明的线，一条是法家的专制主义，一条是儒家的民本主义。至秦统一，法家的专制主义战胜。汉武帝汲取秦亡的教训，独尊儒家，但是儒家的东西太弱太慢，往往解决不了硬问题。于是后来的历代皇帝都是儒法兼用（少数几位用佛的除外）。宣传教育上尊儒家，实际统治用法家。儒家也为专制主义效了劳，但不是儒家奠基人的本意。帝王们尊孔崇儒是因为孔子的号召力无人取代，儒家的民本主义思想最得民心。韩非的理论对帝王最有利，但韩非的名声太臭，帝王们只要神志正常，绝不会为他立庙设碑。

我说早期儒家的政治思想不是专制主义，是民本主义，是有根据的。

《论语·为政》："子曰，道之以政，齐之以刑，民免而无耻。道之以德，齐之以礼，有耻且格。"这两句话足够说明问题，不必再找证据。孔子说过"臣事君以忠"的话，不能证明他主张忠君。《论语》的忠字只是诚实不欺之意，也适用于朋友之间。孔子没有忠君的思想。他是鲁人，理应忠于鲁侯，可是他却到处跑。这不能说他好或者不好。当时从天子诸侯到士大夫，只要有一块领地，就是君，各有自己的臣，让这些臣终生忠于一个君，是不可能的。孔子作《春秋》，弑君必书，不过为了强调君臣名分不容破坏。如果君不好，孔子是主张为臣的可以走开的。《春秋》笔法很重要一条是司马迁说的"据鲁，亲周，故殷"，意谓主要记鲁事，周天子的事也要优先对待，如此而已，看不出孔子把周天子作为专制君王来尊。况且周室也在孔子褒贬之列。

孟子的民本主义具有很高的理论水平，它自身已经很系统，不须分析也明白。主要是仁政学说。依仁政学说，政治的问题不是君主如何治民防民，臣民如何忠君事君，而是君主如何仁民亲民，臣民如何制约监督君主。"民为贵，社稷次之，君为轻"，"得乎丘民而为天子"，"诸侯危社稷则变置"，"诸侯之宝三：土地、人民、政事"（《尽心下》），"君之视臣如土芥，则臣视君如寇仇"（《离娄下》），是孟子典型的民本主义言论。看这些言论，无论如何不能说孟子有专制主义思想。荀子也不倡言专制主义，但强调礼治，主张礼刑并举。讲专制，有法家；讲民本，有孔孟。所以荀子的政治思想不被历代帝王重视。

总而言之，统治中国两千年的君主专制主义思想产生于先秦法家。早期儒家的君主主义思想以反对专制的民本主义为特征。早期儒家的民本主义在当时是精华，在后世也起过积极作用。如果说它给历代帝王提供了巩固专制统治的应变能力，不是好东西，那么我们的传统思想文化将一无可取之处。

注释：

[1]《马克思恩格斯选集》第1卷，人民出版社1972年，第18页。

（原刊《北方论丛》1990年第6期）

《周易阐微》序

　　1989年初，我与我的老师金景芳先生合作完成国家教委资助的古籍整理研究重点项目《周易全解》之后，觉得意犹未尽，有些想法按卦释义表达不出，须另成一书，于是在景芳先生的鼓励下我写了这本《周易阐微》。

　　在儒家的六经中《周易》是特殊的一部，它包括经又包括传。经由筮、卦、爻、辞几项要素组成，卜筮的形式蕴含着深刻的思想，神秘的宗教与理性的哲学共处一体。辞是模糊隐晦的语言，思想全在象数的包含中。传有《系辞》、《彖传》、《象传》等七种十篇，把寓于卜筮中的哲学发掘出来。经传是一体的，传的哲学就是经的哲学，但传的水平高过经。解经须由传，读传应据经，经传不可分。研究《周易》务将经传做整体考察。

　　《周易》经的部分经过长期积累而成，非出一人之手。筮卦产生于原始社会，辞系于文明时代。先有筮后有卦。八卦在先，六十四卦在后。包牺氏画八卦之说不可取。六十四卦的出现不会晚于夏代，八卦之产生应在原始氏族社会晚期。八卦中有天的概念，天的概念与历法有关。"三皇"时代使用火历，火历不知有天。到了"钦若昊天，历象日月星辰，敬授人时"，知道日月运行，四时交替，一年366日的唐尧时代，人们才形成天的概念。八卦很可能产生于尧时或者略早一些的时候。卦辞与爻辞非一人作是肯定的，但相距时间不会太久，大约在殷周之际。古人说卦辞周文王作，爻辞他的儿子周公旦作，根据种种迹象分析，很可能是事实，只是缺少直接的证据，肯定的判断目前尚不能下。

　　《周易》传的部分，据司马迁说是孔子作。司马迁之父司马谈受《易》于杨何，杨何乃孔子九传弟子，司马迁习闻父说，所记岂能无据！《论语》、《孟子》反映的孔子思想与《易传》完全一致。《易传》对《易经》分析之透辟，思想发掘之深刻，理论水平之高超，除孔子外无第二人担当得了。长沙马王堆出土之帛书《易传》佚文《要》篇提供了两点证据，一是孔子说"后世之士疑丘者，或以《易》乎"，与《孔子世家》记孔子自述"后世知丘者以《春秋》，而罪丘者亦以《春秋》"语意略同。《春秋》是孔子作，《易传》亦当是孔子作。二是孔子说"予非安其用，而乐其辞"，"我观其德义耳"，这不信卜筮只看思想的治《易》方法与态度，与传世本《易传》并无二致。司马迁《易传》系孔子作的说法如今得到考古学上的证明。不过，《易传》的组成内容较复杂，除较多部分是孔子自己写就外，还有些是前人旧说，有些是孔子弟子记录孔子之言，有些是后世人转抄时所窜入。窜入部分与孔子无涉，其余三类，思想都属于孔子。

《周易》是哲学著作，但裹着卜筮的外衣。这两重性的特点使人们一开始就对它采取了不同的态度和方法。大体上形成两派。一派把《易经》看成卜筮之书，用它卜筮，着眼点集中在它的象数上。后人称之为象数派。一派把《易经》看成哲学之书，不用以卜筮，通过它的象数研究它的思想。后人称之为义理派。义理派易学重在思想，所以它研究《周易》，不离开《周易》本身。这一派由孔子《易传》奠基，经王弼《周易注》、《周易略例》发扬，程颐《伊川易传》光大，清人《周易折中》等继续，一直发展开来。当代马克思主义易学理所当然地要承继这一派的成果。

象数派易学兴盛于汉代。汉人为了增强《周易》的神秘色彩，采取"按文责卦，定马于乾"的方法，一味追求象数，结果在《周易》之外另搞出纳甲、卦气、爻辰、互体等等不属于《周易》的东西，把易学引上歧途。唐人李鼎祚的《周易集解》把汉人的这些东西保存了下来。宋人陈抟、邵雍等制作河图、洛书和先天八卦图、后天八卦图，把象数派易学推向高峰。至清代又有一批学者回头搞汉易。象数派易学至今也未曾冷落。对于我们现代人来说，象数派易学不是不可以研究，但是要将它们本身做为对象，例如通过图书之学研究邵雍的思想。假若采取象数派的方法研究《周易》，则不但不能接近《周易》，反会距《周易》愈远。

《周易》作为一部哲学著作，内容丰富全面，逻辑、认识论、人生论和宇宙观都包括了。但是它的表达方法是象数反映式，不是语言直述式，读起来很艰难。幸亏有孔子的《易传》帮忙，我们才得以有所了解。现在我们又有马克思主义的理论、方法做指导，《周易》的奥秘完全有可能被揭开。我的老师金景芳先生在这方面已经做了很好的工作。

我的这本小书重点在分析《周易》的哲学思想。《周易》哲学的对象是天地自然、人类社会和是主体又是客体的人。三者比较起来，我以为它从人出发又归结到人，人生论是它的中心。古人说"《易》为君子谋不为小人谋"，"《易》是寡过之书"，也是这个意思。人之所以需要谋，需要寡过，是因为人处在天地自然、人类群体的环境之中，这个环境是怎样的，《周易》必须做出回答。《周易》肯定世界是物质的，且是变化的。于是人如何把握时变，发挥主动，在变动不居的环境中趋吉避凶，便成为六十四卦的主题。

《周易》在人的问题上有两点了不起的理论贡献：一是它正确地道出了人的本质表现在个体人与社会关系的密切联系上，肯定了人的具体性和现实性；二是它充分地强调了人的主观能动作用。这两点体现在《周易》的一切方面，但是有一句话做了集中的理论阐述。《说卦传》："立人之道曰仁与义。"仁、义二字是血缘关系和阶级、政治关系的概括，这两种社会关系体现在个体人的身上，构成人的本质。离开这两种社会关系，人就成为抽象的东西，或者是神，或者与禽兽无异。仁、义二字也是道德规范，人须反身修己，居仁由义，正确处理己与人的关系。这两点构成儒家思想乃至整个中国传统文化的哲学基础。

应该合理估计《周易》的价值。说它是卜筮之书，无视它的哲学内涵，固然不对；把它看成一切现代学问的祖宗，以为它什么问题都能解决，从而给它涂上一层新的神秘色彩，也是错误的。《周易》讲阴阳变化，刚柔谐和，与许多学问哲理相通，对它们可能起一定的指导作用，但不能取代。以为学懂《周易》就一懂百懂，是无根据的。

我要感谢山西师大常金仓博士，他写的《象数学评说》一章为本书增色不少。

金景芳先生与孔子研究

今年6月9日是金景芳先生90岁生日，今年又是他从事教育工作70年，《孔子研究》邀我写一篇文章，以兹纪念。我高兴地接受了这一任务。写些什么呢？我想，金先生一辈子都在研究孔子，对孔子这个人物特有兴趣，而且老来弥笃，文章又要发表在《孔子研究》上，于是想出了这个题目。

金先生带领吕文郁副教授和我新近写成一部《孔子新传》，大约28万字，12章，已脱稿交由湖南出版社刊行。我就由这部《孔子新传》说开去。

这部书为什么叫"新传"？金先生当时对我说，孔子的经历问题从司马迁到现在，人们已经讲的够多了，我们就从简，重点放在孔子的学说和它的流传上，还有一层意义金先生没有说，那就是金先生的有些观点是别人前此不曾讲过的，拿出来必令人感到新。

书分12章，实际是8个单元，即：如何评价孔子、孔子的生平与事业、孔子思想有两个核心、孔子的天道观与人性论、孔子的教育思想、孔子的政治、经济、军事思想、孔子这一份珍贵的遗产——"六经"、孔学流传述评。

如何评价孔子是孔子研究中的一个大问题，无论谈孔子的那一方面，最终都要落到这个问题上。金景芳先生对这个问题想了许多年，他发现一个规律，凡是治世都尊孔，凡是乱世都反孔。道理在于孔子的学说对维护社会安定秩序有利，对破坏社会的旧秩序不利。当革命动乱时期，社会需要破，不破坏旧秩序，不能建立新秩序，而孔子学说是破的障碍，人们当然要反孔，至少要冷落他。当社会面临建设，要建立新秩序的时候，再破不止，旧的新的将同归于尽，不会有好的结果，而立是重要的，这时候孔子的学说必然受到重视。以往的历史恰恰又是一治一乱发展过来的。《孟子·滕文公下》说："天下之生久矣，一治一乱。"孟子已经看出社会的发展总是采取治乱交替的形式。孟子的见解符合以往的客观的情况。这样说来，孔子的命运时好时坏，时而受尊，时而挨批，本是正常的事，不足奇怪。这就叫辩证法。孔子本人的思想就有这个辩证法。不过孔子不叫辩证法，孔子叫"无可无不可"，叫"时"。《论语·微子》记孔子说："我则异于是，无可无不可。"意思是一切依时而定。

孔子及其思想是客观存在，是什么就是什么，不可能再变。然而孔子思想的价值却是随着时代变化的。金先生举20世纪人们对孔子评价的变化为例论证这个问题。中国自五四运动至中华人民共和国成立是革命时期，当时的任务是推倒帝国主义、封建主义、官僚资本主义三座大山，是破坏旧秩序，批孔反孔是必要的，正确的。建国以后，特别在今天，中国正在进行社会主义建设，对待孔子的态度不能不有所变化。此一时彼一时，不可用今日的情况回过头去派"五四"时代批孔反孔的不是。

孔子思想是中国传统思想文化的主干，总体上说要继承。继承本身包含着批判。"五四"时代对孔子的态度批判是主要的，也不曾否认继承。今日对孔子的态度继承是主要的，也不可不要批判。孔子思想中那超时代性的，至今仍具有真理性的精华，我们要继承。至于那些已失去真理性的糟粕，批判是不可避免的。

关于孔子思想的核心问题，学术界一直有争议，有人说是仁，有人说是礼，有人说是仁义。金先生说孔子思想的核心有两个，一个是"仁义"，一个是"时"。仁义是他的人生哲学，时是他的世界观。两个核心，属于世界观的时当然是根本的。但是如果说孔子思想的核心就是时，没有别的，那又不全面。仁义学说分明是孔子思想的重点，离开仁义则孔子就不成其为孔子了。

孔子思想有两个核心的观点，金先生已有专文发表（《论孔子思想的两个核心》，《历史研究》1990年第5期），讲的十分清楚，无须重复，这里我只谈两点。第一，孔子讲仁也讲义，仁义相连不可分。仁的实质是人，是爱有差等。金先生认为仁义连用不是孟子的专卖品，孔子实际上早已仁义连用。《庄子》攻击孔子，言仁必连及义。《庄子》33篇中有17篇仁义连用。《天运》："孔子见老聃而语仁义。"《天道》："孔子曰：'要在仁义'。"《让王》："今丘抱仁义之道。"《渔父》：孔子"身行仁义。"庄子是孔子思想的反对派，若孔子本来不是仁义连言，庄子何必强加诸孔子。在《论语》中不见仁义二字连言，但《说卦传》有，"立人之道曰仁与义"就是典型的一句。《周易》之传文是孔子作的，思想属于孔子。《论语》总是把"出则事公卿"与"入则事父兄"，"远之事君"与"迩之事父"，"君君臣臣"与"父父子子"并列而言，其实就是仁义连用。《论语·里仁》："子曰：'唯仁者能好人，能恶人。'""能恶人"就是义。孔子言仁时，内里已经有义在了。这是仁义连用的问题。

孔子的仁概念之含义问题，金先生常常同我谈起。给我印象最深的是，他说韩愈"博爱之谓仁"，张载"民吾同胞，物吾与也"，朱熹"仁是心之德，爱之理"，都不是孔子立言的本意。孔子讲的仁，可以理解为爱，但是爱有差等，不是博爱，不是对什么人都施以同样的爱，而且不但能爱人，还要能恶。仁所要求的只是人类自身的爱，人对物的爱或动物之间的爱，都不可称之为仁。张载的"民吾同胞"，泯灭了爱的差等；"物吾与也"，否定了人类与物之间的界限。人对动物可以言爱而不可以言仁。《庄子·天运》记庄子说："虎狼仁也。"这话不对。虎狼有爱子之本能，不能推及于同类，故不可谓仁。仁只在人类中存在。所以金先生对《中庸》所记孔子的那段话最重视，说那是关于仁义的最好注释。那段话是："仁者人也，亲亲为大。义者宜也，尊贤为大。亲亲之杀，尊贤之等，礼所生也。"尊贤即尊尊。仁义来自于亲亲即人的血缘关系和尊尊即政治关系，而不是朱熹说的什么"心之德，爱之理"和"心之制，事之宜"。

关于孔子思想的两个核心问题，我要说的第二点是"时"在孔子思想中的重要

175

地位。近些年来，金先生多次同我讲起孔子的时。以为孔子思想中最根本、最重要的东西就是时，就是变化，用今语表达就是辩证法，也就是要求人们看问题做事情要依时为转移。客观世界是变的，人处理问题的对策也要相应地变。掌握变化的分寸，不使过或不及，就是中。所以时里包括中，时也称时中。中，不是不偏不倚，取两端之中。中，实际上是说看问题做事情选出最合时宜的最佳方案。孔子有时也把时中称作中庸。《孟子·尽心上》："子莫执中，执中为近之。执中而无权，犹执一也。所恶执一者，为其贼道也，举一而废百也。"执中要有权。孟子说的是子莫的执中。孔子的中也要有权，当属无疑。执中有权的时即时中，中庸。金先生说，为什么《中庸》记孔子说"天下国家可均也，爵禄可辞也，白刃可蹈也，中庸不可能也"？为什么说"中庸其至矣乎，民鲜能久矣"？因为中庸最难能。要人明确干一件什么事情或者不干一件什么事情，例如去死，去放弃地位，只要想干便可以干成；而要人在一切时候，对待一切问题，都能因时制宜，做到分寸恰当，最合尺度，却远不是想办就可以办到的。孔子时中的思想，孟子理解最为深刻，可惜后世人完全忽略了。

言及孔子的时，时中，中庸，金先生最近特别注意唐宋人说的道统问题。韩愈《原道》："尧以是传之舜，舜以是传之禹，禹以是传之汤，汤以是传之文、武、周公，文、武、周公传之孔子。"韩愈说孔子的道统传自尧舜，不是孔子首创，但道统是什么，韩愈未明言。宋人提出所谓十六字，朱熹在《中庸章句序》中说："道统之传有自来矣，其见于经，则'允执厥中'者，尧之所以授舜也。'人心惟危，道心惟微，惟精惟一，允执厥中'者，舜之所以授禹也。"这十六字心传原出伪古文《尚书》之《大禹谟》，不足凭信，但"允执其中"一语则见于《论语·尧曰》，其文曰："尧曰：咨尔舜，天之历数在尔躬，允执其中，四海困穷，天禄永终。"《中庸》也说："舜好问而好察迩言，隐恶而扬善，执其两端，用其中于民，其斯以为舜乎！"《论语》与《中庸》都言及"允执其中"的问题，尧舜禹相传的必是这个。金先生说"允执其中"，"执其两端用其中"，实堪注意。为什么尧向舜交权，舜向禹交权，都什么也不说，只强调地交代这句话？必是这句话最重要，最有普遍意义。做到这一条，其余具体的要求不须说。"历数"是什么，金先生说，古训皆未得要领，应以《尧典》"乃命羲和，钦若昊天，历象日月星辰，敬授人时"为正解。天是有春夏秋冬四时的自然之天，历象是观测计算日月在经星二十八宿背景上的运行时间。据此制定历法，颁行天下遵循使用，就是"敬授人时"。人指上层人士，不是普通庶民百姓。庶民百姓称民不称人。古代颁行历法是件大事，是天子（先前是部落联盟酋长）才有的权力。天子每年颁朔给诸侯，这叫朔政制度。天子的权力以朔政为标志，故后世夷狄来服叫奉正朔。朔政起于"历象日月星辰"即"历数"，故"历数"便成为天子权力的另一种称谓。《论语》何晏注："历数谓列次也。"朱熹《论语集注》："历数，帝王相继之次第，犹岁时节气之先后也。"何、朱二说并误。

"允执其中"与"执其两端用其中于民"意义相同。"允执其中"，须先执其两端。没有两端就谈不到中。中是两端的中。两端是什么，郑玄以两端为"过与不及"，朱熹以两端"谓众论不同之极致。盖凡物皆有两端，如小大厚薄之类"。金先生说郑、朱二人说是。"两端"用今语说就是矛盾。执中不是不偏不倚，正取中间，即折中主义，中间道路。程子说"不偏之谓中"，是不对的。不偏不倚，在两端的正中间，是执一，不是执中。执一是确定的，不变的，简单易能。执中是不确定的，多变的，几乎不可能。执中要像权（秤砣）那样依着轻重摆动不居，却又不像权那样容易把握。心中像有一杆秤一样，恰当准确地反映事物的变化，当然是极难的。这就是孔子说"中庸不可能也"和尧舜禹传代时什么都不说，只说"允执其中"这句话的缘故。一个人倘能做到"允执其中"，便任何问题都能解决，都能应对。唐宋人所说道统若指此而言，那么道统说是可信的。韩愈说道统至于孟子之后不传，也是对的。孟子的确深刻理解并把握了孔子的时中概念，孟子之后的人则大多不甚得要领，宋以后尤甚。

　　这是金先生的孔子思想两个中心说。已写进《孔子新传》。

　　孔子哲学是唯心论还是唯物论这个问题很麻烦，不易解决，许多人实际上把这个问题避开了。金先生则很明朗，一点不含糊地说孔子哲学是唯物论的。这里有两点是重要的。第一，金先生研究《周易》多年，越来越相信《易传》系孔子所作，《易传》的思想既是《周易》的，也是孔子的。因此金先生主张研究孔子除《论语》外，还要根据《周易》一书。《论语·阳货》记孔子说："天何言哉，四时行焉，百物生焉，天何言哉！"人们都承认这几句话是唯物论的，这个天是自然之天，不是主宰之天，但是《论语》里能说明问题的话只有这么一段，等于孤证，所以人们又都不肯明言孔子思想是唯物论的。金先生将《论语》同《周易》联系起来看，情况就大不一样了。《系辞传》："易有太极，是生两仪，两仪生四象，四象生八卦。"太极是物质性实体，太极之前还有什么，它不说了，这显然是唯物论。至于《易传》的其他言论，如《序卦传》："有天地然后万物生焉"。乾卦辞："乾，元亨利贞。"坤卦辞："坤，元亨利牝马之贞。"乾《象传》："大哉乾元，万物资始，乃统天。"坤《象传》："至哉坤元，万物资生，乃顺承天"。《系辞传》："法象莫大乎天地，变通莫大乎四时。"等等，无不与《论语》"四时行焉，百物生焉"的观点如出一辙。

　　第二，孔子在鬼神问题上模棱两可，不说有鬼神也不说没有鬼神，让人看不透他是无神论者还是有神论者。孔子说"祭如在，祭神如神在"（《论语·八佾》），"未能事人，焉能事鬼"，"未知生，焉知死"（《先进》）。这些话不否定鬼神也不肯定鬼神。许多人认为不否认鬼神就是相信有鬼神。金先生认为不肯定鬼神就是不相信有鬼神。当时的社会条件不允许孔子公开否定鬼神，不肯定也不否定，是最明智的办法。金先生举出《荀子·天论》的一段话揭开了儒家鬼神观的秘密。荀子说："日月食而救之，天旱而雩，卜筮然后决大事，非以为得求也，以文之也。故君子以为文，而百姓以为神。以为文则吉，以为神则凶。"信鬼神全是表面文章，不信鬼神才是实质。

　　孔学自孔学，儒学自儒学，儒学不等于孔学。后世著名的汉学、宋学都是儒学，不是孔学，儒学渐渐发展的过程，恰是孔学渐渐衰落的过程。这是金景芳先生的又一重要观点。金先生主张划分清楚孔学与儒学的界限，不要用后世的儒学冒充孔学。儒学,新儒学,现代新儒学,都可以研究,但要说清楚,它们就是它们,它们不是孔学。它们多是打着孔子的旗号搞自己的东西。例如人性论问题,孔子说"性相近也,习相远也"(《论语·阳货》),是正确的。性是人的自然属性,大家都一样,所以叫性。近,说明人与人有共性,也有差异性,即个性。所以说相近而不说相同。习是后天习染,是人的社会属性。人在社会属性上差别是大的,所以说相远。社会属性人与人差别大,所以孔子不称性而称习。孟子言人性善,荀子言人性恶,都把后天的习当作先天的性,不是孔子立意所在。董仲舒说:"性者天质之朴也。善者王教之化也。无其质则王教不能化,无其王教则质朴不能善。"(《春秋繁露·实性》)董氏把性与善,自然属性与社会属性分开看,是正确的。至宋代,理学家们把理概念加入人性中,是唯心论的人性论,距孔子更远。朱熹《论语集注》释"性相近"引程子曰:"此言气质之性,非言性之本也。若言其本,则性即是理,理无不善,孟子之言性善是也,何相近之有哉!"宋人为了将理纳入人性,在气质之性即自然属性外提出所谓本然之性,本然之性就是理。金先生说,宋人的理相当于《老子》"道生一"的"道",是事实上不存在的东西。他们把孟子说的性善看作性之本,比孟子悖离孔子的"性相近"观点尤甚。

金景芳先生认为汉儒的学问已严重地离开孔学。他以郑玄释《周易》为例说明问题。郑玄注《周易》,硬将五行说加入,说什么"天一生水于北,地二生火于南,天三生木于东,地四生金于西,天五生土于中。阳无耦,阴无配,未得相成。地六成水于北,与天一并。天七成火于南,与地二并。地八成木于东,与天三并。天九成金于西,与地四并。地十成土于中,与天五并。"纯属不知妄作,为后世伪造河图、洛书的妄人和江湖术士张目,影响很不好。郑玄是汉代杰出的注释家,精通"三礼",擅长名物训诂,然而一涉及《易传》,涉及孔子思想,便相当蹩脚。郑玄尚且如此,余如京房、荀爽、虞翻之流,则不须提。

宋人中名气最大的是朱熹,宋学可以他作代表。他对孔学研究不深。《周易》这部书,孔子说它"开物成务,冒天下之道,如斯而已者也"(《系辞传上》),以为是讲思想的书。荀子、庄子、董仲舒、司马迁,乃至王弼、程颐,许多学者,都承认孔子的说法。而朱熹作《周易本义》,以为《周易》本是卜筮之书,后人以思想之书说解它,是不对的。《周易》当然是卜筮之书,此不待朱熹言。孔子明明说《周易》是讲思想的,卜筮之中包含着哲学,朱熹竟不理解,一味从卜筮的角度说《周易》,足见其识见低浅。

朱熹之外,金先生特别提及周敦颐的《太极图说》和程颢的《识仁篇》、《定性书》。指出宋人的这些论著,表面上讲孔子,其实是讲他们自己的东西。《太极图说》开篇说:"无极而太极,太极动而生阳,动极而静,静而生阴,静极复动,一动一静,互为其根,分阴分阳,两仪立焉。"孔子说"易有太极,是生两仪",以太极这物质性实体为世界本原,周氏在太极之先加上无极,与《老子》在"一生二"之前加上一个"道生一"一样,陷入唯心论。周氏的无极与老氏的道并无二致。

《太极图说》又说:"阳变阴合而生水火木金土,五气顺布,四时行焉。"《易传》只讲阴阳寒暑,四时往来,不讲五行。五行之说最早见于《尚书·洪范》。《周易》书中没有一点五行的影子。把五行说拉入《周易》，完全违背孔子原意。

程颢的《识仁篇》开篇说："学者须先识仁，仁者浑然与物同体。"意谓仁者与天地万物为一体。金先生多次讲到这个问题，说与天地万物一体的思想绝对不是孔子的。孔子强调的是"仁者人也"。仁是讲人的，人以外的一切生物无生物，皆与仁无涉。《孟子》说："君子之于物也，爱之而弗仁，于民也，仁之而弗亲，亲亲而仁民，仁民而爱物。"《吕氏春秋》说："仁也者，仁乎其类者也。"最得孔子仁概念的真谛。孔子最重视人在天地之间的崇高地位，注意划开人与动物的界限，说"鸟兽不可与同群"（《论语·微子》），"立人之道曰仁与义"（《说卦传》），哪里有"仁者浑然与万物一体"的意思！

《孟子·尽心上》说："孟子曰：万物皆备于我矣。反身而诚，乐莫大焉。强恕而行，求仁莫近焉。"《识仁篇》以"盖良知良能，元不丧失"释"万物皆备于我"，以为"万物皆备于我"即人人皆具佛性。金先生则以为孟子讲"万物皆备于我"，恰恰体现孔子"己所不欲，勿施于人"，"己欲立而立人，己欲达而达人"的行仁方法。此"万物"之物宜训作人。"万物皆备于我"，不过是说，他人的欲与不欲，我全知道，全理解，我能做到"反身而诚"，就是仁。《识仁篇》显然歪曲了孟子，违背了孔子。

《定性书》："夫天地之常以其心普万物而无心，圣人之常以其情顺万物而无情。"又："君子之学，莫若廓然而大公，物来而顺应。"天地无心，圣人无情，一切皆出自然。与《老子》之"天地不仁以万物为刍狗"同义。廓然大公，物来顺应，更不是孔子一贯力行的积极学习，奋斗进取的精神，倒是极像《庄子·应帝王》"至人之用心若镜，不将不迎，应而不藏，故能胜物而不伤"的观点，与《老子》"无为而无不为"的思想亦无不同。

金先生特别注意到宋学未能承继孔子学说这个事实，告诫切勿错把宋学作孔学。孔学中的唯物论、辩证法、仁义礼这些具有超时代意义的精华，今日仍有价值，建设社会主义精神文明不能不加以吸取。宋学中的理心性命诸说，与孔学迥异，说它们是新儒学可，说它们是孔学则大不可。宋人的东西，清人已有过批判，尖锐地指出过它们的弱点和谬误，今日尤其有必要认识它们。金先生主张首先把历代强加到孔子身上的东西一一剥净，还孔子学说的真面目，然后把它介绍给当代社会。

金先生研究孔子除《论语》外，特重"六经"，以为孔子而与"六经"隔断，则孔夫子便成为空夫子。"六经"是孔子竭毕生之力学习先代历史文化，经过选择整理并加入自己的见解而著成的。是孔子留给我们的一份珍贵的文化遗产。据《史记·儒林列传》，"孔子闵王路废而邪道兴，于是论次《诗》、《书》，修起《礼》、《乐》"。什么是"论次"？论是去取，"次"是编排。"修起"则是由于礼坏乐崩，孔子努力搜讨，把它们修复起来。"论次"与"修起"，内里都含有孔子的用心。孔子编《诗》和编《书》，都经过精心挑选，颇动一番脑筋。例如《诗》十五国风的次第，"《尚书》独载尧以来"，皆不是任意安排，都是有深刻意义的。《春秋》是孔子据《鲁史》而作，《孟子》与《史记》已有定论，可无疑义。孔子对《周易》做的是诠释工作。这后两部书与孔子关系至深。《庄子》说"《春秋》以道名分"，董仲舒说"《春秋》以道义"，证明《春秋》是反映孔子之政治思想的书。《史记·司马相如列传》说"《易》本隐以之显"，《庄子》说"《易》以道阴阳"，证明《易》是讲哲学的书，反映孔子的宇宙观和方法论。

　　以上扼要地说了金先生关于孔子研究的几点见解。这些见解能否取得国内外学术界的认同，我现在不得而知，但我本人是心悦而诚服的。我坚信这些见解符合孔子的实际，符合中国历史的实际，它们一定会为大多数人所接受。我把这些话献给金先生90岁生日，也献给《孔子新传》的热心读者。

（原刊《孔子研究》1991年第3期）

从儒家文化的渊源说到现代文明

儒家学派创自孔子,孔子学说的渊源就是儒家文化的渊源。孔子学说的渊源可以追溯到尧舜。《礼记·中庸》:"仲尼祖述尧舜,宪章文武,上律天时,下袭水土。"这两句话全面、准确地把孔子学说的渊源讲了出来。"祖述"是继承,"宪章"是效法。"律"、"袭"也是效法的意思。"祖述尧舜,宪章文武",是向历史学习,继承尧舜文武以来最优秀的文化遗产。"上律天时,下袭水土",是向自然界学习,掌握自然方面的知识和规律。《中庸》这一说法符合孔子思想的实际。孔子作为一位伟大的思想家,他的深刻的世界观和人生观正是这样形成的。其中许多东西至今仍有真理性,在现代社会主义精神文明建设中仍有意义。为了证明这一结论的正确,本文拟举出"监"、"中"两个概念、"明人伦"一个命题和《周易》乾坤两卦,具体地加以说明。

说"监"

监字繁体作監。现在作监视、监督、监察讲。在古代,人们使用这个监字,是指镜子或者照镜子。最初没有镜子,人们用水做镜子,所以监字有时也写作滥。《庄子·则阳》:"灵公有妻三人,同滥而浴。"滥是盛水用以照人的器物,当然也可用以沐浴。发明了铜镜子以后,监字旁加个金字,写作鑑或鉴。写作监,或者写作滥、鉴、鑑,并不一定,如《论语》作监,《庄子》除作滥外,也作鑑。《德充符》:"人莫鑑于流水而鑑于止水。"显然是说用水做镜子。不管写作哪个字,它的本义都是镜子或者照镜子。

古人把镜子和照镜子这极简单的日常事物应用到社会人事上,引申出深刻的意义来。这就是站在现实的立场把历史当作镜子,加以对照比较。其间含有两层意思,一是承认现实是由历史发展来的,现实要继承历史;二是继承必有损益去取,不是原样照搬,否则发展便无从谈起。这是不以人的意志为转移的客观规律。我们的古人认识了这个规律,注意在生活中适应、把握这个规律。我们讲传统,这就是我们的传统,而且是传统中极为优秀的一部分。古人很讲究这个,有关的言论很多,比较典型的有《战国策·赵策一》所载张孟谈对赵襄子曰:"前事之不忘,后事之师"。《资治通鉴》卷196记魏征死,太宗李世民发感慨说:"人以铜为镜,可以正衣冠,以古为镜,可以见兴替,以人为镜,可以知得失。魏征没,朕亡一镜矣"等等。古人重视编写前朝历史,积累了二十四史这笔文化财富。司马光主编一部通史,题名《资治通鉴》,无不出于以古为鉴的用心。今人更重视历史的经验。中国的今天是中国的昨天乃至前天发展的结果，所以我们要建设有中国特色的社会主义，而不是什么别的社会主义。我们要让大家了解中国的历史，特别是近代中国的历史。

我们有以古为鉴的传统，可以追溯到孔子。监这个概念，这个思想，是孔子学说中的一个重要内容。可惜过去人们研究孔子往往忽略了它。《论语》中鉴只出现了一次，即《八佾》篇记孔子说："周监于二代，郁郁乎文哉，吾从周"。监即鉴，镜子或照镜子。"周监于二代"，周以夏商二代作镜子，意谓周是照着夏商的样子发展来的。"郁郁乎文哉"，周礼乐文物郁郁兴盛，得自夏商，又胜过夏商。"吾从周"，后代总比前代强，夏商周三代比较，孔子从周不从夏商。因为夏商的优秀东西，周已继承下来；周的新的优秀东西，夏商却没有。

孔子对于历史发展中后代监于前代，继承前代又超过前代的认识非常深刻，已达到理论化的程度。《论语·为政》载："子张问：'十世可知也？'子曰：'殷因于夏礼，所损益可知也。周因于殷礼，所损益可知也。其或继周者，虽百世可知也。'"孔子答子张问"十世可知也"这段话，语意与《八佾》"吾从周"那段话大抵一致，但却加详加深，从具体上升到了抽象。此"礼"字是广义的概念，该括一切政治制度、社会风俗，如《礼记·大传》言及的亲亲、尊尊、长长、男女有别和权度量、文章、正朔、服色、徽号、器械、衣服等等。因，承继。损，减。益，加。孔子说历史的发展虽百世亦可知，是由于他从夏商周三代的交替中看出了规律性的东西。殷继承夏，周继承殷，继承之中必然有加减损益，而加减损益什么，要受历史的制约，不是政治家根据自己的好恶主观地决定的。

孔子这一深刻思想，可概括为一个鉴字。它不是孔子的发明创造，是孔子"祖述尧舜，宪章文武"而得来的。《尚书·酒诰》记周公的话："古人有言曰：'人无于水监，当于民监。'今唯殷坠厥命，我其可不大监！"周公是西周初的政治家，他说"古人有言曰"，那"古人"至晚是夏殷的人，或者可能更在夏之前。"古人"说以民为监，殷人不以民为监，结果失掉政权。周公告诫周人要以殷人不以民为监因而丢了天下这一历史教训为监。周公的意思还是以前代为监。

《尚书·召诰》："我不可不监于有夏，亦不可不监于有殷。"这是与周公同时的召公讲的话。与《酒诰》所记周公的话语意相同，只是思想更为明白确切，周人要以夏殷二代为监。《论语·八佾》记载的孔子"周监于二代"一段话显然与此有关联。

《诗·大雅·文王》："殷之未丧师，克配上帝。宜鉴于殷，骏命不易。"师，众。骏，大。诗作者告诫成王说，当殷尚未丧失众心之时，能依着客观的规律行事；至纣王不能顺天应人而丧失众心时，人民就归向我们。我们要将殷的存亡得失做为一面镜子，时刻检讨自己。这条规律是不会改变的。对殷人适用，对我们周人也适用。

同样含义的诗句在《大雅·荡》里也有。它说："殷鉴不远，在夏后之世。"《韩诗外传》卷5第19章引此诗说："鄙语曰：'不知为吏，视已成事。'或曰：'前车覆而后车不诫，是以后车覆也。'故夏之所以亡者而殷为之，殷之所以亡者而周为之。故殷可鉴于复，而周可鉴于殷。《诗》曰：'殷监不远，在夏后之世。'"

《诗》、《书》中关于监的思想后来成为孔子学说的一部分，又通过儒家学派的传播，融汇到中华民族的优秀传统中。

孔子及儒家关于监的思想之具有真理性和现代意义，得到大家的认同已不成问题。在中华民族的传统文化中事实上存在这一观念，即以史为鉴，继承过去，有损有益。问题在于孔子承传下来的这一文化精华，被汉代人搞的天人感应、纲常名教和宋代人鼓吹的心性之学给淹没了。今天我们把金子从沙海中发掘出来，让大家看见它，给它派用场。

说"中"

在孔子思想中，"中"概念比监更重要，影响更深远。它在孔子全部学说中处在核心的地位。仁义固然是孔子思想的骨干，而深层次的、具有决定意义的东西却是"中"。中这个概念也不是孔子的发明，是尧舜禹时已有的思想，经孔子"祖述"过来加以弘扬光大，成为我们民族传统思想文化优秀的一部分。

先看孔子关于"中"说了些什么。《论语》有哲学意义的"中"，凡两见。一是"中庸之为德也，其至矣乎，民鲜久矣"（《雍也》）；一是"尧曰：'咨尔舜，天之历数在尔躬，允执其中，四海困穷，天禄永终。'舜亦以命禹"（《尧曰》）。《礼记·中庸》是孔子之孙子思作，篇中记孔子说，"君子之中庸也，君子而时中，小人之中庸也，小人而无忌惮也"。"天下国家可均也，爵禄可辞也，白刃可蹈也，中庸不可能也"。"舜其大知也与。舜好问而好察迩言，隐恶而扬善，执其两端，用其中于民，其斯以为舜乎"。中庸也就是中。孔子这些言论大抵说出两个意思，一讲"中"的渊源，一讲"中"的含义和难能。

先说孔子对"中"的含义的理解。为了弄清这个问题，须更先议论一下孔子何以如此强调"中"之难能，甚至断言一个人舍去利禄乃至生命并不难，而做到中庸却几乎不可能。许多人以为孔子讲的中、中庸是调和、折中，是对事对人的一种不偏不倚、不左不右、不好不坏的圆滑态度。他们不曾想，这种圆滑的处世哲学，固然不是一下子能做到，但毕竟谈不上难能，尤其不能说爵禄可辞，白刃可蹈，而折中老好滑头不可能。尧传舜，舜传禹，只交代一句话，就是"允执其中"，以为如此便可"天禄永终"。可见这个"中"多么重要，它不会是折中调和的意思。折中调和在孔子的言论中有表述，那就是"乡原"。孔子视"乡原"为乱雅之郑，夺朱之紫。这种看上去很公允、正派的伪君子，孔子称之曰"德之贼"，深恶之，痛绝之，他怎么会另一方面又去极力鼓吹折中老好的中，视之为君子的至高修养呢！可见折中老好之类不是孔子对中的理解。

那么孔子怎样理解"中"呢？孔子说舜是大知的人，一个重要的理由是舜能够"执其两端，用其中于民"。这执两端而用中如果是取两头之中间那样简单，是人人不难为的事情，孔子怎会据此称舜为大知。"两端"，用今语表述，即事物之所以构成的矛盾两方面。"执其两端"，是人要把握这矛盾的两方面，做到深知洞晓。"用中"，不是取两个方面之中间，不偏不倚；是在矛盾的两个方面里取一个主要的、有决定意义的。因为一个事物中的矛盾主要方面是变化的，把握它极难，要有灵活性。"中"，就是那不可一定的灵活性。"用中"，是人的主观上的灵活性准确、恰当地适应事物发展变化之客观灵活性。

孔子用以表述这主观之灵活性适应客观之灵活性的概念是时。时这一概念反映客观事物的变化，也反映人为了适应客观事物的变化而发生的认识上的变化。人总是要根据客观事物的变化确定自己的认识和实践上的最佳抉择。孔子把这叫做"时中"。孔子关于"时中"的思想在《易传》中表达的最为充分。《易经》是讲变化和人如何适应变化的书。孔子作《易传》的用意，归根结底是要发挥《易经》之时与中的思想。孔子自己的人生追求也是按照时中的原则进行的。《孟子》说孔子是"圣之时者"（《万章下》），可以速而速，可以久而久，可以处而处，可以仕而仕。孔子自己说："我则异于是，无可无不可"（《论语·微子》）。处与仕、速与久、可与不可，何从何取，全依时而定，不能执一不变。这就是中，或者叫中庸、时中。中，绝对不是取处与仕、速与久、可与不可的中间状态。取两端的中间状态，叫折中主义，是谁想办都办得到的。取两端之一端，固守不变，叫执一。执一虽也不易做到，但毕竟不是不可能。于事物矛盾的两端，依据时间条件，把握主要的一端，叫用中。一时一事做到用中，也许不难；时时事事，灵活转换，恰当把握，真正做到时中、用中，则几乎不可能。孟子认为，孔子做到了，故称孔子是"圣之时者"，是古代众多圣人中最了不起的一位。

孟子对时中的理解，有一个极重要的补充，使孔子理解的时中更加完备，更加易懂。孟子说："杨子为我，拔一毛而利天下，不为也。墨子兼爱，摩顶放踵，利天下，为之。子莫执中，执中为近之。执中无权，犹执一也。所恶执一者，为其贼道也，举一而废百也。"（《孟子·尽心上》）处理己与人的关系，杨朱主张为我不为人，墨子主张为人不为我，是两个极端。子莫取二者之中，孟子认为他接近正确。但是孟子指出，在这种情况下，能否行权，是最为要紧的。不能行权，则其结果与执一无异。权是秤之锤，它的特点是通过灵活移动自身的位置反映物的重量，永远不固定在一个点上。真正的执衡使权，当然十分简单易行，在生活中行权，在纷纭复杂的人事关系中采取最正确的方案行动，则极难。孟子举个例："男女授受不亲，礼也。嫂溺授之以手者，权也。"（《孟子·离娄上》）坚持男女授受不亲的原则，嫂溺不伸手拉一把，是禽兽，不可取。平时无事与嫂也授受必亲，是男女无别，亦不可取。把握住授受亲与不亲的时，灵活而不执一，这就是权。权概念是中概念的一个补充。行权是为了用中，行权才能用中。

孔子关于中的思想显然由"祖述尧舜"得来。上文引《论语·尧曰》说尧传舜，舜传禹，只交代一句"允执其中"，以为是保有天下的秘宝。孟子也说："汤执中，立贤无方。"（《离娄下》）至唐代，韩愈为了抵制佛家法统的影响，提出所谓道统说。韩氏在《原道》一文中说，儒家的道，"尧以是传之舜，舜以是传之禹，禹以是传之汤，汤以是传之文、武、周公，文、武、周公传之孔子，孔子传之孟轲，轲之死，不得其传焉"。

韩氏之道统说,其实孟子也说过。《孟子·尽心下》说:"由尧舜至于汤,五百有余岁","由汤至于文王,五百有余岁","由文王至于孔子,五百有余岁","由孔子而来至于今,百有余岁,去圣人之世若此其未远也,近圣人之居若此其甚也,然而无有乎尔,则亦无有乎尔"。韩愈说儒家道统传到孟子为止,孟子说传到孔子为止,言外都有以道统之承传者自许之意。由尧舜至于孔孟,有一个至关重要的思想传承下来,似乎不虚,而所传者何事,他们未明确指出。宋人程颐说:"退之晚年为文,所得处甚多,如曰轲之死不得其传,似此言语非是蹈袭前人,又非凿空撰得出,必有所见。"(《程氏遗书》卷十八)程氏所言极是。这个道是什么,其实是《论语》说的"允执其中"。"允执其中"的思想自尧舜开始,至孔子弘扬光大,孟子加以丰富完备。孟子之后则受到冷落,乃至歪曲,往往被斥之为折中主义。孔子学说中最重要的精华部分竟被搁置在一边。许多名气颇大的思想家只顾滔滔论说自己的东西而紧紧地抓住孔子这块大牌子加以利用。

最能说明问题的是宋代理学家们之所为,他们根据自己建立理学体系的需要,接过韩愈的儒学道统说,巧妙地加以点窜,使之既变成他们自己的东西,又保留着某些孔子旧有的色彩。他们干得很得手。首先要说到朱熹。他在《中庸章句序》中开宗便讲:"《中庸》何为而作也?子思子忧道学之失其传而作也。盖自上古圣神继天立极,而道统之传有自来矣。其见于经,则'允执厥中'者,尧之所以授舜也。'人心唯危,道心唯微,唯精唯一,允执厥中'者,舜之所以授禹也。尧之一言至矣尽矣,而舜复益之以三言者,则所以明夫尧之一言,必如是而后可庶几也。"朱熹这里有一个大胆的改动,《论语·尧曰》明明说尧以"允执其中"一语交代给舜,"舜亦以命禹",他却说舜命禹时变成了"人心唯危,道心唯微,唯精唯一,允执厥中"四句话。这一改动对于宋代理学家来说是至关重要的,它给道学或者说新儒学寻得了理论渊源。道学可以因此与孔学搭上关系,发挥起来名正言顺。其实朱熹所据以为说的是汉以后人伪托而作的伪古文尚书之《大禹谟》。《大禹谟》讲舜命禹时说了四句话:"人心唯危,道心唯微,唯精唯一,允执厥中。"这"人心唯危,道心唯微"两句本非尧舜禹的思想,孔子亦未得见。《荀子·解蔽》有云:"故《道经》曰,人心之危,道心之微,危微之几,唯明君子而后能知之。"既云《道经》曰云云,其不出孔子及儒家之口明甚,伪作《大禹谟》的人假借过来塞入儒家经典,又被朱熹接过去,便成为所谓十六字心传的儒家道统了。这十六字心传说程颢程颐兄弟已有了,甚至周敦颐也立此说,但说得完备明确,影响至大的,还是朱熹。

宋人这十六字心传说,其要害在于用"人心"、"道心"取代尧舜禹乃至孔子一脉相承传的"允执其中"。这"中"字才是孔子承先启后的思想精华,应当予以弘扬发挥,然而宋人抛弃了它。这实在是历史的遗憾。"中"和"允执其中"是辩证法思想的古老表述。译成今语,恰是看问题办事情要抓住矛盾的主要方面,具体情况具体地分析,一切依时间、地点、条件为转移的意思。这绝非有意将古人现代化。我们以为没有必要因为今人已有,便故意抹煞古人。正确的态度是,实事求是地发掘古人之具有真理性的东西,借为今用。

对于"道统"这个概念亦须略作辩白。朱熹的高足黄榦在所作朱熹《行状》中说:"道之正统待人而后传。自周以来,任传道之意,得统之正者不过数人。而能使斯道章章较著者,一二人而止耳,由孔子而后,曾子、子思继其微,至孟子而始著。由孟子而后,周、程、张子继其绝,至先生而始著。"《宋史·朱熹传》引入此语,且按曰"识者以为知言"。其实不是"知言",朱熹稍后的叶适就说:"道始于尧,次舜,次禹,次皋陶,次汤,次伊尹,次文王,次周公,次孔子,然后唐虞三代之道,赖以有传"(《习学记言序目》卷四十九)。连孟子也不承认,更不论朱熹。但是只是否定孟子、朱熹在道统之"统"绪上的地位,"道"是什么竟不在意。孔子讲的"道"是客观真理的意思。所说"朝闻道夕死可矣","邦有道则仕,邦无道则可卷而怀之"之"道"皆指称真理,绝不似道家之道那般神秘。尧舜禹乃至孔子相传的"中"也是客观真理,不过这个客观真理属于世界观方面,具有最高的理论意义和指导意义。对道统之"道"是什么的问题,清人顾炎武讲的透辟,他说:"孔子与门弟子言,举尧舜相传,所谓危微精一之说,一切不道。而但曰'允执其中,四海困穷,天禄永终'。夫圣人之所以为学者,何其平易而可循也"。又说,"今之君子则不然","置四海之困穷不言,而终日讲危微精一之说,是必其道之高于夫子,而其门弟子之贤于子贡,桃东鲁而直接二帝之心传者也,我弗敢知也"(《亭林文集》卷三《与友人论学书》)。顾氏此论极有见地,把宋人的心性之学同孔子传承的"允执其中"划分开来,一见针血,说到了问题的根本处。

对于"中"的正确理解是逐渐完成、逐渐加深的。尧舜提出"允执其中",强调中的无比重要,却未加说明。至孔子讲"时中",说"我则异于是,无可无不可","中"的含义豁然明朗。孟子以"权"为喻,举嫂溺授之以手否说明执中非折中亦非执一,将"中"解释得透辟明白,几不容生歧义。可惜后世人仍不免擅作另解。宋人一意孤行,孔孟之说他们视若罔闻,竟以为"不偏不倚之谓中"。更有甚者,径释之为折中调和,致使"中"的遭遇比"监"更不济。"监"只是被埋没,"中"则被歪曲。这种情况一直延续到现代。毛泽东关于事物矛盾着的两方面中必有一个是主要方面,另一个是非主要方面,两个方面互相转化,不是固定的这一说法,实际上正是对古老的"中"概念所做的最科学的理论说明。然而学术界依旧有人死守宋人"不偏不倚之谓中"的曲解不放,把本是传统思想文化中优秀部分的"中"作为折中调和的糟粕一批再批。这是令人非常遗憾的。

说"明人伦"

孔子重视明人伦,强调明确划分并妥当处理各类人际关系,也是"祖述尧舜"得来。《孟子·滕文公上》说:"使契为司徒,教以人伦。"又说:"夏曰校,殷曰序,周曰庠,学则三代共之,皆所以明人伦也。"据《孟子》说,舜时以契为司徒之官,掌教明人伦的职责,至夏商周三代设为庠序学校,也是为了明人伦。《孟子》的记载不妄。今文尚书《尧典》记舜对契说:"契,百姓不亲,五品不逊,汝作司徒,敬敷五教在宽。"说明契确实做过司徒之官,确实用教化的办法解决了"百姓不亲,五品不逊"的问题,受到舜的表彰。"五品"是家庭关系中的五种人,"五教"是针对五种人应有的道德所进行的教化。"五品"是哪五品,"五教"是哪五教,《尧典》未明言,而见于《左传》文公十八年记太史克言曰:舜"举八元,使布五教于四方,父义、母慈、兄友、弟共、子孝"。父、母、兄、弟、子,是"五品"。义、慈、友、共、孝,是"五教"。"五品"与相应的"五教"完全限于家内血缘关系,未及家门之外。这大概与舜时是原始社会,血缘关系占主导地位,广泛的社会联系尚未出现有关。至战国时代则大为不同了。《孟子·滕文公上》记"契为司徒,教以人伦"时,人伦被指称为"父子有亲,君臣有义,夫妇有别,长幼有叙,朋友有信"。社会上的政治关系被纳入进来,构成新的"五品"或者说"五伦",这很可能反映文明时代政治关系超过血缘关系而居主导地位的情况。新"五品"实指五种人际关系,不单纯指五种人。五种人际关系其实只是血缘与政治两种关系。针对五种关系提出的"五教"即五种道德概念先是义、慈、友、共、孝,后又变为孝、悌、忠、信、恭等等。《周礼·大司徒》言及"以乡三物教万民",更有所谓知、仁、圣、义、忠、和六德及孝、友、睦、姻、任、恤六行。不论人伦道德的名目有多少,也不论怎样变化多端,其反映血缘与政治两种人际关系则是确定的。所以孔子、孟子虽然提出过许多人伦道德概念,但是最根本的只有仁义两个。仁解决以父子关系为起点的个人与人类之间的关系问题;义解决以君臣关系为主干的社会政治关系问题。

总之,古人自尧舜起就重视"明人伦",孔子、孟子乃至整个儒家学派莫不如此。"人伦"即人与人之间的关系,从来就是客观的存在,只要有人类生存,人伦问题便不会消失。由于人类社会是变化发展的,各个时代的人伦关系的具体内容必各有不同。舜属于原始社会,只提出父、母、兄、弟、子之所谓"五品",至孟子时代,历史已进入奴隶社会晚期,人与人的关系复杂,简单的"五品"变成内容丰富的父子、君臣、夫妇、兄弟、朋友五伦了。封建社会大抵如此。至于今日,五伦已不能包括人们的全部关系。但是,不管具体内容多么不同,人伦总是存在,人伦必须讲究,则是古今一致,永远如此的。不仅今天要讲究人伦,即便到了共产主义的大同社会,人伦也绝不能不讲。因为人是社会关系的总和,有人就有社会关系。人际关系有常有序,稳定不乱,就是人伦。

说"乾坤"

《中庸》记"仲尼祖述尧舜,宪章文武",是向历史学习,是人事方面的问题,属于社会科学范围。记仲尼"上律天时、下袭水土",是向自然学习,是天道方面的问题,属于哲学范围。就孔子整理述作的"六经"而言,前者在《诗》、《书》、《礼》、《乐》,后者在《周易》。"上律天时",是效天;"下袭水土",是法地。效天法地便形成乾坤的观念。有乾坤便有阴阳、刚柔,从而构成八卦、六十四卦,产生《周易》。《周易》是效天法地,模拟自然而来,所以它的基础是唯物论。它说:"易有太极,是生两仪,两仪生四象,四象生八卦"。"大哉乾元,万物资始,乃统天","至哉坤元,万物资生,乃顺承天","有天地然后万物生焉,盈天地之间者唯万物",就是证明。在《周易》看来,世界除了天地万物及生存其间的人类之外,别无其他。六画卦代表天地人。而且它认为"立天之道曰阴与阳,立地之道曰柔与刚,立人之道曰仁与义,兼三才而两之,故《易》六画而成卦"。不仅指出天与地是矛盾的统一体,天地与人是矛盾的统一体,也认定天地人各是一个矛盾的统一体,各有其内在的矛盾。所以《周易》从天地自然讲到人,把世界视作永恒变化的客观存在。它里边贯穿着鲜明的辩证法精神,没有丝毫的形而上学。

孔子"上律天时,下袭水土",向自然学习,掌握天地自然的知识和规律,所以对以唯物论与辩证法为基础的《周易》能够充分理解,做出《易传》来对《周易》做最深刻的理论阐述。学习天时,就懂得乾;学习水土,就懂得坤。乾坤是《易》之门、《易》之蕴,《周易》实由乾坤构成;懂得乾坤,就懂得《周易》,也就是把握了古老、素朴的唯物论与辩证法。孔子是中国传统的唯物论与辩证法的哲学奠基人。孔子及其阐述的《周易》的哲学是中国传统思想文化中的最优秀也是最重要的部分,我们理应加以继承、弘扬。怎奈有人竟无端指斥孔子的哲学是唯心主义体系,将精华作糟粕抛弃,委实令人百思不解。不做认真的研究,只凭主观想象下结论,给学术带来的危害,难道还少吗!

以上约略地说了"监"、"中"、"明人伦",说了乾坤两卦,意在证明孔子学说渊源于尧舜及文武周公,不是在春秋末期忽然出现。它的产生有时代的根据,也有历史的来路。儒家学派乃孔子所创,孔子学说的渊源即儒家文化的渊源。韩愈的道统说不能说全无根据,但宋儒倡言的危微精一十六字心传则绝非孔子原物。孔子从尧舜文武传承过来监、中、明人伦,是平实而深刻的哲理。它们被宋明道学完全歪曲和埋没,今天我们应当将它们发掘出来,审慎恢复它们的原型,使之为建设有中国特色的社会主义所用。社会主义精神文明的建设不可能不从优秀传统中汲取营养,问题是我们如何运用马克思主义观点对传统文化进行优选。古人的东西一切都好的意向固然要不得,那种全盘否定传统,定将中国变外国的思潮更其有害。将自己的根首先否掉,汲取外部文化从何谈起!中国人的传统文化中不乏优秀的东西,它们将在现代文明建设中发挥无穷的生命活力,闪现出熠熠光辉。

* 此文为与金景芳合作

(原刊《吉林大学社会科学学报》1992年第1期)

《周易》热与传统思想文化

近年来出现《周易》热,关于《周易》的书很畅销,各行各业的人都对《周易》感兴趣。人们甚感惊奇,不知这是为什么。其实《周易》热这种文化现象不自今日始,秦汉以来《周易》从来就未曾受过冷落。秦始皇焚书,《周易》因卜筮得免。汉代古文经学家把《周易》列于儒家六经的首位。许多朝代立有易学博士,专司《周易》的研究与整理。两千多年来写出的有关《周易》研究的著作不下三千种。清代不到三百年,刊行的《易》书超过三百部,学术最兴盛的乾嘉年间每年都有两三部《易》书问世。《周易》不过是一部书,而且是只有二万四千多字的小书,竟如此经久不衰地受到人们的热心关注,其热的程度,任何一部别的书都不能与之相比,个中的奥妙我以为大抵有三:

第一,历代朝廷对《周易》表现出的热心无疑是出于巩固统治的目的。《周易》原是以卜筮面貌出现的哲学著作,用卜筮这属于宗教迷信的东西教化百姓,比暴力威杀管用得多。

第二,对于大多数中国人来说,《周易》的吸引力在于它的表达方法特殊,它用象表达思想,跟其他书都不一样。古书中如《尚书》、《仪礼》、《诗经》、《春秋》都极难读懂,《周易》比这些书更难懂。这一情况古人早注意到了,汉代学者董仲舒在《春秋繁露》中说:"《易》无达占,《诗》无达诂,《春秋》无达辞。"意思是说,这些书,你认识了它的字词,距离真正了解它的含义还远着呢。宋代大易学家程颐说:"凡看书,各有门庭。《诗》、《易》、《春秋》不可逐句看。《尚书》、《论语》可以逐句看。"(《程氏外语》卷六)为什么不可逐句看,因为你虽看懂了它的句子,意思是什么,不懂的还是不懂。

董仲舒和程颐把《诗》、《易》、《春秋》三部书等同对待。其实《易》这部书与《诗》、《春秋》又有根本的不同。别的书表达意思只靠字词句,《周易》的字词句不直接表达意思而是表达象,用象表达意思的书不仅在中国,在全世界也是独一无二的。象是《周易》的特点、难点,也是古今一再引起《周易》热的热点。象是什么,象是比喻。比喻在文学作品或有文学色彩的古典作品中普遍应用。《诗经》用比喻,《孟子》、《庄子》、《韩非子》等书亦无不用比喻。比喻具有形象性,往往能够收到让读者深刻把握文义的生动效果。如"缘木求鱼"、"五十步笑百步"、"拔苗助长"等生动比喻所表达的深刻思想,都使人能一看就懂,而且印象深刻,永世难忘。道理很简单,比喻是形象的,所比喻的思想是具体的,确定的,自然好接受。《周易》的象则往往不具有形象性和生动性，而象所比喻的内容又绝对抽象。比喻的内容抽象，比喻本身也就跟着抽象。所以《周易》的象是抽象的象。读者把握《周易》卦爻辞的思想要过两道关，一道是弄准《周易》象本身，一道是把《周易》象所蕴含的思想内容如何由抽象转化到具体。举个例，坤卦辞"利牝马之贞"这个象，主要在牝马，牝马是什么意思，实在难以捉摸。马有强健的性格，但是为什么叫牝马。也许取牝马比牡马温顺的特点，那又何不取牛象，牛不是更典型的温顺动物吗! 古今说《易》者见仁见智，众说纷纭。原来在畜牧部落里，牝马皆成队牧放，每队有一匹公马做头领，所有牝马都得听从那匹公马的管辖。坤卦的这个卦象，远不是人人都能读懂的。再举个例，《杂卦传》有一句"未济男之穷也"的话，古今大家皆莫名其妙，只有程颐《易传》"三阳皆失位"的解释讲对了。但是据程氏自己说，这不是他的发明，是他在成都时从一位造桶者口中听来的。六十四卦三百八十四爻的象几乎没有一条人们取得过一致的公解。这不奇怪，否则孔子读《易》何须"韦编三绝"!

意寓于象，得象即得意。然而《周易》的意是抽象的，而读《易》的人及人所处的时是具体的。如何把《易》象中蕴含的意加以具体化，使适应一人一时的情况，是更难的一关。于是有了象与意关系的问题，自古迄今，学者争论不休，分歧很大。三国魏人王弼作《周易略例》，针对汉人泥于象数的大病提出"得意在忘象"的主张，实不无道理。宋人程颐在《易传序》里说"至微者理也，至著者象也。体用一源，显微无间"，清人王夫之《周易外传》于象意关系力主得意而"象言不忘"，则更为允当。顾炎武强调"卦爻之外无别象"（《日知录》），"物之不齐，物之情也。六十四卦岂得一一齐同，'易不可为典要，唯变所适'"（《亭林诗文集》卷三《与友人论易书》）。说到了卦爻即象，卦爻之外无象，意须灵活体会，不可拘泥一律的重要性，也是正确的。

《周易》用象表达意，象与意都抽象、模糊而不易知晓这一点及其所造成的神秘感，恰是《周易》巨大吸引力之所在。倘若《周易》卦爻之象如一般古书所用比喻那样易于把握，其所含思想如《孟子》、《庄子》那样相对直截明确，便绝不会有古今数不尽的人对它那般执着不懈的追求。

第三，《周易》所以一直很热，牵动万千学者和平常百姓的心，世世代代不受冷落，乃至于与我们的传统文化发生不能割断的联系，是因为它所表达的思想构成了我们传统文化和民族精神的骨干。这里我以为有两点是至关重要的。一是它是一部哲学书，而任何民族的传统无不以哲学为支点。二是《周易》哲学是中华民族传统文化优秀部分的源头。

《周易》是什么性质的书，古今一直看法不同。《周易》由经、传两部分组成。经的部分包括筮、卦两大项。卦有八卦、六十四卦的卦画和卦爻辞。筮、卦、辞中蕴含有深刻的哲学内容。筮与卦是为卜筮准备的。卜筮之中竟有哲学，这看来矛盾的事物其实很合乎规律。人类早期由于无知而萌生宗教意识和宗教活动。原始宗教的无知毕竟要向有知转化，于是理性的哲学观念便从神秘的宗教中产生。《周易》正是属于这种情况。《周易》筮法是史巫们搞的求神问卜的宗教迷信活动，但是里边逐渐输入了理性的东西。八卦、六十四卦的产生当然有卜筮的目的为依据，否则没有这实用的动机，原始的人群要它们何用！但是八卦的做成，六十四卦的重合与排序以及卦爻辞的写定，却反映了远古中国人的智慧光芒。那里边渗透着他们对于世界的基本看法，怎能说《周易》不是哲学。关于太极的观念，关于阴阳的观念，关于天地生成万物的观念，关于易道和时变的观念，关于人类主观须适应客观和主观能动性的观念，以及关于君子须反身修己的观念，不仅是哲学，而且是很深刻很思辨的哲学。

或许有人会说你说的哲学属于《周易》传文，不属于《易经》。殊不知传文乃为说解经文而作，经传本为一体。根据《史记》、《汉书》的记载，《周易》传文是孔子作的。北宋欧阳修开始提出疑问，至今有许多人认为《周易》传文是战国时人作。疑问终归是疑问，远不能成为定论。1973年长沙马王堆出土的汉代帛书《周易》佚文，成为《周易》传文系孔子作的有力新证据。今日看来，《周易》传文不必全出孔子亲笔，有些是孔子承继前人的旧说，有些是孔子弟子记录的孔子言论，有些则是后世人抄书时有意无意窜入的。窜入的部分极少，不妨碍大局。孔子亲笔的部分为数较多。说《周易》传文的思想属于孔子，大体不误。同时也说明孔子的哲学思想承接于《周易》并与《周易》一致。

孔子把《周易》作为哲学著作来研究，孔子以前，春秋时代视《周易》为哲学书而不信卜筮的，也不乏人。《左传》里记有这方面的材料。孔子以后，孟子、荀子、庄子、董仲舒、司马迁、王弼、孔颖达、张载、程颐、杨万里、顾炎武、黄宗羲、王夫之、胡渭、李光地、纪昀等等著名的大学问家无不研究《周易》哲学并且从《周易》汲取思想营养。这些人对《周易》感兴趣，无不因为《周易》充满着深刻的世界观和方法论以及精湛的人生论体系。古代中国人和现代中国人持久不衰地关注《周易》，其根本的原因即在于此。中国传统文化和中国民族精神中优秀的部分无不与《周易》有关系。中国人尤其知识阶层传统中不相信上帝鬼神，不向往外来宗教，善于因时处事，灵活待物，重视反身修己，奉公为人，强调自强不息，厚德载物等等优秀的东西，几乎都可从《周易》中寻得它们的源。

《周易》又是中国传统文化中优秀部分的源头。中国传统思想文化发展至今日，经历过一个很长的过程。我这里说的是较狭义的文化，不涵盖广义的考古学文化。即不包括北京猿人、山顶洞人以及龙山文化、半坡文化等等。我说的是进入文明时代即阶级社会以来的，具有浓厚思想色彩的文化。这种思想文化从古代的两大思想分支发展而来，一是老庄道家，一是孔子儒家。以后又揉进了佛家的东西。就影响而言，道家远不及儒家深而且广。孔子儒家文化是传统思想文化的主干。"五四"时代批判旧传统，矛头指向孔子而不及老庄，就是证明。那么中国传统思想文化的源头在哪里？有人说在战国百家争鸣时代，我以为太近，源头还须向前追溯。在中国传统思想文化中占主要地位的是儒家。儒家的思想宝库是"六经"，"六经"是孔子以前的旧物，这是不成问题的。儒家的最基本的内涵是尊崇"六经"，祖述尧舜。中国传统思想文化的源头要到"六经"中去找。就时代说，不能早于尧舜。

孔子思想中有很思辨的东西，如《论语》"子在川上曰，逝者如斯夫，不舍昼夜"这句话，含有深刻的辩证法思想，看到了流水般变化不停的世界。孔子还特别为人们指出一条主观如何适应并把握客观世界变化的道路。《论语》说孔子认为做事要掌握分寸，"过犹不及"，对待问题，"无可无不可"，一切依时而定，绝不拘于一偏。因此，孟子说孔子是"圣之时者"，比以往任何圣贤都伟大。孔子不但有辩证法，而且是个朴素的唯物论者。这是孔子思想的哲学基础，也可以看作孔子思想的核心。这思想的渊源在哪里，我以为有两条线索，一条得自尧、舜，一条得自《周易》。而《周易》也可以追溯到尧、舜时代。《中庸》关于"仲尼祖述尧舜"的说法是正确的，可信的。《论语·尧曰》记尧传位给舜，舜传位给禹，都特别交代"允执其中"一语。《中庸》记孔子称赞舜是大智的人，根据就是舜"执其两端，用其中于民"。执中、用中与孔子说的"无可无不可"、"过犹不及"、"时中"是一致的。这清楚地表明孔子的辩证法得自尧、舜。另一个渊源是《周易》。《周易》把世界看成是物质的，而且处在永恒的变化之中。八卦反映世界的物质性，六十四卦反映世界的变化。孔子读《易》"韦编三绝"，给《周易》作了《传》，继承并发展了《周易》的哲学思想。

《周易》的哲学思想，尤其天道观，产生的时间不会在尧舜之前。据有关文献记载，尧舜之前人们心目中的天是神的世界。唯物论的天道观不能说没有，但很薄弱是无疑的。那时对天的认识很狭窄很肤浅，到了尧的时代人们才懂得太阳月亮运行的规律，认识到春夏秋冬、年月日以及气、朔、闰的概念，并且据此创立了阴阳历。科学上的伟大进步导致人们观念上的变化。从此宗教唯心论的天道观和唯物论的天道观并行，而《周易》采取了后者，被孔子及儒家继承过去，成为中国传统思想文化中哲学基础的主流。

《周易》经文部分应从八卦算起。八卦的产生应以唯物论的天道观为前提。在人们心目中还弥漫着宗教意识而视天为神的情况下，八卦无从产生。八卦的作者把天理解为物质性的实体，因此八卦不可能产生在尧舜以前。《系辞传》包牺氏画八卦的说法当出自后世，不是孔子《易传》之旧文，不足信据。

当然，在《周易》热中也有不少负面的东西应当指出。一些人乘《周易》热的机会，借《周易》的名义出了一些宣扬卜筮算卦的书，这不是愚昧无知便是自欺欺人，是欺骗人民的犯罪行为。算卦不说算卦，说什么是"预测学"，其毒害更大。预测学是现代的学问，它建立在占有大量的信息情报的基础上。政治、经济、教育、军事、文化、气象等等都可以也必须搞预测。没有足够信息的预测通通是骗人。《周易》六十四卦三百八十四爻仅仅在有限的意义上具有一点预测的意义，即卦爻辞总是给人指示努力的方向，告诉你大体上应当干什么和怎样干或者不干什么。它绝不把吉凶悔吝说死，总是给人发挥主观能动性留下充分的余地。它要求用《易》者平素观象玩辞，用以与自己的事情相联系，从中选择最佳的行动方案。这其实并不是什么预测，而是一种思想和道德的指引。一旦用《周易》进行筮占，便成为一种宗教迷信行为，是反科学的，与现代的预测科学背道而驰。古代一些大学问家都不信卜筮。孔子最典型。他研《易》

只研《易》之辞，绝不及卜筮。荀子说"善为《易》者不占"。北宋的邵雍善于用数推测未来，时人很相信。他的同时代人程颐就不买他的账。有一次天边在打雷，邵问程雷起于何处。程说"我知道，你不知道"。邵很惊诧。程说，"你既然知道，为什么还用数推呢"！邵问程雷起于何处。程答："起于起处。"邵瞿然称善。可见程颐反对占卜推数之类的迷信活动。据说战后日本某些大企业的复兴颇得益于《周易》，这我相信。《周易》哲学讲时讲变讲中，讲奋斗讲屈伸讲灵活讲转化，企业领导人体会好了，必大有益处。但是如果用《周易》搞经营管理具体决策的预测，则必糟无疑。因为《周易》本身不可能提供任何现代信息。谁用《周易》搞预测，谁就是个骗子。

目前还有一种倾向，我以为不足取。有一种见解似乎认为几乎所有现代科学学科都可在《周易》中找到源头，或者说现代科学学科的基本理论，《周易》已具备。据说《周易》中已有了现代量子力学、电子计算机科学、生命科学、遗传工程学以及医学、美学等等的萌芽。一个叫莱布尼兹的外国人声称他发明的二进制是受了《周易》的启发，于是人们说《周易》中有二进制。根据同理推测，瓦特受开水冲掉壶盖的启发发明蒸汽机，因此古代凡是制作水壶的工匠都已知蒸汽原理。这岂不是海外奇谈！《周易》仅仅是一部哲学书，对具体的科学学科有指导意义。例如中医学，其基础理论肯定与《周易》的阴阳学说有关。一个高明的中医医生有必要学一点《周易》。但是只学《周易》，不读《内经》、《伤寒论》，永远成不了哪怕是蹩脚的中医医生。因为《周易》里根本没有中医科学。有人竟说六十四卦就是六十四个遗传密码。这更令人啼笑皆非。古人懂什么遗传密码！科学是人类有史以来一步步发展的，科学上的任何发明和进步都是前人所积知识的总结果，超越只能在有限的时间跨度内发生。没有牛顿的古典力学，怎会产生近百年来的量子力学。若一定说《周易》中已有这些纯现代的东西，那就必须证明：《周易》的作者不是本星球的人，他是天外来客，《周易》是一部名副其实的天书。

《周易》热是自古迄今长期存在的文化现象。《周易》热实际上反映了中国传统思想文化热。《周易》中许多卓越的思想代表着中国传统思想文化的优秀部分，当我们面向未来，建设有自己特色的社会主义现代化中国，而又遇到形形色色民族虚无主义阻碍、冲击的时候，回顾我们民族的过去，对《周易》掀起一股热潮，从而对我们的传统精神、价值观念，进行再认识再肯定，从中寻求适合当代需要的东西，是极自然的事情。只是要十分注意防止宗教迷信一类的糟粕乘机沉渣泛起，不让它们玷污了精华。

（原刊《中国典籍》1992年第1期）

《尧典》新解（节选）

今文《尚书》有《尧典》无《舜典》，《舜典》是后世人从《尧典》分出去的。孔子"论次"《尚书》将《尧典》列为首篇，有极深远的意义。《史记·五帝本纪》说："学者多称五帝尚矣，然《尚书》独载尧以来，而百家言黄帝，其文不雅驯，荐绅先生难言之。"以为孔子因尧以前史事，古说多诞妄无明据，故不取，可能是对的，但是孔子"论次"《尚书》取《尧典》作第一篇，尧以前事不取，还有更深一层的意义。从《尧典》的内容看，有三项是主要的，一是制历，二是选贤，三是命官，而第一项制历是划时代的大事。这件大事是尧完成的。

在尧的时候，人们对天的认识发生了根本性的变化。孔子说："唯天为大，唯尧则之。"（《论语·尧曰》）这话有两层意思，一是说天的概念发生变化，以前的天是个狭小的世界，它属于神，现在的天广大无比，包括日月星辰，它是自然。二是说这样的天概念是尧建立起来的，唯有尧能够遵循自然之天的规律制定新历法，指导人们的生产与生活，尧以前的人办不到。尧是一个伟大的人物。

尧时代关于天概念的变化是划时代的。它既影响到人们的社会经济生活，也关系到人们的意识形态。尧以前，先有占星术，由占星术发展为"火历"。"火历"通过观察二十八宿之心宿二即大火在昏时的中、流、伏、内等表象确定季节，即《左传》襄公九年所谓"以火纪时焉"。此时日月的运行人们不能看不见，但是不理解。据《国语·楚语下》说，颛顼时期，"命南正重司天以属神，命火正黎司地以属民"，叫做"绝地天通"，即把天与人分开。南正重专管天，天是神的世界，火正黎专管地，地是人的世界。此时人们只把天视作神。至帝喾时发生变化，开始对天的自然性质有所认识。《大戴礼记·五帝德》说："高辛氏历日月而迎送之。"《国语·鲁语上》说："帝喾能序三辰以固民。"高辛氏即帝喾，三辰即日月星。帝喾欲制以日月运行为主体的新历，但未完成。新历在尧时制定，故《尧典》说："乃命羲和，钦若昊天，历象日月星辰，敬授人时。"又说："期三百有六旬有六日，以闰月定四时成岁。"尧的新历所认识的天已是孔子说的"四时行焉，百物生焉"的天，即自然之天，不再是"南正重司天以属神"的神的天。

尧时自然之天的天概念产生，前此就有的神之天的天概念依然存在。唯物论的世界观由此开端。唯物论与唯心论两种世界观的斗争亦发生于此时。《论语·尧曰》记尧对舜说："咨尔舜，天之历数在尔躬，允执其中，四海困穷，天禄永终。""允执其中"的"中"，朱熹引子程子说"不偏之谓中"，是错误的。"执中"应以孔子讲的"时中"和孟子讲的"行权"为正解，即在事物的矛盾两方面中不执一不调和，而依据时变把握矛盾的主要方面。这是中国人最早的辩证法思想。中国古代哲学的历史应当追溯到尧这里。《尧典》是中国最古老的哲学史资料。《周易》是讲辩证法的书，而《易》的八卦恰是产生于尧之时或稍后，伏牺氏画八卦的说法不足信据。《周易》的辩证法不会早于尧。说中国古代辩证法始于《老子》，唯物论的世界观至《荀子》才有，是不对的。

《尧典》虽记载尧舜时事，但是它显然是后世人所追记，篇首说"曰若稽古帝尧"就是证明。整个《尚书》29篇当写成于周平王东迁以后，其原始的材料是历代传下来的官方档案，下限应止于秦穆公。至孔子"论次诗书"时，《尚书》之29篇已经具备，而且实际篇数要大大多于29。《尧典》尤其必定成书于孔子之前，《史记·孔子世家》讲孔子"追迹三代之礼，序《书传》，上纪唐虞之际，下至秦穆，编次其事"，就是证明。孔子编《书》，已有唐尧虞舜的内容，那岂不就是《尧典》！

疑古派学者断言《尧典》是战国儒家搜集材料精工编造而成。陈梦家作《尚书通论》甚至认定伏生所传29篇乃秦时齐鲁儒生所更定。《尧典》更被判定"非先秦之旧"，"其编定成本当在秦并六国之后"。根据是《尧典》所记"十有二州"、"协时月正日同律度量衡"、"五载一巡守"诸事，皆秦并六国后力行之法，先秦必不能有。其实不然，"十有二州"以及"同律度量衡"、"巡守"这类事情肯定是尧时历史的纪实。尧时华夏自身的部落联盟所据区域大约在中原冀州一带，当然不会很大，但是据史载，它的活动涉及的范围其实相当广泛，除今日之西藏、新疆以外，几乎都有尧舜禹的足迹。当时洪水泛滥，治水的问题迫使四方部落与华夏部落联盟发生紧密联系。有的自动来服，有的则武力征服。征服之后不可能实行象后世那样的有效统治，但需纳税、进贡而已。这就是说，尧舜禹作为华夏族部落联盟的首长，其控制的范围绝不限于本联盟活动的狭小地域。州是个地理概念，没有行政意义。十二这个数字多少带有主观色彩，可是禹治水涉及的九州，还是符合实际的。所以《尧典》文在"十有二州"之后便改称"九州"了。既然控制的地面有九州之广，华夏族部落联盟首长定期巡守各地，为什么不可能！"协时月正日，同律度量衡"，秦时有，尧时也当有，因为华夏族各部落与四裔部落事实上存在着各种社会交往，时月日及律度量衡，有必要"协"、"同"。只是"协"、"同"的程度与历史意义和秦时不一样。以为《尧典》所记事凡沾秦的边，就是秦汉人依照秦法伪造，不是先秦旧物，是错误的。这种无端疑古的方法尤不足取。

说尧时活动范围不限于华夏族所在之中原地区，包括广大的所谓"天下"、"四海"，有足够的文献依据。《尧典》本身有"协和万邦"说。《左传》哀公七年有"禹合诸侯于涂山，执玉帛者万国"的记载。《国语·鲁语下》记有"禹致群神于会稽之山，防风氏后至，禹杀而戮之"之事。《战国策·齐策四》说"古大禹之时，诸侯万国"，"及汤之时，诸侯三千"。《魏策二》说"禹攻三苗，而东夷之民不起"。《尚书大传》说"天下诸侯之悉来进受命于周而退见文武之尸者千七百七十三诸侯。"《汉书·贾山传》说"昔者周盖千八百国"。《逸周书·殷祝》说"汤放桀而复薄，三千诸侯大会"。

诸多古书记载不约而一致，绝不能说毫无根据。只是"国"、"邦"是借用后世的名词而已。"万"也不必是实数，但是尧舜禹时之氏族、胞族、部落多得数以千计肯定是事实。汤时尚有三千，周初且千八百，尧舜禹时有万邦、万国，有几千实属理之当然。所谓万邦万国，必然包括尧舜禹所在华夏族部落联盟之外的广大区域。禹合诸侯之涂山地望何处，古人有今浙江会稽、今安徽当涂、今安徽怀远之说。即便是怀远，也远在尧舜禹所居之冀州之外。东夷非华夏，三苗更远在长江之南。禹致群神之会稽山，据韦昭注，即越王勾践栖于会稽之会稽山，在今浙江绍兴。至于为禹刑杀的防风氏，据说是守封山、嵎山之汪芒民的头头。韦昭注说二山在吴郡永安县，即今之江苏苏州一带。远不在华夏族部落联盟范围之内。这些材料证明，尧舜禹的"天下"很广大，由于治水的需要，相互关系至为密切。《尧典》所记"十有二州"、"同律度量衡"、"五载一巡守"诸事，必是尧时史实之反映，载入简策流传下来，绝不是到秦并六国之后由某人照抄秦制而造成。

竺可桢作《论以岁差定尧典四中星之年代》，利用现代方法据岁差推算出"鸟、火、虚三星至早不能为商代以前之现象，星昴则为唐尧以前之天象"，论定《尧典》作成于西周初年。这个结论也有问题，四中星的年代显然自相抵牾，鸟、火、虚既是商或商之后的现象，何以能够与尧之前的中星昴作为同时的天象写入《尧典》！作《尧典》的人必不懂岁差，不能推算，四中星必据实测记录而来。谁实测呢？尧时的人。留下了材料，后世人写入书中。远古的人对星宿非常熟悉，所以《洪范》说"庶民唯星"。庶民百姓生活与生产不靠上头颁的朔政，只靠自己仰观星宿定时节。现代的普通人对于古人星宿知识的丰富程度简直无法想象。早在尧之前人们已有占星术，又发明"以火纪时"的火历，与星宿打过长期的交道，至尧时实测出四中星不应当成为问题。

那么《尧典》写成于何时？《尧典》开篇言"曰若稽古"，说明是后世人追写的，不是尧舜禹时所作。但是材料是当时传下来的。材料很多，有些也不完全一致。我们以为，周平王东迁以后，包括《尧典》在内的许多《书》篇，经某个大学者之手纂修而成。篇目数量要多于今传的29篇。其中必有尧舜以前的东西，孔子"论次"《诗》、《书》时给舍弃了。不然，司马迁何必说《尚书》"独载尧以来，而百家言黄帝，其文不雅驯"！

《尧典》所记尧舜禹的史迹基本上是可信的。说尧舜禹是神话人物，《尧典》是战国秦汉人精心编造的，古代中国的历史是层累地造成的，这一观点我们认为是错误的。《尧典》有重要的史料价值，研究中国古代史舍《尧典》不用，是极大的失误。

曰若稽古帝尧　　"曰若稽古"，汉人马融释作"顺考古道"，郑玄释作"稽古同天"，都是错误的。蔡沈《书集传》以"曰若稽古帝尧"为句，"帝尧"属上，则是正确的。"帝尧"属上为什么对，它说明帝尧是古人，《尧典》是后人追记的，不是帝尧时的记录。曰、粤、越三字古通用。《召诰》"越若来三月"，《汉书·律历志》引佚《武成》"粤若来二月"，《汉书·王莽传》"粤若翌辛丑"，《盂鼎》"粤若翌乙亥"，其"越若"、"粤若"与"曰若"同，都是发语辞，不为义。稽，考。稽古，考古，即考察古人帝尧。有人释作考察古代传说，没有根据。"曰若稽古"，是写《尧典》的人开篇交代所叙述的是古代的人和事。

克明俊德　这句话古人大抵有两种解释，一种解释说是尧自明其德。《礼记·大学》引《康诰》"克明德"、《大甲》"顾諟天之明命"、《帝典》"克明峻德"，而总释之曰："自明也。"《荀子·正论》在力倡主道利宣利明的时候，引用《康诰》"克明德"文，亦谓"明德"是自明。《论衡·程材篇》说"尧以俊德致黎民雍"。《讲瑞篇》说"然而唐虞之瑞必真是者，尧舜之德明也"。是王充以为"克明俊德"是尧自明其德。《汉书·平当传》："昔者帝尧南面而治，先克明峻德以亲九族而化及万国。"是平当亦以"克明峻德"之德是尧自身之德，以为"克明俊德"是尧自明其德的说法是正确的。"明德"是自明其德，这在《左传》中也能找到旁证。成公二年引《周书》"明德慎罚"句而释之曰："文王所以造周也。明德，务崇之之谓也。慎罚，务去之之谓也。"成公八年引《周书》"不敢侮鳏寡"句，以"所以明德也"释之。宣公十五年记晋侯赏中行桓子和士伯，羊舌职说："《周书》所谓'庸庸祇祇'者谓此物也夫！士伯庸中行伯，君信之亦庸士伯，此之谓明德矣，文王所以造周不是过也。"《左传》三引《周书》（《康诰》）"文王克明德"，都是取人君如何自明其德之义。宣十五年引"庸庸祇祇"句，看似讲人君应用能用人者，敬能敬人者，是明他人之德，其实质还是人君明自己的德。竹添光鸿《左氏会笺》说："人君之德，莫明于尊贤。"至为确当。这是一种解释。

另一种解释是说"克明俊德"是尧能明"俊"者之德，即明他人之德。伪孔传："能明俊德之士，任用之。"郑玄注："俊德，贤才兼人者。"孔疏："言尧之为君也，能尊明俊德之士，使之助己施化。"皆以为"克明俊德"是任用贤才，并误。因为"克明俊德"以下数句整个意思显然是说尧首先解决自身的问题，而后及于九族，及于百姓，及于万邦。是一个由身及外，由近及远，由血亲集团及广大社会的过程。如果以为"克明俊德"是任用俊德之士，则这过程便缺少一个重要环节，况且任用贤能之士的问题在上文"允恭克让"句中已包括，无须在此赘言。郑玄和孔颖达对此语的理解亦并非明确无疑。郑注《礼记·大学》"《帝典》曰'克明峻德'，皆自明也"句云："皆自明明德也。"孔颖达疏云："皆是人君自明其德也，故云'皆自明也'"，与他们释《尧典》之语自相抵牾。

关于"克明俊德"四字的义训，克训能，无歧说。明训显训昭，亦无歧说。唯俊字古说多歧，作峻则训大，作俊则训美，大与美义亦相近。《史记·五帝本纪》作"能明驯德"，《集解》引徐广曰："驯，古训字。"《索隐》："《史记》驯字徐广皆读曰训。训，顺也。言圣德能顺人也。"段玉裁《古文尚书撰异》："《今文尚书》五品不训，《史记》作'不驯'，然则驯、训古通用。"王先谦《尚书孔传参正》则进一步引《洪范》"于帝其训"与《宋微子世家》引作"于帝其顺"相对照，说"驯、顺、训三字通用"。是知徐广释训为顺，以为"言圣德能顺人也"，近是。

以亲九族　尧"克明俊德"，能够昭明宏扬自身之顺德，以此便可以"亲九族"。九族不论作何解，是指有血亲关系的一定规模的血缘团体，则是无疑的。"亲九族"

是使九族范围内的人亲密团结和睦，亦即理顺九族的关系。这里固然有尧本人与九族亲的意思，但是据下文"九族既睦"看，"以亲九族"主要的意思是说使九族内的人们关系和睦。

"九族"何指，古有二说。一说九族为上自高祖下至玄孙，《经典释文》曰："上自高祖下至玄孙。"马融、郑玄及伪孔传说同。另一说九族为父族四、母族三、妻族二。许镇《五经异义》引《戴礼》、《尚书》欧阳说云："九族乃异姓有亲属者。父族四，五属之内为一族，父女昆弟适人者与其子为一族，己女昆弟适人者与其子为一族，己之子适人者与其子为一族。母族三，母之父姓为一族，母之母姓为一族，母女昆弟适人者为一族。妻族二，妻之父姓为一族，妻之母姓为一族。"《白虎通义·宗族篇》说与《尚书》欧阳说同，唯合母之父族、母族为一族而增母之昆弟一族，与欧阳说微异，其实质是一致的。两说相比较，《尚书》欧阳说为可取，马、郑之说无据亦无理，显然是不对的。

自汉迄清多数学者主欧阳说而驳古文家说。许慎《五经异义》说"礼，缌麻三月以上，恩之所及。礼，为妻父母有服，明在九族中。九族不得但施于同姓"，是主《尚书》今文家说而以古文家说为不然。《左传》桓公六年杜预注曰"九族谓外祖父、外祖母、从母子及妻父、妻母、姑之子、姊妹之子、女子之子并己之同族"，实赞成《尚书》欧阳氏之今文家说。孔颖达《左传正义》与杜注说同，而驳郑尤为有力，孔氏云"郑玄为昏必三十而娶，则人年九十始有曾孙，其高祖、玄孙无相及之理，则是族终无九，安得九族而亲之！"清人程瑶田《仪礼丧服足征记》以为《白虎通义》释《尚书》九族之义与《丧服》说同，而论证至为明晰，程氏云：

> 《丧服》自斩衰三年上杀之至于齐衰三月，自齐衰期下杀之至于缌麻，又旁杀之亦至于缌麻，非所谓父之姓为一族乎！《丧服》姑之子缌麻，非所谓父女昆弟适人者有子为二族乎！《丧服》甥缌麻，非所谓身女昆弟适人有子为三族乎！《丧服》外孙缌麻，非所谓身女子子适人有子为四族乎！《丧服》为外祖父母小功，非所谓母之父母为一族乎！《丧服》舅与舅之子皆缌麻，非所谓母之昆弟为二族乎！《丧服》从母小功，从母之子缌麻，非所谓母之女昆弟为三族乎！《丧服》妻之父母皆缌麻，非所谓妻之父为一族，妻之母为二族乎！

俞樾《九族考》亦赞同《尚书》欧阳今文家说，但是于九族之具体指称则以男系为主另立新说。父族四，为高祖之族、曾祖之族、祖之族、父之族。母族三，为母之曾祖族、母之祖族、母之父族。妻族二，为妻之祖族、妻之父族。

欧阳氏九族说及俞樾九族说皆以异姓有服者为据，驳之者则以母、妻之族称党不称族为辞。其实这两个根据皆不足为据。同姓不昏乃周制，远在氏族社会末期的尧舜时代，恐怕是以同姓通昏为常，同姓不昏可能是偶然现象。既然同姓通昏为常，则所谓母族、妻族实与父族无异，因而无所谓异姓的问题。称党称族的区别更属无义。《尧典》"以亲九族"的九族不过指与自己有较近血亲关系的九个血缘实体而已。

亲九族，是说尧在"克明俊德"即解决了自身的品德问题的前提下进一步解决自己所在的血缘团体的人们之间的关系问题。这个问题对于尧来说至关重要。当时是原始社会，"礼义有所措"的文明时代尚未开始，人们是按血缘团体组织成社会的，地域团体是以后的事。尧是部落联盟首长，不同于后世的帝王或地方行政长官，他是部落联盟的首长，必然也是本部落本氏族的代表。他若要解决好部落联盟的问题，必须先把自己所在的血缘体内的事情办好，否则他的一切便没了根底。总之，我们不可以周秦的制度衡量尧舜，否则会不得要领。清人魏源已经看出了一点端倪，他在《书古微》中说："同姓昏姻不通，始于周制。自周以前，尧舜同出黄帝，而尧二女妻舜，是妻族即父族、母族均出帝胄邦君，伯叔甥舅无甚悬隔。岂得据汉制夷九族之刑驳唐虞上古数姓旁通之典乎！"魏说极是。

平章百姓　　这句话的关键词是百姓。百姓指称什么人，蔡沈《书集传》说是"畿内民庶"。说"畿内"是对的，畿内即尧所在的部落联盟内，不包括本联盟以外的其他部落。说"民庶"则不对。"民庶"一词相当于后世与官府、官吏对言的平民百姓。在尧的时代没有这种阶级的划分，人们都生活在一定的血缘团体之内。血缘团体按姓氏划分。就是说，每个人都有自己的姓氏。属于同一个氏的人们，领导者与一般成员，其身份是相同的。这里说的百姓，所指是尧的部落联盟以内除尧的直近亲属即所谓九族以外的所有血缘团体，那些血缘团体中的所有的人，领导者和一般成员，都涵盖在内。

伪孔传："百姓，百官。"孔颖达疏："经传'百姓'或指天下百姓。此下有黎民，故知百姓即百官。"说百姓是民庶，不对；说百姓是百官，也不对。尧时是原始氏族社会，人们生活在血缘纽带维系着的血缘团体之中，不存在官员和民庶的对立。如果说百姓就是百官，便把各族氏中的一般成员排斥在百姓之外了。况且尧的部落联盟内的族氏很多，在联盟中担任官职的族氏毕竟只是一部分，如果说百姓就是百官，则未在联盟中担任职务的族氏便不在百姓之内了。既不是尧的"九族"之亲，更不是下文所说的"万邦"，又不在"百姓"之内，那么算什么呢！郑玄注说"百姓"是"群臣之父子兄弟"。"群臣"当然就是"百官"。郑氏不说百姓是百官，而说是百官的父子兄弟。意思是说百姓是官僚贵族们的不在官的子弟。这是用汉代的情形比况远古社会，当然不恰当。

又，近人王国维说；"此句（平章百姓）极可疑，后人之疑《尧典》者亦多因此句。因古书中无姓字，而姓氏之制至周始成，且皆女人用之。唯金文中多生字，此'百姓'亦当作'百生'。'百生'者百官也。此与下'黎民於变时雍'、'百生'、'黎民'对文。"（吴其昌《王观堂先生尚书讲授记》）王氏此语两个论点都可商榷。第一，古书中无姓字，姓氏之制至周始成，这一说法不符合历史实际。《左传》昭公三十二年："三后之姓，于今为庶。"杜预注："三后，虞、夏、商。"散见于各书引用的《世本》佚文，关于黄帝至尧舜禹时期人们的姓氏问题有大量的记载。尧舜禹时期不是没有姓氏，而是与西周时的姓氏制度有所不同。尧舜禹时期的姓氏乃自然长成，且姓与氏的区分并无严重的意义。周代的姓氏制度如《左传》昭公八年所说："天子建德，因生以赐姓，胙之土而命之氏。诸侯以字为氏，因以为族，官有世功则为官族。"与宗法、分封之制有关，姓是天子根据血缘关系"赐"的，氏则是天子、诸侯根据人为的政治原因命的，姓与氏区分至为严格，各有不同的意义。一个人可以因为诸种原因失去姓氏，如《左传》襄公十一年所记"俾失其民，隧命亡氏，踣其国家"者也。说尧的时代没有周代那种姓氏制度可，说尧时代根本没有姓氏则大不可。第二，王氏说"百姓"与下文之"黎民"对文，故百姓即百官。这一观点源自孔颖达疏，用后世阶级社会官与民对立的情形加诸原始社会，不足取。说已见上。以上说"百姓"。

以下说"平章"。平字《史记·五帝本纪》作便。王引之《经义述闻》说马融本作平，郑玄本作辩。《诗·采菽》孔疏说《书传》（即《尚书大传》）作辨。《后汉书·蔡邕传》、《白虎通义·姓名篇》、曹植《求通亲亲表》引《尧典》皆作平。《后汉书·刘恺传》、班固《典引》、《东观汉记》引《尧典》皆作辨。古平便辨辩四字声近义通。平章二字，章字训明，向无异义。平字郑玄作辩，训为别，伪孔传训为和，蔡传训为均。《说文》："辩，治也。"《公羊传》隐公元年何休注、《淮南子·时则训》高诱注并曰："平，治也。"《诗·采菽》"平平左右"毛传曰："平平，辩治也。"王引之《经义述闻》以为"平章"之平"训为辩治可也"。以上平字四训，训和训均，于经义皆未为安。别治二训，自上下文义看，郑玄训别义长。若训治，则"平章百姓"释作治明百姓，于义扞格难通。下文"协和万邦"之"协和"是两个同类动词组成的并列式词，"平章百姓"之"平章"应与"协和"属于同一情况。"平章百姓"，意谓把本部落联盟内尧之近亲九族之外所有不同姓氏的血族体区分明确，使各行其事，各尽其责，无有紊乱。

协和万邦　　"万邦"与上文之"九族"、"百姓"属于同一类型的词。"九族"范围最小，指尧自己父、母、妻三方面九支直近亲属。"百姓"的范围比"九族"大得多，包括九族之外，部落联盟之内所有不同姓氏的血族体。"万邦"更在尧所在的部落联盟之外，即上文"光被四表"的四表中生存的后世称为夷狄的氏族、部落或部落联盟，先时数量相当的多，后来逐渐减少，称作"万国"，可能不虚。《左传》哀公七年"禹合诸侯于涂山，执玉帛者万国"，《战国策·齐策四》"古大禹之时，诸侯万国"，《逸周书·殷祝》"汤放桀而复薄，三千诸侯大会"，《尚书大传》"天下诸侯之悉来进受命于周而退见文武之尸者千七百七十三诸侯"等等记载就是证明。

"诸侯"是后世人追记时用的词汇，不是尧舜禹当时的实际用语。尧舜禹等中原华夏族部落联盟的首长与四表万邦的关系，虽不会像周天子和众诸侯那样紧密，更不是秦汉中央集权国家皇帝与各地方长官那种绝对的君臣隶属关系，但是尧舜禹与"四表"的"万国"肯定有相当密切的联系，万国要受中原华夏族部落联盟的制约，尧舜禹的活动必不限于本部落联盟之内。这有两个历史的因素起作用，一个是尧舜禹时实行的是军事民主制，对外的武力征服不可避免。一个是当时正处于世界性的洪水时代，治水事业客观上要求整个黄河、长江两大流域中生存的人类有一个统一的指挥。实现这种联系的手段是征服伴随着纳贡。这是有文献记录可查的。"禹之裸国，裸入衣出，因也"（《吕氏春秋·贵因》），"禹致群神于会稽之山，防风氏后至，禹杀而戮之"（《国语·鲁语下》），"禹攻三苗，而东夷之民不起"（《战国策·魏策二》），证明禹为了治水曾远离中原，而且必要时不惜采取强力办法。据此，《史记·五帝本纪》舜"南巡狩，崩于苍梧之野，葬于江南九疑，是为零陵"的记载，实不为无据。据《五帝本纪》，尧把注意力放到四裔，竭力改变那里的落后状态，曾"流共工于幽陵，以变北狄；放驩兜于崇山，以变南蛮；迁三苗于三危，以变西戎；殛鲧于羽山，以变东夷。四罪而天下服"。这些行动，可能就是尧"协和万邦"的实际内容。邦即国。古文《尚书》的本子作邦，今文《尚书》的本子作国。《史记·五帝本纪》、《汉书·地理志》、《论衡·艺增篇》皆作"万国"，盖本于今文《尚书》，非为避高祖讳。汉人规矩，《诗》、《书》不讳，不改经字。

协字，《史记·五帝本纪》作合，曰"合和万国"，下文之"协时月正日"，《五帝本纪》作"合时月正日"。是史公训协为合。郑玄注《周礼·秋官·乡士》曰："协，合也，和也。"《论衡·齐世篇》引经作"叶和万国"。《说文》叶字云："古文协，从日十。叶或从口。"协字云："同众之和也，从劦十。"是协叶古今字。伪孔传："协，合也。"是古人训协为合，没有异议。合是分的反义，和是乖的反义。"协和万邦"，把中原华夏部落联盟以外的"万邦"，即所有的氏族、部落或部落联盟联合起来，建立合和的关系。

钦若昊天　自此以下至"四时成岁，允厘百工，庶绩咸熙"一大段文字，全是说尧命羲和二族要做的事情。这些事情至关重要，尤其"钦若昊天，历象日月星辰，敬授人时"这几句话，具有划时代的意义，它标志着人们对天的认识发生了根本的变化。

在尧之前实行火历，对自然之天的认识相当狭窄，仅限于星宿。日月之运行不能看不见，但是不认识。那时的天是神的世界。到了尧时，"乃命羲和钦若昊天"之后，一个以日月运行为主的广阔的自然之天展现在人们面前。从此主宰之天的天概念之外又产生了自然之天的天概念。主宰之天的天概念是哲学唯心论的萌生土壤，自然之天的天概念是哲学唯物论的先声。这是从意识形态的角度看钦若昊天、历象日月星辰的意义。

若从当时部落联盟的管理上说，此事也是第一重要的，故《汉书·食货志》说："尧命四子以敬授民时，是为政首。"《尔雅·释诂》："钦，敬也。"《释言》："若，顺也。"《史记·五帝本纪》"钦若"作"敬顺"。钦若释作敬顺，是对的。尧要求羲和严肃认真地对待天的事情，不可苟且马虎。

"昊天"，许慎《五经异义》："《今尚书》欧阳说：'春曰昊天，夏曰苍天，秋曰旻天，冬曰上天，总为皇天。'《尔雅》亦然。《古尚书》说云：'天有五号，各用所宜称之。尊而君之，则曰皇天。元气广大，则称昊天。仁覆悯下，则称旻天。自天监下，则称上天。据远视之苍苍然，则称苍天。'"许氏按说："《尚书》尧命羲和'钦若昊天'总勅四海，知昊天不独春。《春秋左氏》曰：'夏四月己丑，孔子卒'称'旻天不吊'，时非秋也。"许氏说《尔雅》与《今尚书》说同，其实大同而小有异。今文《尚书》说"春曰昊天"，《释天》说"夏为昊天"，此略有不同也。

郑玄《驳五经异义》云：

《尔雅》者孔子门人作，以释六艺之文，言盖不误矣。春气博施，故以广大言之。夏气高明，故以远大言之。秋气或杀或生，故以闵下言之。冬气闭藏而清察，故以监言之。昊天者，其尊大号。六艺之中诸称天者，以己情所求言之，非必于其时称之。浩浩昊天，求天之博施，苍天（疑天当为苍）苍天，求天之高明。旻天不吊，则求天之杀生当得其宜。上天同云，求天之所为当顺其时。此之求天，犹人之说事，各从主耳。若察于是，则尧命羲和"钦若昊天"，孔子卒称"旻天不吊"，无可怪耳。

其实《尔雅》说、《尚书》今文欧阳说、《尚书》古文说对"钦若昊天"之"昊天"的说解都是对的。许郑二氏之认识也都极得要领。把天按四时变化称为昊天、苍天、旻天、上天以及总称皇天等等，说明不把天视作神，而是视天为自然。"钦若昊天"之"昊天"是浩浩广大的自然之天，这是他们的一致看法。有了这一点，他们其余的分歧都可忽略不计。

历象日月星辰 这一句至关重要，是"乃命羲和，钦若昊天"的主要内容。"钦若昊天"，必须落实到"历象日月星辰"上才有意义。"历象日月星辰"，标志古代天文历法至此已发展到一个新阶段，先前实行火历，不问日月，观察大火即心宿二昏时所见之中、流、伏、内等不同天象确定时节，这是当时人人可行的，不必由联盟的管理机构统一授时。现在不看大火，而是看日月在二十八宿经星上的运行规律，不是人人能够办到的，所以此时不但要观象，还须向下授时。

实行以日月运行为主要内容的新历法，并且观象授时，这是一个突破性的进步。有人说这时实行的只是历，尚谈不上历法，历法是从战国四分历开始的。其实不然，有历则必有历之法，没有一定的法，历则无从产生。战国四分历的确严密、科学，是以前之历法不能比拟的，但是不能因此说四分历产生之前无历法，以前的历法只是相对简单、疏阔而已。

在尧命羲和"历象日月星辰"之前，实行火历，是有文献可征的。《左传》襄公九年说："古之火正，或食于心或食于咮，以出内火。是故咮为鹑火，心为大火。陶唐氏之火正阏伯居商丘祀大火，而火纪时焉。"《郑语》："黎为高辛氏火正。"《楚语下》：颛顼氏"命火正黎司地以属民。"言及大火，言及火正，言及火纪时，显然尧以前实行的历法是火历。不过，据《大戴礼记·五帝德》"高辛氏历日月而迎送之"和《鲁语上》"帝喾能序三辰以固民"的记载以及韦昭"三辰，日月星"的注文，在尧之前人们已意识到日月在历法上的重要性，而筹划创制新历。尧命羲和"历象日月星辰"以制定新历的活动并非突然出现。尧制定以日月星辰为内容的新历之后，旧时的火历也没有消失，社会的上层使用阴阳历，一般民众则仍依赖火历，即观察星星安排生产与生活。《洪范》"庶民唯星"一语说的就是这种情况。阴阳历必须专家通过"历象"得出，然后向下"授时"，然而"授时"之难以普及，不要说古代，就是在新中国成立前旧中国的边远地区，民众不看皇历看星星的情况也是司空见惯事。

现在说羲和之"历象日月星辰"。它与先前的火历大不一样，火历极简单，只须凭经验用肉眼看而已，盯住昏时大火（心宿二）的中、流、伏、内等动向即可，不须"历象"。而新的阴阳历的对象是日月运行，要根据日月运动推算出年、月、日、四时甚至闰月来，简单的观察办不到，非"历象"不可。

那么"历象"是什么呢？蔡沈《书集传》："历，所以纪数之书；象，所以观天之器。如下篇璇衡之属是也。"于下篇"璇玑玉衡"句释曰："犹今之浑天仪也。"蔡说显然错误，把历释作书，把象释作器，于理不合。尧时怎会有纪数之书，怎会有观天之器。于文亦不通。"历象"必是谓词，表示动作，书和器在此作谓词，讲不通。《史记·五帝本纪》作"数法日月星辰"。《索隐》："《尚书》作'历象日月'，则此言'数法'，是训'历象'二字，谓命羲和以历数之法观察日月星辰之早晚，以敬授人时也。"《正义》："历数之法，日之甲乙，月之大小，昏明递中之星，日月所会之辰，定其天数，以为一岁之历。"史迁释作数法是对的，但是《索隐》将"数法"释作"历数之法"，谓"历象"为"以历数之法观察"云云则不确。"历象"应是两个同类性质的词组成的并列动词，即历是一词，象是一词。梅文鼎《历学源流论》谓"历者算数也，象者图也，浑象也"。沈彤《尚书小疏》谓"历谓以数推之，象谓以法窥之。数即九数中差分赢不足旁要诸数，法即浑天图象与诸测验之器，凡皆所以为定时之本也"。梅、沈二说义同，释历为算数，为以数推之，是对的，释象为图象，为测验之器，则迂曲不通。伪孔传："星，四方中星。辰，日月所会。历象其分节，敬记天时，以授人也。"孔颖达疏："命羲和令以算术推步，累历其所行，法象其所在，具有分数节候参差不等，敬记此天时以为历而授人。"伪孔传强调"历象"的对象是日月星辰之"分节"，孔疏释"历象"为以算术推步，释孔传所云"分节"为日月星辰之分数节候参差不等，都是对的。但是有欠简捷。王安石说："历者步其数、象者占其象。"（盛百二《尚书释天》引）要言不烦，最为的当。其实历就是计算亦即推步，象就是察看亦即观象。"历象"的对象必是"日月星辰"，"日月星辰"有必要"历象"。

若在尧之前之天文历法，先是一般占星术，后来是火历，只须肉眼观象而已，无须推步计算。观象的内容主要是天象，其次是物象、气象。天象在当时主要指星象，即二十八宿经星之象，不包日月在内。《国语·周语中》所记"夫辰角见而雨毕，天根见而水涸，本见而草木节解，驷见而陨霜，火见而清风戒寒"，就是远古时代占星术所能掌握的天象、物象、气象实况。此天象、物象、气象，观之可也，不须计算。后来有了火历，观象的对象集中到"火"上。火即大火，古书也叫辰，即二十八宿之心宿二，实际上是一连三个星，所以又叫三星。按照中国古人的传统排法，它属于东方苍龙七宿。火在远古中国人的生活中曾经扮演过重要的角色。古书有记载，如《左传》庄公二十九年："火见而致用。"昭公四年："火出而毕赋。"昭公三年："火中寒暑乃退。"哀公十二年："火伏而后蛰者毕。"僖公五年："火中成军。"昭公六年："火未出而作火。"昭公九年："今火出而火陈。"昭公十七年："今除于火。""火出必布焉。""火出而见。""今兹火出而章。""必火入而伏。""火出于夏为三月。""若火入而伏。"昭公十八年："火始昏见。""火之作也。"哀公十二年："今火犹西流。"《诗·七月》：

"七月流火。"《夏小正》:"初昏大火中。大火者心也。心中,种黍菽糜时也。""五月大火中。"八月"辰则伏。辰也者谓星也,伏也者入而不见也。""九月内火。内火也者大火。大火也者心也","主夫出火。主夫也者,主以时纵火也。"《礼记·月令》:"季夏之月昏火中。"等等举不胜举,都是后世人对古时实行火历情况的追述。也说明自尧时制定阴阳历之后,火历并未消失,在人们的生活中仍起作用。

火历的基本特点是用肉眼直接观察昏时(日落后三刻或二刻半)大火的出、中、流、伏、内等不同位置,借以确定岁首和春种秋收的季节。岁、四季、月份、节气的概念全没有。它与先前的一般占星术一样只须观象,不须推步计算。不同于早期占星术的是它集中在一个心宿二上,形成了一定的规律,可以叫做"历"了。

一旦人们的观象活动由二十八宿的领域进入日月的时候,观象的手段便不够了,还必须进行计算亦即"历"。《大戴礼记·五帝德》说帝喾"历日月而迎送之",这个"历"字不简单,颇堪注意。占星术和火历是无须"历"的,只须"象"而已。只有对日月,既须"象"又须"历",即又观象又计算。《尧典》讲"历象日月星辰","历象"二字首先表现出新历法在制历手段上的变化。"历象日月星辰",这句话的"日月"应特别注意,今人对日月太熟悉,已经司空见惯,读起来极易不以为然。而在当时,日月正式进入人们的生活领域,其实是中国古代天文历法史和认识史上的一次伟大的革命。以前只看星星,现在则历象日月,日月成为历法的真正主角,星星只是在历象日月的过程中起辅助作用时才有意义。

"日月星辰"是什么?日月不成为问题。星辰是什么,古说不一,《白虎通义·圣人篇》:"尧历象日月璇玑玉衡。"以"璇玑玉衡"取代《尧典》之"星辰",是以星辰为北极及斗建。这当然不对。《周礼·春官·大宗伯》"以实柴祀日月星辰"句郑玄注:"星谓五纬,辰谓日月所会十二次。"五纬是金、木、水、火、土五星。孔颖达疏:"《尧典》云'历象日月星辰',《洪范》五纪亦云'星辰',郑皆星辰合释,此文皆上下不见祭五星之文,故分星为五纬,与辰别解。"是郑玄仅于《大宗伯》文释星为五纬,于《尧典》、《洪范》诸文则一概合释"星辰"为"日月所会十二次"。"日月所会十二次"的说法大体正确。有《左传》昭公七年:"何谓辰?日月之会是谓辰,故以配日"作为证明。郑玄以为"历象日月星辰"之"星辰"为一物,而释为"日月所会十二次",那么此星与辰究竟是怎样的关系?孔颖达于《大宗伯》疏说:"二十八星,面有七,不当日月之会直谓之星。若日月所会则谓之宿,谓之辰,谓之次,亦谓之房。故《尚书·胤征》云'辰弗集于房',孔注云'房,日月所会'是也。"于《尧典》疏说:"日行迟,月行疾,每月之朔,月行及日而与之会,其必在宿分。二十八宿是日月所会之处。辰,时也。集会有时,故谓之辰。日月所会与四方中星俱是二十八宿。举其人目所见,以星言之;论其日月所会,以辰言之。其实一物,故星辰共文。"又,伪孔传说:"星,四方中星也。"孔颖达疏:"二十八宿布在四方,随天转运更互,在南方每月各有中者。《月令》每月昏旦唯举一星之中,若使每日视之,即诸宿每日昏旦莫不常中,中则人皆见之,故以中星表宿,四方中星,总谓二十八宿也。"孔颖达对"星辰"的解释正确而且透辟。

他的核心思想是星即指二十八宿，不包括其他。星在作为日月相会的时空坐标时又称作辰。"日月星辰"，实质只有日月星，不是日月星之外另有辰。四中星是二十八宿的代表，所以说"日月星辰"之星是四方中星，亦可。

根据孔颖达的认识，我们必引导出以下的合理结论：所谓"历象日月星辰"，其实是历象日月。宿次辰房和中星都是为历象日月服务的。尧的新历法若离开日月，二十八宿或者中星，便失去意义。这是尧时新历法与以前的火历的本质区别。关于"星辰"的其他任何解释，只要不符合这一结论便是错的。《汉书·律历志下》："辰者，日月之会而建所指也。"说日月之会是对的，说建所指也则为蛇足。蔡沈《书集传》："星，二十八宿。众星为经，金、木、水、火、土五星为纬，皆是也。"说星是二十八宿，是对的。说星包括金、木、水、火、土五星则误。这说明《汉志》作者和蔡传的作者并未真正理解尧命羲和"历象日月星辰"的意义。《汉书·律历志上》引《尧典》"历象日月星辰"，颜师古注曰，"星，四方之中星也。辰，日月所会也。"沈彤《尚书小疏》谓师古说"最是。星不必兼岁星斗星，辰不必兼建所指"。颜说是，沈说尤精卓。

然而对"历象日月星辰"的解释最切中要害的是盛百二的《尚书释天》。盛氏云："盖历象在授人时，授人时在岁月日时之正，正日之长短必以日出入之早晚，正月之朔望必以日与月之冲合，正时之春秋冬夏必以日之长短与昏之中星，昏之中星，二十八宿也。正岁必以日之周天与月会日之常数及其闰，而五纬于数者并无所用。"意谓尧之新历法目的是确立岁月日时的概念（这是前所未有的），而确立这些概念必须"历象"日月运行的规律和数字，做到这些则离不开二十八宿。二十八宿之外的东西则都不需要。

附带说一下二十八宿名目出现的问题。今所传二十八宿名目最早见于《淮南子·天文训》和《汉书·律历志》。《史记·历书》虽详备二十八宿名目，但与今所传二十八宿名称略有不同。更早的文献如《礼记·月令》仅记二十六宿，《尔雅·释天》则仅有十七宿。《周礼·夏官·冯相氏》记冯相氏掌"二十有八星之位"，而其名目不详。《周礼》一书据我们考证，大约写定于平王东迁之后即春秋初年。21世纪70年代在湖北随县出土一只战国箱盖，其上绘有二十八宿，其实这并不是二十八宿概念出现的上限，《周礼》的记载应当先于它。《尧典》写定于平王东迁之后不久，但所记史事当是尧时代的实录无疑。《尧典》既已提出星、火、虚、昴四宿名称，而且是作为四仲月中星提出的，那么当时绝不至于只知道此四宿，其余一概不知。在尧命羲和"历象日月星辰"之前人们对星星已积累了丰富的知识，《洪范》说"庶民唯星"就是证明。否则到尧时便无从制定以日月为纪的新历法，因为历象日月是离不开二十八宿经星的。虽然目前尚无确证证明尧时已有完整的二十八宿概念，但是也不能说尧时没有具备二十八宿概念和名目的可能性。

敬授人时　　敬授人时是"历象日月星辰"即制定以日月为纪之新历法的直接目的。尧之前实行火历，部落联盟内虽设有专职官员火正，但文献不见有授时的记载。授时自尧时起施行。

蔡沈《书集传》："人时谓耕获之候，凡民事早晚之所关也。"蔡氏说耕获之候是

"人时",不确切。首先,"人时"二字宜分别说,人是人,时是时。人字是有一定意义的。段玉裁《古文尚书撰异》谓自来《尚书》无作"人时"者,注疏本《洪范》伪孔传、《皋陶谟》正义皆云"民时"。治古文《尚书》的《尚书大传》郑玄注、《郑语》韦昭注、徐伟长《中论·历数篇》和治今文《尚书》的《史记·五帝本纪》、《汉书》之《律历志》、《食货志》、《艺文志》、《李寻传》、《王莽传》、汉孙叔敖碑亦皆引作"民时"。唐天宝三载卫包奉命改定经文时将"民时"误改作"人时"。按段说误,作"人时"是,作"民时"非。人与民二字在经典中意义有别,《诗经·假乐》有"宜民宜人"句,《皋陶谟》有"在知人在安民"句,《洪范》有"厥庶民无有淫朋,人无有比德"句,皆民有民义,人有人义。民是一般老百姓,治于人和食人的劳动者,人则是有地位的统治阶级人士。尧时是原始氏族社会的军事民主制时代,国家尚未产生,当然谈不上统治阶级和被统治阶级的划分,但是毕竟有氏族、部落酋长与一般氏族成员之别。尧命羲和"历象日月星辰"之后"敬授人时",是授时给本部落联盟内各部落、氏族以及"万邦"的领导人而不是授给氏族的一般成员。所以,当作"人时",不当作"民时"。时字蔡氏以为是指确定耕获之候及与民事相关者,亦未的。确定耕获之候是授时的目的之一,但不是"时"的本身。时是什么,笼统地说,这个时就尧命羲和通过"历象日月星辰"而制定的新历法,具体地说,应当就是《洪范》九畴中第五畴五纪之"一曰岁,二曰月,三曰日,四曰星辰,五曰历数"。这五纪在尧时当已初步产生。授时就是授这个。尧以前的火历时代没有这五纪,授时是谈不上的。

其次,这"敬授人时"实际上是朔政制度的先驱。朔政制度在后来夏商周时期成为中央政治集团的权力标志,《礼记·大传》"圣人南面而治天下"必"改正朔,易服色",《春秋》文公十六年"公四不视朔",《论语·八佾》"子贡欲去告朔之饩羊。子曰'赐也,尔爱其羊,我爱其礼'"等记载正是古代实行朔政制度的遗迹。尧施行"敬授人时"是朔政制度的开始,从《论语·尧曰》"唯天为大,唯尧则之","咨尔舜,天之历数在尔躬"中能够得到证明。《论语》"唯天为大"之天与《尧典》"钦若昊天"之天一样,是自然之天。《论语》之"天之历数"与《尧典》"敬授人时"之"时"含义相同,都指尧所制定的新历法而言,即岁、月、日等等。只是文势略有区别,言"时",是从部落联盟的工作角度出发,言"历数"则强调它是部落联盟军事民主制首长的权力标志。"敬授人时"即颁朔的具体办法,最早的记载应是《洪范》"王省惟岁,卿士惟月,师尹惟日"。王制定并颁发一年的朔政,王朝大臣、列国诸侯管各个月份,以下士大夫等管每天。余如《周礼·春官·大史》"正岁年以序事,颁之于官府及都鄙,颁告朔于邦国",蔡邕《明堂月令论》"古者诸侯朝正于天子,受月令以归而藏诸庙中。天子藏之于明堂,每月告朔朝庙,出而行之",记述更为详明。虽然所用皆后世词语,但是关于授时颁朔的基本情形当与尧时无异。

＊此文为与金景芳合作

（原刊《孔子研究》1992年第4期）

《先秦孝道研究》序

  康君学伟在他的博士论文《先秦孝道研究》由台湾文津出版社刊行之际,嘱我为之作序。这序本应请他的导师也是我的老师金景芳先生作,怎奈金先生已90高龄,他的每一点精力都是极珍贵的,我们无权也舍不得轻易地消受。于是当这事就近就便落到我的头上时,我就只有从命而不能推辞了。

  学伟君1982年毕业于吉林省四平师范学院中文系,留校任教3年之后考入武汉大学攻读古代文学硕士学位,1988年学成后随即来长春吉林大学执贽金景芳先生门下治先秦史攻读3年,作成博士论文《先秦孝道研究》,于1991年秋季顺利通过答辩并且得到导师金先生和答辩委员会主席、中国社会科学院历史研究所所长、著名历史学家、古文字学家李学勤先生的好评。康君的论文写作时在金先生那里每送审一章都是一次性顺利通过,且受到夸奖。这是很不容易的事情。金先生对论文的把关可谓十二分的严格,无论对谁都不留情面,如果不行,坚决给打回重作。而康君自身的状况其实并不优越,是学文学的出身,现在改攻历史,改辙转向使他比别人要分外花力气。偏巧他攻读期间正是他的家庭多事之秋,父亲卧床不起,跑医院、跑药品,不知占去多少宝贵时间。小弟发生的意外事故更给他这位长兄平添不少的苦恼和经济压力。大概是为了改善经济状况吧,他与两位同学合作写一部《周易研究史》,已由湖南出版社刊行。同时,我主编的《周易辞典》还分给他30万字的任务,他及时交差,写的相当的好。知道他有这么多不利的条件,我曾对他能否按时完成学位论文捏一把汗。不料他竟奇迹般地交了卷,而且很出色,很优秀。然而仔细寻思,说奇也不奇,他功底本来很厚,具有搞文史学问必备的那种灵气;又极为用功,且善于巧妙地利用时间。我到研究生公寓去找他,常常遇上他上午闭门大睡,我知道那是他又干了一个通宵。

  我佩服他的自信力。他选择"孝道"这个题目做论文,开初大家都觉得有点险,像是走钢丝,弄不好会砸锅的。可是他自己没有一点的犹豫和动摇。我们曾怀疑"孝道"仅属于伦理学范围,不像个历史学的题目。我们更担心"孝道"是封建时代的道德规范,没有多少现实的意义,处理不妥,极有可能落个维护、鼓吹封建道德的结果。事实证明,我们的疑心和担心全是多余的。历史学的蕴含极其宽阔,凡人类所创造的,无论精神方面的还是物质方面的,也无论生产关系以及由此而产生的阶级、政治关系,抑或血缘关系(人本身不过由此两种关系所构成)都应该是历史学探讨的对象。"孝道"发生于人类的血缘关系又延及到阶级、政治关系,哲学、伦理学都要研究它,但并不妨碍历史学也研究它,因为历史学毕竟有自己特殊的研究立场、观点和方法。

　　研究"孝道"，会不会落得个提倡封建道德的结果？当然不会。孝是中国传统思想文化的一项重要内容，它在长达两千多年的封建社会中扮演过不光彩的角色。汉人提出的"父为子纲"，一直是"孝道"的最高原则，是禁锢中国人发展的精神枷锁之一，也是维持封建专制统治的精神支柱之一。然而孝道产生之初并非如此。《尧典》记舜说"百姓不亲，五品不逊"，命契做司徒，"敬敷五教"，这"五品"、"五教"之中已含有孝的内容，至《左传》文公十八年大史克正式提出"子孝"的概念，《周礼·大司徒》"乡之物"之"六行"也有孝这一条。以后至孔子、墨子、孟子、荀子都讲到孝。他们讲的孝，含义很单纯、朴素，《论语·学而》"孝弟也者，其为仁之本与"和《荀子·王制》"能以事亲谓之孝"可视为孝概念最初的内涵。它的用意显然在于解决血缘关系中双亲和子女之间的关系问题。所以在强调子孝的同时也强调父义母慈。孝的根据是一夫一妻制个体家庭的存在。一切存在父母子女关系的时代和国度，都有孝与不孝的问题。个体家庭不会消失，因此孝的意义也不会消失。孝是个超时空的道德范畴，永远适用。只是随着历史的变化，它的具体要求也要相应变化而已。封建时代"父为子纲"的原则务须抛弃，孔子"三年无改于父之道，可谓孝矣"，"父母在，不远游"和孟子"不孝有三，无后为大"等观念亦不适应今日之时代特点了。将来还要有变化。但是无论怎样变化，中华民族传统的孝的美德绝不能丢掉。许多东西是属于我们全民族的，具有超时空的永恒性，而不是仅仅属于某一时代或某一阶级的专利品。孝就是其中典型的一个。

　　正当我们（包括学术界）对这个问题其实并不甚清楚的时候，康君选作这个论文题目不是很有价值吗！据我所知，海峡此岸对此问题研究得不多，海峡彼岸虽有些研究，然而深透者亦寥寥。康君此文恰好成功地补了一个空缺。正如答辩委员会专家们所给予的评价，这是一篇优秀的博士论文。它的最为有意义的优点，是它不把孝道作为一个一成不变的死的抽象物来研究。在他的笔下，孝道是一个生动的、灵活的、变化不居的历史产物。孝道被描述为一个历史过程，它属于意识形态范畴，它的根在人类自身的再生产即种的繁衍。物质生产的发展水平对它也有决定性的影响。它不是某一个圣人的随意发明，它自然而然地产生于人类的亲子之情，随即被纳入文明时代政治生活的轨道。文章还深刻地指出，孝道之所以在古代中国人这里受到特殊的重视，是因为中国古代形成了一种特殊类型的礼乐文化，这种文化的特征就是偏重伦理道德。康君论文得以达到这样的水平，是他掌握了十分充足的资料并且严格采用历史唯物主义的观点、方法加以融会贯通的研究的结果。当我为康文做出这一评价的时候，我丝毫不认为研究传统文化除此再没有别的办法。

　　文津出版社主编邱镇京先生把这篇博士论文（不止这一篇）拿过去在海峡彼岸刊行，说明他是位有远见的人。两岸的人有着共同的文化和一个坚韧的传统的根。海峡细细一汪水，怎能隔断五千年历史铸成的炎黄同胞情！远的不说，说近的，邱先生偕夫人今年暑假来长春一游，短短一两天的聚会，大家都留下了极亲切的回忆，而且共同发现，在传统文化这个领域，我们一谈就拢。

《周易辞典》前言

　　1990年春起，我们三五同道着手编纂这部《周易辞典》，经过两年的艰辛努力，今日终于告成，并且即时刻板问世。完成一件艰难的事情，又自知这事情对于繁荣社会主义文化事业多少会有些益处，心中的喜悦可想而知。

　　我们这些人大多是著名《易》学家金景芳先生的学生，先后直接跟金先生学《易》。这是我们的有利条件。但是编写辞典不是容易事，编写专业性极强的《周易辞典》更难。个中甘苦，只有干过之后才能体会。编写《周易辞典》有三难。一难是辞典贵全。编辞典如果词目拣重要的收，不重要的不收，你认为重要的，读者不须查，读者想查的，你却没有，这辞典便失掉大半的意义。可是《易》和《易》学是个汪洋大海，想要搜罗净尽，不有遗漏，谈何容易！我们努力求全，搜集词目7391条，又作《易学年表》、《易学论文索引》附录于后，编完之后仍觉不无遗憾。二难是辞典贵典。释文务必精确，具有权威性，而《易》和《易》学中的词语大多是见仁见智，歧说多端，极难给出一个一元的定义，与一般语言辞典的情形大不一样。撰写这样的释文，既要诸家异说广搜博采，又要取舍精当，难度自然相当大。三难是《周易辞典》须贯彻批判精神，使读者分清精华与糟粕，是与非，美与丑。这又与一般语言辞典不同。恰到好处地将这一点把握住，编纂者的马克思主义理论水平和《易》学修养都不得很低，这就要求我们花气力不断地提高自己。

　　编纂《周易辞典》的过程实际上是克服这"三难"的过程。为了克服这"三难"，我们想过做过的事情很多，集中到一点，是对《易》和《易》学树立正确的总体认识。具体地说，以下这些问题是重要的。

　　关于八卦产生时代的问题。

　　《周易》古经由筮与卦两大部分构成。据《左传》僖公四年"筮短龟长"一语，知筮先于卦产生。卦有八卦与六十四卦之分。八卦在先，然后重为六十四卦。八卦产生的下限，不会晚于夏代，因为《周礼·春官·大卜》明言《连山》已具备八卦、六十四卦，而《连山》一般认为是夏代《易》书。那么八卦产生的上限呢？《系辞传》有包牺氏仰观俯察始画八卦之说。其实此说大成问题。北宋欧阳修作《易童子问》曾提出疑问，但是未能深究。直到今日相信此说的仍大有人在。据金景芳先生考证，《系辞传》中关于包牺氏画八卦及河出图、洛出书的话是后世人窜入的，非孔子之旧文，不可信据。

　　八卦不可能是包牺氏所画，它的产生不会早于唐尧时代。这从天概念的变化可以得到证明。远古中国人对天的认识曾经有过一次革命性的变革。完成这一变革的显著标志就是八卦的产生。八卦这八个符号不简单，它有着深刻的世界观意义。根据《说卦传》的解释，八卦反映的完全是一个真实可信的物质世界。天与地，与雷风水火山泽等实物并提，且具有健的性质，显然是自然之天。这就是说，朴素唯物论的天概念的形成，是八卦产生的前提。什么时候有了确切的自然之天的天概念，什么时候就有了产生八卦的可能性。

包牺氏时代原始宗教意识弥漫，人们心目中的天是神的世界，八卦的产生无从谈起。那时人们对天的认识还相当狭隘、肤浅。历法处在原始的火历阶段，日月运行，寒暑交替，不能看不见，但是不认识。生产生活时序的安排，依赖观察天上的大火，以大火纪时。大火，也叫火或叫辰，是二十八宿东方苍龙七宿之一。以火纪时的火历极为简单疏阔，只知道耕种时节和收获时节，别的如年月日，春夏秋冬，气朔闰等等全然不知。这种历法曾经持续很长的时间，据文献记载，到唐尧时代才正式结束，被新的以日月运行为依据的阴阳历所取代。《国语·郑语》："黎为高辛氏火正，以淳耀敦大，天明地德，光照四海，故命之曰'祝融'，其功大矣。"《左传》昭公二十九年说，"火正曰祝融"，"颛顼氏有子曰犁，为祝融"。高辛氏即帝喾。火正是掌火历的专职官员。帝喾、颛顼尚且仍然实行火历，更早的包牺氏实行火历自不待言。

在实行火历的时代，人们根本不知道天的本质是什么，把天想象为有意志的主宰之神，是必然的。据春秋时代楚国观射父说，在少皞时代，曾经人与神杂糅不分，宗教的意识和活动十分严重。至颛顼时，为了把人与神，天与地的界限划清，把对神的崇拜限制在一定的范围，令南正重负专责掌管天上神的事情，令火正黎负专责掌管地上人的事情，即所谓"绝地天通"（《国语·楚语下》）。"绝地天通"，无疑是远古中国人认识上的一大进步，但是这个天毕竟依然是神的世界。天既然是超自然的神，不与地以及地上的人相侵渎，便不可能被拿过来与自然物雷风水火山泽等排列在一起构成八卦的基本内容。

由神的主宰之天向自然之天转化，是在尧时完成的。尧时阴阳历产生了，落后的火历被取代。以前人们心目中的天除了那个大火以外便是神，而现在太阳及其永恒而无差忒的运转成了天的实质性内容。对太阳的认识和理解是形成自然之天的天概念的关键性一步。后世人早已明确地指明了这一点。《礼记·郊特牲》"大报天而主日"和《汉书·魏相传》"天地变化必由阴阳，阴阳之分以日为纪"的说法就是极好的证明。

阴阳历之取代火历，和一切事物的发展变化一样，有一个过渡的阶段。据《大戴礼·五帝德》记载，帝喾曾"历日月而迎送之"。注意到了日月运转的意义，然而当时仍施行火历，阴阳历尚未正式产生。以日月为主体的阴阳历的正式产生是唐尧时代的事。《尚书·尧典》"乃命羲和，钦若昊天，历象日月星辰"的记载，其意义不可低估。历是推算，象是观象。星与辰是一事，即后来逐渐认识的经星二十八宿。经星二十八宿相当于布满天空的坐标，用以显示日月的行踪。坐标是陪衬，日月才是主要的。由于人们注意到太阳和月亮的行踪，发现它们在某些恒星星座上的有规律的定期交会，一个广阔的天体世界在面前展开了。这个新世界的界限虽然不知道，它在大地之上大地之外却是清楚的。于是天概念的内涵和外延同时发生变化，内涵由大火和神转向日月星辰，外延则延伸到广大的天体。于是"昊天"这一显赫的名称被发明出来。

昊天是以日月星辰为主体的自然之天。有了这样的天概念，才可能产生阴阳的概念，产生乾健坤顺的概念，从而才可能画出八卦来。

如果筮的问题不计，那么不会早于唐尧时代产生的八卦便可视作《周易》这书和《周易》哲学的起点。孔子思想的源头也正在这里。孔子编次《尚书》"独载尧以来"，黄帝百家语一概不取。《中庸》记"仲尼祖述尧舜，宪章文武，上律天时，下袭水土"，尧舜以前亦一概不取。孔子为什么这样，仅仅用孔子治史取舍谨慎作解，我们以为不够，还应考虑到人们对天体自然的理性认识开始形成于唐尧时代这个事实。孔子继承并发扬的正是唐尧时代产生，反映在《周易》八卦中的朴素唯物论的思想。

关于《周易》传文谁作的问题。

《周易》的经文部分是在很长的时间里经过多人之手逐渐作成的。这一结论已是大家的共识。古人三圣、四圣之说除开包牺氏作八卦之外，就其强调经文非一人所作这一点说，大体可信。卦爻辞作于殷周之际，由于《系辞传》有明确的交代，也可以肯定无疑。后世人明言卦爻辞文王作或文王、周公分别作，也不能说毫无道理。总之，经文作者的问题不是很大，问题大的是《周易》传文究竟谁作。《史记》、《汉书》并言孔子作。北宋欧阳修提出质疑，以为不是孔子作。理由是《周易》传文文字繁衍丛脞，内容自相乖戾、不似圣人手笔。他的见解一半可贵，一半可议。《周易》传文确实存在他指出的问题，前人没有敢触及的，他第一个提出，极为可贵。但是他的思维方法仍未摆脱传统的束缚，即既云圣人孔子作，便不可以有懈可击。他更忽略了先秦古书写在简策、辗转抄袭，错简、讹误、窜入后人语在所不免的事实。他还不曾注意到先秦古书之所谓作与后世有所不同。说孔子作，但谓主要部分出于其手，思想属于他，不必字字句句都由他一人写定。事实上《周易》传文的构成，相当复杂，有些是孔子采纳的前人旧说。《文言传》"元者善之长也"那一段文字，《左传》襄公二年妇人穆姜讲过，显然不是孔子的发明。《系辞传》"大衍之数五十"一章记载古代的筮法，绝对是孔子以前的成说。有些是孔子弟子记录的孔子语，如《文言传》题"子曰"的那些文字。有些则是后世人转抄时窜入的。除上引文言及包牺氏画八卦说以外，《系辞传》"河出图，洛出书，圣人则之"一段，极令人生疑。欧阳修《易童子问》分析得深刻。谓既言圣人仰观俯察作八卦，又说天赐图书，圣人据以作八卦，岂不自相矛盾！今日看来最合理的解释是，包牺氏作八卦和河图、洛书两说乃后世人窜入的东西，非《周易》传文原物。

《尚书·顾命》有"河图在东序"之语，《论语·子罕》记孔子说"凤鸟不至，河不出图"，说明孔子之前有河图之说。可是河图洛书是什么样子，它有什么意义，先秦无说。由于被扯进《系辞传》，便与八卦搭上关系。宋人把河图洛书画出图来，说那就是包牺氏据以作八卦的东西。荒唐已极。第一，先秦有河图洛书之说而无河图洛书之图。宋人把十个自然数按方位排列起来，一至九九个数的叫河图，一至十十个数的叫洛书。实际上没有办法证明这就是先秦说的河图洛书。况且宋人自己说法也不同，刘牧叫河图的，邵雍、朱熹叫洛书。刘牧叫洛书的，邵雍、朱熹叫河图。更表明他们画的河图洛书是自己的创造。第二，纵使宋人画的是先秦的河图洛书，也与八卦无关。八卦作成的原理应据《系卦传》"易有太极，是生两仪，两仪生四象，四象生八卦"和《说卦传》"观变于阴阳而立卦"作解。

《周易》传文除前人旧说，后人窜入，弟子记录孔子语外，其余大部分应是出于孔子手笔。《序卦传》、《象传》、《彖传》、《系辞传》、《文言传》中的大部，属于这样情况。《说卦传》关于八卦取象的部分则是前人旧说。总之，《史记》、《汉书》谓《易传》孔子作，不误。《史记》是信史。司马迁的父亲司马谈受《易》于杨何，杨何是孔子《易》学的九传弟子，汉初传《易》的大家田何的再传弟子，武帝朝的《易》博士。司马谈的《易》学渊源有自，由来不虚，由他传授给司马迁之孔子作《易传》的旧说，焉有不实之理。况且《史记》的记载与《论语》如出一辙。《孔子世家》说："孔子晚而喜《易》，序《彖》、《系》、《象》、《说卦》、《文言》。读《易》韦编三绝。曰：假我数年，若是，我于《易》则彬彬矣。"《述而》说："加我数年，五十以学《易》，可以无大过矣。"《论语》只是未将孔子作《易传》的事情明说出来，而《史记》则说得明确无疑。《史记》的说法得到1973年出世的马王堆汉墓帛书《周易》的最新证明。帛书《易传》之《要》篇有孔子"后世之士，疑丘者或以《易》乎"一语，与《孟子·滕文公下》所记孔子说"知我者其唯《春秋》乎，罪我者其唯《春秋》乎"，语意相似。《春秋》是他作的，所以担心后世乱臣贼子咒骂他。这里又说后世之士会因《易经》而怀疑他，岂不等于暗示《易传》是他作的。倘若他未在《周易》书中留下文字痕迹，后世人根据什么疑他！

《易传》的思想体系与孔子思想吻合，是《易传》孔子作的最有力的内证。《周易》是一部哲学书，卜筮是它的形式。研《易》是研它的义理，不必用以卜筮。《易传》对《易经》的这一基本看法与基本态度与孔子一致。马王堆帛书《易传》之《要》篇记孔子答子贡的一段话云，"予非安其用，而乐其辞"。"夫子亦信其筮乎？我观其义耳。吾与史巫同途而殊归"。这一条材料十分宝贵，它证明孔子研《易》不搞卜筮，只研究《易》之辞，与专搞卜筮的史巫在对待《周易》的态度上根本不同。虽都搞《周易》（同途），目的却各殊（殊归）。史巫用《周易》卜筮，孔子观《周易》之义理。孔子的这一观点与《易传》相同。

还有一点能证明孔子的思想与《易传》吻合。孔子本人极重时变，孔子自称"我则异于是，无可无不可"（《论语·微子》），《中庸》也记孔子强调时中，孟子则称孔子是"圣之时者"（《孟子·公孙丑上》）。《易传》最贵时，《象传》、《系辞传》把时视作卦爻的本质，它总是告诫人们如何通过观卦玩辞把握时变。

《易传》把《易经》作为哲学著作研究，特别看重《易经》哲学的时变，证明它的作者是孔子。除了孔子以外，在春秋晚期以至整个战国时代找不到另外一个或几个有可能写出《易传》这样作品的思想家。《易传》的思想无论安到谁的头上都不如安到孔子头上合适。

关于《周易》一书的性质问题。

这是《易》学史上的一个大问题。义理与象数两大派别的划分，即从这个问题引起。义理派认为《周易》是一部讲思想讲哲学的书，象数派认为《周易》只是一部卜筮之书。孔子作《易传》，说"夫《易》何为者也，夫《易》开物成务，冒天下之道，如斯而已者也"，毫不含糊地肯定《周易》不是别的，就是赅括天下之道的书。天下之道就是天下之一切规律，冒天下之道，当然就是今语讲的哲学。因此孔子是义理派的奠基人。之后，荀子讲"善为《易》者不占"（《大略》），庄子讲"《易》以道阴阳"（《天下》），司马迁讲"《易》以道化"（《史记·自序》），"《易》本隐以之显"（《司马相如传》），韦昭讲"《易》本阴阳之微妙，出为人事乃更昭著也"（《司马相如传》索隐），都认为《周易》是哲学著作。

三国魏人王弼是《易》学史上的卓越人物。他作的《周易注》和《周易略例》在理论上给汉《易》象数派的谬误以坚决的批判，使在两汉四百年中不绝若线的义理派《易》学得以复兴、壮大。王弼的理论贡献在于他把《周易》肯定为哲学书，指出研《易》的直接目的是得意，是挖掘《易》中的哲理，而象与言不过是得意的手段，为了得意必须将它们忘掉。这一思想在当时汉《易》象数派盛行情况下具有革命的意义。但是在理论上多少有一点偏颇。北宋义理派《易》学大师程颐提出了"至微者理也，至著者象也。体用一源，显微无间"的新观点，把象与理统一起来。在反对滥用象数这一点上，程与王并无二致，所以程氏号召初学《易》者须看王弼、胡瑗、王安石三家。他赞成这三家不取互体之类。他的"显微无间"的新理论的确比王弼的激进提法要稳妥、平实，可行性强。清人顾炎武《日知录》"卦爻之外无别象"和《四库提要》经部《易》类序"《易》寓于卜筮"的说法是对程说的继承。必须指出的是，王、程的分歧只是大同中的小异。王弼《周易略例》说："卦者时也，爻者适时之变者也。"程颐《易传序》说："易变易也，随时变易以从道也。"都认定《易》是讲哲理的书。这才是王、程《易》学的根本联系。

义理派《易》学的本质特点是把《周易》视作哲学著作，已如上述。与义理派《易》学相对应，象数派《易》学的本质特点是把《周易》视作纯卜筮之书，以象数为研究的对象，以卜筮为目的，极力夸大《周易》的神秘性，对《周易》经文乃至传文的一字一句都要找出象数根据来。象数派在先秦已有表现，至两汉达到极盛的地步。汉人为了字字求象，在卦爻之外创造出本非《周易》固有的各种求象方法来，如卦气、爻辰、纳甲、飞伏、世应、半象、逸象、互体、旁通等等。孟喜、京房、焦赣、荀爽、郑玄以及三国时代的虞翻等人是这一派的代表人物。汉《易》象数派对《易》学的发展产生过两大危害。一是无限膨胀象数，导致《易》学研究陷入神秘主义和烦琐主义的深渊。二是大大助长了占卜问卦、宗教迷信的风气。直至今日，这两方面的影响仍然存在。从80年代兴起的《周易》热中我们随时能感觉到象数派的思想理论在起作用。

汉以后，象数派作为一种《易》学现象，先后有四次勃兴。第一次，唐人李鼎祚《周易集解》集汉唐35家《易》说，其中十数家是本已消亡的汉代象数《易》。李氏于象数派有大功，而对于《易》学之研究起了坏的作用。第二次，北宋陈抟、邵雍诸人创立的图书派《易》学为象数派《易》学开拓了一个新领域。汉人主要在象上下功夫，宋人画出无极图、太极图、先天八卦图、后天八卦图、河图、洛书等，补上了象数学中数这一方面。邵雍用数来推算预卜未来，影响尤其不好。程颐曾经同他进行过面对面的斗争。程氏研《易》多年，且与邵氏颇有交往，但是作《易传》和平素谈《易》竟一字不及邵氏乐道的数。第三次，南宋朱熹作《周易本义》和《易学启蒙》。另有大量关于《易》的言论收到《语类》、《语录》中。朱熹为学师承程颐，唯在《易》学方面尽管口头上说要调和邵、程的所谓短长，实际上站在象数派一边，极欣赏图书派的东西，甚至明确宣称《周易》是卜筮之书。其《本义》一书就是站在这一立场写成的。朱熹对后世的影响特大，他的《易》学观点对象数派的滋长起了推波助澜的作用。最后，象数派在清代有过一次影响更大的勃兴。代表人物是张惠言、惠栋、焦循。他们搞的汉易比汉人搞的汉易更烦琐、精致，因而造成的后果更糟。

《周易》是一部以卜筮为形式的古老的哲学著作。这一结论是正确的。卜筮是迷信，是宗教，竟与理性的哲学共在一体，这并不稀奇。人类早期对外界的认识总是由迷信、宗教开端。原始的宗教迷信总要导致哲学的产生，而早期的哲学也总要从原始宗教迷信中脱胎出来。筮是迷信，但筮之中饱含着哲学思想，八卦、六十四卦是供占卜用的，也是迷信，但卦中包含着哲学思想。八卦代表天地万物的八种性质，其实是一种朴素的唯物论观点。八卦重为六十四卦后，哲学更加丰富成熟。思辨水平并不比古希腊哲学为差。古有三《易》，《连山》、《归藏》早已失传，不去说它。《周易》在殷周之际形成卦爻辞的时候，已经是一部完整的、自成体系的哲学著作。不过人们不能认识它，待到春秋末期孔子为之作《传》，它的哲学蕴含才被揭示出来而为众人所知晓。《周易》哲学从卜筮中产生，又保留着卜筮的形式。卜筮仅仅是它的死的躯壳，哲学才是它的实质。有这一认识做基础，判断《易》学史上的义理派与象数派的是非功过，就有定准了。

关于清代《易》学的评价问题。

清代近三百年间，《易》学始终很热，差不多每年有一两部乃至两三部《易》学著作刊行问世。其中比较重要的，《四库全书》选入一批，两部《皇清经解》选入一批，其他丛书也选入一批。没有选入丛书而一直孤行的，也有一些有影响的书。但是，综观清代数以百计的《易》学著作，从《易》学发展的角度考察，不能说有多大的成就，而问题倒是很多。清代《易》学概括地说有三得三失，可谓得失参半。三得是：对汉《易》象数学和宋《易》图书学的批判；《周易》经传文字训诂；《周易》经传异文考释。三失是：回头大搞汉《易》；鼓吹宋《易》图书学；耽迷于所谓《易》例。三得与三失相比，三失的影响大。汉《易》象数学和宋《易》图书学的影响，直至今日20世纪90年代，仍然很大。一讲起《周易》，许多人立即想到所谓爻辰、纳甲、卦气、互体，想到太极图，先天八卦图，后天八卦图，河图洛书等等。

清代初期，一些头脑敏锐的学者，对汉《易》象数学和宋《易》图书进行了尖锐的批判，其深刻的程度实不比王弼、程颐为逊色。这种批判显现出一种前所未有的革命精神，构成《易》学史上最有意义的一个段落。可惜为时不久就被重新泛起的汉《易》象数学以及宋《易》图书学的浪潮给淹没了。我们姑且称清初这一段精彩的《易》学现象为批判《易》学。它的代表人物有顾炎武、王夫之、黄宗羲、黄宗炎、胡渭诸人。

顾炎武的身世与思想，赵俪生先生在所作《顾亭林与王山史》中已有精深详博的论述。赵先生未及顾氏的《易》学特色，但是他对顾氏其人其学的总体评价启发我们对顾氏《易》学的认识加深一层。他说顾炎武"不是一个普通的学者，而是一个大学者，一个带伟大意义的学者。大凡一个大学者，往往是综合的"。这令我们领悟到顾炎武治《易》不专门做注疏，只将腹中纯熟的识见随便吐将出来，正是大家风范。古来为《易》作章释句解的，往往沙多为金，顾炎武仿佛只是随事指点，并不在意，而仔细端详，竟点点是金。他的学问不是作成，全从心底流淌而出。"凡文不关乎六经之指，当世之务者，一切不为"，这句掷地作响的名言，竟出于给友人的一封书信中（《亭林诗文集》卷四）。它把宋明理学以及汉唐以来专事蠹书而不务实际的学问全都做了批判。其中当然包括不关六经之指的《易》学象数易和图书易的态度。友人赠他图书、象数、卜筮、卦变四考，他回信给以直率的批评。他说，注《易》之书无虑数千百家，"然未有过于《程传》者"。"尽天下之书皆可以注《易》，而尽天下注《易》之书不能以尽《易》"。"天下之变无穷，举而措之天下之民者，亦无穷，若但解其文义而已，韦编何待于三绝哉"！"愚尝劝人以学《易》之方，必先之以诗书执礼。而《易》之为用，存乎其中，然后观其象玩其辞，则道不虚行，而圣人之意可识矣"。在另一与友人的书信中又说："岂周公系爻之前，先有一'五为天子'之定例乎！物之不齐，物之情也。六十四卦岂得一一齐同。《易》不可为典要，唯变所适。执事徒见夫五之为人君也，而不知剥、明夷、旅之五不得为人君也"（均见《亭林诗文集》卷三）。顾氏显然看透了《易》是指导人们行事的哲学书，学《易》者只能观象玩辞细心体味，而不可寻什么定例，也不可全赖注解。《易》之为书，广大悉备，一爻之中，具有天下古今之大，纵然最好的注解书《程传》，也不能该尽。顾氏《日知录》中更有"卦爻之外无别象"之说，一语否掉古今一切象数、图书派的陈词滥调。顾炎武是清初最清醒的义理派，他体现的批判精神最为彻底。

清代早期批判《易》学的代表人物还有黄宗羲、黄宗炎兄弟和胡渭。宗羲著有《易学象数论》，宗炎著有《易图辨惑》，胡渭著有《易图明辨》。三人的共同特点是对象数派和图书派的批判具体而深入。黄宗羲指出宋人的河图、洛书乃出自道家，非先秦旧物。提出《易》有八卦之象、六画之象、象形之象、爻位之象、反对之象、方位之象、互体之象之七象说。反对纳甲、爻辰、卦变、先天之四象。黄宗炎进一步论定周敦颐的《太极图》源于道家,绝对不是《易》之太极。胡渭则彻底揭穿了宋人河图、洛书、先天、后天的老底,告诉人们那是陈抟、邵雍的东西,与《周易》其实无涉。

王夫之《易》著较多,有《周易稗疏》、《周易志异》、《周易外传》、《周易大象解》、《周易内传》、《周易内传发例》等。其《张子正蒙注》也包含《易》学思想。《正蒙注》说:"乾坤并健,阴阳六位各至,足以随时而相为隐显以成错综。"又说:"《易》之为道,圣人以天性之神,尽天地之妙,而立为大经,达为百顺,非其他象数之学所可与也。焦赣、京房、虞翻之流,恶可以知此,况如火珠林之鄙俗乎"!这段话大体反映王氏的《易》学思想。其主要之点一是批判汉《易》象数派和宋《易》图书派。谓宋人搞的河图洛书皆同儿戏,主张"读《易》者以不用先天说为正,以其杂用京房、魏伯阳、吕嵓、陈抟之说也"。"邵康节阴用陈抟之小道而仿丹经,遂使'天一生水'云云之遁辞横行天下"。但是王氏相信五十有五是河图之画。"圣人因河图而画八卦,八卦既成,又从而两之,以极其所合之变化,则六十四卦成而吉凶几无不备于其中,经文之义尽于此"。谓八卦据河图而画,表明王氏的批判仍然不彻底,其深刻程度远不及顾炎武。二是王氏虽批判汉《易》,自己却又脱不掉汉《易》窠臼。他极力提倡采取错综的方法解释《周易》经文。例如他说,错综"乃读《易》之要,不可忽也"。"卦各有六阴六阳,阴见则阳隐于中,阳见则阴隐于中,错云其所见之阴则阳见,错云其所见之阳则阴见。如乾之与坤,屯之与鼎,蒙之与革之类,皆错也。就所见之爻上下交易,若织之提综,迭相升降,如屯之与蒙,五十六卦皆综也"。此所谓错综,实与陆绩、虞翻搞的旁通一致,属于汉《易》象数学的范畴。反对汉《易》,又为汉《易》所疾病。在清初的批判《易》学中,王氏究竟不如顾、黄、胡诸位来得彻底、爽快。

清代《易》学的第二大成就在《周易》经传文字训诂方面。宋代义理派《易》学家们有一个严重的弱点,就是不重视文字训诂,不少的字义未能真正搞通,以至于妨碍了对《易》理的贯通。清人解决了这一问题,其于《易》学之大功劳,不容泯没。成就最突出的是王念孙、王引之父子。《经义述闻》一书收入有关《易》学的见解107条,都是对经传文字的训诂,大多考证精审,证据充分,确切可信。有些是对于象数派的牵强附会所做的有力驳正。如荀爽解"大衍之数五十"云,"潜龙勿用,故用四十九",惠栋《周易述》解乾初九潜龙勿用,照搬荀说,谓"大衍之数虚一不用,谓此爻也"。王氏引据《周易》经传内外的大量材料证明荀说殆不可通。《易》中凡言"勿用",大抵是无所施行的意思。又如坤卦辞"先迷后得主"的主字,惠栋《周易述》谓"震为主,《序卦》曰:'主器者莫若长子,故受之以震',是震为主也。剥穷上反下为复,复初体震,故后得主。"王引之说"得主盖谓往之他国得其所主之家也",不是长子主器之主。所言极是,不容不信。余如《系辞传》"乾知大始"之知训作为;"谦尊而光"之尊读如撙;"恒杂而不厌"之杂读为周匝之匝;"君子之枢机,枢机之发,荣辱之主也"之枢机释作门户;《象传》"其义凶也","失其义也"之义字训作理;"后有则","乃见天则"的则字训作常;益九五"有孚惠心","有孚惠我德"之惠字训作顺;井九三"并受其福"之并字训作普、遍，等等，都极精到的当，为汉唐宋明人所不能及。

王氏父子之外，清人在《周易》经传文字训诂方面有贡献者还有钱大昕（《潜研堂文集》）、阮元（《揅经室集》）、段玉裁（《说文解字注》）、洪颐煊（《读书丛录》）、陈澧（《东塾读书记》）、俞樾（《群经平议》）等人。

清代《易》学在经传文字考异方面的成就也是前无古人的。比较重要的有宋翔凤（《周易考异》）、李富孙（《易经异文释》）、阮元（《周易校勘记》）、冯登府（《国朝石经考异》、《汉石经考异》、《唐石经考异》）诸人。

清代《易》学发展走过很曲折的路，清初顾炎武、黄宗羲、胡渭等人的批判《易》学的势头未能持久贯彻，不久便由热变冷。义理派的《易》著屡出不断，如陈梦雷的《周易浅述》、李光地的《周易折中》，纳剌性德的《合订删补大易集义粹言》，孙奇逢的《读易大旨》，程廷祚的《程氏易通》、《易说辨正》，丁晏的《周易述传》，丁寿昌的《读易会通》以及马其昶的《易费氏学》等等，但都未造成很大影响。在清代三百年的时间内，无论在当时还是在后世，影响广而且深的是汉《易》。

汉《易》兴盛于乾嘉学时期，乾嘉学术兴盛，成就斐然，面面皆在乔木，唯独《易》学落入幽谷，一些人大搞早已不甚行时的汉《易》，把《易》学拉上回头路。打大旗的人先是惠栋，后有张惠言、焦循二氏。惠栋著有《周易述》、《易汉学》等，极力发挥、推演虞翻、荀爽、郑玄、干宝等象数《易》，使汉《易》的神秘主义、烦琐主义发展到极致。张惠言专主虞氏《易》，著有《周易虞氏易》、《虞氏消息》等，以为虞氏《易》得自孟喜，孟喜乃孔子《易》学之真传。其实虞翻之《易》虽然不取阴阳灾变说，但是其卦变、旁通、互体、半象诸说全不是孔子《易传》固有的东西，把一部《周易》弄得神秘莫测，烦琐难解。王夫之《周易外传》"汉儒泥象，多取附会。流及于虞翻，而约象互体，半象变爻，曲以物象者，繁杂琐曲，不可胜纪"的批评真正切中肯綮。虞氏《易》在汉《易》象数学中是最精的一家，经王弼扫荡之后，一度沉没不兴。唐人李鼎祚作《周易集解》将其救起，使得免于澌灭。至清代张氏提倡，终致复活。本是《易》学渣滓，竟被视作宝贝一般加以珍重。焦循在后，更将虞氏《易》进一步雕琢活用，创为所谓旁通、相错、时行三事。汉《易》象数学至此达到登峰造极的程度。焦氏有《易图略》、《易章句》、《易通释》三书。焦氏对汉《易》之卦变、纳甲、爻辰、卦气等是有批判的，但他的批判立足于汉《易》的立场进行。他提出的旁通、相错、时行三项解《易》方法，把一部《周易》弄得神乎其神，简直凡人无法理解，影响之大之坏，超过历史上所有的象数派。他是汉《易》象数派的真正功臣，是义理派《易》学的第一罪人。依他的旁通说，《周易》经传的每一个字都有其内在根据，而且纵横左右，交错联系。一个字出现于此，却可于别处找出道理。这样的《周易》，非神不能作，非神亦不能读。哲学不见了，只剩下文字游戏。

奇怪的是，焦氏之《易》学竟每得时人之青睐，据《易通释序》，王引之誉之为"精锐凿破混沌"，阮元《雕菰楼易学序》云："大略实为石破天惊，兹兹处处，以实测而得，圣人复起，不易斯言矣。"英和与焦氏书云："承寄《雕菰楼易学》，元本经文，疏通引证，使全《易》无一剩句闲言，于焦赣、京房、荀爽、虞翻旧学，补所未备，而正其舛误。独抒心得，不为随声附和之言，卓然成家，可以不朽矣。"三家评论宜分析看，王氏《易》学观点实与焦氏不同，所谓"凿破混沌"，出于私人书信，恐是学人间的客套语。阮元捧人往往廉价，不足置论。至于英和，用意虽在于捧，却无意中击中了焦氏痛处。"无一剩句闲言"，岂不恰是焦氏《易》学之大病！

我们说清代《易》学有三失，此其一。

清代《易》学的第二大失是鼓吹宋《易》图书学者仍大有人在，如姜兆锡作《周易蕴义图考》，张文炳作《易象数钩深图》，刘元龙作《先天易贯》，杨方达作《易学图说会通》，吴脉鬯作《易象图说》，刘天真作《河洛先天图说》，何志高作《易经图说》，王崧作《河图洛书考》，江永作《河洛精蕴》，等等。这些书虽水平不等，立论亦各异，但是肯定并弘扬宋《易》图书之学则是共同的。其中江永学问最深，名气最响，影响亦最大。

清代《易》学之第三失是特讲比例。用比例讲《易》自汉人始。汉人讲的卦气、纳甲、爻辰、卦变、旁通、互体等等其实都是比例。其内容不足取，其比例的方法亦不足取。孔子作《易传》强调"唯变所适，不可为典要"，是反对用例，其所谓"二多誉，四多惧"，"三多凶，五多功"，象是比例，实则不是比例。只说"多"而已，并不说二必誉，三必凶，五必功，四必惧。王弼作《周易略例》名曰例，实则讲变。其卦主说虽似例，然而卦主依时而定，亦无例可循。真正懂《易》的人是不迷于例的，追求《易》例是象数派的基本方法，象数派不懂得《周易》有辩证法。清代除惠栋、张惠言、焦循创为诸多比例以外，专门精心求例的人还有不少。著名的如陈启彤作《易通例》，成蓉镜作《周易释爻例》，吴翊寅作《易爻例》，李锐作《周易虞氏略例》，端木国瑚作《易例》，等等，是其中的代表。不求例则罢，求例势必不能真正解《易》。《系辞传》说"苟非其人，道不虚行"，正是指示学《易》用《易》在乎人，而人在乎时。搞出例来让人死守，无异于划框框禁锢人的思路，这本身就有违《周易》这书的性质。

清代《易》学有失亦有得，但是由于汉《易》象数学占有优势，总体评价不宜过高。

关于当代《易》学研究中的几个问题。

第一，《易》学与各种具体学科的关系问题。从理论上说，哲学与具体学科的关系，是每个搞社会科学的人都能回答的问题。但是在科研实践中，问题不那么简单，人们往往不能正确地将它们加以区分。即使在今天的研究工作中，我们还是看见混淆二者关系而引起的混乱思维。一般来说，哲学给各类具体学科以理论指导，任何一门学科，一位科学家，不论他自觉不自觉，事实上都在接受某种哲学理论的指引，否则他的任何成功或失误都是不可思议的。但是哲学给予科学家的主要是基本的理论和方法，一门学科或一位科学家的大量实际的具体问题的解决，要依赖本学科的进步和比邻学科的启发。《周易》是从原始宗教脱胎出来的古代哲学，它有着基本上正确的世界观和方法论体系，曾经在我们的传统文化中起过积极的作用，但是它毕竟是历史上的哲学。认为《周易》在当代科学中仍有指导意义或者认为《周易》本身已含有现代科学原理在内，是不适当的。把现代科学学科与《周易》混同起来，以为现代科学学科可在《周易》中找出自己的理论雏型，试图借用现代科学的理论与方法研究《周易》的所谓"科学易"的新概念，尤其不足取。古人留下过这方面的教训。汉代人曾经把当时的科学引入《周易》结果导致迷信。其中京房的卦气，郑玄的爻辰，是把《周易》混同于天文学，应用于天文学的典型例子。《周易》论天之道，仅仅是天道内涵中有限的几个方面，而天文学自有其实际观测的基础，二者的区别是明显的。把《周易》应用于天文学的企图是放弃自然科学的实验基础，以抽象的哲学思想取而代之。卦气、爻辰在两汉及以后的数百年间产生过十分消极的影响，今天仍然有人利用《周易》预测地震等自然灾害，实际上是重复古代的占候思想，宣传现代迷信。

第二，文化因素相互渗透的问题。文化因素的相互渗透是人类知识增长的重要途径，但是并非所有文化因素的渗透都导致积极的结果。《周易》研究中吸收其他文化因素的结果就是很糟的。王弼援老、庄玄学入《周易》，大家公认是他的《易》学思想体系中的一大遗憾。邵雍的《易》学源自道家，曾经轰动一时，终究经不起历史的考验。清人张其淦仰慕邵氏，混同老子的道与《周易》的道，题其所著书曰《邵村学易》，结果不被人们所重视。清人焦循受九九之数的启发和《洞渊九容奥义》的影响，创旁通、相错、时行三比例释《易》，结果比荀爽、虞翻更加离题万里。清末民初陈启彤作《易通例》、《易通释》，用现代形式逻辑的归纳、演绎方法说《易》，结果并不成功。

第三，不能研究的问题不必强行研究。学术研究中往往有条件不具备，暂时不能解决的问题。《周易》研究中河图、洛书就是目前仍不具备解决条件的问题，只可存疑，不宜强解。河图、洛书，先秦文献有记载，但未留下实物。现在见到的河图、洛书是宋人绘制的，不是古代旧物。有人据此断定河图、洛书是远古时代的天气气象图。远古时代的河图、洛书从来无人见过，却一定给它下定义，岂不太急躁。

第四，预测的问题。近年来《周易》热兴起之后，不少人试图用《周易》搞预测。甚至有几部公开印行的书大讲什么《周易》预测学。这是反科学的，不能不辩。说《周易》能预测，不是出于愚昧无知，便是存心骗人。《周易》原是卜筮之书，后来发展为哲学，但仍保留卜筮的形式。卜筮是宗教迷信，在古代，统治阶级利用它愚弄百姓，巩固统治。真正有学问的人则只研究《周易》中的哲学思想，用以陶冶品性，提高境界，指导实践，而不相信卜筮。在现代，我们当然更不可相信卜筮，就是《周易》的哲学内容，也只可作为一种历史的文化现象来研究，吸取其中优秀的东西为现实所用。指导我们思想和行动的是马克思主义、毛泽东思想。《周易》只能做为一种借鉴进入我们的生活领域。至于预测，必须依赖情报信息。没有情报信息做依据的任何预测都是自欺欺人。《周易》六十四卦三百八十四爻的既古老又有限的信息怎能在纷纭复杂的现代生活中起预测的作用。

我们这部《周易辞典》在学术上有以下特点：一、以马克思主义理论与方法为指导,贯彻历史唯物主义的原理。二、认定《周易》是一部古老的哲学著作,卜筮只是它的外部形式。三、为了起到辞典应起到的作用,词目力争齐全,释文力求平允,诸家异说,一同介绍,但是坚持批判的精神,精华与糟粕,真理与谬误,该点明的一定点明。四、赞成并采用金景芳先生的《易》学观点。

我们这部《周易辞典》包括"经传词语"、"易学史词语"、"易学人物"、"易学著作"四个部分。释文按类分别排列,读者既可作为辞典检索,也可当作一部书系统阅读。后附《易学年表》和《易学论文索引》,为读者系统了解《周易》研究的历史和现状提供方便。

释文拟定分工是:康学伟撰写先秦至唐代《易》学人物、著作全部词目的释文,《易》学史一部分词目的释文,卦爻辞一部分词目的释文,共计30万字。吕美泉撰写宋代及辛亥以来《易》学人物、著作全部词目的释文,编写附录《易学论文索引》,共计24万字。舒大刚撰写西夏辽金元明《易》学人物、著作全部词目的释文,《易》学史一部分词目释文,编写附录《易学年表》,共计38万字。并提供易学人物和著作的大部分词目。常金仓撰写清代《易》学人物、著作全部词目释文,《易》学史一部分词目释文,共计29万字。并提供易学人物和著作部分的词目。修晓波撰写卦爻辞及《象传》、《象传》一部分词目释文,《易》学史一部分词目释文,共计8万字。梁韦弦撰写卦爻辞及《象传》、《象传》一部分词目释文,《易》学史一部分词目,共计8万字。黄野平撰写《易》学史一部分词目释文,共计1万字。吕绍纲撰写《周易》经传常用词语、《系辞传》、《说卦传》、《序卦传》、《杂卦传》、《文言传》全部词目释文,卦爻辞及《象传》、《象传》一部分词目释文,《易》学史一部分词目释文,共计23万字。

金景芳先生担任本《辞典》的学术顾问。

吕绍纲负责统稿工作。全部书稿都经他一一审读、增删、修正。

胡秀华担当历史地理咨询、《易》图绘制、部分资料搜集及编务工作。岳琳、刘贵君协助做了部分编务工作。

北京张岱年、朱伯崑、李学勤、张立文,长春乌恩溥、徐志锐、尹奈、吴振武,抚顺秦广忱,济南董治安,青岛金文傑,武汉唐明邦、萧汉明,长沙宋祚胤,贵阳麻福昌,杭州黎子耀,福州刘蕙孙、张善文,广州曹础基、李铭建诸先生提供了有关的宝贵资料。

吉林大学出版社的领导、编辑和有关同志对本《辞典》的编写、出版工作给予积极热情的支持。责任编辑黄曼萍副编审仔细审阅书稿,提出许多重要的修正意见。

谨在此一并致以衷心的谢意。

*此文为与常金仓合作
(原刊《周易辞典》,吉林大学出版社1992年)

孔子学说与21世纪

中国所以是中国，因为中国有自己的历史；中国人所以是中国人，因为中国人有自己的传统。今日之中国与今日之中国人是中国历史长期发展和传统思想文化熏陶的结果，这是谁也无法否认的事实。鸦片战争以来150年中，中国人在屈辱、苦闷、迷惑、彷徨里向西方学习，同时进行自我反思，为自己寻求走出困境的路。在这艰难的寻路过程中，理所当然地掀起了对自己传统思想文化的批判。1919年的五四运动时期一批思想激进的知识分子把这一批判推向高潮，力图把西方的德先生和赛先生请进来，因而坚决、彻底地反对封建的思想文化。由于孔夫子及由他开创的儒家哲学一直受封建社会的尊重，乃憎恶和尚，恨及袈裟，成为众矢之的。这其实没什么奇怪，回顾孔子及孔子学说产生以后2500多年的历史，我们不难看出一个规律来：孔子学说适用于治世，不适用于乱世。社会一旦进入革命震荡时期，孔子学说便受抨击。当孔子学说被人想起而逐渐走运的时候，那就是和平建设时期已经到来。秦始皇扫荡六国，以武力建立前所未有的封建大帝国，绝不会欣赏孔子学说，刘邦也以马上得天下，但毕竟对孔子发生了兴趣，因为他面临着和平建设。汉武帝的历史任务是巩固发展中央集权的统一国家，所以他把孔学置于独尊的地位。魏晋南北朝时代天下乱了几百年，孔子至少被冷落了。自唐代起，孔子和孔子学说开始长期地受重视。两宋尊孔的情形自不必说，就是少数民族入主中国建立的辽、金、元、清四朝也无不推崇弘扬孔子学说。

孔子及其学说遇到最严峻的挑战是21世纪。五四运动冲击了孔子和孔子学说，虽然骂得狠，但并未入里，那些人冲动有余而对他们批判的对象所知甚浅。而且少数几位受传统思想文化熏陶较深、头脑敏锐、清醒的大家总是十分留心划清封建思想文化毒素与真孔学的界限。对封建礼教批得入木三分的新文化运动的旗手鲁迅奋力疾呼要掀掉这吃人的制度，却对传统思想文化主张"拿来主义"，对孔子本人不但极少抨击，而且有时还说几句肯定的话。李大钊是马克思主义者，也说他"非掊击孔子，乃掊击专制政治的灵魂也"。

自20年代开始，中国共产党人运用马克思主义理论领导的中国革命是翻天覆地的空前的事业，它的直接目标是推倒帝国主义和封建势力的统治，然后建立无剥削无阶级的、公正合理的社会主义社会。28年革命的震荡，达到了这一目标。看来28年中应当批孔，然而并未发生那样的事情。在毛泽东的早期著作中未曾抨击孔子以及整个传统思想文化。相反倒是对中国历史相当重视，甚至不时引用孔子的言论，号召人们对从孔夫子到孙中山这份文化遗产进行总结。这也并不奇怪。因为马克思主义理论与中国传统思想文化在主要之点上并未直接抵触，马克思主义理论本身就主张继承人类文化遗产，毛泽东本人就是熟谙中国传统思想文化的人。

令人遗憾的事情发生在不应该发生的1949年之后的和平建设时期。在进行经济建设的同时应该抓人的建设，应该进行马克思主义教育的同时弘扬传统思想文化中的优秀部分，既提高人的政治品质、也提高人的道德品质。然而没有这样做。由否定道德的继承性发展到与传统彻底决裂，马克思主义阶级斗争的学说被绝对化，终于形成"以阶级斗争为纲"的口号，以至于导致长达10年之久的社会动乱。

中国共产党十一届三中全会以后，工作中心正确地转到经济建设方面。确定实现社会主义现代化的战略目标，提出物质文明建设和精神文明建设的任务，无疑是适合时宜的。物质文明解决物的问题，精神文明解决人的问题。物与人相比，人的问题要重要得多，艰巨得多。10年来失误仍然有，而"最大的失误是教育"。这是说在物的方面做的多，在人的方面则有所忽略。

我们要建设有中国特色的社会主义，无论从理论还是从经验上说，在对人的教育方面，既需要马克思主义，也需要吸取传统思想文化中优秀的东西。前者大家已有共识，后者则有待全民族的认同。在国内，我们的传统思想文化曾在很大程度上被置于与马克思主义对立面的位置上。而当前更为严重的是它受到"全盘西化"思潮的摈斥和否定。在未来10年和即将到来的21世纪，在开放、改革和建成达到中等发达水平的社会主义国家的过程中，它将受到更广泛的挑战，因为我们将面临一个政治文化繁荣的世界，除了传统的西方文化以外，将出现另外一些地区的文化崛起。中国传统文化将扮演什么角色，起什么作用呢？它在国内的和平建设中所起的提高人的素质和稳定社会的作用势必益加显著，而在外面，东部亚洲会继续吸取它的营养，包括西方国家在内的世界其他部分会逐渐发现中国传统思想文化不但是可以理解的，而且正是他们需要却又没有的东西。21世纪将是中国传统思想文化获得复兴并在全世界高歌前进的世纪。

现在有必要对中国传统思想文化做一番总体性分析，看看它有怎样的结构和特色。

总的说来，中国传统思想文化具有多元性和开放性，具有鲜明的人文主义和民本主义色彩。在多元的结构中，孔子和孔子学说始终是主干。孔子学说的哲学中心是人，政治中心是民本主义。无神论和深刻的、高水平的辩证法思想是这两个中心的哲学基础。孔子学说之所以富有生命力，两千多年来光辉不退，影响不减，除它的民本主义受欢迎之外，主要的原因在于它的关于时和仁义的理论具有科学性、思辨性和超时代性。时的理论使人聪明，仁义的理论使人高尚。中国历史上一批批杰出人物的出现和中国人优秀品质的养成都与孔子的学说有内在的关联。

中国传统思想文化一开始就是多样的，因而也是开放的。据司马谈《论六家要指》，先秦思想有阴阳、儒、墨、名、道、法六家。班固《汉书·艺文志》加上杂、农、纵横、小说四家而构成十家。十家学说在先秦都曾先后参加争鸣的行列。《韩非子·显学》说儒、墨两家在先秦是显学。《孟子》极力抨击墨子和杨朱。《庄子·天下》则于老子、儒家、名家介绍较详。《荀子》之《非十二子》严厉抨击了它嚣、魏牟、陈仲、史鳅、墨翟、宋子、慎到、邓析、惠施、子思、孟子等十二位学者。其《解蔽》又指斥墨子、宋子、慎子、申子、惠子、庄子诸人思想之片面性，而独充分肯定孔子，说"孔子仁知且不蔽"。《吕氏春秋·不二》讲诸子思想特点时，言及老聃、孔子、墨子、关尹、子列子、陈骈、阳生、孙膑、王廖、儿良十人。

由此而观之，春秋晚期至整个战国时代，诸子争鸣不已，思想极为活跃，说明中国传统思想文化一开始就是多元的。秦汉以后经过历史的筛选，在两千年的历史中对中国人的思想发生长久而深刻影响的只有道家和儒家。先秦显学之一的墨学汉以后已成为思想化石，其余各家也失去活力。法家的东西只在历代统治者那里被暗中应用着，在人民心中则极受冷落。

站在两千多年后的今天的立场看，中国传统思想文化的源头主要是道、儒两家。自东汉以后外域的佛教传入而渐渐浸盛，随后有伊斯兰教文化和基督教文化进入中国。后两者对中国的影响始终只是局部的。佛教文化的影响比较探远，而且形成了有中国特色的禅宗一派。自今日而言，对中国人影响大的只此儒、道、佛三家。

佛教作为宗教势力影响亦可谓不小，然而作为一种思想文化则毕竟远远未被大多数中国人所认同。中国人感兴趣的依然是中国固有的道家老庄和儒家孔孟的东西。道家、儒家的思想和中国人一起生长于中国这块黄土地上，它们曾经有过相互渗透的关系，而且有着共同之处，但是它们到底是两个不同的思想体系，在后世中国人心目中的地位不可同日而语。

儒家思想的中心是人，道家思想的中心也是人，这是两家思想的共同点，也是整个中国传统思想的一个重要特点。在怎样论人，给人做怎样的人生启示上，二者相去甚远，甚至于可以说水火不容。道家老庄的人生论简约地说，是由以下三个观点构成的。第一，鼓吹人们"绝圣弃智"，"绝仁弃义"，"绝巧弃利"，"见素抱朴，少私寡欲，绝学无忧"（《老子》第19章），回到自然状态，实质是让人由文明回到原始。第二，隔绝人与人之间的联系，泯灭人的社会性，大家都进入和动物一样的世界。老子说"鸡犬之声相闻，民至老死不相往来"（《老子》第80章），不相往来就是让人断绝社会关系。庄子说"泉涸，鱼相与处于陆，相呴以湿，相濡以沫，不如相忘于江湖"（《庄子·大宗师》）。人与其讲仁义，不如象鱼那样自顾自，各不相干。庄子希望人们"居不知所为，行不知所之，含哺而熙，鼓腹而游"（《庄子·马蹄》），等于号召人与动物同群。第三，追求全命保身的自私自利的人生目的。老子主张人活着就要"为无为，事无事，味无味"（《老子》第63章），"不敢为天下先"（《老子》第67章）。庄子尤甚，明白无误地告诫人们首先要全力为自己活着，他说："道之真以治身，其绪余以为国家，其土苴以治天下。"（《庄子·让王》）要使自己活得安全无伤，就要"为善无近名，为恶无近刑，缘督以为经"（《庄子·养生主》）。这样取中间立场也未免乎累，乃又进一步要求人要"乘道德而浮游","无誉无訾,一龙一蛇,与时俱化,而无肯专为"(《庄子·山木》)。

道家老庄的人生论的基调显然是消极的、倒退的,至少是鼓励人们逃避现实,把人引入一种永远不可能实现的关于"自由"的玄想。它对后世的影响并不很大,只是在少数时候例如魏晋的知识分子层次中曾有过一点积极的意义。再者,当异族入侵或暴君昏君当权时,对某些有爱国气节的高洁之士起过一定的精神支柱的作用。

儒家孔子学说的中心也是人、也是人生论,但它与老庄走着不同的哲学道路。它把人同神分开,也把人同动物划分得清清楚楚。它把人放在社会现实之中,对人本身和人生道路加以冷静地分析和指点。它从人的社会性的角度看人的本质,因此它反对万物一齐,物我混一。它充分肯定人在天地之间的价值,给人生指示一条现实的、可望可即的、积极的道路。孔子学说中的人生论早已深入到中华民族的民族精神中,两千多年来培育了一代又一代杰出人物,它的凝聚力无与伦比。中华民族之所以能够保持以汉民族为主体的多民族的长久统一,政治力量固然重要,孔子学说的作用绝对不容忽视。孔子学说尤其他的人生论之所以长久不衰地为人们所接受,就是因为它具有真理性、超时代性,人们衷心诚服,并非外力使然。孟子说人们对孔子是"中心悦而诚服",司马迁说天子王侯死则没焉,而孔子一布衣,传十余世而不为人忘,就是这个道理。

孔子学说的中心是人生论,孔子人生论的中心是仁义。仁义离不开礼。仁义是礼的内容,礼是仁义的形式。礼的实质性内涵是等级差别。孔子讲的仁义以礼为形式,这就与墨子的兼爱,佛家的普度众生以及基督教的博爱划出了界限。智也是孔子提倡的,人而无一定的智力水平和知识修养,仁义便无从实现。

孔子提倡仁义礼智,但仁义是主要的,根本的。《论语》书中固然仁讲得多,仁字凡109见,《左传》讲仁不过33次。《论语》义字出现较少,而且不见仁义二字连言,这是因为当时仁的问题大,必须多讲仁。仁与义相比,仁更根本些,重要些。能行仁的人,义便不成问题。况且本身就含有义的因素。虽说"仁者爱人",却不是善恶不分,什么人都爱。孔子说:"唯仁者能好人能恶人。"(《论语·里仁》)仁者能爱也能恨,分清好人坏人而爱恨分明,岂不正是义的要求!孔子既重仁也重义,这在孔子的反对派道家言论中也可得到证明。《庄子·天运》说:"孔子见老聃而语仁义。"又《庄子·天道》记孔子往见老子。老子让他概括他的学说的要点,孔子答以"要在仁义"。《庄子》不是信史,但是庄子对孔子的仁义持批判态度,所言当必不虚。《吕氏春秋·不二》说"孔子贵仁",言仁而未及义,是出于句式的限制而采取的省略语,实际上义也包含在内。

孔子人生论的内容全表现在仁义礼智四个概念上。首先从仁义说起。

仁义二字作为两个概念,其含义有三个层次,即:它们揭示了人的本质,规定了人的理想人格,提出人的修养途径。

人的本质是什么?孔子说:"鸟兽不可与同群"(《论语·微子》),人不可与鸟兽为伍,人与鸟兽有根本不同的本质。孟子说:"人之所以异于禽兽者几希,庶民去之,君子存之。舜明于庶物,察于人伦,由仁义行,非行仁义也。"(《孟子·离娄下》)孟子比告子前进一步,看到了人与禽兽的不同之处在于仁义,但他又说君子由仁义行,而庶民不能,结果终于未能认定人的本质究竟是什么。荀子说:"水火有气而无生,草木有生而无知,禽兽有知而无义。人有气有生有知亦且有义,故最为天下贵也。"(《荀子·王制》)荀子指出人与禽兽的区别在于有义无义。此义字乃人伦道德的准则。荀子把人伦道德看作人的本性。饮食男女是人与禽兽的共有之性,不反映人的特有本性。人的特有本性是人伦道德。人伦道德是人类独有的驾驭食色大欲的能力。这能力根源于人类经过长期劳动养成的理性和理性思维能力。

理性和理性思维能力是人的抽象本性与具体本性的统一。当我们说到人具有理性与理性思维的时候,所涉及的仅仅是人的抽象本性。我们必须注意人的具体本性,即把人置于现实社会中加以考察。一旦将人与社会分离开来,人就只具有抽象本性了。抽象的人固然与禽兽不同,却与神几近一致。当人生活在现实之中的时候,人才与禽兽分别开来又与神划清界限。因此人的本质须从人的社会性中寻找,马克思说的"费尔巴哈把宗教的本质归结于人的本质。但是,人的本质并不是单个人所固有的抽象物,在其现实性上,它是一切社会关系的总和"(《马克思恩格斯选集》中译本第1卷第18页)。这段话于今仍是关于人的本质问题的权威性论述,任何其他新说都无法取代它。人生活在一定的社会关系之中,每个人都是一定社会关系网络上的一个点。自古迄今人生活于其间并受其严格制约的社会关系主要是两种。一种是血缘关系,一种是政治关系(经济关系是它的根基)。前者在种的蕃衍中结成,后者在生活资料的生产中出现。恩格斯说:"历史中的决定性因素,归根结底是直接生活的生产和再生产。但是生产本身又有两种,一方面是生活资料即食物、衣服、住房以及为此所必须的工具的生产。另一方面是人类自身的生产,即种的蕃衍。一定历史时代和一定地区内的人们生活于其下的社会制度,受着两种生产的制约。劳动愈不发展,劳动产品的数量,从而社会的财富愈受限制,社会制度就愈在较大程度上受血族关系的支配。"(《马克思恩格斯选集》中译本第4卷第2页)马克思指出人的本质是一切社会关系的总和,恩格斯指出社会关系有血族关系和经济关系(在阶级社会表现为阶级关系、政治关系)两种。两种社会关系制约社会制度,也制约人,影响人,造就人。一定的两种社会关系规定着人的本质。人的本质就是人生活在一定的社会关系之中。离开社会关系制约的人不再是人,或是禽兽,或是神。

关于人的本质问题,是马克思主义经典作家从理论上加以解决的。中国古人也从经验的角度认识了人的本质,这就是孔子。关于人的本质问题的准确认识,是孔子学说的重要一点,他的仁义概念的初始含义即在于此。孔子在《说卦传》中说:易卦"立天之道曰阴与阳,立地之道曰柔与刚,立人之道曰仁与义。"天地自然之道是阴阳刚柔,阴阳刚柔的对立统一构成自然的本质。人之道是仁与义,仁义的对立统一构成人的本质。仁指称血缘关系,义指称政治关系。《中庸》中记孔子说:"仁者人也,亲亲为大。义者宜也,尊贤为大。亲亲之杀,尊贤之等,礼所生也。"这段话更加指明了仁是血缘关系,义是政治关系,两种社会关系交叉结合乃构成人。

"仁者人也,亲亲为大",是说仁是人由于种的蕃衍而形成的人与人之间的血缘关系,也是说仁的范围只适用于人类。《庄子·天运》说:"虎狼仁也。"纯系谬悠之说,虎狼的亲子之爱乃出于本能,它们有血缘但无血缘关系。《吕氏春秋·爱类》说,"仁也者,仁乎其类者也",强调仁是人类之间的关系,才符合孔子仁的原意。血亲关系有亲疏而且有限度。"亲亲为大",是说血缘关系以父母子女夫妇关系为本,《礼记·三年问》说的"至亲以期断"的"至亲"所指就是"亲亲为大"之"大"。由至亲向上下及旁系延伸,关系渐疏,上至高祖下至玄孙,过此以往则亲属绝。《礼记·丧服四制》"亲亲以三为五,以五为九,上杀下杀旁杀而亲毕矣",所说血缘关系有限度的问题。

"义者宜也,尊贤为大",宜是应该,恰当的意思。尊贤即尊尊。中国在先秦时期,政治上有严格而细密的等级制度,每个人都属于一定的等级阶梯,谁也不能超越。《左传》昭公七年说:"王臣公,公臣大夫,大夫臣士,士臣皂,皂臣舆,舆臣隶,隶臣僚,僚臣仆,仆臣台,马有圉,牛有牧。"桓公二年说:"天子建国,诸侯立家,卿置侧室,大夫有贰宗,士有隶子弟,庶人工商各有分亲,皆有等衰,是以民服事其上,而下无觊觎。"襄公十四年说:"士有朋友,庶人工商皂隶牧圉皆有亲暱,以相辅佐也。"《左传》的这些材料充分说明孔子讲的"义",所指正是人与人之间的政治联系,每个人都处在一定的政治地位上,与他人发生一定的政治联系。在所有的政治关系中,"尊贤为大"即尊卑是首要的。当时社会,天子诸侯大夫士凡有一块领地的都是君,除天子至高无上外,每个人都要尊自己顶头的君,甚至奴隶之间也有等级差别。

孔子发现了人生活在血缘和政治两种社会关系中。前者他用仁字来概括,后者用义字来概括。"仁者人也"。仁也含义,仁义合起来就是人的本质。孔子关于人的认识如此深刻准确,乃至于用马克思主义来衡量也大致不差。

这是我们要说的孔子之仁义两概念的第一层含义。仁讲的是血缘关系,由血缘引申到与一切人的类的关系。义讲的是政治关系,由政治角度出发扩展为与一切人的义的关系。人生活在这两种关系的交互制约之中。人不是别的,人是这两种社会关系的总和即社会关系的产物。人之所以为人而与禽兽不同,其最后的界限就在于人不能摆脱仁义两种关系的制约。这就是人的本质。这一认识是孔子关于人的学说的理论基石,其他观点均由此生发而出。

孔子的仁义既是指称客观存在的社会关系,也是作为主体的人的人生追求目标,即理想人格的表述。这是孔子仁义两概念的第二层含义。人在两种社会关系的制约中应当做个仁者。够得上一个仁者,义也就在其中了。在孔子的语言中仁者常与知者对言。知者如何先不说,仁者是极难能的品格。孔子自认:"若圣与仁,则吾岂敢。"(《述而》)。孔子尚且不敢当,则更无论他人。孔子说:"君子而不仁者有矣夫,未有小人而仁者也。"(《宪问》)小人绝不会是仁者,君子也不是人人能做到。仁者为何如此难能?孔子对仁者的要求极高,仁者要"先难而后获"(《雍也》),要"能好人能恶人",要"刚毅木讷"(《子路》),要"无求生以害仁,有杀身以成仁"(《卫灵公》),总之,仁者是劳而后得,推己及人,爱憎分明,内刚外柔,勇于奉献,必要时生命在所不惜的人。这是第一难。第二难是"为仁由己"(《颜渊》),"我欲仁,斯仁至矣"(《述而》),"仁者安仁"(《里仁》)。就是说,仁者之为仁者,不是外力压迫的结果,更非低级的感情冲动的产物,仁是主体的理性自觉,是个体本性的固有规定和必然要求。自觉行仁,当然是难的,而更难能的是第三,"君子无终食之间违仁,造次必于是,颠沛必于是"(《里仁》)。无论发生什么事情,无论在什么不利的情况下,仁者的品格不须臾动摇。不是一时一事如此,是一生一世如此。颜渊做到"其心三月不违仁",孔子就夸他了不起。坚持做个仁者之难,于此可见。

孔子仁义两概念的第三层含义是指示仁之方法、途径。从这个意义上说,仁义说的是自己怎样处理好与别人的关系。"己欲立而立人"(《雍也》),"己所不欲,勿施于人"(《颜渊》),亦即推己及人。孔子的仁义并不要求人们忘掉自我,而是要人们"能近取譬"。将己比人,想到自己之欲与不欲,同时也想到他人之欲与不欲,进而想到天下国家。必要时舍己为人,杀身成仁。所以孔子赞许微子、箕子、比干为殷之三仁(《微子》)。

讲到孔子的仁义,势必涉及孔子的礼。礼是仁义的表现形式。内容与形式分不开。在孔子看来,仁者必知礼。行仁行义的过程就是行礼的过程。前引《中庸》所记孔子言"亲亲之杀,尊贤之等,礼所生也",礼是由两种社会关系有等差而产生的。人与人之间的关系有亲疏尊卑,在实践上这等差要有数有度,这数度表达出来就是礼。人行仁行义须有个数度,不可过也不可不及,乱来不行。依礼去运作,仁义就在其中了。所以孔子说:"克己复礼为仁。"又说:"非礼勿视,非礼勿听,非礼勿言,非礼勿动"(《颜渊》)。孔子所说正是指仁义与礼的关系而言。我们大可不必言礼色变,立刻想到孔子要恢复西周之礼仪制度,想到五四时代人们一再指斥的封建礼教。孟子说礼是"节文斯二者(仁义)是也"(《离娄上》),讲到了礼的实质。作为仁义形式的礼,不但不可怕,而且是需要的。当然孔子礼说中并非没有糟粕,例如"唯女子与小人为难养也"的轻视妇女的思想以及《周易·文言传》中讲的"妻道也,臣道也,地道也"的男尊女卑、君尊臣卑的思想,还有《仪礼·丧服传》讲的女人之"三从"之道,是务必加以批判的。

除此而外,孔子之仁义礼,我们完全可以拿过来为我们的精神文明建设所用。从理论上说,血缘关系与政治关系今日依然存在,将来也难消失,等级差别永远要有。人与人之间的权利平等和人与人之间的长幼、男女、上下等等差别不是一回事。剥削与压迫势必消灭,两种社会关系与人与人之间的等级差异势必长存。因此仁义礼不仅要得,且该提倡施行。

从现实需要看,中国面临21世纪的挑战,我们要在21世纪的30至50年代实现经济发展战略目标,达到中等发达国家水平,关键的问题要有一个和平、稳定的国内环境。关键之关键是将人的精神文明建设搞好。做到这一步，主要的不是破而是立，即如何保证社会的安定团结。马克思主义的思想政治教育是首要的，辅之以孔子学说为主干的传统思想文化教育，也必不可少。这就可以进一步移风易俗，提倡一点孔子的仁义礼，有益无害。使家庭间的父母与子女的关系、夫妻关系、兄弟关系恢复正常，使淳朴、仁厚、友爱的风尚占主导地位；社会上领导与被领导以及工农商学兵等人与人之间，都能以诚实、俭朴、谦虚、礼让、和睦、勤奋、勇敢、与人为善、助人为乐为荣，以奢侈、放纵、欺诈、狡猾、阴险、自私、懒惰、贪污、盗窃、叛逆、凶恶、残忍、殴斗为耻，难道不是当今之急务吗？对于社会不良现象乃至犯罪行为，光靠抵制、禁止、打击、制裁远远不够，应该采取另一种有效的办法加以治本，在干部队伍和青少年一代中尤其如此。眼前可能效果不明显，到了21世纪回过头来看，情形必大为可观。21世纪事情须自今日做起。

有人以为孔子学说压抑个性，将人变成唯唯诺诺的无作为者，不如西方精神那样崇尚独立人格，鼓励竞争，促进社会发展。他们认为西方哲学重个体发展，孔子哲学强调集体，不考虑个体利益的存在。这种观点不是由于对中国哲学的无知，便是出于误解造成的。孔子的人生哲学最注重独立人格的培养，鼓励个性的发展。"性相近也，习相远也"（《阳货》）的话，正是肯定人有个性的表示。孔子的教育实践更体现他尊重人的个性。他对学生的教育总是从每个人的特点出发，因材而教之，启而发之，看不到哪个学生受到孔子的压抑。学生在他的教导下个性都得到很充分的发展，都成为有独立人格的人。孔子本人想参与政治，但从不违心屈就。他说："邦有道则仕，邦无道可卷而怀之"（《卫灵公》）。又说："邦有道，贫且贱焉，耻也。邦无道，富且贵焉，耻也"（《泰伯》）。这是多么鲜明的独立人格！孟子讲："富贵不能淫，贫贱不能移，威武不能屈，此之谓大丈夫。"（《滕文公下》）其思想显然源于孔子。这一思想构成中国传统思想文化的精髓之一。它培育了一代又一代的大丈夫，成为中国人的民族脊梁。

中国和西方在人的问题上的差异，问题不在谁压抑了人的个性发展，而在于发展怎样的个性。西方自文艺复兴以来发展起来的人文主义文化，其基调是个人主义，它鼓吹的独立人格是利己的。虽也强调爱人，提倡守法，讲究礼节，但出发点是为己。他们信仰上帝，而真正的上帝是自己。随着物质文明的发展，这种思想有增无已。物欲已成潮，推动着人们越来越走向极端的自私。表面看去，它有通过个人竞争推动经济发展的效用。而从文化的角度观察，不需太久，21世纪它就将把西方人类的精神生活拖入困境。

作为中国传统思想文化代表的孔子学说为人指引的是另一条路。孔子并不否定个人利益和个人欲望，但他要求人们想到自己更要想到别人。他理想中的独立人格是非个人主义的。这里我们自然地要言及孔子仁义两个概念的第三层含义。仁义是人处理好己与人关系的原则和途径。仁，要人处理好自己与亲人即父母兄弟妻子乃至同类的关系；义，要人处理好自己与别人在政治上的关系。孔子在这方面讲了许多话。

概括地说是两点，一是推己及人，二是反身修己。利益和欲望重在他人，义务和责任重在自己。孔子这样的言论尽人皆知，略举几句就够了。"己欲立而立人，己欲达而达人"（《雍也》），"己所不欲，勿施于人"（《颜渊》），"仁者爱人"（《颜渊》），"君子学道则爱人"（《阳货》），"节用而爱人"（《学而》），"古之学者为己，今之学者为人"（《宪问》），"躬自厚而薄责于人"（《卫灵公》），"君子求诸己，小人求诸人"（同上），"修己以敬"，"修己以安人"，"修己以安百姓"（《宪问》），"君子病无能焉，不病人之不己知也"（《卫灵公》）。推己及人与反身修己，既肯定自己又虑及他人，这现实而高尚的精神，难道不是整个人类所需要的吗！孟子说的"乐以天下，忧以天下"（《梁惠王下》）以及后世范仲淹说的"先天下之忧而忧，后天下之乐而乐"（《岳阳楼记》），全是孔子思想的发挥，而且更为重要的是孔子把这修养看作主体的自觉，绝不主张外力强致。"仁者安仁"（《里仁》）。"为仁由己，而由人乎哉"（《颜渊》），这话哪里有禁锢个性，泯灭独立人格的意向。

在中国传统思想文化中确有尽人皆知的压抑人性的糟粕，主要是自董仲舒开始的，为历代帝王所鼓吹的纲常名教以及宋明理学家们提倡的"存天理、灭人欲"等等。他们都打着孔子的旗号，其实是对孔子思想的扭曲。五四时代曾经批判过，现在和将来仍应批判。不批判这些糟粕，孔子的精华则难以弘扬。

孔子的关于人的学说中，仁义礼之外，还有一个知。孔子要求人做个仁者（义与礼含于其中），也做个知者。孔子说"知者利仁"（《里仁》），知者利于行仁。孟子说知是"知斯二者（仁义）弗去是也"（《离娄上》）。知是行仁的条件。但是实际上孔子知的内涵远比这一点深广。知的问题主要是让人变得聪明，充满智慧。聪明而充满智慧的最大标志是善于应对时变，主体适应客体。孔子认为客观世界是变化的，一切都像流水般的变化不居，昼夜不停，而人则应当有一个适应变化的辩证的头脑。孔子把这叫做"时"。孔子一生都在"时"的指导下度过。孟子称伯夷、伊尹、柳下惠为圣人，但以为都不如孔子伟大、全面。称孔子是"圣之时者"。孔子讲究时变，遇事"可以速而速，可以久而久，可以处而处，可以仕而仕"（《万章下》），绝不拘于一偏。孔子自己也说他与古逸民伯夷、叔齐、虞仲、夷逸、朱张、柳下惠、少连等不同，说："我则异于是，无可无不可。"（《微子》）这"无可无不可"正是孔子之"时"概念的确诂。事情之可与不可不能一定，全依时而变。颜渊对孔子说话做事依时而变感到惶惑，乃喟然而叹曰："瞻之在前，忽焉在后。"（《子罕》）怎么一会儿在前，倏忽间又在后头。这就是孔子的辩证法。孟子理解，颜渊不理解。何晏、朱熹释此二语为"恍惚不可为形象"，更不理解。孔子很懂方法，他的头脑思辨极了。黑格尔说孔子学说只有道德说教，没有一点思辨的东西，算不上哲学家，肯定错了。

孔子的时还反映在"中庸"上。孔子说："君子之中庸，君子而时中。小人之中庸也，小人而无忌惮也"。（《中庸》）将无忌惮与时中相对待说，无忌惮是做事凭主观而违时，则时中是做事依时而分寸适当。孔子视中庸为至德，"天下国家可均也，爵禄可辞也，白刃可蹈也，中庸不可能也"（同上）。中庸何以"不可能也"？我们知道，人皆知为善不为恶是做人之道，但是好事做过了头也会变坏事，却远不是人人能知道的。真理与谬误的差异只在有限的范围内有意义，真理达于极限，哪怕再迈进一小步，就变成谬误。能在认识和实践上把握住这一点，就是中庸，就是时中。有人说中庸是折中主义，和稀泥，显然误解了孔子。孔子对折中老好，虚仁假义，深恶而痛绝，称之为"乡原"，为"德之贼"（《阳货》）。况且，如果中庸是折中主义，任谁想为皆可为，孔子何须说"中庸不可能也"呢！

我们在中国传统思想文化题目下只讲孔子，似乎大题小作，其实不然。孔子学说是中国传统思想文化的主干、主流和精髓。中国两千多年历史上最受捧，最挨骂，最为人不能忘却的，孔子而外更无第二人。无论我们想承认不想承认，孔子的思想学说熏陶了我们民族的精神和中国人的品格，是否认不了的事实。问题在未来的21世纪，孔子学说和它代表的中国传统思想文化的命运将会如何。21世纪对中国来说，是开放的世纪，建设的世纪。就全世界看，潮流也大体如此。开放和建设最须社会稳定，建立稳定的社会秩序，法制和民主的建设固然必不可少，要从根本上移风化俗，完善人与人之间的各种关系，使之形成团结和谐，自强奋进的良好气氛，除政治教育以外，继承和弘扬孔子思想学说中崇尚仁义，讲究时变的优秀部分是极为重要的。我们几乎可以预计，孔子思想学说和它所代表的中国传统思想文化在21世纪必然得到继承和发扬，甚至于进一步从东部亚洲走向世界。

世界上每个民族都有自己优秀的传统思想文化，支持它的生存和发展。21世纪将是世界优秀文化相互交流的世纪。我们以继承自己传统思想文化中的优秀部分特别是孔子的学说为主，同时汲取适用于我们、能补我们之短的西方思想文化中的积极因素，乃时势之必然。全盘西化与自我封闭是同样的不可取和不可能。继承自己的传统思想文化和汲取外来的人家的传统思想文化，是理论问题，更是实践的问题，历史家和理论家的设计是必要的，但最终的检验是亿万人民的生活实践。

（原载于《中国传统思想文化与廿一世纪国际学术研讨会论文选集》，
南京大学出版社1992年）

周易乾坤二卦浅说

乾坤两卦在《周易》六十四卦中具有决定性意义。它们是"易之门"，"易之蕴"，它们与易共存同在，乾坤毁则易不可见，易不可见，乾坤也就近于止息。乾与坤是一个矛盾统一体，二者虽然相互转化，却永远乾尊坤卑，乾主坤配。这一反映周人世界观的思想对儒家乃至整个中国传统思想文化有深刻影响，本文拟从以下五个方面谈谈乾坤两卦的关系及相关问题。

一 乾卦卦爻取象

乾卦卦名曰"乾"，卦辞曰"元亨利贞"，含义都是健的意思，并未指明乾卦取象是什么。至孔子作《彖传》以天道发明乾义，说"大哉乾元，万物资始，乃统天"，"大象"说"天行健，君子以自强不息"，才指明乾卦取象天。卦取象天，卦名不曰天而曰乾，这是因为卦名反映卦之性，卦之义，不反映卦之象。乾之取象是天，但是乾不就是天。天是指天的形体而言，乾是就天的性质而言。卦名为什么不反映卦之象？因为卦之取象是手段不是目的，目的在反映卦之性，卦之义。乾卦之乾就是健，健是乾卦的性质和意义所在。天具有健的性质，是健之象，但不是健本身。所以乾卦取象天而卦名曰乾。乾与健是一回事，天有健的性质，所以乾可以取象天。但是具有健的性质的不止于天，还有别的，所以乾也可以为父为君为马等等，那么为什么乾卦取象天而不取象别的？因为天是具有健的性质诸事物中最大的一个，举天就什么都该括了。更重要的是天是万物之所以始，地是万物之所以生，乾坤创生诸卦反映天地生成万物。要说明这个问题，乾必须取象天，坤必须取象地，乾卦取天为象而不取象任何别的也具有健性质的事物，还有一个重要的原因，乾由六个阳爻构成，纯阳至健，永恒的健，广泛的健，运行不息的健，这种健只有天能够当之，父、君、马等等都当不了。

乾卦卦辞取天为象，而乾之六爻取龙为象。卦与爻取象不同，是六十四卦的通例，绝大多数卦都如此。这是由卦与爻特点不同决定的。卦与爻的不同，王弼说得分明："卦者时也，爻者适时之变者也。"卦代表一个时代，只要未出这个时代，就具有这个时代的性质和特点，乾的时代，性质是健，只要还属于乾卦，它就具有健的性质。从这个意义上说，卦表现为静态，相对地不变，六爻自下而上构成一卦，各代表一个时代中的一个发展阶段，六个发展阶段连结起来构成一个完整的发展过程，六爻就象一个发展过程的六个环节或六个点。所以爻表现为动态，处在不停的变化之中。一个从整体上表现为静态，一个从部分上表现为动态，取象自然不宜相同。卦是静态的，故取一个象即可；爻是动态的，故往往取象很多。即便六爻取同一象，这一象也必须能够反映动态，乾卦取象天，天能反映出健的特点。天指太阳。《礼记·郊特牲》说："大报天而主日。"《汉书·魏相传》说："天地变化必由阴阳，阴阳之分日以为纪。"就是证明。太阳运动（实际上是地球运动，太阳相对不动）而造成寒暑变化，四时交替。太阳、寒暑、四时，永不停地运动变化，最具有乾健的特点，因此《易》作者用天来象乾卦，并且卦辞用"元亨利贞"四字表述乾健。"元亨利贞"可以代表春夏秋冬，代表天的运动，亦即代表乾健。但是，天的运动，寒暑的变化，四时的交替，是从整体上象乾健的。无论是寒是暑，是春秋是夏冬，都只是象健。健本身还有变化，还有升降行藏，要表达这个变化，天就无能为力了。如果六爻还取天为象，便无法表达乾健本身之动来。乾六爻通过天地之气和君子之道的升降行藏表现乾健之动。那么爻取什么象为好呢？龙是人们想象中能潜能飞的阳物，而且变化多端，神灵莫测，故乾六爻取龙为象。天能表现乾健，龙不但能表现乾健，而且能表现变化中的乾健。

乾卦取天象，而乾之六爻取龙象，这与《说卦传》乾为天，震为龙的说法不合。卦爻取象与《说卦传》不合的情况在六十四卦中还有很多，历来令人困惑不解。其实魏人王弼早就讲明白了，他说："义苟应健，何必乾乃为马；义苟合顺，何必坤乃为牛。"只要能把乾健、坤顺的意义表达出来，取什么象是灵活的，不可拘泥。《说卦传》说什么卦象什么东西，也只是举例，不是绝对的。

卦代表一个时代，爻代表一个时代中的一个阶段。卦是相对地不变的，静态的；爻是变化的，动态的。乾卦这个时代具有健即元亨利贞的特点，所以取象天。乾六爻需从不断变化的动态中反映健的特点，它要有升降，有大小，有潜见，有跃飞。什么东西能如此呢？马不能，天更不能。能够如此的只有龙。

二 "乾元亨利贞"与"坤元亨利牝马之贞"

居六十四卦之首的乾坤两卦是一个矛盾统一体，一个对子。六十四卦的排列都是两卦不反即对，构成一个对子，但是只有乾坤两卦和既济未济两卦是明显的矛盾统一体，两卦之间有着清楚可见的对立统一的关系。乾坤两卦的对立统一关系更为典型。

乾坤是万物之根本，万物由乾坤之相互作用而生成。乾坤的关系像天地，像男女，像父母。《系辞传》说"乾道成男，坤道成女，乾知大始，坤作成物"，就是这个意思。乾坤之天地、男女、父母关系首先从卦辞中表现出来。乾卦辞"乾元亨利贞"，表现乾卦纯阳至健的性质。"元亨利贞"就是健。合言之是健，分而言之就是"元亨利贞"。"元亨利贞"是四个概念。古人释"元亨利贞"为春夏秋冬，很有道理。春夏秋冬是天体运行的明显标志。古人从春夏秋冬的交迭变更中看到天的运动变化，看到天，看到天行之健。孔子说："天何言哉？四时行焉！"也是把四时与天视作一回事。"元亨利贞"是春夏秋冬而不曰春夏秋冬，是因为若曰春夏秋冬，就把健的特点说死了，而"元亨利贞"四字既可以指天道之健，指自然界的春夏秋冬，也可以指人道之健，指人事上的问题，比如人的仁义礼智四德，以及其他具有乾健意义的事物。

乾卦辞"元亨利贞"四字表达天在天地合德创生化育万物过程中的主导作用以及这一过程的一般层次。元就是春，象征一岁开始，万物生发；亨就是夏，万物茂盛；利就是秋，万物成熟；贞就是冬，万物收藏。若以人的修德而论，元相当于仁，亨相当于礼，利相当于义，贞相当于智。"元亨利贞"四字是四个独立的意义，四个字合起来才有健的意义，缺一不可；缺一就不是健了，别的卦也有"元亨利贞"四字俱全的，但有增字，增字也不是健。有言"元亨利"而无"贞"的，有言"亨利贞"而不言"元"的，有只言"元亨"而不言"利贞"的，有只言"利贞"而不言"元亨"的。多一字或少一字都不浑全，不浑全便没有乾健的意义。只有纯乾至健方可以"元亨利贞"四字当之。

坤卦卦辞曰"坤元亨利牝马之贞"，也有"元亨利贞"四个字，但在贞前加上"牝马"一个定语，对贞字加以限制，意谓坤卦之"贞"与乾卦之"贞"不同，是"利牝马之贞"，不是一般的"贞"。乾卦"元亨利贞"的四德，在坤卦这里变为"元亨"与"利牝马之贞"的三层含义，而且重点显然在"利牝马之贞"而不在"元亨"。"利牝马之贞"是坤卦卦辞的关键所在。弄明白"利牝马之贞"一语的含义，坤卦的性质自明。《黑鞑事略》一书关于北方少数民族畜牧生活的记载对我们了解"利牝马之贞"一语极有启发。它说："其牡马留十分壮好者，做伊剌马种，余者多骟了，所以无不强壮也。伊剌者公马也，不曾骟，专管骒马群，不入骟马队。骟马骒马各自为群队也。又其骒马群每伊剌马一匹管骒马五六十匹。骒马出群，伊剌马必咬踢之使归。它群伊剌马逾越而来，此群伊剌马必咬踢之。"牝马要受作为马种留下未曾骟的牡马的管辖。牡马应刚健自强，牝马应柔弱顺从。牡马有牡马的贞正，牝马有牝马的贞正。坤卦与乾卦的关系犹如牝马与牡马的关系。坤卦的性质是至顺。顺什么？顺乾。坤须顺乾，所以乾卦讲"元亨"，坤卦也讲"元亨"。坤须顺乾，但不同于乾，坤要突出一个顺字，所以乾卦讲"利贞"，坤卦讲"利牝马之贞"。"利牝马之贞"，是说坤以守顺乾之正为利。

坤卦卦辞在"元亨利牝马之贞"之后是"君子有攸往，先迷后得主，利西南得朋，东北丧朋，安贞吉"。"先迷后得主"，进一步说明坤要顺乾，要"利牝马之贞"，要以乾健为主，自己为配；要以乾为先，而己居后，永远不能为乾之先。"先迷后得主"，与《老子》"不敢为天下先"的思想根本不同。"不敢为天下先"，意谓不为天下一切事物之先，绝对居后。"先迷后得主"，是说坤不可为乾之先。仅仅强调坤在对待自己与乾的关系上不得为先，没有讲一切事物在一切情况下皆居后不为先。"利西南得朋，东北丧朋"，继续强调坤必须顺于乾。"东北"是阳方，代表乾。坤对乾应当忠贞不贰，要"丧朋"，不为朋党。"西南"是阴方，代表坤。就坤对乾的效劳方式说，应当"得朋"，即竭尽全力，联合众朋，以效忠于乾。丧朋与得朋是从两个方面说明一个问题，这个问题还是"先迷后得主"，还是"利牝马之贞"，还是坤要顺乾。

《说卦传》说乾为马，坤为牛，六十四卦的实际取象并不拘泥于此，非常灵活。

龙能够表达乾健的性质,故乾六爻取龙象不取马象。马能够表达坤顺于乾的特定关系,故坤卦取马象不取牛象,牛虽温顺,但不能表达坤顺于乾的特定关系。坤只顺于乾而不顺于其他任何事物,牛对一切事物都顺。只有牝马,对别的什么都不顺,仅仅顺于牡马。在骒马群中牝马顺于伊剌马的这种现象,十分准确、恰当地表达了乾坤两卦这一对矛盾中坤顺于乾的这种特殊的关系。作《易》者取象如此之贴切,构思如此之精巧,令人不能不叹服。

三　“万物资始,乃统天”与“万物资生,乃顺承天”

坤顺承乾,乾坤合德的关系,孔子在《彖传》中又进一步加以说明。乾《彖传》说:"大哉乾元,万物资始,乃统天。"坤《彖传》说:"至哉坤元,万物资生,乃顺承天。"这两段话句式相同,只是几个字不同却是相对应的。这就说明二者有一定的关系。前者言"大",后者言"至";前者言"始",后者言"生";前者言"统天",后者言"顺承天"。前后有密切关系。"大"与"至"不同,然而有"大"才有"至";"始"与"生"不同,然而有"始"才有"生";"统天"与"顺承天"不同,然而有"统天"才有"顺承天"。

"乾元"是什么?"乾元"是一个意思,不是两个意思。"乾元"是乾之元,不是乾与元。乾之元,就是"元亨利贞"的"元"。说乾之元而不单说元,是强调它是乾之元,不是坤之元。只有乾之元才称得起"大哉"的赞誉。元训始训大。"乾元",实际上也包括"亨利贞"在内,与"乾道"是一回事。这里讲"大哉乾元"而不讲"大哉乾道",是由于强调的重点不同。讲"乾道",强调创生化育万物的全过程;讲"乾元",强调创生化育的本始,由元开始,而亨而利而贞,然后开始新的元。万物的创生化育由"乾元"开始,它不受制于也不需要受制于什么别的力量,它有完全独立的刚健性格,它为首为大,所以用"大哉"赞誉它。坤元曰"至哉"而不曰"大哉","至"与"大"是有区别的。坤是效法乾的,坤效法乾至乾之大而后已;乾是自大,坤是效法乾之大而后至于大。故乾元曰大而坤元曰至。

乾《彖传》曰"万物资始"而坤《彖传》曰"万物资生"。乾坤合德,共生万物,在生成万物的问题上,乾坤不可或缺,何以乾曰"资始",坤曰"资生"?始与生有何区别?这很像人之生于父母,从父亲那里得到气质,奠定生命的基础,从母亲那里得到形体,实现生命的诞生。"万物资始",万物自乾那里得到生命的气质,资之以始;"万物资生",万物自坤那里得到生命的形体,资之以生。"资始""资生"都重要,有始无生或有生无始都不能生成万物,但是比较而言,"资始"是主动的,"资生"是被动的;"资始"是主,"资生"是配;有乾之始,方有坤之生。

乾《彖传》曰"乃统天",坤《彖传》曰"乃顺承天",更是点睛之笔,很能说明问题。"乃统天",是说"乾元""乃统天"。乾有"元亨利贞"四德,而"乾元"把"元亨利贞"四德亦即乾之道都统摄,都该贯包括了。"乃顺承天",坤的性质是顺承乾。它告诉我们,在乾坤合德创生化育的过程中,坤须顺承乾,乾始万物,坤则生万物;乾亦须有坤来顺承，有坤生万物，乾始万物方能实现。但是乾坤并不平等，乾为主而坤为配，坤只是在顺承乾之始万物而生万物的时候，自己的行为才有意义。

总而言之，在创生化育万物的过程中，乾坤的关系是乾主坤配，乾唱坤和，乾动坤静。坤的活动是在乾的影响下进行的。乾给万物以始，坤才给万物以生。乾之元是伟大的，坤之元才是至大的。有了乾之大，坤才跟着也大。坤是至柔至顺的，坤不能如同乾那样独自运行不已，坤的行为受制于乾，也必须受制于乾。

四　乾卦爻辞与坤卦爻辞

乾坤两卦的主配、唱和、动静关系在爻辞中也有反映。乾卦爻辞与卦辞，意向是一致的。六爻取一条龙的潜、见、跃、飞、亢等变化之象揭示乾健的运动。乾健是天体有规律地运转，永不停息。它是自动的，没有主宰，什么力量都不能阻止它，改变它。不过，六爻爻辞也把乾健描绘为一个有始有终的发展过程。乾健不是一开始就强大，也不是永远保持乾健的性质不发生质变。"初九潜龙勿用"，阳气将萌而未萌的时候，犹如龙尚在潜伏中，不能动也不宜动。发展到上九，变为"亢龙有悔"，龙已亢，阳已过，到了应当止进而退的时候，继续前进，乾健便要走向反面，故有悔。卦发展到上，无论好事坏事都已达到积微而盛，穷极将变的程度，好事将变坏，坏事将变好，但是主观努力并非没有意义。"亢龙有悔"，亢是上九的客观境遇，悔是上九的主观修养。关键在悔字上，唯其能悔，方能识时通变，使乾道不至于以亢终。

坤卦六爻爻辞不像乾卦那样六爻取一象，而是六爻取六个象，但是六爻表达的思想是连贯的，统一的，与卦辞也保持一致。这一点与乾卦情况相同。初与上两爻讲坤顺的始凝和阴极的状态，这一点与乾卦的情况也相似。乾坤两卦爻辞的不同主要表现在两方面，一是《周易》扶阳抑阴，虽然乾坤合德，共生万物，但是在乾卦采取扶阳的态度，在坤卦采取抑阴的态度。二是乾卦爻辞表达乾健——自我表现，自我变化的过程，坤卦则表达坤如何顺乾的发展过程。

先说第一方面。"初六履霜坚冰至"，既已履霜，阴气已开始凝聚，发展下去必然导致坚冰。它的意义是说，阴始生于下，其端甚微，而其势必盛。按《周易》作者的观点，乾阳始生是好的，坤阴始生是不好的。引申一步，它告诫人们见微以知著，防渐而杜微。阴能消阳，柔能败刚，小人能剥君子，全有一个由始甚微而渐盛的过程。君子对于它们要懑之于小，慎之于微，善于在它们势力还很微弱的时候就识破它们，及早防范、消弭。这一观点与乾坤合德共生万物的思想是矛盾的。乾坤是万物之根本，是易之门，易之缊，哪一个都是重要的，缺不得的。可是在这里又说"履霜坚冰至"不好，要人防范。不仅乾坤两卦如此，全部六十四卦都有这一问题，既强调分阴分阳，迭用柔刚，才能形成卦之体，却又扶阳抑阴，指阳为君子，指阴为小人。

坤"上六龙战于野其血玄黄"，坤顺乾之德至上六发展到极盛地步，顺转为逆，坤顺乾变为坤敌乾甚乃与乾战。不言阴与阳战而曰"龙战于野"，是故意不承认阴敌阳这个现实，把阴与阳战或坤与乾战的现实用"龙战于野"的另一种说法表达出来。让人看来仿佛不是阴逼阳、坤敌乾造成的战事，倒是阳主动出击到外面来与阴战。"龙战于野"与《春秋》"天王狩于河阳"属于同一书法。"野"是郊之外。言"野"，说明战于国之外，非战于国之中，掩饰阴逼于阳的事实。言"龙"战，意在强调是阳与阴战，不是阴与阳战，因为阴与阳战，不可言。可见《周易》认为阴不可与阳敌，阴与阳敌是不能说出口的丑事。"其血玄黄"，重点在"玄黄"而不在"血"。天为玄，地为黄。"玄黄"合言乃天地混杂，乾坤莫辨之意。天地混杂，乾坤莫辨，在古人的思想中是最糟不过的事情。"龙战于野，其血玄黄"是"履霜坚冰至"，坤道盛极而穷的结果。

再谈第二方面。乾健的发展过程是自我表现，自我变化的过程。坤卦自初至上也是一个发展过程。但坤的本质是顺，坤顺乾，阴顺阳，坤六爻实际上是一个坤顺乾，阴顺阳的发展过程。坤卦的每一爻都反映它顺乾、顺阳的发展程度。初与上不计，六二"直方大"，已具备了阴柔中正的全部坤德；六三"含章"，含晦不露，随时准备为乾效劳而不居功；六四"括囊"，坤顺发展到相当的程度，以至于晦藏缄默；六五"黄裳"，坤顺之道日臻完美，居高位却能固守柔顺之德。

坤六二"直方大，不习无不利"。这一爻是坤卦六爻中最能反映坤卦本质特点的一爻。乾卦卦主是九五，因为九五有天之象，居君之位，又刚健中正具备，乾之道在此显现出来。坤卦的卦主不是六五而是六二，因为坤卦以六二为最纯粹。六五虽在尊位，却是阴居阳，中而不正。六四以阴居阴，正而不中。六三以阴居阳，不中又不正。只有六二柔顺中正四者具备，而且居臣之位，有地之象。"直方大，不习无不利"极简炼准确地表达了坤卦的本质特点。这可从两方面理解。第一，"直方大"三字，方是坤之德，与乾之德圆相对应。乾动而圆，坤效之以静以方。坤至静而德方。直与大二字，据《系辞传》说乾"其动也直"，乾《象传》说"大哉乾元"，知是乾之德，不是坤之德。不是坤之德，为什么坤主爻六二把直大与方连起来说？这是因为坤是乾之配，坤以乾之德为己德，或者说，坤是效法乾的。乾体圆，坤则效之以方；乾性直，坤亦未尝不直；乾无疆，则坤德合无疆，与乾并其大。就事理上说，大凡方的东西必先直，不直何以成方！而其趋势总以大为极。犹如几何学上所谓线面体的关系，无直线不可成面，无面不可成体，无体何以言大！这里充分地反映出坤的特点：坤效法乾，顺承乾，绝不独特表现自己，总是在乾的影响下活动。坤虽然至静，但是一旦乾的影响施加到它的身上，它就要顺之动，而动机一发即不可遏止屈挠，于是坤便也有了直的特点。乾之动机施于坤，坤便能陶冶万物，使各定形。因此可以说，坤柔中有刚，静中有动，唯其如此，坤才能"直方大"。第二，"不习无不利"，"不习"谓坤之道因任自然，莫之为而为，一切顺从乾德而行，其间并无自己的增加造设。这样做，对于坤自身来说，无任何不利。这大概就是《系辞传》"坤以简能"的意思。"不习无不利"不仅是六二一爻的特点，也是整个坤卦的特点。"不习无不利"的根据是"直方大"的特点决定坤法乾之德，效乾之行，决定坤"不习无不利"。

其余六三"含章可贞，或从王事，无成有终"，六四"括囊无咎无誉"，六五"黄裳元吉"三条爻辞也都反映坤法乾之德,效乾之行,即"不习无不利"的特点。"含章可贞",含晦章美,常久贞守,不使外露。这是守静。但六三以阴居阳,又有动的一面,它"含章可贞"并非永远无所作为,它要"或从王事"。"王"指乾。"从",表明它顺从人家做事,不为事始,有唱乃应;更不为事主,待命而发。"无成有终",讲六三应怎样"从王事"。坤卦六爻皆为臣,它们都以乾为君,"从王事"即从乾。"从王事"要"无成有终"。"无成"是功成而不居,有美归之于君。"有终",虽然有功不居,却要尽职尽分,一丝不苟地完成自己应当做的事情。

六四"括囊无咎无誉","括囊",扎住囊口,不使囊中物出来。意谓含晦缄默,恶不为善也不为,善恶一概括而不形。恶不为则无咎,善不为则无誉。"括囊无咎无誉"的实质是谨慎,也是坤应具之品德。六五"黄裳元吉",黄是地之色,代表坤。裳与衣相对,衣在上象乾,裳在下象坤。黄与裳合言,讲的是坤之柔顺之德。"黄裳元吉",一个人处在坤的时代,虽然地位高居于五,也要保持柔顺之德,如此方可得大吉。

乾坤两卦是一个矛盾统一体,故宜两卦合看。两卦的关系,合谐统一的一面是主要的。这主要的一面就是坤顺乾,乾主坤配,乾唱坤和,乾动坤静。这在坤卦爻辞中表现得十分清楚。

五　"用九"与"用六"

乾坤二卦与别的卦不同,六爻之后多出一个"用九"或"用六"。乾"用九"是说六个阳爻皆用九,不用七。坤"用六"是说六个阴爻皆用六,不用八。七、八、九、六四个数来自于筮。卦由筮求得。求卦的实质是确定自初至上六爻孰为阴孰为阳。根据筮法,行筮时使用49根蓍草,经过四营三变得出或七或八或九或六一个数。九、七是奇数,属阳,得九或得七就画个阳爻。六、八是偶数,属阴,得六或得八就画个阴爻。如此进行六次,便画出六爻而成一卦。七、八、九、六四个数有阴阳之分,又有变爻不变爻之分。九和七都是阳爻,但九是变爻,七是不变爻。六和八都是阴爻,但六是变爻,八是不变爻。在成卦的问题上,变爻九、六与不变爻七、八是一样的。但在占的问题上二者就不同了。成卦之后,《周易》占变爻,不占不变爻。占变爻就是根据变爻占,不根据不变爻占。比如乾卦六个阳爻,其中有几个九几个七不一定。《周易》根据卦中有没有九,有几个九来占,而不根据七。因为九是变爻,七是不变爻。

变爻的意义是,虽然是个阳爻,但将变成阴爻;虽然是个阴爻,但将变成阳爻。为什么九、六是变爻,七、八是不变爻?此与古人的数学观念有关。古人认为自然数的变化过程是质量互变的过程。阳数性进,阴数性退。在七、八、九、六四个数中,九为阳数之老,它已不能再进,故称老阳;六为阴数之老,它已不能再退,故称老阴。老的东西必发生质变。九已老,无处可进乃退,退则转入阴的轨道,所以退而变为八,而不变为七。退而变为八,于是阳转为阴,是为质变。六已老,无处可退乃进,进而转入阳的轨道,所以进而变为七,而不变为八。进而变为七,于是阴转阳,这也是质变。

九六因为将发生质变,所以是变爻。在七、八、九、六四个数中,七未老,它还有进的余地,故称少阳;八未老,它还有退的余地,故称少阴。未老的东西不能发生质变。七未老,有处可进乃进,进而为九,九还是阳。八未老,有处可退乃退,退而为六,六还是阴。七、八因为是量变,所以是不变爻。

知道九、六是变爻七、八是不变爻和《周易》占变爻不占不变爻,乾"用九"的意义就容易明白了。乾卦筮得的六个阳爻,在全是九没有七的情况下,九将变为八,等于乾卦将变为坤卦。但是,它是坤卦却不同于坤卦,是乾卦却又要变为坤卦。这时既不占乾卦卦辞,也不占坤卦卦辞,作《易》者在乾六爻之后加上个"用九",表示这一乾卦六爻全是九而没有七,系之以"见群龙无首"一句辞。这句辞有乾的性质又有坤的性质。朱熹说:"六爻皆变,刚而能柔。"是说得对的。意谓乾卦六爻皆变时,乾之中有坤,坤之中有乾,但本质上是乾不是坤。个中体现了《周易》乾统坤,坤顺乾,乾坤融洽合和的思想。

"见群龙",是说乾之刚健;"见群龙无首",是说坤之柔顺。以刚健为体,柔顺为用,刚健而能柔顺,是最理想的状态,故能获吉。程颐释"无首"为无自为首,资质刚健的英雄人物勿自为天下人之首,而令天下人拥我为首,是有道理的。"群龙无首"与今语之"群龙无首"含义不同。

坤卦"用六"的情况与乾卦"用九"相同。"用九"是乾卦六个阳爻都是九而无七,"用六"是坤卦六个阴爻都是六而无八。六是变爻,六个六皆变为七,即全变为阳爻,全卦便由坤而之乾了。坤虽变为乾,坤性依然在;坤性虽还在,却已有乾的影响。坤与乾的地位不同,乾"用九"辞可尽量容纳坤柔的色彩,坤"用六"辞却必须特别注意固守自己坤顺的本分。用六"利永贞",意谓阴柔不能固守而变为阳,变为阳却不是阳,则利在"永贞"。乾的本质特点是刚健而统天,坤的本质特点是阴柔而顺乾,故乾讲"元亨利贞",坤讲"元亨利牝马之贞"。乾"元亨利贞"四德皆重,坤则重在"贞"。坤的本分顺乾,故乾"元亨",坤也"元亨",但坤更重要的是守自己的本分,永远以乾为主,己为配。坤"用六利永贞",是告诫坤在六爻皆变,即将变为乾的时候,尤其要注意永远固守顺乾的性质,勿忘自己还是坤。从"用九"、"用六"两名辞,看得出《周易》乾尊坤卑,乾健坤顺,乾主坤配的关系是不变的。

六十四卦全有六爻皆变的时候,而独乾坤两卦"用九"、"用六",直接的原因是其他六十二卦不是纯阳纯阴,阴阳驳杂不纯,不可云"用九"、"用六";根本的原因是乾坤二卦是其他各卦的根本,是万物之祖宗,它们的关系如何最为要紧,而"用九"、"用六"两条辞从爻辞和卦辞两个方面深刻揭示了乾坤二卦的关系。

以上从五个角度阐发乾坤二卦的关系,看出《周易》乾坤二卦是一个矛盾统一体,其他六十二卦的任何相邻两卦虽然也都是矛盾统一体,但是都没有它们这样典型,这样相成相须,这样不可分割。对立统一的规律,全世界的古代哲学家和哲学著作几乎没有例外地都认识到了,而中国《周易》由乾坤二卦表现出来的对立统一规律却有自己的独特之处,那就是,阴阳必须相济,但阳淑阴慝;乾坤永远合德,然而乾尊坤卑,乾健坤顺。

（原刊《孔子与儒学研究》,吉林教育出版社1993年）

咸恒渐归妹四卦浅解

《周易》咸恒渐归妹四卦取象夫妇情义和男女婚嫁表达义理。咸恒两卦借夫妇情义讲事物相感应和恒久的道理。渐卦通过男子婚娶必具"六礼"说明事物渐进的规律。归妹言女子不备"六礼"而嫁，所取义恰是渐的反面。以下依次说解。

咸

䷞ 艮下兑上。

咸，亨利贞，取女吉。

彖曰：咸，感也。柔上而刚下，二气相感以相与，止而说，男下女，是以亨利贞，取女吉也。天地感而万物化生，圣人感人心而天下和平。观其所感，而天地万物之情可见矣。

【说解】 《周易》将咸恒二卦列下经之首，用意颇深。据《序卦传》"有天地然后有万物，有万物然后有男女，有男女然后有夫妇，有夫妇然后有父子，有父子然后有君臣，有君臣然后有上下，有上下然后礼义有所错"的说法，知《周易》作者已经认识到人类之文明社会开始于一夫一妻的个体婚制确立之后，故乾坤列全经之首，而咸恒列下经之首。

"咸，感也"，咸即感。阴阳刚柔交相感应。依《东坡易传》之卦变说，"柔上而刚下"之"柔上"，指上体本为乾，坤施一阴以化其一阳而成兑。"刚下"，指下体本为坤，乾施一阳以化其一阴而成艮。"二气感应以相与"郑玄注："与，犹亲也。"兑为泽，艮为山，山泽通气。内外六爻皆相应，故云"二气感应以相与"。此释卦之所以名咸。

"止而说，男下女"，释卦辞"亨利贞，取女吉"。"止而说"，艮止则诚笃，兑说则爱慕。"止而说"，有男女相爱慕而守正道之义。"男下女"，兑为少女，艮为少男，艮处兑之下，故云"男下女"。"男下女"谓男子婚取宜礼主动而行。故有"取女吉"之象。

"天地感而万物化生"以下各句指出感应是宇宙和人类社会普遍存在的现象，不仅是夫妻之间事。

象曰：山上有泽，咸。君子以虚受人。

【说解】 此乃孔子观象玩辞的体会。他告诫统治者欲令人来感我，必自己"以虚受人"，即心无成见，中无私主，虚其心以受人之感。

初六，咸其拇。

象曰：咸其拇，志在外也。

【说解】 咸卦辞取男女之情感为象，而六爻取人体部位为象。这是因为卦与爻相对而言，卦是静态的，表现一个一定的时代，而爻是动态的，表现一个一定时代中的六个发展阶段。男女之情感本身见不出动态，而人体自下而上各部位可以反映一个动的过程。拇，《经典释文》："茂后反。马、郑、薛云：'足大指也。'子夏作踇，荀作母。"拇属于足，足不动，拇虽动亦未可进。初六处下体之下，其感未深，故云"咸其拇"。初六与九四正应，九四在外卦，故云"志在外"。

九二，咸其腓，凶，居吉。

象曰：虽凶居吉，顺不害也。

【说解】 腓，《说文》肉部："腓，胫腨也。"段注："咸六二'咸其腓'，郑曰：'腓，膞肠也。'按诸书或言膞肠，或言腓肠，谓胫骨后之肉也。腓之言肥，似中有肠者然，故曰腓肠。"王弼注："咸道转进，离拇升腓。腓，体动躁者也。咸物以躁，凶之道也。由躁故凶，居则吉矣。处不乘刚，故可以居而获吉。"孔颖达《周易正义》引王廙云："动于腓肠，斯可行矣，故言腓体动躁也"。意谓腓有躁动的特点，务须克己求静。"顺不害也"，今六二以阴处阴，能够不躁而居，若顺此，则必不有灾害，免凶而获吉。

九三，咸其股，执其随，往吝。

象曰：咸其股，亦不处也。志在随人，所执下也。

【说解】 《说文》肉部："股与脚以膝为中。"王弼注："股之为物，随足者也。"程颐《易传》："股者在身之下，足之上，不能自由，随身而动者也。"股即大腿。足动大腿亦动，足止大腿亦止。"执其随"，执，执守不变。随，随人动止，不能自由。九三在艮体之上，所感在股，志在随足，动静一任在下之初、二。九三以阳处阳，本是阳刚之才，竟于所悦而执意随之，如此以往，必有羞吝。

九四，贞吉悔亡，憧憧往来，朋从尔思。

象曰：贞吉悔亡，未感害也。憧憧往来，未光大也。

【说解】 《周易》爻辞言"贞吉悔亡"者凡四，巽在九五，大壮、未济和本卦皆在九四。九四以阳居阴，本不为正，理当有悔。然而事在人为，若感而能正的话，则得吉而无悔。九四实际上是感于心。心主思虑。九四在上下体之间，有往来之象。思虑应当听其自然，当感自然感，当应自然应，犹如《系辞传》所云："天下何思何虑，日往则月来，月往则日来。"然而九四"憧憧往来"，往来皆系于心，切切着意而不肯放下，结果只感应了少数人，感应的面不广大。

九五，咸其脢，无悔。

象曰：咸其脢，志末也。

【说解】《经典释文》："脢，武杯反，又音每。心之上，口之下也。郑云：'背脊肉也。'《说文》同。王肃又音灰。"今当读梅，里脊肉也。九五位尊，当以至诚感天下人。但是它系二比上，所感之面狭小。它应当"咸其脢"，象里脊肉那样，与心相背，感它见不到的天下人。如此则可无悔。末，上六。九五近比上六，心中必只想感上六，所以它必须加以克服，而"咸其脢"。

上六，咸其辅颊舌。

象曰：咸其辅颊舌，滕口说也。

【说解】辅，牙车，在口中。颊，腮。本来用一口字即可，而连言辅颊舌三字，意在斥其摇唇鼓舌，工于巧辩。上六以阴柔居咸之极，且为外卦兑体之主，故不能以诚感人，玩弄口舌而已。必感而无应，其为凶咎不言可知。"滕口说"，王夫之《周易稗疏》："滕字从水，水涌出曰滕。"又："此云'滕口说'者，乃闻感即应，无所择而务口给，所谓波涛之口也。"

【结语】咸卦讲夫妇之情感以及天地万物之感。感从总体上说是好事，故卦辞言"取女吉"。然而在实际生活中每个人在具体情况下处理与人感的问题却往往偏差多，故爻辞凶咎多而吉少。

恒

䷚ 巽下震上。

恒，亨，无咎，利贞，利有攸往。

彖曰：恒，久也。刚上而柔下，雷风相与，巽而动，刚柔皆应，恒。恒亨无咎利贞，久于其道也。天地之道，恒久而不已也。利有攸往，终则有始也。日月得天而能久照，四时变化而能久成，圣人久于其道而天下化成。观其所恒，而天地万物之情可见矣。

【说解】最堪注意者有两点。一、《序卦传》："夫妇之道，不可以不久也，故受之以恒。"是知恒卦之义在于讲夫妇关系恒久的一面。二、程颐《易传》："夫所谓恒，谓可恒久之道，非守一隅而不知变也，故利有攸往。唯其有往，故能恒也。一定则不能常矣。"是知恒与变是对立统一的关系。变方能恒，恒务须变。死守一隅而不知变，谈不上恒久。

象曰：雷风恒，君子以立不易方。

【说解】《论语》孔子"三十而立"。孔颖达《周易正义》："君子立身，得其恒久之道，故不改易其方，方犹道也。"

初六，浚恒，贞凶，无攸利。

象曰：浚恒之凶，始求深也。

【说解】浚，深。初六最处卦底，故曰浚。浚恒，以深为恒。处于恒卦之始，开始就求恒，是知常而不知度势的表现，暗昧不明恒的意义，故凶。

九二，悔亡。

象曰：九二悔亡，能久中也。

【说解】因位不正而有悔，又因居中而悔亡。九二居中，又应六五之中，是处亦得中动亦得中，故能恒久。

九三，不恒其德，或承之羞，贞吝。

象曰：不恒其德，无所容也。

【说解】程颐《易传》："其德不恒，则羞辱或承之矣。或承之，谓有时而至也。贞吝，固守不恒以为恒，岂不可羞吝乎！"九三以阳处阳，处所当处，若守此不变，则为恒其德，但是它志从上六，不安于所处，是不恒之人。这种人谁也不会接受他。

九四，田无禽。

象曰：久非其位，安得禽也。

【说解】田猎无所获。喻劳而无功。原因在于九四以阳居阴，恒久地处非其位。

六五，恒其德，贞，妇人吉，夫子凶。

象曰：妇人贞吉，从一而终也。夫子制义，从妇凶也。

【说解】九二以阳居阴，六五以阴居阳，位皆不当却皆得中。九二刚中，故悔亡。六五柔中，故恒其德贞。九三位当而不中，且志从上六，有不恒其德之象，要害在于刚而不恒。六五位不当而以柔居中，有柔顺而恒之象，要害在于柔而恒。柔而恒，在妇人则为正，故吉。在丈夫则为不正，故凶。因为妇人的本分就是从一而终，而丈夫则应因时制义，不可从妇。这是儒家经典中关于妻子从丈夫，从一而终的最早记载。

上六，振恒，凶。

象曰：振恒在上，大无功也。

【说解】振，动。振恒，以动为恒。恒久不止地振动，结果必致凶。上六振动之所以致凶，正如孔颖达《周易正义》所说，"凡处于上者当守静以制动。今上六居恒之上，处动之极，以动为恒，所以凶也。"

【结语】恒卦的要义是讲夫妇关系贵在恒久的，但是也具有普遍的意义。例如天地日月，四时运行，都有个恒的问题。特别值得注意的是卦中提出了恒中有变，有变才能恒久的思想。就恒卦六爻看，无上下相应之义，唯视居上居下，得中不得中。初

六、九四居上下体之下，皆未及恒，故或贞凶或无禽。九三、上六各在上下体之上，都过于恒，故或贞吝或凶。九二与六五居中，最知恒义。九二以刚中为恒，故悔亡。六五以柔中为恒，得妇人之吉，夫子则凶。个中蕴含着男主女从的思想。

渐

☶ 艮下巽上。

渐，女归吉，利贞。

彖曰：渐之进也，女归吉也。进得位，往有功也。进以正，可以正邦也。

其位，刚得中也。止而巽，动不穷也。

【说解】《序卦传》于晋于渐都说"进也"，而《彖传》于晋说"晋，进也"，于渐说"渐之进也，女归吉也"。意谓晋与渐虽都是进，但有不同，渐之进如同女子出嫁，是个循序渐进的过程。渐卦卦辞即取女子出嫁为象。换言之，渐卦是讲女子出嫁问题的。据《仪礼·士昏礼》，古代女子出嫁必有媒妁为中介，且有纳采、问名、纳吉、纳徵、请期、亲迎六个步骤。具有这明媒正娶的六个步骤的出嫁，是个正当的渐进过程，故吉。

象曰：山上有木，渐。君子以居贤德善俗。

【说解】孔子认为观摩渐卦，君子应当知道如何把渐进的道理应用到自我修养和善化民俗上。贤字疑为衍文。德是自身修养，俗是民风民俗。君子修身化俗皆须以渐，日积月累。

初六，鸿渐于干，小子厉，有言，无咎。

象曰：小子之厉，义无咎也。

【说解】渐，卦取女归象而爻取鸿象。鸿即雁。雁群行有序，往来以时，亦切合渐进之义。干，河边。鸿飞有渐，不一下子飞远，故初六有"鸿渐于干"之象。初六居下，上无应援，处境危厉，难得安宁，犹如受小人谤言所毁。但是不要紧，"义无咎也"。义犹理、道。"义无咎"，初六理当无咎。

六二，鸿渐于磐，饮食衎衎，吉。

象曰：饮食衎衎，不素饱也。

【说解】磐，王弼注："山石之安者。"王引之《经义述闻》："按《史记·孝武纪》、《封禅书》、《汉书·郊祀志》并载武帝诏曰：'鸿渐于般。'孟康注曰：'般，水涯堆也。'其义为长。初爻渐于干。干，水涯也。二爻渐于般，般为水涯堆，则高于水涯矣。三爻渐于陆，则又高于水涯堆矣。此其次也"。又云："'般'之言泮也，陂也。其状陂陀然高出涯上，因谓之般。"王引之读磐为般，释般为水涯堆，可取。《尔雅·释诂》：

"衎, 乐也。"程颐《易传》:"所谓饮食衎衎, 谓其得志和乐, 不谓空饱饮食而已。素, 空也。"程说是。六二比初六进一步, 由水涯而进至于水涯堆, 处境安恬, 和和乐乐。

九三, 鸿渐于陆, 夫征不复, 妇孕不育, 凶, 利御寇。

象曰: 夫征不复, 离群丑也。妇孕不育, 失其道也。利用御寇, 顺相保也。

【说解】《尔雅·释地》:"高平曰陆。"夫, 九三。妇, 六四。征, 行。复, 反。九三以阳爻, 过刚而不中, 最宜守正待时, 但是九三亲比六四, 极易与之苟合。如此则夫征不复, 妇孕而不育, 即脱离群众, 本当做成的事情却做不成。唯一正确的办法是利用御寇, 即守正以防邪。

六四, 鸿渐于木, 或得其桷, 无咎。

象曰: 或得其桷, 顺以巽也。

【说解】六四乘刚, 处境不平安, 但六四得正并居巽体, 又有平安的一面, 故有渐于木而得其桷之象。桷, 树之横平之柯。鸿趾连蹼, 不宜栖于树, 若得一横平之柯而处之, 亦可平安无事, 故无咎。

九五, 鸿渐于陵, 妇三岁不孕, 终莫之胜, 吉。

象曰: 终莫之胜吉, 得所愿也。

【说解】九五尊位, 鸿渐于此, 已达最高处, 故有陵象。九五与六二正应, 但其间有九三、六四阻隔着, 使它难与六二相合, 故取象妇三岁不孕。然而九五居中又得正, 迟早要与六二会合。九三、六四终究不能胜过它, 故云终莫之胜, 吉。一个终字表明, 当渐之时, 成功务须渐致, 而不可立取。这恰是九五之心愿所在。

上九, 鸿渐于陆, 其羽可用为仪, 吉。

象曰: 其羽可用为仪, 不可乱也。

【说解】上九、九三皆居卦上, 故并称陆。上九在卦之极, 位之外, 进处高洁, 不为位累, 又与九三不同。鸿渐而至于上九, 其超然于进退之外的节操可为世人表率, 故云其羽可用为仪。鸿渐于此, 乃循序而进的必然结果, 故云不可乱。

【结语】渐卦反映了古代女子出嫁的一般情况, 对于研究古代婚姻历史有参考价值。但是渐卦的目的是取女归之象说明一个有序而渐进的道理。鸿之飞行渐渐有序, 故六爻以鸿渐为象。渐六爻以刚柔应为好。九五与六二正应, 九五象当娶之男, 六二象待嫁之女, 男当主动, 女须等待。故二爻同受六四、九三阻隔, 六二"饮食衎衎吉", 而九五却"妇三岁不孕"。

归妹

☳ 兑下震上。

归妹，征凶，无攸利。

彖曰：归妹，天地之大义也。天地不交而万物不兴，归妹，人之终始也。

说以动，所归妹也。征凶，位不当也。无攸利，柔乘刚也。

【说解】 渐卦取象女归，重点在归字上，反映古代女子嫁为人妻的婚嫁情况。归妹是渐的反卦，卦义为妹字上，反映古代女子嫁为姪娣的婚嫁情况。前者以渐进为义，后者取渐进之反义。归妹之妹为少女，少女不备六礼而嫁，正是古代婚嫁中的姪娣制度。《公羊传》庄公十九年："媵者何？诸侯娶一国，则二国往媵之，以姪娣从。姪者何？兄之子也。娣者何？弟也。诸侯一聘九女，诸侯不再娶。"又隐公七年："叔姬归于纪"。何休注："叔姬者，伯姬之媵也。至是乃归者，待年父母国也。妇人八岁备数，十五从嫡，二十承事君子。"一个女子嫁为人嫡妻，她的妹妹和姪女陪她嫁给同一个男子做庶妻，年龄不够，就在母国等待几年，然后送过去。归妹卦反映的这种姪娣制度为当时社会所认可，有合理并合礼的一面，故《彖传》说归妹是天地之大义，人道之终始。归妹卦兑下震上，少女在长男之下，所欲归者是少女。这种说以动，主乎情的姪娣之嫁，又有失礼的一面，故凶，无攸利。中间四爻位皆不当，而且皆柔乘刚。中爻不正，则阴阳失常。三五柔乘刚，则刚柔不顺，凶不可免。

象曰：泽上有雷，归妹。君子以永终知敝。

【说解】 归妹"说以动"，少女因情悦而动，这样的婚姻在古人看来缺乏道义基础，久必敝坏，难以偕老。引而申之，天下事莫不有敝之时，君子观此卦，当知有其敝，思永其终，凡事豫为之防。

初九，归妹以娣，跛能履，征吉。

象曰：归妹以娣，以恒也。跛能履，相承也。

【说解】 初九以阳刚之才居卦之下而处卑顺，又上无正应，恰似从姊而嫁的娣，品行虽然端正，然而身份毕竟是娣，决定她在家庭中的地位卑下，犹如跛者，虽能行走，却极艰难，故曰归妹以娣，跛能履。征，行动。她以娣的身份去行动，则吉，僭越妄动，必凶。

九二，眇能视，利幽人之贞。

象曰：利幽人之贞，未变常也。

【说解】 九二位不正，亦为娣象。九二处内居中，是个意志坚强的贤女子。位虽偏，却能发挥一定的作用。好像眇目之人，视虽不正，却也不废能视。不过须有一个条件，她务必象被拘禁的幽人那样，安分守志，至死不渝。

六三，归妹以须，反归以娣。

象曰：归妹以须，未当也。

【说解】 须，姊。娣，妹。六三以柔居刚，不正又无应，本是妹妹，竟想充姊嫁作嫡，结果办不到，她还是要作为妹妹从姊嫁作娣。

九四，归妹愆期，迟归有时。

象曰：愆期之志，有待而行也。

【说解】 九四不正又无应，有过时未嫁之象。但是九四以刚居柔且未及中，它过时未嫁是由于待年父母国或待得佳配，不是难嫁。与六三不同。六三既不正无应又以柔居刚且过乎中，是因难嫁而强嫁。

六五，帝乙归妹，其君之袂不如其娣之袂良，月几望，吉。

象曰：帝乙归妹，不如其娣之袂良也，其位在中，以贵行也。

【说解】 六五柔中居尊有应，有高贵女子下嫁作娣之象，故云帝乙归妹。帝乙是商纣王之父。归妹即嫁妹。袂，衣袖。君，嫡妻。帝乙的妹妹嫁作娣，她的衣袖比嫡妻的衣袖还漂亮，几乎有夺嫡之嫌了，但是即使是帝乙之妹，其娣的身份也不可高过嫡。六五正是这样，它居中有应，有自知之明，不会让自己的地位高过嫡。就像十五的月亮，几乎圆了，却未圆。如此则获吉。

上六，女承筐无实，士刲羊无血，无攸利。

象曰：上六无实，承虚筐也。

【说解】 筐实羊血是祭祀之物。割牲荐血，承筐奉藻，是古代丈夫和嫡妻做的事。姪娣没有做此事的资格。上六阴虚而无应，像一个空筐，里边没有蘋藻。说明她是姪娣不是嫡，没有与丈夫一起祭祀的资格。她既承筐无实，丈夫也就刲羊无血。她有丈夫，但妻子不是她。她为人娣，过不上完整实在的夫妻生活，她承的是虚筐。

【结语】 归妹是渐之反卦。渐中爻皆正，取象女归。归妹中爻皆不正，取象归妹。这两卦反映殷周之际婚姻事实及婚姻观念的变化。在个体婚制成为婚姻制度的主流之后，群婚制的残余作为个体婚制的补充，被长期保留下来。商代实行事实上的一夫多妻制，周代更把一夫多妻的事实从礼制上加以肯定，从而产生嫡庶制。归妹卦就是对嫡庶制的一种观念上的反映。归妹卦要说明的哲理复杂而不易把握，作《易》者未给它抽象出一个明确的概念来。我们只能说归妹所取之义与渐卦相反。但是归妹卦义又好像并不那么简单。

（原刊《周易研究》1993年第3期）

《皋陶谟》新解

今文《尚书》有《皋陶谟》无《益稷》，《益稷》是后世人从《皋陶谟》分出去的。《说文》言部云："《虞书》曰：'咎繇谟'。"《汉书》师古注、《后汉书》李贤注、《文选》李善注俱作"咎繇"。是"皋陶"古作"咎繇"，作"皋陶"乃后人所改。谟，《尔雅·释诂》："谋也。"《说文》言部："谟，议谋也。"又："谋，虑难曰谋。"《左传》襄公四年："咨难为谋。"《国语·鲁语》："咨事为谋。"《诗·皇皇者华》"周爰咨谋。"毛传："咨事之难易为谋。"《吕氏春秋·召类》："凡谋者，疑也。疑则从义断事。"《春秋繁露·五行五事》："聪作谋，谋者事也。王者聪，则闻事与臣下谋之，故事无失谋也。"是谋为有疑难不决之事与人议论谋划之意。《史记·夏本纪》："皋陶作士以理民。帝舜朝，禹、伯夷、皋陶相与语帝前。皋陶述其谋。"是知此篇主要记载皋陶、禹在帝舜面前相互讨论议谋如何治理好部落联盟以及本部落联盟以外事务的问题，此篇经文无"伯夷"司马迁言及"伯夷"，是因为他认为经文自"皋陶方祇厥叙"及"戛击鸣球"至"庶尹允谐"是史臣伯夷叙事之文。

从篇首云"曰若稽古皋陶"看，此篇与《尧典》一样，是后世追记成篇，不是当时人所作，而材料是当时传下来的。写定成篇当在周室东迁之后，出自某个大学者之手。孔子编定《尚书》从尧的事迹开始，尧之前五帝之事不取，说明孔子认为自尧以下之史料可信。

《皋陶谟》全文从内容看，确实可以划分为前后两部分。从"予思赞赞襄哉"以上，都是皋陶与禹在舜面前的对话，主要讲两个问题，一是"知人"，一是"安民"。这两点都是当时舜遇到的必须妥善解决的具有决定性的问题。自"帝曰，来禹，汝亦昌言"以下，除皋陶与禹以外，插进了帝舜的言论。主要讲"君"与"臣"应当如何各安其止，即各为所当为与不为所不当为的问题。《尚书大传》载孔子关于《尚书》"七观"的话，谓《皋陶谟》可以观治"，是有道理的。

《皋陶谟》中提出的某些思想如"在知人，在安民"，"宽而栗"等"九德"，"天工人其代之"，"天聪明自我民聪明，天明畏自我民明威"等，肯定是当时人意识形态的真实记录，并且对后世产生过深远影响。关于皋陶"方施象刑唯明"和禹"荒度土功"，"苗顽弗即工"的记载是极珍贵的史料。

曰若稽古皋陶曰："允迪厥德，谟明弼谐。"

"曰若"是发语辞，不为义。稽，考。稽古，考古。说见《尧典》解。"曰若稽古皋陶曰"，蔡沈《书集传》释云："稽古之下即记皋陶之言者，谓考古皋陶之言如此也。"
意谓考察古人皋陶如何如何说。这样解释是对的。伪孔传亦以"皋陶"属上读，但是释
"曰若稽古"为"顺考古道"则误。《尧典》"曰若稽古帝尧"，此经"曰若稽古皋陶"
一样，所考的显然是尧与皋陶这两个古人。不同的是，前者考帝尧之行事，后者考皋
陶之言语。因此前者曰"典"，后者曰"谟"。孔颖达《书正义》引郑玄注云"以皋陶下
属为句"，殊误。其实"曰若稽古某某"是古语经常用的定式，不唯《尚书》如此，其
他古籍亦不乏其例，如《白虎通·圣人篇》："曰若稽古皋陶。"孔颖达《毛诗正义》之
《周颂谱》疏引《中候摘雒戒》云："曰若稽古周公旦。"

　　《史记》引《尚书》文皆以训代经，《夏本纪》云："皋陶述其谋曰：'信其道德，
谋明辅和。'"把其（厥）字移至道（迪）上，因此有人怀疑今文《尚书》作"允厥迪
德"。皮锡瑞《今文尚书考证》据蔡邕《中鼎铭》："公允迪厥德。"《朱公叔坟前古
碑》："允迪圣矩。"《陈留范史云碑》："允迪德誉"。《张玄祠堂碑铭》："允迪懿
德。"皆以"允迪"连文，证明今古文皆作"允迪厥德"。段玉裁《古文尚书撰异》亦云：
"《夏本纪》'信道其德，谋明辅和'，即'允迪厥德，谟明弼谐'也。各本作'信其道
德'，盖误。"按，皮、段说是。

　　"允迪厥德，谟明弼谐"，允、迪、谟、弼、谐，《尔雅·释诂》释作信、道、谋、
辅、和。厥，《尔雅·释言》释作其。这些字作这样的训释，当然是对的，所以《史记》
引作："信其道德，谋明辅和。"但是这两句话的实质性意义到底是什么，仍不明白。
首先，这两句话在经文中具有总摄下文的意义，是皋陶所述之谋的总提示，下面所云
都是这两句话的具体化。所以皋陶出此语后禹接着问道："俞，如何？"意谓"你说的
很对，但是如何实现呢？"其次，须明了"允迪"与"谟明"二句之语法关系。伪孔传、
蔡传、曾运乾《尚书正读》诸书皆以为是条件复句，即前句是因，后句是果。然而自经
下文体会，既论及"允迪厥德"的内容，也言及"谟明弼谐"的内容，二句应是并列关
系。第三，迪字的训释问题，《尔雅·释诂》训道，《夏本纪》亦训道。《说文》辵部：
"迪，道也。"段注："道兼道路、引导二训。"伪孔传、蔡传并训蹈。唯独王引之《经
传释词》训用，谓"某氏《传》于诸'迪'字，或训为道，或训为蹈，皆于文义未协"。王
氏又云"迪为不用之用，又为语词之用，义相因也"。按，王说可取。依王氏义，"允迪
厥德"当释为"信用其德"。用是不用之用。引申开来，用是照办、实行的意思。德字
应取与刑相对应之义，即广义的德。"允迪厥德"出自身份为主管刑法的士皋陶之口，
格外有意义。皋陶的意思显然是说，办好部落联盟乃至全"天下"的事情，靠消极的
刑法不行，要靠"实实在在，诚诚恳恳地实行德政，发挥教化的作用"。还有厥（其）
字的问题，其是代词，代谁？伪孔传谓"其，古人也。"蔡传以为"其德"是为君者之
德，即当时在位者帝舜之德。蔡说是。

　　"允迪厥德"一语是说在位者帝舜应当如此。"谟明弼谐"一语是说辅佐帝舜的
"臣下"们应当如此。谟，谋。谟明，谋画事情要聪敏高明。弼，辅。谐，和。"臣下"们
辅佐为君者要和。和是孔子说的"君子和而不同"的和。弼谐，指"君臣"关系而言。

有人解作辅臣们团结一致，不合经义。

禹曰："俞，如何？"皋陶曰："都，慎厥身修，思永，惇叙九族，庶明励翼，迩可远在兹。"禹拜昌言曰："俞"。

禹深问如何做到"允迪厥德，谟明弼谐"，皋陶作答，禹表示赞同。俞，《夏本纪》作"然"，赞成的意思。都，《夏本纪》作"於"，张守节《正义》："於读乌，叹美之辞。""慎厥身修思永"，《经典释文》于"身修"绝句，《夏本纪》张守节《正义》以及伪孔传说同。《尔雅·释诂》慎训诚，永训长。"慎厥身修"，言（领导者）应当诚敬地对待自己的修养，即认真修治自身。"思永"，谋虑长远，非只想到眼前。蔡传说："思永，则非浅近之谋"，是对的。"惇叙九族"，作"惇叙"盖本夏侯《尚书》。《夏本纪》本欧阳《尚书》作"敦序"。惇，《尔雅·释诂》训厚。序，《鲁语下》"夕序其业"，韦昭注："序，次也。""九族"，古人说解见仁见知，但是指称与自己有较近血缘关系的人们，则是一致的。说见《尧典》"以亲九族"解。"惇叙九族"，敦厚九族亲属间的有伦次的亲密关系。意与《尧典》"以亲九族"相似而语意有所加重。以上"慎厥身修，思永，惇叙九族"，是说领导者首先要解决自身的问题，其次是谋虑要深远而不可目光短浅的问题，然后是处理好九族关系的问题。做到这些，便可以达到"庶明励翼，迩可远在兹"的效果。

庶，《尔雅·释诂》训众。明，孔颖达《尚书正义》引郑玄、王肃注训作贤明之人。励翼，郑玄励作厉，据《尔雅·释诂》训厉为作，又释翼为"羽翼之臣"，释全句为"以众贤明作羽翼之臣"，不可从。孔颖达《尚书正义》引王肃云："以众贤明为砥砺，为羽翼。"亦不可从。励，《说文》作勘（励），力部云："勉力也。"《释名》："励，劝也。"《左传》哀公十一年："宗子阳与闾丘明相厉也。"杜注："相劝厉。"厉通作励。《广韵》："劝勉也。"《后汉书·祭肜传》："玺书勉励。"是励或作勘或作厉，都是劝勉自强的意思。翼，《尔雅·释诂》："翼，敬也。"《诗·小雅·六月》"有严有翼"毛传："翼，敬也。"敬，《释名》："警也，恒自肃警也。"《玉篇》："恭也，慎也。"由此看来"励翼"是两个自动词，不及物。是说众贤明之人劝勉努力，谨谨慎慎，规规矩矩。伪孔传解翼为"翼戴上命"，俞樾《群经平议》释翼为助，谓"庶民勉厉以助上也"，都是增字解经，不足取。但是俞樾说"九族，举至近者；庶明，举至远者，故曰'迩可远在兹'。《论语》曰'君子笃于亲则民兴于仁'，此所以'惇叙九族，庶明励翼'也。"却极有见地（其释庶明为众民，不足取）。处理好九族的关系问题，从而使众贤者努力工作，老实服从，由解决近的问题达到解决远的问题，就在于此。

"禹拜昌言"，《荀子·大略篇》："平衡曰拜。"王先谦《荀子集解》："平衡谓磐折，头与腰如衡之平。"引郝懿行云："拜者必跪，拜手，头至手也，不至地，故曰平衡。"是拜的动作第一要跪下，第二要手平伸而头低至手上。古文《尚书》作"昌言"，今文《尚书》昌作党或作说。但是，今文《尚书》中的夏侯本子作党或作说，而欧阳本子则与古文《尚书》一样作昌。在汉代，作昌作党，音同义同，党与说亦通用。《说文》

日部："昌，美言也。"《字林》："说言，美言也。"《声类》："说言，善言也。"《夏本纪》引径作"美言'。俞，《夏本纪》作"然"，表示赞同的意思。全句是说，禹恭恭敬敬地接受了皋陶讲的"美言"，说了一声"是的"。

总之，皋陶这几句话，意思是这样的：作领导者的人，要诚敬认真地修治自身，要深谋远虑，不可只顾一时，还要处理好九族亲属间有伦次的亲密关系。由自身而九族，由近而及远，影响之下，众贤明之人必能劝勉努力，谨慎规矩。

> 皋陶曰："都，在知人，在安民。"禹曰："吁，咸若时，惟帝其难之。知人则哲，能官人。安民则惠，黎民怀之。能哲而惠，何忧乎欢兜，何迁乎有苗，何畏乎巧言令色孔壬！"

篇首"允迪厥德，谟明弼谐"是皋陶之谟提纲挈领的两句，意谓为"君"的要运用、发挥他的德政、德教，为"臣"的要谋略高明，与"君"协调，和而不同。以下"慎厥身修"诸句是实现那两点的具体要求。但是显然不够，所以皋陶又提出知人、安民的问题。知人、安民是皋陶所论的主要之点，禹提出诘难，并非政见不同，是为了通过辩论使认识更加深入。

"皋陶曰，都，在知人，在安民"，都字《夏本纪》作"於"，音乌，叹美之词。说见前。两个"在"字承接上文而来，即做到"慎厥身修，思永，惇叙九族，庶明励翼，迩可远在兹"，在于知人，在于安民。人与民两字对言，意义是有区别的。人指上层人物，在后世阶级社会指统治阶级里的人，在原始社会则指氏族、部落、部落联盟的领导人物。民指普通的劳动者，即经文"庶明励翼"的"庶明"。关于人、民的区别，说见《尧典》"敬授人时"解。"知人"是为"君"者对官员的了解，不是一般的知人。知人才能善任，所以知人极难也极重要。《汉书·薛宣传》谷永上疏云："帝王之德莫大于知人。知人则百僚任职，天工不旷，众职修理，奸轨绝息。"说的正是皋陶所说"在知人"的意思。只是皋陶的"知人"指部落联盟酋长而言，不是后世的帝王。然而"知人"的意义是一致的。"安民"，使民得安。《尔雅·释诂》"安，定也。"《说文》、《方言》并云："安，静也。"桂馥《说文解字义证》："静也者，当为靖。"《释诂》又云："安，止也。"郝懿行《尔雅义疏·释诂下》："安者，《说文》云'静也'，与止义近。下文云（指《尔雅·释诂》）'定也'，定又训止。"郝氏又云："今人施物于器曰安，亦取其止而不动矣。"《战国策·秦策》云："而安其兵。"高诱注："安，止也。"《释名》："安，晏也。晏晏然和喜无动惧也。"据此可知，"安民"是使民晏然安静，和乐无有危惧。经上文言"庶明励翼"就是民安的写照。这当然是领导者"允迪厥德"而不是强暴压抑的结果。

"禹曰：'吁，咸若时，惟帝其难之'。"吁，《说文》口部："惊也。"《尧典》"帝曰吁，嚚讼可乎？"孔传云："吁，疑怪之辞。"禹对皋陶以上言论感到震惊，故发出惊叹之词。"咸若时"，《夏本纪》作"皆若是"。《尔雅·释诂》："咸，皆也"，"时，是也"。史公据《尔雅》，以诂训代经文。若，《说文》草部若字段注："又假借为如也。""咸若时"，(事情) 都如此，即像你说的那样，知人、安民都做到，则"惟帝其难之"。惟，王引之《经义述闻》卷三："发语词也。《书·皋陶谟》曰'惟帝其难之'是也。"又云："字或作唯，或作维。家大人曰'亦作虽'。"帝指帝尧。《左传》文公十八年鲁大史克言尧时有十六族，世济其美，"而尧不能举"；有三族，世济其凶，"而尧不能去"。《论语·雍也》记孔子说博施济众，"尧舜其犹病诸"，说明尧舜也有难以做到的事情。尧实际上就有当举未举、当去未去的失误，没做到皋陶讲的"知人"。其，尚且。"惟帝其难之"，尧尚且难做到它。意思是说，知人、安民是做不到的。

　　"知人则哲，能官人。安人则惠，黎民怀之"。禹进一步论说知人、安民之难能。蔡传说："知人，智之事也。安民，仁之事也。"是说得对的。智与仁兼举，则既哲且惠，能官人，又能令黎民怀之。《广雅》："则，即也。"《尔雅·释言》："哲，智也。"《汉书·五行志》引作悊，师古注："悊，智也。能知其材，则能官之，所以为智也，"《夏本纪》哲径作智。《说文》叀部："惠，仁也。"《广雅》同。《尔雅·释诂》："惠，爱也。"《诗·大雅·民劳》"惠此中国"，《大雅·瞻仰》"则不我惠"，郑笺并云："惠，爱也。"贾谊《新书·道术篇》："心存恤人谓之惠。"是惠谓对民存仁爱体恤之心。黎民，普通的氏族成员，普通的劳动者，说见《尧典》解。《尔雅·释诂》："怀，思也。"又云："怀，止也"。郝懿行《尔雅义疏》："怀者思之止也，怀训思而尤甚于思。"这两句话是说，知人就哲，能任用好人不任用坏人；安民就惠，普通的民众就想安止于此而不离去。

　　"何忧乎欢兜，何迁乎有苗，何畏乎巧言令色孔壬"。尧时有所谓"四凶"，欢兜、共工、鲧三凶曾被委任以部落联盟的重要职务，后来都出了大问题，结果共工被流于幽州，欢兜被放于崇山，鲧被殛于羽山。有苗 (三苗) 是居于南方的非华夏族，即所谓蛮夷，因为长期不服中原华夏部落联盟的领导而被迁往西方的三危。四凶，禹在这里只言及三凶，未提鲧。据《夏本纪》之《集解》引郑玄注说，是"禹为父隐，故言不及鲧也。"孔颖达《尚书正义》以为此语是马融说的，未知孰是。禹也未明言共工，伪孔传说"巧言"就是"静言庸违"，"令色"就是"象恭滔天"。据《尧典》，这正是共工的表现。《论语·学而》"巧言令色鲜矣仁"，包咸注云："巧言，好其言语；令色，善其颜色。皆欲令人说之，少能有仁也。"孔，《尔雅·释言》云："甚也。"壬，《尔雅·释诂》云："佞也。"又，《春秋》经庄公十七年："秋，郑詹自齐逃来。"《公羊传》解释说："何以书? 书甚佞也。"是知"孔壬"即"甚佞"，"甚佞"就是大奸。禹不明言"共工"，而说"巧言令色孔壬"，点出他外表言好色善，内里却包藏祸心的特点，目的显然是为了有力地证明"知人"之难。如果尧做到了"知人"，坏人不用，则欢兜何须忧，共工何须畏! 如果尧做到了"安民"，天下之人无不怀之，有苗何须迁! 禹之诘难如此锋利，不容皋陶不向问题的深层讲开去。

　　皋陶曰："都，亦行有九德。亦言其人有德，乃言曰，载采采。"禹曰："何?"皋陶曰："宽而栗，柔而立，愿而恭，乱而敬，扰而毅，直而温，简而廉，刚而塞，强而义。彰厥有常，吉哉。"

经文自此至"抚于五辰，庶绩其凝"，专论如何知人的问题。这里皋陶提出"九德"作为选择"官员"的标准。在部落联盟或各部落担任各项职务的人应当具有这"九德"。同时提出了从某人之行事验证某人是否具有"九德"的知人方法。《论衡·答佞篇》云："唯圣贤之人，以九德检其行，以事效考其言。行不合于九德，言不验于事效，人非贤则佞矣。"恰是皋陶之意。

都，《夏本纪》作"然，於。"於即都，音乌，叹美之辞。然，乃史公据语意所加。"然，於"，皋陶对禹的诘难表示理解和赞赏。亦，语助词，无义，相当于"惟"或"唯"。蔡传"亦"训"总"，未知何所据，今不取。顾野王《玉篇》据《说文》亦部释"亦"为人之臂，手部释"掖"为人之臂下，以及《诗·陈风·衡门》小序"以诱掖其君"郑笺："掖，扶持也。"而解"亦行有九德"为"人掖扶其行有九德。"迂曲之至，其艰涩难通胜过经文，今亦不取。"亦行有九德"，义甚明了，曾运乾《尚书正读》谓"言人之行有九德"，极是。下文"亦言其人有德"，《夏本纪》引无"人"字。今各本皆有"人"字。段玉裁《古文尚书撰异》考证，唐石经有"人"字，后来覆定石经时删去人字。今注疏本有人字，乃据别本而来。《夏本纪》引无人字，是今文《尚书》本无人字。今按，有人字于经义为顺。亦字，语助词，无义。"言其人有德"，谓说此人有德。言外之意，若荐举一个人，不可仅说他可以胜任，还要说他有德。若无德，则不可荐举。何以证明他有德无德呢？下文"乃言曰，载采采"，就是证明的办法。采，《尔雅·释诂》训事。采采，不止一事，许多事。载，古人训释不同。《夏本纪》训始。《诗·周颂·载见》序："载见，诸侯始见乎武王庙也。"其《诗》"载见辟王"句毛传云："载，始也。"是汉人载有始训，但是"载见辟王"之"载"在句中做副词，下有谓词"见"，训始是对的。而在此经文"载采采"句中，"载"字本身是谓词，训始则不通。伪孔传："载行采事也。称其人有德，必言其所行某事某事以为验。"曾运乾《尚书正读》："载，为也。"训行训为，在此作谓词，义通文顺，可从。"乃言曰，载采采"，意谓要说出他做的一些事情来，（以验证他确实有德。）

"禹曰：何？"禹问皋陶九德有哪些。"皋陶曰：'宽而栗'……"，皋陶列述"宽而栗"以下之九种德。"九德"的句式相同，那么，上下两字是怎样的关系呢？孔颖达《尚书正义》引郑玄注说："凡人之性有异，有其上者不必有下，有其下者不必有上，上下相协乃成其德。"孔疏云："是言上下以相对，各令以相对，兼而有之，乃为一德。"郑注、孔疏认为"九德"各德之上下两字合而为一德，是对的。但是把上下两字看成是对等的关系，则不妥。"九德"之每一德虽必须由上下两字合成，然而上一字与下一字的意义显然有别，上一字是主要的。应当说，九德主要是上面的宽、柔、愿、乱、扰、直、简、刚、强九个字。把下一字换到上面去，变成"栗而宽"等等，是绝对不可以的。再者，"九德"之每一德的上下二字也不是相反相成的对立关系。很明显，刚与柔是相反相成的对立关系，可是在"九德"中刚与柔分别与塞、立合成一德；说明刚与塞、柔与立不是相反相成的对立关系。其余七德必亦同此。曾运乾《尚书正读》

引金履祥说"九德"云："九德凡十八字，而合为九德者，上九字其资质，下九字则进修。"金氏此说极精，看到了上九字与下九字的不同。不过说上九字是资质，天赋的；下九字是进修，后天的，实为美中之不足。实际上上九字也是一个人后天修养习染而成的品德。皋陶认为担任部落联盟或部落一定的管理职务的"官员"应具有这九种品德。什么事情都有个限度，过或不及都不可。所以九种品德又各加了一定的条件限制，使不至于过火。例如宽，好；宽过了头，就变为不好。"宽而栗"，给宽加上个栗的要求，使不过于宽，才为最好。这里含有中的思想。中的思想首见于《论语·尧曰》之"允执其中"（《大禹谟》亦有"允执厥中'语，但是《大禹谟》是伪托之作，不能引以为证），记的是尧舜时事，是可信的，此经之"九德"之说是一个证明。

"宽而栗"，《夏本纪》集解引马融注："宽大而敬谨战栗也。"（据俞樾《群经平议》，今《夏本纪》集解未见引马融此语）伪孔传："性宽宏而能庄栗。"孔颖达《尚书正义》引郑玄注："宽谓度量宽宏。"三人关于宽的训解一致，宽就是度量宽大能容，不成为问题。问题在栗字，马云"敬谨战栗"，伪孔传云"庄栗'，意同，皆谓小心戒慎之意。俞樾《群经平议》说："栗与秩古通用，宽而栗犹宽而秩也。言宽大而条理秩然也。"根据是《公羊传》哀公二年"战于栗"，《经典释文》曰："栗一本作秩。"俞氏同时又引《礼记·表记》"宽而有辨"郑注："辨，别也，犹宽而栗也。"然后说："然则郑君以'宽而栗'为'宽而有辨别'，得其旨矣。"条理秩然与宽而有辨别，意义一贯。宽大过了头容易条理紊乱，是非不分，故云"宽而栗"。按俞说是。

"柔而立"伪孔传："和柔而能立事。"孔颖达《尚书正义》引郑玄："柔谓性行和柔。"柔是柔，和是和，义有不同，用"和柔"释柔，不妥。柔不含和义，柔者不必和。《说文》木部："柔，木曲直也。"段注："《洪范》'木曰曲直'，凡木曲者可直，直者可曲，曰柔。"又云："柔之引申为凡软弱之称。"是柔谓木可曲可直，引申有弱义，故《老子》常柔弱连称。《易·说卦》："乾健也，坤顺也。"《易·杂卦》："乾刚坤柔。"是柔亦有顺义。"柔和"、"柔弱"、"柔顺"都是今之常语，可是义有不同。"柔和"是柔且和之意，不但柔，而且和。"柔弱"、"柔顺"则不是柔且弱，柔且顺，因为柔就是弱，柔就是顺。柔须有个限度，就是不能柔到不立的程度。故云"柔而立"。蔡传："柔而立者，柔顺而植立也。"最为得当。孙星衍《尚书今古文注疏》："柔顺近弱而能树立"。也对。"九德"之"而"字，据《吕氏春秋·士容》"柔而坚，虚而实。"高诱注："而，能也。"皆当读为能。另外，附带说一句，常有人说道家贵柔，孔子与儒家尚刚，显然不合实际。说道家贵柔是对的，说孔子与儒家尚刚则不对。孔子与儒家所贵者中也，即中庸之道。所谓贵中，是一切依时而定，当柔则柔，当刚则刚，不拘执一偏。《周易》既讲乾之刚，也讲坤之柔。此经亦然，"九德"中有"刚而塞"，也有"柔而立"，《洪范》更有"柔克"、"刚克"之说。《尚书》、《周易》的思想为孔子与儒家一脉相承下来。

"愿而恭"，伪孔传："慤愿而恭恪。"蔡传袭用之云："谨愿而恭恪也。"《说文》心部："愿，谨也。"《广雅》："愿，慤也。"《说文》心部："慤，谨也。"是愿训谨训愿。《荀子·正名》："故其民愿，愿则易使。"《左传》襄公三十一年："愿，吾爱之，不吾叛也。"杜注："愿，谨善也。"《周礼·大司寇》"国刑上愿纠暴"郑注："愿，愨慎也。"是愿之义是谨厚戒慎，老诚不贰。这样的人，为不至于走到极端，应当能恭。伪孔传释恭为恭恪，恭据《说文》是肃的意思。段注说肃是持事振敬，贾谊《新书》谓"接遇慎容谓之恭"。《论语·子路》"居处恭，执事敬"，《季氏》"貌思恭"，"事思敬"。是恭的意思表现在容仪是恭肃，表现在做事上是诚敬。这样的恭只能助长愿的人更加愿，根本不能防止愿发展到过火程度。所以"愿而恭"的"恭"字不应当是恭恪的意思。《夏本纪》"愿而恭"作"愿而共"。共字固然可以借作恭，但是《史记》作恭敬讲的恭字皆作恭，如《尧典》，《史记》引"允恭"，"象恭"，作恭而不作共。那么《夏本纪》"愿而共"的"共"是什么意思呢？段玉裁《古文尚书撰异》谓《史记》本今文《尚书》作"愿而共"胜于古文《尚书》作"愿而恭"。段云："谨愿人多不能供办，能治人多不能敬慎，德与才互兼也。"按段说有道理。谨愿的人谨愿过了火便不能办事，不能管理。愿而能共才是完满的，即既谨愿忠厚又能办事，善于管理。谨厚过份变成呆子以至于不会办事，这等于废材，不可用。

"乱而敬"，乱繁体作亂。《尔雅·释诂》："亂，治也。"《说文》乙部："亂，治也。从乙，乙，治之也，从𤔔。"段玉裁以为文理不可通，改为"亂，不治也。从乙𤔔，乙，治之也"，并且注云："亂，本训不治，不治则欲其治，故其字从乙，乙以治之。"按，段氏说可商。证诸经典，乱训治，是也。《夏本纪》"乱而敬"径作"治而敬"。《论语·泰伯》："予有乱臣十人。"马融注："乱，治也。"郭璞注《尔雅·释诂》"乱，治也"亦引《泰伯》此句。《左传》襄公二十八年："武王有乱臣十人。"杜注："乱，治也。"是知乱训治是没有问题的。问题是乱为什么训治呢？古人有不同的解释，郝懿行《尔雅注疏》："《说文》：'𢇲，乱也。一曰治也。'是𢇲兼治乱二义，经典通以乱字代之，盖乱、𢇲声义同耳。"谓以乱代𢇲，𢇲有治义（𢇲字在《说文》言部）。朱熹《论语集注》于《泰伯》"予有乱臣十人"句下云："乱本作乿，古治字也。"金履祥《论语孟子集注考证》："乿字从爪从系从乙，取以手理丝而有条理也。后人乱字加乙，与乿相似，故遂误以乿为乱。"谓乱是乿的讹误。《尔雅·释诂》："徂存也。"郭璞注："以徂为存，犹以乱为治，以曩为曏，以故为今，此皆诂训义有反覆旁通，美恶不嫌同名。"谓训乱为治乃诂训义有反覆之常例。以上三说见仁见智，未知孰是，学者当深研之。郭说为后世人所常取。敬，《说文》苟部："敬，肃也。"聿部："肃者，持事振敬也。"段注谓"与此为转注"。心部："忠，敬也"，"愨，敬也"，"懋，敬也"，"恭，肃也"，"惰，不敬也"，义皆相足。《释名疏证补》："敬警二字古通用。"《诗·鸡鸣》序"夙夜警戒"，《经典释文》："警本作敬。"《诗·常武》郑笺："敬之言警也。"贾谊《新书》："接遇肃正谓之敬，反敬为优。"《说文》人部："優（优），饶也。"段注："引申之为优游，为优柔。"是敬有肃义，有警义，与惰义反，与优义反。由此看来这个敬字与《周易》乾九三"君子终日乾乾，夕惕若厉"意义相近，即时刻戒慎警惕，做事无些许大意。一个善治即有较强管理才能的人，极易自恃有才干而走向粗枝大叶的一端。

如果他能够保持一个敬字，便完备可用了。所以，伪孔传解"乱而敬"为"有治而能谨敬"，是对的。

"扰而毅"，扰今简化字作扰。《玉篇》引作"犪而毅。"《说文》："犪，牛柔谨也。"犪隶定作犪。《广雅》："犪，柔也，善也。"盖许慎亦以为此字训为驯、柔，当作犪（隶定为犪）。然而古书多作扰（隶定为扰）。《说文》手部："扰，烦也。"段注："烦者热头痛也，引申为烦乱之称。训驯之字，依许作犪，而古书多作扰。盖扰得训驯。犹乱得训治，徂得训存，苦得训快，皆穷则变，变则通之理也。"《周礼·天官·大宰》"以扰万民"，郑注："扰犹驯也。"又《地官·司徒》"安扰邦国"，郑注："扰亦安也。"《说文》手部扰字段注云："《周礼》郑注'扰犹驯也'，言'犹'者，字本不训驯。"毅，《左传》宣公二年："杀敌为果，致果为毅。"《皋陶谟》孔疏云："谓能致果敢杀敌之心，是为强貌也。和顺者失于不断，故顺而能决乃为德也。"按，孔说是也。驯顺对于一个管理者来说是必要的。若是过了度则失于犹豫寡断，务必补之以果决敢断的精神才算完足。

"直而温"，《说文》乚部："直，正见也。"谓目正视，这是直的本义。"直而温"的"直"当然是引申义。《广雅》："直，正也。"《周易》坤卦："直其正也。"《左传》襄公七年："正直为正，正曲为直。"《诗·小雅·小明》"正直是与"，毛传："正直为正，能正人之曲为直。"《礼记·郊特牲》"告之以直信"，郑注："直犹正也。"《说文》乚部直字段注："见之审则必能矫其枉，故曰'正曲为直'。"据古人的这些见解，正与直是有区别的。直虽训正，但是在古人的语言实践中，正指正己，直指正人。《论语·微子》记柳下惠说"直道以事人"还是"枉道以事人"的问题，讨论的是直。直是直他人之曲。《论语·颜渊》记孔子说"子帅以正，孰敢不正"和《子路》记孔子说"不能正身，如正人何"，讨论的是正。正可以用来表达正己，也可用来表达正人。但是凡直字则都是用来表达直人的。此经"直而温"的直即指正人之曲而言，非言正己也。因为正人才有个温与不温的问题，若正己，何须言温！正人之曲，敢于对上提出批评，恰是为"官"者所必当有的品德。温，《诗·小雅·小宛》："人之齐圣，饮酒温克。"毛传："齐，正；克，胜。"郑笺："中正通知之人饮酒虽醉，犹能温藉自持以胜。"郑训温为蕴藉。孔疏："蕴藉者，定本及《笺》作温字。舒瑗云：'苞裹曰蕴，谓蕴藉自持，含容之义。经中作温者，盖古字通用。"《礼记·内则》云，"子事父母"应"柔色以温之"，郑玄注亦云："温，藉也。"温与蕴通，蕴亦作蕴。《说文》艸部："蕴，积也。"《左传》隐公六年："芟夷蕴崇之。"杜注："蕴，积也。"是温字在此包含能容的意思。敢于正他人之曲的直者，发展过了火，容易失于刻薄而缺乏包容的气度。"直而温"，既能正人之曲又能大度包容。孙星衍《尚书今古文注疏》解作"梗直不挠而能温克"。释直为"梗直不挠"不算错，但不准确。温字取《小宛》"饮酒温克"之义，是极正确的。伪孔传解"直而温"的温为温和，浅甚。温字固然有温和之义，如《诗·小宛》："温温恭人。"毛传："温温，和柔貌。"《尔雅·释训》："温温，柔也。"邢疏："宽缓和柔也。"温和与蕴藉含容，意向亦一致。但是温和是表面颜色，蕴藉含容是内在修养，有能含容的修养，方可显出温和的颜色。一个敢于正人之曲的直人，只注意态度温和并不能防止他走向刻薄的极端，只有做到蕴藉含容才能使他的直保持在适当的限度上。

"简而廉"，《周易·系辞传》："坤以简能。"孔疏："简谓简省。"《诗·邶风·简兮》："简兮简兮。"毛传："简，大也。"《论语·公冶长》："吾党之小子狂简。"孔安国注："简，大也。"又《雍也》："仲弓曰：'居敬而行简，以临其民。'"孔安国注："居身敬肃，临下宽略。"刘宝楠《论语正义》："《尔雅·释诂》'简，大也'，宽大之治，有似疏略。《毛诗·匪风》传：'亨鱼烦则碎，治民烦则散。'烦与简相反。《尧典》："简而无傲。"马融注解为"简约"《皋陶谟》孔疏："简者，宽大率略之名也。"综合以上古人语意，简有简约、宽大、疏略而不烦琐之义。廉，《礼记·中庸》："简而文，温而理。"郑注："犹'简而辨，直而温'也。"说明"简而廉"之廉郑读为辨。又，《论语·阳货》："古之矜也廉。"郑注："鲁读廉为贬。"《礼记·玉藻》："立容辨卑。"郑注："辨读贬。"廉、辨声相近，并可读为贬，所以郑注读"简而廉"之廉为辨。辨，分别。

"简而廉"，谓虽简约而有分别。俞樾《群经平议》云："凡人惟过于简约而无等威，易于无别。《书》曰'简而廉'，《礼》曰'简而文'，其义一也。"按，俞说是。《左传》昭公元年"宋左师简而礼。"又为一证。廉训作辨，颇有道理。一个负有管理责任的人，为政应当宽简不烦，疏略不密，然而又容易失于礼节不讲，等别无分。"简而廉"，亦即"简而礼"，"简而文"，既简约又能保持礼文，方可为一德。伪孔传："性简大而有廉隅。"廉的本义是堂，廉即堂之边，隅的本义是堂之角。边亦训棱。廉隅即边角、棱角。《礼记·儒行》："近文章，砥砺廉隅。"《汉书·扬雄传》："不修廉隅，以徼名当世。""砥砺廉隅"与"不修廉隅"意义相反。一为修廉隅，一为不修廉隅。是廉隅犹今语之所谓框框、规矩之类。"性简大而有廉隅"，意谓虽然简约宽大，却亦能保持一定的框框、规矩，不至于简约得无所拘束。此说亦不能说完全不合经旨。又，孙星衍《尚书今古文注疏》据《释名》"廉，敛也"，《说文》广部"廉，仄也"，故释"简而廉"为"简大似放而能廉约"，似亦不悖经意。三说比较，俞说为长。

"刚而塞"，刚与柔是相反的概念。《易·杂卦传》："乾刚坤柔。"《易·说卦传》："乾健也，坤顺也。"乾卦"大象"："天行健，君子以自强不息。"是刚是强健的意思，其反义是柔，柔是柔顺的意思。伪孔传解刚为"刚断"，孔颖达《尚书正义》进一步解为"刚而能断"，用断字来界定刚，显然失于偏。如果刚是刚断，那么柔便是寡断了。可是柔的意思是弱，是顺，并非寡断。所以才补之以"立"，谓柔弱、柔顺者易于不能立。"柔而立"，柔弱、柔顺而能自立，才是完备的柔德。柔不是寡断，则刚便不应是刚断。一个人资质刚健，需要能塞。塞是什么意思？《说文》心部："塞，实也。从心。塞省声。《虞书》曰：'刚而塞。'"段玉裁《古文尚书撰异》说："作塞者壁中原文，作塞者盖孔安国以今文读之也。"是塞字《说文》训实。《夏本纪》以诂训代经文，"刚而塞"径作"刚而实"。是司马迁亦训塞为实。郑玄注《礼》、《诗》，塞字亦训实，如《中庸》"不变塞焉"，郑注："塞犹实也。"《诗·鄘风·定之方中》"秉心塞渊"，郑笺："塞，充实也。"《诗·大雅·常武》"王猷允塞"，郑笺："守信自实满。"《礼记·祭义》"而天下塞焉"，郑注："塞，充满也。"塞训实、充实、充满，"刚而塞"的意思就易解了。刚健强劲，弄得不好，容易失去内在的涵养，或者没有一定的立场，或者没有应有的原则。总之，外强而中干。所以需要"刚而塞"，外刚而能中实。蔡传解"刚而塞"为"刚健而笃实也"，是对的。王鸣盛《尚书后案》说"冀缺以阳处父'刚而不实'知其不免，刚健笃实，斯为类也"，取阳处父的实例自反义上解"刚而塞"，尤其得要领。俞樾《群经平议》说"塞当读为思"，"今文塞字之义为古文思字之义"，"思塞双声，故义得相通"，"刚而塞"者"刚而思"也。"刚断之人恐或不能审思，则失之于不当断而断者多矣。故必'刚而思'乃为德也"。俞氏此解，其误有二。一是取伪孔传释刚为刚断说；二是释塞为思，于理难通。若说思，九德之哪一德不需要思，岂止刚一德！

"强而义"，强与刚相连系，但是有所不同。刚有强义，却与柔相对应；强有刚义，却与弱相对应。刚的意思是健，而强的意思是壮大、强盛。国有强弱，人亦有强弱，然而强国强人不一定刚，弱国弱人不一定柔。刚与强的区别可以用《周易》乾卦与大壮两卦来考察。刚相当于乾，元亨利贞，自强不息；强相当于大壮，大壮利贞，非礼勿履。自强不息，务须自我充实，故言"刚而塞"。强大隆盛，容易凌人，务须自我克制，故《易》言大壮，非礼弗履，《书》言"强而义"。江声《尚书集注音疏》引《礼记·聘义》"勇敢强有力者"句释此经文"强"字，是对的。伪孔传释强为"无所屈挠"，孔疏谓"强谓性行坚强"（王氏《尚书后案》以为是孔疏引郑玄语，误），亦不违经义。义字怎么讲？王引之《经义述闻》释为善，释"强而义"为"性发强而又良善也"。王说理据充足。《诗·大雅·文王》"宣昭义问"，毛传："义，善也。"《礼记·缁衣》"章义瘅恶"，皇侃疏："义，善也。"《尔雅·释诂》："仪，善也。"义字古通作仪。强国强人而无善，则后果不堪设想，故云"强而义"。《左传》昭公元年："不义而强，其毙必速。"隐公元年："多行不义必自毙"，都是从反面讲出了"强而义"的道理。伪孔传说义是"动必合义"，王氏驳之曰："若云强而合义，则九德皆当合义，非独强也。"释义为善，是；释义为道义之义，非。

"彰厥有常，吉哉"，此语看似简单，古人解释分歧却大。郑玄说："人能明其德，所行使有常，则成善人矣。"王肃说："明其有常则善也。言有德当有恒也。"伪孔传说："明九德之常以择人而官之，则政之善。"（皆孔颖达《尚书正义》引）孔疏说："此句言用人之义，所言九德谓彼人常能然者，若暂能为之，未成为德，故人君取士必明其九德之常，知其人常能行之，然后以此九者之法择人而官之，则为政之善也。明谓人君明之。"伪孔传与孔疏以为主词是人君，吉是善政，郑玄以为主语是人臣，吉是善人，皆有增字解经之嫌，不可从。王肃则根本没说明白。这句话的主词承上文而来应当是九德，不是人君也不是人臣。吉不是善政也不是善人，而是吉德。厥，在此是语助词，表示停顿，无义，不能释作代词之或其。常，恒。有常即有恒。这不成问题。彰训明，也不成问题，但与明略有不同。《说文》彡部："彰，文彰也，从彡、章。"段注："会意，谓文成章。"桂馥《说文解字义证》："彰通作章。《说文》以彰为文章者，谓鸟兽羽毛之文也,如夏翟虎豹之属。"引申之则谓人之言行有序不紊,文理著明,如《左传》襄公三十一年:"动作有文,言语有章。"盖谓言行井然著明,语语事事皆成文章。此经彰字当亦是此义,言上述九德条条有序,著明不乱,宽必能栗,柔必能立,愿必能恭,等等;又能有常,即恒久坚持,非出于一时勉强而为,那就是吉德。言外之意,是说如果九德不彰无恒,例如简而不能廉,刚而不能塞,强而不能义,那是凶德了。今人言德都是正面意义,凶德不称德,古人言德则有吉凶之分。《左传》文公十八年言"孝、敬、忠、信为吉德,盗、贼、藏、奸为凶德",显然以为德有吉凶。此经言"吉"而无"德"字,盖因上文所言者九德,于此不必言之也。蔡传释此经文曰:"彰,著也。成德著之于身而又始终有常,其吉士矣哉!"为近之,而释吉为吉士,亦误。

讨论过九德之后,我们不免产生下面三点想法。第一,《皋陶谟》所谓九德,如宽,如柔,如愿,如乱,如扰,如直,如简,如刚,如强,无非人之性格、心理以及行为能力方面的特点,尚不具有后世如仁义礼智信忠孝等道德范畴的意义。第二,宽而栗、强而义的句式,反映出一种过犹不及的思想,与后来孔子表述的中庸之道一致。第三,此经之九德与《尧典》之"直而温,宽而栗,刚而无虐,简而无傲",似有渊源关系。而《洪范》三德正是此经九德之概括。"宽而栗、柔而立,愿而恭"相当于《洪范》的"柔克","乱而敬,扰而毅,直而温"相当于《洪范》的"正直","简而廉、刚而塞,强而义"相当于《洪范》的"刚克"。《吕刑》亦有三德之说。这说明《尚书》各篇内容是贯通的。以上三点共同证明《皋陶谟》"九德"的早期性和真实性。

*此文为与金景芳合作
(原刊《社会科学辑刊》1993年第5期)

《甘誓》浅说

　　《尚书·甘誓》记伐有扈氏事。谁伐有扈氏，经文未明言。《史记·夏本纪》说"有扈氏不服，启伐之。"《淮南子·齐俗训》高诱注说，"有扈，夏启之庶兄也。以尧舜举贤，禹独与子，故伐启，启亡之"。以为伐有扈氏者是夏启。《墨子·明鬼下》引用《甘誓》全文，而篇名作《禹誓》，以为伐有扈氏于甘者是禹。我们认为前说符合历史实际，《甘誓》所记伐有扈氏者不是禹。禹容或有伐有扈氏事，但是这次不是他。自《甘誓》本文看来，作誓者口气严厉，态度决绝，誓与有扈氏作殊死战，显然只有杀益夺权，用世袭制取代禅让制，因而遭到有扈氏激烈反对的启才能如此。

　　又，《吕氏春秋》有夏后相伐有扈说。其《先己》篇说："夏后相与有扈战于甘泽而不胜。"此说更不能成立。高诱注此语，但以启事为说，不及相。是高氏所见本《吕氏春秋》作"夏后启"，不作"夏后相"，作"夏后相"乃后人传抄之误。再者，据《史记·夏本纪》说，《甘誓》大战于甘的结果是"遂灭有扈氏"，不是"不胜"。可见《吕氏春秋》所言与《甘誓》所记不是同一次战争。

　　《甘誓》写定成篇的时间当在西周，材料则出于夏启时。是研究夏史的重要史料。

　　　大战于甘，乃召六卿。

　　战而言大，是强调夏后启伐有扈氏的这场战争规模大，意义大。郑玄说："天子之兵，故曰大"（《尚书》孔疏引），不足据。据经下文接"乃召"云云，知"大战于甘"句含有"大战于甘"之前的意思。

　　甘在何处，据《汉书·地理志》："右扶风，鄠，古扈国，有扈谷甘亭。扈，夏启所伐。"（今本无前扈字和甘字，今据王念孙说补）知甘在汉右扶风郡之鄠县。鄠县即今陕西西安市西南之户县。又马融云："甘，有扈南郊地名。"（《史记·夏本纪》集解引）马融又云："甘，水名，今在鄠县西。"（《经典释文》引）马说与《汉志》合。马本人是右扶风人，其说当有据。马氏既说甘是地名又说是水名，其实不矛盾。《水经》"渭水又东含甘水"句下郦注云："水出南山甘谷，又北迳秦文王萯阳宫西，又北迳五柞宫东，又北迳甘亭西，在水东鄠县，昔夏启伐有扈，作誓于是亭。故马融曰：'甘，有扈南郊地名也。'"是甘指甘水亦指甘亭。启作誓在甘亭，战事则必发生在甘亭附近之甘水岸边。

　　"乃召六卿"之"六卿"不好解释。郑玄"六卿者，六军之将"（《诗·大雅·棫朴》"六师及之"句下孔疏引），又说"《周礼》六军皆命卿，则三代同矣"（《礼记·曲礼下》"五官教贡曰享"句下孔疏引），以为夏代和周代一样也有六军，六军有六军将，六军将皆命卿，故曰"六卿"。说周代天子有六军，有根据，如《周礼·夏官·叙官》说"凡制军，万有二千五百人为军，王六军"，"军将皆命卿"。又如《诗·大雅·常武》："整我六师。"《小雅·瞻彼洛矣》："以作六师。"《大雅·棫朴》："六师及之。"毛传谓六师即天子六军。但是说夏代天子亦有六军，则无显据。此经之"六卿"是否西周写定《甘誓》的人使用当时用语指称夏代的事情，亦不得而知。今存疑可也，未可遽作结论。经文之大意谓启与有扈氏大战于甘，战事即将开始，于是召来带兵作战的将领，（向他们训话）。

> 王曰，嗟，六事之人，予誓告汝。

王，夏启。《尚书》尧、舜、禹皆称帝，而夏启称王。《尔雅·释诂》帝与王同训君，但是自今日看来，帝、王二词之内涵根本不同。帝是原始社会的部落联盟首长，王是阶级社会的国家君主。前者是选举产生的领袖，后者是世袭的统治者。

嗟，感叹之词。《尧典》多见咨字。咨，有时同嗟，作叹词用。但是有时咨字作动词用，训为询、谋，如《尧典》"咨四岳"是询问四岳的意思，亦即举行部落联盟酋长会议。故《尔雅·释诂》咨字两训，一与询、度、访同训谋，一与嗟同训蹉。

经上文言"六卿"是史官记事语，又经周代人写定，所用是周时词语。此言"六事之人"是夏启自语，反映的是当时的实际情况，谓在夏启身边的管军事亦即带兵作战的人。因为恰好是六个人，故云"六事之人"。《墨子·明鬼下》引此经作"王乃召左右六人"云云就是证明。

《尔雅·释诂》："予，我也。"是予是夏启自称。《礼记·曲礼下》："约信曰誓。"《经典释文》引马融："军旅曰誓，会同曰诰。"是誓是提出约束性要求令人信守的意思，且必与军旅有关。经文大意谓夏启说，六位带兵作战的人，我把我一定消灭有扈氏的决心和要求告诉你们。

> 有扈氏威侮五行，怠弃三正。

有扈氏是夏启要征伐的对象。有扈氏，《经典释文》引马融云："姒姓之国，为无道者。"孔颖达《尚书正义》引郑玄云："有扈，与夏同姓。"高诱注《吕氏春秋·先己》云："有扈，夏同姓诸侯。"根据《左传》昭公元年"夏有观扈，商有姺邳"和《国语·楚语上》"尧有丹朱，舜有商均，启有五观，汤有太甲，文王有管蔡，是五王者皆有元德也，而有奸子"的记载，观是夏启之子，而有扈与观并言，知有扈氏的确与夏启同姓。但是说有扈氏是个国家则大有讨论的余地。因为夏朝刚从原始氏族社会脱胎出来，整个夏朝数百年都是由原始社会向成熟的奴隶制社会过渡的阶段，以地域团体为特点的国家固然已经出现，然而大量存在的必然还是血缘团体的部落和氏族。夏王朝刚刚建立的夏启时代尤当如此。所谓国所谓诸侯，实在是后世周人和汉人的用语，不宜视作实录。有扈氏是一个部落，它的头头是酋长，必不是西周才有的分封的诸侯。正因为如此，它才有与创造新事物——国家的夏启发生对抗的可能。

有扈氏部落的地理位置，说在今日陕西户县，是可信的。《汉书·地理志》云："右扶风，鄠，古国，有扈谷亭，夏启所伐。"王先谦《补注》引王念孙云："吴卓信曰：'此县夏为扈国，殷为崇国，周为丰邑，秦改鄠，汉置县。'"《说文》邑部："鄠，右扶风县也。"又："扈，夏后同姓所封，战于甘者，在鄠。"段注："夏之有扈，在汉之鄠县也。鄠即扈。"诸说一致，未见有异议者。但是说"同姓所封"是不对的。夏代无周代的封建制度，有扈氏应是自然长成的部落。说"同姓"，意谓它与夏后氏是血缘近亲。

"威侮五行，怠弃三正"，是夏启提出的有扈氏之主要罪状。威侮二字，王引之《经义述闻》以为"义不相属，威为暴虐，侮为轻慢，不得合言虐慢也。且人于天地之五行何暴虐之有乎！威，疑当作烕（犹灭，今简化作灭）。灭者蔑之假借也。蔑，轻也。蔑侮五行，言轻慢五行也。"按王说可从。

五行是什么，诸家说最为分歧，其实《甘誓》所说的五行就是《洪范》的五行。《洪范》记周初箕子向武王献治国大法九项即九畴。九畴的第一项就是五行。五行是什么，它们有什么意义，《洪范》交代的极明了。它说："五行，一曰水，二曰火，三曰木，四曰金，五曰土。水曰润下，火曰炎上，木曰曲直，金曰从革，土爰稼穑。润下作咸，炎上作苦，曲直作酸，从革作辛，稼穑作甘。"水、火、木、金、土，就是人们常见的、与生产生活紧密相关、不能须臾离开的五类有形的物。它们各有一定的不同特点，水的特点是润下，火的特点是炎上，等等。人务须认识这些特点，加以正确的运用，使之为自己服务。如果不认识这些特点，甚乃违背它们，必造成灾难。这个问题对于今人来说是妇孺皆知，若提出作为治国大法的第一项，不免可笑，然而在西周初年的确是个很大的问题，非提不可。据《洪范》记载，箕子说这洪范九畴产生于禹时。而且箕子说"在昔鲧陻洪水，汩陈其五行，帝乃震怒"，于是才有了《洪范》九畴。可见鲧治水失败的原因就在于他不懂得水润下的特点，水该下泄，他却陻之使向上。他这种汩乱五行规律的作法，在当时被认为是极大的罪行，说出来谁都明白，所以夏启伐有扈氏首先指责他"威侮五行"。一说这个，人们马上意识到有扈氏罪恶严重，非打倒他不可。至于有扈氏是否真的如此，那是另一回事。

"五行"这个词最早见于《甘誓》，而最早作具体说明的是《洪范》。最早的"五行"指水火木金土五种物质是不成问题的。直至春秋时代人们还说"天有三辰，地有五行"（《左传》昭公三十二年史墨语）。天与地对言，三辰是日月星，五行则显然是地上的水火木金土。后世之"五行"，除水火木金土以外可能还另有所指，但是《甘誓》之所谓"五行"必定是地上的水、火、木、金、土五种物质无疑。

近年有人说《甘誓》的"五行"指的是天上的五星即水星、火星、木星、金星、土星，得到一些人的肯定。其实这个结论难以成立。理由是明显的，第一，必须明确，我们讨论的是《甘誓》的"五行"，不是后世任何其他文献的"五行"。《甘誓》记的是夏启时事，当时人们还不认识五星，无缘把五星叫做"五行"。第二，如果说《甘誓》的"五行"是五星，那么"威侮五星"该怎样理解？五星在天上走，自有自己的踪迹，有扈氏威侮怎么样，不威侮又怎么样！不要说夏启说不明白，力主"五行"为五星说的今人恐怕也难说明白。第三，在夏启的时代人们对天体的认识重点在日月和当时知道一部分，后来逐渐认识全的恒星二十八宿。这有文献记载可为证明。《大戴礼记·五帝德》"历日月而迎送之"，帝喾显然认识日月并且重视它们。《尧典》"历象日月星辰、敬授人时"，帝尧派人观察计算日月运行及其在二十八宿背景上相会的规律，制定阴阳合一的新历法，向下颁布。夏启时当然也实行尧时以日月为主要内容的历法。总之，夏初天文历法的重心是日月，其次是尚不完全的二十八宿。五星别说不认识，就是认识也排不上号。因此夏启不会说有扈氏威侮五星的话，说了也不能激起义愤。有扈氏如果有问题，应当表现在是否执行尧时制定的以日月为重心的历法上，而不是对星星如何。"庶民唯星"（《洪范》），只有平民大众才看星星，有扈氏是部落酋长，不看星星是当然的，轻慢五星无缘构成他的罪状。

"怠弃三正"的"三正"是什么，古来说法也不少，但绝无令人信服者。马融说"三正，建子建丑建寅之三正也"（《经典释文》引），显然不对。根据《左传》昭公十七年梓慎"火出于夏为三月，于商为四月，于周为五月"的说法，古代确实有三正之事，即夏代以建寅之月（今阴历正月）为正月，商代以建丑之月（今阴历十二月）为正月，周代以建子之月（今阴历十一月）为正月。但是这个"三正"的说法只能由周人说出，夏启之时商周尚是未来之事，何得有"三正"之说！又，纬书把三正说拉到夏以前，如《通典》引《尚书中候》说，轩辕、高辛、夏后氏、汉，皆以十三月为正；少昊、有唐、有殷，皆以十二月为正；高阳、有虞、有周，皆以十一月为正。这纯系无根谬说，尧以前施行火历，根据大火即心宿确定生产时节，不知道四时，不知道年月日，谈不上以何月为正的问题。尧时制定新的阴阳历，根据自然的规律，必以孟春之月即寅月为正月。以后商周改正朔，全是出于政治的目的。夏和夏以前既无改正朔的可能亦无改正朔的必要。马氏释《甘誓》之"三正"为建子建丑建寅之三正，不能成立。也有人释"三正"为三个或两三个大臣，亦不妥。正固然可以训长，训官，但是有扈于夏初不过是个部落，不同于商周的方国、诸侯国，有扈氏的酋长还不是诸侯国君，不大可能产生诸侯国君与大臣的矛盾问题。论者多引用甲骨金文和后世文献证明《甘誓》"三正"是两三个大臣，殊不足信。

那么，《甘誓》之"三正"作何解释为是呢？正与政古可通用，《甘誓》本篇下文之"御非其马之正"，《史记·夏本纪》"正"作"政"。"三正"，就是三方面的政治。哪三方面？天地人。古人一提天地人，就意味着全面、彻底，一切都包括在内。何以知道"三"是天地人？《尚书大传·唐传》云："以齐七政。七政谓春秋冬夏天文地理人道，所以为政也。"《国语·楚语下》云："天地民及四时之务为七事。"七政、七事义同，皆指政治而言。《甘誓》之"三正"其实是这里讲的"七政"，省去春秋冬夏四时而已。春秋冬夏与天地人本非同类同等的概念，"天"里已含有春秋冬夏，不应放到一起称"七政"、"七事"。这是今人的逻辑，可是古人的逻辑习惯就是这样。我们知道这一点，就该明白《尚书大传》和《国语》的"七政"、"七事"，重点是说天地人。人事可以称政治，天地怎么可以称政治呢？这又是古今人观念不同之处，在古人的观念中，天地人是相通的，国家的政治不仅要反映并且适应人之道即社会的规律，还要反映并且适应天之道、地之道即自然的规律。《易·系辞传》就突出地强调天地人，说"立天之道曰阴与阳，立地之道曰柔与刚，立人之道曰仁与义"。政治必须正确反映这三方面的问题。反映并且适应天之道、地之道、人之道的政治，就是"三正"。郑玄说"三正"是"天地人之正道"（《尚书》孔疏引），把"三正"之"正"释作"正道"，不对。天地人之正道是"三正"的"三"，反映并且适应天地人之道的政治才是"三正"的"正"。经文大意是说有扈氏既轻慢"五行"，违背自然规律，又忽视"三正"，搞糟了政事。这是启的指责，有扈氏是否如此，另当别论。

　　　　　　天用剿绝其命，今予唯恭行天之罚。

　　《说文》刀部："剿，绝也。从刀，巢声。《周书》（周者夏之误）曰：'天用剿绝其命'。" 又，力部："勦，劳也。从力，巢声。《春秋传》曰：'安用勦用'。"段玉裁刀部注谓唐以前本《甘誓》剿作剿，卫包改剿作剿，宋开宝年间改作勦。"盖卫包当日改剿为从刀之剿犹可说也，改为从力之勦则不可说矣。"按段说是，勦当作剿或剿，训绝。伪孔传："剿，截也。截绝谓灭之。"亦通。《一切经音义》引《仓颉篇》："用，以也。"相当于今语由于、因为。

　　天字的含义比较复杂，一句两句话难说清楚。《尚书》自《尧典》开始，天字的意义大体一致。它的本初意义是自然之天，其基本的内容是天上的太阳，也包括月亮和后来逐渐认识的恒星二十八宿。《尧典》"钦若昊天"、《皋陶谟》"天工人其代之"以及《论语·尧曰》"唯天为大，唯尧则之"的天都是这样的意思。这个自然之天的天概念是尧时建立起来的。它在人们的心目中伟大无比，只有伟大的部落酋长尧可与相比，也只有尧有资格代天行事。尧时可能已有了郊天的祭祀。郊天是因为天给人类带来无穷的恩惠，人类要报答它。郊天的祭祀给天蒙上一层宗教的神秘色彩。至夏启时，国家产生了，出于政治统治的需要，夏启宣称他是天子即天之子，郊天于是成为天子至高无上的权力的象征。他的赏罚都代表天进行，因此是正确的，正义的，不可抗拒的。尽管这个天已具有宗教迷信的意义，但是它所指认的对象仍然是以日月星辰为内容的广阔的天体世界，不同于古希腊的宙斯和基督教的上帝。

　　命，应指有扈氏这个部落的整体命运，不似指有扈氏部落酋长个人。两句经文的大意是，夏启说，有扈氏"威侮五行，怠弃三正"，罪大恶极，天因此要消灭它，结束它的历史命运。今天我要严肃认真地执行天对它的惩罚。

　　　　　　左不攻于左，汝不恭命；右不攻于右，汝不恭命；御非其马之正，汝不恭命。

　　这几句话是夏启在数落完有扈氏的罪状，指出战争的正义性之后，对自己军队提出的具体作战要求。看来用的是车战。《史记·夏本纪》集解引郑玄云："左，车左；右，车右。"《诗·鲁颂·閟宫》"公车千乘"句下郑玄笺云："兵车之法，左人持弓，右人持矛，中人御。"《左传》宣公十二年乐伯曰："吾闻致师者，左射以菆。"杜预注："左，车左也。蕞，矢之善者。"又，摄叔曰："吾闻致师者，右入垒折馘，执俘而还。"郑玄注、笺说与《左传》合。《说文》彳部："御，使马也。"段玉裁注："《周礼》六艺：四曰五驭。《大宰》注曰：'凡言驭者，所以驱之内之于善。'"是知古代战车上有左、右、御三人。左主射，右主击刺，御居中驾车使马。这是兵卒所驾之战车，若将帅之指挥车又当别论。本篇所言乃兵卒之战车。《说文》攴部："攻，击也。"段注："《考工记》攻木、攻皮、攻金注曰：'攻犹治也。'此引申之义。"是此经文攻字当训治。恭、正，《墨子·明鬼下》、《史记·夏本纪》皆作共、政。古共恭、正政通用。《尔雅·释诂》："恭，敬也。"《释训》："肃肃，恭也。"《广雅》："恭，肃也。"是恭是严肃认真钦敬不苟之意。《管子·法法》："政者正也。正也者所以正定万物之命也。是故圣人精德立中以生正，明正以治国。故正者所以止过而逮不及也。过与不及皆非正也。"御的职事是主马之正，即使马速度方向皆适中，无过无不及也。马之正，就是御的职事。经文的大意是，夏启告诫说，战车上的三人要各尽自己的职责，若车左不做车左的事情（主射），你不认真执行我的命令；车右不做车右的事情（主击刺），你不认真执行我的命令；御者不做好马的事情，使马的速度方向适中恰当，你不认真执行我的命令，（则我将如何如何）。

用命赏于祖，弗用命戮于社。予则孥戮汝。

承上文而来，谓你们若用命，我就赏你们于祖；若弗用命，我就戮你们于社。《说文》用部："用，可施行也。"弗，《史记·夏本纪》作不。弗训不，不误。但弗、不二字程度有差别。《公羊传》桓公十年"其言弗遇何"，何休注："弗者，不之深也。"《说文》丿部："弗，矫也。"段玉裁注："凡经传言不者，其文直；言弗者，其文曲。"是弗不虽同义，而弗视不之义为重。

戮，《墨子·明鬼下》、《史记·夏本纪》俱作僇。戮僇古通用。戮，《说文》戈部训杀，《广雅·释诂》训杀亦训辱。《周礼·秋官·叙官》"掌戮"郑玄注："戮犹辱也。"《尔雅·释诂》训病。僇，《说文》人部："痴行僇僇也。"桂馥《说文解字义证》："痴亦病也。"是戮（通僇）有杀、辱、病三义。经此文两戮字皆应取杀义。

孥，《史记·夏本纪》作帑。段玉裁《古文尚书撰异》说今文古文皆作奴，作帑是假借，作孥是浅人所改。《诗·小雅·常棣》"乐尔妻帑"。毛传云："帑，子也。"孔疏云："《左传》曰：'秦伯归其帑。'《书》曰：'予则帑戮汝。'皆是子也。"段玉裁《说文》女部奴字注："毛传曰：'帑，子也。'其字当作奴，引申之义也。"《说文》巾部："帑，金币所藏也。"段注："《小雅·常棣》传曰：'帑，子也。'此假帑为奴。《周礼》曰：'其奴，男子入于罪隶，女子入于舂槀。'本谓罪人之子孙为奴，引申之则凡子孙皆可称奴，又假帑为之。"又，《汉书·文帝纪》："尽除收奴相坐律令。"应劭云："奴，子也。"颜师古云："奴读与帑同，假借字也。"是经文孥当作奴，假借为帑。奴、帑本义绝异，而皆有子或子孙的引申义。《史记》既作帑，必取其子义，则《甘誓》孥字当释作子或子孙，确切无疑。经文"予则孥戮汝"一句，蔡沈《书集传》释作"言若不用命，不但戮及汝身，将并汝妻子而戮之"，是对的。唯言子而连及妻，误。《汤誓》孔疏引郑玄注《汤誓》"帑戮"云："大罪不止其身，又帑戮其子孙。"郑说是。唯帑即子孙，当言"戮其子孙"，而不当言"帑戮其子孙"。

有一个问题需要说明，当时还没有灭族和连坐的刑法。如《左传》昭公二十年引《康诰》曰："父子兄弟罪不相及。"（按今本《康诰》无此语，盖约引其意也）周时尚且言父子兄弟罪不相及，夏初尤其不当有父兄获罪连及子弟之刑法。那么，《甘誓》"予则孥戮汝"一语出自夏启之口，岂不矛盾？其实不然。处在战争时期，刑罚自当严于平时。犹如蔡沈《书集传》所说，"战，危事也。不重其法，则无以整肃其众而使赴功也"，"盘庚迁都尚有劓殄灭之无遗育之语，则启之誓师，岂为过哉"。此三句经文的大意是，"执行命令（而有功），在祖前行赏；不执行命令（而败北），在社前杀人。（这是通常的办法。如果不执行命令而败北，我不但杀你本人），还要杀你的子孙"。

还有一个祖、社的问题需要说明。《周礼·春官·小宗伯》"若大师，则帅有司而立军社，奉主车"，郑玄注云："王出军，必先有事于社及迁庙而以其主行。社主曰军社，迁主曰祖。《春秋传》（按《左传》定公四年）曰：'军行祓社衅鼓，祝奉以从。'《曾子问》曰：'天子巡守，以迁庙主行，载于齐车，言必有尊也。'《书》曰：'用命赏于祖，不用命戮于社。'"按郑说是。郑说据《礼记·曾子问》。《尚书大传》说同。此经所言"赏于祖"之祖即迁庙之主。何谓迁庙？迁庙与正庙相对而言。依周制说，天子七庙，始祖后稷和文王、武王三庙百世不迁，其余高曾祖祢四庙逐代而迁。王崩，三年丧毕，新主自寝迁于庙，是为今王之祢庙。先前之曾祖祢庙依次升为高曾祖庙。先前之高庙则迁出。迁出之高庙即是迁庙。未迁之庙，与已迁之庙相对而言可称正庙。各庙皆有主（木质的牌位，《公羊传》文公二年何注云："主状正方，穿中央，达四方。天子长尺二寸，诸侯长一尺。"又，《山海经·中山经》云："桑封者，桑主也。方其下，锐其上，而中穿之，加金。"）。据夏炘《学礼管释·释祔》说，"古人之主不常在庙中。既祭则匣而藏之。正庙之主各藏太室西壁之中，迁庙之主于太祖太室北壁之中"（自注：高堂隆说，见《通典》）。古代天子巡守或出征，奉迁庙之主于齐车，载之行。所言乃周制，夏初庙制古无说，可据为参考。

"弗用命戮于社"之社，是社稷之主。社是土神，稷是谷神，但是社与稷同，不能分立别祭。故言社则稷必在其中。古代唯宗庙有主，天神地祇百神皆无主，明堂虽享上帝，亦无主。概言之，有庙方有主，无庙则无主。社稷坛而不屋，亦不当有主。有时社稷有主，是出于军事的需要。《左传》襄公二十五年记郑子展、子产伐陈，入之，"陈侯免，拥社，使其众男女别而累，以待于朝"。杜注："免，丧服。拥社，抱社主，示服。"又定公四年云："君以军行，祓社衅鼓，祝奉以从。"是知社之有主，唯军社有之。社稷有坛无屋，主无从立，故军社之主或别藏他处，或临时为之，有军事则奉之以行。社主形制如何，文献无征，未可详言。以上言祖与社。

还有一个问题，即何以赏罚必于祖、社。这个问题应据《墨子》为说。《墨子·明鬼下》云："赏于祖者何也？告分之均也。僇于社者何也？告听之中也。"江声《尚书集注音疏》："分之均，谓颁赏平均；听之中，谓断罪允当也。"意谓赏罚当着鬼神的面进行，必然公正无私，允当合理。这样解释是对的。为什么赏必于祖而戮必于社？伪孔传说，"赏祖主前，示不专"，"戮之于社主前，社主阴，阴主杀，亲祖严社之义"。这两句话互文见义，共说出两层意思，一说赏戮于祖社之前是为了表示不是天子自己专行。此与《墨子》所谓颁赏平均，断罪允当，义同。二说祖阳社阴，赏于祖戮于社有亲祖严社之义。这一层意思与《墨子》的说法不但不抵触，而且是个补充，合起来很全面。

说毕《甘誓》，我们不禁想到一些问题。《甘誓》文不足百，反映的问题却极深刻、重要、丰富。首先，《甘誓》反映了上古史中一个至关重要的问题，即启的历史地位问题。启是中国奴隶制国家的创建者，原始社会末期军事民主制度下的禅让制转变为国家制度下的世袭制，是由启完成的。启是个划时代的历史人物。启的君位是怎样取得的，向来是个疑问。《孟子·万章上》和《史记·夏本纪》强调启贤因而受到拥护而即天子位。《竹书纪年》更说"益干启位"（《晋书·束皙传》引）。《战国策·燕策》则说"禹授益"，"启与支党攻益而夺之天下"。《韩非子·外储说右下》亦言"禹死，将传天下于益，启之人相与攻益而立启"。一个说位是启的，益干之；一个说位是益的，启夺之。今寻绎《甘誓》文意，后说为是。从《甘誓》看，启与有扈氏势不两立，这是为什么呢？《史记》说"有扈氏不服"。有扈氏为什么不服？《淮南子·齐俗训》道出了个中奥秘："有扈氏为义而亡，知义而不知宜也。"有扈氏因坚决反对启的政权而致灭亡，把这叫做"为义"，叫做"不知宜"，岂不恰好说明启的政权是通过"不义"的暴力手段破坏了传统的选贤制度而从益的手中夺得的！

其次，《甘誓》涉及到了夏初意识形态方面的问题。一个是"五行"，一个是"天"。《甘誓》讲的"五行"，就是水火木金土五种大地上常见的物质。按照《洪范》的解释，"水曰润下，火曰炎上，木曰曲直，金曰从革，土爰稼穑"，是它们各自的特性。这在今人看来简单得很，而在当时却事关重大，鲧因为无视水润下的特点而治水失败，启伐有扈氏也以"威侮五行"做为借口。《甘誓》有两个天字。我们认为这个天概念含义是复杂的。它的本义是自然之天，当说到"天用剿绝其命"，"恭行天之罚"的时候，便染上了宗教迷信的色彩。

第三，中国军事史应从《甘誓》写起。中国原始社会部落之间固然有过战争，但是有确凿记载的战争是《甘誓》之甘之战。《甘誓》实际上提出了战争的正义性问题。《甘誓》证明夏初已有战车和车战。

第四，《甘誓》"用命赏于祖，弗用命戮于社"两句话，可视作夏初有社稷之祀的铁证。同时证明《淮南子·齐俗训》"有虞氏之礼，其社用土"之说不虚。

第五，据《周礼·秋官·司刑》郑玄注云"夏刑大辟二百，膑辟三百，宫辟五百，劓墨各千"，夏代已有五刑。但是夏代不应有族诛和连坐之法。《甘誓》言"予则孥戮汝"，涉及罪及子孙的问题，只能用战时行非常之法来解释。《汤誓》有同样一句话，亦当作如是解。

＊此文为与金景芳合作

（原刊《社会科学战线》1993年第2期）

《吕刑》约解

　　《周书》之《吕刑》篇是研究西周刑罚思想和刑罚制度可以信据的重要史料。关于它的主旨，《书序》认为是专讲赎刑，《史记·周本纪》引也只截取篇中讲赎刑那一段。其实它不专讲赎刑。它的主导思想是《康诰》篇记周公说的"明德慎罚"一句话。"明德慎罚"是西周统治者在政治和刑罚实践方面始终一贯的思想。这一思想在《康诰》篇有确切详明的记述。那是西周初期周公旦的思想。至周穆王晚年，又把这一思想加以重申，并且在具体做法上有所损益。

　　唯吕命。王享国百年，耄荒，度作刑，以诘四方。

　　《汉书·刑法志》："周道既衰，穆王眊荒，命甫侯度时作刑，以诘四方。"孔颖达《尚书正义》引郑玄注："吕侯受王命，入为三公。"江声《尚书集注音疏》："眊荒，老也。"《周礼·秋官·布宪》郑玄注"诘，谨也。使四方谨行之。"又，《周礼·天官·大宰》郑玄注引作"度作详刑"。是全句意谓周穆王到了老年，审度时宜，使四方谨行之。

　　王曰，若古有训，蚩尤唯始作乱，延及于平民，罔不寇贼鸱义奸宄夺攘矫虔。

　　关于蚩尤，《逸周书·尝麦解》："蚩尤乃逐帝，争于涿鹿之阿，九隅无遗。赤帝大慑，乃说于黄帝，执蚩尤杀之于中。"《战国策·秦策一》："黄帝伐涿鹿而禽蚩尤。"《史记·五帝本纪》："蚩尤作乱，不用帝命，于是黄帝乃征师诸侯，与蚩尤战于涿鹿之野，遂禽杀蚩尤，而诸侯咸尊轩辕为天子，代神农氏，是为黄帝。"是蚩尤处神农氏末，与黄帝同时，显然是一个部落的酋长。蚩尤作什么乱？据孔颖达《尚书正义》说，是作五虐之刑。"以峻法治民，民不堪命，故恶化转相染易，延及于平善之民亦化为恶也"。"寇贼"云云都是极严重的犯罪行为。《尚书大传》谓"劫略夺攘矫虔者，其刑死"，"奸宄盗攘伤人者，其刑劓"。王引之《经义述闻》述王念孙意云："《吕刑》曰：'鸱义奸宄，夺攘矫虔。'义字亦是倾邪之意。马融注曰：'鸱，轻也。'鸱者，冒没轻儳；义者，倾邪反侧也。《大戴礼·千乘篇》说司寇治民烦乱之事曰：'作于财贿、六畜、五谷曰盗。诱居室家有君子曰义。子女专曰妖。饬五兵及木石曰贼。以中情出，小曰间，大曰谍。利辞以乱属曰谗。以财投长曰贷。'盗义妖贼间谍谗贷，皆是寇贼奸宄之事。义即'鸱义奸宄'之义也。"按王说是。

苗民弗用灵，制以刑，唯作五虐之刑曰法。杀戮无辜，爰始淫为劓刵椓
黥，越兹丽刑，并制，罔差有辞。

这里主要的问题是"苗民"与"蚩尤"的关系和"苗民"与"九黎"的关系。《国语·楚语下》："及少皞之衰也，九黎乱德。"又："其后，三苗复九黎之德。"韦昭注："其后，高辛氏之季年。三苗，九黎之后。"是三苗、九黎不同时，三苗不等于九黎，但是三苗就是先前九黎的后人。《礼记·缁衣》孔疏引郑玄注："苗民谓九黎之君也。九黎之君于少皞氏衰而弃善道，上效蚩尤重刑。必变'九黎'言'苗民'者，有苗九黎之后，颛顼代少皞，诛九黎，分流其子孙为居于西裔者。三苗至高辛之衰，又复九黎之君恶，尧兴又诛之。尧末又在朝，舜时又窜之。穆王深恶此族三生凶恶，故著其恶而谓之民。民者冥也，言未见仁道。"是"苗民"非指三苗之民，是指三苗之君，君即部落头领。民有冥义，称民，谓其冥顽不化也。又知"苗民"是效仿蚩尤施行重刑的，绝不是蚩尤。伪《孔传》谓"九黎之君，号曰蚩尤"，殊误。关于五刑问题，《世本·作篇》谓"伯夷作五刑"，恐怕不对。五刑也不是"苗民"作的，经言"唯作五虐之刑曰法"，是说"苗民"用五刑特深刻暴虐，非谓五刑为"苗民"所作。王鸣盛《尚书后案》云："五刑，据郑《尧典》及《秋官·司刑》等注，谓虞夏及周皆用之。今此'苗民'所用四刑与墨劓荆宫亦略同，但皋陶明允，用当其罪而民不犯，不必的决。'苗民'用法特深刻，故异于皋陶，非谓皋陶竟不用五刑也。详玩郑说，劓刵等肉刑不始于'苗民'，少昊前已有之，'苗民'但用之特深刻耳。"按王说是。"苗民"用五刑特深刻，表现在"作五虐之刑曰法"之"虐"字，及"杀戮无辜"、"淫为劓刵椓黥"之"淫为"上。《尔雅·释诂》："淫，大也。"《吕刑》孔疏引郑玄注云："刵，断耳。劓，截鼻。椓谓椓破阴。黥谓羁黥人面。苗民大为此四刑者，言其特深刻，异于皋陶所为。"

民兴胥渐，泯泯棼棼，罔中于信，以覆诅盟。虐威，庶戮方告无辜于上，
上帝监民，罔有馨香德，刑发闻唯腥。

王引之《经义述闻》："《荀子·正论篇》：'上幽险，则下渐诈矣。'是诈谓之渐。《吕刑》曰：'民兴胥渐。'渐亦诈也。言小民方兴，相为诈欺。故下文曰'罔中于信，以覆诅盟'也。"《左传》隐公四年："以乱，犹治丝而棼之也。"《论衡·寒温篇》："前世用刑者，蚩尤、亡秦甚矣。蚩尤之民涵涵纷纷，亡秦之路赤衣比肩。"此"涵涵纷纷"用今文《甫刑》语。《逸周书·祭公解》："汝无泯泯芬芬。"按芬与此棼同。"罔中于信"，俞樾《群经平议》谓"于犹越也，越犹与也"，"中犹忠也"，"中与忠通"。"此经中字亦当为忠，言三苗之民皆无忠与信也"。《论衡·变动篇》："《甫刑》曰：'庶僇旁告无辜于上帝。'此言蚩尤之民被冤，旁告无罪于上天也。"按"蚩尤之民"当作"三苗之民"。王鸣盛《尚书后案》："僖五年《传》云：'明德以荐馨香。'苗民无有馨香德，唯滥刑气腥闻于天也。"这段经文的意思是说"苗民"滥用五刑，造成人心欺诈，社会紊乱，人们无有忠信，反覆诅盟。受诛戮的民众普遍把他们的冤枉报告给上帝，上帝闻不到馨香，闻到的尽是腥臭之气。

皇帝哀矜庶戮之不辜，报虐以威，遏绝苗民无世在下。乃命重黎绝地天通，罔有降格。群后之逮在下，明明棐常。鳏寡无盖。皇帝清问下民，鳏寡有辞于苗。德威唯畏，德明唯明。乃命三恤功于民。伯夷降典，折民唯刑。禹平水土，主名山川。稷降播种，农殖嘉谷。三后成功，唯殷于民。

两"皇帝"，前谓颛顼，后指尧。颛顼所为二事，一制裁苗民，二绝地天通。前一事，《尚书大传》云："古之听民者，察贫穷，哀孤独矜寡，宥老幼不肖无告。有过必赦，小罪勿增，大罪勿累，老弱不受刑，有过不受罪。"苗民反其道而行，颛顼哀矜那些无辜受刑受罪的人，乃"报虐以威"，用武力遏绝"苗民"即三苗之君，使无嗣于后。伪《孔传》说"哀矜众被戮者之不辜，乃报为虐者以威诛，遏绝苗民使无世位在下国"，是对的。后一事"绝地天通"，见《国语·楚语下》观射父对楚昭王语。罔，无。格，假，升也。使神为神之事，民为民之事，神不降民不升，民神不相交通。群后指颛顼之下的帝喾、尧、舜。棐同匪，非也。"群后之逮在下"云云，谓颛顼之下帝喾、尧、舜等，都能明察非常，洞悉民隐，鳏寡孤独之人也没有掩盖不上达者。

尧所为亦二事。一德威唯畏，德明唯明，二命三后恤功于民。前者应据郑注作解。《礼记·表记》引此经，郑玄注云："德所威，则人皆畏之，言服罪也。德所明，则人皆尊宠之，言得人也。"伪《孔传》云："尧监苗民之见怨，则又增修其德，行威则民畏服，明贤则德明人。"与郑说意同。后者是命三后即伯夷、禹、稷做三件有功于民生的大事。恤字，俞樾《群经平议》训作收。"恤功于民"，犹云收功于民，成其功于民事上。伯夷句应以《尚书大传》作解。《尚书大传》云："《书》曰：'伯夷降礼，折民以刑。'谓有礼然后刑也。"《汉书·刑法志》引此经而解之，亦云："言制礼以止刑也。"禹、稷二句，《淮南子·人间训》有云："古者沟防不修，水为民害。禹凿龙门，辟伊阙，平治水土，使民得陆处。""田野不修，民食不足，后稷乃教之辟地垦草，粪土种谷，令百姓家给人足，故三后之后无不王者。"按此说是。王引之《经义述闻》训农为勉，亦是。

士制百姓于刑之中，以教祗德。穆穆在上，明明在下，灼于四方，罔不唯德之勤。故乃明于刑之中，率乂于民棐彝。典狱，非讫于威，唯讫于富。敬忌，罔有择言在身。唯克天德，自作元命，配享在下。

这一段经文中心意思是言尧之时上上下下无不在一个德字上下功夫。《今文尚书》士作爰，中作衷。士，士师，泛指执行之官，不必专指皋陶。百姓，属于同一部落或同一部落联盟各氏族的人们。中与衷通，《后汉书·梁统传》引此经文而释之曰："孔子曰：'刑罚不衷，则人无所厝手足。'衷之为言不轻不重之谓也。"祗，敬。穆穆，美。明明，察。率，用。乂，治。棐，辅。彝，常。富，择，王引之《经义述闻》训作福、败。至确。克，肩任。元，大。经文意谓尧有美德在上，三后明察在下，光明照灼四方，大家无不在一个德字上勤勉用力。所以能在"刑之中"上搞明白，用以治民，辅成常教。处理诉讼案件，不终于立威，唯终于作福。必敬必戒，小心谨慎，没有败言出乎身。天德在此不应是笼统的,它的确切内容是上文所说"刑之中"的中字。这个"中"实不简单,担任中这个天德,就能自作大命,寿命长久,且永远配享天禄。意思与《论语》"允执其中,四海困穷,天禄永终"相近。

> 王曰,嗟,四方司政典狱,非尔唯作天牧。今尔何监,非时伯夷播刑之迪。其今尔何惩,唯时苗民匪察于狱之丽。罔择吉人,观于五刑之中。唯时庶威夺货,断制五刑以乱无辜。上帝不蠲降咎于苗,苗民无辞于罚,乃绝厥世。

周穆王在总结、品评了历史上蚩尤唯始作乱,延及平民,三苗作五虐之刑,杀戮无辜的教训之后,现在开始联系现实,告诫四方诸侯,要以史为鉴,以史为戒,勿走苗民的老路。

四方司政典狱,指各诸侯言。监即鉴。播,施。迪,启导。惩,戒。丽,附。时,是。蠲,洁。周穆王说,四方诸侯们,你们不是天委派作民之牧的吗!现在你们以什么为鉴呢?不是伯夷施刑所给予的启迪吗!现在你们以什么为惩戒呢?是苗民不懂得狱讼之所依赖的是什么。苗民不选择好人管狱讼,不顾五刑之中,只是大施威虐,夺人财赂,断制五刑,以乱罚无辜者。上帝以为苗民这些恶行腥臊不洁,乃降罚于苗民。苗民对上帝的惩罚无言以对,上帝乃绝灭了苗民(三苗之君)的统治。穆王的意思在于告诫众诸侯要学习伯夷,不要学习苗民。

> 王曰,呜呼,念之哉。伯父、伯兄、仲叔、季弟、幼子、童孙,皆听朕言,庶有格命。今尔罔不由慰曰勤,尔罔或戒不勤,天齐于民,俾我一日。非终唯终在人。尔尚敬逆天命,以奉我一人。虽畏勿畏,虽休勿休。唯敬五刑,以成三德。一人有庆,兆民赖之,其宁唯永。

此穆王告诫同姓诸侯卿士大夫的话。格命,王引之《经义述闻》谓"格读为嘏。格命,嘏命也"。"庶有格命者,言庶几受禄于天,保右命之,尊大之,则曰嘏命耳"。《尔雅》:"嘏,大也。"慰,安。戒,警戒,不安,于此与慰对文。齐,《论语》"齐之以刑"之齐。俾,今文作假,"天假之年"之假。唯,是。终,"天禄永终"之终。非终,天命短折不终。唯终,是终,天命永终。休,喜。庆,善。穆王对他的同姓诸侯们说,我们庶几受禄于天,要保护它,尊大它。你们无不自安,却说自己做到了勤。你们没有戒慎自己之不勤。天欲整齐人类,必假乎我这个天子,至少给我一日的表现机会。然而命之修短实决定于人本身。你们还算谨慎地对待天命,以拥护我这个天子。虽然天命短可怕,我们也不要怕;虽然天命长可喜,我们也不要喜。我们要严肃认真地处理好五刑的问题,以养成刚、柔、正直三种美德。我们每个人把事情办好,民众便有所依赖也跟着好,国家就安宁并且永久了。

> 王曰,吁,来,有邦有土,告尔祥刑。在今尔安百姓,何择非人,何敬非刑,何度非及。两造具备,师听五辞。五辞简孚,正于五刑。五刑不简,正于五

罚。五罚不服，正于五过。五过之疵，唯官，唯反，唯内，唯货，唯来，其罚唯均，其审克之。

邦，国。有邦，畿外诸侯。土，采地。有土，畿内有采地的公卿大夫。祥刑，据段玉裁《古文尚书撰异》，古文、今文、郑本、孔本、伪孔本皆作详刑，今伪孔本和《史记·周本纪》作祥刑，乃浅人所改。其意义，俞樾《群经平议》释作常刑，伪《孔传》释作善用刑之道。郑玄云："详，审察之也。"《汉书·叙传》颜师古注引此经文曰："不详，谓不尽用刑之理。"按郑、颜说可从。及，俞樾《群经平议》谓"及乃服字之误"。"刑以服言，盖古语也"，俞氏意及是服刑之服字。造，至。两造，诉讼两方都至。五辞，江声《尚书集注音疏》："辞无多寡之数，岂能以五为限，经言五辞，良由刑以辞定，而刑有五，因以附入五刑之辞为五辞尔。"简，《礼记·王制》"有旨无简不听"，郑玄注："简，诚也。"孚，信。唯，为。来，《经典释文》："马本作求，云有求请，赇也。"官、反、内、货、来，段玉裁《古文尚书撰异》云："官者，畏其高明也。反者，不畏而矫枉过正也。二者疵之最甚者也。内者，女谒行也。货者，苞苴行也。来者，谓虽非女谒苞苴而请托于其间也。来、求字异训同。"江声《尚书集注音疏》云："官，挟官威执也。反，报恩怨也。内，女谒也。货，行贿赂也。"段、江二说略同。唯反字之释，江说为长。穆王这段话是告诫有国有家的诸侯公卿大夫们审慎明察用刑的办法。提出为了使百姓安定，在用刑问题上务必注意的三条，一是选择掌刑罚的人，二是敬慎于五刑，三是解决如何让犯人服罪的问题。何择非人，言不选择人还选择什么呢。何敬非刑，言不认真对待五刑问题还认真对待什么呢。何度非服，言不谋虑如何让犯人服罪还谋虑什么呢。在审判过程中要注意以下问题，诉讼两方都到齐，士师听取他们的供辞。供辞与事实符合而确实无疑，则质正于五刑，即用五刑定罪。犯罪事实定不上五刑，则质正于五罚，即用五罚定罪。亦即将肉刑与死刑改为五等赎刑。五等赎刑仍然落实不了，即罚不当罪，则质正于五过，五过是过失犯罪，可以赦免。疵，弊病。五过之疵，以轻该重，包括五刑五罚在内。在整个审判过程中，如果司法人员发生五疵即由于官僚主义、报复、女人涉入、受贿、委托等原因而出入人罪，其罪与犯人同。

五刑之疑有赦，五罚之疑有赦，其审克之。简孚有众，唯貌有稽，无简不听，具严天威。

疑，讼辞与事实不符合，不能定罪。貌，《说文》所引及隶古定本皆作𥺬。𥺬，《说文》训作旄丝。段注："牦牛尾之丝，至细者也"。稽，考。意谓五刑、五罚有疑不能定案者一律赦免。《尚书大传》云："与其杀不辜，宁失有罪。与其增以有罪，宁失过以有赦。"正合此经文义。众人对当事人的事实都清楚，又经过仔细的考核，查明当事人确实有犯罪动机但未构成犯罪事实，则不予论罪。要共同谨慎行使上天的惩罚。

墨辟疑赦，其罚百锾，阅实其罪。劓辟疑赦，其罚唯倍，阅实其罪。剕辟疑赦，其罚倍差，阅实其罪。宫辟疑赦，其罚六百锾，阅实其罪。大辟疑赦，其罚千锾，阅实其罪。墨罚之属千，劓罚之属千，剕罚之属五百，宫罚之属三百，大辟之罚，其属二百。五刑之属三千。

锾，金属货币的重量单位。今文《尚书》说一锾重六两，古文《尚书》说一锾重十一铢二十五分铢之十三。按，今文说近是。所罚金属是铜，不是金。辟，罪。阅实，核实。疑赦，证据不足，不能定以肉刑或死刑的，课以罚金。唯倍，乃加一倍。倍差，马融说二百之倍四百更加四百之三分之一，计五百三十三。江声说一百之倍二百更加二百之三分之二，计三百三十三。按江说近是。墨，黥。劓，割鼻。剕，同刖，断足。宫，女子幽闭于宫中，男子去势。大辟，死刑。这一段经文所言五刑皆可以金赎，但须有"疑"。罚金之数目，墨最少一百锾，大辟最多一千锾，各有等差。五刑之条目共计三千，墨、劓各一千，剕五百，宫三百，大辟二百，各有等差。《白虎通·五刑篇》、《公羊传》襄公二十九年疏引《元命苞》说同。《孝经·五刑章》亦作"五刑之属三千"。《周礼·秋官·司刑》云："墨罪五百，劓罪五百，宫罪五百，刖罪五百，杀罪五百。"郑注云："夏刑：大辟二百，膑辟三百，宫辟五百，劓、墨各千。周则变焉。"按《吕刑》之说与夏刑同。是周初夏刑之五刑三千为五刑各五百。至穆王又改五刑各五百为五刑三千。五刑三千与五刑各五百，孰轻孰重，古说不一。《汉书·刑法志》谓《司刑》五刑二千五百为中典，《吕刑》五刑三千为重典，则夏刑重，周刑轻。《司刑》贾疏云："夏刑三千，墨劓俱千，至周减轻刑入重刑，俱五百。是夏刑轻，周刑重。"孙诒让《司刑》正义云："《吕刑》实轻于此经(即《周礼·司刑》)。"按，孙说是。周穆王所定之《吕刑》是对夏刑五刑三千之恢复，对周初五刑各五百之否定。轻刑之墨、劓，罪网加密，重刑之宫、杀，罪网变疏，比较而言，实视五刑科条各五百为轻。

上下比罪，无僭乱辞，勿用不行，唯察唯法，其审克之。上刑适轻下服，下刑适重上服，轻重诸罚有权。刑罚世轻世重，唯齐非齐。有伦有要。

上下，罪之小大轻重。比，例，即已成的案例。无僭乱辞，断狱不要深文周纳，锻炼狱辞。《汉书·路温舒传》"棰楚之下，何求而不得，故因人不胜痛，则饰辞以视之。吏治者利其然，则指道以明之。上奏畏却，则锻炼而周纳之"，《汉书·刑法志》"奸吏因缘为市，所欲活则傅生议，所欲陷则予死比"，是此经"无僭乱辞"的注脚。不行，已废置不用之旧法。勿用不行，不用旧法。唯察唯法，前唯训乃，后唯训与。断狱要明察和执行新法。上服下服句，伪《孔传》谓"事在上刑而情适轻，则服下刑"，"事在下刑，而情适重，则服上刑"，正符合经义。与《康诰》人有小罪乃唯终(怙恶不悛)，不可不杀；有大罪而非终(过而能改)，乃不可杀的意思相同。世轻世重，《荀子·正论》"治则刑重，乱则刑轻。犯治之罪固重，犯乱之罪固轻。《书》曰'刑罚世轻世重'，此之谓也"，《后汉书·应劭传》"时化则刑重，时乱则刑轻。《书》曰'刑罚时轻时重'，此之谓也"是为确解。唯齐非齐，江声《尚书集注音疏》："上刑适轻，下刑适重，非齐也。轻重有权，随世制宜，齐非齐也。"又云："上刑本重而适于轻，下刑本轻而适于重，是参差不齐也。齐非齐也者，审权酌宜，因时通变，所以调剂其不齐，使之齐一也。"按江说是。有伦有要,听狱有一定的根据,不乱来。《尚书大传》云:"兹殷罚有伦,今也反是。诸侯不同听,每君异法,听无有伦,是故法之难也。"国不同听亦不同,君不同法亦不同,是谓不伦。有伦则反是。此段经文强调听狱量刑的几点原则要求,即比照已有案例,勿深文周纳,勿用废法,定罪量刑或从重或从轻皆依时依情权宜而定,但须彼国此国先君后君有伦有要,大体保持一致。

> 罚惩非死,人极于病。非佞折狱,唯良折狱。罔非在中,察辞于差,非从唯从。哀敬折狱,明启刑书胥占,咸庶中正。其刑其罚,其审克之。狱成而孚,输而孚。其刑上备,有并两刑。

罚,刑罚,非指经上文之赎刑。惩,惩戒。病,困厄。佞,能言善辩之人。良,善。折狱,审判。哀敬折狱,《尚书大传》云:"听讼虽得其指,必哀矜之。死者不可复生,断者不可复续也。《书》曰:哀矜哲狱。"又云:"今之听民者,求所以杀之。古之听民者,求所以生之,不得其所以生之道,乃刑杀。"成而孚,输而孚,王引之《经义述闻》云:"成与输相对为文。输之言渝也,谓变更也。《尔雅》:'渝,亦也。'《广雅》:'输,更也。'狱辞或有不实,又察其曲直而变更之,后世所谓平反也。狱辞定而人信之,其有变更而人亦信之,所谓民自以为不冤也,故曰:'狱成而孚,输而孚。'"其刑上备,判定之后上报王所,等待批示。有并两刑,江声《尚书集注音疏》:"若所犯之罪虽重而其情有可原,论其罪当置重典,原其情应从末减,是则可疑者也。以是而上于朝,则备列轻重两刑而上之,以待决于王也。"此段经文继续讲听狱断刑时体现慎刑原则的具体要求,意谓刑罚是关系人命的大事,虽非都是死刑,但是肉刑刻肌肤,断肢体,也是人所病苦的事情。故不要让善辩的人听讼断案,而要用善良的人。善良的人听讼断案必公正无偏而无不在中。犯人之辞之情或有参差出入,察之以求其情,如有辞情不符合者,则不从其辞而从其情。情者事实也。听讼断案须审慎小心,对犯人持哀矜的态度,而且要依据刑书之规定占度定夺定刑。定案,人们信服;平反,人们也信服。有疑不能决者,则上报王所。

> 王曰,呜呼,敬之哉,官伯族姓,朕言多惧,朕敬于刑,有德唯刑。今天相民,作配在下,明清于单辞。民之乱,罔不中听狱之两辞,无或私家于狱之两辞。狱货非宝,唯府辜功,报以庶尤。永畏唯罚,非天不中,唯人在命。天罚不及,庶民罔有令政在于天下。

官伯,诸侯。族,同姓。姓,异姓。相,助。单辞,无佐证之辞,《论语》"片言可以折狱"之片言即单辞之意。乱,治。两辞,犹两造之辞,诉讼两方面的供辞。府,聚。功,事。尤,罪。在,终。极,至。周穆王告诫同姓和异姓的诸侯卿大夫们要慎行。德政是通过慎行表现出来的,所以他在刑的问题上是小心翼翼的。他要求诸侯卿大夫这些上天委派做民之君的人,听狱务须明察,不可轻信一方面之辞。民之安定无事,主要在于听讼公平,不偏听偏袒,不在听讼中谋求私利。通过听讼获取之货贿,不可宝贵，只能积下罪行，上天必报之以惩罚。天的惩罚是可怕的。这不是上天不均，是自己终断自己的命。如果天罚不加到这些人身上，天下之庶民便得不到善政。

　　　王曰，呜呼，嗣孙，今往何监非德，于民之中，尚明听之哉。哲人唯刑，无疆之辞，属于五极，咸中有庆。受王嘉师，监于兹祥刑。

　　嗣孙，后人。监，鉴戒。之中，《周礼·小司寇》"以三刺断庶民狱讼之中"，郑玄注："中谓罪正所定。"孙诒让《正义》："郑意，狱讼平断恐其有偏颇，故以三刺之法求其中正，以定其罪，是谓'之中'也。"又孙诒让《周礼正义》引江永云："《小司寇》'断庶民狱讼之中'，皆谓簿书，犹今之案卷也。"《小司寇》郑司农注："中者，刑罚之中也。"孙诒让《正义》："先郑意，狱讼之簿书谓之中，即取得刑罚中正义。"是"民之中"谓庶民之已判决定罪之案件。已判决定罪之案件必形成簿书，故"之中"又指簿书言。尚，犹。哲，折，哲是折的假借字。折，制。五极，五刑之中。疆，竟。嘉，善。师，众。祥，当作详。《后汉书·明帝纪》："详刑慎罚，明察单辞。"又："详刑理冤，存恤孤寡。"详刑与理冤、慎罚并言，是知详刑谓详审于刑。周穆王告诫后人，说自今以后不鉴戒于德，鉴戒什么！对于庶民已判决定罪的案件，还要明察考验。制约人的是刑罚。众多无数的讼辞，都与五刑之中正与否有关，把这些讼辞处理得中正无偏。你们这些从王那里得到好庶民的人，务必鉴戒于如何做到详刑，即刑罚审慎详明。

【述评】

约解之后，对《吕刑》做几点述评如下：

一、全篇文字古板艰涩，不似春秋人语，知其写定绝不在孔子后，当是穆王或稍后史官留下的真实记录。篇中所言是穆王时事，当无疑问。

二、《吕刑》反映的刑罚思想与《康诰》基本一致。《康诰》在刑罚问题上的主导思想是"明德慎罚"，《吕刑》全篇体现的也是这个思想，不过要求加详加细。《康诰》讲到"人有小罪非眚乃唯终"，"乃不可不杀"；"乃有大罪非终乃唯眚灾"，"时乃不可杀"，显然是继承《尧典》"眚灾肆赦，怙终贼刑"而来。还讲到"要囚，服念五六日至于旬时，丕蔽要囚"。讲到"义刑义杀"。讲到"凡民自得罪，寇攘奸宄，杀越人于货，暋不畏死，罔弗憝"。讲到"元恶大憝，矧唯不孝不友"。《康诰》的这些要求，《吕刑》未明言，但是意思却都包括了，且有所发展。《吕刑》首先批判了三苗作五虐之刑，杀戮无辜，肯定了尧之"德威唯畏，德明唯明"。然后告诸侯卿大夫以详刑。详刑包括：第一、"非佞折狱，唯良折狱"，选择好人办案。惩治徇私舞弊的办案者。第二、"五刑之疑有赦，五罚之疑有赦"，有疑难定之案从轻不从重。明确规定赎刑金额和科条数目。死罪亦可以金赎。第三、办案要求慎重，主张"无简不听"，"哀敬折狱"，"狱成而孚，输而孚"，"明清于单辞"，即审慎听狱定罪，务求情辞符合无差，定案须让人信服，平反亦须让人信服。第四、特别强调一个中字，全篇中字凡10见。中字的意义是恰当，恰当即是行权。所谓"轻重诸罚有权，刑罚世轻世重"是也。罪当轻罚则轻罚，罪当重罚则重罚，"中"不宜理解为不轻不重的中间状态。《吕刑》中的思想渊源于尧提出的"允执其中"（《论语·尧曰》），发展下去便是孔子说的"刑罚不中则民无所措手足"（《论语·子路》）。

三、比照《周礼·秋官》诸职文字，《吕刑》近古，《周礼》偏后。看刑罚思想，二书基本一致，都以明德慎刑为主旨，属于后来儒家的思想范畴。《周礼》虽然多言刑罚，但是与法家的主张并不相同。《吕刑》讲"刑之中"，《周礼》讲"治中"、"狱讼之中"（《小司寇》）、"计狱弊讼登中于天府"（同上）、"士师受中"（《乡士》、《遂士》、《县士》）。《吕刑》讲"详刑"，《周礼》虽不言"详刑"，但所说听狱折狱的具体办法皆与《吕刑》大体相同。如"以此三法（三刺、三宥、三赦）者求民情，断民中，而施上服下服之罪，然后刑杀"（《司刺》）。与《吕刑》之"上刑适轻，下服；下刑适重，上服，轻重诸罚有权"合。如"以五声听狱讼，求民情，一曰辞听，二曰色听，三曰气听，四曰耳听，五曰目听"（《小司寇》），与《吕刑》之"两造具备，师听五辞"合。如"司寇听之，断其狱弊其讼于朝，群士司刑皆在，各丽其法以议狱讼"（《乡士》、《遂士》、《县士》、《方士》），与《吕刑》之"其刑上备，有并两刑"义合。如"以五刑听万民之狱讼，附于刑，用情讯之。至于旬，乃弊之，读书则用法"（《小司寇》），与《吕刑》之"哀敬折狱，明启刑书胥占，咸庶中正，其刑其罚，其审克之"义亦合。

四、《吕刑》墨劓剕宫大辟科条三千，墨劓各千，剕五百，宫三百，大辟二百，而《周礼》墨劓宫剕杀各五百，计二千五百（《司刑》），据郑玄注，《吕刑》五刑三千为夏刑，周变为二千五百。是周初改夏刑三千为二千五，穆王恢复二千五百为三千。那么五刑三千与五刑各五百孰轻孰重？《汉书·刑法志》谓《司刑》二千五百为中典，《吕刑》三千为重典，则夏刑重，周刑轻。《司刑》贾公彦疏则谓："夏刑三千，墨劓俱千，至周减轻刑入重刑，俱五百。是夏刑轻，周刑重。"孙诒让《周礼正义》云："《吕刑》实轻于此经（《司刑》）。"按，贾、孙说是。《司刑》之宫、杀各五百，而《吕刑》之宫、大辟为三百、二百。《司刑》之墨、劓各五百，而《吕刑》则各至千。是《吕刑》之重刑宫、大辟罪网疏，而《司刑》密。《吕刑》之轻刑墨、劓罪网密，而《司刑》疏。两相比较，《司刑》之五刑科条重于《吕刑》。虽《周礼》成书后于《吕刑》，但实不妨碍其所记史实在先。

（原刊《西周史论文集》，陕西人民教育出版社1993年）

孔子人才观浅议

人才观是个很大的题目，历史上各个时代、各个阶级对于人才的设计、要求、培养都可以包括进来。孔子的学问主要是讲人的，他的思想可以说就是一部关于人才观的体系。孔子理想的人才有君子和圣人两个等次。对君子的要求相当地多，一部《论语》大部分言论是讲君子应当如何如何的，而主要是仁义。仁义属于道德的修养。孔子对于圣人的要求讲的不多，但是标准很高。其中基本的一条是时中。时中也叫中、中行、中道、中庸。时中属于智的范围。一个人做到仁义，便是君子，即合格的人才；如果仁义之外做到时中，那就是圣人了。时中是极难做到的，所以孔子承认的圣人少得如同凤毛麟角。孔子的人才观虽然说是一个庞大的体系，但是它的主体框架是仁义和时中这两点。

仁义的问题，孔子讲的最多，我这里不去说它。我只想谈谈时中的问题。时中问题孔子讲的不多，可是非常重要，而且在今天看来，其现实意义比仁义为大。我们的高等教育要改革，要发展，办法千条万条，归根结底是人才的问题。有人说关键是体制不是人，有一定的道理。但是体制也要人去创立去调整。没有合适的人，怎会有合适的体制；尤其当今改革之际，须要大胆创业，而不是小心守业，人才的问题更显得突出。

改革最需要智力型的人才。改革是破旧立新的事业，破旧立新就是因时制宜，寻找出原来没有的新办法、新出路。这要求改革的参与者善于把握时变，采取最合时宜的行动方案。在理论上说说也许不难做到，若付诸实践则远非人人能做好。孔子把人的这种应变的认识能力和实践能力概括为时中、中庸，有时就只叫做中。孔子说："中庸之为德矣，民鲜久矣。"（《论语·雍也》）"君子中庸，小人反中庸。君子之中庸也，君子而时中。小人之中庸也，小人而无忌惮也"（《礼记·中庸》）。中庸这个词是孔子提出的，中庸的思想在孔子以前就有，孔子继承了过来。孔子说："舜其大知也与！""执其两端，用其中于民。"（同上）《论语·尧曰》也记尧的话说："咨尔舜，天之历数在尔躬，允执其中，四海困穷，天禄永终。"说明中这个概念产生于尧舜时代。尧舜视执中为治天下的法宝，可见中有多么重要！

中即中庸之道，"文化大革命"时作为折衷调和来批，封建社会也有人斥之为和事佬，合稀泥，都是不对的。折衷调和是谁想做都做得到的，而孔子竟说"爵禄可辞也，白刃可蹈也，中庸不可能也"（《礼记·中庸》），视中庸比舍命与富贵还难能，说明中庸显然不是折中调和。那么中庸是什么呢？宋人程颐说"不偏之谓中"（《程氏遗书》卷七），朱熹说"以其无过不及，不偏不倚，故谓之中"（《朱子文集》卷六十四）。程朱的说法一直被视作定论，但是不对。按程朱的意思，中就是无过不及，无过不及就是不偏不倚。无过不及是《论语·先进》记孔子的话。说无过不及是中，是对的。但是无过不及与不偏不倚不是一码事。不偏不倚是不左不右，不前不后，居两端之中。这根本不是孔子所说中的意思。孔子说执其两端而用其中，意思是说事物无不表现为两面，人在处理的时候应该因时制宜恰当地抓住一面。抓住一面，抓正确了，就是中。用今日的话说，中就是抓住矛盾的主要方面而且抓得对。孔子曾说过他做事"无可无不可"（《论语·微子》），即没有一定可办的事也没有一定不可办的事，全看时间条件而定。这就是中。如果说中是取两端之中间，不偏不倚，那么可与不可二者如何取其中间？

孟子对孔子的中概念理解的正确而且透辟。孟子说伊尹是圣之任者，伯夷是圣之清者，柳下惠是圣之和者，三人都拘于一偏，只有孔子是圣之时者，即处事全无一定，一切依时间条件定夺，"可以仕则仕，可以止则止，可以久则久，可以速则速"（《孟子·公孙丑上》）。孟子为解释中概念打过一个生动的比方。他说"男女授受不亲"是礼的规定，大家都应遵守，但是嫂溺则应援之以手去救她（《孟子·离娄上》）。根据时间条件选择二者中的一个去做，平时与嫂授受不亲，遇嫂溺水欲死则伸手拉一把，这就是取其两端而用其中。如果中是不偏不倚的话，试问于"男女授受不亲"和"嫂溺援之以手"二者之间怎样不偏不倚？可见中不是两端之中间，不偏不倚，而是正确把握两端之一端。举个现代的例子，计划经济与市场经济，建国初期应取前者，至90年代，情况变了，应由前者转变为后者。这就是执其两端而用其中。又如古代法官断案也讲究执中，即察准案情，实事求是地做出公正判决。绝对不是在原告被告之间取不偏不倚的中间态度。

执两用中还有个把握分寸的问题，孔子叫做无过无不及。意谓确定把握两端之某一端之后，要做足，但也不可做过火。过犹不及，过火与不及同样不足取。把握这个度是极难的，而且至关重要。正确与谬误的界限只在有限的范围内有意义。正确的东西稍微过火一点就变为谬误。看来孔子也懂得这个道理。在正确的一端做过了火，实等于回到错误的另一端。

孔子的执两用中、中庸之道，实际就是辩证法。能够正确、熟练地掌握辩证法，用以解决实际问题，绝对不容易，非大智大才之人做不到。所以孔子说"爵禄可辞也，白刃可蹈也，中庸不可能也"，孟子说他所知道的人当中只有孔子做到了。今日也如此，在理论上能呱呱讲辩证法的人到处都是，而能用辩证法指导现实生活的人则极少。就说高校改革，宏观地说有保守与改革两端，取顺水推舟的保守一端容易，取破釜沉舟的改革一端难，使改革既不不及也不过火，恰到好处，尤难。因此，能在理论和实践两方面运用执两用中即辩证法的人，是孔子认为最理想的、最高档次的人才，也是今日我们改革最需要、最重要的人才。然而这样的人才永远是极少数，绝对不可多得。那么对大多数人应当提出怎样的要求呢？

孔子退而求其次，认为执两用中的人才不可得，狂者、狷者也是好的。孔子说："不得中行而与之，必也狂狷乎! 狂者进取，狷者有所不为也"（《论语·子路》）。又说，"归与归与，吾党之小子狂简，斐然成章，吾不知所以裁之"（《论语·公冶长》）。言及狂者与狷者两种人。后来孟子弟子万章问孟子："孔子在陈，何思鲁之狂士?"孟子答曰："孔子不得中道而与之，必也狂狷乎! 狂者进取，狷者有所不为也。孔子岂不欲中道哉? 不可必得，故思其次也。"万章又问："何如斯可谓狂矣?"孟子答曰："如琴张、曾晳、牧皮者，孔子之所谓狂矣。"万章又问："何以谓之狂也?"孟子答曰："其志嘐嘐然，曰:'古之人，古之人'。夷考其行而不掩焉者也。狂者又不可得，欲得不屑不洁之士而与之，是狷也。是又其次也。"（《孟子·尽心下》）

前人对于孔子对狂狷的说法及孟子的解释的理解有所不同。朱熹说："狂者志极高而行不掩，狷者知不及而守有余。盖圣人本欲得中道之人而教之，然既不可得，而徒得谨厚之人，则未必能自振拔而为也。故不若得此狂狷之人，犹可因其志节而激励裁抑之，以进于道，非与其终于此而已也"（《四书集注》）。又说："谨厚者虽是好人，无益于事，故有取于狂狷。然狂狷者又各堕于一偏。中道之人有狂者之志，而所为精密；有狷者之节，又不至于过激，此极难得。"（《朱子语类》）朱子意谓谨厚者不如狂狷者，狂狷者不如中行者，三者为不相同之人。近人钱穆说："中行，行得其中，孟子所谓中道，即中行也。退能不为，进能行道，兼有二者之长也。后人舍狂狷而别求所谓中道，则误矣。伊尹，圣之任，狂者也。伯夷，圣之清，狷者也。狂狷皆得为圣人，唯不如孔子仕、止、久、速之时中。时中，即时时不失于中行，即时而狂时而狷，能不失于中道也。故狂狷非过与不及，中行非在狂狷之间"（《论语新解》子路篇）。钱氏意谓狂者固狂，狷者固狷，各执一偏。而中行者时而狂时而狷，当狂则狂，当狷则狷，或狂或狷，依时而定。钱说看似与朱说不同，其实一致。只是钱氏说的更加明白透彻。孔孟的意思是说，中行者能狂能狷，依时变化，最为高明。做不到中行，退而求其次，能固守狂或固守狷，也好。朱熹说狂狷者也比谨厚者即老老实实但无所作为的守法公民好。

那么狂者是什么，狷者又是什么呢? 孔子说狂者进取，狷者有所不为。孟子说狂者其志嘐嘐然，而其行不掩焉者也，狷者则不屑不洁。朱熹说狂者志极高而行不掩，狷者知不及而守有余。又说，狂，有志者也。狷，有守者也。有志者能进于道，有守者不失其身。综合孔孟朱的说法，我们知道狂狷的共同特点是有所思想，有所主张，因而有错误缺点，不同于谨厚者老实守谱，什么不想也不做，没有缺点也不犯错误。狂者的特点是充满进取向上的精神，敢想敢说，志向很大，勇于开拓、拼搏。容易出现言论超前而行动跟不上的毛病。狷者的特点是气节高尚坚定，刚直不阿，不干净不正确的事情绝对不做。容易出现的毛病是保守和苛刻。

中行者即能做到时中的人，时而表现为狂者，时而表现为狷者，而没有他们的缺点。谨厚者无所事事，既无狂狷的优点亦无狂狷者的缺点，老实顺民。中行者极少，谨厚者特多。中行者不可得，谨厚者不足取。可得可取的唯狂者狷者而已。这就是孔子的人才观。

孔子的人才观在今天还有无意义呢？我以为有意义。尤其在高校改革中更有意义。灵活、全面，可狂可狷，可进可守，完善无瑕的中行者，我们不必去求他，因为不大可能有这样的人。我们应当鼓励应当依靠的是狂傲不驯然而勇于进取的人。改革须靠这些人去开拓，事业须靠这些人去成就。这样的人实际上不多，但是在各个学科、梯队，各个处室都有。应当充分认识他们的长处和价值。而最重要也是最难以做到的是容忍他们的缺点。至于那些同样难得的，洁身自好，绝不与坏事同流合污的狷者，也是改革所需要的宝贵人才财富。朱熹所谓谨厚的人，今天仍然居多数，他们当中大多是谨厚的，老实的，但是也有些不那么谨厚，自己什么也不干，干也干不了，谁干挑谁的毛病。这种人永远不会没有。有不要紧，要紧的是对他们的纵容。

（原刊吉林大学《高教研究与实践》1993年第1期）

孔子学习观浅议

孔子非常重视人的学习，几乎认为学习是人生的头等大事。孔子老年时回顾自己一生走过的道路说："吾十有五而志于学，三十而立，四十而不惑，五十而知天命，六十而耳顺，七十而从心所欲，不踰矩。"（《论语·为政》）说他一辈子所干的事情虽然很多，而实质上不是别的，都是学习。从十五岁开始，通过学习，一步步前进，一步一个台阶，最后成为一个能使主观与客观高度统一的智者。因为重视自己学习，所以才重视教别人学习，从而成为教育家。他曾说："圣则吾不能，我学不厌而教不倦也。"子贡加以解释说："学不厌，智也。教不倦，仁也。仁且智，夫子既圣矣乎。"（《孟子·公孙丑上》）这是说，孔子作为圣人，主要表现在不断地学不断地教两方面，而学是首要的，根本的。编定《论语》的人很懂得孔子重视学习这个特点，把孔子"学而时习之，不亦乐乎"这句名言放在第一篇第一句。《论语》全书记录孔子言"学"的句子多达六十有余，仅次于"仁"字。

孔子关于学习有一套系统而深刻的观点，对后世影响很大，直至今日仍闪烁着真理性的光芒，以至于我们要搞好自己的教学不能不加以研究和汲取。以下对孔子的学习观做一肤浅的讨论，还望方家指正。

一、关于学习的必要性与可能性。孔子把学习看作人格修养的根本途径。孔子理想中的人格是君子和圣人。对君子的要求主要的一条是仁。孔子说过许多关于仁的话，概括起来是要求人要由爱自己的父母兄弟推而及于他人，但爱好人不爱坏人，时时刻刻摆正个人与社会，自己与别人的关系，只有反躬修己而绝不损人利己。仁是道德自觉的问题，有学问没学问皆可以做到，所以孔子说"我欲仁，斯仁至矣"（《论语·述而》）。不想行仁，仁是不会来的。但是孔子认为行仁还是需要学习。他说："好仁不好学，其蔽也愚"（《论语·阳货》），"君子学道则爱人"（同上），"君子学以致其道"（《论语·子张》），"不知命无以为君子"（《论语·尧曰》）。君子之道是学来的，知行仁而不知学习，将成为愚夫。不知命（命是规律、必然性）者够不上君子，而命必须通过学习而得知。总之，不学习的人成不了君子，更成不了完美的仁人。

孔子理想中的圣人高过君子之处是仁之外还要知，须仁知具备。知即智慧、知能，它只可经由学习造成，别无他途。孔子说："好学近乎知。"（《礼记·中庸》）好学尚且仅仅近乎知，可见不学的人必愚。

道家老子与孔子恰相反，否定一切文化的价值，让人们抱朴返真，回归自然，主张"为道日损，损之又损，以至于无为"（《老子》第48章）。不学而损，损到"绝圣弃知"，天下皆愚的地步，是他的理想。一个充满责任感，一个毫无责任感，我们需要谁呢？不言自明。

人能否以有限的生命学得无限的知识，即学习是否可能，孔子的回答是肯定的。这是因为人与动物不同，人类能够借助语言文字一类符号使知识具有继承性和社会性，从而能够世代积累，不断进步。动物则不能。道家庄子不承认这个差别，以为人和动物一样，"朝菌不知晦朔，蟪蛄不知春秋"（《庄子·逍遥游》），"吾生也有涯，而知也无涯。以有涯随无涯，殆已"（《庄子·养生主》）。所以庄子认为人的学习是徒劳的。

二、关于学习的含义。孔子有句名言："学而不思则罔，思而不学则殆。"（《论语·为政》）这句话反映孔子学习观的一个重要方面。它除了表明学与思的辩证关系以外，还表明学不是思。思是独立思考，学不是独立思考，那么是什么呢？孔子曾下过明确的定义，从孔子的诸多言论中可以体会得出。孔子作的《周易·文言传》说："君子学以聚之，问以辨之，宽以居之，仁以行之。"《论语·学而》记孔子说："行有余力，则以学文。"发挥孔子思想的《礼记·中庸》说："博学之，审问之，慎思之，明辨之，笃行之。"是说孔子认为学不是问，不是辨，不是居，不是行。《论语·子路》记樊迟请学稼学圃。孔子说稼、圃不必学。可见孔子的学也不包括体力劳动。孔子说过"君子博学于文"（《论语·雍也》）的话，又说"学易"（《论语·述而》）、"学诗"、"学礼"（《论语·季氏》）。易、诗、礼都是写在简策上的书。所谓学，就是读书，就是学习前人留下的书本知识。孔子的学是读书，还有一个有力的证明，有一次子路说"有民人焉，有社稷焉，何必读书然后为学！"孔子驳斥了他（《论语·先进》）。显然孔子的学确指读书而言，读书以外的事情不是学。孔子提倡读书，同时也强调思考，说"学而不思则罔"，即容易受欺骗。《孟子·尽心下》说"尽信书则不如无书。吾于《武成》取其二三策而已矣"，与孔子讲的"学而不思则罔"同义。

孔子以读书为学的观点对不对呢？我以为对，而且在今日仍有价值。知识源于实践，是就整个人类而言，就一个人以及一代人而言，不必也不应该事事躬亲。如果强调一切通过自己实践，拒绝继承前人和别人的知识，则学校自然取消，而人类将回到不如动物的动物状态。读书是人类进行物质与精神文明建设的实实在在的道路。老庄的道，魏晋人的玄谈，程朱的理学，王阳明的心学，引导人们脱离实际，往往误国误民，做为一种思想文化现象，可以研究；做为生活的指导而加以汲取，则绝对不可以。

三、关于学与教的关系。孔子看到了一代人学习前人积累下来的知识的必要性、可能性，看到了学习须有人来指导，所以才办教育。有了教育，也便产生学者学习与教者教导二者关系的问题。自教育而言，学习与教导都重要，教导甚至更重要，而就学者自身而言，学习是自身自觉的认识活动。知识是学者自己学得的，不是教者灌输的。现代教育学称之为学习的自觉性原则。孔子已经具有了这种思想，所以孔子教学总是把学生的学习自觉性放诸首位。"不愤不启，不悱不发，举一隅不以三隅反，则不复也"

（《论语·述而》），孔子这话关键在于启发学生的主动性，使学习成为学生的积极活动。同时强调老师的主导作用。主导作用表现在调动学生学习的积极性上。教师置学生于休眠状态，只顾自己滔滔说开去，而且面面俱到，什么都讲，结果等于一面也未到，什么也未讲。

这种违背学习规律的教学方法，二千多年前的孔子早已不取，而在我们今日的大学乃至研究生教学中竟远不是个别现象。教学改革难道不应当首先改这个！

孔子把学习的自觉性原则贯彻在教学实践中。最典型的事例是《论语·八佾》的一段记载，其文云：子夏问曰："'巧笑倩兮，美目盼兮，素以为绚兮'，何谓也？"子曰："绘事后素。"曰："礼后乎？"子曰："起予者商也。始可与言《诗》已矣。"子夏自己先学《诗》，不是孔子先教子夏《诗》。子夏独立思考，在"素以为绚"这一句上愤愤悱悱想不通道不明，经孔子点拨，便豁然开朗，立刻由"绘事后素"联想到"礼后"。礼好比女人的粉黛，忠信好比女人的巧笑美目。粉黛是人工文饰，当然在后，巧笑美目是天然素质，当然在先。子夏闻"绘事后素"而知"礼后"，是闻一知三，举一反三。学生锻炼了这种能力，至关重要。试看我们今日的教师，不少人上课呱呱讲，学生哗哗记，培养出来的往往是书袋子，最最需要的那种能力，他没有。这是甚可悲哀的。

一提起孔夫子，不免把他想象为不开化的老古董。其实孔夫子拥有一个极灵活极辩证的脑袋，真真开化得很。就说这学与教的关系，他虽然不曾有过理论性的表述，但是从他对待教与学的具体态度中，可以体会到他的观点是辩证的。在他看来，教与学是对立的统一。矛盾的主要方面依时转移，不可一定。当学生积极努力学习的时候，矛盾的主要方面在学；当学习不通，需要点拨的时候，矛盾的主要方面便转到教的一边。今人常说的教师主导作用，是就工作而言，不可与学与教的辩证关系问题相混淆。

四、关于生知学知的问题。孔子有一段言论向来不好解释，他说："生而知之者，上也。学而知之者，次也。困而学之，又其次也。困而不学，民斯为下矣。"（《论语·季氏》）把人对待学习的态度划分为不须学、学、困而后学、困而不学四类。这样的划分，显然寓有极深刻的意义，肯定人生须有知识、智慧、知能；获得的手段是学习，即从书本中汲取前人留下来的一切知识成果；但是人们对待学习的态度实不相同。庶民百姓，当时的劳动大众，有些人非学不可时才学，有些人虽非学不可也不学。

在劳心的上层人士中，有些人也是非学不可时才学。有些人则自觉地学。这样的人大概不会多。能够一生都坚持不懈地学的人，可能接近圣人水平。孔子本人属于这一类，他最自豪的是一辈子"学而不厌，诲人不倦"（《论语·述而》），最担忧的问题之一是"学之不讲"（同上）。孔子这样说，也是这样做的。今日的学习条件比孔子时好过千百倍，可是做到"学而不厌"的人未见有多少。

孔子把人的学习态度分做四类，而从获得知识的途径说，其实是分做生知与学知两类。第一类是生知，第二、三、四类是学知。问题就出在生知上。事实上不存在不须学习，生来就有知识的人，孔子自己也从未说过谁是这样的人。从孔子的全部言行看，找不到他有人有生而知之者的思想。那么孔子为什么说"生而知之者上也"这不符合实际的话呢？可有两种解释。一是孔子谦虚，别人都说他是最有学问的圣人，他说自己的知识全是通过读书学来的，真正高明的，是那不学就什么都知道的人。孔子这样说，不过强调："我还差得远呢！"不是真的承认有生而知的人。二是生不是天生，是与学（读书）相对而言的自我生活实践。"生而知之"，意谓不须读书学习古人，前人的知识，知识通过自身的实践直接获得。人获得知识，养成本领的途径本来有亲身实践和读书两种，缺一不可。只实践不读书就能成为知者的人，也不存在。所以第二种解释最后也可归到谦虚上。"生而知之者上也"一语不过是孔子为表示谦虚而虚悬一格而已。

　　以上从四方面浅议了孔子的学习观。总而言之，孔子关于学习的一些观点有超时代的意义，今日仍有价值，我们搞教学改革，亟须加以研究和汲取。孔子的缺点是强调读书有余，而重视实践不足。

（原刊吉林大学《高教研究与实践》1993年第3期）

甲子钩沉

《世本·作篇》说"大挠作甲子"，《吕氏春秋·勿躬》说同。所谓甲子即后世所说的干支。甲是甲乙丙丁戊己庚辛壬癸的略称，子是子丑寅卯辰巳午未申酉戌亥的略称。据《吕氏春秋·尊师》"黄帝师大挠"和《世本》宋衷注大挠"黄帝史官"的说法，知大挠是黄帝时人。那么，黄帝时人"作甲子"这一说法是否可信呢？我们认为不可信。因为我们仔细翻检古代文献，知道干支纪日的方法在黄帝时不可能产生，最可信的说法是产生于帝尧时期。

这个问题须首先从十干与十二支说起。

十干即甲乙丙丁戊己庚辛壬癸，古人叫"十日"。十二支即子丑寅卯辰巳午未申酉戌亥，古人叫"十二辰"。这在文献中有明确记载。《左传》昭公七年说："天有十日。"杜预注："甲至癸也。"《周礼·秋官·萚蔟氏》说："以方书十日之号，十有二辰之号，十有二月之号，十有二岁之号，二十八星之号，县其巢上则去之。"《周礼·春官·冯相氏》说："掌十有二岁、十有二月、十有二辰、十日、二十八星之位，辨其叙事以会天位。"郑玄注并谓："日谓从甲至癸，辰谓从子至亥。"《国语·楚语下》："十日、十二辰以致之。"韦昭注："十日，甲至癸。十二辰，子至亥。"古人有时也把十日叫做"浃日"，把十二辰叫做"浃辰"。如《周礼·天官·大宰》云："浃日而敛之。"挟是浃的假借字，"挟日"即"浃日"。又如《国语·楚语下》云："远不过三月，近不过浃日。"韦昭注："浃日，十日也。"又如《左传》成公九年："浃辰之间而楚克其三都。"杜预注："浃辰，十二日也。"孔颖达疏："浃为周匝也。浃辰谓周子亥十二辰，十二日也。"

那么，"十日"、"十二辰"的实质是什么？这个问题是至关重要的，恰是解决甲子起源于何时的前提。

应该知道，十干既然叫"十日"，它一定与太阳有关。所谓"十日"，并非说天上有十个太阳。古代确实有天上有十个太阳之说，如《庄子·齐物论》说："昔者十日并出，万物皆照。"《淮南子·本经训》援以为喻云："逮至尧之时，十日并出，焦禾稼，杀草木，而民无所食"，尧乃使羿"上射十日"。高诱注："十日并出，羿射去九。"这是神话，不是事实，但必有事实作依据。这个神话的事实依据显然是人们对太阳的认识。《淮南子》把"十日并出"定在尧时，似乎并非出于偶然。又，为什么说"十日并出"，而不说九日、十一日呢？恐怕与"浃日"即自甲至癸的"十日"有关。是先有自甲至癸的"十日"，然后有"十日并出"的神话。

自甲至癸之"十日"不是说天上有十个太阳，那么是说什么呢？是说随着季节的变化,太阳生发养育万物的作用有所不同。古人给太阳的不同季节的不同作用划分为十种,各取一名,依次是甲乙丙丁戊己庚辛壬癸。十名各有确定的含义,甲有甲的含义,乙有乙的含义。从所取名称的含义看,"十日"不是十个太阳,是一个太阳的十个名称。

甲乙丙丁戊己庚辛壬癸这十个名称有什么含义呢?《汉书·律历志》说:"出甲于甲,奋轧于乙,明炳于丙,大成于丁,丰茂于戊,理纪于己,敛更于庚,悉新于辛,怀任于壬,陈揆于癸。"《汉志》语焉不详,郑玄《月令》注讲的要明白些。

《月令》:"孟春之月,日在营室,昏参中,旦尾中,其日甲乙。"郑玄注:"乙之言轧也。日之行,春东从青道,发生万物,月为之佐。时万物皆解孚甲,自抽轧而出,因以为日名焉。乙不为月名者,君统臣功也。"孔颖达疏:"云'月为之佐'者,以日月皆经天而行,月亦从青道。阴佐于阳,故云月为之佐'。"

《月令》:"孟夏之月,日在毕,昏翼中,旦婺女中,其日丙丁。"郑玄注:"丙之言炳也。日之行,夏南从赤道,长育万物,月为之佐,万物皆炳然著见而强大,又因以为日名焉。"

《月令》:"中央土,其日戊己。"郑玄注:"戊之言茂也,己之言起也。日之行四时之间,从黄道,月为之佐。至此,万物皆枝叶茂盛,其含秀者抑屈而起,故因以为日名焉。"

《月令》:"孟秋之月,日在翼,昏建星中,旦毕中,其日庚辛。"郑玄注:"庚之言更也,辛之言新也。日之行,秋西从白道,成熟万物,月为之佐,万物皆肃然改更,秀实新成,又因以为日名焉。"

《月令》:"孟冬之月,日在尾,昏危中,旦七星中,其日壬癸。"郑玄注:"壬之言任也,癸之言揆也。日之行,冬北从黑道,闭藏万物,月为之佐,时万物怀任于下,揆然萌芽,又因以为日名焉。"

关于《汉书·律历志》"出甲于甲"一段文字,除《月令》郑注以外,《月令》孔疏又有补充说明。孔疏说:"'出甲于甲',则甲是孚甲也。又云'奋轧于乙',则乙轧也。又云'明炳于丙',则丙炳也。又云'大成于丁',则丁成也。又云'丰茂于戊',则戊茂也。又云'理纪于己',则己理也,谓正纪纲也。又云'悉新于辛',则辛新也。又云'怀任于壬',则壬任也。又云'陈揆于癸',则癸揆也,谓之陈列可揆度也。"

关于《月令》郑注"乙不为月名者,君统臣功也"一语,孔疏云:"月既佐日,同有甲乙之功,今独以甲乙为日名,不以乙为月名,故云'君统臣功',谓日也。日统领月之功,犹若君统领臣之功,以为己功。"

《汉志》、《月令》郑注、孔疏训释十干的含义,意见不尽一致,例如己字郑训起,孔训理。但是这并不重要,重要的是他们都认为十干是日在一年之不同季节中所起不同作用的名称。这就是说,十干的实质不是别的,是太阳。没有人们对太阳运行规律的了解,十干则无从产生。还有,他们都注意到太阳与月亮的关系,有太阳则不能没有月亮,然而太阳是主,月亮是副。这一点也极重要。又,把日的名称规定为十个,符合古人喜欢盈数[1]的观念。

　　古人把子丑寅卯辰巳午未申酉戌亥叫作"十二辰"，这辰字的含义应如《左传》昭公七年士文伯（伯瑕）与晋侯对话所说："何谓辰？对曰，日月之会是谓辰。"日月之会是什么？杜预注："一岁日月十二会，所会谓之辰。"意谓一年之中太阳与月亮相会十二次。太阳绕地球一周（实际是地球绕太阳一周）的时间是一个太阳年，即365日又四分之一日。在这一年中月亮与太阳会十二次，一会叫做一辰。《月令》"孟春之月"孔疏对辰的解释至为明晰："日行迟，一月行二十九度半余。月行疾，一月行天一匝三百六十五度四分度之一。过匝更行二十九度半余，逐及于日而与日会，所会之处谓之辰。"

　　这里有一点须特别注意，所谓日月之会，主词是月不是日，是月亮赶太阳与太阳会。就是说，辰的主角是月亮。故《大戴礼记·易本命》说"日数十"，"辰主月"。"日数十"，上文已有详述。"辰主月"的月是指月亮而言，非谓一年十二个月之月份。清人王聘珍注云："辰主月者，十二辰建十二月也。"所言极是，是说辰以月亮为主，月亮一年与太阳会十二次之十二辰恰好分配在十二个月份上。《周礼·大师》郑玄注："十一月辰在星纪，十二月辰在玄枵，正月辰在娵訾，二月辰在降娄，三月辰在大梁，四月辰在实沈，五月辰在鹑首，六月辰在鹑火，七月辰在鹑尾，八月辰在寿星，九月辰在大火，十月辰在析木。"这就是一岁之十二会。十二个月份里，辰（月亮与太阳相会）在不同的位次上。一辰三十度又九十六分度之四十二，其名称为正月建寅，二月建卯，三月建辰，四月建巳，五月建午，六月建未，七月建申，八月建酉，九月建戌，十月建亥，十一月建子，十二月建丑。子丑寅卯等十二辰名当初都有一定的含义。《月令》孔疏云："按《律历志》云'孳萌于子'，则子孳也。又云'纽牙于丑'，则丑纽也。又云'引达于寅'，则寅引也。又云'冒茆于卯'，则卯冒也。又云'振美于辰'，则辰振也。又云'已盛于巳'，则巳已也。又云'咢布于午'，则午咢也。又云'昧薆于未'，则未昧也。又云'申坚于申'，则申坚也。又云'留孰于酉'，则酉留也。又云'毕入于戌'，则戌毕也。又云'该阂于亥'，则亥该也。"

　　《世本》说"大挠作甲子"，"作甲子"是什么意思呢？汉末蔡邕作《月令章句》说："大挠探五行之情，占斗纲所建，于是始作甲乙以名日，谓之干，作子丑以名日，谓之枝。枝干相配，以成六旬。"（《后汉书·律历志》刘昭注引）五行问题不在本文题内，今置不论。"占斗纲所建"，实际是观察推算日月运行。"作甲乙以名日"，是说用甲乙等十个字作为太阳运行在一年的不同时间里所起不同作用的名称。简单说，就是用甲乙等十个字作为太阳之名。"作子丑以名日"，王先谦《后汉书集解》引卢文弨说："日当为月。"孙诒让《周礼正义》菩蔟氏职引，日径作月。按作月是。"作子丑以名月"，是说用子丑等十二个字作为月亮在一年之中与太阳十二次相会的名称。简单说，就是用子丑等作为月亮之名。"枝干相配，以成六旬"，是说把十干和十二辰搭配起来，作为一年三百六十六日之日的名称。十与十二的最小公倍数是六十，故六十日一循环，为一甲子。

　　蔡邕把"作甲子"解释为"占斗纲所建"（其实就是《尧典》说的"历象日月星辰"）、以干名日与以枝名月和干枝相配以纪日这三个层次，是对的。错在他对《世本》把"作甲子"属黄帝臣大挠的名下深信不疑。辨证这个问题是本文主旨,后面要集中讨论。

称"十日"为幹,"十二辰"为枝,始见于蔡氏《月令章句》,前此未见诸记载。将"十日"喻为树之幹,"十二辰"喻为树之枝,很恰当。这就更加证明古人确实认为甲乙等"十日"是日之名,子丑等"十二辰"是月之名。后世人将幹枝简化为干支,干上冠以天字而称天干,支上冠以地字而称地支。称"天干"有道理,因为天的主体是太阳,而古人往往指太阳称天。称"地支"则无理可言,因为"十二辰"指称月亮的运行,与地球无涉。

古人虽以"枝幹相配,以成六旬"的办法纪日,但是在对待上枝幹是有别的。《月令》有"元日"、"元辰"之名。元者善也,"元日"者吉日也,"元辰"者良辰也。这说明古人有时从十干的角度选择好日子,有时从十二支的角度选择好日子。郑玄注"元日"说:"谓以上辛郊祭天也。"注"元辰"说:"盖郊后吉辰也。"郊天选择辛日,是从十干考虑问题。郊祭之后开始耕田,选择亥日,是从十二支考虑问题。为什么郊天看十干而耕田看十二支?孔疏引卢植、蔡邕云:"郊天是阳,故用日。耕藉是阴,故用辰。"是知古人视甲乙等"十干"为阳,视子丑等十二支为阴。视为阳的是太阳,视为阴的岂不就是月亮。

又,《左传》昭公九年:"辰在子卯,谓之疾日。"杜预注:"疾,恶也。纣以甲子丧,桀以乙卯亡。故国君以为忌日。"日人竹添光鸿《左氏会笺》:"子卯不乐者,痛亡国以戒子孙也。"又,《玉藻》:"子卯稷食菜羹。"又,《士丧礼》:"朝夕哭,不避子卯。"又,《左传》成公九年:"浃辰之间而楚克其三都。"谓十二天之内楚国攻陷莒三城。据此四条材料,知古人凡遇不幸之事,择日或纪日皆侧重于子丑等"十二辰",而不计"十日"为何。道理似乎亦在"十二辰"本是月亮之名,属阴。

现在可以回到本文开头提出的论断上,即甲子不是黄帝时人大挠所作,而是出于尧时。据上所述,我们已经知道所谓甲子是运行中的日月的名称,必是人们对日月运行有所认识之后的产物,在人们尚不知日月运行为何物的时候是无从谈起的。因此,解决甲子究竟作于何时这个问题的关键在于弄清楚古代中国人在什么时候对日月运行的规律有所认识,并且建立了天的概念。

根据文献记载,古代中国人对日月运行的规律有了确切的认识,而且据此制定了新的历法即阴阳历,肯定是在帝尧之时。那么,帝尧之前呢?帝尧之前,尤其是黄帝之时,人们是使用火历即观察大火(心宿二)的运行规律以确定耕种和收获季节的。春秋的概念或可能有,冬夏则还不知。至于年的概念、四时的概念、一年三百六十六日的概念、闰月的概念,一概都不知道。当然日出日落,寒来暑往这些自然现象不会看不见,但是不认识。《左传》襄公九年:"古之火正,或食于心,或食于咮,以出内火。是故咮为鹑火,心为大火。陶唐氏之火正阏伯居商丘,祀大火而火纪时焉。"《诗·豳风·七月》记"七月流火"。《夏小正》记八月"辰则伏",九月"内火"。《月令》记六月"昏火中"。《尸子》记"燧人察辰心而出火"。这些记载无不表明远古时期中国人对天上大火的依赖。当时的部落联盟的管理机构设有专职官员火正，负责观察大火的行踪。《国语·郑语》说"黎为高辛氏火正"，"命之曰祝融"。高辛氏就是帝喾。据《世本》，帝喾是黄帝的曾孙。帝喾时尚且设有专司火历的官员火正，黄帝时实行火历当无问题。以火纪时而不知日月星辰为何物的人当然不可能发明"十日"、"十二辰"。故说黄帝时人"大挠作甲子"，是没有根据的，殊不足信。

随着历史的发展，人们逐渐把注意力转移到日月星辰上。这一重大进步大体上开始于颛顼、帝喾之时。《国语·楚语下》："颛顼受之，乃命南正重司天以属神，命火正黎司地以属民。"既有了天的概念，便可能对日月运行有所认识，但是仍与神牵混不分。这是颛顼时的情况。至帝喾，则知"历日月而迎送之"（《大戴礼记·五帝德》）[2]。历是观察。迎送不是简单地看日出日落，内里实含有测查日影偏正，寻求春分秋分的意义。

正式宣告以观测日月运行规律为主的新历法的产生，则是在帝喾之后的帝尧时代。《尚书·尧典》说："乃命羲和，钦若昊天，历象日月星辰，敬授人时。"这话的意义比"历日月而迎送之"丰富得多，确切得多。第一，有了专职的官员羲和主管此事，而先前没有。第二，先前对日月只是历和迎送而已，现在则根据天道自然的规律，以二十八宿经星（当时对二十八宿还认识不全）为背景，观测并推步日月相会的轨迹。第三，先前知道历和迎送日月，并未形成新历法，仍使用火历。现在制定了新历法，实行观象授时，而且由于掌握了日月运行的规律而产生了年、月、日、四时、闰月的概念。人们认识了太阳，也认识了月亮，知道了太阳与月亮运行中的关系，形成了自然之天的天概念。只有到了这时，人们才有可能给太阳取出甲乙等十个名称和给月亮取出子丑等十二个名称来，进而才有可能将甲子搭配起来纪日。

所以我们说甲子并非作于黄帝时代的大挠，而是产生于帝尧之时。除上述根据外，还有几条显证，如《吕氏春秋·勿躬》云："羲和作占日，尚仪作占月。"作有始的意思，作占日，即开始观测太阳。作占月，即开始观测月亮。占日占月之说与《尧典》"历象日月星辰"恰相符合。

又如《山海经·大荒南经》云："羲和生十日。"《大荒西经》："帝俊妻常羲，生月十有二。""生十日"，非谓生出十个太阳，是说创造出太阳在一年运行中不同表现的十个名称，即十干。"生月十有二"，亦非谓生出十二个月亮，是说创造出月亮一年中十二次与太阳相会的十二个名称，即十二支。羲和即《尧典》"乃命羲和"之羲和。羲、仪声近，常羲即尚仪。帝俊即帝喾。《吕氏春秋·勿躬》"尚仪作占月"，毕沅注："尚仪即常仪。古读仪为何，后世遂为嫦娥之鄙言。"羲和，有《尧典》"乃命羲和"为证，是帝尧时人，无可怀疑。常仪，据《世本》帝喾次妃"娵訾氏之女曰常仪"的记载，绝非黄帝时人而距尧为近，也无可怀疑。因此，我们认为说羲和与常仪作甲子，合情合理。《世本》说"大挠作甲子"，缺乏根据。《史记·历书》索隐引《世本》作"黄帝使羲和占日，常仪占月"，断不可信。羲和、常仪不是黄帝时人，占日占月亦非黄帝时事。

附带申明一点。古代在很长的时间内人们实行以观察大火为内容的火历。以"历象日月星辰"为内容的阴阳历前发于颛顼、帝喾之时，正式形成于帝尧时代。但是新的阴阳历产生之后，旧的火历并未立即消失，事实上是两种历法双轨并行。所以在阴阳历产生之后文献中关于火历的记载仍时有出现。《左传》昭公十七年："火出，于夏为三月，于商为四月，于周为五月。"十八年："夏五月，火始昏见。"说明直至春秋时代人们还在应用火历。《尧典》"历象日月星辰，敬授人时"的人字，是有讲究的。有人说"敬授人时"应作"敬授民时"，非是。在先秦文献中，人、民二字含义是有区别的，如《皋陶谟》："在知人，在安民。"又如《诗·假乐》："宜民宜人。"显然人、民不同义，人指上层人士，民指庶民百姓，二字不可随意置换。"敬授人时"，是说把新的阴阳历颁发给各级上层人士施行，而不颁发给庶民百姓，因为民间依旧实行古老的火历。《尚书·洪范》说"王省唯岁，卿士唯月，师严唯日，庶民唯星"和《周礼·春官·大史》说"正岁年以序事，颁之于官府及都鄙，颁告朔于邦国"，就是证明。《尧典》"敬授人时"，应是中国古代朔政制度的源头，《洪范》和《周礼·大史》的话则是朔政制度的具体化。《公羊传》文公六年"不告朔也"句下何休注云："礼，诸侯受十二月朔政于天子，藏于太祖庙，每月朔朝庙，使大夫南面奉天子命，君北面而受之。"天子每岁制定十二月朔政，应即《洪范》说的"王省唯岁"。诸侯每月朔朝庙，应即《洪范》说的"卿士唯月"。《左传》桓公十七年说"天子有日官，诸侯有日御。日官居卿以底日，礼也。日御不失日以授百官于朝"。所谓"日御不失日以授百官于朝"，应即《洪范》说的"师严唯日"。

《洪范》"庶民唯星"一语说明庶民百姓在帝尧制定新历以后仍然靠着星星进行生产生活，不在朔政范围之内。他们使用观察星宿的老办法以知风雨寒暑，春播秋收。在帝尧之前，不知日月之行，不知岁、月、日，不知一岁三百六十六日，没有朔政制度，无论上层人士或庶民百姓，大家都一律"唯星"。那时候既不认识日月，取不出"十日"、"十二辰"的二十二个名称来，也因没有一年三百六十六日的概念，而不需要用甲子纪日。就是说，在黄帝之时，一方面没有产生甲子的可能，一方面也没有纪日之必要。说黄帝时"大挠作甲子"，是不可信的。

注释：

[1]古人以十、万为盈数。盈数是吉利的，故视盈数为良数。《左传》庄公十六年："不可使共叔无后于郑，使以十月入。曰良月也，就盈数焉。"杜预注："数满于十。"孔颖达疏："《易系辞》云，天一地二天三地四天五地六天七地八天九地十，至十而止，是数满于十也。"《左传》闵公元年："卜偃曰，毕万之后必大，万盈数也。"

[2]《国语·鲁语上》："帝喾能序三辰以固民。"《礼记·祭法》："帝喾能序星辰以著众。"与《大戴礼记·五帝德》之帝喾"历日月而迎送之"句文异而意同。

*此文为与金景芳合作
（原刊《传统文化与现代化》1993年第2期）

《先秦思想史要论》序

赵君忠文寄来新作《先秦思想史要论》书稿复印件，命我作序。作序务须仔细拜读全书，而今适值开学之初，忙着准备上课，手头急着写的东西也不少，因此打开邮件的一瞬间顿生一种无奈之感，心想撂下来过一段时间再说。可是竟不免先瞧瞧书的目录。目录挺有新意，接着翻翻正文。本想看几眼而已，谁知竟被吸引着不知不觉地一章一章读完。于是一股品评的冲动油然而生。讲思想史的书最忌自己没有思想，作者作不作都行，读者读不读皆可。而赵君这部思想史有思想，思想背后含着很深的学问功力。他这书应当作，读者值得读。至少我是这样想的。

赵君60年代毕业于北京大学考古系，先是在辽宁某县教中学，"文革"后凭本人实力受聘于辽宁师范大学历史系。1983至1984一年间来吉林大学跟金景芳先生学习先秦文献。听过我的课，算是沾一点师生关系，他因此总是称我为老师。我自知不敢当，却也不免多有学术的交往，十年间书信往还无数，见面切磋的机会也不少，一来二去竟成了灵犀相通的神交。我们的思想方法和主攻的学术方向简直是不谋而相近。

赵君治先秦思想史有一个由点到面，由浅入深，由个别到一般，由局部到整体的过程。先是一个一个研究个别的具体问题，点点滴滴地积累，逐渐地拓展前进的面，最后将方方面面连贯起来，便架构完成属于他自己的一个体系。在成书之前他发表了一篇又一篇有关先秦思想史的文章。那些文章最要紧的共同特点是有思想。他提供的东西全是脑中流淌出来的，无论你赞成与否，你得承认那是他的，看多了外国的片一块，中国的砍一条，东家弄点，西家用点，满纸的堂皇词句，到头来神仙也读不懂的那些入时的佳作，读了赵君的质朴文字，分外有一种新鲜感、亲切感。写书让人想看，看了感到新鲜亲切，说起来容易，做起来实难。我想这大概与他受过金景芳先生的熏陶有关，也与北京大学的传统学风有关。

赵君做学问善于抓关键，抓住关键加以深入地突破。《易经》是先秦思想史中的一块基石，也是一块硬骨头，难啃却又非啃不可。他啃了，而且啃出了自己的滋味。八卦的产生，向来是个难题。《系辞传》说伏牺氏画八卦，从北宋欧阳修起，人们一直在怀疑这个说法不可信。金景芳先生从远古历法发展变化的角度论定八卦产生于唐尧时代。因为八卦的产生应以人们有了自然之天的天概念为前提，而远古中国人自然之天的天概念的出现恰恰在"历日月而迎送之"（《大戴礼记·五帝德》）的帝喾和"钦若昊天，历象日月星辰，敬授人时"的唐尧时代。我相信这一结论是对的。赵君则从另一角度证明伏牺时代不可能产生八卦，根据是考古学材料。他从新石器时代的大量陶器上有规律的线条纹饰中悟出了八卦卦画符号产生的端倪。陶器的制作与应用与人类最初的耕种农业有关，因此他认定远古中国人的八卦智慧应当出现于神农时代。这一有重大学术意义的结论，如果不是我孤陋寡闻的话，那么这是赵君的创见。它为八卦的出现找到了物质性的基础，金景芳先生的结论则是强调八卦产生的意识形态根据。两个结论虽有不同，思路却大体一致。看来八卦的产生有一个不能太短的过程，在尧的时代八卦被赋予了天地水火风雷山泽的思想意义，真正的具有易学意义的八卦产生了，而在尧之前做为八卦物质性材料的符号已经陆续出现，甚至有了 ☰ ☷ ☵ ☲ 等等，但还不是真正意义上的八卦。有乾坤坎离诸名义的八卦产生于尧时。

赵君此书考古材料与文献材料使用的很熟，很充分。考古专业出身，运用考古材料是顺理成章事，不足奇。可是他对文献材料竟运用自如，仿佛信手拈来，我就不能不感到惊讶了。爬梳先秦的思想，《尚书》的材料最需用，也最难用。治此道者有意无意绕开它的实不为少，所以往往讲不到点子上，给人以无根游淡的印象，写出的先秦思想史或哲学史总令人觉得不那么够味。赵君用了《尚书》的材料，用了《周易》的材料，也用了金甲文的材料，情况就大不一样了。这些文献材料是宝库，内里蕴藏着我们民族古老思想文化的根，中国人最早的思想全在那里。赵君此书一头扎在这些文献里，一则表明他有这方面的根底，一则表明他的方法对头。

治先秦思想史总要追溯古人诸主干思想的源头，剖析三代思想的特点与差异，更要研究老子、孔子及战国诸子。老子、孔子尤其重要。孔子更是特别重要，因为他以前的思想是他做的总结和发展，他以后的诸子百家或发扬他或批判他，无不把他看得很重。这些重要的问题，赵君一一作了论述分析。这当然是一切同类著作所必须做的。此书与众不同之处在于：一、重点突出，要言不烦。面面俱到，什么都说，绝对不足取。因为什么都说了实际上就等于什么都没说，而且极易造成炒冷饭。二、许多观点是作者长年精心研究的结果，具有创见性，不是人云亦云。例子不少，读者看下去自会有所体认。

以上是我作为第一个读者读完此书所想到的，写出来，聊以为序。

（原刊《先秦思想史要论》，辽宁教育出版社1993年）

一部有贡献的学术著作

——读《儒道人生哲学》

　　我的案头摆着一部吉林教育出版社新出的书。因为时间短缺，本想大致翻翻算了，谁知端起来竟放不下，一口气读到头。读完觉得，如果我未读此书，将是一个很大的遗憾。它就是青年哲学学者邵汉明著的《儒道人生哲学》。

　　随着传统文化热的兴起，近年来同类的书出了不少，大家的小家的都有，其中不乏佳作，读来确实给人以启迪，而邵君的这一部，尤其令人鼓舞。它是一部有思想的思想史著作，反映作者中哲史的知识、理论、方法的修养很深；书是在充分研究的基础上写成的，绝对不是那种不难见到的东拼西凑的杂拌。

　　书不厚，只有7章21万字，涉及老子、庄子、孔子、孟子、荀子两派五家的人生哲学，包罗了他们的几乎所有问题，却写的博而约，少而精，该繁者繁，该简者简，分析透辟，卓有见地，而结论无不妥帖精当。是一部有理论贡献的书。具体地说，我以为此书的理论贡献有以下几点。

　　研究人生哲学离不开讨论古人关于人的本质的看法。人的本质即人究竟是什么的问题是一个麻烦的问题，不好解决，而不解决它，儒家学者们争论不休的性善性恶的问题便无法说清楚。解决这个问题，马克思的"人的本质在其现实性上是一切社会关系的总和"的著名论断，当然是最权威的理论依据。然而长期以来人们对马克思的这句话的理解有片面性，往往认为社会属性是人的唯一本质，而把人的自然属性排斥在外。本书作者根据邹化政先生的见解对马克思关于人的本质的论断提出以下正确的结论：人的自然属性和社会属性是人的本质的两个方面；人的自然属性是人的社会属性的基础和前提，人的社会属性潜存于人的自然属性之中，人不待其社会属性完全表现出来，当其具有物质机能系统及其肉体生理结构时，便已经是人；人的自然属性的存在和发展不能离开社会属性，但是不能说人的社会属性是自然属性存在和发展的独立依据。这一理论贡献不属于本书作者，本书作者的贡献在于，第一，指出孔子"性近习远"说已初步认识到人性（人的本质）包括自然属性和社会属性两个方面。第二，对孟子的人性观点做了迄今为止我认为最精辟的分析。孟子没有否定人的自然属性存在的必然性和合理性，但是他不认为人的社会属性与自然属性有内在的联系，从而把人的自然属性排斥在人性之外，认为人性只是社会属性。意识到人的社会属性具有"先天"的性质，却不知道社会属性的"先天"性质正在于它是人的自然属性的现实表现。第三，提出先秦儒家人性学说的发展经历了一个正反合的过程。孔子初步认识人性包括自然属性、社会属性两个方面，是正；孟子强调社会属性一个方面，是反；荀子有"性伪之分"、"性伪之合"的命题，事实上初步统一了人的自然性与社会性两个方面，是合。作者还指出荀子认为人的自然情欲是合理的。人的自然本性是中性的，含有发展为善或恶的两种可能，荀子之所谓人性恶在很大程度上是就其可能性而言的。

对先秦儒家的义利观的理论基础和现代意义做出恰当的说明，是本书的另一重要贡献。义利问题是儒家第一关注的问题，是它的人生论的重要组成部分。这个问题虽然其实并不难讲，但是像本书作者分析得如此准确明白，我却极少见到。作者指出，孔子重义轻利，仅仅提出"义以为上"，且未曾给义一个明确的界定，孟子则讲"唯义所在"，把义与利绝对对立起来，因为他说的义不是别的，乃是人之所以为人的依据和人的本质所在。义比生命更可贵，人可舍生，不可须臾离义。荀子主张先义后利，以义克利，肯定人之欲利是天然合理的，义与利应当两有。但是无论国家或个人都应以义胜利，不可以利克义。作者还指出，孟子极端重义轻利的主张是他的性善论必然导出的结论。性善论既然以为人的自然属性与人的本质无关，人的天然情欲被排除在人性之外，则人的利欲便必然被认为是一种罪尤。

对于先秦儒家的义利观之现代意义，作者做出辩证的分析。儒家轻蔑功利的思想显然不适合当代改革开放的要求，人们唾弃它，是历史之必然，也是历史之进步。然而在当前一切向钱看（即唯利是求）的文化倾向不断膨胀的情势下，我们会发现孟子重义轻利的观念也有某种内在的合理性。这种合理性就在于它以其片面、武断的形式高扬了人的精神需要和精神价值。

本书的另一理论贡献，是它对先秦儒道两家的人生哲学及其精神价值做出富有理论意义的比较研究，而且比较的方法是可取的，即用宏观把握与微观分析相结合，纵向考察与横向比较相结合的方法，达到把具体上升到抽象，再由抽象上升到具体的目的。例如，关于人生价值，儒家强调人的群体价值，道家强调人的个体价值；关于人生境界，儒家的主张带有人伦性、自由性、规范性的特征，道家的特征则是非人伦性、超自由性、非规范性；关于理想人格，儒家推崇的是现实的入世的道德人格，道家推崇的是超越的近于出世的自由人格；关于人生修养，儒家恪守理性主义的伦理原则，走的是内外交养的双向过程的路线，追求道德生活的满足与快乐，道家恪守非理性亦非感性的超越原则，走的是由外而内的单向过程的路线，追求绝对的无限的自由和快乐；关于人生论的精神价值，儒家主要表现在和谐意识、人本意识、忧患意识、力行意识四个方面，对于中国历代杰出人士追求真理，与邪恶势力做斗争的传统的形成起了积极的作用，对于中国文化误入出世的宗教歧途起了阻止、抑制的作用。道家主要表现在因性意识、超越意识、柔静意识、宽容意识四方面，固然不如儒家那样对现实的经验世界有直接的意义，但是它的重视人性，尊重规律的致思趣向和宽容精神在今天仍有一定的意义。

　　本书对上述问题的研究之所以能取得可观的理论贡献,原因之一是它自觉地避开了自二三十年代起以至今日一些人一直在使用的泛论的方法。它抓住了中国古代哲学中儒道人生哲学及其两大学派和孔孟荀老庄五大人物进行个案的研究。这是一项带有开拓性的工作,它将促进中国哲学和中国文化研究的真正深入。

　　对于当代新儒家的正确评判和对当代中国新文化的走势的恰当分析,也是本书一大贡献。作者说,"当代新儒家对儒家文化生命的肯定与认同,很难成为反映客观实际的价值判断,可谓理智不足而情感有余","认定儒学复兴不仅可以拯救中国,甚至可以拯救世界,儒家文化高于世界他族文化。显然这乃是我族中心论与文化万能论的变相表现。究其实,这不过是他们的一厢情愿而已,不过是一种渺茫的希冀和一场美好的幻梦"。对于儒道文化和人生论的正确态度,本书作者认为至为重要的是实现传统儒道文化与人生论的时代转换,而转换应从批判继承和超越创新两方面着手。批判继承是众所熟知的老提法,作者的新意见是他在批判继承之外又提出对传统思想文化要做出反思和超越,使二者相辅相成。关于二者的关系,他说,"批判继承是超越的基础性步骤,没有批判继承,所谓超越就是一句空话,反过来说,超越构成批判继承的目标指向,不能实现超越,所谓批判继承便毫无意义"。什么是超越,作者说,"超越是保持肯定的一种否定",目的在于突破与创新,实现传统儒道文化的人生论向现代化文化与人生论的转化,建构一种既适应时代前进步伐,又不失儒道文化与人生论特质和合理命题的民族新文化新人生论。同时要跳出狭隘的民族自我中心观念,使民族的文化与人学汇入世界文化的大河中去,又让世界文化走向中国,以丰富中国文化。我认为这一观点是有价值的,至少它启发了我的思路。

　　正像世上无完人一样,世上也无完书。找不出缺点的书往往因为那书没有思想没有价值。一部好书必然优点与缺点同在。本书的不足之处是有的问题未讲准,如孔子的中庸之道,有些个别结论尚须斟酌,如中国哲学的发端在老子、孔子;自然之天的天概念始于老子,成于荀子。有些重要史料未予足够的重视,如《易传》、《尚书》等。仅仅由于能够找出这些不尽人意处这一点,就证明这书是一部有思想有贡献有价值的高水平的学术著作。

(原刊《长白论丛》1993年第2期)

由《李后主新传》说到历史人物传记的写法

　　田居俭《李后主新传》，近由吉林文史出版社出版。作为一部历史人物传记，《李后主新传》写得很成功，它具有别的传记著作所有的共同的优点，也有它独具的长处。由此我想到历史人物传记的写法。首先，历史人物传记务必真实，符合历史的实际，写谁就应当是谁，容不得丝毫的虚假。田居俭为写《李后主新传》，在搜集史料上下过多年的苦功夫。与李后主有关的直接史料与间接史料，他都一一审慎稽核，精心取舍。全书六章20万字，引书1330种次，所引书主要的达107种之多。他写的历史事件，后周的，北宋的，吴的，南唐的，吴越的，南汉的，等等，都包括在内。他写的人物，传主上下左右文武尊卑，大大小小足有百数十人。他写的时代气氛，全国形势，北宋踞中原，虎视南北，咄咄逼人，南方一个个小邦被其相继吃掉。南唐三代国主，40年光景，则一代更比一代弱，其以小事大的屈辱国策既定，亡于北宋的结局也就指日可待。用所有这些客观历史的真实，自然就能烘托出传主悲剧性格和多舛命运的真实来。他写一个李后主却牵出多少个人的悲欢苦乐来。从一个人剖析了一个国家，从一个国家透视了一个时代，而最终揭示给你的还是李后主浮沉坎坷的一生。

　　然而做历史人物传记所要求的真实还有另一面，它也和文学创作一样，需要对素材取舍剪裁，选择最能表现传主特点的事与言加以刻画。从这个意义上说，历史人物传记的写作其实也是一种创作，是一种与文学创作不同的以历史真实为基础的创作。《李后主新传》尤其体现了这一特点。特别是在后四章中截取李后主帝王生活至关重要的四个侧面，即悲喜交加的婚恋、委曲求存的外交、昏庸不堪的内政、屈辱苟活的阶下囚结局。写这四个方面，材料的选择又极精。特别是李后主的绝妙的词作贴切着他的遭遇和感情的跳跃变化穿插着展现出来。这样有重点地写，有剪裁的写，一个有才无能，阴差阳错地当了皇帝，稀里糊涂地丢了江山，可恨又可怜的李后主就活脱脱地展示给了读者。

　　第二，写历史人物传记要不要使用文学手法？司马迁的太史公书是用了文学手法的，所以人们在公认《史记》是史书的同时，又把它当作文学作品来读。鲁迅说它是"史家之绝唱，无韵之《离骚》"，就是这个意思。今天我们写历史人物是不是也应这样办呢？我看可以也应该这样办。《李后主新传》就是个很好的例证。例如李后主那首使他丧命的"问君能有几多愁，恰似一江春水向东流"的词，谁都能吟诵，却不知李后主何以竟能出此句。作者描述道："酒过三巡，李煜更加品味出降王生活的苦涩，想起了每逢春花开，每度秋月朗，都使他牵肠挂肚，勾起对不堪回首的诸多往事的苦思苦恋。而每当他想到家山故国的雕栏玉砌依然安在，但却早已物是人非时，巨大的失落感就使得他心力交瘁，无穷无尽的怨愁，就像泛着春潮的大江流水，在他的胸膛里翻腾咆哮，迫使他不得不即刻宣泄。想到这里，他猛然操起一大杯水酒，仰头灌进燃烧的喉咙，接着大喊一声：'笔墨侍候！'随后濡墨运笔，一气呵成了一首《虞美人》。"这段精彩的心理描写应是全书的点睛之笔，让读者一下子感觉到李后主作为阶下囚，仍不乏阳刚之气，虽招来杀身之祸，却毕竟死得痛快淋漓，到底不同于那个"乐不思蜀"的刘禅！

最后，我还要指出一点，写历史人物传记不应该也不可能划出一个死的程式。司马迁对《孔子世家》和《项羽本纪》的处理就有明显区别。《李后主新传》这样写是合适的，因为传主是帝王兼词人。若传主是政治家帝王，或者是思想家、军事家、科学家，写法则可另作考虑。政治家帝王要侧重他的事业，思想家、军事家、科学家则不可不特别注意他的思想、智慧、发明以及对后世的影响和后世对他的反应。写人物传记，就应像司马迁那样，有一点文学味道，突出一点人物的形象性，让传主活脱些，生动些，总是需要的。

（原刊《社会科学辑刊》1993年第4期）

论《中庸》

——兼析朱熹"中庸"说之谬

　　《中庸》是儒家经典中至为重要的著作，它虽不是孔子亲手所作，是孔子身后由孔子之孙子思写成，但是却反映了孔子的思想。就其所反映的孔子思想的系统性与完整性而言，意义和影响甚至不亚于《论语》。这一点古人早有认识。汉人把《中庸》编入《小戴礼记》第31篇；自汉代起，不断地有人为它作注解，到清代朱彝尊作《经义考》时为止，已有《中庸》单篇注解150余种。唐人韩愈、李翱视《中庸》（还有《大学》）为与《论语》、《孟子》同样重要的经典。北宋程颢、程颐更表章《中庸》、《大学》与《论语》、《孟子》并行。至南宋朱熹，著《四书集注》（《大学章句》、《中庸章句》、《论语集注》、《孟子集注》），"四书"的名称确定下来，随后数百年间"四书"跃居与"五经"同等重要的地位，而朱熹的《四书集注》更成为士子必读的教材。朱熹还规定青少年读"四书"，应先读《大学》，次《论语》、《孟子》，最后读《中庸》。可见《中庸》在"四书"中是重要的也是难读的一部。

　　宋人给《中庸》以特殊的重视，没有错，今日亦应如此。唯宋人尤其朱熹对《中庸》所做的道学家解释，必须认真加以分析揭示。我们需要的是孔子本色的中庸思想，朱熹的一套理论应抛弃。以下从几个方面讨论《中庸》的问题。

一　《中庸》篇名含义

　　《中庸》篇名"中庸"一词肯定来自孔子，孔子说过"中庸之为德也，其至矣乎，民鲜久矣"（《论语·雍也》），"君子中庸，小人反中庸"（《中庸》引子曰）这两段话就是确切的证据。但是孔子没有对"中庸"一词做过任何正面的解释。《中庸》作者取"中庸"作篇名，正文中使用"中庸"一词也不下10次，却也没做明确的说明。因此，"中庸"一词到底是什么意思，两千多年来一直众说纷纭，莫衷一是。

　　自古至今关于"中庸"的解释最为权威的有郑玄、程颐、朱熹三家。郑玄说：

　　　　名曰"中庸"者，以其记中和之为用也。庸，用也。（《礼记正义》引郑玄《三礼目录》）

程颐说：

　　　　不偏之谓中，不易之谓庸。中者天下之正道，庸者天下之定理。（《河南程

氏遗书》卷七记作二先生语，朱熹《中庸章句》引作程颐语，今从朱氏）

朱熹说：

> 中者，不偏不倚，无过不及之名。庸，常也。（《中庸章句》）

三家的解释，郑玄训庸为用，释"中庸"为"中和之为用"，基本上是正确的。说它正确，因为训"中庸"之庸为用，最得《中庸》篇名的真义，"中庸"正是"用中"的意思。说它"基本上"正确，因为"中庸"是中之为用，不是"中和之为用"。人们把未发之中加以应用即付诸实践，产生的结果便是和。和必在用之后，中在未用时是谈不到和的。所以只能说中之为用，不可说"中和之为用"。

郑玄训"中庸"之庸为用，是不可移易的确诂。庸字在《诗》、《书》、《易》、"三传"以及先秦诸子书中多次出现，如《舜典》"明试以功，车服以庸"，《康诰》"勿庸以次汝封"，《诗·南山》"齐子庸止，既曰庸止"，《左传》僖公二十四年"庸勋亲亲"，昭公二十五年"不能庸先君之庙"，《荀子·王制》"则庸宽惠"，《庄子·齐物论》"为是不用而寓诸庸，庸也者用也"等等，庸字皆训用。《说文》用部，"庸，用也，从用庚"。"用，可施行也"。这是庸字的本义，庸字单做一词使用时一般都训用。有时庸字与另一字连合为一个成词，构成比较稳定的意义，如《尧典》"帝曰畴咨，若时登庸"，《君奭》"天不庸释于文王受命"，"登庸"和"庸释"都是由庸字组成的成词，庸字都训用。"登庸"就是"用登"，"用登"是用某人登位的意思。"庸释"就是"用释"；"用释"是厌弃、抛弃的意思。"中庸"一词的结构与"登庸"类似，"中庸"就是"用中"，就是把中加以应用，付诸实行的意思。另一方面，从《礼记》49篇的篇名看，类似"中庸"这种结构的，还有一些。例如《学记》、《服问》、《经解》，其实便是"记学"、"问服"、"解经"的意思，与《中庸》之为"用中"同。

《论语·学而》记有子说："礼之用，和为贵。"根据《礼记·仲尼燕居》所记孔子"礼所以制中也"的说法，知礼的特点是制中。那么，我们可以把"礼之用，和为贵"的话理解为"中之用，和为贵"。中，用起来最好达到和的状态。用中的结果是中和，所以《中庸》用大量篇幅讲中和。这个问题下文要详加阐述，此不细言。"礼之用，和为贵"的和与中和之和同义，即孔子讲的时中，子思讲的"皆中节"，孟子讲的权，绝对不是和气的意思，朱熹《论语集注》释"和为贵"的和为"从容不迫"，比释作和气更加离题。

不过，庸字在经典里不可一概训作用。《中庸》篇中"庸德之行，庸言之谨"之两庸字不宜训用。郑玄《中庸》注说："庸犹常也。言德常行也，言常谨也。"是对的。

这里特别应该指出，《中庸》的作者提出中和的概念，并且划清了中与和的不同，使我们知道"中庸"是用中，把中付诸实行，使之皆中节就是和。令我们明白：有个中在那里，这对于人来说还不够，人必须解决如何在"中"的实行中使之皆中节，即达到和的问题。一个孔子虽然身体力行做到了却未曾确切言明的问题由《中庸》作者讲明了。这是《中庸》作者的重大理论贡献。这位思想家委实不简单，他会是谁呢？司马迁、郑玄说是孔子之孙子思（《孔子世家》、《经典释文》引）。我们相信这一说法。

古书用简策，长期转抄中窜入几句后人语乃司空见惯事，不必因为见《中庸》文中杂有"车同轨，书同文"数句就把它的成书时代拉到秦以后。欧阳修、崔述及现代某些学者的质疑，不足信据。

中这个概念很古老，尧传位给舜时曾交代说："咨尔舜，天之历数在尔躬，允执其中，四海困穷，天禄永终。"后来舜传禹时也说了同样的话（《论语·尧曰》）。孔子也说舜"执其两端，用其中于民"（《中庸》）。据孟子说，这"允执其中"的王者五百年出一位，自尧舜禹汤文武周公传至孔子（《孟子·尽心下》）。但是"允执其中"的中到底怎样理解，怎样实行，谁也没有讲。现在我们知道，孔子自己是完全做到了"允执其中"了，也言及了"中庸"，可是"中庸"是怎么回事，怎样"允执其中"，他却没有言明。这个问题是子思作《中庸》才回答的了。

那么，程颐说，"不偏之谓中，不易之谓庸"，对不对呢？不对。庸是用，不是不易。中是"喜怒哀乐之未发谓之中"的中，即不偏不倚，不左不右，无过不及。这个中是静的，自在的。"中庸"二字的含义就是如何将这个中付诸实行。而程颐讲"不偏之谓中"的中却是喜怒哀乐既发之后的和，即孔子讲的时中，孟子讲的权。"中庸"之中不是这个中。程颐释"中庸"为"不偏"、"不易"，说明他对子思作《中庸》的意义没能把握。

但是，程颐对中的理解实在相当深刻。他说："只一个中字，但用不同。"（《河南程氏遗书》卷十八）以为一个中字有二义，一是在中之义，一是时中之义。在中之义的中，即喜怒哀乐未发之中。他说，"天下事事物物皆有中"，"事事物物上皆天然有个中在那上，不待人安排也"（同上书卷十七），也是这个中。至于他说的"不偏之谓中"的中，是时中的中，即喜怒哀乐既发之和。他释"不偏"说，"若以手足胼胝、闭户不出二者之间取中，便不是中。若当手足胼胝，则于此为中；当闭户不出，则于此为中"（同上）。又说，"且如初寒时则薄裘为中，如在盛寒而用初寒之裘，则非中也。更如三过其门而不入，在禹稷之世为中，若居陋巷，则不中矣。居陋巷，在颜子之时为中，若三过其门不入，则非中也"（上书卷十八）。程氏说"不偏之谓中"，甚得孔子时中即"无可无不可"之精义，只是用以释"中庸"的中则错了；"中庸"之中是在中之中。当人们把它付诸实行之后，达到恰当不偏，切合时宜，那时才可以叫做时中，叫做"不偏之谓中"。

朱熹讲"中者，不偏不倚、无过不及之名。庸，平常也"，与子思"中庸"之义根本悖谬。释"中庸"之中为"不偏不倚，无过不及"，是对的，而释庸为平常，则大错。说明他完全没有理解子思《中庸》之义。况且他在《中庸或问》里又说："盖不偏不倚，独立而不近四旁，心之体，地之中也。无过不及，犹行而不先不后，理之当，事之中也。故于未发之本，则取不偏不倚之名；于已发而时中，则取无过不及之义，语各有当也。"他此话至少有两个错误，第一，不偏不倚与无过不及同义，都是程氏所谓"在中"之中，亦即喜怒哀乐未发之中，但是他却视作二事，以为不偏不倚是在中义，无过不及是时中之义。因而第二，他实际上以为"中庸"之中既是在中又是时中，既是中又是和,是不对的。比照他在《中庸章句》里释中为"天命之性",释和为"情之正,无所乖戾",看得出他在中的问题上逻辑混乱,认识不清,整个儿的未曾弄懂。

二　中、和

《中庸》提出了"中和"的概念,其文云:"喜怒哀乐之未发谓之中,发而皆中节谓之和。"子思这一提法具有开创性,有重大的理论意义,等于揭开了孔子"中庸"一词含义之谜。把中字析为中与和两层意义,中在未发时,客观地存在那里,犹如今语讲的客观辩证法。中在由人付诸应用之后,处理得当,无不中节,名曰和,犹如今语讲的主观辩证法。人的任务是把客观存在的中应用起来,使皆中节,这不正是"中庸"之义吗!

"喜怒哀乐之未发谓之中"的中,是程颐所说"在中"之义。喜怒哀乐未发,即未尝有喜有怒有哀有乐,处在静态当中,谈不上过或不及,可以说一切都在不偏不倚,不左不右的恰当位置上,这当然可以叫做中。孔子答子贡问子张与子夏孰贤,曰:"师也过,商也不及。"又曰:"过犹不及"。(《论语·先进》)《礼记·仲尼燕居》记孔子曰:"师尔过,而商也不及。"郑玄注:"过与不及,言敏钝不同,俱违礼也。"意谓过敏与钝不及敏,皆不可取,居二者之中为好。孟子说:"杨子取为我,拔一毛而利天下不为也。墨子兼爱,摩顶放踵利天下,为之。子莫执中,执中为近之。"(《孟子·尽心上》)言子莫既不取杨朱为我,拔一毛而利天下不为,也不取墨子摩顶放踵利天下为之,而取二者之中。孟子认为子莫的做法虽不知权,但是毕竟强于杨墨,因为他知执中。这些不偏不倚,不左不右,无过不及,居中守中的中,就是"喜怒哀乐之未发谓之中"的中,亦即程颐所说"在中"之中。朱熹《中庸章句》题下注所说:"中者,不偏不倚,无过不及之名。"用以释"中庸"之中,是正确的,若用以释"中和"之中,即"喜怒哀乐之未发谓之中"的中,也很恰当。但是朱熹自己并不这样理解。他用"其未发,则性也,无所偏倚"解释"喜怒哀乐之未发谓之中"的中,把中与性扯到一起,又误。就朱熹释中之义逻辑如此混乱这一点看,他对于《中庸》的理解,可谓基本不得要领。

喜怒哀乐"发而皆中节谓之和"的和,是程颐所说中字有二义之第二义——时中。以时中解释《中庸》"发而皆中节"的和,切中肯綮,任何其他的解释都不能取代。喜怒哀乐未发出来,自然有个不偏不倚的中在,故云在中。既发之后,喜怒哀乐之中节与否,就要依时而定了。时当喜而怒,当哀而乐,或时当怒而喜,当乐而哀,便是不中节,亦即不合时宜,不是和。时当喜则喜,当怒则怒,当哀则哀,当乐则乐,便是中节,亦即合时宜,是和。《中庸》举"喜怒哀乐"之发与未发说中和,仅是个比喻,因为喜怒哀乐是尽人皆有的经验,说来易懂;并非说和仅仅表现人之喜怒哀乐发而皆中节上。朱熹《中庸章句》注和字说:"发皆中节,情之正也,无所乖戾,故谓之和。"前面未发之中扯到性上,这里释和又扯到情上。人之能否喜怒哀乐皆中节,不是情的问题,而是如何驾驭情的问题。这完全决定于人的智力,也就是认识水平。所以孔子称赞舜能"执其两端，用其中于民"时，说舜是大知的人，而不说他性情如何美好。说"无所乖戾"就是和，也不是准确的解释。很明显，和，必然"无所乖戾"，但是"无所乖戾"的事情却不必是和。况且，事实上表现中和与否的事情多着呢，是普遍存在的，绝不止于喜怒哀乐发与未发这一个方面。

例如礼，古人视为立身治国之大经，视听言动均不得有违。礼的规定很繁很细，实行起来要靠人灵活把握，即有个经与权的问题。《中庸》说："优优大哉，礼仪三百，威仪三千，待其人而后行。"三百三千是死的规定，是经；"待其人而后行"，就是要人权宜行事，灵活机变。这礼的规定，必是根据最一般的情况做出，不偏不倚，不左不右，具有普遍的适应性。这正是《中庸》所说未发之中。所以古人说："夫礼所以制中也。"（《礼记·仲尼燕居》）礼文之规定是必须取不偏不倚的中道的，必须具有普遍的适应性，而同时又要允许有所变通。例如丧服期限，"至亲以期断"，直近亲属以一年之丧为中，但是亲疏远近不同则丧期有变。父母必三年之丧，是加隆。其余有缌麻、小功等不足一年者，是杀（《礼记·三年问》）。隆杀便是和。

古人中孟子是最为知权的一位。"男女授受不亲"，是古礼中一条重要规定，通常情况下谁也不得违犯。遇有特殊的情况例如嫂溺怎么办？孟子说，"嫂溺援之以手"，"嫂溺不援，是豺狼也"。"男女授受不亲"与"嫂溺援之以手"，看似抵触，其实极顺理。孟子说："男女授受不亲，礼也；嫂溺援之以手，权也。"（《孟子·离娄上》）平时授受不亲，特别时候援之以手，都是正确的，前者是中，后者也是中。但是，毕竟有区别，前者属于一般性，相当于"喜怒哀乐之未发"的中；后者属于特殊性，相当于"发而皆中节"的和。孟子对于权的理解极其深刻，上文已言及孟子曾说子莫既不学杨子为我，也不学墨子兼爱，而是执中，执中比为我、兼爱两个极端好。但是，孟子认为，"执中无权犹执一也。所恶执一者，为其贼道也，举一而废百也"（《孟子·尽心上》）。执中是对的，但只对一半，另一半尚须知权。执中而不知权便等于执一，执一则绝对达不到《中庸》所谓皆中节的和。老子贵柔守雌不为天下先，所以道家不讲中和也做不到中和。

孟子讲权，孔子讲时中，都是《中庸》讲的皆中节的和。孔子自称他与前圣伯夷、叔齐、柳下惠诸人之根本不同在于那些人拘于一偏，而他是"无可无不可"（《论语·微子》）。什么事情都无所谓可也无所谓不可，一切依时而行。孔子确实是这样做的。据孟子说，"孔子之去齐，接淅而行。去鲁，曰：迟迟吾行也，去父母国之道也。可以速而速，可以久而久，可以处而处，可以仕而仕，孔子也。""孔子，圣之时者也"（《孟子·万章下》）。孔子教学因材而异，"求也退，故进之；由也兼人，故退之"（《论语·先进》），弟子问仁问孝，孔子因人而异，时而这样答，时而那样答，都是"无可无不可"的表现，换句话说，就是时中。孔子看问题做事情这种知权达变，不为典要的灵活方法使弟子们既难以捉摸又深为叹服，所以颜渊慨叹说：夫子"仰之弥高，钻之弥坚。瞻之在前，忽焉在后"（《论语·子罕》）。

以上扼要地讨论了"中和"之中与和的不同。简言之，中是不偏不倚，不左不右，无过不及。它是隐的，静的，自在的，有待于人去实行。由于事物是复杂多变的，人在实行这个中时务须知道权变，把握时宜，否则不流于执一，便陷入折中调和，看来是中，其实不是中。如果能够知权达变，合乎时宜，表面看不是中，但是，是正确的，恰当的，因而实质也是中。这个中，孔子叫时中，孟子喻以权，《中庸》则径称之为和。程颐讲中一字而有二义，一曰在中，二曰时中，真可谓真知灼见。

子思《中庸》的和概念是有承继的，不是他的突然发明。和概念早在孔子及孔子之前已经出现。《国语·郑语》记史伯批评周幽王用人拘于一偏，是"去和而取同"。《左传》昭公二十年记齐晏婴说，和与同异。《论语·子路》记孔子说，"君子和而不同，小人同而不和"。三人所说的和皆与同对言，那么这和是什么意思呢？史伯说："以他平他谓之和。"晏婴说："和如羹焉。水火醯醢盐梅以烹鱼肉，燀之以薪，宰夫和之，齐之以味。"又说："君臣亦然。君所谓可，而有否焉，臣献其否，以成其可。君所谓否，而有可焉，臣献其可，以去其否。是以政平而无干，民无争心。"《左传》昭公二十年又记孔子说："善哉，政宽则民慢，慢则纠之以猛，猛则民残，残则施之以宽，宽以济猛，猛以济宽，政是以和。"《郑语》韦昭注："和谓可否相济。同谓同欲。"左昭二十年杜预注："否，不可也。献君之否，以成君之可。"以上诸人对和的理解与《中庸》是一致的，只是《中庸》概括为"皆中节谓之和"更为简炼、确切，因而更具有理论意义。

《中庸》之中和说与《易传》也有关系。《易》以二、五两爻为中，《易传》解释卦爻辞特别以中为重。二、五之中，相当于未发之中，其特点是不偏不倚，不左不右，恰在中道。《易》又以阳爻居阳位，阴爻居阴位为正，《易传》解释卦爻辞也以正为重。正，其实是做事正确，符合实际，相当于既发而皆中节的和。皆中节的和，在《易传》里更突出地表现为时。艮卦《彖传》说"艮止也，时止则止，时行则行，动静不失其时，其道光明"，最能反映《易传》时中的思想。六十四卦一卦代表一个时代，一爻代表一个时代中的不同阶段。例如乾卦，是元亨利贞的时代，乾之六爻则有潜、见、惕、或、飞、亢六种不同表现。时不同，对待亦应不同。人在乾时应当刚健奋进，自强不息。在乾之初则当隐伏不见，乐则行之，忧则违之；在乾之三则要进德修业，终日乾乾。《易传》明确强调时或时中的言论很多，如升《彖传》："柔以时升。"蒙《彖传》："时中也。"损、益《彖传》："与时偕行。"等等。《易传》这正、时、时中的概念，到得《中庸》，就成为中和的和。

中和二字连用时，二字的关系是中而和，不能理解为中与和、中之和。中而和是"中庸"即把不偏不倚、不左不右的中加以灵活应用所达到的结果。人有中和问题，自然界也有中和问题。在人，属于思想方法，是方法论的问题；做到中和，是高智力的表现。能"致中和"的人极为罕见。孔子绝不轻易许人以仁，但也说管仲是仁者，说颜渊三月不违仁，而对于中和，他仅仅以为舜够标准，因而说："舜其大知也与"（《中庸》第6章）。孟子则除言及舜做到中和之外，又提到孔子。在自然界，中和属于天道运行，万物生育的一种最佳状态。是无思无为，自然天成。孔子讲的"天何言哉，四时行焉，百物生焉，天何言哉"（《论语·阳货》）和《周易》乾《彖传》说的"乾道变化，各正性命，保合太和"，正是自然界的中和状态。孔子认为人若真正做到中和，便会取得伟大的效果，乃至于"与天地合其德，与日月合其明，与四时合其序，与鬼神和其吉凶"（《周易》乾《文言传》）。也就是《中庸》讲的"致中和，天地位焉，万物育焉"（第1章），"可以赞天地之化育"，"可以与天地参"（第22章）。这当然不是说人"致中和"能够决定或改变天地万物的面貌，而是说人的中和与天地自然之中和具有一致性，人是可以合于天的。

三　天、性、道、教

《中庸》开宗明义便说："天命之谓性，率性之谓道，修道之谓教。道也者不可须臾离也，可离非道也。"从天讲到人，从天之道讲到人之道，而后落到人之修养——教上。然后全篇都是讲君子如何修道、尽性、知天，以至于达到与天地参的问题。主旨与逻辑层次同《易传》一致而比《易传》更系统、圆通。

"天命之谓性"，命是谓词，使令、赋予之意。天是主词，指称天地自然。性，物之性及人之性。全句是说天所使令，天所赋予，天所生成的，就是性。这个性具有普遍意义，包括人类和万物，与《易文言传》"各正性命"之性同义。

"天命之谓性"之"天"，宜据《易传》作解。《易传》讲万物乃自然天成，与神无涉。而自然就是天，天不能单独成物，必天地合德方能造就万物。故《序卦传》说"有天地然后万物生焉"，"有天地然后有万物，有万物然后有男女"，不单言天而合言天地。《说卦传》说"立天之道曰阴与阳，立地之道曰柔与刚"。天的实质性内容不是别的，就是太阳。《礼记·郊特牲》讲"大报天而主日"，《汉书·魏相传》说"天地变化必由阴阳，阴阳之分以日为纪"。可见古人指天为太阳，所谓"立天之道曰阴与阳"，这阴与阳是太阳造成的，如昼夜、寒暑、阴晴、春夏秋冬等。"立地之道曰柔与刚"，柔刚其实也是阴阳。地即大地。地上的阴阳表现在金木水火土等实物上。

天地生成万物以及人类，《文言传》认为是天地合德即相互作用的结果。《文言传》用乾指称天，用坤指称地。《系辞传下》又说："乾阳物也，坤阴物也。"从小处说，天地各有阴阳，从大处说，天地亦一阴阳。那么，在生成万物的问题上天地各起什么作用呢？乾《彖传》说："大哉乾元，万物资始。"坤《彖传》说："至哉坤元，万物资生。"天广大无比，万物赖之以生，地亦至广无比，万物赖之以成，天地合德，然后万物"各正性命"，"品物咸章"。从万物的角度看，飞潜动植以及人类男女，全由天赋，自然天成，既非神意，亦非人为。《中庸》所说"天命之谓性"之"天命"，恰是此意。命字在此作动词用，不宜视为名词。"天命"，天是天地自然，命是生成万物以及人类。

性是什么，"天命之谓性"句便是最明确的定义。万物及人类由天地合德而自然生成，其形其质皆自然所赋予。此自然所赋予之形与质，便是性。《系辞传上》说：

"一阴一阳之谓道,继之者善也,成之者性也。"一阴一阳实即乾与坤,乾坤对立统一便是自然规律。继是人继,人能与乾坤合其德,顺应自然规律,就是善。善不是性,"成之者"才是性。成是天成,天(即乾道与坤道)生成万物;万物从天那里获得一定的形体,一定的性质,便是性。《大戴礼·本命》说"形于一谓之性",义与此同。《春秋繁露·实性》说"性者,天质之朴也",讲得更加明白无疑。这样理解性,与孔子"性相近"的说法完全符合,性就是天赋的自然本性,人类如此,"品物流形","各正性命"的万物亦如此。朱熹《中庸章句》说"性即理也",大谬。他说的理实际是老子"道生一"的道。此"道"先天地生,独立而不改,与物之性、人之性无干。即便他说的"理一分殊"之分散于万物的理,也不是《中庸》所言之性。孔子固然也讲理,如《说卦传》说"穷理尽性以至于命","顺性命之理",但是此理指一般事理而言,与朱熹的理不是一事。

"率性之谓道",此性指人之性,此道指人之道。人之性问题历来争论最大,说法很多。我们讨论《中庸》所言之性,自应遵循孔子的意见。孔子说:"性相近也,习相远也。"《论语》记孔子言性只有这一条。这一条却十分重要,也十分明白。性是天赋自然之性,人们大体相同,故言近。习是后天习染,人们相差甚远,故言远。自然之性无所谓善恶,善恶乃后天环境、教育造成,人各有不同。孟子"人性善"、荀子"人性恶"以及后世人之"有善有恶"、"善恶混"诸说,都与孔子相近相远之说不符,也都不正确。

人之道,依《说卦传》"立人之道曰仁与义"的说法,是仁与义。仁与义在孔子那里既是道德的概念,也是人伦关系的概念。人之所以是人,与动物不同,除形体特质的自然属性之外,更重要的在于人有社会属性。《说卦传》用仁与义概括的人之道其实说的就是人的社会属性。仁与义不是别的,正是人必然生活其中的社会关系的两个方面。一个是血缘关系,一个是血缘外关系(在阶级社会表现为政治关系)。人生活在这两种社会关系中,所以叫人;动物有血缘但没有血缘关系,某些动物虽有群体关系(如蜂、蚁),却属于天赋本能,没有群体意识支配,更无道德可言。所以动物不是人。《中庸》记孔子说:"仁者人也,亲亲为大;义者宜也,尊贤为大。亲亲之杀,尊贤之等,礼所生也。"显然在孔子看来,仁主要讲血缘关系,义主要讲政治关系。两种关系都有等差,由此而产生礼。

人之道与天之道是相通的。"一阴一阳之谓道"是天之道,天之道由抽象到具体,就是人之道。"立天之道曰阴与阳"落到人类,便是"立人之道曰仁与义"。仁与义的实质是阴与阳。

"率性之谓道",应是"天率性之谓道",天字作为主词,因上句省。这里,率字的训释是关键。郑玄《中庸》注:"率,循也。"宋人程颐、朱熹因之。率字固有循训,经典率字多有训循者,如《诗·大雅·縣》"率西水浒"、《小雅·北山》"率土之滨",毛传率并训循。但是率与帅古同音通用,帅亦作率。《荀子·富国》:"将率不能则兵弱。"《汉书·申屠嘉传》:"迁为队率。"师古注:"一队之率也。"郑玄注《仪礼·聘礼》"帅众介夕"云:"古文帅皆作率。"《说文》辵部:"遳遵率,先导也。"段注:"遳,经典假率字为之。"又:"《释诂》、《毛传》皆云'率,循也',此引申之义,有先导之者,乃有循而行者。"是知率训循行,亦训先导、率领。

"率性之谓道"之率字宜训先导、率领,训循是不对的。是谁率性? 是天率性。率什么性? 率人的自然属性。自然属性决定人有喜怒哀乐爱恶欲。天既能生人,使之备具人之性,亦能使人性中的诸多情欲有所节制,即先导之,率领之,使达于中和的状态而不至于无忌惮,这就是道。道是客观的,不以人的主观意识为左右。率人之性的是天,是天之道,然而落实到人类身上,便由抽象上升到具体而成为人之道。人之道即如上文所说,是仁与义。仁与义不是别的,就是任何个人都不能逃脱或改变的血缘、血缘外两种社会关系。社会关系是变化的,古今有所不同,但是人必生存于其中且受其率领、节制这一点,永远不会变。如果训率为循,则循性者必是人;人循性而行,必无所节制,何可谓道!

道不能改变却可以修治,故云:"修道之谓教。"概言之,"修道"就是学道,就是通过一定的手段使人不离道且自觉地处在道的节制中。具体地说,包括治人和修身两方面。朱熹以为"修道之谓教"的教只是"圣人因人物之所当行者而品节之,以为法于天下,则谓之教,若礼乐刑政之属是也",注意了治人的一面,忽略了修身的一面。其实《中庸》重点在于讲修身,故云:"为政在人,取人以身,修身以道,修道以仁。"人之修道在于仁,也包括义、知、勇等。仁、义、知、勇都有个时与度的问题,须做到"无可无不可"、"无过不及",亦即把握中庸之道。达到极致,是"致中和",可"赞天地之化育","可以与天地参"。

《中庸》开宗明义提出天、性、道、教四个概念,指明四者的关系,意在强调人道与天道的差异性与一致性,修道的必要性与可能性。君子修道之最重要也最难能的一项是做到"时中",以达于"致中和"、"与天地参"。其中蕴含着孔子人与天地合其德的"天人合一"的思想。朱熹《中庸章句》用理释性,以循训率,说率性是"人物各循其性之自然",亦即循理而行;而理是宋人鼓吹的所谓天理,根本不是孔子讲的天之道、人之性。

四　诚

《中庸》用很多篇幅讲诚的问题。由人道的诚讲到天道的诚,又由天道的诚讲到人道的诚,强调人道的诚与天道的诚的一致性,在中和问题之后更进一步从诚的角度阐述天人合一的观点。

《中庸》提出诚的概念,是与孔子及《周易》有关系的。《论语》没有明确的诚概念,有两个诚字,也都与《中庸》哲学意义上的诚不同。但是,《中庸》讲的天道之诚的确可在《论语》中找到根据,"天何言哉,四时行焉,百物生焉,天何言哉"(《论语·阳货》),"子在川上曰:'逝者如斯夫,不舍昼夜!'"(《论语·子罕》),所言天不言而流行生物不息，岂不正是《中庸》讲的天道之诚！《周易》无妄卦卦辞讲"无妄，元亨利贞，其匪正有眚，不利有攸往"，《彖传》解释"无妄，元亨利贞"为"天之命也"，解释"其匪正有眚，不利有攸往"说，"无妄之往，何之矣，天命不佑，行矣哉"。《象传》说"天下雷行，物与无妄，先王以茂对时育万物"。这是说无妄是天之命或曰天之道亦即由太阳运行规律决定的万物生生不息地生长、发展、运动、变化的历程，这历程恒久而无差忒。人的思想行为也有个能否适应天之道的问题，天道是无妄的，人亦当效天而无妄。《周易》无妄的思想，《中庸》使用一个诚字来概括。

诚字怎么讲？《尔雅》、《广雅》都训信，《说文》言部则诚、信互训，《诗·九罭》"于汝信处"，郑玄笺："信，诚也。"贾谊《新书·道术》说"期果言当谓之信，反信为慢；志操精果谓之诚，反诚为殆"。训诚字为信，为言行一致，心口如一，为慢殆的反义，当然是对的。但是《中庸》的诚已具有哲学的蕴含，不可简单对待。朱熹《中庸章句》说："诚者，真实无妄之谓，天理之本然也。"说天道之诚是真实无妄，极得要领，说诚是"天理之本然"，则大谬。天理是朱熹强加给《中庸》的概念，是宋人的东西，孔子以及《中庸》只讲天之道、人之道等等，从不言什么天理。朱熹所谓理，在物之先，物之外，在某物之先，先有个某物之理在，然后才有某物；在天地之先，先有个天理在，然后才有天地。这理与孔子讲的道根本不同。《中庸》本身已交代得十分清楚："道也者，不可须臾离也，可离非道也。"若说诚是天道之本然，那就对了。

《中庸》言诚先从人之道说起。它的逻辑思路是这样的：君子的人生价值在于修身、治人、治天下国家；为此要处理好君臣、父子、夫妇、昆弟、朋友五种关系即天下五达道，要解决好修身、尊贤、亲亲等所谓九经；而要做到这些，必须具备知、仁、勇三方面即天下三达德；而根本的一点是修身，修身的直接目标是使身诚；如何使身诚？曰："诚身有道，不明乎善，不诚乎身矣。"曰："诚之者，择善而固执之者也。"一是明善，二是行善。由此可见，君子诚身的内涵就是一个善字。《系辞传》说："继之者善也，成之者性也。"由此又可见，性是天成，善是后继，是人为修养；诚当然不是人性所固有。这道理在《易传》和《中庸》表述得极确切。

《中庸》说："诚者天之道也。诚之者人之道也。诚者不勉而中，不思而得，从容中道，圣人也。"这是《中庸》论诚至关重要的言论。它是说，第一，无论天道人道，诚都是一样的，故天人可以相通，可以合一。第二，天与人诚的途径有别，天道之诚"不勉而中，不思而得，从容中道"，即不须努力，不须思虑，自然天成。而人道之诚则须通过勉、思达到。第三，人中之圣人特殊，与天相同，诚可以不勉不思而成。亦即《中庸》另处所言"生而知之"，"安而行之"之人。"生而知之"说本孔子（见《论语·季氏》）。"生而知之"之人本不存在，孔子自己从不以"生而知之"自许。他之所以在"学而知之"之前虚悬"生而知之"一格，是时代迫使他不得不如此，犹如他本不信鬼神之存在，却又充分肯定祭祀之重要一样，是出于神道设教的考虑。子思对此当然是要继承的。

虚设圣人生而知之，不勉不思而成这一格，实具有重大的理论意义，既给人达到天道之诚从而实现天人合一提供可能性，也给对人提出明善、择善而固执之以达到诚的境界找到了充分的理由和依据。所以《中庸》言诚特别详述天道之诚，然后特别强调人道效天道而达到诚的途径。第26章讲"故至诚无息"云云，即是言天道之诚。天道之诚表现在天地之生物、成物上。天地"至诚无息"，天高明，地博厚，二者共悠久。它们"为物不贰"，专一不乱；"生物不测"，多至无穷。而所有生物成物的过程始终表现为"不见而章，不动而变，无为而成"。所以第25章说"诚者自成也"，"诚者物之始终也，不诚无物"。诚表现在物之成上，倘无物，诚则无从说起。朱熹将诚释为真实无妄，是符合《中庸》本义的。

《中庸》按照天道之诚给人道之诚描述出修养的途径。第21章说："自诚明，谓之性；自明诚，谓之教。诚则明矣，明则诚矣。"由诚而至于明善，是天命之性使然，不假人为修养，属于"不勉而中，不思而得"的圣人一类。这类人能尽己之性，又能尽人物之性，甚乃可以"赞天地之化育"而"与天地参"，以至于"发育万物，峻极于天"。圣人以下的君子贤人一类不能"自诚明"，而须"自明诚"，他们要"明善"并"择善而固执之"，为此务必要"博学之，审问之，慎思之，明辨之，笃行之"，而且学、问、思、辨、行务须造其极，做到"人一能之己百之，人十能之己千之"，付出十倍于人的努力。

以上是《中庸》诚说的大概。它的渊源显然在孔子及其《易传》。《文言传》之"夫大人者与天地合其德"，"君子学以聚之"，"君子敬以直内，义以方外"，《系辞传》之"精义入神"，"穷神知化"云云，讲的正是"自诚明"、"自明诚"的问题。《中庸》诚说并不神秘，参照《易传》看，不难明白，对于人的道德修养也很有积极的意义。它说天道是诚的，人也要学天道之诚，办法是学以明善，择善而固执之，要终生积渐，奋斗不息。这道理极其朴实，且有哲学意义，对于今人也有借鉴的价值。

可是《中庸》诚说到宋人尤其朱熹那里却变了样。朱熹说诚是真实无妄，是对的，其余则加以扭曲。朱熹喜言体用，便用体用说框《中庸》的诚。他说"性即理"（《中庸章句》），"诚是实理自然"，"诚之者是实其实理"（《语类》卷六十二）。性是理，诚也是理，则诚必是性。又说"性是体，道是用"（同上），"天下之物，洪纤巨细，飞潜动植，亦莫不各得其性命之正以生，而未尝有一毫之差。此天理之所以为贵而不妄者也"（《中庸或问》），"大本者，天命之性。天下之理皆从此出。道之体也"（《中庸章句》）。以为性、诚都是道体，而道是用。这里，朱熹对《中庸》的扭曲至少有三。第一，《中庸》思想得自孔子及其《易传》，不讲体用，讲体用是朱熹的思想，与《中庸》不相干。况且《中庸》讲诚是天之道，"诚之"是人之道，诚与"诚之"分别表现在天之道与人之道之中，不可谓诚是体，道是用。第二，《中庸》讲道不讲理，而且只讲天之道、人之道、天地之道、天下之道等等，不讲超越物外之道。朱熹在道之外又讲理，且谓诚是理是体，而道是用，等于说理是体，道是用。第三，《中庸》谓"天命之谓性，率性之谓道"，"诚者天之道也"，性、道不同，而诚表现在天之道上，故诚、性亦非一物，朱熹却谓性、诚一事。

以上就四方面问题讨论了《中庸》的基本思想，分析且批评了朱熹"中庸"说之谬误。我们的观点概括地说是以下几点。第一,《中庸》确系孔子之孙子思所作,反映孔子的思想且与《易传》有关。第二,中的概念始于尧,传至舜禹成汤文武周公,谁都不曾明白地讲过人究竟应当怎样用中。至孔子才提出"中庸"说,并且身体力行地给用中指出一条道路,但是也没有明言"中庸"的含义为何。子思作《中庸》,把中划分为中与和二义,这才使人知道了"中庸"就是用中,就是让人把客观自在的未发的中,付诸应用,使达到皆中节的和。这和相当于孔子的时中,孟子的权。中与和的关系毋宁说是经与权的关系。第三,《中庸》全文贯穿着天人合一的思想,由天道言及人道,认为人道与天道一致,人道应该也能够与天道合,进而强调人修道进德的积极意义。第四,朱熹借助《中庸》建立自己的理学体系,他对《中庸》的解释在诸多要害问题上都是错误的,背离《中庸》的原义。朱熹的包括《中庸章句》在内的《四书集注》,自元至清六七百年间被官方定为士子课读和应试的最高教材。朱熹注释的权威性甚至高过"四书"本身,必须绝对遵信,稍有怀疑,便是非圣叛道。谬说流传,贻误后代,影响至今仍然随处可见。《中庸》(以及《大学》、《论语》、《孟子》)实蕴含着深刻而正确的思想,对于当代精神文明建设尤其道德伦理方面的建设具有积极意义,而朱熹的"中庸"说则必须批判、抛弃,因为它是传统思想文化中的糟粕,而不是精华。

*此文为与金景芳合作

(原刊《孔子研究》1994年第2期)

《禹贡新解》前言

　　《禹贡》是《尚书》中重要的一篇，也是我国最早的地理学著作。所记禹时之山川、土壤、物产、交通、区划等皆至为精密、完整、系统，具有相当大的科学性。有人说《禹贡》所记山川物产等自然状况是可贵的，而大禹其人及治水其事是神话传说，不可信。其实不然，大禹其人，治水其事，是有文献可徵的。书序"禹别九州，随山浚川，任土作贡"之说绝非无根空谈。《尚书·立政》说："以陟禹之迹。"《尚书·吕刑》说："禹平水土，主名山川。"《诗·商颂·长发》说："洪水芒芒，禹敷下土方。"《诗·小雅·信南山》说："信彼南山，维禹甸之。"《国语·周语下》记太子晋言伯禹"高高下下，疏川导滞，钟水丰物，封崇九山，决汩九川，陂障九泽"。《左传》襄公四年记魏绛述虞人之箴云："芒芒禹迹，画为九州，经启九道，民有寝庙，兽有茂草，各有攸处，德用不扰。"昭公元年天王使刘定公劳赵孟于颍，馆于雒汭，刘子曰："美哉禹功，明德远矣。微禹，吾其鱼乎！吾与子弁冕端委以治民、临诸侯，禹之力也。"《论语·泰伯》记孔子说："卑宫室而尽力乎沟洫，禹，吾无间然矣。"这些文献材料的史料价值毋庸置疑，它们记大禹治水之事，言之凿凿，哪里有神话传说的痕迹！战国秦汉的文献诸如《墨子·兼爱中》、《孟子·告子下》、《庄子·天下篇》、《荀子·成相》、《吕氏春秋·爱类》、《屈原·天问》、《淮南子·本经训》等亦皆记载大禹治水的史实。《史记·夏本纪》更将《禹贡》全文加以训诂而记录之。据《史记·河渠书》记载，司马迁曾"南登庐山，观禹疏九江，遂至于会稽太湟，上姑苏，望五湖；东窥洛汭、大邳，迎河，行淮、泗、济、漯洛渠；西瞻蜀之岷山及离碓；北自龙门至于朔方"。司马迁治史是认真的，如果他没有根据，不会南北东西寻禹迹而实地考察。

　　《禹贡》写成于何时，也是个有争议的问题。现在大多数人认为《禹贡》不是虞夏时所作。王国维《古史新证》说："《禹贡》文字稍平易简洁，或系后世重编，然至少亦必为周初人所作。"以为《禹贡》之成篇不会晚于周初。钱玄同《读书杂志》说："《禹贡》等篇，一定是晚周伪造的。"陈梦家《尚书通论》把《禹贡》列入战国时代著作。顾颉刚《禹贡注释》序言说："我们可以猜测，《禹贡》是公元前第三世纪前期的作品，较秦始皇统一的时代约早六十年。"蒋善国《尚书综述》说："《禹贡》所记的疆域，近于战国末季到秦始皇时的版图。"以为《禹贡》写成于战国时代。我们认为《禹贡》固然不可能是夏代人所作，也不会是周初的作品，因为《禹贡》的文风与《周书》之《大诰》、《康诰》有很大的不同，倒是与《周礼》极相似，很可能是周室东迁后不久某一位大家所作。倘是战国时代的作品，孔子怎能将它收入《尚书》！

疆域问题是主《禹贡》战国时作说的一条重要论据。郭沫若《中国古代社会研究》说："中国古代的疆域只在黄河的中部，就是河南、直隶、山西、陕西一部分的地方。直隶、山西的北部是所谓北狄，陕西的大部分是所谓西戎，黄河的下游是所谓东夷，长江流域的中部都还是所谓蛮荆，所谓南蛮，淮河流域是所谓淮夷、徐夷。而在《禹贡》里面所谓荆州、青州、扬州、徐州等等，居然已经画土分贡了，这是绝对不可能的事实。"顾颉刚《禹贡注释》序谓"九州制是由战国时开始酝酿的，到汉末而实现"，"可是古代并不曾真有这个制度"。也是说《禹贡》既然有九州之说，便不能作于战国以前。

郭氏、顾氏的推论，我们以为不能成立。郭氏说中国古代的疆域仅仅在黄河中部，其余南北东西都是四夷，不属于中国，而《禹贡》竟别为九州，画土分贡，故《禹贡》是春秋战国间构成。郭氏找到的理由是疆域问题。顾氏断定《禹贡》作于前三世纪早期，找到的理由在州制。九州之说出现于战国时代，但是战国时代实际上并不存在九州的划分。直到汉末，"曹操执政，才依了《禹贡》而实定九州的制度"。战国之前连九州之说也没有，而《禹贡》言九州，故《禹贡》必不会早于战国成书。

郭氏所说的华夏与夷狄的界限，是春秋时代疆域的状况。虞夏时期尚处在原始社会末期的军事民主制时代，当时有的是氏族和部落以及部落联盟，后世的国家尚未产生。禹是华夏族部落联盟的首领。由于治水的需要，周边的氏族、部落势必与之发生联系，缴纳一定的贡献是情理中事。《左传》哀公七年说："禹合诸侯于涂山，执玉帛者万国，今其存者无数十焉。""诸侯"与"国"显然是后世用语，实为当时的部落。《左传》的这条材料说明禹同"万国"有关，"万国"的确在向禹纳贡。至于九州，在《禹贡》里不过是个纯粹的地理概念，不含后世国家产生以后才有的疆域观念。当《禹贡》言及九州时，并不意味它认为九州一概属于禹代表的华夏部落联盟。《禹贡》为什么会知道冀州以外的地理状况，这个问题不难理解。首先，治水是个牵涉广泛的事情，促使人们不得不了解寰宇内一切大山大水。其次，如同柯斯文《原始文化史纲》所说："原始人的生活条件逼着他要首先完全熟悉自己的乡土、自己求食地区和围绕着自己的自然界。这种原始的乡土志，在所有现代部落和部族中间，是很被重视的。每一个小地方，每一条小溪，每一丘陵，每一地方的特点，任何一堵峭壁，都有一定的名称。原始人的知识也往往扩展到离开本部落很远的区域。原始人能够很快地画出可以称之为路线图的东西来，就正好证明这一点。"原始社会的人对自然环境的直观认识能力要高过现代人。所以看见《禹贡》里言及东西南北那么多山名、水名、物产名以及九州的州名，丝毫不必大惊小怪。《吕刑》说"禹平水土，主名山川"，是有根据的。《尔雅》之《释地》、《释丘》、《释山》、《释水》之地、丘、山、水之名亦当为禹所命。《禹贡》里九州州名、山名、水名、土名、物名，都出于大禹之时，是无须怀疑的。

顾氏关于《禹贡》之九州出于战国说，也有自相抵牾之处。既说九州说"必然到了战国的中期才有出现的可能"，又说"这便是存在决定思维的一个例子"。战国是七国割据的时代，周天子早已形同虚设，全中国范围内根本没有一个中央政权存在，怎么可能"决定"九州说这个"思维"的出现！汉代出现十二州或十三州的制度，那是因为汉代有个强大而稳固的中央政权,它需要对全国进行分区统治。如果说禹时不存在产生九州制的条件,那么战国时代这个条件也不存在。据此而说《禹贡》有九州说因而只能是成书于战国时代,是没有道理的。须知,《禹贡》的九州纯系依自然条件分区,不是行政区划。如冀州,《禹贡》本经未言经界,《尔雅·释地》说:"两河间曰冀州。"郭璞注:"自东河至西河。"即包含今日山西、河北两省地。只是个自然区域的概念。这种情况后世很长时期没有改变。据《周礼·夏官·职方氏》记载,周时仍分天下为九州,与《禹贡》略有不同者,徐州、梁州分别合并于青州、雍州,于冀州之北另辟幽、并二州。虽然设了"职方氏"一个职官,统管各州的土地、物产、人民、农牧事宜,但是九州仍然是地理概念,不具有行政的意义。《汉书·地理志》约引《职方氏》之文曰:"掌天下之地,辩九州之国。"极得要领。不是国中有州,而是州中有国。《禹贡》和《职方氏》之州莫不如此。战国时代的九州说亦与此同。《说文》川部州字云:"水中可居曰州。昔尧遭洪水,民居水中高土,故曰九州。一曰州畴也,各畴其土而生之。"《经典释文》引《春秋说题辞》云:"州之言殊也。"是知《禹贡》九州之州字不过是在治水过程中民众自然形成的一块块居住地的意思。

　　总之,禹时产生九州的观念不仅可能,而且是必然的。由断言九州说不能产生于战国之前从而得出《禹贡》之成书不会早于战国的结论,不能成立。《禹贡》不是禹时的作品,也不是战国时代的作品,它当是周室东迁不久某位大家根据禹时流传下来的史料写成的。

　　还有一个证据能够证明《禹贡》不是战国人作,这就是黄河下游河道问题。据谭其骧先生研究,春秋战国时代,黄河下游以走《汉志》河为常,也曾不止一次走《禹贡》、《山经》河。也有可能东(《汉志》河)西(《禹贡》、《山经》河)二股曾长期同时存在,二股迭为干流,而以东股为常。约在公元前4世纪40年代左右,齐、赵、魏各在当时的河道(即《汉志》河)的东西两岸修筑了绵亘数百里的堤防,此后《禹贡》、《山经》河即断流,专走《汉志》河,一直沿袭到汉代(《西汉以前的黄河下游河道》,载《长水集》下)。如果谭先生这一结论是可信的话(我们认为可信),那么顾颉刚先生关于《禹贡》作于公元前280年左右的论断则大可怀疑。试想,到公元前280年时,由于齐、赵、魏各国筑堤,黄河下游河道稳定在《汉志》河里已近一个世纪,写《禹贡》的人为什么不写看得见的《汉志》河,偏偏写他看不见的《禹贡》河?最合理的解释只有一个,《禹贡》不是写作于公元前280年左右,而是在那时以前。

　　《禹贡》最后有一段讲服制的问题,提出甸、侯、绥、要、荒五服的说法。什么是服?《论语·泰伯》说文王"三分天下有其二,以服事殷"。《周礼·夏官·职方氏》郑玄注说:"服,服事天子也。"是知服是关于各地各族各国与华夏族天子(中央政权)关系的制度。这种关系的亲疏、应尽义务与责任的大小,依所在地域与天子的距离远近而划分几个层次。划分九个层次的叫九服,划分五个层次的叫五服。这种服制与后世的中央与地方的关系有所不同。郭沫若的《金文丛考·金文所无考》指出服制"并非地域之区划",是对的。据文献记载,商代有服制,《尚书》中的《康诰》、《酒诰》、

《召诰》、《君奭》诸篇所说的"侯甸男邦采卫",是商代服制的孑遗。《国语·周语》所记祭公谋父讲的先王之制,甸、侯、宾、要、荒五服,是周初成王时周公旦制定的。夏代是否有服制,文献无证。禹时尚在国家产生之前的原始社会末期,不应当有所谓服制。《禹贡》里讲的服制当是后世人窜入的,不是《禹贡》原文。郭沫若《金文所无考》说《尚书·禹贡》和《周礼》之《大司马》、《职方氏》、《大行人》诸职所述之服制,"乃后人所伪托",是正确的。

古书是靠人们辗转抄写而流传的,与后世有了雕板印刷之后的书不同,在古人书中窜入一点后人的东西,是极平常的事,完全不必惊诧不已,更不该发现古人书中有后人的东西就把古书的写作时代拖后。在《禹贡》中发现了后人伪托的东西,也是正常的,不应因此怀疑全篇的真实性。

今之学者多有断定《禹贡》作成于战国者,其实大可商量。司马迁作《夏本纪》,班固作《地理志》皆全文移录《禹贡》,不以为是后世人的作品。郑玄作《尚书注》,亦不怀疑《禹贡》成于禹之时。尤当注意者,汉初伏生口头传授今文《尚书》29篇,其中有《禹贡》。假如《禹贡》出自战国人之手,伏生不至于一无所知。伏生作有《尚书大传》,完书早已不存,据清人陈寿祺《尚书大传辑校》,伏生《大传》有云:"孔子曰,丘常悉心尽志以入其中,则前有高岸,后有大溪。填填正立而已。'六誓'可以观义,'五诰'可以观仁,《甫刑》可以观诚,《洪范》可以观度,《禹贡》可以观事,《皋陶谟》可以观治,《尧典》可以观美。"陈氏案曰:"《外纪》引'子夏读书毕'一条,未举所征,然《文选》注、《御览》、《困学纪闻》,分引数条,并与此合,是为书传文无疑。薛季宣《书古文训序》亦有此文。"是知伏生确认有所谓《尚书》"七观"之说;"七观"中包括《禹贡》,而"七观"实出于孔子之口。孔子见过《禹贡》,是不成问题的。

但是,《禹贡》是不是禹本人所记呢?汉人对此没有一点的怀疑。后世人认识有所变化,唐人孔颖达《尚书正义》说:"此篇史述时事,非是应对言语,当是水土既治,史即录此篇。"以为乃史官所录,非禹自记。宋代学者大多赞同此说而略有分歧。有人力主《禹贡》出自史官,如宋元之际金履祥作《尚书表注》,论定"此篇盖夏史之追录"。南宋张九成则另有说法,他以为首句"禹敷土,随山刊木,奠高山大川"和末句"禹锡玄圭,告厥成功",是史官之辞。其余自"冀州"至"讫于四海","皆禹具述治水本末","尽载以奏于上,藏史官,史官略加删润,叙结成书"(傅寅《禹贡说断》引)。南宋另一学者钱时作《融堂书解》,其文曰:"先儒谓首尾数语是史氏之文,自'冀州'至'讫于四海',皆禹所自记。今以'祇台德先,不距联行'观之,则此书非史氏所作甚明。"

上述唐宋人关于《禹贡》谁作的问题,总而言之不外乎三种意见:一、虞时史官所记或夏时史官追记,孔颖达《正义》、金履祥《表注》是。二、首尾两小段是史官所记,余皆禹本人具述,经史官删润成书,张九成《尚书详说》是。三、因仍旧说,确信出禹本人之手,钱时《融堂书解》是。明人郝敬《尚书辨解》亦谓事乃禹之事,篇由史臣录而成之。清人胡渭《禹贡锥指》综贯诸家,乃集大成之作,它认为"《禹贡》即夏史所录,而其事则皆舜相尧时事也"。

以上诸家意见虽纷纭不一，但是以为《禹贡》之作不晚于虞夏则是一致的。自今日看来，《禹贡》不可能叙结成篇于虞夏之时，更不会是禹本人手定。不过他们肯定《禹贡》所记之事是"禹别九州，随山刊木，任土作贡"的历史事实，是可取的。最可能的情况是虞夏之时记录留下了禹别九州，任土作贡的史料，传至后世，到了周平王东迁之后，即春秋初期，经过一位学者的加工润色而写定成篇。今之学者有人断定《禹贡》是战国中期作品，我们实不敢苟同。

关于《禹贡》篇名问题，"禹贡"二字显然表明篇中所述乃禹之事，且是从"贡"的角度谈问题。书序用"禹别九州，随山浚川，任土作贡"三句话概括篇意，伪孔传以"禹制九州贡法"一语释篇名，是正确的。禹是名是号，古人其说不一。顾炎武《日知录》卷二说："尧舜禹皆名也。古未有号，故帝王皆以名纪。"以为古有名无号，故《禹贡》篇题不讳禹启。《礼记·曲礼上》说："诗书不讳。"《周礼·春官·外史》："掌达书名于四方。"郑玄注："谓若《尧典》、《禹贡》，达此名使知之。"孙诒让《周礼正义》："谓此书名即指古书之篇名。"胡渭《禹贡锥指》："书名则垂诸简策以诏来世，与叙述之文不同，故二典、谟、贡不嫌以名著也。"是知诗书不讳称君名，今禹字在篇名不在叙述之文，则尤无须讳。

关于《禹贡》之贡字，古人解释亦有所不同。贡与赋有何区别，篇中言贡亦言赋，为什么篇名言贡而不言赋。伪孔传说："任其土地所有，定其贡赋之差"，统言贡赋而未及贡与赋之别。孔颖达《尚书正义》谓"赋者自上税下之名"，"贡者从下献上之称"，"与《周礼·大宰》九贡不殊"。蔡沈《书集传》从之。笼统地言贡赋而不加区别和以下献上与上税下区分贡赋之不同，都不符合《禹贡》贡赋之实际。南宋朱熹同时代人王炎作《禹贡辨》，说："九州有赋有贡。凡赋，诸侯以供其国用。凡贡，诸侯以献于天子。"清人胡渭《禹贡锥指》赞成王炎的意见，说"赋出于百姓，贡出于诸侯"，"唯甸服千里之内天子所自赋，余皆以封诸侯。诸侯取于民谓之赋，而出其国用之余以献于天子，则贡也而非赋矣"。"贡之为言广矣大矣，赋止甸服，贡尽九州；赋止中邦，贡兼四海；言赋不可以该贡，言贡则可以该赋"。胡氏见解颇精到，比宋人王炎分析更加透彻。胡氏说赋是百姓对诸侯，贡是诸侯对天子；贡涉及面广大，九州中土，要荒四海都包括在内，赋就天子说仅止于千里畿内。《禹贡》篇名言贡不言赋，是因为贡可以该赋，赋不可以该贡。胡说极是。《周礼·职方氏》"制其贡各以其所有"说、《周礼·大宰》之九贡（祀贡、嫔贡、器贡、币贡、材贡、货贡、服贡、斿贡、物贡）说与《禹贡》之贡说一致，都是天下九州四海向天子进贡。《左传》的有关记载，可为印证。僖公四年齐桓公伐楚，理由之一便是楚成王"尔贡包茅不入，王祭不共，无以缩酒"。楚成王自己也承认"贡之不入，寡人之罪也"。昭公十三年子产说："昔天子班贡，轻重以列，列尊贡重，周之制也。"《左传》这两条记载说明诸侯向天子进贡是历史事实。周代的贡制不是一朝一夕产生，是有历史渊源的。《左传》哀公七年说："禹合诸侯于涂山，执玉帛者万国。"可见禹时已存在纳贡制度。《禹贡》所述之贡制必非虚语。不过"诸侯"、"万国"是后世用语，当时没有诸侯与万国，有的是氏族、部落和部落酋长。在禹的时代有纳贡的制度，并不奇怪。一些部落给另一强大部落纳贡，是原始氏族社会普遍存在的事实。马克思《摩尔根〈古代社会〉一书摘要》说："阿兹忒克联盟并没有企图将所征服的各部落并入联盟之内，因为在氏族制度下，语言的分歧是阻止实现这一点的不可克服的障碍。这些被征服部落仍受他们自己的酋长管理，并可遵循自己古时的习惯。有时有一个贡物征收者留驻于他们之中。"说明原始氏族社会被征服部落对征服者部落有纳贡的关系。在中国古代，在禹之前可能已存在诸多周边部落给华夏族部落联盟纳贡的制度。到了禹时，始任土作贡，形成一定的制度，即依土地之肥瘠多少制定贡之差等。孔颖达《尚书正义》说："贡赋之法其来久矣，治水之后更复改新。言此篇贡法是禹所制，非禹始为贡也。"极有见地。

有一个问题这里有必要指出。《禹贡》篇名所讲的贡与《孟子》讲的"夏后氏五十而贡，殷人七十而助，周人百亩而彻"的贡是否同义？宋代学者大多搞错。《禹贡》的贡是中土以外各部落向华夏族部落联盟纳贡，发展下去就是《左传》僖公四年和昭公十三年管仲和子产讲的诸侯向天子进贡的贡。夏商周实行的贡助彻，相当于地租。贡是实物地租，助是劳役地租，彻是贡助两种地租并行，与三代的土地所有制相适应，本质上是一种经济行为。《禹贡》的赋有一定的经济意义，贡则纯系超经济剥夺。宋代学者的错误就在于把《禹贡》的贡与贡助彻的贡混同起来。如夏撰《尚书详解》说："按孟子言夏后氏五十而贡，则贡者虽土地之所产，亦夏后氏田赋之总名，犹商助周彻之称。"陈经《尚书详解》说："其所贡即在九等田赋之内。《孟子》曰：'夏后氏五十而贡，商人七十而助，周人百亩而彻，其实皆什一也。'先王取民有制，岂肯于田赋之外别有贡耶！"钱时《融堂书解》说："盖贡者，夏后氏取民之总目，五十而贡是也。"林之奇《尚书全解》说："贡者乃赋税之总称。"又说："此贡之一字，与商之助，周之彻，皆是其一代之制，取民之总名也。"傅寅《禹贡说断》说："三代取民之制，必以贡助彻为名，其用心之仁可知矣。是故史官之名此书，孔子之作此序，皆于贡之一字，深致其意。"蔡沈《书集传》说："是篇有贡有赋，而独以贡名篇者，《孟子》曰：'夏后氏五十而贡。'贡者较数岁之中以为常，则贡又夏后氏田赋之总名。"他们不明白《孟子》所说三代贡助彻是井田制度下的租赋，承担者是井田制度下的庶人大众，享受者是各级有地者，而《禹贡》的贡是实物贡献，承担者是诸侯（禹时是部落酋长），享受者是天子（禹时是部落联盟首长们）。与土地所有制无关。宋人的这种混淆，认识上的根源在于《孟子》"夏后氏五十而贡"这句话。秦汉以后与土地所有制相联系的田租田赋再也不用贡字表述，而贡成为地方给皇帝进贡的专用字，因此谁也不会误认贡字是明代或清代田赋之总名。我们应当明白，尧舜禹时及夏代各部落各方国给华夏族部落联盟及夏王朝奉纳的实物贡献同《孟子》所说"夏后氏五十而贡"的贡不是一回事。后者是田赋之总名，而前者不是。

＊此文为与金景芳合作

（原刊《烟台师范学院学报》1994年第3期）

论孔子的哲学体系

　　孔子生活的公元前六至五世纪是个产生伟大哲人的时代。在希腊，差不多与孔子同时产生过赫拉克里特，在孔子之后不久出现了对后世影响至巨的苏格拉底、柏拉图和亚里士多德。与孔子时代相仿佛的还有印度的佛陀乔达摩和印度耆那教的大雄。在中国本土，老子是孔子见过面的另一位伟大的哲人。孔子身后一二百年间相继出现的墨子、孟子、庄子、韩非子为代表的思想家群，可与西方的苏格拉底、柏拉图、亚里士多德诸人比肩同列。在公元前最后一个一千年的同一五百年中产生的这些思想巨人中，无论就思想的广度深度还是就其对当时和后世的影响说，孔子都是佼佼者。孔子与老子同产生于古老的中华大地，可是他们思想的文化性质竟如此之不同，以至于我们凭直觉就能感到他们的深刻分歧。天人合一是他们的哲学的共同出发点，可是接着就分道扬镳了。老子热衷于自然而对一切人文文化持极端冷漠的态度，号召人们以柔弱退缩求生存。这种消极的哲学精神作为人们精神生活的补充部分，的确曾经多次引起士人和政治家们的浓厚兴趣，但是毕竟未能成为中国传统文化的主流。孔子哲学则以全部的热情投入到人类自身上来，因此人生论成为它的重心，从而道德哲学、政治哲学成为它关注的焦点。它的积极的哲学精神使之构成中国传统文化的主体骨干。

　　但是当人们把孔子哲学同与他同时的希腊哲学家赫拉克里特相比较时，往往会以为赫氏哲学中形上学居第一位，道德的部分是次要的；孔子似乎全神贯注于道德和政治方面的说教，不提及形上学问题。因此不仅外国人，连中国人自己也不大情愿承认孔子是哲学家。其实这是误解，赫氏并非不讲道德与政治，孔子也并非不言形上学。就各在自己民族哲学与全部文化发展中的地位来说，哲学家孔子比哲学家赫氏更深刻更伟大。孟子对孔子哲学及其历史意义最为了解。他敏锐地看到了孔子是集大成者，孔子哲学是金声而玉振，始条理终条理，是智之事、圣之事（《孟子·万章下》）。智之事、圣之事就是形上学之事。所谓集大成，正是孔子哲学独具的特点。孔子哲学是承上启下的，很像一个巨大的水库，上头的千川万谷汇合于它，下头的滔滔大水自它流出。《中庸》言"仲尼祖述尧舜，宪章文武，上律天时，下袭水土"，孔子自谓"述而不作"，并与"集大成"同意。都说明孔子哲学是渊源有自的，不是自己忽然独创。由此看来，说孔子哲学是中国古代早期哲学的结晶和代表，实不为过。

　　谈孔子哲学，应从天概念谈起，由天谈到变，谈到时，谈到中。中是中国古代早期哲学也是孔子哲学的精粹。古代中国人自然之天的天概念始于帝尧之时，《尚书·尧典》关于"钦若昊天，历象日月星辰，敬授人时"的记载是最好证明。帝尧之前，据《国语·楚语下》记观射父所说，天在人们的心目中是群神的世界，颛顼关心的是"绝地天通"，即将神与民分开，使不混淆，"乃命南正重司天以属神，命火正黎司地以属民"。由于天是神，神民不可杂糅，故当时不能提出天人合一的问题。至帝尧之时，天的实质性内容是日月运行，是广大无际的宇宙空间，是无言无语而又允信无误的自然。天人合一的观念这时才有被提出来的可能。《论语·泰伯》"惟天为大，惟尧则之"的天就是指称日月星辰、四时交迭的自然之天；"则之"，是说人与天具有一致性。孔子把这一思想继承下来，便有所谓"天何言哉，四时行焉，百物生焉，天何言哉"（《论语·阳货》）的说法。

有了自然之天的天概念，八卦以及随后出现的六十四卦的产生就是可能和必要的了。八卦与六十四卦不会产生于帝尧之前，它们是认识天地自然和人类自身的一种用卦画符号表现的方法论（或者说认识论）体系。卦爻的变化反映自然界及人类自身的变化。在《易》的作者眼中，包括人类自身在内的世界是真实存在的，又是变动不居的。易卦恰是这真实存在、变动不居的世界的摹本。宋人程颐说"易，变易也，随时变易以从道也"，可谓切中肯綮。易卦同时为人们提供在一定的时限内做出行为方向最佳选择的机会，魏人王弼"卦者时也，爻者适时之变者也"的论断一语道出《易》的实质。《易》对于认识的客体来说，它是言变的书；对于认识的主体来说，它是言时的书。人对于时做出恰当的选择和把握，便是中。《易》无时无处不讲中，《易》归根结底是关于中的书。根据1973年长沙马王堆汉墓掘出的帛书《周易》的新材料和史、班的传统说法，孔子与《周易》发生过密切的关系。孔子于《易》下过"韦编三绝"的功夫，肯定是事实，说《易传》出自孔子之手，是可信的。孔子接受并且发挥了《周易》的哲学。《周易》的哲学其实就是孔子的哲学。《周易》讲中，孔子则把中理解得十足透辟且运用到圆熟的程度。

中是什么？中是方法论的哲学，相当于古希腊哲人讲的辩证法。但是辩证法却不等于中。例如老子是辩证法的大师，然而他根本不知道中为何物。中是什么，《周易》表达得很明白，《论语》也讲得很明白，《孟子》理解得也极得要领。秦汉及秦汉以后乃至于今日，人们对于孔子，注意力完全用在道德哲学和政治哲学上，而将他的中的哲学彻底忽略了。后世人不得中的要领，还因为子思作《中庸》提出的中和说起了干扰的作用。《中庸》在讲君子慎独时，涉及人之性情，谓情未发谓之中，发而皆中节谓之和，且言中是天下之大本，和是天下达道。于是人们思考的重点被引到性情上，中的普遍意义被遗忘了。大本、达道的提法尤其令人莫名其妙。宋人程颐释大本之中为在中，达道之和为时中，更加使人难晓中到底是什么。近年来讲中的文章不少见，全不能令人感到满意。

有人说中就是孔子说的无过无不及。无过无不及当然是中，但是说中仅有无过无不及的意义，那就错了。人们讲中无过无不及时往往忽略了孔子的另一段话。孔子说："我则异于是，无可无不可。"（《论语·微子》）孟子对孔子此话有精卓的解释，他说："孔子之去齐，接淅而行。去鲁，曰：'迟迟吾行也'。去父母国之道也。可以速而速，可以久而久，可以处而处，可以仕而仕，孔子也。伯夷，圣之清者也；伊尹，圣之任者也；柳下惠，圣之和者也；孔子，圣之时者也。"（《孟子·万章下》）孟子所说恰是孔子"无可无不可"之间。"无可无不可"显然不同于"无过无不及"。前者说在可与不可二者之间选定一个，选的前提是时，时可则可，时不可则不可。后者说在选定可不可之后，施行时把握住适当的度，使无过无不及，恰到好处。那么哪个是中的含义呢？都是，缺一不可。就是说，中有两个层次的意义，一是"无可无不可"，二是"无过无不及"。二者各自成义，不可混淆，且有先后次序。

"无过无不及"，言做事看准火候，容易理会，历来无歧义。"无可无不可"，其字面意义亦不难晓，问题在于人们知道或不肯承认"无可无不可"正是《论语·尧曰》"咨尔舜，天之历数在尔躬，允执甚中"的中，往往释此中字为不偏不倚。大概是受《中庸》"喜怒哀乐之未发谓之中"一语影响的缘故。其实《中庸》此语也是说是喜是怒是哀是乐，无可无不可，没有不偏不倚之意。下文讲"发而皆中节谓之和"，是说或喜或怒或哀或乐一旦表现出来应该中节即火候适当，无过无不及。《中庸》引孔子说舜是大知之人，"执其两端，用其中于民"。这是"允执其中"的确解。何谓执两用中？宋人程颐说："执犹今之所谓执持使不得行也。舜执持过不及，使民不得行，而用其中使民行之也。"（《河南程氏遗书》卷第十八）程氏此解有三疑。释执为执持使不得行，一误。谓两端是过与不及，二误。以为用中是使民用中，三误。舜执两用中，主体当然是舜；执两是执事物之两端，如喜与怒，哀与乐，可与不可；用中是因时制宜，取两端之一而用之。一句话，"执两用中"首先是"无可无不可"之意，选定一端加以施行之后才发生"无过无不及"的问题。《孟子·离娄上》"男女授受不亲，礼也；嫂溺援之以手，权也"的比喻最得"执两用中"之真谛。"男女授受不亲"与"嫂溺援之以手"是两端，施行起来只能取一端，或前者或后者，依时而定；取两者之中间，所谓不偏不倚，是办不到的。

《孟子·尽心上》说："杨子为我，拔一毛而利天下，不为也。墨子兼爱，摩顶放踵，利天下，为之。子莫执中，执中为近之。执中无权，犹执一也。所恶执一者，为其贼道也，举一而废百也。"孟子此语颇引出些麻烦。杨、墨既不足取，子莫执中，必然取杨、墨之中，岂非不偏不倚之谓欤！其实不然。杨子为我与墨子兼爱并非事物之两端，与前引孟子言"授受不亲"、"援之以手"者不同，二者不存在非此即彼的关系。在儒家看来，拔一毛而利天下不为和摩顶放踵为之，皆不足取。子莫执中，不过是说他既不为我也不兼爱而已，不是"执两用中"的中。故孟子接着说子莫的"执中"还必须有权，无权等于执一，执一是"执两用中"的反面。孟子提出执一的概念，至为重要，它确切无疑地证明孔子"执两用中"的说法不是不偏不倚地取两端之中间的意思。

孔子的言论，我们细心寻绎，会发现处处会有执两用中之精义。例如品评人物，孔子绝不拘执一个标准。子路、子贡谓管仲未死公子纠之义而相桓公为不仁，孔子却从管仲九合诸侯一匡天下使华夏免于被发左衽的角度出发许之为仁者。这是执两用中的典型事例。又如孔子作的《易传》中更有执两用中的理论表述。《系辞传下》说《易》之为道，"上下无常，刚柔相易，不可为典要，唯变所适"。《说卦传》说卦之六爻"分阴分阳，迭用柔刚"。《系辞传上》说"神无方而易无体，一阴一阳之谓道"。阴阳刚柔完全是灵活不定的，时而阳刚时而阴柔，是阳刚是阴柔不可一定，依时而变，恰是执两用中之义。《老子》则相反，死守阴柔不变，强调"柔弱胜刚强"，"不敢为天下先"，以为"弱者道之用"，与孟子批评的执一同义。有人说《易传》思想出自《老子》，显然不能成立。至《庄子》，执一发展为折中，去孔子执两用中尤远。庄子说，"为善无近名，为恶无近刑，缘督以为经"（《养生主》），"周将处乎材与不材之间"（《山木》）。庄子这圆滑的保命全生哲学正好站在孔子执两用中的对立一边，从反面证明执两用中不是执一不变，也不是折中调和。

孔子中的概念也称作时中、中庸，无论名称为何，其实质都是执两用中，即把握事物之两端，因时制宜地选取一端，施行起来掌握适度，使无过或不及。这一充分体现辩证法活力的方法论源自帝尧时代，不是孔子的发明，但是经过孔子的发扬、应用、传播，成为我们民族传统文化的精华。

中的哲学构成孔子全部思想的基础和前提。它促使孔子对客观世界和人类自身表现出全面的关注和旺盛的热情。他从人类社会虑及天道自然，又从天道自然回顾人类社会，最后把思维的重心落实在人身上。他相信人和天道自然本来存在着一致性，主张人遵循天道自然努力展现自己，创造自己，保持质的一面又开拓文的一面，力争达到文质彬彬的效果。他重视自然，更重视人为，归根结底是个现实主义者。他关心的事情特多，历史、现实和未来都在他的视野之内，人伦、道德、政治、经济、法律、教育、军事、音乐等等凡属人事一一涉及。因此他为自己身后惹来无尽的麻烦，正如他自己所说，"后世知丘者以《春秋》，而罪丘者亦以《春秋》。"（《孔子世家》）"后世之士，疑丘者或以《易》乎！"（马王堆帛书《易传·要篇》）孔子不愧是伟大的智者，想到了身后事，只是导致罪他疑他的不止他加工的《春秋》、《周易》两部书。孔子之所以如此，与他始终贯彻着执两用中的方法论（也是认识论）不无关系。相比之下，老子的情形则大不同。老子哲学走着一条极端的路，绝对排斥中道。他虽然和孔子一样相信天与人本是合一的，但是他主张人回归自然，让人消弭早已产生的自觉意识，重新成为自然的一部分。所以他尚质朴而轻人为，乃至宣布一切人文的东西都是本不该产生，产生了亦应消除的赘尤。哲学上的不切实际，缺乏责任感，反倒造成他身后的轻松。当人们精神上需要超脱的时候，自然想到他的清静无为，而有时追究历史失误却总是忘掉他。他对历史似乎不负有责任，因为他的哲学把道和自然推得最高，而关于积极意义上的现实人生问题几乎什么也未曾说。

像孔子这样热切关注人生并且卓有成就的哲学家在全世界的古代历史上是罕见的。仁义礼三个概念在孔子之前早已出现，孔子接受过来赋予新的意义，把它们统一起来构成人生哲学体系。探讨孔子人生哲学务必首先注意两点：第一，孔子的思想不仅仅保留在一部《论语》里，《易传》也是关于孔子人生哲学的可信材料，还有被班固《汉书·艺文志》认为七十子后学者所记的《礼记》各篇，记有不少孔子的言论。第二，在孔子的哲学里，仁义礼三者是统一的整体，任何分割对待的做法都不符合孔子的原旨。在讨论什么是孔子思想的核心时，肯定孔子的人说孔子思想的核心是仁不是礼，否定孔子的人说孔子思想的核心是礼不是仁。两种说法犯有同样的理论失误。它们没有留意仁（还有义）与礼本来是统一着的，一定说谁个更重要，犹如说人脑和心脏谁个更重要一样无意义。孔子看问题的基本方法是时中即执两用中，他从未笼统地说仁与礼谁更重要，他有时强调仁有时强调礼，无不针对具体的时空内具体的对象而言。

综合考察孔子仁概念的含义，大抵有三层，都与义密切相关。仁的第一层含义是关于人的本质的界定。人的本质是什么的问题至今人们仍在讨论，意见并不一致。孔子用仁与义两个概念表达了他的观点。《周易·说卦传》说"立天之道曰阴与阳，立地之道曰柔与刚，立人之道曰仁与义"，这三句话意义很深刻，联系《系辞传上》"一阴一阳之谓道"一句，我们看得出孔子认为天之道是一阴一阳交迭变化，地之道是一柔一刚交迭变化，人之道是一仁一义交迭变化。一仁一义交迭即一会儿仁显现，一会儿义显现。仁义交替显现就是人之道，说到底，其实就是人。那么仁与义各是什么？《中庸》记孔子说："仁者人也，亲亲为大；义者宜也，尊贤为大。亲亲之杀，尊贤之等，礼所生也。"仁就是人，人与禽兽不同，人有明确的血缘关系而禽兽无。在人的血缘关系中自身与父母的关系是首要的，由父母而上下左右推及其他。义就是宜，指人的政治关系，人与禽兽也不同，人有明确的政治关系而禽兽无。在人的政治关系中尊贤是首要的，由尊贤而推及其他。尊贤即尊尊，尊尊即尊自己的君。在孔子的时代不唯天子诸侯，卿大夫士凡有采地者都是君。是君则有臣。尊自己的君，用后世的语言说就是尊自己的顶头上司。由此看来，孔子的确发现了人生于世，不能离开血缘和政治两种社会关系，离开这两种社会关系便不再是人。每个人身上无时无刻不存在这两种社会关系，但是显现却是交替着进行的，在有的时候和场合仁即血缘关系显现出来而成为主要的，在另外的时候和场合则义即政治关系显现出来而成为主要的。《礼记·丧服四制》"门内之治恩掩义，门外之治义断恩"两句话说的就是这种情况。据此可知《说卦传》视仁义如同阴阳柔刚，言"立人之道曰仁与义"，不虚。又，孔子当时是严格的等级社会，仁与义即血缘关系、政治关系具有界限分明的等级差别。《中庸》说的"亲亲之杀"的杀和"尊贤之等"的等，皆谓差别。亲亲自父母起始，上下左右依次递减。尊尊关系自君起始，上下左右依次递减。每个人对于两种关系的亲疏尊卑差别产生一种自觉的意识，信守之，施行之，这便是礼。礼存于人的意识中，同时也通过物质附属物的形式表现出来，这便是礼俗、礼制等等。总而言之，孔子仁概念（也包括义）的第一层含义是指称构成人的本质的血缘关系（同时也有义即政治关系）。礼的实质是等级差别，仁义的等级差别由礼表现出来。无宁说礼是仁义的形式，仁义是礼的内容。形式与内容不可分，故礼与仁义不可分。论者往往谴责孔子尚礼，用礼束缚人阻碍社会，岂不知孔子的礼是以仁义为内容的礼。或以为孔子重仁（还有义）不重礼，又不知孔子的仁（还有义）是以礼为形式的仁。孔子的仁义礼作为一个统一不可分的整体，是现实的人的反映，回答的问题是人是怎样的而不是人应当怎样。

孔子仁概念的第二层含义是指一种理想人格，即《论语》常说的仁者。仁者是什么样的人，孔子未做过理论性的界定，只有诸多远未上升到抽象的具体说明。从这些具体的说明中，我们体会到以下的道理，第一，仁作为血缘关系规定人的社会本质时，与义与礼是统一不可分的。每个人生下来就已经处在仁义的两种社会关系及其表现形式礼的规定之中，谁都没有超脱的自由。当仁做为一种理想人格提出时，情形则迥然不同了。这时仁完全是人的主体自觉行为，没有客观的限制，"我欲仁，斯仁至矣"（《论语·述而》）。正因为如此，仁者不必好义不必知礼，反之亦然。仁义礼变得往往不能统一。比如管仲，先事公子纠，桓公杀公子纠，他又投靠桓公，不可谓义。可是他九合诸侯，一匡天下，使华夏免于被发左衽，孔子许其仁。当言及他树塞门，有反坫时，孔子又说他不知礼（《论语·八佾》）。可见孔子理想的仁者并非完人。第二，孔子总是把仁者与智者对言，如《系辞传》说"仁者见之谓之仁，智者见之谓之智"。有时又把仁者与圣对言，如说"若圣与仁，则吾岂敢"（《论语·述而》）；仁者智者表现不同，更不必得兼，而圣则更属高一档次。仁者是"先难而后获"，智者是"务民之义，敬鬼神而远之"。"知者乐水，仁者乐山。知者动，仁者静。知者乐，仁者寿"（《论语·雍也》），"仁者不忧，知者不惑"（《论语·宪问》），"仁者安仁，知者利仁"（《论语·里仁》），"刚毅木讷近仁"（《论语·子路》），"仁者其言也讱"（《论语·颜渊》），"志士仁人无求生以害仁，有杀身以成仁"（《论语·卫灵公》），"微子去之，箕子为之奴，比干谏而死，孔子曰：殷有三仁焉"（《论语·微子》）。由孔子这些言论看得出，他认为仁者知者是不同的人，仁者的特点是内向、保守、安静、利他，属于奉献型。知者的特点是外向、进取、活跃、明智，属于智能型。第三，孔子追求的理想人格是奉献与智能兼具的人，亦即圣人。做个奉献型的仁者很难。杀身成仁也许不算难能，做到"无终食之间违仁，造次必于是，颠沛必于是"，时刻反身修己、克己复礼，才算真难。然而孔子以为做个智能型的智者难上加难。智者须知中道行中道，而孔子说："爵禄可辞也，白刃可蹈也，中庸不可能也。"（《中庸》）做个仁者固然难，做个智者尤其难。做殷之三仁那样的人，只要自己想做便可能，做个智者却须刻苦学习一辈子。所以孔子设想的圣人人格，仁不成问题，关键之点是如何成为智者。一个智者应当"其为人也，发愤忘食，乐以忘忧，不知老之将至"（《论语·述而》），应当"一箪食，一瓢饮，在陋巷，人不堪其忧，回也不改其乐"（《论语·雍也》）。所谓"智者乐"是也。孔子自述其一生奋斗的历史过程说："吾十有五而志于学，三十而立，四十而不惑，五十而知天命，六十而耳顺，七十而从心所欲不逾矩。"（《论语·为政》）所说全是智上的修养，几不涉仁义。《易传》讲的往来伸屈"精义入神"，"利用安身"，"穷神知化"（《系辞传下》），也反映孔子对圣人高智能的追求。道家反对孔子，说"大道废，有仁义；智慧出，有大伪"（《老子》第十八章），是从仁义和智慧两方面进攻的。所有这些，表明孔子的理想人格不止于仁者，是既仁且智的人，而且智属于高层次，所占分量极重。

孔子仁概念之第三个层次含义是行仁之方法、途径。如"夫仁者，己欲立而立人，己欲达而达人。能近取譬，可谓仁之方也已"（《论语·雍也》），"己所不欲，勿施于人"（《论语·颜渊》）等等皆是。这是前人谈滥了的题目，兹不赘言。

总之，孔子是个伟大的哲学家。他的深刻、全面的哲学体系包含着以天道观和中概念为主干的形上学，以及中哲学融贯其中的、以仁义礼为核心的人生哲学的丰富内容。孔子以此足可与其上下同时的东西方古代贤哲并肩媲美而毫无逊色。

可惜，孔子之哲学两千多年来没有得到应有的理解和认识，在很长的时间里它被冷落、埋没乃至扭曲。儒家学者大多借用孔子的名义和他的哲学概念、命题宣传自己的东西。汉唐经学家、宋明理学家莫不如此。善解孔子旨意的清醒的儒家学者寥寥无几。这是孔子哲学之不幸。

（原刊《南昌职业技术师范学院学报》1994年第4期）

孔子教学观浅议

孔子是生于春秋晚期的伟大教育家，史载他教过三千弟子，其中优秀而成材者有七十二人。孔子能取得这样大的成就，我以为原因主要有两条：一是他有学问，二是他教学的方法对头。孔子有什么样的学问，有多大的学问，这里不去说它；我们只说他的教学方法中反映出来的教学观。孔子的教学观很有一点科学性，自今日看来仍有价值，值得当今高校教学改革借鉴、参考。如果我们的教师肯于动动脑筋，学一点孔子的精神，应用到教学实践上，则教学改革定会见起色。

中国是自古就讲究教育的国家，早在孔子以前的夏、商、西周时期已有各级官办的学校。那时候人们已经注意到了教学方法的重要性。《礼记》49篇中有一篇叫作《学记》，专门记述古代学校里一些重要的教学原则。《礼记》这部书的最后写成和编定可能不会早于西汉，然而它的材料则是先秦流传下来的，绝非汉代人的杜撰。《学记》所记教学原则的材料，要早于孔子，很可能是夏、商、西周三代各级官办学校中教学原则的实录。古代的学校没有现代的课堂教学制度，不是教师按自己的计划一次一次地讲，学生集体坐在那里听，而是学生自学（自学包括学与思两个方面），有了自己想不通道不明的问题，向老师提出，老师给予解答。那时的教学主要表现为两方面的问题，一是学生会问，二是老师会答。这要求老师有真才实学，不论学生提出什么问题，都能恰当地给以解说。如果不是这样，只有"记问之学"，则"不足以为人师"。什么是"记问之学"？郑玄《学记》注说："记问谓豫诵杂难杂说，至讲时为学者论之。此或时师不心解或学者所未能问。"孔颖达疏说："此一节论教者不可为记问之学，又教人之时不善教学者谓心未解其意而但逆记他人杂问而谓之解，至临时为人解说，则先述其所记而示人以其不解，无益学者，故云不足为人师。"这是说，自己根本未理解，仅仅记住别人说过的现成答案，不管学生是否提出过这个问题，就讲给学生听，这种人的这种做法，是不配做人老师的。

这是孔子以前的情况。到了孔子，把前人的教学经验加以条理化，上升到理论的高度，提出"因材施教"和启发式两条原则。这两条都记在《论语》中。"因材施教"一语出自宋人之口，不是孔子自己的原话。但是孔子的教学实践完全做到了因材施教。北宋学者程颐说："孔子教人，各因其材，有以政事入者，有以言语入者，有以德行入者。"[1]南宋学者朱熹进一步阐明孔子"因材施教"的意义。《论语·先进》记孔子教学有德行、言语、政事、文学四种，朱熹注说："孔子教人各因其材，于此可见。"《孟子·尽心上》"有成德者，有达财者"句下朱熹注说"财与材同。此各因其所长而教之也。成德，如孔子之于冉、闵；达材，如孔子之于由、赐。"同篇"此五者君子之所以教也"句下朱熹注说："圣贤施教，各因其材，小以成小，大以成大，无弃人也。"（《四书章句集注》）程朱二人对孔子的因材施教这个教学原则阐发很准确，用今日的话说，就是教学要因人而异，有针对性地教好每个学生，不搞一刀切，一声雷。

因材施教中包含着因问而答，因人而答的意思。孔子是绝对不搞"记问之学"的，即不死记硬背别人现成的条条，讲时照本宣科地乱讲一通；孔子讲的东西都是自己心有体会的，也是学生提问的。自己没有体会的，不讲；学生未问的，不讲。如子路问："闻斯行诸？"孔子答曰："有父兄在，如之何其闻斯行之！"冉有问："闻斯行诸？"孔子答："闻斯行之。"同样的问题，因提问者不同，孔子的回答也不同。告诉子路遇事要回家先问问父母，然后决定干或不干。告诉冉有遇事说干就干，别犹豫（以上见《论语·先进》）。有人问孔子这是什么道理，孔子说因为冉有这个人性格懦弱，需要给他鼓励，子路这个人性格争强好胜，需要给他泄劲。

有时一个人问同一个问题，因为提问的时间背景不同，回答也不同。如樊迟三次问仁，孔子三次回答各不相同。樊迟一次问仁，孔子答曰："仁者先难而后获，可谓仁矣。"（《论语·雍也》）说仁是先做奉献，然后禄食，是关于修身的。樊迟二次问仁，孔子答曰："爱人。"爱人是什么意思？《大戴礼·王言》记孔子说："仁者莫大于爱人，知者莫大于知贤。"《荀子·君道》记子贡对夫子问曰："知者知人，仁者爱人。"可见"先难后获"是就人己关系言，"爱人"是就仁知关系言。樊迟第三次问仁，孔子答曰："居处恭，执事敬，与人忠，虽之夷狄，不可弃也。"这一答侧重在日用躬行处行仁，与前两答都不同。

又如弟子问孝，孔子亦因人作答。答孟懿子曰："无违。"答孟武伯曰："父母唯其疾之忧。"答子游曰："今之孝者是谓能养，至于犬马，皆能有养，不敬，何以别乎！"答子夏曰："色难。"（见《论语·为政》）这依据不同的对象对同一问题做出不同的回答的做法，实在很不简单，不对问题本身有非常深刻的了解，是办不到的。后世教师很少有人能做到这一步，大多是准备好一定的条条（答案），然后待人来学，不论来学者为谁，答案只有相同的一个。清人尹会一《读书笔记》说："孔子教人莫重于仁孝，其答问仁问孝，各有不同，皆因其材之高下与其所失而告之，故药各中病，非如后世之教，自立宗旨以待来学，所谓不问病症而施药者，药虽良，无益而又害之者多矣。"尹氏用对症施药比喻孔子的因材施教，是极恰当的。后世教师固然大多有好药在手，然而一药而对待百病，效果不及孔子者远甚。

孔子教学贯彻启发式的原则，也是古今闻名的。"不愤不启，不悱不发，举一隅不以三隅反，则不复也。"（《论语·述而》）这是孔子讲启发式教学的经典性言论。程颐这样解释："孔子教人，'不愤不启，不悱不发'。盖不待愤悱而发，则知之不固，待愤悱而后发，则沛然矣。学者须是深思之，思而不得，然后为他说，便好。"[2]程氏用学者须深思，思而不得，然后教师为他作答，来解释愤悱启发、举一反三这句话，最得孔子启发式原则的要领。

孔子这样说，也是这样做的。《论语·八佾》记孔子答子夏问《诗》的一段，就是典型的一例。孔子不给他面面俱到地细讲，只是针对他的问题，说一句"绘事后素"。可谓一语破的，子夏立刻明白，问以"礼后乎"。孔子一听就高兴，知道子夏对于《诗》已经有了基础，乃表示："起予者商也，始可与言《诗》已矣。"孔子教学，不问则不讲；讲只讲所问的问题；对所问的问题，也是画龙点睛，举一反三。真是删繁就简，枝枝叶叶全不要。

概括起来说，孔子认为学问是学生自己学得的，不是教师灌输的。教师的教学起引导的作用。孔子主张学生自我学习在先，教师讲解在后。学与教之间有个关键环节，是回答。学生有所疑惑并有所提问，教师才有所解惑，有所回答。教师的回答要紧紧扣住学生的问题；学生已知的，没有疑问的，教师不再解说。这是孔子的教学观。这一教学观的理论前提是肯定知识是学生自己学得的；离开学生的自学，教师的教学便失去意义。

孔子这一教学观对后世的影响很大。战国秦汉魏晋南北朝的各级各类学校，无论官学、私学，无不贯彻孔子的教学思想。到了唐代，出现了民间兴办的书院，至宋元明清，书院更有发展，成为国家教育事业中重要的组成部分。例如宋代的白鹿洞书院，明代的东林书院，清代的杭州诂经精舍、广州学海堂、皖南的毓文书院、紫阳书院，是历史上有名的书院，抗日战争期间著名学者马一浮在四川乐山办的复性书院也是影响卓著的。书院的特点是集中一批有志于学的青年学子，延聘一位至几位名儒俊彦担任教师；学生在教师的指导下自己读书学习。因此学生入学时都有相当的学业基础和自学能力；没有毕业年限，也没有严格的考试制度；教师讲书不讲课，讲书也只讲学生提出的问题。常常是师生之间就一个问题进行问答、讨论。

到了清朝晚期，兴起办洋务的热潮，西方近代的学校制度进入中国，先有路矿学堂、水师学堂等等，陆续又有各类普通的学堂。这些洋学堂逐渐取代了中国旧有的各类官学、私塾、书院。我们今天所有各类各级学校，就其根本的制度来说，都是自西方引入的。它的基本特点是传授新的自然科学知识，实行班级制度、课堂教学制度、考试与毕业制度。

这种新式的学校制度具有中国旧的书院教育所没有的优越性；书院式教育早已不适应现代国民教育发展的需要。就是说，孔子的教学观，由于有计划有组织的班级管理制以及课堂教学制度的势在必行，强调有问才答，学生不问则教师不讲的教学原则，在今天实行，是无必要也不可能的。

但是，我们今天的学校制度，反映在教学上，也有不少的弊病，务须通过教学改革除掉。这些弊病在高等学校，尤其是硕士生、博士生的教学中表现更突出。大学本科（主要是文科，理科我不清楚）的教学情况大体是教师按照自己早已拟好的教学计划及讲稿，一堂接一堂地讲授，甚至不是讲，而是念。学生只顾做笔记，课后背笔记，考试时答笔记。学生间竞争的是机械记忆力，学得的是些死的零碎的知识。这种教学，教师是一部"机器"，学生更是一部"机器"，"机器"对"机器"，根本没有讨论和启发。较优秀的教师，吸收新知识新信息多些快些，讲授生动些灵活些，因而教学效果可能好些，然而课堂教学制度的根本缺陷毕竟不能解决。50年代我在大学读书时，有从苏联学来的课堂讨论制度（又叫习明纳尔），一门课每学期举行两三次讨论，学生有一点动脑筋思考问题的机会，却也十分有限，因为讨论题目是教师出的，学生发言不过是重复教师的讲稿，充其量是多找些资料为教师的观点做论证，真正的学术争论是谈不上的。就是这样的课堂讨论，后来也自消自灭。据说美国大学每堂课教师都留有让学生发问的时间，学生当场提问，教师当场作答。我觉得这个办法很好，能够做到教学相长。不但学生须积极思维，紧张动脑，也逼迫教师不断充实自己。他要想应付几十名学生的任意提问，没有真才实学，仅仅记住几个条条，是绝对不行的。我们的大学本科教学缺乏这个东西，长此下去，不但教学质量永远不会提高，而且真正会像孔子告诫的那样，"学而不思则罔"（《论语·为政》）了。

研究生教学的情况一点不比本科教学好些。研究生，顾名思义，应当学会研究，而实际上远非如此。别的专业情况我不得而知，无发言权，我自己上研究生课（包括博士生课），大多是唱独角戏，我认真地讲解，学生认真地听记。我教的学问正是《学记》提到的不足为人师的"记问之学"。虽然我敢说自己是尽了力的，也有些研究，学生也无不满的表示，但是往往一学期下来，始终是教师滔滔不绝地讲，学生被动地听记，一个问题提不出。我自知我的教学是失败的。

怎么改呢？我主张把孔子的教学观吸取到教学改革中来。课堂教学的制度在本科不能变，在研究生教学中也可以保留。唯教学的方法非变不可。孔子的学生不发问、教师则不讲的做法我们办不到，也无须办到。孔子强调学生自学，积极向教师提出问题，师生讨论切磋，这一思想，我们是可以也必须借鉴的。

学生的发问不应是简单的知识性的，而应当具有学术性、挑战性，对教师的结论构成"威胁"，从而引发师生之间的讨论，最后导致一个学术问题的突破。就是说，教学不是教师单方面的行为，而是师生双方的共同活动。本科生教学要力求这样做，硕士生、博士生教学必须这样做。博士生教学甚至可以考虑不采取课堂教学的形式。

这一改革，看似容易，做来实难。关键在于教师的修养。一方面，教师须有真才实学，而且自己的学问如同源头活水，能够不断充实、更新，绝不是日渐干涸的死潭。这样，便可使教师具有另一方面的优点：恢宏的气度，博大的胸怀，容忍的精神，以至于来自学生的无论什么样的挑战都能从容忍受。

长期以来形成的教师讲述、学生听记的教学模式，早已根深蒂固，习非胜是，大家都认为这是天经地义的事情，没有改变的愿望。所以这一教学改革实现的关键在教师，但是不仅仅在教师，本科生和研究生教学管理部门的认识和工作也是至关重要的。没有他们的组织与引导，任何教学改革的举措都不会自发地形成。

总而言之，孔子的教学观在今日仍有价值，问题就看我们是否敢于和善于加以继承。

注释:

[1]《二程集》第一册, 中华书局1981年, 第252页。

[2]《二程集》第一册, 第208页。

（原刊吉林大学《高教研究与实践》1994年第1期）

论孔子中的哲学

在孔子博大深刻的哲学体系中，中占有怎样的地位，它的含义是什么，自宋代以来一直是个众说纷纭的问题。我的老师金景芳先生近年提出孔子思想有中与仁两个核心说和中的确切含义是"无可无不可"的观点，给孔子中的哲学一个根本性的说明。金先生的论述言简意赅，我这里做些具体的分析，并明确提出中概念包括"无可无不可"和"过犹不及"两个层次的观点。

一　中的确切含义："无可无不可"与"过犹不及"

孔子中的哲学，其确切的含义包括"无可无不可"和"过犹不及"两个层次。"无可无不可"见诸《论语·微子》，其文云："逸民伯夷、叔齐、虞仲、夷逸、朱张、柳下惠、少连。子曰，不降其志，不辱其身，伯夷、叔齐与。谓柳下惠降志辱身矣。言中伦，行中虑，其斯而已矣。谓虞仲、夷逸，隐居放言，身中清，废中权。我则异于是，无可无不可。"马融注"无可无不可"云；"亦不必进，亦不必退，唯义所适。"马氏此注甚的。在孔子看来，没有一定可行之事，也没有一定不可行之事，一切根据合义与否而定。这就是"无可无不可"。孟子对于孔子的"无可无不可"理解尤其深刻、准确。《孟子·公孙丑上》记孟子说："非其君不事，非其民不使，治则进，乱则退，伯夷也。何事非君，何使非民，治亦进，乱亦进，伊尹也。可以仕则仕，可以止则止，可以久则久，可以速则速，孔子也。皆古圣人也，吾未能有行焉，乃所愿则学孔子也。"孟子认为伯夷、叔齐、伊尹诸人都是了不起的圣人，但是他愿以孔子为榜样，因为孔子比他们高明；高明不在别的，就在孔子思想具有灵活性，做事无所谓可也无所谓不可，一切视当时的情况而定。在《孟子》书的《万章下》又提及孔子的这一特点，其文云："孔子之去齐，接淅而行。去鲁曰迟迟吾行也，去父母国之道也。可以速而速，可以久而久，可以处而处。可以仕而仕，孔子也。"孟子曰："伯夷圣之清者也，伊尹圣之任者也，柳下惠圣之和者也，孔子圣之时者也。"孟子这两段话大致一样，唯这后一段话提出一个时的概念，对于我们了解孔子"无可无不可"一语至为重要，据孟子之意，速与久两可，处与仕两可，这就是时。伯夷只知清，伊尹只知任，柳下惠只知和，三人都把住一端而不知时变。孔子则一切尽在两可之中，没有必做的事情，也没有必不做的事情；做与不做，全在于时。孟子说孔子是"圣之时者"，至为中肯切当。

孔子又把"无可无不可"概括为一个中字，有时把中与时联系起来，称作"时中"，有时把中与庸联系起来，称作"中庸"。无论称"时中"抑是称"中庸"，中都是关键字。中字的第一层含义就是"无可无不可"。"无可无不可"，孔子有时采取另一种表达方法，如《中庸》记孔子说："执其两端，用其中于民。"这执两用中的说法与"无可无不可"其实一致。然而问题恰恰出在执两用中这句话上。古今人们往往由于理解错了这句话而使中的意义发生严重偏差。郑玄注说："两端，过与不及也。用其中于民，贤与不肖皆能行之也。"孔颖达疏说："端谓头绪，谓知者过之，愚者不及。言舜能执持愚知两端，用其中道于民，使愚知俱能行之。"宋人因循注疏以为说。苏季明问程颐："舜'执其两端'，注以为'过不及之两端'是乎？"程答："是。"苏又问："既过不及，又何执乎？"程答："执犹今之执持使不得行也。舜执持过不及，使民不得行，而用其中使民行之。"（《河南程氏遗书》卷十八）注疏和程颐的解释全错，一错在释两端为过不及，二错在释此"用其中"之"中"为既不过亦不及，三错在释此"用其中"之"用"为使民用。其实两端就是"无可无不可"，亦即《孟子》所说仕与处，速与久之两端。"执其两端"，谓执仕与处两端，速与久两端。"用其中于民"，谓实行起来采取或仕或处，或速或久之一端；采取哪一端，则依时而定；所采取之一端必是最切时宜的，最恰当的，这就是中。南宋朱熹的解释略有不同，他说："盖凡物皆有两端，如大小厚薄之类。于善之中又执其两端，而量度以取中，然后用之，则其择之审而行之至矣。然非在我之权度精切不差，何以与此。此知之所以无过不及，而道之所行也。"用词略为迂曲，实质则与郑、孔、程三人说无异，亦释执两用中为过与不及之间。孔子讲的中有两个层次的含义，"无可无不可"即"执其两端，用其中于民"是第一层含义。事物无不有两端，因时而取两端之一端，这是首要的。确定一端之后，实行起来有个度的问题，即把握住适当的分寸，不足与过度皆不可取，因为不足与过度必然导致事物由善变恶，由真理变谬误，从而由此一端转为另一端。这是中的第二层含义。中的两层含义都是必要的，二者不可或缺，亦不可颠倒。郑、孔与程、朱的错误在于把无过不及与"无可无不可"即"执两用中"混同起来。

二　孟子的权与孔子的中

"无可无不可"，亦即"执其两端，用其中于民"，是孔子中哲学的第一要义。孟子以"权"为喻，解释孔子中哲学的这一要义，极其明白易懂。孟子说："杨子为我，拔一毛而利天下，不为也。墨子兼爱，摩顶放踵，利天下，为之。子莫执中，执中为近之。执中无权，犹执一也。所恶执一者，为其贼道也，举一而废百也。"（《孟子·尽心上》）孟子这段言论需要仔细揣摩。杨朱、墨子的主张，孟子是坚决反对的，故不可以为孟子把杨朱的一毛不拔和墨子的摩顶放踵看作孔子说的"执其两端，用其中于民"的"两端"。在孟子心中，杨、墨的主张绝对不可取，与"可以仕而仕，可以处而处"者不同。这一点首先要认定。其次，"执中"本来是对的，孟子何以言"执中为近之"？这是孟子此处说的"执中"乃特指子莫既不一毛不拔也不摩顶放踵，而取二者中间而言，非谓一般意义上的执中。复次，孟子视子莫取一毛不拔和摩顶放踵二者之中间为一端，认为如果子莫执此一端而不知变通，便等于"废百"，是要不得的。解决的办法是"权"。权是秤之砣，它的功能是通过灵活移动自身的位置衡量物的重量，永远不固定在一点上。孟子的意思很显然，执中而不可执一，唯一的办法是保持象权那样的灵活性。

为了把中与权的关系说明白，孟子又举了另一个例子。"淳于髡曰：'男女授受不亲，礼与？'孟子曰：'礼也。'曰：'嫂溺则援之以手乎？'曰：'嫂溺不援是豺狼也，男女授受不亲，礼也，嫂溺援之以手者，权也。'"（《孟子·离娄上》）这里孟子进一步论述了执中必行权，执中而不行权犹执一的道理。"嫂溺援之以手"与"男女授受不亲"是对立的两端，具有非此即彼的性质，绝对不容折中。孟子理解的中，正是从两端之中选择一端，或者授受不亲，或者援之以手。选择的依据是时。平常之时，要授受不亲，非常之时，要援之以手。常时授受不亲极容易，非常之时援之以手，则须知权者方能做到。如此看来，孟子讲的权就是孔子讲的"无可无不可"，"执其两端，用其中于民"，也就是孔子讲的中。

三　朱熹的错误：释中为不偏不倚

宋儒曾热烈地讨论过中的含义，尽管有分歧，没讲对却是一样的。陆象山以太极释中，固然错误，但是对后世影响不大。解释错误且又产生很大影响的是朱熹的说法。朱熹在《中庸章句》题下注说："中者，不偏不倚、无过不及之名。"这个解释是朱熹承受程颐的观点又经过多年的思考提出的，口气之郑重，很像宣言，绝非信口说来。以后数百年间人们说中，老也说不明白，实与朱熹的这一解释有关。

说中有"无过不及"之义是对的。说中有"不偏不倚"之义，用以取代孔子自己说的"无可无不可"，"执其两端，用其中于民"，是根本性的错误。

就文字学的立场说，中字有"不偏不倚"的义项，孔子的中属于哲学方面方法论的概念，不取"不偏不倚"的意义。用"不偏不倚"释孔子的中，是说不通的。

"不偏不倚"，是居正而独立的意思。在任何时间条件下都应如此，都必如此，当是"不偏不倚"本有之义。就是说，"不偏不倚"没有时的限制。然而孔子的中与时紧密联系在一起，《中庸》记孔子说："君子而时中。"《孟子》说："孔子圣之时者也。"《文言传》说，"与时偕行"，"与时偕极"，《彖传》说："时止则止，时行则行。动静不失其时，其道光明。"孔子的中之所以极难做到，正在于中是因时制宜，不拘一偏的灵活性。离开时中便无从说起。"不偏不倚"说无法解释这个问题。朱熹在《中庸章句》"君子而时中"句下注云，"盖中无定体，随时而在"，君子能"随时处中"，"无时不中"。把"时中"解释为客观事物时时刻刻都在中，君子主观上时时刻刻都处中，意谓"时中"是恒久在中或处中。这样讲"时中"，甚是牵强。孔子表达长久之意用恒用久而不用时。如《周易》恒卦《彖传》说："天地之道恒久而不已也。"《彖传》说："九二悔亡，能久中也。"表达长久之意不用"时"字而用"久"字。表达长久之中，说"久中"而不说"时中"。这就证明孔子讲"时中"，不是说时时刻刻在中处中，而是说因时而中，即做事情看问题因时定夺取舍，做到切合时宜，恰到好处。可见朱熹以"不偏不倚"释中，解释不了孔子何以称中为"时中"。

从孔子所做的《易传》看，最强调的是中，中与时相连系，其次强调正。中与正显然是两个概念，中可以涵盖正，正却不能代替中。任何一卦里正都不可以理解为中。朱熹说的"不偏不倚"用来解释正，尚属勉强，但是也不十分贴切；用来解释中则绝对不可以。在《易传》里中与正是不同的，若翻开《论语》看，更不见孔子有"不偏不倚"的思想。正倒是提到了，如《颜渊》："政者正也，子帅以正，孰敢不正。"《子路》："不能正其身，如正人何！"这个正字与邪对言，是为人正派的意思，不是"不偏不倚"。"不偏不倚"其实是宋儒的思想，用以解释中，是对孔子中哲学的根本性歪曲。

中的正确含义已如上述，一是执两用中，"无可无不可"，就是从事物的两端之中因时制宜地选定一端，二是选定这一端在实施的时候注意把握分寸，既不使不足，也不使过火。这两层含义是有序的，有前者才有后者，不可颠倒，也不可或缺。朱熹说中是"不偏不倚"和"无过不及"，二者的关系更发生混乱。若是二者意义相同，既言"不偏不倚"，何须更言"无过不及"！若是二者意义不同，既已"不偏不倚"，正正当当，何须更求"无过不及"！

四 从孔、老的不同中可见中的真义

孔子与老子在哲学上的最大不同，我以为在于孔子主张执两，而老子强调执一。翻阅孔老的书，可清楚地看到他们的区别，进而体会孔子中哲学的真义是什么。

老子的主张明显地倒向一边。刚与柔，老子明确地强调柔，如他说："柔弱胜刚强"。强与弱，老子明确地强调弱，如他说："弱者道之用。"先与后，老子明确地强调后，如他说："不敢为天下先。"文与质，老子明确地强调质，如他说："见素抱朴，少私寡欲，绝学无忧。"父与母，老子明确地重母，如他说："天下有始，以为天下母。"雄与雌，老子明确地重雌，如他说："知其雄，守其雌，为天下溪。"成熟与幼稚，老子明确地重幼稚，如他说："常德不离，复归于婴儿。"无为与有为，老子明确地强调无为，如他说："为无为，事无事，味无味。"任何事情，老子都是执其一端，极端地排斥另一端。他没有时的概念，自然就谈不到中。

孔子的言行则与老子大不一样。孔子总是从事物的两端之中因时制宜地选取一端，从不说一定如何和一定不如何。如刚与柔，人常说老子贵柔，孔子贵刚。其实不然，老子贵柔是真的，孔子却不贵刚。孔子说，"刚柔相易，不可为典要。""分阴分阳，迭用柔刚"，"一阴一阳之谓道"，"刚柔相推而生变化。"《易传》里的这些言论最能代表孔子思想的灵活性原则。大家都知道孔子主张有为，可是孔子也不排斥无为。有为与无为，在孔子那里不能事先设定。时当有为则有为，时当无为则无为。孔子说，"狂者进取，狷者有所不为也。"（《论语·子路》）"邦有道则仕，邦无道可卷而怀之"。"无为而治者,其舜也与"(《论语·卫灵公》)。"潜龙勿用,何谓也? 龙德而隐者也。不易乎世,不成乎名。遁世无闷,不见是而无闷。乐则行之,忧则违之,确乎其不可拔,潜龙也"(《周易·文言传》)。这些话意思是显明的,都是说应当有为的时候就有为,不应当有为的时候就无为,正是"无可无不可"一语的具体体现。

孔子凡事执两端而选一端,究竟选哪一端,依时而定,恰是受他中哲学决定的。老子没有中的哲学,所以他事事走极端,说柔就绝对的柔而排斥刚,说无为就绝对的无为排斥有为,说弱就绝对的弱而排斥强,说后就绝对的后而排斥先。老子这一思想与孔子的"无可无不可"形成鲜明对立,与中背道而驰,于是从反面证明了孔子中哲学的真义是从两端里取一端,不是在两端之间取"不偏不倚"的态度。

五　关于孔子的"刑罚中"

孔子在司法方面有一句名言,曰:"刑罚不中,则民无所措手足。"刑罚有轻重的问题,孔子论刑罚,不言轻不言重,而言中与不中;主张刑罚中,反对刑罚不中。何谓中,何谓不中,中是恰当的意思,即刑罚与罪过相当。罪过重者刑罚重,轻者刑罚轻。不能理解为不轻不重,取其中间。《周礼·秋官·小司寇》"以之刺断庶民狱讼之中",郑玄注:"中谓罪正所定。"孙诒让《周礼正义》释郑注云:"郑意,狱讼平断,恐其有偏颇,故以三刺之法求其中正以定其罪,是谓之中也。"按郑、孙之说是对的。根据所犯罪过之大小轻重断定与之相适应的刑罚,这就是刑罚中。《后汉书·梁统传》释孔子"刑罚不中,则民无所措手足"一语云:"中之为言,不轻不重之谓也。"不轻不重谓刑罚当重的则不轻,刑罚当轻的则不重,刑罚之轻重依罪过之轻重而定。

这是就司法中的个案而言,就一个社会一个时代说,也有刑罚中与不中的问题。《吕刑》云:"刑罚世轻世重。"《后汉书·应劭传》引作"刑罚时轻时重。"《周礼·秋官·大司寇》云:"掌建邦之三典:一曰刑新国用轻典,二曰刑平国用中典,三曰刑乱国用重典。"《荀子·正论篇》云:"治则刑重,乱则刑轻。犯治之罪固重,犯乱之罪固轻。《书》曰'刑罚世轻世重',此之谓也。"《周礼》与《荀子》的说法虽然有所不同,但是在承认刑罚之轻重与时代有关这一点上是一致的。用这一点解释《吕刑》"刑罚世轻世重",肯定是对的。

总而言之,孔子"刑罚中"的思想也突出一个时字,时当刑罚轻则轻,时当刑罚重则重,轻重不做一定的要求,在灵活中寻求断狱的恰当。在具体的断狱中,或轻或重,只取一端,绝对不是折中于轻重之间。这是孔子中的哲学在一个方面的体现。

六　孔子的中与仁义互为前提

我的老师金景芳说孔子的思想有两个核心,一个是中,另一个是仁义。我经过近二年来的反复思考,越来越觉得先生的这一观点正确而深刻。这里我做一点补充的分析：我发现孔子思想的两个核心是互为前提即互补着的。

当我们用孔子"无可无不可"这句话解释他的中哲学的时候会立刻遇到一个问题：孔夫子可以仕而仕，可以处而处，可以速而速，可以久而久，依时而定的灵活性是从利己主义出发，还是另有原则性呢？回答是明确的：另有原则性。那就是仁义。老子贵柔，强调"柔弱胜刚强"，出发点在于利己，求得自我生存。孔子倡中道，贵仁义，充满着利他精神和社会责任感。孔子主张"无可无不可"，是以仁义为前提的。不仁不义之事绝对不做。只有在符合仁义原则的前提下才考虑何者可行，何者不可行的问题。"志士仁人，无求生以害人，有杀身以成仁"（《论语·卫灵公》）。"君子义为质"（《论语·卫灵公》）。"君子义以为上"（《论语·阳货》）。"不义而富且贵，于我如浮云"（《论语·述而》）。"邦有道穀，邦无道穀，耻也"（《论语·宪问》）。孔子的这些言论确切无误地表明他首先追求的是仁义精神，然后才是中道。孔子讲"无可无不可"、"无过不及"的时候，仁义已经包含其中。倘失去仁义，利己主义占上风，则不可能行中道，甚至会陷入真正的折中主义，道家的主张是现成的例子。老子虽然以求得自我生存为唯一目标，倡言无为，力主柔弱，反中道而执一，但是毕竟说得坦诚直率，并无欺人之嫌，至庄子，则引诱人们走上绝对利己的、善恶不分的折中、滑头的道路。"为善无近名，为恶无近刑。缘督以为经，可以保身，可以全生，可以养亲，可以尽年"（《庄子·养生主》）。"周将处乎材与不材之间"（《庄子·山木》）。这是庄子利己主义人生哲学的典型表述，对后世的影响至坏至深。汉魏间流传这样的故事："赵母嫁女，女临去，敕之曰：'慎勿为好。'女曰：'不为好，可为恶邪？'母曰：'好尚不可为，其况恶乎'！"（《世说新语·贤媛》）。《淮南子》亦有类似记载。这位赵母的观点与庄子如出一辙。恶不为，善亦不为，游刃于二者之间，一心只为一己的安生，自然不要仁义，因而没有考虑"无可无不可"、"无过不及"的必要与可能。孔子讲究仁义，所以必行中道。

这是中与仁义互为前提的一方面。另一方面，只有把握中道的人才可能真正使仁义成为现实。孔子本人是这样认为的。他对管仲的评价是有代表性的。桓公杀公子纠，管仲不死，且相之。子路、子贡皆以为管仲不仁。孔子却看到"管仲相桓公，霸诸侯，一匡天下，民到于今受其赐。微管仲，吾其被发左衽矣"（《论语·宪问》）的大功劳，肯定管仲是个仁者。两种相反的评价反映两种不同的价值标准和思想方法。子路、子贡两弟子以伯夷、叔齐不食周粟的清者为仁，固守执一的思想方法而不知时变。孔子是"圣之时者"，懂得"无可无不可"的道理，故肯定管仲是仁者。至于管仲本人，是否有以天下国家为己任的动机，我们无法晓得，自客观的效果看来，他的确是个善知时变，能行中道的人，所以才成就了仁于天下国家人民的伟业。假如他学伯夷，死公子纠之难，或者不死但不相桓公，便只能是个清白然而无用的人。

从孔子的理想人格及其标准也看得出在孔子那里中和仁义是统一不可分的。《论语》和《易传》反映孔子的理想人格是君子和圣人两个层次。君子应当力求是个仁者，圣人不但必须是仁者，还必须是知者。做个仁者已经不易，做个知者则几乎不可能，所以圣人绝非想做就做得到的。两相比较，仁容易些，如果能过人己关系这一关，做个仁者是可能的，故孔子说："我欲仁，斯仁至矣。"(《论语·述而》)做个知者则不是欲知，知就到。孔子说："舜其大知也与! 舜好问而好察迩言，隐恶而扬善，执其两端，用其中于民，其斯以为舜乎! "(《中庸》)可见知者难为就难在他必须善于执两用中，行中道。而行中道，孔子断言一般人办不到，所谓"天下国家可均也，爵禄可辞也，白刃可蹈也，中庸不可能也"(《中庸》)。知者之所以难能，是因为知不是思想道德问题，而是个如何把握时变的知能、知慧问题。孔子把仁知的不同划得十分清楚。他说，"仁者安仁，知者利仁"(《论语·里仁》)，"知者乐水，仁者乐山。知者动，仁者静。知者乐，仁者寿"(《论语·雍也》)。"知者不惑，仁者不忧"(《论语·子罕》)。仁者安仁，乐山，静，寿，不忧，并为静事，在安静中求得可也。知者利仁，乐水，动，乐，不惑，俱为动事，须把握时变，方可做到，故难。例如孔子"饭疏食饮水，曲肱而枕之，乐亦在其中"，"发愤忘食，乐以忘忧，不知老之将至"(《论语·述而》)，即属于知时识变，善行中道的知之事。孔子自己一生奋斗不息，在知上下功夫最大。他说："吾十有五而志于学，三十而立，四十而不惑，五十而知天命，六十而耳顺，七十而从心所欲不踰矩。"(《论语·为政》)学、立、不惑，都是知上事。知时识变，善行中道，故不惑。知天命，耳顺，从心所欲，俱是实践了中哲学的结果。

人都愿做君子，君子不一定都是仁者，成为仁者的人实际上不多。只是个仁者还不够，还要做个知者。知者同时必须是仁者，人而不仁，则知无从谈起。既仁且知的人历来如凤毛麟角。孔子自己说："圣则吾不能，我学不厌而教不倦也"。子贡说："学不厌，智也。教不倦，仁也。仁且智，夫子既圣矣乎! "(《孟子·公孙丑上》)孔子表的是谦辞，子贡说的是实话。师生二人的对话表明，仁与知(中乃知上事)在一个人身上难得具备，而在孔子理想的圣人人格上二者是统一、互补、不可分的。

七 孔子的中哲学源自尧舜

中的哲学不是孔子的发明，实产生于尧舜，经孔子(以及孟子)的继承、发扬，成为儒家思想文化的重要内容。它作为哲学方法论，应当成为儒家哲学乃至整个中国传统哲学的骨干之一，然而事实上没有，它被后世人曲解了。在普通老百姓的头脑中，中道、中庸之道几乎是折中、调和、老好的同义语。在学界其实也大致如此。自程朱正式地用"不偏不倚"解释中以后，情况更加严重，孔子中哲学的真义晦暗不明。时至今日，众多的当代学者努力说中却总也说不清楚。

中的哲学产生于尧舜时代，有文献记载，是毫无问题的。《尧曰》说："尧曰:'咨尔舜，天之历数在尔躬，允执其中，四海困穷，天禄永终。'舜亦以命禹。"《中庸》说"舜其大知也与。舜好问而好察迩言，隐恶而扬善，执其两端，用其中于民，其斯以为舜乎。"有人说《尧曰》、《中庸》所记不可信。说不可信是今人的猜测，拿不出有力的证据，我们与其相信今人的武断，不如相信二千多年前古人的记载。随意宣布古代文献不可信的做法已为越来越多的考古学成果证明是不足取的。《离娄下》记孟子说:

"汤执中，立贤无方。"这话可视作尧舜时已有中概念的间接证据。《吕刑》和《周礼·秋官》诸职屡屡使用中概念，亦当具有同等的史料意义。

孔子提出"无可无不可"和"无过不及"两个观点，实际上是尧舜的中概念的恰当阐释，这是孔子的理论贡献。孟子更用权解释中，使中的含义明白易懂，几不容生疑义。

后世人提出的儒家道统说值得注意。所谓道统是说有一个至关重要的、具有决定性意义的理论从尧舜传至孔子，逐渐成为决定儒家思想本质和儒家命运的东西存在。道统说有很大的神秘色彩。不过，在神秘色彩的背后隐藏着一定的真实性。就是说，道统说并非无根据的游谈。《尽心下》记孟子说，"由尧舜至于汤，五百有余岁"，"由汤至于文王，五百有余岁"，"由文王至于孔子，五百有余岁"，"由孔子而来至于今，百有余岁，去圣人之世若此其未远也，近圣人之居若此其甚也。然而无有乎尔，则亦无有乎尔"。这里，孟子肯定自尧舜禹汤至于孔子有个一脉相承的东西，与《中庸》"仲尼祖述尧舜，宪章文武"的记载对照着，孟子的说法当为不虚。尧舜以来一脉相传的东西是甚么，孟子未明言，据《尧曰》的记载，它极可能就是"允执其中"。

唐人韩退之为抵制道、佛的影响而作《原道》，提出儒家道统说云："尧以是传之舜，舜以是传之禹，禹以是传之汤，汤以是传之文、武、周公，文、武、周公传之孔子，孔子传之孟轲。轲之死，不得其传焉。"韩氏所说儒家的道指仁义而言，大可商量。仁义固然属于孔子、孟子，说得自文、武、周公也未为不可，说从尧、舜传下来的是仁义，则有待进一步的证明。尧、舜、禹传下来的是"允执其中"，是《尧曰》已经说明了的，没有新证据，推翻不得。韩氏说儒家有个道自尧传至孔、孟，是对的；说这个道是仁义，不足信据。

南宋朱熹的道统说与韩退之《原道》不同。他在《中庸章句序》中说："《中庸》何为而作也？子思子忧道学之失其传而作也。盖自古圣神继天立极，而道统之传有自来矣。其见于经，则'允执厥中'者，尧之所以授舜也。'人心惟危，道心惟微，惟精惟一，允执厥中'者，舜之所以授禹也。尧之一言至矣尽矣，而舜复益之以三言者，则所以明夫尧之一言，必如是而后可庶几也。"朱熹这里正确地肯定了"允执厥中"传自尧、尧传给舜这个历史的事实。然而他思想的重心显然在下面。《尧曰》说"舜亦以命禹"，他却说舜命禹时加上了"人心惟危，道心惟微，惟精惟一"三句。此说取自伪古文尚书之《大禹谟》，《大禹谟》采自何处，不知道。但是，《荀子·解蔽》有云："故《道经》曰，人心惟危，道心惟微，危微之几，惟明君子而后能知之。"既云《道经》曰，其不出孔子及儒家之口明甚。最可能的情况是，道家之言，荀子引用，伪作《大禹谟》者照搬，朱熹如获至宝，塞进他的大作《中庸章句序》。朱熹这样做是为了使他的道学同孔子搭上关系，发挥起来名正言顺。这被后人称为十六字心传的儒家道统说始于北宋之二程和周敦颐，朱熹表述得最为完备，影响最大。十六字心传说属于宋人，不属于舜、禹、汤、文、武、周公和孔子。孔子从尧、舜承传下来的是"允执其中"的中，没有危微精一的一套。物宜归原主，宋人硬塞给孔子的东西，理应还给宋人。

（原刊台湾辅仁大学《哲学与文化》月刊1994年4月）

说老孔异同

　　我在拙文《〈老子〉与〈易大传〉是两个根本不同的思想体系》[1]中曾经从道与太极、辩证法、神道设教、思想渊源四个方面粗略地讨论过《老子》与《易大传》的差异问题。我认为《老子》与思想属于孔子的《易大传》是两个根本不同的思想体系。自那时（1989年）以后，见过不少讨论《老子》思想的论著，看法多有不同，其中以持扬老抑孔观点的文章最为有影响。他们认为中国传统思想文化的哲学框架是《老子》以及庄子建构的，孔子只有政治伦理道德说教，没有形上的、思辨的哲学。后来儒家的哲学是从老庄那里承受过来的。最后的结论是：道家思想在中国传统思想文化中居主干地位。我对于这一观点反复思考多时，细细体味《老子》八十一章和《论语》、《易大传》的蕴含，仍然认为老子是老子，孔子是孔子，各有千秋，老子有哲学体系，孔子也有个哲学体系。他们对于后世都产生过深远影响，都是中国传统思想文化的重要组成部分，不宜说哪一个是主干。孔子不等于儒家，老子不等于道家。其实孟子对孔子，庄子对老子，都已有所改变，更不待说以后，所以我这里只讲老孔，不讲儒家道家。儒家道家的问题变化多端，一篇短文绝对承担不下。况且，自它们的现代价值的角度看，还是孔子和老子他们本人的思想最有意义，最值得现代精神文明建设吸取。如果抽象地说儒家，则儒家芜杂不精，说不清楚。如果抽象地说道家，道家亦然。老孔的思想最古老，于现实最有用，最少甚至没有封建主义色彩，儒家道家则是另一回事。

　　老孔思想是两个体系，有不同的渊源。老子重母统，贵柔，显然出自殷易《归藏》（又名《坤乾》）。孔子重父统，道中庸，守中道，尚仁义，思想得自《周易》，源于尧舜禹汤文武周公。二人的思想相去甚远，且不少问题恰相针对。然而相异相隔之处，恰恰可以看见他们的相通。因此我这里对老孔之异与同不分开谈，只言异，于异中见同。

　　先说"道"。

　　老孔并言"道"，然而其"道"不同。孔子的"道"直爽简捷。《论语》中言"道"颇多，虽然没有明说"道"是什么，但是从孔子诸多言"道"的言论中可以体悟出一点他的"道"的含义。例如孔子说，"人能弘道，非道弘人"（《卫灵公》）。"君子谋道不谋食"，"君子忧道不忧贫"（同上）。"直道而事人"，"枉道而事人"（《微子》）。把"道"同个体的人相对待而言，这"道"显然具有客观性，非个人主观所能改变。人之于"道"，只有如何对待的问题，没有如何改变的问题。又如孔子说，"三代之所以直

道而行也"（《卫灵公》）；"先王之道"（《学而》）；"天下之无道也久矣"；"古之道
也"（《八佾》），知孔子所言之"道"有历史性，古有古之道，今有今之道，不是有一个
道而亘古不变。又如孔子说："天下有道"，"天下无道"（《季氏》）；"邦有道，谷，邦
无道，谷，耻也"（《宪问》）；"文武之道"（《子张》）；"君子之道"（同上）；"上失
其道"（同上）；"吾道一以贯之"（《里仁》）。言"道"在万事万物之中而分别论之，
天下有天下之道，邦有邦道，君子有君子之道，吾有吾之道，上有上之道。是知孔子所
言道不是超然物外的抽象物。以上所引孔子所言之道全关社会人事，天呢？自然呢？
《论语》未明说孔子言天道。但是《公冶长》篇记子贡说："夫子之文章，可得而闻也。
夫子之言性与天道，不可得而闻也。"有人说子贡此话是讲孔子不言天道，我以为其实
不然。子贡的意思显然是说孔子不明言性与天道，所以弟子们听不到，不是说孔子根
本不讲天道，不承认天道。关于性，孔子不是说过一句"性相近也，习相远也"（《阳
货》）的话吗！

这是《论语》记孔子所言"道"，现在看《易大传》。关于《易大传》的作者，我
相信史、班的说法，是孔子。虽字字句句不都出自孔子手笔，但是思想肯定属于孔子。
《易大传》讲"道"比《论语》更多。除君道、臣道、妻道、君子之道、小人之道等等之
外，更明言人之道、地之道、天之道以及天下之道、天地之道。尤其明言天之道，明言
天、地、人三才之道，更值得注意。有人说老子讲天之道，孔子讲人之道而不讲天之
道，是不符合事实的。老孔天道人道都讲，这一点他们是相同的。

道，究竟是什么呢？《论语》没讲，从《论语》我们仅仅能体会出"道"有历史性、
客观性、真理性，存在于各类事物之中。到了《易大传》，道的含义就明白无误了。《说
卦传》给道分做三大类，有天之道，有地之道，有人之道，说"立天之道曰阴与阳，立
地之道曰柔与刚，立人之道曰仁与义"。阴阳与柔刚其实一事，并无差别。仁义也可归
结为阴阳，或者说实质也是阴阳，所不同的只是人道之阴阳用与人事特点有关的仁
义来表达罢了。人之所以为人，不同于任何其他动物，就因为人有仁与义两个特点。
仁指血缘关系，义指血缘关系之外的社会关系。人生存于这两种社会关系中，所以成
为人。人一旦离开这两种关系，便不再是人。这是人之道的最抽象含义。下及君道、臣
道、父道、子道、夫道、君子之道、小人之道，含义不再是仁义，而是比仁义更为具体
的不同内容了。

那么，如果不讲天道、地道、人道的不同含义，再抽象一步，说出凡道的含义，又
是什么呢？《系辞传》说"一阴一阳之谓道。"又说："形而上者谓之道，形而下者谓之
器。"这是孔子给"道"下的最高定义。对这两句话的理解，是有分歧的。宋儒讲理气
之辨，说道就是理，理在气先，在气上，理离气而独立存在。朱熹以为《周易》的"太
极"就是理（当然也就是道），说"太极生阴阳，理生气也，阴阳既生，则太极在其中，
理复在气之内也"（《太极图说解》）。朱熹讲的"道"（理）含义实际上出自道家（这
一点后边将谈到），根本不是孔子的"道"。清人戴震作《孟子字义疏证》，对"道"有
独到的见解，他说："道犹行也。气化流行，生生不息，是故谓之道。"说道是行，即走

路，是对的，因为古文献中之行字可训为道；道字当然也可释作行。说"气化流行，生生不息"，即万物之不止不断，无始无终的发展变化就是道，是对的。但是，如果反过来说道就是"气化流行，生生不息"，则有欠妥当。用道定义"气化流行，生生不息"，可；用"气化流行，生生不息"定义道，则不可。孔子说"一阴一阳之谓道"，是用"一阴一阳"来定义。"气化流行，生生不息"，是万物不断流行生息，永恒发展变化的外在形势，而"一阴一阳"则揭示万物发展变化的内在实质和终极原因。"气化流行，生生不息"，只能说是道的一种表现，"一阴一阳"，才是道本身。

"一阴一阳"是什么意思？第一，阴阳乃一事，时而表现为阴，一会儿表现为阳。比如昼夜，是一天里的两种表现，不是说昼是一事，夜是另一事。昼夜一日也，昼一阳也，夜一阴也，昼夜一阴一阳也。君臣、父子、夫妇、兄弟诸关系各为一事。君、父、夫、兄，一阳也，臣、子、妇、弟，一阴也。一边表现为阴，一边表现为阳，这就是道。假如一个事物一直表现为阴，或一直表现为阳，不是一会阴一会阳地迭相变化，便是失道。自然界如此，便是灾异；天下如此，便是天下无道；一国如此，便是邦无道；君主如此，便是无道之君；人身如此，便是阴阳失衡，必然生病。孔子虽然说有天之道、地之道、人之道、君道、臣道、妻道、君子之道、小人之道、圣人之道、变化之道，等等，但是其道之旨归还是"一阴一阳"。非"一阴一阳"不是道。

戴震说"一阴一阳之谓道"的道系指天道言，不含人事在内。我以为不然。孔子讲"一阴一阳之谓道"，应当说，天地人三方面亦即宇宙人生全包括其中。若说"一阴一阳之谓道"的道仅指天（自然界）道言，那么人之道又是什么？《说卦传》说"立人之道曰仁与义"，上文说过，仁与义实质也是阴阳。孔子是主张天人致而合一的，他绝对不会以为天道是一样，人道是另一样。《文言传》说"夫大人者，与天地合其德，与日月合其明，与四时合其序，与鬼神合其吉凶。先天而天弗违，后天而奉天时"。证明在孔子看来，人道与天道并无二致。

孔子讲的道，老子有与之相通之处。《老子》第四十二章说："万物负阴而抱阳，冲气以为和。"第四十章说："反者道之动"。万物负抱阴阳，阴阳既和又反，造成发展变化，正是孔子《易大传》"一阴一阳之谓道"的另一种表述方式。或者以为这证明《易大传》非出自孔子，乃战国时代道家人物或受道家影响的人士所为。我以为这不能证明《易大传》是道家作品。《易大传》言道，至"一阴一阳之谓道"为止，往上不再说。这个道不具有宇宙本体论意义。《易大传》中具有宇宙本体论意义的范畴是太极。太极与道不同。

老子的道包括两个层次，就是说，老子其实有两个道。一个道是具体的，含在万事万物之中，与孔子的道相当。一个道是抽象的，超越万事万物之外而与时空无涉，它具有宇宙本体论的意义。在这一点上，老子独树一帜，与孔子及其《易大传》根本不同。宋人张载在所作《西铭》中蕴含了"理一分殊"的思想，后由程颐加以揭示，正式提出"理一而分殊"的说法，至朱熹作《西铭解》，对"理一分殊"说加以肯定、发挥，使之成为宋明理学家们哲学体系的理论基础。照朱熹的理解，"理一"是形而上的，

"分殊"是形而下的。万物千差万别,绝不一致,这就是分殊。万物虽千差万别,里面藏着的理却只有共同的一个,这就是"理一"。朱熹又从周敦颐的《太极图说》中汲取了无即太极,太极就是理的观点,与"理一分殊"说统一起来。朱熹说:"人人有一太极,物物有一太极。"[2]又说:"统体是一太极,然又一物各一太极"[3]。朱熹的理就是太极,太极就是道。他将"理一"与"分殊"的关系比拟为天上的月,"只一而已,及散在江湖,则随处可见,不可谓月已分也"。理(道)在一切事物之中,"不是割成片去,只如月印万川相似"[4]。这著名的"月印万川"说非常形象地讲出了他的思想,有个超然万物之外且为天地万物之根的理(道、太极),一方面天地万物由它创生,另一方面又寓于天地万物之中,无处不在。

朱熹把道(理)视同太极,以为二者乃一物,这与孔子及其《易大传》是不同的。朱熹虽然承认道(理)只有一个,但是他强调"理一分殊",理既在万物之外,又分散在万物之中,不说道有两个,实际上也等于承认道有两个。这与孔子及其《易大传》更是不同。孔子及其《易大传》只说道在天地人万物之中,不说天地人万物之外别有道。

宋人的"理一分殊"说,追本溯源,出自老子,与《老子》关于"道"的观点如出一辙。清人戴震早已指出了这一点。周敦颐、程颐、朱熹并是著名的大儒,在宇宙本体论这相关重要的问题上竟继承了老子的东西,看似奇怪,其实不怪,后世道家不是也把孔子《易大传》中的太极、八卦等汲取过去了吗!你中有我,我中有你,彼此通融,相互影响,本是中国传统思想文化发展的正常现象。我们今日没必要斤斤责怪古人,但是须弄明白儒家自是儒家,与孔子不同;道家自是道家,与老子不同。进而须认清老子与孔子在哲学上是根本不一样的。

孔子的道是一个概念,不具有宇宙本体论的意义。老子的道,字是一个,实际上却是两个概念。一个道与孔子的相同,是存在万事万物中的具体的道;一个是独立于天地万物外且为天地根的抽象的道。此道具有宇宙本体论的意义。

请看《老子》是怎样表述道的:"道可道,非常道"(一章)三个道字,前后两道字是名词,中间道字是动词,系表述、言状之意。老子意谓道本有二,一是可道之道,不是常道。另一是不可道之道,即不可言状、不可表述的道。第一种道,可言状、可表述的道,《老子》各章时常言及,如"功遂身退,天之道也"(九章),"反者道之动,弱者道之用"(四十章),"上士闻道,勤而行之……明道若昧,进道若退,夷道若纇"(四十一章),"天下有道,却走马以粪。天下无道,戎马生于郊"(四十六章),"不窥牖,见天道"(四十七章),"是以万物莫不尊道而贵德"(五十一章),"是谓深根固柢,长生久视之道"(五十九章),"古之善为道者,非以明民,将以愚之"(六十五章),"天之道不争而善胜"(七十三章),"天之道损有余以补不足,人之道则不然,损不足以奉有余"(七十七章),"天道无亲,常与善人"(七十九章),"天之道,利而不害;圣人之道,为而不争"(八十一章),等等。这些可道之道,天道、人道、圣人之道、天下有道无道之道、道之动之道、明道、进道、夷道,全是寓于天地万物之中的具体的道，与孔子及其《易大传》所言者同。

老子的另一种道是不可言状、不可表述的常道。常即恒，常道，超时空的永恒不变的道。老子为了表达描绘常道，颇费些心思。老子说："有物混成，先天地生，寂兮寥兮，独立而不改，周行而不殆，可以为天下母。吾不知其名，强字之曰道"（二十五章）。老子悟到有那么一个东西，它先于天地而生，为天地之母，它是无倚无靠，独立不变的。不知它叫什么名字，勉强称之曰道。老子又说："道之为物，唯恍唯惚。惚兮恍兮，其中有象；恍兮惚兮，其中有物。窈兮冥兮，其中有精。其精甚真，其中有信。"（二十一章）老子在尽力描绘本不可道的这个东西的特点：这个道是真实的、存在的。虽然恍恍惚惚，窈窈冥冥，却可以让你体悟到它有物有象有精有信。老子又说："视之不见，名曰夷；听之不闻，名曰希；搏之不得，名曰微。此三者不可致诘，故混而为一。其上不皦，其下不昧。绳绳兮不可名，复归于无物。是谓无状之状，无物之象，是谓惚恍。迎之不见其首，随之不见其后。"（十四章）道是无物、无状、无象、无阴阳、无首尾，人的感觉器官对它不起作用的东西。老子视之为宇宙的本体，天地万物之根。老子的这个有宇宙本体论意义的道，孔子没有。孔子在《易大传》中提出的"易有太极、是生两仪"的太极具有本体论的意义，但是太极与老子道不可等同。老子说："天下万物生于有，有生于无。"（四十章）又说："道生一，一生二，二生三，三生万物。"（四十二章）太极与老子讲的有、一相当，是物质性的实体，孔子视之为宇宙本体。而老子又在其上加个虚无缥缈的道（与无相当）作为本体。于是，老孔便在哲学基本问题上分道扬镳了。

当代有的学者强调《易大传》的太极与老子的道是一物，说老子说的"道生一"之道与一也是一物，甚至认为"有生于无"的有与无属于同一层次。这错误的认识，根源在朱熹。朱熹解释周敦颐《太极图说》之"无极而太极"说，"无极即是无形，太极即是有理"。"周先生之意，恐学者错认太极别为一物，故著无极二字以明之。""极是道理之极致。总天地万物之理，便是太极，太极只是一个实理，一以贯之。"它"实为万物之根柢"，"无极而太极，正所谓无此形状而有此道理耳"。"非谓太极之上别有无极也，但言太极非有物也。"[5]朱熹强调无极就是太极，其要害是混同太极与道、道与一、有与无，进而泯灭老孔之界限。今时力主孔子及儒家哲学自老子及道家来的学者，声言《易大传》是道家著作，不论他有多大的"独创性"，其文章无疑是接着朱熹做下来的。

以上说"道"。次谈"天人合一"。

"天人合一"一语是宋人概括出来的。但是"天人合一"的思想一直就有，是中国传统哲学及思想文化的一大特点。与西方哲学中人与天对着干的思想大不相同。老子与孔子都是"天人合一"论者，都主张人类应与天建立和谐统一的关系。在这一问题上，老子与孔子还有一点是一致的，即他们的天都是自然之天，不是主宰之天。老子是没问题的，大家都承认老子是无神论者。孔子的天是什么，人们的看法则有分歧。我认为孔子的天归根结底是自然之天，这从《易大传》看得最分明，处处是自然之天，无须论证。

有人说老子重天之道，只讲自然；孔子重人之道，只讲人事。我以为不然。老子固然讲天之道，但也讲人事。甚至他讲天道总是最后归结到人事上。《老子》八十一章大部分是讲人事的。这也无须举证。前人都是这么看的。《汉书·艺文志》说："道家者流，盖出于史官，历记成败存亡祸福古今之道，然而知秉要执本，清虚以自守，卑弱以自持，此君人南面之术也。"明确说道家是讲人事的。班氏虽指汉初黄老道家言，而道家的基本精神不能说与老子无关。老子说："人法地，地法天，天法道，道法自然"。这话的逻辑主词显然是人。"道法自然"其实可归诸人法自然，《老子》八十一章全部内容莫不如此。老子哲学由人出发而言及自然，由自然而归诸人。老子哲学重自然而轻人事的说法是不能成立的。孔子也不是只讲人事不讲自然。《论语》固然多讲人事，《易大传》讲人事则不离天道。《四库全书总目提要》经部总叙说："《易》之为书，推天道以明人事者也。"此云《易》书，包括孔子之《易大传》在内。

"天人合一"是说人类与自然界合一。老孔都主张"天人合一"，但是怎样合一，二人就不大相同了。孔子认为人之道与天之道具有绝对的一致性，人类做事要符合天道，不是所有的人都能做到这一点。真正做到这一点的人是少数具有大仁大智修养的圣人。《文言传》称这种人为大人。大人做事能"与天地合其德，与日月合其明，与四时合其序"，"先天而天弗违，后天而奉天时"。这是说大人（圣人）做事必与自然界吻合得天衣无缝。大人做事尤其做大事必依天道而行。孔子对此有较多的表述。观卦《彖传》说"观天之神道而四时不忒，圣人以神道设教而天下服矣"，颐卦《彖传》说"天地养万物，圣人养贤以及万民"，咸卦《彖传》说"天地感而万物化生，圣人感人心而天下和平"，家人《彖传》说"女正位乎内，男正位乎外，男女正，天地之大义也"，革卦《彖传》说"天地革而四时成，汤武革命顺乎天而应乎人"，乾卦《彖传》说"天行健，君子以自强不息"，坤卦《彖传》说"地势坤，君子以厚德载物"。以上仅是举例，其实《周易》之《彖传》和《象传》（大象）全部贯穿着人务须循天行事的思想。《论语》记孔子说："吾十有五而志于学，三十而立，四十而不惑，五十而知天命，六十而耳顺，七十而从心所欲不逾矩"（《为政》）。这里孔子说自己从小到老一辈子修身的过程不过解决一个问题，即使自己的言行与自然规律达到统一的状态，且高度和谐。

孔子"天人合一"的观点，自然指天地，且到天地为止，不再上推，主张人的行为要效天法地，顺天应人。老子的"天人合一"观点则有不同的主张，老子的"自然"概念在天地之上，与道等同。其含义是自动自足，自然而然，无为而无不为。老子所说"人法地，地法天，天法道，道法自然"，"弱者道之用"，"道常无为而无不为"，就是这个意思。老子讲法自然，这个法字值得体味。法是效法。孔子讲效法，是效法天地，不言效法自然。老子讲效法，是讲效法道，效法自然，不讲效法天地。老子的道和自然具有清静无为柔弱质朴的品格。孔子效法的天地则是生动活泼，自强不息的。所以主张学习，通过感官认识世界，以为达到精义入神、穷神知化的程度为最好。老子与孔子迥然不同，他号召超越天地，直接效法道，效法自然，以达到两种效果，一是人们要像道像自然那般无为和柔弱；二是整个社会都要抱朴返真，绝圣弃智，回到结绳以治，小国寡民的原始状态，以为重新成为大自然的一部分为最好。因此老子否定学习和感知的意义，主张"致虚极，守静笃"（十六章），通过直觉直接体悟道与自然，走着一条"为道日损"的道路，与孔子的"为学日益"（四十八章）不同。

总而言之，老孔都是"天人合一"论者，不同的是，孔子追求的目标是天地，强调人的行为与天地相合。老子超越天地，直接追求道、自然，强调人要像道、自然那样生活，甚至回归自然，成为大自然的一部分。

以上说"天人合一"。最后说"无为而治"。

提起"无为而治"，立即会想到它是老子的专利。其实不然，孔子也讲"无为而治"。如孔子说："无为而治者，其舜也与！夫何为哉？恭己正南面而已矣。"（《论语·卫灵公》）钱宾四先生分析说："孔子屡称尧舜之治，又屡称其无为，其后老庄承儒家义而推之益远。其言无为，与儒家义自不同，不得谓《论语》言无为乃承老子"（《论语新解》）。钱先生说"无为"思想是老庄承儒家，而不是孔子承老子。我以为不妥。不是孔子承老子，也不是老子承孔子。如果说"无为"思想早已存在，孔子有孔子的理解和应用，老子有老子的理解和应用，如同"道"一样，可能接近事实。钱先生说老子所言无为，与儒家义不同，却是千真万确的事实。我长期以来也是这么想的。

孔子用"恭己正南面而已矣"解释舜之无为而治。恭己，严肃认真地修养自己。正南面，坐正君位，不入邪道。孔子意谓所谓无为而治，就是做君主的要管好自身，当好君主，别的事情不干。后世儒家解释无为而治，大体按照这个路数说，一般都引申到任贤上去。君主不干，谁来干？当然要有贤者为之。《大戴礼记·主言》说："昔者舜左禹而右皋陶，不下席而天下治"。董仲舒说舜"改正朔，易服色，以顺天命而已，其余尽循尧道"（《汉书·董仲舒传》）。循尧道，谓承用尧旧任之贤臣不变。刘向说："王者劳于求人，逸于得贤。舜举众贤在位，垂衣裳恭己无为而天下治。"（《新序·杂事三》）亦谓君主治国治天下唯求贤用贤而已。《诗·卷阿》"伴奂尔游矣，优游尔休矣"郑玄笺说："孔子曰：'无为而治者，其舜也与。恭己正南面而已。'言任贤故逸也。"何晏《论语》注说："言任官得其人，故无为而治。"郑、何意谓君主任贤故得无为，无为故逸。此外，《荀子·王霸》、《三国志·吴书·楼玄传》引孔子此语而申之，王通《中说·问易》等释孔子言舜无为而治，意盖同此，清人黄式三《论语后案》说："治天下者，既治之，必有人以为之。然必人主自为之，则贤者无以施其材，不肖者亦易诿其责。无为者，谓不亲劳于事也。此乾道所以异坤道也。恭己正南面者，朝群贤而涖之，己祗仰成也"。黄氏的解释最为明通，最为得其实。唯朱熹《论语集注》的解释有所不同，朱熹在承认前人的解释之外，加上一个新意："无为而治者，圣人德盛而民化，不待其有所作为也。"朱子的新解带有道学家的色彩，不切实际；孔子看问题总是踏实的，不至于如朱子这般富于想象力。

无为而治是孔子针对舜的情况特别提到的，远远不是孔子政治学说的重要内容。在大多数情况下孔子不强调无为而治。在老子那里则完全是另一种情形,无为和无为而治的言论在全部八十一章中被提到十多次,而且构成全书一以贯之的思想。

《老子》书中有关的重要言论有以下这些:"天下,神器,不可为。为者败之,执者失之"(二十九章)。"取天下常以无事,及其有事,不足以取天下"(四十八章)。"以无事取天下,吾何以知其然?以此。"(五十七章)河上公注:"取,治也。治天下常当以无事。"以无事治天下,是老子无为而治的重要内容之一。意谓与其做什么必要做的事,不如不做无必要做的事。孔子总是告诫统治者要做什么事,老子相反,总是告诫不要做什么事。孔子讲的无为而治,要点是人君不管事,事由贤者(臣下)去做。事是要做的,只是由谁做不由谁做的问题。老子说以无事取天下,是要君臣都不做。

老子又说:"为学日益,为道日损。损之又损,以至于无为,无为而无不为"(四十八章)。"道常无为而无不为,侯王若能守之,万物将自化"(三十七章)。从老子的这两段话看出他的无为思想与道联系在一起,而道是法自然的,因此具有普遍的理论意义。侯王治天下治国固然用得上,但是其意义超出"治"的范围之外,一切人的思维与行为问题都涵盖在内。而孔子只在"治"上讲无为,不涉及于"道",不讲"道常无为而无不为"。"无为而无不为",实质上是告诫人们要因任自然,无所为亦无所不为。为与不为,尽在自然而然之中。《庄子·应帝王》说:"至人之用心若镜,不将不迎,应而不藏,故能胜物而不伤"。《天下篇》说:"在己无居,形物自著,其动若水,其静若镜,其应若响"。《吕氏春秋·先己》说:"无为之道曰胜天。"胜天犹任天,任天犹因任天道之自然。《淮南子·修务训》说无为"非谓其感而不应,攻而不动者。若夫以火熯井,以淮灌山。此用己而背自然,故谓之有为"。又《道应训》说:"所谓无为者,不先物为也。所谓无不为者,因物之所为"。王弼《老子注》说"无为"是"顺自然"。以上这些说法可以相互补充,他们对《老子》无为而无不为的理解大体一致而准确:一切因任自然而不违背自然、破坏自然。这与孔子大不同。孔子要大人做事"与天地合其德",是要你做事,只是不要违背天道地道。老子则是要你因任自然,不有意做什么,也不有意不做什么。《老子》书中讲的"柔弱胜刚强","治大国若烹小鲜","道法自然","不自见","不自是","不自伐","不自矜","不争","绝圣弃智","绝仁弃义","绝巧弃利","见素抱朴","俗人昭昭,我独昏昏","不敢为天下先","功遂身退","使有什佰之器而不用",等等,都具有自然无为的意义。

老子自然无为的思想今日仍有价值。在由于工业生产和科学技术日益发达,自然生态环境遭受破坏的条件下,人类认真思考一下老子的精神,是非常必要的。按老子的标准,人类近几百年来有为太甚,持续下去的话,有可能把自身存在的环境彻底毁掉。我国十多年来实行改革开放政策,推行包产到户、政企分开、给企业以自主权、由计划经济向社会主义市场经济转型等等,都是上头尽可能无为,少为,下头尽可能有为,多为;都是尽可能地多一点放开,少一点束缚,使经济尽可能活脱些,自然些,使地方尽可能主动些,积极些。从这个角度出发,回头去看我们传统的思想文化的现代意义,则老子的思想格外值得留意。

注释:

[1]《哲学研究》1989年第8期。

[2]《朱子全书》卷四十九。

[3] [4]《朱子语类》卷九十四。

[5]《周子全书》卷一《答陆子美书》。

（原刊《老子思想的现代价值》，陕西旅游出版社1994年）

"道法自然"

　　读《新华文摘》，偶然见到一篇仅几百字的短文，觉得有味道有深意。文章题曰：《体察民意，顺应民心》。文中大意说新楼落成后修周边小路往往有两种不同的修法，一种是只把楼周边的地平整好，等到行人踏出小径，再依径修路。外国人常常是采用这样的办法。一种办法是专家设计，领导拍板，楼落成，小路也几乎同时修完。然而居民抄近任意走，不走你修的路，硬是在草坪上踏出一条路。遇上这种情况，也会有两种不同的办法，我们的人通常要立个警告牌：严禁通行，违者罚款。外国人则会索性拉来水泥沙石一铺，让众人踏出的路归于名正言顺。

　　读罢这篇短文，我想到老子的法自然来。老子这人无人不知，生活在春秋晚期，智慧大得很，他作的《老子》仅有五千字，而宇宙人生的大道理讲了不少，其中有一条就是法自然。《老子》有这么一段话："人法地，地法天，天法道，道法自然。"话说得挺玄，不大好懂，尤其道字，老子指的是宇宙本体，古今人的理解各有不同，暂且不管它；老子说的自然其实是自然而然，与今人常说的客观规律意思相近。自然界的规律在内，人事的规律也在内。整个这段话不外乎告诫人做事务须效法、顺应自然，勿做"强扭瓜"一类的傻事。老子这一思想不简单，反映我们中国人的大智慧。可是我们也有个弱点，就是讲起道理明白，实行起来又往往糊涂。上边说的楼边修路的事就是小小一例。还有不少事情是违背自然的，吃了不少本可以不吃的苦头。许多年以前，我在黑龙江的黑土平原上有一回见到农民修起了梯田，好端端的平地，硬是垒起一道道的田埂。我问平地为什么修梯田，生产队干部说：学大寨嘛，大寨有梯田，我们当然也要有梯田。据说是建设社会主义新农村唯一正确的"康庄大道"。

　　大智慧都是相通的。邓小平说马克思主义最基本的一条是实事求是，用老子的语言表达，岂不是"道法自然"？去掉人为的障碍，真理就在眼前。梯田不修了，八仙过海，各显神通，结果呢，一个繁荣昌盛的中国农村出现了。各国情况虽不相同，但道理是一致的。许多国家的共产党人马克思主义条条读了不少，唯独忘了实事求是之根本一条，不知因势而行，顺应民心，结果栽了大跟头，或吃了大苦头。

　　俗话说，无法之法，是谓至法。的确，千妙计，万妙计，最大的妙计就是老老实实、实事求是地按事物自身规律去做。因此，凡遇到大多数人民"违例"走路之类事情，应学点老子"法自然"大计谋，索性按照人民违例走出的路，修上一条正式的路，让众人名正言顺地走，而不是立起一块牌子，上写：禁止通行，违者严惩。

　　（原刊《齐鲁文化》1994年第1期）

略说卦变

易学史上有个卦变问题，争议最大，说者见仁见智，难得一是。我多年疑惑不明，近来读书略有心得，才勉强理出一点头绪，今不揣浅陋，说将出来，敬祈方家指正。以下分四层说。

一　究竟什么是卦变

我读书发现专家们对于什么是卦变的问题，说法很不同，因此讨论卦变问题有必要首先由此说起。

清代易学家方申作"易学五书"，其中《周易卦变举要》专门讨论卦变问题。他给卦变划的范围相当的宽泛。他在自序中明确地把卦变概括为六项，即旁通、反复、上下易、变化、往来、升降。六项也可以并为三项，旁通可含盖变化，反复可含盖往来，上下易可含盖升降。他说他是根据《周易》传文体会出来的。他认为荀爽、虞翻等人所创的易例盖源乎此，他们所采取的易例统称之为卦变。

方氏此说我以为不对。汉代象数派易学家为了给《周易》经文传文的一字一词都找出象的根据，扩大易象的范围，而创立的许多所谓易例，卦变是诸多易例中的一种，不应当是诸多易例的统称。三国魏人王弼作《周易略例》，于《明象》章抨击汉易说："互体不足，遂及卦变，变又不足，推致五行。"把卦变同互体并列，显然王弼认为互体不是卦变。

互体这一易例创自西汉京房，东汉末郑玄和三国吴人虞翻加以继承发挥。京房首创三画互，即将一个六画卦的第二、三、四三爻互为一个三画卦，将第三、四、五三爻互为另一个三画卦，目的是增加卦象以解释经文。如无妄䷘，《京房易传》说："内互见艮，止于纯阳。外互见巽，顺于阳道。"

郑玄又创一画之互，即所谓爻体说。依此说，一个六画卦中的每一爻都可视作一个三画卦。凡初九、九四都可视作震☳，凡九二、九五都可视作坎☵，凡九三、上九都可视作艮☶。凡初六、六四都可视作巽☴，六二、六五都可视作离☲，六三、上六都可视作兑☱。目的当然是为了给经文找出合适的象的根据来。

虞翻更创半象说，即二画之互。依此说，一个六画卦相邻之两爻可视作某三画卦的一半。如小畜䷈，虞翻视六四、九五☲为坎☵的半象。《小畜·彖传》："密云不雨，尚往也。"虞翻注云："上变为阳，坎象半见，故密云不雨。"虞翻还讲四画互和五画互。如兑 ䷹，虞翻将六三至上六四爻 ☱ 互为兑巽大过 ䷛。《兑·象传》："民忘其死。"虞翻注云："三至上体大过死。"是为四画互。又如坎 ䷜，虞翻将九二至上六五爻 ☵ 互为坎震屯 ䷂。坎九五《象传》："中未光大也。"虞翻注云："体屯，五中，故未光大也。"是为五画互。

以上所言互体，无论几画互，都明显有以下特征：一、虽互，但是这一卦依旧是这一卦，卦体结构实未曾变化，二、互体潜伏在这一卦之中，被这一卦包涵着，通过互的关系对卦中某爻或某几爻做新的审视，赋予新的卦象涵义，实际上并不破坏这一卦的固有结构。三、因此互体不关涉六十四卦生成问题。这最后一点至关重要，亟须予以特别关注。

方申将反对、旁通、升降都归诸卦变，我以为不对。虞翻释经释传每取反对、旁通说。反对指此一卦六画是另一卦的上下颠倒，如否 ䷋，颠倒过去就是泰 ䷊，明夷 ䷣ 颠倒过去就是晋 ䷢，观 ䷓ant颠倒过去就是临 ䷒。旁通指一卦六画与另一卦之六画依次阴阳相对，如乾 ䷀ant之与坤 ䷁，坎 ䷜ant之与离 ䷝，复 ䷗ant之与姤 ䷫。

据李鼎祚《周易集解》所引，虞翻释经传用反对者6条，用旁通者22条。前者如《观·象传》："观盥而不荐，有孚颙若，下观而化也。"虞氏注云："观，反临也，以五阳观示坤民，故称观。"意谓观因与临 ䷒ant有旁通之关系，卦中含君临之义，九五与下四阴的关系可视作"观示坤民"，"下观而化"，故称观。后者如履 ䷉，卦辞："履虎尾，不咥人，亨利贞。"虎与虎尾之象自何而来？虞氏注云："与谦旁通，以坤履乾，以柔履刚。谦坤为虎，艮为尾，乾为人，乾兑乘谦，震足蹈艮，故履虎尾。兑悦而应，虎口与上绝，故不咥人。刚当位，故通。俗儒皆以兑为虎，乾履兑，非也。"意谓虎与虎尾之象宜从旁通卦谦 ䷎ant中去找，不在本卦履 ䷉ant中。

由虞翻释经之实例看得出，反对、旁通的实质是增加卦象，不改变本卦之结构，这一卦还是这一卦。仅仅说这一卦与另一卦发生某种关系，从而增加卦象，而不涉及卦体如何。一言以蔽之，卦象变而卦体不变。互体亦如此。

荀爽注《易》创升降法。升降法涉及本卦各爻之窜动变化，与互体、反对、旁通诸法有所不同。如临 ䷒ant九二《象传》："未顺命也。"荀爽注云："阳当居五，阴当顺从，今尚在二，故曰未顺命也。"《复·象传》："利有攸往，刚长也。"荀爽注云："利往居五，刚道浸长也。"谓初阳可升居五。需 ䷄ant上六爻辞："有不速之客三人来，敬之终吉。"荀爽注云："三人谓下三阳也。须时当升，非有召者，故曰不速之客焉。乾升在上，君位以定；坎降在下，当循臣职，故敬之终吉也。"以上荀氏注并引自李鼎祚《周易集解》。

荀氏所创之升降法涉及卦体结构的一定变化，这一点与互体、反对、升降不同。但是升降法只讲卦中居上体之某爻降下，居下体之某爻升上，或上下体升降互换位置，仍不言此卦终于变为另一卦，更不论此卦由另一卦变来。

互体、反对、旁通、升降等都不是卦变，那么什么是卦变呢？卦变说实起于荀爽。卦变说的本质特征是专言此一卦自某一卦变来，谓此一卦本非此一卦，而是另一卦，释经文传文时得两卦之卦象合同考虑。荀爽之卦变说已经具有六十四卦生成论的苗头，但是尚不能认为已经具备了六十四卦生成论的体系。《屯·彖传》："刚柔始交。"荀爽释之云："此本坎卦也。案初六升二，九二降初，是刚柔始交也。"谓屯之"刚柔始交"是就坎卦 ䷜ 之初六与九二交换位置变成屯卦而言。《贲·彖传》："贲亨。柔来而文刚，故亨。分刚上而文柔，故小利有攸往。"荀爽注云："此本泰卦，谓阴从上来居乾之中，文饰刚道，交予中和，故亨也。分乾之二，居坤之上，上饰柔道，兼据二阴，故小利有攸往。"谓贲之"柔来而文刚"、"分刚上而文柔"，是就泰卦 ䷊ 之上六与九二交换位置变成贲卦而言。以上并引自李氏《集解》。

荀爽说"此本坎卦"，"此本泰卦"，谓屯卦自坎卦来，贲卦自泰卦来，这很重要，仅此一点就说明这一方法与互体、反对、旁通、升降不同。这一方法后世人称作"卦变"。卦变的本质特征是认定这一卦是自另一卦变来，而且仅仅说这一卦自另一卦变来，绝不言这一卦变成另一卦。互体等方法则总是强调从这一卦中能看到另外诸多卦象来，亦即从这一卦能看到它里面潜伏着的别的卦体。荀爽既言升降又言卦变，二者并不相同。二者的区别就在于，升降法着眼于这一卦中某两个阴爻阳爻的位置变动，而且是未来时。卦变法则着眼于这一卦自某卦变来，是全卦的变动。而且是过去时。

二　卦变说是一个错误的生成论体系

包括互体、反对、旁通、升降、卦变以及纳甲、爻辰等在内的汉人创制的诸多易例，如何有悖于《周易》原貌原义，屈万里先生的《先秦汉魏易例述评》已有全面、系统、中肯的批评，此不须赘言。这里尽可能深入地谈谈卦变问题。

在汉人创制的众多易例中，卦变说最具哲学意义。它除却被用以解卦以外，本身已形成为一个生成论的体系，所以影响极大；然而它是个错误的体系，所以影响又极坏。

《易》中原有个八卦、六十四卦生成的问题，孔子所作《易传》已有原则性的论述。如《系辞传》说："易有太极，是生两仪，两仪生四象，四象生八卦。"《说卦传》说："乾天也，故称乎父，坤地也，故称乎母。震一索而得男，故谓之长男。巽一索而得女，故谓之长女。坎再索而得男，故谓之中男。离再索而得女，故谓之中女。艮三索而得男，故谓之少男。兑三索而得女，故谓之少女。"《序卦传》说："有天地然后有万物，有万物然后有男女，有男女然后有夫妇，有夫妇然后有父子，有父子然后有君臣。有君臣然后有上下，有上下然后礼义有所错。"

这是《周易》自身固有的生成论体系。这体系由以下诸要点构成：一、六十四卦非自来就有，它由八卦生成，八卦源于四象，四象源于太极。太极之前不言，二、八卦中的乾坤两卦有如父母，震、巽、坎、离、艮、兑有如六子。乾坤生六子，然后生成六十四卦。六十四卦的生成，三画卦乾坤是关键。三、八卦、六十四卦的生成过程反映天地、万物、人类的生成过程。卦与万物共有一个生成模式。这是一个正确的生成论体系。

汉人的卦变说提出了另一套生成论体系。卦变说不止一种,其违背《周易》本身固有的生成论体系却是一致的。

汉代形成体系的卦变说有二:一是京房的八宫卦说,二是虞翻的卦变说。荀爽的卦变说未形成体系,但用卦变说随文解经而已。然而实质也是卦变说,与京房、虞翻并无二致。他们都认为六十四卦卦体既经生成之后仍可以改变,已生成的这一卦可以变成另一卦。

宫次	本宫卦	一世卦	二世卦	三世卦	四世卦	五世卦	游魂卦	归魂卦
乾宫	乾为天	天风姤	天山遁	天地否	风地观	山地剥	火地晋	火天大有
坎宫	坎为水	水泽节	水雷屯	水火既济	泽火革	雷火丰	地火明夷	地水师
艮宫	艮为山	山火贲	山天大畜	山泽损	火泽睽	天泽履	风泽中孚	风山渐
震宫	震为雷	雷地豫	雷水解	雷风恒	地风升	水风井	泽风大过	泽雷随
巽宫	巽为风	风天小畜	风火家人	风雷益	天雷无妄	火雷噬嗑	山雷颐	山风蛊
离宫	离为火	火山旅	火风鼎	火水未济	山水蒙	风水涣	天水讼	天火同人
坤宫	坤为地	地雷复	地泽临	地天泰	雷天大壮	泽天夬	水天需	水地比
兑宫	兑为泽	泽水困	泽地萃	泽山咸	水山蹇	地山谦	雷山小过	雷泽归妹

先看京房的八宫卦说。京房八宫卦说表现在《京氏易传》中。后世有据《京氏易传》制的八宫卦图。其图如上。

此八宫卦盖以八纯卦为纲,其余五十六卦为目。意谓每一纯卦变为七卦。每一纯卦及其所变之七卦共为八卦,为一宫。以乾宫卦为例,初爻变则成姤 ☴,为一世。二爻变则成遁 ☶,为二世。三爻变则成否 ☷,为三世。四爻变则成观 ☴,为四世,五爻变则成剥 ☶,为五世。上爻不变,又变已变之第四爻成晋 ☲,为游魂。又变已成游魂卦之下面三爻则成大有 ☲,为归魂。其余七宫卦变化与此同。

依八宫卦说,非纯卦的五十六卦由八纯卦生成,八纯卦由何而生成,无说。自六十四卦生成论的角度看,作为卦变说一种的八宫卦说认定五十六非纯卦由八纯卦变化生成,显然违背《周易》古有的生成说。《周易》以乾坤为《易》之缊、《易》之门,在八卦相荡相重的过程中,三画卦乾坤生成三画卦六子,同时生成六十四卦。而八宫卦说却以为六画的八纯卦生成之后又生成五十六个六画卦。它的发明可能另有哲学义蕴,作为六十四卦的生成论体系则必错无疑。

再说虞翻的卦变说。虞翻使用卦变法解释经文比较全面、系统,不似荀爽卦变那样散漫无统。可以归结为两种情况:一、乾坤二五互换,变成坎离。虞翻于坎卦卦辞下注说:"乾二五之坤。"于离卦卦辞下注说:"坤二五之乾。"于《坎·彖传》下注说:"谓五在天位,五从乾来,体屯难,故天险不可升也。"总之,认为坎 ☵ 、离 ☲ 由乾 ☰ 、坤 ☷ 二五互换而来。二、认定各卦均由十二消息卦变来。十二消息卦是复 ䷗ 、临 ䷒ 、泰 ䷊ 、大壮 ䷡ 、夬 ䷪ 、乾 ䷀ 、姤 ䷫ 、遁 ䷠ 、否 ䷋ 、观 ䷓ 、剥 ䷖ 、坤 ䷁ 。一阳五阴之卦凡六,由剥、复来。一阴五阳之卦凡六,由姤、夬来。二阳四阴之卦凡十五,由临、观来。二阴四阳之卦凡十五,由遁、大壮来。三阴三阳之卦凡二十,自泰、否来。有人说虞翻的卦变还包括成既济定和震巽特变两项内容,我则以为不然。这两项是说某卦将变成某卦,不宜视作卦变。卦变是说某卦自某卦变来。况且此两项都属于特殊情况,无普遍意义,可不包括在卦变说之内。

虞翻自己用卦变说注《易》,但是未画出卦变图来。南宋道家人物俞琰在《易外别传》中画出一卦变图来,名曰《先天六十四卦直图》,内容与虞翻卦变说一致,实等于为虞翻卦变说补画了一张图,其图如下:

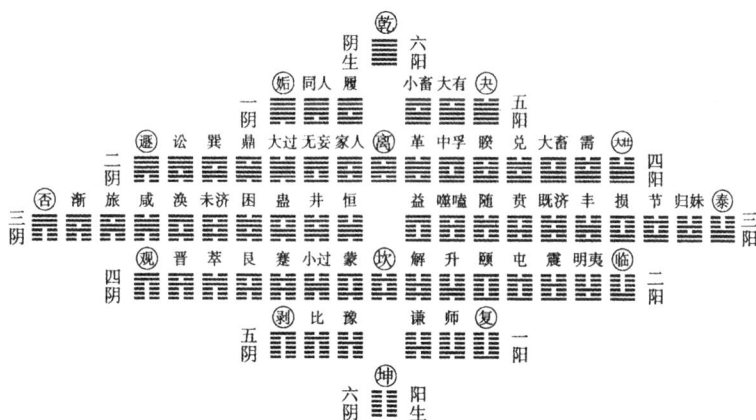

虞翻之后持卦变说者历代不乏其人,具有代表性的有北宋的李挺之和南宋朱熹。李挺之有变卦反对图和六十四卦相生图。后者是主要的,其内容包括三个层次:第一,乾一交而生姤 ䷫ ,坤一交而生复 ䷗ ;第二,乾再交而生遁 ䷠ ,坤再交而生临 ䷒ ;第三,乾三交而生否 ䷋ ,坤三交而生泰 ䷊ 。其余诸卦皆由姤、复、遁、临、否、泰生成。这就是著名的乾坤大父母、复姤小父母说。

朱熹之《周易本义》书前列有卦变图,书中有十九卦取卦变说作解。其特点有三:第一,其卦变图谓所有的卦皆自十消息卦来而不提乾坤。卦之相生关系重复不堪，如一阳一阴之卦既来自复、姤，又来自夬、剥；二阴二阳之卦既来自临、遁，又来自大壮、观。第二，其解十九卦则据《彖传》刚柔往来上下为说，以卦中相连之二爻上下相易，谓某卦自某卦来，与其卦变图往往不同。如三阴三阳之卦噬嗑 ䷔ ，《本义》说自益 ䷩ 来，而不说自否 ䷋ 、泰 ䷊ 来；第三，于是便造成一卦自数卦来的混乱结果，如蛊 ䷑ ，自贲 ䷕ 来，又自井 ䷯ 来，又自既济 ䷾ 来。

上述汉宋人的卦变说尽管说法不同，在根本之点上却是一致的。不论他们的本初用意如何，他们提出的一个个卦变说及其卦变图，都是关于六十四卦生成问题的体系。这些体系有一个共同的特征，就是与孔子《易传》的生成论体系背道而驰。如上所述，《易传》已经有一个关于六十四卦生成问题的生成论体系，按照这一体系，八卦"因而重之"生成六十四卦。八卦之中乾坤如同父母，经过一索再索三索而生三男震 ☳ 、坎 ☵ 、艮 ☶ 和三女巽 ☴ 、离 ☲ 、兑 ☱ ，即所谓六子。所谓乾坤易之门、易之缊，应指三画卦乾、坤言，非谓六画卦乾、坤。六画卦乾、坤既已生成，便不应再变而生成别的卦。乾、坤尚且如此，其余十消息卦更不须说。六十四卦既经生成，不可能再发生此一卦变为别一卦或别一卦变为此一卦的事情。

卦变说作为六十四卦生成论的体系，其错误正在于此。主卦变说者误解了《周易》关于变化的观念。《周易》固然强调"变动不居，周流六虚，上下无常，刚柔相易，不可为典要，唯变所适"，但是所说"变动不居"、"刚柔相易"即含于其中，学《易》者审视之、体会之可也，若于成卦之后继续"变动不居"、"刚柔相易"，任意变卦，则大不可也。

三　卦变说的要害在于对《彖传》"内外往来上下终始"八字之误解

历代对卦变说持批判立场的人很多，能抓住要害的则极少，又能在理论上讲准讲透的尤其不多。卦变说的理论误区在于《彖传》之内外往来上下终始八字上。汉人之所以创为卦变说，且能取得很大成功，是因为他们误解或曲解了《彖传》内外往来上下终始八字的真义。给《彖传》内外往来上下终始八字以正解，从而彻底否定卦变说的古有四人，即宋人苏轼、程颐和清人李惇、胡煦。四人中以胡煦理论为最明，贡献为最大。

苏、程、李、胡四人之外，否定卦变说的也颇有几位，如胡渭《易图明辨》、江永《群经补义》、焦循《易图略》、查慎行《周易玩辞集解》、李塨《周易传注》、范尔梅《大易札记》、许伯政《易深》、魏枢《东易问》、苌任周《周易讲义》等等。此数人或者理论有欠成熟，影响不大，或者书不常见，一时难以寻检，故今略不赘。

苏轼《东坡易传》释《贲·彖传》"贲亨，柔来而文刚，故亨。分刚上而文柔，故小利有攸往"云：

> 易有刚柔往来上下相易之说，而其最著者，贲之象也。故学者沿是争推其所从变曰"泰变为贲"，此大惑也。一卦之变为六十三，岂独为贲也哉！学

者徒知泰之为贲，又乌知贲之不为泰乎！凡易之所谓刚柔相易者皆本诸乾坤也。乾施一阳于坤以化其一阴而生三子，皆一阳而二阴。凡三子之卦有言"刚来"者，明此本坤也，而乾来化之。坤施一阴于乾以化其一阳而生三女，皆一阴而二阳，凡三女之卦有言"柔来"者，明此本乾也，而坤来化之。故凡言此者皆三子三女相值之卦也。非是卦也，则无是言也。凡六，蛊之象曰："刚上而柔下。"贲之象曰："柔来而文刚，分刚上而文柔。"咸之象曰："柔上而刚下。"恒之象曰："刚上而柔下。"损之象曰："损下益上。"益之象曰："损上益下。"此六者适遇而取之也。凡三子三女相值之卦十有八，而此独取其六，何也？曰圣人之所取以为卦亦多术矣，或取其象或取其爻或取其变或取其刚柔之相易。取其象，"天水违行讼"之类是也；取其爻，"六三履虎尾"之类是也；取其变，"颐中有物曰噬嗑"之类是也；取其刚柔之相易，贲之类是也。夫刚柔之相易，其所取以为卦之一端也。遇其取者则言，不取者则不言也，又可以尽怪之欤！

苏氏未明言卦变说不对，实则触到了卦变说理论失误的痛处。卦变说的痛处在于它认为《彖传》所谓上下往来云云是说此一卦由另一卦刚柔相易而生成。苏氏则指出所谓刚柔相易皆本诸乾坤两三画卦，释《彖传》"刚来"为乾来化坤，"柔来"为坤来化乾，这是正确的。但是苏氏的理论并不彻底。第一，《彖传》所谓上下往来内外云云是说三画卦乾坤如何一索再索三索从而生成六画卦，不是六画卦既成之后又"刚柔相易"。当初乾坤生六子亦是分别各自索刚索柔，不是"刚柔相易"。苏氏竟用"刚柔相易"说之，表明他有欠清醒。第二，限"刚来"、"柔来"于三子三女相值之十八卦，也不符合《彖传》的实际。

程颐《易传》于《贲·彖传》下释之云：

> 此成卦之义也。如刚上柔下、损上益下，谓刚居上柔在下，损于上益于下，据成卦而言，非谓就卦中升降也。如讼、无妄云"刚来"，岂自上体而来也？凡以柔居五者，皆云"柔进而上行"，柔居下者也，乃居尊位，是进而上也，非谓自下体而上也。卦之变皆自乾坤，先儒不达，故谓贲本是泰卦，岂有乾坤重而为泰，又由泰而变之理？下离，本乾中爻变而成离；上艮，本坤上爻变而成艮。离在内，故云"柔来"；艮在上，故云"刚上"。非自下体而上也。乾坤变而为六子，八卦而为六十四，皆由乾坤之变也。

程氏《贲·彖传》这段注文批评卦变说，理论极为深刻，正确地指出所谓刚上柔下、损上益下，是成卦过程中事，非谓卦成之后卦中刚柔又有升降。所举例证亦甚得力，如讼☰、无妄☷《彖传》云"刚来"，绝非自上体而来。又如说贲☲离在内，故云"柔来"；艮在上，故云"刚上"，非自下体而上也。这一点，比苏轼所持"刚柔相易"之说为明通，接近《彖传》上下往来诸语之原义。但是，程氏未把此思想贯彻到底，却给卦变说留下一条尾巴。竟说乾坤生六子、八卦重为六十四，也是"卦之变"。不知孔子《易传》只有八卦、六十四卦生成之说，无卦变之义。所以在注《随·彖传》时就说：

卦所以为随，以刚来而下柔，动而悦也，谓乾之上九来居坤之下，坤之初六往居乾之上，以阳刚来下于阴柔，是以上下下，以贵下贱。能如是，物之所说随也。

程氏此说与其注《贲·彖传》时的解说自相牴牾。程氏于《贲·彖传》注说讼☲、无妄☳《彖传》所谓"刚来"，不是说讼九二、无妄初九自上体而来。又说《贲·彖传》所谓"刚上"也不是说贲上九自下体而上。这一解释极得《彖传》之真义，正确无误。然而程氏于《随·彖传》注又说"乾之上九来居坤之下，坤之初六往居乾之上"，谓随☱由三画卦乾与坤之刚柔两画上下交易而成，与苏轼的"刚柔相易"说其实一致。这样一来，就与汉人主张的随自否来的卦变说归于一辙了。苏、程之所以反对卦变说却终不免受卦变说的羁绊，就因为他们以为《说卦传》所谓乾坤一索再索三索生成六子是卦变，殊不知那讲的是卦之生成，不是卦变。卦变指卦既生成之后卦体又变，即一六画卦可变为另一六画卦而言。卦变说是汉宋人发明创造的，孔子《易传》绝无卦变之义。还因为他们不知道《彖传》上下往来云云不是上下体刚柔相易，而是教人观象审择主爻。这个问题清人胡煦彻底讲通了。

程颐注《易》不取汉人的卦变说，且给卦变说以相当深刻的批评，这是他的贡献。但是又说《说卦传》乾坤两三画卦一索再索三索生成三男三女也是卦变，又以为三子三女相值之卦上下二体之刚爻柔爻可以互易，则是他的重大理论缺欠。

清人李惇作《群经识小》，言及卦变时说：

> 卦变之说支离破碎，朱子岂不知之，而仍其说者，盖为《彖传》中有往来上下等语，故以此释之也。但细寻《彖传》并非指卦变而言。《本义》中言卦变者凡十九卦，可逐条释之。泰、否二卦大小往来明指内外二体。咸、恒二卦曰柔上刚下，刚上柔下，《本义》亦指二体言。随、蛊二卦曰刚来下柔、刚上柔下，《本义》于蛊卦既以卦体言之，则随之刚来下柔独不可以兑、震之二体言乎！蹇、解二卦，《本义》于蹇明言"西南平易，东北险阻"，于解明言，利于平易安舒，不欲久为烦扰，则象辞已明矣。此皆不必以卦变言者。贲之"柔来文刚，分刚上文柔"，亦犹"损下益上"、"损上益下"之义也。讼之"刚来而得中"，无妄之"刚自外来而为主于内"，大畜之"刚上而尚贤"，皆言所以成卦之体，不必曰自何卦来自何卦上也，且曰："刚自外来而为主于内"，是明言下卦本坤而得乾之初画为主于内也。若云自讼来，讼之九二独不为主于内乎！噬嗑之"柔得中而上行"，晋、睽、鼎三卦皆曰"柔进而上行"，四卦外卦皆离，皆以柔居尊位，故曰中曰进曰上行，不必言其自何爻进自何爻上也。

李氏又说：

> 总之，八卦重为六十四卦，所谓卦变，或自乾坤，或自六子，犹有可说，岂有六十四卦既成而犹曰某卦自某卦来者哉！

李说显然视苏、程为高明。其最大之贡献是，包括朱熹在内的卦变说都予以明确否定，认定六画卦既成后不可言某卦自某卦来，以及指出卦变说的要害在于对《彖传》上下往来等理解有误。和程颐一样,谓乾坤生六子可称卦变,给卦变说让出后退的余地,是李说一大缺憾。

现在,如何正确理解《彖传》上下往来内外终始八字成为解决卦变问题的关键。此问题不解决,卦变说不能彻底推倒。胡煦解决了这个问题。

胡煦(1655—1736)用毕生精力写成《周易函书》一书。书含《约存》、《约注》、《别集》三部分凡五十二卷,无标点字数八十万。《四库全书》收入此书。台湾影印文渊阁本《四库全书》在第四十八册。其《约注》部分台湾马小梅主编的《国学集要》丛书亦收入。胡氏在书中猛烈抨击卦变之说,创为"体卦主爻"说以解释《彖传》"上下往来内外终始"八字,从理论上彻底驳倒卦变说。

胡煦说:

> 孔子未尝有卦变,为此说者,始于汉儒。(《别集》卷四,影印《四库全书》第四十八册,第867页)

又说:

> 卦综卦变皆说向已成卦体之后,岂有两人之体可以剜肉相易者乎!(《约存》卷首下,第69页)

又说:

> 须知凡来皆自太极而来,凡往皆谓其外出,故执卦变卦综者误也。盖此往来字皆说卦体方成阴阳摩荡之妙,非说此卦成体之后也。若其体既成,则确不可易,安能割彼卦之爻安于此卦,如后儒卦变之说乎!(《别集》卷二,第832页)

胡氏卦变说乃汉人所创和卦体既成不可再变的观点,前人已有之,不是他的新见解。他的新见解是对《彖传》往来上下等语做了全新的解释,从而创立了"体卦主爻"说。他说:

> 盖卦之成也,皆由乾坤二用一交而始,非乾九之用于坤,则坤六之用于乾,然后有三男三女之分,故六子之体恶具乾坤之体,而或多或少或上或中或下则各各不相同,因其多寡不同而别其动静,明其体用。如三爻之中两阴一阳,则以两阴为静体,而以一阳为动用之爻。盖谓坤本三阴,今复有此一阳自外来而交之,因得变成此体,则自外来交之一爻,动而善迁,其用可知矣,因遂得为主于此卦中。故孔子之《象》每有上下往来内外进退之说,皆是说打初成卦时乾坤摩荡之妙,欲人知观象之法而用以审择主爻者也。不察乾坤二用,不知六子之体全是乾坤之交流,为卦变纷纷其说,又曷怪焉。然而《周易》之不明,遂自卦变一说始矣。今观先儒之注《象传》中有往来字面,率以卦变言之,则诸卦之由来皆宜各有一变卦矣,而先儒不言,岂通论乎!(《约存》卷七,第218页)

他又说:

> 须知内外之说必先认取体卦,识得乾坤为大父母,方可。盖内外之说有

二,其以下为内卦,上为外卦,此通例也,其以体卦为内,来交于体卦者为外,则未有知其故者。故先儒之卦变必内外两象上下皆可互易,其说始通。至于专论内卦而或亦言外,其说不能相通,则遂竟摘内卦之爻而指为外矣。凡皆未明于体卦故也。如以坤为体卦,而乾爻之或初或中或末来一交之。是体卦先立于此,故谓为内,动用之爻自外来交,斯为外矣。体卦在内而主静,来交者自外而主动。《周易》以动变为用者也,故凡一阳自外来交于坤,则此一阳为主,而体卦反不得而为主,动静之别固如此也。如震坎艮皆以坤阴为体而却主外来交之阳爻,称为三男以从乾父,是此义也。所以无妄有"刚自外来而为主于内"之说。圣人教人观象以审择主爻,安得不于往来内外分疏别白哉。如以卦变之说,以外为外卦,则无妄☰ 外三刚固未尝动也,又以何为外耶!如以来者谓由内卦,则又安用此外来字面耶!且六十四卦之象辞从无有执内卦之爻称为外者,岂非后儒之误耶!(《别集》卷三,第856页)

他又说:

随 ☳,此卦内主初阳,外主上阴,下刚而上柔。《象》曰:"刚来而下柔。"内卦为来,初为最下之位,刚来谓阳居初。兑为柔卦为阴在上也,兑柔在上而刚阳居初,故以为"下柔"。此明指上下动用之两爻而言。"动而悦"则言全卦之两体也。若谓自困 ☵ 变来,九二下而居初,是以初阴之进乎二者为"下柔",全未知外为柔卦,兑主阴爻之义矣。且卦有两体然后能相交而成卦。况本卦 ☳ 上体乾而下体坤,又实有天上地下之象。今以"刚来下柔"专论内卦,置去外卦,非乾坤摩荡、二用相交之旨。又曰自噬嗑 ☲ 变来,则九来居五,是以噬嗑上爻之九刚(上九)来于五位。而五位之阴爻移居而上,则置去用爻且兼置内卦不论,全非《象传》之旨。夫世之学易者莫不知震刚而兑柔,今以离、兑中之刚爻乃谓为刚,圣人之"十翼"俱在,有此说乎?否乎?(《约存》卷五,第166页)

胡氏此三段言论完备地构成了一个"体卦主爻"说。这是胡氏的独到见解。按照这一见解,《象传》内外往来上下终始八字是六十四卦既经生成之后孔子教人观象审择主爻之方法。所谓往来内外云云,并指主爻而言,是乾坤二用的具体表现。此说一经提出,某卦自某卦变来的卦变说便失去理论依据。卦变说是一个错误的生成论体系。"体卦主爻"说是胡氏《周易》生成论体系的重要组成部分。乾坤生六子,八卦因而重之而成六十四卦,这一生成论体系符合《周易》原义,是正确的,它理所当然地要把以为《象传》上下往来云云是"刚柔相易"、六十四卦生成之后又变卦的卦变说取代。

四 结论

本文的观点可归结为以下七点：

（一）《周易》只讲卦之生成，不讲卦变。卦变是汉人及宋人发明创造的。（二）卦变是汉人所创众多易例中的一种。不能说互体、反对、旁通、升降等也是卦变。（三）京房八宫卦图、虞翻卦变说、俞琰卦变图、李挺之卦变图、朱熹卦变图是卦变说的代表。（四）认为六十四卦生成之后卦体继续变动，相互生成，是诸卦变说的共同特征。因而卦变说是一个错误的、混乱的生成论体系。（五）卦变说建立在对《彖传》上下往来内外终始八字错误理解的基础之上。（六）在历代批评卦变说的易家中以宋人苏轼、程颐和清人李惇、胡煦贡献为最大。（七）在理论上彻底驳倒卦变说的，首推胡煦。胡煦发前人所未发，用"体卦主爻"说解释《彖传》上下往来内外终始八字，至为正确。胡煦终于推倒了千百年来众人纷纷质疑却一直推不倒的卦变说。

（原刊台湾东海大学《中国文化月刊》1995年10月）

说《禹贡》碣石

  《禹贡》碣石在何处，自古以来说者纷然，未得一是。原因在于人们忽略了对《禹贡》本文的研究，从而把碣石与碣石山混为一谈，把后世帝王们登临的碣石与《禹贡》碣石等同起来，造成一片混乱。

  寻求《禹贡》碣石，须先仔细推敲《禹贡》文意。《禹贡》两言碣石，一在冀州："岛夷皮服，夹右碣石，入于河。"一在导山："导岍及岐，至于荆山，逾于河；壶口、雷首至于太岳；底柱、析城至于王屋；太行、恒山至于碣石，入于海。"两处虽都未明言碣石在何处，却给碣石的地理位置规定了条件。

  第一，《禹贡》碣石在渤海湾西岸，接近河水入海处（今天津市东南）。试看"至于碣石，入于海"这一句，才言"至于碣石"，便说"入于海"，碣石距海分明不远，但不在海中。若在海中，则"至于碣石"已经入海，更言"入于海"，显然是蛇足。《禹贡》行文必不至于如此糊涂。

  "夹右碣石入于河"，也说明碣石离河水入海处较近。夹字，宋人或训挟或训旁或训顾，训什么都一样，意谓碣石就在旁侧，就在视线之内，看着它，就如同挟在腋下。夹右，碣石在右侧，不在左侧。因为它在右侧，距海不远处，所以包括岛夷在内的东北方各部落向中原纳贡，自渤海湾北岸登舟沿海岸而南而西行，看见它就知道河水入海处已经临近。

  第二，《禹贡》碣石是一座山，不是一块孤石。《禹贡》说"太行、恒山至于碣石"，碣石与太行、恒山并言，太行、恒山是山，碣石必也是山。胡渭《禹贡锥指》以底柱是石不是山为例，否定碣石是山。胡说不能成立。碣石与底柱情况不同。底柱是孤石立河中，堵截河水下泄，禹必凿之而后通，事关重大，故《禹贡》与析城、王屋二山并列记之。碣石则不然，碣石若不是山而是海中一块孤石，与治水无涉，导山实无必要言及它。如果它是孤石，《禹贡》把它作为航行标志记入，那么河水入海处以北以东可以称作碣石的海中孤石不止一块，究竟指哪一块！《禹贡》行文严谨，不至于含糊用词，令人模棱难定。

  古人对碣字有解释，如《说文》石部说："碣，特立之石也。"《汉书·武帝纪》元封元年师古注说："碣，碣然特立之貌也。"说《禹贡》碣石者常据许、颜的这个训释在渤海湾岸边寻觅碣然特立的孤石，找到了便宣布那就是《禹贡》碣石，而不问别的条件如何。他们忘记了碣石与碣石山不是一回事。碣石是泛称，是一般名词。凡能满足"碣然特立"这一条件的孤石，无论在海在陆，皆可称为碣石。《禹贡》碣石是专称，是专用名词，它只有一个，它必是一座山。虽然别处或许亦有山名碣石者，然而那是另一座山，不与此山同。许慎懂得这个道理，所以他在解释完碣是"特立之石"之后马上说："东海（按：汉代郡名）有碣石山。"把碣石同碣石山分开。山而命名碣石，当然有意义。或者由于山上有碣然特立之石，或者此山有碣然特立之貌。《禹贡》碣石山之名碣石，有可能二义兼俱。

第三，既认定《禹贡》碣石是一座山不是一块石，便应当想到历代帝王登临的碣石与《禹贡》碣石没有必然联系。例如秦始皇、汉武帝、魏武曹操，他们寻求的是海边奇特的孤石而不是碣石山。当他们登临碣石的时候，感兴趣的是观海揽胜，刻石纪功。至于那是不是《禹贡》碣石，他们并不关心。尤其秦始皇，他如果知道那是儒家经典《尚书·禹贡》的碣石，可能连看都不看一眼，转身就走。

海边水中孤立的碣石是不可能登上的。可是曹操有诗曰"东临碣石，以观沧海"云云，他站在什么地方看呢？他站的不是碣石，也不是碣石山，而是人造的宫观楼台之类。海水中孤立之碣石本身当也是他观看的对象。帝王们先后登临的碣石实际上不必是同一个。从而后世人指认碣石便见仁见智，难得一致。人们头脑中先有一个成见在，认为帝王们登临的碣石就是《禹贡》碣石，它只有一个，所以问题老也解决不了。据此三条，我们可以对诸家碣石地望问题的不同说法做一粗略的评判。

先说古人的。

《汉书·地理志》右北平郡骊成县下云："大揭石山在县西南。"王先谦《汉书补注》云："揭当为碣。依《志》例，'成'下当有'禹贡'二字。'大'字盖衍。"依王说，《汉志》原文当是："《禹贡》碣石山在县西南。"按《汉志》径称《禹贡》碣石是碣石山，是对的。说《禹贡》碣石在骊成（今乐亭），不确。今乐亭县境内平衍无山。不过，它毕竟指出《禹贡》碣石在距河水不远处的渤海湾岸边，大方向与《禹贡》记载相符。

《汉书·武帝纪》元封元年武帝"行自泰山，复东巡海上，至碣石"。东汉末人文颖注云："在辽西絫县。絫县今罢，属临榆。此石著海旁。"按汉絫县在今昌黎县地。既言是石，便不是《禹贡》碣石。汉武帝元封元年登临的碣石是否在昌黎县海滨，也是问题。

北魏郦道元《水经注》于第5卷河水（五）、第14卷濡水、第40卷《禹贡》山水泽地篇三次言及碣石。它既引《汉志》碣石山在骊成说，又引文颖《汉书注》碣石在絫县说。既说碣石山是《禹贡》碣石，又说是秦皇、汉武登临过的。说《禹贡》碣石是一座山，是对的，说碣石山已沦入海水中，则不对。因为碣石山现在仍矗立在陆上（说见下）。说是秦皇、汉武登临过的，也缺乏证据。

清初胡渭作《禹贡锥指》，清末杨守敬作《水经注疏》，并承郦说，把《禹贡》碣石与后世帝王登临的碣石混为一谈。两书虽贡献很大，而于碣石问题终未得解决。郦道元只是说碣石山为海水浸泡，随潮涨潮落而时隐时现，胡氏断定已彻底没入海底不可见。

357

再谈今人的。

谭其骧70年代作《碣石考》[1]，正确地指出今河北昌黎县北偏西10里的碣石山就是《禹贡》的碣石。他还考证说，郦道元讲的沦入海水中时隐时现、胡渭说已彻底没入海底的碣石山不是碣石山本身，而是昌黎碣石山向海水中延伸的余脉。这余脉不是没于海，是埋于陆。当年昌黎碣石山就在海边，后来距海远了，是海变陆的结果。这些说法符合《禹贡》的文意，是对的。谭氏终于找到了《禹贡》的碣石！但是他仍然因袭古人旧说，强调昌黎碣石山也就是秦皇、汉武登临过的碣石。于是麻烦就来了。80年代以来陆续有人在别处发现了秦皇、汉武、魏武登临过的碣石，而且证据确凿，不容置疑。谭氏昌黎碣石山是《禹贡》碣石的论断面临不攻自破的危险。

在山海关外15公里辽宁绥中县万家镇海滨水中有一组自然礁石群，俗呼"姜女坟"或"姜女石"，其中一石高达24米，形态具有碣石碣然特立的特点。1982至1985年辽宁省考古工作者在"姜女坟"对着的三面岸边发掘出秦汉建筑遗址。随后辽宁省文物考古研究所发表了《辽宁绥中县姜女坟秦汉建筑遗址发掘简报》[2]，推断：这一组建筑群遗址很可能就是秦始皇东巡的行宫和汉武帝东临碣石的望海台。耸立于附近海面的巨石——"姜女坟"，就是秦皇、汉武、魏武登临的碣石。

另据《人民日报》1986年9月25日报道，河北省考古工作者在秦皇岛市北戴河区金山嘴中部及南部发掘出古建筑遗址，认为是秦始皇父子东巡时的行宫。

在北距辽宁绥中"姜女坟"40公里远的秦皇岛市北戴河海滨，有一块高十五六米俗称鸽子窝的碣然特立的巨石——鹰角岩。在北戴河海滨之金山嘴半岛海蚀崖下另有一块门状巨石——南天门。河北省有人以《碣石研究中的几个地貌问题》为题发表文章[3]，说碣石在秦皇岛市沿海一带，不在别处，鹰角岩、南天门就是曹操登临、郦道元描述的碣石。

1991年第4期《北方文物》杂志上刊登了《姜女坟建筑群址的年代、性质及其相关问题》一文，文章认为辽宁绥中姜女坟遗址与河北北戴河金山嘴遗址可以连结起来看，视作一个统一的建筑群体。其间还有秦皇岛市海港区和山海关区尚未进行考古调查，估计还可能存在未发现的古建筑遗址。

这样一来，后世帝王们先后光顾过的碣石，可以肯定地说，在绥中至秦皇岛长达40公里的海滨区间内。姜女坟、鸽子窝、南天门都可视为他们登临过的碣石。将来在这一带发现新的碣石也是可能的。碣石太多，这是不是相互抵触呢？我以为不抵触。海边碣石本不止一块，帝王们光顾的完全可能不是同一块碣石。辽宁人说秦皇、汉武登临的碣石在绥中，河北人说在秦皇岛，同样可信。

谭其骧《碣石考》秦皇、汉武登临的碣石就是今昌黎北碣石山的说法，看来站不住了。昌黎一带迄今尚未发现秦汉建筑遗址，倘帝王们先后不止一次地光临过那里，不可能不留下一点建筑遗迹。

但是，河北、辽宁两省考古工作者的新发现动摇不了谭氏今昌黎碣石山就是《禹贡》碣石的论断。说姜女坟、鸽子窝、南天门是帝王们光顾过的碣石，可以；说是《禹贡》碣石，则不可以。因为第一，它们是海水中孤石，《禹贡》碣石是滨海陆上一座山。第二，它们距离《禹贡》河水入海处太远，与"夹右碣石入于河"句意不合。第三，它们三块既然都是碣石，这本身就证明它们不是《禹贡》碣石。《禹贡》碣石无论在何处，它只能是一，不能有二。

总之，后世帝王登临的碣石与《禹贡》碣石不是一回事，宜分开看。辽宁绥中和河北秦皇岛市北戴河区的考古新发现证明姜女坟、鸽子窝、南天门是帝王们登临的碣石。谭其骧关于今昌黎碣石山是秦皇、汉武登临的碣石的说法，是不对的。但是，姜女坟、鸽子窝、南天门哪一个也不是《禹贡》碣石。《禹贡》碣石，仍应相信谭其骧的论断，它就是今昌黎县北10里的碣石山。

注释：

[1]《学习与批判》，1976年第2期。收入《长水集》下。

[2]《文物》，1986年第8期。

[3]《地名丛刊》，1986年第4期。

（原刊《史学集刊》1995年第1期）

关于孔子及其思想的评价问题

——兼评《跳出国学 研究国学》

一 今日纪念孔子对不对

去年是中国世界级文化伟人孔子诞生2545周年，10月上旬20多个国家、地区的近300名学者在北京聚会，隆重纪念孔子，研讨儒学，成立了国际儒学联合会。

纪念孔子，研究儒学，是个敏感问题。这些年来始终有人对孔子存有戒心，甚至把孔子、儒学、国学同马克思主义对立起来，把中国当代文化建设中的民族性与时代性对立起来。孔子是儒家、国学、传统思想文化的主要代表人物，问题的焦点总是集中在孔子身上。

纪念孔子对不对呢？这不可一概而论，要看处在什么时代。处在动乱的时代或者处在破旧立新的革命战争时代，根本不可能纪念孔子。孔子是治世的圣人，他的学说归根结底是讲究仁爱，重视伦常，提倡和谐，强调秩序，追求安定。天下大乱的时候，问题需要通过实力解决，孔子的说教不管用。孔子本人正处在春秋末期的乱世，他的学说理所当然地不受欢迎，他本人栖栖遑遑如丧家之狗，到处碰壁，不了了之终其一生。至战国，天下益乱，诸侯以侵伐争夺为能事。孟子继承孔子学说，力主以仁政统一天下，其命运一点不比孔子好。当时只有实力（主要是武力）能使天下归一，孔子的文的办法解决不了问题。

在革命战争的时代，革命的首要任务是打破旧秩序，然后建立新秩序。例如在陈胜、吴广、项羽、刘邦起义反秦之时，孔子不可能受到重视。从这时起，一直到洪秀全太平天国革命，大小数百次农民起义、农民战争，没有谁拿孔子的学说作为思想武器。孔子的主张与破旧立新的革命格格不入，人们是不会要孔子的。

五四运动是典型的例子。五四运动兴起，推翻封建制度，扫除封建礼教，肃清封建文化，是全民族的当务之急。孔子的精神与此发生冲突，人们批孔，提出"打倒孔家店"的激烈口号，是历史的必然。

相反，在治世，在国家统一，进行和平建设的时候，孔子和孔子学说就受重视、受表扬。中国两千多年来的历史虽不是绝对如此，但是大体是不差的。我们无论怎样评价这一现象都可以，但不能不承认这是事实。

如今的中国，改革开放的政策正在实行，国际大环境发生重大变化，和平发展成为世界的主流。在这向建设有中国特色社会主义强国的目标奋进的时候，我们最需要的是和平、秩序、稳定、社会和睦、民族团结。这时我们纪念孔子，研究儒学，弘扬民族优秀传统文化，不仅是对的，而且势在必行。

古人在如何对待孔子及孔子学说问题上，正反两方面的经验都有。战国时代秦国不用儒家用法家，采取务实的农战政策，经过几代人的努力，终于用武力统一天下，建立了中央集权的专制主义的封建王朝——秦朝。这是它治乱世不用孔子学说的成功经验。到了和平建设时期，它本该考虑用一点孔子的精神，然而却反其道而行，焚书坑儒，视百姓如草芥，把法家的高压政策推向极端，造成二世而亡的结局。后来贾谊作《过秦论》，把秦的成败经验概括为一句话："仁义不施，而攻守之势异也。"他是说，打天下与治天下，情况是不同的。打天下必用武，治天下必用文（仁义），秦不这样做，合该速亡。贾谊懂辩证法、懂历史、也懂政治，是个政治家。

汉高祖刘邦是个粗人，打天下时曾用儒冠作溺器，可是得天下之后变了态度，他接受陆贾的意见，由粗人变细人，知道治天下要讲究一下孔子的学说。有一回刘邦宣称自己"居马上得之，安事诗书！"引出陆贾的一番治国理论："居马上得之，宁可以马上治之乎？且汤武逆取而以顺守之。文武并用，长久之术也。昔者吴王夫差、智伯极武而亡。秦任刑法不变，卒灭赵氏。向使秦已并天下，行仁义，法先圣，陛下安得而有之！"在当时五德终始说盛行的条件下，陆贾敢于用历史哲学的大实话教训皇帝，实在既大胆又高明。刘邦更高明，他竟然对臣下的逆言听得进去，而且毅然转变政策。

陆贾、贾谊总结出的以武力取天下以仁义守天下的治国战略，经后世两千年的历史证明，是一个真理。汉族主天下，自不待言，就是少数民族入主中原，也都知道遵循这一规律。元世祖忽必烈只是在他认同、继承孔子、儒家思想学说之后，其统治才真正巩固下来。清朝的例子距今不久，谁都知道，无须赘言。

现今的中国是以马克思主义为指导的社会主义国家，与封建时代不同。有人担心，纪念孔子，讲究儒家会不会冲淡甚而取代马克思主义，走向复古倒退的老路上去呢？不会的，这个担心纯属多余。我们与古人相比，指导思想不同，经济基础不同，政治制度不同，国际环境不同。我们治国依靠的是马克思主义、社会主义，对孔子的东西是作为优秀传统文化加以汲取、借鉴，使之为我所用。我们无论谁都不可能（虽然现代新儒家如是想）用孔子治国，用儒学兴邦。更不可能排斥东西方各国的成功经验和先进的文化成果，否定业已形成的中国近现代新文化。这是历史的大趋势，任谁也不能改变。主张纪念孔子的学界人士绝对不是辛亥年间清朝遗老遗少或者"五四"时代的国粹主义者。没有人会站在封建主义的立场把历史拉回一百年，回过头去让人尊孔读经，或者实行"罢黜百家，独尊儒术"。

我们只是说，在中国现今的条件下，纪念孔子，讲究儒学，汲取一点孔子的学说，是对的，必要的。况且，纪念孔子，讲究儒学，与其说是个理论问题，毋宁说是亿万群众的实践问题。近闻黑龙江省佳木斯市一所中学进行"忠心献给祖国，爱心献给社会，关心献给别人，孝心献给父母，信心留给自己"的"五心"教育，受到广泛的欢迎和肯定,效果相当好。新闻媒体给以热情的传播。这所中学的校长没有说明他这"五心"来自何处,但是一看便知,"五心"中含有孔子伦理道德的东西。总之,不管理论家们如何顾虑重重,群众已经根据生活本身的需要,把批判继承孔子的思想付诸实践。

二 孔子的思想有没有真理性

实践是检验真理的唯一标准。有无真理性的问题,实际上是经过实践的检验,到底有无价值的问题。

孔子关于仁的学说,关于伦理道德的学说,大家已经讨论很多。这里我们要讨论一下孔子关于历史问题的一些观点以及他的朴素唯物论和无神论。讲过的话不再讲,仅仅作些补充。

孔子是个卓越的历史学家,他作的《春秋》一书实际是政治学著作,姑且不论。孔子另外有一些直接讨论历史问题的言论。这些言论所反映的观点,至今仍有很高的理论价值。

孔子是25个世纪以前的人,同我们相比,他对人类历史所知甚少,没见过封建社会,更不知资本主义为何物。他不知道世界是个球体,他的天下仅限于"四海"及"四海"以内的黄河流域和长江流域。他脑海中的人类不过就是华夏和夷狄。孔子不可能具有只有在资本主义社会化大生产时代才能产生的历史唯物主义观点。但是这并不妨碍他对历史问题产生某些正确的认识。

孔子说:"殷因于夏礼,所损益可知也。周因于殷礼,所损益可知也。其或继周者,虽百世可知也。"(《论语·为政》)这话有深刻的理论意义。他认定历史是发展的,是连续有序的,因而是可知的。就是说,历史有继承性,不能割断。后代对前代势必要因要损要益。因、损、益与今日常语批判继承实无根本的不同。孔子说的另一句话:"周监于二代,郁郁乎文哉,吾从周。"(《论语·八佾》)与因损益句意义一致。监于二代,就是周因于夏商二代。"吾从周",三代相比,夏商为古,周为今。周在后,后来者居上,最盛最好。孔子宣称他从今不从古,当然是正确的。过去曾有人据此指责孔子复古倒退,这是不妥当的。

孔子关于个体婚制在历史发展中重大意义的看法也值得一提。《礼记·昏义》说:"男女有别而后夫妇有义,夫妇有义而后父子有亲,父子有亲而后君臣有正。故曰昏礼者,礼之本也。"《礼记·郊特牲》也说:"男女有别然后父子亲,父子亲然后义生,义生然后礼作。"《周易》之《序卦传》有意义相同的话。《礼记》未明言这是孔子的言论。据《汉书·艺文志》"记百三十一篇"句下班固自注说"七十子后学者所记也",知《昏义》、《郊特牲》关于个体婚制之历史意义的言论,思想应属于孔子。

在孔子生活的时代,个体婚制早已是普遍存在、司空见惯的平常事物,孔子却从中发现它深刻的历史意义,指出它是文明社会发生的源头、契机。只要我们把孔子的认识同恩格斯"在历史上出现的最初的阶级对立,是同个体婚制下的夫妻间的对抗的发展同时发生的。而最初的阶级压迫是同男性对女性的奴役同时发生的"、"个体婚制是文明社会的细胞形态,根据这种形态,我们可以研究文明社会内部充分发展着的对立和矛盾的本来性质"(《马克思恩格斯全集》第21卷,第199、78页)那两段言论参照看,就会惊奇地发现,它们多么相像。二人在不同的时代不同的国度,提出大致相同的认识,这不能不引起我们的重视。

不必担心这会把孔子思想现代化或贬低马克思主义。孔子的观点与恩格斯的论述毕竟有着根本的区别,恩格斯关于个体婚制的理论是以阶级和阶级斗争学说作为前提的,是历史唯物主义的科学结论。孔子发现一夫一妻制直接导致文明社会的产生,不具有阶级及阶级斗争学说的理论基础,仅仅反映一位伟大哲人的伟大智慧。

孔子对于原始社会与文明社会的特征看得很清楚,界限划得极分明。据《礼记·礼运》记载,孔子把夏商周三代之前与夏商周三代看作两种截然不同的社会,前者叫大同,后者叫小康。大同的特征是:"天下为公,选贤与能,讲信修睦,故人不独亲其亲,不独子其子,使老有所终,壮有所用,幼有所长,矜寡孤独废疾者皆有所养。男有分,女有归。货,恶其弃于地也,不必藏于己。力,恶其不出于身也,不必为己。是故谋闭而不兴,盗窃乱贼而不作,故外户而不闭。是谓大同。"这大同社会的特征概括起来不外乎两条,一是前一夫一妻制的婚姻形态,一是财产公有制。说明孔子知道在三代之文明社会之前有过不文明的原始社会,君臣礼义并非从来就有。

小康的特征是:"今大道既隐,天下为家,各亲其亲,各子其子。货力为己,大人世及以为礼,城郭沟池以为固,礼义以为纪,以正君臣,以笃父子,以睦兄弟,以和夫妇,以设制度,以立田里,以贤勇知。以功为己,故谋用是作而由此起。禹汤文武成王周公由此其选也。此六君子者未有不谨于礼者也。以著其义,以考其信,著有过,刑仁讲让,示民有常。如有不如此者,在势者去,众以为殃,是谓小康。"概括起来也不外乎两条,一是一夫一妻的个体婚制的产生,一是财产私有制的存在。两方面的共同结果是礼义制度。说明孔子知道文明社会与原始社会根本不同,知道它们的不同表现在什么地方。

孔子这样认识原始社会与文明社会,是不是真理呢?当然是。没有谁能证明他讲的不是历史实际。

孔子讲大同与小康,是讲历史发展的必然过程,揭示历史发展的实在内容,不含有评判价值、选择优劣的意向。他一再弘扬礼义,弘扬禹汤文武成王周公,说明他不主张人类应由小康回到大同去,他讲的大同社会是历史,不是理想。康有为把《礼运》讲的大同社会说成孔子的理想社会,是出于政治斗争的需要,其实是不对的。

孔子关于历史问题的观点,符合中国古代历史的实际,其价值不容忽视。研究中国古代历史,在历史唯物主义指导下把孔子的东西(当然不止孔子)作为史料加以使用、研究,是必要的。

三　几个问题的商讨

《哲学研究》1994年第8期发表的《跳出国学　研究国学》一文告诫说："不从考察生产方式、经济结构入手研究历史，只抓住个别经典、圣人，以之作为曲直是非的尺度标准，不但不是马克思主义的方法，也不是'新学'的方法"，"而是径直退回到'旧学'的'考据'、'义理'上去了"。这不是马克思主义的历史研究方法，那么什么是马克思主义的历史研究方法呢？《跳》文说，"我们的史学研究今天也不完全排斥考据和义理，但不应该脱离生产、实践而单从史料、古代经典中进行考据和阐述"，"不应该只抓住个别经典、圣人，以之作为曲直是非的尺度标准"。

按照《跳》文的说法，马克思主义的历史研究方法归纳起来是这样的：排斥考据和义理，但不完全排斥，多少要一点；生产、实践与史料是两回事，史料与古代经典又是两回事，历史研究主要是研究生产、实践，次要的可以考据、阐述一下史料和古代经典；古代事物的是非曲直不以古代经典和圣人言论为尺度标准。

这是马克思主义的历史研究方法吗？我们认为不是。是什么呢？它就是早已为中国史学界厌弃了的以论带史或以论代史。

中国传统史学的基本特点是记实记事，到清代，史学家提出实事求是、无征不信的口号，把传统史学推向顶峰。旧史家的任务是把一件件史事搞清楚，搞正确，然后做出评判。自今日马克思主义的立场来看，传统史学做的基本上是史料研究工作。

马克思主义新史学则是运用历史唯物主义观点探讨历史过程的本质，寻求历史发展的经济原因和阶级内容。也就是从经济基础与上层建筑及其关系的发展上研究历史过程的实在内容和规律。所以人们才说马克思主义第一次把历史变成科学。传统史学做不到这一点。

这是马克思主义史学之马克思主义的一面。马克思主义史学还应有史学的一面。是史学就须研究历史本身，从而必须有史料。历史唯物主义说各民族的历史都有过奴隶制社会一段，但是中国奴隶制社会是什么样子，它有什么特点，却须通过古代文献、甲骨金文、古代遗址、出土文物和对它们的研究以及民族学、民俗学、人类学等等加以解决。郭沫若、范文澜、吕振羽、翦伯赞的史学论著都是按照这史论相结合的原则产生的，所以我们说他们是马克思主义的史学家。

马克思主义新史学与传统旧史学的不同在于有无马克思主义作指导。马克思主义讲究实事求是，乾嘉学人治史提倡实事求是、无征不信，我们当然应当汲取。中国古代的具体史实，怎能不考据一下中国古代文献（例如五经），不听一听古人（例如孔子）的说法！

谈谈天人合一的问题。孔子关于天人合一的思想主要反映在以下言论中。《周易·文言传》说："夫大人者与天地合其德，与日月合其明，与四时合其序，与鬼神合其吉凶。"（此鬼神，古人有解释，是指造化之迹言，谓妙不可测，非指世俗之鬼神）

《论语·为政》说："吾十有五而志于学，三十而立，四十而不惑，五十而知天命，六十而耳顺，七十从心所欲，不逾矩。"

《中庸》说："能尽人之性，则能尽物之性；能尽物之性，则可以赞天地之化育；可以赞天地之化育，则可以与天地参矣。"《中庸》是孔子之孙子思作，思想应承自孔子。

这三段话的要点是：第一，人与自然不同。因为不同，所以才有合一不合一的关系问题。假使人与天本无区别，何须言合一！孔子说："鸟兽不可与同群"（《论语·微子》）。孔子总是把人与天地并列，合称三才（《周易》之《系辞传》、《说卦传》），说明孔子一贯认为人与自然有别。宋人讲"仁者浑然与物同体"（程颢《识仁篇》），是宋人的观点，与孔子无涉。

第二，人事与自然界有一致性，所以人才有与自然合一的可能，所以《周易》才有由天道推及人事的思维方式。一致性表现在规律上，自然界有规律，人事也有规律。

第三，所谓合一，是说人作为主体，行为要顺应自然，不违背自然规律，与自然达到一致。不是说让自然来与人合一，也不是说人与自然混一无别。

第四，孔子认为不是人人都能与天合一，能知天命，从心所欲不逾矩，赞天地之化育，与天地参的，只有少数伟大智者如尧舜禹汤诸人能做到。

《跳》文不先研究一下古人的天人合一观念究竟是怎么一回事，张口就说"天人合一是说人也是自然的一员"，然而事实上"人类的第一个起点就是天人不合一"，天人合一的事实是不存在的，天人合一的观念是虚妄的。还举中国两千多年来黄河下游决口泛滥1500次为证，证明天人从未合一过。这事实上涉及对天人合一的理解问题，如果天人合一就是说人与自然是一而二，二而一，根本不是哲学命题，何劳大家讨论来讨论去！

天人合一观念的核心是人顺应天道自然，而不是违背它。这不但不是说要人在自然面前无所作为，而且是相反，倒是要人利用、改造自然，从中体现人与自然的一致与和谐。《荀子·天论》反对"从天而颂之"，主张"制天命而用之"，也是这个意思。

古人对禹治水的评价是天人合一观念的典型体现。理解了这个，就理解了天人合一。孔子、孟子高度评价禹治水的功绩，因为他顺应水势就下的自然规律，采用疏导水流使之注入大海的办法解决了水患问题，实现了人与自然的合一。鲧治水，则违背水势就下的自然规律，采取垒坝堵水的办法，使人与自然不合一，不和谐，所以人们对他持严厉的批评态度。可见天人合一观念不是要人做自然的奴隶，只是要人在对自然采取行动时对自然规律要顺，要合一，不要逆，不要对立。从这个意义上说，的确不宜对自然使用"征服"、"战胜"的字眼儿。

关于神道设教问题。《跳》文对于古人的神道设教深恶痛绝，我们则不然。我们认为神道设教作为一种历史文化现象，与其憎恨而不理，不如理它而分析之。

孔子其实不是有神论者，他答学生问鬼神，不肯定也不否定就是证明。如果他心中相信鬼神、完全可以直言不讳。他支吾搪塞，说明他本不信鬼神却又不能挑破。挑破了鬼神便否定了祭祀，而祭祀是当时维持社会秩序所绝不可无的。

孔子在鬼神问题上的这个秘密后来被荀子揭开。《荀子·天论》说："雩而雨何也? 曰无何也, 犹不雩而雨也。日月食而救之, 天旱而雩, 卜筮然后决大事, 非以为得求也。以文之也。故君子以为文, 而百姓以为神。以为文则吉, 以为神则凶也。"卜筮、祭祀这些宗教迷信活动, 老百姓实实在在地信, 知识界上层人士搞这些只是表面文章, 内心不信。孔子、孟子、荀子都如此, 后世的大思想家以及真正有学识的村塾先生莫不如此。

本不相信鬼神, 却又利用鬼神进行教化, 这就是《周易》观卦象传讲的神道设教。神道设教是历史的产物, 它的产生自有它的历史必然性, 不是某些界想家、政治家主观愿望决定的, 马克思早就说过宗教是人民的鸦片烟。科学发展到现在, 凡受过一定教育的人都不会由衷相信上帝、诸神和灵魂的真实性。然而事实怎么样? 宗教在全世界范围内仍然大量存在, 甚至某些杰出的政治家、思想家、科学家也摆脱不了宗教的影响, 而且他们的活动往往也离不开宗教的助力。这不是神道设教吗! 很难有什么好办法改变这种状况。即使有朝一日人类在火星上建起一个地球移民村, 也可能同时在那里建一座教堂。中国政府是无神论的, 不搞神道设教, 但也实行宗教自由的政策。它对西藏喇嘛教的保护和赞助更是世人有目共睹。

即将进入21世纪的今日世界尚且摆脱不了宗教, 我们怎好要求25个世纪前的孔子要么是有神论者, 要么就站出来与宗教一刀两断? 他是断不了的, 那卜筮那祭祀, 发生于原始社会, 到孔子时代早已成为根深蒂固的礼俗, 上层下层都在搞, 势力强得很, 统治阶级及其思想家因势而行, 通过卜筮、祭礼进行教化, 是历史的必然。古人这种神道设教的做法, 《周易》是个典型, 而《周易》中的《易传》是孔子作的。《易传》的思想清醒得很, 理性得很, 而且孔子本人也绝不搞卜筮, 但是他不把卜筮的迷信性质点破, 因为一旦把卜筮否掉, 《周易》的哲学思想就要因失去依托而落空。

宗教的最初产生与人类早期的无知即认识水平低下有关。至文明社会, 例如在奴隶社会、封建社会, 劳动人民接受宗教迷信, 有信仰上的原因, 有心理上的原因, 根本的原因还是认识水平低下。这是历史的事实。不必一听说劳动人民认识水平低下就紧张, 就激动拍案。孔子讲"性相近也, 习相远也", 生来时大家不论贵贱都一样, 后天的条件不同才造成差别。劳动人民创造了文化, 然而远离文化, 没有受教育的机会, 不识文字, 当然难以直接接受理性十足的哲学说教。这种情况直到20世纪初期无大变化, 所以解放区和新中国成立后的中国大陆才有文化还给劳动人民、学校面向劳动人民的说法和做法。说当时劳动人民认识水平低下, 不是说劳动者是笨伯, 劳动者掌握生产劳动的技艺, 不是孔子也自叹弗如, 说种菜他不如老圃吗!

孔子及儒家认同的神道设教, 是长期存在的历史文化现象, 具有无可置疑的客观性, 不是某个政府或某个人物的主观意图可左右的。今日中国, 对人民, 对下一代, 一律进行理性的、科学的教育, 除正规的宗教活动合法以外, 民间的宗教迷信活动早已在取缔之列, 但是仍然屡禁不绝。这就证明, 要消除一种历史文化现象, 归根到底要从改变产生它的历史文化原因上解决, 而这是需要时间的。

神道设教自今天看来当然是不必要的,可是在古代,如果不必要,它为什么会产生而且持久不衰!历史上的必要不必要,不用历史的眼光看,难道还有什么更好的办法!例如奴隶制,一听这个词就会令人生厌,谁都要投它的反对票,可是在古代,它是个历史的进步,在初期,甚至奴隶们自己也为它欢呼。古代希腊、先秦中国的灿烂文化都是奴隶制的产物,你说奴隶制必要不必要!

另外,《跳》文有几处我们读不懂,顺便提出来向作者请教。

《跳》文说:"天人合一是天为人存在的和谐方面的哲学观念,而不是天为人存在的斗争方面的结晶。"我们不懂"天为人存在"是什么意思。既说天人合一讲和谐不讲斗争,又说"如果中国封建社会没有对自然的战胜和征服,也就不可能有不断的发展和繁荣"。既说中国古代不断地战胜和征服自然,又说中国的天人合一"是农业社会'顺天'的生产、生活方式的倒影,而不是开山伐路式的征服自然的近代资产阶级物质生产的反映"。我们不明白,作者真正想说的是什么。

《跳》文题目是《跳出国学 研究国学》,对国学这个概念必然会有一个明确的界定,说明国学是什么,不是什么,什么属于国学,什么不属于国学。依我们的理解,国学指未曾染指西学的中国学问。晚清学者讲"中体西用"的与西学相对而言的中学应当就是国学。近现代以来形成的新学不应在国学范围内。《跳》文关于国学的说法太富于变化,令人把握不住。它一会儿把国学与国粹等同起来,一会儿又把近现代中国新学划入国学,说新学既是中国文化,就是中国国学。认为凡是中国文化都是国学。它郑重其事地说,严复、康有为、梁启超、谭嗣同、孙中山、王国维、鲁迅、陈寅恪、汤用彤等人的思想与学术成就,"五四"新文化中的科学与民主内容,毛泽东思想、邓小平思想,"这算不算文化"?算文化就是国学。原来国粹、新学、国学一也。引申下去,诸如中国人掌握了的核技术、火箭技术等,都是国学。这样一来,我们该如何跳出国学,研究国学?

《跳》文借用郭沫若当年的话号召我们跳出国学,然后研究国学,这是有道理的,庐山风景自外看最好。可是它又说:"传统绝不像一件衣服要穿上就穿上要脱掉就脱掉,它就在我们自身之中","要把它作客体同时又作为主体来批判"。这也是有道理的。一边说必须跳出去,一边说不许跳出去,两边都有道理,我们怎么办?是跳还是不跳?

《跳》文说,国学是封建社会的产物,没资格与资本主义制度下产生的近现代西学和提倡人性、人权、个性自由以反对神性、神权、宗教桎梏的欧洲文艺复兴相比或者对话。在近现代史上,国粹(《跳》文视之与国学为同一概念)没起到保护我们的作用。在今日市场经济条件下,在清除根源于旧事物的缺点中它也不起作用。不起好作用,但起坏作用,它有造成忽视或否定中国近现代文化的民族虚无主义的一面。"文革"对它全盘否定未获成功,今日它竟又火起来。不否定它,它就否定中国近现代新文化。这使我们困惑不解,国学又老又丑,一无是处,它早就该死而不死,为什么又让我们"跳出国学 研究国学"?《跳》文作者是坚持马克思主义的,可是马克思、恩格斯、列宁、毛泽东、邓小平的哪一本著作的哪一章哪一节说过一个民族的传统文化与它的近现代新文化处在有我无他的对立状态，且会造成民族虚无主义？

《跳》文说国学反映民族性，不反映时代性，新学反映时代性，不反映民族性。中国当代新文化建设应当"以时代性扬弃民族性"，不可"以民族性牺牲时代性"。把民族性与时代性对立起来，鱼与熊掌不可得兼。可是我们知道，任何一个文化既是现实的又是历史的，既是民族的又是时代的，民族性与时代性统一在一起，没办法分得开。

我们跟不上《跳》文富于个性的逻辑思路，所以只能提出问题，拿不出见解。

＊此文为与金景芳合作
（原刊《哲学研究》1995年第1期）

古人的穿衣戴帽

中国古人极重视穿衣戴帽问题，什么人在什么时候穿什么衣戴什么帽，很有讲究，绝不是随便的事情。人们最初由裸体而知穿衣戴帽，肯定是出于自然的遮羞和护体的目的，随着文明程度的提高，穿衣戴帽便逐渐具有深刻的文化意义。它反映民族特点、等级差别和时代精神，是一种至关重要的文化现象。

根据文献记载，中国古人在原始氏族社会开始知道穿衣。《易·系辞传》说："黄帝、尧、舜垂衣裳而天下治。"《世本·作篇》说："胡曹作衣。"胡曹，黄帝时人。是知黄帝、尧、舜时期中国人已穿上衣裳。不但穿上衣裳，据《尚书·益稷》说，禹时在衣裳之上还画或绣日、月、星辰，山、龙、华虫，宗彝、藻、火，粉米、黼、黻等五色花纹，似乎有了审美和显示身份的意义。

在古人心目中，衣帽代表人的人格、身份，衣帽受辱等于人格受辱。尧舜时代华夏族内部实行象刑的刑罚制度，用改变衣帽形制使与常人不同的办法惩罚罪人。犯死罪的人不处死，给他穿上无领的布衣；犯墨刑的人不黥面，给他头上蒙一块黑巾，犯劓刑的人不割鼻，给他穿上浅红色的衣；犯膑刑的人，不削膝盖骨，给他膝盖蒙上黑巾。这些人仍可生活于本氏族同胞之中。虽然得以存活，或免受黥面割鼻断肢之苦，但是衣帽改成怪模怪样，与众不同，成为为同胞所不耻的人，精神上的压力是难以忍受的。

衣帽还代表民族的尊严，各民族文化的不同，首先表现在衣帽上。在周代，华夏族与周边夷狄文化差异很大。华夏族为了保持自身的尊严，总是极力抵制夷狄衣帽制度的影响，用衣帽之不同划分华夏与夷狄的界限，可见衣帽问题十分重要。

衣帽关系民族风俗与文化问题，具有顽强的排他力，发展变化总是自然而然的，谁若想人为地改变一下，必须付出很大的努力。《史记·赵世家》记战国时代赵国武灵王为征服周边夷狄，实行"胡服骑射"，受到群臣的激烈反对。武灵王利用国王的权威，费了不少的口舌，才勉强达到目的。

就一个民族自身而言，衣帽制度并非一成不变，它总是处在不断发展变化之中。改朝换代时，新朝代为了与旧朝代划清界限，必须改变一些制度，其中衣服就是重要一项。所以衣帽也具有时代性。

衣帽制度从上古到清末，变化很大，本文仅说说先秦时期人们的穿衣戴帽，而且是极粗略的。

秦以前人服饰主要有帽、衣、裳、带、鞋五项。帽子戴在头上，是首服，所以特受重视，讲究最多。帽子是首服的大总名，细分有冕、弁、冠三类。冕级别最高，其次弁，其次冠。冠也是总名，各类帽子统称帽，也可统称冠。古人之所以必戴帽子，与头发有关。古人认为"身体发肤受之父母"（《孝经》记孔子语），不可以毁伤。故头发不剪，盘在头顶，要用帽子加以固定、保护。但是女人有头发却不戴帽子，不满20岁的少年有头发也不戴帽子。可见成年男子戴帽子另有意义。一是表明他是个已成年因而具有独立人格的男子，二是表明他的社会地位。

冕，最高级别的帽子，只有天子、诸侯、卿大夫可以用。冕的形制是，下面是一顶帽子，帽子上面覆一块版，叫作延，也写作綖。延是木做的，包上麻布（孔子之时改用丝织品）。上面是黑色，里面是浅红色。延前后长1尺6寸（约当今1尺），宽8寸（约当今半尺）。延前低后高，相差大约1寸多。延的前端垂挂许多五彩绳，每条绳上下均匀地拴有许多块玉。这些拴有玉的绳叫作旒，也写作斿。旒的数目，每条绳上拴玉的数目，依戴冕者身份高低而定。天子12旒，每旒12玉，天子以下递减，而且用石不用玉，绳用三彩不用五彩。

延前垂旒是有意义的，不是为了美观，也不是显示威严。它的意义如《大戴礼记·子张问入官》所说："古者冕而前旒，所以蔽明也；统纩塞耳，所以弇聪也。故水清则无鱼，人至察则无徒。"垂旒是为了遮一遮眼睛，不要什么事情都看得一清二楚。东方朔《答客难》亦引此说。作于西汉末年的《礼纬》说："旒垂目，纩塞耳，王者示不听谗，不视非也。"明确以为延前垂旒是为了不视非。后面没有眼睛，所以延后不须垂旒。现在的影视剧和各类连环画，帝王所戴之冕，前有旒，后也有旒，肯定是搞错了。而且延前高后低，尤其不对。延如果前高后低，冕就不应当名冕。冕之义取前俯，与低头之俛字相通，所以冕字取免声。

秦以前，天子诸侯、孤卿大夫戴的冕不是一种。在不同的场合做不同的事情，戴的冕也不同。天子的冕有六种，六冕都是12旒。诸侯孤卿所戴冕的旒数也视戴冕者身份而异，诸侯皆9旒，孤卿皆7旒，大夫皆5旒。在秦以前，乃至汉代，除天子之外，诸侯孤卿大夫都可戴冕，只是旒数少于天子罢了。

《论语·子罕》记孔子说："麻冕，礼也。今也纯俭，吾从众。"麻指麻布，纯指丝，即缯帛之类。孔子的意思是说以前冕用麻布制作，现在大家都改用缯帛做，他只好从众了。孔子的话是可信的。据孔子的说法，知春秋晚期以前冕用麻布做，其后逐渐改用缯帛做。

冕是第一等的帽子，第二等的帽子叫弁。弁又有三种，一曰爵弁，二曰皮弁，三曰冠弁。弁的形制与冕最大的不同在有旒无旒上。《公羊传》宣公元年何休注说："弁加旒曰冕。"《世本·作篇》宋衷注说："冕，冠之有旒者。"冕有旒而弁无旒。有旒则必须有延，但是有延却不必有旒。爵弁是有延的，却无旒，而且延前后持平，不像冕之延那样前低后高。皮弁、冠弁没有延，当然也就没有旒。

爵弁、皮弁都用皮做，这又与冕不同。爵弁之爵读为雀，谓爵弁之色如麻雀头，红里带黑。爵弁有延，故人或称之为无旒之冕。但是爵弁毕竟无旒，无旒就是弁，称冕是不对的。

皮弁，特选浅毛的、黄白色的鹿皮做成。既考虑毛之长短、颜色，必是采用原皮，不加熟制。这一点与爵弁不同。形状是上锐下广，这是弁的通制。皮弁特殊之处在于它制作时把一幅鹿皮分割成一片片，每片都成梯形，锐头向上，广头向下，片片缝合。结果自然做成上锐下广的样子。缝合处饰以綦玉，将针缕之迹揜盖上。綦是丝绳，綦玉是用丝绳系着玉，结在弁的缝上。这样的皮弁戴在头上，一定是很漂亮的。皮弁还有一特殊之处，它的下边有一个用硬物做的圈圈，也是皮弁的一部分。此物称作弁邸，邸同柢，即根柢的意思。比较高级的皮弁，邸是用象骨做的。象骨很硬，怎样制成一个圈，古人无说，今亦难考究。

天子视朝，诸侯听朔，大夫聘邻国，士释菜，皆戴皮弁。

冠弁，是天子在田猎时所戴，冠弁就是玄冠加弁。此弁与爵弁、皮弁不同，即《孟子》所谓皮冠，是冠之上另加个弁，它是弁不是冠。田猎在野，冠上加一弁，起蔽尘遮雨的作用。

郑玄《周礼·司服》注说冠弁就是委貌。这是错误的，冠弁是弁，委貌是冠，二者不可混同。据《仪礼·士冠礼》的说法，周代叫委貌，殷代叫章甫，夏代叫毋追，三者乃一物三名。委貌其实就是玄冠。玄冠是用黑缯做的，有梁有武又有缨。武是一个帽圈，梁是个布条子，前后固定在武上。缨是帽带，固定在武的旁侧，着冠时从一侧自耳后向下绕过颔下至另一侧向上由耳后系之于武。缨起固定冠于头上不使脱落的作用。冠必有缨。《左传》哀公十五年记子路在卫国被人用戈刺中，缨也断了。子路说："君子死，冠不免。"说着系好冠缨，然后死去。《庄子·让王》记曾子居卫，穷困潦倒，达到"正冠而缨绝，捉衿而肘见"的程度。《说苑·复恩》记楚庄王夜饮众臣，有无礼者趁灯灭引美人衣，美人绝其冠缨持之以告王。这些都说明缨与冠相连系，一言及缨，便自然想到冠，而与冕弁无涉。

冠，主要有两种类型，一是玄冠，又叫委貌、章甫，一是缁布冠，又叫缁撮。玄冠等级较高，天子至士皆可戴。缁布冠等级最低，天子是绝对不戴的。诸侯和士举行成年冠礼时，皆始加缁布冠。诸侯卿大夫士平时燕居在家，皆可戴缁布冠。对于庶民百姓来说，缁布冠是上等礼帽，婚礼、祭祀可以戴。平时燕居在家戴之亦可，但须配深衣。

《诗·小雅·都人士》有"彼都人士，台笠缁撮"句，台与笠为二物，都是防暑也防雨的。台是蒜台、韭台之台。此台指用水边某种植物的台制作的草帽，笠是竹帽。"台笠缁撮"一句表明周代庶民百姓平时戴草帽或竹帽，在重要场面上才戴缁撮，而对于相当于奴隶身份的野人来说，草帽竹帽，就算是挺不错的了。

除帽子以外，古人身上的穿戴还有衣、裳、带、蔽膝、履等。裤当然不能没有，但是先秦文献中极少提及。

衣与裳相对应，衣在上，裳在下。裳的形制与裙子相似，或可以说就是裙子。古代主要是男人穿裳。《仪礼》多次言及男子有衣有裳。《诗》也每每提到，如《豳风·七月》："我朱孔阳，为公子裳。"《郑风·褰裳》："子惠思我，褰裳涉溱。"《小雅·斯干》："乃生男子，载寝之床，载衣之裳。"《左传》亦然，如昭公二十一年："厨人濮以裳裹首而荷以走。"皆可证明先秦男子普遍穿裳。

女子的衣服主要是长衣，长衣是袍和长襦之类。女子极少穿裳，但是不能说女子绝对不穿裳。《管子》说："桀之时女乐三千人，无不服文绣衣裳者。"（《太平御览》服章部十三引）可见夏代女子有穿裳者。又古乐府诗《陌上桑》云："秦氏有好女，自名为罗敷，缃绮为下裳，紫绮为上襦。"可见汉代女子亦有穿裳者。

古人的上衣形制与今不同，首先是衣领大不一样。古人衣无立领、翻领，有交领。交领与今和尚袈裟的领子类似。古人衣襟称衽也称衿。前面衣襟在左，穿时抿到右边，故称右衽。后面衣襟自右向前绕，穿时左襟压到右襟之上，自然形成交领。交领与衣襟连结不分，所以古人又称交领为衿。

袂是衣的重要部分。袂即袖。古人很讲究衣袖，往往把衣袖做得很肥大。深衣的袖子尤肥，臂肘可在内自由回旋。袖在腋下，故袖也叫袂。古人也有瘦袖子的衣服，袖子狭直如沟，仅可伸进胳臂。这种瘦袖子叫褠。

缘也是衣的一个重要部分。古人的衣都有缘。缘即饰边。缘也叫纯也叫边，通谓之饰。《论语·乡党》："君子不以绀緅饰。"绀緅皆赤黑之间色，饰即衣裳的边。古人衣裳冠履的边必用正色。不以绀緅饰，意谓不用间色的质料做边。衣裳的边里外各宽1寸半，合当今1寸。衣领的边宽2寸，合当今1.3寸左右。

古人的衣缘很有讲究，往往根据缘的质料和颜色给衣命名。例如中衣都是白色，以素做缘，叫素衣；以锦做缘，叫锦衣；以絑做缘，叫丹朱中衣。其余叫缁衣、黄衣、绡衣、元绡衣的，都是这个道理。衣缘不是随便做的，都有一定的意义。例如《礼记·曲礼上》："为人子者，父母存，冠衣不纯素。孤子当室，冠衣不纯采。"《礼记·深衣》："具父母、大父母，衣纯以缋。具父母，衣纯以青。如孤子，衣纯以素。"父母不在，子不足三十岁者曰孤子。一个人的冠衣之缘不得任意，父母在与不在，其颜色要有区别。

古人之衣种类繁多，依其尊卑等级和用途不同，大约有十多种，而基本形制则不外乎端衣、深衣、长衣、中衣、明衣、襦、褐、袍、裘等数种。

端，《说文》作褍。端这种衣有三个特点。第一，"衣有襦裳者为端。"襦是短衣，有襦裳即衣是衣裳是裳，与衣与裳相连结的深衣不同。第二，端为正幅。古代布幅宽2尺2寸。正幅就是衣与袖都是2尺2寸见方。这样的衣服今人不能理解，然而古人认为它端庄平正，穿起来大气高雅，是很美的。故天子诸侯孤卿大夫士的所有祭服、齐（斋）服以及朝服都取这种形制。第三，古人用布制衣一般都削去边幅1寸以为缝杀，端衣整幅不削不杀，不去边幅，保持足2尺2寸。

端，依其颜色不同，有玄端、素端之别。玄端是黑色，素端是白色，质料都是布，不是缯帛。唯天子诸侯玄端、素端用缯帛做，不用布。

深衣，是古人使用最为广泛的一种衣服，可谓尊卑共服，吉凶通用。深衣不属于礼服，故庶民百姓用的多，是庶民百姓的常服。女人之衣，形制亦多同于深衣。虽吉凶通用，但是用于丧事为多。

深衣的形制主要有以下特点。

第一，深衣连衣裳（郑玄《三礼目录》语）。别的衣服皆衣与裳不相连，唯深衣与裳连为一体。深衣之裳以下及踝骨为限，即达到脚背之上，不能短于此也不能长于此。第二，深衣之袪，缝齐倍要（《礼记·玉藻》语）。袪是袖头，齐是裳的下畔，要读为腰，是裳的上畔。深衣之袪的宽度为1尺2寸，围长2尺4寸。"深衣三袪"，说深衣要围是袪围的三倍。袪围2尺4寸，三倍就是7尺2寸。"缝齐倍要"，说深衣齐之围是要围的二倍，即齐之围长是14尺4寸。深衣袪、要、齐三者之比为1：3：6。可见深衣的整体形状是上窄下宽，与后世的袍呈桶状者不同。古尺约当今尺之2/3，深衣要围长7尺2寸，约合今天4尺多。第三，续衽钩边（《礼记·深衣》语）。这是深衣之又一特别之处。别的衣服之裳分前后而不相连属，如丧服其裳前三幅后四幅，各自为之不相连。深衣则裳之前后相连属不分。办法是续衽钩边。续衽言左侧，钩边言右侧。续是连属的意思。深衣之裳的左侧则连之而不分前后，叫做续衽。右侧则另用一幅布，使上狭下阔，缀于右后内衽，使其钩曲而前，以掩裳际，这叫钩边。钩边的作用在于使后衽之里在走路时不外露。另，深衣之衣裳缘以彩。深衣之带在肋骨之下，髀之上，视朝服祭服之带为低。深衣皆用麻布做，《诗·曹风·蜉蝣》："麻衣如雪。"麻衣即深衣，如雪谓鲜亮洁净。深衣必用麻布制作，故深衣可径称麻衣。深衣无里，故亦称禅衣。禅亦作单。

长衣，形制与深衣同，主要差别在于袖子长短上。深衣袖长2尺2寸，长衣袖长3尺3寸。另外，深衣缘以彩，长衣缘以素，即衣边颜色不一样。长衣多用于丧事。

中衣，形制与长衣同，袖长亦3尺3寸，长于深衣。与长衣不同者，中衣只能穿在里边，不可着于外。中衣都是白色。质料可素可布。

明衣，斋戒之前必沐浴，沐浴之后先着明衣，然后着祭服。是知明衣是祭祀（或上朝）时着的贴身内衣。其形制与端同，两袖亦长2尺2寸，属幅不杀，但是明衣之衣长至膝下，而裳及觳。觳指足尖。裳及觳，即裳下达于脚尖。

襦，《说文》衣部："襦，短衣也。"《急就篇》颜师古注说："短衣曰襦，自膝以上。"其实襦并不短，谓短衣乃与袍相对而言，袍长至足背，而襦仅达于膝上，故曰短衣。襦有禅襦、复襦两类。复襦双层，内加丝绵。禅襦单层，不加丝绵，像后世的长衫。襦必着于内，不可着于外。

袍，形制与襦同而长于襦，下至足背，故又称长襦。袍必有表，不禅，里边加丝绵。《后汉书·舆服志》："袍者，或曰周公抱成王宴居，故施袍。"是知袍是居家无事时所用之服，任何正式场合都不能用。

自汉以后情况发生变化。袍的地位陡然提高。东汉出现作朝服用的绛纱袍、皂纱袍，与先秦如《诗·秦风·无衣》所说"与子同袍"的作燕居之用的袍已不可同日而语。

褐，《诗·豳风·七月》："无衣无褐。"郑玄笺说："贵者无衣，贱者无褐。"《晏子·谏上篇》："百姓老弱，冻寒不得短褐。"《史记·秦始皇本纪》："夫寒者利短褐。"《索隐》说："谓短褐竖裁为劳役之衣，短而且狭，故谓之短褐，亦曰竖褐。"说明早在先周时期就有了褐, 褐是贫贱者穿的, 它有防寒的作用。褐的形制特点是短而狭, 故先秦两汉文献或称褐或称短褐, 没有称长褐的。

裘, 毛皮做的衣。裘是天子诸侯卿大夫士穿的。裘有等级差别, 自天子至士, 裘的规格、质量是不同的。天子祭天穿大裘, 外面套上衮服。大裘据说是黑羔裘。视朝穿狐白裘, 外面套上锦衣。白色狐狸罕见, 故以为贵。燕居穿狐青裘, 外面套上玄端。田猎穿羔裘, 外面套上缁衣。诸侯卿大夫士除大裘不可用以外, 其余诸裘皆可用, 但视场合而定。但是, "士不衣狐白", "君衣狐白裘"(《礼记·玉藻》语)。君包括天子诸侯卿大夫。士不衣狐白裘, 则其余狐裘、羔裘等等皆可衣。《论语·乡党》说君子缁衣羔裘, 素衣麑裘, 黄衣狐裘, 言君子, 则士也含在内。

在正式场合穿裘, 外面必须套上一件衣, 如锦衣、黄衣、素衣、缁衣。外面套上的衣叫裼或叫袭。只有无事在家衣裘可以不裼不袭。

以上说帽、说裳、说衣。古人衣着还有带、佩、蔽膝、鞋等, 篇幅有限, 从略。

女服也有等级, 尊卑随自己的丈夫。女服与男服比, 有两大特点, 一是女人不戴帽子, 但讲究发式。贵夫人的发式有副、编、次三种。二是女人的衣都是袍的形制, 无上下之分。另外, 女服也有带也有佩。

男子20岁成年行冠礼之前为童子。童子不戴帽, 头发上挽至头顶梳成两个"角", "角"是用总包着的, 故称总角。童子衣也是袍式的, 不分上下衣裳, 一般是黑衣缉红边。

衣冠制度具有深刻的民族性, 因而必然具有同样深刻的保守性。越是在古代, 这种保守性表现得越强烈。古代中国人穿衣戴帽受礼仪制度的绝对制约, 一个人穿什么衣戴什么帽, 生下来就已限定。根据自己的尊卑男女长幼去对号就是了, 没有选择与改变的余地。衣着稍有改易, 便会引起议论或指责。《诗·小雅·都人士》反映的问题就是典型一例。诗人说过去"彼都人士, 狐裘黄黄, 其容不改, 出言有章", 这是"万民所望"。现在呢, "我不见兮, 我心不悦"。毛诗小序说: "周人刺衣服无常也。古者长民, 衣服不贰, 从容有常, 以齐其民, 则民德归一。伤今不复见古人也。"诗序这一认识站在现代人的立场看显然不可接受, 衣服没有必要保持老样子不变, 可是它符合《都人士》这首诗的本义, 那时的人对衣服问题就是这样固执保守。

自汉以后, 随着经济的发展和民族的交融, 衣服毕竟在不断变化, 男子上衣下裳的制度逐渐消失, 由深衣演变形成的袍占了优势。清代变化最大, 由于北方满族精神的引入, 中国人的衣冠形制发生一大变化。

真正具有革命意义的变化发生在20世纪。以前的变化无论多大, 都仅仅反映时代的和民族的意义, 衣冠严格受等级制度制约这最根本的一点从未动摇过。

辛亥革命促成的民主共和观念和马克思主义带来的彻底平等精神摧垮了古老的等级制度和等级意识。中山装和西装代替长袍马褂成为男子礼服, 不分地位高低都可以穿。随后在解放区出现的干部装更加体现平等精神。由等级分明到人人平等, 这才是中国人衣服的根本变化。

(原刊《中国典籍与文化》1995年第4期)

在实践中弘扬优秀传统文化

随着市场经济的发展，精神文明建设日益显现出重要性和迫切性来。市场经济的竞争机制促使人们把注意力更多地投向物质生活方面，价值观念急剧发生变化，在不少人眼里，追求物欲甚至成为一种时尚。我们的社会正面临着过去未曾有过的矛盾，过去未曾遇到过的挑战。

市场经济是振兴、发展我国社会主义经济的必由之路，而市场经济带来的一些消极后果又是不可避免的。怎么办？退路是没有的。我们不能像老子主张的那样，为了保持人们婴孩般的纯正无邪而宁肯不要进步、发展，退回到结绳而治的小国寡民的状态中去。两千多年前办不到，今天更办不到。唯一的办法是在发展经济的同时，丝毫不放松精神文明的建设。

我们这个民族一向有重视精神文明建设的传统。人所共知，古代哲人孔子和他所创立的儒家学派极为重视人格的培养。后世诸多杰出的思想家也无不讨论怎样做人的问题。在当前发展市场经济的条件下，党和国家更明确提出要大力加强精神文明建设。

开展精神文明建设，必须面临如何对待传统文化的问题。也就是说，社会主义现代精神文明建设要不要继承、汲取传统的东西以及继承、汲取什么，不继承、不汲取什么。

现代化建设要不要传统文化，与其说是理论问题，勿宁说是亿万群众的社会实践问题。理论只能起指导的作用，最终结果如何要由亿万群众的社会实践来决定。任何一代人都生活在前人留下的既定文化背景下，他们对传统可以也应该有所改变，若想根本抛弃传统，架构起一种完全与传统割断的新文化，绝对办不到。历史与现实都证明这是一个真理。近代一些人主张全盘西化，一些人鼓吹全盘保护国粹，都未能行得通。一个民族，不可能在丢弃传统的条件下生存下去。这一规律绝非人的主观愿望能够左右。无论汲取西方文化达到怎样的程度，未来的中国新文化以传统文化为主体，是必然的。一个民族的文化能够损益、发展、变化，但是总还是它自己。一个中国人不管走到何地，不管受到多少洋教育，他身上的文化印记，如同他的肤色，归根到底是中国式的。因此，不论你主观上愿意不愿意弘扬优秀的传统文化，客观上都必须如此，必然如此。在当前市场经济大潮的冲击下，优秀的传统文化更显重要。

我认为传统文化中孔子的思想在当今仍有借鉴价值。例如孔子说："政者，正也。子帅以正，孰敢不正。"（《论语·颜渊》）"苟正其身矣，于从政乎何有。不能正其身，如正人何。""其身正，不令而行。其身不正，虽令不从。"（《论语·子路》）这几句话，个中揭示的道理完全适用于今日。你看吧，问题解决得好，准是那里的领导者自己走得正行得正。哪里的问题成堆，那里的领导者自身就可能有问题。

孔子还主张治国平天下要由修身齐家做起。领导者不但要把自己治好，还要把自己一家人治好，然后才谈得上办好自己所管的事情。今天在市场经济的冲击下，能抵挡住金钱物欲的诱惑，教育好家人遵纪守法，做有精神有道德的人，这样的人固然是多数，但是纵容子女为一己私利而损害国家利益的人，也并非少见。

孔子特别关注如何摆正义利关系的问题。"不义而富且贵，于我如浮云"（《论语·述而》），"见利思义"，"义然后取"（《论语·宪问》），"因民之所利而利之"（《论语·尧曰》），孔子的这些言论具有积极的意义。第一，他肯定了利是有价值的，谁都不能不要利，更不可不要民之利。第二，孔子主张利要合于义，不义之利，送到手里也不可要。孔子讲的义利关系是中国传统文化中的精华，是应当继承、弘扬的。看看当今市场经济中一些人非利不取、唯利是图、见利忘义、发不义之财的种种行径，就知道孔子"不义而富且贵，于我如浮云"的思想是有巨大的借鉴价值的。

有一个问题令人困惑。传统文化中有些不须辨别，明显是糟粕的东西，本应予以抛弃，现在竟沉渣泛起，而且畅行无阻。例如卜筮（现在美其名曰预测），打着研究《周易》的旗号火热起来。民间的预测热且不说，近日竟有上层人士公开大办预测讲习班，而且某大报给它登出堂堂然的大幅广告，而且有官方的正式批号，而且有名人当顾问。我不明白，扫黄、缉毒如此大张旗鼓，灭之务尽，而对更加丑恶的反科学的迷信活动竟听之任之，甚至纵之容之，难道不知道精神的鸦片烟比肉体的鸦片烟对人民更有害么？

（原刊《工人日报》1995年8月16日）

儒学与《易经》研究的今后发展

在这个题目下我想讨论两个问题：一个是儒学与《易经》研究的今后发展方向，一个是儒学与《易经》研究如何与中国现代化建设契合。不分题，按我的逻辑思路依次说开去。

一

中国优秀传统文化的主干是儒家，这本不成问题，但是现在成了问题。有人说主干是道家不是儒家。这个问题与孔子、儒学、《易经》都大有干系，所以有必要首先加以讨论。

主道家主干说的理由有二：一是道家有自然哲学，讲宇宙生成及本体问题，运用由天道推及人事（天人合一）的思维模式，儒家则否。二是论影响，道家占主导地位，儒家不占主导地位。

这两条理由都站不住。

先说第一条。老、庄固然有自然哲学，讲宇宙生成与本体问题，运用由天道推及人事的思维模式。儒家创始人孔子亦然。孔子说"天何言哉，四时行焉，百物生焉，天何言哉"（《论语·阳货》），"子在川上曰：'逝者如斯夫，不舍昼夜。'"（《论语·子罕》）这是自然哲学，而且后一句的辩证法精神比古希腊赫拉克里特讲的"一个人不能两次踏进同一条河流"更为高明。

中国思想史上自然之天的天概念最早出自尧舜，由尧舜传至孔子。《尚书·尧典》记尧时"钦若昊天，历象日月星辰，敬授人时"，"期三百有六旬有六日"，"以日月定四时成岁"，认识了以日为主体，由日月星辰及其循序运转构成的自然之天，有了自然之天的天概念。同时也有了"天工人其代之"（《尚书·皋陶谟》）的由天道推及人事的思维模式。《易经》之八卦亦当产生于此时，因为乾象自然之天，而自然之天的天概念，尧之前尚未形成。《系辞传》关于伏羲氏作八卦的说法，当是后世人传抄时窜入，不足信据。

孔子呢，子思作《中庸》记载孔子"祖述尧舜，宪章文武，上律天时，下袭水土"。天时即自然之天的天之道，水土即自然之地的地之道。说明孔子从尧舜那里承袭了自然之天的天概念。《论语》留下孔子讲自然哲学的言论不多，但也不是没有。除上引的两句之外，还有自述成长过程的一段话："吾十有五而志于学，三十而立，四十而不惑，五十而知天命，六十而耳顺，七十而从心所欲不逾矩"（《论语·为政》）。仔细分析，这段话正是概括他如何由不认识天道到认识天道、由受天道的约束到自由驰骋而不违天道的历程。

孔子也研究了宇宙生成与本体的问题。他50岁以后热衷于《易经》，作了《易传》，揭示了《易经》关于宇宙生成与本体的观点。《易传》强调万物及人类生自天地，天地自太极来，太极就是宇宙之本原。它讲"有天地然后有万物，有万物然后有男女"，"盈天地之间者唯万物"（《序卦传》），"易有太极，是生两仪"（《系辞传》）。讲到太极为止，不讲太极之前。太极是物质性实体。由太极生发、形成的宇宙，除天地万物之外别无其他。可见，宇宙生成论与本体论孔子不但有，而且是唯物论的。

至于由天道推及人事的思维模式，孔子也是明显有的。《系辞传》说的"明于天之道而察于民之故"，和《文言传》说的"夫大人者与天地合其德，与四时合其序，与鬼神合其吉凶"，不是由天道推及人事是什么！

再说第二条。论影响，儒家大于道家。从表层看，据司马迁说，"孔子布衣传十余世，学者宗之"。《史记》列孔子传于"世家"，而老庄与申韩合列一传。因为孔子及儒家影响特大，故秦皇、汉武有焚书坑儒、独尊儒术之举，自《史记》起，史书皆有《儒林传》。历代统治者绝大多数标榜仁义，提倡"五经"、"四书"。孔子及儒家的影响无所不在，根深蒂固，具有全民性，所以才成为太平天国革命和五四运动的直接攻击目标。再者，以中国为主，有一个东亚儒家文化圈存在，恐怕也是谁都否定不了的事实。

从深层看，儒家的影响大于道家也是显然的。第一，孔子"祖述尧舜，宪章文武，上律天时，下袭水土"（《中庸》）发展而来的唯物论、辩证法、实质上的无神论和仁义学说，构成一部中国哲学史、思想史由尧舜起一贯到底的主线。第二，中国人形成已久的巨大的民族凝聚力、向心力和抵御外来宗教的抵抗力，来自孔子及儒家。第三，中国历史上众多知名的哲学家、思想家，大多属于儒家。明明受道家佛家严重影响的人，也绝不承认自己不是儒家。第四，中国现代化建设正面临传统道德重建问题，它只能取自孔子及儒家。

我无意否定道家的地位，道家哲学确有高明的一面，在中国现代化过程中它也将起一定的积极作用。我只是想说道家不是传统文化的主干，主干是儒家。

二

儒家是个复杂不纯的庞然大物，研究它时务须分析之，区别之，不可笼统而论。我的老师金景芳先生认为后世儒学表面上宗师孔子，实际在主要之点上扭曲了孔子的学说。时代不同，有所变化是必然的。但是自今日看来，孔子的学说大多仍具有真理性，最为可取。因此，他提出孔学自孔学，后世儒学自后世儒学，二者须区别对待的观点。我赞成这一观点。依此观点，今后的儒学研究重点要放在孔学上。后世儒学的研究应着力在批判上。与其提儒学复兴，不如提孔学复兴妥当。

孔学是个优秀而丰富的思想宝库。其中仁义学说影响深广而悠久，现在仍有价值。这里着重说仁义。仁义的根基在血缘和非血缘两种社会关系。早在孔子之前，人们已经提出如何处理好两种社会关系的问题了。《尚书·舜典》言及"五品"、"五教"。据郑玄注，"五品"是父、母、兄、弟、子五项血缘关系。据《左传》文公十八年，"五教"是"父义、母慈、兄友、弟恭、子孝"，即解决五项血缘关系问题的五个道德规范。"五品"未涉及非血缘关系，夫妻关系也未考虑在内。"五教"也未及仁义（"父义"之义与仁义之义不同）。这反映原始氏族社会的特点。

到了周代有了进展。《周礼·大司徒》"乡三物"之"六德"、"六行"二物列出"知仁圣义忠和"和"孝友睦姻任恤"等12项德目，仁义虽然提到，却与其他德目平起平坐，未见有特别的意义。至春秋时代，《春秋》三传记春秋人言仁言义者也不少，亦属一般道德范畴，其意义甚至亚于礼。

到孔子这里，仁义有了深刻的理论意义。仁义不仅是两个道德范围，而是一个成体系的学说。孔子说："仁者人也，亲亲为大。义者宜也，尊贤为大。亲亲之杀，尊贤之等，礼所生也。"（《中庸》）又说："立爱自亲始。"（《礼记·祭义》）孟子善解孔子仁说的意义，他说："尧舜之仁不偏爱人，急亲贤也。"又说："君子之于物，爱之而弗仁。于民也，仁之而弗亲。亲亲而仁民，仁民而爱物。"（《孟子·尽心上》）又说："仁者爱人。"（《孟子·离娄下》）《吕氏春秋》亦甚得孔子仁说之真谛，说："仁于他物，不仁于人，不得为仁。不仁于他物，独仁于人，犹若为仁。仁也者，仁乎其类者也。"（《吕氏春秋·爱类》）

综观孔、孟、吕三家的说法，孔子仁义说之要点是：（1）孔子的仁与义，从根源上说起于血缘关系和非血缘关系。仁是血缘关系的概括，义是非血缘关系的概括。（2）仁是人类之爱，不关物。于物可言爱，不可言仁。（3）仁始于亲亲，即亲血缘至亲的人；由亲亲推而及于一切血缘关系内和血缘关系外的人。义始于尊贤，即尊上，推而及于一切人。总之，孔子的仁义是基于对社会历史的深刻认识提出的，具有牢固的现实基础，非一般空泛的道德说教可比。

孔子的仁义在历史上起过积极的作用。历代帝王多标榜以仁义立国。仁义在稳定社会、教育人民方面是有功的。倘仁义不讲，大家都无忌惮，为所欲为，秩序必失控，社会的进步必更加缓慢。不要把历代统治阶级的不仁不义、贼仁贼义归咎于仁义本身，仁义没有错，错在他们名实不副，虚仁假义。

道家老庄视仁义如赘疣，痛加反对。《老子》讲"大道废，有仁义"（第18章），"绝仁弃义，民复孝慈"（第19章）。《庄子》讲"泉涸，鱼相与处于陆，相呴以湿，相濡以沫，不如相忘于江湖"（《庄子·大宗师》）。他们站在一边讲境界，固然轻松潇洒，然而现实是严酷的，人不见大道，鱼不在江湖，天下到处是血缘关系与非血缘关系约束中的人，和人生活于其中的由两种社会关系交织构成的诸多利害冲突与矛盾。老庄的药方拯救不了社会和人民，充其量只能使少数清高者清高，逍遥者逍遥。

相比之下，孔子的仁义是太现实太管用了。仁义不是梦，它就在每个人的足下，想拾起便可拾起。你先修身克己，然后齐家治国，奉献社会。具体地说，你是人你就要忠恕孝友，由爱亲人而爱别人，由爱自己而立人达人，己所不欲，勿施于人。你是官你就要公而不私，清正廉洁，为社会做好事，不做坏事。做到仁义，其实并不容易，所以孔子告诫说，君子要好学，要力行，要知耻。无学、无行、无耻的人不可救药。

在市场经济日益发展的今日中国，孔子仁义说的作用更显突出。一些人生物本性膨胀，欲壑难填，于是贪赃枉法，腐化堕落，甚者杀人越货，显现出仁义之于人如同水火，一日不可无。大多数人不为金钱所迷惑，忠于职守，勤奋尽责，默默奉献。杰出者也屡屡出现，徐洪刚式的见义勇为，舍己救人的事已司空见惯。弱女子为护公产、救路人而勇斗暴徒以及众人自发济贫、救孤、扶老、助残的行为，感人至深。这无疑是长期社会主义教育的结果，也应承认中国人的传统精神尤其仁义在起作用。正负两面的情况证明，孔子的仁义如今依然管用。如果在我们的公共道德、社会道德、职业道德、家庭道德中切入孔子的仁义，人民的总体精神面貌必将大为改观。

血缘关系和非血缘关系与人类同在，根于两种社会关系的仁义具有超时代的意义。仁义过去管用，现在管用，未来的21世纪一定也管用。孔子说："立人之道曰仁与义。"（《易·说卦传》）人之道无它，仁义而已。做到仁与义，人便立起来。因此只要有人在，仁义便不可不讲。永远不会有人而可不仁不义、贼仁贼义的一天。

但是时代毕竟不同了，今天不同于封建时代，更不同于孔子的时代。包括仁义在内的所有传统的东西，必不可囫囵地拿来就用，需要加以研究、处理。关于如何继承传统的问题，孔子也有精辟的见解。《论语》记孔子说："殷因于夏礼，所损益可知也。周因于殷礼，所损益可知也。其或继周者，虽百世可知也。"（《论语·为政》）这个认识很不简单，足资借鉴。他看到后代继承前代是不可避免的（唯其如此，一个民族才会有自己的传统）。但是继承要有因，有损，有益。照孔子的办法，我们对仁义首先要因，即拿过来，然后是损益。损，损去仁义中夹杂的、当年适用现在已不适用的东西，如孔子强调"亲亲之杀，尊贤之等"，特看重亲疏尊卑之差，今日则应尽可能克服之。益，增益仁义中没有、今日当有的东西。今日光行仁义不行，还要有更多更新更丰富的道德教育内容。

特别谈谈义利问题。人处理与人的关系适宜得当，合乎道义，曰义。义与利是一个对子。利是功利、利益。孔子很重视义利关系问题。他说，"不义而富且贵，于我如浮云"（《论语·述而》），"见利思义"，"义然后取"（《论语·宪问》），"君子义以为上"（《论语·阳货》），意思极明白，义与利二者应以义为第一，利要服从义。这是对的。在实行市场经济的今天，尤其需要讲究这个。一些人见利忘义，为捞钱不择手段，行贿受贿，偷税漏税，欺蒙诈骗，以假充真，以权谋私，损公肥私，等等，无所不用其极，须用法律解决问题。不过从根本上说，进行孔子"见利思义"、"义以为上"、"义然后取"的道德教育，才是上策。

有人说儒家空言义而忽视事功，可能是有道理的。如董仲舒说"正其谊不谋其利,明其道不计其功"(《汉书·董仲舒传》),把义利绝对对立起来,唯求义而不要功利。宋儒更把义利问题说过了头。张载说,生死饥饱无所谓,"唯义所在"(《张子语录》)。程颢说,"出义则入利,出利则入义"(《河南程氏遗书·语录十一》)。程颐说,"不独财利之利,凡有利心便不可","圣人以义为利,义安处便为利"(《河南程氏遗书·语录十七》)。三人都全面否定利的价值,只要义,不要利。这当然是迂腐的理论,真正是传统文化中的糟粕。但是这不是孔子的思想,孔子不是不要利,只是不要不义之利。不是不要富贵,只是不要不义之富贵。不是见利不取,只是在取之前先思义。孔子要事功,也要利。孔子的观点是正确的。莫将后世道学家的迂阔之论栽给孔子。

孔学与后世儒学不同,二者宜区别对待。今后研究的重点要放在孔学上。一定要提复兴的话,应提孔学复兴,不提儒学复兴。后世儒学但可研究,不宜弘扬。这就是我的结论。

三

孔子学说要在仁义,仁义乃孔学之灵魂,至今日仍闪现着真理性的光辉,物质文明和精神文明两种现代化建设都应取而用之。唯后世之儒学特别是宋学扭曲为说,弄得孔子的仁义已经面目全非。儒学研究今后应当着力将鱼目与珠划分清楚,莫把宋学当作孔学。

孔子讲仁义,从人的社会关系出发,强调"仁者人也",仁者"爱人",只关人类自身,不涉万物。孔子讲性相近,习相远,讲"修道以仁",因此孔子的仁义是后天习染、修养的结果,不是天赋本性。

后世儒学大体扭曲了孔子的仁义,尤其以仁为甚。王弼说:"自然亲爱为孝,推爱及物为仁也。"(《论语·学而》皇疏引王弼《论语释疑》)韩愈说:"博爱之谓仁。"(韩愈《原道》)都扩大仁的范围,以为仁既仁人又仁物,仁人也是博爱众人,不分先后轻重。把孔子具体、现实的仁变为抽象的、超现实的仁。

说仁是博爱,很像墨子的兼爱,也像基督教的博爱,是无法实行的空洞口号,绝对不是孔子仁说的本义。

程颐不赞成韩愈的"博爱之谓仁"说,但是他的说法比韩愈更加背离孔子。程颐说:"韩文公曰:'博爱之谓仁。'爱,情也。仁,性也。仁者固博爱,以博爱为尽仁,则不可。"(《河南程氏粹言》卷第一)程氏驳韩,着眼点在爱不在博。其实说仁是爱并不错,孔子也讲仁者"爱人",甚至讲与博爱接近的"汎爱众"。韩愈的问题在于给仁下定义,说仁就是博爱,别无其他。孔子不给仁下定义,而是方方面面地讲。除仁者"爱人"、"汎爱众"之外,孔子还讲"仁者人也,亲亲为大"。孔子认为仁从孝悌、亲亲即爱自己的亲人开始,然后推而及之于爱别人。爱别人也是有原则的,不是好人坏人都爱。所以孔子说,"唯仁者能好人,能恶人","好仁者无以尚之,恶不仁者,其为仁矣"（《论语·里仁》）。孔子也讲"以直报怨，以德报德"（《论语·宪问》），人如何对待我，我也如何对待人，不像西方基督教主张的那样，人家打了我的右脸，我更送上左脸。孔子于亲人之爱也看重原则。春秋卫国石碏亲自派人杀死参与叛乱的儿子石厚，孔子认为"大义灭亲"，给予肯定（《左传·隐公四年》）。可见，用博爱定义仁，这仁已不属于孔子。

程颐驳韩愈，着眼在爱字上，说爱不是仁。程氏对于这个问题的说法是明确的。他说："仁者必爱，指爱为仁则不可。不仁者无所知觉，指知觉为仁则不可。"给仁与爱划分严格的界限。在孔子那里，仁与爱没有根本上的区别，仅仅在对人与对物的对待上有不同。孔子讲仁者"爱人"，"仁者人也，亲亲为大"，就是说，仁仅限于人类，不涉外物。对人对物都可以叫做爱，但是性质不同。对人之爱是爱也是仁，对物之爱是爱不是仁。物只可以爱，不可以仁。孔子的仁与爱的区别仅表现在这一点上，在人的范围内仁与爱无别。对亲人要亲，亲也是仁。对别人仁而不亲。仁与亲属于两个层次，但都是爱。

程颐则从性能的角度分辨仁爱。有人问他："爱何以非仁？"他回答说："爱出于情，仁则性也。仁者无偏照，是必爱之。"（《河南程氏粹言》卷第二）程氏还说"仁义礼智信五者，性也。仁者全体，四者四支。"（《河南程氏遗书》卷第二上）孔子讲"性相近"，《中庸》讲"天命之谓性"，性是天赋的，非后天修养。孟子以仁义礼智为四端，未肯定四端就是性，已经与孔子异。程氏径视仁为天赋之性，彻底背离孔子。孔子的认识当然不能是真理与谬误的标准，但是孔子视仁为"习相远"的后天修养，无疑是真理，程颐仁与不仁为在赋之性的说法，当然不足取。

程颐还将仁与心比较，说"于所主曰心，名其德曰仁"，仁主于心，并生发于心，从此意义上讲，仁就是心。若要铭心之德取个名，那就是仁。以耕种为喻，心是种子，情是阳气，仁是"其生之德"。（《河南程氏粹言》卷第一）

既然把仁喻为种子的"其生之德"，再向前稍迈出一小步便可以得出天地万物皆在仁之内的结论，即人仁，天地万物亦仁。《系辞传》说："天地之大德曰生"。生生就是仁，故天地万物皆仁，不独人仁。程颐果然得出这样的结论，他说："仁者以万物为一体，莫非我也。知其皆我，何所不尽！不能有诸己，则其与天地万物岂特相去千万而已矣。"（《河南程氏粹言》卷第一）又说："医书言手足痿痹为不仁，此言最善名状。仁者以天地万物为一体，莫非己也。认得为己，何所不至！若不有诸己，自不与己相干。如手足不仁，气已不贯，皆不属己。"（《河南程氏遗书》卷第二上）又说："人在天地之间，与万物同流，天几时分别出是人是物？"（《河南程氏遗书》卷第二上）照程氏之说，人与天不分，人道与天道不分，人要与天地万物为一体，像对待自己的四肢一样对待天地万物。这不是孔子的观点。孔子主张天人合一，只是说人之道应符合天之道，人之思维宜遵循由天道推及人事，即"与天地合其德，与四时合其序"（《易·文言传》），"明于天之道而察于民之故"（《易·系辞传》）。孔子从未说过人与天地万物为一体的话。相反，倒是有"鸟兽不可与同群"（《论语·微子》）的告诫。

孔子讲推己及人，讲"己欲立而立人，己欲达而达人，能近取譬，可谓仁之方也已"（《论语·雍也》）。孔子讲"近取譬"，只讲到立人、达人，绝不讲由己而推及天地万物鸟木虫鱼。程颐是大儒、大思想家，对孔子崇敬无以复加，但是关于仁，的确与孔子异。而且旗帜鲜明，绝不含糊。王安石说"尽人道谓之仁，尽天道谓之圣"，本来大体不差，程颐却驳之曰："道一也。未有尽人而不尽天者也。以天人为二，非道也。"（《河南程氏粹言》卷第一）道怎么是一呢？天有天之道，人有人之道。所以，才有天人合一与否的问题。倘天人本一事，那么天人何须言合一！

程颐既然认天人不为二，人仁人亦仁天地万物，则不愁把仁与理扯在一起。他果然这样做了。他说："仁者，天下之正理。失正理则无序而不知。"（《河南程氏粹言》卷第一）又说："理则天下一个理，故推至四海而准，须是质诸天地，考诸三王不易之理。故敬则只是敬此者也，仁只是仁此者也，信是信此者也。"（《河南程氏遗书》卷第二上）有一个理存在于天地万物人类之中，人之仁就是仁那个理。

程颢作《识仁篇》，说："学者须先识仁，仁者浑然与万物同体"，"天地之用皆我之用"，"良知良能，无不丧失。"又作《定性书》，说："天地之常，以其心普万物而无心。圣人之常，以其情顺万物而无情。故君子之学，莫若廓然而大公，物来而顺应。"天地无心，圣人有心无情，君子有心有情，顺理而行，不绝于物亦不累于物。程氏兄弟常言仁者近于公，公就是仁，大概就是这样，清静无为，守我良知良能，求与天地一体。已把仁拖入道家的领域。

朱熹更进一步把仁纳入理的轨道，使仁彻底理学化。朱熹从张载、周敦颐和二程那里汲取思想资料，完成了宋学的基本理论："理一分殊"。又由"理一分殊"论及人性，由人性而论及仁。朱熹说人有天地之性与气质之性两种性。天地之性是理想之性，人皆相同。气质之性是现实的，人各不同。各不相同的气质之性决定人有昏明、厚薄、智愚、贤不肖的差异。气质之性与仁无干。仁本于天地之性，本然之性。天地之性就是"理一分殊"的理，每个人身上都有，它是仁的根源。所以他说："仁乃性之德而爱之本，因此性而有仁，是以其情能爱。"（《朱子文集·答张钦夫》）又说："仁者爱之理，心之德也。"（《论语·学而》集注）仁的根源是心是性是理。仁完全变成了本然的、自在的、存于性、发自心的抽象物。

朱熹学宗程颐，当然要坚持人与天地万物为一体的观点。实则朱比程更有发展，程只说人之仁不但要及于人，还要及于万物，对人及天地万物一视同仁，而朱竟进一步说作为心之德的仁得自天地生物之心。他说："天地以生物为心者也，而人物之生又各得夫天地之心以为心也，故语'心之德'，虽其总摄贯通，无所不备，然一言以蔽之，则曰仁而已矣。"又说："盖仁之为道，乃天地生物之心，即物而在，情之未发而此体已具，情之已发而其用不穷。"（《朱子文集》卷第六七《仁说》）以为人之仁心来自天地生物之心。天地生物之心即物而在。天地有仁，万物有仁，人有仁，仁普遍存在于宇宙间。仁不仅仅是人的"心之德"，更是天地万物的"心之德"。从此，天地万物与人类、天道与人事，本来是一物，不须再言由天道推及人事和天人合一。孔子仁者

"爱人"、"仁者人也,亲亲为大"、"修身以道,修道以仁"、"为仁由己"、"己欲立而立人,己欲达而达人"、"己所不欲勿施于人"的仁说被完全淹没。

程朱的仁学是宋儒理学体系的一部分,反映宋代的理学精神是必然的,不能想象它会是别的样子。我想说的是,今后的研究宜将程朱理学与孔学分开看。还要知道,程朱的理学,尤其他们的仁学,不是传统文化的精华。

四

今后的研究重点要放在孔学上。孔学研究的重点在相当一段时间内应放在"四书"上。"四书"反映孔子思想集中、直捷。宋儒于"四书"用功深,扭曲严重,对后世影响大。不研究"四书"不足以恢复孔学真面目。就目前情况看,《中庸》、《大学》的问题更迫切些。"四书"应首先深入研究这两篇。这里略谈一下粗浅看法,用意在抛砖引玉。

先谈《中庸》。《中庸》出于孔子之孙、曾子之弟子子思之手。所记必得自曾子,曾子是孔子思想忠实得力的传人;可以相信,《中庸》反映的是孔子思想。以下谈四点:

第一,《中庸》题义。汉人郑玄说:"名曰'中庸'者,以其记中和之为用也。庸,用也。"(《礼记正义》引郑玄《三礼目录》)郑氏训"中庸"之庸为用,极是。《中庸》全篇所讲就是如何把客观自在的中应用起来,贯彻到实践中。"中庸"就是中用,亦即用中。郑玄释中用为"中和之为用"不对。和就是中,未用言中,既用言和。故中用应是"中之为用",不是"中和之为用"。但是,"中庸"之庸是关键字,郑玄训庸为用,实在是真知灼见。

宋人程颐释"中庸"说:"不偏之谓中,不易之谓庸。中者天下之正道,庸者天下之定理。"(朱熹《中庸章句》引)朱熹释"中庸"说:"中者,不偏不倚,无过不及之名。庸,常也。"(朱熹《中庸章句》)程朱都视"中庸"为中与庸,二字是联合结构,因此无论庸字作何训,都必不对。训不易,训天下之正理,训常,在《中庸》全文中都不能落实,因为《中庸》本来是讲中之为用的。程朱既释错庸字,不解"中庸"之义,便很难设想他们会把《中庸》讲对。

第二,关于中和。"中庸"一词由孔子提出,经子思作《中庸》揭示了它的意义。把中析为中与和两层含义,用"喜怒哀乐之未发"比喻中,用"发而皆中节"比喻和。未发的中是客观的、自在的、静态的。程朱用不偏、不偏不倚、无过不及释"中庸"和"喜怒哀乐未发"之中,是对的。但是他又说"其未发,则性也",把中与性扯到一起。"发而皆中节"的和,相当于孔子讲的时中,孟子讲的权。略有不同的是和包括人与自然界两方面,时中、权纯属人的问题,是主观辩证法。朱熹说:"发皆中节,情之正也。无所乖戾,故谓之和。"又把和与情扯到一起。于是中和成为人的性、情。这是不对的。中不是性,和也不是情。对于人来说,是方法,它决定于人的智力水平。如果说中和是性情,为什么孔子强调小人根本做不到,君子大多做不到,圣人往往做不到,只有大舜做到了呢! 显然它是远非人人能做到的认识问题和解决问题的方法。性情须由它制约、控制。

第三,关于天、性、道、教。"天命之谓性",天是自然之天,与人为相对应。命是命令、使令。自然天成,不假人为,天赋如此,就是性。这性是"性相近"的自然属性,大家都一样,食、色、七情六欲是也。朱熹《中庸章句》说:"性即理也"。"率性之谓道"。率通帅,在此是引导、统率的意思。率性的是天,是天之道,落实到人类,便是人之道。道制约性,使达于中和状态而不至于无忌惮。人之道其实是《说卦传》"立人之道曰仁与义"的仁义。仁义须修治,故曰"修道之谓教"。修道包括人的内在学养和外在教化。这样理解,极其顺当,符合孔子的思想。而朱熹《中庸章句》却训率为循,说率性是"人物各循其性之自然"。一字讲错,结果全盘皆乱。试想,倘人各循其性之自然,岂不食色无控,六欲泛滥,何有"发而皆中节"可言! 于是朱熹乃强调性即理,率性便是存天理灭人欲。干脆灭去人欲,更与"发而皆中节谓之和"的精神背道而驰。

第四,关于诚。《中庸》说:"诚者天之道也。诚之者人之道也。"天道之诚,是不勉而中,不思而得,从容而中。人道之诚,法天道而来,须勉须思,须假人为。它讲"自诚明",为圣人而虚悬一格,姑不论。它讲"自明诚",要求人"明善","择善而从之",为此必须"博学之,审问之,慎思之,明辨之,笃行之",且要"人一能之己百之",付出十倍的努力。这样讲诚,深刻而不神秘,正是孔子一贯主张的东西。我们今日亦当照此做人。朱熹既讲"性即理",这里又讲"诚是实理自然","诚之者是实其实理"。性亦诚,诚亦性,性、诚都是理。"诚者",天理;"诚之者",存天理。据朱说,大家都去追求超然物外的天理,别无所寻,空空洞洞,必毫无结果。远不如孔子的主张实在可行。

再说《大学》。《大学》当如班固所说,是七十子后学者所记。程颐说是"孔氏之遗书",也是对的。《大学》渊源于《尚书·尧典》,是唯物论的,反映孔子的思想。朱熹《大学章句》在"明明德"、"格物"两个主要之点上根本讲错,把《大学》的唯物论变成了唯心论,自元至清影响中国人思想六百多年,至今影响犹在。把朱熹的错误纠正过来,还《大学》的本来面目,应是今后儒学研究不可忽略的一个重点。

我的老师金景芳先生正在研究《大学》,对朱熹的见解提出了尖锐、深刻的批评。朱熹《大学章句》解释"明明德"说:"明,明之也。明德者,人之所得乎天,而虚灵不昧,以具众理而应万事者也。但为气禀所拘,人欲所蔽,则有时而昏。然其本体之明,则有未尝息者。故学者当因其所发而遂明之,以复其初也。"以为明德是天赋的,是虚灵不昧,是心中固有的众理,是本体之明。只因气禀和人欲的蒙蔽而有时变昏。学者的任务是把蒙蔽去掉,复其本有之明。这与佛家讲的人人皆具佛性的理论一模一样。佛家说佛性就在心灵中,把"无明"(佛性之蔽)掀掉,人人皆可成佛。朱熹讲的,正是佛家的东西。

"在明明德,在亲民,在止于至善",是古代大学的教育方针。"止于至善"是培养目标,"明明德"、"亲民"是达到目标的两项基本办法。但是两项办法不在一个层次上。"明明德"是最高层次,"亲民"在其下。"明德"就是《尧典》"克明峻德"的"峻德"。明相当于"明王"、"明君"之明。"明德"是高明之德,是前人留下的成功经验、优秀传统,即今语讲的间接经验。绝对不是天赋的、虚灵不昧的东西。《大学》讲的都是如何明"明德",如所谓八目,不讲"明德"本身。《大学》讲本末内外。本是修身,亦即内圣;外是治人(齐、治、平),亦即外王。修身当然属于"明明德"。据《大学》有"古之欲明明德于天下者"云云,治人也属于"明明德"。本末内外都是明"明德"的内容。朱熹把"明明德"讲成去人欲之蔽,复本初之明,根本错误。

"致知在格物,物格而后知至",是唯物论的认识论,虽嫌朴素、粗糙,然而大体正确。格,至。物,外界事物。格物,接触外界事物。获得知识的途径在于接触外界事物,外界事物接触到之后知识方能到手。从无知到有知,"格物"(其实是实践)是关键环节。我不格物,我便没有知识。学习前人经验,做修齐治平之事,都在"格物"范围之内。《大学》下文讲"未有学养子而后嫁者也",也是这个意思。朱熹说"格物"是"穷至事物之理,欲其极处无不利也","致知"是"推极吾之知识,欲其所知无不尽也"。视"格物"与"致知"为并列关系,一边对事物之理加以彻底体悟,一边把自己的已有知识推极到尽处。等于说欲知梨子滋味不必吃梨子,站在一旁体悟、琢磨梨子之理就行了。后来王阳明照此办理,在庭前格了七天竹,竹之理未格出,倒格出病来。于是,他想到理本不在竹,理原来就在吾心中,一下子由客观唯心论跳到主观唯心论。

朱熹关于《大学》的理论要研究,不研究不知道他的错误。孔子本来面貌的《大学》我们要继承,朱熹的东西则一定不可取。

五

目前中国大陆《周易》热中有两大问题堪忧,一个是有人正在热心地把本属于孔子的《易传》拉向道家,一个是象数派势头渐长。今后《周易》研究应重点解决这两个问题。

关于把孔子的《易传》拉向道家的问题,本人有专文(《系辞传属儒不属道五论》)讨论,或将在年内创刊的《国际易学研究》杂志上发表,这里仅简要地提出问题,不详述。

认为《易传》有明显道家影响的意见前些年早已出现。最近二三年由于马王堆帛书《易传》的公布,《易传》受道家影响说上升为《易传》就是道家作品。这方面的论文见到很多,其有代表性的论点是:(1)《易传》的最高范畴是道,与道家同。(2)《易传》的太极(帛书作太恒)相当于《老子》"道生一"的道,且太极或太恒一词出自道家。(3)《易传》"天尊地卑,乾坤定矣"两句出于帛书黄老学派的《黄帝书》。

我坚信我的老师金景芳先生《易传》系孔子作但是杂有前言旧闻、弟子记录和后人窜入的观点是正确的。根据是：(1)帛书《易传》记有大量孔子关于《易》的言论，证明史、班关于孔子晚年喜《易》，作有"十翼"的记载不误。(2)太恒就是太极，太极一词不出于道家。太极是《易传》的最高范畴，是物质性实体，《易传》以它为宇宙本原。道家的"道生一"的道是道家的最高范畴，是非物质性实体，道家以它为宇宙本原。它在太极之先，不是太极。(3)从《易传》的整个思想体系看，属于孔子无疑，如它讲"天尊地卑"，讲仁义，讲礼，讲知，讲文明进步，讲"知柔知刚"，俨然一派儒家特色而与道家思想根本对立。(4)《周易》的思想始于尧，定于周初，弘扬于孔子。孔子的思想与《周易》密切相关。《中庸》的辩证法思想即自《周易》得来。

《周易》的思想，尤其他的辩证法很纯正、全面，至今仍有价值，今后既要充分研究也要加以汲取，为现代化建设所用。道家《老子》讲"反者道之动"，承认事物都分为永恒相互转化的两面，却也强调"弱者道之用"，提倡执一守柔，是半截子辩证法。倘把《易传》归诸道家，其现实意义就要大大降低。

六

中国大陆《周易》热中"象数派"势头渐长的情况目前已发展到令人担忧的程度。卜筮算卦的活动颇有市场。各种名义的《周易》函授班、讲习班，大多传授术数一类的东西。有些打着所谓预测学的旗号进入经济领域。传播卜筮算卦的书籍一度充斥书肆，成为畅销书。更为令人不安的是这股潮流正在悄悄地浸润到学术界。用《周易》进行卜筮不自今日始，它是中国传统文化的一部分，自春秋以来至今从未间断过。汉代更严重，其后各代都有这方面的名人出。这东西是反科学的迷信，古人信它自有古人的道理和意义。但是它是传统中的糟粕，在当今科学昌明的时代，在社会主义现代化过程中，它有害无益，必须抛弃。

严格地说，卜筮算卦本身不属于易学研究范围。易学研究中自孔子以后就有义理派和象数派（包括宋代开始兴起的图书派）之分。义理派也注意象数，但是着眼点在研究经传文辞，发掘其中哲学蕴含上，卦爻之外不另求象，其终极目标是通向哲学。这一派自孔子起留下了丰富的思想成果和正确的治《易》方法，是易学传统中的精华，至今仍有价值。当今与未来易学研究应当以它为继承的重点。

现在易学研究中象数派的势头很强劲，而且无已。象数派兴盛于汉代，后经王弼的扫荡和孔颖达作《周易正义》，有所收敛。清人走汉易的回头路，又大搞起象数来。现在有人又在走清人的回头路，继续搞象数。此最堪忧虑。象数易的特点是专门研究象数，力图给经传文辞的每一字每一词都找出象数依据来。《周易》固有的卦爻象不足用，就另外发明造象的方法。汉人有互体、爻辰、卦变、升降等等，清人又创旁通、时行、相错，把《周易》搞得烦琐得很，神秘得很，令人望而生畏。两千多年的易学史证明，这条路直通卜筮，走下去没有前途。历史上多次受到严厉的批判，今天不该再回头搞它。从易学史的立场研究它是必要的，但是我们自己不可再走象数派的路。

当前另一令人忧虑的现象是图书派抬头。图书派兴盛于宋代,清代受过批判。这一派就其本质说,与象数派无异,可以说是象数易的一个分支。其特点是画图解易。历代留下的易图不下百种,影响特大的有太极图、河图、洛书、先天八卦图、后天八卦图等。历史上不少人物通过画易图建立了自己的哲学体系,如周敦颐、邵雍。易学史、哲学史有必要给予研究,但是必须明白,这些体系谁搞的属于谁,肯定不属于《周易》。以之研究周、邵可,以之研究《周易》则不可。现在有人仍热衷于易图研究,甚至煞费苦心地把平面易图立体化,造出多维模型来。我敢说这没有学术意义。想通过易图建立自己的哲学体系吗?办不到。现在早已不是宋代、明代。欲藉此研究《周易》吗?不行。任何易图都是后人的东西,非《周易》原物。《周易》是讲变的哲学,在它眼里一切都流动不居,不可为典要,实无必要也不可能用一定的图式框死它。古人搞易图自有其时代的原因,今日搞易图的任何努力都将终归徒劳。

易学属于儒学范围,和整个儒学一样,也可分为孔学易和后世儒学易两部分。前者形成义理派的传统,后者形成象数派、图书派的传统。历史已经证明,前者基本是精华,后者大多是糟粕。今后的易学研究如欲健康发展,必须继承孔学易的传统,将易学纳入孔学体系,使之成为现代精神文明的组成部分。象数易、图书易只可做易学史研究,不可用以研究《周易》本身,更不可当作精华加以弘扬。

七

本文的基本结论:中国传统文化的主干是儒学,向无异义。近年出现传统文化的主干是道家不是儒家的新见解。今后几年乃至未来新世纪,儒学将继续面临这一严重挑战,务须认真对待。儒学是一个庞杂不纯的体系,孔学与后世儒学表面都姓孔,实则大不相同,宜区别视之。孔学在仁义、辩证法与唯物论诸主要之点上至今仍有真理性,现代化建设须弘扬、汲取的优秀传统文化主要在此。后世儒学,尤其宋学,宋学中尤其朱熹,扭曲孔学的仁义,用唯心论、形而上学取代孔学的唯物论、辩证法,基本是糟粕,对现代化建设,无论经济方面还是精神方面,都有害无益,应进行批判性研究。应复兴孔学,不应复兴后世儒学。今后的孔学研究,要把"四书"尤其《中庸》、《大学》放在重要地位。二者集中地反映了孔子的思想。前者讲孔子的辩证法,源自《周易》。后者讲孔子的唯物论,源自《尚书》。朱熹的《章句》不足取。今后的易学研究有两大问题要特别注意:一个是易学是孔学,不属于道家。一个是坚持孔学易是正路,属于后世儒家的象数易、图书易只可在易学史范围内研究。

(原刊《国际儒学研究》第一辑,1995年号)

胡煦易学平议

一　导言

　　胡煦（1655—1736）是位可称道的清代易学大家，完全有资格与顾炎武、王夫之、黄宗羲、胡渭、焦循等人一样进入清代易学史。可惜知道他的不多，影响很小。他用毕生精力写成的大部头著作《周易函书》被收入《四库全书》后未见有单行版问世。正续《皇清经解》也不曾选入。在我所见到的易学和易学史专著中几无一部提及他。

　　但是有一个例外，1993年6月间，我赴台北参加辅仁大学主办的两岸中国哲学研讨会，台北文津出版社主编邱镇京先生送给我一部他出版的牟宗三先生易学哲学史著作，书名《周易的自然哲学与道德函义》。此书是牟宗三先生早年在北京大学哲学系读书时写作的，里面有近100页的篇幅专门讨论胡煦的易学哲学。书中关于胡煦否定汉人卦变说的评介特别引起我的兴趣。当时我对卦变说正发生疑问，于是便找来台湾影印的文渊阁《四库全书》第48册，想看看《周易函书》究竟是怎样讲的。

　　本来只想知道胡煦对卦变说持怎样的态度，谁知他的这部《周易函书》部头相当的大，包括《约存》、《约注》、《别集》三部分共52卷，无标点字数近80万，而指评汉儒的卦变说是它的重点之一，书中随处论及卦变说，遂令我不知不觉中一遍又一遍地翻检全书。于是我对胡煦其人其书及其易学思想有了一个比较全面、整体的认识。同时，一种品评的冲动油然而生。

　　胡煦字沧晓，河南光山人。出生于顺治年间，卒于乾隆元年，活动时间在康熙、雍正两朝。据《清史稿》本传记载，胡氏早年以举人官河南安阳教谕，57岁成进士，命值南书房。以后历任洗马、光禄寺少卿、鸿胪寺卿、内阁学士、刑部侍郎，终于礼部侍郎。

　　胡氏为官清廉公正，体恤下情，为学勤奋而专于《易经》。髫龄笃嗜《周易》，研积40余年，撰成《周易函书》。担任过李光地为总裁的御纂《周易折中》的分纂，也曾参与《卜筮精蕴》的撰修工作。由于他精于易理，康熙皇帝曾特别召见他，问河洛易理及卦爻中疑义。他绘图进讲，皇帝赞许他"真苦读书人也"。

　　读过《周易函书》之后，我觉得康熙的赞语实不为过。无论我们赞成不赞成胡氏的易学观点，都必须承认他是位有独立思想的易学专家，绝对不是那种随波逐流，人云亦云的人。他对《周易》本身和前人的易学成果做了全面、彻底的清理和整体性研究，订讹辨误，别异剖纷，用功之大之深，令人不能不折服。李去侈《序》的三句评价：

"豁达而不流于旷渺，精深而不泥于训诂，博采而不役于方技。"胡氏可当之无愧，然而并不切中肯綮。不拘于训诂，不流于旷渺，不役于方技，在易学史上并非胡氏独家所有。真正属于胡氏独有的特点是他把《周易》作为一部哲学著作做了整体的而不是支离的、深层次的而不是表面的研究。用中国社会科学院世界宗教研究所李申博士《周易之河说解》一书中的话说，胡氏的易学属于"本义派"，不是"发挥派"。他力图揭示《周易》的庐山真面目，不是借题发挥，往《周易》里硬塞自己的东西。古代易学家能做到这一点的没有几位。他的观点有些其实不足取，但是他治《易》的精神和方法是值得称道的。

胡煦站在《周易》的立场审视以往的一切易学成就，对汉易和宋易做彻底的批评、整理。所以与其像《四库全书总目提要》那样说胡煦"持论酌于汉学宋学之间"，不如说他力图超越汉学宋学，另辟蹊径，走出一条自己的路。是否符合《周易》的原貌是他去取的原则，不符合《周易》原貌的，无论汉宋，都在他摈斥之列。然而这显然只是他的主观上的意图，就其研究的实际结果而言，他的体系固然比虞翻、来知德诸人高明，却毕竟不出象数派窠臼。若必须给胡煦其书其人做出评价的话，那么我认为，《周易函书》是一部不一概排斥义理派成果、思想水平较高、独具特色的象数派易学著作。胡煦其人则是一位思维高明、思想深刻的易学家。

我治易与我的老师金景芳先生一样，于古人欣赏王弼、程颐的观点和方法，看重《周易》之义理，不赞成汉易象数派为给经文传文一字一句找根据而无限扩大取象范围的烦琐主义兼神秘主义的做法。我们当然不否认《周易》通过象数表达思想，但是相信顾炎武《日知录》中说的"卦爻之外无别象"那句话是正确的。我们认为《周易》形成的长河应当到八卦、六十四卦、三百八十四爻，作于殷周之际的卦爻辞和孔子的《易传》为止。以后出现的一切有关《周易》的文字和图画都是对《周易》的注解和说明，不是《周易》本身。它们是否符合《周易》原貌，都是有待证明的。

古代象数派、义理派的成果都已成为易学的历史。是历史就必须研究，加以清理，为现代易学所用。抱着这样的主义，读过《周易函书》之后，想到以下这些。不求响应，但求引起讨论。

二　胡煦易学的一大贡献：彻底推翻汉人的卦变说

胡煦在书中几乎处处针对汉人的卦变说说话，给卦变说以致命的抨击，使卦变说彻底倒下。胡氏说："孔子未尝有卦变，为此说者，始于汉儒。"[1]此言至确。卦变说是汉儒为扩大取象范围以解释经文传文而创造的，非《周易》所固有。主卦变说的最具代表性的人物是三国吴人虞翻。虞翻有卦变图，其要领是：一阴一阳之卦各六，皆自《复》《姤》两卦变来；二阴二阳之卦各九，皆自《临》《遁》两卦变来；三阴三阳之卦各十，皆自《泰》《否》两卦变来；四阴四阳之卦各九，皆自《大壮》《观》两卦变来。凡变卦皆由《乾》卦和《坤》卦来。其实质是说，除《乾》《坤》而外的六十二卦皆由另一卦变来。按卦变图指示的，各卦皆变自十二消息卦，而虞翻在解卦时更加具有随意性，几乎没有一定的原则。例如《颐》䷚初九："舍尔灵龟，观我朵颐。"虞翻注说："晋四之初。"（李鼎祚《周易集解》引）意谓《晋》䷢之九四与初六掉换位置，便变成《颐》䷚。是《颐》自《晋》变来。于是《颐》初九爻辞便得到解释："晋，离为龟。四之初，故'舍尔灵龟'。坤为我，震为动，谓四失离入坤。"

虞翻这个卦变说显然有问题，后世致疑者颇多，却全未击中其要害，将其推翻。迄今为止，我所见易著中，做到这一点的只有胡煦的《周易函书》。

胡煦说："圣人传卦之始未尝有卦变之说也。盖卦之成也，皆由乾坤二用一交而始，非乾九之用于坤，则坤六之用于乾，然后有三男三女之分，故六子之体皆具乾坤之体，而或多或少或上或中或下则各各不相同，因其多寡不同而别其动静，明其体用。如三爻之中两阴一阳，则以两阴为静体，而以一阳为动用之爻。盖谓坤本三阴，今复有此一阳自外来而交之，因得变成此体，则自外来交之一爻，动而善迁，其用可知矣，因遂得为主于此卦中。故孔子之《象》每有上下往来内外进退之说，皆是说打初成卦时乾坤摩荡之妙，欲人知观象之法而用以审择主爻者也。不察乾坤二用、六子之体全是乾坤之交流，为卦变纷纷其说，又曷怪焉。然而《周易》之不明，遂自卦变一说始矣。今观先儒之注，《彖传》中有往来字面，率以卦变言之，则诸卦之由来皆宜各有一变卦矣，而先儒不言，岂通论乎！"[2]

又说："须知凡来皆自太极而来，凡往皆谓其外出，故执卦变卦综者误也。盖此往来字皆说卦体方成阴阳摩荡之妙，非说此卦成体之后也。若其体既成，则确不可易，安能割彼卦之爻安于此卦，如后儒之卦变说乎！"[3]

又说："卦综卦变皆说向已成卦体之后，岂有两人之体可以剜肉相易者乎！"[4]

又说："须知内外之说必先认取体卦，识得乾坤为大父母，方可。盖内外之说有二，其以下为内卦，上为外卦，此通例也。其以体卦为内，来交于体卦者为外，则未有知其故者。故先儒之卦变，必内外两象上下皆可互易，其说始通；至于专论内卦而或亦言外，其说不能相通，则遂竟摘内卦之爻而指为外矣。凡皆未明于体卦故也。如以坤为体卦，而乾爻之或初或中或末来一交之。是体卦先立于此，故谓为内，动用之爻自外来交，斯为外矣。体卦在内而主静，来交者自外而主动。《周易》以动变为用者也。故凡一阳自外来交于坤，则此一阳为主，而体卦反不得而为主，动静之别固如此也。如《震》《坎》《艮》皆以坤阴为体而却主外来交之阳爻，称为三男以从乾父，是此义也。所以《无妄》有'刚自外来而为主于内'之说。圣人教人观象以审择主爻，安得不于往来内外分疏别白哉。如执卦变之说，以外为外卦，则《无妄》䷘外三刚固未尝动也，又以何为外耶！如以来者谓由内卦，则又安用此外来字面耶！且六十四卦之《彖辞》从无有执内卦之爻称为外者，岂非后儒之误耶！"[5]

又说："《随》䷐，此卦内主初阳，外主上阴，下刚而上柔。《象》曰：'刚来而下柔。'内卦为来，初为最下之位，刚来谓阳来居初。兑为柔卦为阴在上也，兑柔在上而刚阳居初，故以为'下柔'。此明指上下动用之两爻而言。'动而悦'，则言全卦之两体也。若谓自《困》 ䷮ 变来，九二下而居初，是以初阴之进乎二者为'下柔'，全未知外为柔卦，兑主阴爻之义矣。且卦有两体，然后能相交而成卦。况本卦 ䷑ 上体乾而下体坤，又实有天上地下之象。今以刚来下柔专论内卦，置去外卦，非乾坤摩荡、二用相交之旨。又曰自《噬嗑》 ䷔ 变来，则九来居五，是以《噬嗑》上爻之九刚（上九）来于五位，而五位之阴爻移而居上，则置去用爻且兼置内卦不论，全非《彖传》之旨。夫世之学易者莫不知震刚而兑柔，今以离 ☲ 兑 ☱ 中之刚爻乃谓为刚，圣人之'十翼'俱在，有此说乎？否乎？"[6]

以上所引是胡氏驳斥汉儒卦变说有代表性的言论，读者仔细揣摩，不难理会其中要旨。兹归纳如下：

1. 虞翻传的卦变说其基本之点是六十四卦之某卦自某卦变来，这是汉人的创造，在《周易》经文传文中找不到根据。

2. 卦变说的理论失误在于对《彖传》的误解、曲解。

3.《彖传》之内外往来上下终始八字务须正确理会，然后才能观象审择主爻，把准一卦之象一卦之理。

4. 六十二卦皆由乾坤生成。同时生成，无先后之别。六画卦之上下二体皆由八个三画卦交错而成。三画卦乾坤各自为体，是为父母。三画卦乾由三画卦坤之或初或中或末三爻之一爻来交（《系辞传》称索），生成巽 ☴ 、离 ☲ 、兑 ☱ ，是谓三女。三画卦坤由三画卦乾之或初或中或末三爻之一爻来交，生成震 ☳ 、坎 ☵ 、艮 ☶ ，是谓三男。此即《系辞传》说的"八卦相荡"、"刚柔相推"之义。先有的三画卦乾坤称体卦，体卦静。后来相交的一爻为动用之爻，为六画卦之主爻。除《乾》《坤》《泰》《否》四卦之外，余六十卦皆有动用之主爻。有的卦有一个主爻，如《无妄》 ䷘ ，主爻是初九。有的卦有两个主爻，如既济 ䷾ ，主爻是六二、九五。胡氏此说可概称为"体卦主爻"。

5.《彖传》中每言内外往来上下终始八字，皆指主爻。内外固然有内卦外卦之义，但是有时候内不指内卦，外不指外卦，而是指体卦和动用之爻来自于体卦之外。

胡氏用"体卦主爻"说解释《彖传》，推翻汉易的卦变说，所论深刻透辟，至为精审，在易学史上够得上一大发明、一大贡献。

三 未出汉易象数派窠臼，但有很大的超越

胡煦论《易》注《易》既不赞成"得意忘象"也反对溺象悖理，力图超越象数、义理两派的制约，走出一条自己的路。自己的路未见走得出，而且毕竟未出汉易象数派的窠臼，但是并未妨碍他提出不少新鲜、高明甚至精彩的见解。

（一）认为《周易》无闲文虚字，无一字无象。这正是汉易象数派的基本原则和出发点。胡氏在论《易》注《易》中实实在在坚持这一点，从此出发考虑问题，使他的易学思想归根结底逃不出象数派的藩篱。

胡氏论《易》时反覆申明这一观点。如他说："须知《周易》一字一象,亦遂一象一义。《周易》无闲文并无虚字。"[7]又说："《周易》最简最贵之文,一字而具无穷之妙,没有闲文不须解说。且闲文在他书容或有之,在《周易》则不可以闲文视也。"[8]又说："须知读拟象之书与文字义理之书绝不相同,盖文字义理之书可以虚实字眼相间为文,且能低昂其声韵,故读之易解。若拟象之书,必须一字一义逐字领会乃可耳。"[9]说《周易》通过象表达义理,或者说义理寓于象,当然是对的,《周易》的思维方式之特别之处就在于它利用象描述对客观世界的认识。汉人却把此义推向极端,说《周易》经文乃至传文每一个字都是一象,于是给一字一象找根据。找不到,便创出卦变、升降、互体、爻体、半象等等易例来。结果把《周易》弄得烦琐又烦琐,神秘又神秘,非神做不出,非神读不懂。胡氏原原本本地继承了这一观点,有过之而无不及。为了落实一字一象,他解卦除卦变一说废弃不用以外,汉人创的易例一概照用。另外还创造了见伏变动的"四通"说。胡氏易学的一切失误皆从这里引起。

姑举两例看他是怎样落实一字一象、一字一义的。

例一,《乾》九二:"见龙在田,利见大人。"胡氏释"利见大人"说:"阳大阴小,乾阳物,故称大。三画之卦二为人位,故称大人。乾健,故称利。利是无阳之利,非利益之利。见谓阳明而阴暗,又因此爻变离也。""利见大人"本由"利"、"见"、"大人"三词组成,"大人"显然是一个成词,不应亦不可能分为大与人二词。胡氏为了落实一字一象、一字一义的理论,硬是分开说。九二是阳爻,故称大;是人位,故称人。牵强附会,难以自圆,同在《乾》卦,九五明明在天位,何以亦有"大人"之象!《周易》共有32个九二,为什么别的九二不言"利见大人",而《蹇》上六却言"利见大人"[10]。

例二,《既济》九三:"高宗伐鬼方,三年克之,小人勿用。"胡氏释云:"离,戈兵,变震动,伐象。鬼方,北方国也,三应上,坎居北,故曰鬼方。坎,隐伏,鬼象。变坤,邑国象。离三,三年象。阳变坤阴,小象。居三人位,小人象。"[11]

小人本一词,分为二字找象,已属无稽,鬼方更是专用名词,也分而为鬼为方各找象,尤为荒诞。字字落到象上当然极难,便借助各种易例。这里使用的"变"例是胡氏创的"见伏变动"四通之一。变,就是阳爻变为阴爻或阴爻变为阳爻。古人把爻辞写出来,今天我们去猜象,或许办得到,因为辞已写定,我们尽有时间猜,办法多的是。可是古人写爻辞时怎么可能想到如此复杂的象!况且,《既济》九三"高宗伐鬼方,三年克之,小人勿用",必有个意思在内,注释者却根本不管。房子不见,只见一堆支离破碎的砖瓦在那里。胡氏说:"诸卦皆无第一层实义,所可言者第二层象义耳。物理人事皆象也。"[12]这就说明白了,卦爻辞中或言天道物理或言人事,无非象。象中有义,义有两种,一是实义,一是象义。"高宗伐鬼方,三年克之,小人勿用"之类是实义。这属于人事方面的实义,在卦中并不存在,亦不可言。卦中存在的是可言的象义。所谓象义,即把卦爻辞分解成单个的字,然后寻找每个字的象的根据。其实只是零散不整的象,义究竟在哪里,并不关心。到头来只见一堆象,不见有义。事实上造成溺象忘理的结果。胡氏注解六十四卦大凡如此。他自己说得明白:"凡书皆有文字义理可求，而《周易》则纯以象告。故煦之《函书》不惮繁言，逐卦逐爻逐句逐字而释之。"[13]

（二）认为《周易》是拟象之书，人们治《易》务必摆正象与理的关系。

胡氏说《周易》是拟象之书，是与文字义理之书对待而言的，用意在于强调《周易》唯有象而已，文字也无非象，义理蕴含于象中。例如《家人》卦，"父父、子子、兄兄、弟弟、夫夫、妇妇"的家庭关系是《家人》卦的象，而不是理；理更在家庭关系之背后。胡氏说，"文、周、孔子所言，止是此卦此爻自具之蕴，然后会神取精设象以尽意"，"象也者，旁引而曲肖之谓也。孔子解文、周卦爻而标之为象，可知文、周卦爻原无实义"[14]，意谓卦辞爻辞大象小象都是根据卦爻固有的意蕴所设的象。胡氏甚至说大象上句象之以天道，下句象之以人事，天道人事都是象。历来释大象都以上句为象，下句为学《易》者效法天道应追求的目标，纯系人事问题，不是象。胡氏现在提出了新见解，与众不同。

胡氏强调《周易》全书莫非象，"如图书，象也。先天图，象也。卦爻，象也。下及文之卦辞，周之爻辞，孔子的《彖》、《象》、《文言》，亦莫非象也"[15]。单从卦爻说，"六十四卦止得六十四象，乃一卦之象既定，及至逐爻逐位又各有逐爻逐位之象。象不可以拘执论，须知一爻之中有以一象论一爻者，有兼数象始论一爻者"[16]。

胡氏特别指出《周易》与五经、四书的根本区别在于有象无象。他在康熙五十六年自序中说："《学》、《庸》、《论》、《孟》皆圣贤问答语，言无过高低抑扬承接转换便可直抒胸中勃勃欲泄之理，学者解释字义，体贴语气，亦遂可因言达意，而《周易》则图之呈而象之设也。道寓于图，而图中蕴含，非言可说。义寓于象，而象中包括，无实可稽。"[17]这是说，四书、五经并以言达意，而《周易》之义寓于象，以象表意。

关于《周易》中象与理的关系以及学易者如何对待的问题，胡氏认为象与理二者不可分离，"象数固依理而显，理固即象数而具者也。穷象而不究理，则非真象；穷理而不协象，则非真理"[18]。看似主张象理密合而并重，实则重的是象。朱熹是不赞成王弼"得意忘象"说的，胡氏则赞成朱熹。所以他说，"后世以为王弼一派言理，是事也而非理也。夫理未有遗象孤存者也。遗象而言理，必至顾此失彼，得粗遗精，则固未知象中之包涵浑括，原不可以意计穷也"[19]。因此他把王弼及其以下的义理派易学称作"理障"，而盛赞"来矣鲜（知德）于'理障'之后，独能上溯虞、荀，深求义例，不为时下'理障'所窘，其有功于《易》岂浅鲜哉！"[20]

胡煦既视象为《周易》的中心，言必称象而少言理，又说"五行之理出于《周易》，故大挠本之以作甲子。《周易》之轮衍为《火珠林》专论五行，已属《周易》之支流，况五行之轮衍而为太乙，为六壬，为奇门，不大支离乎！然太乙有衡运之卦，六壬有透易之卦，奇门之九宫出于洛书，八卦出于后天图，虽不足以发明《周易》，或其遗义有可采摘，故录其大概于此，以备识者鉴别"[21]。竟给太乙、六壬、奇门以一定的地位，其易学思想大体不出汉易象数派的窠臼，是无疑义的。

然而胡氏有些见解很新鲜也很高明，往往超越了象数派的界限。兹举两点：

（三）认为《周易》不是卜筮之书。他在康熙五十六年写的《自序》中公开宣言：

"《周易》非占卜之书也。浅之则格物穷理之资，深之则博文约礼之具，精之则天人合一之旨，体之则参赞位育之能。"[22]在理论上接受了程颐而违背了朱熹，书中又多次申明这一观点。这在当时朱熹的理论权威不容有丝毫怀疑的条件下，至为难能可贵。

在《无妄》卦辞下引程颐说："动以天为无妄，动以人欲则妄。"接着自注说："《周易》立教，性与天道俱在其中，仅作占卜论，非矣。"[23]此话暗指朱熹，朱熹《本义》于此是以占卜论的。

在论及"用九见群龙无首"时说，"周公此义最深最妙，自蔡墨至今误解已久，其原皆由误认为占。《周易》岂尝有一字言占者乎。其言占也，皆欲人因占以穷理耳"。"不识主理而言圣学者何乃尽向占卦中理会"。"《周易》本言道之书，以理为主，乃卦卦爻爻徒向占卜上打点，则亦数学而已"[24]，仔细品味，此又针对朱熹《本义》而言。

《说卦传》有"和顺于道德"句，胡氏说："《系传》言卦爻，多接言占，此止以'和顺'二语承之，可知《周易》非卜筮之书。"[25]

但是，胡氏不否认《周易》有占卜的内容。他只是说《周易》根本或者主要不是占卜之书。所以他说："岂谓《周易》止占卜之书哉！即以占论，非有极精极微至灵至妙，与天合德者存乎其间，安得感而遂通，其应如响，有若此哉！不究理而究占，是不探原而逐流者耳。故予于《周易》言占者少而言理者多也。"[26]于占既言不"止"，言"流"，言"少"，是知胡氏以占为《周易》中末流，非谓《周易》有理而无占。

（四）认为《周易》是言道之书，更加超越了象数派易学的界限。

胡氏说："圣人之道，大本大用尽发泄于《周易》，其余诸经皆道之散见者耳。"[27]以为《周易》是中国学问之大原。诸经的学问皆由《周易》出。谓《周易》为大道之原，未必正确，言《周易》是言道之书，则符合实际。

又说："语道，则《周易》为传道之书；语性，则《周易》为言性之书；语物，则《周易》为穷理之书；语一气之混同，则《周易》为参赞位育之书。"[28]

在另一处，胡氏把《周易》之道细分为十八："易中冒道，有圣圣传心之道，有天人合一之道，有参赞位育之道，有迁流不息之道，有大中至正之道，有致知格物之道，有尽性至命之道，有行藏进退之道，有闲邪存诚之道，有省身寡过之道，有趋吉避凶之道，有三纲五常之道，有上下交际之道，有礼陶乐淑之道，有移风易俗之道，有确不可拔之道，有旁通肆应之道，有穷变通久之道。"[29]一言以蔽之，是说《周易》为言道之书，天下之道全包括。

胡氏时而强调《周易》是拟象之书，以象压理，时而又说《周易》不是占卜之书，是言道之书，以理压占。看似抵牾，其实一贯。从根本上说，胡氏易学与汉易象数派一脉相承。具体而言，却又大有不同。象数派推崇卦变说，究心于占卜，胡氏则专心致志、有理有据地否定卦变，以为卦变说非《周易》固有，且反来覆去、理足神完地论定《周易》不是占卜之书，是言道之书。此两点是胡氏易学之新鲜处、高明处，也是他自己极得意之处。

胡煦还解决了《周易》思维属于哪种类型的问题。现代人把思维分为三大类型，即抽象思维、形象思维、灵感思维。很难说准《周易》的思维属于其中哪一类型。胡煦没有"思维"的概念，但是体会他的言论，知道他对《周易》的思维特点已有深刻认识。

胡煦认为除太极未定形因而无象无图以外，《周易》的阴阳、八卦、六十四卦、三百八十四爻、卦爻辞以及孔子作的《彖》、《象》、《文言》诸传都是象。《周易》言道言理以象为思维手段，不使用概念、命题、推理的一般逻辑方法。卦爻辞、《彖》、《象》、《文言》诸传虽是语言文字，实质却是象。所以，《周易》虽言道言理，但不是抽象思维。

《周易》的象是由阴阳符号组成的卦爻象，具有抽象性、灵活性、深广的涵盖性，与《诗》的比兴、《孟子》的譬喻所使用的止说一个道理、限定一件事的具体事物的象不同。所以，《周易》虽用象言道言理，但不是形象思维。《周易》无论从什么角度说，都不是灵感思维。仔细体味胡煦的言论，他心目中的《周易》思维是另一种思维：以象为手段的特殊抽象思维。

四　胡煦易学的最精彩处：建立天地万物和卦爻的生成论体系

胡煦认为天地万物是生成的，生成表现为流动的过程。《周易》由太极而两仪，而八卦，而六十四卦三百八十四爻，是天地万物生成过程的反映。这个反映与天地万物的生成过程本身一样，是有序的，系统的，浑沦完全的。他考虑《周易》经传的一切方面都以此为出发点。于是建立了生成论的体系。

胡煦生成论的体系表现在以下各点：

关于元亨利贞。胡煦认为《乾》卦辞"元亨利贞"四字是天地万物和《周易》六十四卦生成过程的反映。朱熹《本义》释"元亨利贞"说"言其占当得大通而必利在正固"，"此圣人所以作《易》教人卜筮"。胡煦与朱说大异。他说"元亨利贞"四字四义，须各个读断，解作"大通而利于正"两义是不对的。把它说作人事，推向占卜，尤悖《周易》原旨。

胡氏释"元亨利贞"说，"天下万事万物悉由此四德而赋，全体大用总在其中。元者乾之静也，蕴也，体也。亨者，元之动也，用也。元静亨动，对举者也。利贞皆亨中事也。利如利刃，自我之及物而言，非如利益自人加之我言也。盖乾亨既交于坤，九用而无阻者也，其健义即由此出。贞，成也，定也，正也，即一元既亨，赋畀已定，各正其性而各成其体也"。"此四德者唯元字乾所独有，自亨以下皆由交坤而见。因乾道健行不息，非得坤静正之位，则必无驻足托迹之地，遂无由昭赋畀之能，而利贞之用亦莫由以见。故乾之四德由亨后说出利贞，便是全向交坤时说出道理"。以《中庸》比例释之，则"元，未发之中也。亨，其发也。利则发而皆中。贞则所中之节喜怒哀乐也"。"乾之四德须对针象辞解之，既非粘著人事，亦非直言占卜。但当以四字平分作句，不可说成戒辞。又须知乾不是天，坤不是地，然后始得正义"。[30]

胡氏意谓乾之四德不关人事，不为占卜，讲的是天道自然，讲包括人类社会在内的天地万物和六十四卦生成的原理和过程。

关于"乾坤二用"。胡氏力破前人的说法，说乾坤二用非为占而设，也不是刚而变柔，柔而变刚之意。他从生成的角度看乾坤二用。胡氏说："乾用九，凡三男之卦皆乾九之用于坤。坤体静，则坤为无用，而阳爻往来动荡，正乾九之大用，故遂主动用之乾爻，而周公于乾遂特标用九之旨。坤用六，凡三女之卦皆坤六之用于乾。乾体静，则乾为无用，而阴爻往来动荡，正坤六之大用，故遂主动用之坤爻，而周公于坤遂特标用六之旨。"[31]是乾坤二用是说六十二卦各由乾爻坤爻往来交互动用而生成。

于《屯·彖传》"屯刚柔始交而难生"句，胡氏说："凡刚从用九来，凡柔从用六来。刚谓五初两阳，柔谓上下四阴。诸卦皆乾坤之交。此为序卦之始，故曰'始交'。始者，该六十二卦之辞，非泛言生物之始。"[32]是卦中乾坤之交乃三画卦乾与坤爻交或三画卦坤与乾爻交，非一六画卦之上体与下体交。"刚柔始交"，是说刚柔交而生卦，由屯开始，以下六十一卦不言自明，都是刚柔交而成卦。

关于《彖传》"内外往来下上终始"八字。胡氏认为此乃《周易》之纲领，尤以往来二字为最紧要。是卦既成之后，孔子教人观象审择主爻之方法。所谓内外往来云云，并指主爻而言。是乾坤二用的具体表现。卦变说是说一卦既成，又从另一卦变来，误解了《彖传》的旨意。详前第一章。

关于时位问题。胡氏提出爻是时位统一的新说。其要点是：一、凡天下之物各有其位，位各有其时。时有初中末之候，位有上中下之等。时位合而成爻，故卦必三爻。二、凡物之生先气而后形，三爻之卦不足以表达时与位先后交错、上下参差的关系，故重为六爻卦。三、"时阳而位阴，时虚而位实，时由乾出，位由坤始"。然而乾坤相须，故阴爻亦得言时，阳爻亦得言位，故"无一卦一爻不具此时位者矣"。[33]胡氏关于时位的认识是正确的、深刻的。他的意思可以作如下理解：每一六画卦代表一个流动不息的过程。每一爻代表过程的一个点。每一个点是流动的也是静止的。就流动而言，此点是时之候；就静止而言，此点是位之等。事实上一个过程的点是无穷的多，而六这个数是无穷的概括。胡说符合《周易》之本旨。

关于"初上九六二三四五"八字命爻之意义。一卦六爻，第一爻命曰初而不命曰下不命曰一，是因为初以时言，而卦之始由乾元、太极来，此时尚无形象可以指证其位，不可言下。第六爻命曰上而不命曰末不命曰六，是因为上字表示"其爻极于此止于此也"，"言此外已无可上也"。[34]按照胡氏的解释，六爻之命名显示一卦反映天地万物的一个生成过程。初爻名曰初，表示物之生自太极来，此时气初萌动，过程刚刚开始，说的是时，但亦兼位。中间四爻代表生成过程中四个时位兼俱的点。上爻名曰上，意味物至此已生成，达于极处，过程结束。

关于太极。胡氏言太极有二，一是流行之太极，即阴极生阳，阳极生阴之极。一是敦化之太极，即《系辞传》"易有太极，是生两仪"之太极。胡氏以为此太极是天地万物所由生的大本，它无形可象，不可图画。但是他自己勉强画了个《循环太极图》。此图与周敦颐的《太极图》根本不同。胡氏自己说，"此图止具阴阳两象，而回旋纠谬，莫非交象。《易》首乾坤所交的两象也"，"万物莫不由阴阳既交而生，则阴阳两象即万物之大原，故以纠缪相交之象称为太极"[35]。又说："太极体也，阴阳用也。"[36]是胡氏之太极与阴阳两仪是一事，不是两物。太极是它的静止态，无形可象；阴阳两仪是它的动态，有形可象。太极是一，两仪是二。无一，二不得见；无二，一不得显。故胡氏又说，"乾坤即《周易》之太极"，"乾之一元便是太极"[37]，"初出于太极"[38]，"凡卦之来悉由太极"[39]。这与他对"元亨利贞"、"乾坤二用"、"内外往来上下终始"八字、"初上九六二三四五"八字命爻的理解是一致的，共同构成他的天地万物生成论。汉人的卦变说说向万物和六十四卦生成之后，故胡氏极力驳斥。

据以上各点，胡氏之生成说可概言如下：一、天地万物的生成表现为流动变化的过程，《周易》的全部意义在于反映这一生成的过程。二、乾坤即阴阳刚柔，刚柔相交而产生六十二卦。故卦变说不成立。三、乾"元亨利贞"是乾之四德，不关人事。元亨利贞大体反映天地万物和卦爻生成的层次。元相当于太极，亨动而阴阳剖判，乾与坤交，是以利贞，而生成定体。四、天地万物的生成过程表现为无穷之多的时位兼具的点。六爻构成一卦，一卦显示一个过程。六爻是无穷多时位兼具的点的概括。五、《彖传》之"内外往来上下始终"八字的意义归根结底是阐释体卦主爻、刚柔动静的关系。以"初上九六二三四五"八字命爻则为了显示一卦是由爻时位的有始有终的生成过程。太极则是一切生成过程的大本、源头。

五　结语

本文的结论可归纳为如下六点：

（一）胡氏是位可称道的易学大家。他不是发挥派，未给《周易》增添什么。他是本义派，只给《周易》做解释。（二）从根本上说，他是象数派。因为他第一，认为《周易》无闲文虚字，无一字无象；第二，反对"得意忘象"；第三，绝对迷信河图、洛书。（三）他又对象数派有所超越，主要的表现是：第一，他提出体卦主爻说，彻底推翻卦变说；第二，论定《周易》不是占卜之书，是言道言理之书。（四）他实际上指出了《周易》思维是以象为手段的特殊抽象思维。（五）他的易学之最精彩处是建立了万物和卦爻的生成论体系。（六）他的易学地位应在来知德、焦循之上。

注释：

[1]《周易函书》别集卷四《易解辨异》，影印《四库全书》第48册，第867页。为省篇幅起见，下引《周易函书》只记卷数、题目和影印《四库全书》第48册之页数。

[2]《约存》卷七《原古》，第218页。

[3][5][7][9][15][16][17][37]《别集》卷二《易学须知》，第832、856、848、844、844、845、11、387—

388页。

[4][33][34]《约存》卷首下《原爻约》，第69、68、68页。

[6][31]《约存》卷五《原卦》，第166—167、153页。

[8][24]《约存》卷首中《原卦约》，第60、49页。

[10][30]《约注》卷一，第414、411—412页。

[11]《约注》卷十二，第688—689页。

[12]《约注》卷七，第578页。

[13][26][29]《约注》卷一《卦画原始》，第406、406、407页。

[14][39]《别集》卷四《易解辨异》，第868、869页。

[18][19][20]《约存》卷八《原古》，第226、225、226页。

[21][22]《约存》卷十五《原古》，第394、11页。

[23]《约注》卷六，第532页。

[25]《约注》卷十七《说卦传》，第771页。

[27][28]《别集》卷十一《簬灯约旨》，第990、999页。

[32]《约注》卷三，第451页。

[35]《约存》卷三《原图》，第116—117页。

[36]《约注》卷十四《系辞上传》，第731页。

[38]《约注》卷十六《系辞下传》，第761页。

（原刊台湾《中华易学》1996年，总第196期）

栗谷易学思想浅论

栗谷李先生(1536—1584)名珥,字文献,谥文正,学者称栗谷先生,京畿丰德府德水县人,生于江陵临瀛北坪村外家。是韩国历史上最杰出的思想家、政治家之一。

栗谷自幼聪颖绝伦,三岁知读书,五岁懂仁爱,七岁作陈复昌传,斥其奸佞,八岁能作诗,十三岁中进士初试,十九岁牛溪成浩原先生欲师事之,辞不受乃定道义之交,二十三岁谒退溪李滉先生,辩论理气问题,退溪叹服,多从其说。二十九岁进士高等及第,初试复试殿试三场皆状元,拜户曹佐郎,以后历任礼曹佐郎、吏曹佐郎、司宪府持平、成均馆直讲、弘文馆副校理、经筵侍读官、清州牧使、弘文馆直提学、右副承旨、司谏院大司谏、司宪府大司宪、弘文馆大提学、艺文馆大提学、吏曹判书、刑曹判书、议政府右参赞、兵曹判书、判敦宁府事。

栗谷短促一生,大部分在官场中度过。屡进屡退,时上时下,无不以敦促庸君振作有为,救民革弊为己任,以"上格君心,下清朝廷"为根本长策,不为声名,不为利禄,一切从救国救民出发,廉洁奉公,刚直不阿,鞠躬尽瘁,死而后已。栗谷所以能够如此,与他修身与践履并重,讲究实学,不尚空言密切相关。他从政有真才实学做基础,治学以政治实践为目标,一切思想都从学问与政治实践的紧密结合中出。他的著作如《自警文》(二十岁)、《东湖问答》(三十四岁)、《圣学辑要》(四十岁)、《击蒙要诀》(四十一岁)、《小学集注》(四十四岁)、《四书谚解》(三十九岁)、《经筵日记》(四十六岁)以及众多的书信、疏札、讲论、对策、序跋、杂著、诗文,无不洋溢着爱君忧国,汲汲于时务的力行精神,绝非一般拘儒曲士,坐守章句者可比。栗谷其人其学,诚如当时与后世学者所评价,"栗谷于道体洞见大原,所谓天地之化无二本,人心之发无二原,理气不可互发,此等说话,真是吾师。其爱君忧国之忠,经世救民之志,求之古人鲜有其俦,诚山河间气,三代人物"[1]。"尽是五百年间气也"[2]。"先生天才之高迈,造道之超诣,卓绝之识,规模之正,非近世学者所可窥测其藩篱"[3]。"栗谷为当代巨儒,此非同辈之见,实后世之公论"[4]。"先生天资英明,清通和乐,学具体用,折中诸说,集群贤而大成,实东方千载之真儒,经纶之大材也"[5]。我则认为,像栗谷这样品学俱高、知行贯通的儒学人物,在孔子以后的中国历史上亦不多见,无愧真儒也,大儒也,醇儒也。

本文专谈栗谷易学思想,却先费如此多的笔墨概述他的治学大体,看似不着边际,实则必不可少,栗谷学重理学,绍继程朱,于"四书"用功最深,对《大学》可谓终生沉潜玩索,且身体力行已达于极致,对易学似乎不曾着力用心,但是其易学造诣一点不比理学浅。在他那里，易就在生活日用中，生活日用无处不是易。易学的精神已浸润贯穿在他的全部思想和学问中。不把握他的整体，无法真正了解他的易学思想。

一　把易学纳入实学轨道

栗谷在易学上犹如他的理学一样，以程朱的义理派易学为根基，论重义理不为卜筮，与朱子有所不同。论活用而不泥于章句，比程颐有过之而无不及。善于把《周易》的义理灵活地应用到政治实践和生活日用上，达到德盛仁熟的程度，是栗谷易学思想的突出特点。这与他力主实学不尚空言相须相得。

栗谷注重实学，为学讲求实行实效，主张学习孔孟程朱之学务必应用于实际生活，解决国计民生问题，反对大话空言。所以他对陆象山、王阳明的心学持批评的态度。他曾说，"象山既殁，其学不绝，至今与朱子正学并立而相抗，一种厌勤劳乐简便之徒相与作为幽深慌惚之说以附之。呜呼其亦斯道之不幸也"[6]。"王守仁则以谓朱子之害甚于洪水猛兽之祸，其学可知"[7]。栗谷学尊朱子而斥陆王，但亦看重罗钦顺，他说，"罗钦顺拔类人物而所见少差"[8]。"《困知记》不可轻。"栗谷赞赏罗钦顺，固然有二人理气之说为相近的原因，我以为更因为罗钦顺倡实学，与栗谷正相吻合。这一点其实最为重要。读《栗谷全书》，实学精神几乎随处可见。实学是栗谷思想的一大特色。

栗谷的实学思想大体有两大层次，一是主张学问贵在贯通义理，而不在记诵词句。二是主张学问之根本意义在于实行，讲空言大话的学问不是真学问。两点合起来便是栗谷的实学。栗谷的实学既与滔滔空言者异，亦与后世颜元唯讲实用而放弃读书甚乃以读书为祸害的偏执之见大不相同。与清初顾炎武的学以致用主张相似，却也不同。顾炎武是朝廷的反对派，其经世致用的目标首先在学问本身。栗谷是在朝的大臣，如何用程朱性理之学格君之非，改革时弊，刷新政治，才是他的第一关怀。所以，栗谷的实学就是栗谷的实学，与中国古代众多实学家相比，更具特色。就16世纪中叶韩国的政治状况和栗谷本人的处境而言，栗谷的实学主张是最现实、最优秀的。尤其他能够把包括易学在内的全部学问都纳入实学的轨道，更为难能可贵。这一点并非所有实学思想家都能做到。

栗谷强调治学先须读书，读书的目的是穷理明善。穷理明善而后则"当行之道晓然在前，可以进步"[9]。读书的方法，"虽贵成诵，然莫如玩索潜究之为愈也"[10]，唯玩索潜究能穷理明善。然而若到穷理明善为止，不付诸实行，则读书失去意义，不是真学问。故栗谷特别强调读书以致用。他说，"学问非谓兀然端坐，终日读书也。学问只是日用间处事一一合理之谓也。唯其合理与否不能自知，故读书以求其理"[11]。栗谷一遇机会就讲这个实字。他说，"读书而无实践者，何异于鹦鹉之能言"[12]。"此皆人君穷理之事也，如或寻章摘句，采英掇华，付诸空言而已，不施修己治人之实功，则眼目虽高，议论虽精，终不见典学诚身之效，亦何益哉"[13]。"穷理既明，可以躬行，而必有实心，然后乃下实功"[14]。"学问岂有他异哉，只是日用间求其是处，行之而已矣"[15]。"以此精明之学，益加践履之功，则可以匡济一时矣。虽精于文义，若不切己用功，则亦何益乎"[16]。"立志之后，莫如务实，终朝设食，不得一饱；空言无实，岂能济事。今夫经席之上，章奏之间，非无嘉谟谠论足以治国，而未见一弊之革，一策之施，只是不务实效故也"[17]。

栗谷既力主学问应当务实，把书中道理付诸实践，而不可只是寻常摘句，采英掇华，徒尚空言大话，则对易学的态度亦自当如此。

栗谷集中论《易》的著作不是太多。从《栗谷全集》中我看到五篇，即《画前有易赋》[18]、《纳约自牖赋》[19]、《易乐则行之忧则违之义》、《易黄裳元吉白贲无咎义》[20]、《易数策》[21]，但是在栗谷所有的论著中都体现易的精神。

栗谷言《易》着眼于应用，与实践水乳交融。随便举几个例子即可说明问题。《易》讲变通，《系辞传》说"穷则变，变则通，通则久"，栗谷对此认识至为深刻。他在《圣学辑要·读六经法》[22]里引程颐《易传》"知时识势，学易之大方也"一语，更引叶氏的解释："方犹术也。时有盛衰，势有强弱，学《易》者当随其时势，惟变所适，惟道之从也。"说明栗谷深知学《易》的根本方法是把易理应用到实践上，善于随时应变。他的确做到了这一点。他在给君上的诸多疏札中屡次运用易之变通原理阐发改革之迫切性。例如，他说，"我国祖宗立法之初，固极周详，而年垂二百，时变事易，不无弊端，犹不变通，况后日谬规，汲汲改革当如救焚拯溺者乎。传曰：'穷则变，变则通。'伏愿殿下留念，思所以变通焉。所谓实功者，作事有诚不务空言之谓也"[23]。"法久弊生，古今通患，不有变通，生理必穷"[24]。"自古继世之君善于守成者有二焉，继治世则遵其法而治焉，继乱世则革其弊而治焉。其事虽异，其道则同也，故真西山（德秀）曰：'当持守而持守，固继述也；当变通而变通，亦继述也。'此真不易之定论也"[25]。可见栗谷于易力主深玩义理，以易之理指导实践，解决实际问题。栗谷曾说："次读《易经》，于吉凶存亡进退消长之几，一一观玩而穷研焉。"[26]他的确说到做到了。

再举一例。栗谷有《易乐则行之忧则违之义》之作。"乐则行之，忧则违之"出自《易·乾·文言传》，原文云："初九曰'潜龙勿用'，何谓也？子曰：'龙德而隐者也。不易乎世，不成乎名，遁世无闷，不见是而无闷。乐则行之，忧则违之，确乎其不可拔，潜龙也。'"程传释之曰："初九阳之微，龙德之潜隐，乃圣贤之在侧陋也。守其道，不随世而变；晦其行，不求知于时；自信自乐，见可而动，知难而避，其守坚不可夺，潜龙之德也。"栗谷《易乐则行之忧则违之义》所论绍承孔子、程颐之意而因时之宜有所侧重。他强调时的重要，乐行之时与忧违之时不同在于君臣关系融洽与否。君臣关系融洽与否关键在于君上如何。君上如何主要表现在两方面，一是贤者"拔茅汇征"而"声气相求"，还是贤者考槃于涧而身困道亨；二是君上是否仁及乎物，泽及乎生民。并且论时以天地交泰、乾坤闭塞对言，其意显然在于责君。栗谷处在李朝衰世，君上胸无大志，庸庸无为，安而忘危，存而忘亡。他屡谏屡不用，虽未见害，亦每每愤闷不得志。其所以论易乐则行之忧则违之之义，强调乐行之时与忧违之时不同之重要，与当时国家的政治局面有关，也与他注重实学有关。

栗谷之所以具有这样理性的易学观点，与他的实学思想密切相关。他既具坚定的实践观点，则把理学与易学融合起来，从而认定穷理知变是学《易》用《易》的第一要义，讲出"天地之大，事物之变，莫非理气之妙用也。知此说者，可与论《易》也"这样的话，便是顺理成章之事。

栗谷认为学《易》者只深明《易》洁净精微之义是不够的。"《易》之为道体用一源，显微无间，苟非格物致知则不得见其理，苟非诚意正心则不得践其实。格致诚正，《易》中之一事也。不格致而欲见圣人之道，则譬如航于断港而求泛大洋也。不诚正而欲之圣人之道，则譬如不够寸步而求陟泰华也"[27]。故学《易》还必须格物致知诚意正心。栗谷主张实学从修身开始，修身以格致诚正为内容。他既言学《易》务必格致诚正，就是把易学纳入了实学的轨道。栗谷的见解是正确的。

二　坚定的义理派易学立场

在上述评论中实际上已经言及栗谷易学的义理派立场，为明确起见，这里从三方面作进一步分析。

第一，栗谷用《易》重穷理知变不重占卜。读《栗谷全书》就知道，栗谷一向不言占卜亦不事占卜。古代圣人是讲究占卜的，即重视人谋之外也重视鬼谋。周武王伐纣，以至仁伐至不仁，尚且谋及卜筮。这是古圣贤经传上有明文记载的，栗谷当然无法予以明确否定。但是栗谷给以解释，说"古之圣王皇极虽建，而不敢自是，国有大事，参诸鬼谋，以决其疑"[28]，盖出于不得已。考虑到"人谋未免有心，有心未免乎有私"，所以才"洗心斋戒，以听天命"[29]。

对古代圣王的占卜，栗谷不可能予以斥责，只能表示肯定，然而对后世的占卜就坚决否定了。他说："但后世不择其人，其龟蓍又出于私心，则与不卜何异哉！"[30]虽只否定后世的卜筮，不否定古圣王的卜筮，实际上也等于否定了卜筮，不过说理委婉而已。

第二，栗谷视汉代及其以后的象数派易学为邪说，予以严厉批评。汉代象数派易家如京房、焦赣、荀爽、郑玄、虞翻等人只字不提，或者以为不值一提亦未可知。对于扬雄、郭璞、魏伯阳、李淳风、僧一行等人则给予严厉批评，认为这些人或著《太玄》，或著《参同契》，或谈性命，或推历数，不过是《易》之一端而已。说他们"唯求于易而不求于理，徒见其然不见其所以然。"[31]此处所谓易系指象数而言，所谓理系指易之理易之道而言。栗谷认为理是易学之宗，扬雄等人离开了易学之宗，无补于四圣之遗意，他们都不懂易。

《系辞传》既说伏羲氏仰观俯察而画八卦，又说八卦根据河出之图（即河图）而画，未免自相抵牾。尽管自相抵牾，因为是孔子说的，栗谷当然不敢有所质疑，但是体会栗谷语气，知道他虽不否定河图，却更强调仰观俯察。他说："然而《易》有太极，是生两仪，两仪生四象，四象生八卦，圣人仰观俯察，天地之间，万物之众，无非一阴一阳之理。有是理则有是象，有是象则有是数，岂独河图为然哉!一草一木亦可因之画卦，则河图未出之前，八卦之形已具于伏羲方寸中矣。愚于程子卖兔之说深有感焉。"[32]看来，栗谷的方寸中实无河图。这里顺便申明，八卦画于伏羲之说不可信，据吾师金景芳先生研究，八卦可能产生于帝尧时代。这个问题复杂，于此不便详言。

栗谷赞誉邵雍，以为千载之下，得契四圣之心，学究天人，通乎性理者，唯有邵雍。肯定邵雍的先天之学与后天之数，说邵雍既明易理又精易数。不过栗谷欣赏的是邵雍的易理，对邵雍的易数并不感兴趣。这一点在他的全部论著中是见得分明的。

第三，栗谷对程颐《易传》和朱子《周易本义》都有研究，而在实际接受上受程颐影响显然较深，对朱子的易学观点则有所保留。

《栗谷年谱》在言及栗谷学术时有"周易传义亦行于世"[33]语，是知栗谷于程传、朱义也下过功夫。栗谷在《圣学辑要》中引《易》辞颇多，至于后人注释语，引程颐《易传》多于朱子《本义》。看得出程颐易学在栗谷心目中的地位最高。程传的名言"体用一源，显微无间"，栗谷是心领神会的。当时人已经注意到程、朱的易学观点有所不同，且作为一个问题提了出来。当时的君上向栗谷问及过程朱易学观点不同，何得何失。这是一个尖锐又敏感的问题，不容易回答。栗谷对曰："程朱二贤俱传道统，洞明易学，悼斯道之湮晦，示学者以真源。程子之《传》则发圣人之遗旨焉。朱子之《本义》则明吉凶之定数焉。其所独见者不可求之言语文字间也。虽或注语之不同，愚安敢轻议其得失哉。"[34]虽说不敢轻议程朱何得何失，却也表明了态度。在栗谷看来，程子"发圣人之遗旨"是知《易》之全体的。朱子明"吉凶之定数"是知《易》之一端的。虽不言，何得何失之意亦在其中矣。但是如果认为栗谷攻朱子，则大误。一方面尊重，一方面敢于不苟同，正反映栗谷的大气象，说明他是一位醇儒。

三 "知理气之妙用者可与论《易》"

栗谷易学的另一特点是从理学的角度看易学，从易学的角度看理学。在他那里易学与理学是一致的。他认为只有懂得理学的人，知道"一理浑成，二气流行，天地之大，事物之变，莫非理气之妙用"的人，才"可与论《易》。"[35]栗谷在《圣学辑要》里列举了《系辞传》的"易有太极，是生两仪"，"形而上者谓之道，形而下者谓之器"等命题之后说，"今所引夫子《系辞》之说为理学之源本"[36]，更加明确地表明，他的理学本诸易学，易学思想在理学中展现。

《系辞传》所言"易有太极，是生两仪"一语既是讲卦之产生的问题，也是讲宇宙之本原问题，涉及哲学的根本问题。但是古今学者解释纷纭不一。道家老庄的看法与《系辞传》的"《易》有太极，是生两仪"的思想大相径庭。《系辞传》的说法是强调宇宙原本就存在，没有开始也没有终结，可用一个"有"字概括。老子却认为"有生于无"[37]，宇宙是从"无"中产生的。庄子也说："有有也者，有无也者，有未始有无也者，有未始有夫未始有始也者。"[38]栗谷对老庄之有生于无之说，绝对不接受，而对程颐"阴阳无始"和"体用一源，显微无间"[39]的言论则汲汲采取之。

栗谷讲《易》之太极与阴阳（两仪）是通过讲理气关系问题表现出来的。栗谷继承程颐的观点，说"理者太极也，气者阴阳也"[40]，又说"理以在物而言，道以流行而言，其实一而已矣"[41]，"理，形而上者也；气，形而下者也"[42]，谓太极就是理，就是道，是形而上的，阴阳就是气，是形而下的。于是，栗谷认为，太极与阴阳的关系，就是理与气的关系。不是太极在先，阴阳在后，也不是阴阳在先，太极在后，而是二者本身混合，皆有本也，非有始生之时，亦既无有先后。一个具体的事物，大至天地，细如纤芥，无不有始有终，有生有灭，有所谓太一之初。如果极本穷源仍以为阴阳（气）有太一之初，便落入老庄的窠臼。极本穷源，即追求阴阳（气）的本源，是追求不到开始的，因为阴阳从来就有，无始无终，它不是由太极生出的。阴阳与太极本不相离，是一而二，二而一的关系。"易有太极，是生两仪"，是把太极看作枢纽根柢，"非谓阴阳自无而生"、"若以为阴阳自无而生，不免老庄之说，令人骇叹"[43]。

《系辞传》"易有太极，是生两仪"之太极与两仪（阴阳）的关系，向称难解，往往被理解为阴阳由太极产生，"以为阴阳本无，而太极在阴阳之先，太极动然后阳乃生，太极静然后阴乃生"[44]。栗谷认为这大失《系辞传》的本意。太极与阴阳之关系，是"阴阳动静而太极乘之，非有先后之可言也"[45]。太极与阴阳是混融而不相离的。二者若有离合，则"动静有端，阴阳有始矣"。若说"太极与阴阳互动，则不成说话"[46]。"阴阳无始也，无终也，无外也，未尝有不动不静之时，一动一静，一阴一阳，而理无不在，故圣贤极本穷源之论不过以太极为阴阳之本，而其实本无阴阳未生，太极独立之时也"[47]。"大抵阴阳两端，循环不已，本无其始。阴尽则阳生，阳尽则阴生，一阴一阳而太极无不在焉。此太极所以为万化之枢纽，万品之根柢也。今若曰淡一寂然之气乃生阴阳，则是阴阳有始也。有始则有终矣。然则阴阳之机其息也久矣，其可乎？"[48]

栗谷以上论述乃就极本穷源而言，太极与阴阳混融不离，无有先后，若就具体事物而论，则太极与阴阳有先有后。他说："理气无始，实无先后之可言，但推本其所以然，则理是枢纽根柢，故不得不以理为先，圣贤之言虽积千万，大要不过如此而已。若于物上观则分明先有理后有气。盖天地未生之前，不可谓无天地之理也，推之物物皆然。今吾兄反以极本穷源者为有先后，而以物上看者为无先后，矛盾枘凿至于此极。"[49]理即太极，气即阴阳，是栗谷认为极本穷源之太极与阴阳无终始先后，具体事物（包括天地）上之太极与阴阳有终始先后。

栗谷曾经说过，"夫《系辞》之说为理学之源本"[50]，"知理气之妙用者可与论《易》"[51]。从此两句名言看，栗谷的易学思想与理学思想，密切无间，贯通一致。二者孰为本，我以为易学为本。栗谷理学宗程颐，易学亦宗程颐，而程颐理学以易学为本，故栗谷之理学必以易学为根本。栗谷在易学上坚定不移地遵循程颐"动静无端，阴阳无始"，"体用一源，显微无间"[52]的观点，而在理学上力主理气一元论，与退溪有所不同。

栗谷理气一元论的理论要点大致是这样的：气发理乘，理通气局，理气妙合，理气无先后，不赞成李滉气发理随，理气互发之说。栗谷说："理者，气之主宰也；气者，理之所乘也。非理则气无所根柢，非气则理无所依著。既非二物又非一物。非一物，故一而二；非二物，故二而一。非一物者何谓也？理气虽相离不得，而妙合之中理自理，气自气，不相挟杂，故非一物也。非二物者何谓也？虽曰理自理，气自气，而浑沦无间，无先后，无离合，不见其为二物，故非二物也。是故'动静无端，阴阳无始'。理无始，气亦无始也。"[53]这是栗谷理气一元论之最重要的言论，它申明理气既是一物又是二物，而归根结底是一物，故无离合无始终无先后。然而理气毕竟不同。其所以不同，栗谷指出，"理无形也，气有形也；理无为也，气有为也。无形无为而为有形有为之主者，理也。有形有为而为无形无为之器者，气也。理无形而气有形，故理通而气局。理无为而气有为，故气发而理乘"[54]。一有形有为，一无形无为，二者不能一刻分离，故栗谷批评退溪之理气互发、气发理随说，他说："理，形而上者也；气，形而下者也。二者不能相离，既不能相离，则其发用一也，不可谓互有发用也。若曰互有发用，则是理发用时气或有所不及，气发用时理或有所不及也。如是则理气有离合有先后，动静有端，阴阳有始矣。其错不小矣"[55]。又说："退溪之病专在于'互发'二字。惜哉，以老先生之精密，于大本上犹有一层膜子也。"[56]

理为气之主，气为理之所乘，理气无先后，气发理乘，理通气局，理气不能相离，故不能互发。栗谷之理气一元论，其理论根源当在《系辞传》，反过来，理气一元论也影响他对《系辞传》的理解。就此而言，栗谷的易学思想与理学思想是相互贯通的。

四 结语

栗谷的易学思想可概括如下：第一，易学与实学紧密结合在一起。国家处在危境，人民陷于苦难，君主懦弱无为，促使他情系忧国忧民，急于救国救民，从而形成独具特色的实学思想。易学是他思想的一部分，故他学易用易理所当然地体现实学精神。第二，坚持义理派易学立场，继承程颐《易传》的传统，重穷理知变，而对汉易持批评态度，尤不取卜筮一端。第三，易学与理学融会贯通，相须相得。在易学上主张在极本穷源方面太极与阴阳不可分离，无先后，无始终。进而影响他形成理气一元论的理学思想。第四，易学、实学、理学三者浑然一体，密切无间，造就了栗谷这位16世纪的优秀、杰出的思想家。

注释：

[1]《牛溪年谱》。

[2]《年谱草稿》。

[3]《牛溪文集》。

[4]龟峰《礼答问》。

[5]牛山《杂录》。以上俱见《栗谷全书》下册，第429页。

[6][13][14][36][40][41][46][50]《圣学辑要》，《栗谷全书》上册，第459、461、463、446、455、457、455、446页。

[7][8][10]《语录》，《栗谷全书》下册，第258、258、262页。

[9][26]《击蒙要诀》，《栗谷全书》下册，第54、85页。

[11][15][16]《经筵日记》，《栗谷全书》下册，第159、170、139页。

[12][17]《杂著》，《栗谷全书》上册，第316、320页。

[18][21][22]《栗谷全书》上册，第10、304、443页。

[19][20][33]《栗谷全书》下册，第464、585、301页。

[23]《万言封事》，《栗谷全书》上册，第98页。

[24]《拟陈时弊疏》，《栗谷全书》上册，第114页。

[25]《陈时弊疏》，第146页。

[27][28][29][30][31][34][35]《易数策》，《栗谷全书》上册，第306—307页。

[32]同上。程子卖兔之说出《程氏遗书》卷十九。原文云："见卖兔者，曰：'圣人见河图、洛书而作八卦，然何必图书，只看此兔，亦可作八卦，数便此中可起。古圣人只取神物之至著者耳。只如树木，亦可见数。"

[37]《老子》第40章。

[38]《庄子·齐物论》。

[39][52]《易传序》，《二程集》第三册，中华书局1981年，第689页。

[42][45][53]《壬申答成浩原》，《栗谷全书》上册，第202、198、197页。

[43][49]《与成浩原》，《栗谷全书》上册，第215页。

[44][54][55][56]《答成浩原》，《栗谷全书》上册，第206页。

[47][48]《答朴和叔》，《栗谷全书》上册，第184页。

[51]《易数策》，《栗谷全书》上册，第304页。

（1996年韩国江陵大学栗谷学国际研讨会上宣读）

《系辞传》属儒不属道

　　两千多年来人们一直视《易传》为儒家的经典，儒家的作品，没有人怀疑。近世的诸多中国哲学史、思想史著作也大多这么说，近年来由于帛书《周易》的出世，引发了一番新思考，许多学者著文论证《易传》原来是道家的东西。于是《易传》一下子由属儒变为属道。倘事实果真如此，这真是中国思想史研究中一场惊天动地的变革。一部中国思想史，其基本格局必须改变，甚至要重新写过。

　　一个问题，不能因为是古人说了的，就说对；也不能因为是古人说了的，就说不对。要紧的是看事实，是非只能通过事实判断。从事实看，我认为《易传》属儒不属道，司马迁、刘歆、班固诸人列《易传》于儒家，符合事实。帛书《易传》先于他们葬入楚地长沙国坟墓，其蓝本他们不至于看不到，然而并未妨碍他们认定《易传》属于儒家。现在帛书《易传》出世，看过之后，我们非但不能据此改变《易传》的学派属性，相反，倒更加相信《易传》属儒不属道。

　　《系辞传》在传世本和帛书本《易传》中都属首要地位，都最具代表性。因此这里主要讲《系辞传》的学派归属问题。兹从五个方面讨论。

一　《系辞传》的道是儒家的道，不是道家的道

　　道家讲道，所以人称道家。儒家也讲道，然而人不称道家。个中必有缘故。缘故何在？缘故首先在于他们讲的道是不同的。《系辞传》也讲道，它讲的道是儒家的道还是道家的道呢？这是问题的症结所在。我思来想去，觉得《系辞传》的道的确是儒家的道，不是道家的道。

　　先把道家的道摆清楚。

　　陈鼓应先生说道家各派的共同点是"同以道为最高之范畴，而为万物之本原或依据，都强调道之虚无无形之性质，都从道论中推出人事学说等"[1]，是对的。今考《老子》、《庄子》二书，正是以道为宇宙之本原，而且观点是明确无疑的。《老子》说："道生一，一生二，二生三，三生万物。"（第42章）有与一是同等同义的范畴，道与无是同等同义的范畴。后者是最高的，前者是其次的。前者名曰有曰一，显然是物质性实体；后者名曰无曰道，显然是非物质性实体。《老子》的这个道具有什么性质呢？《老子》自身已回答清楚，它说，道这东西"视之不见"，"听之不闻"，"搏之不得"（第14章），即是不可感知的。"其上不皦，其下不昧"，"迎之不见其首"（同上），

即是超越时空的。它"寂兮寥兮，独立而不改，周行而不殆，可以为天下母"（第25章），即是孤独的，无匹的，无变化的，天地是它的儿子。这个道就是无，不是有，也不是既含有又含无，因而不是有阴有阳，一阴一阳。这一点至关重要，必须说清楚。《老子》是讲过"万物负阴而抱阳，冲气以为和"的话，然而务须注意，这句话的主词，不是道。是说万物有阴阳，不是说道有阴阳。

《庄子》在这一点上与《老子》同。《庄子·大宗师》说道"自本自根，未有天地，自古以固存；神鬼神帝，生天生地；在太极之先而不为高，在六极之下而不为深，先天地生而不为久，长于上古而不为老"。也视道为宇宙之本原，是没有先后上下，超越时空的。

这个道是道家专有的，道家之所以为道家，以此。凡有这个道的就是道家，凡没有这个道的就不是道家。这个道是自然自在，虚静无为的，所以引入社会人事问题上来，道家主张"为道日损"，"损之又损，以至于无为"，仁义礼智，制度文饰，全部不要，鼓吹人们回归自然。

但是道家除了这个作为宇宙本原的道以外，还有另一个道。《老子》说"道可道，非常道"，已经指明道有二：一个不可名状，不可言说，是为常道；一个可名状，可言说，是为非常道。《老子》所谓"独立而不改"，《庄子》所谓"自本自根"的道，就是常道。可名状可言说的道，道家也有，但非道家专有。儒家有，其余各家也都有。若用这个道划线，则儒道归一，百家不存。

可言说可名状的道，《老子》、《庄子》无数次言及，最有代表性的言论，在《老子》是："道生之，德畜之，物形之，势成之。是以万物莫不尊道而贵德。"（第51章）在《庄子》是：道"无所不在"，"在蝼蚁"，"在稊稗"，"在瓦甓"，"在屎溺"，"每下愈况"（《知北游》）。这个道与德相应，与德不可分。德是道之舍，道寓于德之中。这个道也是虚无无形的，相当于现在说的规律。

再说儒家的道。

儒家亦喜言道，儒家所言之道都是有德之道，即寓于具体事物之中之道，如《礼记》有鬼神之道、明器之道、戎夷之道（《檀弓下》）、父子君臣长幼之道（《文王世子》）、父子之道、仁义之道（《礼器》）、人之道（《乐记》）、治人之道、祭之道、圣人之道（《祭统》）、天之道、天地之道、君子之道、小人之道（《中庸》）、虞夏之道、殷周之道（《表记》）、民之道（《缁衣》）、大学之道、絜矩之道（《大学》）、成人之道（《冠义》）、仁之道（《射义》），等等，都是不能离开具体事物的道。《中庸》说："天命之谓性，率性之谓道，修道之谓教。道也者，不可须臾离也，可离非道也。"这是儒家给道规定的定义，意谓：一、道是天命的，自然的，客观的；二、但是人可以学着掌握它，驾驭它；三、道不可离开它的"德"，人之道务必依着于人，物之道务必依着于物。

又如《论语》有父之道、先王之道（《学而》）、古之道（《八佾》）、夫子之道（《里仁》）、君子之道、文武之道（《子张》）等等。《论语》还多次提到天下有道无道，邦（国）有道无道，人有道无道，道之行与不行，道与人的关系，道与贫的关系。又说道可闻，可志，可弘，可适，可致，可信，可失，可说（悦），可谋，可学，可违，还可"一以贯之"。这就是说，儒家讲的道虽也是虚无无形的，但是是可以感知的，相当于《老子》讲的"道生之，德畜之，物形之，势成之"和《庄子》讲的"在瓦甓"，"在稊稗"，从而"无所不在"的道。老庄讲的在太极之上，六极之下，独立不改，不明不昧，自本自根，先天地生，为天地母，创生宇宙，为宇宙本原的那个道，在儒家这里是找不到的。儒家从来不说宇宙被什么东西创造出来的话。因此儒家的道没有宇宙本体的意义，只是与天地万物人类共在共存的、决定事物性质和发展变化的规律而已。儒道两家在道论上的这个根本分歧，恐怕是谁也否定不了的。

那么看看《系辞传》的道论是属儒还是属道。

这要分两个层次说。首先，无论帛书《系辞传》还是传世本《系辞传》，都不见有言及有宇宙本体意义的道。实际上它给《易经》六十四卦做通论，集中讨论《易》的性质、特点、思想和作用，如果作者有老庄所谓作为宇宙本原的不可道的常道这个范畴在胸的话，表达的机会和余地是有的，可是他未曾表达，他放弃了这个机会。什么原因呢？答案只有一个，这位作者根本不是道家人物。其次，《系辞传》讲的道，儒家、道家以及各家都讲，因而不能据此说它属于道家或者受道家影响，从道家那里接受了什么。

《系辞传》讲："形而上者谓之道，形而下者谓之器。"据戴震《孟子字义疏证》的理解，此用道区别形上形下，非以形上形下规定道器。上下犹前后，形上谓未成形，形下谓成形。未成形者即虚无无形，有如道，阴阳、五行之气是也。成形者即固定有形，有如器，万千可感知的事物是也。无形的道与有形的器其实不可分离。戴氏的解释不误。形上形下之词在儒家其他著作中未见过，而思想是有的。《中庸》讲"道也者，不可须臾离也。可离非道也"，鬼神之为德，"体物而不可遗"。其理论化的表述就是形上形下。可以说形上形下本是儒家的东西。道家著作中未见，没有理由说出自道家。

《系辞传》说："一阴一阳之谓道。"以一阴一阳规定道，给道下定义。对这句话的理解，朱熹、戴震有不同，暂且不管，只看它的来路。《系辞传》是通论《易经》六十四卦的，毫无疑问，它应当是出自对《易经》的认识。《易经》文辞虽未使用阴阳二字，概念却十分明确，奇画——与偶画——岂不就是阴阳！《易经》除了阴阳交错变化之外，更有何物！道家《庄子·天下》也说"《易》以道阴阳"。《易》既道阴阳，《系辞传》怎么可以不道阴阳！"一阴一阳之谓道"这一思想早已寓于《易经》之中，作传的人不过是将它发掘出来而已。

《老子》"万物负阴而抱阳"、"反者道之动"二语固然与"一阴一阳之谓道"类似，但是不可以舍《易经》于不顾，一定说"一阴一阳之谓道"出自《老子》。况且《老子》"弱者道之用"一句，《系辞传》为什么不汲取，显然因为《易经》力主刚柔相济阴阳迭用，而与专立柔弱的思想相对立的缘故。足证《系辞传》的道论来自《易经》，属于儒家。

至于阴阳二字，早在西周伯阳父因山川地震而预言周将亡时就使用过了（《国语·周语上》），不待道家先取之，而后《系辞传》拿过来用。

总之，《系辞传》不言宇宙生成与本体意义的道，在言事物规律意义的道时也绝不承认《老子》"弱者道之用"的思想。在主要之点上二者不相通，实在不好说"形而上者谓之道"和"一阴一阳之谓道"出自道家的影响。

二　《系辞传》的太极或太恒不是道，太极与道是属于两个层次的范畴

《系辞传》说"易有太极，是生两仪，两仪生四象，四象生八卦。"帛书本《系辞传》太极作大恒。或说恒是极之误，或说不是，大恒就是太恒，相常于《老子》讲的大与恒，都是道的意思。我意究竟作恒作极，可以不计较，反正它的层次是明确的，它为最高范畴，其下便是两仪，没有其上。这一点至关重要，许多学者什么都肯定，唯独不肯正面论及这一点，甚为可怪。有人强调太极一词来自《庄子·大宗师》，因为别书不见，只见于《庄子》，为什么不可以说别书不见，只见于《系辞传》，《庄子》的太极自《系辞传》来？我看说《庄子》的太极在后，《系辞传》的太极在先，合情合理。《系辞传》说"易有太极"，太极自然自在，一切都由它开始，不说在它之前还有什么。可是《庄子·大宗师》则说在太极之前还有个自本自根的道。等于说，你讲一切始于太极不对，太极是由道创生的呢。谁先用太极一词，其实十分明显。宋人张载已经看出了问题症结之所在，他在《正蒙》中说："大易不言有无，言有无诸子之陋也。"明明白白，一语破的，而我们今日对此竟不予注意，过分地看重《老子》、《庄子》各使用多少极字。其实纵然满纸是极，只要它在太极之前加个道，便与《系辞传》不是一路，无论怎样强调《系辞传》的太极来自道家，也不会有效果。

《系辞传》的太极是《周易》的最高范畴，也是儒家哲学的最高范畴。孔子平时罕言宇宙生成和宇宙本体问题，故《论语》不见太极。罕言不等于没有，知天命之后的孔子于《易》下过韦编三绝的功夫。"易有太极，是生两仪"的思想既是《周易》的，也是孔子的。

相反，《老子》没有也不可能有太极这个范畴。所谓太极，顾名思义，必是最高范畴，否则何以言太言极！《老子》哲学的最高范畴是道，不是太极。两个最高范畴不在一个层次上。《系辞传》的最高范畴太极是有，《老子》的最高范畴道是无。《老子》自己说"天下万物生于有，有生于无"，再明白不过，谁也无法改变。《老子》讲"道生一，一生二，二生三，三生万物"，更加确切而不容生歧义。"一生二"，二显然是两仪，即阴阳，天地，那么一当然就是"是生两仪"的太极。既言"道生一"、道与一无论如何都只能是两个不同层次的范畴。"道生一"与"有生于无"同义。一是有是太极，道是无不是有，不是太极。《系辞传》认为宇宙自来就是有，不问有之前更有什么，

所以称有曰太极,相当于《老子》的一。《老子》不以一为极,更在一之前加个道,说一并非自来就有,一是由道创生出来的,一生于道,有生于无。

这是先秦乃至整个古代哲学史上诸多重要难题之一。我真的希望《系辞传》的太极能够与《老子》的道等同起来,从而把《系辞传》划归道家系统,简单省事,快捷方便,哲学史和传统思想文化也就好讲了:天人合一的思想,一切思辨的哲学,以及《周易》这部经典都判给道家,把仁义礼智道德留给儒家。可惜我无能为力,我说不明白既然太极就是道,道就是一,为什么《老子》说"道生一","有生于无"而《系辞传》却硬是说"易有太极,是生两仪",根本不言道不言无。我弥合不了二者之间的这个尖锐分歧,而不突破这个问题,《系辞传》从根本上说难以派给道家。

还有,宋人的表现对于突破这个问题也不利。北宋周敦颐受道士陈抟的影响,以儒者的身份画了个太极图,给太极头上戴上一顶无极的帽子,又作《太极图说》文加以解释。看他的图,读他的文,知道他用心良苦,想站在儒家立场,从宇宙生成论的角度,对《易》之"易有太极,是生两仪"做出哲学解释。然而实际上他在做着弥合的工作,力图把《易》、《老》两个根本不同的宇宙生成论、本体论杂糅在一起,从而为建立理学体系奠定理论基础。结果呢? 理论体系是建立起来了,糅合《易》、《老》的愿望却始终不见成功。今日我们所做把《系辞传》划给道家的努力,与当年周氏的做法多少有些相似。

周氏的太极图和《太极图说》在北宋未造成太大影响,二程都未言及无极之事、甚至周氏自己除《太极图说》外,别的著作例如《通书》只字不言无极,以至于陆梭山竟怀疑太极图及《太极图说》非出周氏之手或周氏早年所为。唯朱熹特看重《太极图说》,终生研究不懈,且作《太极图说解》,引起与陆氏兄弟一场激烈论战。论战的基础是双方都承认《系辞传》与《老子》关于什么是万物之根的观点绝然不同;都认为自己在维护《易》的立场。都极力反对把《系辞传》的太极说与《老子》混同。唯其如此,双方才有必要有可能进行争辩。

但是,朱熹实际上是把《系辞传》的太极改造成为《老子》的道了。据说周氏《太极图说》首句是:"自无极而为太极。"以为太极之前有个无极在,太极无极非一事,明明白白是《老子》"道生一","有生于无"的另一种表述。朱熹以为太露天机,作《太极图说解》时乃改为"无极而太极",于是他便可以划清与《老子》的界限,说:"《老子》之言有无,以有无为二,周子之言有无,以有无为一,正如南北水火之相反。"有无本二事,何得变为一? 朱熹说,"所谓无极而太极,非谓太极之上别有无极也,但言太极非有物耳","太极只是一个实理","无极而太极,是无之中有个至极之理","不言无极,则太极同于一物,而不足为万化根本。不言太极,则无极沦于空寂,而不能为万化之根","谓之无极,正以其无方所,无形状。以为在无物之前,而未尝不立于有物之后,以为在阴阳之外,而未尝不行乎阴阳之中;以为通贯全体无乎不在,则又初无声臭影响之可言也"(上引均见《周子全书》卷一)。

朱熹不敢蒙老庄之名,却想行老庄之实。办法亦颇巧妙,他说来说去把《系辞传》的太极解释成了道家的道，即无。又与道家不同，道家讲道生一，无生有，而他把一、有抹去使道（无）不经过有、一（其实是太极）而直接阴阳两仪。等于把"道生一"改为"道生二"。道家有常道与非常道之分，他将二者牵混为一，改道称理。理是阴阳万物之根，又散在阴阳万物之中。这样就为程氏创的理一分殊说在大《易》中寻到了依据。

朱熹费了九牛二虎之力，完成了以上两项理论任务，主要的一点在于他用"无极而太极"一语，把《系辞传》的太极偷换成了老庄的道。二陆不察，仅仅说他"头上加头"，"床上叠床"，实未能及要害。其实他是以头易头，以床易床。

朱熹为了把太极说成理（即道），竟费颊舌笔墨，辗转曲折为之说，亦不免波澜四起，岂不证明"易有太极"之太极本属于《易》，与道家"道生一"的道实非一事；今日当我们一定要把《系辞传》的太极划归道家，宣布太极与道相同的时候，务必勿忘朱熹故事。

三 《系辞传》"天尊地卑，乾坤定矣"乃道地儒家本色

《系辞传》传世本、帛书本开篇都是"天尊地卑，乾坤定矣。卑高以陈，贵贱位矣"一段话。帛书本用几个假借字，与传世本略有不同。这段话具有鲜明的学派色彩。开宗明义点出它来，象似在宣布自己属于哪一家。那么属于哪一家呢？显然属于儒家，这不应当成为问题。这不成问题的问题如今居然成了问题，不须说也要说了。

这段话有两层意思，由天在上地在下引出乾坤定来；由卑高成序，引出贵贱位来。前者讲六十四卦以乾坤居首，乾坤二卦则首乾次坤，属于六十四卦卦序问题。后者讲六爻自初至上排列，显示出人间的尊卑贵贱来，属于六爻爻位的问题。

首乾次坤和尊卑贵贱，最初是排定《周易》六十四卦卦序那个人的思想，是作《系辞传》的人从中发掘出来写成文字的。作《系辞传》的人能够把这一思想正确地破译出来，委实不简单，他对这一思想当然是接受的，也可以认为这思想属于他。但是从根本上说，还是属于排列卦序的人。

《周易》六十四卦卦爻辞的作者就是排列卦序的人。因为卦爻辞反映的思想与卦序的思想一致。不理解卦爻辞思想，排不出首乾次坤的卦序。乾卦卦辞"元亨利贞"，象征天道运行之健，坤卦卦辞"元亨利牝马之贞"，象征地道效法天道，须天道而勤。乾坤两卦卦辞表明，作卦辞的人视乾坤两卦是一个对子，二者不可分，且一尊一卑，一健一顺，一主一从，关系不能颠倒。所以必把乾坤排于六十四卦之首，而且首乾次坤。全部《周易》反映的男尊女卑、夫尊妻卑、父尊子卑、君尊臣卑的思想，无不引发于此。另外，作卦爻辞的人认为六爻自下至上的排列也反映全社会的尊卑贵贱等差。

据《周礼·春官·大卜》记载古代除《周易》外还有《连山》、《归藏》二《易》。三《易》都有八卦和六十四卦。《连山》、《归藏》早已不存，其辞不可知，但是卦序必不

相同。据《礼运》记孔子说，他到宋国曾见过《坤乾》一书。宋国是殷之后，《坤乾》必与殷有关。郑玄注说："得殷阴阳之书也，其书存者有《归藏》"，是《归藏》即《坤乾》，是殷代之《易》。其六十四卦之序，顾《坤乾》之名，必首坤次乾。《连山》六十四卦首艮，是肯定的。又据《周礼·大卜》贾疏引郑玄《易赞》、《国语·鲁语》韦昭注、张华《博物志》等，知《连山》是夏代之《易》。

夏、殷、周三代之《易》，其思想差异突出地表现在六十四卦卦序上。《周易》首乾次坤，绝非偶然为之，乃是周人思想的集中反映。周人的思想是汉人概括的与"殷道亲亲"对立的"周道尊尊"（《史记·梁孝王世家》褚先生补）。"周道尊尊"的实质是重父统，重文，与"殷道亲亲"重母统、重质者相反。周人实行嫡长子继承制、宗法制、分封制以及在血缘和非血缘两方面都特重视尊卑贵贱等差，因而也特重视表现尊卑贵贱等差的礼制，等等，正是"周道尊尊"的具体体现。

义蕴含在《周易》六十四卦卦辞及其卦序中，后来被写入《系辞传》的"天尊地卑，乾坤定矣。卑高以陈，贵贱位矣"这段话，其思想属于周人，是可以肯定的。

那么，继承并发扬周人这一思想的是儒家还是道家呢？所有已知的史料都证明是儒家不是道家。"六经"除《乐》亡佚外，余"五经"与孔子有着密切的关系，是不成问题的。《庄子·天道》说孔子见老子，孔子"翻六经以说"。《天运》记孔子对老子讲话，自称"丘治《诗》、《书》、《礼》、《乐》、《易》、《春秋》"，老子不但不否认，且言"先王之陈迹也"。不信汉人，总该信《庄子》吧。道家自己也承认的东西，我们今日有何必要替他们改口！

儒家的创始人孔子向以"宪章文武"著称，他对西周的文化充满仰慕之情，不时地赞叹周文化"郁郁乎文哉"，而以"吾从周"为乐；终生以遵循发扬周礼为任，而以久"不复梦见周公"为忧。代表西周统治阶级思想之《周易》所具有的"乾坤定矣"、"贵贱位矣"这一观点被写进《系辞传》中，谁也难拿出令人信服的证据证明它的作者不是儒家。

说是道家吗？道家的思想必以老庄为标准，离开老庄而谈道家，失去了准的，岂不可以随时转移，今天说某一思想不属道家，明天又说是道家才有这一思想。若果如此，讨论便无法进行。老庄是西周思想文化的著名叛逆者，《老子》八十一章反对礼义制度可谓一以贯之，而且老子重母统，贵柔弱，主张以柔弱胜刚强，不为天下先，唱的恰恰是《系辞传》"天尊地卑，乾坤定矣。卑高以陈，贵贱位矣"的反调。至于庄子，谁个不知道他力主万物一齐论，一切现存的尊卑贵贱等差，君臣父子上下关系，都在他藐视鄙视，冷嘲热讽之列。把"乾坤定矣"、"贵贱位矣"的帽子扣到他们头上，绝对是张冠李戴。

帛书《黄帝书》，作为道家黄老学派的著作，竟出现"贵贱有恒立（位）"、"贵贱之恒立（位）"、"贵贱等"、"贵贱有别"等有违老庄而带有儒家色彩的言论，的确是个值得研究的问题。我以为应从战国黄老学派自身去考察。它汲取一些儒家的货色并非不可能。《系辞传》是讨论《易经》的，不管它出自谁手，它的任何主要思想理所当然地来自《易经》。一位卓越的思想家作讨论《易经》的文章，舍《易经》本身不顾，偏去从一些第多少流的杂著中寻章摘句，是不可理解的。如果说《黄帝书》之"贵贱有恒立（位）"诸语是受《系辞传》的影响，可能近于事实。

有文章说，由天道推及人事的思维模式出自道家并为道家所专用，谁使用这一模式谁便是道家或者受了道家的影响。这一见解没办法立得住。首先，《易经》筮法及卦爻辞及六十四卦排列，正是有一个由天道推及人事的思维模式支配着。而《易经》无论如何也证明不了是道家的作品。

其次，《尚书》今文29篇也充满着由天道推及人事的思维模式。《尚书》中这样的例子可谓不愁信手拈来。"天工人其代之"（《皋陶谟》），不是由天道推及人事的思维模式吗！自然之天的范畴最早见于《尧典》，《尧典》记尧时"钦若昊天，历象日月星辰，敬授人时"，知道"期三百有六旬有六日，以闰月定四时成岁"，从此有了明确的自然之天的范畴，逐渐形成了天人合一的观念，有了由天道推及人事的思维模式。道家的产生距此还是相常遥远的事情。《尧典》固然不会成篇于尧舜之时，大约写定于平王东迁之后不久，但是材料必自尧舜时传下来。可以相信《尧典》所记是尧时实事。

又次，儒家也是运用由天道推及人事这一思维模式的。儒家文献明言："仲尼祖述尧舜，宪章文武，上律天时，下袭水土。辟如天地之无不持载，无不覆帱，辟如四时之错行，如日月之代明，万物并育而不相害，道并行而不相悖，小德川流，大德敦化，此天地之所以为大也。唯天下至圣为能聪明睿知，足以有临也。"（《中庸》）肯定孔子思考问题自天道始。而且"上律天时，下袭水土"正含乾坤两卦之意。看了《中庸》这段记载，再看《文言传》"夫大人者，与天地合其德，与日月合其明，与四时合其序，与鬼神合其吉凶。先天而天弗违，后天而奉天时"那段话，难道看不出它们之间有着密切的联系！它们不但思维模式相同（由天道推及人事），思想本身也相合。

孔子及其开创的儒家学派采用由天道推及人事这一思维模式，例子举不胜举。《礼运》记孔子答言偃问道："夫礼者，先王以承天之道，以治人之情……是故夫礼，必本于天，殽于地，列于鬼神，达于丧祭射御、冠昏朝聘"，也是从天道推衍到人事。儒家重礼，以为关乎人之死生，国之存亡，天下之事以此为大，而认为礼是本于天而制作的。

孔子由天道推及人事的思维模式在《论语》中也有记录。孔子想从此不言，子贡说您先生不讲话，我们学生怎么办？孔子说："天何言哉，四时行焉，百物生焉，天何言哉！"（《阳货》）天不讲话，四时代替，丝毫不差；万物生长，照常进行。我不讲话，有什么关系。可见孔子认为人道与天道一致，人道可从天道那里找到依据。这不是由天道推及人事的思维模式，是什么！

既然由天道推及人事的思维模式不是道家的发明和独家专利，便不可以据此而先行素定《系辞传》"天尊地卑，乾坤定矣。卑高以陈，贵贱位矣"这段话属于道家。判断其学派归属，不能依据什么思维模式，而应考虑思想本身。果真《系辞传》的作者是道家人物,他绝不会糊涂到仅仅为显示他们所特有的思维模式而说出根本有违自家基本主张的话。因此结论只能是:《系辞传》开篇"天尊地卑"云云一段话属于儒家。

四 《系辞传》讲仁义,讲礼,讲知,讲文明进步,讲"知柔知刚",并是儒家特色,与道家绝不相谋

(一)关于仁义问题。

儒家讲仁义,道家反仁义。舍此不顾而大谈《系辞传》属于道家,是徒劳的。《系辞传》讲仁义的思想是显而易见的。诸如"小人不耻不仁,不畏不义","何以守位曰仁","禁民为非(帛本作爱民安行)曰义","安土敦(帛本作地厚)乎仁","显诸仁,藏诸用(帛本作圣者仁,壮者勇)","仁者见之谓之仁"等等,都是肯定仁义的。

孔子及儒家讲仁义,尽人皆知,无需赘言。现在看一看道家的记载,《庄子·天道》记孔子见老子,老子问孔子"六经"之要,孔子答"要在仁义"。足见道家承认孔子学说要在仁义。老子告诫孔子说:"夫子亦放德而行,遁道而趋,已至矣;又何偈偈乎揭仁义,若击鼓而求亡子焉?意,夫子乱人之性也!"《老子》本文也说:"天地不仁,以万物为刍狗;圣人不仁,以百姓为刍狗。"(第5章)又说:"大道废,有仁义。"(第18章)又说"绝仁弃义,民复孝慈"(第19章),庄子也说,"虎狼,仁也","至仁无亲"(《天运》)。此足见道家自觉而鲜明地否定仁义,亦足见道家十分清楚要不要仁义是他们与儒家之间的一条大界限。

任何主张仁义的言论都不可能出自道家。《说卦传》的"立人之道曰仁与义",帛书抄入《易之义》,故有人说《易之义》与《系辞传》意蕴实相通,都讲仁义,都属儒。若一定说《系辞传》属道,便一定要把《系辞传》为什么讲仁义说个明白。

(二)关于礼的问题。

儒家讲"忠信礼之本也","甘受和,白受采,忠信之人可以学礼"(《礼器》),"凡治人之道莫急于礼"(《祭统》)。老子讲了一句:"夫礼者,忠信之薄而乱之首"(第38章),把儒家的礼论全否。儒道两家在礼的问题上,分歧也是不含糊的。

道家作文不当容忍有礼观念杂糅其间。可是《系辞传》却讲"德言盛,礼言恭","知崇礼卑","圣人有以见天下之物,而观其会通,以行其典(帛本作等)礼","谦以制礼"(帛本无此句),对礼采取肯定的态度,不象出自道家之手。

(三)关于知的问题。

知,指智慧、智能言。儒家之讲知,亦尽人皆知,无需赘言。道家主去知,也是清楚的。《老子》说,"智慧出有大伪"(第18章),"绝圣弃智民利百倍","绝学无忧"(第19章),"民之难治,以其智多","古之善为道者,非以明民,将以愚之"(第65章),力主弃智以利民,愚民以治国,对智慧的厌弃达到深恶痛绝的地步。而《系辞传》恰相反,通篇所讲无非揭示《易》之奥秘,启示人们对《易》深刻理解,开发人们

的智慧，调整主观与客观的关系，以求趋吉避凶，争取事业成功。它说"知崇礼卑，崇效天，卑法地"，认为知是崇高的。它说道这东西"仁者见之谓之仁，知者见之谓之知，百姓日用而不知"，承认有知者在，说百姓不知，言外之意希望百姓有知。它讲"精义入神"，"利用安身"，"穷神知化"，讲作《易》者"聪明睿智，神武而不杀"，强调智慧之重要和可贵。

总之，《系辞传》希望人们聪明，不希望人们愚蠢，与老子不是一个想法。道家人物写不出这样的《系辞传》。

（四）关于文明进步的问题。

《系辞传》有"包戏氏没"、"神农氏作"、"黄帝尧舜垂衣裳"云云一段话，言及"日中为市，致天下之民，聚天下之货，交易而退，各得其所欲"和"服牛乘马，引重致远，以利天下"，以及"上古结绳以治，后世圣人易之以书契，百官以治，万民以察"等等，还津津乐道耒耜、网罟、衣裳、舟楫、杵臼、弓矢、宫室、棺椁等等物质文明的进步。

这段话显系后世人所窜入，不是孔子《系辞传》原物，因为孔子"祖述尧舜，宪章文武"，讲历史是"独载尧以来"，绝不言包牺、神农、黄帝的。但是这段话的基本思想是肯定、提倡社会进步，与道家大相径庭。老子主张"邻国相望，鸡犬之声相闻，民至老死不相往来"（第80章），庄子追求"织而衣，耕而食"，"同与禽兽居，族与万物并"，"同乎无知"，"同乎无欲"的"至德之世"（《马蹄》）。都鼓吹倒退，反对进步。窜入《系辞传》的这段话与道家不相谋，显然具有儒家色彩。

（五）关于刚柔问题。

《系辞传》每每刚柔连言，如"刚柔相摩"，"刚柔相推，变在其中矣"，"刚柔也者，立本者也"，"刚柔者，昼夜之象也"。其直接用意是讲六十四卦的构成与变化来自刚柔交错迭用。引申开来，它是在讲宇宙万物发展变化的实质与根源。《系辞传》的另一句话"一阴一阳之谓道"，表达的正是这一思想。道家也有这种思想，《老子》的"反者道之动"，与"一阴一阳之谓道"意义相同。但是一旦涉及应用，老子与《系辞传》便截然相反。老子贵柔，故讲"弱者道之用"，主柔弱胜刚强。《系辞传》主刚柔两可，故讲"君子知微知行，知柔知刚"。若联系《周易》全部经传看，有明显的扬刚抑柔倾向，与老子贵柔思想更加背道而驰。这是《系辞传》的又一儒家特色。

总之，宜看《系辞传》的整个思想体系。弃体系于不顾，着意分解某些词句与道家言论挂钩，然后宣布整个体系属于道家，这不是好办法。若照此法办理，《汉书·艺文志》属于儒家类的《新语》、《新书》、《春秋繁露》等等，非划归道家不可，而《吕氏春秋》、《淮南子》以及新见的帛书《黄帝书》等道杂著作，亦可划归儒家。儒亦道，道亦儒，儒道一齐，则《汉书·艺文志》可以休矣！

五　帛书《周易》经传出世，意义重大，证明《系辞传》思想属于孔子；《周易》流传有许多种，不是仅今本一种

帛书《周易》经传今已全部公诸于世，这在《周易》研究中是一件顶顶重要的大事，其意义不可低估。

（一）帛书《易传》充分证明《系辞传》是孔子作，思想属于《易经》，也属于孔子。司马迁作《史记》，班固作《汉书》，全是这么说的。欧阳修作《易童子问》，发现《系辞传》文字繁衍丛脞，内容往往自相乖戾，不似圣人语。欧阳修指出的是事实，《系辞传》确实有一些东西是后人窜入的，不是孔子的思想，如"包牺氏之王天下"、"河出图"、"包牺氏没，神农氏作"等段落，显然与孔子无涉。除此，还有些内容如"天一地二，天三地四"讲大衍之数和筮法那一段肯定是早已流传的前言旧闻。冠诸"子曰"的句系弟子记录孔子语。其余则出孔子手笔无疑。欧阳修因局部问题否认《系辞传》为孔子作，是不对的。

欧阳修说《系辞传》的"子曰"是讲师之语，现在看来是武断了。帛书《二三子问》直称"孔子曰"，恐怕没有办法说是讲师之语。《要》篇记与子贡对话者语为"夫子曰"、"子曰"，那夫子即子只能是孔子。顺此而言，《易之义》的"子曰"亦非孔子莫属。这样一来，《系辞传》的"子曰"只能是孔子曰，说是任何别的人都不合适。

帛书《缪和》、《昭力》两篇记史事较多，且晚至战国初期。所记问答语明明白白是缪和、吕昌、昭力同经师先生的对话，即使书"子曰"，读者也不会误以为是孔子语。

先秦著名人物言论涉及《易》的以孔子为最多。汉人司马迁、班固诸人的记载可以暂且不论，单看先秦留下的第一手材料也完全可以证明这一点。《论语·子路》有"子曰：南人有言曰：'人而无恒，不可以作巫医。'善夫，'不恒其德，或承之羞。'子曰：不占而已矣。"《礼记·缁衣》有"子曰：南人有言：'人而无恒，不可以为卜筮。'古之遗言与。《易》曰：'不恒其德，或承之羞，贞，妇人吉，夫子凶'。"《经解》有"孔子曰：'洁静精微而不贼，则深于《易》者也。'"《坊记》有"子云：'《易》曰：东邻杀牛不如西邻之禴祭，实受其福。'""子云：'《易》曰：不耕获，不菑畬，凶。'"《表记》有"子曰：'《易》曰：初筮吉，再三渎，渎则不告。'""子曰：'《易》曰：不事王侯，高尚其事。'"在先秦，有哪位知名的道家人士讲过如此多关于《易》的话，有谁对《易》之义理看得这样深透且善于应用到认识问题解决问题上，目前尚未发现。有什么理由一定说《系辞传》不出自孔子，是战国人作的！

帛书《要》篇记夫子答问《易》，这夫子是谁呢？问者是子贡，子贡称夫子的人难道会是战国黄老道家！无论怎样说都必须承认此夫子是孔子。此夫子曰："危者安其位者也，亡者保其存者也，乱者有其治者也。是故君子安不忘危，存不忘亡，治不忘乱，是以身安而国家可保也。"此夫子又曰："颜氏之子其庶几乎？见几有不善，未尝不知；知之，未尝复行之。《易》曰：'不远复，无祗悔，元吉。'"此夫子又曰："德薄而位

尊，□□鲜不及。《易》曰：'鼎折足，覆公𫗧。'言不胜任也。"此夫子的这些言论在今本《系辞传》记在"子曰"之下，毫无疑问是孔子的东西。不信传世本，帛书从地下掘出来，总该信吧。

帛书《要》篇说"夫子老而好《易》，居则在席，行则在囊"。若此言可信，则司马迁所说的"孔子晚而喜《易》，序《彖》、《系》、《象》、《说卦》、《文言》。读《易》韦编三绝，曰：'假我数年，若是，我于《易》则彬彬矣。'"（《孔子世家》）和班固说的孔子"盖晚而好《易》，读之韦编三绝，而为之传"（《儒林传》），亦不容不信。参照《要》篇记孔子讲的另一段话："后世之士疑丘者，或以《易》乎？吾求其德而已，吾与史巫同涂而殊归者也。"知道孔子自己已承认他于《易》负有责任，他治《易》重德义，不为卜筮。极吻合《系辞传》的精神。

（二）帛书《周易》经传的问世，证明孔子的《易传》流传下来的本子不是一种，是很多种。据《孔子世家》说，孔子弟子"身通六艺者七十有二人"，七十二位弟子都通《易》，不免各自往下传授。因为传授时各有所重，加上秦焚禁书《易》以卜筮不在其内，传授比较容易，西汉人就有可能看到不止一种《易传》本子。

据司马迁说，他的父亲司马谈曾示意要他"正《易传》，继《春秋》"。司马谈从杨何学过《易》，他说《易传》有正的问题，说明他见过《易传》不止一种。现在看到汉文帝时抄写的帛书《易传》，知道司马谈"正《易传》"的话不是偶出虚语，确实有多种《易传》存在。帛书《周易》诸篇，除《缪和》、《昭力》纯系战国人论《易》之外，其余全是自孔子那里经七十子传下来的，都是真品。另据朱伯崑先生考察，在《新书·胎教杂事》、《大戴礼记·礼察》、《礼记·经解》、《史记·自序》、《汉书·杜周传》、《汉书·东方朔传》中有"《易》曰：正其本而万物理。失之毫厘，差以千里"句，帛书本和传世本均不见，可能出于另一种本子。朱先生的见解是对的。

（三）帛书本和传世本但可言短长，不必论先后。为什么不必论先后？因为它们都传自孔子。何以见得帛书本《易传》也是孔子传下来的？由帛书本《系辞传》文句及基本思想与传世本大体一致，而其余部分如《二三子问》、《易之义》、《要》记载有大量孔子论《易》的言论和治《易》的事迹，甚至比传世本《易传》更具孔子色彩。

传世本《周易》经传自孔子弟子商瞿传下来，经田何传至宣、元时施雠、孟喜、梁丘贺、京房，立于学官，是为今文《易》。中秘另有古文《易》，民间有费氏《易》、高氏《易》。刘向曾将古今文《易》对校，发现这三种《易》基本相同，都是商瞿传下来的那种。据《晋书·束皙传》、杜预《左传集解后序》记载，晋武帝太康二年河南汲县出土的竹书《周易》上下篇也是这一种，只是有经无传。说明战国魏国已有鲁商瞿的本子。

后来郑玄、王弼、韩康伯作注，孔颖达作疏，用的本子都是这一个。这个本子影响特大，官方承认它，学者使用它，所以《史记》、《汉书》两《儒林传》较详细地记述了传授过程，以至于给人造成错觉，以为《周易》经传只有这一种本子。现在看来，这种认识不符合实际。帛书《周易》显然是不同于传世本的另一种。

（四）帛书《周易》经传是两回事，不是一回事。就是说它的传文不是解释它的六十四卦经文的。事情很明显，帛书六十四卦按八卦依次相重的顺序排列，乾卦虽居首，坤卦却在大后，末卦是益而不是既济未济。如果帛书《系辞传》是根据帛书六十四卦作的，它就绝对说不出"天尊地卑，乾坤定矣"的话，也不可能帛书所有传文凡解卦都以传世本卦序为准。

帛书《周易》经传不合的现象只能这样解释：第一，帛书六十四卦，辞与传世本同，但是卦序迥异，严格地说它已不是《周易》，它是孔子之后什么人出于某种特殊需要而编次的。第二，帛书《易传》与帛书六十四卦根本没有关系。它所解释的应当就是孔子所治的《周易》六十四卦，与传世本上下篇不一。它必自孔子传来，所以它的基本思想与传世本《易传》一致。第三，帛书《易传》与帛书六十四卦抄在一起入土，纯属偶然，是抄者信手拈来，亦未可知。

（五）帛书《易传》与传世本《易传》是可以论短长的。我们一向熟知传世本《易传》，不知另有其他。现在帛书本《易传》出世，为我们提供了先前不知道或不清楚的东西。例如它记载了孔子更多的言论，使我们更可以相信司马迁、班固说《易传》孔子作的话是有根据的。又如《说卦传》"立天之道曰阴与阳，立地之道曰柔与刚，立人之道曰仁与义"三句话，阴阳与柔刚有何区别，金景芳先生说他有点想法不敢说，因为没有根据。现在看过《要》篇，答案显然与他想的一样，阴阳是天上日月星辰的概言，代表天之道。柔刚是地上水火金土木的概言，代表地之道。因此也可知古人讲的五行不是别的，就是地上的水火金土木。天上日月星叫三辰，不可称五行；称五行，必是指地上的水火金土木。《礼记·礼运》的"播五行于四时"，五行也是水火金土木。五行次序是有意义的，今姑从《要》篇。

传世本《易传》七种十篇俱全，《周易》方方面面的问题它都有说明。帛书本《易传》未见《彖传》、《文言传》、《象传》、《序卦传》、《杂卦传》和《说卦传》的大部分，《系辞传》也不全。研究《周易》抛开传世本，光靠帛书本，是不行的。

窜入后世人的东西，是传、帛两种本子的共病。传世本窜入后人说的情形。上文说过。帛书本后人窜入的东西也不少。《二三子问》的"黄帝四辅，尧立三卿"，不是孔子传授的东西。孔子是不言尧以前的，"四辅"、"三卿"之说也没有依据。这两句话确实有道家味道，不象孔子语。《二三子问》孔子答龙之德，言"龙大矣"，言"能阴也"，言龙能"云变"、"蛇变"、"鱼变"。这一段文字亦不象孔子语。

《易传》流传于战国百家纷纭杂糅时期，辗转抄录于众人之手，窜入后人的东西，实乃理之当然，不足为怪。重要的是认识这一点，勿以假当真，以末充本，乃至把本属于孔子儒家的东西轻易地划归道家。

注释:

[1] 陈鼓应:《〈系辞传〉的道论及太极、大恒说》，载《道家文化研究》第3辑，上海古籍出版社1993年。

（原刊《国际易学研究》第二辑，1996年号）

《周易》的哲学精神

　　《周易》影响中国人精神生活数千年之久，至今不但势头不减，且越来越远及中国域外。此无它，乃其自身哲学精神的独特魅力使然。《周易》哲学精神的魅力何在？为使思维灵活些，以下不分章节，任我笨拙的思路层层说开去。

一

　　古有三《易》，六十四卦非《周易》所独具，前已有之。《周礼》有云："掌三《易》之法，一曰《连山》，二曰《归藏》，三曰《周易》。其经卦皆八，其别皆六十有四。"（《周礼·春官·大卜》）孔子也说："我欲观殷道，是故之宋，而不足征焉，吾得《坤乾》焉。"（《礼记·礼运》）郑玄说"夏曰《连山》，殷曰《归藏》，周曰《周易》"（孔颖达《周易正义》卷首引），又说孔子所言《坤乾》就是殷易《归藏》。（郑玄《礼记·礼运》注）如此说来，夏殷周三代各有《易》书，且都有八卦、六十四卦。这一点对于我们了解《周易》至关重要。

　　六十四卦虽早已存在，但是排列次序三《易》必不相同。《连山》，顾名思义，必《艮》卦居首，其含义今已无从知晓。《归藏》，既又称《坤乾》，必《坤》卦居首，《乾》卦居《坤》卦之后，其含义如何今亦难明。然而有一点可以肯定，它若有卦辞的话，《坤》卦不会是"元亨利牝马之贞"，《乾》卦不会是"元亨利贞"。而且可以知道它贵柔顺，重母统，与《周易》谓天施地生、刚柔迭用者迥异。

　　据此我们会产生一点理解，《周易》特殊之处首在卦序，所谓周文王演《易》，可能是按照他的思想重新排列六十四卦顺序。不是益八卦为六十四卦。六十四卦早已存在，不待周文王重。《周易》以《乾》卦居首，《坤》卦次之，其含义与《乾》、《坤》两卦卦辞密合无间。排列《周易》卦序者与系卦辞者必为同一人。如果卦辞出于周文王之手，那么排卦序的人也应当是他。我强调这一点，是因为它对于我们了解《周易》的哲学精神很重要。我们仅仅注意到《周易》是经过很长的时间，通过多人的智慧创作而成，远远不够，还要知道《周易》之产生是《易》发展史上的重大突破，是《易》走向成熟的标志。

二

　　《周易》传依经而作，经因传而兴，经传一贯，相辅以成。此道理豁显，不应成为问题，然而问题自古迄今一直存在。朱熹就把经传劈成两截看，他说，"八卦之书本为占筮，方伏羲画卦时止有奇偶之书，何尝有许多话说。文王重卦作繇辞，周公作爻辞，亦只是为占筮设，到孔子方始说从义理去"。"盖《易》只是个卜筮书，藏于太史太卜以占吉凶，亦未有许多话说。及孔子，始取而教，绎为'十翼'，《彖》、《象》、《系辞》、《文言》、《杂卦》之类，方说出道理来"（《朱子语类·易类》）。在朱熹这里，整个《周易》是一部彻头彻尾彻里彻外的卜筮书，并无哲学可言，孔子作"十翼"是自外加入些道理，非《周易》之本义。

朱熹这一认识影响至深且久，直至今日人们未摆脱它的束缚。今日只是对"十翼"的评价有所提升，对《周易》经的部分则贬抑如故。例如徐复观先生认为《周易》原是卜筮之书，其卦辞爻辞"有如今日江湖术士的测字看相算命，除了反映当时若干的流行观念或社会事物以外，原无多大哲学意味、思想价值的。赋予《周易》以哲学的意味，当来自作为《易传》的'十翼'"。[1]"《易传》的作者，导入阴阳的观念而加以发展，这对卦爻的解释是一大进步"。徐先生对《易传》哲学意味的肯定略有加重，而将《周易》经传劈作两截则比朱熹更加明确，对《周易》经部分思想价值的贬抑尤胜过朱熹。朱熹毕竟未曾否认八卦、六十四卦的阴阳观念，而徐先生却说阴阳观念《易经》本无，是《易传》的作者导入的，给《周易》经传之间划上一道更大的隔限。

把《周易》经传劈为两截，分别对待的观点，已为中国大陆和台湾易学界越来越多的人所接受。我不赞成这一观点，因为它不符合事实。事实是怎样的呢? 事实是孔子依经而作传，传因经而发。经包括八卦、六十四卦、三百八十四爻、卦辞爻辞，孔子一一加以解释、说明，加以总体的开掘，因而有"十翼"之作。"十翼"固然非全出孔子亲撰，其中有前贤遗说、后人窜入以及弟子追记孔子生前言论，可是思想应属于孔子。属于孔于，也属于《易》。《易传》思想水平或高过经，但不至于与经有歧义。例如阴阳观念，从八卦产生时起已经存在。——、——两个符号就是阴阳。倘无阴阳，八卦、六十四卦、三百八十四爻何由而来?《易》虽不用阴阳二字。阴阳的观念是有的。孔子说:"《易》之义谁（唯）阴与阳，六画而成章。"[2]可见阴阳观念乃《易》所固有，非孔子导入。阴阳是中国人最早的哲学观念之一。《连山》、《归藏》、《周易》都使用它。至于用语言表述，写成文字，早在西周幽王二年，伯阳父议论三川皆震时，就说:"阳伏而不能出，阴迫而不能蒸。"（《国语·周语上》）因此不能说阴阳观念是道家、阴阳家的发明和专利。有人咬定《易》中阴阳观念是《易传》导入的，是因为他们要把《周易》经传劈作两截。

我们从另一角度也可证明《周易》经传浑然一体，不可隔限。《周易》本有卜筮的一面，又有哲学的一面。《易传》释经舍卜筮而取哲学。孔子说:"《易》，我后其祝卜矣，我观其德义耳也。幽赞而达乎数，明数而达乎德，又仁口者而义行之耳。赞而不达于数，则其为之巫; 数而不达于德，则其为之史。史巫之筮，乡之而未也，好之而非也。后世之士疑丘者或以《易》乎? 吾求其德而已，吾与史巫同涂而殊归者也。""《易》又（有）天道焉，而不可以日月生（星）辰尽称也，故为之以阴阳。又（有）

地道焉，不可以水火金土木尽称也，故律之以柔刚。又（有）人道焉，不可以父子君臣夫妇先后称也，故要之以上下。"[3]孔子这些自白的话明白无误地告诉我们，他对《易传》负有责任，有解释权；他与史巫都治《易》，而指归不同。巫知用不知数，史知数不知德。他则"观其德义"，"求其德"，而且是"而已"，不涉筮数。"德义"、"德"所指其实是哲学。讲《易》重哲学不言卜筮，岂不正是《易传》的特点。言"观"言"求"尤堪注意，《春秋》其义孔子言"窃取"（《孟子·离娄下》），意谓他据鲁史旧文而加入己意，故司马迁说孔子"作"《春秋》（《史记·自序》），《易》之德义孔子言"观"言"求"，意谓他观《易》之象探求《易》之德义而非另有所加，故司马迁说孔子"序"《易传》（《史记·孔子世家》）。司马迁用词不苟，所言"序"《易传》正合孔子本意。严格地说，《易传》不可言作，所言道理全是由《易》中"观"出"求"出的。

我之所以不赞成把《周易》经传劈作两截，还因为劈作两截实质上是要把《周易》哲学一股脑儿归诸《易传》，贬《易》之经只是卜筮之书，另无其他。这不合情理也不合事实。倘若《周易》经传可劈作两截，则《周易》经部分之义不明，《易传》之义失据，而整个《周易》的哲学精神不显。《周易》经传哲学必须一并看。

三

我以为《周易》哲学与中外别的哲学相比，第一个独特之处是它的思维方式。《周易》的思维方式有两个特点，即使用非语言符号思维及其浑沦性。这使它在全世界的古今哲学体系群中碣然特立，独一无二。说《周易》的思维是符号思维，固然不错，但是不准确。任何思维都离不开符号，符号思维不能构成任何思维的特点。《周易》思维独特之处在于它所用不是语言符号。八卦、六十四卦、三百八十四爻不表示音节、字义、概念，不是语言。用非语言符号组成一个完整圆融的系统，而把具体世界和价值世界囊括无遗，除《周易》这个哲学体系之外，找不出第二个。

这当然不待后世人发现，孔子早就斩钉截铁地说过，"书不尽言，言不尽意。然则圣人之意其不可见乎？圣人立象以尽意"（《周易·系辞上》）。我们称做非语言符号，孔子称做象，其实一也。象或非语言符号，问其究竟，又是什么呢？它不是具体的形象、影像、画像，它是由具体达于抽象的象，是超越语言和任何具象的象。它具有普遍意义，能反映具体世界和价值世界的各类关系以及形上之道。

《周易》这种思维方式极其特殊，把它归入任何一类思维方式都不合适。艺术创造如文学、绘画、音乐、雕塑等等的思维是形象思维，即借助具体的个别的形象表现一定的思想或美感经验。《周易》的象是抽象的、普遍的，当然不属于这一类。理论作品如古今中外众多的哲学、经济学、政治学、教育学等著作的思维是抽象思维，即借助语言符号通过概念、命题、推理等逻辑手段表现思想。《周易》不使用语言文字符号和概念、命题、推理的办法表达思想，故也不属于这一类。还有一种实质是直觉思维的所谓灵感思维。《周易》的思维与这种思维尤其不相干。《周易》的思维是特殊的抽象思维,即非语言符号的浑沦思维。

那么用文字表达的卦爻辞是不是非语言符号思维呢? 我以为也是。卦爻辞虽然表现为语言,究其实,还是象。卦爻辞是对卦爻象的摹拟,不是分析、论述。故就思维而言,它徒具语言的形式,而实质是象。孔子于卦爻辞称系不称作,大概也出于这个原因。再者,卦爻辞摹拟卦爻象的方式是浑沦的而不是分析的。象数派易学家们把卦爻辞乃至《易传》的一字一词都分别落实到象上,所谓"《周易》一字一象,亦遂一象一义。《周易》无闲文并无虚字"[4],不符合《周易》实情。若果能如此,系卦爻辞则变成了对神秘意码的破译,连思维也不是。这样的卦爻辞非神系不上,非神读不懂。

另一种意见,认为卦爻辞的语言"也可谓之'《易》三体:赋、比、兴',即事实描述之语言,隐喻意蕴之语言,与创造幻想力之语言,后者尤赖诸象征化妙用,使意义充分发挥而彰显"[5],也不合适。用赋、比、兴说卦爻辞,等于把辞与象分开,单独看辞。然而辞犹象,辞、象分不开。象不能说以赋、比、兴。"元亨利贞"这条辞是摹拟《乾》卦卦象的,其涵义是健,你说这健是赋是比还是兴!

总而言之,卦爻辞和卦爻象一样,都是非语言符号的浑沦思维。唯其是非语言符号思维,才能尽意,才能"成天下之务","冒天下之道"(《周易·系辞上》)。

四

关于天概念。《周易》哲学始于八卦,而八卦以自然之天的天概念的产生为前提。自然之天的天概念产生于何时,八卦即产生于何时。中国自然之天的天概念产生于尧的时代,与当时天文学的发展有关。《尚书·尧典》讲"乃命羲和,钦若昊天,历象日月星辰,敬授人时","期三百有六旬有六日,以闰月定四时成岁"。这表明尧时人们对于天的认识发生突破性进展。先前对苍苍茫茫的天和日月出没盈亏的现象不能看不见,但是不认识,不知道年、时、月、日,只能根据更原始的火历即观察天上之二十八宿东方苍龙七宿之一的大火(心宿二)的视觉动态确定春种秋收时节以及安排极其粗糙的生活时序。在实行火历的时代,人们不知天的本质是什么,把天想像为有意志的主宰之神是必然的。现在不同了,以日月运行为内容的阴阳历产生了,落后的火历被取代。由于人们注意到太阳和月亮的行踪,发现它们在某些恒星星座上的有规律而无差忒的定期交会,一个广阔的、具体的天体世界在面前展开了。这个新世界的界限虽然不知道,它在人类足下的大地之上之外却是清楚的。于是在中国思想史上在主宰之天的天概念之旁第一次产生了自然之天的天概念。于是八卦的产生才成为可能。因为八卦之《乾》《坤》两卦之健顺性质是用自然之天与地表象的,《系辞传》说包牺氏始作八卦,肯定不可信。那段话讲圣人仰观俯察远取近取作八卦虽有道理,却必是后世人所窜入,非孔子旧文。

高怀民先生说"以天为有意志的神道思想"是民间的信仰,"知识分子在思想中已视天为哲学的形上义"[6],可谓真知灼见。中国古代确实如此。平民百姓以天为有意志的神,知识分子尤其是突出的思想家则以天为哲学的形上义,不以为神。但是出于神道设教的目的,思想家们一面在哲学上坚持天的形上义,一面在现实生活中又提倡郊天祭祖。这种情况自尧时产生八卦时已经开始,孔子及后世儒家一直如此。了解这一历史的事实,才能真正了解中国古代哲学家尤其孔子的思想底蕴。荀子说:"雩而雨,何也? 曰无何也,犹不雩而雨也。日月食而救之,天旱而雩,卜筮然后决大事,非以为得求也,以文之也。故君子以为文而百姓以为神。以为文则吉,以为神则凶也。"(《荀子·天论》)《周易》原本起于卜筮然而其天概念却纯是自然之天,其整个的哲学精神不见有神道的意味,《易传》更是如此。至于孔子本人,作为一位聪明睿智的哲人,治《易》与史巫不同,不问占卜而重义理。他的天概念内涵必然是自然之天。

表现在《论语》里,孔子说"唯天为大,唯尧则之"(《论语·泰伯》),"天何言哉,四时行焉,百物生焉,天何言哉"(《论语·阳货》),既言尧效法,四时行,百物生,天当然是自然之天。孔子特重祭祀,强调郊天祭祖,则是出于历史的局限,出于神道设教的用心,即荀子讲的"君子以为文",不代表他的哲学精神。

五

关于道。中国古代哲学意义上的道字,是两个概念。《老子》第一章讲"道可道,非常道",这可道之道即非常道,是变动不居,存在于天地万物中的道,亦即《管子》说的"道之与德无间"(《管子·心术》)的道,《庄子》说的"在蝼蚁","在稊稗","在瓦甓","在屎溺","每下愈况","无乎逃物"(《庄子·知北游》)的道,《中庸》说的"不可须臾离也,可离非道也"的道。《周易》讲的天之道、地之道、人之道等等是这个道。此道不具有本体性质。

另一个道是不可道的常道。《老子》第十四章、第二十一章、第二十五章和《庄子·大宗师》描述的就是这个常道。它的性质是无德无舍,独立不改,生天生地,超越时空。它显然与柏拉图的"观念"、黑格尔的绝对精神相似,在中国先秦是独属于道家的本体论范畴。有无此范畴,是道儒两家界限之所在。我说道儒是两个根本不同的哲学体系,以此。中国大陆学界时下正有《易传》属道属儒的争议,我力主《易传》属儒不属道,亦以此。

《周易》不讲常道。《周易》具有本体意义的范畴是太极。太极是什么,各家说不同。汉儒说,"太极元气,函三为一"(《汉书·律历志》),"极中之道,淳和未分之气也"[7],"惟初太极,道立于一,造分天地,化成万物"(《说文解字》一部)。朱熹说:"易者阴阳之变,太极者其理也。"[8]宋儒说太极,大多与朱熹同。汉儒谓太极是气,是天地万物之根,是对的。宋儒以理释太极,不足取。张岱年先生说:"太极是天地未分的原始统一体。"[9]是关于太极的恰当的现代表述。如果说《周易》有本体论的话,那么太极就是。但是太极不像西方哲学所谓与现象对立的、是现象背后的唯一实在的本体。

《周易》的道是非常道，有德有舍，与物不可须臾离。此道不是道家的常道，也不是太极。《系辞传》所说"一阴一阳之谓道"，"形而上者谓之道"，是《周易》道概念之根本定义。然而各家解释不同。崔憬说："凡天地万物皆有形质，就形质之中，有体有用。体者即形质也，用者即形质上之妙用也。言有妙理之用以扶其体，则是道也。"[10]以体用说形下之器、形上之道，有一定的道理。朱熹说："阴阳是气不是道，所以为阴阳者乃道也。若只言阴阳之谓道，则阴阳是道。今曰'一阴一阳'，则是所以循环者乃道也。"（《朱子语类》卷七四易类十）又朱熹答"形而上下，如何以形言"问说："此言最的当，设若以有形无形言之，便是物与理间断了。所以谓'截得分明'（按：程颐语）者，只是上下之间，分别得一个界止分明，器亦道，道亦器，有分别而不相离也。"（《朱子语类》卷三二易类六）说所以为阴阳者乃道也，所以循环者乃道也，说道器不离，道器皆形，区别在于一在形上一在形下，这也是对的。

《周易》的道是有价值意义的。天之道、地之道等自然界的道，是具体世界中客观存在的，本无价值可言，然到得《周易》里，任何道都有价值意义。《系辞传》紧接"一阴一阳之谓道"之后是"继之者善也，成之者性也"两句。宇宙万物处在永恒的生生不已的变化中，变化即流行，流行表现为过程，过程始而有终，终而复始，亦即元亨而利贞，贞下又起元。这就是继。继必流行畅通，无窒无碍。这就是善。一阴一阳之继继不断地流转，实无道德价值可言，《周易》却以为它是人间道德的一个根源。故大象有"天行健，君子以自强不息"，"地势坤，君子以厚德载物"之语。《周易》凡言道皆有善义，如"乾道变化，各正性命"（《乾·象传》），"坤道其顺乎"（《坤·文言》）。孔子本人亦如之，如"就有道而正焉"（《论语·学而》），"天下之无道也久矣"（《论语·八佾》），"朝闻道，夕死可矣"（《论语·里仁》），天道地道皆善，人间修行的最高目标也就是仿效这个善，成就这个善。故《乾·文言》说只有大人（圣人）能"与天地合其德"。宋人称此义曰"天人合一"，至为切当。牟宗三先生说："中国人始终认为这也无非求这个'继'之善。"[11]亦极得要领。

六

关于生成哲学，《周易》运用八卦、六十四卦、三百八十四爻的非语言符号系统展现了一幅完美的、具有鲜明特色的宇宙论体系。有人称之为生命哲学，有人称之为生成哲学。称生命哲学，多少含有神秘色彩，称生成哲学则准确地揭示了《周易》之自然哲学的特质。最早把《周易》作为自然哲学加以研究的，是清人胡煦。胡氏著有《周易函书》，收入《四库全书》。他的易学属于我一向不以为然的汉易象数派系统，但是他花大工夫探索《周易》自然哲学本质，我又不能不赞同。

胡煦正确地肯定《周易》是拟象以言道之书，非占卜之书，否定汉宋人的卦变说，在很大程度上超越了象数派易学的界限，从而揭示了《周易》生成哲学的真面目。依胡氏的研究，《周易》生成哲学可概括如下：一、天地万物在流行变化中生成，生成表现为继继不断的过程。《周易》哲学的全部意义就在于表现这生成的过程。二、乾坤不等于天地，乾坤抽象而天地具体。乾坤即阴阳即刚柔，刚柔相索相交产生八卦、六十四卦。八卦是八种变化的态势，不是八种要素。三、元亨利贞是乾之四德，不关人事。它大体反映天地万物生而又生的过程。元相当于太极，亨动而阴阳剖判，乾与坤交，是以利贞而生成定体。四、生成过程表现为无穷多的时位兼俱的点，六爻是一个定体中无穷多时位兼俱的点的概括。六爻构成的一卦显示一个定体即一个过程。五、《象传》之内外往来上下始终八字的意义是阐释体卦主爻、刚柔动静的关系。初上九六二三四五八个字命爻显示一卦由爻时位构成的生成过程。六、太极是一切生成过程的究竟本根。

胡煦《周易函书》虽然过于拘泥象数，却彻底抛弃了汉易象数派的错误方法，《周易》不同于西方哲学的本体论、宇宙论体系因此被他揭示出来。

七

关于时中观念。《周易》既讲变化，变化必表现为过程；既是过程则必有时（当然也有空），时通过卦爻表现。六十四卦是个大过程，一卦即此大过程之一时。只一卦无所谓时。六爻成一卦，一卦是个小过程，一爻即此小过程之一时，只一爻也无所谓时，时在六十四卦和六爻的流行变动中显。故有"六位时成，时乘六龙"（《周易·乾·象传》）和"卦者时也，爻者适时之变者也"[12]之说。《周易》六爻当位为好，居二五之中为最好。这是因为当位居中恰是变而通之时。表现在自然界是阴阳调谐，刚柔和顺，一切全无窒碍。推及人事，是关系顺遂，行为合宜，在在不见抵牾。

就人事而言，行为合乎时宜是中，故孔子时、中连言，讲"君子而时中也"（《礼记·中庸》）。时中，究其极，就是中。中是《周易》哲学精神的一大特色。它源自尧舜。尧禅位与舜，舜与禹，皆交代"允执其中"一句话（《论语·尧曰》）。至孔子、孟子而发扬光大。孟子以权喻中（《孟子·离娄上》），最为明通。孔子讲"无可无不可"（《论语·微子》），和"过犹不及"（《论语·先进》），是中之确解。前句指示做事要因时制宜，把握时机。后句指示因时制宜之后，行动起来还要把握分寸，使无不及亦无过。子思作《中庸》，发挥《周易》中哲学，创中和概念，以喜怒哀乐之未发喻中，发而皆中节喻和，谓中为天下之大本，和为天下之达道，尤具理论意义。这等于中概念被施用于本体和现象界，未发而真实存有的中称中，犹如本体。已发亦真实存有的中称和，犹如现象界。中与和其实是一，不是二。由此可见《周易》和《中庸》不把本体与现象分开对待。

后世儒家如朱熹就不同了，朱熹对《周易》及《中庸》的中哲学实际上不曾理解。儒家有个道统说，其内容是"允执其中"的中，由尧舜禹汤文武周公传到孔孟。朱熹以继统者自居，给道统加上"人心惟危，道心惟微，惟精惟一"[13]三句，为他的人性说张本，冲淡了中哲学的意义。且又释中为"不偏不倚"[14]，抛弃了"无可无不可"、"未发谓之中，发而皆中节谓之和"的正解，阉割了中哲学的精髓。不能说朱熹是真懂《周易》的人。

八

关于仁知。《周易》首先面向自然界，由天道说起，而其终极关怀在人间。《周易》的自然哲学毕竟落实在人文精神上。所以《周易》讲伦理讲道德。《周易》最令人折服的一点，是它把人置于顶天立地的地位。人在《周易》中是主体也是客体，首先是主体。人是主体，且人本身就是目的。自然界仅仅在对人有价值的时候，才被重视。人为了完善自己才须修养，修养不是为了任何别的目的。孔子讲"古之学者为己"（《论语·宪问》）是也。这是《周易》人文精神之根本处。

《周易》的道德哲学极丰富，但是主要在于仁知两项。成就一个完善的人格须仁须知。仁者是君子，仁知俱足是圣人（或称大人）。这理想的、超拔的人首先植根于现实之中，故孔子有《周易》"立人之道曰仁与义"（《周易·说卦传》）之说。这是说仁义是人之为人的两个必备条件。什么是仁义？孔子说，《周易》"有人道焉，不可以父子君臣夫妇先后尽称，故要之以上下"[15]，这里用"上下"代替"仁义"，是知仁义是现实人伦关系亲疏尊卑等差之概念表示。孔子又说："仁者人也，亲亲为大；义者宜也，尊贤为大。亲亲之杀，尊贤之等，礼所生也。"（《礼记·中庸》）又说仁者"爱人"（《论语·颜渊》）。是又知仁义是人间伦理关系的产物。它只说人，不关万物。其要点是爱人。谁爱人？我爱人。"爱人"这句话实不简单，它的用意在于凸显每一个人的自我，自我的独立人格。在此，能否行仁行义，关键在自我，自我才是第一重要的。所以孔子又有"己欲立而立人，己欲达而达人"（《论语·雍也》），"己所不欲，勿施于人"（《论语·颜渊》），"为仁由己，而由人乎哉"（《论语·先进》），"我欲仁，斯仁至矣"（《论语·述而》）之一系列能仁与否全在自我的言论。同时由此也看出，独立人格之根源首先在人伦关系，其次才是内在精神状态的表露。朱熹讲"仁者爱之理，心之德也"[16]，非《周易》义。至于为仁之方，就《周易》而言，不重内省，而主践履，与宋明理学家的主张不同。

知，是智慧上事，也是德目。知者须"知微知彰，知柔知刚"，"见几而作"（《周易·系辞下》），把握中道，极高明者达到"精义入神"、"穷神知化"（《周易·系辞下》）之德盛仁熟的程度。此极难能，非圣人做不到。故孔子说："天下国家可均也，爵禄可辞也，白刃可蹈也，中庸不可能也。"（《礼记·中庸》）

九

关于由天道推及人事。《周易》究竟如何将自然哲学与道德哲学统一起来，是个严重的大问题。古人只说："似《易》之为书，推天道以明人事者也。"（《四库全书总目提要》经部总叙易类）怎样推天道以明人事，并不得要领。今人牟宗三先生说："中国式的道德观即是人间行为的相互关系的至当之则"，而《周易》"完全承认自然之条理，即具体世界的变动是有条理的，并不是混乱。道德上的当与不当即建基于此"。"世界本来是有条理的，故用不着柏拉图的理型世界。道德律即是天地之节，所以用不着康德的先天的超越的克己律。即既不用出世，复不必后返，于变动的具体世界中求之即可"[17]尽管这话是牟氏青年时代在北大读书时讲的，我还是以为很朴实很贴切，符合《周易》的哲学情神，因而并非不成熟。他的道理不难理解：《周易》首先把具体世界的相互关系的条理性、秩序性揭示给人看，然后告诉人们人间行为的相互关系亦当如此。然而事实不如此，那么人就须从自身做起，调整之，克服之，使"与天地合其德，与四时合其序"（《周易·乾·文言》）。《周易》指示个体的人应当做的，没有别的，就是"进德修业"，"学以聚之，问以辩之，宽以居之，仁以行之"（《周易·乾·文言》），"敬以直内，义以方外"（《周易·坤·文言》），工夫全在向外的践履上。我只能补充一点：人间的道德追求除天道的根源之外，现实的人间相互关系的制约，也是一个动力。这显然与古希腊、近代西方根本不同，与中国道家大为不同，与后世儒家有所不同。《周易》这一哲学精神，对当代中国人的精神、文化建设必将起积极的作用。

十

把上述讨论概括如下：一、《周易》的哲学精神与古希腊、近代西方以及中国道家老庄都不同，它用象即一种全世界独一无二的非语言符号系统进行浑沦的而不是分析的抽象思维，因此它反映的生成变化中的世界必是整体的、统一的。二、它涵盖自然与人，绝不把具体世界、价值世界分作两截。它由天道推及人事，追求天人合一，而重点在人。它的伟大人文精神主要表现为两点：第一，人本身就是目的，一切从个体人的自我出发。第二，它设想的独立人格既是超拔的，又深植根基于现实之中。故完善而可行。三、它由经传一致构成的体系展现了与众不同的本体论、宇宙论。它的中、太极、道、仁、知诸概念，它的实践意识，是中国传统文化的理论脊梁。四、这就是《周易》的哲学精神！它坚定地自远古走来，它古老，鲜活，富于魅力，它将陪同并鼓舞现代中国人直面21世纪的文化挑战，勇敢地向未来走去。

注释：

[1]《徐复观集》，群言出版社1993年，第289、292页。

[2][3][15]陈松长、廖名春：《帛书〈二三子问〉、〈易之意〉、〈要〉释文》，《道教文化研究》第三辑，上海古籍出版社1993年，第435页。

[4]胡煦：《周易函书》，台北影印文渊阁《四库全书》第48册，第848页。

[5]《方东美集》，群言出版社1993年，第271页。

[6]高怀民：《补全本中国先秦与希腊哲学之比较》，作者自印，台北，1988年，第195页。

[7]郑玄：《周易郑注》，王应麟辑，丛书集成初编本，商务印书馆1936年，第93页。

[8]朱熹：《周易本义》，天津市古籍书店1986年影印本，第314页。

[9]张岱年：《中国哲学发微》，山西人民出版社1981年，第374页。

[10]李鼎祚《周易集解》引，见李道平《周易集解纂疏》，丛书集成初编本，商务印书馆1936年，第416页。

[11][17]牟宗三：《周易的自然哲学与道德函义》，文津出版社1988年，第326、270页。

[12]王弼：《周易略例》，见楼宇烈《王弼集校释》，中华书局1980年，第604页。

[13]朱熹：《中庸章句序》，见《四书章句集注》，中华书局1983年，第14页。

[14]朱熹：《中庸章句》题下注，第17页。

[16]朱熹：《论语集注》，见《四书章句集注》，中华书局1983年，第48页。

（原载台湾大学《哲学杂志》总第16期，1996年）

《汤誓》新解

〔序说〕

谈四个问题。第一,汉初伏生所传今文《尚书》是孔子论次的,《史记·儒林列传》说孔子"论次诗书",是可信的。据《汉书·艺文志》说,西汉时期鲁共王刘余坏孔子宅所得古文《尚书》(或云即孔氏家传本)中有二十九篇与伏生传授的今文《尚书》同,另多出十六篇。又据马融、郑玄《书序》注,古文十六篇属于《商书》部分的有《汤诰》、《咸有一德》、《典宝》、《伊训》、《肆命》、《原命》六篇(孔颖达《尚书正义》《尧典》篇题下引)。《汤诰》篇在今文《汤誓》之前,其余五篇在《汤誓》之后。

今文《尚书》是汉初伏生凭记忆传授的,他是不是由于忘记而把十六篇漏掉了呢? 我们认为不是。一般来说,记漏某些字句或段落有可能,漏掉十多篇全文则不可能。事实上,伏生要传授的只有这二十九篇,其余诸篇他根本就不想传授。有一个问题能证明这一点,《尚书大传》记孔子说:"《尧典》可以观美,《禹贡》可以观事,《皋陶》可以观治,《洪范》可以观度,'六誓'可以观义,'五诰'可以观仁,《甫刑》可以观诚。通斯七观,书之大义举矣。"此"七观"所涉及的篇目不出今文二十九篇之外。《尚书大传》出自伏生之手,他知道孔子有"七观"之说,说明他传授的二十九篇是他历来习读的《尚书》足本。汉初他传授《尚书》只讲二十九篇,不及其余,不是出于他主观意图或者由于遗忘,而是《尚书》在先秦存在一个二十九篇的本子。

伏生传授的这二十九篇本子很可能就是孔子"论次"的。汉代鲁共王坏孔子宅所得的古文本子应当是未经孔子"论次"的本子,其中有孔子留取的篇目,也有孔子删掉的篇目。当然这是我们的推测,缺乏直接的证据,不能视作定论。

第二,成汤以为国号的商应是契之孙相土迁于商的商。《左传》襄公九年记士弱说,"陶唐氏之火正阏伯居商丘","相土因之"。服虔说:"相土居商丘,故汤以为天下号。"王肃《书序》注说:"契孙相土居商丘,故汤以为国号。"(孔颖达《左传正义》引)士弱和服、王的说法是正确的。成汤以为国号的商,得自相土迁商的商。商即西周初封微子于宋的宋,亦即今之河南商丘。

相土自何处迁于商呢?《荀子·成相》说:"契玄王,生昭明,居于砥石迁于商,十有四世,乃有天乙是成汤。"《世本》说,"契居番","昭明居砥石"。相土是昭明之子,昭明居砥石,是知相土自砥石迁于商。《淮南子·地形训》说:"辽出砥石。"高诱注说:"砥石,山名,在塞外,辽水所出,南入海。"是知昭明所居之砥石在辽河发源处，即今内蒙古自治区昭乌达盟克什克腾旗之白岔山。

"契居番"的番在何处呢?《谷梁传》哀公四年:"六月辛丑,亳社灾。"《公羊传》"亳社"作"蒲社"。《史记·赵世家》:"秦攻番吾。"张守节《正义》说:"上音婆,又音盘,又作蒲。"是知番、蒲、亳三字古音同,可以通作。那么,"契居番"就是契居亳。又据《左传》昭公九年"肃慎、燕亳,吾北土也"的说法,燕亳与肃慎并列,燕亳当是一地,不是燕与亳。燕亳与肃慎邻近。《左传》既言燕亳"吾北土也",则燕亳地处中原之北方无疑。

王国维《北伯鼎跋》说北伯之北是古之邶国,邶即周封召公子于燕的燕。又《逸周书·作雒》说:"武王克殷,乃立王子禄父俾守商祀。"《汉书·地理志》说:"邶以封纣子武庚。"《帝王世纪》说:"殷都以北为邶。"邶不是纣都、而是在纣都以北。为使武庚守商祀而必封于邶,则邶(即燕)是契所居之番(即亳)是可以肯定的。亳是殷商的发祥地,故后来商虽屡迁,而亳名不废。

契所居之番就是亳,就是周初击败武庚叛乱之后封召公子于燕的燕。契之孙相土自砥石迁于商的商就是周封微子于宋的宋,即今河南商丘。征诸文献,是没有问题的。

但是古人大多未曾注意及此,而把商的发祥地往往搞错。《史记·殷本纪》说契"封于商",郑玄乃附会说:"契始封商,遂以商为天下号。商国在太华之阳。"(孔颖达《尚书正义》、《殷本纪》集解引)《括地志》亦云:"商州东八十里商洛县,本商邑,古之商国,帝喾之子契所封也。"孙星衍《尚书今古文注疏》取此说。这是错误的,错误的根源在《史记》。历史上只有契之孙相土迁于商之事,无契封于商之实。当时是原始社会,契是一部落酋长,部落及其居地是自然形成的,无所谓封建。契的居地在番,即燕亳,与陕南之商洛无涉。汤之用为国号的商实取自契孙相土迁于商的商,即后来的宋,今之河南商丘。由于《史记》搞错,后人附合《史记》,也跟着搞错。

持这一错误说法的人往往引《诗》作证。《殷本纪》司马贞《索隐》说:"尧封契于商,即《诗·商颂》云:'有娀方将,帝立子生商'是也。"(按此出《诗·长发》篇)孔颖达《左传正义》襄公九年"相土因之"句下亦引《诗·玄鸟》"天命玄鸟,降而生商"语证"契封商"。

《诗》说不错,是后人理解错了。《商颂》是成汤以后人作的。"生商"的商是诗人站在后世的立场追述先人历史时不得不使用的国号。犹如今日我们中国人把华夏与夷狄的历史一概称作中国的历史,其实古代中国的国号相继叫做夏商周秦汉魏晋宋齐梁陈魏齐周隋唐宋辽金元明清等等。商之名始于相土,至契十四代孙成汤建立国家,正式定国号为商。契的后代于是自称商人。《诗》言"生商",是说他们的始祖契是有娀氏女吞玄鸟卵而生的。其中没有契居于商地的意思。司马迁"契封商"的说法很可能是由误解《诗》"天命玄鸟,降而生商"的语意而来。

第三,关于汤武革命的问题。孔子"论次诗书",把上古遗存下来的众多记事的篇章删定为《尚书》二十九篇,删存去取是有深意的。以《尧典》为首篇,尧以前全不取，其深意，在《尧典》解里已有说明。这里说说《汤誓》。《商书》中除《汤誓》之外还有《汤诰》、《咸有一德》等多篇，孔子皆不取，却留《汤誓》作为第一篇，这绝非偶然。孔子很重视汤革夏命这一历史事件，以为有重大的历史意义。基于同样的认识，孔子把《牧誓》列为《周书》的第一篇，又把《甘誓》存留于《虞夏书》中。《牧誓》讲武王伐纣，《甘誓》讲启征有扈氏，都是革命事件，具有革命的意义。

古人有意把这些有重大历史意义的革命事件记录下来并且予以留存，很不简单。孔子认识这些事件的意义，把它们编入《尚书》二十九篇中，更不简单。孔子还把《汤誓》讲的汤革夏命和《牧誓》讲的武革殷命概括为"汤武革命"，写入《周易》革卦《彖传》，其文曰："天地革而四时成，汤武革命，顺乎天而应乎人，革之时大矣哉。"孔子视汤武革命为顺天应人之事，以为人间的革命行动如同天道四时交迭一样合情合理。从这一点看，孔子的确是一位思想深刻的历史家。后世有人把孔子说成复古派，甚至说成是食古不化的人，真真是误解了孔子。我们今日研读《汤誓》，应当解除这一误解。

第四，关于汤伐桀时汤都与桀都地望问题。汤都地望应以蒋廷锡《尚书地理今释》之说为是。蒋氏说："盖汤未伐桀居南亳，后自南亳迁西亳。与葛伯为邻乃居南亳时事。"是汤在伐桀之前居南亳，之后迁西亳。《汉书·地理志》河南堰师县班固自注云："尸乡，殷汤所都。"又山阳郡薄县臣瓒注云："汤所都。"蒋廷锡说"尸乡在今开封府堰师县西四十里"。偃师之有商代古都已为近年考古发掘所证实。薄即亳，蒋廷锡说"在今河南归德府商邱县东南四十里"，亦即现在之河南商丘。南亳在商丘，汤伐桀之前所居。西亳在偃师，汤伐桀之后所居。南亳、西亳并在今河南省，相距不为远。

桀都地望问题，古说纷然，莫衷一是。伪孔传说桀都安邑，安邑即汉代之河东郡安邑县，在今山西省夏县西北。此说实难置信，汤都今河南商丘，若桀都今山西夏县附近，汤伐桀奔走如此遥远之路程，在古代的交通条件下，为不可思议。

今细寻绎，《竹书纪年》的记载似较可信。《竹书纪年》载，"太康居斟寻，羿亦居之，桀又居之"（据《史记·夏本纪》正义引臣瓒）。斟寻是古国名。据《夏本纪》正义引臣瓒说，斟寻先在河南，后迁北海。北海之斟寻故址在今山东潍县东南五十里。河南之斟寻故址，《括地志》说在河南巩县西南五十八里。太康、羿和桀所居之斟寻应当在河南巩县这里，不是在山东潍县。《竹书纪年》又载，"桀元年即位居斟寻"，"十三年迁于河南"。斟寻在巩县西南，"河南"又在哪里呢？《史记·孙子吴起列传》记吴起对魏武侯说："夏桀之居，左河济，右太华，伊阙在其南，羊肠在其北。"集解引臣瓒说："今河南城为直之。"《括地志》说："故王城一名河南城，本郏鄏，周公所筑，在洛州河南县北九里苑内东北隅。"是夏桀"十三年迁于河南"之"河南"，就是后来周公所筑之王城，亦即更后来的河南城，今天的河南洛阳。夏桀之最后都城就在这里。证诸其他文献，桀都洛阳说，十足可信。《国语·周语上》记幽王二年西周三川皆震，伯阳父预言周将亡说："昔伊洛竭而夏亡。"《周语上》又记内史过对周惠王说："昔夏之兴也，融降于崇山；其亡也，回禄信于聆隧。"都证明桀都在伊洛左近，以洛阳当之，不误。又《诗·商颂·长发》"韦顾既伐，昆吾夏桀"，郑笺说："昆吾夏桀同时诛也。"《竹书纪年》"商自陑征夏邑，克昆吾，大雷雨战于鸣条。"昆吾、夏桀既同时诛，则必相距不甚远。据金鹗《求古录礼说》考证，昆吾在今河南许昌东，鸣条在今河南开封陈留附近。如果桀都在安邑不在洛阳，则昆吾夏桀同时被诛而且战于鸣条，则成为不可能。

金鹗《求古录礼说》力主桀都洛阳，理据俱足，端可信赖。魏源《书古微》坚信汤都在战国商於之地即今陕西商州之说，断言桀都在安邑，鸣条更在安邑之西，强词少据，不可从。

〔新解〕

王曰，格尔众庶，悉听朕言，非台小子敢行称乱。有夏多罪，天命殛之。

王，指成汤。格，来。悉，尽。台，音弋，《尔雅·释诂》训我。小子，成汤自称，谦词。称，繁体作偁。段玉裁《古文尚书撰异》说经此文之称本作偁，卫包改作称。偁训举，凡手举，字当作再；凡称扬，字当作偁；凡铨衡，字当作称。今字通作称。偁训举，故《史记·殷本纪》引《汤誓》文，"称乱"作"举乱"。有夏，指夏王朝。天命，天之命令，即上帝的命令、旨意。殛，段玉裁《说文》歺部注说是極之假借。《尧典》"殛鲧于羽山"、《多方》"我乃其大罚殛之"、《汤誓》"天命殛之"之殛字并当作極。極今简化作极，极有诛训，但是诛字有诛杀、诛责二义，究竟取何义，宜视文义定。《公羊传》庄公三十二年"君亲无将，将而诛焉"。诛当训诛杀。经此文之殛训诛，诛则当取诛责义。按段说是，诛责泛言惩罚。汤伐桀的结果恰是桀战败逃亡，汤未杀死他。

此段经文大意是说，来，你们这些民众，都听我说，不是我敢举行叛乱，是夏桀犯下的罪行太多，上天命令我惩罚他。

有一个问题须略作说明，即汤在伐桀之当时是否已称王的问题。《史记·殷本纪》引，"王曰"作"汤曰"，以为汤伐桀当时未称王。蔡沈《书集传》说"王曰"是史臣追述之语，也以为未称王。伪孔传则说："汤称王，则比桀为一夫。"金履祥《尚书表注》亦云："成汤兴师之时，是为受命之始，称王誓众。旧说追书者，非也。"按说称王者是。从事理上说，汤伐桀前称王合于礼。《孟子·梁惠王下》："贼仁者谓之贼，贼义者谓之残，残贼之人谓之一夫。闻诛一夫纣矣，未闻弑君者也。"桀与纣同类，既曲仁曲义而为一夫，汤称王而伐桀，不为违礼。从事实上说，汤若未称王，何以在誓众时自称"予一人"，在商代只有天子才可自称"予一人"。汤誓众时三言天命，知在誓众之前必有告天之举，而告天必王所为。不称王，何得告天！

今尔有众，汝曰我后不恤我众，舍我穑事而割正夏。

尔、汝，《史记·殷本纪》俱作女，义同，第二人称代词，对我而言你。有众，众，应指国人。上文众庶连言，众与庶似有区别。众指国人，则庶当为野人。但是《汤誓》"格尔众庶"，众是主要的，庶因言众而连及之而已。

后，《尔雅·释诂》与天、帝、皇、王、公、侯同训君。其实在秦以前，可以称君者不止这些，凡有采地的卿大夫皆可以称君。虽然自天子（天、帝、皇、王）至于大夫皆可称君，但是各称谓之间是有差别的。唯后有所特殊。天子可以称后，诸侯也可以称后。经此文之后应指天子，但究竟是指桀还是指汤，古人说法不同。伪孔传以为后指桀，清人江声《尚书集注音疏》、段玉裁《古文尚书撰异》、孙星衍《尚书今古文注疏》并从之。此说大谬，若"我后"是桀，则汤誓众之众不是亳之众而是夏邑之众，汤誓桀之众，于理于文并不可通。宋人林之奇（少颖）《尚书全解》（书已不存，夏僎《尚书详解》引）、蔡沈《书集传》、元人金履祥《尚书表注》以为后指汤，甚是，今从之。

恤，忧。稼，《史记·殷本纪》引作啬。作稼，唐人卫包所改。其实啬、稼古互相假借，义同。《郊特牲》之"先啬"、"司啬"、"报啬"之啬皆谓农。经此文之"稼事"必谓农事无疑。舍，废。

割正，割字《说文》刀部段注说与害、盖义同，残破之断裂之之义。但是经此文之"割正"应是一个成词，不宜分开讲。在此作动词用，是这句话的谓语，可以理解为征伐。不言征不言伐而言割正，是因为要加重语气以突出强调夏桀之罪大恶极。

此段经文大意是说，（我奉天命伐夏桀，可是）你们这些人却说，"我们的汤不体恤我们民众，废弃我们的农事，而让我们征伐夏桀"。

> 予惟闻汝众言，夏氏有罪，予畏上帝，不敢不正。

予，我。惟，发语词，无实义。众，亳邑之国人。夏氏，即上文之有夏，实指夏桀。上帝，即上文"天命"之天。

经文大意是说，我听说，你们说这样的话（我后不恤我众，舍我稼事而割正夏）。其实是夏桀有罪，（上帝命我伐他），我怕上帝，不敢不伐夏桀。

> 今汝其曰，夏罪其如台。夏王率遏众力，率割夏邑。有众率怠弗协，曰时日
> 曷丧，予及汝皆亡。夏德若兹，今朕必往。

如台，二字连用，是《书》中常见的成词，如《西伯勘黎》"今王其如台"，《高宗肜日》"乃曰其如台"，《盘庚上》"卜稽曰其如台"，与经此文之"夏罪其如台"，用法一致。《史记·殷本纪》引《汤誓》作"女其曰有罪其奈何"，以奈何训如台，是对的。《公羊传》昭公十二年"如尔所不知何"，定公八年"如丈夫何"，何休注并云："如犹奈也。"台字古音与我字近，故《释诂》台有我训。我字古音与何字同，故台字又有何训。何台可假偕。是"如台"就是后世汉语中常用的奈何、如何。

率，王引之《经传释词》以为《汤誓》此三率字并是语助词，无实义。马融、伪孔传释为"相率"，不对。遏，止。怠，慢、懈，不事事。协，繁体作協，《释诂》："協，和也。"《说文》劦部："協，众之同和也。"

邑，《史记·殷本纪》引作国。《说文》邑部："邑，国也。"说邑是国，是对的。但是须知必须是天子、诸侯的都城才可称国。夏、商都城称邑，夏称夏邑，商称商邑，周称京师或称邑。此"夏邑"指夏桀所居之都城。

时，是，指示代词。日，太阳。《尚书大传》："伊尹入告于王曰：'大命之亡有日矣。'王倜然叹哑然笑，曰：'天之有日，犹吾之有民也。日有亡哉，日亡吾乃亡矣。'是以伊尹遂去夏适汤。"郑玄注："自比于天，言常在也。比于日，言去复来也。"是知"时日曷丧"之日是天上的太阳。《孟子·梁惠王上》引《汤誓》"时日害丧"句，赵岐注说日是乙卯日之日，即今日昨日明日之日，误。说"时日曷丧"这两句话的是什么人，郑玄《尚书》注以为是桀，赵岐《孟子》注以为是汤，都不对。出此言者是夏邑之众。

曷，《孟子》作害，段玉裁《古文尚书撰异》说曷本作害，卫包改作曷。害亦读曷。曷，何也。兹，此。德，古有吉凶之别。《左传》文公十八年："孝敬忠信为吉德，盗贼藏奸为凶德。"桀之德当然是凶德。朕，第一人称代词，我。

此段经文大意是说，现在你们要问，夏桀的罪行如何呢。（我告诉你们），夏桀遏止夏邑众人的劳力，（不许他们把力量用在生产上），残害了夏邑。（夏邑的众人恨透了夏桀），大家懈怠不干事，不与他合作。他们指着夏桀说："你这个太阳什么时候灭亡呢，我们宁愿同你一起灭亡。"夏桀的凶德就是这个样子。现在我一定前往讨伐他。

> 尔尚辅予一人致天之罚，予其大赉汝。尔无不信，朕不食言。尔不从誓言，予则孥戮汝，罔有攸赦。

尔，你。尚，经典中义项很多，或训助或训主或训上或训庶几，究竟作何解释，须视上下文义而定。这里的尚字训庶几为贴切。庶几与今语"差不多"相近，但又含有人的主观愿望在内，即希望差不多如此。辅，《左传》僖公五年："辅车相依。"车依辅，辅亦依车，是辅之本义，引申为相助。

予一人，经典中常见之成词。今文作予，古文作余，甲骨金文皆作余。予、余，我。《礼记·玉藻》："凡自称，天子曰予一人。"汤既称"予一人"，就表明他已经称王。《汤誓》是天子自称"予一人"的第一例。

致，《说文》夂部："致，送诣也。"段注："送诣者，送而必至其处也。"《汉书·文帝纪》颜注："致者，送至也。"是致的意思不仅是送，而且要送到。

天，与上文"天命殛之"之天与"予畏上帝"之上帝义同。天之罚，上帝的惩罚。其，此用为时间副词，将要。赉，《尔雅·释诂》、郑玄《尚书》注（《史记·殷本纪》集解引）俱云："赉，赐也。"《殷本纪》引作理，大赉作大理。理为厘的同音假借，厘、赉古通用。

食言，王引之《经义述闻》卷二六"载谟食诈，伪也"条下说，"食言者，言而不行则为自食其言。食者消灭之义，非虚伪之义也"。日人竹添光鸿《左氏会笺》僖公十五年"我食吾言，背天地也"句下笺云："哀二十五年孟武伯恶郭重曰：'何肥也？'公曰：

'是食言多矣,能无肥乎!'然则食言者谓言而不行,若自食之耳"。按王氏、竹添氏说是。食言是说话不算数,说了不办。犹如自己从口说出的话又自己从口吃掉,故称食言。《尔雅·释诂》:"食,伪也。"郭璞注引"《书》曰'朕不食言'"。孙炎云:"食,言之伪也。"(《汤誓》孔疏引)《左传》僖公十五年"我食吾言"杜注:"食,消也。"食言之食训伪训消俱不确,今不从。

尔无不信,《史记·殷本纪》引无作毋。信,《尔雅》、《广雅》俱训诚。《说文》言部信诚互训。贾谊《新书·道术》说,"期果言当谓之信,反信为慢","志操精果谓之诚,反诚为殆"。殆通怠。是"不信"谓做事慢怠,"无不信"谓做事不要慢怠。"尔无不信"与"朕不食言"是相对应的并列句子。上句说你们(跟着我作战),不要慢怠;下句说我也不食言,(说赏必赏)。孔颖达《尚书正义》释"尔无不信"为"汝不得不信我语",系望文生义,增字解经,不可从。

孥戮,《尚书》中凡两见,一在《甘誓》,一在本篇,句式并为"予则孥戮汝",可见是成词。《夏本纪》、《殷本纪》引俱作帑僇。孥,段玉裁《古文尚书撰异》说古文今文皆作奴。作帑是假借,作孥是浅人所改。又《说文》巾部帑字段注:"《小雅·常棣》传曰:'帑,子也。'此假帑为奴。《周礼》曰:'其奴,男子入于罪隶,女子入于舂稿。'本谓罪人之子孙为奴,引申之则凡子孙皆可称奴。又假帑为之。"《诗·常棣》"乐尔妻帑"孔疏、《汉书·文帝纪》"尽除收奴相坐律令"应邵注、师古注俱云奴是子,奴读与帑同。戮,《说文》戈部训杀,《周礼·秋官·叙官》"掌戮"郑玄注说"犹辱也",《尔雅·释诂》训病。是戮(通僇)有杀、辱、病三义。经此文之戮字应取杀义,取辱义病义皆不妥当。孥,子孙。孥戮,杀子孙。孥戮汝,杀你的子孙。《汤誓》"孥戮"郑玄注说:"大罪不止其身,又孥戮其子孙。"是对的。蔡沈《书集传》释《甘誓》"孥戮"说:"言若不用命,不但戮及汝身,将并汝妻子而戮之。"也是对的。唯言子而连及妻,误。从经文本身看,"孥戮汝"只能如此作解,有人说"孥戮"是收子孙为奴,与经文文义显然不合,但备为一说可也。

另有一点需要说明。《左传》昭公二十年引《康诰》云:"父子兄弟罪不相及。"(按今《康诰》无此语,盖约引其意)周时尚且言父子兄弟罪不相及,夏启、成汤似乎不当有"孥戮汝"之言。在远古,在氏族、部落内部,莫说子孙,就是犯罪者本人也不过行象刑或流刑。鲧治水失败,遭放逐,其子禹不但未受连累,反倒做了舜的接班人。但是处在战争状态,情况就不同了。战争是危事,生死存亡攸关,重法重罚是必然的。时代越古远越当如此。

赦,《尔雅·释诂》:"舍也。"郝懿行《尔雅义疏》谓"赦与舍音义同"。舍为捨的假借字。《说文》支部赦字段注:"赦与捨音义同,非专为赦罪也。后捨行而赦废,赦专为赦罪矣。"经此文之赦字,是把罪捨置不问的意思。

此段经文大意是说,希望你们佐助我(对夏桀)执行天之罚,我将要大大地赏赐你们。你们(跟着我作战),不要慢怠,我也说话算数,(说赏必赏)。你们若不照我说的办,我(不但戮杀你们自身),还要戮杀你们的子孙,无所赦免。

〔总论〕

谈三点。第一,《汤誓》三次言及天命,与《甘誓》有所不同。《甘誓》记夏启征有扈氏,是上伐下的战争,固然也标榜天命,说"天用勦绝其命,今予惟恭行天之罚",与《汤誓》相比,强调天命却力度有所不足。《汤誓》记汤伐桀,属下抗上,难免有犯上作乱之嫌,故汤誓众时首先申明"非台小子敢行称乱",然后步步加强地再三指出他的行动乃代行天意,完全出于无奈。一言"天命殛之",非由私意。二言"予畏上帝",不得不恭行上帝的命令。三言"致天之罚",罚桀的是天,他不过起个中介的作用。总之,汤必须让人们相信,要求伐桀和实行伐桀的是上天、上帝而不是他本人,因而他进行的战争是正义的。《牧誓》则是另一种情况,推翻商朝政权的斗争已由文王做了几十年,周人实力达到"三分天下有其二"的程度,革命的舆论成熟、完备,以至于形成了各诸侯国的反商同盟。武王伐纣不过是水到渠成、瓜熟蒂落的事情,所以《牧誓》说一句"今予发惟恭行天之罚"足矣。

第二,关于赏罚问题,蔡沈《书集传》说:"禹之征苗止曰:'尔尚一乃心力,其克有勋。'至启则曰:'用命赏于祖,不用命戮于社,予则孥戮汝。'此又益以'朕不食言','罔有攸赦',亦可以观世变矣。"蔡氏此说颇有见地,注意到了社会的变化。不过"尔尚一乃心力,其克有勋"句出伪古文《大禹谟》,实未足信据。据《国语·鲁语下》记孔子说,"昔禹致群神于会稽之山,防风氏后至,禹杀而戮之",知禹曾杀戮过外氏族的人。至启及汤,变化就在于把杀戮扩大到本氏族本部落或者说本国。启赏罚比禹分明,而汤则更加坚决、严厉。

第三,关于《汤誓》的写定成篇时代问题。从篇中称"王曰"看,《汤誓》不出成汤本人之手,是无疑问的。由成汤当时或稍后史官记录,也是无疑问的。当时已有文字,大事由史官记录下来,是必然的事情。当时人留下原始材料,后人据以整理成篇,写成誓的样式。写定成篇的时间,很可能是西周。

本文为与金景芳先生合作
（原刊《史学集刊》1996年第1期）

《尚书·盘庚》新解

《尚书·盘庚》佶屈聱牙，向称难读。旧解往往有误，乃试作新解。兹略陈之如下，以就正于方家。

〔序说〕

谈五个问题。第一，篇名问题。《左传》哀公十一年引此篇称篇名曰"盘庚之诰"。是知《盘庚》篇虽不称诰，而实际上是诰体。后世韩愈作《进学解》谓"周诰殷盘，佶屈聱牙"，诰与盘连言，亦以为《盘庚》篇是诰。是诰不言诰而以盘庚之名名篇，其原因如马融所说："不言'盘庚诰'者何？非但录其诰也，取其徙而立功，故以'盘庚'名篇。"（《经典释文》引）

第二，盘庚迁殷是自北向南还是自南向北的问题。这个问题古人说法不同，《史记·殷本纪》说："帝盘庚之时，殷已都河北，盘庚渡河南，复居成汤之故居。"以为盘庚迁殷是自黄河之北迁到黄河之南。扬雄《兖州牧箴》说："成汤五徙，卒都于亳。盘庚北渡，牧野是宅。"以为盘庚迁殷是自黄河之南迁到黄河之北，与史公之说截然相反。孰是孰非，自今日看来，完全可以断定，扬雄的说法是对的。19世纪末以来河南安阳殷墟及殷代甲骨片的陆续发现，是最有力的证明。盘庚迁殷的殷，扬雄说在黄河之北，是对的；但是他说殷是牧野，则不对。殷就是今河南安阳之殷墟，这不但有考古发掘提供的证据，就是古代文献也有明确的记载。孔颖达《尚书·盘庚》正义引《竹书纪年》云："盘庚自奄迁于殷，殷在邺南三十里。"《史记·殷本纪》正义引《括地志》云："相州安阳县本盘庚所都，即北蒙殷墟。南去朝歌城百四十六里……西南三十里有洹水，南岸三里有安阳城，西有城名殷墟，所谓北蒙也。"《史记·项羽本纪》："项羽乃与期洹水南殷虚上。"集解云："瓒曰：洹水在今安阳县北，去朝歌殷都一百五十里。然则此殷虚非朝歌也。《汲冢古文》曰'盘庚迁于此'，《汲冢》曰'殷虚南去邺三十里'，是旧殷虚，然则朝歌非盘庚所迁者。"《水经注》洹水条亦同此说。

第三，盘庚自何处迁殷的问题。《盘庚》有"不常厥邑，于今五邦"之说，五邦实际上说的就是五次迁徙。张衡《西京赋》说"殷人屡迁，前八而后五"，谓成汤之前迁八次，之后迁五次。后五次迁徙各迁何处，诸说不同。重要的是五迁的最后一迁如何指实。《书序》、《殷本纪》都说汤始居亳，仲丁迁于隞（嚣），河亶甲居相，祖乙迁于邢（耿）。这是四迁。第五迁是盘庚治亳殷，复居成汤之故都。意谓盘庚自邢（耿）迁于殷。伪孔传、《殷本纪》正义并同此说。《经典释文》引马融说："五邦，谓商丘、亳、嚣、相、耿也。"谓盘庚迁殷不在五迁之内，与诸说异，但是既言第五迁是耿，则言外之意是盘庚迁殷必自耿。按耿在今河南温县东，位于黄河北岸，与盘庚迁殷是自南渡河而北的说法不合。《殷本纪》索隐以《汉书·地理志》"河南皮氏耿乡，故耿国"之春秋小国耿当之，尤不足信。盘庚率民自今山西西河附近越过太行山到达安阳，不可思议。据《太平御览》卷八三引《竹书纪年》说"河亶甲自嚣迁于相"，"祖乙居庇"，"南庚自庇迁于奄"，"阳甲居奄"，"盘庚自奄迁于北蒙曰殷"。按奄在山东曲阜，自曲阜迁至河南安阳，路程不为太远，说盘庚自奄迁于殷，近是。但是现在仍不到下结论的时候，姑且存疑，等待进一步研究为稳妥。

第四，盘庚为什么迁殷的问题。《后汉书·文苑列传》载杜笃《论都赋》云："昔盘庚去奢，行俭于亳。"孔颖达《尚书正义》引郑玄注云："祖乙居耿后奢侈逾礼，土地迫近山川，尝圮焉。"以为盘庚由于要去奢行俭和躲避河圮而迁殷。不唯杜、郑，汉人人云亦云，大多如是说。直至两千年后的今天，人们仍然照着汉人的说法讲《盘庚》，说只有盘庚一人主张迁殷，下层群众和上层贵族都反对。殊不知汉人的这一说法系无根据的臆测之辞，是错误的。

根据汉人这一说法讲《盘庚》，根本讲不通。经文中找不到盘庚去奢行俭和河圮的记载，更不见下层民众反对搬迁的言论。相反，从开头至"底绥四方"的一段，尽记下层民众一再强调迁徙是殷人的传统，以为"不常宁"、"不常厥邑"即不定居一处，当迁则迁，是"先王之烈"，是"先王之大业"，极力主张搬迁。如果不适时搬迁，死守旧居不动，就是"今不承于古"，就是"不克从先王之烈"，不"绍复先王之大业"，便不能"天其永我命"，"底绥四方"。经文交代说："民不适有居，率吁众感出矢言。"明明指出呼吁搬迁是下层民众直陈的意见，它正是盘庚迁殷的动力和原因，汉人却硬说民众反对搬迁，是盘庚在说服他们。两千年来大家一直照着汉人的说法讲《盘庚》，至今讲不明白。

《书序》"民咨胥怨"一句说盘庚迁殷，民众不同意，便相率抱怨，发泄牢骚。《书序》这主观臆想对汉人的错解起了推波助澜的作用。然而《书序》只可参考，不可信据。《书序》本身就来历不明，它是何人何时所作，至今还是个难解之谜。汉人之所以对盘庚迁殷的原因解释错误，与不理解《盘庚》开头"盘庚迁于殷，民不适有居"两句话的真义有直接关系。"盘庚迁于殷"其实不是首句，是个单独的句子，不与下句连贯，在篇中起提纲振领的作用，可视作全篇之题目。下句"民不适有居"才是首句，它开门见山地指出盘庚迁殷的缘由。汉人不察，竟以为"盘庚迁于殷"是首句，意谓盘庚已经迁往殷地。"民不适有居"，适字取之义往义，民不往殷地去。把整个的意思讲反了。

"民不适有居"的适字是关键。适字固然有之义往义，也有悦义乐义。《一切经音义》引《三苍》云："适，悦也。"《广韵》："适，乐也。"《正韵》："适，安便也，自得也。"《庄子·大宗师》"适人之适，而不自适其适者也"，成玄英疏："悦乐众人之耳目,焉能自适其情性耶!"民不适有居"的适字必当取悦义乐义。民不喜欢不满意现在的"有居",故有搬迁的要求;因为要求搬迁,所以才说出下文论说搬迁与否乃国运攸关的一段话,盘庚才告诫官员们"无或敢伏小人之攸箴"。适字取悦义乐义,"民不适有居"句理解为下层民众不愿意在旧地继续生活下去,强烈要求迁往新居地,全篇皆顺。倘依汉人的解释,说"民不适有居"是盘庚既迁殷之后,下层民众不往新地去,则于事理不合,于文理难通,而盘庚迁殷的缘由必糊里糊涂讲不清楚。

第五,《盘庚》篇何时何人写定的问题。《史记·殷本纪》说:"帝盘庚崩,弟小辛立,是为帝小辛。帝小辛立,殷复衰,百姓思盘庚,乃作《盘庚》三篇。"是史迁以为《盘庚》乃小辛在位时百姓所作。《书序》说:"盘庚五迁,将治亳殷,民咨胥怨,作《盘庚》三篇。"是以为《盘庚》为盘庚自作。按史迁说为可信。盘庚自作成篇实属不可能。

附带谈谈《书序》问题。所谓《书序》,今尚存在,伪《古文尚书》散置于各篇之首。《汉书·艺文志》说孔子"为之序"。班固孔子作《书序》之说可能得自刘歆。刘、班之说值得怀疑,《书序》所言事,《史记》常常也说,然而颇不同,如《盘庚》书序说:"盘庚五迁,将治亳殷,民咨胥怨,作《盘庚》三篇。"以为《盘庚》篇盘庚自作。而《史记·殷本纪》说:"帝盘庚崩,百姓思盘庚,乃作《盘庚》三篇。"二说大异。两说比较,史迁说为得其实。倘《书序》是孔子作,史迁不至于不知,知之更不至于擅改。孔子作《书序》说,朱熹已经不信。阎若璩《尚书古文疏证》后附有其子阎泳所辑《朱子古文书疑》47条,内有朱熹论《书序》云,"汉人文字也不唤作好,却是粗枝大叶,《书序》细弱,只是魏晋人文字","《尚书》小序不知何人作,大序亦非孔安国作。怕只是撰《孔丛子》的人作","《书》小序亦非孔子作,与《诗》小序同","《书序》是得《书》于屋壁已有了,想是孔家人自做的。"朱熹说《书序》不是孔子作,是完全正确的。但是他既说《书序》与《书》同出于屋壁,又说是魏晋人作,自相矛盾,故未为可信。平心而论,说魏晋人作,未免太晚。说孔家人作,是可能的。但是时间似不应晚于司马迁作《史记》之时。究竟何人何时作,今不宜遽作定论,姑且存疑。

〔新解〕

伏生《盘庚》本一篇,郑玄一分为(上中下)三篇。今复伏生之旧,合三而一,但将首句"盘庚迁于殷"提出做标题,其余分为四大段。限于篇幅,此文暂解前两段。

盘庚迁于殷。
此为独句,不与下文连贯,在篇中起提纲振领的作用,相当于篇题。
据《史记·殷本纪》,汤以下之商王是外丙、仲壬、太甲、沃丁、太庚、小甲、雍己、太戊、仲丁、外壬、河亶甲、祖乙、祖辛、沃甲、祖丁、南庚、阳甲、盘庚。自汤至盘庚相继立者凡18世。其中外丙、仲壬、太庚、雍己、小甲、太戊、外壬、河亶甲、沃甲、南庚是兄终弟及登位，不计世数，则盘庚为汤之第10代孙，祖乙之曾孙。据《太平御览》八三引《竹书纪年》："盘庚旬。"知盘庚名旬。

《太平御览》八三引《竹书纪年》云："盘庚旬自奄迁于北蒙，曰殷。"《括地志》云："相州安阳县本盘庚所都，即北蒙殷墟，南去朝歌城百四十六里。"又云："西南三十里有洹水，南岸三里有安阳城，西有城名殷墟，所谓北蒙也。"是知盘庚自奄迁于殷。殷在今河南安阳，奄在今山东曲阜。

一

民不适有居，率吁众慼出矢言。

民，劳力的下层民众。《诗》、《书》民、人意义有别，民指称劳力者，人指称劳心者。适，《尔雅·释诂》与之同训往。《一切经音义》引《三苍》训悦，《广韵》训乐。《盘庚》此适字训之、往或训悦、乐，关系甚大。训之、往，则"民不适有居"为民不愿意迁居，反对迁殷；训悦、乐，则"民不适有居"为民不喜欢旧居，希望迁殷。《史记·殷本纪》取之、往义，谓"殷民胥皆怨，不欲徙"。其后伪孔传、蔡沈《书集传》、段玉裁《说文》页部籲字注、江声《尚书集注音疏》、王引之《经传释词》卷九、近人曾运乾《尚书正读》，说并同《史记》，都说民不欲迁，故不往殷邑去。这一说法是错误的，不可从。只有金履祥《尚书表注》说："民之不欲迁者皆在位者讻之，其言欲迁者又在位者蔽之。"似乎想说民是欲迁的，但亦语出含糊，并无确论。孙星衍《尚书今古文注疏》训适为悦，是对的，但是说民不悦的是新邑，不是旧邑，也未打破民不欲迁的旧说。今按此适字训悦、乐，"民不适有居"，谓民众不喜欢不满意"有居"。"有居"即居，是未迁之旧居即奄之居，不是迁徙后之新居即殷之居。只有如此理解，方于理为合，于文为顺。

"率吁众慼出矢言"句主语承上句为"民"。旧说以为此句主语是盘庚，误。此时文中盘庚尚未出现，所记是民的言论。率，语助词，无实义。吁，繁体作籲，《说文》页部："籲，呼也。"慼，《说文》页部籲字下引作戚。段注："戚，今本作慼，俗字也，卫包所改。"戚字本义是斧，引而申之有促迫、忧愁之义。更引申有亲戚之义，如《诗·行苇》"戚戚兄弟"，毛传："戚戚，内相亲也。"经此文之戚字孙星衍《尚书今古文注疏》释作"贵戚之臣"，是对的。矢，或训陈或训誓或训正或训直，考上下文义，此矢字当取正义。矢言，正言，正直之言。

这两句话大意是说，民众不喜欢（奄地之旧）居，（要求迁徙），呼吁（盘庚之）贵戚近臣，讲出正直的话。

曰，我王来，即爰宅于兹，重我民，无尽刘，不能胥匡以生。

自此以下至"厎绥四方"，都是民众"出矢言"的话，向贵戚近臣们陈述要求迁徙的理由。

曰,民曰。我王,居奄诸王。据《太平御览》卷八三引《竹书纪年》,"南庚迁于奄","阳甲居奄","盘庚居奄","自奄迁于北蒙曰殷",是"我王"指南庚、阳甲、盘庚言。旧说以为"我王"指祖乙,不对。祖乙迁耿,以后南庚又迁奄,至盘庚自奄迁殷;若说"我王"指祖乙,则必以为盘庚自耿迁殷,而耿在黄河之北,今河南省温县东,殷在河南省安阳,更在耿之北,盘庚若自耿迁殷,必不过黄河,与经下文"盘庚作,唯涉河以民迁"说不合。民"出矢言"时所居之地既是奄不是耿,则所称"我王"不是祖乙无疑。

爰,于。宅,《尔雅·释言》:"居也。"邢昺疏:"谓居处也。"是宅作名词用,谓居处。《释名》:"宅,择也。言择吉处而营之也。"《诗·大雅·文王有声》"宅是镐京",郑玄笺:"武王卜居是镐京之地。"是宅亦作动词用,谓选择居处。经此文之宅字当是动词。兹,此。重,《说文》重部:"厚也。"段注:"厚斯重矣。"刘,繁体作劉,《尔雅·释诂》训杀。胥,《释诂》训相。匡,《左传》成公十八年"匡乏困,救灾患",杜注:"匡亦救也。"

这几句经文记民众要求迁徙的理由,大意是说,自从我王(南庚、阳甲、盘庚)来到奄地,选择这个地方居住以后,厚待我们民众,我们没有(因为恶劣的环境而)死尽。但是,即使我们相互救助也不能继续生存下去。

卜稽曰,其如台。先王有服,恪谨天命,兹犹不常宁,不常厥邑,于今五邦。

稽,王国维说:"稽本乩。龟甲文中屡见'王乩曰',乩即占之奇文,亦即乩之初字也。"(吴其昌《王观堂先生尚书讲授记》)是卜稽即卜占、卜乩,亦即卜。古代迁邑是大事,迁与不迁及迁于何处,必问卜。如台,《史记》引《尚书》皆改作奈何。古如台与奈何声近。奈何义同如何。

先王,指成汤及其以后诸王,今王盘庚不在内。服,《尔雅·释诂》训事。恪,《说文》,心部作愙,训敬。谨,《说文》与慎互训。宁,《尔雅·释诂》训安,安训坐训定。邑,商代称国家的统治中心。邦,国,亦邑也。五邦,汉人谓商自成汤算起共迁邑五次,有过五个国邑。五邦指哪五个国邑,说法不同。《经典释文》引马融说:"五邦谓商邱、亳、嚣、相、耿也。"孔颖达《尚书正义》引郑玄、王肃说同。商邱是成汤伐桀前的国邑,即南亳,不当数在五邦之内。伪孔传谓"汤迁亳,仲丁迁嚣,河亶甲居相,祖乙居耿,我往居亳,凡五徙国都",更加不对。民在盘庚迁殷之前言"于今五邦",五邦必不含亳殷在内。今按五邦应是西亳、嚣、相、耿和南庚所迁之奄。

此段经文大意是,民众说,问卜于龟又能怎样呢,该迁还是要迁。先王们做事总是诚敬谨慎地顺从天命,尚且不定居一处,不恒居一个国邑不动,到现在已经有过五个国邑了。

今不承于古,罔知天之断命,矧曰其克从先王之烈,若颠木之有由蘖。天其永我命于兹新邑，绍复先王之大业，厎绥四方。

古，指先王。罔，不。知，知。矧，又。克，能。烈，《尔雅·释诂》训业又训余。旧说释此烈字都取业义，谓先王之大烈、大业云云，恐误。下文有"先王之大业"语，此更言先王之大业，似嫌重复。此烈字应取余义，《诗·大雅·云汉》序"宣王承厉王之烈"语式正与此同。毛传云："烈，余也。"孔疏云："宣王承其父厉王衰乱之余政。"此"先王之烈"当指先王留下的今已不可继续居住下去的奄邑而言。但是，"克从先王之烈"不是说守住先王留下的奄邑不动，而是要从奄邑迁走，另寻新邑，故下文紧接着有"若颠木之有由蘖"一语。《云汉》序之"宣王承厉王之烈"语意亦同，不是说宣王继承厉王之乱政不变，而是要把父亲留下的乱政变为治政，故下文有"内有拨乱之志"云云。

颠木，倒木。由蘖，《说文》木部引作㕟栓，马部引作㕟枿。由，是㕟的假借字。㕟字训生，《说文》马部："㕟，木生条也。"木生条是大树上生出小枝。蘖、㕟、枿古字同。《说文》木部："㕟，伐木余也。"伐木余即倒木之上又生之芽。《鲁语》"山不槎蘖"，韦昭注："以株生曰蘖"。《东京赋》"山无槎枿"，薛综注："斩而复生曰枿。"扬雄《太玄》："株生蘖，其种不绝。"诸说概括而言，蘖是倒木所生之芽，芽又长大成木，等于木斩而复生，连绵不断，其种不绝。商之屡迁，其意义与此同，故商民举"若颠木之有由蘖"以为喻。

永，长。兹，此。绍，继。厎，定。绥，安。

此段经文大意是，现在不继承先王屡屡迁邑的传统，不知道天之欲断绝我们的国命，想叫我们灭亡。更做不到从先王留下的旧邑迁到新邑，象伐倒之枯木生出新芽那样。天将延长我们的国命于此新邑，以继承恢复先王之大业，安定四方。

二

盘庚斅于民，由乃在位，以常旧服，正法度。曰，无或敢伏小人之攸箴。

自此起开始叙述商王盘庚关于迁邑问题的态度和做法。为全篇第二大段落。

斅，《说文》教部："觉悟也。"觉悟是由不知而知。我教人，使由不知到知，谓之斅；我从人学，使己由不知到知，亦谓之斅。是斅字含有教与学二义。经此文言"盘庚斅于民"，显然是说盘庚从民学，从民那里学到了东西，使自己由不知到知。亦即从民那里受到启发，有所觉悟。

由，在此应训正。《方言》卷六云："由、迪，正也。东齐青徐之间相正谓之由、迪。"又云："胥、由，辅也。吴越曰胥，燕之北鄙曰由。"是由有辅正之义。乃，其。在位，指经下文所言之"邦伯、师长、百执事之人"，亦含贵戚近臣在内，即朝廷内外负有责任的各类各级官员。这些人当然大多是世族大姓。"斅于民"与"由乃在位"是相对应的。前句言斅，向民斅，斅的内容是经上文"不常厥邑，于今五邦"云云，后句言正，正在位者，正的内容是经下文之"以常旧服，正法度"。这就表明了盘庚听取民意，必欲迁邑的坚决态度。

服，事。旧服，旧事，即先王当迁邑便迁邑的事情。正法度，端正法度。此端正法度非泛言端正一般的法度，乃特指不许官员们把民众要求迁邑的意见隐藏不报。经下文言"曰无或敢伏小人之攸箴"就是"正法度"的具体内容。

伏，隐藏，埋伏。小人，劳力者，即经上文"民不适有居"之民。攸，语助词，无实义。箴，古代以石为箴，用以刺病。这是本义，引申之义是凡规戒劝谏之词。

这几句经文大意是，盘庚一方面敩于民，受到民的启发，知道了迁邑势在必行；一方面以先王屡屡迁邑的故常旧事正诸在位者的认识，又严正法度，不允许有人敢于把民众的规戒劝谏隐藏起来不上报。

王命众悉至于庭。

自"盘庚敩于民"至"悉至于庭"，是史官记叙盘庚的行动。

王，指盘庚。众，指邦伯、师长、百执事之人以及贵戚近臣。悉，尽，都。庭，朝中。

此两句意思是，盘庚命令邦伯、师长、百执事之人以及贵戚近臣都到朝中来，听他训话。

王若曰，格汝众，予告汝训，汝犹黜乃心，无傲从康。

自"王若曰"以下，直至"罚及尔身，弗可悔"，全是盘庚对邦伯、师长、百执事之人以及贵戚近臣的训话。但是，"王若曰"三字是史官记叙语，"格汝众"才是盘庚的话。

王若曰，王大意这样说。表示王以下所说，只是大概意思如此，并非字字句句都是原话。蔡沈《书集传》说"若曰者，非尽当时之言，大意若此也"，是对的。

格，来。训，《说文》言部："说教也。"《一切经音义》五："导也，教也"。是训之义是说道理以教导人。犹，语助词，无实义。黜，《说文》黑部："贬下也。"乃，你。无，通毋、勿。傲，轻慢，不敬，不逊。康，康乐，安逸。

这几句经文大意是，盘庚说，你们大家都过来，我告诉你们一些道理，你们要降下你们的心，不要傲慢不敬，不要沉湎于康乐安逸。

古我先王亦惟图任旧人共政。王播告之，修不匿厥指，王用丕钦，罔有逸言，民用丕变。

盘庚继续向官员贵戚训话。古我先王，指成汤及其以后诸明王。图，谋。旧人，世臣旧家之人。反对迁邑的主要是这些人。共政，共与国事。或读政为匡正之正，亦通。"王播告之"之"王"即"古我先王"。对今王而言，故称先；对臣下而言，故称王。播，布。修，饰，文饰，引申为一切外表的修整。匿，隐藏。指，旨意，内心的主要意图。用，因，以。丕，语助词，无实义。钦，言行小心，唯恐有失。罔，不。逸，失。变，化。

此段经文大意是，古时我们的先王们也谋求任用世臣旧家的人共与国事。先王们遍告共与国事的世臣旧家的人，言行可以修饰，但不可隐藏其中的主旨。先王们自己也小心敬慎，唯恐有失。结果民众的意见没有佚失漏掉，都反映了上来，民众们因而也有所变化。

今汝聒聒，起信险肤，予弗知乃所讼。

盘庚以古讽今，讲完古昔先王与旧人之故事，开始评论当今之人与当今之事。聒聒，《经典释文》引马融说："拒善自用之意。"《玉篇》云："（聒），愚人无知貌。"《一切经音义》二一引《苍颉篇》云："聒，扰乱耳孔也。"三种解释并不抵触，可以互相补充。自以为是的人当然是愚蠢的人，他们发表意见往往聒聒乱叫，扰乱别人耳孔。

起信险肤，江声《尚书集注音疏》的解释为可信据。江氏说，"起，造言也。信，读当为引而信之信。信，申说也。造为险诐肤浮之语而申说之无以，所谓胥动以浮言也"。"此篇是戒群臣之浮言惑众，则此'起信险肤'非谓其听信人言也，乃责其生硬浮言，支离牵引尔。故解起为造言，信为申说。"

弗，不。乃，你。讼，争辩。

这几句经文大意是，现在你们却愚蠢自用地聒聒乱说，生造并且发挥险恶、肤浅的浮言以迷惑民众，我不知道你们如此争辩的用心是什么。

非予自荒兹德，唯汝含德，不惕予一人。

荒，废。兹，此。兹德，指经上文"古我先王，亦唯图任旧人共政，王播告之"之德。含德，把德给含藏、隐伏起来，不予施行，是指世臣旧族不按照先王要求的那样办，"修不匿厥指"，而是聒聒乱说，制造险肤浮言以惑众。惕，敬畏。予一人，盘庚自称。

这三句话的大意是，不是我荒废先王"唯图任旧人共政"的原则不施行，而是你们把先王"修不匿厥指"的要求含藏起来不照办，聒聒乱说，生造浮言以惑众，不敬畏我，不听我的话。

予若观火，予亦拙谋，作乃逸。

此三句是盘庚自责的话。观，读如字。观火，比喻所见清楚明白。郑玄《周礼·夏官·序官》注："爟，读如'予若观火'之观。"按觀是观之繁体。又《周礼·夏官·司爟》郑玄注："今燕俗，名汤热为观。"是郑玄释观火为热火。江声《尚书集注音疏》、王鸣盛《尚书后案》、段玉裁《古文尚书撰异》、陈乔枞《今文尚书经说考》、孙星衍《尚书今古文注疏》、皮锡瑞《今文尚书考证》并从郑说。按郑说非是。盘庚自比热火是什么寓意，难以理解，且与下文意不相属。

拙，今文作㑁，《说文》火部："《商书》曰：'予亦㑁谋。'读若巧拙之拙。"拙谋，笨拙的谋画，谋画不当。逸，失。

三句经文的大意是，我看得很清楚，我也有问题，我也不善于谋画，造成你们的过失。

若网在纲，有条而不紊。若农服田力穑，乃亦有秋。

此两句是比喻世臣旧族之人。紊，乱。服，事。穑，种庄稼。有秋，有年，即有收获。乃，与“而”义同，口气重于“而”。这两句话讲的是正面意义，所取比喻之义在言外。网不在纲上则紊乱，农不服田力穑则没有收获，与经上文言“无傲从康”相呼应。前者喻其傲上，后者喻其从康。此两句经文大意是，象网在纲上，有条不紊；象农夫种田，勉力耕作，而有收获。

汝克黜乃心，施实德于民，至于婚友，丕乃敢大言汝有积德。乃不畏戎毒于远迩，惰农自安，不昬作劳，不服田亩，越其罔有黍稷。

克，能。黜，《说文》黑部：“贬下也。”乃，你。实德，符合根本利益的实际的好处。婚，《尔雅·释亲》：“妇之父母，婿之父母相谓为婚姻。”此泛指一切与己有亲戚关系的人。友，朋友，僚友。既是世臣旧家的婚友，则婚友本身必也是世臣旧家。丕，或作不作否，语词，无实义。丕乃敢，乃敢也。乃敢，方敢，才敢。乃不畏，乃，转语，却。乃不畏，却不畏。戎，《尔雅·释诂》训大。毒，《说文》屮部：“厚也。害人之草，往往而生。”段注：“往往犹历历也，其生蕃多，则其害尤厚。故字从屮，引申为凡厚之义。”是毒训害，戎毒，大害。迩，近。惰，懒。昬，孔颖达《尚书正义》引郑玄注读昬为散，训为勉。服，事。越，于。罔，无。

此段经文大意是，盘庚对世臣旧家们说，你们要降下你们的心，为民众以及你们的亲戚朋友干一点实实在在的好事，你们才可以大言你们积了德。你们却不怕大的毒害（指不迁徙造成的危害）祸及远近各地。就象懒惰的农夫，只图自己安逸，不勤勉劳苦，不事田亩，怎能有粮食可收获呢！

汝不和吉言于百姓，惟汝自生毒，乃败祸奸宄以自灾于厥身，乃既先恶于民，乃奉其恫，汝悔身何及。相时憸民，犹胥顾于箴言，其发有逸口，矧予制乃短长之命。

和，《说文》口部：“相应也。”吉，《说文》与善互训，《释名》卷四：“吉，实也，善实也。”吉言，善言，好话，符合实际的话，与“浮言”相反。百姓，指百官，与“民”指劳力之民众者不同。但又与盘庚着重批评的世臣旧家有别。毒，义与经上文“戎毒”之毒同。败祸奸宄，四字平列，各个读断。败，《三苍》：“坏也。”祸，《说文》：“害也，神不福也。”奸、宄，《国语·鲁语上》：“窃宝者为宄，用宄之财者为奸。”乃败祸奸宄，四种坏事都做，实际上是说无恶不作。先恶于民，陈梦家《尚书通论》说“谓为民所痛恶”。奉，《说文》与承互训，《广雅·释诂》：“奉，持也。”恫，陈梦家

《尚书通论》谓日本唐写本作侗，作侗者是。《论语·泰伯》"侗而不愿"，孔安国注："侗，未成器之人也。"《庄子·山木》："侗然其无识。"是恫当作侗，侗谓幼稚无知。陈氏说"乃奉其恫"谓自用其愚，即上聒聒拒善自用之义。按陈说是。憸，《说文》心部："憸，疾利口也。《诗》曰'相时憸民'。"按《诗》曰是《书》曰之误。段玉裁注说古文《盘庚》作憸，今文《盘庚》作散，憸、散字异音同，今本《盘庚》作憸民，乃浅人所为。按段说是。憸民，憎恶利口的民众。民众皆憎恶利口，故云。相，视。时，是。箴言，规戒劝谏之言，义同经上文"小人之攸箴"之箴。逸口，讲话有所失控，讲了过头的话。矧，况。短长之命，实际是决定生与死之命。

此段经文大意是，你们不响应百官中的正确言论，竟自己制造祸患，败祸奸宄无恶不作，必把灾害加诸自身。既为民众所痛恶，又愚昧无知，坚持拒善自用的毛病不改，你们要追悔莫及的。看看这些不擅长言词的民众吧，他们提出建设性意见的时候，尚且注意不说过头、失实的话，更何况我，决定你们生死命运的人，哪里敢信口讲话！

　　　　汝曷弗告朕，而胥动以浮言，恐沈于众。若火之燎于原，不可向迩，其犹可扑灭。则唯汝众自作不靖，非予有咎。

曷，何。弗，不。朕，我。胥，相。浮言，谣言。恐，恐惧。沈，通淫。《国语·齐语》'择天下之甚淫乱者而先征之'，《管子·小匡篇》淫作沈。《尚书·微子》"我用沈酗于酒"，沈酗犹淫酗。是沈与淫古声同而通用，又多假借为湛。淫，《释名·释言语》："浸也。浸淫旁入之言也。"恐沈于众，谓恐惧情绪在众人中传播扩展。伪孔传说"恐汝沈溺于众有祸害"，不对。

燎，《说文》火部："放火也。"《诗·小雅·正月》"燎之方扬"，郑玄笺："火田为燎。"是古人为烧田而放的火称燎。向，繁体作嚮，或作鄉。迩，近。其犹可扑灭，言不可扑灭。伪孔传、蔡沈《书集传》以为言可扑灭，不对。《左传》隐公六年君子曰："长恶不悛，从自及也，虽欲救之，其将能乎？《商书》曰：'恶之易也，如火之燎于原，不可乡迩，其犹可扑灭？'"杜预注："言不可扑灭。"《左传》君子曰和杜预的理解是对的。意谓燎原之火，靠近尚且不可，更何言扑灭。

靖，《经典释文》引马融云："安也。"伪孔传："谋也。"都不确。孙星衍《尚书今古文注疏》谓靖与善同义。《艺文类聚》卷八七引《韩诗》曰："靖，善也。"《尧典》"静言"，《五帝本纪》作"善言"，《汉书·王尊传》作靖言。按靖训善，是对的。《经义述闻》卷三亦云："家大人曰：'靖，善也。言是汝自作不善所致也。不善，即上文所云：先恶于民也。靖通净，又通作静。'"咎，过错。

此段经文大意是，你们为什么不把话直接对我说，而相互之间用浮言进行鼓动，使恐惧情绪在众人中传播扩散，象火之燎原，不可靠近，更不可能扑灭。这是你们大家自作不善，不是我有什么过错。

迟任有言曰："人唯求旧，器非求旧，唯新。"古我先王，暨乃祖乃父，胥及逸勤，予敢动用非罚。世选尔劳，予不掩尔善。兹予大享于先王，尔祖其从与享之。作福作灾，予亦不敢动用非德。

迟任，孔颖达《尚书正义》引郑玄云："古之贤史。"不知何据。《论语·季氏》孔子说"周任有言曰"，马融注谓周任是"古之良史"。二任是不是一人，今无可考。

迟任言人求旧，器求新，盘庚引用之，重点在人求旧。旧人，其实是指旧的家族，非指旧的个人。旧的家族就是与王室血缘关系和政治关系都亲近，世代与王室合作且有功于王室的世臣旧家。如果旧人是指老年人，"人唯求旧"，则年轻人一概不用，古今必无此理。

古我先王，成汤及其以下至南庚、阳甲诸王都在其内。《史记·殷本纪》记盘庚曰："昔我高后成汤与尔之先祖俱定天下。"谓先王只是成汤，恐怕不确切。经言与先王"胥及逸勤"的不只有乃祖，还有乃父。乃父显然指父辈言。父辈不可能与成汤相提并论。

暨，及，与。乃，你。祖，泛指祖、曾、高及其以上直至与成汤同时之诸先祖。胥，相。勤，劳。逸勤，逸劳，犹今语劳逸。胥及逸勤，谓我先王与你们的先祖先父们劳逸相及，即同甘苦共患难。予敢，我哪敢，我不敢。非罚，不当罚而罚或当轻罚而重罚，即罚不当罪。选，伪孔传训数，是对的。《左传》昭公元年："弗去，惧选。"杜预注："选，数也。恐景公数其罪而加戮。"《左传》言数其罪，《盘庚》言数其劳，罪与劳不同，但是选之义为数，则是一样的。劳，功劳。掩，《经典释文》："本又作弇。"弇、揜、掩古通用。《五经异义》引作"予不绝尔善"。作掩作弇，是掩蔽、覆盖的意思，作绝是绝弃的意思。江声《尚书集注音疏》从《五经异义》作绝。按作绝不如作掩符合经文上下语意。《中庸》有"诚之不可揜"句，《大学》有"揜其不善"句，正与《盘庚》"不掩尔善"句类似。

大享，即《礼记》所说大飨。江声《尚书集注音疏》引惠先生云："王者吉禘之礼行于春夏，谓之大禘，行于秋谓之大尝，行于冬谓之大烝。《左传》所谓'烝尝禘于庙'是也。《祭统》之'大尝禘'、《司勋》之'大烝'，皆丧毕之吉禘也。"又曰："烝尝禘本四时之祭，吉禘因之而有大禘大尝大烝之名"。又曰："祭莫大于祭（按：当作丧）毕之吉祭。一王终，嗣天子即位奉新陟之王，升合食于明堂，上自郊宗石室，傍及毁庙，下逮功臣，无不与食，合数十世之主，行配天之礼，故谓之大禘。"惠氏谓大享是天子丧毕新王举行的吉禘，功臣与食。按惠说是。

"兹予大享于先王，尔祖其从与享之"，这两句经文，古文今文说不同。《周礼·夏官·司勋》："凡有功者，铭书于王之大常，祭于大烝，司勋诏之。"郑玄注："生则书于王旌，以识其人与其功也。死则于烝先王祭之。诏，谓告其神以辞也。殷庚告于卿大夫曰：'兹予大享于先王，尔祖其从与享之'。是也。"以为"兹于大享于先王"云云讲的是功臣配享。此古文说。《尚书大传》："古者诸侯始受封，则有采地，百里诸侯以三十里，七十里诸侯以二十里，五十里诸侯以十五里。其后子孙虽有罪黜，其采地不黜，使其子孙贤者守之，世世以祠其始受封之人。此之谓'兴灭国，继绝世'。《书》曰：'兹予大享于先王，尔祖其从与享之。'此之谓也。"《五经异义》、《韩诗外传》说与此略同。以为"兹予大享于先王"云云讲的是世禄的问题。此今文说。按古文之功臣配享说合乎经意，今从之。今文之采地与世禄说与经意显然不合，且分封制度始于西周，迄今尚无足够的证据证明商代有分封制度。今不从。

作福作灾，是天子独有之权力，诸侯大夫不得为之。作福，指称赏有功；作灾，指称罚有罪。灾，非谓自然之灾，乃天子所作之灾。故作灾又云作威。《洪范》有"臣无有作福作威"句，作威与作灾义同。非德，与上文之非罚相对应。非罚谓罚不当罪，不当罚而罚，亦即不公正地使用作灾的权力。非德谓无功而赏，不当赏而赏，亦即不公正地使用作福的权力。

这一段经文大意是，古贤史迟任说过："人要旧的，器不要旧的，要新的。"从前，你们的先祖与父辈和我的先王们同甘苦共患难。我哪里敢滥用作福作灾的权力，罚所不当罚。世世数录你们先人的功劳，在我为先王们举行大享的时候，你们的先人也将与之配享。我不能掩盖、埋没你们先人的功劳，我也不敢滥用作福作灾的权力，赏所不当赏。

> 予告汝于难，若射之有志。汝无侮老成人，无弱孤有幼。各长于厥居，勉出乃力，听予一人之作猷。

志，射箭时心中必有一个确定的目标，这确定的目标就是志。《左传》定公八年："颜息射人中眉，退曰：'我无勇，吾志其目也。'"此"吾志其目"的志与"射之有志"的志义同。射箭如果无目标，射哪算哪，极易；如果目标既定，射必求中，则难甚。经文以"射之有志"喻按既定目标做成事情之难能。

"侮老成人"与"弱孤有幼"是相对应的句子，句式相同。"侮老"、"弱孤"是动词，"成人"、"有幼"是名词。孔颖达《尚书正义》引郑玄注云："老弱，皆轻忽之意也。"按郑说是。王引之《经义述闻》卷三："当以弱孤连读，言以为孤弱而轻忽之也。"王说亦是。孤犹寡的意思，《左传》昭公二十七年："专祸楚国，弱寡王室。"弱寡犹弱孤。《左传》成公十三年："寡我襄公。"杜预注："寡，弱也。"是弱孤或弱寡本是形容词、自动词，却往往做及物动词用，"弱孤有幼"就是一例。侮老成人，因成人之老而轻忽之。侮老二字连续，为一及物动词。侮，《说文》训傷，傷训轻。《广韵》："傷，相轻慢也。"老，也应理解为轻慢，《汉书·赵充国传》言充国年七十有余，"上老之"。这"上老之"就是说皇上因为他年老而轻慢他。予一人，我，商周天子自称。作，《尔雅·释言》训为。猷，《尔雅·释诂》训谋。作猷，出谋划策的意思。

这段经文大意是，我告诉你们，办成一件有既定目标的事情，是很难的，就像射箭一样，心中先有一个明确的目的，要使箭准确中的，谈何容易。你们不要轻忽年老者和幼稚者的意见与问题。你们要在你们所居住的地方负起责任来，勤勉效劳，尽心出力，听我的指挥，照我的计划办。

无有远迩，用罪伐厥死，用德彰厥善。邦之臧，唯汝众，邦之不臧，唯予一人有佚罚。凡尔众其唯致告，自今至于后日，各恭尔事，齐乃位，度乃口，罚及尔身弗可悔。

迩，近。无有远迩，不分远近，一例对待。伐，《广雅·释诂》："击也。"彰，《广雅·释诂》："明也。"彰或作章，义同。伐、彰皆动词，死、善皆名词。死，死罪。善，善行。臧，《尔雅·释诂》："善也。"佚，同逸，《尔雅·释言》："逸，过也。"《国语·周语上》记内史过引《盘庚》曰："国之臧，则唯女众。国之不臧，则唯余一人，是有逸罚。"邦作国，邦即国。佚作逸，佚即逸。韦昭注云："臧，善也。国俗之善，则唯女众，归功于众也。逸，过。罚，犹罪也。国俗之不善，则唯余一人，是我有过也。言其罪当在我也。"按韦说是。

恭，《国语·周语下》："夙夜，恭也。"韦昭注："夙夜敬事曰恭。""各恭尔事"，各认真做好你们自己分内的事情。齐，《诗·小雅·小宛》："人之齐圣。"毛传："齐，正。"郑笺："中正通知之人也。"是齐有正训。齐乃位，与经上文之"由乃在位"意义相近，意谓你们要端正你们自己的职责。度，当为敠。《说文》攴部："敠，闭也。从攴，度声，读若杜。"经典多借为杜，如《管子·轻重篇》："杜其门而不得出。"是度乃口，当读为敠乃口，意谓闭上你们的口。

此段经文大意是，不分远者方国诸侯近者朝廷百官，其有死罪，我用刑罚惩治他；其有善行，我用赏赐表彰他。国家搞好了，是你们这些人的功劳；国家搞得不好，是我的过错。凡是你们这些人，都要互相转告我的意思，从今而后，你们各个人都认真办好自己份内的事情，端正自己的职分。不该管的不要管，闭上你们的嘴，不要制造浮言。等到刑罚加到你们身上的时候，后悔就来不及了。

以上从"盘庚敩于民"至此，为全篇的第二大段。以下两大段因篇幅所限，省。

本文为与金景芳先生合作
（原刊《社会科学战线》1996年第3期）

我师金景芳先生的学术精神

我给我师金景芳先生做助手多年，多有机会聆听先生教诲，比较了解先生的为人和为学。《社会科学战线》编辑部嘱我写一篇介绍先生学术的文章，我自认责无旁贷，写好写不好都要写。

先生生于1902年，如今90多岁，身体还相当好，能独自下楼出户散步，能去公共浴池洗澡。医生说先生的大脑要年轻20岁，我以为不止。反应之机敏迅捷，不比60岁人差，甚至记忆力也比我们好。

先生有形的学术成果很宝贵，先生无形的学术精神更宝贵。先生身上执着而一贯的学术精神，表现在多方面，一下子说不完全，这里就我体会最深的说三点：一、做有用的学问，不为学问而学问。二、独立思考，实事求是，绝不人云亦云。三、抓关键问题，关键问题中抓要害，不泥于枝叶。三点相互关联，无有隔限，不宜分章立节，只能浑沦地依次说开去。

I. 所谓做有用的学问，不为学问而学问，是我从先生的学术实践中体悟出来的，先生自己并不立言，只是默默地做。

抗日战争期间，先生曾就读于四川乐山复性书院，从马一浮先生学，同学都是一时之英才。这当然是学习的好机会。但是书院的主课是宋明理学和佛学。理学、佛学固然是大学问，然而毕竟虚玄，易使人精神沉入消极，不如孔子的学问实在，切合实际，于人生于社会有用。于是先生不大理会理学、佛学，把主要精力用在攻读《春秋》三传上，且多有心得。先生的独立精神和才华，甚得马先生赏识。多年以后，马先生重新认定为数不多的弟子时，先生名列其中。

或许有人会认为先生这样做实不足取，但是我以为很对。回顾当年复性书院多少同学天赋卓越，才华横溢。有的出身北大，熟谙国学，精于外语。只因潜心佛、理，学问未深入，精神先沉浸其中不能自拔，渐渐失去自我，远离社会，终为时代所疏远，一个个无声无息地消失在历史激流中。这是个值得借鉴的教训。

在复性书院的众多学子中，先生不与众人同，走着一条务实的学术道路，不搞理学、佛学，搞孔子、六经，重点攻《春秋》、《周易》。建国以后来吉林大学历史系教书，乃由经学转入史学。在史学研究中，几十年一直抓有重大学术意义的问题，从不在枝枝叶叶、无关痛痒的问题上斤斤计较。翻开先生的古史著作《中国奴隶社会史》和两本论文集，看见的是诸如古史分期、中国奴隶社会的特点、古代阶级斗争、宗法、井田、分封、孔子、老子、荀子、孙子、《周易》、《尚书》等等大问题。

学问的直接目的是解决问题,追求真理。真理要有价值,要有学术意义。先生总是用这个标准衡量他人,要求自己。于近代学人中先生推崇孙诒让,因为孙诒让用20年功夫写出一部《周礼正义》,学术价值无可估量。于近时学人中先生最佩服王国维。王国维学问之渊博,论著之丰富,为大家所公认。先生最看重王国维学术的另一卓越之处:文章没有一篇不是解决问题、不是有重大学术意义的。先生总是以此自勉,同时激励我们,不解决问题,没有学术价值,缺少独立见解,人云亦云的文章,一定不要做。

要文章解决问题,首先要做到抓的问题真正是问题。我们常常看到一些学术论著,或者费偌大的力量考证一事,或者花毕生精力研究一人。成果出来了,学术价值却小得可以忽略。因为他考证的问题实无学术价值,他研究的人原来鲜为人知,影响极小。这种情况并不少见,甚至大学者也往往不免。先生谆谆嘱咐我们,做学问千万以此为戒。

Ⅱ. 先生自1954年从沈阳东北图书馆调来吉林大学历史系任教起,坚持独立思考、实事求是地研究孔子,几十年风雨不懈,老来弥笃。

先生坚信自己对孔子的认识是正确的。先生从孔子思想自身和孔子在两千多年历史中的影响考察,认为孔子及孔子思想在不同的历史时代有不同的意义。凡在革命风暴掀起时,人们要求破坏旧秩序,孔子和孔子思想成为历史前进的障碍,必然受到批判,五四运动是典型的例子。旧秩序破坏之后必须进行建设新秩序的时候,孔子和孔子思想就有用了。新中国成立以后,理应汲取孔子的东西为今所用,可惜我们反其道而行之,批孔愈演愈烈,使两个文明的建设都蒙受损失。

在以阶级斗争为纲的年代里,一个普通教授要给孔子和孔子思想做出实事求是的评价,谈何容易!先生硬是坚持,且敢于同当时的"左"派理论权威关锋辩论。"文革"中被"造反派"赶进牛棚,挂上"孔教徒"的牌子,还是"死不改悔"。

先生这无所畏惧的精神来自对马克思主义的理解。先生坚信,根据马克思主义的原理看孔子,孔子的思想有时代性,也有超时代性。所谓超时代性,是说孔子的东西在孔子之后两千多年的今天仍然管用。管用当然是指精华而言,例如孔子的仁说、时中观念、教育思想,对精神文明建设大有用处。建设有中国特色的社会主义,必须弘扬民族优秀传统文化;民族优秀传统文化内涵极广泛,就其思想与哲学这一重要方面来说,主要在孔子和孔学。孔学被汉代和汉代以后的人扭曲得面目全非。我们要像修整古动物化石那样,仔细地剔除附着在化石身上的真石,把孔学与后世儒学分别清楚。后世儒学,从董仲舒开始,到宋明理学,学者固然可以作为传统思想文化的组成部分加以研究,但是不可以把它们作为精神文明建设的养料交给人民和青年一代。因为它们大多不具有超时代性。它们曾经是精华,却早已变成糟粕。五四运动所竭力抨击的封建礼教就是由它们陆续累积造成的。七八十年前人们一再唾弃的东西,今天怎可当作国宝捧在手里啧啧叫好!

先生这一孔学观、儒学观在学术界多少有些孤立无邻,但是先生不以为孤,相信真理在自己一边。先生独立思考，唯真理是求，绝不人云亦云的精神，于此可见一斑。先生常常同我谈论朱熹。当今人们颇看重朱熹，先生则一反众议，对朱熹持批判的态度。朱熹在中国思想界独领风骚六百年，权威甚至高过孔子。先生认为，朱熹思想，论深度，论价值，根本不能与孔子同日而语。例如朱熹说"盖《易》只是个卜筮书，藏于大史大卜以占吉凶，亦未有许多话说。及孔子，始取而教，绎为'十翼'：《彖》、《象》、《系辞》、《文言》、《杂卦》之类，方说出道理来"（《朱子语类》易类）。把八卦、六十四卦及卦爻辞看作彻头彻尾的卜筮之书，并无哲学可言，哲学是孔子作《易传》加入的。这肤浅的易学观不能与程颐比，尤难望孔子项背。关于太极，朱熹说："易者阴阳之变，太极其理也。"[1] 以太极为理，而他的理又是先物而在，超越具体世界的本体。这又与孔子言"易有太极，是生两仪"者不同，与老子的"先天地生"，"独立而不改"的常道如出一辙。朱熹释《中庸》亦根本谬误，释"中"仅仅为"不偏不倚"（朱熹《中庸章句》题下注），给儒家道统"允执其中"陡然加入自伪古文《大禹谟》撷来的"人心惟危，道心惟微，惟精惟一"三句（朱熹《中庸章句》序），为他的义理之性与气质之性的人性说张本。朱熹说仁是"爱之理，心之德"[2]，与孔子讲的"仁者人也，亲亲为大。义者宜也，尊贤为大。亲亲之杀，尊贤之等，礼所生也"（《礼记·中庸》）大相径庭。

朱熹的体系是个谬误的体系。它的所有理论，最后通向一个礼字。不是孔子讲的为仁义之形式的礼，而是十足的封建礼教的礼。清人戴震（1724—1777）作《孟子字义疏证》，对朱熹的体系作过入木三分的剖析、批判。如今二百多年过去，历史已进入建设有中国特色的社会主义的新时代，竟有不少的人视朱熹的体系为宝贝，毫无批判地加以推崇、弘扬。先生对此忧心忡忡，不时地对我说，朱熹的东西只能做研究，不可以汲取。

Ⅲ. 先生早年研《易》，迄今70余年，总是独立思考，绝不依草附木。50年代先生著《易论》，讲《周易》有辩证法。一位大家说，《周易》哪里有辩证法呢。先生说，《周易》哪里没有辩证法呢。依然故我，不为所动。学术界长期以来流行《易传》成书于战国时代的观点，人多势众，而先生坚信孔子作《易传》的传统说法符合实际。长沙马王堆帛书《周易》出土后，更加坚信不移。令人欣慰的是，先生这一观点已逐渐不显孤立。李学勤先生见解与先生同。张岱年先生对先生的观点表示理解、赞赏。张老在一篇文章中说，"金景芳先生独抒己见，坚持认为孔子作《易传》是历史事实，也表现了独立不惧的勇气"。"孔子撰写《易传》，从历史条件来说是完全可能的。古代史的许多历史事实，不可能有百分之百的证据，但是也不容百分之百地加以否定。肯定《易传》系孔子所著，还是有一定根据的"[3]。

赵俪生先生在一篇文章的后记中说："经二三年来之反思，鄙人之认识有所改变。吾人生于近世且习学历史，不能不受考据派甚深的影响，不知不觉间亦受疑古学派之影响。故对金老孔子三代表作之见解迟迟不能首肯。但倘从'剔抉网罗'之角度进行思考，则《易·系辞传》谓为孔子代表作亦未尝不可。其下篇中某些语句，谓为孔子亲撰，谓为非孔子他人无可能代撰，亦完全能在科学上立住脚跟。这样，将孔子代表作幅面扩大，对孔子思想之论证范围，亦自必扩大，自人生哲学扩大到宇宙论。至此，孔子之学为考古派与疑古派缩小而又缩小者，乃臻其原应具有之幅面。金老之功在此，鄙人之局限亦在此。"[4]

独立思考与实事求是，二者互为前提，互相包含，未可分离。先生治学一向实事求是，知错必改。先生早年相信伏羲始作八卦之说，80年代受《尧典》的启发，看法有改变。从《尧典》说"钦若昊天，历象日月星辰，敬授人时"知中国古人自然之天的天概念之产生不会早于尧时，而八卦之产生以有自然之天的天概念为前提，故八卦不可能作于尧之前。《系辞传》"包羲氏始作八卦"云云一段话，当为后世不知何许人抄书时所窜入。

还有《左传》，先生先前曾认为《左传》不是《春秋》传。80年代初据《史记·十二诸侯年表》孔子"论史记旧闻，兴于鲁而作《春秋》，上记隐下至哀之获麟，约其辞文，去其烦重，以制义法。王道备，人事浃。七十子之徒口授其传指，为有所刺讥、褒讳、挹损之文辞不可以书见也。鲁君子左丘明惧弟子人人异端，各安其意，失其真，故因孔子史记，具论其语，成《左氏春秋》"这段记载，经仔细体会，乃改变旧看法，认定《公羊》、《谷梁》、《左氏》都是《春秋》的传。公、谷以义解《春秋》，《左传》以事解《春秋》。

Ⅳ. 先生学术活动的重点在古史研究。提起古史研究，人们立刻会想到20世纪马克思主义的引入、地下史料的涌现和疑古思潮的崛起这三件大事。三件大事的交织影响，使传统史学后的新史学既新鲜又复杂。先生在汹涌的史学大潮中独撑小舟，临险不惊，处变不乱，一直向前，靠的是在无师自学的困境中养成的坚毅不可拔的学术精神，即本文开头提到的三条。

先生治古史一向以马克思主义为指导，先生的大作《中国奴隶社会史》、《论井田制度》以及《论宗法制度》、《中国古代史分期商榷》、《论中国奴隶社会的阶级和阶级斗争》等著名论文，都是马克思主义指导下的产物。可以说没有马克思主义就没有先生的史学成就。先生善于把马克思主义理论、方法同中国古史实际结合起来，收到水乳交融、相得益彰的效果。

先生对马克思主义"中心悦而诚服"。30年代开始接触马克思主义，迄今有关的重要原著多已熟读，且善于领会精神要旨，贯通于古史研究之中。马克思主义指出奴隶社会有古典和古代东方两种发达形态。中国属于哪一种？先生根据历史实际情况认定，中国是古代东方型的发达奴隶社会，与古希腊、罗马不同。古希腊、罗马作坊、农场里那种被绳索羁绊着，可以买卖，属于某个奴隶主私人所有的奴隶，古代中国没有。中国奴隶社会的主要劳动者是生活在农村公社中的"庶人"、"野人"，即马克思说的"普遍奴隶"。这由众多文献记载的国野、井田、宗法、分封诸制度中能够得到证明。奴隶社会是人类历史上第一种以剥削、压迫为前提的私有制社会，也是第一种前资本主义社会。有无可以买卖的、牛马式的、属于私人的奴隶，不是奴隶社会的本质特征。古希腊、罗马有这种奴隶,是奴隶社会;中国古代没有这种奴隶,也是奴隶社会。两者都是典型的、发达的奴隶社会,特点各有不同。史学界由于对此问题的认识不同,导致了在古史分期问题上的严重分歧。

先生用20多年功夫研究这个问题,写出一系列论著,其中以《中国古代史分期商榷》一文和《中国奴隶社会史》、《论井田制度》二书影响为最大。《商榷》一文写于1978年,主要是对郭沫若关于中国古代史研究的某些重要结论提出质疑与批评。文章投给《历史研究》。向史学界最高权威提出挑战,在当时是史学界一件大得不能再大的事,《历史研究》当然不愿意轻易发表。不料这时郭老去世。1979年春天,《历史研究》在当年第1、2期上把文章连续发表出来。发表之后没有见到认真的有水平的反批评文章,倒是有人或者背后不负责任地议论,或者在不被注意的刊物上发表说三道四的文章,不讨论学术问题本身,只对先生进行毫无根据的人身攻击。说什么郭老刚死就发难,郭老生前为什么不说;批评郭老是为了抬高自己,等等。先生对此泰然处之,一言不发。因为他知道自己的使命在学术,计较这些,徒费精神不值得。

先生对先秦史上诸如井田制度、宗法制度等重大问题一一提出自己的见解。胡适坚决否定井田的存在,认为豆腐干块的井田制度不可能。郭沫若虽不赞成胡适的意见,却也不信《孟子》与《周礼》,而凭自己的脑子构想了另外一种井田,实质上也等于否定了井田。先生根据恩格斯《马尔克》一文和马克思《给查苏里奇的第三篇信稿》对欧洲农村公社的描述,对照中国古代文献的记载,论定井田制度不仅确实存在过,而且是历史之必然。其实质是差不多一切民族都有过的"把土地分配给单个家庭并定期实行重新分配"[5]。

先生还解决了诸如国野、贡助彻、《周礼·载师》七等田等一系列相关的问题。正确地了解井田制度,其他如田制、军制、礼制、刑制、税制、教育等等才能讲明白,也才能真正了解中国奴隶社会。先生解决了井田制度问题是对先秦史研究的重大贡献。

宗法制度问题,清人程瑶田、凌廷堪、郑珍和近人王国维已经讲清楚了,不应有什么争议,乃时贤在疑古风的影响下,多不信古人,逞臆为说。说"天子是天下之大宗","诸侯是一国之大宗",全然不顾古人有"诸侯夺宗","君是绝宗之人"的正确论断,强行混宗统与君统为一。先生不满意这种做法,因于1956年征引大量资料并以马克思主义理论为指导,写成《论宗法制度》一文。申明西周宗法制度的最基本的特征是"别子为祖"。所谓"别子",就是令公子、公孙与君统相区别,即从君统中分出来,另立宗统。公子与公(新君)虽有兄弟之亲,但实行宗法后,公子应称公(新君)为君,不得论血亲关系称兄或称弟。其实质是文明社会发展到一定程度之后,政治关系要加强影响,尽可能摆脱血缘关系的束缚。更进一步说,就是王权、君权要与自身所在的血缘关系隔断,形成君统、宗统两个统系。关于宗法制度的这一理论进展,是先生的贡献。

先生还对奴隶社会的阶级和阶级斗争、夏部落、商文化起源、民族融合、夏代由氏族制向奴隶制的过渡、春秋与战国分界、奴隶社会与封建社会分期等问题进行了深入、独到的研究，取得重大成果。

Ⅴ. 20世纪的中国新史学，受疑古派的影响相当大。先生对疑古之风一贯采取抵制、批评的态度，从不含糊。疑古之剑主要杀向两方面，一疑古史不可信，二疑古书尽伪。胡适说："大概我的古史观是：现在先把古史缩短二三千年，从《诗》三百篇做起。将来等到金石学、考古学发达上了科学轨道以后，然后用地底下掘出的史料，慢慢地拉长东周以前的古史。至于东周以下的史料，亦须严密评判。宁疑古而失之，不可信古而失之。"[6]顾颉刚说："我知道要建设真实的古史，只有从实物上着手的一条路是大路，我的现在的研究仅仅在破坏伪古史的系统上面致力罢了。"又说："我就建立了一个假设：古史是层累地造成的，发生的次序和排列的系统恰是一个反背。"[7]李玄伯说："用载记来证古史，只能得其大概……所以要想解决古史，唯一的方法就是考古学。我们若想解决这些问题，还要努力向发掘方面走。"[8]

二三十年代这些强烈的疑古观点，影响相当深远，新中国成立后数十年来绵绵不断，许多学者认为古书不可信，因而古史也不可信，唯相信出土实物。先生则主张文献与实物并重而以文献为主。但先生并不轻视地下材料，只是说要把文献材料放在重要地位。先生说："研究原始社会的历史，由于缺乏文字记载，不能不主要地依赖于考古发掘。到了文明时代，已经有了文字记载，虽然考古学的重要性仍然不应忽视，但研究这时的历史应以文献为主。章炳麟不相信甲骨文，显然是一个不能原谅的错误。王国维则不然，他应用甲骨文字，作《殷卜辞中所见先公先王考》，纠正了古书上的错误，使那些顽固地不相信甲骨文的人，也不能不心服口服。这就说明地下史料是重要的。但比较起来，我看研究古代史应以文献为主。"[9]

当年疑古派学者断言古书尽伪，古史是后人层累地造成的，古史必须由地下材料来说明。说来也巧，近几十年地下出土的材料越来越多地证明古书不伪，大多可信。例子多的是，70年代山东沂蒙地区银雀山汉墓同时有《孙子兵法》和《孙膑兵法》两部简书出土，证明《史记·孙子吴起列传》所记不虚，确实有《孙膑兵法》这部书。《周礼》早已为疑古派定为伪书，不可用以研究古史，可是近几十年来陆续有人用金文材料对照研究《周礼》，发现《周礼》职官多有与金文相合之处，《周礼》的史料价值不容否定。张亚初、刘雨说："正如我们研究殷周的甲骨金文离不开汉代的《说文解字》一样，要想了解西周金文中的职官，也无法脱离《周礼》一书。这说明其书虽有为战国人主观构拟的成份，然其绝非向壁虚造。由于作者去西周尚不算太远，故书中为我们保存了许多宝贵的西周职官制度的史料。"[10]两位考古学家80年代讲的这番话与20年代疑古派学者讲的大不相同。考古学与历史学兼治兼通的李学勤先生发表许多文章论证古书大多可信，前不久有《走出疑古时代》论文集问世。这就说明，疑古派期望考古学成果证明自己正确，然而今日不少考古学家却不接受疑古派的观点。先生抵制、批评疑古派的立场越来越多地得到考古学的支持。

Ⅵ. 治古史还有个如何对待考据的问题。先生一向认为考据是重要的。对清儒的考据功夫和成果以及无征不信的原则，至为赞赏。常说，宋人重义理，思想活跃，善于宏观把握问题，抓住要点，但是考据、训诂功夫差，往往由于一个关键字词没弄懂而讲错意思。清人重考据、训诂，补救了宋人的缺点。先生特别赞赏王念孙、王引之父子的方法，重考据而不泥于考据，善于微观宏观兼顾，由解字解词推及释章义篇义。先生自己也时作考据，且不乏精采。《诗》"二南"之南字，古人或解作方向之南或解作"南夷之乐"之南，皆不得要领。先生释南为任，"周南"、"召南"是"周南之国"、"召南之国"的简语。"周南"的诗从周公所任之国选出，"召南"的诗由召公所任之国选出。既打通了《诗》的一个难点，又给周、召分陕而治的史实提供了重要佐证。《中庸》"率性之谓道"，朱熹释率为循。率固有循义，但是先生认为此率字应训帅，不当取循义。若训循，则全句谓道是循性的。性而可循，岂不等于说可以任性，可以无忌惮。《中庸》必无此义。若训帅，谓性由天赋，自然生成，须由道来统帅它，制约它，则文通意顺，"率性"之义必如此。讲对一个率字，《中庸》全篇皆通。先生考据大多如此，着眼于解决问题，不为考据而考据。

清人作疏，往往见木不见林，释字不解文义，或者开列年货单子，俱引前人甲前人乙怎么说，唯不下己意，不予折中，不言自己怎么看。先生告诫我们千万别犯清人的这两条毛病。近年先生指导我撰写《尚书新解》，时时提醒我注意，字义词义要弄通，句义篇义更要弄通。实在不通的则存疑。前人的说法分歧很大，我们要在充分研究、深思熟虑的基础上提出自己的见解。在这一点上要学江声的《尚书集注音疏》、胡渭的《禹贡锥指》，不要学孙星衍的《尚书今古文注疏》。

Ⅶ、先生的史学根底在文献。于文献尤长于五经。由五经而孔子，而孟荀，而老庄，而孙子，而韩非，无所不精。这使先生的史学研究形成了两方面的特色，一是文献学与思想史结合，一是社会史与思想史贯通。文献学、思想史、社会史三者结合、贯通，造就了属于先生自己、富于个性、浑然一体的学术体系和学术精神。这里不须我赘叙，张岂之先生已有极中肯的概括。张先生在一篇文章中说："金老很注意文献学研究与思想史研究的结合。前人作中国文化学术思想史研究，没有不在文献学上下功夫的，因为这是研究的基础。但是，前人研究文献学，有时过于偏重训诂考据，忽视了文献的思想内涵。或者，前人作学术思想史研究，过多地从义理方面加以发挥，而忽略了某些范畴、概念在文献上的本来意义。金老在学术研究上没有汉学与宋学的偏颇，而力求采取二者之长。他依据独立自得的研究，将历史文献学的实事求是精神与思想史的理论探索融为一体，从而在中国思想史的研究中提出了许多新见解。我们读他的《易论》、《古籍考证五则》、《释二南、初吉、三譊、麟止》、《论孔子思想有两个核心》，就可以体会到金老在这方面的功夫之深。如果进一步读读金老的名文《老子的年代和思想》、《关于荀子的几个问题》、《关于孔子研究的方法论问题》、《中国古代思想渊源》，即可看到'由辞以通道'，将历史文献学与思想史研究有机结合的范本"。"思想史研究和中国社会史研究的结合，这是金老学术研究中的另一个注意焦点。在历史上，任何一种有体系的思想理论都是根植于一定的社会历史土壤。因此，思想史研究的难点就是科学地揭示历史演变和逻辑演变的一致性。许多马克思主义学术大师在这方面做出了重要贡献。这是不可等闲视之的。如果思想史研究只是由概念到概念，由范畴到范畴，依照西方某些哲学的思想体系，或者依照研究者自己的思想体系，将一些概念和范畴纳入到一定的理论架构中间去，这样的工作当然不能说没有意义，但是就其研究过程来说，那只是做了一半，或者说还没有达到研究的终极目标。金老觉得这样的研究有必要向前推进。他参考了其他学者在社会史研究方面的成果，进一步提出了自己的独立见解。应当指出，金老在中国社会史研究中是做出了很大成绩的。他的《中国奴隶社会的阶级结构》、《中国古代史分期商榷》、《论井田制度》、《马克思主义关于奴隶制的科学概念与中国古代史分期》等论文，实际上构成了金老关于中国古代社会史理论体系的基础。而金老关于中国古代思想史和经学史的若干观点都与他的社会史观点密切联系着，形成了一个整体。金老的研究成果充分显示他是一位有系统的社会史理论的古史专家、古文献学家和思想史家。"[11]

张先生对先生文献学、社会史、思想史三方结合贯通这一特点的分析，至为精辟、全面，不须我更作补充。

Ⅷ. 先生治学善于抓关键问题，在关键问题中抓要害；抓住要害，反复思考，步步深入，加以突破。在文献学、社会史、思想史诸领域的研究中无不如此。上文已涉及许多，这里仅举两个新近的例子说明。

近两年我撰写《尚书新解》，于《盘庚》篇遇到困难。汉人都说盘庚迁殷的原因是"去奢行俭"和躲避河圯。并且说主张迁殷者只盘庚一人，下层民众和上层贵族都反对。根据这一说法讲《盘庚》，根本讲不通，经文中找不到"去奢行俭"和河圯的记载，亦不见下层民众有反对迁移的言论。先生抓住盘庚为何迁殷这一关键问题加以研究，发现汉人之所以把问题搞错，原因有二，第一对《盘庚》篇头之"盘庚迁于殷，民不适有居"两句话理解有误。他们以为"盘庚迁于殷"是正文首句，说盘庚迁至殷，故"民不适有居"谓民不往新居地去，抵制迁殷。第二把"民不适有居"之适字讲错。先生经过反复思考，发现"盘庚迁于殷"不是正文首句，它是个单独的句子，不与下文连贯，在篇中起提纲振领的作用，可视作全篇之题目。"民不适有居"才是正文首句。适字是问题关键所在。此适字汉以来都训往、之。适字固有往义之义，但也有悦义乐义。《一切经音义》引《三苍》云："适，悦也。"《广韵》："适，乐也。"先生认为此适字必当为悦、乐之义。"民不适有居"，民不喜欢现在之"有居"，故有迁徙的要求，因此盘庚才有告诫官员们"无或敢伏小人之攸箴"语。这样理解"民不适有居"，全篇皆顺。倘依汉人旧说释适为往为之，说下民抵制迁殷，则《盘庚》篇不可通。

仁，是孔子思想的核心。先生对孔子这个仁字一直都在研究，认识在不断地加深。先生释仁主要根据《易传》、《中庸》、《孟子》，不同意韩愈"博爱之谓仁"和朱熹"仁乃性之德而爱之本。因其性之有仁，是以其情能爱"（朱熹《朱子文集》答张钦夫）的说法。《易传》说："立人之道曰仁与义。"《中庸》说："……修道之谓仁。仁者人也，亲亲为大；义者宜也，尊贤为大。亲亲之杀，尊贤之等，礼所生也。"《孟子·离娄上》："仁之实，事亲是也。义之实，从兄是也。礼之实，节文斯二者也。"先生据此认为，仁中有义，二者不可分。仁义是内容，礼是形式。仁与人本为一字，仁就是人。仁起于血缘关系亲亲之爱，而后推及政治关系而有义。最近，先生的认识又有深入，指出许慎《说文》释仁字为"亲也，从人二"，正切合孔子"仁者人也"之意。仁之二人一表示自己，一表示别人。亲字表示己与人之关系应当是爱。《中庸》记孔子所说"仁者人也"云云那段话，讲仁讲义讲礼，三者归结到一点，就是一个仁字，仁就是人。所以先生说："近世有人说，孔子之学是人学，是人本主义、人道主义，尽管这些概念不是中国固有的，我看是对的。"[12]

我所知道的先生的学术精神，大体如此。最后借用任继愈先生在一封信中讲的一段话作为结束语。任先生说："金先生为人为学深受学术界的敬重。他为国家培养了大批中青年学者，都已成为学术研究的骨干。这也是他的重大贡献。像金先生这样德高望重的学者乃国之重宝，祝愿他健康长寿。"

注释：

[1]《周易本义》，天津古籍书店1986年影印本，第314页。

[2]朱熹《四书章句集注》，中华书局1983年，第48页。

[3]张岱年：《祝贺金景芳先生九五寿辰》，《金景芳先生九五诞辰纪念文集》，吉林大学出版社1996年，第2页。

[4]赵俪生《我看儒学》，《金景芳先生九五诞辰纪念文集》，第450页。

[5]《马克思恩格斯全集》第21卷，人民出版社1965年，第159—160页。

[6] [7] [8]《古史辨》第1册，上海古籍出版社1982年，第2、52、270页。

[9]金景芳：《中国奴隶社会史》，上海人民出版社1983年，自序第4页。

[10]张亚初、刘雨：《西周金文官制研究》，中华书局1986年，第112页。

[11]张岂之：《金老与中国思想史研究》，《金景芳先生九五诞辰纪念文集》，第18页。

[12]金景芳：《论孔子的仁说以及其他相关问题》，《中国哲学史》1996年第2期。

（原刊《社会科学战线》1996年3期）

金景芳先生谈传统文化

中国传统文化的渊源

中国有文献可查的文化可以追溯到尧舜时代，再往前说就没有可信的根据了。古代文化的承传，孔子是个重要环节。孔子以前积累了丰富的文化资料，经孔子修起、论次、改编、注释，形成六部大书，这就是后人所谓的六艺或六经。《礼》、《乐》是修起，《诗》、《书》是论次，《春秋》是据《鲁史》旧文改编，加入自己的观点，《周易》则是作《易传》十篇，加以诠释。这六部书后世人叫做经，其实就是历史，所以孔子在当时是最懂历史的人。值得我们特别注意的是，孔子讲历史只讲到尧舜时代，尧舜以前不讲。司马迁说孔子"独载尧以来"，是对的。《礼记·礼运》记孔子论大同与小康，小康孔子举出禹、汤、文、武、周公等五个人物做代表，而大同只用一句"大道之行"概括，不说伏羲、黄帝等等。我看这可以说明两个问题，一是孔子谨慎，能叫准的说，不能叫准的不说，二是大同是原始社会，没有文字记载，留下来的只是考古学意义上的文化，思想文化谈不到。

大家常说《周易》是中国传统文化的源头，这话在一定意义上是对的。《周易》始于八卦，八卦《周易·系辞传》说是包牺氏画的。我早年相信这个说法，后来觉得不对。《说卦传》说八卦取八种基本物象，乾为天，坤为地，艮为山，震为雷，坎为水，离为火，兑为泽，巽为风。看得出来，这八种物象全是自然界具体存在之物，其中天与地最重要，天地氤氲，创生万物。所以乾所象之天是自然之天，坤所象之地是自然之地。大地在人的脚下，容易认识，关于自然之地的概念早就有了。天则不然，人们对自然之天的认识曾经历一个较长的过程。人们认识自然之天的过程就是认识了日月运行规律，从而创制阴阳合历的过程。阴阳合历产生，取代古老而疏阔的火历，是尧时的事情。《尚书·尧典》讲尧乃命羲和，"历象日月星辰，敬授人时"，"期三百有六旬有六日，以闰月定四时成岁"，能测知二分二至，就是证明。尧的时候人们才有了自然之天的天概念。

八卦的乾卦既取自然之天为象，就说明当人们画出八卦的时候，已经有了自然之天的天概念。所以我认为八卦的产生不会早于尧。说包牺氏画八卦，是不对的。《系辞传》里关于包牺氏画八卦云云那段话，必是后世人抄书时偶然窜入的，不是孔子原文。孔子讲历史人物至尧而止，尧之前是不讲的。他编次《尚书》从《尧典》开始，《尧典》以前或亦有文献在，然而孔子不取。《礼记·中庸》是孔子之孙子思作的，所记史事和孔子言行，其可信性不亚于《论语》。《中庸》说："仲尼祖述尧舜，宪章文武，上律天时，下袭水土。"以下又说"辟如天地之无不持载，无不覆帱，辟如四时之错行，如日月之代明，万物并育而不相害"云云。这段话说得斩钉截铁，不容置疑，孔子的学问渊源自尧舜以及周文王、武王。孔子的学问不外乎两方面，祖述宪章，是学习历史，属于人事，上律下袭，是探讨自然，属于天道观，是哲学方面的问题。实际上是说孔子的哲学与乾坤阴阳即《周易》密切相关。

传统文化，主要是思想文化，思想文化中主干的东西是哲学。传统哲学中孔子"中"的哲学影响至深至远。孔子这"中"的哲学也是祖述尧舜而来。《论语·尧曰》说："咨尔舜，'天之历数在尔躬，允执其中，四海困穷，天禄永终'。舜亦以命禹。"尧舜让位时都特别交代一句"允执其中"，可见"中"是治好天下的法宝。孔子说的"无可无不可"（《论语·微子》），"过犹不及"（《论语·先进》），"中庸之为德矣，其至矣乎，民鲜久矣"（《论语·雍也》），"执其两端，用其中于民，其斯以为舜乎"（《中庸》），"天下国家可均也，爵禄可辞也，白刃可蹈也，中庸不可能也"（同上），这些话是对尧舜"中"哲学的恰当理解和评价。孔子还通过《易传》对《周易》中固有的"中"哲学加以发挥。孔子本人一生做到了"执两用中"，所以孟子在言及孔子是众多圣人中最伟大的圣人时只强调孔子是"圣之时者"（《孟子·万章下》）而不及其他。

这个"中"的哲学用现在的话说就是辩证法，不过这辩证法是中国式的。

至子思作《中庸》，提出用"和"的概念更深一步诠释尧舜的"中"。他说"中"可以分为"中"与"和"两层含义，并且用人之喜怒哀乐之情加以比喻。情未发是中，发而中节是和。中节就是无所乖违，切合时宜，即表现出来的中。孔子弟子有若说的"礼之用，和为贵"（《论语·学而》）的和就是子思讲的发而中节的和。如果把"和为贵"的和理解为态度和气、温厚，则失之肤浅。孟子以权喻中，又以"男女授受不亲，礼也，嫂溺援之以手，权也"释权之义，更加生动地道出了《中庸》"发而皆中节谓之和"的实质。中与和是天地万物人事无处不在的，故子思说中是"天下之大本"，和是"天下之达道"。

"中"的哲学，尧舜禹汤文武周公以至于孔孟，是一脉相传的。后世韩愈、朱熹说儒家有一个道统，是对的。不过他们对道统是什么的问题却讲错了。韩愈《原道》说儒家道统是仁义，不对。朱熹在《中庸章句序》中提出十六字心传说，在"允执其中"外加上"人心唯危，道心唯微，唯精唯一"三句，更加不对。"危微精一"三句是抄自伪古文《大禹谟》，《大禹谟》抄自《荀子·解蔽》，荀子则明言他引自《道经》。可见是先秦道家的东西。尧舜和孔孟只有"允执其中"，没有"危微精一"。朱熹这样做，是要为他的道学张本，与尧舜孔孟的"中"哲学无涉。

中国传统文化中还有重要一项，叫作"明人伦"，也源自尧舜。《孟子·离娄上》说："使契为司徒，教以人伦。"又说："夏曰校，殷曰序，周曰庠，学则三代共之，皆所以明人伦也。"孟子所言不妄。今文《尚书·尧典》记舜对契说："契，百姓不亲，五品不逊，汝作司徒，敬敷五教在宽。"说明舜时契负责五品、五教的事情。《尧典》未交代什么是五品、五教，据《左传》文公十八年太史克说，知五品是父、母、兄、弟、子，五教是父义、母慈、兄友、弟共、子孝。都是个体家庭内部成员之间关系问题，未涉及家庭之外。至孟子，提出"父子有亲，君臣有义，夫妇有别，长幼有序，朋友有信"，把家庭之外的君臣、朋友关系加进来（《孟子·滕文公》）。后世儒家学派，特别强调明人伦的教育，成为中国传统文化一大特色。这并非儒家的发明，早在尧舜时代就有了。

总而言之，中国传统文化的根可追溯到尧舜时代，不能再往前。写一部中国思想史或哲学史，应从尧舜写起。我说的是思想文化，考古学文化另作别论。

孔子是传统文化的焦点

（一）儒道两家在传统文化中的地位问题

近几年就儒家道家在传统文化中谁居主干地位的问题，发生热烈争论。有人说儒家居主干地位，有人说道家居主干地位。我以为这个问题不必针锋相对的争论。实事求是地说，儒家的影响相当大，这是无法否认的。第一，儒家在先秦是显学。第二，汉武帝独尊儒术之后，儒学居正统地位。第三，儒家创始人孔子被尊为圣人，对后世影响最大。第四，儒家的仁义学说、伦理观念以及神道设教的方法两千年间深入人心。道家的影响也不容忽视。道家思想在传统思想文化中起重要的补充作用。光有儒家，没有道家，是不行的。

（二）关于孔子思想及其评价问题

孔子是传统思想文化的焦点。解决传统思想文化问题，首先要解决孔子问题。我对孔子做过些研究，写过一些文章，与我的两个学生（吕绍纲、吕文郁）合写过一本《孔子新传》。我对孔子问题的看法，那里都已讲过，现在扼要地说说。

孔子是儒家学派的创始人，后世儒家无不宗师孔子，游文于六艺之中。但是，孔子的思想，孔子的学问，基本上或者说绝大部分被后世儒家，特别是宋明理学，给歪曲了，曲解了，真髓没能传下来。那么是不是后世儒家把孔子思想给发展了，提高了，比孔子更高明了呢？不是的。孔子思想是奴隶制时代的产物，当然有其历史的局限性，但是孔子思想显然也有超时代性，其主要的、大量的东西至今仍有真理性，仍然可以汲取、借鉴。例如他的仁义学说，时中哲学，民本主义，历史观点，教育理论，都是我们建设社会主义精神文明应当继承的。后世儒家，宋明理学影响为最大，著名的思想家也最多，他们讲理讲性讲心，甚至讲佛讲道，把士人和百姓引向虚玄，不务实际。王阳明心学的坏影响，清初学者已经做过深刻的批判和清算。五四运动曾猛力抨击的吃人的封建礼教就是汉人始作俑而由宋人集大成的。孔子及先秦儒家有尊卑观念，但没有"三纲"思想。朱熹的思想，方面很广，大多是糟粕，影响极不好。因此才受到封建统治者的特别重视，他的著作成为士人应举必读的教材，他的言论一度比孔子更有权威性。清人戴震作《孟子字义疏证》，严厉地批判了朱熹，不是没有道理的。

我们要把孔子、孔学与后世儒家、儒学分开看，孔学自孔学，儒学自儒学，不宜笼统地一概称儒学，现在有人提儒学复兴、儒学现代化，这一提法不恰当。复兴、现代化不适用于儒学，不适用于传统思想文化。弘扬民族优秀传统文化的提法最科学最正确。弘扬民族优秀传统文化，主要应弘扬孔学。孔学除孔子以外，还包括七十子后学如子思、孟子、荀子等。自汉及汉以后的儒学，精华也是有的，但是主要是糟粕，如董仲舒、朱熹、王阳明。对他们进行批判研究是必要的，不可以作为正面的东西教给人民和青年一代。

（三）怎样评价五四运动批孔的问题

改革开放以来人们由批孔转为研孔，对孔子的评价大为提高，对传统文化也由彻底决裂转为弘扬，于是有人就说"五四"批孔批错了。我不这样看，我认为"五四"批孔没有错，"五四"批孔实属历史之必然，不是某几个头面人物主观愿望决定的。孔子是治世的圣人，他的学说归根结底是讲究伦常，重视仁爱，强调协和，追求安定。天下大乱的时候，问题需要通过实力解决，孔子的学说不但不管用，而且有妨碍。这就是孔子学说当时大家都说好却谁也不采纳，孔子本人如丧家之犬，到处碰壁，不了了之终其一生的原因。孟子处战国乱世，接着孔子说仁义，力主以仁政统一天下，其命运一点不比孔子好。五四是一场革命运动，它的历史任务之一是反封建，即推翻封建制度，扫除封建礼教，肃清封建文化，而孔子早已被捧为封建社会的圣人，历代封建统治者所干的坏事都是在这位圣人的名义下进行的。在当时，要打乱、破坏一个旧世界，批孔乃顺理成章、理所当然之事，毫不足怪。

在治世，在进行和平建设的时候，孔子学说就管用了，孔子因而就受重视受表扬了。纵观中国两千多年的历史，莫不如此。秦国不用儒家用法家，采取务实的农战政策，以武力统一中国，这是治乱世不用孔子学说取得成功的经验。统一之后进入和平建设时期本应考虑用一点孔子的精神，它却把法家的高压政策推向极端，造成二世而亡的结局。后来贾谊作《过秦论》总结出一句话："仁义不施，而攻守之势异也。"十分深刻。攻是打天下，守是治天下。打天下必用武，治天下则不得拒绝用文（仁义）。

1949年全国解放，新中国成立，进入和平建设时期。我们接着五四运动的革命势头，继续批孔，至"文革"而达到极点，结果社会发展的进程大受阻碍。当今的中国，正在改革开放，建设有中国特色的社会主义，最需要和平、稳定、秩序，需要社会和睦，民族团结。这时研究孔子，汲取孔子思想中的精华，弘扬民族优秀传统文化，势在必行。

（四）孔子与六经的关系问题

《诗》、《书》、《礼》、《乐》、《易》、《春秋》这六经与孔子有密切关系，是孔子下大功夫加以整理而定型留传下来的。司马迁说孔子"论次诗书，修起礼乐"，作《春秋》，赞《易》，是有根据的。乐经早已不存，姑不论。《诗》、《书》是论次，论次是讨论去取的意思。尽管只是讨论去取，其中也加入了孔子的思想。《诗》的讨论去取都有意义。例如风诗以国为单位编选，其中周南、召南又打破国别，把周公所主之东方各国之诗编在一起，把召公所主之西方各国之诗编在一起。另把代表中央政府的诗编在一起，称为雅。颂则是毛诗《大序》所谓"美盛德之形容"之舞诗。包括周人、鲁人、商人的诗。孔子把原有3000首诗删为300篇，又按一定的原则编为风雅颂三类，讨论去取必有意义。诗有所谓正变之义，也含有孔子编诗的良苦用心。十五国风有正变，二南各国之诗编在一起，作为模范教材，称正风，其余十三国之诗分别编为十三国风，美刺兼收，是变风。正风是青年必读的，所以孔子教育儿子伯鱼说："女为周南、召南矣乎? 人而不为周南、召南，其犹正墙面而立也与! "（《论语·阳货》）

《书》之篇什以前很多，经过孔子讨论去取编定一个本子，这个本子很可能就是汉初伏生凭记忆口授的今文《尚书》29篇。孔子在《书》上所做主要是断限和选材两方面。孔子编《书》"独载尧以来"（《史记·五帝本纪》），尧以前不取。足见孔子对待历史多么审慎，也说明孔子认为尧以下历史是可信的。这是断限。关于选材，《尚书大传》记孔子语有七观之说，即："六誓可以观义，五诰可以观仁，《甫刑》可以观诫，《洪范》可以观度，《禹贡》可以观事，《皋陶谟》可以观治，《尧典》可以观美。"由此可知，孔子编入《尚书》的29篇，绝非偶然拈来，是经过深思熟虑的。

孔子修起的《礼》是17篇《仪礼》，不是《周礼》、《礼记》。《周礼》与孔子无关。《仪礼》17篇记载周礼冠婚、丧祭、朝聘、射乡八大类的礼之数，即礼的仪节。仪节不是随意规定的，都有一定的深刻含义。礼之数与礼之义是形式与内容的关系，礼之数重要，礼之义更重要。礼之义保存在《礼记》中，如《冠义》、《昏义》、《乡饮酒义》、《射义》、《丧服小记》、《丧服四制》、《祭义》、《祭法》、《祭统》、《郊特牲》等等。《礼记》共49篇，记有不少孔子的言论，反映孔子的思想。《中庸》、《大学》两篇集中反映孔子辩证法、唯物论的哲学思想，是研究孔子思想的重要资料。古人把这两篇抽出与《论语》、《孟子》合起来编为"四书"，是很有眼力的。

《易》包括经、传两部分。我治《易》逾70年，坚信《易传》是孔子所作。当然，古人所谓作，不必亲自写定。其中有孔子自写，有弟子记孔子语，有前言旧闻，思想应属于孔子。《论语》说："子曰: 加我数年，五十以学《易》，可以无大过矣。"《史记·孔子世家》说"孔子晚而喜《易》"，"读《易》韦编三绝"，著"序、彖、系、象、说卦、文言"。又《文言》、《系辞传》多有"子曰"云云，《系辞传下》有云："子曰: 颜氏之子其殆庶几乎，有不善未尝不知，知之未尝复行也。"很显然，此"颜氏之子"即《论语》"不贰过"的颜回，而"子曰"之子必为孔子无疑。可见说《易传》是孔子作的，不成问题。现在很多人说《易传》是战国人作，甚至有人说是道家人物作，我不相信。

《易》是一部什么性质的书呢?《系辞传上》说："夫《易》何为者也? 夫《易》开物成务，冒天下之道，如斯而已者也。"庄子说："《易》以道阴阳。"司马迁说："《易》以道化。"都是说《易》是讲道讲变化的书，亦即哲学书。孔子作《易传》正是把《易》作为哲学书看待的。《易》的卜筮不过是外表形式，哲学才是《易》的实质性内容。

孔子与《易》的关系，实质是《易传》与《易经》的关系问题。《易传》的思想来自《易经》，不是孔子自己的独创。《易传》与《易经》分不开，但是《易传》的水平要高过《易经》，《易传》是研究孔子哲学思想的重要资料。子思作《中庸》，思想当源自

《易传》。

《春秋》是孔子据鲁史而作，这是千真万确的事实，《孟子》、《庄子》、《荀子》诸书都有记载。《春秋》的用意主要不在记事，而是在明义。司马迁说"《春秋》以道义"，庄子说"《春秋》以道名分"，已明确地指明了这一点。道义，道名分，其实就是通过记事表达政治思想。思想寓于用词的变化中，极难理解，所以才有《公羊传》、《谷梁传》之作。《左传》是记事的，有人以为既是记事，便不是解《春秋》的传。根据《史记·十二诸侯年表》的说法："论史记旧闻，兴于鲁而次《春秋》"，"七十子之徒口授其传指，为有所刺讥褒讳挹损之文辞，不可以书见也，鲁君子左丘明惧弟子人人异端，各安其意，失其真。故因孔子史记具论其语，成《左氏春秋》。"知左丘明作《左氏春秋》是为了讲清楚与《春秋》有关的史实，以事解《春秋》。故当承认《左传》也是《春秋》的传。

先秦至汉初，言六经都是《诗》、《书》连言，《易》、《春秋》连言。董仲舒说，"《诗》、《书》序其志"，"《易》、《春秋》明其知"（《春秋繁露·玉杯》）。司马迁说："《春秋》推见至隐，《易》本隐以知显。"（《史记·司马相如列传赞》）可见《春秋》和《易》都是讲理论的书，《易》讲哲学，《春秋》讲政治。

总之，"六经"与孔子密切相关，或论次或修起，或作或赞，里边都饱含着孔子的思想，都是研究孔子的好材料。尤其《易》、《春秋》以及"三礼"之一的《礼记》更不可忽视。置"六经"于不顾，只凭一部《论语》（《论语》当然重要）研究孔子，是研究不透的。"六经"是自尧舜以来思想文化的总集成，古代方方面面的学问尽在其中，影响至深至远，研究先秦史，乃至研究整个中国古代史，都不可以舍弃"六经"。研究思想史、哲学史、文化史，尤其如此。我当然不是鼓吹大家都来读经，当我说"六经"如何重要的时候，我说的是史料，不是圣人之经。经和史料虽是同一物，但不是一回事。

（五）关于孔子思想的几个具体问题

孔子思想在中国历史上的地位和影响，比亚里士多德在欧洲历史上的地位和影响，我以为大得多。据说黑格尔贬孔子，说孔子思想中没有哲学，只有道德说教。这是因为他并不了解孔子，也不了解中国，我们不必在意，不知不怪嘛。若中国人自己也跟着贬孔子，就可叹可悲了。近些年外国人又对孔子看好，捧孔子为伟大的世界文化名人，中国开孔子的学术会，他们也纷纷跑来参加，说尽好话。于是大家感到很高兴。我以为其实不必。语言不同，文化不同，思想不同，看问题的角度又不同，对待西方人的褒贬，我们应荣辱不惊，泰然处之。孔子问题应这样，别的什么问题也应这样。我们中国人自己要实实在在地研究孔子，不故意贬低他，也不故意拔高他，他是什么样就把他说成什么样。

据我研究，孔子的思想有以下几点应予注意。

1. 孔子在哲学的基本问题上是唯物论者，也是无神论者。现在有人讲哲学不大讲唯物唯心的界限了。我看还是要讲的，因为这是事实。孔子的唯物论哲学是从尧舜那里继承过来的。主要表现在对天的认识和理解上。《尚书·尧典》说："钦若昊天，历象日月星辰,敬授人时。"《论语·泰伯》说:"唯天为大,唯尧则之。"产生于尧时的八卦以乾为天,坤为地,离为火等等。这些天显然都是自然之天,这些话都把天视作存在,不视作上帝。孔子继承了这个思想,他的天也是自然之天。这一点在孔子作的《易传》里看得极清楚。《论语·阳货》所记孔子讲的"天何言哉,四时行焉,百物生焉,天何言哉"这几句话,更能说明孔子心中的天不是上帝,而是自然之天。

《论语》书中记孔子多次言及鬼神,未说鬼神是有还是没有。另外,孔子特别重视郊天祭祖。所以人们说孔子是有神论者。我认为孔子其实不是有神论者。他若是相信有鬼神,完全可以明说,何必模棱两可! 他之所以如此,是因为他既不相信鬼神,又不能说没有鬼神。说没有鬼神,就否认了祭祀,而当时是"神道设教"的时代,否了对鬼神的祭祀,就取消了对人民的教化。《荀子·天论》说:"日月食而救之,天旱而雩,卜筮然后决大事,非以为得求也,以文之也。故君子以为文,而百姓以为神。以为文则吉,以为神则凶。"荀子这话实际上把孔子的无神论给点破了。孔子这披着有神论外衣的无神论对后世影响至为深远。后世的上层人物,尤其是思想家、读书人,大多如此。心中不信鬼神,却又不明确否定鬼神。这是中国传统思想文化的一个特点。

2. 孔子思想中有辩证法。中国古代的辩证法思想始于尧舜,即《论语·尧曰》说的"允执其中"。在《论语》里孔子叫做"中庸",《易传》里孔子叫做"时中"。其实就是一个 "中"。《论语》记孔子说的"无可无不可"和"过犹不及",是对"中"的恰当阐释。子思作《中庸》提出"中和"说,"和"也是"中","中和"就是"中"。孟子更用行权比喻中,说"男女授受不亲,礼也。嫂溺援之以手,权也"。权,也就是做事不执一偏,因时因地灵活把握。孔子讲的"无可无不可","执其两端,用其中于民"(《中庸》)和"时止则止,时行则行"(《易》艮卦《象传》),正是这个意思。这"执两用中"的道理并不难理解,但是做到实不容易。伊尹、伯夷、柳下惠都是不简单的仁者知者,却都没做到"执两用中"。孔子做到了,所以孟子说孔子是"圣之时者",他"中心悦而诚服"。老子则反对"执两用中",主张贵柔贵后即执一。老子当然也是辩证法大师,但是没有孔子高明。朱熹《中庸章句》题下注说:"中者,不偏不倚,无过不及之名。"不得"中"之要领。有人释中庸为折中调合老好,更加不对。

"中"的哲学是孔子思想的该心。孔子最为强调仁,仁讲的也最多,仁也是孔子思想的核心。但是孔子的仁说以及其他一切观点都贯穿着"中"的哲学,受"中"的制约。孔子 "中"的哲学与马克思主义讲的具体情况具体分析,一切依时间、地点、条件而定,是一致的。邓小平提出改革开放政策,变社会主义计划经济为社会主义市场经济,建设有中国特色的社会主义,其理论根据是马克思主义,却也与中国传统的"中"哲学精神一致。

3. 仁也是孔子思想的核心。仁字早已有,至孔子,赋予仁新的内涵。孔子说:"仁者人也。"(《中庸》)《说文》人部说:"仁,亲也。从人二。"与孔子的说法一致。仁就是人。一个人指自己,一个人指别人。自己对别人应当亲爱。人而不亲爱别人,就不是人。这是孔子给仁下的定义。孔子另外的一些言论如"己欲立而立人,己欲达而达人"，"己所不欲，勿施于人"，"克己复礼为仁"，"为仁由己，而由人乎哉"，"我欲仁，斯仁至矣"，"能近取譬，可谓仁之方也已"等等，所言全是人己关系问题。孔子认为一个人要克己，能克己就能爱人，即好事要想到别人，坏事不要加给别人。做到克己，就是忠，做到爱人，就是恕。忠恕两方面都做到，就是仁。孔子说："吾道一以贯之。"曾子解释说："夫子之道，忠恕而已矣。"忠恕其实就是仁，曾子讲的对。

孔子讲的仁，与佛家的普度众生，基督教的情爱，墨子的兼爱，是不同的。首先，孔子讲的仁仅仅就人而言，不涉及物。其次，孔子讲的仁爱别人，这别人与自己的关系有远近亲疏，尊卑等差之别，因此爱的程度也不同。孔子说："仁者人也，亲亲为大。义者宜也，尊贤为大。亲亲之杀，尊贤之等，礼所生也。"（《中庸》）大，第一，为首的意思。杀，减杀，义与等同。杀，等，等差的意思。孔子这几句话的意思是说，仁从亲亲之爱开始，以亲亲之爱为最重。亲亲指至亲父母，尤其母爱为第一，然后推及别的亲人以及血亲关系以外的人。孟子讲的"老吾老以及人之老，幼吾幼以及人之幼"正是此意。

"仁者人也"以下至"礼所生也"，讲的都是仁。"义者宜也，尊贤为大"，是说人除了血亲关系之外还有政治关系，人在爱亲人问题上叫作仁；在爱亲人以外的人的问题上可以另起名称叫做义。义，包括在仁的涵盖之内，其实也是仁。仁（包括义）是有等差有区别的，所以要有礼。仁义而不合礼，便不是仁义。礼是制中的，失礼便失时失中，做不到仁义。孔子说"克己复礼，天下归仁焉"，正确而深刻。这样说来，孔子讲的仁义礼是一个东西，不是三个东西。仁义止是仁而已，礼是外部形式。形式不能脱离内容而单独存在。因此孔子思想的核心不能说是礼，只能说是仁，说是仁义也可，说是仁义礼也未尝不可。不管怎么说，归根结底是仁。行仁离不开时中，须以时中为前提。所以我说孔子思想的核心有两个，一是时中，一是仁。

孔子的仁说大抵如此。与普度众生、情爱、兼爱者根本不同，韩愈《原道》说"情爱之谓仁"，朱熹《论语集注》说仁是"心之德，爱之理"，都不对。今日言弘扬民族优秀传统文化，孔子的仁说应是一项重要内容。

4.孔子的历史观是正确的，深刻的。孔子是中国历史上第一个历史学家，除作有一部《春秋》以外，还有很多涉及历史问题的言论。这里不须多讲，只讲三点就够了。第一，关于社会历史发展的有序性、继承性问题。孔子说："殷因于夏礼，所损益可知也。周因于殷礼，所损益可知也。其或继周者，虽百世可知也。"（《论语·为政》）这话有深刻的理论意义。他认定历史是有序发展的，因而有继承性，不能割断。因、损、益的提法与今日我们说的批判继承实无根本的不同。而且孔子的意思是说后代继承前代要因要损要益，是客观的规律，不是人之主观愿望决定的。

第二，孔子看到了个体婚制在历史上的伟大作用。《礼记·昏义》说："男女有别而后夫妇有义，夫妇有义而后父子有亲，父子有亲而后君臣有正。故曰昏礼者，礼之本也。"《礼记·郊特牲》说："男女有别然后父子亲，父子亲然后义生，义生然后礼作。"《周易》之《序卦传》也有意思相同的话。《礼记》未明言此话出自孔子之口，但是据

《汉书·艺文志》"记百三十一篇"句下班固自注说"七十子后学者所记也",知《昏义》、《郊特牲》关于个体婚制的言论,思想应属于孔子。孔子认识到了一夫一妻的个体婚制是文明社会发生的契机、源头。这一认识,在今日看来也是真理。恩格斯说,"在历史上出现的最初的阶级对立,是同个体婚制下的夫妻间的对抗的发展同时发生的,而最初的阶级压迫是同男性对女性的奴役同时发生的"。"个体婚制是文明社会的细胞形态,根据这种形态,我们可以研究文明社会内部充分发展着的对立和矛盾的最初性质"[1]。孔子的认识出于他的伟大智慧,恩格斯的说法以阶级和阶级斗争学说为前提,是科学的理论,两者不可同日而语,但是毕竟应承认孔子说得对,不与马克思主义理论相违背。孔子在距今25个世纪前能看出个体婚制是原始社会与文明社会的界限,能说简单吗!

第三,除个体婚制以外,孔子还看到了财产私有制的存在与否是文明社会与原始社会的区别所在。《礼记·礼运》记孔子说,当天下为公的大同社会,"人不独亲其亲,不独子其子","货恶其弃于地也,不必藏于己,力恶其不出于身也,不必为己"。到了天下为家的小康社会,变为"各亲其亲,各子其子,货力为己,大人世及以为礼"。孔子认为小康即文明社会与大同即原始社会的不同不外乎两条,一是一夫一妻的个体婚制的产生,一是财产私有制的确立。两方面的共同表现是礼义制度。

孔子这样区分小康与大同两种社会,对不对呢? 当然对。没有谁能证明孔子讲的不符合历史实际。孔子讲大同与小康,是揭示社会历史发展的实在内容,不含有价值评判的意向。孔子一再弘扬礼义,弘扬文武成王周公,说明他不主张把历史拉回到大同去。他讲大同社会,是讲历史,不是讲理想。康有为说孔子的大同社会是理想,是出于政治斗争的需要,其实不对。

孔子关于历史问题的这些观点符合中国古代历史实际,都是真理,我们今日研究中国古代史,不应当视而不见,拒绝使用。

天人合一问题是传统思想中的大问题

天人合一是传统思想文化中的一个大问题,前年学术界曾有过一次较大的争论,大家的看法不一样。我也写过一篇文章[2]。我的看法扼要地说,是这样的:天人关系实际上是人与自然的关系。这个关系经历过四个发展阶段。第一阶段是原始群时代,这时人尚未从自然界独立出来,人与天当然谈不到关系问题。第二阶段自母系氏族社会开始至文明社会的前夜。此时人与自然的关系表现为人与神的关系。第三阶段自尧开始至西方文化进入中国。这时人与自然的关系表现为合一,即所谓天人合一。天人合一是人道与天道合一。天道是自然规律,人道是社会规律。二者之所以能合一,是因为这时人已经知道天是自然的,而且懂得了辩证法。这个阶段中表现天人合一观念最深刻最全面的是《周易》,能谈天人合一,又能做到天人合一的是孔子。第四阶段自西方文化进入中国开始。这时西方文化鼓励人与自然对立的精神逐渐占优势。

有所谓战胜自然、征服自然的口号出现。这不是中国固有的观念。中国人天人合一的观念主张人顺应自然规律，从而改造自然，使自然为人类造福，不主张与自然界对立。当前自然科学技术日益发达，固然是好事，但是如果肆无忌惮地向自然界进攻，自然界依其固有的规律，是要报复的。例如生态平衡、环境纯洁就是自然规律，就是天道。你一定要破坏它，使它失衡、污染，人类最终要吃苦果了。总之，中国古人讲天人合一，是说人类的活动要顺应自然规律，并非不要改造自然、利用自然。例如治水，水是必治的，问题是怎么治法。鲧治水违背自然规律，故失败，禹治水顺应自然规律，故成功。今人办厂往往不顾空气和水污染，厂是办成了，却给人类造成无穷危害，这样的厂其实也是失败。

我们民族的优秀传统文化中有很多精华的东西，于今仍有价值，我们没有理由拒绝继承。其实继承是历史之必然，你愿意不愿意都一样。前些年有一些青年人发表奇文《河殇》，硬说黄皮肤黑眼珠不如白皮肤蓝眼珠，黄色文明不如蓝色文明。犹如儿嫌母丑，想换个漂亮母亲一样荒唐可笑。大概没有几人赞同他们的奇想。党和国家已经明确提出弘扬民族优秀传统文化的号召。1994年10月在北京纪念孔子2545年诞辰及儒学国际研讨会的开幕式上，全国政协主席李瑞环同志和国务院副总理李岚清同志到会讲话，充分肯定民族优秀传统文化的现代意义。李瑞环同志更对孟子的民本思想给予肯定，说值得我们借鉴、汲取。他们的讲话是正确的，我很受鼓舞。

最后，把我对传统文化问题的看法概括一下。中国优秀传统思想文化始于尧舜时代，经过孔子的整理总结，发扬光大，成为极其宝贵的文化遗产。孔子思想具有时代性也具有超时代性，其中不少的东西自今日看来仍不失为精华。我们弘扬民族优秀传统思想文化，主要应弘扬孔子的思想。子思、孟子、荀子等先秦儒家当然也在内。至于董仲舒"罢黜百家，独尊儒术"以后的儒学，则须审慎对待。据我所知，后世儒家，特别是以朱熹、王阳明为代表的宋明理学、心学，主要是糟粕，清代有识见的学者早已做过批判，今日更只能批判地研究，不可弘扬、继承。近来有一种儒学复兴的提法，我以为不妥。儒学与孔学是大不相同的，二者宜区别对待。如果一定要说复兴的话，也应提孔学复兴，而且复兴只可理解为弘扬、继承，没有必要也没有可能搞出一个现代新孔学。

以上金先生关于传统文化问题的一些见解，是平素闲谈中对我讲的。我的印象很深，今凭记忆介绍这些。不敢保完全准确，但敢说大体不误。

注释：

[1]《马克思恩格斯全集》第21卷，人民出版社1965年，第199、78页。

[2]金景芳：《论天和人的关系》，《传统文化与现代化》1994年第2期。

（原刊《史学史研究》1996年第3期）

孔子的教育观与中国未来教育

孔子的教育观是中国传统思想文化精华的一部分,它对中国传统教育产生过深远的影响。近代以来由于西方教育制度、教育理论的引入,它的影响被削弱。五四运动呼唤德先生赛先生,它同封建主义的文化一起被抛弃。现在到了解除这个历史性误会的时候了。它与封建主义的教育根本不同,它不是糟粕,是真正的精华。当21世纪即将来临,中国走向现代化的时候,我们应当对它进行深入、认真的研究,让它在中国未来教育中发挥作用,重放光采。

一 中国未来教育应在中西结合中突出民族性

近代以来,中国的事情受西方影响最大的是教育,直至今日,我们的教育制度仍然是西方的模式。其中有一点苏联的影响,但不是太大,而苏联的教育,也基本上来自西方。

西方的教育制度好不好,我们要不要汲取。这个问题不以我们的主观愿望为转移,应由实践证明。鸦片战争以后,一些先进的中国人学习西方的样子开始兴办洋学堂,辛亥革命前后洋学堂比较多地兴办起来,各省都有了小学、中学、师范,北京还办起了洋式的大学堂。到了“五四”时代,外省也开始办大学堂,大多数县城有了小学、中学,小学甚至办到乡村。随后,这洋式的学校制度在全国范围内全面取代了中国传统的旧式教育制度。既然接受了洋式的学校制度,与之相关的一系列教育制度如班级制度、课堂分科教学制度、毕业制度、升级升学考试制度、学位制度、德智体音美五育并行制度以及国民义务教育制度,等等,必然也陆续引进来。

实践已经证明,这西方的教育制度是先进的,与中国旧式的封建主义的教育制度相比,具有无可置疑的优越性。中国旧式的教育制度是以自然经济为基础的封建主义生产方式的产物,它直接为封建专制主义的政治制度服务,与科举制度紧密结合。教育的实体是家塾、乡塾、书院以及为数极少的官学。只有贵族、官僚、地主、大商人的子弟有缘受教育,劳动者群众世世代代与教育不发生关系。教育的内容主要是四书、五经、朱熹《四书集注》和学做八股文。绝少涉及自然科学,人文与社会科学也谈不到。这种旧式的教育被外来的西方教育所取代是历史的必然,也是历史的进步。

但是教育毕竟是上层建筑,必然受基础制约,为基础服务。西方教育模式是资本主义生产方式的产物,为资产阶级服务。所以20世纪前50年与后50年的中国教育虽都采用西方的模式，性质却根本不同。前者是半封建半殖民地的，后者是社会主义的。

中国现在的目标是建立社会主义市场经济体制，实现现代化建设，在21世纪初期的数十年内建成现代化的有中国特色的社会主义国家。中国未来教育当然要适应这一总目标，为实现这一总目标服务。

中国未来教育必须继续采取西方的教育制度，积极汲取西方教育的新经验，走中西结合的道路。但是，中西两方面不可平分秋色，同等对待。我们应该突出中国特色，突出民族性。这要从两方面做起，一是体现中国国情，坚持社会主义性质和内容，二是汲取孔子教育观的基本精神，溶入未来教育中。具体地说，要立足于提高人的素质，实现人的现代化，继续加强唯物主义、社会主义、爱国主义教育，道德教育和现代科学与技术教育。在教育理论方面不妨大大方方地把孔子的东西拿过来，加以研究、溶化，形成有中国民族特色的教育理论体系。

二 孔子教育观的基本精神

孔子是伟大的思想家、哲学家，更是伟大的教育家。孔子把一生都献给了教育事业。司马迁说孔子有3000弟子，似乎不大可能，但是《仲尼弟子列传》列出有名姓的弟子约77人，则大体可信。即使在现代条件下，一个教师自己一人独立培养这么多学生，也是困难的。孔子不实行课堂教学，采取类似今天带研究生的办法，培养77个学生，实在伟大无比，丰富的教育实践，使他形成了符合教育规律，具有超时代意义，至今仍有价值的教育观。孔子的教育观，概括地说主要有以下几点。

（一）天地之间人是最重要的，教育的宗旨在于塑造人，提高人。孔子是第一个认识和肯定人的价值的思想家，也是第一个把教育提到塑造人、培养人的高度对待的教育家。天地人三才的思想由他首先正式提出。他说："立天之道曰阴与阳，立地之道曰柔与刚，立人之道曰仁与义。"（《易经·说卦传》）把人与本来最尊贵的天地并列，视天地之间人为贵。他还说："有国家者贵人而贱禄，则民兴让。"（《礼记·坊记》）以为人贵于物。他内心确实具有天地之间人为贵的思想。马厩失火，紧急中他出口问伤人未伤人，终不问马（《论语·乡党》）。足见贵人的思想出于衷心，绝无虚假。

既然贵人，也就贵仁，贵仁的实质是贵人。而人都是"性相近也，习相远也"（《论语·阳货》）的，天赋之性差不多，差别端在后天习染。故人有必要也有可能加以塑造，即教育。教育与不教育相去甚远。在孔子看来，人而为人，不外乎修己与诲人两方面，他概括自己的优点也只有两条，一是学而不厌，一是诲人不倦。他希望无论什么人从事什么职业，一辈子都应照此努力不息。所以他主张当教师的应当"有教无类"（《论语·卫灵公》），自己也真的做到"有朋自远方来，不亦乐乎"（《论语·学而》）。司马迁作《孔子世家》说孔子"弟子弥众，至自远方，莫不受业焉"，可见孔子是说到做到了的。

孔子的教育目的是什么呢? 我认为首先是塑造人, 教育人, 培养人, 提高人的素质。至于人从事什么职业, 是第二位的。孔子对人的要求很多, 多得数不清, 但是大体不外乎仁与智两项。仁即品德修养, 智即智能水平。两项具充足, 便是君子。君子人格是孔子自己追求也让大家追求的完美人生目标。有人因此批评说, 孔子对受教育者要求过高, 甚至失于苛刻, 他搞的是英才教育。这说的是事实。但是我以为在教育上要求与其从低从宽, 不如从高从严, 孔子的做法没有毛病。至于英才教育, 只要在搞好基础教育的前提下施行, 任何社会都是必要的。孔子最为重视人的塑造、教育, 着眼点始终放在人的培养上, 我们姑且称之为基础教育。其次才注意英才教育, 即培养优秀、杰出的人。有前者必然有后者, 有后者由于有前者, 孔子归根结底特别强调的是前者。有了人的素质的普遍提高, 然后才有英才可言。这是孔子教育观中第一重要的基本精神。

(二) 孔子的教育具有广义性。学校教育与社会教育, 自我教育与他人教育, 都在他的教育之内, 而特别强调自我教育和终生受教育。在孔子看来, 人生一世, 自幼至老, 就是一个自我教育与自我完善的过程。

孔子重视自我教育的言行表现充分又明显。他教学, 要求学生必先自学自思, 教只起举一反三、画龙点睛的作用。关于这方面的言论尤其多, 而且见解深刻, 如"学而时习之, 不亦乐乎"(《论语·学而》), 学习不但是人生之切实需要, 且是人生一大乐事。如"好仁不好学, 其蔽也愚; 好知不好学, 其蔽也荡; 好信不好学, 其蔽也贼; 好直不好学, 其蔽也绞; 好勇不好学, 其蔽也乱; 好刚不好学, 其蔽也狂"(《论语·阳货》)。仁知信直勇刚具备, 便是完美的人, 但是如果任其自然形成而不学习, 则必陷于六蔽。人而不学, 无论如何不能成为合格的人, 不唯仁知信直勇刚做不到, 且必走上邪路。如"博学之, 审问之, 慎思之, 明辨之, 笃行之。学之弗能, 弗措也; 有弗问, 问之弗知, 弗措也; 有弗思, 思之弗得, 弗措也; 有弗辨, 辨之弗明, 弗措也; 有弗行, 行之弗笃, 弗措也"(《中庸》)。《中庸》是孔子之孙子思所作, 必反映孔子思想无疑。学之方法、途径, 细言之, 有学问思辨行, 概言之学而已。或学或问或思或辨或行, 不为则已, 为则不达目的不罢休。

孔子设计的教育, 自觉精神是决定性的因素, 学习务必完全自觉地进行, 而且学习的目的纯系在于塑造、提高自身, 绝对不应针对别人。"古之学者为己, 今之学者为人", 是孔子表达这一思想的著名名言。一个人这种精神要贯彻一生, 坚持不懈, 死而后已。孔子本人正是这样做的, 他说: "吾十有五而志于学, 三十而立, 四十而不惑, 五十而知天命, 六十而耳顺, 七十而从心所欲不逾矩。"(《论语·为政》)又说: "发愤忘食, 乐以忘忧, 不知老之将至云尔。"(《论语·述而》)十五岁立志学习, 逐步达到立、不惑、知天命、耳顺、从心所欲的效果, 到老仍忘食忘忧, 孜孜不息。孔子说的做的一致, 显示他主张自我教育, 强调自觉精神。有人说孔子的学问毋宁说是修己的学问。是有道理的。

（三）孔子认为教师教的作用在于指导学生自学。在学生自学的过程中，教师指点方法，启发思考，解除疑惑。知识是学生自己学得的，不是教师灌输的。教师不是教书匠，学生也不是掉书袋。教与学的过程，是教师与学生思想交流、贯通的过程。

教育的基本任务之一是向学生传授知识，从原则上说，这当然是对的。问题是怎样传授，传授什么知识。孔子讨厌那种教师只顾一五一十地讲现成的知识，毫无自己的思想，学生被动地死记的传授方法。孔子理想的传授方法是这样的：知识由学生自己学得。学习的过程是以一知十，举一反三，积极思维，形成思想的过程。教师必须做的是在学生学得知识的过程中，指点学生掌握合理的方法，调动学生的积极思维，解除学生的疑惑，使学生的学习活动变成主动的思想活动。

孔子的这一教学观在《论语》以及《礼记》中能够找到很多例证。《礼记·学记》说"记问之学不足以为人师"。郑玄注说："记问谓豫诵杂难杂说，至讲时为学者论之，此或时师不心解或学者所未能问。"孔颖达疏说："谓心未解其意而但逆记他人杂问而谓之解，至临时为人解说，则先述其所记而示人以其不解。"是记问之学谓教师把自己并不理解的他人的知识教给学生。自己死记硬背，让学生也死记硬背。教者与学者只有知识贩卖的关系，双方都缺乏独立思考，更无思想可言。

《学记》此语非孔子原话，但是肯定反映孔子的思想。孔子是极力反对以记问之学教人的。孔子的教学实践表明他从不搞记问之学。他总是强调学生开动脑筋，独立思考，互相切磋，通过对所学知识的深刻理解，形成自己的认识与思想。"不愤不启，不悱不发，举一隅不以三隅反，则不复也"（《论语·述而》），这一段言论最能代表孔子的教学观。后人说这是启发式的教学方法，而我以为它比今日所谓启发式更深刻。凯洛夫《教育学》概括的五项教学原则中，启发式与直观性、可接受性、巩固性等并列，层次显然较低，而孔子的愤悱启发，举一反三，只有对立面而无匹配，称得上一条教学路线。正确对待教与学的关系，教师不搞记问之学，学生独立思考，是这一教学路线的基本特征。

概而言之，孔子教育思想的基本精神是：重视提高人口素质的基础教育，在此前提下开展英才教育；重视人的自我教育、反身修己和教师指导下的自觉学习；反对搞记问之学，提倡教师愤悱启发，引导学生独立思考，举一反三，一以知二知十。孔子之所以能在二千多年前形成如此正确、丰富的教育思想，与他在哲学上是个唯物论者又熟谙辩证法有关。

三　中国未来教育应溶入孔子精神

首先，孔子办教育立足于提高人口素质的基础教育，然后才重视英才教育。这一精神是中国未来教育必须遵循的。

新中国成立以来，党和国家十分重视发展教育，在基础教育和英才教育两方面都取得了举世瞩目的成就。近十多年来，随着改革开放政策的施行，教育事业发展加快，各级政府越来越重视教育工作。例如河北省邯郸市，据《光明日报》1994年8月1日报道，市委书记、市长把教育列为自己工作的一项重要内容。检查工作，调查研究，考核政绩，教育是重要一项。他们在财政拮据的情况下舍得往中小学教育上投入。从1992年起每年拨款8000万元做教育附加费，加上乡镇筹资，每年新建100所标准化乡镇中学，现已建成200所。上行下效，各县乡政府也照着办，肯于在办学上花钱。他们的共识是："为官一任，兴教一方"，"再苦不能苦孩子，再穷不能穷教育。"多么朴实的语言，多么深刻的认识，多么高尚的情怀。从中我再一次意识到我们民族是共产党领导的、有孔子传统的伟大民族。

但是，从全国看，问题是存在的，不容乐观。不少的地方不少的人尚未真正认识到办好中小学教育的深远意义，他们把重点放到英才教育上。这是因为高校投资相对少，见效快，与经济发展直接挂钩，而中小学数量大花钱多，数十年后见效果，远水不解近渴。例如北方某大都市目前公布了它的跨世纪发展战略规划，目标是建成国际性的现代化都市。它拥有数百万城乡人口，下属数个农业县市。它公布的这个由专家群体经过调查研究写成的战略规划，关于教育问题竟仅仅提到高科技人才培养一项，只字不言中小学教育，表明这个都市现在和将来都不想把中小学教育放到应有的位置上。

在这个问题上我们的确有必要继承、发扬孔子的精神。孔子奉献毕生精力办教育，在提高人的文化素质的基础上抓英才教育。把孔子的这一精神应用到今日，我们应当重视中小学教育，努力解决中小学教育存在的问题。当前迫在眉睫的事情是多投入，从根本上杜绝滥收费的现象，为青少年履行九年教育的义务创造必要条件。

其次，中国当今的英才教育（重点中小学、大学、硕士生、博士生、博士后）也存在问题。大学本科这一层次问题尤其大。重理轻文是个老问题，未得解决，现在又出现一个新问题，这就是重应用轻基础。大学里基础学科和专业普遍受到冷落，文科的基础学科和专业处境更不佳，有的已中断或减少招生。不少的学校在兴办应用型新专业上大动脑筋，办起了旅游专业、包装专业等等。发展下去有可能出现广告专业、公务员专业一类的新专业。这是很不适当的。大学，特别是重点综合性大学、理工农医等专科大学（当然还有科学院、社会科学院），担负着发展基础科学和应用科学的任务。国家的高科技人才与成果要从这里产生。一旦大学的基础科学的研究与教学被削弱，恶果就要在国家的现代化建设上显现出来。应用科学是必须有的，但是那是科学，与所谓的应用型新专业不同。应用型新专业实际上是职业培训班。职业培训班或职业学校不应由大学办。如果大学办所谓应用型新专业的势头发展下去，我们将又留下一个历史性的失误。值得高兴的是，国家教育委员会已经注意到了这一问题，为了重点支持一批大学的发展，让它们有效地担当起基础科学与应用科学研究的任务，为现代化建设输送高科技与高水平人才，正在筹办"211"工程。拨专款支持重点大学的一批基础学科发展的计划也正在实行中。

我们还应该克服认识上的一个问题。有一个观念一直在支配着我们的头脑，这就是：学什么干什么，干什么就学什么。这个逻辑适用于职业学校和现职的各类从业人员，不适用于大学教育。对于大学来说，它在理论上和实践上都是有害的。按照这个原则办大学，只能培养出知识单一的职业男女，绝对培养不出原本应由大学培养的国家领袖人物、政治家、理论家、科学家以及各类尖端人材来。

我们正在克服学什么干什么，干什么学什么这一带有实用主义特色的狭隘观念。所以大学里正在搞文理渗透，允许学生听外专业的课，攻读第二学位，允许A专业的大学毕业生念B专业的硕士生，再念C专业的博士生。

在这个问题上，孔子的做法又值得借鉴。孔子办教育，目标明确，就是培养德才俱优的君子型人才，绝不事先考虑学生将来从事什么职业。他立足于育人，只管因材施教，不因职业施教。至于将来干什么，要由学生自己的特长和其他各种因素决定。孔子弟子中子路长于政事，后来做了季氏宰，子夏长于文学，后来当了老师。子贡长于言语，后来做生意很成功，成了著名的大商人。孔子没有事先分出官员、教师、商人的框框去培养他们。今日大学分专业教学，专业与职业分工有一定的联系，但是，专业与职业不是一回事，专业根据科学学科分类确定，职业由社会分工产生。大学的任务是发展科学，培养科学人才，不可把大学降到职业学校的水准，按职业分工办专业。

其次，我们的教育在教与学关系上存在问题最大，亟须解决。解决这个问题，孔子的精神最值得借鉴。

我们的各级学校，学生的学习基本上处于被动状态。中小学的问题严重，中学尤其严重。学生机械记忆，老师照本灌输，已成为通病。考试在鼓励、加强这种死记硬背的现象。教育行政部门、校长、教师、家长，为了追求升学和升学率这一共同的目标走到一起来了。他们数管齐下的种种措施压得学生精疲力竭。青少年固有的活力、创造力和主动精神被压抑、埋没。这样压出来的最优秀的中学生，进入大学之后也往往心灰意懒，失去学习的兴趣和信心。尤堪忧者，人们对此已习非胜是，谁也不以为这有什么不好。

大学的情况未见得强多少。教师念讲义，几年不更新；学生记笔记，为应付考试而背条条，这绝不是个别的现象。研究生也缺乏独立学习、研究的精神。平时紧跟导师的脚步走，临近毕业，东摘西抄，生吞活剥，凑篇论文混个学位，并非稀罕事。

这个问题很难解决，然而必须解决。我想不出多少解决的办法。我知道现今西方的大学课堂里，每堂课教师要留出足够的时间让学生提问题，老师当场作答，形成师生讨论的局面。老师答不出，对不起，承认自己不知道，回去查一查。这个办法看来不起眼，好处却很大。教师必须对自己开的课程非常熟悉，掌握它的来龙去脉，要不断地充实、更新自己的知识信息库，数年一贯地念讲义是不行的。学生必须独立思考，深入探索，拓展知识领域，否则提不出有水平的问题。这样做，必然促进教与学相长，提高两方面的质量。

孔子早就这样做了，且比今天洋人做得好，做得深刻。孔子时代没有班级集中上课的办法，学生自己学习，有问题解不开，孔子给予指点，很像今日带博士生。近代以来这个好传统断了，另一个师道尊严的传统却一直延续到今天。要改善教与学的关系，必须学习孔子，克服师道尊严。孔子鼓励学生和他辩论，受到学生的批评、顶撞，也不在意。孔子不强求尊严，而尊严自来，得到学生们"中心悦而诚服"的尊敬。

其次，中国未来教育要加强道德教育。我们以往的教育，对道德教育是重视的，但是有薄弱之处，一是反身修己提倡的不够，二是道德范畴的教育也显不足。这两项是道德教育的长久之计，非抓不可。也是孔子的长项，我们应当继承、汲取。孔子最重视人的反身修己，自我教育，自我修养。有人说孔子的学问是反身修己之学，实不为过。孔子主张人要"躬自厚而薄责于人"（《论语·卫灵公》），"修己以敬"、"修己以安人"，"修己以安百姓"（《论语·宪问》），即严于律己，宽以待人；自己的问题自己解决，自我完善，不等别人来管。这种积极的人生态度不容易自发形成，须靠包括学校在内的广泛的教育来实现。

我们一向提倡的批评与自我批评，曾起过很大很好的作用。不过，总的说来，批评环节强调的重，自我批评则差一些。其直接后果是导致人们以不受批评，不受处分为满足，降低了对人格修养的要求。今后，批评与自我批评的教育还应继续进行，但是应该加强反身修己的教育，让青少年从小就知道人生在世既想着自己，更要想着别人，像孔子提倡的那样，"己所不欲，勿施于人"（《论语·颜渊》），"己欲立而立人，己欲达而达人"（《论语·雍也》），"见利思义"，"义然后取"（《论语·宪问》），"不义而富且贵，于我如浮云"（《论语·述而》）。

其实毛泽东也强调过反身修己，他讲的"为人民服务"，做"一个高尚的人，一个纯粹的人，一个有道德的人，一个脱离了低级趣味的人，一个有益于人民的人"，讲的"人是要有一点精神的"，刘少奇讲的"共产党员的修养"，也是要求人要首先完善自己，做一个道德高尚的人。只是我们的教育实践未把这一点突出地体现出来。

这是加强道德教育应做的一方面，另一方面，我认为有必要为中学生编写一套反映传统思想文化精华的教材，精选孔子（以及孟子）优秀的道德范畴和道德思想，由教师有计划地介绍给学生。同时，出版部门应组织有关专家编写一些介绍孔、孟道德思想的通俗读物，供青少年阅读。这事务须有领导地进行，不可放任自流，粗制滥造。我相信这对于培养高尚的人，有道德的人，有益于人民的人，必大有益处。

总而言之，中国未来的教育应当是这样的：社会主义思想、孔子教育观的精华、西方的好经验，三者融会贯通。必须做到做好的事情是：立足于全民族文化素质的提高，办好中小学教育。在此前提下办好各级各类英才教育，尤其要办好正规大学教育。大学教育要防止重应用轻基础倾向的滋长。各级各类学校都须解决好教与学的关系问题。无论如何困难，也要把中小学办好，这是民族希望之所在，要用战略眼光看待它。否则，几十年后我们将由于自己的疏忽而追悔莫及。

（原载《儒学与二十一世纪》，华夏出版社1996年）

孔子·儒学·现代化

儒学是宗师仲尼、游文六经的学问，应当说和孔子是一家，然而实际上它们大不相同。儒学是儒学，孔学是孔学。一部中国儒学发展史就是一部孔子及孔子学说表面受尊重实际上不断被歪曲被湮没的历史。研究儒学的发展历程及其现代意义，必须首先考虑到这一特点，划清儒学与孔学的界限。儒学自汉至清陆续形成许多思想体系，各不相同，而绝大多数思想家在悖离孔子这一点上却是一致的。这是合乎规律的事情，无须惊讶。思想必随着时代发展变化，不可能守住一个人的学说不动。问题是应各有归属，不可混合，孔子归孔子，后世儒家归后世儒家。在讨论儒学为现代化服务的时候，须具体分析，笼而统之的办法要不得。孔子的思想学说中许多内容具有超时代性和真理性。是传统思想文化中的精华所在，是现代精神文明建设应当吸取的。后世封建社会逐渐发展起来的儒学在其主要之点上与封建专制、封建礼教相一致，但可研究，不可贸然吸取。

什么是孔子思想?

孔子是中国古代最杰出的哲学家、教育家、政治家，他的思想是一个完整、丰富的体系，其思辨的水平不亚于同时代的希腊哲学家。孔子思想的表层特点是重仁义。由于重仁义，所以也重礼。仁义与礼是相为表里的密不可分的两组概念。仁义是实质性内容，礼是形式，都有两层含义。仁义首先是对人的本质的概括。人的本质是社会关系的总和。离开社会关系便无所谓人。这是人的现代定义。孔子对人的认识固然未曾达此高度和深度，但是孔子的确是沿着这个方向思考的。他说："仁者人也。亲亲为大。义者宜也，尊贤为大。亲亲之杀，尊贤之等，礼所生也。"(《中庸》)实质是说仁是血缘关系，义是政治关系。两种关系各有等级，礼是这等级的表示。孔子的另一句话"立人之道曰仁与义"(《说卦传》)，更加明确地指出人的本质就在仁与义，亦即血缘与政治两种社会关系。这个认识属于孔子，以前没有，后世儒家也没有。其次，仁义以及礼，又是道德范畴，要求人们按照仁、义、礼的原则自觉处理好自己与别人的血缘和政治两方面的关系。这是孔子思想中基本的道德概念。其余如忠信孝友悌廉耻等等也是道德概念，但层次在仁义之下。孔子实质上已意识到人的本质在于人的社会性，故很少谈人性问题。他说了一句"性相近也，习相远也"的话，恰与他的人的本质观一致。性相近，人生下来的自然状况大致相同，区分不大。习相远，后天的习染即社会的影响使人产生较大的差异。

孔子思想的深层次部分在哲学方面。黑格尔说孔子思想中缺乏思辨的东西，只有道德的说教。其实是黑格尔对孔子所知甚少。孔子对于世界有极深刻的思考,他看到的是一个没有始终的永恒变化的物质世界。他在《易传》里说:"易有太极,是生两仪,两仪生四象,四象生八卦。"(《系辞传》)又说:"有天地然后万物生焉,盈天地之间者唯万物。"(《序卦传》)在《论语》中说:"我则异于是,无可无不可。"又说:"天何言哉?四时行焉,百物生焉,天何言哉!"又在川上曰:"逝者如斯夫,不舍昼夜。"又在《中庸》里说舜之所以为舜,是因为他"执其两端,用其中于民"。孔子显然是一位唯物论者,同时也是一位实质上的无神论者。孔子的辩证法水平并不比古希腊那位拥有"一个人不能两次踏进同一条河流"之名言的赫拉克里特为差。老子也是了不起的辩证法大师,而孔子更高老子一筹。老子贵柔,主张守雌守黑,不为天下先,而孔子则看到事物变化着的两端谁主谁次不可一定,所以主张"无可无不可",一切应依时间的变化而灵活把握。孔子是中国古代最伟大的辩证法大师。

孔子因为具有如此朴素然而正确的世界观和方法论,才在政治上有夏商周三代比较"吾从周"和"导之以德,齐之以礼"但不反对适当刑罚的思想;在教育上有"有教无类"、"因材施教"启发式的思想;在学问上有学思并举的思想;在人生问题上有既主张积极进取又要求不可则止的思想,等等,从而形成一个完整、丰富的思想体系。曾子说孔子的思想体系有个一以贯之的东西即"忠恕"维系着。我看不是忠恕。忠恕是行仁之道,是处理己与人之关系的一条道德原则,固然重要,但是孔子思想不只在道德方面。孔子一以贯之的思想应当说表层是仁义,深层是时、时中,即辩证法。

这就是孔子的思想。

孔子的思想不是春秋时代忽然出现的。它渊源有自。渊源就在尧舜。看看《尧典》就知道,唐尧时代人们形成了自然之天的天概念。所谓"历象日月星辰",以四中星定四时成岁,就是证明。从那时起,在人们的观念中早已有之的主宰之天以外,又有了与之对立的自然之天。《尧典》记载的"五品"、"五教",是有文献可查的最早的人伦思想。《论语·尧曰》说的尧传舜、舜命禹的"允执其中"思想是辩证法精神的最古老的中国式表述。孔子思想是对尧舜的这些思想的继承和发展。《中庸》"仲尼祖述尧舜"和《孟子·尽心下》"由尧舜至于汤","由孔子而至于今"的说法,其实不虚。孔子由尧舜继承下来的上述思想,后来成为孔子所创儒家学派之学说的实质性内容。战国孟子强调仁义,提出人性善说,荀子强调礼,提出人性恶说,都反映时代的需要,但是大体是发扬孔子的学说。这就是先秦早期儒学的基本内容。尽管那时儒学内部也有分歧,孔子死后儒家曾分而为八,斗争甚至相当激烈,然而就主流而言,战国儒学就是孔学。

那么,秦以后的儒学是不是孔学呢?不是。这是个很大也很重要的问题,亟须分辨清楚。我们常说儒家学说是中国传统思想文化的主干,佛老的影响虽不容忽视,地位却远在儒学之下。这无疑是对的。可是儒学自汉以后经历过两千多年的发展变化,其间受封建专制主义政治的制约,为封建专制主义政治服务,同封建礼教纠缠在一起,为封建专制主义统治提供理论根据,内容相当复杂,精华的东西不能说没有,然而糟粕则是大量的。因此儒学给人留下的整体印象不如佛老两家干净。五四运动反封建以儒学为靶子是合情合理的事情，儒学实不冤枉。冤枉的是孔子和孔学。无论汉学、宋学，无论新儒家，更新的儒家，都标榜孔子，都说自己是孔学的真传，高高挂起孔子的招牌。孔子、孔学被紧紧地同儒学拴在一起，简直不能分割，以至于反对封建专制，反对封建礼教，必须批孔子，批孔学。其实儒学并不是孔学，务须分别对待。孔子主张人的主观应适应客观，不可违背自然规律，主张"臣事君以忠，君使臣以礼"，哪里有董仲舒的"天人感应"和"三纲"思想？封建专制主义政治距孔子尚远，孔子不可能超前数百年之久产生绝对忠君的思想。孔子注重人的社会性，所以讲究仁义，而绝少言抽象人性。宋明人空谈心性，与孔子无涉。宋明理学家"饿死事小，失节事大"的鼓吹，孔子不曾有过。孔子凡事都主张灵活对待，从不死守一条路子。伯夷、叔齐不食周粟，饿死首阳山的做法，孔子是不赞成的。至于女人，孔子不反对她们可以改嫁，也不认为男人与女人绝对不可接触，他本人就单独会见过卫灵公夫人南子。孔子鼓吹克己复礼，强调过非礼勿视听言动，但是只是提倡而已，并不以为做不到为犯罪，不像后世道学家们那样将礼唤作理，以理杀人。宋明人制造出一个理的概念，以为理创造一切，统率一切，要求"革尽人欲，复尽天理"。人成为理的奴隶，自身的正当欲求全该灭掉。更有甚者，以为心是第一性的，号召除却什么"心中贼"。孔子承认人的正当欲求和利益，只是要有限制，不可泛滥。孔子讲君子"欲而不贪"，"因民之所利而利之"，何曾有"存天理，灭人欲"之意！关于世界的问题，孔子是老实的唯物论者，他讲太极，讲天地万物，讲有。不讲无，不讲道，不讲理，不讲太极之先、天地万物之外还有什么。宋人在太极之先讲无极，在天地万物之外讲理讲道，完全不是孔子本色。

汉及汉以后的儒学不是孔学，古人早已有所言及。王渔洋说："今之学者偶有所窥，则欲尽废先儒之说而出其上。不学则借一贯之言以文其陋。无行则逃之性命之乡，以使人不可诘。"（《日知录》卷十八引）顾炎武说："窃叹夫百余年以来为学者，往往言心言性，而茫乎不得其解也。"孔门"自曾子而下，笃实无若子夏，而其言仁也，则曰博学而笃志，切问而近思。今之君子则不然，聚宾客门人之学者数十百人，譬诸草木，区以别矣，而一皆天与之言心性。舍多学而识以求一贯之方，置四海之困穷不言，而终日讲危微精一之说"。"性也命也天也，夫子之所罕言，而今之君子之所恒言也。出处去就辞受取与之辨，孔子孟子之所恒言，而今之君子所罕言也。"（《亭林诗文集》卷三）颜习斋说："程朱与孔孟体用皆殊。"（《习斋记余》）他南游"见人人禅子，家家虚文，直与孔门敌对。必破一分程朱，始入一份孔孟，乃定以为孔孟、程朱截然两途"（《颜习斋先生年谱》卷下）。戴震更直掘程朱陆王的老根。周敦颐《通书》说"无欲则静虚动直"，朱熹屡言"人欲所蔽"。戴氏说它们出自《老子》第二章的"常使民无知无欲"和《庄子·天道》之"夫虚静恬淡，寂寞无为者，天地之平，而道德之至"。孔孟绝非如此。孟子提倡寡欲，不言灭欲。《诗·天保》说"民之质也，日用饮食"，《礼运》说"饮食男女，人之大欲存焉"，更明言人之有欲，实属自然天赋。戴氏指斥理学家们拿出一个理来禁锢人生，造成"人死于法，犹有怜之者，死于理，其谁怜之"的局面,与孔子背道而驰。由此可见,孔子的学问汉以后没有得到正确的传承和说解,一代一代兴起的儒学大师大多借用孔子的名牌构思和宣扬自己的东西而悖离孔子甚至与孔子对立。今日讨论儒学的发展和现代意义,首先务必弄清楚这个问题,划清孔子、孔学与后世儒家、儒学的界限,认清孔学自孔学,儒学自儒学。

还有一个继承与研究的关系问题。

任何时代的新文化都是历史的产物。继承传统是不以人的主观好恶为转移的客观规律,是无法避免的。我们曾宣布与传统彻底决裂,造成怎样的恶果,大家都知道。一个人尚且不能割断过去,否定自我,何况一个历史悠久的民族!但是古今的价值观念不同,继承传统必然有所选择。古代的一切都好,一股脑儿吞来的国粹主义要不得。这也是规律。传统的东西对于现代来说有精华也有糟粕,在理论上承认这一点并不困难,困难的是在实践上怎样区分精华与糟粕。首先不能在古代的学派间论精华与糟粕,不能从古代儒、道、法、墨、兵各家中选择一个,整个体系都视为精华,其余各家都视作糟粕。过去我们曾经决心以法家思想治国,儒家的一概打倒。这种把古人的一个思想体系全盘端过来的办法已证明行不通。法家不行了,现在又有人鼓吹以儒家思想治国,用儒家的现代化促成国家的现代化。同样的理由,也有人认为现代化用儒家不行,要用道家。我以为古代的各学派,作为一个思想体系说,哪一个都不能当作精华整个地继承。这是为历史所证明了的道理。连汉宣帝也说汉家的政策是"霸王道杂之",不专用儒家,我们现在倒可以以儒家思想治国?战后东亚几个经济起飞较快的国家和地区,据说得益于儒家思想。其实那是他们成功地吸取了儒学中有利于现代化的东西,而不是用儒学思想体系治国。儒学存在两千多年,直到晚清还是它占主导地位,并未曾使中国避免落后挨打的境遇,今天它突然能够促成社会主义现代化,岂不是怪事!正确的办法应当是,传统文化中有价值有真理性的东西,全吸取,不论儒家、道家、法家、兵家。吸取就是继承。继承要有选择,研究则须全面。精华的东西要研究,糟粕的东西也要研究。不能因为是糟粕就不研究,也不能因为研究了就以为都是精华。研究要为继承服务,继承要由研究指导。

现在回到儒学问题上。儒学与道家、法家等相比有一点特殊。上文已讨论过,汉代及汉代以后长期形成的儒学包含着许多思想体系,十分复杂。大多数思想家标榜孔子,实则悖离了孔子,搞唯心主义,空谈性命,鼓吹封建的纲常名教,为封建专制主义政治服务,是他们的共同特点。他们的东西需要研究,而不能吸取、继承。儒学的最后一个大的思想体系——王阳明的心学,对明朝后期社会和学界风气的影响极坏,顾炎武等人早已尖锐地批评过。明末清初被定为落后的东西,今天当然不可用。顾炎武反对王学,却推重程朱理学,理由是程朱毕竟重视读书,以六经为本,不似王学那样信口开河。然而自今日看来,程朱理学与王阳明心学,不过是五十步笑百步的差别。程朱理学的一套东西同样不适用于今日之现代化建设。他们的确是封建专制主义统治的帮办,五四运动猛烈抨击的吃人的封建礼教主要出于他们之手。这是就体系而言,就继承而言。如果从学术研究的角度看,程朱陆王当然并非全无可取之处,有些甚至是很珍贵的文化遗产。如程颐的易学成果，在易学史上是极有价值的东西。朱熹对四书五经的研究也有贡献，值得今日借鉴。汉以后儒学人物中，有些人的思想不乏真理性的东西，也有继承的价值。

在传统思想文化中，孔子学说值得继承，应该继承的东西最多。继承传统思想文化，就思想方面说，孔子和孔子学说应当是主要的对象。孔子的仁义，孔子的重人伦，孔子的时即辩证法，孔子的教育理论与实践，孔子的唯物论、无神论，具有超时代的意义，今日仍有真理性，是传统思想中精华所在。它被宋明道学所歪曲、湮没，今天我们要深入地研究它，恢复它的原貌，介绍给人民，使之为现代精神文明建设所用。

总之，儒家学说的发生、发展有一个鲜明的特点，它是一个长期形成的众多思想体系群，而不是一个单纯的思想体系。对它应当分析地对待，不可囫囵地讨论。儒家学派创自孔子，但是后世儒学大体悖离了孔子。儒学的发展过程就是孔学被歪曲被湮没的过程。因此应将孔学与儒学的界限划清。孔学自孔学，儒学自儒学。孔子的思想源自尧舜，至今仍有真理性，对社会主义现代化建设有借鉴意义，既要研究也要继承。汉和汉以后儒学各家思想作为文化遗产加以研究当然是必要的，但是继承它们，使之进入现代社会生活领域则要不得。继承传统思想文化应遵循这样的原则：不论哪一学派，凡是有真理性的东西都继承。不论哪一人物，包括孔子在内，只能继承他的有真理性的部分，不能全盘接过他的体系。

（原刊《赵俪生先生八十寿辰纪念文集》，山东大学出版社1996年）

用马克思主义看传统与儒学

我对马克思主义理解甚浅,于儒学也所知不多,对这样一个大问题讲不出理论深度来,仅仅能谈一些粗浅的看法。

一

儒学是中国传统文化的重要部分,如何看儒学的问题,其实是如何看传统的问题。如何用马克思主义看传统,是个理论问题,更是个实践问题。在这个问题上我们走过一段不小的弯路。实践是检验真理的唯一标准。经过实践证明行不通、要不得的理论,就不是真理。传统是什么呢?单看传统这两个字就该明白它是祖上传下来的,还要继续传下去。中国人之所以是中国人,除黄皮肤、黑头发、黑眼睛这些硬件传统以外,还有无形的思想文化的软件传统。这后一种传统更像传统,它写在占者的书上,印在整个民族的心中。它像一条长河,是剪不断的。某一个第二、三代的海外华人有可能失去中国的文化传统,而一个民族却永远不可能。

可是我们曾经主张与传统彻底决裂,一切传统的东西全部消灭。实践已经证明这根本行不通。且不说传统中优秀的东西不能丢不可丢,就是不优秀或不怎么优秀的东西也只可慢慢地改造,想一朝解决,反倒坏事。"欲速则不达"的古训不是没有道理。

那么,马克思主义者应如何对待传统呢?不错,马克思、恩格斯在1848年写的《共产党宣言》中是说过有关彻底决裂的话,可是他们同时也提出了条件,即从共产主义终极目标的立场来看,要同传统的所有制关系实行最彻底的决裂。他们没有说马上与传统一刀两断。况且他们说的传统显然是指私有制和私有制观念,不是一个民族的文化传统。1883年马克思去世,1886年恩格斯在《路德维希·费尔巴哈和德国古典哲学的终结》中说:"像对民族的精神发展有过如此巨大影响的黑格尔哲学这样的伟大创作,是不能用干脆置之不理的办法加以消除的。必须从它的本来意义上'扬弃'它,就是说,要批判地消灭它的形式,但是要救出通过这个形式获得的新内容。"[1]这里,恩格斯主张对黑格尔的哲学要从它的本来意义上扬弃它,批判它的形式而救出它的新内容,实际上讲出了共产党人对待历史文化遗产亦即传统的应有态度。这种态度用我们现今的话说,就是批判继承。这是对《共产党宣言》的补充,并无抵牾。几十年后,列宁在《青年团的任务》的演说中说:"应当明确地认识到,只有确切地了解人类全部发展过程所创造的文化,只有对这种文化加以改造,才能建设无产阶级的文化。没有这样的认识,我们就不能完成这项任务。"[2]列宁对传统文化的态度也是批判继承,甚至把批判继承传统文化作为建设无产阶级文化的一个前提条件提出。毛泽东在1938年说,"学习我们的历史遗产,用马克思主义的方法给予批判总结,是我们学习的另一任务。""从孔夫子到孙中山,我们应当给以总结,承继这一份珍贵的遗产"。[3]这里,毛泽东明确地说历史文化遗产是珍贵的,我们要学习,要总结,要承继,一句话,要批判继承。

批判继承,这就是马克思主义在传统文化问题上的原则立场。可惜在60年代和"文革"期间,我们曾经离开马克思主义的这一立场,错误地采取了与传统文化实行彻底决裂的态度。这个问题已由邓小平及时地解决了。我这里之所以仍然提起这个问题,是因为"左"的影响非但未完全消失,且不时地掀起波澜。1993年有人宣称中国传统文化(或称国学)根本不能与欧洲文艺复兴相比,更不能与近现代西方文化相抗衡;它只代表民族性,不代表时代性,我们的任务是在下面这一问题上做出选择:是以民族性牺牲时代性,还是以时代性扬弃民族性。也有人不加分析地判定孔子是复古主义者,担心对孔子思想的肯定会导致现实社会走复古的道路。他们的言外之意是把马克思主义同民族传统文化对立起来,要马克思主义就不能要民族传统文化。

这些马克思主义修养并不浅的学者为什么会对民族传统文化采取与马克思主义精神显然相悖的态度呢? 邓小平说:"'左'的干扰更多是来自习惯势力。旧的一套搞惯了,要改不容易。"[4]这一入木三分的分析,我看也适合学术界的状况。搞决裂搞批孔搞惯了,思维已经定型,一下子转不过弯来,是自然的事情。不过也须明白,把教条主义当作马克思主义用,毕竟不好。

二

文化建设有个体用问题,大家争执不下。晚清张之洞提出"中体西用",近年有学者主张"西体中用"。我觉得体用问题不好说清楚,它也回答不了我们的问题,可以不提。在文化建设问题上首先要明确主体,主体是我们现代中国人,即中国共产党人、中国各族人民以及中国知识界。这应当不是问题。问题在其次一点,即我们建设怎样的文化,怎样建设这种文化。这个问题说到底就是怎样把坚持马克思主义、弘扬民族传统文化、汲取外国文化三者的关系摆正的问题。

任何文化都有一定的哲学作为基础。中国现代新文化事实上以马克思主义哲学为基础。今后呢? 今后也应当如此,必然如此。我们能用传统的儒家、道家的哲学做新文化的基础吗? 不能。儒、道的宇宙观、人生观、价值观、方法论固然有合理的东西,至今仍有价值,我们亟须加以批判继承,但是这要站在马克思主义立场上进行。我们谁都不应该也不可能把自己变成儒家、道家。业已存在的现代新儒家作为一个学派、一种文化现象,是可以理解的,然而在即将进入21世纪的今天,在当今这极其复杂的国际国内环境中，单纯用儒家的一套修身、齐家、治国、平天下，无异于痴心妄想。

中国现代新文化除以马克思主义哲学作为哲学基础、理论武器外，必须有广泛、丰富的内容。它要有民族性，它要有中国的特色，因此它必须在包括儒家在内的传统文化的旧有根基上生发、成长。无论在理论上还是在其现实性上都应如此。这方面中国人已经有了足够的经验教训。五四运动在反帝反封建，呼唤德先生、赛先生方面是有贡献的，但是它同时要否定一切传统的东西，则并不成功。"文化大革命"期间欲彻底打倒孔子、彻底否定传统的试验，其失败的教训，更是惨痛的。

马克思主义本身固然是资本主义社会化大生产和无产阶级、资产阶级两大阶级直接对立的产物，但是只有在它批判继承了德国古典哲学、法国的社会主义、英国的古典经济学的精华，从中获取足够的思想资料的时候，其产生才成为现实。一个马克思主义者无论如何不能同自己的民族传统文化站在对抗的立场。对中国而言，马克思主义是外来的，它要在中国文化中落户，成为中国文化的哲学基础、活的灵魂，仅仅不拒绝中国传统文化还不够，它还要与中国传统文化寻找契合点，达到水乳交融的结果。在这种情况之下，传统文化中孰优孰劣必分明白，才不至于被不分青红皂白地囫囵吞下。

西方文化中自然科学与技术和人文社会科学之先进、优秀的东西一定要引入为我所用，这是无论谁都无法反对的事情。中国现代新文化之现代性除马克思主义为指导这根本一点之外，在很大程度上要由汲取西方文化来支持。西方的许多东西早已事实上成为中国现代新文化的一部分。有些东西人们甚至忘记了它原来是洋物。例如现今的学校制度、课堂教学制度、学位制度，我们早已习惯了，不以为是外来的。可是中国原来没有它们，它们是从西方引进的。类似的例子多的是，举不胜举。尽管如此，中国依然是中国，尤其在欧美人眼里，中国文化与他们迥异。自"五四"起，"全盘西化"的呼声一直不断，至80年代后期《河殇》出现达于高潮。《河殇》的作者们认定西方文化优，中国文化劣，呼喊用蓝色文明取代黄色文明。文化总是民族的，各自在特殊的历史条件下长期积淀而成，各有特点。文化之间不宜分优劣，正如不能把自己的母亲同别人的母亲比优劣一样。《河殇》之不得人心恰在于此。至今仍有人直言不讳地说西方文化比中国传统文化优秀。中国传统文化不如欧洲文艺复兴和西方近现代文化那样有生命活力，只能阻碍社会发展而不能促进它。一个民族的传统文化就其整体而言难分优劣，当我们说自己的传统文化优秀时，不意味别国的传统文化不优秀。那么，为什么当说到别国文化优秀时，一定要把自己的传统文化贬得一无是处。不知这首先失去自我的人站在什么立脚点去汲取别国文化！这甚可悲哀，尤可悲哀者是极力否定传统文化的人宣称只有他们的观点才是马克思主义的。

我说一切民族的传统文化都是优秀的，难分高低，是仅就整体而言，不是说它们不是各有短长，不能交流比较，不能互补互动。中西文化，分析地看，部分地看，当然有先进后进之别。西方自然科学与技术显然先进，我们找不出一条理由拒绝加以学习、汲取。落后就是落后，虚心学习就是了，完全不必以文明古国和四大发明自居，更不要说西方某某创造发明中国古已有之的傻话。

总而言之，在批判继承民族传统文化的前提下积极有选择地汲取西方文化中优秀的东西，而这必须以马克思主义为指导地进行。有中国特色的社会主义文化前景应当如此。

三

言及如何用马克思主义看待儒学、研究儒学的问题，必涉及"五四"。"五四"批孔、批旧礼教，其精神大体不错。封建旧礼教非批不可。批孔在当时也是必要的，正确的。孔子大名是两千年封建礼教的标签，况且孔子主张反身克己，主张社会稳定与秩序，它成为"五四"革命运动的首当其冲的靶的，乃历史之必然。中国早期马克思主义者批孔并没有错。今日中国马克思主义者停止批孔，开始研孔、用孔，也是对的。同一个孔子，何以批也对用也对？此时也。时当行则行，时当止则止。"五四"时的任务是破旧是革命，故不能不批孔；今时的任务是稳定是建设，故不能不用孔。这不是实用主义，是辩证法。违背了辩证法，必吃苦头。1949年建国之后，尤其1958年之后，本应求稳定抓建设，却大抓阶级斗争，不断革命，严厉批孔，竟至发动"文化大革命"，所吃苦头之大，尽人皆知。邓小平站出来紧急刹车，强调实事求是，强调实践是检验真理的唯一标准，把国家扳入社会主义正道。邓小平是时者，是辩证法大师。

四

用马克思主义研究儒学，要对儒学采取实事求是的态度，分析的态度。五四运动的缺点之一是对传统对儒学一棍子打倒。今天如果对传统对儒学采取一股脑儿叫好的态度，则与一棍子打倒同样不可取。儒学这个概念很泛，不宜一概而论。它至少包括孔学、两汉经学、宋明理学、清代朴学几大块。几大块其实只是孔学与后世儒学两部分。我们应当运用马克思主义观点分析它们，实事求是亦即用实践的标准衡量它们的当代价值。

后世儒学与孔学大不相同。孔子的东西大部分至今仍有价值，弘扬民族优秀传统文化主要应弘扬它。孔子思想的核心是仁。孔子的仁说实不简单。孔子的仁是什么？孔子说"仁者，人也"。仁就是人，这就把人在天地万物中的特殊地位凸显出来。人是社会的动物，仁必表现在人际关系上。人际关系说到底是如何处理人己关系的问题。人应怎样处理人己关系？孔子说，"克己复礼为仁"，"古之学者为己"，"为仁由己"，"君子求诸己"，主张人人从自己做起，把自己整饬好，然后才是对待别人。对待别人则要推己以及人，"己欲立而立人，己欲达而达人"，"己所不欲，勿施于人"。孔子又说："唯仁者能好人能恶人。"可见孔子的仁爱又包含着义，与墨子的兼爱、基督的博爱不同。

孔子思想的核心是仁，现在大多数人都这么说。孔子仁说的核心是反身修己。人人从自我做起，并且相信别人也能做到反身修己。这是社会对人守法守纪（孔子叫复礼）要求在道德上的基本保障。过去我们对人反身修己的要求很不够，往往强调管教别人而忽略自己。今日抓社会主义道德建设，抓遵纪守法，抓反腐败，孔子的反身修己的主张肯定值得借鉴。

不仅仁说，孔子思想中许多东西如天道观、中庸哲学、教育观、审美观、历史观等等都应该批判继承，为今所用。此不赘述。

用马克思主义的观点看儒学，孔子、子思、孟子、荀子以后的儒学的确糟粕居多，只可批判研究，不可批判继承。别人不论，只论朱熹。朱熹是宋明理学的代表，独领风骚六百余年，其权威一度高过孔子。然而朱熹的博大的思想体系，论深度论价值，根本不能与孔子同日而语。孔子的天道观是唯物论的，朱熹借用老庄之先天地生、独立不改、超越时空的"常道"解释宇宙根源。孔子的中哲学是"无可无不可"、无过无不及，朱熹说中仅仅是不偏不倚。孔子讲"仁者，爱人"，"克己复礼为仁"，朱熹说仁是"爱之理，心之德"。孔子讲"性相近也，习相远也"，朱熹大讲人有义理之性、气质之性。孔子视《易经》为哲学著作，朱熹认定《易经》只是个卜筮之书。孔子的礼不过是仁义的表现形式，仁义有意义，因而礼才有意义，朱熹则把礼视作无条件的绝对，把汉人的"三纲"思想推向极致。朱熹的个别论点固然不乏真理性，足资借鉴，然而他的体系则不能不说是糟粕，研究是必要的，把它推荐给人民用于精神文明建设，则大不可以。

我这不过是举例，后世儒学中可划归糟粕一类的体系绝不仅仅一个朱熹。

注释：

[1]《马克思恩格斯选集》第4卷，人民出版社1972年版，第219页。

[2]《列宁选集》第4卷，人民出版社1973年版，第348页。

[3]《中国共产党在民族战争中的地位》，《毛泽东选集》第2卷，人民出版社1991年，第533—534页。

[4]《我国方针政策的两个基本点》，《邓小平选集》第3卷，人民出版社1993年版，第248页。

（原刊《马克思主义与儒学》，当代中国出版社1996年）

《金景芳九五诞辰纪念文集》序

我们的老师金景芳先生今年过95岁生日，大家商定出一本学术性纪念文集为先生寿。主意传开，得到众师友的热情关注和支持。应邀的文章从海内外纷纷寄到，不数月间得稿60余篇，文字60万。又承蒙朱高正博士和中国孔子基金会慷慨赞助，吉林文史出版社友情协办，经过一番忙碌，文集终得推出与世人见面。这里我代表金先生和金先生众弟子向朋友们施礼致谢。

来稿涉及广泛，诸如史学、易学、经学、儒学、诸子、文化交流、考辨，凡金先生曾耕耘或关注的领域都有。文章无论长短，都是深有体会，卓有见地的好作品。几位前辈、学长的大作，深沉老到，卓越精审，且虎虎有生气。青年学者发挥各自专长，或于某一方面有新见，或在某一点有突破，给人以充实感，成熟感。来自海峡彼岸的几篇鸿文，令人格外觉得新鲜亲切。几十年的文化阻隔，固然使我们在理论、方法、风格上有所不同，但是两岸毕竟同祖同根，共有同一个文化传统，他们在中西文化碰撞中表露出的民族文化主体意识，对《周易》的清醒认识和执着的热情，以及一颗激烈跳动着的中国心，与我们并无二致。海峡浅浅一汪水，隔不断两岸中国人紧紧连系着的民族文化坚韧的根。总有一天大家会走到一起，联手共建统一的中国。

读过韩国四位学者的佳作，钦敬之情不禁在心中油然升起。语言的隔阂未能妨碍他们对中国文化的深刻理解。异国学者，对中国文化尤其儒家文化竟把握得如此细致入微，准确无误，以至于令我这个中国学人也自叹弗如。这不足怪，中韩两国东邻西舍，一衣带水，文化如同姊和妹。韩国人对中国文化的重视程度，一向不比中国低。去年秋天我去韩国开学术会，语言虽不通，文化上却毫无隔膜之感。

匡亚明、孔德成、蒋纬国、吴大猷、严灵峰、朱高正、胡绍祖、刘中树、赵俪生、李锦全、邹逸麟十一位先生的题词和赠诗，为金先生九五寿辰增光，也为本书增光，作为编者的我，在此要表示特别的感谢。

本书排在前面的九篇文章，或祝贺或忆旧或品评，篇篇饱含着对金先生的深情厚谊，记事真真切切，品评实实在在，无一句夸张虚假之辞，读了好受感动。张岱年先生的文章第一个寄到，张先生是金先生多年的挚友，文中对金先生坚持《易传》孔子作的观点表示理解和肯定。金先生平素读张先生文章，常说"还是张先生文章写得好，张先生是真有学问"。读了这一篇，更说："张岱年先生是当今中国哲学史界泰斗，中西古今贯通，道德学问并称楷模，我怎能比！"两位老先生这些年多次藉开会的机会会晤，每次都有我在场。我的印象，他们话语不多，语调轻淡，绝无高谈阔论，然而显然灵犀相通,思想默契。正如张先生文中所说,他们"见解颇多契合","议论多相合处"。

张松如先生的文章记述他60年代在乡下和金先生共与农民同吃同住同劳动时,二人切磋《老子》的一段往事。文中径呼金先生为"金师",金先生读过此文后说:"张先生早年北师大毕业,延安老革命,诗人,学者,我哪里够得上人家的老师!"两位老人,一位心平如砥,一位虚怀若谷,他们的故事,堪称学苑佳话。

张岂之先生的文章是评介金先生学术的。评介金先生学术的文章颇有一些,我也写过几篇,都不如张先生这篇写得切中肯綮。张先生指出金老的学术体现三个结合:文献学与思想史研究结合,经学研究与思想史研究结合,思想史研究与社会史研究结合。三者密切无间,联系着形成了一个体系。这分析言简意赅,至为切当,真正说到了根本处,不是高手,是做不到的。金先生读过后不安地表示,"张先生是思想史研究的专家,对我不足道的小书小文如此在意,如此看重,实在不敢当"。

罗继祖先生50年代经金先生推荐来吉大历史系教书,与金先生同在一个系工作,来往自然多。罗先生小金先生10岁,对金先生尊敬有加。金先生也十分看重罗先生,常对我说,罗先生学问是家传的,国学功底深,诗文皆上乘。罗先生这篇文章记述与金先生交往的历程,直来直去,没有丝毫的虚张,质朴中见热烈,恬淡里含真情。

李金声先生是金先生抗战期间于流亡关内的东北中学教的学生,已经70多岁,对老师仍然念念不忘。1994年10月我陪老师去北京开孔子诞辰2545周年纪念会,住二十一世纪饭店。他从电视新闻中看见老师出席开幕式的场面,知老师已到北京,但不知住处,乃东问西查打听明白,晚上10点多钟,挈妻将女,跑几十里长路,风风火火地赶来看老师。那情景真是感人。李先生这篇文章写的十分认真,改了又改。稿子寄来之后又再三来信指明追改一些地方。

朱日耀先生是吉大资深教授,从事中国思想史研究,担任过副校长,与金先生本是同事关系,但是听过金先生的课,一直称金先生为老师,尽弟子之礼。朱先生现在担任私立东方大学校长,工作很忙,我向他邀稿,他说:"为金老师祝九五大寿,怎么忙这文章也要写。"

李绍庚先生,吉林省社会科学联合会常务副主席,"文革"前北大哲学系毕业。不是金老学生,也未听过金老的课,但是与金老常有交往,对金老可谓中心悦而诚服。他常对我说,他没有学生的名义,实际上是金老的学生。

曹德本先生,也是北大哲学系毕业,吉大政治研究所教授,听过金老的课,前些年当过吉大出版社总编辑,与金老交往很多。金老对他的人品和学问相当看重。

王治功先生吉大历史系毕业,小我几岁,"文革"前从金师读研究生,以后留校教书,做过金师助手。他对金师感情深,南下汕头大学任教十多年间,常常来信问寒问暖,有两次来信恳请金师去他那里换换环境,散散心。他写的《吾师金景芳教授的学术道路和品格》这篇文章,笔端蘸满了激情。他说他要"努力写出我心中的金老",

其实他表达出的是我们众弟子的共同心声。

作为后生晚辈，我还要提到傅振伦、杨向奎、任继愈、赵俪生、朱伯崑五位先生。金先生的这五位朋友，都比金先生年轻，都是金先生敬佩的学者。傅先生是一生默默耕耘，成果累累的历史学家。晚年身体欠佳，不大出门，与金先生见面的机会不多，金先生老是惦念着他。有一年夏天我陪金先生到北京，金先生一定要抽暇看看傅先生。不知住址，到底费一番周折见到了傅先生。这次我向傅先生求文，傅先生正大病初愈，不能写作，乃寄来新出的论文集，命我从中任选一篇。

杨向奎先生是金先生年轻时在四川三台东北大学教书时的同事，以后几十年交往未断。金先生多次对我讲起当年在三台的趣闻旧事，讲起来总是谈笑风生，回味无穷。从先生的回忆中我知道了客居香港的佘雪曼先生，隔在台湾的潘重规先生，住在杭州的姜亮夫先生，近在北京的杨向奎先生。可能由于常见面的关系，金先生对杨先生感情最深。有一年我陪金先生到北京开会，金先生执意要去干面胡同看望杨先生。那时北京出租车不多，我们坐公车，道路不熟，提前两站下了车，走了很长一段路才到达杨先生家。1994年10月两位老先生在北京纪念孔子诞辰2545周年的会上相见，又天南海北地神聊了一个多钟头。这次我向杨先生求稿，杨先生很快就寄下大作一篇。

任继愈先生与金先生相识很早，见面的机会不是太多，但是很知心。金先生对任先生的学问一向钦佩。前二年任先生有一篇谈儒道地位的文章转载在《新华文摘》上，任先生主张传统文化中儒道两家谁是主干不宜说死，要因时代不同做具体分析。金先生说任先生这样讲，很高明。任先生对金先生很敬重，1993年冬我参加西北大学校长张岂之先生主持的第二届老子思想研讨会，会间任先生特别向我询问金先生近况，散会匆忙中又写一祝愿金先生健康长寿的短笺嘱我带回。任先生这篇《老学源流》是特为本文集撰写的。

赵俪生先生是金先生老朋友中比较年轻的一位。十一届三中全会以后，两人见面不少，通信尤多。通信一般由我做中介，赵先生来信写给我，金先生回信由我写。赵先生来信称"绍纲兄"，我很不安，我50年代读大学历史系时，赵先生已是海内闻名的历史学教授，称我以兄，我怎敢当，我回信拒绝，他骂我不知礼。到底他称他的"绍纲兄"，我称我的"俪生先生"。赵先生性格特点是溜溜直，直得象涅瓦大街。无论学术、人事，有话就讲，不会拐弯儿。金先生对我说："赵俪生这位先生太直。"赵先生对我说；"金老是个倔老头。"我从旁看，他们的确有点象，却又不全像。金先生话总是正面讲，传统，严肃。赵先生再严肃的话，也要寓于幽默之中，幽默得近于诙谐。有一次赵先生在信中说，他小金先生16岁，长我16岁，恰好是金先生和我的比例中项，逗得我几天都想笑。赵先生做学问思维快，路子宽，见解深，文章似行云流水，潇洒欢畅，且往往出奇，金先生甚是欣赏。前不久，赵先生出自选文集，请金先生作序，又怕累着金先生，要我代笔。金先生却说："这序要写，我自己写。"

金先生同朱伯崑先生的友谊缘于《周易》。他们在《周易》问题上，不须直接交流，就是连通着的。朱先生出任美芝灵国际易学研究院院长，请金先生做顾问。美芝灵国际易学研究院易名东方国际易学研究院，成立基金会，金先生是发起人之一。基金会转为董事会，金先生出任董事。金先生积极参加研究院的活动，撰写文章。朱先生是国际驰名的易学专家，向以反对算卦预测的反科学活动为己任，金先生说，朱先生办事是可以信赖的，朱先生的易学是高明的。

辛冠洁先生是金先生的老朋友，与金先生交往多，尤其在孔子基金会事务上对金先生多有关照。1991年我们为金先生祝九十大寿，辛先生与马振锋先生曾专程赶来参加。这次出文集，辛先生决意给金先生写一篇传记，材料已齐备，可惜辛先生这一阵子实在太忙，未克如愿。

李学勤先生小金先生31岁，是金先生的忘年交。记不清二人何时开始交往，据李先生说，1962年金先生去历史所，首先接待他的就是李先生。"文革"以后二人来往渐多，自80年代以来金先生的每届博士生论文答辩，都请李先生主持，李先生是每请必到。李先生不止一次地对我说："金先生的事情我必须做，只要金先生叫一声，我就来，随叫随到。"吉林大学的人钦佩李先生的学问，他每次来主持答辩，大家都要请他讲点什么。李先生学问渊博，也很会讲，他讲课，屋子挤满人，人人聚精会神。姚孝遂先生说的"李学勤聪明绝顶"一句话反映大家的共同印象。金先生与李先生的交情当然更在深处，两人在学术上可谓密切无间。金先生一向反对疑古风，李先生有不少论著证明古书古史可信。金先生坚持认为《易传》孔子作，李先生强调孔子与《易传》的密切关系不容否认。这次我向李先生求文，李先生答应特爽快，言语更令我感动。他说："我一定写，而且要写好，接着金先生说。"他的这篇《孔子与〈春秋〉》果然又和金先生说到一处。

匡亚明校长是学者，教育家，也是思想家，是金先生最敬佩的老朋友。50年代匡校长主持吉林大学工作，严格执行党的知识分子政策，爱惜人才，尊敬教授，重视学问，在"左"的风浪中尽可能地保护了一些学者。金先生至今仍不时回忆起匡校长当年如何理解、支持他的那些往事。金先生写一篇题曰《易论》的论文，教授们讨论时，考虑到金先生是旧社会过来的知识分子，不敢同意发表。后经匡校长毅然拍板，才由学报登出。后来匡校长调长南京大学，与金先生远隔数千里，而交情益密。匡校长主持中国孔子基金会工作，请金先生任副会长；任国务院古籍整理规划小组组长，请金先生当顾问；每举行学术会议，必邀金先生参加。给金先生出这本九五诞辰纪念文集，匡校长病中写下"老骥伏枥，志在千里"的题词。前不久给金先生寄来新出的文集《求索集》，金先生读罢深有感触地说，匡校长是老革命、老学者，思想机敏而一贯，领域广阔而不杂，语言严谨而活泼。他的书，仿佛一道生命活水，流淌着，跳跃着，没有一丝的呆滞气。你会清楚地看到它的源头和归宿，那就是充满生机的真正的马克思主义。

朱高正先生是金先生友人中最年轻的一位。有一次在广州举行的《周易》研讨会上，朱先生与我谈论《周易》，见解契合，话很投机。听说我是金先生的学生和助手,当即表示半年之内专程赴长看望金先生。不久我们在北京又见面,我提醒他兑现诺言,同我一起回长春。朱先生说:"不行,看望金先生要专程去。我这次来北京是另有事情。顺便去看望金先生,不敬。"我仍然将信将疑,谁知不久他果然从台北经香港飞来长春。朱先生与金先生一席话谈得愉快、亲切。以后我到台北开会,朱先生不是会议主人,却给我以热情的接待。在朱先生眼中,我一方面是我,一方面是金先生的代表。以后朱先生又捎来他的新作《周易六十四卦通解》请金先生看。两位先生一老一少,相差50岁,何以会如此投契,我想个中缘故在于二人有共同点:一在《周易》,一在爱国。朱先生毕业于台湾大学法律系,兼攻西洋哲学,后赴德国波恩大学读康德,获博士学位。脑子盛满洋文化,却偏偏不忘中国根,从小就是个《周易》迷,爱中国传统文化爱得近乎痴,为之奔走呼号,唯恐不迭。这心情与金先生是一致的。朱先生力主两岸统一,不赞成"台独",对李登辉诸多违背世情的行径深致不满,这又与金先生不谋而合。金先生是坚定的爱国主义者,热爱新中国,对邓小平改革开放的政策,建设有中国特色社会主义的理论,由衷拥护,坚信两岸必将统一,对美国一再打中国主意的霸权主义更是义愤填膺。因此,朱先生主张统一、抵制"台独"的立场,他最能理解,最为欣赏。

崔根德先生是金先生的新朋友,结识虽晚,感情却深。1994年10月在北京纪念孔子诞辰2545周年的会上,崔先生以国际儒学联合会理事长的身份登门拜访金先生,盛情邀请金先生到韩国做客。回国后亲自撰写介绍金先生学术的专文在韩国哲学杂志上发表。1995年秋我赴韩国大邱开学术会议,崔先生得知,执意邀我专程去汉城(今首尔)与他会面。因为崔先生把我看成金先生的代表。我向崔先生邀稿,崔先生满口答应,及时寄到。

本所姚孝遂先生是已故于省吾先生大弟子,当今古文字学大家。姚先生与金先生专业不同,但是相互在教学、科研上一直配合很好。姚先生作为后生,对待金先生如同老师,有事必服其劳。前些年每过春节姚先生要登门贺年,出远门要登门辞行。现在体力稍减,乃改用电话。金先生博士生论文答辩,姚先生一向有请必到。姚先生与我聊天,常常无意中表露出对金先生学问的深深敬佩之情。有一次姚先生说:"金老是大师,我们这些人不能比。"我也知道,金先生对姚先生的学问倍加赞许,知道姚先生取得的学术成就和在古文字学领域举足轻重的地位。姚先生目疾渐重,我怕给他增加负担,向他求稿时是试探着说的,而姚先生回答得干脆:"给金老出祝寿纪念文集,这文章我一定写,容我慢慢想个题目。"没过几天就打电话告知我,文章写好了,就是这篇《论语"毋友不恕己者"解》。

林沄先生也是已故于省吾先生弟子,年纪更轻些,先在历史系,后到古籍所,现属考古系。与金先生虽专业不同,单位却等于一个,不用说来往很多。林先生对待金老也如同老师,有事总是尽力帮忙。金老的硕士生、博士生的考古学课,古文字学课,有不少次是林先生给讲的。他这篇《戎狄非胡论》,应我之邀而写。当时林先生回答我说:"给金老出纪念文集我一定写,一定好好写。"

金先生朋友多，学生多，为本文集撰文的就有66位，序文不宜再长，恕我不能一一言及。李锦全、余敦康、吴荣曾、傅璇琮、唐嘉弘、朱绍侯、步近智、张安奇、孟世凯、詹子庆、葛荣晋、赵吉惠、黄建国、阎韬、冯天瑜诸位先生都是与金先生有多年交往的朋友，承蒙赐稿，金先生一再表示感激之情。

台湾朋友李震先生，周何先生，高怀民先生，张永儁先生，董金裕先生，曾春海先生，韩国朋友金吉洛先生，洪瑀钦先生，朴炳卓先生，都是金先生敬佩的学者，他们有邀必应，热情赐文，有的甚至提供两三篇任我选择。这里金先生拱手道谢，我则面南面东鞠躬致意。

最后，借用任继愈先生来信中的一段话结束这太冗长的序："金先生为人为学深受学术界的敬重。他为国家培养了大批中青年学者，都已成为学术研究的骨干。这也是他的重大贡献。像金先生这样德高望重的学者，乃国之重宝，祝愿他健康长寿。"

读《求索集》

我很幸运,几十年来有两次机会接触匡亚明这位当代著名的教育家、学者、思想家,接受他的影响。第一次是50年代我在吉林大学读历史系,匡老是校长兼党委书记,他留给我卓越教育家的印象。第二次是80年代以来,匡老主持中国孔子基金会工作,创办中国思想家研究中心,主编《中国思想家评传丛书》,他举办的大型学术会议我都曾参加,我还认真读过他的《孔子评传》和不少文章,多次听他的学术演讲,且多有通信往还,这使我对匡老认识更深了。匡老是卓越的教育家,又是杰出的学者。然而读过《求索集》我发现,先前的认识并不周全,匡老不仅是教育家、学者,还是马克思主义思想家。

收有百篇文章的《求索集》记下他70年苦苦求索的漫长人生路,显现出他马克思主义思想家的本色。从文集看得出,匡老虽少年投身革命,却到老不曾一日轻忽读书,骑牛背,坐牢房,忙公务,都是他读书的好机会。匡老更不是书里来书里去的书斋学者,他的学问有马列的源头中国的根,扎在深厚的生活土壤里。他的文章迎着现实问题而发,在不懈的求索中做成,篇篇充满马克思主义精神,虎虎有生气。一部《求索集》反映出一位思想家的人生特色,他从革命的路上走来,在艰苦的革命实践中形成自己思想的鲜明个性,其个性中又体现出一切中国共产党人的共性。

一个马克思主义思想家,思想应当有民族传统的根基,把马克思主义同传统水乳般地融合,而不是两层皮。从《求索集》读到的匡亚明正是如此。当初读《孔子评传》,我还以为是他卸任后姑且为之的偶然之举,现在知道他年轻时就对孔孟思想有深刻而独到的研究,《孔子评传》的写成,实是他几十年开拓、积累的结果。1925年,19岁,发表《儒家哲理观——"中"》,1926年发表《孔孟"仁"的哲理之厘定》,同年又发表《研究中国古书的意义何在》。三篇文章阐述的道理,表达的思想,在当时西化和疑古两大思潮交织冲击的条件下,可谓卓然特立,出类拔萃。它们的价值首先在于对孔孟的思想,对中国古书,采取真正马克思主义的态度。文中马列的话一句没引,而让你感到它讲的就是马克思主义。因为是马克思主义者,才对自己民族的传统思想文化充满深情厚谊,才可能不忧不惑不惧地说孔孟的公道话。关于孔孟的仁,他说:"其中仍不乏我们现代应予借鉴、参考和研究学习的东西。"关于孔子好古,他说:"孔子的好古,实在是推陈出新的意思,读者千万不要弄差。"关于历史,他说:"社会的进化,文明的兴盛,都是连续性的,逐渐的,即使外表看去是突然变革,也是由来已久的结果,绝不是一人或少数人之力所能突然造成。"关于个人,他说:"我相信短时期的'自我',和已往的'亘古'相比,真好似驹光过隙;一个'自我'的精神思想，和古来千万个英杰圣贤的精神思想相比，真好似沧海一粟的精神思想。"关于文化遗产，他说："凡事出于本国人自己之手，好的必须保存发扬，不好的必须排除抛弃；凡事出于外人之手，好的必须吸取学习，坏的必须抵制弃去。这才是复兴中华、繁荣文化的康庄大道。东方文化的主人翁啊！你们忍抛弃所有的优秀文化祖产吗？"关于古书，他说："古书确能予吾人创造发明以莫大的助力。"且列举马克思、李白、杜甫、雪莱以及陈望道等因有古书做助力而获重大成就的实例作为证明。

　　读过这些铿锵有力的言论，我想起两件旧事。50年代，我的老师金景芳先生写《易论》一文，教授们讨论时，考虑金先生来自旧社会，写的又是《周易》，不敢同意发表。匡校长得知，毅然拍板登在学报上。当时以为匡校长的果断是凭借权力，现在知道不是权力，是思想。

　　有一年，匡老为《思想家评传书》草拟一份文件，寄我初稿征求意见。文中有"马克思主义与中国优秀传统思想文化相结合"的提法，我以为不妥，共产党人把马克思主义同中国革命实际相结合，怎好说与传统思想文化相结合？写信讲了我的忧虑，没有得到正面回答，我一直困惑不解。读过《求索集》，我豁然省悟。匡老说，"中国革命的胜利是马克思主义的基本原则同中国的具体实际相结合的结果。中国的具体实际是什么？我认为它包括两个方面，一个是当前的实际，当前的革命和建设实际直到近百年。另一个是中国三千年或者五千年的实际""不了解这个实际，不结合这个实际，就是割断历史，就不能从历史发展的连续性中深层次地了解当今中国国情和中国人，就不能了解建设有中国特色的社会主义这个特色的本质所在""今天的中国人，从长远历史发展意义上讲，总是过去三千年、五千年中国人的延续""所以，我认为把马克思主义基本原理同中国长期的历史和传统文化相结合，必然会形成灿烂的社会主义精神文明，促进改革开放和加速有中国特色的社会主义现代化建设"。
"传统文化与社会主义精神文明有区别，但又有联系，有继承和发展的关系。我们说，作为一个中国人，要有民族风格，民族气派。这民族风格、民族气派，是有渊源的；我们说我们中华民族有凝聚力，这凝聚力，就是靠传统文化的认同。所谓渊源，所谓认同，都是指中华民族的优秀传统文化。'天行健，君子以自强不息'，'一阴一阳之谓道'，'学而不厌，诲人不倦'，'民犹水也，可以载舟，亦可以覆舟'，'无求生以害仁，有杀身以成仁'，'己所不欲，勿施于人'，等等，等等，今天仍然有生命力，维系着中华民族，凝聚着中华民族，鼓舞着中华民族"（《认真整理出版古籍，弘扬优秀传统文化》，《求索集》第222—224页）。这透辟的分析，精湛的识见，化解了我久存心中的疑团。不知别人怎样想，我是中心悦而诚服的。

　　从《求索集》看出，匡老的学问针对现实而做，与为学问而学问者不同，因而涵盖很宽。匡老的思想从为现实而做的学问中自然而然地流出，全是一片生动、活泼，没有一点的造作气，非一般刻意追求、故作高深者可比，马克思主义思想家的本色就在这里活脱脱地显现。百篇文章莫不有这种特点，而最激起我思想波澜的是有关人才问题和《红楼梦》问题的论述。

人才问题在80年代显得突出而紧迫,亟须给予马克思主义的理论说明。人才问题涉及许多敏感的领域,不少的理论关节应该打通而又不易打通。《求索集》的四篇有关人才问题的文章(《关于人才学的几个问题》、《人才成长的规律》、《人才学通论序》、《坚持自学,定能成长》)给一一打通了,对几个主要问题尤其提得尖锐,讲得尖端。人才是什么?匡老说人才就是万里挑一,百里挑一的冒尖者,要造就人才就要承认冒尖,鼓励冒尖。只要我们略微回顾以往有过的理论失误以及在实践上所造成的万众一齐、有尖则削的后果,就不难掂出匡老肯定人才是冒尖这一论断的理论分量。

成才的道路问题也并不简单,我们曾经由于把向实践学习的意义强调到极端而忽略了读书的重要性。匡老把这个问题拨正了,他说一个人冒尖成才要有"顽强的学习精神","学习的主要精力要用于书本上"。匡老重视读书的话不是应景随时说出的,他自己靠读书闻道成名,当吉大校长时也一再鼓励我们读书学习,曾公开说大学生的任务就是把书读好。他甚至认为曹雪芹写《红楼梦》的生活和知识的底子也是从书中获得的。成才靠读书,是颠扑不破的真理,是随便否认不得的。人类的历史太悠久,人类的知识必由实践获得,别无他途;人类的知识积累在书本上,而人的生命太有限,故人获得知识只能主要靠书本。这道理古人早已懂得,孔子讲"学而时习之",指的是读书。庄子未强调读书,却也有"吾生也有涯而知也无涯"(《养生主》)的感叹。匡老把这个真理从理论上给以现代的说明,表现出一个马克思主义者的思想深度。

人才自哪里出,本不是难答的问题,但是敢说而且说透,则没有相当的理论勇气不行。请看匡老怎样说,"所谓人才,主要是脑力劳动者,其特点就是脑力劳动,当然也不排除一些体力劳动者,但这居于次要地位"。"一般讲,人才问题也就是脑力劳动者的问题,也就是知识分子的问题"。人才主要在知识分子中,主要是脑力劳动者,这一论断当然是科学的,是马克思主义的。这一观点自今日看来谁都认可,并不出奇,可是在匡老,这是他平生学习的自得,经验的积累,理论的提升,与随时变换腔调的所谓"理论家"是截然有别的。他向来重视知识,重视知识分子。他今天这样说的,正是他过去这样力行的。他总是言行一致,平生一贯,我说我从《求索集》中看到了匡老马克思主义思想家的本色,这是根据之一。

我至今犹记匡老任吉大校长时的作为,他特别尊重教师,爱护学生。我敢断定,那时他就认为人才主要在知识分子中。有这种思想在,想掩饰也是掩饰不住的。1957年反右斗争前夕,中国民主同盟盟员、历史系主任、青年教授丁则良,从苏联访问回到北京,听说要反右,未等挨批就先在北大未名湖自溺身死。这"死有余辜"的人,死后也该批倒批臭,可是在匡老心目中他是个人才,结果不但只草草开一次批判会了事,还拨款给予厚葬。"文革"爆发,这理所当然地成为他一大罪状。

匡老不专门研究《红楼梦》,却对《红楼梦》研究中存在的问题有精辟的见解,从一个方面表现出一个思想家应有的恢宏气度。他所有的见解都有一定的针对性,没有丝毫的书斋气。80年代兴起的红学热衷一度出现离开《红楼梦》而研究《红楼梦》的倾向,在曹雪芹祖籍问题上聚讼纷纭,在一些枝节小事里钻牛角尖。匡老以一篇《还〈红楼梦〉的本来面目》的讲演痛痛快快地分析了这些问题。匡老说，"《红楼梦》是影响千秋的著作，首先要认真读它。说欣赏，可以。说研究，也可以"。"不要离题太远，离开《红楼梦》去研究《红楼梦》"。"尽量防止钻牛角尖。当然，有人要钻，也不是不可以，但总的来说，不要离开《红楼梦》去研究《红楼梦》"。这见解像浑厚古朴的钟声，深沉有力，人皆可闻，人皆当闻。红学家们固然当引以为戒，研究孔子不首先读读《论语》，研究中国哲学不首先读读《周易》、《尚书》、《礼记》，研究中国古史不首先读读《左传》、《史记》、《汉书》，而只是站在一边或者空发高论或者钻牛角尖的人，难道就不应当从中也得到一点启示！

对于曹雪芹其人，用"阶级观点"的老套子局限他的调调已不多见，把他吹得神乎其神的势头，则日见炽烈，不杀住不得了。"对曹雪芹这个人的分析，也还只是为了'读其文必知其人'"。为了知《红楼梦》，才须知曹雪芹，匡老这一思想一下子把曹雪芹从神坛请回人间。然后他说："曹雪芹这个人，生在那个虽有了点资本主义萌芽但总的说来仍是封建社会的时代里，如果说他在那个时代里就能通过'多读书，会读书'从而达到他当时所能达到的比较高的思想境界，就已很了不起。这境界，硬把它拔高了，不好；降低了，也不好，要恰如其分。对曹雪芹是如此，对鲁迅先生，对别人，也都应如此。"这里，匡老提出一条评价文学人物乃至一切历史人物的一般原则。这原则就是马克思主义的实事求是。实事求是的原则能知者多而能用者少，用在评价历史人物上尤少。说曹雪芹思想之所以能达到那般境界，以至于写出后世几百年难以企及的现实主义兼浪漫主义的文学巨著，主要由于他"读书多，会读书"，这样老实又深刻的话，我不知还有谁说过。

我约略说了马克思主义与中国民族优秀传统思想文化相结合问题、人才问题、《红楼梦》研究问题，不过是举例。是举例就不免失于偏，其实一部《求索集》求索的所有问题，无论哪一方面，都针对现实而发，没有书里来书里去，为学问而学问的痕迹；都有深刻的学术意义、理论意义和思想意义；都显示一位马克思主义思想家的鲜亮本色。

读《求索集》，深感匡老的学问、思想博而深。百篇文章分六类，没有哲学，而无处不哲学，篇篇皆哲学。无专言史，而科学的历史观和历史的方法浸透其中。文史哲融会如一，契合无间。抓问题总是切中肯綮，作分析无不高屋建瓴，理足神完。于是我想到匡老一贯的谦虚作风。大家必虚怀若谷，否则学问无从至于精深。匡老"知之为知之，不知为不知"、"入太庙，每事问"的精神，我印象最深。他当年作为校长时曾不耻下问我们历史系学生什么叫"土地集中"，80年代作《孔子评传》，广泛听取建议，竟连我这平庸小辈的意见也予采纳，甚而至于拟一次学术会议的讨论主题也要与大家商量，然后才做决定。

但是我又以为谦虚概括不了匡老那种"每事问"的精神。按古人的理解，谦虚只是"有而不居"，与"有德必伐"者别，好比山，镇静而不浮夸；匡老更像海，拥有不捐细流、吸纳天下四渎百川的大气象。

（原刊《传统文化与现代化》1996年第5期）

释 "克己复礼为仁"

《论语·颜渊》孔子答颜渊问仁说 "克己复礼为仁" 一语，到底应该怎样解释，从古至今分歧很大，在清代成为汉学与宋学论争的焦点之一。分歧表现在训诂上，也表现在义理上。主宋学的人继承并极力维护朱熹《论语集注》的观点，反对汉学家的解释。汉学家有的从训诂的角度讲对了，但是不敢碰朱熹；有的敢碰朱熹，训诂却又搞错。今人的问题是既未把训诂弄明白又慑于朱熹的余威不敢把朱熹的错误说清楚。我们认为，这个问题今天应该实事求是地加以解决。清代汉学家没说对的，我们把它说对就是了；清代汉学家说对了的，我们继承过来接着说；对于朱熹的错误则必须给以彻底的批评，朱熹站在道学家的立场曲解孔子，借用孔子的言论为他的道学理论张目，不把朱熹的错误弄清楚，孔子 "克己复礼为仁" 的本义永远不能明。

所以我们从朱熹说起。朱熹《论语集注》说：

> 克，胜也。己，谓身之私欲也。复，反也。礼者，天理之节文也。"为仁"者，所以全其心之德也。盖心之全德，莫非天理，而亦不能不坏于人欲。故为仁者必有以胜私欲而复于礼，则事皆天理，而本心之德复全于我矣。[1]

朱熹这样解释 "克己复礼为仁"，是完全错误的。第一，把 "克己复礼" 一语理解为 "克己" 与 "复礼" 的组合，又视 "克" 字在句中为动词，从根本上就搞错了。第二，把 "克" 字训为战胜的 "胜"，把 "己" 释作私欲，把 "克己" 说成战胜自己的私欲，从而用 "存天理灭人欲" 的道学家观点解释 "克己复礼"，完全歪曲了孔子的本义。

首先要把 "克己复礼" 一语的语法关系弄对，同时把 "克" 字的训释搞明白。关于这两点，汉人孔安国《论语》注说："复，反也。身能反礼，则为仁矣。"（刘宝楠《论语正义》引）释克为 "能"，释己为 "身"，是对的。可惜后世少有人理睬，只有清人俞樾作《群经平议》接着孔安国说，把 "克己复礼" 基本上说明白了。俞氏说：

> 按孔注训克为能，是也。此当以 "己复礼" 三字连文，"己复礼" 者，身复礼也，谓身归于礼也，能身复礼即为仁矣，故曰 "克己复礼为仁"。下文曰 "一日克己复礼，天下归仁焉。为仁由己，而由人乎哉"！必如孔注，然后文义一贯。孔子之意以己与人对，不以己与礼对也。《正义》不能申明孔注而漫引刘说以申马注约身之义，而经意遂晦矣。昭十二年《左传》因楚灵王不能自克而引仲尼曰，"古也有志：克己复礼，仁也。信善哉。"则正训克为胜。左氏晚出，先儒致疑。凡此之类，皆不足据。[2]

俞氏依孔注义训 "克" 为能，谓 "己复礼" 三字连文，至确。说孔子之意是己与人对言，不是己与礼对言，只有如此作解，才与孔子下文 "为仁由己，而由人乎哉" 文义一贯，更切中肯綮，可谓真知灼见。对马融把 "克己" 释作约身以及刘炫《左传》昭十二年注的批评，对《左传》昭十二年引孔子语的怀疑，也是卓有见地。俞氏不足之处是对朱熹的谬误不敢碰，对《左传》昭十二年引孔子语仅仅质疑而已，未能深究。

俞氏据孔注指出 "己复礼" 三字连文，这一点至关重要。只有确定这一点，才有可能把 "克己复礼为仁" 这句话讲明白。"己复礼"，当然就是自我复礼，不是要别人复礼或者要别人为我复礼。这正是孔子答颜渊问仁所要表达的意思。所以下文孔子接着说 "为仁由己，而由人乎哉"。如果以为 "克己" 与 "复礼" 是对应关系，"克己" 是约己或者胜己，则孔子答 "颜渊问仁" 的一段论为语无伦次。孔子而语无伦次，是不可思议的。

在肯定 "己复礼" 三字连文的前提下，必须承认 "克己复礼" 是个单纯句子，不是由 "克己"、"复礼" 两个句子合成。"克己复礼" 只有一个动词，就是 "复"。"克" 字在句中是助动词，不是动词。因此，孔安国、俞樾训克为能，把 "克己复礼" 释作自己复礼，是唯一正确的解释。任何把 "克己复礼" 的 "克" 字作动词看的训释，都是错误的。

汉人马融注说："克己，约身。" 把 "克己" 二字连文，与 "复礼" 分开，必不合孔子本意，把 "克" 训为 "约"，释 "克己" 为约束自己，当然是错误的，清代不少汉学家接着马融的注往下讲，越讲越错误。其中毛奇龄最有代表性。毛氏《论语稽求篇》说：

> 马融以约身为克己，从来说如此。夫子是语本引成语。《春秋》昭十二年楚灵王闻祈招之诗，不能自克，以及于难。夫子闻之，叹曰："古也有志，克己复礼，仁也。楚灵王若能如是，岂其辱于乾溪。" 据此，则 "克己复礼" 本属成语，夫子一引之以叹楚灵王，一引之以告颜子。此间无解，而在《左传》则明有 '不能自克'，作克己对解。克者约也，抑也。己者，自也。[3]

毛氏训 "己" 为自，是对的。接受马融说法训克为 "约" 为 "抑"，释 "克己" 为约身，又坚信《左传》所引孔子语，以为 "克己复礼" 是孔子以前就有的成语，则大谬。"克己复礼" 应当说就是孔子答颜渊问仁说的话，并非古已有之的成语。《左传》昭十二年引孔子的话其实不可信。上文引俞樾《群经平议》，对《左传》已有怀疑，今考诸《论语》孔子答颜渊问仁之语意，"克己复礼" 如孔安国、俞樾所说，应读成 "克" "己复礼"，不可以读成 "克己" "复礼"，故不是成语。《左传》昭公十二年记楚灵王因 "不能自克" 而及于难，引孔子叹曰 "古也有志" 云云，的确以为 "克己复礼" 是成语。孔子一方面告诉颜渊能自己复礼就是仁，一方面又把 "克己复礼" 当作古已有之的成语引用，二者是矛盾的，必有一是真孔子语，一是假孔子语。《论语》一书是可信的，而《左传》在汉代经刘歆之手整理过，很可能是他自己以为《论语》记孔子 "克己复礼" 一语是成语，就加上 "古也有志" 四字，充作孔子的话塞进《左传》。《左传》里这种情形不仅此一例。刘歆这一作法造成极坏的影响，朱熹在注释 "克己复礼" 上的谬误，其文献方面的根源即在于此。

俞樾从孔安国训"克己复礼"之克为"能",在训诂上是有根据的。据《说文》,"克"的本义是肩任、胜任。《说文》克部克训肩,人部肩作仔之训。《诗·周颂·敬之》"佛时仔肩","仔肩"二字毛传共训"克",郑笺同训"任"。段玉裁《说文》注说:"克,胜也。胜与任义似异而同。"克字的本义是胜、是任,犹今语之胜任、肩任。

"克"字的引申义有两项:一是能;一是战胜的胜。《尔雅》之《释言》训"克"为能,而《释诂》则克胜互训。训能训胜,都有文献根据,《尧典》、《康诰》之"克明峻德",克字显然取能义,《洪范》之"沉潜刚克,高明柔克",克字显然取胜义。有时候"克"字在句子中包含克与胜二义。如《左传》隐元年"郑伯克段于鄢",《公羊传》径训克为杀(取战胜义),而《谷梁传》则说:"克者何? 能也。何能也? 能杀也。"

究竟"克"字在句中取何义,要视上下文具体分析。"克己复礼"之"克"字朱熹训战胜之胜,谓"克己"是战胜私欲,有违于孔子人与己对言的一贯思想,肯定是不对的。孔安国、俞樾训"克己复礼"之克为能,与上下文义恰相符合,是正确的,也是有训诂根据的。

刘宝楠《论语正义》取马融注之"克己"为约身说,训"克己复礼"之"克"为约束之约,并断言"凡言'克己',皆如约身之训",且举《后汉书·祭遵传》之"克己奉公"句为证。"克己奉公"是孔子之后形成的成语,此"克"字训约当然是对的。但不可用此以例孔子讲的"克己复礼"。"克己复礼"是孔子自己说的平常话,不是成语。

完全讲对"克己复礼"的,自古迄今只有清人俞樾的《群经平议》。俞氏不但指出了马融训"克"为"约"的错误,还批评了刘炫《左传》昭十二注训"克"为"胜"的观点。而对朱熹的问题则讳莫如深,不敢置一词。朱熹碰不得,几成不成文的约法,影响至今犹存。今人钱穆作《论语新解》(巴蜀书社1985年),于"克己复礼"句取马融注义释"克己"为约束己身,说"克己之己,实不指私欲,复礼之礼,亦与天理义蕴不尽洽",明明是觉察了朱熹的错误,却仍要加以调和,说"宋儒以胜私欲全天理释此克己复礼四字,大义亦可相通","未尝不可以通《论语》"。清人毛奇龄、焦循曾指名驳朱熹之谬,乃遭遇方东树《汉学商兑》的激烈反驳。

今日我们释"克己复礼",实无必要也不应该为朱熹讳。朱熹的谬误一日不澄清,孔子"克己复礼"的本旨便一日不得明。朱熹释"克己复礼",根本违背了孔子的本旨。他讲的"克己复礼"是他自己的,不是孔子的。具体而言,朱熹的错误可从三方面分析:(1)语法问题;(2)文献依据问题;(3)思想问题。

"克己复礼"的语法问题除孔安国、俞樾之外,几乎无人讲对。朱熹既视"克己复礼"为成语,读作"克己""复礼",注定不可能做出正确的训诂。上文已有讨论,此不赘述。

朱熹训克为战胜的胜,训己为私欲,不是发明创造,是有所因袭的。焦循说:"刘光伯(刘炫)嗜欲与礼义交战之言,意主楚灵王,因上文有'不能自克'语,望文生义耳,与《论语》何涉! 邢叔明(邢昺)剽袭之以释《论语》,遂开《集注》训己为私欲之论。与全部《论语》人己对举之文,枘凿不入矣。"(方东树《汉学商兑》第76页引)毛奇龄《四书改错》说："刘炫曰：'克者，胜也。'此本扬子云'胜己之私之谓克'语。然己不是私，必从己下添'之私'二字，原是不妥，至程氏直以为私，称曰'己私'。致《集注》谓身之私欲，别以己上添身字，而专以己字属私欲，于是宋后字书，皆注己作私，引《论语》'克己复礼'为证，则诬甚矣。"

毛氏、焦氏共认朱熹训"克"为"胜"训"己"为"私欲"之谬，因于刘炫《左传》昭十二年注。刘炫之谬因于谁，二人说不同。焦氏以为刘炫因于《左传》。说因于《左传》，是对的。刘炫注《左传》昭十二年说：

> 克训胜也，己谓身也。有嗜欲当以礼义齐之。嗜欲与礼义交战，使礼义胜其嗜欲，身得归复于礼，如此乃为仁也。（孔颖达《春秋左传正义》引）

《左传》昭十二年论楚灵王因"不能自克"而及于乾溪之难，引孔子言"古也有志，克己复礼，仁也"云云为证，显然有训"克"为"战"训"己"为"私"的意思，刘炫以礼义战胜私欲的说法，无疑得之于此。只是《左传》这段话大约是刘歆整理中秘古书时窜入的，非《左传》原物，故不可信据，而刘炫坚信不疑，且大加发挥，乃贻误后世不浅。毛氏亦不疑《左传》昭十二年的记载，但理解不同。他据马融《论语》注训"克"为"约"的说法，认为《左传》的"克己"是约束自己，不是战胜私欲，故说刘炫之谬非源自《左传》，而是受扬雄《法言·问神篇》"胜己之私之谓克"[4]一语的影响。按《左传》昭十二年对"克"字的理解与扬雄《法言》其实一致，扬雄与刘歆生当同时，不存在谁因袭谁的问题，刘炫对《左传》"克己复礼"的解释可能同时受《左传》和《法言》两方面的影响。但是影响主要应来自《左传》。《左传》昭十二年关于楚灵王因"不能自克"而及于难并引孔子说"古也有志克己复礼仁也"的话，极可能是刘歆窜入，对后世影响很坏、很大。刘炫接过来把克训为胜，把己释作嗜欲，邢昺用以作《论语》疏，更加以发挥，而最终成为宋儒，尤其朱熹作《论语集注》用存天理灭人欲的道学思想扭曲孔子"克己复礼"本义的文献依据。欲彻底弄清朱熹对孔子"克己复礼"一语的曲解，须首先知道《左传》昭十二年那段话根本不可信。那不是孔子的原意，是刘歆依据他自己对《论语》"克己复礼"的理解加进去的，所谓"古也有志"云云把"克己复礼"视作孔子以前即有的成语，也不是事实。

朱熹之《论语集注》注"克己复礼"完全是发挥宋儒存天理灭人欲的道学思想，与《论语》的本意，与孔子的思想没有关系。这个界限务须辨别清楚。清人方东树《汉学商兑》不顾此界限，硬把朱熹当孔子。他说：

> 以存理遏欲为说，何害于学者为仁之旨乎！盖嗜欲必得恣情便意，乃古人恒人通趣，幽潜性命不断。所以自古圣人皆兢兢戒谨防之，乃是大段第一难事。始而致知穷理，以辩其途；既而省察克治，以专其力，以理与欲不并立也，非至刚决者不能。夫子以颜子于理欲大分不待今始致知，故直告以下手力行功夫，所谓单刀直入。（《汉学商兑》第77页）

理、欲不并立，明明是宋儒的特有思想，方氏却说自古圣人如此，且说颜回心中固有理欲大分，不待孔子教。故孔子不须讲理欲不并立的道理，乃单刀直入，直截告颜回如何下手力行。不消说，孔子当然有明理欲大分，理欲不并立的思想。

孔子是这样吗？不是。孔子是个很实际的人，总是从实际出发讲话，不搞玄虚一套。程树德说："朱注为短，盖欲申其天理人欲之说，而不知孔子言礼不言理也。"[5]是说得对的。孔子平生注意的是人己关系、义利关系，强调的是仁、是义、是礼。要正确解决人己、义利关系，须做到仁义礼。仁是内容是目的，义实质也是仁。礼是实现仁义的现实途径。所以颜回问仁，孔子答以"克己复礼为仁"。意谓为，仁之方说来似难，其实简单，你能自己回复到礼上，就做到仁了。为使颜回不发生误解，孔子接着又说"为仁由己，而由人乎哉"，欲为仁全在你自己，这做起来也不复杂，你只要非礼勿视听言动就是了。道理讲得明明白白，简简单单，哪里有什么天理人欲之分，存理遏欲之说！孔子没有天理的概念，此尽人皆知，无须辩。至于人欲，孔子亦只讲摆正欲与义的关系，绝不言天，更不以为义利不两立。这样的言论在《论语》中多的是，举例是多余的。方东树强词诡辩，断言朱熹的存理遏欲说是孔子"克己复礼"的正解，不能成立。

总而言之，俞樾《群经平议》释"克己复礼"承孔安国注训克为能，"己复礼"三字连续，训诂至确；然在思想方面仅仅言及刘炫，涉及《左传》，而未直指朱熹。毛奇龄《四书改错》对朱熹有所批评，但由于他仍因马融释克为约，"克己"为约束自己，批评是五十步笑百步，未能入里。朱熹的解释，训诂与思想全不对，其文献根据是刘歆做过手脚的《左传》昭十二年及刘炫的注，存理遏欲的思想则是道学家的，与孔子实无关涉。用朱熹《集注》研究朱熹思想，恰恰相当；若用以讲《论语》，无异于郢书燕说。

注释：

[1] 朱熹：《四书章句集注》，中华书局1983年，第131页。

[2] 《清经解续编》卷1392，上海书店1988年影印本，第1206页。

[3] 《清经解》卷180，上海书店1988年影印本，第745页。

[4] 《汉魏丛书》，吉林大学出版社1992年影印本，第508页。

[5] 程树德：《论语集释》第3册，中华书局1990年，第818页。

＊此文为与金景芳合作
（原刊《中国哲学史》1997年第1期）

易学与史学

易学不是史学，但是易学与史学有着密切的联系，这主要表现在三方面，一、《周易》这部书不是历史书，却有丰富的历史学蕴含和深刻的历史学意义。二、《周易》对后世历史学产生过极其深远的影响。三、影响是双向的，历史学对易学发展所起到的作用也不容忽视。

一 周易经传的历史学蕴涵

清代著名学者章学诚作《文史通义》，开宗明义第一句就说："六经皆史也。"章氏此言极确，儒家《诗》、《书》、《礼》、《乐》、《易》、《春秋》六部经典，除《春秋》以外，都不是严格意义上的史学，但是都有史学意义和史料价值。《周易》经传特别是《易传》蕴含着丰富的历史学内容。这主要表现在两方面。

《易传》认为一切事物都是发展变化的，不存在固定不变的东西。它特别强调变、变化、变通，例如它说："在天成象，在地成形，变化见矣"，"刚柔相推而生变化"，"变通配四时"，"知变化之道者，其知神之所为乎"，"一阖一辟谓之变，往来不穷谓之通"，"刚柔相推，变在其中矣"，"变通者，趣时者也。"（《系辞传》）意思是说，天地自然，万物万事，都是变化的，《易》的功能正在于反映这一变化。

它说的"穷则变，变则通，通则久"这句话尤其具有深刻的理论意义。提出一个穷字与通相对应，实际上是给事物的变化划出阶段，描绘为发展过程。事物发展到穷的时候，势必变，变则由穷转为通，表示一个过程结束，另一过程开始。"通则久"，但亦非永恒，通总要达到穷。就是说，事物的发展变化表现为一个个不同却又相联系的过程。

《易传》认为自然界如此，人类社会也如此。例如《系辞传》讲上古历史说，神农氏时代人们创造了耒耜，有了"日中为市"，"交易而退"的物物交换，到了黄帝及尧舜时代，历史的发展由穷而通，发生重大的进步，产生了衣裳、舟楫、服牛乘马、杵臼、弓矢、宫室、棺椁、书契等等一系列物质文明。

又如《周易》六十四卦划分为上下两部分排列，上经三十卦，以乾坤为首，下经三十四卦，以咸恒为首。《序卦传》认为这样排列六十四卦是有深刻含义的。它反映了自然界和人类社会的发展过程，"有天地然后有万物，有万物然后有男女，有男女然后有夫妇，有夫妇然后有父子，有父子然后有君臣，有君臣然后有上下，有上下然后礼仪有所错。"即先有天地万物然后有人类,人类本是自然界的一部分,是自然界的产物。人类社会从自然界产生之后又有其自身独特的历史。《序卦传》把人类社会的历史显然划分为前文明时代和文明时代两大阶段,此两大阶段转换的契机是夫妻关系的形成,而标志则是划分君臣上下的礼义制度(实际上是国家)的建立。这一观点尽管带有十分朴素的性质,然而却十分的正确。人类社会正如它所说,处在不断的发展变化过程中,并非总是一个模样。自然界曾经没有人类,人类曾经没有夫妻,没有国家,亦即经历过一个极长的前文明时代。今日的历史学已经证明,人类社会正是这样发展过来的。《易传》所说的"变",还含有变革的意义。《彖》解释革卦义说:"天地革而四时成,汤武革命,顺乎天而应乎人,革之时大矣哉。"是说,从天时气候的变化以及王朝的兴替都要经过变革。变革既符合天道又顺乎民心。其所提出的"汤武革命"说,承认以激烈的手段,推翻旧王朝乃历史发展的必然趋势,这对观察人类社会历史的变化,同样有重要的意义。

总之,《易传》提出的发展变化的历史观,对中国古代史学产生了深刻影响。

二 司马迁的易学与史学

接受《周易》影响最早、最深的史学家是司马迁。司马迁不是易学专家,对《周易》不曾做过专门的研究,没有《易》著存世,但他对《周易》有很高的造诣,很深的修养,说司马迁有自己的易学,是不过分的。他的巨著《史记》把易学思想溶入史学之中,在易学史上更有特殊的意义。

（一）司马迁的易学

司马迁的易学明显属于孔子重义理的一派,这在《史记》中有确切无疑的反映。孔子易学的传授系统是《史记》记载下来的。《仲尼弟子列传》说:"孔子传易于瞿,瞿传楚人馯臂子弘,弘传江东人矫子庸疵,疵传燕人周子家竖,竖传淳于人光子乘羽,羽传齐人田子庄何,何传东武人王子中同,同传菑川人杨何。何元朔中以治易为汉中大夫。"在后来写成的《儒林列传》中又记载此系统而文字略有调整。瞿,变为商瞿。另外,特别强调汉代第一个传《易》的是田何,田何传王同,王同传杨何。杨何是汉代传孔子《易》学的重要人物,"要言《易》者本于杨何之家"。司马迁在《史记》里反复强调孔子《易》学的传授系统,一方面说明这是事实,《史记》重实录;一方面也说明这个传授系统与他本人有关。《史记·自序》着重点明他的父亲太史公司马谈"受《易》于杨何"。于是不言自明,他的《易》学得自其父司马谈,司马谈得自杨何,而杨何之《易》渊源于孔子。司马迁的《易》学属于孔子一系的义理派,本是自然而然的事情。

司马迁的易学观点,由于他没有易学专著,我们无法得知其详。根据《史记》的零星记载,我们知道至少有两点是重要的。一是他对孔子治《易》,作《易传》,深信不疑。《史记·孔子世家》说:"孔子晚而喜《易》,序《彖》、《系》、《象》、《说卦》、

《文言》。读《易》韦编三绝，曰：'假我数年，若是，我于《易》则彬彬矣。'"肯定地承认孔子晚年对《易》下过非凡的工夫，传世的《易传》是孔子作的。而且他又说："孔子以《诗》、《书》、《礼》、《乐》教，弟子盖三千焉，身通六艺者七十有二人。"孔子不但治《易》，又作《易传》，更把《易》作为教材教学生。多数学生能通《诗》、《书》、《礼》、《乐》，少数人能六艺全通，说明《易》与《春秋》不是谁都能学会的。

司马迁的这一说法自今日看来固然可以讨论，但他言之有据，非出于自己臆测。第一，他的说法亲受于司马谈，司马谈受《易》于杨何，而杨何是孔子易学的正宗传人。第二，《论语·述而》明明写道："子曰：加我数年，五十以学《易》，可以无大过矣。"是知司马迁说"加我数年"云云，绝非杜撰。第三，马王堆汉墓出土的帛书《易传》之《要》篇有关于孔子治《易》的记载。它说："夫子老而好《易》，居则在席，行则在囊。有古之遗言焉，予非安其用，而乐其辞。后世之士疑丘者，或以《易》乎！子贡问：夫子亦信其筮乎？子曰：吾观其德义耳。吾与史巫同涂而殊归"。此与《史记》"韦编三绝"之说如出一辙。"疑丘者或以《易》乎"也与《孔子世家》所记孔子语"后世知丘者以《春秋》，而罪丘者亦以《春秋》"的语意十分相似。既然此语是说《春秋》为孔子作，那么《要》篇"后世之士疑丘者或以《易》乎"一语亦可理解为《易传》乃孔子作。帛书《易传》抄写于汉文帝时，在司马迁作《史记》之前，故足以证明司马迁关于孔子晚年喜《易》，读《易》韦编三绝以及作《易传》的说法是渊源有自的，不是他一家之言。

司马迁关于孔子作《易传》的记载，后世人尽管可以提出质疑，然而司马迁接受的是孔子的易学思想这一点是难以否定的。那么司马迁为什么又给日者、龟策立传呢？其实这并不可怪。司马迁是史家，著的是史书，当然要如实记事。曾经发生过的、有意义有影响的事情，他必须记。他记的不必是他赞成的。

《易》原本是卜筮之书，是原始宗教迷信的产物，但他同时又逐渐被赋予了哲学内容，而且它的哲学意义越来越强，卜筮的意义越来越弱。孔子重视《易》之义理，视《易》为哲学著作，对《易》的哲学功能感兴趣。以后的思想大家多数继承孔子的态度，《荀子·大略》说："善为《易》者不占。"《庄子·天下》说："《易》以道阴阳。"可谓与孔子的观点一致。

司马迁继承孔子的观点，比荀、庄的认识更加深刻透辟。《史记·自序》记司马谈说："《易》以道化，《春秋》以道义。"此语虽不出司马迁之口，《史记》既引用，视为司马迁的认识亦无不可。"化"字表示《易》是讲变化的哲学书，"义"字表示《春秋》是讲理论的政治书。《史记·司马相如列传》赞语说："《春秋》推见至隐，《易》本隐之以显。""之以"，《汉书》作"以之"。颜师古注："之，往也。"司马迁从思维方式的角度看到了《春秋》由人事推及天道，《易》由天道推及人事，不是对两部书有正确而深刻的理解，不可能提出这样的看法。

（二）司马迁的史学有明显的易学影响

司马迁根据其父司马谈之遗意作《史记》，目的在于以孔子《春秋》为榜样，借记事以明义，使世人知以为鉴。《史记》之作，受《春秋》的影响，也受《易》的影响。《春秋》的影响主要在政治用心，《易》的影响则在于思维方式。司马迁本人对此直言不讳，《史记·自序》说他著作《史记》有两大原则，一是"正《易传》"，一是"继《春秋》"。"继《春秋》"，《自序》讲的很多，容易理解，"正《易传》"，《自序》语焉不详，却又置诸"继《春秋》"之前，对于他来说似乎更为重要，需要加以探讨。

"正《易传》"，是说作《史记》正于《易传》，不是说作《史记》正《易传》。正，应据《论语·学而》"就有道而正焉"的正作解。孔安国注云："正，谓向其是非也。"又，《周礼·夏官·序官》："家司马各使其臣以正子公司马。"郑玄注云："正，犹听也。""正《易传》"，意思是说，《史记》的基本观点、原则、方法得自于《易传》。

司马迁此言不虚，事实正是如此。司马迁在写给挚友任安的信中说自己著作《史记》百三十篇，目的是"亦欲究天人之际，通古今之变，成一家之言"（《汉书·司马迁传》）。这几句著名的言论，尤其"通古今之变"一语，反映了司马迁的史学思想显然是受《易》影响的结果，可以看作"正《易传》"的注脚，

司马迁"正《易传》"，接受了《易传》发展变化的历史观，把它贯穿在《史记》百三十篇中。他自己称之为"通古今之变"。他在《史记》中不止一次的阐述这一思想。例如它说，"承敝通变"，"略协古今之变"，"王迹所兴，原始察终，见盛观衰，论考之行事，略推三代，录秦汉，上记轩辕，下至于兹"（《自序》），等等。承敝通变，原始察终，见盛观衰，显然都是《易》的思想。

司马迁接受《易》的历史观，特别善于观察、分析重大历史事件发展变化的过程，找出成败兴亡的原因。在《史记》十表八书中表现得最为突出。《礼书》、《乐书》无异于论述礼、乐发生过程的两篇论文。"五帝殊时，不相沿乐；三王异世，不相袭礼"（《乐书》），礼、乐没有一定，各随时变，这变的观点与《易》相同。至于《乐书》说"天尊地卑，君臣定矣。高卑已陈，贵贱位矣。动静有常，小大殊矣。方以类聚，物以群分，则性命不同矣。在天成象，在地成形，如此则礼者天地之别也。地气上隮，天气下降，阴阳相摩，天地相荡，鼓之以雷霆，奋之以风雨，动之以四时，暖之以日月，而百化兴焉，如此则乐者天地之和也"，用天地之别释礼，天地之和释乐，不但直接采取《易》天地合一的思维方式，而且逻辑、修辞也是对《系辞传》的活用。《平准书》讲古今财货钱币问题，也从变化的角度立言。"物盛而衰，固其变也"，"物盛则衰，时极而转，一质一文，终始之变也"，"汤武承弊易变，使民不倦，各兢兢所以为治，而稍陵迟衰微"，古今钱币"各随时而轻重无常"，等等见解，都是《易》之时变观念在历史记述中的具体运用。换言之，司马迁作《史记》，《易》为他提供了充足而正确的思想资料。

司马迁作《三代世表》、《十二诸侯年表》、《六国年表》、《秦楚之际月表》，综述自黄帝迄于秦并六国的历史。其实是给历史划阶段，即分期。分期就是讲某一历史阶段的盛衰始终过程。他把黄帝至夏商西周、春秋、战国和秦并六国各划作一个历史时期，视作一个有始有终的历史过程，是正确的。不要说他对各时期的盛衰作了概

括的历史分析，值得称道；仅仅看他敢于给历史分期这一点，就应给以特别的注意。这是前此所不见的，是他的创造。把历史视为过程，给历史分期，其思想基础无疑源自《易》。

三 史学对易学的作用

易学与史学影响是相互的，双向的。易学对史学起作用，史学对易学也起作用。当我们说《周易》这部书有丰富的历史学蕴涵和深刻的历史学意义的时候，也可以理解为《周易》经传是它的作者们在朴素而正确的历史观指导下逐步写成的。此外，史学对易学的作用还表现在以下两方面：（一）经文传文往往采用事实说明易理。（二）后世的《易》学著作往往引史证经。

《庄子》说"《易》以道阴阳"，《史记》说"《易》以道化"，"《易》本隐以之显"，说明《易》是讲哲学的书。《四库全书总目提要》经部易类总序说："《易》之为书，推天道以明人事者也。"说明《易》讲哲学的方法是由天道推及人事，而重点在人事。既讲人事，卦爻象除用一般、抽象的人间事理说明外，便不免采取具体的、人们熟知的历史事实加以揭示。

属于用一般、抽象的人间事理表达卦爻象的，《易》中有许多，卦辞如豫："利建侯，行师"。噬嗑："利用狱。"大畜："不家食吉。"咸："取女吉。"萃："王假有庙，利见大人。"爻辞如无妄六三："无妄之灾，或系之牛，行人之得，邑人之灾。"大过初六："藉用白茅，无咎。"坎六四："尊酒簋贰用缶，内约自牖，终无咎。"传文如乾大象："天行健，君子以自强不息。"坤大象："地势坤，君子以厚德载物。"屯大象："云雷屯，君子以经纶。"屯初九小象："虽磐桓，志行正也。以贵下贱，大得民也。"讼上九小象："以讼受服，亦不足敬也。"《彖传》多言天道，但也涉及人事，如家人《彖》说："家人，有严君焉，父母之谓也。父父、子子、兄兄、弟弟、夫夫、妇妇而家道正，正家而天下定矣。"此所取虽是世间事理，但却是一般的人事，不属于具体的史实。

属于用具体史实揭示卦爻象、说明道理的，是另外一些，爻辞如泰六五："帝乙归妹，以祉，元吉。"明夷六五："箕子之明夷，利贞。"升六四："王用亨于岐山，吉无咎。"归妹六五："帝乙归妹，其君之袂不如其娣之袂良。"既济九三："高宗伐鬼方，三年克之，小人勿用。"传文如《彖传》明夷："内文明而外柔顺，以蒙大难，文王以之，利艰贞，晦其明也。内难而能正其志，箕子以之。"革："天地革而四时成，汤武革命顺乎天而应乎人，革之时大矣哉"《系辞传下》："子曰：颜氏之子其殆庶几乎？有不善未尝不知；知之未尝复行也。""《易》之兴也其于中古乎，作《易》者，其有忧患乎"，"《易》之兴也其当殷之末世，周之盛德邪，当文王与纣之事邪，是故其辞危，危者使平，易者使倾。"

儒家六经中《春秋》与《易》是讲理论的书，都体现天人合一的观点，但是二者有所不同。《春秋》通过史事讲政治理论，即司马迁讲的"《春秋》以道义"。《易》由天道推及人事，以阐明哲理，即司马迁讲的"《易》以道化"。所以《春秋》全记史事，绝无一句空言。《易》则是通过卦爻象直接讲哲理，故不大直接讲史事。《易》有时言及史事，是为了更好的表现爻象，通过象以明理。我们读《易》遇到史事时首先应知道哪是象，据象以体悟其中的理，而不可抛开哲理仅仅研究《易》中史事。

后世治《易》专门用《易》进行卜筮的人，不解释经文传文，也不必引经证史，如汉代京房《京氏易传》。而治《易》注意解释经文传文的人，便不免引史以证经。宋代引史证经最为兴盛，程颐、杨万里是代表人物，属于继承孔子义理派易学的一派。然而象数派易学家引史证经的人也大有人在。所以是否以史证经不是区分义理派与象数派的标准。

汉末郑玄注《易》已经引史证经。如释乾用九"见群龙无首吉"说："群龙之象，舜即受禅，禹与稷、契、咎繇之属并在。"（《后汉书·郎凯传》注引），释坤六五"黄裳元吉"说："如舜试天子，周公摄政。"（《隋书·李德林传》）其后干宝注《易》亦颇重视引史证经，如释坤六三"含章可贞，或从王事，无成有终"说："含章可贞，盖平襄之王垂拱以赖晋郑之辅也。"释六五"黄裳元吉"说："阴登于五，柔居尊位，若成昭之主，周霍之臣也。百官总己，专断万机，虽情体信顺，而貌近僭疑，周公其犹病诸。言必忠信，行必笃敬，然后可以取信于神明，无尤于四海也，故曰'黄裳元吉'也。"（李鼎祚《周易集解》引）。

站在义理派的立场引史实以证经义的，应首推北宋的程颐。程颐《易传》释经释传往往引史实。如释乾九二"见龙在田"说："舜之田渔时也。"释乾九三"君子终日乾乾"说："舜之玄德升闻时也。"释乾九四"或跃在渊"说："舜之历试时也。"释坤六五"黄裳元吉"说："臣居尊位，羿、莽是也，犹可言也。妇居尊位，女娲氏、武氏是也，非常之变，不可言也。故有黄裳之戒而不尽言也。"释屯九五"屯其膏，小贞吉；大贞凶"说："威权去己，而欲骤正之，求凶之道，鲁昭公、高贵乡公之事是也。故小贞则吉也，小贞谓渐正之也，若盘庚、周宣修德用贤，复先王之政，诸侯复朝，谓以道驯致，为之不暴也。又非恬然不为，若唐之僖、昭也，不为则常屯，以至于亡矣。"释师卦辞"丈人吉"说："所谓丈人，不必素居尊贵，但其才谋德业，众所畏服，则是也。如穰苴既诛庄贾，则众心畏服，乃丈人矣。又如淮阴侯起于微贱，遂为大将，盖其谋为有以使人尊畏也。"

南宋杨万里易学宗程颐，是宋代义理派易学的代表人物之一，其《易》著《诚斋易传》当时初刊时与程颐《易传》并刻为一书，合称《程杨易传》。杨氏解《易》特重引史，引史之多远远超过程颐，六十四卦无不引史，几乎不胜枚举。同样引史证经，程杨相比，程氏引史精审，证经切当，杨氏引史则失于滥，证经往往失于偏。程氏高明，杨氏则近于俗。如革《彖传》："天地革而四时成，汤武革命顺乎天而应乎人。革之时大矣哉。"杨氏释曰："革之时岂细故哉，可不惧哉，秦之变法，赵之胡服，莽之革汉，灵宝之革晋，岂曰革而信革而当也乎！"所谓顺天应人，是说举大事必须顺应历史之必然，不可因人反对便断定某事不顺天应人，秦变法，赵胡服并属此类。王莽、灵宝之事本非革命，未可与秦、赵之事同日而语。杨氏识见浅甚。又如震六五"震往来厉，意无丧有事"，杨氏云："当动之时，无动之才，与其动而丧吾之所有，不若静而不丧吾之所有，其周平王、晋元帝之事乎！"以为周平王、晋元帝之事是轻举妄动。其不知东迁、南渡乃久渐所致，时势使然，非一时一人可以左右。用此释革之时，其实不当。

《易》本隐以之显，由天道推及人事，爻辞明举箕子、高宗、鬼方、帝乙之事明义，故后世儒者以史证经，融汇史学之义于易学哲理之中，是可以的，必要的。但是卦卦引史而失之滥如杨氏，则不足取。让史学为易学服务可，把易学变为史学则大不可。

四　章学诚的易学与史学

章学诚（1738—1801），字实斋，浙江会稽（今绍兴）人，著名史学理论家，清代浙东学派的代表，在史学上与刘知几、郑樵等齐名，而见解后来居上。有《章氏遗书》存世，内有《文史通义》为章氏代表作。《文史通义》有内篇五卷，外篇三卷。其易学思想主要反映在内篇卷一《书教》上、中、下和卷五《申郑》、《答客难》上、中、下。此就章氏史学、易学之纲领而言，在此数篇，非谓其余诸篇不言史不言易。

（一）章氏史学思想之要点

自六经的角度说，章氏继承王阳明的观点，说"六经皆史也"。理由是，"古人不著书，古人未尝离事而言理，六经皆先王之政典也"（《易教》上），意思是说，古代人不著书，要讲的道或理就在政教、典章以及人伦日用中，而这些实事记载下来，经过整理，就是六经。所以六经其实就是史。孔子表白自己作《春秋》的用意时说："我欲托之空言，不如见诸行事之深切著明。"（《春秋繁露·俞序》、《史记·自序》引）孔子这句话是说《春秋》记的是实事，所以《春秋》是史。章氏极推崇孔子这句话。他认为，从明道的角度说，《春秋》是经；从记事的角度说，《春秋》是史。不但《春秋》，其余五经亦然。

自史的角度说，章氏认为记事为史，史必记事，但是记事之中有一定的意义，才算得上名副其实的史。名副其实的史，应如孔子所言："其事则齐桓、晋文，其文则史，其义则丘窃取之矣。"（《孟子·离娄下》）即有事有文也有义。按照这个标准要求，章氏认为《史记》最合格。《史记》除史事、文辞外更有"纲纪天人，推明大道"之义。《史记》敢于"详人之所略，异人之所同，重人之所轻，而忽人之所谨，绳墨之所不可得而拘，类例之所不可得而泥，而后微茫杪忽之际，有以独断于一心。"（《答客问上》）因此《史记》无愧于司马迁"通古今之变，成一家之言"的自我评价。《史记》以下，《汉书》、《三国志》、《后汉书》、《通鉴》、《通志》大体够标准，其余集众官修的史书，皆不足论。

章氏对于史家，孔子以下最赞赏司马迁和郑樵。孔子作《春秋》，其文则史，其事则齐桓晋文，其义则自窃取。文、事、义三方面具备，无可挑剔。文是后世讲的辞采工夫，事是后世讲的考据工夫，而孔子注重的是"义则窃取"。在章氏看来，溺于辞采，泥于考据，所求徒在其事其文，而无别识心裁即缺乏创造性的史家不是好史家。司马迁之堪称优秀，主要在于他创立发凡，卓见绝识，成一家言，不在于他记事其文直，其事核，不虚美，不隐恶。郑樵作《通志》，考据工夫显然不为强劲，记事亦往往不免疏漏，然而他不"徒以词采为文，考据为学"，"独取三千年来遗文故册，运以别识心裁，盖承通史家风，而自为经纬，成一家言"（《申郑》），也是一位"好学深思，心知其意"（《答客问上》引《史记·五帝本纪》赞）的难得的史学家。

章氏的史学看法也与时人不同。他说："史学所以经世，固非空言著述也。"《春秋》之长处正在于切合当时人事。史学不可"舍今而求古，舍人事而言性天"，"整辑排比，谓之史纂；参互搜讨，谓之史考。皆非史学"（《浙东学术》）。

（二）章氏易学思想之要点

章学诚是史学家，不是易学家，毕生精力投入到史学上，于《易》不过一般涉及，无易学著作存世。但是他站在史家立场从外面看《易》和易学，更容易见得庐山真面目。他从史学角度看《易》，《易》是明义的，也是记实的；他从《易》理中寻根据，证明史家作史既应记实，有言必措诸事，也须别出心裁，反映思想，成一家言。

章氏对《易》的看法主要有以下几点。第一，"六经皆史"，《易》也不例外。《易》有天道与人事两方面的内容。前者是悬象设教和治历授时，后者是先王政教典章。天与人参便是《易》。《易》绝非圣人一己空言，离事物而特著一书。第二，孔颖达说《易》是"变化之总名，改换之殊称"（《周易正义》卷首）。章氏以为此语释《易》最为明通。更据革卦大象"泽中有火，君子以治历明时"和《彖传》"天地革而四时成，汤武革命，顺乎天而应乎人"进而推之说，"《易》为王者改制之巨典，事与治历明时相表里"，"作《易》之与造历同出一源，未可强分孰先孰后"。但是《易》与历有不同，"三代以后，历显而《易》微；历存于官守，而《易》流于师传"（《易教上》）。意谓历是变化的，与历同源的《易》也是变化的，不变的唯有《易》所反映的变化之道。第三，《易》何以明道？《易》以象明道，亦以象施教。然而象非《易》所专用，《诗》、《书》、《礼》、《乐》、《春秋》以及战国乃至后世之诗文，虽不专用象明道施教，但都有用象明道施教的内容。《诗》之比兴尤为显著。甚至佛家的丈六金身、庄严色相、天地清明、地狱阴惨、天女散花、夜叉披发，也是以象明道施教，办法与《易》不异。但是，其一，《易》与天地准，故能弥纶天地之道，《易》之以象明道施教包罗全面，其一全书唯象而已；其二，天地自然之象与人心营构之象都有；其三，别的书所用之象，所明之道，尽不出《易》之范围。

总之，史学家章学诚眼中的《易》，与包括史书在内的所有战国之前的著作一样，道不空铨，文不空著，都有实事为依据。《易》的特点在于：它是讲变化的书，在它面前没有不变之事物；它由天道而切入人事，它所据以明道的实事一是治历授时，一是先王之政教典章，还有人伦日用；表达的办法全都是用象。

（三）章氏易学思想融汇在史学理论中

章学诚从《易》理中汲取理论养料构成他的史学体系，《易》显然是章氏史学思想的哲学基础。这一点与司马迁同。章氏是史学理论家，他把哲学思想融汇在史学理论中，这一点与司马迁略异。司马迁是通过史著《史记》体现（不是论述）易学思想，达到"通古今之变，成一家之言"。

以下举实例说明。

例一　章氏认为三代治教未分，官师合一之时，学问无不切于人事，故人们知有史而不知有经。史的价值在于经世，史不是空言著述。史的内容不外乎典章政教和人伦日用。故章氏说："古人之学，不遗事物。"具体地说，古人的学习包含两个方面的活动，一是读书（学习间接知识），一是亲自参与政教典章，人伦日用之行事（实践）。史书所载，对于后人来说，是历史陈记，故史学务必求当代人之典章政教，人伦日用，绝对不可舍今而求古，舍人伦日用而求学问精微。昧于知时，动矜博情古，譬如考西陵之蚕桑，讲神农之树艺，毕竟解决不了衣食问题。章氏这一精辟的见解，得自于《易》。《系辞传》说："成象之谓乾，效法之谓坤。"于史，所载之典章政教、人伦日用及其中含着的道，就是成象；此事此象有实用的价值，就是效法。于学，成象指学习史书中的实事实象，效法指学了书本知识后，联系当前实际，付诸实行（《原学上》、《原学中》、《浙东学术》、《史释》）。

例二　《系辞传》说："蓍之德圆而神，卦之德方以智。"这《易》中蓍与卦的不同特点被章氏用来分析、概括古今之史书。章氏把史书概分为两类，一为记注，一为撰述。记注为了不忘往事，须赅备无遗，故体有一定，其德为方；撰述为了指导未来，须抉择去取，故例不拘常，其德为圆。《周礼》诸史并掌记注，无撰述之职。撰述是传世行远之业，一般人不能为。《尚书》无成法，是撰述之作。《春秋》有成例，也不能说不是撰述之作。其实古来一切载籍二者均兼而有之，不曾偏废。唯主从轻重不同而已。《尚书》一变而为《春秋左传》，《春秋左传》一变而为《史记》，《史记》一变而为《汉书》。"就形貌而言，迁书远异左氏，而班史近同迁书。盖左氏体直，自为编年之祖，而马、班曲备，皆为纪传之祖。推精微而言，则迁书之去左氏也近，而班史之去迁书也远。盖迁书体圆用神，多得《尚书》之遗，班氏体方用智，多得官礼之意也"（《书教下》）。他依《系辞》说的"神以知来，知以藏往"说，认为史学家任务，还是要从历史的事件中汲取经验教训，指导社会未来发展的方向。这种见解是十分可贵的。

例三　他依《系辞》的穷、变、通、久说和《彖》释革卦义，关于制度的变迁，提出"随时兴废"说。他说："当日圣人创制，只是觉事势出于不得不然，一似暑之必须为葛，寒之必须为裘，而非有所容心"（《文史通义·原道上》）。他认为圣人创制和改制，非随心所欲，而是理势之自然，即基于历史发展的客观趋势。这种历史观，否定了将制度的变化归之君权神授的天命论。这种因时改制说，现在看来，仍有其价值。

（原刊《国际易学研究》总第三辑，1997年）

道德建设刍议

　　实行市场经济以来，道德方面出现许多问题，仅新闻媒体披露的，已足够令人忧心忡忡。毛病出在哪里？毛病出在人本身。说出在市场经济是不对的，市场经济不过是一道添加剂，一道背景，只能起引发作用。党和国家已经把这一点看透，所以明确、肯定、及时地提出物质、精神两个文明一起抓，两手都要硬的方针。回顾过去，面对当前，我以为道德建设是精神文明建设中极为重要的一项。一个人违纪违法，必是道德不讲；一个道德不讲的人，即使不违纪违法，也不能指望他会真正爱祖国爱人民，会真正为人民服务。

　　道德问题说到底是人生观、价值观的问题。在人生观、价值观问题上，从过去到现在，我们做了许多工作，效果相当可观。但是缺欠也是有的。我看有六点：一、未能从理论上说明人活在世界上究竟是为了什么。二、人应当怎样实现自己的人生目标，是靠自己还是靠别人，人应当首先解决自己的人生观、价值观问题还是首先解决别人的，这些问题未能很好解决。三、对人的考核，重视政治、法纪、业务，这当然是对的，但是缺少道德方面的要求。四、义利关系问题强调不够。五、职业道德的提法不妥。六、道德范畴不够健全。如果我们想在道德建设上有所突破，有所前进，有必要借鉴古人的和现实的经验努力解决这六个问题。

　　I、关于人生目的问题，毛泽东有相当深刻的理论表述，他在《纪念白求恩》一文中明确要求人们做"一个高尚的人，一个纯粹的人，一个有道德的人"。指出人活在世上，奋斗一生，目的不是别的，就是为了把自己活成一个人。也就是在生存、温饱、发展的物质追求中不断提升自己的精神境界，完善自己的道德人格，实现自己的人生价值。

　　这一点至为重要，是人生观、价值观教育的关键所在。可惜几十年来我们并非时时都抓住这一点。我们常常是说到为人民服务为共产主义事业奋斗终生为止，至于人们心底潜伏着的困惑：我为人民服务为共产主义事业奋斗，又是为了什么，则极少有一个明确的理论交代。致使一个认识上的疙瘩始终没有解开。其实人活着是为自己，不是为别人。为人民服务，为共产主义奋斗，看来是为了别人，其实终极目的还是为了自己。人的生活有物质、精神两方面。物质生活使人得以存在，精神生活使人成为人。为人民服务，为共产主义献身，是为了提升自己的精神境界，实现自己的人生价值，做一个高尚的人，纯粹的人，有道德的人。一个人真正有志把自己造就成为高尚、纯粹、有道德的人，才能为人民服务，为共产主义献身。雷锋、焦裕禄、孔繁森之所以令人钦敬，是因为他们在精神上是成功者、富有者，是高尚的人，纯粹的人，有道德的人。他们为自己（而不是为别人）提升了精神境界，完善了道德人格，实现了人生价值。倘无他们这种"为自己"的精神，学习他们的活动势必流于简单而肤浅的模仿，不会卓有成效。如果说以往学雷锋活动有什么不足的话，那么不足就在这里。

人活着是为了实现自己的人生价值，把自己造就成为一个高尚、纯粹、有道德的人，并非为了别人。毛泽东是这样说的（《纪念白求恩》），雷锋们是这样做的，然而哲学家们未曾给以明确的哲学说明。哲学而不解决人生观、价值观问题，或者想解决也言不及义，是哲学家的失职。道德建设应首先在这里加强。

解决这一问题，古人是有可借鉴的。孔子的哲学涉及方面很广，而出发点与归宿是人的问题。他全部有关道德的言论都集中在人应当怎样活，活成怎样一个人的问题上。他说"古之学者为己，今之学者为人"（《论语·宪问》），希望每个人都针对自己而学习而生活，不针对别人，希望每个人都活成君子，不做小人。做君子，要仁要智要勇，而主要是要仁。"仁者人也"（《中庸》），仁就是人。人而不仁，则徒具人形，实不够人。君子的水准可高可低。往低处说，只要不是小人就是君子。小人做不到"己欲立而立人，己欲达而达人"（《论语·雍也》），"己所不欲勿施于人"（《论语·颜渊》）。往高处说，君子要成为不忧不惑不惧的大丈夫，做到"富贵不能淫，贫贱不能移，威武不能屈"（《孟子·滕文公下》），"无终食之间违仁，造次必于是，颠沛必于是"（《论语·里仁》），无论在何种情况下都坚持做个君子。

孔子使用的道德人格概念诸如仁者、君子、小人，孟子讲的大丈夫等等我们不必照本宣科地用。孔子抓根本，以根本带末节的办法值得我们借鉴。我们要提倡做个高尚的人，纯粹的人，有道德的人，不要只顾一件件地告诫，你要廉洁，不要贪污；你要为人民服务，不要自私自利；你要忠诚老实，不要自欺欺人，等等，唯独不强调应当做个什么样的人。

Ⅱ、怎样使人成为高尚、纯粹、有道德的人，这方面的问题更大。外因通过内因起作用的道理都懂得，可是做起来则不然。一方面启发个人的自觉不够，过分相信外力；一方面教育者以为问题全在别人身上，自己是当然地完美，故躬自薄而厚责于人，言教多于身教。道德之所以滑坡，这是一个重要原因。

焦裕禄、孔繁森作为党的干部，是两方面都做得好的典型，可谓尽善尽美。他们对自己严，对别人宽，通过高度的自觉，严格的自我磨炼，使自己（而不是别人）成为高尚的人，纯粹的人，有道德的人。他们活得值，活得精彩，活得出类拔萃，因而作为共产党员他们最优秀。用传统道德的语言说，他们是仁者，是君子，是大丈夫，是不忧不惑不惧，仁智勇三全的人。这样的干部只要站在那里就行，一切言教都是多余的。如果我们的干部大多数不要说达到这般水准，就是肯于朝这一方面努力，全社会人口的质量还愁不提高吗！

解决这一问题，孔子的说法又值得借鉴。孔子坚决主张道德问题必须由自己解决。有一回颜渊问仁，孔子回答说："克己复礼为仁。一日克己复礼，天下归仁焉。为仁由己,而由人乎哉。"颜渊要求讲具体一点,孔子说:"非礼勿视,非礼勿听,非礼勿言,非礼勿动。"(《论语·颜渊》)孔子这几句话一直受到误解。朱熹把克释为胜,把己释为私欲,把仁释为天理,把"克己复礼"解释为"为仁者必有以胜私欲而复于礼"[1],用理学家存天理灭人欲的思想解释"克己复礼"。这是歪曲了孔子,孔子是不讲天理人欲的。

"文革"期间把"克己复礼"讲成恢复西周礼制,批评孔子是个复古主义者。其实"克己复礼"的礼既非周礼亦非封建礼教,而是作为仁义之外部形式的礼。孔子认为仁义礼本是一物,仁是离不开礼的,行仁必通过行礼来实现。所以孔子说,你只要按礼的要求视听言动,就做到仁了。

孔子答颜渊问仁的这几句话讲的不是公私理欲,讲的是一个人道德修养问题是靠自己解决还是靠别人解决的问题。"为仁由己,而由人乎哉",这就是孔子的观点,明白无误,不容生疑。上句"克己复礼为仁",意思必与下句"为仁由己"意义一贯,否则便等于孔子语无伦次。克字当训能,不可训胜。"克己复礼"就是能"己复礼",不是让别人替自己复礼。能自己复礼就是仁。有朝一日,大家都能自己复礼,全天下就都归于仁了。当然,《左传》昭公十二年引孔子言"克己复礼",克字似乎作胜理解。本短文不宜多说,有待另为文讨论。

孔子为仁由己不由人的观点现在仍是真理。人的道德修养问题除靠自身自行解决之外,实难找到更合适的途径。孔子还说,"政者正也。子帅以正,孰敢不正"(《论语·颜渊》)。"其身正,不令而行。其身不正,虽令不行"(《论语·子路》)。身教胜过言教,在一个社会中,领导者的自身表现至关重要。我们现有的正反两方面经验都可以证明孔子这话是真理,现在管用,恐怕在能够预见的将来也管用。

Ⅲ、我们对干部对党员对青少年的考核重视政治、法纪、业务,是对的。忽略道德方面的要求,则不能不说是一个漏洞。这个漏洞亟须补上。由于缺乏明确的道德要求,一个人政治上找不出违背四项基本原则的言论,能力和业绩过得去,而在做人方面卑琐自私无忌惮也常常获得肯定的评价,甚乃被评为优秀。这种情况延续下去,将小人得逞,君子无奈,最后把政治挖空,能力和业绩恰恰要成为反面力量。

就一个人而言,道德是政治的基础。不能设想一个道德无良的人会有坚定的政治操守。革命战争年代的投敌变节者,和平建设时期的腐化堕落者,肯定都是自私自利,不仁不义的卑鄙无耻之徒。同样不能设想一个道德无良的人会由衷拥护四项基本原则。如果一个人以钻营为能事,对上级阿谀逢迎,对群众苛刻无情,为谋取权势什么手段都敢用,有了权势什么事情都敢干,傻子才会相信他政治上靠得住。只有高尚的人,纯粹的人,有道德的人,树立正确人生观的人,才能政治坚定,为官清廉,才"富贵不能淫,贫贱不能移,威武不能屈"。

进一步说,道德本身也是政治。60年代的雷锋、焦裕禄,近时的孔繁森,现在的吴天祥,他们的人格力量所造成的政治影响,是不可估量的。反面的例子也一样,一些道德不讲,自律不严,乃至无忌惮而腐化堕落的人,给党和政府造成的坏影响,当然也是政治性的。

我说道德就是政治，是就个人行为的社会影响而言，用意在提请考核干部时切勿只顾政治、法纪、业务、而轻忽道德。道德当然不等于政治，一个人讲道德不一定政治上不出问题，政治上出问题也不一定全由道德引起。我只是说一个道德无良的人无论如何不可能是好党员好干部好青年，要有办法让这样的人有如芒在背如坐针毡之感。

Ⅳ、要强调解决义利关系问题。古人对此很重视，例如孔子说，"不义而富且贵，于我如浮云"（《论语·述而》）。不义而发财做官，我不要。"君子义以为上"（《论语·阳货》），有道德的人把义放在第一位，利放在第二位。"富而可求也，虽执鞭之士，吾亦为之"（《论语·述而》）。如果富是合义可求的，即便做个执鞭之士，我也干。"富与贵是人之所欲也，不以其道得之，不处也；贫与贱是人之所恶也，不以其道得之，不去也"（《论语·里仁》）。欲富贵而恶贫贱，是正当、合理的，是允许的。但是求取要有原则。不合原则的富贵不能要；不合原则，贫贱也不能去。亦即"见利思义"，"义然后取"（《论语·宪问》）。不合义，不要说一般的利不能要，就是舍去生命也在所不辞。故孔子有"杀身以成仁"（《论语·卫灵公》），孟子有"舍生而取义"（《孟子·告子上》）的名言。

古人把摆正义利关系叫做义利之辨。这个"辨"极重要，两千多年间出现过无数清白者、爱国者、志士仁人，包括近现代名垂青史的革命者，莫不受义利之辨的影响。在当前市场经济条件下，见利而忘义者，损人以利己者，非利不取者，不义而富且贵者，为富不仁者，大有人在，孔子的义利之辨更显重要更显有用。

有人说孔子只要义不讲利，照他说的办，社会不能进步，经济不能发展。这是误解了孔子。古代确实有只要义不要利的主张，但那是宋代新儒家，不是孔子。宋儒把义说成天理，把利说成人欲，然后把二者绝对对立起来，有义便无利，有利便无义。程颐还说义就是公，利就是私，有利则无公，存公则不可要利。例如他说，"出义则入利，出利则入义"，"无人欲即皆天理"，"义与利只是个公与私也"[2]。宋儒这样说，是为了完成他们存天理灭人欲的道学理论，不但今天不能接受，在当时就有人反对。"五四"批判它们，没有错，现在还应批判。

Ⅴ、现在常见的职业道德的提法，从现实需要看，可能有一定的积极意义，那些不克尽职守，不负责任的从业者会因受到道德的压力，行为有所收敛。但是职业道德的提法其实不妥。从理论上说，道德是人的道德，人类的道德。人有职业分工，道德没有职业分类。一个人无论从事何种职业，都首先是个人。从事各种职业的人同在一个社会中，有相同的人生问题，有相同的道德。不是医生有医生的道德，警察有警察的道德。所谓的职业道德其实不是道德，是职责。职责和道德是两回事。职责是低层次的，带有强制性；不尽职责，应予惩罚或免职。道德是高层次的，没有强制性；不讲道德，不能处分，只可给予谴责。从社会效果上说，把职责说成道德，既降低了对人的道德要求，又放松了对从业人员职责的管理。一个医生治病救人，是他应尽的职责，如果你因此说他有道德，岂不把道德贬了值！更岂不等于承认不认真治病是他的本分！今日社会已经形成职业道德的观念，所以造成了这样的后果：一个医生玩忽职守，不治病或不好好治病或出人命事故，大家说一声此人没有医德或医术不高了事，医院往往给以袒护，法院则草草敷衍的时候居多。别的行业亦大体如此。

我主张不要提职业道德，要强调职责，把职责问题同道德分开，严加管理。

Ⅵ、最后讲道德范畴问题。我们的道德范畴不够健全、明确。没有健全、明确的道德范畴，道德建设难以落到实处。加强道德建设，应把道德范畴作为一个问题提上议程。

提及道德范畴，就涉及道德继承问题，亦即传统的道德范畴如仁义忠恕孝悌等今日可否拿来用。这个问题60年代学术界有过激烈的论争。冯友兰提出抽象继承法，遭到谴责。原因是道德阶级性这个理论问题不好解决。现在看来，冯友兰没有错。道德范畴固然有阶级性，是历代劳心者提炼出来，为统治阶级利益服务的，但是也有超阶级的一面。第一，道德范畴的施行，有利于社会稳定，经济发展，这符合劳心者阶级的利益，也符合劳力者阶级的利益。古代中国社会的发展有乱有治，治乱交替着向前进。不可能只是一味地革命造反，大量的时间和平稳定。而和平稳定是劳心者劳力者都需要的。从这个意义上讲，不能认为道德范畴的提出仅仅符合劳心者利益，不符合劳力者利益。第二，历代人民都盼望清官廉吏。如果没有孔子儒家道德仁义的提倡，岂不良莠不分，君子官无以为荣，小人官不以为耻！第三，传统道德范畴，符合全民族的利益。这无须多费口舌，想想管仲、霍去病、范仲淹、岳飞、文天祥等人，再想想赵高、秦桧、贾似道一类，就明白了。第四，在劳力者阶级内部，当然需要道德范畴。不懂仁义，不讲廉耻的人，历来受斥责。

既然传统道德有超阶级的一面，所以冯友兰讲的抽象继承法是可以接受的，不能说错。抽象继承就是有因有损有益的继承。因是拿过来，损益是发展变化。时代不同了，发展变化是必然的，不损不益，原封不动地继承，想办也办不到。例如孔子道德范畴中的孝，孔子要求"父母在不远游"，"三年无改于父之道"、"身体发肤受之父母，不敢损伤"，今日青年没有这种观念。谁也不会因为你提倡孝就一辈子守在父母身边不动，有病需要开刀也不开刀。

孝这个道德范畴，大家心中都有，都默默地做。对父母冷漠无情的人，必受人们的谴责、唾弃。这种人不可能真心真意为人民服务。凡道德高尚的人，如孔繁森、吴天祥，不可能对自己父母不好。可见，孝范畴很深入人心，世代相传，至今仍在。对传统道德的继承是客观的事实，你承认不承认它都存在，只差国家和社会未给予正式的认可。认可有什么不好呢！我看没什么不好。其他范畴如仁义也一样。两个人，一个对人民对同志很仁义，一个不仁不义，你喜欢哪一个呢？我想，一百个人中会有一百个喜欢前者。

不认可反倒不好。大家都在想都在做都认为对的事情，你不予认可、提倡，会使那些不仁不义不孝，卑琐自私的人误以为别人受封建余毒影响太深，他们才是合乎时代要求的新人。缺德而不以为耻，反以为荣，影响最坏。

我主张在施行长期积累形成的革命新道德的同时继承传统道德中一些优秀的东西，以补救某些缺憾。但我不主张继承宋明理学中存天理灭人欲一套道德观念，那是真正的封建毒素，万万要不得。我主张继承孔子的某些道德范畴。传统道德中优秀的东西几乎全在孔子（以及孟子）那里。

以上关于道德建设的六点意见，未必都对，也未必全错，刍荛之言，姑妄听之可也。

注释：

[1] 朱熹：《论语集注》卷六，中华书局1983年，第131页。

[2] 《河南程氏遗书》卷十五、十七，《二程集》第一册，中华书局1987年，第124、14、176页。

（原刊《史学集刊》1997年第4期）

评《周易六十四卦通解》

　　《周易》这部中国最古老的经典，影响至为深远，中国的思维方式直接受到它的制约，自不待言，亚洲国家重视它的也不少；近代以来甚至引起西方人的注意，最近20年出现的《周易》热，使它的影响面几乎达于全世界。但是，仍然不能说人们已经对它的蕴含和价值真正透彻地有所了解。外国人不必说，中国学者站在中国立场考量它的珍宝般的价值，把它看作传统文化的脊梁，从而给它在中国现代化进程中派上用场的，也不多。如何让《周易》为现代化服务的问题虽有人提出，却未曾拿出有效的解决办法。就我所知见的有限范围而言，唯有朱高正先生明白确切地提出了以《周易》现代化推动中国现代化的呼唤，而且知行并进说到做到。本人是《周易》爱好者，有过几番研究，深知朱先生的思考乃真知灼见，难能可贵，以至于被他的大著《周易六十四卦通解》深深打动，不禁欣然动笔，做一评介。

　　《周易》包含经与传两部分。经的部分是六十四卦。每卦由卦画符号和卦辞、爻辞组成。扩大一点说筮法也是经的内容。传的部分是孔子作的《彖传》、《象传》、《文言传》、《系辞传》、《说卦传》、《序卦传》、《杂卦传》等七种十篇解经的文字，后人称做"十翼"。经是对世界的诠释，传是对经的诠释，故比较起来，经是根本，传是枝叶。解传的目的在于解经。后世学者多经传并解，其中不乏优秀者、成功者，然而弊端也是有的，自汉以来不少的人醉心于卦气、纳甲、爻辰、卦变、互体等易例，置经固有的蕴含于不顾，此其一。其二，另一些人在义理上着眼诠释经传，成就累累，蔚为大观，发展下来则形成代代因袭的局面，多在老套子里烦琐考据，咬文嚼字，本来极简约的易理反被掩盖，变得芜杂不精。至于晚近，由于古今语言隔阂加大的原因，此种情形更为凸显，于今尤甚。面对这两大弊病，当今两岸易学家，严格地说，未能给予认真的对待，未能有意为《周易》的诠释工作探出一条新路，从而让《周易》的哲学精神与现实生活结合，积极发挥作用。

　　朱高正先生在这一方面有所思量，有所创新。他提出一个旗帜鲜明的口号：以周易的现代化推动中国的现代化。怎样使古老的《周易》现代化，依朱先生的见解，是实现《周易》诠释的现代化。具体而言，包括两个层面，一是诠释由博返约，去芜取精。自身要博，把古人繁杂的易注吃深吃透，然后杀将出来直解经文，摒除一切烦琐的训诂考据，以最简洁最洗炼的现代语言揭示《周易》的精髓，俾使读者得以在浩瀚的易注古籍中驰骋，进而汲取《周易》智慧之泉。二是融入新意，体现创造。孔子、王弼、程颐，诠释《周易》无不有自己的新意与创造。现代社会与传统社会截然两样，现代人若照搬孔王程朱旧说，了无新意，无异于旧瓶盛旧酒，里外不美。现代人诠释《周易》，须具创造性，体现现代精神。[1]朱先生关于《周易》现代化的这两点设想，可谓切中肯綮，触及要害。

这部《周易六十四卦通解》是朱先生实践自己主张的重要尝试。尝试是成功的，兑现了《周易》诠释现代化的初衷。他不取经传并解的老办法，站在现代立场直接诠释六十四卦经文，对旧时陈陈相因，层层架屋，烦琐训诂，支蔓考据的老套数，全然不取，却又恪守孔子《易传》解经的体例。且看书中如何运作？卷首设《释例》十六条，诸如阴阳、八卦、八卦之取象、性质，六十四卦之组成、次序，六爻之位、时、中、承乘比应往来上下关系以及卦主说等等问题一一标出，作为通解六十四卦的依据。此举意在表明与象数派易学体系决断的态度和不作脱离象数，无根游谈的决心。

《释例》之后从乾坤开始直解六十四卦卦爻辞。解卦辞之前，先极概括地总论一卦之精义让读者未曾观玩，先对卦象、卦德、卦义获一清醒认识，犹似有一根成竹在胸收紧着，展读下去不至于因枝叶婆娑而思路迷惘。例如渐卦总论云："渐为缓进、循序渐进之意。渐卦由艮、巽两卦组成。从卦象言，艮为山，巽为木，山上有木，木之高乃由山之高，其高有因，乃其进有序也，故为渐。鸿鸟于春渐渐北飞，于秋渐渐南飞。渐卦六爻取鸿鸟往来有时、先后有序为象，以示渐进不乱之义。"渐卦何以名渐，渐取何象，象有何义，简单数语，豁然给出，干净利落，给人以"删繁就简三秋树"之感，各卦莫不如此。这一作法很象程颐《易传》，但是程颐在解一卦之前先解《序卦传》，本书则不然。本书对程传是继承，也是改造。

总论以下解卦辞、爻辞，尤透彻、精彩，抓住了《周易》的精髓。郑玄有一易含易简、变易、不易三义之说。朱先生于易之三义穿之透之，融会为一。这"一"不是别的，就是西方自古希腊哲人以来一再发扬的辩证法学说。而《周易》之辩证法高过西方，《周易》讲变更讲通，讲对立更讲和谐，讲自然更讲人事。朱先生对此感悟良深，以至于能在《周易》四百五十个范畴系统中悠游自如，视六十四卦为一卦，甚乃心中无卦。他显然在追求着孔、孟、荀的意境。孔子说："加我数年，五十以学易，可以无大过矣。"（《论语·述而》）荀子说："善为易者不占。"（《荀子·大略》）孟子口不言易而易会通于心。

《周易六十四卦通解》释卦爻辞，处处体现《周易》辩证法的精神，例如它释乾、坤两卦卦辞，虽然只是诠释，原原本本，自然天成，不加些许议论，但只要读者稍为留心，便会悟出《周易》辩证法的特点。乾坤（与阴阳无异）是个对子，作用不同，乾纯刚至健，自强不息，万物资之以始；坤纯柔至顺，厚德载物，万物资之以生。因为二者异而不同，所以才相互依存，处在密切和谐状态，谁也离不开谁。这乾坤二而一，一而二的特殊思维，是我们祖先仰观俯察天地、日月、寒暑、昼夜、男女、夫妇、父子、君臣、首足、难易、喜忧、哀乐等现象得来的，是古代中国人伟大智慧的结晶，与西方人大异其趣。朱先生继承程传朱义的易学思想，解乾对着坤，解坤对着乾，而且简约之至，乾坤合德的道理跃然纸上，与程朱比，有过之而无不及。严灵峰先生曾有用《周易》

"易简原理"取代从西方翻译过来的"辩证法"一词的建议[2]，我很赞成。我想，朱先生心中必有相同的想法。参照他另外两部易著（《周易白话例解》、《周易与中国现代化》）读此《周易六十四卦通解》，可知作者正是怀着这样的理念写作的。《通解》是纯粹诠释之作，未便直抒己意，然而若读者细心体会，其深意毕竟历历可见。

《通解》一书完成了作者《周易》诠释现代化的心愿。以《周易》的现代化推动中国现代化的另一半心愿，主要由上边提及的二书兑现。不过《通解》对此亦有所努力。诠释每一卦都特别重视由天道往人事上落实这一环节。《周易》"冒天下之道"，由天道推及人事，是它本有之义，历来注疏家无不注意及此。但《通解》有所不同，朱先生诠释六十四卦卦爻辞，完全立足于现代立场，怀着现代意识，充满现代精神，释义简约质朴，圆融准确，现代人读来，分外具现实感、亲切感、信任感，会觉得此书乃为自己而写。古代任何诠释六十四卦的书，对于现代人来说，均不可能显出这般效果。

朱高正先生之所以勇于提倡以《周易》现代化推动中国现代化，并且身体力行之，与他的学养有关。换言之，学贯中西，既深得西哲之真谛，复熟谙传统之精华，形成坚确的民族文化主体意识促使他对传统文化大根大本的《周易》不能不如此投入、热衷。一般说，留洋博士，对民族文化容易冷淡，甚乃不以为然，而朱高正先生自有他的高超之处，身为洋博士，却钟情土文化，视《周易》为民族文化瑰宝，爱之不释手。于《周易》的修养，积渐有年，非朝夕之功。自高中时代起，学《易》20余年不曾稍辍，如今易学修养的深度，纵然不能说穷神知化，德盛仁熟是当之无愧的。因此他才有胆气有资格讲出这样充满豪情又十分落实的话："《周易》不仅总结了上古中国人的智慧与经验，更是历代中国知识分子聪明才智的结晶。即使在欧洲被视为各类学问源头的亚里士多德著作，也难以望其项背。要认识中国传统文化，《周易》不可不读。身为现代中国知识分子，只要肯用心研读《周易》，对传统文化就能有基本的掌握，也才能担当承先启后、继往开来的重任。《周易》正是我们认识传统，批判传统，超越传统，进而创新传统的出发点，也就是重建文化主体意识的基础。尤其对正处在剧烈变动中的中国社会而言，《周易》更能协助大家对'变'有更高层次的理解与实践，甚至化被动的'应变'为主动的'求变'，以完成中国的现代化。"[3]

总括言之，《周易六十四卦通解》是不可多得的好书，它思想明晰，语言洗练，风格清新，没有传统经学的那种烦琐，也没有当今学院式的呆气。是我所见20年来两岸众多《周易》六十四卦诠释著作中最值得一读的一部。

注释：

[1] 参阅朱高正：《周易与中国现代化》，1996年2月，第14—25页；《周易六十四卦通解》自序。

[2] 严灵峰：《无求备斋易学论集》，中国社会科学出版社1995年。

[3] 朱高正：《周易与中国现代化》，第26页。

（原刊《社会科学战线》1997年第6期）

评《道家哲学智慧》

《道家哲学智慧》，吉林人民出版社1996年底出版。全书26万字，分9章论述先秦道家政治、自然、认识、人生、道德、养生、艺术诸方面的哲学智慧。两位作者：张松如前辈久治老庄，其《老子校读》、《老子说解》、《老庄论集》（合著），早已脍炙人口。邵汉明先生是道家研究新秀，所著《儒道人生哲学》、《老庄译注》（合著）卓有影响。老者精深，幼者敏锐，今老幼合璧，交相辉映，益显各自深沉的理论思维功力。

此书不见时髦话语，只有老老实实的分析，不刻意求新，而满书新意盎然，读了让人感到舒服、亲切。

哲学智慧有全人类的共性，也有属于民族的个性。这本书对此有清醒的认识，它站在中国哲学的立场研究中国哲学，充分注意中国哲学的特点，西方哲学只是参照系，绝不视作规矩，削中国哲学之足，适西方哲学之履。书中认为儒道哲学在中国哲学史上都有"根"的意义和地位，既不接受孤立的儒家主干说，也不接受孤立的道家主干说，而主儒道互补，儒道交叉主干说，不落常见的片面执一的窠臼。这一点至关重要。

道家哲学智慧以道为根基，而道之义难明。本书全面描述道的特点，指出道的概念并非道家发明，然而赋予道以本根或本体的含义，却是道家对中国哲学所做的一大独特贡献。点破了常常被忽略的儒道两家道概念之根本差异，这一点很重要。

道家的认识论不易说清楚，老庄排斥感官和经验的作用，强调"玄览"、"游心"即用"心"体道。本书在指出其"迹近唯心"的同时，恰当分析了老庄体道主张的特点，认为它不曾否定物的客观实在性，只是在向道的境界提升时，视线离开了物，突出了心，用"心"体道这种纯而又纯的精神活动，实际上是模糊思辨，虽不免片面，却含有真理性，中国后世文论家所广泛称说的"神思"的那种艺术思维正源于此，这一点又很重要。

关于道家哲学的价值，或肯定或否定的极端评判较多。本书的评判很辩证，既指出道家否定物质追求和道德追求是错的，又肯定老庄触及人类精神生活的更高更深的层面，正是道家哲学智慧之高度体现。这一点也很重要。

总之，《道家哲学智慧》一书是两位作者关于老庄研究的一贯思想的发展，比他们以往的论著更为深刻、系统、圆融、成熟，也更多新见。讲的是古代道家哲学智慧，却也反映作者当代的哲学智慧。

（原刊《人民日报》1997年6月7日）

中国文化史宜从尧舜讲起

现在很多人喜欢讲"炎黄文化",专家们治中国文化史也往往从炎黄讲起。其实这个"炎黄文化"的提法有问题。说炎黄是中华民族的最早祖先,我们这众多黄皮肤黑眼珠黑头发的中国人是他们的后代,这很正确,事实就是如此。可是若说中国文化史从炎黄开始,则证据显然不足。对后世影响深远的诸多文化内容,都可以在尧舜那里寻到源头,再往前推就困难了。我认为讲中国文化史(原始文化除外)宜从尧舜讲起。以下约略地讲讲我的道理,错了也无妨,有赖方家指正。

一 孔子讲文化史从尧舜讲起,尧舜以前不讲

孔子是两千五百年前的文化史家,他不讲尧舜以前,必有他的理由。理由不外乎两方面,一是尧舜之前的文化状况讲不清楚,二是尧舜时代确实是中国文化的源头。且看孔子有关这方面的言行。

孔子编次《尚书》,第一篇是《尧典》。尧以前的材料不会没有,但是他舍去不用。这最能说明他的观点,他认为尧以前的历史或者不足征或者文化价值不大。《史记·五帝本纪》赞语说:"学者多称五帝,尚矣,然《尚书》独载尧以来。百家言黄帝,其文不雅驯,荐绅先生难言之。"依司马迁的意思,孔子编次《尚书》独载尧以来,不言黄帝,是对的。但是他自己不甘心,还是写了《五帝本纪》。《五帝本纪》大部分篇幅是抄录《尧典》,记载尧舜的史迹相当具体,而所写黄帝,除了世系以外,文化内容微乎其微。世系也未搞清楚。看来,司马迁作为史家,识见到底不如孔子高明。

孔子从尧舜开始讲历史而不及黄帝,是一贯的。《礼记·礼运》记载孔子讲历史的一段话,值得细细品味。孔子把古代历史分作天下为公与天下为家两截。前者是大道之行,"选贤与能,讲信修睦",一派原始共产社会的景象。这里他本可以讲黄帝等等,然而他不讲。讲到后者大道既隐,"天下为家,各亲其亲,各子其子","礼义以为纪"时,则明确提出禹、汤、文、武、成王、周公六位代表人物。那么可知"天下为公"那一段历史的代表人物,无须明言,便是尧舜了。因为"选贤与能,讲信修睦",正是《尧典》讲的事情。

《论语》所记孔子语,无一言及黄帝,而言尧舜者三处。《雍也》"尧舜其犹病诸"。《泰伯》记孔子大赞尧之为君,说"巍巍乎唯天为大,唯尧则之,荡荡乎民无能名焉。巍巍乎其有成功也,焕乎其有文章",已经认定尧是有成功有文章、唯一能则

天的前无古人的领袖人物。《尧曰》则更明确言及中国最古的政治权力（历数）由尧开始然后传至舜，传至禹。

孔子对尧舜以前史事并非不知道，因为无法言其详证其实，所以不讲。他认为中国确切可信的文化史是从尧舜时代开始的。《左传》昭公十七年（孔子27岁）记小国之君郯子朝鲁，答鲁昭子问"少皞氏以鸟名官"，谈到"黄帝氏以云纪"，"炎帝氏以火纪"云云。孔子闻说，见郯子而学之，学完对人说，"天子失官，学在四夷"是可信的。仅仅承认小小郯国之君也有学问，而对所言炎黄之事不予置喙。

今传世的《大戴礼记》一书中的《五帝德》和《帝系》两篇，据司马迁《五帝本纪》说是孔子传的。请看《五帝德》记些什么。宰我问孔子，"昔者予闻诸荣伊令，黄帝三百年。请问黄帝者人耶，亦非人耶？何以至于三百年乎？"可见孔子之时，人们对于黄帝的事情，是糊涂不清的。孔子也讲不清楚，他答曰："予，禹汤文武成王周公可胜观也。夫黄帝尚矣，汝何以为？先生难言之。"讲不清楚的原因是黄帝距今太久远。既然太久远，讲不清楚，何不舍之不讲，而去讲那能讲清楚的禹汤文武成王周公呢！《帝系》确是讲了黄帝以下的世系，却未见有孔子本人的意见。

说过这些之后，可以得出这样的结论：孔子讲文化史是从尧舜讲起的，尧以前的黄帝等等，他不感兴趣。《中庸》用"祖述尧舜，宪章文武"两句话概括孔子学问的渊源，再恰当不过。

二　包牺氏始作八卦之说不可信

关于八卦产生于何时的问题，传统的、为大家所接受的说法是"包牺氏始作八卦"。这个说法是不可信的。

《易·系辞下》说：

> 古者包牺氏之王天下也，仰则观象于天，俯则观法于地，观鸟兽之文与地之宜，近取诸身，远取诸物，于是始作八卦，以通神明之德，以类万物之情。
>
> 作结绳而为网罟，以佃以渔，盖取诸离。

以下继续发挥其观卦象以制器的理论，由神农氏作耒耜，直讲到黄帝尧舜氏垂衣裳而天下治，等等。这段话很长，很像原始文化史纲要。但是它令人生疑，未可置信。据《史记》、《汉书》记载，《系辞传》是孔子所作。证以70年代马王堆汉墓出土的《帛书易传》，史汉之说为可信。可是《系辞传下》"包牺氏之王天下"、"始作八卦"一段话真是孔子说的吗？宋人欧阳修作《易童子问》早已有所怀疑。欧阳修说，这段话讲八卦"乃人之所为"，与《系辞传上》"河出图，洛出书，圣人则之"，以为八卦是"天之所降"的另一说法相抵牾。与《说卦传》"昔者圣人之作《易》也，幽赞于神明而生蓍，参天两地而倚数，观变于阴阳而立卦"之以为卦生于蓍的说法又不合。同一个八卦，一说人为，一说天降，一说蓍生，自相抵牾，欧阳修指出这证明《系辞传》决非圣人孔子所作，甚至也不是出于别的什么人一人之手。欧阳修问题提得很准，也很尖锐。但是他作出《系辞传》非孔子作的结论, 有欠考虑。事实应当是《系辞传》关于"包牺氏之王天下也"和"河出图"两段话是后世人抄书时窜入的, 不是孔子原物。不该因局部有差错而否定全局。欧阳修正确地否定了八卦出自河图洛书的说法, 却肯定包牺氏始作八卦之说。"包牺氏之王天下也"一段话其实尤所当疑。日前金师景芳先生点拨说, 这段话本身至少有三点可疑。"王天下"乃古人一向指称三代之用语, 今加诸包牺氏, 未免兀突, 此一可疑也。"以通神明之德, 以类万物之情"的, 是六十四卦, 而今以为是八卦之功能, 此二可疑也。以为古代制作一依卦象而来, 更不合事理, 必先有井鼎之物而后有井卦、鼎卦之名, 岂可先有井、鼎两卦而后掘井铸鼎! 此三可疑也。有三处可疑, 足以动摇所谓包牺氏作八卦之谬说, 进而证明包牺氏作八卦的说法必不出自孔子。

从历史文化发展水平看, 包牺时代产生不了八卦。八卦有乾卦, 乾卦取象天。没有天的概念, 八卦难以产生。而天的概念至尧时才有, 尧之前虽也讲天, 但那时天是神, 不是自然。《国语·楚语》记观射父说: "及少皞之衰也, 九黎乱德, 民神杂糅, 不可方物……颛顼受之, 乃命南正重司天以属神, 命火正黎司地以属民, 使复旧常, 无相侵渎, 是谓绝地天通。"韦昭注云: "绝地民与天神相通之道。"可见那时在人们的心目中天就是神。人们不知道太阳月亮星宿运行的规律, 日出而作, 日入而息, 年月日四时的概念一概没有, 只靠观察大火 (心宿二, 二十八宿之一) 判断耕种与收获的时节。这时, 取象天取象地的八卦是产生不了的。

至尧时, 情况发生根本性变化, 据《尚书·尧典》记载, 人们学会了"历象日月星辰", 测定二分二至, "以闰月定四时成岁", 知道了一年"三百有六旬有六日", 且确定了由"中央政府""敬授人时"的制度。人们有了自然之天的天概念, 知道地与天相对应, 月与日相对应, 昼夜交替一回为一天, 四时运行一周为一年。于是八卦的产生成为可能。

三　国家及相关制度以及诸多重要思想观念萌芽于尧舜时代

这个问题涉及较广, 兹分为两个方面略述如下。

（一）制度方面

1. 天下大国家的准国家形态

一个国家的文化, 其发展状况与国家制度密切相关。越是在早期, 这种关联越是显著。国家制度本身是早期文化的重要内容。恩格斯说"国家是文明社会的概括"[1], 道理即在于此。

中国国家产生的历程具有明显的特殊性。希腊、埃及、两河流域、印度, 其国家产生的情况尽管不同, 却都经历一个由小到大、由分散到聚合的过程。中国国家一产生就是一个天下大国家。当我们概述中国历史时, 总是说朝说代, 而不说国。夏朝, 代表中国天下大国家的一个时代。单个的小邦纵然事实上存在, 也要归服夏朝统治, 否则就要被武力征服。《尚书·甘誓》所载即是一例。商朝也一样。小国周兴盛起来，它要发展，必须想办法推倒商朝，取而代之，不可以在商朝旁边永久独自坐大。周朝采取分封办法，承认诸侯国的存在，诸侯国则必须服从周天子的统率。朝代可以更迭，天下大国家的制度却一直保持不变。

夏朝天下大国家的国家制度非一朝一夕忽然出现。尧舜禹时已经初步形成规模，所差只在最高首脑通过"选贤与能"的禅让办法更替，尚未实行世袭制度而已。一般认为尧舜禹时代的社会政治组织相当于希腊英雄时代的部落联盟。近时又有人说是酋邦，不是部落联盟。仔细读过《尚书·虞夏书》各篇之后，我看两者都不是。它是世界上独一无二的纯中国式的一种社会政治组织，吾不知其名，姑且名之曰天下大国家的准国家形态。

恩格斯说："国家的本质特征，是和人民大众分离的公共权力。"[2]而希腊英雄时代的部落联盟不存在这样的公共权力，存在的是自然长成的民主制。由人民直接参加的人民大会拥有最高级的权力，任何需要人民协助执行的事情，没有它的认可，是不行的。由氏族的首长组成的议事会，有权对一切重要问题作出最后决定。希腊人称作"巴塞勒斯"的职务，仅仅是战争状态下的军事统率，保证战争的一元化指挥而已；在战争之外他没有任何行政权力，即使在战争进行中，也要受战时人民大会的严格约束。"巴塞勒斯"不过是个军事指挥员，与国王不同。由人民大会、议事会和巴塞勒斯三者构成的制度，马克思称做"军事民主制"[3]。实行军事民主制的部落联盟，根本特点是不存在个人权力。

中国尧舜禹时代，从《尚书·虞夏书》各篇记载看，显然已有脱离人民大众的公共权力，而且个人权力相当突出。当时在全中国范围内事实上存在一个中央权力机构，这个权力机构有一个具有很大个人权力的最高首脑，一切重大问题都由他做出最后决定。制历、治水负责人和百官的任命，乃至最高首脑继承人的选定以及对"四凶"的惩处，等等事关重大的事情全由一个人拍板敲定。这突出的个人权力，当然是脱离人民大众的。至于人民大会，则连踪影也不见。叫做"询四岳"的会议，很难说是由各部落酋长组成，而且它几乎没有任何决定权，只能提供咨询供最高首脑参考。任命百官的原则是"选贤与能"，一般不考虑他们出于哪个氏族哪个部落。受命制历的羲氏和氏虽是氏族代表，但那是由于他们的氏族从先人重黎以来世代专司天文历法事务的缘故。饶有趣味的是，尧选择继承人时竟提出"明明扬侧陋"，从最下层物色人选，超越氏族、部落直接提拔。结果"有在下曰虞舜"的人被选中。舜上台后，自比"元首"，臣比"股肱耳目"（《皋陶谟》）。另外，超氏族超部落的刑罚制度有了，巡狩制度有了，朝觐制度有了，贡赋制度有了。这不是脱离人民大众的公共权力是什么！所以我说尧舜禹时代社会政治组织的性质不是部落联盟，而是一种中国特有的天下大国家的准国家形态。

谢维扬教授1996年出版《中国早期国家》一书，系统介绍由塞尔维斯等人提出的酋邦理论，并借以深入研究了中国早期国家发生发展的过程，很有新意。谢维扬此书极具开拓意义,有可能开创中国早期国家研究的一个新阶段。他说夏王朝建立之前的社会不是部落联盟,有理有据,我赞成。他说尧舜禹时代存在的是酋邦制度,我则想不通。我认为尧舜禹时代不是部落联盟也不是酋邦。第一,酋邦虽有一人专权,却与国家相距甚远,而且文化十分落后。第二,酋邦顾名思义,是一个小邦。尧舜禹时代这两点恰好与之相左。这个问题不在本文讨论范围,兹不赘。

总之,中国天下大国家的国家制度始于夏王朝,而尧舜禹时代这个制度已初具规模,是中国天下大国家国家制度的雏形。就国家制度而言,中国文化史宜从尧舜讲起,往前往后都不妥。

2. 朔政制度

朔政制度是中国特有的,是天下大国家中央权力的标志,二者相伴而行,可谓源远流长。朔政制度如《周礼·春官·大史》所说,"正岁年以序事,颁之于官府及都鄙,颁告朔于邦国",即中央政府每年制定月历,规定正月及每月朔日(初一),作为文件发给各邦国。诸侯每月要在祢庙举行受朔仪式,以示奉天子正朔,接受领导。春秋时代鲁文公曾"四不视朔",被孔子写进《春秋》(文公十六年)给予谴责。《谷梁传》解释说:"天子告朔于诸侯,诸侯受于祢庙,礼也。公四不视朔,公不臣也,以公为厌政以甚也。"朔政制度之仪节后世多有变化,其原则精神则一直延续到清末。

朔政制度是尧舜时代开其端的。《论语·尧曰》记"尧曰:咨尔舜,天之历数在尔躬",本是治天下的权力,而称"天之历数",是因为只有天下大中国的最高首脑才有权司天制历,颁行天下。《尚书·尧典》所说"钦若昊天,历象日月星辰,敬授人时",就是掌握"天之历数"。"时"犹朔,"敬授人时"犹颁朔。后世朔政制度由此逐渐形成。

3. 度量衡制度

度量衡是中国文化的一项重要内容,它与经济发展密切相关。中国是大国,度量衡是在不断由不统一到统一中发展的。这与天下大国家的制度一致。人们都知道秦始皇统一六国后有统一度量衡的举动,不知道早在尧舜时代已有同度量衡之事。《尚书·舜典》有"同律度量衡"句。律是乐律,这里不论。同犹统一。既言"同律度量衡",就意味着当时已具天下大国家的规模,否则无须同也无法同。

4. 礼乐制度

中国自古是礼乐之邦,有极发达的礼乐文化,形成一套完整的礼乐制度。礼乐制度以周代为最盛。《乐经》今已不存。但在《礼记·乐记》里仍保留不少关于礼乐制度的资料。近几十年的考古成果十分有力地证明了《乐记》所记不虚。追溯渊源,礼与乐不同时发生,礼产生于有夫妇即一夫一妻制家庭之时。乐的产生早于礼,而且华夏夷狄都有。从文献记载看,礼乐并举的文化产生于尧舜时代。《尧典》和《皋陶谟》都讲到"五礼"。虽然哪五礼说不清楚,但是有了礼,而且礼有五类,是可以肯定的。《尧典》言及"律",应当是乐律。《皋陶谟》记夔说:"戛击鸣球,搏拊琴瑟以咏,祖考来格,虞宾在位,群后德让。下管鼗鼓,合止柷敔,笙镛以间,鸟兽跄跄,箫韶九成,凤凰来仪。"舜歌唱道："股肱喜哉，元首起哉，百工熙哉。"这是一场盛大的祭祀活动，有歌有舞，有乐器伴奏，十分热闹。"箫韶"是著名的舜乐。当时歌、舞、乐是合一的。《尧典》甚至提出了"诗言志，歌依永，律和声，八音克谐，无相夺伦，神人以和"的诗、歌、乐理论。后世的《诗大序》"诗者志之所之也。在心为志，发言为诗"，"情发于声，声成文为音"云云，显然是接着《尧典》说的。中国诗歌史、音乐史、舞蹈史宜从尧舜讲起。

5. 刑罚制度

尧舜时代已有较完整的刑罚制度，同时有了一定的刑罚指导思想。《尧典》说舜时皋陶作"士"，士即专任司刑的官员。舜时有了一定的刑罚规定："象以典刑，流有五刑，鞭作官刑，扑作教刑，金作赎刑。"即象刑、流刑、鞭刑、扑刑、赎刑。象刑是不伤及肉体而改变服饰形态的耻辱刑。这是最重的刑，其次是流刑。流刑也很重。对共工、欢兜、三苗、鲧等四凶，即采用流放远方的办法。总之，没有死刑，也没有后世才有的黥、劓、刖、宫等肉刑。《尧典》说："眚灾肆赦，怙终贼刑。钦哉，钦哉，惟刑之恤哉。"反映当时的刑罚指导思想，重视教育，要求谨慎。有罪知改就赦免，执迷到底则予刑罚。这应当是后世周初和孔子儒家德主刑辅思想的源头。中国刑法史宜从尧舜讲起，再往前则讲不清楚。

6. 祭祀制度

祭祀活动始于原始社会。国家产生，有了脱离人民大众的公共权力之后，祭祀便有了象征权力等级的意义。天子是天下大国家的最高首脑，他的权力象征是祭天。诸侯是一国之君，他的权力象征是祭社稷。天子可祭社稷，诸侯不得祭天，界分严明。

这种文化现象发生于尧舜时代。《尚书·尧典》有舜"正月上日受终于文祖"，"肆类于上帝"的记载。舜在接尧的班之后，便"类于上帝"，表示他已是天下之最高首脑。"类"是祭祀，"类于上帝"发展下去就是后世天子之郊天。

社稷也始于尧舜时代。《尚书·甘誓》："用命赏于祖，不用命戮于社。"《论语·八佾》："哀公问社于宰我。宰我对曰：'夏后氏以松，殷人以柏，周人以栗。'"证明夏代已有社。既然夏启建国时就有社，则社的产生还要早。《淮南子·齐俗训》："有虞氏之祀，其社用土。"高诱注："封土为社。"果然社在虞舜时就有了。

总之，祭天祭社稷始于尧舜时代。

（二）思想观念方面

1. 中的思想

中的思想是中国文化史的重要内容，贯穿于中国文化的各个方面，是祖先留给我们的最重要的精神遗产之一。它是中国传统辩证法的一大特色，与马克思主义讲的"实事求是"、"具体地分析具体情况"、"一切依时间、地点、条件为转移"基本一致。

中，孟子用"权"作比喻，说"中"即权变。孟子之前，子思作《中庸》，提出"中和"概念，说未表现出来是中，表现出来的中叫做和。还说中是大本，和是达道。思孟的中和、权变源于孔子。孔子一生贵仁也重中。"无可无不可"（《论语·微子》）、"过犹不及"（《论语·先进》），是他对中的通俗解释。孔子称中为"时中"、"中庸之道"。孔子"时中"思想直接得自《周易》。《周易》的卦代表时，此一卦彼一卦，即此一时彼一时。一卦六爻，二五居中，故多吉。孔子作《易传》，把《周易》时中思想揭示无遗。

时中思想的源头似在《周易》，其实还在《周易》产生之前。《论语·尧曰》："尧曰：咨尔舜，天之历数在尔躬。允执其中，四海困穷，天禄永终。"尧向舜交权，只交代一句话："允执其中。"舜确实做到了"允执其中"。孔子说："舜其大知也与！舜好问而好察迩言，隐恶而扬善，执其两端，用其中于民，其斯以为舜乎！"（《中庸》）禹也做到了"执两用中"。鲧以堵塞治水，失败。禹以疏导治水，成功。禹的做法，用孔子的话说，就是"无可无不可"。用孟子的话说，就是知权变。

尧舜之前或者已有中的思想，可惜文献不足征，只能止于此。

2. 民本思想

严格地说，中国文化中缺乏民主观念，而民本思想倒是十分显著。唐贞观十六年魏徵上疏云："荀卿子曰：'君，舟也。民，水也。水所以载舟，亦所以覆舟。'故孔子曰：'鱼失水则死，水失鱼犹为水也。'故唐、虞战战栗栗，日慎一日。安可不熟虑之乎？"[4]魏徵主张的民本思想在中国文化中源远流长，而源头在尧舜。荀卿子的话见《荀子》书之《王制》篇。原文："传曰：君者，舟也。庶人者，水也，水则载舟，水则覆舟。"用词略异，语气相同。所谓"战战栗栗，日慎一日"，即用《尚书·皋陶谟》"兢兢业业，一日二日万几"语意。魏徵未涉及孟子。孟子表现民本思想最为激进的言词如"得乎丘民而为天子"（《孟子·尽心下》）、"《泰誓》曰：'天视自我民视，天听自我民听。'"（《孟子·万章上》）其思想蕴含，在《尚书·皋陶谟》"天聪明自我民聪明，天明畏自我民明威"中早已有了。此语出自皋陶，皋陶是舜时人。

3. 五伦观念

儒家特别重视五伦观念。孔子的仁，孟子的仁义、仁政，莫不以此为理论起点。孔孟都极重视五伦教育。五伦即《孟子·滕文公上》说的"父子有亲，君臣有义，夫妇有别，长幼有序，朋友有信"五句话表述的五种人伦关系。孟子认为这是为人之道，如果"饱食暖衣逸居而无教，则近于禽兽"。孟子关于五伦的言论直接来自《尚书·尧典》，由于时代不同的缘故，提法有所改变。《尧典》记舜命契担任司徒之官说："契，百姓不亲，五品不逊，汝作司徒，敬敷五教在宽。"五品、五教是什么，《左传》有具体记载。文公十八年："举八元使布五教于四方：父义，母慈，兄友，弟共，子孝。"《尧典》说的五品、五教纯属血缘关系，《孟子》加上君臣、夫妇、朋友三种非血缘关系，把母与子包括在父子关系以内，兄弟合为长幼关系，保持五之数不变。

五伦关系的确定，必本诸一夫一妻制个体家庭制度的产生。五伦、五品、五教既始于尧舜，那么一夫一妻制个体家庭制度和观念很可能也始于尧舜。制度或者要早一些，观念则必在尧舜时才有无疑。

连带言之，中国的教育史亦应从尧舜时开端。舜命契担任司徒，司徒是教官。当时教育的内容主要是理顺五种人伦关系。五伦、五品是教育的内容，所以才有五教之名。

四　余论

我说的应当从尧舜讲起的中国文化史不包括原始文化部分。原始文化史在考古学、人类学讨论的范围，与我这个题目无涉。

中国文化史的内容极其丰富，可谓千丝万缕，这篇短文不可能把它们的源头一一说清。我说中国文化史的源头在尧舜，提前或拖后都不合实情，仅仅是就主要之点而言。我绝不敢把中国文化史作为一绺麻从尧舜那里一刀切断。我知道，《世本·作篇》提供不少关于中国古代制作发明的材料，而那些制作发明大多在尧以前，它们或许正是"炎黄文化"的内容。可是头绪不清，既当信又可疑。例如"大挠作甲子"，肯定不对，"甲子"之作确实在尧之时。又如"苍颉作书"之说，至今未得到考古学和古文字学的证实。形成系统的汉字体系，学术界比较成熟的看法是认为在尧之后，《世本》所载其他诸多制作发明，由于洪水怀襄，年代久远，不能遽否也不能遽定，有待从长研究。

中国文化，精神和制度是两个重要方面，从孔子、八卦、国家及其相关制度与思想观念几方面考察，认定它的源头在尧舜时代，中国文化史从尧舜讲起，大体不误。

注释：

[1][2][3]《家庭、私有制和国家的起源》，《马克思恩格斯选集》第4册，人民出版社1972年，第172、114、103页。

[4] 吴兢《贞观政要》，上海古籍出版社1978年，第83—84页。

（原刊《社会科学战线》1998年第3期）

《周易》辩证法的突出特点及其对中国传统的影响

马克思主义传入中国之后，范文澜较早用辩证法概念评论《周易》。他的认识现在看来有对有不对。他说《周易》辩证法"是装在形而上学框子里的辩证法"，它讲的变化"不是向前发展，而是'终而复始'的循环、重复"。这是不对的。他说"《周易》，特别是《系辞》，包含着自发的朴素的辩证法思想"，又说"《系辞》说变化的发生不是由于阳与阴的斗争而是由于阳与阴的和谐"[1]。这不仅对，而且讲到了点子上。《周易》的确是讲辩证法的书，《周易》辩证法的突出特点是阴阳和谐。中国传统受它的影响至为深远。解决这个问题有现实意义。本文拟接着范文澜往下说，努力把这个问题进一步讲清楚。

一 《周易》是讲辩证法的书——从易一名而含三义说起

中国古人没有辩证法的概念，但懂得辩证法的道理。《周易》自己不说辩证法，而实际上它是一部地地道道讲辩证法的书。《周易》的"易"字其实就是辩证法。郑玄作《易赞》及《易论》提出易一名而含易简、变易、不易三义说（孔颖达《周易正义》卷首引），已经猜到《周易》有辩证法，不过他未把"三义"讲清楚。倘我们把"三义"弄明白，《周易》辩证法就大半可知了。

关于"易简"。易，容易，难的反义；简，简省，繁的反义。不难与不繁义向一致，不相反对，显然不是对立的两面。有人说易简是对立统一，肯定是不对的。孔子《系辞》五次讲易简，"乾以易知，坤以简能"两句最重要。因为易是乾易，简是坤简，乾坤是对立统一，有人就以为易简也是对立统一，误解了孔子的意思。易简是什么？简单说，就是乾坤在两相配合生成万物的过程中各有所司，乾主始物，坤主成物。乾主始物，纯系自然而然，不假思为，没有任何超自然力的推动，故容易。坤主成物，也不须思为造作，顺着乾的样子自然而然就是了，故简省。"乾以易知"的知应训主，主管的意思。"乾以易知"，主什么？主始万物。"坤以简能"，能什么？能成万物。所以易简的根本义是说乾坤在生成万物时是自然无为的，这就排除了上帝、理念等在宇宙生成上的作用。可见《周易》的宇宙观是唯物论的，它的辩证法建立在唯物论的基础之上。

联系孔子"天何言哉，四时行焉，百物生焉，天何言哉"（《论语·阳货》），和《老子》第二十五章"人法地，地法天，天法道，道法自然"的说法，这样理解易简，肯定不误。天法自然，就是"乾以易知"；地法天，就是"坤以简能"。老子在天与自然之间夹进一个独立于物外的"道",与《周易》、孔子不同。

后世也不乏人这样理解易简,如韩康伯注《系辞》说:"天地之道不为而善始,不劳而善成,故曰易简。"李光地《周易折中》卷十三"总论"说:"静专动直是毫无私益,形容易字最尽。静翕动辟是毫无作为,形容简字最尽。"可惜今人未曾引起注意,讲易简总是不得要领。

关于"变易"。变易就是变化,向无歧解。这是"三义"中根本一义,《易》之所以名易,以此。古人对《周易》是讲变化的这一点,有肯定的认识。《庄子·天下》说:"易以道阴阳。"《史记·太史公自序》说:"易以道化。"王弼《周易略例》说:"卦者时也,爻者适时之变者也。"孔颖达《周易正义》卷首说:"易者变化之总名,改换之殊称。"程颐《易传序》说:"易变易也,随时变易以从道也。"都斩钉截铁地论定《周易》是讲变易的书。承认研究变化是《周易》的基本内容。

要真正了解《周易》如何讲变化,须读孔子的《系辞》。而《系辞》不易读懂。据我们理解,《系辞》认为《周易》讲变化主要表现在乾坤两卦上。六十四卦全是乾坤相交的结果,而客观世界是乾坤二气合德合作所生成。所谓变易,其实就是乾坤变易。《系辞下》讲"刚柔相摩",讲"刚柔相推而生变化",刚柔即乾坤,变化由乾坤而生。又讲"乾坤其易之蕴邪,乾坤成列而易立乎其中矣。乾坤毁则无以见易,易不可见则乾坤或几乎息矣"。这是说,乾坤是易之根本,易之主干,没有乾坤,易也就不复存在。所谓"乾坤成列",即八卦、六十四卦、三百八十四爻都由乾坤相交而成,或者说卦爻由乾坤生成,而易之变化在此展现。《系辞下》说:"阴阳合德而刚柔有体。"阴阳、刚柔皆指乾坤言。乾坤合德则乾坤有体者,乾坤生成卦爻,乾坤落实在卦爻之中之谓也。又说:"变动不居,周流六虚,上下无常,刚柔相易,不可为典要,唯变所适。"这里主语是易也是乾坤。谁在卦中变动、周流、相易?是乾爻和坤爻,亦即"用九"、"用六"在活动。

一言以蔽之,按《系辞》的观点,《周易》之所谓变易,是乾坤之变易。欲探讨《周易》辩证法,这一点须牢牢认定,不可移易。

关于"不易"。郑玄说"不易"是"天在上地在下,君南面臣北面,父坐子伏",认为天地、君臣、父子之尊卑地位是不能改变的。这样讲"不易",与"变易"矛盾。既说"变易",为何又说"不易"?变易是绝对的,应当没有例外。其实"不易"含在"变易"之中,有"不易"才有"变易"。孔子说"往来不穷谓之通"(《系辞上》),"穷则变,变则通,通则久"(《系辞下》)。"变易"通过"往来"实现,有往必有来,有来必有往,往来接往来,继继无穷,这才是所谓"不易"。孔子对"不易"特别重视,反复讨论,既用日月相推、寒暑交迭、尺蠖屈伸、龙蛇蛰存等实例说"不易"的道理,又上升到理论高度说:"往者屈也,来者伸也,屈伸相感而利生焉。"往来屈伸是个不易的规律。生必死,死必生;荣必枯,枯必荣;盛必衰,衰必盛,天道如此,人事亦如此。故孔子感叹说:"天下同归而殊途,一致而百虑。"(《系辞上》)虽百虑殊途,亦无所逃乎往来屈伸。

人生有涯，天道自然的变化不易察觉，便以为日往月来，月往日来；寒往暑来，暑往寒来，月月年年老样子，只是循环、重复。然而《周易》不这么看，不以为自然界的变化是一环接一环地重复老样子，它看见了一切变化都是螺旋式发展的。请看六十四卦排列次序，从乾坤到既未济，有始有终，终而复始，构成一个大的发展过程，岂不说明《周易》认为由日月星辰、万物和人类构成的我们这个太阳系并非唯一和永恒，它只是众多历时性太阳系中的一个，它之前有，之后还要有。它本身不过是个有始有终的过程。对自然界尚且如此看，怎样看人类社会自不待言，

《周易》往来屈伸无有穷尽的观点不是循环论，倒是很像黑格尔讲的否定之否定规律，亦即正反合三段式。往来复往来，来是肯定即正，往是否定反，后一个来是否定之否定即合，看似向前一个来的回复，实则包含了往的因素，往来复往来，每一次往来都有新内容。范文澜说《周易》是循环论，错了。

二　强调和谐——《周易》辩证法的突出特点

范文澜说"《系辞》说变化的发生不是由于阳与阴的斗争而是由于阳与阴的和谐"，这话符合《周易》实际。他是作为《周易》的缺点提出批评。但这不是缺点，而是优点，又是一个突出的特点。它对中国传统发生良好的影响，至今这影响仍有正面意义。

为什么说《周易》强调阴阳和谐不强调阴阳斗争？《周易》八卦六十四卦三百八十四爻的符号系统的基本构件是阴与阳。它所反映的世界（包括具体世界和价值世界）也由阴阳两个基本要素组成。卦爻符号系统和客观世界是变动不居的，它变动的动力在哪里？上文讲"易简"时曾说过乾坤生成天地万物是自然而然，无思无力，没有超自然推动。那么它内在动力是什么？据《系辞上》说，就是"一阴一阳之谓道"的道。这个道是贯穿天地人的普遍规律。一阴一阳是相反相成的对子，很像黑格尔辩证法对立的相互渗透的规律。但是有所不同，黑格尔认为对立之双方的关系与它们之间的矛盾斗争分不开。黑格尔说："排斥的反思就是把肯定的东西建立在为对他物的排斥，以至于这种建立直接地就是建立了他所排斥的他物。"又说："转化是本质的东西，并且它包含着矛盾。"[2]强调对立双方之排斥、否定、矛盾关系。《周易》则强调一阴一阳的关系主要是吸引、配合、和谐。

现在看一看《周易》的实际情形。

《周易》是讲生成的哲学，它认为天地万物是生成的，生成表现为过程。因此阴阳在《周易》里不是两个独立的自足的个体，它们相引相交，互为成分，它们只是一个过程的显示。一爻一卦，一切事物，都是过程。阴阳在过程中是两种不同的态势，阴阳两种不同的态势各有特性。阳性动散，主生；阴性凝聚，主成。过程之生与成互相附合而不能分离，故阴之与阳必然合一、必须合一。这在六十四卦之乾坤里表现至为明显。乾的作用是"万物资始"，"首出庶物"，坤的作用是"万物资生"，"无成代终"。

乾坤(即阴阳)合作生成万物,两者缺一不可。而且乾生坤成并非截然两段,乾生之中有坤之成,坤成之中有乾之生。《系辞下》说的"天地絪缊,万物化醇;男女构精,万物化生"几句话最能说明阴阳相引相交,互为成分的关系。黑格尔讲的对立两面,如有与无,真理与谬误相互依存、斗争、转化,不能相引相交,没有自己的特性,无所谓阴阳。

《周易》阴阳和谐可从以下几点得到进一步的理解。

阴阳和谐突出地表现在六十四卦之乾坤两卦上。乾坤即阴阳两气两象。乾坤两卦其实是一卦,六十二卦都可视作各是一个独立体,一个过程。而乾坤两卦合起来看才是一个独立体,一个过程。乾"元亨利贞",化生万物之时离不开坤,有坤与之共同完成,乾中可视作有坤;坤"元亨利牝马之贞",化生万物之时,离不开乾,有乾与之共同完成,坤中可视作有乾。这般看乾坤,则乾坤卦爻辞、《彖传》、《象传》、《文言传》豁然明朗。"元亨利贞"之生成万物的过程,由乾开始,由坤完成。乾《彖传》说"乾道变化,各正性命,保合大和,乃利贞","乾道"说元亨,"变化"说利,各、保二句说贞。元是乾之蕴乾之静,亨是元之动,利是亨之利,贞是物之成。乾元一旦亨动,便有坤来参与配合,故乾重在元亨,坤重在利贞。乾用九"见群龙无首吉",元是首,"无首"是元不见了。"见群龙"是说元已亨已利已贞。犹如籽种已变成植物及其果实。坤用六"利永贞",是说坤承乾与乾合作,实现了贞。

乾坤相交,互为体用而生成六十二卦。屯《彖传》说"刚柔始交而难生"。《杂卦》说"乾刚坤柔",刚柔即乾坤。乾坤交即乾坤互为体用。初五两乾爻是用,是主爻,上下四坤爻是体。六十二卦都由乾坤之交而成,屯卦是乾坤之后第一卦,故曰"始交"。言"始交",余六十一卦皆为乾坤之交,不言可知。

乾坤是《周易》八卦、六十四卦、三百八十四爻之父母,也是天地万物之父母。无乾坤相交、互为体用,一切将无从谈起。知此,则《系辞下》所说"乾坤其易之门邪,乾阳物也,坤阴物也。阴阳合德而刚柔有体,以体天地之撰,以通神明之德",便可释然了。

一卦甚乃一爻,是一事物、一过程。没有乾坤互为体用,保持和谐,一切事物、过程都将因失衡而发生紊乱。和谐必将转为不和谐。坤《文言》说:"阴疑于阳必战,为嫌于无阳也。"乾坤一旦不和谐,有阴无阳或有阳无阴,必发生斗争,通过斗争转为和谐。和谐正常,不和谐不正常。若说《周易》也讲斗争,那么斗争只表现在乾坤和谐与不和谐之转化上。乾坤之间不存在相互排斥、否定的关系。它们各自的不同特性决定它们必然相交相依,保持和谐。

三 《周易》和谐思想对中国传统的影响

《周易》的和谐思想对中国传统影响至为深远。它像一条线贯穿在中国人的传统思维中。举凡哲学、政治、经济、文化,方方面面都有和谐思想在。古人用一个

"和"字表达这一思想。最早对"和"概念做理论论述的,可以追溯到西周后期的史伯。《国语·郑语》记载周太史史伯在与周宣王之弟郑桓公讨论国家兴衰问题时讲过"和实生物,同则不继"一段话。

他说"和"的现象在自然界中普遍存在。万物之所以能够生生不已,继继不断,原因在于"和",即所谓"和实生物"。他讲的"和"是什么? 根据韦昭注的解释,"和"就是"阴阳和"。阴阳是差异的,所以能"和"。"同"则不然,"同"是"同气","同气"即阴阳不分;阴阳不分,则万物将停止生生发展,即所谓"同则不继"。

《左传》昭公二十年记载晏婴与齐景公讨论和同问题,比史伯深入一步,说"和"是五味五声多种因素相成相济。还把和同问题应用到政治上,说政见有"可"还要有"否","可"、"否"相济,政治才能"和"。有"可"无"否"或有"否"无"可"的"同"是要不得的。

史伯和晏婴的和同理论还带有实例总合的朴素性质,至孔子上升到理论高度。孔子"君子和而不同,小人同而不和"(《论语·子路》)两句话具有深刻的理论意义,指出"和"不仅是现实物质世界的客观状态,人类自身也必须把"和"作为主观追求的目标。

后人接着孔子说,认识逐步加深。有若说:"礼之用,和为贵。"(《论语·学而》)子思说:"和也者,天下之达道也。"(《中庸》)《礼器》说:"礼交动乎上,乐交应乎下,和之至也。"董仲舒说:"德莫大于和。"(《春秋繁露·循天之道》)这些人把着眼点放在"和"上,重点言"和",不再注意"和"与"同"的区别问题。

《周易》贵和也贵中。"和"与"中"有无关系? 是什么关系? 这问题成为人们关注的理论焦点。子思作《中庸》解决了这个问题。子思认为"和"就是"中","中"就是"和"。二者只差在发与未发之间。都是恰当、适度亦即和谐的意思,表现出来叫"和",未表现出来叫"中"。"和"与"中"连称"中和",便是自然界与人类社会处在和谐状态的基本概括。

孔子教人做事随时应变,"无可无不可"(《论语·微子》);把握尺度,无使过度,"过犹不及"(《论语·先进》),是时中,时中即"和"。子思喜怒哀乐"发而皆中节谓之和"的"和"与此同义。

孟子以权喻中,告诫人们执中要行权,切勿举一废百,发掘"和"义更深。孟子说"男女授受不亲,礼也,嫂溺援之以手,权也。"(《孟子·离娄上》)礼是未发之中,是经是常,是原则性。权是已发之和,是因时制变,是灵活性。有若讲的"礼之用,和为贵"在孟子这里得到恰当的解释。孔子讲的"和而不同"的"和"与有若"和为贵"的"和",依孟子的说法就是有经有权,有常有变,在灵活性中体现原则性。"同"则相反,执中无权,举一废百,拘泥教条而不知通变。

《周易》睽大象有"君子以同而异"句,后世人活而用之,凝炼成"求同存异"一语(据我们所知,它是周恩来1954年在万隆会议期间提出的)。它与"和而不同"含义相同,而两个"同"字义有差别。"和而不同"的同,是绝对的同,无异之同,排斥和的同。这样的同要不得。"求同存异"的同是异中之同，是和所必须含有的。有同有异才能和，阴与阳性各不同（异），却又相交相引（同），故和。"和而不同"意在强调和，"求同存异"意在强调和中有异亦须有同。两句话两个层次，而意义一贯。

"求同存异"是中国传统的重要内容，自古中国人处理各种关系就讲究"求同存异"。中国是个多民族国家，民族压迫、民族斗争的情况是有的，但是总体上体现了"求同存异"的精神。华夏族、汉族自尧舜禹时代起与少数民族的关系求同存异、团结交融就是主流。在对外关系上中国人有爱好和平的传统。中国人只有受人欺侮的经验，没有侵略他人的历史，中国人对外经济、文化交流活动一向活跃。汉唐丝绸之路、玄奘取经、鉴真东渡、郑和下西洋等等著名文化活动，早已是世人皆知，中国固有的思想文化向以大度包容著称。孔学儒学从未以自己的正统地位视不同思想为异端而加以排斥。异域宗教一个个是自由进入中国的。中国人几千年间没有由于文化上的原因发生对抗的事情。

中国"和而不同"、"求同存异"的传统被共产党人继承下来。中国共产党人善于把马克思主义与中国实际相结合。这"实际"之中也包括传统。毛泽东理解传统，心系传统，他解决中国问题表现出的原则性与灵活性结合的精神，既是马克思主义的，也是传统的。两次与国民党合作，建立统一战线，新中国成立后处理民族关系问题、人民内部矛盾问题，解决与美、日关系问题，尤其由周恩来1954年万隆会议上本着"求同存异"思想与亚非各国共同确定和平共处、平等互利五项原则，都体现"和为贵"的传统精神。

"一国两制"构想是邓小平理论的精彩杰作。在理论上马克思主义没有现成说法、实践上没有任何先例的情况下，邓小平从实际出发提出"一国两制"构想以实现港澳回归，促进国家统一，而经实践检验是正确的。说明邓小平掌握的是马克思主义活的灵魂，而不是教条。也说明他头脑中有"和而不同"、"求同存异"的传统烙印。"一国"是求同，"两制"是存异。"一国"与"两制"互依互存，缺一不可。二者统一起来，就是"求同存异"，就是中国传统的和谐精神。马克思主义只要与民族特点结合，因时因地活用，永远不会失灵。

江泽民总书记所作十五大报告从十个方面阐述中国共产党人面对21世纪运用邓小平理论解决国内国际诸多问题的原则立场，令人兴奋鼓舞。报告整体体现了邓小平理论的实事求是精神。在文化问题上，强调"贯彻百花齐放，百家争鸣的方针，弘扬主旋律，提倡多样化"。在国家统一问题上，继续推行邓小平"一国两制"的构想，即"国家的主体坚持社会主义制度，同时在台湾、香港、澳门保持原有的资本主义制度和生活方式长期不变"。对台湾问题，在不承诺放弃针对外国势力干涉中国统一和"台独"图谋使用武力的前提下，努力用和平方式实现统一。当前大力发展两岸经济、科技、文化交流。在对外政策上，除重申坚持独立自主的和平外交、反对霸权主义、维护世界和平的原则立场之外，还特别强调"国与国之间应超越社会制度和意识形态的差异，相互尊重，友好相处。要寻求共同利益的汇合点，扩大互利合作，共同对付人类生存和发展所面临的挑战"，"彼此之间的分歧，要坚持对话不搞对抗"。这些观点，让人感到既新鲜又似曾相识。从实际出发解决实际问题，一切实事求是，这是马克思主义。把和平、和解、合作、"求同存异"放在第一位考虑问题，显然有传统和谐精神的影响在内。

《周易》和谐思想在国家统一问题上影响尤其显著。中国人历来有一个国家统一的观念：国家统一好，分裂不好。《春秋公羊传》隐公元年说："元年春，王正月。元年者何？君子始年也。春者何？岁之始也。王者孰谓？谓文王也。曷为先言王而后言正月？王正月也。何言乎王正月？大一统也。"意谓《春秋》"元年春王正月"一语反映"大一统"的思想。大是尊重之意。"大一统"，说到底是承认一个中国，奉周天子一个正朔，接受周王朝一个中央政府。至战国，天下分崩，孟子不尊周室而王齐梁，遂有天下"定于一"（《孟子·梁惠王上》）之说。于是《春秋》大一统乃发展为国家统一的观念。董仲舒则借用《春秋》"大一统"之义倡导统一全国的思想学术（《汉书·董仲舒传》）。颜师古解释"大一统"说："一统者，万物之统皆归于一也……此言诸侯皆系天子，不得自专也。"（《董仲舒传》）。把所谓"大一统"思想的实质揭示得十分透彻，即天下一切方面都系统于一个中国，一个中央政府。所有地方性政权必须在一个中央政府控制之下。这一渊源于《周易》和谐思想的国家统一观念与中国历史发展以统一为主线的事实是互相影响的。与希腊分散为各自独立的城邦国家不同，中国甚至在国家正式产生之前的尧舜禹时代就已有类似中央政权的政治实体。到夏商周三代，一个为各地方势力承认（斗争是有的）的中央政权一直存在着。春秋、战国虽然形成一股对周天子的离心势力，但是所有称霸称雄的诸侯或标榜尊王、或觊觎天下，没有谁仅仅着眼于自己一个诸侯国的强大（孟子讲"乐以天下，忧以天下"，以天下为怀，就是这一思想的反映）。自秦汉形成统一的中国至于今日，始终有个中央政权统辖全国，分裂毕竟暂时，割据未免短命。国家统一在中国是顺乎天应乎人的事情。中国历史上任何割据政权莫不或归于一统或有始无终。20世纪之前，历史上最近的例子是17世纪郑成功从荷兰殖民者手中收复台湾，30多年后他的孙子郑克爽归服大陆。郑克爽与祖国统一的行为符合中华民族的根本利益，也符合台湾人的利益。倘无郑克爽与祖国统一之举在后，则乃祖收复台湾在前的功业将因有始无终而失去应有的意义。

《周易》辩证法强调和谐的这一突出特点，影响深远。由于它的影响，中国人形成了"和为贵"、以和为善为美，以民族团结为上、社会稳定为上、国家统一为上、世界和平为上的传统。这优秀传统对中国共产党人的影响是显而易见的。

注释：

[1]范文澜：《中国通史简编》（修订本）第一编，人民出版社1965年第4版，第212页。

[2]黑格尔：《大逻辑》，《黑格尔全集》第4卷。

（原载《朱伯崑先生75寿辰纪念文集》，北京大学出版社1998年）

退溪易学初论

一　导言

　　韩国退溪李滉先生（1051—1750）这位世界级文化名人，与其说是大学者，不如说是大贤人。学者多务为人之学，汲汲于向外奔驰，不暇顾亲切功夫，退溪先生则孜孜于圣贤为己之学，以治心为本，终生在日用践履上做功夫。其为学的规模甚大，"宁学圣人而不至，不欲以一艺一行成名"。[1]素以"学不践履，虽有所知，奚贵"[2]自励。读儒家圣贤书，"经传子史靡不博观，然自少用力于《四书》、《五经》，而于《四书》、《易经》为尤深，往往皆背诵不差"[3]。"二十岁读《周易》，讲究其义，殆忘寝食"[4]。19岁读《性理大全》，自谓"《性理大全》中《太极图说》乃吾所启发入头处"[5]。"讲《太极图说》曰：'吾之告人必以此先之者，吾初年由此入故耳'"[6]。53岁以后"兼治数学，谓朱子《启蒙》一书乃数学之祖，而多有未解处。玩索多年，洞究其源，乃著《启蒙传疑》，发挥分解，殆无余蕴。晚年多以《启蒙》授学者"[7]。57岁著成《启蒙传疑》，其《自序》略云："理数之学广博微妙，未易研究，或出幽经僻书，必须考论而后见其义类，至于隐奥之义有不得不明，传印之讹有不得不正，乘除之法又不可不详，或因思而有契，或考古有证，不免随手札记，以便考阅"[8]。68岁给国王讲《周易》乾卦[9]。70岁有岩栖读《启蒙》示诸君二诗云："白首重寻易学书，几多疏误共修除，方知丽泽深滋益，觑到先天一太虚"。"七十居山更爱山，天心易象静中看，一川风月须闲管，万事尘埃莫浪干。"[10]

　　退溪是"宁学圣人而不至，不欲以一艺一行成名"的人，学《易》讲《易》述《易》完全是为了进修践履，按圣贤标准磨炼自己，绝不停留在音义句读的表面功夫上，也不做术数占卜之事。从未想以《易》成名，然而实际上他是没有易学专家之名的真正易学大家。

　　我在仔细读过启明汉文学研究会编印刊行的《退溪学文献全集》23大册之后，感受良深，激动不已。深知退溪的易学是深刻的，高明的，全面的。兹不揣浅陋，就几个方面初论如下，以求教于大方之家。

二　既继承朱子，又与朱子有所不同

　　退溪学问以朱子为宗，自己曾明确宣称："朱子吾之师表也，非朱子之言不敢言，非朱子之行不敢行，而动静云为出处行藏唯晦庵是循。晦庵虽不得见，而晦庵之道在兹焉。"[11]在易学上大抵亦如此。朱子重视《太极图说》，退溪也重视。朱子尊重邵康节，退溪也尊重。朱子相信圣人据河图洛书画八卦，退溪也相信。朱子作《启蒙》，退溪潜心研究《启蒙》，作《启蒙传疑》。退溪易学得自朱子，继承朱子。

但是，退溪学贵自得，对《易》有自己的体悟，实际上对朱子的易学思想并未百分之百地继承过来，而是有所取舍，有所不同。

我们知道，朱子对伊川程子的《易传》持批评的态度，因此才有《本义》之作。朱子尝言："《伊川易传》，又自是程氏之易也。"[12]又言："某看康节易了，却看别人的不得。"[13]显然不满意程子《易传》。退溪20岁读《易》，讲究其义，至于废寝忘食。究竟是读谁的《易》，退溪本人从未交代过，我们不知道。可以肯定当时退溪读的不是朱子的《本义》，因为退溪后来说："读《易》欲以《本义》为先，此亦从来所见如此。世儒虑及此者自少，虽或有之，皆牵于讲业而未果去取。则方其读时同于世儒之牵，及见得此意后，昏病不能读。主《本义》兼《程传》以还洁净精微之旧，正有望于高明之今日也。"[14]意谓他当年未曾读《本义》，现在昏病不能读，大有抱憾终生之意。至于对《程传》的态度，这里他既说"主《本义》兼《程传》"，就说明他很重视《程传》。有一次国王问："《程传》、《本义》何为先？"退溪竟如此回答："《易》之道明消长盈虚之理、进退语默之机不失乎时中也。占侯，《易》之末也。《程传》宜先。"[15]认为《易》，理是本，占是末，学《易》主要应当学《易》之理，以把握时中，占是极次要的。《程传》正是如此，所以主张学《易》宜以《程传》为先。这就与朱子不同。我因此推测，退溪20岁开始读的《周易》，可能是《程传》。

朱子不止一次地强调说："《易》本卜筮之书，后人以为止于卜筮。至王弼用老庄解后，人便只为理，而不以为卜筮，亦非。今人不看卦爻而看系辞，是犹不看刑统，而看刑统之序例也，安能晓。须以卜筮之书看之。"[16]又说："近世言《易》者，直弃卜筮而虚谈易理，致文义牵强而无归宿，此弊久矣。要须先以卜筮占决之意求经文本义，而复以传释之。"[17]又说："《易》本为卜筮而作，其言皆依象数，以断吉凶。今其法已不传，诸儒之言象数者，例皆穿凿。言义理者又太汗漫，故其书为难读。此《本义》、《启蒙》所以作也。"[18]又说："读《易》之法，窃疑卦爻之词，本为卜筮者断吉凶，而因以训诫。至《象》、《象》、《文言》之作，始因其吉凶训诫之意而推说其义理而明之。后人但见孔子所说义理，而不复推求文王、周公之本意，因鄙卜筮为不足言。"[19]又说："象数乃作《易》根本，卜筮乃其用处之实。"[20]又说："大抵《易》之书，本为卜筮而作，故其词必根于象数，而非圣人已意之所为。其所劝诫，亦以施诸筮得此卦此爻之人。近世言《易》者殊不知此，所以其说虽有义理而无情理。虽大儒先生在所不免。"[21]很明显，朱子的意思有三，第一，《易》本为卜筮而作，本为卜筮之书。第二，象数是作《易》之根本，《易》之实际用处是卜筮。鄙薄卜筮为不足言是不对的。第三，卦爻辞本为卜筮者断吉凶而作。孔子《易传》因卦爻辞吉凶训诫之意而推说义理以明之。

今翻检《退溪学文献全集》，绝不见退溪有《易》本为卜筮而作、《易》本为卜筮之书的言论。退溪倒是非常肯定地说"《易》乃理数渊源之书。"[22]说《易》为理数渊源之书，与说《易》本为卜筮之书，有很大的差异。退溪是这样说的："《易》乃理数渊源之书，诚不可不读，但不如《语》、《孟》、《庸》、《学》之切于学者日用功夫。故先正或以为，'非学之急，其实莫及于究理尽性之学也。所喻学不践履，虽有所知，奚贵？'此真切至之言。读《易》时苟忽此意，浸与义理不相交涉而日远矣，甚可惧也。"[23]退溪看待一切学问都从是否有利于进修践履这一角度出发，所以他说论切于学者日用功夫，《易》不如《四书》，《易》中有理有数，理至关重要，学《易》只注意数而不涉义理，便于践履毫无意义，那是可怕的。而朱子论作《易》学《易》，都把象数、卜筮放在第一位。

退溪不仅在理论中如此，在实践上也是明确反对卜筮的。请看退溪先生关于卜筮的具体言行：

> 于占筮则曰今也筮草不生，占室难立，不可以亵妄交神明，虽知其说、究其道，而一切不为。[24]

> 先生于卜筮之事，虽知其说，亦不喜为之。[25]

> 问巫觋邪妄岂可信哉！先生曰此言甚善，但不能穷理，未必能保其不惑耳。[26]

> 巫觋祈祷之事，一切严禁，不接门庭。[27]

可见退溪先生虽知卜筮之法，但是坚决不信卜筮，更不为卜筮。而且对于民间流行的用生辰八字测命之事亦深致质疑。他说："人之在母十月，形质心性靡不该具而后生出，是岂初受胞胎时五行未备，清浊粹驳寿命通塞之兆都未有定，至于生出日时俄顷之间方始来植袭人，都变了他前所禀得底，以今所袭换者为此人贤愚贵贱修短之所定乎？似无此理。"[28]这就根本否定了以人出生之年、月、日、时之八字测人一生之命运的可信性。

退溪没有说过朱子"《易》本为卜筮之书"一说不对的话，但是从他只说"《易》是理数渊源之书"，强调《易》本有象数也有义理来看，他是不赞成朱子"《易》本为卜筮之书"这一论断的。

关于程朱两位大师的易学，退溪在答弟子问时曾说："（程朱）两先生皆有大功于易学者也。"[29]关于程朱两先生之易学著作，退溪在与友人书中说："易书难读，紫阳（按：朱子）先生已属言之，况我辈耶！今但随《传》（按：《程传》）随《义》（按：《本义》）求羲文周孔之心，不穿凿为说，以返洁净精微之旧。"[30]可见退溪先生心目中，程朱及其著作，是平等看待的。对伊川程子及其《易传》毫无批评之意。这一点与朱子本人对程子《易传》的看法，是不一样的。

三　贵理不贵数

退溪虽然说："《易》乃理数渊源之书"，似乎理数并重，而实际上却是贵理不贵数。退溪说："谈命之事亦岂可谓无其理也。但圣贤贵理不贵数，唯理可为者尽力为之可矣，若徒信数而已，则祸福之来，一切委之于数，则无为善之心矣，奚可也！"[31]这是一般地讨论轻理重数的危害。退溪又说："洪应吉其学不能无差，盖深于数学而未精于理，且多认气为理之病"[32]，这是具体评价一位学者深于数而未深于理的差失。退溪又说："有汉城人金命元来此读易象数之学，虽以为性理之源、玩养之助，然于身心日用功夫不甚亲切。每日讲究数卦，便觉疲倦，无精力可及他书，殊浪过了日子。"[33]这是说耽溺于象数之学空浪费时间的经验之谈。退溪又说："吾东方则非无志道向学之士，而或拘于象数之学，或昧于理气之分"[34]，这是说当时学术界有人拘于象数之学，不能精思力践的通病。退溪又说："《易》中所言象数，不过《启蒙》所引数条而已，而其义已尽说破，学者晓得此书所说象数，则《易》中象数皆有用云耳。《启蒙》皆引《系辞》孔子言释之，其言皆象数也。"[35]这是给象数之学划定了一个范围。意谓《易》之象数只是孔子《系辞》中提及的那些，朱子《启蒙》所言象数即孔子所论的几条。于是把汉易的杂七杂八的所谓象数一律排除在象数学之外了。退溪之所以在《启蒙》一书上下功夫，而除对纳甲法有所讨论之外对汉易一概不感兴趣，其原因即在于此。

我们必须明白，退溪重义理而不重象数；退溪即便讲究象数，其所指也仅仅在孔子所涉及的界限之内。退溪本人研究易学从未溺于象数。后世丁若镛作《陶山私淑录》曾说："此可见先生主一无适之工也。以先生精思密察之法，苟于象数之学暂费研究，岂不能毫分缕析！盖且置一边，殊无用力到底之意耳。"[36]此是丁氏从退溪答李仲久的书信中悟出的信息，他发现退溪于象数之学实不曾"暂费研究"，"殊无用力到底之意"。我认为，丁氏此言不为无据。

退溪对象数持这样的态度，对义理的态度又怎样呢？

据《退溪先生年谱》载，"退溪六十八岁九月乙卯入侍朝讲"，小注云："因讲《论语集注》至'学易，则明乎吉凶消长之理，进退存亡之道'，先生推衍其义，进启曰'六十四卦，义理皆具，姑以乾卦言之'云云。"[37]

弟子禹景善（性传）问《易》"显道神德行"句，退溪答曰："德行虽人所做的，所以为德行者皆《易》之理也。圣人体《易》之理，潜见跃飞行止久速皆《易》之序也。故曰'拟之而后言，议之而后动，拟议以成其变化'。其《本义》曰：'观象玩辞，观变玩占，而法行之。'夫观变玩占而法行之。而得《易》之序得《易》之理，则人所以神其德行，岂非因《易》之数乎！《易》之数因占筮而见，故孔子赞卜筮之法而终之以此言，朱子又以行以数神释之，恐不必为疑也。得《易》理得《易》序则神妙无方，着一毫固必于其间，则是人为硬做而不神矣。"[38]

这是说，占筮体现《易》之数，数中有理有序，人依《易》理《易》序而行就是，不须加入丝毫主观意志。理、序含在数中，而《易》之数乃天道自然。这一认识，直接得自朱子。

言理数关系问题，势必牵连对邵、程、朱三人的评价。而一旦涉及对此三人易学观点的比较，退溪本人的易学方向便不得不接受最后的检验。退溪答郑子中别纸有云："康节之术，二程不贵，非独指推算知来之术，只数学亦不以为贵。盖有理便有气，有气便有数，理不能遗气以独行，以亦何能遗却数耶！来喻所谓数岂理外事者，正是如此。但主于理则包数在其中，其或有包不得处，不计利害而事皆得正。主于数，则其常者固亦理在其中；其变者则鲜合于理，而虽推利避害、贼伦灭义之事皆不惮为之，此二程所以不贵其术也。然此特因术而虑夫末流之弊必至于此耳，非谓康节为然也。至于河图洛书乃理数之原，圣人于《系辞》既明言之，其不可舍此而学《易》明矣，而二程于康节并此而不与之讲明，此则不可晓。岂此等事发明于天地间，亦有待而然，故康节才能独得，而至朱子然后乃大阐发，使人人皆得而与闻之耶！然则学者欲学尧夫主数而能该理固难矣，如晦庵主理而兼明数，又安可不务哉！"[39]

我们知道，邵雍易学主数，特重河图洛书。程颐易学主理，而对邵雍之数学和河图洛书一向不予理睬。朱子则明显倾向邵雍而对程颐《易传》颇有微词。退溪对三位大家都极崇敬钦佩，认为程颐不理睬邵雍数学及河图洛书为不可理解；认为邵雍主数而能该理是难能可贵的，但是一般人学不了；认为朱子主理而兼明数是学者应当学也能够学得到的。然而从退溪的全部易学言行看，其实他很接近程颐的方向——主理，仅仅在孔子"十翼"局限的范围内涉及象数。上述退溪诸多不以象数之学为然的言论，就是证明。退溪肯定邵雍数学及河图洛书，不过停留在理论认识上而已，其落到实处的易学言行则接近程颐。后半生对朱子《启蒙》固然用功很深，那是因为他认为《启蒙》探讨的象数，未出孔子在《系辞》里所涉及的范围，不能说明退溪耽迷于象数之学。从总体上看，说退溪易学贵理不贵数，是可以成立的。

四　对《启蒙》的认识是全面的、正确的

门弟子郑惟一著退溪先生《言行通述》，内云："又谓数学非理外之书。自癸丑（1553年，53岁）以后兼治数学，谓朱子《启蒙》一书乃数学之祖，而多有未解处。玩索多年，洞究其原，乃著《启蒙传疑》，发挥分解，殆无余蕴。晚年多以《启蒙》教授学者。"[40]

郑氏此段记载很重要。我们由之得知退溪自53岁起研究《启蒙》，可见前半生自20岁起所读之《周易》不是《启蒙》。说"数学非理外之书"和"自癸丑之后兼治数学"，意味退溪学《易》历来以理为主。53岁之前未治数学，53岁之后开始治数学，也是"兼治"。这是说，退溪一生都不曾把数学放在第一位。

退溪既贵理不贵数，何以又特别热衷于《启蒙》？此一问题曾颇费思索，待读至其答弟子禹景善（性传）所问语，便茅塞顿开。退溪云："《易》中圣人所言象数不过《启蒙》所引数条而已，而其义已尽说破。学者晓得此书所说象数，则《易》中象数皆有用云耳。《启蒙》皆引《系辞》孔子之言释之，其言皆象数也。"[41]依退溪自述可

知，他研究《启蒙》，不为别的，是为了了解《系辞传》中孔子讲的象数。孔子易学当然重义理，但并非不要象数。所作大小象是专门讲《易》之象的，《彖传》亦以讲象为主，《系辞传》亦多次论及象数。后世王弼主"得意忘象"，未免偏颇，有失孔子易学之醇。退溪既言《易》中之象数不过《启蒙》所引数条，那么他热中于《启蒙》只是为了通过明晓《易》之象数更好地把握《易》之义理，便不言自明了。可见退溪研究《启蒙》，只是"兼治"，他所贵的始终是义理。

退溪固然特别看重《启蒙》，下大功夫研究《启蒙》，撰成《启蒙传疑》，晚年常给弟子讲授《启蒙》，认定"《启蒙》一书乃圣贤画卦命爻之说"[42]，"实理数之原"[43]，但是对《启蒙》一书始终保持着清醒的认识。既鼓励弟子门人读《启蒙》，又不忘叮咛不使至于耽迷。请看退溪的有关训诲。与孙儿安道书云：

汝既读《易》，《启蒙》不可不读。[44]

答门人问云：

门人问：《启蒙》书似不亲切于初学，何如？先生曰：固是。然学者不可不先知先儒有此说耳。又曰：若于此书熟读详味，久久实体，呈露目前事物无非这个，如何不亲切！[45]

与友人书云：

近因朝命试，再看《启蒙》，疑义甚多，研究颇费心力，得所未得处亦多。[46]

勉励门人读《启蒙》：

朴济请受《大学》，留止累日，讲质《启蒙》，悟解精深，先生勉使成就。[47]

告门人初学勿先读《启蒙》：

李德弘初志于学，尝欲学《启蒙》。先生曰：君第读四书，此非所急也。[48]

告诫门人读《启蒙》不可泛泛读过：

士诚与夹之、熏之、逢原读书于清凉山寺，归路侯谒先生。先生曰：《启蒙》书毕读否？读书不可泛泛看过。不见赵士敬乎，读书必如此，方有所得也。[49]

论读《启蒙》不可耽迷：

金慎仲、琴熏之、禹景善及孙儿安道，皆会共读《启蒙》，相与研究讲论，多见到前所未到处。至昨方罢去，可乐也。但象数者至理所寓，精微深妙，亦非身外事，然却被日夜留心于此，亦觉德性上功夫不能专一，不无害事，而况他事乎！[50]

总观退溪上述言行，知道他认为《启蒙》一书是理数之原，数学之祖，学者必须认真研读。他本人后半生于此书用功很大。但他也清醒地注意到《启蒙》于学者之进修践履功夫实不亲切。尤其认为于初学者并非急务，不赞成门人弟子日夜留心于此，生怕人们由于耽迷于《启蒙》而影响德性修养。在他看来，学者要学《启蒙》，知道先儒有此一说就行了。《启蒙》是数学，数中固有理在，但是数中之理是天道，毕竟与人道还有距离，与人之日用功夫远不如四书那般明快、直接、亲切。退溪是"宁为圣人而不至,不欲以一艺一行成名","论学必本于圣贤而参之以自得之实"[51]的人,因此对《启蒙》一书,无论是自研还是授徒,都不可能放在第一位。他对《本义》尚有向未精读之悔,而于《启蒙》却绝无晚读之恨。这种态度同他在整个易学上贵理不贵数的观点是一致的。

五 融会《易》理,用于践履

退溪先生是醇儒,佛氏老庄申韩管商等书在他那里全是异端邪说,排斥之而一概不务,唯务孔孟程朱。其为学之次序,先《小学》次《大学》次《中庸》、《论语》、《孟子》,次"五经"。《心经》也在反复精研之列。于"五经",著有《周易释义》、《诗释义》、《书释义》。《仪礼》、《礼记》虽未及作专书,其贯通礼义,纵横深究,亦无可比者。退溪一生所为乃性理之学、圣贤之学,别无旁骛。

在为学之法上,退溪一重读书二重践履。读书为践履,践履本于读书,两者决不偏废。所以一向抵制陆象山、王阳明之心学。读《周易》当然也落实到日用践履上。既占卜邪妄之术一切不为,则于《易》必钻研体究、融会贯通义理以用于德行进修、日用践履无疑。

退溪所作《周易释义》用韩文写成,其内容如何,我不得而知。书中间或使用《周易》汉文词语,我乃知道此书只解六十四卦和《系辞传》,不及其余。各卦只解部分词语,不解卦象,不画卦爻符号,卦爻辞也仅仅解一部分。看似玩辞而已,并不观象。辞也是有体会则解,无体会则不解。说明退溪于"《易》有圣人之道四焉"[52]中专主"尚其辞"一道。

《周易释义》我看不懂,我从退溪留下的其他文字中发现退溪不少涉及《易》之理的地方,有些理解深刻入里,透彻无比,其前其后殆无能及者。试举几例如下:

其一,关于学《易》可以无大过。《年谱》载退溪先生68岁九月乙卯入侍朝讲。因讲《论语集注》至"学《易》,则明乎吉凶消长之理,进退存亡之道",推衍其义,进启曰:"六十四卦《易》理皆具,姑以乾卦言之……九五飞龙在天,上九位已亢极,故曰:'贵而无位,高而无民。'有'亢龙有悔'之象。人君者以崇高自处,简贤自圣,独智驭世,无下下之意,则应此象而有'穷之灾也'。必须谦虚好问,同德共济,乃免亢龙之灾也。《系辞》曰'危者安其位者也,亡者保其存者也,乱者有其治者也'。又曰'其亡其亡,系于苞桑',人君知此而可以无大过矣。"[53]次年三月退溪又进言曰:"圣意故论议处事之间不无独智驭世之渐,识者预以为虑。臣前日所上乾卦'飞龙在天'之上又有'亢龙有悔'之言。夫'飞龙在天'乃人主极尊之位,其上又有一位,则过高矣。故过自高亢,不肯与臣下同心同德,则贤人在下位而无辅,所谓'亢龙有悔'也……此君德之大病。夫太平极则必有生乱之渐,今时则然,事或有所误则如挽舟逆水而上,一放手之顷,从流而下,遇风波而覆也。"[54]《论语·述而》记孔子曰:"五十以学《易》,可以无大过矣。"朱子《集注》曰:"学易,明乎吉凶消长之理,进退存亡之道,故可以无大过。"退溪完全理会了《易》为寡过之书的道理。亢龙之灾本是天之道，是一定不易的，但是在人则可以易，只要人明于天之道而不犯错误，亢龙之灾可以避免，退溪说："命之在物固不可易，其在人也有可易之理。至尽其道而不免，然后可以委之于命。故孟子有正命非正命之论。"[55]又，或问命之在天地则不可易而在人则可易者何也? 退溪答曰："天地无为而任运，人道积善以回天。"[56]这就在关键问题上同一切象数之学划清了界限。

其二，关于时中。《易》贵时中，退溪对《易》时中之义体会至深。其答闵判书箕书曰："可进而进，以进为恭; 可不进而不进，以不进为恭。可之所在即恭之所在。"丁若镛《陶山私淑录》评论说："此如孟子所云'莫如我敬主也，可之所在即恭之所在'一语，此正君子时中之义，秤量至精，移易不得，一生当念念不忘者也。"[57]

退溪总结自己一生进退的经验说："凡所以求合于古人之道者，恒由于退身而辄乖于致身。正如鲁男子所谓以吾之不可学柳下惠之可，岂不然哉! 盖义之所在，随时随人变动不居。在诸公则进为义，欲使之为我所为，不可也。在我则退为义，欲使之为诸公所为，亦不可也。"[58]

退溪就特殊情况下处理问题的办法说："凡事到无可奈何处，无恰好道理，则不得已择其次者而从之，乃所为权，亦此时所当止之处也。"[59]

退溪又说："凡吾之显晦语默不可不随时消息以善身也。"[60]又说："尧舜君民虽君子之志，岂有不度时不量力而可以有为者乎。"[61]又对大王殿下问说："《易》之道明消长盈虚之理，进退语默之机，不失乎时中也。"[62]

《系辞下》："不可为典要，唯变所适。"《论语·微子》："无可无不可。"《孟子·离娄下》："唯义所在。"都是《易》时中之义，退溪体悟可谓至精，且身体力行之。

其三，关于屈伸。《易》认为天下消息盈虚，不过一往一来而已。往即屈，来即伸。往来屈伸，天之道也。退溪对此看得很透。退溪说："前以为气散即无，近来细思，此亦偏而未尽。凡阴阳往来消息莫不有渐，至而伸反而屈皆然也。然则既伸而反于屈，其伸之余者不应顿尽，当以渐也。既屈而至于无，其屈之余者不应顿无，岂不以渐乎! "[63]不仅知道《易》往来屈伸之道，而且认识到往来屈伸转化之间，有一个渐变的过程; 渐变之后还有个承继的关系，即屈变伸，伸中有屈; 伸变屈，屈中亦有伸。往与来，屈与伸，相互转化，但不能一刀两断。退溪这一卓见，是前无古人的。

其四，关于谦虚。《易》贵谦，故谦卦六爻皆吉。退溪吃透了谦的道理，一生为人为学为官都谦以为上。由此更见退溪对《易》之理体悟之深沉。其答李仲久书曰："人有恒言皆曰世不我知，某亦有此叹。然人则叹不知其抱负，某则恨不知其空疏。"丁若镛《陶山私淑录》评云："此在先生实谦挹之辞也……嗟夫先生以经天纬地之学，继往开来之业，当时在朝诸公犹夫在门墙之外，其宗庙百官之盛宜不能窥其一二，而先生犹以空疏自处而不恨其不知抱负。谦谦君子，微先生吾谁与归! "[64]更能反映退溪谦谦君子风度的是另外两件实际的表现。一件是对曹南冥挖苦式批评的反映。曹南冥来书直言："近见学者手不知洒扫之节而口谈天理，计欲盗名而用以欺人，反为人所中伤而害及他人。岂非先生长老无有以诃止之故耶！"退溪与郑子中书言及此事云："南冥之言真可谓为吾辈药石之言。自今，请各更加策励，以反躬实践为口谈天理之本，而日事研穷体验之功，庶几知行两进，言行相顾，不得罪于圣门而免受诃于高世之士矣。"[65]另一件是退溪与奇大升争论四端七情之辩多年，各持己见，易箦前一月忽有所悟，乃命人代书寄大升，深切表白自己先前之误。深刻体会《易》谦之道，切实应用于德性践履，只有大贤之人能之，一般学者实难企及。门人曹好益说："近见诸公称退溪皆说学朱子，其实先学颜子，其资禀盖相似。"[66]退溪闻过则喜，过则勿惮改的大贤气象，的确与颜子相似。

其五，关于利。退溪对《易》之利字的分析至为明晰。退溪答黄仲举书云："自利之本而言之，礼者义之和，非有不善，如《易》言利不利，《书》言利用之类是也。自人之为利而言之，在君子则为心有所为之害，在众人则为私己贪欲之坑堑，天下之恶皆生于此。利之为言，随处不同如此。"[67]重答黄仲举书说："盖利字之义，循其本而言，只是顺遂便益之名。君子之处事以义，未尝不顺遂便益，故曰'利者义之和'。如云循天理则不求利而自无不利者是也。若以利为人欲，则天理中一毫看不得，何云'义之和'耶。大抵此利字与寻常利字迥然不同。"[68]利不是所谓人欲，与天理并不抵触，退溪如此释利字之义，与《易》"利者义之和也"之义正相符合，较宋人的解释为高明。

综观上述五例，知退溪体悟《易》理至深至精，融贯胸中，随时拈来使用。与邵雍推数一派大不同，而与程颐近似。《荀子·大略》说："善为《易》者不占。"退溪恰是善为《易》的人。孟子通《易》而不言《易》。退溪言《易》，与孟子异。而用《易》于日用践履的水平未见得低于孟子。

六　太极是理，阴阳是气，理先气后

《系辞上》云："易有太极，是生两仪，两仪生四象，四象生八卦。"此四语有宇宙本体论的意义，历来受重视。但是理解多歧义。孔子之后，宋人之前，论太极者皆以气言。《老子》讲"道生一，一生二，二生三，三生万物"。《庄子》讲道在太极之先。既言道生一，道先于太极，则一、太极不是道。太极既同于一，则太极是混沦未分之名。许慎《说文解字》第一字"一"下说："惟初太极，道立于一，造分天地，化成万物。"亦谓太极、一是天地未判的混沦状态。这太极、一显然指称气。

至宋，周敦颐画太极图，作《太极图说》，言"无极而太极"。朱子发挥周氏之说，认定太极是理，阴阳是气。理与气的关系，朱子《太极图说注》云："推之于前，而不见其始之合；引之于后，而不见其终之离也。"[69]意谓理与气一体混成而可两分。一体混成是说理气不相离，可两分是说理气"决是二物"[70]不相杂，亦即所谓"而不见其始之合"。这不相杂，"而不见其始之合"，关系到理与气，太极与阴阳，谁先谁后的问题，当然是至关重要的。朱子说："未有天地之先，毕竟也只是先有此理，便有此天地。"[71]又说:"若论本原,即有理然后有气。"[72]又说:"太极只是天地万物之理。"[73]又说:"推其本,则太极生阴阳。"[74]太极是理,阴阳是气。就禀赋而言,太极与阴阳不可分,无前后;就本原说,则先有太极后生阴阳。这是朱子的基本观点。

退溪和当时另几位大学者如奇大升、李栗谷、李一斋、成浩原诸人在太极与阴阳关系问题上,都承继朱子的观点,而各人在理解上略有不同。

李一斋强调太极与阴阳不可分的一面,说"道器虽有上下之分,然其太极两仪上下精粗是圆融无际而为一体者也"[75],认为不可"分理气太甚"[76],理气"盖一而二,二而一者也"[77]。此说与朱子无异,只是说太极兼理气言,不以为气由理生,这一点与朱子不同。奇大升则说:"举天地万物之理而名之曰太极,则所谓太极者只是理而不涉乎气者也。"[78]与朱子说完全一致。

李栗谷肯定太极是理,阴阳是气,与朱子同。而强调气无离合,与朱子大异。他说:"发之者气也,所以发者理也。非气则不能发,非理则无所发(自注:此二十三字,圣人复起,不易斯言)。理气混融元不相离,若有离合,则动静有端,阴阳有始矣。理者太极也,气者阴阳也。今曰太极与阴阳互动则不成说话;太极阴阳不能互动,则谓理气互发者,岂不谬哉!"[79]关于"是生两仪",栗谷说:"前天地既灭之后,太虚寂然,只阴而已,则太极在阴。后天地将辟,一阳肇生,则太极在阳。"又说:"大抵阴阳两端循环不已,而太极无不在焉。此太极所以为万化之枢纽,万品之根抵也。"[80]意谓阴阳无始,自古固存,而太极在阴阳之中。不认为先有个太极在那里,然后生出阴阳来。栗谷这一思想实际上与唯气论即唯物论已十分接近。

退溪则与栗谷不同。退溪关于太极阴阳的说法与朱子完全一致,十分醇粹,没有丝毫的加损。退溪坚守朱子理气有离合之说,强调理气决是二物。他说:"无情无意,本然之体。能发能生,至妙之用。理自有用,故自然而生阳生阴也。"[81]退溪认为太极(理)是纯粹的,"至虚而至实,至无而至有,动而无动,静而无静,洁洁净净地一毫添不得一毫减不得。能为阴阳五行万物万事之本,而不囿于阴阳五行万物万事之中。安有杂气而认为一体看作一物耶!"[82]既然认定太极、阴阳是二物,则必然认为就本原而言,阴阳(气)是由太极(理)生出来的。所以他说:"孔子曰'易有太极,是生两仪',若曰理气本一物,则太极即是两仪,安有能生者乎!周子曰'太极动而生阳,静而生阴'。又曰'无极之真,二五之精,妙合而凝'。曰真曰精,以其二物,故曰'妙合而凝'。如其一物,宁有'妙合而凝'者乎!"[83]

总之,在太极阴阳问题上,退溪一依朱子,以周子《太极图说》为说,力主太极是理,阴阳是气,理气决是二物,二者不相离亦不相杂,而更强调不相杂。唯其不相杂,故理先气后,太极在先,而后生出阴阳。

七 结语

退溪李滉先生是有世界意义的文化名人,其影响之大之深,非同凡响。赵宪《请四贤从祀疏》说，"李滉集东儒之大成，绍朱子之嫡统"，"善者闻言而景慕，恶者望风而自戢。当今之士，稍加尊君爱亲而有礼义廉耻者皆薰其德而兴起者也"[84]。李植说，"自朱子以后，学者著述甚多，率以文华润色，读之使人意思悠泛，少见启悟，唯许鲁斋（衡）立言近于程朱而不多传。若以《退溪集》继之朱子之后，则虽真西山（德秀）无以过之。夫心得之言与口耳不同，读者当自知之"[85]。权相一《观书录》云："老先生声名施及蛮貊异类，《文集》亦入于他国。日本所谓弘文学士林恕作《二程治教录》跋有曰'朝鲜李退溪亦言之'云云。"[86]又云："退溪新刊《文集》于大阪城，字体精好，家诵而户讲之。诸生辈笔谈问目，必以《退溪集》中语为第一义。"[87]栗谷李珥说："先生为世儒宗。赵静庵（光祖）之后无与为比。其才调器局或不及静庵，至于深究义理，以尽精微，则又非静庵所及矣。"[88]

退溪一生"宁学圣人而不至，不欲以一艺一行成名"，学问之重点在"四书"和《心经》，而重点之重点在于持敬进修，反躬践履。然而于易学功夫极深，至熟至精。论其易学之渊源，则于周敦颐、邵康节、程颐、朱熹都有所继承。于四大儒之间，退溪更重程朱。程朱皆重《易》之理，故退溪亦重《易》之理。程颐特别重义理，于象数未忘而已；朱子主义理而兼象数，于象数颇为留心。退溪则主义理，于象数虽亦用力研讨，但决不耽迷，至于卜筮之事不言亦不为。由此观之，退溪易学与其说一承朱子，不如说更像程颐。可以说，退溪是义理派易学大家。

注释：

（凡引启明汉文学研究会刊行的《退溪学文献全集》语，本注释一律简称《全集》。）

[1][28][55][56][81][83]《李子粹语》卷一，《全集》第七册，第181、142、141、181、129、133页。

[2][6][33][82]《李子粹语》卷二，《全集》第七册，第201、213、211、186页。

[3][7][40]《退溪先生言行录》卷六，《全集》第十八册，第343、343页。

[4][8][9][34][37]《退溪先生年谱》，《全集》第十九册，第176、200、233、263—264、233页。

[5][10][43][88]《退溪先生年谱补遗》，《全集》第十九册，第364、517、430、349页。

[11][24][25][26][42]《溪山记善录》下，《全集》第十八册，第472、479、420、421、482页。

[12][13][45][84][85][86][87]《朱子语类》卷六七，钱穆《朱子新学案》第四册，台湾三民书局1989年，第45、47、45、557、541、541、541页。

[14][22][23][39][46][47][50][65]《退溪先生书节要》卷六，《全集》第六册，第642、618、618、633、532、311、657、647页。

[15][62][66]《陶山及门诸贤录》卷三，《全集》第二十册，第280、280、286页。

[16]《朱子语类》卷六六，钱穆《朱子新学案》第四册第20页引。

[17]《朱子文别集》卷三，同上，第21页引。

[18][51]《朱子文集》卷六十，同上，第22、55页引。

[19]《朱子文集》卷三三，同上，第28页引。

[20]《朱子文集》卷四五，同上，第35页引。

[21]《朱子文集》卷三八，同上。

[27][31][32]《退溪先生言行录》卷五,《全集》第十八册,第287、287、276页。

[29]《退溪先生年谱补遗》小注,《全集》第十五册,第520页。

[30]《退溪先生书节要》卷五,《全集》第五册,第531页。

[35][38][41]《溪门讲义》卷四,《全集》第十册,第312、372、312页。

[36][57][64]丁若镛《陶山私淑录》,《全集》第二十三册,第114、109、119页。

[44]《陶山及门诸贤录》卷四,《全集》第二十册,第373页。

[48][49]《退溪先生言行录》卷一,《全集》第十八册,第59、33页。

[52]《易·系辞上》。

[53][54]《退溪先生言行通录》第七卷,《全集》第十七册,第546、567页。

[58]《退溪先生书节要》卷四,《全集》第五册,第408页。

[59][60][61]《李子粹语》卷三,《全集》第七册,第336、338、33页。

[63]《退溪先生书节要》卷三,《全集》第四册,第96页。

[67][68]《退陶先生自省录》卷一,《全集》第四册,第96、108页。

[69]《周子全书》上,商务印书馆1937年,第7页。

[70]《朱子文集》卷四六,钱穆《朱子新学案》第一册第247页引。

[71][73]《朱子语类》卷一,同上,第240、263页。

[72]《朱子文集》卷五九,同上,第242页。

[74]《朱子语类》卷七五,同上,第264页。

[75][76][77][78]《两先生往复书》卷一,《全集》第八册,第51、52、52、54页。

[79][80]《栗谷年谱上》,《栗谷全书二》,成均馆大学校大东文化研究院1992年,第292、305页。

（原刊《周易研究》1998年第4期）

谈《易传》对《乐记》的影响

　　《礼记·乐记》是我国最早的一部系统阐述音乐美学思想的作品。而其中的《乐礼篇》有一段话："天尊地卑，君臣定矣。卑高已陈，贵贱位矣……"与《系辞上》第一段惊人地相似。它们用了同样的句式，但一论礼乐，一论乾坤。对于两者之间的联系，前贤曾有论及，张岱年先生在《论〈易大传〉的著作年代与哲学思想》（载《中国哲学》第1期）一文中已肯定地指出《系辞》必在《乐记》之前。而李学勤先生在其专著《周易经传溯源》中更以专章讨论了《系辞》与《乐记》的作者和成书年代问题，指出："《乐记》和《易传》的关系，比子思的《中庸》等篇要密切得多，《易传》特别是《系辞》的理论观点，已为《乐记》的音乐学说所吸收和应用，体现在各个方面。"我们认为两位先生的观点各有见地：《易传》为孔子所作；而《乐记》是七十子之弟子、战国初期的公孙尼子的作品，则《乐记》的这段话是抄袭《系辞》而完成的。本文就是从这一基本认识出发，拟探讨《易传》的哲学思想对于传统儒家的音乐美学理论之形成所产生的巨大影响。

一　思维方式的继承

　　前面我们提到在《乐记》中有一段与《系辞》中文字极为相似的话，即：

　　　　天尊地卑，君臣定矣。卑高已陈，贵贱位矣。动静有常，小大殊矣。方以类聚，物以群分，则性命不同矣。在天成象，在地成形。如此，则礼者天地之别也。地气上齐，天气下降，阴阳相摩，天地相荡，鼓之以雷霆，奋之以风雨，动之以四时，暖之以日月，而百化兴焉。如此，则乐者天地之和也。

　　而《系辞上》的首段文字是：

　　　　天尊地卑，乾坤定矣。卑高已陈，贵贱位矣。动静有常，刚柔断矣。方以类聚，物以群分，吉凶生矣。在天成象，在地成形，变化见矣。是故刚柔相摩，八卦相荡，鼓之以雷霆，润之以风雨，日月运行，一寒一暑，乾道成男，坤道成女。

　　《系辞》中言"天尊地卑，乾坤定矣"，用天之位在上，地之位在下这样的自然现象来说明首乾次坤的必然性。它不仅揭示了《周易》的基本思想，即《周易》是乾坤哲学，更说明了其贯穿始终的思维方式：天与人是合一的，二者在基本原则及基本规律上是一致的，圣人是以"天之道"通过"易之象"而证明"民之故"。它以乾坤为中介，用世间万物客观存在的这种高下差别来说明社会生活存在尊卑等级差异的合理性。而这种独特的思维方式正是孔子对于《周易》作者周文王的思想创造性的发挥。

据金景芳老师的研究，《史记》"文王拘而演周易"一说是可信的。那么，周文王在被囚前是"三分天下有其二以服事殷"（《论语》），只是纣王属下的一个比较强大的诸侯，而纣王听信了崇侯虎的谗言，认为文王将不利于自己，遂囚文王于羑里。文王意识到殷王朝的气数已尽，所以他在被囚之后，思想已经发生了变化。他要推翻旧的政权，建立自己的统治。当时迫切需要一套新的思想武器来为建立未来的政体服务，证明其统治权的权威性。而据《礼记·表记》"殷人尊神，率民以事神。"殷人当时是处在巫史文化之下，虔诚地相信卜筮所得即是上天所垂示之兆。那么，对于文王来说，借用卜筮的形式来宣传自己的思想，自然是最有效的方式。同时，作为一种全新的思想武器，必须适应新的社会状况，表现出与前代迥异的意识形态。所以，与殷代卜筮之书《归藏》首坤次乾的排列次序不同，文王演易首列乾而次承坤，并做乾卦卦辞为"乾，元亨利贞。"坤卦卦辞为"坤，元亨利牝马之贞。"表明乾健坤顺的思想原则。

而孔子面对春秋时期礼坏乐崩的社会现实，一生向往着恢复周代的礼乐文化。他对代表着西周思想文化特点的《周易》做了天才性的阐发。透过《周易》一书卜筮的外壳，而看到了文王感于忧患而作易的良苦用心，对于其思想内蕴做了极为详尽的揭示。可以说从孔子作《易传》开始，《周易》才真正成为一部哲学著作。在《系辞》中孔子指出"《易》与天地准，故能弥纶天地之道"，"《易》其至矣乎？夫《易》，圣人所以崇德而广业也。知崇礼卑，崇效天，卑法地，天地设位而《易》行乎其中矣。"就是明确地将天高地下这种自然存在的现象与乾坤的排列次序相联系，提出天地有崇卑，则乾坤有贵贱。而"《易》之象"正是圣人通过体察"天之道"而得到的。这样就证明文王演《易》首乾次坤、乾尊坤卑的正确性和必然性，而圣人推演《周易》虽是为了卜测吉凶，但更是为了将天道的真理应用于人道，所谓"是以明于天之道，而察于民之故。是兴神物，以前民用。"讲天道，演易象，其最终目的是掌握现实生活中人事的变化规律，更好地统治人民。尽管"天道远，人道迩"，但是要想保证自己学说的权威性，还是要以天道为号召，才能更具有说服力。孔子对《周易》这一思想的揭示与倡扬可以说是上承文王而下启儒家一系，对于中国传统学术文化的形成产生了重大的影响。《礼记·乐记》也正是继承和运用了这一思想而论述礼乐在社会生活中的重要地位和巨大作用的。

在《乐记》中，作者首先以"君臣"来置换"乾坤"，说明了公孙尼子作为孔子的再传弟子，他在运用这种以"天之道"而证"民之故"的思维方式时，已经越过"易之象"这一卜筮的中介而直接用天之道来说明具体的人事规律。这一点在紧接着所谈的礼乐观念中表现得更为明显，它将天地与礼乐直接联系在一起：

> 乐者，天地之和也。礼者，天地之序也。和，故百物皆化。序，故群物皆别。乐由天作，礼以地制。过制则乱，过作则暴。明于天地，然后能兴礼乐也。

在《系辞》中还有"乾道成男,坤道成女。乾知大始,坤作成物"的句子,而《乐记》中则言:"乐著大始,而礼居成物。著不息者天也,著不动者地也。一动一静者,天地之间也。故圣人曰礼乐云。"天之道,生生不息,孕育万物;地之道,德方至静而化成万物。二书均以此说明问题,但一言乾坤,一言礼乐。不同的概念,相同的句式,正说明了《乐记》中所言之礼乐观念与《易传》中论乾坤性质的思路是一致的。在《乐记》的作者看来,天地万物有自然的种类与差别,又有着自然的化育和谐,而人世间的圣人正是参照了自然的这种秩序而规定社会中所要遵循的原则。其礼乐思想是主张"乐统同,礼辨异",礼乐并行,"所以同民心而出治道也"。它认为要想区分血缘关系上或政治秩序中的不同等级,必须要有"礼",才能使贵贱分明,但这种贵贱的区分容易导致上下等级之间关系的紧张,不利于统治的稳固,所以要有"乐"来增进人们之间的亲和,使之相互亲睦。这样《乐记》就将天地自然与礼与政治伦理三者紧密联系。认为人间的礼乐出自于天地之礼乐,乃是圣人效法自然而制,它对于治理国家,统治民众又起着积极的作用。这种礼乐的思想正是以孔子在《易传》中所阐发的宇宙观为基础的。

那么,这里就存在一个问题:到底《乐记》认为礼乐与天地的关系是怎样的呢?是笼统合言,还是一一对应?孙希旦在《礼记集解》中对此的解释又一次证明了《乐记》是以"礼意当易道"(钱穆),其受《易传》思维方式浸润是相当之深的,孙希旦注曰:

> 上言乐者天地之和,礼者天地之序,下又以乐专属天,以礼专属地者,盖天地各有自然之和序,而乐之动而属乎阳,礼之静而属乎阴,于天地又各有所专属焉。犹之立天之道曰阴与阳,立地之道曰柔与刚。而分而言之,则阳与刚属乎天,阴与柔属乎地。虽若各为一理,而实则相通也。

孙希旦这里所说的"立天之道曰阴与阳,立地之道曰柔与刚",见于《说卦》的第二章,而这段话与《系辞》第十章"易之为书也,广大悉备,有天道焉,有人道焉,有地道焉,兼三才而两之,故六。六者非它也,三才之道也。"一段意思相近,且在长沙马王堆出土的帛书《周易》中两段合一,载于《系辞》,可见这一思想应是孔子在《系辞》中阐述的《周易》的基本思想的一部分。在《易传》中对于天地这一统一体来说,天为阳,地为阴,而"在天成象,在地成形,变化见矣"。对于天与地其个别的存在而言,则天有阴晴寒暑,日升月落,所以又自有阴阳之分;而地有山川湖泽,其中又自有刚柔之别,即孙希旦所言"虽若各为一理,而实相通也"。《乐记》所言礼乐也是如此,天地之间有自然的和谐,而乐与此同和,天地之间有自然的高下秩序,礼由此而出。但若把礼乐看作一个统一体,则乐的性质是流而不息,是动的,这与天的性质相同,而礼的性质是不动的,是静的,与地的性质一致。所以"乐由天作,礼以地制",表面上看似不通,其实是从不同角度立论。

二 中和思想的运用

在《礼记·乐记》的音乐思想中，非常重要的一点就是它论述了"中和"这一中国传统的美学原则，而这一点同样可以在《易传》中找到其思想源头。

首先，《乐记》所论"中和"之美的产生与《易传》的观点是一致的。

对于"中"与"和"的概念，子思在《中庸》中有一段话概括得相当准确：

> 喜怒哀乐之未发，谓之中。发而皆中节，谓之和。中也者，天下之大本也。
> 和也者，天下之达道也。致中和，天地位焉，万物育焉。

从这里我们可以看出在儒家思想中，中即是和，和即是中，其中的差别只在于发与未发。和即是已发之中，中即是未发之和，所指都是人心中一种自然的和谐状态。所以我们可以说和即是和谐，而这种和谐的思想最早在《周易》中体现得至为明显。

《周易》所包括的六十四卦、三百八十四爻都是由阴爻和阳爻这两个基本元素组成，它代表着世界就是由阴与阳两大要素构成。而它们形成世界的方式就是"一阴一阳之谓道"，阴与阳之间一来一往，此消彼长，这种阴与阳相反相成的规律正是天、地、人三才共同遵循的普遍规律。而这种相反相成的运动强调的却并不是阴与阳作为对立双方的排斥、斗争，而是阴与阳的和谐统一，这一点在乾坤两卦中体现得最为充分。

《系辞下》中有这样几句话："乾坤，其《易》之门耶？乾，阳物也。坤，阴物也。阴阳合德而刚柔有体，以体天地之撰，以通神明之德。"乾是纯阳，坤为纯阴，只有阴阳互相配合，和谐统一，才能够体现天地的变化，通达神明的德行。而这种阴与阳的和谐、统一是如何实现的呢？这主要体现在乾坤是如何配合一致而化生万物上。在六十四卦中，"乾道为男，坤道为女"，乾坤是父母，二者必须合作才能完成孕育天下万物的过程。所以《乾·象传》说"大哉乾元，万物资始乃统天"，《坤·象传》说"至哉坤元，万物资生乃顺承天"。在这一过程中，乾为阳，是万物产生的起点、基础，但单有乾是无法化生万物的，它只是一个必不可少的条件，还必须有坤的配合，才能完成生命产生的过程。这里阴与阳并非截然划分的两段，而是一个你中有我，我中有你的和谐统一的过程。乾坤相交，互为体用，生成其余的六十二卦，而每一卦乃至每一爻都代表着一个事物、一个过程，这所有的事物与过程也都是以乾坤和谐为基础而存在。所以我们说《周易》哲学的基本特点就是和谐统一。

而《乐记》之中礼异乐同、礼乐互补的目的正是为了达到和谐统一。其中说：

> 故乐者，天地之命，中和之纪，人情之所不免也。
> 大乐与天地同和，大礼与天地同节。

联系前引"地气上齐，天气下降"一段，很明显，在和谐状态的产生这一问题上，《乐记》与《易传》的思想是一致的。仍然是从天地相交，阴阳两种要素相互吸引、配合着眼，阴与阳各以己之所有，补对方所无，以自己之所过，济对方之不及，在这种吸引的过程中各自向对方的性质转化，最终达到"百化兴焉"。产生事物的一个过程宣告完成，也就达到了一种和谐的状态。而在这样的过程中，伴着天地的相交，雷电大作，风雨交加，四时嬗递而日月相推，所有这些与天地共同达到一种和谐的状态，也就形成了天地间自然的大乐，圣人正是依据这种天地间自然之乐而制成人间之乐。其最高境界当然也是和谐。所以《乐记》说"礼乐负天地之道，达神明之德。是故大人举礼乐，则天地将为昭焉。天地欣合，阴阳相得，煦妪覆育万物，然后草木茂，区萌达……"

其次，《易传》尚时贵中，提倡时中的观念，对于《乐记》中"中和"思想的形成也有相当的影响。在《易传》中，所谓"时"就是变化，要求人们在认识卦爻以至为人处事方面都要因时而变，因时间、地点、条件而及时调整自己的行为方式。

《易传》中，"时"字共出现53次，如"应乎天而时行"（《大有·彖传》），"时止则止，时行则行"（《艮·彖传》），"与时消息"（《丰·彖传》），以及"豫之时义大矣哉"（《豫·彖传》），"遯之时义大矣哉"（《遯·彖传》）等等，都是说明天道有时，人亦应循天之道而为，对于"时"这一概念所包含的丰富的内涵予以极力称道。

同时，《周易》也表达了明确的尚中思想，从六爻的排列次序看，《周易》是由八卦而重为六十四卦的，那么第二爻和第五爻是原来八卦的中爻，在大多数情况下，这两爻的爻辞均为"吉"或"无不利"，说明这种居中的情况是该卦的阴阳消长变化处于较为适度的态势，而这种适度即为中，即为和谐。另外在各卦的《彖传》与《象传》中也多次谈到"时中"或"中正"，如"中正以观天下"（《观·彖传》），"蒙亨以亨行，时中也"（《蒙·彖传》）。可以说，在《周易》中，时中是一个中心的思想。得中则吉，而只有顺乎时，因时而变才能得中，这也就是孔子在《论语》中所说的"无可无不可"（《论语·微子》），"过犹不及"（《论语·先进》），如果随时而动则无可无不可，而做事要把握中正的尺度，超过和没有达到同样是不好的，这与前面所谈的"发而皆中节，谓之和"的"和"及《周易》的贵时尚中观念都是一致的。

关于"时"的观念，《乐记》也有论及：

> 五帝殊时，不相沿乐，三王异世，不相袭礼。
>
> 礼乐之情同，故明王以相沿也。故事与时并，名与功偕。

孙希旦的《礼记集解》注曰："事与时并者，礼有质文损益，视乎时以起事，名与功偕者，乐有韶夏汤武，随乎功以立名也。明王之于礼乐，因其情之不可者以为本，故因时以制礼，象功以作乐，而皆以成一代之治也。"说明这里对于时的观念的运用正是一种执中行权的思想，礼乐有一定之情，总的目的是要和谐万物，秩序人伦，但不同的时代有不同的情况，制礼作乐就必须因时而变，有一定的灵活性，正如《礼记·礼器》所言"礼，时为大，尧授舜，舜授禹，汤放桀，武王伐纣，时也。"

对于尚中和谐的思想，《乐记》主要是通过礼异乐同、礼外乐内的观点而体现出来的。如：

> 乐由天作，礼以地制，过制则乱，过作则暴，明于天地，然后能兴礼乐也。

乐极则忧，礼粗则贪偏矣。

乐也者，动于内者也，礼也者，动乎外者也，故礼主其减，乐主其盈，礼减而进，以进为文，乐盈而反，以反为文。

这些话所表达的正是一种不偏不倚，勿过勿不及，以礼乐中正和谐为准的观点。《乐记》认为礼是一种外在的行为规范，它所区别的是人与人之间的等级秩序，使下级的人民尊重在上位的统治者，但是这种外在的尊敬并不能保证内心的敬爱，乐的作用就是培养人们内心的和睦之情。而兼用礼乐就能够调合外在的礼仪与内在的情绪，使社会不致因严格的规范约束而产生怨恨和争斗，从而趋于和谐。所谓"暴民不作，诸侯宾服，兵革不试，五刑不用，百姓无患，天子不怒，如此则乐达矣。合父子之亲，明长幼之序，以敬四海之内，天子如此，则礼行矣。"说的就是这种由兴礼乐而达至的和谐状态。

三　易简之理的发展

《乐记》中有"大乐必易，大礼必简"的句子，由于上文的分析，我们很容易联想到《系辞》中的几句话：

乾以易知，坤以简能，易则易知，简则易从……易简而天下之理得矣。天下之理得，而成位乎其中矣。

而孔颖达在《周易正义》卷首语中引郑玄的话，说明易一名而含三义：易简、变易、不易。可见易简的思想在《易传》中是相当重要的。所谓易，即容易；简，即简省。两词义向一致，并不相反对，正如我们要把乾坤看作一个整体，乾坤合德而生成万物一样，易与简也正是说明这一生成过程性质的两个概念。乾主始物，是自然而然的行为，没有任何超自然力量的推动，故容易。坤主成物，同样不需思考造作，只需承天，顺着乾的样子共同生成万物，所以简省。概括地说，易简就是讲乾坤在生成万物时是自然无为的。《系辞》中说："易，无思也，无为也。寂然不动，感而遂通天下之故，非天下之至变，其孰能与于此？……惟神也，故不疾而速，不行而至。"孔子所谓"天何言哉，四时行焉，百物兴焉，天何言哉！"（《论语》）以及韩康伯在注《系辞》中所说的"天地之道，不为而善始，不劳而善成。"说的都是这个意思。

而《乐记》中说的"大乐必易，大礼必简"，显然是以乐礼来代替乾坤，以乾坤的思想谈乐礼的精神，这样，结合前面所引述过的"天尊地卑"一段，我们可以了解《乐记》中所论的乐易与礼简同样有自然而然、容易简省的意思。天地间自然之礼乐，是无思无为的，不需外力推动而成，而人世间的礼乐是圣人法天象地而制成的，那么它也同样有着自然简易的性质，也正是在这种认识基础上，《乐记》中说：

是故乐之隆，非极音也，食飨之礼，非至味也，清庙之瑟，朱弦而疏越，壹倡而三叹，有遗音者矣。大飨之礼，尚玄酒而俎腥鱼，大羹不和，有遗味者矣。是故先王之制礼乐也，非以极口腹耳目之欲也，将以教民平好恶而反人道之正也。

这段话是对于乐礼之易简最好的说明。大乐，即乐之隆盛者，并非最高妙悠扬的音乐，比如周代大祭时为《清庙》伴奏的瑟只有发出浑浊之声的朱弦和声音迟滞的稀疏的底孔。唱歌时，一个首唱而只有三人合声，这些都是"质朴之声非要妙之响"（孔颖达），因为大祭所重在德行而非音乐，所以大祭所用的这些乐舞虽隆盛但也是最为容易质朴的，同样，祭祀时所供奉的食品也绝非美食佳肴，不过是最简单的水和生肉生鱼，这些都是质素之食当然简省了。也就是说《乐记》所言的"大乐必易，大礼必简"的观点吸收了《易传》中易简思想的自然而然，不加修饰，不假造作的一方面；另一方面，它较之后者有了更多的政治伦理色彩。无论是礼还是乐，都是为维持统治阶级的统治服务，音乐是否优美，祭品是否有滋味都不重要，因为神要享受的是君子美德的馨香。而且口腹耳目之欲是无节制的，而人之好恶无节最终会导致民心涣散，天下大乱，从这个意义上说，圣人制礼作乐自然是越简单越容易越好，正如《乐记》所说"简节之音作而民康乐。"

同时《乐记》中所言之易简也受《易传》中所言"易则易知，简则易从，易知则有亲，易从则有功，有亲则可久，有功则可大，可久则贤人之德，可大则贤人之业"的影响，王者功成作乐制礼，是为了更好地发扬他的美德，巩固他的统治，让大家都去遵循，那么，只是易知易从的礼乐才能达到这一效果，当然大乐必有易德，大礼必有简德。所以我们说，《乐记》中的易与简是在《易传》"易简而天下之理得"基础上的发展。

从以上的三个方面，我们可以看出，《易传》对于《乐记》思想的形成有着相当大的影响，从天人观念到其中的美学原则无不渗透着易道的精髓。而《周易》一书由于其易象的符号中介而具有相当大的包容性，加之孔子所做的天才的解释，已使之突破了卜筮的外壳而成为中国哲学的重要组成部分。许多思想观点的产生都可以在这里找到源头或影响。所以我们对于《易传》与《乐记》关系的分析，只是在这方面的一个尝试，希望能够得到方家的指正。

此文为与张羽合作
（原刊《吉林大学古籍整理研究所建所十五周年纪念文集》，
吉林大学出版社1998年）

金景芳《〈周易·系辞传〉新编详解》序

金师景芳先生治《易》，70余年孜孜求索，继续深入，解决一个个难题，走出一个个迷宫。今96岁高龄，头脑犹健，思考不少歇，最近完成的《〈系辞传〉新编详解》这部新作，文不足10万，学术含量却有千斤重。我敢断言，人们不久会发现，这部书在易学研究史上将有似一块里程碑。昔日王引之用"精锐凿破混沌"，阮元用"石破天惊"评价焦循"易学三书"，我看不免名未副实，若用以衡量先生此书，倒很贴切实在。

书中对前人未曾解决的老大难问题，给以精锐突破，真正是"凿破混沌"，"石破天惊"。具体而言，先生此书做了三件事，均可谓前无古人。

第一，彻底整理《系辞传》，恢复《系辞传》原貌。《系辞传》义蕴深奥，文字芜杂，古今公认难读。王弼、程颐注《易》，舍《系辞传》不注。欧阳修敢于大胆探索，作《易童子问》，察觉《系辞传》文字多繁衍丛脞，观点往往自相乖戾，不像出自圣人手笔，也只是简单地做出《系辞传》非孔子作的结论了事，进一步求真求实的工作他不曾做。今之学者不少人接着欧阳修的错误结论往下说，忙于把《系辞传》划归道家，误入歧途日远。就我所知见的范围而言，能安安静静地坐下来给繁衍丛脞、自相乖戾的《系辞传》做一番彻底清理工作的，目前只有先生一人。

先生积数十年之深思熟虑，改"错简"，补"缺文"，删"误增"，指"可疑"，移回被移入《说卦传》的"昔者圣人之作《易》也……故《易》六位而成章"两段文字，完成《系辞传》新编，皆凿凿可以信据。例如《系辞下》"古者包牺氏之王天下也"及其以下至"盖取诸"一大段文字，先生断定是后人"误增"，应予删除。提出四条理据：一、包牺既称"氏"，就不该说"王"天下。"王天下"是夏商周三代用语。二、仰观俯察云云是形象思维的方法，与八卦使用抽象思维方法者不同。三、"服牛乘马，引重致远，以利天下，盖取诸随"等等，颠倒了器物与卦象的关系。事实是先有井、鼎之实物而后有井、鼎之卦象，而绝非相反。四、"《易》穷则变，变则通，通则久"三句话，前两句合乎辩证法，后一句违背辩证法，与《系辞传》的总体思想不合。《系辞传》删去"古者包牺氏之王天下也"一大段枝蔓，使主干灿然鲜亮，人们才有可能探明其底蕴。

先生此书"新编"与"详解"二事互为前提，两相促进。"详解"了才能"新编"，"新编"了才有"详解"。"错简"、"缺文"、"误增"、"误改"、"脱字"、"存疑"、"移入"诸问题解决之后，先生便融会贯通地把《系辞传》讲个通体深切著明，让人得以整体地体悟《系辞传》的真谛。

第二，彻底揭开《说卦传》奥秘。《说卦传》自古及今未见有人真正讲明白。宋人邵雍以伏羲八卦、文王八卦、先天之学、后天之学妄说《说卦传》，引人入迷津。

先生80年代作《周易讲座》和与我合写《周易全解》时，对《说卦传》的真义尚不甚了然。今先生为寻觅《归藏》旧说，细读《说卦传》，反复翻阅，悉心思索，发现《归藏》、《连山》遗说不在别处，就在《说卦传》中。《说卦传》并非只讲《周易》，还有《归藏》、《连山》的遗说，而《周易》与《归藏》、《连山》根本不同。人们不解，只按《周易》读《说卦传》，矛盾重重，读不懂。

先生认为从"天地定位"到"坤以藏之"，是《归藏》遗说。此"坤以藏之"之"藏"字，与下文"万物之所归也"之"归"字联结起来，正是《归藏》一名。从"帝出乎震"到"然后能变化，既成万物也"，强调艮，说艮是"万物之所成终而所成始"，是《连山》遗说。

先生继而发现《周易》与《归藏》、《连山》二《易》有同有异。都讲八卦、六十四卦和万物生成问题，这是三《易》的共同点。《周易》与《归藏》、《连山》根本不同之处，于八卦，二《易》强调六子，《周易》强调乾坤。于万物生成及其发展变化，《连山》说"帝出乎震"、"万物出乎震"、"神也者妙万物而为言也"，显然以帝、神为主宰。又说"动万物者莫疾乎雷，挠万物者莫疾乎风……故水火相逮，雷风不相悖，山泽通气，然后能变化既成万物也"，强调震、巽、坎、离、兑、艮六子在万物发展中的作用，而不及乾坤。《归藏》说"天地定位，山泽通气，雷风相薄，水火不相射，八卦相错"，又说"雷以动之，风以散之，雨以润之，日以烜之，艮以止之，兑以说之"，也是重在六子，天地（乾坤）的作用只是"定位"而已。表面只言六子未言帝与神，而实际上还是认为帝与神在背后起作用。《周易》则不然，它以乾坤为首，六子由乾坤生成，强调生成、发展变化的根据是乾坤，不是帝、神，也非六子。

把《说卦传》弄明白，是易学研究的一项重大突破。读懂《说卦传》，才有可能读懂《周易》。先生自谓读懂《说卦传》仿佛有发现新大陆的感觉，是可信的。

第三，既读懂读通《系辞传》、《说卦传》，又进而论定《周易》是讲辩证法的书。《周易》有辩证法思想，这一认识先生早在30年代写《易通》时已经有了。今又有两点新发现。

首先，认定《周易》是周文王针对殷王朝的指导思想——《归藏》，写的辩证法著作。文王囚羑里之前，思想是"三分天下有其二，以服事殷"，之后发生根本性变化，由"服事殷"转化为一心推翻殷王朝，乃用一种新的理论《周易》取代反映殷商指导思想的《归藏》。文王在改造《归藏》为《周易》的过程中，不知不觉地创造了辩证法。

其次，发现《周易》辩证法的核心是对立统一，但强调统一，不强调对立。先生认为《系辞传》"《易》与天地准"一语蕴含极深，它反映《周易》辩证法以乾坤哲学为基本。《周易》六十四卦，为首的乾坤两卦当然"与天地准"。其余六十二卦，屯卦是"刚柔始交"，既济是"刚柔正而位当"。刚柔即乾坤，刚柔始交即乾坤始交。既然屯卦是乾坤始交，则六十二卦都是乾坤相交的结果。六十二卦的序列实质是乾坤相交的过程，应包括在乾坤二卦的范围内。乾坤就是天地，故云"《易》与天地准"。"《易》与天地准"表明天地既对立又统一，故对立统一是《周易》辩证法的核心。这一点与西方辩证法是一样的。《周易》辩证法的特殊之处,是强调统一,不强调对立,乾坤总是相交不分,共在一体,不是坤否定乾,乾再否定坤。

《周易》讲辩证法,这话有人说过。《周易》辩证法的核心是对立统一,且强调统一不强调对立,则未见谁有过明确的论证。先生此书是第一次。

《系辞下》有三处传文,向称难讲。第一处:"吉凶者贞胜者也。天地之道贞观者也。日月之道贞明者也。天下之动贞夫一者也"。第二处:"《易》曰:'憧憧往来,朋从尔思。'子曰:'天下何思何虑,天下同归而殊途,一致而百虑。天下何思何虑,日往则月来,月往则日来,日月相推而明生焉。寒往则暑来,暑往则寒来,寒暑相推而岁成焉。往者屈也,来者信也,屈信相感而利生焉。'"第三处:"天地氤氲,万物化醇,男女构精,万物化生。《易》曰:'三人行则损一人,一人行则得其友。'言致一也。"

这三处传文,向来无人讲到正处。先生指出此三处传文都是讲辩证法的合二而一,亦即强调对立统一之统一一面,而且都由合二为一的具体实例抽象出合二而一的一般理论。先生说,"吉凶"是二,"胜"是一。"天地"是二,"观"是一。"日月"是二,"明"是一。"寒暑"是二,"岁"是一。"往来"是二,"利"是一。"天地"是二,"醇"是一。"男女"是二,"生"是一。这些是合二而一的具体实例。"天下之动。贞夫一者也"、"天下同归而殊途,一致而百虑"、"三人行则损一人,一人行则得其友"、"屈信相感而利生焉",这几句话是由合二而一的具体实例抽象出来的合二而一的一般理论。辩证法"一分为二"、"合二而一"这两个命题互为前提,密不可分。《周易》重视"合二而一","一分为二"即寓于"合二而一"之中。把这一点看透,是先生此书一大贡献。

1997年6月我参加新加坡国立大学举办的"儒学与世界文明"国际学术会议。论文题目是《〈周易〉——辩证法的源头》,文中提出辩证法的源头在《周易》不在希腊的新认识。根据有二,一是《周易》辩证法的产生比希腊早四五百年。二是《周易》辩证思维的水平高过希腊。今读先生书,很是激动,我想的竟与先生如出一辙。先生此书专门研究《系辞传》,辩证法源头问题不在思考范围,然而我讲的两条先生都明确地涉及了,只是未便把辩证法的源头在《周易》不在希腊这层意思点破而已。

以上三点突破,乃就其大要而言。先生此书新意多多,不胜枚举。

先生撰写此书,心得随时告知我,书的内容我早知道。而当书稿杀青赐我先睹时,我还是感到震惊。先生思想之深刻,理路之清晰,见解之精卓,语言之凝练,简直炉火纯青,无与伦比。不但我不能望其项背,恐怕年未逾九十的人都难以企及。而学者一旦跨入九十大关,脑力又往往骤衰,能独力撰述者罕见。

今先生高寿九十有六,形神强健依旧,著述不懈依旧,实乃学界之奇迹,国人之福祥。先生这人和先生这书,无异国家瑰宝,吾人自当珍重之,宝藏之。

我生性鲁钝,为学难日益,学《易》尤浅浅如也,安敢妄议先生大作。怎奈读后感奋不已,不发不能平静,乃一气写下上面许多话,允当与否,还望海内外师友不吝指正。是为序。

（原刊《史学集刊》1998年第4期）

《知止老人论学》序

　　金师晓村先生治学勤奋是著名的，一辈子埋头研究不止，过90岁仍笔耕不辍。我们劝他搁笔休息养身，他总是答应到此为止，以后不再写。可是一有人约稿或读书得间，便情绪盎然，照写不误。有时实在力不能支，也要指出路子由我执笔。总之脑子不停地想，有了想法定要写出来，绝不放弃。几年下来，20多篇文章发表了。选些重要的，就有了《知止老人论学》这部文集。东北师范大学出版社总编辑詹子庆教授建议，不妨把老人家90岁以前发表的文章，选几篇有代表性的加进来，以期读者能够了解金老学术的全貌。于是新文集中就有了几篇旧作。虽是旧作，对照新文一并看，更可察觉先生学术进展中的新意层出不穷。

　　先生生于前清光绪壬寅年（1902），年岁几与世纪等。今世纪将尽，而先生形神强健依旧。先生一生辗转南北，所为事良多，概言之，不外一书字而已，或读或教或著，志趣一在于书。而今高龄九十有六，耳目聪明固不比当年，而思考记忆能力，竟未见显减。犹不服老之已至，竟日手不释卷，卷不离心，乐亦书忧亦书，忧乐俱在书中，以至于心境恬淡若水，不愠不躁，无怨无悔。

　　先生天资颖异，博闻强记，年十五而志于学。六经典籍、诸子诸史、九流百家，无所不读，尤长于孔孟、老庄、《易》与《春秋》。而立既过，抗日战争流亡途中偶得列宁《谈谈辩证法问题》一文，郁结心中多年不得解的《周易》之谜，涣然冰释，长久困蒙的心窍豁然洞开。顿觉中国古书之外更有好书，随即运用列宁关于辩证法的思想迅速写下《易通》一书。书名取"易通"，意谓《易》本难通，现在终于通了。从此与马列书结下不解之缘。建国时，先生四十有七，不久进入知命之年，来吉林大学历史系任教至今，马列书不须臾离。于是学问日积，思想日新，诚心敬业地为国服务，坚定而未可移易。

　　传统道德是先生修己的固有之根，马列精神是先生立德立言之不竭之源。二者融而会之，贯而通之，铸就先生一身平凡而难能的品格。先生于生计，衣粗食淡，温饱是足，不事奢华；于事业，自强不息，奉献而已，无意闻达；与人交，宽而栗，直而温，含容为怀，不求和气而和气自来；于学生，循循诱导而严格要求，鼓励自成自立而奖掖提携之，不期诚服而诚服自生，且中心悦；于学问，日以孜孜，不懈以求，老来弥勤。成果可谓累累，呕心沥血之专著多种。论文前此已两次结集出版。

　　先生为人所称道的学术精神，已形成体系，诸特点相互联系着融合着不可分割。约而言之，先生的学问一直在创新与挑战中进行。略为展开说，则是马克思主义理论与中国历史实际相结合；文献材料与地下材料并重，以文献材料为主；于古人无论汉宋，于今人不分权威白丁，唯真理是从；坚持独立思考，不人云亦云，而己见亦随时修正，不断提升；由经入史，经史贯通，思想史研究与社会史研究紧密融合；以解决问题为根本宗旨，不为学问而学问，没有学术价值的学问不做，于考据亦不无兴趣，但只是手段，绝不作为目的沉湎纠缠。

这一本《知止老人论学》，很可能是先生最后一部论文集，带有总结、集成之意，故用"知止"、"老人"题名。"老人"，不言而喻；"知止"，取《大学》首章"大学之道，在明明德，在亲民，在止于至善。知止而后有定……"云云为义。先生为人做事治学，从来有一个至善至美的准的在胸中，尽心尽责地追求着最优秀。这是先生以"知止"名斋之诚心一面。《老子》有"知止不殆"句，《周易》艮象传有"时止则止"句，先生由之想到岁月遮不住，毕竟人已老，本文集一出，便是到了当止的时候。这是先生以"知止"名斋之虚心一面。但我不信先生真的已老，学问还是要做的。

本文集收入文章23篇，涉及较广，先生所耕耘的社会史、思想史、孔学、易学、儒学诸方面都有，都是精审、老到、拔萃之作。看得出，先生早年崭露的才气，老来益显磅礴。余且不论，只看考据。先生向来不主张于考据斤斤计较，其实先生恰是考据高手。不考则已，考则抓住要害，精锐突破。《诗》的"二南"，《书》的"五行"、"三正"、"五辰"、"天"、"帝"、"民不适有居"，《礼》的"旃"，《论语》的"克己复礼"，《孟子》的"圭田无征"、"夫妇有别"，《荀子》的"居于砥石迁于商"，以及马王堆一号汉墓帛画名称问题，先生考证起来，理据之足，逻辑之密，见解之精，令人折服。一个结子解开，一大片问题为之顺畅。不以考据为务，考据的效用却精湛过人。

此书出版不易。当今时行市场经济，看重经济效益，难销售的学术书谁家愿意出！幸蒙东北师范大学出版社郝景江社长和詹子庆教授别具慧识，认准学术价值，慷慨承担出版。先生感激之情难以言词表达，我亦情动于中，几至舞之蹈之。

文章结集毕，先生嘱作序。师命固难违，我亦乐为之。

《易经——玄妙的思维模式》序

　　于春海副教授这部《易经——玄妙的思维模式》是近年来所见的众多易学著作中最令我感到满意的一部。

　　书分九章，七章通论，两章解析经文。通论是主要部分，全书精华之所在。他对易学诸多重要问题所做的讨论，立论端正，见解新颖，说理充分，分析入里。看得出作者理论有水平，易学有深度。我读此书，受益良多。不少先前不甚了然的东西现在明确了。

　　《周易》是对客观世界的摹写，这在《周易》传文里有说法，我也明白。但是《周易》除了摹写的作用以外是否还有别的作用，则不曾想。冯契先生说，就哲学而言，摹写与规范同步同在而不可分。本书则把这一理论用到《周易》上，说六十四卦对对象不但摹写，还有规范作用。这本来是明显的，《周易》的确如此，可是很少有人往这里思量。薄薄一层纸，是本书首先点破的。

　　《周易》思维方式的问题，今年成为关注焦点，文章不少，见仁见智，然而似乎都未说到要紧处。本书用取象思维和整体思维合一概括《周易》思维方式的特点，理论接近完足。整体思维这一概念好理解，人们已有共识。取象思维则不好说清楚，本书基本上说清楚了。这实不简单，《周易》思维有抽象性，却不能说它是抽象思维；有形象性，又不能说它是形象思维。什么都不是，是什么，我拿不准。本书使用取象思维这个概念，我看比较合适。说取象思维，就等于说既不是抽象思维也不是形象思维，而是与二者相近又不同的另一种思维。这种思维始终不舍弃对具体事物的描述，所以不是抽象思维；它总要达到对一定抽象道理的认识，所以不是形象思维。加上一个联想和顿悟的中介环节把二者联系起来又区分开来，岂不正相当！本书作者如此分析，纵然不能说就是真理，也可以说向真理靠近一大步。

　　《周易》用的是怎样的逻辑方法，也是个有待讨论的问题。然而涉及此的文章很少。本书提出《周易》的逻辑方法是比附推论——"根据一个对象的某种属性，通过想象这一媒介，直接推出另一对象也具有这一属性的逻辑方法"。比附推论这个概念，是作者经过深思熟虑提出的，绝非忽然想到。他特别注意到比附推论与修辞学的比喻和逻辑学的类比推理的区别并细致地加以区分，就是证明。

　　本书长处还有很多，读者自会有所体味，无须我这里罗列。不足之处也是有的，例如说《周易》是原始思维的集大成者，由于缺少论证，结论未免有失武断。不过这并不妨碍它是一本好书。没有缺点的书犹如没有缺点的人，世上不存在。

于春海副教授任职于延边大学师范学院中文系，曾师从冯契先生学《易》。我原不认识，前不久屈尊来访，虚心问学。我虽不敢当，却从言谈中看出这是一个聪敏睿智、谦虚厚道的人。及至读过书稿，更知书如其人。即使作者不来求，我也极乐意在卷头赘上三言两语。是为序。

性命说

——由孔子到思孟

　　子思是孔子之孙，又是孔子的再传弟子，可是子思言性命与孔子不同，倒与他身后的孟子接近。可以说子思的性命说违背了孔子，启发了孟子。孔子言性相近而已，孟子则大讲性善，变化不为小，其间子思起了大作用。

　　子贡曾说："夫子之文章，可得而闻也。夫子之言性与天道，不可得而闻也。"（《论语·公冶长》）意谓孔子常讲如《诗》、《书》、《礼》、《乐》等属于硬件的东西；至于深层的，属于软件的东西，如性与天道的精义，孔子不讲。子贡所言可能属实，《论语》二十篇记孔子语至多，而记孔子言性者只有"性相近也，习相远也"（《阳货》）两句。《论语》记孔子言命或天命者虽颇有几句，如"不幸短命死矣"（《雍也》），"公伯寮其如命何"（《宪问》），"不知命无以为君子也"（《尧曰》），"五十而知天命"（《为政》），等等，也只是一般地说说，未及深层的精义。这是孔子早年的情况，到了晚年孔子嗜《易》，因《易》作《易传》，因作《易传》而言性与天道就转多转深了。

　　其实，《论语》"性相近也，习相远也"两句已经讲明白了人性是什么。把性与习相对应，就是说，性不是习，不是习的东西都是性。人身上不外乎两种东西，一是娘胎里带来的，天之所赋；一是经过社会习染造成的，后天之所习。前者叫性，凡属人类，大致相同，所谓"性相近也"；后者叫习，因习而有昏明智愚善恶的差异，所谓"习相远也"。按孔子的意思，人生来有似一块白板，染朱则朱，染缁则缁，无所谓善恶。言外之意，是要人注重后天修养，克尽努力。至孟子，把后天习染的东西移入性里，说仁义礼智在性里已见端倪，倡言人性善。虽用心和孔子一样是想把人们的注意力引到后天的修养上，可是理论思路却大不同。

　　《论语》里孔子不讲性善，《易传》里孔子把道与性分开讲，善归诸道而不及性。《易传》说："一阴一阳之谓道，继之者善也，成之者性也。"（《系辞上》）孔子这话是讲《易经》的，思想属于《易经》，也属于孔子。"一阴一阳之谓道"，说《易经》所反映的这个世界，包括人类在内，千变万化，不外乎一阴一阳。一阴一阳是《易经》也是世界的根本规律，《易传》称之为道或天道或天命。一阴一阳更突出地表现为乾坤生成六十四卦，天地生成事物。这是《周易》比《连山》、《归藏》特殊之处。《周易》说千道万，全在一个生字上较劲。《易传》"天地之大德曰生"（《系辞下》）、"生生之谓易"(《系辞上》)是也。乾卦卦辞元、亨、利、贞显示一阴一阳、一乾一坤的流行过程。乾坤和而不同，乾的作用是"资生"，坤的作用是"成物"，犹如父之与母。这继续流行不断的天道即天命。实同而名异，在天叫阴阳，在地叫柔刚，在人叫仁义。叫什么都一样，"继之者善也"，它是善的。

那么什么是性呢？"成之者，性也"。成是万物生成的成。"成之者"指在一乾一坤的继续流行过程中成形成物、保合太和的万物，所谓"乾道变化，各正性命"（《易·乾象传》）是也。天地间飞潜动植、洪纤巨细，包括人类，皆乾坤所生成，皆各有其性，故曰"成之者，性也"。

孔子讲"一阴一阳之谓道，继之者善也，成之者性也"，善与性分开讲，言善不及性，言性不及善。性是性，善是善，性、善二也。很明显，孔子的意思是说，善的是天道、天命，不是性。性不是善的（当然也不是恶的）。由此可见，《周易》不是性善论，孔子没有性善论。

孟子自称是孔子私淑弟子，声言"乃所愿，则学孔子也"（《孟子·公孙丑上》），然而他倡言性善论，有悖孔子意旨。孟子必另有来头，现在看来，很可能来自《中庸》。《中庸》，据孔颖达《礼记正义》引郑玄《三礼目录》说，是孔子之孙子思所作。《中庸》不明言性善，而言每涉性必以性善为前提。如说"诚身有道：不明乎善，不诚乎身矣"，"果能此道矣，虽愚必明，虽柔必强"，讲诚身须先明善，所明之善当然是性之善。知道性本是善的，通过择善固执的工夫，其他如愚、柔的问题，都是可以改变的。子思虽未像孟子那样进行人性的专题辩论，那样斩钉截铁讲人性善，而实质是性善论。

现在有了《郭店楚墓竹简》，问题明朗一些。从墓的断代和竹简的内容来看，有些简文能与子思对上号。有可能是《汉书·艺文志》著录、早已亡佚的《子思子》二十三篇中的一部分。其中《性自命出》篇与《中庸》可以对比。二者有同有异，都讲性、道、教的问题，这是同。而差异是明显的，第一，《性自命出》讲"性自命出，命自天降"，与《中庸》讲"天命之谓性"，语意似同而其实不同。"天命之谓性"，郑玄释天命为"天所命生人者也"[1]。朱熹进一步把命释作令，说命"犹令也"（《四书集注·中庸章句》）。也有不同意见，程颢《中庸解》说："此章先明性、道、教三者所以名。性与天道，一也。天道降而在人，故谓之性。"视性与天道为一物，在天曰天道，在人曰人性。我以为程氏所解符合《中庸》语意。"天命之谓性"，谓天命就是性。而"性自命出"意思自明，性是从命产生的，性是性，命是命，性、命二也。两相比较，《性自命出》说与孔子《易传》近似，《中庸》说与孔子《易传》异。但这并不妨碍《性自命出》思想属于作《中庸》的子思。子思的思想会有一个变化，反映在《性自命出》的思想在先，反映在《中庸》的思想在后。在先者，与孔子尚有一致之处；在后者，就分道扬镳了。

第二，《中庸》认定性命一也，其逻辑结果必是性善。《性自命出》尚未视性命为一物，故虽有性善论的意思，但不坚确；它讲"四海之内，其性一也"、"用心各异，教使然也"，就是孔子讲性相近习相远的意思。可是，它不到此为止，它说："未教而民恒，性善者也"，往性善论推进一步。郭店竹简《成之闻之》篇有"求之于己为恒"句。"求之于己"与《论语》"古之学者为己"（《宪问》）和"君子求诸己"（《卫灵公》）义近。是知"未教"句意思是说，人能够自然而然地从自身寻找缺点，是性善的表现。未教而能求之于己，与《孟子》"求放心"的说法何其相似！孔子则不同，孔子只说人应该"为己"，应该"求诸己"，不说人性本然如此。孔子强调君子能做到，小人做不到，不涉人性的问题。

《中庸》、《性自命出》都与孔子的性命说不同，而二者又有差别。《中庸》合性命为一，天命善，故性必也善。《性自命出》分性命为二，故言性善，显得理论乏力。从理论上比较两篇，《性自命出》不如《中庸》精致、深刻。《孟子》的性善论可能直接得自《中庸》，《中庸》在《性自命出》之后成篇。

总之，《郭店楚墓竹简》出世，有重要学术意义。思孟学派是否存在的问题，现在可以做出肯定的答案了。在孔子的性命说之后，孟子与之大相径庭，力主性善论，二者之间有怎样的一座桥梁在起作用，过去不甚清楚，现在比较清楚了。

孔子言性与命，除《论语》"性相近习相远"和"不知命无以为君子"等外，还有没有别的，"性自命出"与"天命之谓性"含义一样不一样，这是两个有待讨论的问题。兹略述浅见，以俟高明。

注释：

[1]《十三经注疏》，中华书局影印本，下册，第1625页。

（原刊《孔子研究》1999年第3期）

辩证法的源头在中国《周易》

辩证思维，只有人类才可能有，而且只有人类智慧发展到较高阶段才可能有。包括马克思主义经典作家在内的欧洲学者一般认为，辩证思维最早产生于希腊，希腊是辩证法的源头。单就欧洲而言，这是正确的。若从全人类辩证法发展史的角度看，应当说辩证法的源头在中国《周易》，不在希腊。

我这样说的根据在两方面。一是辩证思维产生的时间早晚问题，二是发展水平问题。

《周易》这部书是经过多人之手在相当长的时间里逐步积累形成的。如果从《周易》的最后一位作者孔子作《易传》算起，时间与希腊辩证思维的产生大致相当，因为孔子与赫拉克里特处于相同的时代。如果从作《周易》卦爻辞的周文王和周公旦算起，则《周易》辩证法的产生早于希腊五百年。如果从八卦的产生以及八卦重为六十四卦算起，那么《周易》辩证法的产生则要早于希腊至少两千年。总而言之，当古代中国人经过大约两千多年时间完成《周易》这部书的时候，希腊人的辩证思维才刚刚起步。所以我说从全人类辩证法发展史的角度看，辩证法的源头在中国《周易》，不在希腊。

这是从产生时间早晚说。若从辩证思维的发展水平说，则更要说辩证法的源头在中国《周易》，不在希腊。

人类早期的辩证法一般都带有素朴的性质，都属于实例总合型，尚未由具体上升到抽象。希腊的辩证法显然是如此。直到近代黑格尔才最后将辩证法由具体实例抽象出对立统一、否定之否定、质量互变三大规律。黑格尔的辩证法是本末倒置的、唯心论的。把黑格尔的唯心论辩证法加以革命性的继承与改造，形成唯物论的辩证法，是马克思、恩格斯以及列宁完成的。到了中国的毛泽东，把人类辩证思维又大大提高了一步，明确指出对立统一规律是宇宙的根本规律。

令人惊讶的是，在辩证法发展的所有这些重要关节上，《周易》都有一定的表现。换句话说，《周易》的辩证思维具有超前性质。这一点应当引起我们特别的注意。

第一点，严格地说，《周易》的辩证法与希腊辩证法一样，属于实例总合型。但是《周易》有所突破。《周易》用阴阳这一对非文字符号组成八卦六十四卦三百八十四爻的系统，以符号系统反映永恒变化中的具体世界和价值世界。这符号系统实质是卦爻象。而卦爻象具有很大的抽象意义，与文学艺术作品使用的形象不同，与一般使用语言文字表述思想的作品也不同。《周易》用卦爻象反映世界，这本身至少说明两个问题。第一它反映永恒变化中的世界的整体及其一切方面，这当然就有了普遍意义。第二它把宇宙天地万物概括为阴与阳两个方面，认为变化的世界和世界的变化，归根结底是阴与阳对立统一的表现。《易传》讲"一阴一阳之谓道"这句话则把这一思想上升到理论的高度，相比之下，赫拉克里特所说"一个人不能两次踏入同一条河流"那句话，显然具有实例的性质。

第二点，《周易》辩证法的认识对象是天之道、地之道、人之道。由天道推及人事是《周易》辩证思维的一大特点。在《周易》这里，自然界与人类社会是合一不可分割的。这就是说，《周易》的辩证思维建立在唯物论的基础之上。这一点，柏拉图、亚里士多德的辩证法根本不能与之相比。即便黑格尔，其辩证法也是把具体世界与精神世界分割开来，一头扎进绝对精神里。从这一点说，黑格尔没能超过《周易》。

第三点，黑格尔辩证法的伟大贡献是抽象出对立统一、否定之否定、质与量互变三大规律。《周易》未能达到如此理论高度。但是这三大规律的思想，《周易》里都有。在《周易》里，对立统一规律是重点，是核心，是根本。

第四点，也是最重要的一点，《周易》实际上已经把对立统一规律作为宇宙之根本规律对待了。《易传》讲"一阴一阳之谓道"，是对立统一规律的中国式表述。这种表述方式本身不须解释就已说明，一阴一阳既有殊异性又有同一性，是一个对子组成的矛盾，即事物的一分为二与合二而一的统一。既然把一阴一阳称作道，而《周易》的道具有普遍意义，宇宙天地万物一切都有这个道贯穿其中，那么"一阴一阳之谓道"的道当然是宇宙天地万物的根本规律。《庄子》天下篇说"易以道阴阳"，也已认识到了《周易》所讲的"一阴一阳之谓道"，是易的根本规律，当然也就是宇宙的根本规律。

《周易》八卦与六十四卦中，最重视乾坤两卦。乾坤是易之门、易之蕴，是其他六卦和六十二卦所由生的"父母"。乾坤的关系正是一阴一阳的关系，乾坤两卦在易中具体体现了"一阴一阳之谓道"这个宇宙根本规律。它们是相互对立相互依存的对子，乾不可无坤，坤不可无乾，乾坤其实是一卦。

黑格尔辩证法三大规律以否定之否定为重点。恩格斯注意到了对立统一规律的特殊意义。列宁指出对立统一是辩证法的核心。毛泽东才斩钉截铁地说对立统一规律是宇宙的根本规律。毛泽东是中国的马克思主义思想家，他在发展马克思主义辩证法理论的时候，不会不受到中国传统的影响。

西方辩证法讲对立统一，更多的是强调对立，强调一分为二。《周易》辩证法讲"一阴一阳之谓道"，更多的是强调阴阳、乾坤、刚柔的统一，强调它们的合二而一。这是《周易》辩证法的突出特点。《周易》合二而一的思想非常明显。《系辞下》"易曰：'三人行，则损一人；一人行，则得其友。'言致一也。"讲的正是合二而一。其实，全部八卦、六十四卦都是乾坤、阴阳、刚柔合二而一的系统。没有乾坤、阴阳、刚柔的合二而一，也就没有易。

　　《周易》辩证法的这一特点，影响中国传统至为深远。"和为贵"，"和而不同"，"求同存异"乃至"天人合一"，其思想源头都在《周易》。它对现代中国人的辩证思维尤有影响。邓小平适时地强调实事求是，强调实践是检验真理的唯一标准，提出"一国两制"原则，固然是对马克思主义唯物辩证法的忠实继承，却也与《周易》贵和谐重统一的精神吻合贴切。邓小平辩证思维的卓越智慧更具中国特色。

　　邓小平的辩证思维是马克思主义唯物辩证法的最新发展，且与以《周易》为源头的中国传统辩证法有关。《周易》辩证法早于希腊产生，水平高过希腊。因此我敢说，人类辩证法的源头与其说在希腊，不如说在中国《周易》。

（原刊《社会科学战线》1999年第4期）

孟子与《易》

赵岐《孟子题辞》说："孟子通五经，尤长于《诗》、《书》"。今考《孟子》七篇，《诗》、《书》、《春秋》、《礼》都有所征引或讨论，唯《易》只字未及。此颇引人疑惑不解，孟子到底通《易》还是不通《易》？于是古今人歧说不一。有人说孟子不通《易》，如李光地《榕村语录》说："孟子竟是不曾见《易》，平生深于《诗》、《书》、《春秋》，《礼经》便不熟。"意谓孟子根本上就未见过《易》。如近人杭辛斋《学易笔谈》说："《孟子》七篇，荦荦具在，安见为不知《易》哉！夫《易》者，固非仅乾坎艮震巽离坤兑焉，有立乎乾坎艮震巽离坤兑之先者，所谓道也。圣人'以通神明之德，以类万物之情'，'和顺于道德而理于义，穷理尽性以至于命'者，皆此道也。道不可见，以'一阴一阳'之象显形之，以'参天两地'之数倚之。于是无形之道俨然有迹象之可求，厘然有数度之可稽，畀后之人得所指归，不致迷惘。此古圣作《易》之深心，亦孔子赞《易》之微旨焉。"又说："孟子继孔子之后，七篇之首，即揭明仁义大旨，而归本于性善及经，正孔子'立人之道曰仁与义'及'继善成性'之嫡系也，安见孟子之不知《易》哉！"意谓孟子知《易》通《易》，七篇之书，皆继承孔子思想，阐发《易》之道，只是不言《易》之象数而已。

比较两种尖锐对立之意见，我读《易》书，比照《孟子》七篇，反复斟酌，觉得杭氏说孟子知《易》，是对的。孟子自称"乃所愿则学孔子"。孔子晚而喜《易》，读《易》韦编三绝，赞《易》作"十翼"。孟子生孔子后不过百年，孟子何以不读《易》。庄子、荀子知《易》，而以学孔子为己任的孟子竟未见《易》，实在不可思议。依拙见，孟子其实精通《易》之道、《易》之理，造诣之精深，战国诸子无出其右者。《孟子》不明言《易》，而《易》之道充溢在七篇，六十四卦三百八十四爻融会贯穿于心，形成一个完整的体系，用则随手拈来，根本不必零打碎敲地讲卦请爻。《荀子·大略》说的"善为《易》者不占"，孟子当之正合宜。孟子岂止不占，象数亦不须言，王弼《周易略例》所主张的"得意在忘象"，孟子早已身体力行了。孟子学《易》至于高深高明，象数卦爻既忘，义理便吃深吃透在胸，以为孟子未见《易》、不知《易》，差矣谬矣。孟子而不知《易》，天下何处更寻知《易》之人！

《孟子》一书可谓无处不言《易》，《易》之道、《易》之理义藏在七篇之中，请看七篇阐发之义理与《易》之道有无关系。《孟子·离娄上》说：

淳于髡曰："男女授受不亲，礼与？"孟子曰："礼也。"曰："嫂溺援之以手乎？"曰："嫂溺不援是豺狼也。男女授受不亲，礼也。嫂溺援之以手者，权也。"

孟子于此提出一个"权"的概念。权即秤砣。它的特点是因物之重轻而移动,具有灵活性,人对待事物应如权,守原则而又不拘泥原则,因时制宜,灵活变通。《孟子·尽心上》说:

> 孟子曰:"杨子取为我,拔一毛而利天下,不为也。墨子兼爱,摩顶放踵利天下,为之。子莫执中,执中为近之。执中无权犹执一也。所恶执一者,为其贼道也,举一而废百也。"

孟子进一步把"权"用"中"联系起来,人做事不应走极端,要执中。"执中"亦须行权,灵活掌握,执中而不知行权,等于举一废百,最终要不得。《孟子·万章下》说:

> 孔子之去齐,接淅而行。去鲁,曰:"迟迟吾行也,去父母国之道也。"可以速而速,可以久而久,可以处而处,可以仕而仕,孔子也。孟子曰:"伯夷,圣之清者也,伊尹,圣之任者也。柳下惠,圣之和者也。孔子,圣之时者也。"

孟子认为伯夷、伊尹、柳下惠等人虽是圣者,但都执中而不知行权,即举一而废百之人,皆不足法。只有孔子是圣之时者,即知执中行权,善于通变,是孟子效法的典范。可见孟子讲的权,其实是孔子所躬行实践的"时中"。孔子的"时中"观念,正是渊源自《易》,不必举证,谁都知道《易》贵时中,这是孟子通《易》的一个显例。

其次,《孟子·离娄下》说:

> 孟子曰:"天下言性也,则故而已也。故者以利为本。"

接下来又说:

> 天之高也,星辰之远也,苟求其故,千岁之日至,可坐而致也。

孟子这几句话显然源于《易》,是对《易》之道有了深刻体会才说出来的。孟子在此讲了性、利,又讲了故。而实际上是讲了性、利、义、知的关系。所阐述的道理全是《易》的思想。赵岐注说:"言天下万物之情性,常顺其性,则利之也,改戾其性,则失其利矣。"这样解释,是正确的。

焦循《孟子正义》所释尤为明通。焦氏说:

> 利即《周易》"元亨利贞"之利。《系辞传》云:"变而通之以尽利。"《象传》云:"乾道变化,各正性命,保合大和乃利贞。"利以能变化,言于故事之中审其能变化,则知其性之善。

焦氏又说:

> 于故之中,知其利,则人性之善可知矣。《系辞传》云:"感而遂通天下之故。"又云:"是以明于天之道,而察于民之故。"又云:"又明于忧患与故。"通者,通其故之利也;察者,察其故之利也;明者,明其故之利也。故者,事也。通变之谓事,非利不足以言故,非通变不足以言事。诸言性者,据故事而不通其故之利,不察其故之利,不明其故之利,所以言性恶,言性善恶混,或又分气质之性义理之性,皆不识"故以利为本"者也。孟子私淑孔子,述伏羲、神

农、文王、周公之道，以故之利而直指性为善，于此括全《易》之义，而以六字尽之云："故者以利为本。"明人之所以异于禽兽者，在此利与不利之间，利与不利即义不义，义不义即宜不宜，能知宜不宜，则智也。不能知宜不宜，则不智也。智，人也。不智，禽兽也。几希之间，一利而已矣，即一义而已矣，即一智而已矣。

焦氏又说：

> 天下之行如此，吾测之，吾求其故也，其致可致也；人之性如此，吾察之，吾求其故也，其利可知也。引喻之义，全在求其故。言性者虽以故为说，实未尝求其故，故不知以利为本。言天者虽以故为说，实未尝求其故，故千岁之日至，不能坐而致。

焦氏又说：

> 凡治历必求其密，密必由于深审，所以必深审而密者，则以天行不测，以变为常。至于千岁，则不能不通其变，盖不能离其故而不能拘守其故，所以必求其故。求其故，则实测而深审之，斯其术乃可坐而知其密也。

又说：

> 历代皆用实测，未有凿空以言者也。诚以寒暑昼夜有常，而其差则随时而变，非即其故而时时求测之，不易合也。人性之善，亦如寒暑昼夜之有常也，至其智之随时而变，亦如天行之有岁差也，非即其故而时时察之思之，不易言也。岁而无差，则故不必求。日至不千岁，则差不著见。孟子言日至而曰千岁，千岁二字即括岁差而言。舍故则日至不可知，泥其故而不能随时实测求之，则千岁之日至不可致。此孟子言历之精，即孟子言性之精也。

依赵氏注及焦氏疏之理解，《孟子》这两段话所言是人性善之理论根据。孟子之所以肯定人性善，否定人性恶，是根据这样的事实：所谓性，不过是常顺其故而不改庚而已。而"故者以利为本"，利就是知变通，知变通就是宜，就是义，就是智，知义知变知利，是人的本性，禽兽不可能。焦氏以为《孟子》"故者以利为本"六个字概括了全《易》之义，其见解是极为精湛的。《系辞传》云："继之者善也，成之者性也。"乾卦辞云："元亨利贞"。谓万物之生由"元"开始，元是仁是善，继之以"亨"以"利"，亨是元之亨，利是元之利。贞是元之贞，成亦即物之成，元是善之始，所继之亨之利当然也是善。至贞而成性，成性即成物，元是善，所贞成之性当然也是善的。孟子讲人性善，其理论渊源显然在《易》，而李光地竟言孟子未见《易》，岂不大谬！

又其次，《孟子》书开宗就讲仁义与利的关系问题。《孟子·梁惠王上》说：

> 孟子见梁惠王，王曰："叟不远千里而来，亦将有以利吾国乎？"孟子对曰："王何必曰利，亦有仁义而已矣。"

孟子这里讨论义与利的关系问题，意思有两层：一认为仁义与利相比，仁义是最重要的。二认为利就在仁义之中，有了仁义也就有了利，不必离开仁义而单言利。总之，孟子重仁义但不轻利。这一点，只要联系《离娄下》"故者以利为本"一语看，就非常明白，仁义重于利，利在仁义中，离开仁义则无从言利，离开利亦无从言仁义，仁义与利互为因果。孟子之这一义利观显然得自《易》。《易·说卦传》说："立人之道曰仁与义。"而六十四卦无处不言利，例如乾卦辞"元亨利贞"，坤六二爻辞"直方大，不习无不利"，乾《文言》"利者，义之和也"，"利物足以和义"，"乾始能以美利利天下，不言所利，大矣哉"。《易》绝不抛开利单讲仁义或抛开仁义单讲利。孟子对《易》的这一思想深有理解，否则不会讲出"王何必曰利，亦有仁义而已矣"和"故者以利为本"的话。后儒（尤其宋儒）不察，竟说："出义必入利，出利必入义"，把仁义与利对立看待。

又其次，《孟子》书中许多精卓的见解来自六十四卦，如《孟子·梁惠王下》说：

> 齐宣王问曰："汤放桀，武王伐纣，有诸？"孟子对曰："于传有之。"曰："臣弑其君可乎？"曰："贼仁者谓之贼，贼义者谓之残，残贼之人谓之一夫。闻诛一夫纣矣，未闻弑君也。"

孟子认为汤放桀、武王伐纣不是弑君，是诛残贼之一夫，划清了革命与弑君的界限。这一见解直接来自革卦。革《彖传》说："天地革而四时成，汤武革命，顺乎天而应乎人，革之时大矣哉。"孟子"诛一夫纣"的观点与革卦之义合若符节。

《孟子·滕文公下》说：

> 汤十一征而无敌于天下，东面而征西夷怨，南面而征北狄怨，曰："奚为后我？"民之望之若大旱之望雨也。

孟子一贯认为战争有义与不义两类，义战救民于涂炭水火，故民望之如大旱望雨，南征而北怨，东征而西怨，故王者之师无敌于天下，这一思想来自《易》师卦，师卦辞："师贞，丈人吉，无咎。"《彖传》解释说："师，众也。贞，正也。能以众正，可以王矣。刚中而应，行险而顺，以此毒天下而民从之，吉又何咎矣。"意谓兴师动众去打仗，人民生命生活必受毒害，不是好事，但是打仗的目的是为了解救人民于倒悬，是正义的，人民不但不反对，还要像天旱盼雨一样欢迎它，它一定胜利。孟子关于战争的理论岂不正是如此。

《孟子·离娄下》说：

> 孟子曰："原泉混混，不舍昼夜，盈科而后行，放乎四海。"

又《孟子·尽心上》说：

> 流水之为物也，不盈科不行。

孟子这两段话取流水为喻，流水的特点是从源泉开始，不停地流，直入大海，其间遇有科（坑洼处），必盈满之后再流，科不盈满绝不前行。这一自然现象，《易》之习坎卦也用以为象，习坎卦辞："有孚，维心亨，行有尚。"《彖传》："习坎，重险也。水流而不盈，行险而不失其信，维心亨，乃以刚中也，行有尚，往有功也。"九五爻辞："坎不盈，祗既平，无咎。"《彖传》："坎不盈，中未大也。"取流水为象说明既入重险终久必出险的道理。孟子说理以流水为喻，不能不说是受《易》的启示。

《孟子·尽心上》说：

善政，民畏之；善教，民爱之；善政得民财，善教得民心。

重视教化，通过教化获得民心，是孟子仁政学说的一项重要内容。它与《易》有关系。"善教，民爱之"，"善教得民心"，可视为《易》贲、观、离、咸、恒诸卦《象传》的"化成天下"，"圣人以神道设教而天下服"，"圣人感人心而天下和平"，以及临卦《象传》"君子以教思无穷，容保民无疆"，渐卦《象传》"君子以居贤德善俗"的注解。

《孟子·梁惠王下》记孟子引晏婴对齐景公说：

春省耕而补不足，秋省敛而助不给。夏谚曰："吾王不游，吾何以休？吾王不豫，吾何以助？一游一豫，为诸侯度。"

齐景公闻晏子言，大悦，乃"召大师曰：'为我作君臣相说之乐。'盖征招、角招也。"其诗曰："畜君何尤？畜君者，好君也。"焦循《孟子正义》解释夏谚云："先王但有春游秋豫，一休一助，为民而出，无无事空行也。"意谓国君应与民同乐同忧，外出娱乐游玩必须同时解决人民的疾苦，不可流连忘返，从兽乐酒无厌。这正是《易》豫卦之精义所在。"其诗曰"云云，赵岐《孟子注》说："言臣说(悦)君谓之好君，'何尤'者，无过遇也。孟子所以道晏子、景公之事者，欲以感喻宣王。"《礼记·祭统》说："孝者，畜也。顺于道不逆于伦，是之谓畜。是故孝子之事亲也有三道焉：生则养，没则丧，丧毕则祭。"《释名·释言语》："孝，好也。爱好父母，如所悦好也。《孝经说》曰：'孝，畜也。畜，养也。'"毕沅说："此所引《孝经说》盖《孝经纬·援神契》之文曰：'庶人孝曰畜。'畜者含畜为义。庶人含情受朴，躬耕力作以畜其德，则其亲获安，故曰畜也。"（王先谦《释名疏证补》引）孝、好、畜古声并相近，义亦相通。《孟子》所谓畜君，是说臣畜养君上，爱好君上。此畜字与《易》小畜卦有联系，故杭辛斋《学易杂识》说《孟子》引"畜君何尤"云云是发挥小畜卦之精义。"非后人讲《易》者所能道也"，是说得对的。这又证明孟子见过《易》，对《易》之义体会极深刻。

《孟子》言论发挥《易》六十四卦卦义之处必不止上述几项，兹不赘言。最后举一与《系辞传》说法相适应的例子，稍加评论。

《孟子·离娄下》说：

大人者言不必信，行不必果，唯义所在。

赵岐注云："果，能也。大人仗义，义有不得信其言，子为父隐也。有不能得果行其所欲行者，若亲在不得以其身许友也。义或重于信，故曰'唯义所在'。"赵氏此解实不得孟子深意。《论语·子路》有"言必信，行必果，硁硁然，小人哉"句，刘宝楠《论语正义》引《孟子》此语并释之云："明大人言行皆视乎义，义所在，则言必信，行必果。义所不在，则言不必信，行不必果，反是者为小人。"刘氏此解实孟子此语之要领，然而"唯义所在"之义字其蕴含为何，刘氏未及言，这个义字很重要。义者宜也，宜即言行合时宜之意，合时宜即言行因时而变，亦即孔子讲的"时中"，孟子自己讲的"权"，《易》讲的变通。《系辞传》说《易》之为道也"屡迁，变动不居，周流六虚，上下无常，刚柔相易，不可为典要，唯变所适"。孟子讲"唯义所在"与《系辞传》讲"唯变所适"，意义其实不二。"唯义所在"是"唯变所适"的另一种表述。孟子是讲变通的，与《易》的思想吻合。没有理由说孟子未见《易》。

究而言之，赵岐《孟子题辞》所言孟子"通五经，尤长于《诗》、《书》"。绝非凿空虚语，足可信据。孟子固然长于《诗》、《书》，于《春秋》亦多有讨论、发挥，而于《易》也必精熟无疑。宋人程颐有言曰："孟子曰：'可以仕则仕，可以止则止，可以久则久，可以速则速。孔子，圣之时者也。'故知《易》者莫如孟子。"[1]而清人李光地说："孟子不曾见《易》。"未免武断之极。宜近人杭辛斋直斥之曰："呜呼，榕村自命大儒，乃为此言，非但不知孟子，亦并不知《易》矣。"

注释:

[1] 《二程集》第一册，中华书局1981年，第327页。

（原刊韩国孟子学会《孟子研究》第2辑，1999年）

我与《周易》研究

一 我学《易》有老师

我学《易》有老师。我的老师金景芳先生没有老师，一辈子独立思考，不停求索，毋意毋必毋固毋我，唯真理是求。我在先生这种精神的熏陶、激励下，一步步走进《易》学殿堂。

先生20岁学《易》，不依赖前人，全靠自己体会。虽困惑20年未得要领，亦不悔，近40岁时，得读列宁《谈谈辩证法问题》一文，方获打开《周易》之门的钥匙！开始明白《周易》是讲辩证法之书，乃著《易通》，一举成名！

先生治《易》，我思我考，认准的东西纵然大潮袭来，亦不为所动。三四十年代疑古成风，不少人把《易传》划为战国作品。近时尤有甚者，风言《易传》是战国道家著作。先生认定《易传》为孔子作，思想属于《易经》也属于孔子，这传统的说法没有错，并常告诫我，这是真理，孤立也不怕，在先生影响之下，我学着坚持真理，风吹浪打不移。

先生又绝不故步自封，一旦觉察自己错了，立即改正。先生作《易通》时，相信《系辞传》包牺氏画八卦说，经近年深入研究，发现八卦之产生不早于尧舜，乃断然放弃旧说。司马迁《史记》说周文王拘羑里演《周易》，先生早年不以为然。近几年从《系辞传》、《说卦传》看出《周易》讲乾坤哲学，与《连山》、《归藏》二《易》根本不同。于是相信司马迁所说文王演《周易》的事实。

先生研《易》70多年，至今九十有七，还在思考。去冬以来重新研究《系辞传》，写作《〈系辞传〉新编详解》，又有创获。先生透露："以前我知道《周易》讲辩证法，不知道《周易》辩证法表现在乾坤哲学上。"

先生常说，《周易》难学，谁也不能说自己已经把《周易》彻底研究明白了。1997年10月，我替先生在西安《周易》学术研讨会上宣读贺信。有人极力反对先生贺信中"我研《易》70多年，至今仍有不少问题未彻底弄明白"这一句话，声称如果说一个人对一门学问研究70多年还弄不明白，那么这门学问就成问题了。事后先生对我说："研究70多年还未彻底明白，这话说的是我，不是别人。别人有可能研究几年就彻底明白了。这是事实的问题，不是理论，无须争论。"这反映了先生在治学方面实事求是的严谨态度。

先生治《易》这种独立思考，唯真理是求、继继探索的精神，我不能做到，却把他深印心中，置诸座右。

二　与老师合著《周易全解》

我于《周易》有一点家传。祖父是晚清奉天乡试举人，教了一辈子私塾。在我小孩子时耳濡目染，多少受一点祖父的熏陶。他不相信命，更不用《周易》卜筮，只研究《易》的义理思想。有这个认识垫底，后来我跟金先生学《易》，接受金先生的义理派《易》学思想，就显得十分顺手。

从1979年春我给金先生做助手起，先生每给硕士生、博士生、进修生讲《周易》，我都听。1985至1986学年，先生主讲《周易》研讨班，我一次不漏地听讲，边听边记又录音。事后整理成书——《周易讲座》，1987年由吉林大学出版社刊行。经过整理《周易讲座》，我系统地理解，掌握了先生的易学思想，也有了自己的一些体会。

茅塞既开，读书渐多，思想之流一泻难止。1988年，与先生合作，由我执笔，用10个月功夫写成《周易全解》。为排除琐事干扰写书，我躲进博士生宿舍不动，一日三餐由学生打来吃。睡眠不过六小时。每写完四卦，呈先生过目，合格了再往下写。先生的严格是闻名的，他指导博士论文，很少一次许可。我每次交稿都先忧后喜，忐忑不安地送去，高高兴兴地取回。增删也是有的，但均不涉大局。书稿完成，先生甚为满意。以至于在序言中说："吕绍纲同志为人谨厚，长于写作，在50年代曾从我问业，1979年初，始来我校做我助手。倏历10年，帮助我做了不少工作。我问世的《中国奴隶社会史》和《周易讲座》二书，得到他的助力尤多。今兹与我合作撰写《周易全解》书稿，不仅发挥了他的写作专长，微显阐幽，能言人之所不能言，而且有发展、有补充有更正，证明他不只是一位述者，已经是一位作者了。特别是在乾坤既济未济等有重大关系的诸卦以及《系辞传》中若干较难章节的训释上，尤见功力。人每病《周易》一书词义深奥难读，纵令尽通其义，而写出来也不是一个普通读者所能理解的。今吕绍纲同志所做的解释，剖切周详，深入浅出，通体明白如话，恰能弥补这一缺憾，实属难得。"此番过誉的话我实不敢当。但是先生不轻许人，我的工作得到先生首肯，感到是最高的奖赏。

书出之后不久即重印。至今连印7次，销势仍旺。社会反响也可以。台湾辅仁大学刘光义教授来信表示，《周易全解》一书是他所见《周易》注释著作中最令他满意的一部。兰州大学教授、著名史学家赵俪生先生著文评论近几十年出版的7部易学著作，用语至为审慎，不加一丝虚词，而谓《周易全解》是当今之世有分量有特色的谈《易》著作。台湾著名青年易学家朱高正先生，读了此书赞不绝口，主动为本书联系在台湾出版。一位不愿透露姓名的北京朋友说，就他所见，触及《周易》实质的易学著作，只有《周易全解》这一部。

这位朋友所谓《周易》实质，是《周易》的辩证法。《周易》辩证法问题，《周易全解》一书只是一般地提到，未能放在全人类辩证思维发展史的大背景下考察，进而揭示《周易》辩证法的中国特色。这一缺憾,在随后的研究中做了补救。

三 《周易》辩证法

1996至1997年两年,我在《周易》辩证法方面特别下过一番功夫。1997年6月参加新加坡国立大学中文系举办的"儒学与人类文明"国际学术研讨会,我提交的论文题目是《周易——辩证法的源头》。文中我提出一个新观点:"包括马克思主义经典作家在内的欧洲学者一般认为,辩证法是最早产生于希腊,希腊是辩证法的源头。单就欧洲而言,这是正确的。若从全人类辩证法发展史的角度看,应当说:辩证法的源头在中国《周易》,不在希腊。"

我有两条理由支持这一观点:第一,从周文王、周公旦作《周易》算起,《周易》辩证法至少比希腊早五百年。第二,《周易》辩证法水平具有超前的性质。他实际上已经意识到乾坤对立统一的规律是宇宙的根本规律。

新加坡归来以后,我与金先生共同深入探讨《周易》辩证法,总觉得《周易》辩证法有特色,与欧洲的不同,我们经过反复推敲发现《周易》的确强调乾坤和谐,刚柔互补。斗争的思想也是有的,但是不强调。这一点成为中国三千年传统思想文化的哲学脊梁,他的影响几乎无处不见。古代的"和而不同"思想、天下大一统思想,显然与《周易》有关。周恩来的求同存异、和平共处思想、邓小平的一国两制、实事求是、实践是检验真理的唯一标准等理论,既是马克思主义的直接发展,个中也蕴含着中国传统的影响。邓小平既然是中国人民的儿子,他的思想不能不打上中国传统的烙印。在他的理论中我们能感觉到《周易》和谐、时中观念的存在。

金先生和我把这一认识写成一篇文章,题曰《周易辩证法的突出特点及其对中国传统的影响》,由我带到1997年10月东方国际易经研究院主办的西安《周易》学术研讨会上宣读。

我们对《周易》辩证法的研究还在继续深入。我因为另有《尚书新解》的项目缠手,不得不暂把《周易》放一下。金先生在一青年教师协助下,不数月间完成《〈系辞传〉新编详解》一书,攻克了《系辞传》这《周易》辩证法中的坚固堡垒。

四 《周易阐微》与《周易辞典》

1989年10月《周易全解》出版之后,我一鼓作气,写出一部易学通论性的著作——《周易阐微》,1990年8月刊行。接着主编《周易辞典》,1992年4月刊行。这两部书均就近由吉林大学出版社出版。这两部书标志我的易学思想已形成系统。随后我参加几次境外国际或两岸学术会议,发表几篇文章,也很重要。

1994年8月,中国《人民日报》、韩国《东亚日报》在山东曲阜联手举办"孔子思想与21世纪"中韩双边学术研讨会。我应邀出席并发表文章,题为《儒学与易经研究之今后发展》。《国际儒学研究》第一辑(1995)发表了这篇文章。

1995年5月,台湾大学、台湾易经学会举办两岸《周易》研讨会,我应邀出席并发表文章,题为《胡煦易学平议》。台湾《中华易学》杂志总第194期(1996)发表此文。

1995年10月,韩国岭南大学及慕山学术研究所在大邱举办第10回中国域外汉籍学术研讨会。我应邀出席并发表文章,题为《论〈系辞传〉属儒不属道》。《国际易学研究》第二辑(1996)发表了此文。

1996年10月,韩国栗谷学会在江陵举办"栗谷思想"国际学术研讨会。我应邀出席并发表文章,题为《栗谷易学思想浅论》。

此外,我应台湾东海大学《中国文化月刊》主编魏元珪教授之邀,在该刊1995年10月号上发表《略说卦变》一文。应台湾大学《哲学杂志》主编傅佩荣教授之邀,在该刊1996年4月号上发表《〈周易〉的哲学精神》一文。

《周易阐微》一书是系统阐述我的易学观点的通论性著作。读者反映不错,不断有人来函,说些认同、赞许的话。书凡十章。第一章:《周易》是什么性质的书。第二章:《周易》的筮与筮法。第三章:《周易》筮卦中的哲学。第四章:《周易》的天、地、人。第五章:《周易》的人生论。第六章:《周易》思想的历史学价值。第七章:《周易》的作者问题。第八章:《易传》与《老子》是两个不同的思想体系。第九章:《周易》乾坤既济未济四卦略说。第十章:《易》象数学评说。

此书一出,金先生马上审读一遍,很是夸奖。先生特为致函说:"《周易阐微》一书,我读了以后,觉得全书都写得很好。其中四、五、六三章,自出新意,尤为难得。人生论一章写得特别好。我看此书不但写得好,对当前易学研究也起到实际效果,既一方面它对真正要学《周易》的人能起到普及作用,对滔滔者则是一个有力的批判,我估计这本书可以传世。"先生一向不轻许人,今给我如此高的褒奖,自然增加了我的自信,激励我在研《易》的路上继续走下去。

金先生治学,观点鲜明,赞成什么不赞成什么,总是明讲,不隐藏,治《易》也是如此。先生历来明说他反对象数派,赞成义理派。他说孔子是义理派易学第一人,然后是三国王弼。认为王弼扫尽象数,恢复被汉人歪曲、淹没了的孔子易学,功德无量。孔颖达作《周易正义》,取王弼《周易注》作疏,其扶正救弊的作用,亦不可低估。于宋易先生最喜程颐《易传》。清代易学中李光地《周易折中》最得先生青睐。《周易折中》虽是奉敕而作的官书,却是义理派易说的荟萃,折中亦复中肯、得当。

这是一方面,另一方面,先生对汉易京房、焦赣、荀爽、郑玄、虞翻和清人惠栋、张惠言、焦循的象数易,持坚决的批判立场。宋人周敦颐、邵康节的图书之学亦在先生反对之列。朱熹貌似义理实则象数的易说,先生尤所不满。先生的意思,学易必读程颐《易传》,朱熹的《本义》不读也罢。

我赞成先生的观点,更钦佩先生明人明语的坦荡风格,可谓心悦而诚服,我的《周易阐微》正是在这个基础之上写成的。我接着先生说,吃透先生的思想,加以发挥。我的易学思想是先生的,我与先生的易学思想难以分割为二。我自己的贡献在

四、五、六三章而主要在讲《周易》人生论那一章。《周易》由天道推及人事，讲天道也讲人道，而归根结底是讲人道，讲人，给人生做出设计，告诉人怎样生怎样活，怎样从客观世界的束缚中解脱出来，争得自由。高清海教授说任何哲学都是人学，我看很对。《周易》就是中国古人的一部人学著作。后来读到康熙朝胡煦的大作《周易函书约注》（《四库全书》收入），知道胡煦也这么看，我更加自信了。

《周易阐微》第八章："《易传》与《老子》是两个不同的思想体系"，是我先前写的一篇文章。因为十分重要，便收入书中。原题为《〈易传〉与〈老子〉是两个根本不同的思想体系》，副题是《兼与陈鼓应先生商榷》，发表在《哲学研究》1989年8月号上。同年10月在纪念孔子诞辰2540周年会议上宣读了此文。

我的文章针对陈鼓应的文章《〈易传·系辞〉所受老子思想的影响》（《哲学研究》1998年1月）而写。陈先生当时任北大哲学系客座教授，影响颇大，他在文章中说："《老子》这本书在哲学史上第一次有系统地建立了一套完整的形而上学体系及独特的人生论。其自然观的形成，可上溯《易经》而下启《易传》，并成为《易传》哲学思想的主要骨干。"又说："老子哲学与《易传·系辞》的内在联系，表现在两个最重要的方面：就其哲学的内涵来说，是天道观；就其思维方式来说，是辩证法思想。而这两个哲学领域中的主要部分，在孔子学派那里是一个空白。因此我们可以断言，就严格的哲学观点而言，《易传·系辞》是较近于道家系统的著作。"

陈先生的意思可简化为三句话：一、《易传》思想得自老子。二、孔子学说根本没有天道观和辩证法。三、《系辞传》是道家系统的著作。

陈先生文章，观点新奇倒还可以卒读，而言语之武断、霸气则令人震惊！你可以任意把《易经》划归道家，怎么可以不加任何审理就宣判孔子学说在天道观和辩证法两方面是空白！

孔子天道观、辩证法非但不是空白，且与老庄道家不同，这是尽人皆知的事情。被告缺席，法官无据宣判，我不得不辩。我文章讲了以下道理：一、《易传》"一阴一阳之谓道"的道与《老子》"道生一"的道不同。二、《易传》辩证法与孔子一致而与老子俨然两途。三、《易传》与《老子》有不同的思想渊源。我的结论是："说到思想渊源，《老子》受殷易《坤乾》的影响分明较深，而《易传》与《坤乾》有着截然不同的思想内涵。它的思想理所当然地来自《周易》古经，又与孔子及儒家学派一致。我们的结论只能是：《易传》与《老子》是两个不同的思想体系，《易传》的思想骨干得自孔子及儒家，而与《老子》无关。《老子》思想可以上溯到殷易《坤乾》，它绝不可能是《易经》与《易传》的发展中介。"

我提出的问题，迄今未见陈先生做正面回答，只在《哲学研究》1990年5月号上看见陈先生写给编辑部的一封信。1996年陈先生新著《易传与道家思想》一书作为附录将此信收入。陈先生在信中说："从吕先生文章的题目，使我想起庄子的一句话：'自其异者观之，肝胆楚越也；自其同者视之，百物皆一也。'吕先生对于《老子》和《易传》的关系，可谓'自其异者视之'，而对于儒家和《易传》的关系，则是'自其同者视之'。"躲躲闪闪，不正面讨论我提出的问题，抛出《德充符》的话来遮掩。等于说你有你的理，我有我的理，是非不必分也不可分。于是我体悟了《孟子》"王顾左右而言他"一语的意义。其实，陈先生与其引《德充符》此语，不如用《齐物论》的"彼亦一是非，此亦一是非"做遮掩，更为堂皇，更有助于"王顾左右而言他"。

陈先生的信绝口不言我的观点为什么不对，只下笼统结语，说什么"无论从辩证法和宇宙论的观点，要把《老子》和《易传》说成是两个根本不同的思想体系，而将《易传》和孔子说成是相同的体系，都是很难自圆其说的。"仍然一派宣判的口气。我怎么"很难自圆其说"，他硬是不讲。在我看来，倒是他"很难自圆其说"。

陈先生主意既定，乃置一切障碍于不顾，非把本属于孔子的《易传》下放到战国，锻炼成为道家作品不可。受陈先生信的激发，我写了一篇题为《论〈系辞传〉属儒不属道》的文章，拿到1995年10月韩国岭南大学举办的第十回中国域外汉籍学术研讨会上宣读。随后，《国际易学研究》第二辑（1996）发表了它。

它论述了以下四个问题：一、《系辞传》的道是儒家的道，不是道家的道；二、《系辞传》的"太极"或"太恒"不是道，太极与道是属于两个层次的范畴；三、《系辞传》"天尊地卑，乾坤定矣"乃道地儒家本色；四、《系辞传》讲仁义，讲礼，讲知，讲文明进步，讲"知柔知刚"，并是儒家特色，与道家绝不相谋。我想我是"自圆了其说"的，而且不曾感到"很难"。

陈先生发表在《哲学研究》1990年第5期的那封信还说，他与我"彼此思想差距太大，难以对话"。这话一半对，一半不对。说他与我"思想差距太大"，这一半对。我们思想差距的确很大，他说天道观和辩证法在孔子学派那里是一个空白，我说不是空白，而是丰富得很。他说《易传》辩证法思想来自道家《老子》，我说来自《易经》，与《老子》有重大区别。然而学术问题差距越大越好对话，如果我同你一致，对话还有什么必要？因此与我"难以对话"，这一半不对。

怎么"难以对话"？你说是空白，我说不是空白。你说《易传》辩证法思想来自《老子》道家，我说来自《易经》，与孔子一致。你把我的论据拿过来一一否掉，岂不简简单单，何难之有！什么"难以对话"，分明是遁词。

五　分清义理、象数两派界限

我主张循义理派的路子研《易》，促进《周易》研究的现代化，亦即让尽可能多的读者理解《周易》，接受《周易》，使《周易》在社会主义精神文明建设中起一点作用。不赞成象数派的理论、方法。按象数派的路子研究《周易》，不合《周易》的性质，将使《周易》更加难以理解，迫使广大读者走上占卜迷信的道路。

象数派易学可以作为易学史现象加以批判研究，却不可以用来解释《周易》经传。我对汉易象数派，宋易图书派和清易象数派，书是读了一些，研究未深入。我在《周易辞典》出版时，卷首加一篇15000字的《前言》，里边扼要地叙述了易学史，着力批判了汉唐宋清有代表性的几位象数派易学家。其中于焦循及其易学三书置辞较多，口气也较苛，但是我敢说大体中肯，至今不悔。我说："清代一些人大搞早已不甚合时的汉易，把易学拉上回头路。打大旗的人先是惠栋，后是焦循、张惠言二人。""焦循更将虞氏易进一步雕琢活用，创为所谓旁通、相错、时行三事。汉易象数学至此达到登峰造极的程度。焦氏有《易图略》、《易章句》、《易通释》三书。焦氏对汉易之卦变、纳甲、爻辰、卦气等是有批判的。但是他的批判立足于汉易的立场进行。他提出的旁通、相错、时行三项解《易》方法，把一部《周易》弄得神乎其神，简直凡人无法理解，影响之大之坏，超过历史上所有的象数派。""依他的旁通说，《周易》经传的每一个字都有其内在联系，而且纵横左右。一个字出现于此，却可于别处找出道理。这样的《周易》非神不能做，非神不能读。哲学不见了，只剩下文字游戏。"

《周易》固然用象表意，不观象则不能解《易》，但是象是有限的，卦爻就是象，"卦爻之外无别象"（顾炎武语）。象数派的根本失误就在于无限扩大取象范围，企图给经传的每个字都找出象的根据，结果加重了《周易》的神秘性，卦爻之义完全被忽略。

我对象数派的这一认识，是通过读书的积累逐渐形成的。1993年夏，我赴台湾参加辅仁大学召开的中国哲学之回顾两岸讨论会，台北文津出版社总编辑邱镇京先生赠我一本牟宗三先生早年著作《周易的自然哲学与道德函义》。书中自然哲学以胡煦为例，道德函义以焦循为例。对胡、焦二人评价极高，认为是中哲史上真正称得上哲学家的两个人。此书立脚点是象数，但方法充满现代哲学意识，为一般象数派易学通论著作所不能比拟。我从这书得益匪浅。第一，它客观上帮助我进一步认清象数派的要害。第二，通过它，我彻底弄清卦变说的真义！

接着我从《四库全书》中找来胡煦的巨著《周易函书约注》仔细研读，写一篇题曰《胡煦易学平议》的论文，带到1995年5月台湾大学主办的两岸《周易》学术研讨会上宣读。胡煦易学特色鲜明，从根本上说，属于象数派，却又有所超越。他明确否定《周易》是卜筮之书，极力反对用《周易》占卜。他特别看重乾坤两卦，创立系统的乾坤生成哲学，用"体卦主爻说"解释《彖传》，取代传统的"卦变说"。

胡书让我进一步认识了象数派追求一字一象的要害。他说："须知《周易》一字一象，亦遂一象一义。《周易》无闲文并无虚字"；"闲文在他书容或有之，在《周易》则不可以闲文视也"；"须知读拟象之书与文字义理之书绝不相同。文字义理之书可以虚实字眼相间为文，且能低昂其声韵，故读之易解。若拟象之书，必须一字一义逐字领会乃可耳"；"凡书皆有文字义理可求，而《周易》则纯以象告。故煦之《函书》不惮繁言，逐卦逐爻逐句逐字释之。"一言以蔽之，胡氏释《易》，字字求象，一字不遗。例如乾九二"见龙在田，利见大人"，"大人"显然是一个成词，不应分开说；胡煦为了落实一字一象、一象一义的理论，硬是分开说。九是阳爻，故称大。二是人位，故称人。其说牵强附会，难以自圆。同在乾卦，九五明明在天位，何以亦有"大人"之象！

读胡书，我清楚了象数派的根本思路。原来汉代易学家所创互体、升降、爻辰、半象诸例，都以一字一象、一象一义为出发点。

但是胡书把汉宋人的卦变说彻底打倒，是对易学研究的一大贡献。受胡书的启发，我写了《略说卦变》一文，发表在台湾东海大学《中国文化月刊》1995年10月号上。拙文大意谓《周易》讲卦的生成，不讲卦变。卦变是汉宋人造成的。卦变说建立在对《彖传》"上下往来内外终始"八字错误理解的基础之上。

卦变说是象数派易学的理论骨干之一，由虞翻、李挺之、朱熹等人逐步造成，影响至为深远，至今坚信不疑的人仍为数不少。不彻底推倒卦变说，易学研究难以走上正路。

苏轼《东坡易传》、程颐《伊川易传》、李惇《群经识小》，已对卦变说提出质疑，至胡煦《周易函书约注》用"体卦主爻"说解释《彖传》，才彻底推倒卦变说。可惜胡书收在四库，得见者少，故影响有限，未引起注意，滔滔言卦变者依旧。

六　关于朱熹易学

研《易》如果求真求实，不人云亦云，必然遇上如何对待朱熹的问题。朱熹学问承继程颐，而在易学上与程颐往往大相径庭。程颐作《易传》宗师孔子，接续王弼，绝不言卜筮。朱熹作《周易本义》倡言《易》本卜筮之书。程颐一生对周敦颐《太极图说》不置一词，朱熹作《太极图说解》，视《太极图说》如经典。程颐一向轻蔑邵雍的图书术数之学，朱熹视之为珍宝。程颐解六十四卦一从义理，朱熹解六十四卦以占卜为前提。程颐是纯粹的义理派，解卦虽不免亦有误时，但大方向始终不偏。朱熹解卦，义理、象数、占卜兼顾，归根结底是重占卜、象数。程朱两大家，孰是孰非，一向是一笔糊涂账，罕见有人分辩。李光地主编《周易折中》虽先朱后程，而其"案语"、"总论"于朱义多有批评。李氏是较早敢于议朱的人。

金先生和我对朱熹的学术大体持批评态度，合作写过两篇议朱的文章。《论〈中庸〉——兼析朱熹中庸说之谬》，发表在《孔子研究》1994年第2期，复旦大学张汝伦先生主编《智慧的探索——中国哲学1995》一书收入此文，在编者序中给予肯定的评价。《释"克己复礼为仁"》，发表在《中国哲学史》1997年第1期，文章结论说："朱熹《论语集注》对此语的解释、训诂与思想全不对。用朱熹《集注》研究朱熹思想，恰恰相当，若用以讲《论语》，无异于郢书燕说。"

两文发表后，未见有明确的批评意见。但是，韩国学者对我所写的另一篇批评朱熹易学观点的文章却持有批评态度。1994年8月，《人民日报》社和韩国《东亚日报》社联手在曲阜举行"孔子思想与21世纪"中韩双边学术讨论会。会议指定我以《儒学与〈易经〉研究之今后发展》为题发表文章。我批评了朱熹的儒学与易学，用词比较激烈，引起与会韩国学者的注意和激烈批评。由此我知道韩国学者尊崇朱熹，非同一般！

为了解韩国学者的易学思想，我开始着手研究李栗谷、李退溪两位大思想家，读了《栗谷全书》和《退溪学文献全集》两部大书。写了《栗谷易学思想浅述》，在1996年10月韩国江陵栗谷思想国际学术会议上发表。今年又写了《退溪易学初论》。将于1998年6月汉城周易国际学术会议上发表。

韩国这两位大学者都学宗朱熹，继承朱熹的理学思想。二人在理气关系问题上虽存在分歧，易学观点不尽相同，而对朱熹的易学思想都有所保留，都不赞成研《易》耽迷于术数，都充分肯定程颐《易传》的价值，则观点相近。由此我得知，即便在学宗朱子的韩国，朱熹的易学思想也不是被无条件地接受。

七 我的《易》学见解

我的易学见解可概括为以下几点。

1. 今本《易经》是周代之易。六十四卦次序及卦爻辞出自周文王之手（或许有周公旦参与）。《周易》是用以推翻殷纣王统治的理论武器。他的乾坤哲学与《连山》、《归藏》二易根本不同。

2. 孔子所作《易传》是对《易经》义涵的发掘、发挥，思想源于《易经》，也属于孔子。不是它受战国道家的影响，而是战国道家受它的影响。

3. 自孔子始，经王弼、孔颖达、程颐、李光地诸人形成的义理派易学观点与方法符合《周易》之本义，汉、宋、清的象数派易学为追求一字一象、一象一义而广造易例的方法不足取，卜筮术数尤须批判。

4. 《周易》之宇宙论、辩证法与老道家是两个根本不同的思想体系，不应混为一谈。

5. 朱熹言《易》虽不废义理，毕竟以象数作为注易读易之根本。初学易者，于程朱应有所选择，宜以程颐《易传》为先，朱熹《本义》暂不读亦无妨。

（原刊《学林春秋》第3编上册，朝华出版社1999年）

退溪礼学初探

退溪李滉先生(1501—1570)是韩国李朝时代的礼学大家。他"宁学圣人而不至,不欲以一艺一行成名",故既重视礼学知识技能方面的探讨,更重视自身的日用践履。退溪在礼学之学问探讨方面,可谓博大精深,涵盖丰富。但是毕竟有其基本的观点统率他的全部礼学。其中他关于礼之常与礼之变、礼之制与礼之俗之关系方面的主张,是基本之基本,尤当特别分析。礼之本义就是践履,退溪又以圣人为人生目标,故他的礼学的最大特点是身体力行,生活日用、视听言动无不按礼的要求行事。

一 退溪礼学之基本观点

退溪礼学至博至深,其基本之观点,概言之,有以下各点。

1. 谓礼乃实现仁义必经之方法与途径。退溪云:"程子曰:'学贵于习,习能专一时方好。'然其习之之方当如颜子非礼勿视听言动,曾子动容貌、正颜色、出辞气处做工夫,则庶有据依而易为力,至于真积力久而有得焉,然后三月不违仁及一以贯之之旨可得而议。"[1]

又,退溪云:"视听言动皆礼矣,所异于圣人者,盖圣人则不思而得,不勉而中,从容中道。颜子则必思而后得,必勉而后中,故曰颜子之与圣人相去一息。"[2]

2. 在日常生活中,礼不可一日而废。"礼之行也不外乎衣冠之饰,饮食之节,揖让进退之则而已。古人知礼之不可一日而废也,故其言曰一失则为夷狄,再失则为禽兽,岂不深可惧哉!"[3]

3. 礼因时而变。退溪云:"问:苹藻之荐,簠簋之用,古人所尚,而朱子之时已不能复。今之时又与朱子时不同,何如?答曰:温公《书仪》已不能尽依古。朱子《家礼》酌古礼、《书仪》,而又简于《书仪》。今俗又异于朱子时,安得一一依得!"[4]

4. 古礼当尊,今俗亦当循。退溪"先生以俗节墓祭为非礼,而亦循俗上冢,未尝祭于家庙。盖亦朱子答张敬夫俗节一条之意也。"[5]又:"问,妇人冠笄之制尊古礼则好,然亦当自视其家行丧礼如何。若它事不能尽如礼,独行此一节,无益也,又骇俗也。"[6]

5. 时王之制不可轻改。关于士大夫是否祭高祖,于古礼则士大夫不敢祭高祖,然而程朱并以为不可不祭。退溪云:"但时王之制,祭三代有典,夫子亦从周,则又恐难于据《家礼》尽责人人以行此礼耳。"[7]又,"问:朱子尝叹昭穆之礼久废,作《家礼》却恂时俗之礼,何也? 先生曰:时王之制岂可轻改! 且礼者天下之通行者也。举世不行,则虽成空文,何益! ”

6. 礼须称情合理。“先王制为丧臣之礼,于服则衰绖,于膳则小举,于乐则弛悬,以至于敛往吊,莫不尽礼。盖君之于臣,犹父之于子也,其所以情制礼,岂偶然哉! 我朝为一贵臣举哀之规实仿于此。今者虽以丧次在外,不得行此盛礼,其他弛悬、不举之遗意则不可不讲究而尽其礼也。”[8] 又:“祝一人身任招来怀附于木主之责。神依木主,则便有与人相际接之理,故读毕而怀之,以见招来怀附与人相际接之意。圣人制礼求神之道,孝子爱亲思成之义,其尽于是矣。”[9] “古虽有降私不祭之文,然人情极处终是遏不得。若一切使不得少伸,恐或有激成大发之弊。”[10]

7. 礼从宜。“问:乡俗不特往吊送丧,凡亲旧家有吉凶之事,皆有所遗。不知处此当如何? 答曰:吉礼固不可预,然吊送之礼却似不可废。所谓礼从宜者,此也。”[11]

8. 礼从权。“窃意古人谨丧礼,无所不至,故其制如此。然亦不以死伤生,故未尝不示以可生之道。孔子亦曰病则饮酒食肉。然而为人子者当创矩至痛之际,率不能自抑,或至于病生殆极,犹不知从权,卒致不可救之域者比比有之。盖人之虚实什百难齐,他物姑不论,至如盐酱,若一概立限而令不食,人之得全性命者少矣。”[12]

9. 礼从厚。“朱子以王肃说为得礼本意。故《家礼》大祥后饮酒食肉而禫从郑说,礼宜从厚故也。其后丘氏礼移饮酒食肉于禫后,故今人以是通行皆是从厚之意耳。”[13]

10.礼有常有变。“答居丧非甚不得已,勿为出入。其出入官府尤甚不可,然此亦不可以一概断置。《家礼》卒哭前不谢答而令子侄代之,极合居丧之道。但恐此亦尊者事尔。若身为士而地主以卿大夫之尊遗相属、己之丧已及三月,而葬与卒哭尚远,恐须谨奉一书,言所以葬未及时,身且疾病,受恩稠叠,不得躬谢,死罪之意。如此,似方为得礼之变也。”[14] “又问:未尝不食新,在礼当然。若出游远方,未便即荐,而再三遇之,奈何? 答曰:随地随宜、力所可及处,当尽吾心。其不及处,恐难一一守一法为定规也。若胶守而不变,则出远方者不食新谷,饥而死矣,无乃不可乎! ”[15] “学未足以达礼而妄论礼之变节以告人,为未当。”[16]

二　退溪论宗法、丧服与祭礼

宗法与丧服是周公制礼的重要内容,影响至为深远。韩国古代实行宗法与丧服制度。退溪有深入的研究。同时对祭礼也很重视。兹将退溪对宗法、丧服、祭礼的认识分述如下:

（一）宗法:

1. 大宗:“又仲兄出后大宗”云云。[17]

赵起伯问:“祔祭时亡人小宗者,则先祖之灵已入于大宗之庙,何以为之? ”答曰:“就大宗庙行之。《家礼》已言之。”[18]

郑道可问:"先姚之祖妣在大宗之庙,而仲兄主其祀。今祔祭,仲兄当为主人,而仲兄所后父斩衰之服尚未除,当服斩衰主祭,而祝文称孤子否?"答曰:"恐然。"

又问:"《家礼》丧主非宗子,则唯丧主主妇以下还迎。今祔祭,仲兄以宗子为主人,则还奉先姚神主时,仲兄当从还迎之列,抑以宗子厌尊于祖妣而不敢往迎否?"答曰:"不敢往迎为是。"[19]

先生家庙在温溪里。宗子无后,兄子进士完当承祀而已定居于他处,以撤还为难。先生责以大义,反复晓喻完令其子宗道还居以奉宗祀。先生犹以为喜出其财力,经纪其家,凡所以周恤安集者靡所不至。宗家岁久颓落,宗道欲修治,而家贫无以为材。先生令伐墓木以为用。或以斩丘木为疑,先生曰:"以之为私用,则固不可,若取墓山之木治先祖之宫以奉先祖之祀,则是肯构之大者也,有何不可乎!"[20]

按以上诸条材料所记之宗子都是大宗。而且所言大宗都是实际存在的事实,不是空言礼意。可见退溪先生时,韩国仍存在宗法遗迹。退溪本人就处在宗法之中。所言宗法状况自当可信。他说的大宗显然非指天子诸侯,而是卿大夫贵族大家族的世袭代表。

2. 小宗:"问:继祖之小宗固不敢祭曾祖,若与大宗异居,时物所得,独祭吾祖,似未安,奈何?答:独祭祖,虽未安,越祖而及曾祖,恐尤未安。若是支子,则虽权宜杀礼以祭祢,亦未可及祖。"[21]"敝门继曾祖小宗,家在安东,西寝而东祠,势甚不便,今年方移置西轩之后,盖随地势,不得不尔耳。"[22]

按小宗有四:继高祖、继曾祖、继祖、继祢。退溪言及继曾、继祖、继祢三小宗,未及继高祖者。

3. 支子:"支子不祭,祭必就墓。"又:"唯宗子得祭于庙,而墓则宗子、支子皆可以祭也。"[23]"想支子所主之祭恐是忌祭节祀之类也。今若一切皆归于宗子而支子不得祭,则因循偷惰之间,助物不如式,以致众子孙全忘享先之礼,而宗子独当追远之诚,甚为未安。"[24]

按支子即庶子,是与宗子相对应的概念。在宗法制度中,宗子与支子不可或缺。有宗子必有支子,有支子必有宗子。二者有一落空,即不是宗法。

4. 嫡庶之制:"父母生存,长子无后而死,为长子立后而传之长妇,此正当道理也。若不立后而漫付之长妇,则是使冢妇主祭。父母之情多牵爱次子而欲与之,为次子皆亦多不知为兄立后之为义,而欲自得之。"[25]

窃恐古人嫡庶之分虽严,而骨肉之恩无异。[26]

庶人只祭考妣,只谓闲杂常人耳。若士大夫无后者之妾子承重者,不应只祭考妣。[27]

父母宗子(张载《西铭》句)。谨按:"小注"朱子曰:"此正以继祢之宗为喻尔。"继祢之宗,兄弟宗之,非父母之嫡长子而何?盖既以天下之人为吾兄弟,则当以继祢之宗为言。若继祖以上之宗,则皆非吾亲兄弟矣。[28]

按嫡庶之制是实行嫡长子继承制的前提。嫡长子继承制是实行宗法的前提。

退溪所言长子无后而死，当为长子立后，次子不得觊觎承重，此即严格的嫡长子继承制。所言庶人只祭考妣，士大夫无后者之妾子，不应只祭考妣，既指出宗法实行的范围在士大夫不在庶人，也表明嫡庶之分虽严，但不绝对，关键在于承重。在嫡妻无子的情况下，庶妻(妾)之子也可以承重。所言"继祢之宗，兄弟宗之"，表明退溪深刻理解宗道是兄之道，为宗者都是各代之嫡子。

5. 君统、宗统有别："既养于嫡母，则所生母为其所厌，如人君入继大统，则不得顾私亲之义。"[29]

按退溪这段话至关重要，它正确地划分了君统与宗统的界限，退溪是说人君一旦入继大统，便必须与自己的亲属划分开来，不再论宗法的关系。这一点道理本来是明白无疑的，可是中国学术界至今仍有人不能接受，一定要把君统、宗统牵混在一起。

(二)丧服

1. 父在为母降服期："以愚所闻，周公有此典，后王益以申心丧之制，而朱子从之。未闻某代有不降者。唯有唐武曌欲令天下母丧同父丧。至大明礼，遂有同父丧斩衰三年之制。宁可以乱圣典为世教耶？国朝不用明制，最得无二尊、不贰斩之义。"[30]

> 《礼》曰："父在为母何以期也？至尊在，不敢伸其私尊也。由是言之，为母申心丧三年，恐后王之制。"[31]

> 窃意人子于父母，情非有间，而圣人制礼则多为父厌降于母者，家无二尊之义最重，故谨之也。[32]

按退溪特别强调无二尊不贰斩的原则，力主父在为母降服齐衰期，不赞成武则天、朱元璋为母与父同服斩衰三年的做法。

2. 出继之人为本生降服："答韩永叔问曰：出继之人为本生降服，极为未安。然先王之制不可不从。"[33]"夫为人后者，其妻为本生舅姑服期。"[34]

3. 女子适人者为私亲降服："问：出嫁女为私亲降服，礼也。世多废之，而或有行之者，其从俗而废之乎？答：此礼之大者，而末俗循情废礼，不可胜救，可叹！"[35]

按降服意义重大，常见之降服为男子出继为人后者为本生和女子出嫁为人妻者为私亲两项，受世俗忽视，人们往往循情废礼，服而不降。退溪则极力主张降服不可废，反对循情而废礼。

4. 凡有母之名者，不可不服，唯出母不可服。"答：外继祖母、继外姑不可不服。母非被出，虽继无不服之理。"[36]

> 礼于后母生事丧祭一如己母而无异。[37]

> 礼庶母之服缌麻指父有子之妾言也，然则似谓无子之妾无服也。然又谓父亲代主母干家事者加厚云。今尊公侍人虽无子乃代干之人，宜服缌而稍加日数为可也云云，当观情义轻重而处之，故又有禀父命行服之言。[38]

5. 为庶之服不分差等。"为庶之服人多疑问，非徒《家礼》、《大明律》等书无之，如《仪礼经传》乃集合古礼无不该载，而亦无其文，寻常不晓其意。窃恐古人嫡庶之分虽严而骨肉之恩无异，故其制服无所差别欤！"[39]

示谕属服制今人多疑问，然吾尝疑古人虽严嫡庶之间，只以其分言之，至于骨肉之恩嫡庶无异，故不分差。古既如此，故吾东国典亦不敢分差等，今岂敢臆决，以为当如何处之耶！[40]

古人嫡庶之分虽严而骨肉之恩无异，非如今人待之如奴隶。故其制服无所差别欤！[41]

6. 兄弟当服齐衰。"问：兄弟当服齐衰，而今不用其制，只以素带为服，甚无谓也。衰裳之制今不可必行否？答：兄弟服如所示岂不善哉。但病庸无状，凡期功以下诸服皆不能如礼，只从俗过了。"[42]

以上自《退溪学文献全集》关于丧服的言论中检出7项，大体可以看出退溪于丧服方面的一些具体观点，它们是：降服至为重要，主要是父在为母降服期、出继为人后者为本生降服、出嫁之女子为私亲降服；凡有母之名者，初有服、继亦有服；中原嫡庶之分严，东国则不分差等；兄弟当服齐衰，依礼行衰裳之制，不可从俗只以素带为服。

（三）祭礼

退溪特重祭礼。祭礼中最看重祭祖先之礼。在祭祖先之礼中讨论最多的是庙祭、墓祭以及高祖该不该祭的问题。

1. 关于庙祭：

古者宗法大明，葬于野而祭于庙。宗子有四时之享，则群昭群穆咸得以展诚，故虽支子不祭，祭不就墓，而人情安焉。至于后世宗法坏而祭礼缺，忽庙崇野之俗有作。程朱之兴，述古礼重庙祭，然而墓祭之法载在《家礼》而不废，因时损益不得已也。[43]

今我圣朝以孝为治，士大夫家无不立庙，盖仿佛有宗法之遗意。故唯宗子得祭于庙。而墓则宗子支子皆可以祭也。古礼未易卒复，而人情所不能遏，此今日墓祭之所以盛行也。[44]

按退溪清楚地知道祭祀祖先之礼有一个发展过程，即先有庙祭，后有墓祭。庙祭与宗法有关。在退溪的时代，庙祭、墓祭并行不悖，二者都是重要的。庙即家庙、祠堂。家庙在宗子家中，支子无庙。庙祭之主人必是宗子。支子只能行墓祭。宗子则庙祭、墓祭皆可行。

朱子亦有支子所得自主之祭之言。疑朱子所得祭之祭即今忌日墓祭之类。[45]

朱子与刘平父书有支子所得自主之祭之说。想支子所主之祭恐是忌祭节祀之类也。今若一切皆归于宗子，而支子不得祭，则因循偷惰之间，助物不如式，以致众子孙全忘享先之礼，而宗子独当追远之诚，甚为未安。又或宗子贫窭，不能独当而并废不祭，则反不如循俗行之之为愈也。[46]

按庙祭的主祭权紧紧掌握在宗子手中，支子不得祭，因而埋没了支子（众子孙）

的尊祖敬宗,慎终追远的热情。因此,退溪非常赞成循俗而行,提倡可由支子主祭的墓祭。墓祭对于庙祭来说,是一个重要的补充。

2. 关于墓祭:

> 支子所得祭之祭,即今忌日墓祭之类。然则此等祭轮行亦恐无大害义也。[47]

按墓祭大多举行于忌日。

> 朱子《系辞本义》曰:"湛然纯一之谓斋,肃然警惕之谓戒。"忌祭及节祭则礼之小而近人情者,故只斋一日。时祭则礼之重大所以致尽事神之道者,故七日戒三日斋也。然今人亲父母忌日则迫于情意亦或斋二日。[48]

按退溪言语之间显然流露出赞赏墓祭的倾向。他认为时祭(在庙举行)重大、正规,不易实行,忌祭(在墓举行)及节祭(寒食、端午,在墓举行)规模小,仪式简便,容易实行,近乎人情。

> 墓祭无进馔侑食之节,或人以为不设饭羹,恐其不然。[49]

> 答柳希范问曰:"墓祭不当遥祭。"[50]

按墓祭虽简省,仪节疏略,但饭羹是必设的,且主人必临场,不可遥祭。

3. 关于祭高祖:

> 问:"《家礼》不论公卿大夫士而并许四代,但国制则六品以上祭三代,七品以下祭二代,如此之礼何以处之?"先生曰:"国制如此,虽曰不敢违,然孝子慈孙依古礼断然行之,则岂有不可!"[51]

> 问:"世俗多不行高祖之祭,忌日或饮酒食肉,甚者至预于宴乐,可骇!"先生曰:"高祖乃有服之亲,何可不祭!程朱已行之,考诸礼文可见。然时王之制如此,何可责彼之不行,但当自尽而已。"[52]

> 祭高祖,断以古礼,则士大夫似不敢祭,然高祖既有服,《礼记》又有干祫及高祖之文,故程子以谓不可不祭,朱子因著为《家礼》。但好礼慕古之士依此行之,岂为僭乎!但时王之制,祭三代有典,夫子亦从周,则又恐难于据《家礼》尽责人人以行此礼耳。[53]

> 祭四代,本诸侯之礼。大夫则家有大事必告于其君,而后得祭高祖。而"告之",不常祭也。后来程子谓高祖有服之亲,不可不祭。朱子《家礼》因程子说而立为祭四代之礼。[54]

> 今人祭三代(按指曾、祖、祢)者,时王之制也。祭四代(按指高、曾、祖、祢)者,程朱之制也。力可及,则通行恐无妨也。[55]

按古礼诸侯祭高祖,大夫不祭高祖。大夫祭高祖,始于程朱。退溪之时,李朝规定官员一概不许祭高祖,庶民只能祭考妣。退溪则据朱子《家礼》主张大夫祭高祖。但是究竟人们祭不祭高祖,全由自己的体会决定,不一律要求人们这样做,更不一律要求人们不这样做。退溪是正确的,符合祭之本旨。《礼记·祭统》有云:"夫祭者,非物自外至者也,自中出生于心也。心怵而奉之以礼,是故唯贤者能尽祭之义。"

三 退溪论国恤与庙制

（一）有关国恤

1. 致仕者为小君服

乙丑年（1565）文定王后薨。在答李敬存斋书中言及致仕之臣为旧君及小君服齐衰三月事。答云："按《仪礼·丧服》篇'齐衰三月'条为旧君、君之母妻。其《传》曰：旧君者仕焉而已者也，何以服齐衰三月也，言与民同也。君之母妻则小君也。盖《礼》所云者致仕者也，虽退而恩数在，故非徒服君，亦服小君。"[56]

> 援以古礼揆之于今，惟以理去官有职衔在身者应齐衰三月，《礼》所谓为旧君与小君之服也。[57]

> 闻文定王后丧，哭临成服。其成服除服，皆就山舍行礼。盖仿朱子望阙谢恩之例也。[58]

2. 国恤之臣服

答东安府官问，言及国恤臣服事云："国恤臣服似依朱子说参酌而定之也。其答正甫书有曰'燕居许用白绢巾、白凉衫、白带'云云。以此观之，燕居只白衣布木皆不妨。"又云："出入服京官皆着衰服，外官恐与京官不异也。"[59]

> 闻之古者君服在身不敢服私服，此礼今虽难行，既当改私服而值国恤服白之礼，恐不至异常也。[60]

> 举国皆缟素，己独为亲丧黑笠黲服，岂可为乎！故愚意以为直以白笠白衣行之可也。[61]

3. 继体之服

丁卯年（1567），明宗升遐，河城君入继大统，遭本亲河东郡夫人丧，乃论及继体之服。

> 上令政院考恭懿殿服制，李滉在京对以礼嫂叔无服，自上合无服，众莫敢违。奇大升以远接使从事官追后入城曰："仁庙君临一国，今上自有继体之服，岂可援嫂叔之礼乎！"闻而大悟曰："明彦之言是也，仓卒失对，吾不免罪人云。"[62]

按依一般家礼嫂叔自然无服，但是若"叔"已入继大统，成为继体之君，则于嫂有服。退溪先是持嫂叔无服之说，后因奇明彦启示，乃悟继体义重，嫂叔之间不可无服。

（二）庙制

己巳年（1569）正月发生文昭殿之议。世宗仿汉朝原庙之制而立文昭殿。殿有后寝前殿。后寝五间，奉四亲及太祖之神主，同堂异室。太祖居中南向，高曾祖祢四庙列于东西，略如昭穆之制。四时有事则祫享于前殿。三间的前殿之制南北短而狭，东西长而阔。祫祭五位神主尚可，若加一位，实为难处。退溪上札子，提出解决办法。第一，

"殿内转北从西，太祖西壁东向。睿宗、中宗在南北向，成宗、仁宗、明宗在北南向。世祖今虽祧出，仍虚其位，而成宗依旧与中宗相对，不敢进居世祖之虚位。"[63]第二，反对奉仁宗于"延恩"而不入文昭殿的意见，力主仁宗仍祔文昭殿。理由是仁宗、明宗虽兄弟，但是"尝为君臣，便如父子，当各为一世"[64]，"盖兄弟继立，尝臣事而受传统，如天经地义，万古不可易，故《春秋》之旨，程朱之论，皆处以各为一世"[65]。

四　退溪之礼学重在践履

退溪的礼学从解决实际问题中产生，全无学究气。重视践履，身体力行，凡自己说到的，都一定做到。从小到老都是如此。兹举其要者如下：

1. 行为中礼，人不可及：

先生于日用动静语默上平易明白，无甚高远之事，而动容周旋中礼自有人不可及之妙。[66]

2. 表里如一：

退溪自少时内外端直，表里如一，行己处事无一毫可疑。[67]

3. 待人有节：

先生对人应物动静语默各有其节。[68]

德弘问："客有来见，则不论老少贵贱而皆当敬否？"曰："亦当敬矣，但待之有礼。凡待人之道，各在当人之身，岂可不论老少贵贱而一切以敬乎！但先有忽慢之心亦不可也。"[69]

先生平日虽门人小子若远行，则必设酒下堂以送。常往来受业者只离席以拜。[70]

先生尝曰："乡党，父兄宗族之所在也。且乡之所贵者齿也，虽居于门第卑微之后，于礼于义，何不可之有！"[71]

待门弟子如待朋友，虽少者亦未尝斥名称汝，迎送周旋揖逊致其敬，坐定必先问父兄安否。[72]

4. 严于辞受：

其于出处进退取予之节不敢分毫差过。人有所遗，非其义，终不敢取。[73]

先生严于辞受之际，苟非其义，一介不以取予于人。[74]

客有有求而馈鱼者，先生却而不受。[75]

先生尝在汉城，邻家栗子落于庭中，令拾而还之。[76]

问："然则先生何以不受金而精之驴乎！"先生曰："古人父母在馈献不及车马，示民不敢专也。其人有父兄在，吾何受之！"[77]

5. 诚守宗法：

先生每得新物，必送于宗家，俾荐于庙。如何不可送者，则必藏于家，待其可祭之日而具纸榜，不具祝文，又不设饭羹，只以饼面祭之。德弘问其所以,则曰:"所居稍远于家庙,既未得如意助祭,又不敢当主祭之道,故如是。朱门支子居外者亦有此例也。"[78]

6. 孝弟持家:

少孤,奉母夫人甚谨,承颜顺志,动无违拂。[79]

未几太夫人下世,先生每怀蓼莪风树之感。门人语及养亲之事,则必蹙然称罪人。[80]

家法甚严,闺门雍穆,事其兄如严父。[81]

察访公(先生五兄)入门常让先生。先生蹙然如不自容,鞠躬而立曰:"何感如是。"一日语及门生曰:"古人事兄如事父,出入扶持,居处奉养,以尽子弟之道。今我只有一兄而未得尽子弟之道,可叹。"[82]

先生二十岁聘夫人许氏,相敬如宾。[83]

先生曰:"世俗有薄待正妻者,伉俪之谊岂宜如此!须处之有道,勿失夫妇之礼可也。"[84]

未尝见其诟詈婢仆,如有失误,亦必教之曰:"此事当如是。"未尝变其辞气。[85]

按退溪为为己之学,于礼学尤言行若一,践履为上,凡起居语默、饮食衣服、居家奉君、辞受出处,莫不行于仁义,合乎礼节,且都自然天成,不见人为痕迹,真一派大贤气象。此处所述,不过举例而已,未臻全面。

五 结语

退溪是大贤,是礼的身体力行者,不是专家,没有专门的礼学著作存世。其礼学言行反映在《溪书礼辑》、《二先生礼说》、《退溪先生自省录》、《退溪先生言行录》、《李子粹语》、《溪山记善录》、《退溪先生年谱补遗》等文献中。这些文献大多是与友人及弟子往来书信,其中有些是回答问礼,随时解决礼制礼仪礼义方面的实际问题。书信之外,还有弟子们对退溪克己复礼的回忆。

退溪礼学包括答问、践履两方面,个中渗透着深刻的礼学思想:礼乃三月不违仁之途径,不可一日废;礼须称情合理而从权从宜从厚;礼须讲究时变,既遵循古礼,亦当不违今俗,时王之制不可轻改。退溪言礼,讨论宗法、丧服、祭礼最多,讨论国恤、庙制最深。这些,对后世韩国礼制发展有深远影响。

然而退溪礼学高超之处在行不在言。"先生于日用动静语默上平易平白,无甚高远之事",而把握行为之节度分寸,则"动容周旋中礼自有人不可及之妙"。

注释:

[1][29][32] 《退陶先生自省录》,启明汉文学会编印《退溪学文献全集》第4册,第35、56—57、18页。以下简称《全集》。

[2] 《全集》第4册，第290页。

[3][10][16][41] 《李子粹语》，《全集》第7册，第258、324、213、279页。

5][4][6] [9][11][12][13][15][17][18][19][33][49][50][54][55][59][64][65] 《二先生礼说》，《全集》第9册，第45、96、146、205、216、199、43、38、181、181、107、244、244、36、37、248—249、272、273页。

[5] [20][51][52][66][67][68][72][73][74][79][80][81][82][83][84][85] 《退溪先生言行录》，《全集》第18册，第111、113、235、236、53、54、97、141、348、130、102、103、104、106、99、104、105页。

[8][58] 《退溪先生年谱补遗》，《全集》第19册，第530、458页。

[7][14][21][22][23][24][25][26][27][30][31][34][35][36][37][38][39][40][42][43][44][45][46][47][48][53][56][57][60][61] 《溪书礼辑》，《全集》第9册，第409、401、411、435、436—437、414、368、310、426、374、376、307、304、300、309、309、309、310、312、436、437、404、414、404、444、409、472、473、469、471页。

[28] 《西铭考证讲义》，《全集》第10册，第170页。

[62] 《增补文献备考》卷六七《国恤服制》。

[63] 《退溪先生年谱》，《全集》第19册，第242页。

[69][70][71][75][76][77][78] 《艮斋先生文集》卷六，《全集》第18册，第447、448、464、445、446、444、443页。

（原刊《国际儒学研究》第8辑，1999年）

释"九族"

"九族"一名,自汉迄今大体有两种解释。经学家认为"九族"是说每个人都有直近亲属九个家族。这种解释又分歧为二:古文经学家说九个家族是指自高祖至玄孙九代,都是同姓。今文经学家说九个家族包括父族四、母族三、妻族二,有同姓也有异姓。现代疑古派史学家则说"九族"不是真东西,古代根本没有,"九族"之名是后世人一步步造成的。两种意见都不足取。经学家们缺乏历史的观点,看不出事物的发展变化,且死守"九"这个数字不放松,疑古派学者则认准古史是层累地造成的,既否定古代有"九族"之实,也否定古代有"九族"之名,认为"九族"之实与名都是假的。本文拟针对经学和疑古的观点,尝试着对"九族"做一些新探讨。

"九族"最早见于《尚书·尧典》和《左传》桓公六年。《尧典》:"克明峻德,以亲九族;九族既睦,平章百姓;百姓昭明,协和万邦。"《左传》桓公六年:"务其三时,修其五教,亲其九族。"《尧典》与《左传》"九族"之名相同而实不同。《尧典》"九族"所指是氏族。《左传》"九族"所指是家族,这一差异是历史发展变化造成的。尧时,一夫一妻制个体家庭从氏族对偶婚中产生不久,父系大家族制度当时尚不存在。《尧典》中见不到尧本人有父族四、母族三、妻族二或者从高祖到玄孙九代人数众多的大家庭的记载,见到的全是一夫一妻制的单系个体家庭。

例如,《尧典》:"契,百姓不亲,五品不逊,汝作司徒,敬敷五教在宽"。据《左传》文公十八年,"五品"是个体家庭中父、母、兄、弟、子五种人伦关系。"五教"是基于"五品"进行的五种人伦教育:父义、母慈、兄友、弟恭、子孝。"五品"、"五教"都不出一夫一妻制个体家庭的范围,在这里看不见大家族的踪影。

固然据《尧典》记载,舜继帝位时有"正月上日受终于文祖"的举动。文祖即先祖,在先祖庙里举行接班仪式,表示当时已有父系祖先的概念,但是先祖是早已故去的人,还是不能说明舜已有几代人共居的大家族。

这就是说,从《尧典》里看不到关于家庭集团——大家族的记载。那么,《尧典》"以亲九族"的族,只能是旧有的氏族。这样说,既有文献依据,理论上也讲得通。恩格斯的《家庭、私有制和国家的起源》一书在论及希腊人的氏族时说,氏族不是家庭集团。"在氏族制度之下,家庭从来不是,也不可能是一个组织单位,因为夫与妻属于两个不同的氏族"。"家庭一半包括在丈夫的氏族内,一半包括在妻子的氏族内"。根据恩格斯这一理论,一夫一妻家庭不是氏族的基础,但它包括在氏族之中,那么尧时一夫一妻制个体家庭产生了,却不妨碍氏族仍然存在,是可能的。

　　既然 "以亲九族" 的 "族" 是氏族，不是后世才有的宗法制度下的大家族，则 "九族" 必不是尧的，不像后世 "夷九族" 的 "九族"，属于某个人。

　　"九族" 之 "九" 这个数字是虚的，泛指极多，不能确指一定是九个。与 "百姓" 的 "百"、"万邦" 的 "万" 意义相同，不可以也不需要落实。《尧典》说尧 "以亲九族"、"平章百姓"、"协和万邦"，三句话意义相同，只是范围渐次扩大而已。"以亲九族" 是亲几个氏族，范围尚窄；"平章百姓"，亲的范围扩大，"协和万邦"，亲的范围就扩大到了全天下。

　　《左传》虽仍言 "九族"，但是内涵发生了根本的变化，《左传》"九族" 的 "族" 不是氏族，是宗法制度下的父系家族，《左传》桓公六年记楚武王伐随，随侯急于与楚战。季梁止之，劝随侯先修内，解决民的生计问题，以求民与君一条心。办法是："务其三时，修其五教，亲其九族。" 与《尧典》"以亲九族" 那三句话不同。这三句话的 "其" 字是代词，代 "民"，在句中是领格。"亲其九族"，是亲民之 "九族"，即民之每个人的 "九族"。此 "九族" 置换为 "百姓"，说 "亲其百姓"，则不可以，《尧典》"以亲九族" 换成 "以亲百姓"，是可以的。因为《尧典》"九族" 指氏族言，氏族不属于某个人，"百姓" 也不属于某个人。经下文有 "百姓不亲" 句，就是证明。

　　从《左传》开始，文献凡言 "九族"，都指每个人的有血缘关系的一些家族，不指氏族。《诗·王风·葛藟》序："王族刺平王也。周室道衰，弃其九族焉。"《汉书·高帝纪》："七月二日，置宗正官以序九族。" 前者所 "弃" 是周平王自己的 "九族"，后者所 "序" 是汉高祖自己的 "九族"，与《左传》桓公六年 "亲其九族" 句同属一例，而与《尧典》"以亲九族" 句泛称亲九族，则大不同。

　　《左传》"九族" 与《尧典》"九族" 同是 "九族" 一名，内涵却不同。历史是发展变化的，实已变而名沿续不变的情况很多。尧时一夫一妻个体家庭产生了，氏族的躯壳尚存，而宗法制大家族还没有，言 "族" 必指氏族。至春秋时代，氏族制度早已不存，一夫一妻制的个体单系家庭，发展成为宗法制度下的家庭。《左传》"九族" 的族已是家族，不可能是氏族了。不把这一历史的变化弄清楚，"九族" 一词永远讲不明白。

　　古代经学家受历史的局限，看不出《左传》"九族" 与《尧典》"九族" 名同实异，乃一律以家族解释《尧典》"九族"，终不得要领。今之学者亦然。杨伯峻《春秋左传注》桓公六年说："九族之义，异说纷纭，《尚书·尧典》'克明峻德，以亲九族'，自是指高祖至玄孙。而此上文有 '修其五教' 之文，'五教' 有 '母慈'，自不能排除母族。杜注：'九族谓外祖父、外祖母、从母子及妻父、妻母、姑之子、姊妹之子。女子之子并己之同族，皆外亲有服而异族者也。'" 杨氏察觉《左传》"九族" 与《尧典》"九族" 不同，乃用自高祖至玄孙九代的古文说解释《尧典》"九族"，用父母妻三党的今文说解释《左传》"九族"，不知道古文今文两 "九族" 说表面如同水火，实质一致，哪个都不可以用来解释《尧典》"九族"。《尧典》"九族"，所指是氏族，古文今文两 "九族" 说的都是家族。杨氏似乎未明此理。

如果用经今古文家的家族说解释，《左传》"九族"，不与《尧典》"九族"混同，则一半对，一半不对。因为古文家说的高祖至玄孙九代以及今文家说的父党四、母党三、妻党二，所指都是家族。这是它们讲对的一半。另一半，它们一定要把"九族"落实为不多不少正好九个，是错误的。《尧典》、《左传》"九族"的"九"，都是虚数，表示极多的意思。古书言"九"，有实有虚，清人汪中《述学·释三九》对此有明晰的论证。他说古书言三言九者有实指："先王之制礼，凡一、二之所不能尽者，则以三为之节，'三加'、'三推'之属是也。三之所不能尽者，则以九为之节，'九章'、'九命'之属是也。此制度之实数也。"又说由此而产生言三言九之虚指，"因而生人之措辞凡一、二之所不能尽者，则约之三，以见其多。三之所不能尽者，则约之九，以见其极多。此言语之虚数也。"读古书见三见九须依实情区别对待，"实数可稽也，虚数不可执也"。以汪说例之，《尚书》、《左传》之言九者有"制度之实数"，亦有"言语之虚数"。"九德"（《皋陶谟》）、"九州"（《禹贡》）、"九畴"（《洪范》），《左传》之"九功"（文公七年）、"九文"（昭公二十五年），"此制度之实数也"，能够指实，必须指实。《尚书》之"九江"（《禹贡》）、《左传》之"九县"（宣公十二年），"此言语之虚数也"，则不可以指实。两书之"九族"即属此一类，必不可指实。

这一点在今古文两家"九族"说的相互诘难中也已揭示明白。

先看看主今文说者如何驳斥古文"九族"说。

《尧典》"以亲九族"，《经典释文》"上自高祖下至玄孙凡九族。马、郑同"，伪孔传，蔡沈《书集传》从之。《诗·王风·葛藟》序"弃其九族"毛传："九族者据己上自高祖下至玄孙之亲。"与马郑说同，多"之亲"二字，而其实无别。这是古文《尚书》"九族"说，说"九族"是每个本家的九个族，从自身算起，高祖所出为一族，曾祖所出为一族，祖所出为一族，父所出为一族，子所出为一族，孙所出为一族，曾孙所出为一族，玄孙所出为一族，并己所出为一族。计九族。

唐人孔颖达主今文欧阳《尚书》说，所作《春秋左传正义》桓公六年驳古文《尚书》说云："郑玄为婚必三十而娶，则人年九十始有曾孙，其高祖、曾孙无相及之理，则是族终无九，安得九族而亲之！"清人俞樾作《九族考》，接着孔颖达驳古文《尚书》"九族"说云："其说有大不可者，自己之子至己之玄孙，此皆出于我者也。则皆我之一族也。乃分而四之，子则为子之族，孙则为孙之族，曾孙、玄孙皆为曾孙、玄孙之族，岂古人立族之意哉！孔颖达未论及，是犹舍其大而讥其小也。"

孔、俞驳之有理，自高祖至玄孙九代人不可能同时在世。子孙曾玄皆自己所出，不得分为四，从这个角度说，九个族是凑不够的。今接俞樾补充之：若子孙曾玄各为一族，而子不必一，孙曾玄必更多；各为一族，则子孙之族必不止于四，高曾祖父亦如之，族之数可能多至无限。可见古文《尚书》说一定要不多不少恰好凑够九个族，根本办不到。

再看看主古文《尚书》说者如何驳斥今文"九族"说。

许慎《五经异义》："今戴礼、《尚书》欧阳说云：'九族乃异姓有亲属者，父族四：五属之内为一族，父女昆弟适人者皆与其子为一族，己女昆弟适人者与其子为一族，己之子适人者为一族。母族三：母之父姓为一族，母之母姓为一族，母女昆弟适人者为一族。妻族二：妻之父姓为一族，妻之母姓为一族'。古《尚书》说，九族者上从高祖下至玄孙凡九，皆为同姓。谨按：《礼》缌麻三月以上，恩之所及，《孔》为妻父母有服，明在九族中，九族不得但施于同姓"。此今文《尚书》说，许慎主之。

郑玄《驳五经异义》云："驳曰：妇人归宗，虽适人，字犹系姓，明不得与父兄为异族，其子则然。《昏礼》请期辞曰：'惟是三族之不虞。'欲及今三族示有不亿度之事而迎妇也。如此所云，三族不当有异姓。异姓，其服皆缌麻。《礼记·杂记下》缌麻之服不禁嫁女娶妇，是为异姓不在族中明矣。《周礼·小宗伯》'掌三族之别'。《丧服小记》说族之义曰：'亲亲以三为五，以五为九。'以此言之，知高祖至玄孙昭然察矣。"

郑玄引经据典，谓女子虽嫁人，犹不改父姓，永远是父族之人，不在夫族。又谓《昏礼》和《小宗伯》所言"三族"，都是本族，不为异姓。异姓之服不过缌麻，故异姓不在"九族"之中。以此驳今文说，亦不无道理。但憾其未能指明今文说的要害是凑数。

杜预从今文说不从古文说，注《左传》桓公六年"亲其九族"时，考虑到郑玄的批评，乃修正云："九族为外祖父、外祖母、从母子及妻父、妻母、姑之子、姊妹之子、女子之子并己之同族。"尽管他把各代女子嫁人所生子女排除"九族"之外，也不能补救今文"九族"说凑数之病。

俞樾《九族考》，从今文说不从古文说，但欲修正今文说，他批评今文说云："且夫族之为言属也，相连属之谓也。有父之族，则己之昆弟姊妹皆从之矣。有母之父母之族，则母之昆弟姊妹皆从之矣。乃别出其女昆弟使自为族，此何理也？苟以取足其数而已矣。是故今文家之说，其言族则是，其言九则非。"尖锐地指出今文"九族"说之大病是"取足其数而已"，可谓一语破的，击中要害，但是不公平。今文家"九族"说是"凑数"，古文家说又何尝不是"凑数"！"凑数"乃今文古文二说之通病。"九"这个数因为是凑的，所以无论怎么解释，都不能无懈可击。这就证明，《尧典》、《左传》使用"九族"一词时，本谓族（氏族或家族）有很多，非一、二可限，未有族必为九之意。

俞樾《九族考》指责今文家说"苟以取足其数而已"，自己竟也未免凑数的毛病。他说今文家把嫁出去的女子及其女列入"九族"不对，自己却还是要凑足"九"这个数。他保持父、母、妻三党不变，父族四为高、曾、祖、父四族；母族三为母之曾、祖、父三族；妻族二为妻之父、母二族，九之数是凑足了，父、母、妻三党皆在"九族"之数，唯自己一族（我之子、孙、曾、玄）不算，古人岂有此等逻辑！再者，依俞氏说，我之舅、我之表兄弟，属于我母之父族，当然在我之"九族"之数。而我是他们姑、姊妹之子，当然不在他们的"九族"之数，亦即我族他们，他们不族我。古代有这样失衡的礼制，实前所未闻。

如此说来，"九族"之"九"是"言语之虚数"，只是言其多，不可以指实，你若想一定落实"九"个族，必错无疑。古文、今文两说相互诘难，指出对方的漏洞，都正确，因此他们自己的主张，也就全错。

古之学者既讲不清楚"九族"，今之学者便有人顿生疑心，以为"九族"之实原本子虚乌有，"九族"之名是人们一步步造出来的，从而对它进行了一个根本的否定。疑古派史学大师顾颉刚先生本着古史是层累地造成的观点，就做了这样的断言。

顾先生早年曾开过《尚书研究》课，对"九族"做过系统的研究。他在《答张福庆书》中表达了上述论点。信收入顾先生自己编印的《尚书研究讲义》之第三册。顾先生原话这样说："我对'九族'一名很疑惑，《左传》桓公六年和《皋陶谟》及《尧典》中的'九族'，无论从今文家的父母妻三党说，或是从古文家的高祖到玄孙的九代说，都是就个人的关系说的，就是说每个人的亲属都有九族。这样把每个人的亲属整整齐齐地分列为九族，在古代是没有的。"又："九族，并不是一件真有的东西"，"这一个名词大概是从'三族'演化出来的"。又："我以为'九族'之名，不论其始见于《左传》及《皋陶谟》，总是一方面受了秦国'夷三族'的暗示，一方面又受了儒家的'亲亲之杀'的鼓吹造成的"，又："至于九族的实际分配，他们并未想到。直到《尧典》的作者引用了，注《尧典》的人不能不做具体的解释，于是今文家从父母妻的关系着想，古文家从祖父子孙的关系着想，造成了两个假的系统。"

顾先生的"九族"说可概括为以下几点：一，"九族"，古代本没有，是后世人造成的，是假货，不是真东西。二，造假的始作俑者是《左传》。《左传》造假的根据是秦国"夷三族"的暗示和儒家"亲亲之杀"的鼓吹。三，《尧典》的"九族"从《左传》引来。四，经学家注《尧典》，造出两个假的系统，完成造假的任务。

古代经学家囿于经学框框，缺少历史眼光，没讲明白"九族"到底是什么，这问题不是太大，今天接着讲，讲明白就是了。顾先生断定《尧典》、《左传》"九族"本属子虚乌有，是人们层累地造成的，这问题就严重了。既然是假的，今人还有再研究的必要吗！推演下去，《尧典》、《左传》都不可信，乃至整个古史不可信。

但是，顾颉刚先生的论断不能成立。

《尧典》"九族"一句是引自《左传》吗？绝对不是。《左传》文公十八年说："故《虞书》数舜之功曰'慎徽五典，五典克从'，无违教也。'纳于百揆，百揆时序'，无废事也。曰'宾于四门，四门穆穆'，无凶人也。舜有大功二十而为天子。"所引《虞书》数语，均见于今文《尚书》之《尧典》篇，一字不异。《尧典》早于《左传》有此铁证，怎能说《尧典》"九族"一名引自《左传》！

事实应当相反，《左传》"九族"一名是从《尧典》引来的。《尧典》写定成篇不会晚于周平王东迁后不久，即春秋开始的几十年[1]。秦国"夷三族"在其后，《尧典》没有机会受到它的暗示。儒家"亲亲之杀"一语最早见于《中庸》。《中庸》，据孔颖达《礼记正义》引郑玄《三礼目录》说，是孔子之孙子思作。生当春秋末年、孔子之后的子思，其"亲亲之杀"的鼓吹无缘影响到《尧典》的作者。《礼记·丧服小记》有"亲亲以三为五，以五为九。上杀下杀旁杀而亲毕矣"诸语，是鼓吹"亲亲之杀"的。但是，作为《礼记》四十九篇之一的《丧服小记》，据班固《汉书·艺文志》自注说，是"七十子后学者所记"[2]，写定时间必在孔子之后，当然更晚于《尧典》，《尧典》作者实无机会接受它的鼓吹。

顾先生的论断不符合历史事实。历史的事实应当是这样的："九族"一名，《尧典》首先使用，其次是《皋陶谟》。《左传》"九族"引自《尧典》。后世经学家们用父母妻三族和高祖至玄孙九代二说解释《尧典》"九族"，是由于受经学框框束缚，缺乏历史的观点造成的错误，不宜说是两个假的系统。"九族"是真东西，只是后世人解释有误。

本文的结论可概括如下：

第一，《尧典》"九族"的族是氏族，不是家族。因而不与尧本人有直近血亲关系，即不是尧的"九族"。

第二，《左传》桓公六年"九族"与《尧典》"九族"名同实不同。《左传》"九族"的族是家族，不是氏族。因而与某个人有直近血亲关系。言及"九族"时，必指某个人之"九族"。具体而言，《左传》桓公六年"九族"，指随国"民"们的"九族"。

第三，凡言"九族"，无论《尧典》、《左传》或别的文献，"九"都是虚数，与"百姓"之"百"同例，表示极多的意思，不能落实。

第四，"九族"，从《尧典》到《左传》有一个根本性变化。经学家们的错误就在于他们不了解这个变化，而囫囵不加分别地解释，又不知"九族"的"九"是虚数，而一味地落实，结果错上加错。但是他们只是理解有误，不是造假。

注释：

[1]《尧典》成书时代问题，众说纷纭。有的说成书于战国，有的说成书于秦并六国之后。我们认为成书于周平王东迁后不久，即春秋初年。说见金景芳、吕绍纲著《〈尚书·虞夏书〉新解》，辽宁古籍出版社1996年。

[2]《汉书·艺文志》："礼古经五十六卷，经七十篇（按七十当为十七），记百三十一篇。"班固自注："七十子后学者所记也。"王先谦《汉书补注》引钱大昕说："记本七十子之徒所作，后人通儒各有损益。"又说："记四十九篇者统于百三十一篇也。"

＊此文为与张羽合作

（原刊《东南文化》1999年第1期）

金毓黻及其《中国史学史》

一

金毓黻（1887—1962）字静庵，辽宁辽阳人，1916年毕业于北京大学历史系。1931年日本侵占东北之前，当过辽宁省教育厅长。日本占领东北之后，在被迫担任辽宁省图书馆副馆长期间，利用各种有利条件，集中精力致力于东北地方史史料的搜集整理工作，编辑出版了《渤海国志长编》20卷、《辽海丛书》10集、《文溯阁四库全书原本提要》32册、《奉天通志》100册、《宣统政纪》13卷。1936年乘机经日本辗转逃往祖国内地。受聘为行政院参议、教育部特邀编辑、中央大学教授。1941年转任东北大学（时在四川三台）教授。1944年又到中央大学任教，担任文学院长。1947年2月改任国史馆纂修。4月受聘为沈阳博物馆筹委会主任，兼东北大学教授。1949年初，北平解放，转入北京大学文科研究所，兼任教授，同时在辅仁大学兼课。1952年全国大学院系调整，被调到中国科学院历史研究所第三所任研究员。1962年8月3日病故于北京。

1936年金毓黻逃往内地以后，编著的作品很多，主要有三种。一、《东北通史》卷上，撰成于1940年，时在中央大学历史学部任教。1941年在东北大学石印出版，时任东北大学文科研究所主任。二、《宋辽金史》，始撰于1940年在中央大学教书时，当时书名《宋辽金史纲要》。1946年编成《宋辽金史》，列入大学丛书，由商务印书馆出版，时任中央大学教授。三、《中国史学史》10章30万字，自1938至1939年，用不足一年时间写成，1944年由商务印书馆出版。写书时，在中央大学任教，不久改任东北大学教授。印书时已由东北大学回到中央大学任文学院长。

这三部书可谓金毓黻先生的代表作。史学家金毓黻的史学思想、理论、方法，集中地反映在这三部书中。

金毓黻自幼喜书，几成书癖。读书，经史子集广为涉猎，藏书尤不遗余力。其自撰《千华山馆书目序》说："大抵自壬寅（1902年）迄丁未（1907年），喜购宋明理学之书。自戊申（1908年）迄壬子（1912年），则喜购古文家专集。自癸丑（1913年）迄壬戌（1922年），又喜求经训小学之书，迨癸亥（1923年）迄今，则致力乙部，于东省掌故之作及乡贤遗著，搜求尤力。盖至是四变矣。前后三十年间，得书无虑二千余种，一万四千余册。"此序撰于"九一八"事变后沈阳陷敌时。1936年潜入内地时，曾将所藏书托书商运至北平，后转到南京。1937年，日军南侵，南京危殆，藏书装箱寄存到安徽采石镇北大同学鲁亚鹤家时，足足装了22木箱。当1946年5月由采石镇鲁宅取回此书时，发现散失不少，残余还有17麻袋。

金毓黻一辈子除喜书之外，还有一个坚持写日记的习惯。自1920年起写日记，历40年不辍。题曰《静晤室日记》。日记原物藏长春市吉林省社会科学院，我曾有幸见过一次。16开的本子，凡170册，分装17函。一律竖行红格，毛笔行书。字写得极好，字字不苟，篇篇有书法艺术价值。以后吉林省社会科学院前院长、已故的佟冬先生主持整理，全部抄写一过，增附主题及人名索引，共为11册，1993年由沈阳辽沈书社铅字排印出版。由于手写变铅排，乃确知全部日记约500余万字。金毓黻日记学术性很强，如作者自己所说："举凡四十年之生活经历、时事政治、读书笔记、治学心得、文物搜集、考古游记、遗闻轶事、诗文唱和等皆载入其中，作日记读可，作全集读亦可。"日记中载有许多晚近名人的传记性资料，其中《王观堂先生轶闻》一文至为显眼。它记述王国维生前与徐恕行可的过从，投湖前的心理状态，是探讨王氏自杀原因的最可信材料。我曾把这一段文字抄录到一个小本上，所以印象深刻。

我对金毓黻先生人品和学问的了解，更多的是从我的老师金景芳先生处获得的。金师"九一八"之前在金毓黻当辽宁省教育厅长时，在其属下做事，二人关系密切。1936年二人按事先约定先后分别逃往内地。从此交往益密，直到1962年金毓黻病故，联系未曾间断。金师平时言谈提起金毓黻，评价总是简简单单的三言两语："金毓黻人极好，学问一流。"我问及二人的关系，金师说介乎师友之间。说是老师可以，其实更是朋友；说不是老师也可以，其实胜似老师。

金师对金毓黻先生正式、全面的评价是在80年代所作《金毓黻传略》一文中做出的。金师说：

> 先生在旧史学领域中是一位卓有成就的学者，是20世纪我国马克思主义新史学产生之前有数的几位史学名家之一。在当时，堪称北方史坛巨擘，海内学界之第一流。先生先后受聘为中央大学历史系主任、文学院长及国史馆纂修，正是因为他的博学和在学界的声望得到时人重视的缘故。

> 先生治史，继承了我国旧史学的许多优良传统，终生勤苦钻研，博极群书，悉心考索，实事求是。先生做学问尤其注意实地考察，解决问题务求折中至当，切理餍心而后已。先生治史的重点和成就在东北地方史方面，著述很多，而且每一部都是很精的。涉及的方面也极广，每一方面都有深入的研究，可以毫不夸张地说，东北史这门学科的基础是由先生奠定的。

> 先生不是一位马克思主义学者。先生治学的观点和方法始终未曾超出旧史学的范围。这是由于时代和个人经历造成的，我们不必也不该苛求于他。先生青年时代虽就读于北大，受过新思潮的洗礼，但从学术思想的主导方面看，所受的影响还是传统的东西多。

金师景芳先生是马克思主义史学家，且与金毓黻是跨越新旧社会的忘年挚友，可以说最了解金毓黻，他对金毓黻学术品性的评价可谓恰如其分，至为允当。确如金师所言，金毓黻不是马克思主义学者，其治学的观点和方法始终未曾越出旧史学的范围。金毓黻本人1944年2月16日日记所自述，其意正与此同："……近二十年究心乙部，实则不废文事，以谓文能优美，乃称佳史，此可述者二也。余之研史，实由清儒。清代惠、戴诸贤，树考证校雠之风，以实事求是为归，实为学域辟一新机。用其法以治经治史，无不顺如流水，且以考证学治经，即等于治史。古之经籍，悉为史裁，如欲究明古史，舍群经其莫由。余用其法以治诸史，其途出于考证，一如清代之经生，所获虽鲜，究非甚误，此可述者三也。上述三端，是为余治学之梗概。"同年3月9日日记又记："余之治学途径，大约谓始于理学，继以文学，又继以小学，继以史学。"1956年5月14日日记又记："生平喜读乙部之书，重点放在宋辽金三史一段，并注意东北地方掌故，自谓薄有基础。"可见他走着与乾嘉学者大体相同的路子，理学、文学、小学都曾经深入过，而一切以考证为重，以治经为主。金毓黻的史学殿堂是在该贯博洽的国学基础上建立起来的。传统史学在史学观点和史学方法方面的诸多优点，它都有所继承，而且卓有成就。金师景芳先生因此说金毓黻"是本世纪我国马克思主义新史学产生之前有数的几位史学名家之一"。

二

金著《中国史学史》是我读过的第一部中国史学史著作。50年代我在吉林大学读历史系，罗继祖教授开中国史学史的选修课，发的油印教材就是金著《中国史学史》。我喜欢读这本书，它虽然没有马列主义，提供的中国史学史知识却丰富、全面、系统。先前我对中国古代史家、史籍的了解，是彼此孤立的，现在读了金著《中国史学史》，知道它们本是连贯的，有一个历史的过程。这本书对我有启蒙的意义，我很珍视它。油印的本子，翻得很破烂，还是注意保存。1958年夏季，毕业前夕，有幸购得商务印书馆刚刚印行的修订本。我如获至宝，历次政治运动中，藏书大多舍弃了，唯有这一本舍不得丢，至今摆在案头。

金毓黻《中国史学史》先后出过两版。初版是1944年商务印书馆印的。在此之前，1941年在香港印过一次，由于香港沦陷，书未能运到内地，作者本人也未及见。1957年，为了适应大学历史专业史学史教学的急需，作者稍作修订，由商务印书馆出了第二版。最重要的改动是删掉《最近史学之趋势》的第10章（最后一章）及第9章之《王国维及其他诸家》一小节和全书的《结论》。第9章标题原为《近代史家述略》，现在改为《清代史家的成就》。卷首《导言》略有修改。其余未见变化。

以后我见过别家刊行的两种本子，一是1989年上海书店出版社编印的《民国丛书》，其第1编第72册收有此书，是影印1944年商务印书馆出的初版本。这个本子很重要，保存了金书的初版，不然，初版将越来越不易见到。二是1977年台湾鼎文书局排印的1957年上海商务印书馆出的修订本。这个本子也很重要，卷首加了《排印说明》和《作者小传》，颇有益于阅读。原书章下分节，节下有目。书前《目录》章、节有标题，且缀以页码，翻检称便。可是节下之小目虽有标题，却无页码。正文之节下小目竟连标题也没有,读来极其费力。鼎文书局排印时在节下小目上下了功夫,在《目录》之小目标题上边标码排序,下边缀以页码,便于读者按图索骥。在正文每节之下使用黑体字加上小目之标题,读来可收一目了然、事半功倍之效。还把被作者删掉的《王国维及其他诸家》(原属第9章)一目加入到被作者删掉的第10章中。第10章冠以《近代史学述略》的标题,作为"附录"印在第9章之后。旧版的《结论》也一并加入。这样做,虽不免有擅改作者原意之嫌,却有一定的好处,利于比较研究旧新两版的不同,从中了解作者史学思想的细微变化。

金毓黻《中国史学史》引起我对中国史学史这门学问的极大兴趣。有关于史学史的著作出版,我都尽可能地弄来一读。40年来,我见过的中国史学史或类似中国史学史的著作有十几种,都写得很好,而最脍炙人口的是刘节教授的《中国史学史稿》(中州古籍出版社1982年版)。这书说理透辟,材料丰富,有精到见解,显然是在充分研究的基础上写成。可是论精博,仍不及金毓黻的书。金毓黻的书,没有马克思主义的唯物史观,不能与马克思主义的史学史著作相比,但就传统史学的范围而言,它是优秀的。中国史学史这门学问创始于20世纪二三十年代。当时打大旗鼓吹建立中国史学史学科的是梁启超。接着有一批中国史学史著作问世,其中比较重要的有曹聚仁的《中国史学ABC》(1930年)、何炳松的《中国史学演化之陈迹》、陆懋德的《中国史学史》、卫聚贤的《中国史学史》、魏应麒的《中国史学史》、朱希祖的《中国史学通论》、金毓黻的《中国史学史》(1944年)。这些著作共同奠定了中国史学史学科的基础,而金毓黻的《中国史学史》更全面系统,更像中国史学史,影响更深远。

三

金毓黻《中国史学史》有以下优点应予肯定。

一、在中国史学史分期问题上有贡献。

写文化专史的书,分期问题无法回避。但是分期问题不易解决。中国史学史的分期问题,至今大家见仁见智,远未取得共识。金毓黻《中国史学史》的分期,前后有变化。1944年初版分期含糊不明,书后《结论》部分采取当时一般文化专史喜用的办法,把整个中国史学的历史囫囵地划分为创造、成立、发展、蜕变、革新五期,似乎不分古代近代。而正文又显然有分古代近代甚至现代的倾向,例如第9章标题叫《近代史家述略》,第10章标题叫《最近史学之趋势》。想上下通贯囫囵分,又想划分古代近代,表现举棋不定。

至1957年修订版,分期明确了。正文第10章《最近史学之趋势》删掉,第9章《近代史家述略》改题为《清代史家之成就》,且删去其中有关王国维一小目。讲创造、成立、发展、蜕变、革新五期的书后《结论》一并删除,在经过修改的《导言》里明确加上中国史学史分三期的说法:"为便于叙述,略分古代、汉魏南北朝迄唐初、唐宋迄清为三期,权作商榷之资,藉为就正之地。"这些做法清楚地表明作者决意把中国史学史截为古代近代两段。古代讲到有清一代，20世纪以来的史学划归近现代。他这本书只讲古代，不讲近现代。古代划分为先秦、两汉至唐初、唐宋至清三段。

如此分期，干净利落，简捷明白，既符合中国史学发展的实际，又便利学习、研究，我以为很好。如果说初版还受梁启超《中国历史研究法补编》"一史官，二史家，三史学的成立及发展，四最近史学之趋势"说法的影响，不分古今，囫囵分期的话，那么现在，经过十多年的思考，修订版已经摆脱梁氏的羁绊，独立分期了。1957年金书的修订，其实就是分期方法的修订。

中国古代史学从哪里开始，这个问题在讲分期时应予说明白。梁启超没有说明白，他说"司马迁以前无所谓史学"，"史界太祖端推司马迁"，把先秦史学一口否定。理由是先秦史书文句极简，"只能谓之薄录，不能谓之著述"。"私人作史，自孔子始，然孔子非史家"，其所作《春秋》"只能作经读，不能作史读"[1]。到1926年讲"广中国历史研究法"（出书时改称《中国历史研究法补编》）时，说法有很大变化。"史界太祖端推司马迁"换成"真的史家开山祖，当然要推《左氏春秋》的作者"。但是不确定，有时又说"《春秋》以前不会有史家，历史学者假如要开会馆找祖师，或者可用孔子"。"孔子，我们不能不承认他是史家。""《春秋》不失为史学著作的一种。"既说左丘明是开山祖，又说孔子是祖师爷。观点不可一定，随时变化，表明梁氏未深入研究这个问题，胸中没有成熟结论。金毓黻虽受梁氏影响，议论有欠果决，但毕竟提出一个鲜明、正确的意见。他说"孔子以前古史之可考者，不多见"，"就狭义言之，盖必有组织有义例，始得为成文之史。亦惟《春秋》及《左氏传》，始足以当史称，而《尚书》亦非有组织有义例之史"（第2章《古代史家与史籍》之《尚书》目下）。"榷论吾国之史学，必萌芽于孔子"，"吾于古代之史家，仅得二人，首推孔子，其次则左丘明也"（第2章之《孔子与左丘明之史学》目下）。在第3章《司马迁与班固之史学》开宗更斩钉截铁地断言："吾国史学，萌芽于孔子、左丘明，而大成于司马迁、班固。"又于第8章《刘知几与章学诚之史学》之《史学之阐明》目下言明史学何以萌芽于孔子："史学之包蕴至广，所谓史识史法史意，皆具史学之体，盖必如孔子所谓其事其文其义，三者合而一之，乃得谓之史学也。"孟子说孔子所修之《春秋》一书，有事有文有义（《孟子·离娄下》），正具备史书之三要素。孔子之前的"晋之乘，楚之梼杌，鲁之春秋"，并有事有文而无义，皆不得谓之史学。只有孔子加入"义"之所修《春秋》始得谓之史学。金氏说中国古代史学始于孔子，是对的。比梁启超"司马迁之前无史学"的论断，实在高明。这是金氏在分期问题上的一大贡献。可惜，金氏未能给孔子和左丘明立专章讨论。

再者，看全书九章次序之安排和各章标题之精巧设计，可知金氏在分期问题上颇费思索，用心可谓良苦。金氏叙述之史学历史，显然以史籍之编纂为主线索。时间之分段和史籍之分类，纵横交互，上下一贯。朝代不是不用，但不突出朝代。第1章《古代史官概述》、第2章《古代史家与史籍》，实际上讲的是先秦史学，然而题目强调史官、史家和史籍，而重点在史官。第3章《司马迁与班固之史学》、第4章《魏晋南北朝以迄唐初私家修史之始末》，讲的是第二期。既重点凸显了马班史汉之一流史家和一流史书，又将此期二、三流史家史书分为后汉史、三国史、晋史、十六国史、南北朝史五个门类，集中地加以叙述。有点有面，轻重兼顾。这两章重点讲史籍。第5章讲《汉以后之史官制度》。史官制度自汉以后变化不小，当然是第二期的重要内容，但是一贯到底讲到清代，不再分期。有分期又有不分期，灵活安排，正是金书分期方面之精意所在。唐宋至清的第三期之史籍编纂可用官修、私修两条线概括，故第6章题曰《唐宋以来设馆修史之始末》，第7章曰《唐宋以来之私修诸史》。此期一切史籍不出官修私修两线。官修一门分为编年体实录、纪传体正史、典礼、方志四类。私修一门分为纪传体之正史别史、编年体之通鉴、以事为纲之纪事本末、属于典志之通史专史四类。纪传体之正史别史一类又分创作之史、改修之史、分撰之史、总辑之史、补阙之史、注释之史、合钞之史、辑逸之史八小类。第8章是刘知几与章学诚史学的专题，刘、章二人论时代属于第三期，论意义又属于整个中国史学，是古代评史家的代表，与两位作史家的代表马、班同为中国古代史学之尖中之尖，重中之重，必在分期之中，不可在分期之外。立专章讨论刘、章，是当然的事情，毫无疑义。修订本最后一章定名为《清代史家之成就》，亦具有分期意义，很能反映作者分期的观点。用"清代"一词，表明作者认为中国古代史学史到清代结束为止，20世纪的史学划归现代新史学范围，本书不讲。我以为这是正确的。初版这一章称作《近代史家述略》，把黄宗羲等清代传统史家算作近代，显然欠妥。

总之，金书以史籍编纂的发展历程为主线，抓住上迄孔子下至清代这一大段，分期结合分类，重点兼顾一般，用朝代名称但不按朝代划线。这样的分期方法，比较适合中国史学史的实情。比按朝代分期、按社会形态分期、比拟生命历程分期等方法好。

二、写得很实，一切评论都有实实在在的根基，看不到无根游谈。它为我们提供了一个中国古代的史部文献系统。所以称为系统，一因为它提及的书特全，常见的、不常见的，甚至罕为人知的，都有，二因为它对这些书有内在的、定位的、动态的精湛考辨和细密分析，绝对不是史部书目解题或提要的连缀。

金毓黻撰写《中国史学史》以史籍的编纂为主线，与他对中国史学史研究对象问题的认识有关。梁启超1926年在《中国历史研究法补编》中说："中国史学史至少应对于下列各部分特别注意：一史官，二史家，三史学的成立及发展，四最近史学的趋势。"讲了分期问题，也讲了对象问题。按梁氏之意，史学史对象包括史官、史家、史学三方面。可是三方面的关系如何，史学一词应当落实在哪里，梁氏没有说清楚。真的要写中国史学史，还是难得要领。金毓黻必须解决这个问题。他解决了。

他说："就已撰之史，论其法式，明其义例，求其原理之所在，是谓之史学。就历代史家、史籍所示之法式义例及其原理，而为系统之记述，以明其变迁进化之因果者，是谓之史学史。"（初版《中国史学史》导言）又说："古代（按：指先秦）只有史籍，而无所谓史学，近代（按：指汉唐以来）史学成科，而亦寓乎史籍之中。"（同上书)又说:"史学寓乎史籍,史籍撰自史家。"(《中国史学史》第1章)又说:"吾向谓榷论吾国史家,应以史籍为依据。凡史家所擅之史学,即具于所著史籍之中,论古代然,论近代亦然,其在例外而当别论者,仅刘知几、章学诚数人而已。"(《中国史学史》第7章第4节最后一目)又说,章学诚谓"古人史学无成书,其有成书,即其所著之史","则为精确不易之论。试考刘知几以前,何曾有论史专书,考史学者,即于所著之史求之,此外则无有也"(第8章第20目《史学之阐明》)。

以上诸语所论明白显然,史学史尽管史官、史家、史学都要讲,而核心、主线则是史籍。离开史籍,史家、史学便是空壳,无从讲起。欲论司马迁的史家人格、史学思想,而言不及《史记》,岂非妄想。只有评史专家刘知几、章学诚可为例外,因为他们没有严格意义上的史著。而自今日看来,他们的《史通》、《文史通义》,无异于史学史之书,也是史籍。

金毓黻作史学史应以史籍为主线的想法和做法,对梁启超的主张来说,是个极重要的补充、发展。即使今人作史学史,也不可能轻视史籍,王顾左右而言他。至于金书是否通过史籍把史学史的所有问题都讲好了,那是另外的问题。史籍是第一步,其他问题都是第二步。没有第一步,第二步无从举足。

金毓黻有以史籍为主线写中国史学史的认识,也有实现这一认识的足够条件。他掌握的史籍极为丰富,全书涉及的史籍不下300种,总共280条注文中提到的古今人专著、专论、文集也数以百计。而且品评论述如数家珍。这没有别的原因,就是由于金氏于史部书非常熟,都至少亲眼见过,有的曾细加翻检,有的甚至做过专门研究。

金书网罗史籍以详赡见长,同时同类之书,莫之能及。而论涉及史部书之全之多,尤以《唐宋以来之私修诸史》之第7章为最。金氏说:"论者多谓魏晋南北朝之世,私家修史之风最盛,后世莫能比数,此非衷于情实之论也。试观本期之私史,林林总总,多于魏晋南北朝数倍,讵得谓不能比数。"(第7章第4节末)他敢一排众论,做出唐宋以来私修诸史多于魏晋南北朝数倍的大胆结论,端在于他熟悉情况,此两期之所有私修史籍尽在胸中。因此他才能够把本期私修诸史划分为纪传体之正史别史、编年体之通鉴、以事为纲之纪事本末、属于典志之通史专史四大门类。于纪传体之正史别史下又分为八目(一为创作,如王偁《东都事略》;二为改修,如薛居正《五代史》;三为分撰,如陆游《南唐书》;四为总辑,如郑樵《通志》;五为补阙,如熊方《后汉书年表》;六为注释,如王先谦《汉书补注》;七为合钞,如沈炳震《新旧唐书合钞》;八为辑逸,如黄奭《汉学堂辑佚书》多种)。四大门类之纪传、编年二类,刘知几《史通》早有定名。纪事本末、典志二体为刘氏所未及见,今于纪传体、编年体二类之外另立纪事本末和属于典志之通史专史两类,实含金氏之新意。

金氏此书有一未曾申明的原则,即可得读之书必得而读之,读之有心得,然后写进书内。第7章第1节第2目《改修之史》下言及明人改修宋史而能完成者柯维祺、王惟俭、王洙三家。柯著《宋史新编》、王洙著《宋史质》皆著录于《四库存目》,书已不存,故金氏藉赵翼《廿二史札记》和钱大昕之《宋史新编跋》之说,对二书做简略论述。王惟俭之《宋史记》虽未刊行，稿本沉于汴水，却有潘昭度、朱彝尊钞写之副本存世，经柯劭忞手，后归北平图书馆。藏于北平图书馆之手钞稿本，金氏找来读过，然后写入书中，说："愚检王惟俭《宋史记》稿本，本间朱墨涂乙，添注甚多，粘签无虑百数十纸，皆作蝇头细书，且有将列传改撰者，凡订72册。有前跋。"金书作于1937—1938年的重庆中央大学，而稿本在北图，作者写书时必无从翻检。想必是作者早年就读于北京大学时所为。可见金氏作《中国史学史》不是想著书现找资料，而是早有准备，长期积累，水到渠成。

第7章第2节之第8小目《毕沅续通鉴》下，言及毕沅于乾隆年间在湖广总督任上，属僚友就徐乾学之《资治通鉴后编》，加以损益，20年修成《续通鉴》。张之洞《书目答问》有"有毕鉴则诸家续鉴皆可废"之说。金氏说张之洞"此语亦不尽然"，指出"毕鉴袭取徐氏后编之处几于一字不易，于辽金元人名地名官名悉从清代译改"，"又从《通鉴辑览》之例，以德祐二年三月以前属之宋，四月以后属之元，一年之中而有两号，虽云慑于时君之威，未敢以此获谴，究违涑水（司马光）以来相承之法，此又鄙见未敢苟同者也"。金氏评史独立坚强，绝不人云亦云，于此可见一斑。此勇气来自何处？来自"余喜研宋事，曾读毕鉴数过"。毕鉴"其长于综辑，而短于熔裁，其于四史及二李之书，概取原文入录，欲如司马氏之融会众家，冶于一炉，不特去之弥远，抑亦绝不可能"的弱点，金氏心中有底。

第7章第4节之第15小目《读史方舆纪要》下，讲到作者明末顾祖禹抱有亡国之痛，故其书中一以明朝南北两京和十三州为主，无一语及新朝。时有传抄本出世，金氏据钞本校读刊本，发现刊本辽东行都司一卷，"所纪建州故实以涉时忌而削剟者至夥"。又，清嘉庆、道光年间有叫许鸿磐的人，撰有《方舆考证》一百卷。此书以清代各直省为主，而体例一依顾书，是考订补缀顾书的书，识见远不如顾书。金氏说："近岁此书始有刻本，愚尝取校顾书，故得从而衡论之。"为读通一部书，用另外两本书做参照，而且是过去的事情，不是为了写书，临时浮掠。

以上不过是举例，借以证明金氏所论之史书，是他翻检过，阅读过，研究过的。其实综观全书，章章节节莫不如此。史学史著作应当以史籍为主线，透过史籍讲史家讲史学思想，金书可谓既说到又做到了。这是金书一大长处。

三、对史籍、史家的评论，大多平允精当，不故意抬高也不故意贬低，令人信服。原因是作者有一个求真求实的态度。

以郑樵为例。在中国史学史上郑樵是个争议较大的人物。章学诚对郑樵基本上是捧，戴震、王鸣盛基本上是骂。近人梁启超则不骂而稍捧，说《通志》写作不成功，只有其中二十略可读，但也给郑樵放在一定的地位，把郑樵和刘知几、章学诚并列为与"中国史学的成立与发展最有关系的三个人"[2]。

金毓黻《中国史学史》对郑樵的评价乍看与梁氏无异，仔细阅读，则知大不一样。第一，金毓黻认为郑樵不得与刘知几、章学诚并列。第二，金毓黻对郑樵《通志》的分析详赡，有说服力，而梁氏说得简单。

先说第一点。金书于第8章《刘知几与章学诚的史学》讲完刘、章史学之后明列一小目曰："郑樵非刘章二氏之匹。"评价明确，与梁氏的看法迥然不同。文中不指名地指出梁氏的观点："吾国自有左丘明、司马迁、班固、荀悦、杜佑、司马光、袁枢诸人，然后有史。自有刘知几、郑樵、章学诚，然后有史学。"接着针锋相对地予以反驳，说："惟论史学之专书，具有家法，言成经纬，则自刘氏始，而章氏继之，郑氏不得与焉。"

反映在全书的组织安排上，刘、章列专章论述，郑樵只在第7章《唐宋以来之私修诸史》第1节《纪传体之正史别史》下占有一目的位置，题目是《总辑之史》。既称"总辑"，就表明作者认为他的《通志》无创作可言，亦不宜视为通史。

再说第二点。金氏对郑樵《通志》有深刻而透彻的批评，我读之服气。郑樵主张作通史，不为断代，故推崇司马迁而骂班固。其《通志总序》说《史记》"使百代而下，史官不能易其法，学者不能舍其书。六经之后，惟有此作"。骂班固是浮华之士，"全无学术，专事剽窃，由其断汉为书，是致周秦不相因，古今成间隔，自高祖至武帝六世之前，尽窃迁书，不以为惭。自昭帝至平帝六世，资于贾逵、刘歆，复不以为耻，况又有曹大家终篇，则固之自为书也几希"。一派霸气。而金书的评论却从容委婉，"寻樵所论，未必尽衷于理，特其主作史以通为贵，故不能不扬马而抑班"，完全不动声色，而言外有意：你郑樵扬马抑班，是根据主观好恶，没有客观标准。

章学诚与郑樵其实同调，其《文史通义》之《申郑》篇极力捧郑樵。章氏说："郑樵生千载而后，慨然有见于古人著述之源，而知作者之旨，不徒以词采为文，考据为学也。于是遂欲匡正史迁，益以博雅。贬损班固，讥其因袭。而独取三千年来遗文故册，运以别识心裁，盖承通史家风，而自为经纬成一家言者也。"金氏将章氏与郑樵放在一起加以指点，说"章氏创通义例，以论文史，又以通史为乙部之圭臬，喜郑氏议论之隽快，足以助其张目也。故盛为称道之，而以援据之疏为不足病。至其立论高远，实不副名，所犯之病，正同郑氏。千载之下，引为知己，有以也夫"（第7章第1节第4目之小目《通志二十略》）。又以司马光之《通鉴》为借镜，比照郑樵《通志》，说"《汉记》一书，系由班书抄撮而成，绝无剪裁，殊乏精义。而《通鉴》则不然，凡前汉十二帝之纪事，虽不出荀悦所纪之范围，而与《汉纪》之面目则大异，盖取史汉之文，徐徐自出手眼，冶于一炉，创为新作。试取其书观之，无一语不出于史汉，而无一处全袭史汉。非特前汉为然，全书无不为然。所谓剥肤存液，取精用宏，神明变化，不可方物者，非《通鉴》一书不足以当之，此所以为冠绝古今之作也"（第7章第2节第3小目《通鉴之佳》）。相比之下，《通志》又如何呢？"郑樵《通志》全书具在，非惟纪传全出抄袭，不足置数，即其自负甚深之二十略，亦非精深之义例、严密之组织，以视《通鉴》之融会众家，首尾一贯，其不可同日而语，又何待深论耶"（同上）。

郑樵自诩为"天下大学术"，章学诚吹捧为"别识心裁"，"成一家之言"的，是《通志》二十略。郑樵《通志总序》说："臣今总天下之大学术而条其纲目，名之曰略。凡二十略，百代之宪章，学者之能事尽于此矣。其五略，汉唐诸儒所得而闻，其十五略,汉唐诸儒所不得而闻也。"所谓五略,即礼、职官、选举、刑法、食货五略。郑樵谓五略虽本前人之典,亦非诸史之文。所谓十五略,即氏族、六书、七音、天文、地理、都邑、谥、器服、乐、艺文、校雠、图谱、金石、灾祥、昆虫草木十五略。郑樵说十五略出自他自己胸臆,不涉汉唐议论。事实并非如此,金氏略引《四库全书总目提要》和章太炎《史学略说下》的意见,指出二十略都不是自出胸臆,前史所无。地理略全抄袭《通典》之州郡典,杂采《汉书·地理志》、《水经注》。器服略之服全抄袭《通典》嘉礼,器则与金石略重复。礼、乐、职官、食货、选举、刑法六略,亦但删录《通典》,无所辨正。职官略抄袭《通典》之典故改为案语,如同自撰。艺文略分门太繁,舛误尤多。郑氏自称有自得的六书略、七音略,言六书而与《说文》不相涉。说三十六字母可贯一切之音,且声言得自梵书。又谓江左之儒知有四声而不知七音,不知反切之法乃中国所固有。氏族略是郑氏之创作,以前诸史只《魏书》有官氏志,专言北族,而语焉不详。《唐书·宰相世系表》只限于华宗,不及庶民。校雠略申述刘向刘歆父子以来整齐百家、辨章学术之法。图书略合古人左图右史之义。这就是郑樵自己说的学术超诣本乎心识,章学诚所夸的别识心裁。接着引章太炎的结论:"揆郑氏之初意,本欲熔铸群言,自成一家,而载笔之时,力不副心,不仅世家、载记全抄诸史,无所剪裁,即其所极意经营之二十略,亦不免直录旧典,而惮于改作。今读其序文所云云,徒见其好为大言,而有名不副实之疑。或谓章学诚因戴震辈痛诋《通志》,故作《释通》、《申郑》之论,谓《通志》示人以体例,本非以考证见长,不知郑氏果在标准纲领,则作论明之可矣,何必抄袭史传,曾不惮烦如此。"金氏说此"洵笃论也"(第7章第1节第4目之第5小目"《通志》二十略")。

金氏论及杜佑《通典》、马端临《文献通考》时,举二书与郑樵《通志》相比较,进一步明确指出《通志》的致命弱点。他说,谓《通典》、《通考》二书仿自官礼则可,谓悉出自官礼则不可。"若乃郑氏《通志》之二十略,大半抄自《通典》,而无所增补,以视马书更远不如。且马书所载宋制最详,多为《宋史》各志所未备。所下案语,亦能贯穿古今,折衷至当,是又《通考》之长,非《通志》之所能尽具也。章学诚讥《通考》无别识通裁,实为类书,便于对策敷陈之用(《释通》)。此殊不然。章氏尝许《通志》有别识通裁矣,而二十略多抄自《通典》,不易一字,不识所谓别识通裁者果何在,而《通考》之于《通典》则无是也。浅学之士,贵耳贱目,其轻视《通考》,实由章氏启之"(第7章第4节第4小目"《通考》与《通典》")。章学诚所谓《通志》别识通裁,成一家言之说,至此便失去根据。书是抄袭拼凑而成的,创造性无从谈起,何来别识通裁,成一家言!是金氏所说,"洵笃论也"。

四、对刘知几、章学诚的史学采取批判继承的态度,甚为得体,值得今日借鉴。

金氏视刘、章"为史家不祧之宗",说本书是"谨依刘、章之义例"写成,书中立专章讨论二人史学,对之采取坚定无疑的继承态度。但是,是批判地继承,并非随意拿来,囫囵吞下。

刘知几认为《汉书》不应当写《艺文志》。因为以后各史照写艺文志,造成"前志已录，后志仍书，频频互出"之重复累赘的后果。主张以后作史不要写艺文志。金氏指出此说一半对一半不对。要求作史干脆不写艺文志，不对。说后史写艺文志不应把前史已著录的书目照抄一遍，对。金氏主张把刘氏的意见折中，像清人作明史那样，艺文志要写，但写明代的，前史已著录的不再重复。

刘知几反对史书作"表"，以为"得之不为益，失之不为损"，"载诸史传，未见其宜"。金氏批评刘氏"不悟表之为用，便于记载烦细。凡本纪、列传所不能尽载，而又不忍遗弃者，惟有佐之以表，乃足以宏其用"。"刘氏此论，可谓一言不智"。事实上唐宋以来诸史，大多有表，清代史家万斯同以善制表，有裨于研史（以上见第8章第6目《史通议论之商榷》）。金氏的批评很对。

在郑樵的问题上，金氏对章学诚的批评已如上述。章学诚其他诸多不当的观点，金书于第八章另有系统的辨析。

章学诚发挥王阳明五经皆史说，倡言"六经皆史"。金氏以为"六经皆史"宜分析看，不可笼统说。六经有的是史籍，有的是史料，"谓《尚书》、《春秋》为史，可也。谓《易》、《诗》、《礼》、《乐》为史，不可也。谓《易》、《诗》、《礼》、《乐》为史料，可也，经谓为史著，不可也"。且申明这是他一贯的看法。平心而论，章氏说"六经皆史"，大体不误，金氏求真求细，一定要把六经分而论之，亦不为无理。

章学诚据刘知几的意思，分史为记注和撰述两种。迁史班书是撰述，记名物器数以及策括纂要之书是记注。撰述者高明，别识通裁，是上等。记注者沉潜，襞积补苴，是下等。认为郑樵《通志》是有别识通裁的撰述，故极为推崇。戴震精于名物器数，所著书属于纂辑一类，故章氏颇不以为然。金书赞成分史为记注、撰述两种，认为与近世史学分类之法近似。但不同意把撰述和记注分为上下两等，两者都重要，有史钞类纂之记注之书在前，而后撰述之书才可能写出。况且记注、撰述之分，"变动不居者也，前日视为撰述者，正为今日之记注，后日视为记注者，亦即今日之撰述。《左传》、《国语》，可谓撰述矣，而太史公据为史料以修《史记》，是即以记注视之。今之撰新通史者，亦尝据二十五史为史料"。是金氏所论实高过章氏。

关于史学这一概念的界定，章学诚有他自己的理解。金氏肯定章说正确的一面，纠正他糊涂的一面。就传统史学范围而言，金氏对史学这一概念的认识，应当承认是对的。

章学诚说："古人史学口授心传，而无成书，其有成书，即其所著之史也。"意谓古初之时，史学不写成书本，全靠家传师授。一旦写成书，像《春秋》、《左传》、《史记》、《汉书》那样，史学就进入这些书里。这就是说，史与史学是两个概念。史指《春秋》、《史记》一类史著，史学指作史的方法、原则。史学先是家传师授，后来寓于史著之中。前人运用一定的方法、原则（即史学）写成史著，后人研究前人的史著，从中抽出史学。金氏认为章氏此说"为精确不易之论"（第8章第20目《史学之阐明》）。这纯是传统史学的史学概念，是极狭义的，今日的史学概念当然不这么简单。

章学诚的史学之概念有糊涂的一面，金氏给讲清楚了。章氏说郑樵有史识，曾巩具史学，刘知几得史法，他本人言史意。割裂了史识、史法、史意与史学的关系，不知道史学是个大概念，史识、史法、史意三者具有，才是史学。金氏指出，孔子所作之《春秋》是第一部含有史学的史著，其中有史识有史法又有史意。"所谓系日月以为次，列时岁以相续，即史法也。所谓'微而显，志而晦，婉而成章，尽而不污，惩恶而劝善'（按：杜预《春秋序》语），即史意也。史法即'其文则史'之文，史意'则丘窃取'之义。曰法与意，曰文与义，皆为孔子之史学。是故榷论我国之史学，必萌芽于孔子"（第2章最后一目《孔子与左丘明之史学》）。

除上述学术上的长处之外，金书治学之德性优点也十分突出：一、不攘人之善不掠人之美；是人家的东西，一定明言确指，绝不装糊涂；二、据实说理，不做无根游谈；三、不知为不知，不强不知以为知。

按照传统史学的标准要求，金氏之书有以下不足之处。

一、应该也能够重点讲的地方，没有重点讲。如作者已认识到孔子及其《春秋》是中国史学的萌芽，就有必要立专章加以讨论，重点地讲一讲。可是没有这样做。

二、按照梁启超《中国历史研究法补编》的设计，第一章讲古代史官，是可以的，但是有的问题没有讲明确。史官是怎样一步步演化的，黄帝到底有没有史官，朱希祖《中国史学通论》有明确的说法，古代叫作史的官，最初专管记事掌书，起文书草，与修史无关，其实是书记官，不是历史官。真正专职修史的历史官，是很久以后才有的。从这一意义上说，黄帝没有史官。朱氏是作者的老师，朱书作者也读过，书中曾多次引用朱说。看第1章《古代史官概述》，作者是赞成朱氏关于史官的上述观点的。不知为什么讲黄帝史官和史官演变问题时，竟语出含糊，不反复推敲，不知作者观点为何。

三、有的问题，研究尚欠深入。《汉书·艺文志》讲"左史记言，右史记事，事为《春秋》，言为《尚书》，帝王靡不同之"。《礼记·玉藻》讲"动则左史书之，言则右史书之"。二书左右颠倒，而其意则不异。郑玄注《礼记·玉藻》接着说："其书《尚书》、《春秋》具在，谓右史书动为《春秋》，左史书言为《尚书》也。"其注《尚书·酒诰》又说："大史内史掌记言记动，是内史记言大史记行也。"后儒卢辩、熊安生、黄以周等则顺着郑玄注意说。其实《汉书·艺文志》的话很值得怀疑。《春秋》专属记事，《尚书》专属记言，很多人已经指出此与事实不副。左史右史问题，章学诚表示怀疑，其《文史通义·书教上》说："左史记言，右史记动，其职不见于《周官》，其书不传于后世，殆礼家之恣文欤。后儒不察，而以《尚书》分属记言，《春秋》分数记动，则失之甚也。"金氏本当据此继续深入探讨，追究史有左右、分主记言记动说的源头，想到《汉志》本于刘歆《七略》，刘歆很可能塞入自己的臆想。乃当疑不疑，竟言《汉志》之说是"渊源甚古的记载"，"不得谓为无据"。

四

金毓黻的《中国史学史》，刻意吹求，不无瑕疵，综观全体，瑕不掩瑜。它是一部很好的史学史著作，当时受欢迎，现在也受重视，事实证明是传世之书。书写作于1938—1939年的战时重庆中央大学，所用时间不足一年。似乎匆忙中仓促而就，实则不然。作者有长期资料积累和构思准备，写作曾经再三推敲，反复修正，经由专家审订后，列入大学丛书出版。写作和出版都相当慎重。书出版后，相继有评论文章发表，分别见于《图书评论》1944年6月之第5卷第2、3期合刊、《文讯月刊》1947年6月之第7卷第1期、《燕京学报》1947年6月之第32期[3]。大学史学史教学多有借鉴，新中国成立以后继续有不少大学列为主要参考书，以至于1957年不得不再版刊行。在中国史学史研究领域，此书极被看重，80年代以来先后问世的近十种中国史学史著作，多多少少皆受它的影响。中国史学史专家们特别注意研究此书，权威学者甚至表示，金毓黻的《中国史学史》必须好好研究。

金书一直受青睐，非出偶然，是有其内在原因的。它包含的史部书籍多至数百种，内容堪称精博；它以史籍编纂为主要线索的分期方法和框架系统，比较符合实际；它强调历史进化和求真求实的史学思想，与马克思主义精神不悖。要想写出真正的马克思主义中国史学史来，不可置它于不顾。这是金书的魅力所在，价值所在。

注释：

[1] 梁启超：《中国历史研究法》，商务印书馆1922年。

[2] 梁启超：《中国历史研究法补编》第四章《文化专史及其作法》，商务印书馆1933年。

[3] 朱仲玉：《中国史学史书录》，《史学史研究》1981年第2期。

（此文应上海古籍出版社之邀而作，收入《庚辰存稿》）

《教养的本原》评介

  青年学者李景林博士《教养的本原》这部书，原是他在金景芳先生指导下完成的博士论文，当时我全文读过，留下很深很好的印象。最近经过修订增补由辽宁人民出版社收入《新学人文库》于1998年6月出版。我因为最近要做的事情较多，拿到这部书之后，本想先看看目录、序言、结语，大体翻一翻内容，谁知一看就放不下，结果一章接一章地看下去，直到看完。看完这书，觉得心里有些话不吐不快，需要写一点评介性的东西把它介绍给学界的同道。

  总的印象，这部书有一种魅力，让你沾上就难以丢下。

  首先，《教养的本原》这书名，涵义就相当深刻。书中写的是孔子经由曾子、子思、五行篇到孟子的早期儒家的心性学说，而书名叫《教养的本原》。这名实看似不甚搭拢的情况，恰好反映了作者关于哲学与文化的深沉思考。所谓教养，笼统地说，指的是文化。有数千年之久的人类各民族文化，说到底，发展的线索不外乎分化与整合两个方面。两个方面都是必要的，不可失衡，或缺。孔子讲"文质彬彬，然后君子"，正是此意。文是向着分化方面发展，侧重理智，西方哲学看重的就是这方面。质是循着整合的方面发展，即落实于人的自然生命存在的整合。本书所谓的教养，指的就是文化的这一方面。这教养的任务在西方是由宗教担任的，不属于哲学。而在中国古代，这落实于人的自然生命存在的整合教养的任务始终落在孔孟哲学的肩上。孔孟追求着文不胜质，质不胜文，文质彬彬的理想状态，因而成为中国文化的价值根据。把孔孟哲学定位在这个坐标点上，故可称之为《教养的本原》。从教养这个角度看问题，划开了孔孟思想与西方哲学的界限，又把视角放在本原上，通常容易被人隔断的传统与现代两端便自然地联结为一体。作者以此为起点，历史地考察孔孟哲学的动态发展状态，使一个古老的哲学系统一再爆发出新义。

  这是我关于此书要说的第一点。

  第二点，这书为孔孟哲学的发展历程建构了一个合理的框架。这框架不是硬凑而成，而是作者对孔孟哲学长期思考，自然形成。因此很顺畅，看不见刀斧迹象。全书凡十三章，划分为上中下三篇。上篇五章讲孔子，中篇四章讲孔孟之间的中间环节曾子及《大学》、子思与《中庸》、帛书五行篇等等。下篇四章讲孟子。三篇正文之外，书前有绪论一篇，题曰"儒家心性之学与中国文化的精神"，书后有附录三篇，总题曰"儒家心性思想渊源"。总之，全书落实在儒家孔孟的心性哲学，加以梳理展开，形成一个自治的理论系统。

第三点，这书历史意识强，学术含量大，实实在在地解决了一些问题。它所有的理论分析都建立在对原典之正确诠释的基础之上。书中这样的实例比比皆是，这里信手举出几个，足以说明问题。

先说孔子的。《论语》记孔子说，"五十而知天命"，"不知命无以为君子也"。"为仁由己，而由人乎哉"，"我欲仁，斯仁至矣"。"君子喻于义，小人喻于利"，"富与贵，是人之所欲也，不以其道得之，不处也"。"道之将行也与，命也，道之将废也与，命也。公伯寮其如命何。"孔子这些话，字面意思是显然的，历来注疏家早已讲明白。可是其深层意义却有待探讨。本书作者从这些话中看出了孔子与商周不同的天命观。商周之时，一切善的原则在帝在天而不在人。在此情况下，人完全在神的制约之下，人性的问题根本提不出，不可能有人性观念。至春秋时代的孔子，以义利之辨、君子小人之辨，将异化于神意的道德内容，转变为人道、人之本质的规定。在孔子看来，天命之中其实包涵着人的因素。在一定意义上说，一个人的命如何，是由他的选择和担当决定的。一个不仁不义的无忌惮的小人，或怕死贪生，或苟求闻达，就是不知命。与"不义而富且贵，于我如浮云"的君子相比，际遇可能相同，而人做出的道德选择根本不同。这就表明，命与人道有内在的一致性。孔子使殷周传统的天命观发生了一个根本性的转折，天命不再与人道、人性隔断为二，所以孔子才有"不知命无以为君子"，"为仁由己"，"君子喻于义，小人喻于利"的说法。

本书作者对这一点认识极为清楚。而且还正确地看到，孟子提出的性善论，在孔子思想中已见端倪，孔子不过未曾挑明而已。

再说与思孟学派有关的两个问题：一、帛书《五行》篇五行之所指问题；二、《荀子·非十二子》何以激烈抨击思孟五行说"甚僻违而无类，幽隐而无说，闭约而无解"？本书作者对此二问题提出了自己独到的见解，分析可谓入木三分，精卓无比，读者很难不服。

帛书《五行》篇讲"四行"又讲"五行"。"四行"指仁义礼智四德，"五行"指仁义礼智圣五德，已是学界共识。但是，圣之一德所指为何，则未见有人进一步探讨。本书作者把圣之一德所指为何的问题彻底讲明白了。他说"圣"就是知天道，知天道谓之圣。根据除帛书《五行》篇之外，作者还在帛书《四行》（在帛书《老子》甲本卷后）中找到"知人道曰知，知天道曰圣"两句和《孟子·万章下》以"金声玉振"喻智圣一段话作为佐证，甚为有力。

《荀子·非十二子》激烈抨击思孟学派的五行说，原因究竟是什么，向来无人讲到点子上。本书作者回答了这个问题。我觉得他的答案切中肯綮。别人已经证明，荀子所批评的思孟五行说在子思、孟子的著作中是确然有据的。本书作者在此前提下进一步指出，"荀子所批评的思孟五行说，其深层的理论结构是一个天人关系、天道与人道或性与天道的问题。正是在这一问题上，思孟与荀学存在着尖锐的对立"。

接着，本书作者引用帛书《五行》篇"德之行，五和胃（谓）之德。四行和，胃（谓）之善。善，人道也；德，天道也"一段，证明仁义礼智四行和，叫做善，善是人道。

《五行》篇又以圣知对举，以圣知概括天道和人道。总之，《五行》篇言"四行"、"五行"，实际上是讲人道与天道的关系，强调天人合一。《中庸》讲"天命之谓性"，强调由尽性成物可以参赞天地之化育而达天人合德境界。孟子更明确以性善论为中介将天道、人道联为一体。他讲尽心可以知性，知性可以知天。由此，"思诚"、"诚之"的成性修养功夫便成为即人道而见天道的动态过程。这一点，在荀子看来，最不能容忍。荀子也讲仁义礼智圣这些德目，但是荀子不以圣为知天道，而以圣为知统类之道。统类即礼，亦即人道。荀子主张天人之分，与倡言天人合一的思孟学派发生严重分歧。《荀子·非十二子》严斥思孟"才剧志大，闻见杂博，案往旧造说，谓之五行，甚僻违而无类，幽隐而无说，闭约而无解"，不为别的，就是以天人之分批评思孟的天人合一。

讲帛书《五行》篇的"五行"和《荀子·非十二子》批评思孟学派"案往旧造说，谓之五行"，我以为本书讲得最为明通、到位。

本书最精彩最卓越之处，是下篇讲孟子性善论那一部分。那一部分不好讲。第一，《孟子》原文难说明白。第二，孟子性善论的本旨不容易分析通顺。这两点，本书可以说都打通了。这很不简单，并非所有同类书都能办到。

《孟子·尽心下》记孟子曰："口之于味也，目之于色也，耳之于声也，鼻之于臭也，四肢之于安佚也，性也，有命焉，君子不谓性也。仁之于父子也，义之于君臣也，礼之于宾主也，知之于贤者也，圣人之于天道也，命也，有性也，君子不谓命也。"本书作者诠释这段话说："孟子既括性、命为仁义礼智圣和自然生命之情欲两类，又以'君子不谓性'、'不谓命'言其区别性。"是讲到了根本处。孟子之本义的确如此。口目耳鼻之自然情欲是性，仁义礼智圣之道德伦理规定也是性。性包括两方面内容。"天所赋为命，物所受为性"，是孟子言性有两类，言命亦有两类。

孟子无论言性还是言命，都从人之为人的共通性上立意，非在人之气禀才性有殊异的角度谈问题。本书作者正确地抓住这一要害，指出朱子以气禀才具言性命，与孟子不同。孟子不言气禀。从而给宋人的性命论与先秦孟子的性命论划出一条界线。这是正确的。

孟子与告子辩论人性问题，相当艰难。后人理解孟子的性善论，也相当艰难。障碍在于两点：一点是认为孟子讲人与禽兽之辨时，以为人与禽兽有相同的生物本性；另一点是认为人的本质特性在于其道德性，而道德性是外铄的。有此两点成见鲠在胸中，对孟子的性善论总是讲不明白。本书作者扫荡了这两点障碍，直入孟子性善论的堂奥，把它的本来面目端给人看。这是本书一大理论贡献。

一般常说，孟子认为论生物本能，人与禽兽相同。本书作者则说不是这样，孟子不认为人与禽兽有相同的生物本能。如果说人有一种与禽兽相同的生物本能，那就等于说人所具有的道德伦理规定自外铄而来，非人所必有。而这恰是孟子所极力反对的告子的人性白板说，不是孟子的观念。孟子的观点是，人之作为人，不存在告子所说的那种抽象的生物本性。人之生物本性亦表现出与禽兽不同的独特性。普遍的道德伦理规定寓于人的自然生命之本能之中，二者实不对峙。告子将二者对峙起来，正是孟子批评告子人性论之焦点所在。宋人走向另一极端，仅以仁义礼智之道德规定为性，也与孟子的人性论不合。要言之，孟子人性论的最根本的观念是伦理道德的规定内在于人的形色实存性（即所谓生物本性）。孟子不认为仁义礼智的道德性与"生物本性"无关，相反，他把仁义礼智看作人的形色自然实存之内在的本有的规定。这才导致了他的人性善的结论。说人的生物本性与禽兽无异，而仁义礼智的善性要抽象地自外导入人的形色自然存在之中，那就不是孟子的性善论。

孟子性善论这一中哲史上的老大难问题，能像本书作者这样做出如此精辟的分析，很少见到。

孟子的性善论，是继承孔子、曾子、子思以来儒家性命思想的发展而形成的。它有着重要的理论和文化意义。以孟子的性善论为基础，儒家形成了本于道德性而"立命"的思想，以性、命的统一性肯定人的现实福祉要求，从而奠定了以人性本体论为根据的、与西方文化天国与人事为二观念大异其趣的、中国文化之内在超越的人文方向。孟子性善论如此重要，那么本书作者把它讲明白，其意义便可以想见了。

以上我讲了本书的几点成就，不过是举要而已。另外指出一点，本书语言也比较好，明白、洒脱、快捷，谁都读得懂，而且越读越想读。不像有些青年学者的论著，道理很深，观点也新，只是读不懂。

（原刊《孔子研究》1999年第3期）

《郭店楚墓竹简》辨疑两题

读《郭店楚墓竹简》[1]，心存疑问者两处，一在《老子》甲，一在《缁衣》，久思乃稍成意见。今略陈之，以俟指正。

一

郭店简本《老子》甲："绝伪弃诈，民复孝慈。"与今本《老子》第19章："绝仁弃义，民复孝慈。"大不一样。这使人们不禁为之大吃一惊，《老子》讲的原来是"绝伪弃诈"，不是"绝仁弃义"。既然不讲绝仁弃义，那就与儒家没有根本的分歧。先前认为儒道界限分明的看法，似乎应改变。

我看事情没有那么简单。兹略谈一下拙见。

首先，要知道老子讲话的逻辑特点。《老子》主张"正言若反"，正话反说，反话正说。乍看，不合逻辑，例如今本《老子》第18章说："六亲不和，有孝慈。"简直有悖常理。可是仔细体味，道家有道家的道理。六亲失掉和睦，才显出孝慈的价值来。倘家庭内大家关系相处很和睦，各安其分，孝慈不孝慈也就无意义。《庄子》在《大宗师》和《天运》两次言及："泉涸，鱼相与处于陆，相呴以湿，相濡以沫，不若相忘于江湖。"[2]庄子这话腔调与老子完全一样。他说，鱼在水与生命同等可贵的情况下，我给你一点湿，你给我一点沫，才显得宝贵。其实这并不好，最好是鱼谁也不管谁，各自游荡。如果把"相呴以湿，相濡以沫"换作孝慈的话，那么也可以说成："六亲不和，有孝慈。"老庄追求自然，什么事都想求根求本，不要人为造作，所谓"见素抱朴"、"道法自然"是也。儒家想问题总是往前抢，要质更要文，所谓"文质彬彬"是也。儒道两家的界限在文质问题。儒家要文，讲究修养，追求文明。道家要质，越自然越好，越本色越好。仁义不仁义，不是儒道两家的根本区别。

郭店简本《老子》甲讲"绝圣弃辩"、"绝巧弃利"和"绝伪弃诈"，符合道家抱朴返真、回归自然的基本精神。圣与辩，巧与利，伪与诈，都是人为造作，有违天真的东西。绝弃了它们，才能返回自然本色。看这三对条件复句，首句都是儒家求之不得的好东西，老子坚决否掉它，次句是各家公认、道家求之不得的好东西。两句合看，圣辩都绝弃，即大家都变成木头傻瓜，才有便利可言。巧与利都不要，即一切文明进步的东西都消失，才能路不拾遗，夜不闭户。唯有"绝伪弃诈，民复孝慈"，逻辑思路与另两句不同。要实现孝慈，非去掉虚假欺诈不可，这话儒家也可以说，不待老子费口舌。而且这话在老子那里等于一句废话,毫无意义。伪诈,与圣辩、巧利一样,在儒家那里必是具有正面意义的好东西,老子说绝弃它,才有意义。可见,伪诈在老子这里必另有所指。

其次,其实《老子》讲"绝伪弃诈"的伪诈,指的是儒家鼓吹的仁义。仁义在道家眼中与伪诈同义。《庄子》书就将仁义说成伪诈。《庄子·胠箧》说"彼窃钩者诛,窃国者为诸侯,诸侯之门而仁义存焉。"[3]窃钩的小偷受惩罚,他当然无仁无义。窃国的大盗要封侯,他当然有仁有义。这岂不等于说仁义不过是伪诈的堂皇叫法。《庄子·徐无鬼》说:"爱利出于仁义,捐仁义者寡,利仁义者众。夫仁义之行,惟且无诚,且假乎禽贪者器。"[4]郭象注:"仁义既行,将伪以为之。仁义可见,则夫贪者将假斯器以获其志。"成玄英疏:"而履仁蹈义,捐率于中者少,托于圣迹以规名利者多。是故行仁义者,矫性伪情,无诚实者也。器,圣迹也。且贪于名利,险于禽兽者,以假夫仁义为其器也。"这里更进一步说仁义是被贪残似禽兽的人用来牟取名利的一个玩意儿,是矫性伪情,是虚伪无诚。《庄子》确实把伪诈与仁义等同起来。如果把"绝伪弃诈"换成"绝仁弃义",不仅可以,而且更恰当。

讲"绝仁弃义"比讲"绝伪弃诈"更贴切老子的逻辑方法,更明白无误,不容易产生歧义。从这一点看,讲"绝仁弃义"的今本《老子》应在后,讲"绝伪弃诈"的郭店简本《老子》应在前。

二

李学勤先生说郭店楚墓竹简出土,让我们真正看见了古文经[5]。李先生更进一步的意见未见报道,不知道。这里我接着李先生的话往下谈一点想法。错了也无妨,有李先生和诸位专家指正。

郭店简本《缁衣》征引《尚书》六篇9条:《吕刑》3条、《康诰》1条、《君奭》1条、《咸有一德》1条、《君牙》1条、《君陈》2条。前三篇属于汉初伏生传授的今文29篇,在先秦当然用古文书写。所谓真古文,也包括这29篇在内,但是意义不是太大,今文29篇至今完好无缺,不存在真伪问题。郭店简本《缁衣》征引的《咸有一德》、《君牙》、《君陈》三篇4条古《尚书》,从中多少能看出一点问题。至少,阎若璩的结论从此不是那么板上钉钉,不可以讨论了。

三篇篇名问题首先值得注意。

《咸有一德》、《君牙》、《君陈》三篇在晚出古文《尚书》中都有,而在西汉16篇逸书中只有《咸有一德》这一篇,《君牙》、《君陈》二篇没有。在东汉中秘孔壁本58篇古文《尚书》中也是只有《咸有一德》一篇,另两篇没有。那么,晚出古文《尚书》之《君牙》、《君陈》二篇篇题必然来自马、郑所注之百篇书序。这是非常可怪之事,造伪者为了让人家信以为真,应仿照真品造伪,不该抛开汉代真古文《尚书》不顾,根据《书序》篇名造伪,刘起釪《尚书学史》185页说"显然作伪者根本不知道原有16篇篇题"。这不大合乎情理。我们为什么不可以往另一方面考虑：《咸有一德》、《君牙》、《君陈》三篇古文《尚书》本是先秦旧物，通过我们现在尚不知道的途径传到东晋，被发现。至少这种可能不应该完全排除。

关于《咸有一德》。

郭店简本《缁衣》引："《尹诰》云：'隹尹躬及汤，咸有一德。'"今本《缁衣》作"《尹吉》曰：'惟尹躬及汤，咸有一德。'"郑玄注："吉当为告。告，古文诰字之误也。尹告，伊尹之诰也。《书序》以为《咸有一德》，今亡。咸，皆也。君臣皆有一德不二，则无疑惑也。"孔颖达疏："言惟尹躬身与成汤皆有纯一之德。引者，证上君臣不相疑惑。"[6]按郑注、孔疏是对的。惟孔疏言"尹躬身与成汤"云云，于"尹躬"下平添一身字，则误。"尹躬"，郭店简本《缁衣》引作"尹躬"。据裘锡圭先生注，尹即伊，躬通尹，"尹躬"即伊尹。孔颖达不知躬是躬之讹，又把躬字解作身，一误再误。

篇名，郭店简本《缁衣》引作《尹诰》，今本《缁衣》误作《尹吉》，即古文《尚书》之《咸有一德》。《咸有一德》有"惟尹躬暨汤咸有一德"语。一般认为此语，作伪者抄自今本《缁衣》。这是有问题的。试想，如果作伪者从今本《缁衣》抄入，理当顺便把"尹躬"径直改作"伊尹"，免得孔颖达顺水推舟出错误。而抄者没有改，恰好说明《尹诰》本来如此，并非从别处抄来。况且，今本、简本两《缁衣》共引"惟尹躬及汤咸有一德"同一句话，就不可以说古文《咸有一德》一定是从今本《缁衣》抄来的。应当说，从今本《缁衣》抄来和古文《咸有一德》本来如此，两种可能各占一半。

后世有人从文意角度论定《咸有一德》是伪作，明人京山郝敬《尚书解》说："篇名《咸有一德》，似是较数。故曰'咸有'，犹各擅一长云尔。今所言皆纯一意，则伊尹不合自矜与汤咸有此一。殆后人依题拟撰，遴拣凑砌，而乏天真。"[7]意谓伊尹不该自矜且与成汤并列。他既然自矜又与成汤并列，就证明是后人依题编造的，不是《咸有一德》原物。其实这是据后世观念做出的猜想。伊尹说自己和成汤一样同具"一德"，正是古人天真的表现。

清人休宁姚际恒则谓《咸有一德》本属成汤朝之事，作伪者张冠李戴，移入太甲朝。他说："诸经传记，于伊尹并无告归致仕之事，作伪者见《书序》茫无可据，遂凿空撰出伊尹复政一节，以取配合周公复政之意，将《咸有一德》篇本属伊尹在汤朝赞襄于汤者，陈戒于太甲。夫赞襄于汤而曰'咸有一德'，似乎喜君臣同德之助，庆明良交泰之休，于义可也。若陈戒于太甲而曰'咸有一德'，是尹以己德告太甲，则为矜功伐善，非人臣对君之言矣。且事其孙而追述与其祖为一德，得无欸欸非少主臣乎？此是非之至明而易晓者。司马贞反据此以史迁记于成汤朝为颠倒失序。某尝谓其讹一经而讹及他经至此，又知讹及诸史传志者更不少，可慨也。"[8]

《咸有一德》，经文本身说伊尹作于太甲朝，司马迁《殷本记》说伊尹作于成汤朝。司马贞《索隐》说"《尚书》伊尹作《咸有一德》在太甲时。太史公记之于斯（成汤朝），谓成汤之日，其言又失其序"。谓史迁搞错。姚际恒则肯定史迁没错，是司马贞错了。伊尹作《咸有一德》是在成汤朝，而古文《尚书》将《咸有一德》置诸太甲朝，把伊尹对成汤讲的"惟尹躬及汤咸有一德"一句话改为对太甲讲。因而论定《咸有一德》是后世人伪作。

现在郭店简本《缁衣》出世,知《尚书·咸有一德》确实有"惟尹躬及汤咸有一德"一语。而语中既然明确称成汤名,便不可能是对成汤讲的。伊尹用往昔自己与成汤都具备"一德"的事教训太甲,不但可能,而且实属必然。姚氏据自己伊尹讲与成汤而不是讲与太甲的猜测,断定《咸有一德》是伪作。现在到了重新讨论的时候了。

关于《君牙》。

郭店简本《缁衣》引《君牙》云:"日俗雨,少民隹曰怨晋,冬旨沧,少民亦隹曰怨。"晚出古文《尚书·君牙》作"夏暑雨,小民惟曰怨恣,冬祁寒,小民亦惟曰怨恣。"今本《缁衣》引作"《君雅》曰:'夏日暑雨,小民惟曰怨,资冬祁寒,小民亦惟曰怨。'"

首先,篇名不同,值得注意。晚出古文《尚书》篇名作《君牙》,简本《缁衣》引同,惟今本《缁衣》引作《君雅》。这就不能完全肯定晚出古文《尚书·君牙》此语是从今本《缁衣》抄来的。

其次,晚出古文《尚书·君牙》显然属于浅白易懂的一类,文风与今文诸篇古奥难晓者迥异。清人阎若璩据此论定《君牙》是后世人伪作。现在有了郭店简本《缁衣》,它所引《君牙》此语与晚出古文《尚书·君牙》几无不同。可见先秦真古文《君牙》也是浅白易懂的。看来阎若璩等人以浅白易懂指斥晚出古文《君牙》是伪作,有一定的困难。当年朱熹说"《蔡仲之命》、《君牙》等篇乃当时与士大夫语,似今翰林所作制诰之文,故甚易晓。"[9]倒不失为一种可资参考的推测。

关于《君陈》。

郭店简本《缁衣》两引《君陈》。一、"《君陈》云:'未见圣,如其弗克见,我既见,我弗迪圣。'"晚出古文《君陈》:"凡人未见圣,若不克见,既见圣,亦不克由圣。"这里,简本《缁衣》所引真古文《君陈》的"弗"字和晚出古文《君陈》的"不"字,当引起注意。清人姚际恒曾以此为标准划分今文古文。他说,"字法如敬作钦,善作臧,治作乂作乱,顺作若,信作允,用作庸,汝作乃,无作罔,非作匪,是作时,其作厥,不作弗,此作兹,所作攸,故作肆之类是也"。"此等字法固多起伏氏书,然取伏氏书读之,无论易解难解之句,皆有天然意度,浑沦不凿,奥义古气,磅礴其中,而佶屈聱牙之处全不系此。梅氏则全藉此以为佶屈聱牙,且细咀之中枵然无有也。譬之楚人学吴语,终不免舌本间强耳。观凡逸书,不皆改作弗,无皆改作罔,尤可类推"。[10]姚氏的意思是,伏生所传今文《尚书》,字法"不作弗,无作罔"等等,表现自然而然,不故作佶屈聱牙。而晚出古文《尚书》则一律把不改作弗,把无改成罔,故意求得佶屈聱牙的效果。然而我们现在看到的真古文《君陈》用"弗"不用"不",晚出古文《君陈》用"不"不用"弗"。用姚氏标准衡量,恰好证明简本《缁衣》所引《君陈》是真古文,晚出古文《君陈》亦未必伪。

二、《君陈》云:"出内自尔师于,庶言同。"今本《缁衣》引同。晚出古文《君陈》

作"出人自尔师虞，庶言同则绎"，多"则绎"二字，句意更显完备。清人说晚出古文《君陈》抄自今本《缁衣》。但是，既然今本、简本《缁衣》引都没有"则绎"二字，而晚出古文《君陈》有"则绎"二字，为什么一定要说它是抄袭今本《缁衣》，不考虑它本来就是先秦旧物呢? 至少不应排除这种可能。

总之，由郭店简本《缁衣》所征引古文《尚书》想到，清人关于晚出古文《尚书》乃东晋人伪作的结论并非无懈可击，仍可以再作讨论。我想，李学勤先生说真古文面世，意义重大，其蕴意即在于此。

注释:

[1]《郭店楚墓竹简》，文物出版社1998年。

[2]郭庆藩:《庄子集释》，中华书局1961年，第一册第252页，第二册第522页。

[3]同上，第二册第350页。

[4]同上，第四册第861—862页。

[5]《国际儒联简报》，总第14期，第20页。

[6]同上，第22页。

[7][9][10]阎若璩:《尚书古文疏证》，上海古籍出版社1987年，下册第1153—1154、1292、1155—1156页。

[8]同上，上册第242页。

（原刊《史学集刊》2000年第1期）

论胡朴安《周易古史观》

在20世纪众多解读六十四卦的易著中，胡朴安的《周易古史观》独具特色，卓有价值，应予特别注意。胡氏自幼喜《易》，长于思考。30岁以后广涉汉易宋易著作，仍不能知《易》究竟是什么书，若说是自然科学之书，哲理之书，卜筮之书，觉得都不能成立。于是乃放开大胆，另辟蹊径，本《序卦》之说，从文字训诂入手，于古史立场而解说《周易》，做成《周易古史观》一书，1942年作者自印200本。作者逝世之后，1986年上海古籍出版社正式出版。把《周易》六十四卦作为史书加以全面、系统的解释，形成完整的《周易》古史体系，胡书是第一部。它释六十四卦，象数、图书、义理全抛开不讲，彻底另起炉灶，直把《周易》看作记事之史书，却又特别看重《易传》。在胡氏书中，经传是一体的，解经又解传，解传又解经。其所以能如此，原因在于他对《易传》的理解与前人有所不同。以下对胡书做几点具体评论。

一　把《周易》本身作为记事之史解读的第一部著作

古代有以史证经者，如宋人杨万里的《诚斋易传》、李光的《读易详说》。近世以史证经者亦不乏人。20世纪20年代古史辨派学者顾颉刚等人从史料考辨的立场着力研究《易》中之史，多少有些进展。至1941年，闻一多在昆明从钩稽古代社会史料之目的解《周易》，不主象数，不涉易理，记可补苴旧注者百数十事。删汰复杂，仅得90，即依社会史料，分类录出[1]，撰成《周易义证类纂》一书。闻书钩稽90条史料，分为经济、社会、心理三类详加辨析，纠正和补充旧注若干，于易学研究实有贡献。但仍是做零碎的史料工作，不以为《周易》是史书。把《周易》看作史书的，是20年代沈竹礽的《周易余说》，它用商周之际的史实解读履、家人、睽三卦。章太炎1933年在一次演说中明确说："至于《周易》，人皆谓之研究哲理之书，以与历史无关，不知《周易》实历史之结晶。"[2]沈、章二氏是首先明白认定《周易》是史书的人，可是影响不大。沈氏仅讲了三卦。张氏则一卦未讲，只是一般泛论而已。到1942年胡朴安撰成并自行印制200本的《周易古史观》，才全面地，"无一字不解，无一句不说"[3]地解读六十四卦，形成《周易》古史系统。从此，在《周易》卦筮说、《周易》哲理说上，正式出现了《周易》古史说。

《周易古史观》于六十四卦之卦辞、爻辞、彖传、象传，一概视为记事之史。一字一句都落实到史上。整个《周易》六十四卦三百八十四爻成为一部古代史书。乾、坤两卦是绪论,它不是记事的而是发凡起例。既济、未济两卦是余论,言社会已定,当思患预防,以未济之道处既济。

胡氏以古史说《易》,根据是《序卦》。《序卦》确实已有叙述古代社会发展历史之意。胡氏则将六十四卦之卦辞、爻辞、彖传、象传连贯一起,字解而句说之,所反映之史实与《序卦》吻合。上经自屯卦至离卦,为草昧时代至殷末之史。下经自咸卦至小过卦,为周初文王、武王、成王时代之史。一卦反应一时代之大事,卦卦前后相连,绝无凌越颠倒,大体井然成序。六十四卦之六十件划时代的大事依次连接成一个完整的远古历史系统。六十四卦反应的六十件大事是:

屯卦,是草昧时代建立酋长之事。蒙卦,是酋长领导民众而教诲之之事。需卦,是教导民众耕种之事。讼卦,是民众争夺饮食而讼之事。师卦,是行师解决两团体互相竞争之事。比卦,是开国之初建万国亲诸侯之事。小畜,是建国以后会猎之事。履卦,是以履虎决定履帝位之事。泰卦,是履帝位以后巡狩朝觐之事。否卦,是天子失德,诸侯不朝之事。同人,是民众聚会,谋覆共主之事。大有,是推一人为之长,组织民众之事。谦卦,是会合民众,教以稼穑之事。豫卦,是建侯行师,检阅军队之事。随卦,是大有之民众,随豫之侯以行征伐之事。蛊卦,是征伐归来,教民以孝之事。临卦,是君主登位临民之事。观卦,是以神道设教之事。噬嗑,用狱治民之事。贲卦,是男女会聚,结为夫妇之事。剥卦,是洪水为灾庐舍剥毁之事。复卦,是因水灾迁徙,复其故业之事。无妄,是新居始定,未甚安宁之事。大畜,是以田猎济耕种之穷之事。颐卦,是以耕种自养之事。小过,是土穴为房屋,建筑房屋之事。坎卦,是因为建筑房屋掘土所成之坎,蓄水设险以守之事。离卦,是坎上置篱,以巩固防御之事。咸卦,是男女正式婚姻之事。恒卦,是夫妇正居之事。遁卦,是择邻迁徙之事。大壮,是努力生活之事。晋卦,是扩充国力之事。明夷,是文王蒙难之事。家人,是组织家庭之事。睽卦,是一夫多妻之家庭乖睽之事。蹇卦,诸侯皆来决平之事。解卦,是文王决平诸侯讼狱之事。损卦,是文王节俭自损之事。益卦,是损己益人,文王得民心之事。夬卦,是文王分决一切之事。姤卦,是婚媾往来之事。萃卦,是会聚众家建立祖庙之事。升卦,是萃功告成,民众上升为国尽力之事。困卦,是南征受困之事。井卦,是推行井田之事。革卦,是周革殷命之事。鼎卦,是周革殷命以后,正位之事。震卦,是正位以后,自治以治民之事。艮卦,是迁徙殷顽,使之各安其土之事。渐卦,是殷顽迁徙之后,教以组织家庭之事。归妹,是殷贵族之女,归于男家之事。丰卦,是扩大殷顽组织家族之事。旅卦,是殷顽不安其居,散而羁旅于外之事。巽卦,是羁旅于外之殷顽,顺时而入之事。兑卦,是殷顽来归,说以劝之事。涣卦,是教殷顽立祖庙之事。节卦,是立祖庙以后,教以礼文有节制之事。中孚,是会聚殷顽田猎示信之事。小过,是顽民自猎之事。

传统易学皆以为卦讲究时变,一卦代表"一时",卦时不同,反映时之不同。王弼说:"卦者时也,爻者适时之变者也。"[4]程颐说:"易,变易也,随时变易以从道也。"[5]都视卦是反映时变的,时变有道。胡氏则认为卦是反映事的,爻是依次记载一件大事中的不同阶段,不以为卦爻之中还有道。例如履卦,卦辞:"履虎尾,不咥人,亨。"王弼《周易注》说："履虎尾有不见咥者，以其说而应乎乾也。不以说行夫奸佞，而以说应乎乾，宜其履虎尾不见咥而亨。"[6]程颐《易传》说："以柔履藉于刚……人之履行如此，虽履至危之地，亦无所害。"[7]把"履虎尾"看作一个象，其实质是"柔履刚"，即"说而应乎乾"，个中蕴含一个道理：能处理好柔与刚的关系即使踩了老虎尾巴（刚），也无妨。胡氏认为"履虎尾"不是象，而是事实。他说："履虎尾不咥人亨者，以履虎之咥人不咥人，而为履帝位之决定也。小畜会田猎以后，推一人为共主，以履虎决之。有志勇兼优者，履虎而不受虎之咥，群奉以为君也。"[8]又如谦卦初六："谦谦君子，用涉大川，吉。"前人无不以谦卑自处释谦，王弼释谦卦初六说："处谦之下，谦之谦者也。能体谦谦其唯君子，用涉大难，物无害也。"[9]程颐说："初六以柔顺处谦，又居一卦之下，为自处卑下之至，谦而又谦也。"[10]胡氏不以德而以事释谦，他说："谦谦君子者，教民稼穑曰谦，曰以稼穑教民为事曰谦谦。此谦谦之君子，率人民涉大川以耕种，吉之事也。"[11]谦是实事，涉大川也是实事。依胡氏意，谦卦不是讲谦之德，原来是讲教民稼穑的史实。

胡氏解释卦名，亦从史的角度考虑问题。如大过、小过、大畜、小畜这大小相对应的四卦，胡氏说"小过之过，与大过之过同。大过，易穴居为交覆深层，其变更大，故曰大。小过，易会猎为自猎，其变更小故曰小。"[12]"小畜，是游牧时代之田猎，虽专以田猎为生活，其田猎之规模尚小，故曰小畜。大畜，是耕种时代之田猎，虽不专以田猎为生活，其田猎之规模已大，故曰大畜。"[13]与前人解释之大小畜过之义，迥然不同。

胡氏以古史说《易》，解卦大多前后连续，后卦接着前卦说，不与前人说完一卦是一卦，后卦不与前卦牵连者同。中孚上九："翰音登于天，贞凶。"小象："翰音登于天，何可长也。"胡氏解云："所获之禽飞去，其音上至于天，其事凶也。有飞去之禽，须谨慎以防之，不可长有此事。"[14]后一卦小过初六："飞鸟以凶。"小象："飞鸟以凶，不可如何也。"胡氏以为两卦所记事相连续，乃解云："飞鸟以凶者，飞鸟即中孚上九飞去之鸟。获鸟以归，飞戾于天，是以凶也。此真无可如何之事，故象曰不可如何也。此猎前民众相谓之语。"[15]胡氏以为"飞鸟"是记事不是设象，故可以视为一事。

以古史说《易》，最大的障碍是爻卦问题。胡氏的办法是抛开卦爻不讲，只是依次讲卦爻之辞。为了抛开卦爻不讲，胡氏提出以下理据：一、卦是远古未有文字以前的记事符号。八卦可为记录一切之符号，其作用与文字相当。未有文字以前，人们只能用卦做记事之符号。有时一卦一爻可表达数十事物，此相当于文字之假借。有时同一事物用许多卦爻表达，此相当于文字之转注。二、六十四卦之卦名用两个八卦之联合结构表达，如云雷屯，震下坎上，不过是个符号，表示它是屯而已，屯卦中各爻并无云雷之义。初、二、三、四、五、上，是记事之先后次序，并无上下内外之意义。其他各卦皆如此。就是说，"《周易》是有文字以后之记载，其用卦为符号者，犹今日卷册之标记，无他义也。"[16]胡氏以记事之史书视《周易》，自然要彻底抛开卦爻说。

二 乾坤是绪论，既未济是余论

胡氏既认为《周易》是史书，就必然为这史书找出绪论和余论来。自屯至小过六十卦是记事之史，则为首乾坤两卦当然是绪论，为末既未济两卦当然是余论了。绪论不记事，所言相当于发凡起例。余论也不记事，所言相当于全书记事以外的论赞。

胡氏之乾坤两卦为绪论说大意是：

六十四卦有同辞者，旧时说《易》者皆参互错综，以卦书说之，无论其通否如何，皆是阴阳玄妙之谈。余以古史说《易》，凡六十四卦有同辞者，虽所记之事实不同，皆是同一文字记载。[17]

此言意谓，六十四卦有不少事不同而文同者，这些文字的基本含义，在乾坤两卦里首先表现出来。故可以说乾坤两卦是起例的。乾坤既有起例的作用，故谓乾坤是绪论。乾有元亨利贞，坤有西南东北，各有一定含义，别的卦用时，皆本此以为说。

乾元、亨、利、贞。《文言传》曰："元者，善之长也。亨者，嘉之会也。利者，义之和也。贞者，事之干也。君子体仁足以长人，嘉会足以合礼，利物足以合义，贞固足以干事。"胡氏说："《文言》所解乾之四德，皆言人事之理，以后各卦有元、亨、利、贞字者皆可本此以说之也。"[18]又说："六十四卦中，有此四字，或三字，或二字，或一字，皆不能出此意义之外。此乾坤两卦所以为《周易》之绪论也。"[19]查六十四卦中有元、亨、利、贞四字者七卦：乾、坤、屯、随、临、无妄、革。胡氏说："元亨利贞四字具备者，皆有始之意。除乾、坤两卦外，一屯卦，草昧初开，建侯为酋长，人类团体之始也。二随卦，豫卦建侯行师以后，民众随之，统一之始也。三临卦，君主登位之始也。五革卦，周受命维新之始也。此外无有备四德者矣。此《周易》卦辞记事之例也。"[20]

六十四卦中，惟乾卦以元亨利贞四德发其端，另无一字。惟大有卦言元亨外，另无一字。胡氏说："大有是组织国家之卦。"[21]惟大壮卦言利贞外，另无一字。胡氏说："大壮是个人奋斗之卦。"[22]惟兑卦言亨利贞外，另无一字。胡氏说："兑是民众心悦诚服之卦。此外无有如此之卦辞。"[23]随之元亨利贞无咎，多无咎二字。遯之亨小利贞，多一小字。明夷之利艰贞，多一艰字。家人之利女贞，多一女字。鼎之元吉亨，多一吉字。胡氏说："此《周易》记事之例，读各卦辞之解说自明也。"[24]又，胡氏解随卦辞说："元亨利贞具备于随，可谓大吉。而仅无咎者，以民众不知其故而随之也。"[25]解遯卦辞说："小利贞者，咸为取女吉之利贞，恒为男正位之利贞，永久之利贞，常道也，遯为迁徙之利贞，一时之利贞，时宜也，故曰小。"[26]解明夷卦辞说："明夷之利贞，加一艰字，以见处明夷之时，最宜谨慎。《诗·大名》篇：'维此文王，小心翼翼。'是也"[27]解家人卦辞说："家内之事，以女为主，女主中馈，故曰女贞。"[28]解鼎卦辞说："鼎元吉者，鼎是革卦后周革殷命，为诸侯长而吉也。"[29]胡氏解此诸卦辞，显然不同于旧说者二：一、皆以史事为主，不言其他。二、元亨利贞四字之解，一依《文言传》，外加之字，据事为解。

坤"元亨，利牝马之贞。君子有攸往，先迷后得主，利。西南得朋，东北丧朋。安贞吉。"胡氏解之以史事云："先迷后得主利者，言原始之人，茫然而进，毫无团结，是先迷也。以历久之经验，逐渐进步，而有中心，是后得主也。先迷后得，是以利也。此上经之绪论也。西南得朋东北丧朋，言文王之国在西南，君贤民和，往西南必得朋也。纣之都在东北，君暴民乖，往东北必丧朋也。蹇卦之利西南，不利东北，是其事也。此下经之绪论也。"[30]又说："坤之西南得朋，东北丧朋，言文王之国在西南，往西南必得朋也。殷纣之都在东北，往东北必丧朋也。蹇之利西南，不利东北，亦谓西南是文王之国，东北是殷纣之都，解利西南说如是也。"[31]又解蹇之"利西南，不利东北"说："利西南者，文王之国，在诸侯之西南，利往而诉之也。不利东北者，殷纣之都在诸侯之东北，不利往而诉之也。"[32]解解之"利西南。无所往"说："解，文王决平诸侯讼狱之卦也。利西南者，即蹇之利西南。无所往者，即蹇之不利东北，无所往也。"[33]

胡氏认为，《文言传》之释元亨利贞四字，是不易之解。乾之元亨利贞四字，包括一切，发《周易》卦辞记事之例；坤之先迷后得，涉上经记事。西南东北，涉下经记事。胡氏以乾坤二卦为《周易》之绪论，以此。

既济、未济二卦，多理论，非如其他六十卦之记事也。既济言治平已成，社会已定，而欲保其不戾不亏，则必小心谨慎，思患预防以处之也。穷则变，变则通，通则久，久则又穷又变，政治与社会时时在变之中，故《易》终以未济。未济者，以未济之道处既济，即时时有未济之惧，不稍有既济之安也。

胡氏因以既未二卦为《易》之余论。

三　辞之训诂一本文字学

胡氏自述云："兹著《周易古史观》，凡与文字学有关者，皆得其初义，而与从文字学考见古代之社会，互相参证也。"又云："本卦辞、爻辞、彖辞、象辞，字解而句说之，确然知其不可易也。训诂一本文字学，除与训诂有关系外，不采用汉宋易学家一字。既有采用者，皆是借其说以就我义。"[34]又云："以分析言之，八卦为文字之祖，固有文字学之范围，即《易经》之用字用韵释义，亦当丽于文字学焉。"[35]

胡氏释卦辞、爻辞、彖辞、象辞，多从《说文》求字本义，而后引申之讲到古史上。例如屯，《说文》："屯，难也。象草木之初生，屯然而难。从屮，贯一，曲尾。一，地也。"胡氏引申之释屯为人类生活之始，云："以草木初生之难，形容人之初生，须奋斗而后可以存也。"[36]又云："《易》专记人事，屯者，人类之始生也。"[37]

又如需，《说文》："需，须也。遇雨不进，止须也，从雨而。"胡氏引申而释之云："耕种生活，居处固定，不必再进而别求水草之处，如游牧生活也。"[38]

又如小畜，《说文》："畜，田畜也。"即田而有所获，畜之也。胡氏引申而释之云："牵引所获之禽，归而畜之也。此野禽所以变为家畜也。郑玄注：'畜，养也。'言养禽于家也。养禽于家，以备他日之食，养禽即所以自养。谓之小者，所畜不多也。故《杂卦传》曰：'小畜，寡也。'"[39]

又如谦，《说文》："谦，敬也。从言，兼声。"又"兼，并也。从又，持禾。兼持二禾，秉持一禾。"胡氏云："秉之义，引申为握权。是握一团体之权，谓之秉；握众团体之权，谓之兼。"[40]又云："谦，教民稼穑之事也。谦，从言，教之也。从兼声，稼穑之事也。谦训敬者，敬其事也。古者田猎耕种，多以车行，人君教民稼穑，当乘车也。故《杂卦传》曰：'谦轻。'《说文》：'轻，轻车也。'教民稼穑，乘车涉川而行，故轻车，轻而便利也。又《系辞》：'谦，德之柄也。'言握稼穑之柄也。"[41]是胡氏根据《说文》从言兼声，引申出谦为教民稼穑之事，与前人对谦的训释根本不同。

又如剥，《说文》："剥，裂也。"《杂卦传》："剥，烂也。"胡氏谓"剥，盖居处庐及安身之床，皆裂烂也。古者穴居野处，土溃而倾，谓之裂。床为水浸坏，谓之烂。民众居住庐及安身之床，既皆裂烂，君主谋为处理之。"[42]是剥卦讲遭遇水灾，庐舍剥毁之事。

又如复，《说文》："复，往来也。从彳，复声。"胡氏引申之谓："复，行故道也。中国民族由高原东下，今困水灾，西边高处，为行故道，即《杂卦传》：'复，反也。'复，盖水灾剥庐之后，迁徙民众之事也。"[43]

又大过，《说文》："过，度也。"又："度，法制也。从又，庶省声。"又："庶，屋下聚也。"胡氏据《说文》过、度、庶三字之本义，辗转引申之，谓"过者，建筑房屋之法度也。大过，易穴居为交覆深屋，其变更大，故曰大过。"

胡氏《周易古史观》释卦名义，皆从《说文》所解字之本义出发，除乾坤既未济外胡氏说《易》惟以古史，汉宋易家之象数说、图书说、义理说，一概不取。但是，汉宋易家如郑玄、虞翻、王弼、孔颖达、程颐、朱熹等人之有关《易》文训诂，其有助于胡氏古史说者，则一概采用。几乎每卦都有引用。如于乾象传："大哉乾元，万物资始，乃统天。"引郑玄解："资，取也。统，本也。"于坤六二："直方大，不习无不利。"引王弼："任其自然，而物自生，不假修营而功自成，故不习无不利。"[44]于颐六二："颠颐，拂经于丘颐，征凶。"引王肃云："拂，达也。经，常也。丘，小山也。"[45]于离大象："明两作，离。大人以继明照于四方。"引王弼云："继，谓不绝也。明照相继不绝旷也。"于恒上六："振恒，凶。"引郑玄云："振，摇落也。"[46]于晋卦辞："康侯，用锡马蕃庶，昼日三接。"引马融云："康，安也。"引郑玄云："康，尊也。"引程颐云："康侯，治安之侯。"[47]于家人大象："风自火出，家人。"引张载云："家道之始，始于饮食，故曰风自火出。"[48]于夬卦辞"扬于王庭"，引孔颖达云："王庭，是百官所在之处。以君子决小人，故可以显然发扬决断其事于王者之庭，示公正而无私隐也。"[49]于夬大象"泽上于天，夬。"引陆绩云："水气上天，决降成雨，故曰夬。"[50]于井九三"井渫不食"，引荀爽云："渫，去秽清洁之义也。"引向秀云："渫者，治去沈浊也。"[51]于震六二"震来历，亿丧贝。"引虞翻云："亿，惜辞也。"引干宝云："亿，叹辞。"[52]于渐六二："鸿渐于磐，饮食衎衎，吉。"引朱熹云："衎衎，和乐之意。"[53]于渐上九："鸿渐于陆。"引江永云："陆当作阿，大陆曰阿。九五言陵，上九宜为阿。"[54]于归妹大象:"泽上有雷,归妹。君子以永终知敝。"引崔氏云:"始则凶,终则无攸利,故君子以永终知敝为戒也。"[55]于归妹九四:"归妹愆期,迟归有时。"时,谓王念孙读待。[56]于丰六二"丰其蔀",引刘牧云:"蔀,蔽也。"[57]于旅九四"得其资斧",《子夏传》资作齐,引应劭云:"齐,利也。"[58]于涣九二:"涣奔其机,悔亡。"引易顺豫云:"奔当为贲。涣贲连语,犹文饰之。"又引王弼云:"机,承物者也。"[59]于节大象"泽上有水节",引侯果云:"泽上有水,以防堤为节。"又引兰庭瑞云:"泽上有水,不虚不溢,当其分,故谓之节。"[60]于中孚九二:"我有好爵,吾与而靡之",引孟喜云:"靡,共也。"于既济六四:"繻有衣袽,终日戒。"引虞翻云:"袽,敝衣也。"于九五:"东邻杀牛,不如西邻之禴祭,实受其福。"引王弼云:"牛,祭之盛者也。禴,祭之薄者也。"

以上所征引,胡氏皆云:"此说可用。"所谓"可用",其条件显然有二:一有利于以古史说《易》,一是文字训诂,不涉象数、图书、哲理。

或依《说文》求《易》文本义,或引前人《易》文训诂,根据用意在于运用文字学方法完成以古史说《易》的总目标。

四　站在古史的立场看《易传》

胡氏《周易古史观》,站在古史的立场解说六十四卦,把六十四卦说成记事的史书,最大的理论障碍是《易传》。《易传》是解释《易经》的,向来人们认为《易传》哲理性很强,可谓一部哲学著作。胡氏为了建立《周易》古史体系,不得不把《周易》经传统统说成古史。具体说,有以下几点:

1. 连接卦辞、爻辞、彖传、象传为一体,统统站在古史立场加以解说。卦辞、爻辞是古史,解释卦辞、爻辞的彖传、象传也是古史。

2. 胡氏书每讲一卦,都从《序卦》开头,这一点很像程颐《易传》,而用意有不同。程颐从《序卦》讲义理,胡氏从《序卦》讲史。例如谦卦,二书都引《序卦》"有大者不可以盈,故受之以谦。"理解不大一样。程颐着眼在"其有既大,不可至于盈满,必在谦损,故大有之后,受之以谦也。"[61]强调谦卦之义在于以崇高之德,而处卑之下。胡氏书不言谦以崇高处卑下之义,而强调谦是教民稼穑之事,云:"有大者不可以盈者,言人民归以后可谓有大,然不可以一己之生活满足而已无事。故曰不可以盈,而必谋人民之生活满足,故受之以谦焉。"[62]以为谦不是德不是义,而是史是事。

3.《彖传》由天道推及人事,解释卦名卦义。胡氏则直接讲成人事,字字句句落实到史上。例如刚与柔,本有适应于各卦之普遍含义,而胡氏认为辞虽同而义因卦而异。《彖传》讲柔与刚,胡氏书于各卦释义不同。在剥卦说:"柔是水,刚是床与庐。"[63]在姤卦说:"柔,女。刚,男也。"[64]在鼎卦说:"柔谓火,刚谓所烹饪之物。"[65]在旅卦说:"柔,羁旅中之众人。刚,羁旅中之首领。"[66]在涣卦说:"刚,殷与其他诸国之宗子。柔,殷与其他诸国之族人。"[67]在节卦说:"刚,礼之质。柔,礼之文。"[68]

在小过说:"柔谓民,刚谓君。"[69]在既济说:"柔谓臣,刚谓君。"[70]在升卦说:"柔谓民众,刚谓武王。"[71]

《象传》往往讲当位不当位的问题。胡氏书谓位是人之位,不是爻之位。如渐卦《象传》言"进得位,往有功也;进以正,可以正邦也"。胡氏书说:"位,男女之谓。正,正男女之位。"[72]又如既济《象传》言"刚柔正而位当也"。胡氏书说"刚谓君,柔谓臣。君臣各正职守而当位也"。[73]

4. 大象句式很规范,上句讲一卦之象决定一卦之名义,属于天道。下句讲人应当根据此卦之象之义注意什么和怎样注意。胡氏书则把上句下句都讲成具体的史实。例如大畜大象:"天在山中,大畜。君子以多识前言往行,以畜其德。"胡氏书说,"天在山中"者,讲"深山之中,四围皆山,天在其中",是人们田猎的好地方。"前言往行"者,讲的是过去田猎之言语和行事,即关于田猎的知识。君子关于田猎的知识比一般民众的多。"以畜其德者",德是得,田猎所获得之禽兽,带回来加以畜养。至于大象中言及君子小人,胡氏书也不认为是道德意义上的。如遯卦大象:"天下有山,遯。君子以远小人,不恶而严。"胡氏书说,"遯之迁徙,当是逾垣远墙窃马牛之小人而迁徙也"[74],谓小人是不过正当生活的寇盗之辈。又如明夷大象:"明入地中,明夷。君子以莅众,用晦而明。"胡氏书说,"君子谓文王"[75]。蹇卦大象:"山上有水,蹇。君子以反身修德。"胡氏书说,"君子,谓服从文王之诸侯,如虞、芮之君"[76]。姤卦大象:"天下有风,姤。后以施命诰四方。"胡氏书说,"后,继休君,谓武王也"[77]。萃卦大象:"泽上于地,萃。君子以除戎器,戒不虞。"胡氏书说,"君子,谓宗子"[78]。困卦大象:"泽无水,困。君子以致命遂志。"胡氏书说,"君子,谓率领民众之主帅"[79]。井卦大象:"木上有水,井。君子以劳民劝相。"胡氏书说,"君子谓治民之官"[80]。震卦大象:"洊雷震。君子以恐惧修省。"胡氏书说,"君子,谓主祭之长子"[81]。涣卦大象:"风行水上,涣。先王以亨于帝立庙。"胡氏书说:"称先王,以文武之命行之也"[82]。剥卦大象:"山附于地,剥。上以厚下安宅。"胡氏书说,"上,君主;下,民众"[83]。又大过大象:"泽灭木,大过。君子以独立不惧。遯世无闷。"这"遯世无闷"句,《老子》也言及,大家都知道是什么意思。而胡氏书却大反常说,谓"遯,遁之借字。遁、循同训。《说文》:'遁,顺行也。'遁亦可训为顺。世,大之借字(世子称大子,大读太,泰之本字)。泰,安也。闷,忧也。循顺安泰而不忧也。此言君子改革居处之态度也"[84]。

5. 《杂卦》向称难读,胡氏书配合《序卦》,一并从古史角度讲解,使《杂卦》也成为史书。如《杂卦》"屯见而不失其居",胡氏书说,"动物中之人类,居人类之所,而不凌乱,即不失其居也"[85]。又如《杂卦》"蒙难而著",胡氏书谓"由杂居而定居也","俗称土著,即此意也"[86]。又如《杂卦》"需,不进也。"胡氏书谓"耕种生活,居处固定,不必再进而别求水草之处如游牧生活也"[87]。又如《杂卦》"讼,不亲也。"胡氏书谓"不速之客,虽是窃米而来,要是平日认识之人,至争讼时而不亲矣"[88]。胡氏书于《杂卦》皆如此一一作解,一字一句都落到实处。此不赘引。

6.《系辞》讲哲理讲得多，卦爻、象数也讲的不少，对胡氏的古史说不利，故胡氏书涉及甚微。《说卦》讲卦象与义理处很多，显然无助于古史说，故胡氏也很少提到。

五 我看《周易古史观》

20世纪以来，出现《周易》古史派。第一部把《周易》作为史书解读的著作，是1986年由上海古籍出版社印行的胡朴安《周易古史观》。《周易古史观》的特点，概言之有三：一、所说《周易》是古史，充其量是一部社会发展史。二、经传为一体，既认定经是古史，必证明传也是古史。三、用文字训诂取代卦爻象。这三个特点，其实是胡氏欲把《周易》讲成古史所必须面对的三个问题。这三个问题，至少不能说胡氏已经解决。

第一个问题，说《周易》六十四卦是记事的史书，应当从史中找到"时"的痕迹。胡氏书没有找到。只是说穴居野处、田猎游牧、定居农耕、饮食迁徙、争讼战争等等逻辑上的先后次序，不免流于泛论，极似社会发展史。即使下经所谓自殷末至周成王时的历史，也只是逻辑次序，没有时间先后，同样很难说是史。近年有人著书说卦中之九，是九天卜筮一次，六是六天卜筮一次。《周易》六十四卦是周文王受命七年（公元前1058年）五月丁未至周公摄政三年（公元前1050年）四月丙午共2880天的编年日记体筮占记录。视胡氏书前进一步，但是更难置信。说古人九天卜筮一次，六天卜筮一次，有什么根据，九天、六天有什么区别，为什么不五天、十天卜筮一次。说《周易》中有史的内容，可以理解。若说作《易》者本意就是要作史，不是为了阐发哲学道理，我仍然不悟。至少胡氏书未能说服我。

第二个问题，把《易传》说成记事之史或有史的意味，实难自圆其说。说《序卦》有史的意味（也是社会发展史），尚可接受。《彖传》与大象，分明讲卦爻象，由卦爻象讲到人间伦理道德。一定要说它是平铺直叙据事讲史，岂非强词夺理！至于《系辞》、《说卦》、《杂卦》，只能说是讲义理讲卦爻象的。不过，胡氏书视经传为一体，不把经传分开讲，我认为正确。

第三个问题，以为《周易》是记事史书，把注意力全用在文字训诂上，不讲卦爻象，与《周易》实情难副。胡氏既然承认《易传》可信，但又简单抛开《系辞》、《说卦》、大象所反复讲的卦象、爻象不顾，终究不能算古史说已成立。想把《周易》以象表意这一点否掉，尚须做的工作实在太多太难。

尽管胡氏《周易古史观》的古史说我目前不能接受，但是胡氏献身学术，刻苦钻研，开拓创新，独立思考的精神，将成为我终生追求的目标。《周易古史观》是20世纪《周易》古史派的代表作，固然它有问题尚须继续研究，然而仍然必须承认它是本世纪《周易》研究领域的一块丰碑。

注释:

[1]闻一多:《周易义证类纂》,《民国丛书》第三编《闻一多全集》,上海书店据开明书店1948年版影印,第5页。

[2]胡朴安:《周易古史观》自序二引,上海古籍出版社1986年。以下凡引胡朴安《周易古史观》者,简称胡书。

[3][11][12][13][14][15][18][25][26][27][28][29][30][32][33]胡书第12、65、264、111、264、266、1、73、143、160、215、215、7、169、173页。

[4]王弼:《周易略例·明卦适变通爻》,《王弼集校释》下册,中华书局1980年,第604页。

[5]程颐:《易传序》,《二程集》第3册,中华书局1981年,第689页。

[6]《王弼集校释》下册,第272页。

[7][8][10][61]《二程集》第3册,第749、775、773页。

[9]《王弼集校释》上册,第295页。

[16][17][19][20][31]胡书之《总说》部分第7、1、3、3、5页。

[21][22][23][24]胡书之《总说》部分第3—4页。

[34]胡书《自序一》第7页。

[35]胡书《附录》第278页。

[36][37][38][39][40][41][42][43][44][45][46][47][48][49][50][51][52][53][54][55][56][57][58][59][60][62][63][64][65][66][67][68][69][70][71][72][73][74][75][76][77][78][79][80][81][82][83][84][85][86][87][88]胡书第10、10、20、36—37、63、60、99、102、7、117、141、150、161、185、186、208、221、229、231、233、235、238、243、254、258、64、99、190、215、241、253、257、265、269、198、228、269、147、156、170、190、194、202、20、207、220、100、120、10、15、20、26页。

(原刊《国际易学研究》第六辑,2000年)

《易辞新诠》序

台湾资深哲学教授、著名易学家程石泉先生一辈子研《易》不懈，近10年写成并出版《易学新探》（1989）、《易辞新诠》（1995）、《易学新论》（1996）三部易书。最近，台湾文景书局汇为"程氏易学三书"重新出版。上海古籍出版社为促进海峡两岸文化交流，择《易辞新诠》和《易学新论》两书部分章节并为一书出版，书名取《易辞新诠》。

1997年初夏，程先生自美国加州寓所来函谈《易》。我此前读过程先生文章，久闻程先生大名，当即回应。从此常有书信往还，久之乃成未曾谋面的忘年《易》友。

我与程先生的友谊，有几个因素促成。在易学上有共同语言，当然是主要的。还因为程先生1909年出生，长我二十几岁，1929年在南京中央大学哲学系毕业，1936年在南京组织易学研究会。这样一位老前辈，与之交往，必多受益，在我是求之不得。又，程先生皖南歙人，我祖籍安徽旌德，算得上小同乡。有这份乡情在，人未见面话已说到一起。

我最佩服程先生旅居海外大半生，饱受西洋教育，可人还是中国人，心还是中国心，他热爱中国传统的东西，读他的书，随时会感觉到他对中国的哲学，中国的文化，有一种难以抑制的痴迷之情。程先生1936年去英国牛津大学读书，1938年回国。1949年赴美留学，取得西雅图华盛顿大学哲学博士学位，随即任教于美国匹兹堡大学和宾州大学。1969年到台湾，在台湾大学、台湾师范大学、东海大学任哲学教授。人不在祖国大陆，而心却与祖国大陆相牵系。程先生非常希望自己的易学著作能在大陆出版，他说："石泉行年九十有一，如能见芜作在大陆出版，于愿已足矣。"这令我深受感动。

我佩服程先生治《易》不迷信前哲，不苟同时贤，一切经由自己思考，审慎做结论的独立精神。程先生于《易》的一系列问题分析精粹，见解独到，它使我思路开发，眼界拓宽，引我易学识见，向前进一步。

在易学的许多重要问题上程先生的见解与众不同。第一，关于《易》与孔子的关系。程先生认定"十翼"不尽是孔子作，但是孔子晚年确实喜《易》，有"韦编三绝"之事。《系辞传》、《文言传》称"子曰"之处是征引孔子的话；未称"子曰"之处，其思想往往与孔子相悖，未必是孔子之语。这与很多学者不同。

第二，关于卦爻辞有没有哲学的问题。程先生划分《易》的整个发生发展过程为三大段。最初是"通神明之德，类万物之情"。非为卜筮而作。至夏商周三代，《易》

被用作卜筮。至孔子赞《易》，《易》成为哲学之书。但是程先生不认为孔子诠释前的卦爻辞没有哲学含义。程先生说，六十四卦所言者，乃宇宙创化及人事演变的各种事态之演变也。乾指时间，坤指空间。六十四卦乃乾坤之结合也。显然，程先生认为六十四卦及其卦爻辞不待孔子"赞"，原本有哲学内容。

第三，关于给《易》书定性的问题。《易》是一部什么书，程先生肯定说《易经》是三代以来唯一汇集民族智慧之哲学著作。其形上之理约而言之可自三方面看：（一）确认乾坤创化之生生不已、新新不停；（二）由结绳网罟而入于文明法治，其要在能"观象成器"，"使民宜之"，"穷变通久"，"使民不倦"；（三）人文之本，植根于道德仁义，所谓"成性存存，道义之门"者也。此一形上之学涉及天地人三才之道，乃人居天地之中，创发事业之所本。细言之，可划为十玄之门：（一）乾坤成列；（二）生生谓易；（三）新新不停；（四）旁通时行；（五）二五得中；（六）三才之道；（七）成性存仁；（八）化成天下；（九）穷通变久；（十）保合太和。此十玄之门纵通横通，形成一通体圆融之体系，每举任何一玄，余九玄即预含其中。要言之，十玄之门，其实一也：人类与天地自然相互参与。人类之哲学智慧、价值观念、文化积累，由此而生。《易》是哲学著作，中国儒家的形上学表现在《易》里，不在"四书"。

第四，关于诠释卦爻辞的途径问题，程先生的看法和做法，最具特色。孔子在《系辞传》里用"古之遗言"，发挥自己的认识，诠释某些卦爻辞，不用训诂、考据、象数的方法。程先生原则上走孔子的途径，象数、图书一概不取。程先生穷年累月反复玩索，深感卦爻辞虽不能定谁人所作，但肯定与文王因于羑里七年有关．认为文王被囚，殷纣亡国，周朝嗣兴之历史事实，当是诠释卦爻辞的另一途径。这一本《易辞新诠》就"新"在这里。如此，则卦爻辞中的危辞、隐语及艰深、晦涩、吊诡之语句，便豁然可解。但是程先生与古史派易学不同，古史派学者把《易》视作历史书，演绎章学诚"六经皆史"的观点，而程先生视《易》为形之上之哲学著作。六十四卦三百八十四爻虽直接记文王因于羑里七年之史事，而蕴含却是形上之学。

第五，关于易学史上的一些问题。程先生在这一方面最具批判精神。既言"十翼"非尽孔子之作，又说《象传》只是重复卦爻辞所已言，了无新意。《说卦》、《序卦》、《杂卦》不过是用《易》者随身携带以备忘的参考资料。《说卦传》内容驳杂，可能与《易》的本义无关。他如"象数之学"或"图书之学"，皆后世学人所杜撰，根本与《周易》卦爻辞无关。《左传》、《国语》记载筮史征引《易》辞者约20余事，大多是借题发挥，以遂己意，此可用以佐证春秋筮例，其目的不在解释易辞者也。汉之象数《易》、宋之图书《易》，亦都在程先生扫荡之列。认为它们不仅与卦爻辞无关，与《系辞传》中孔子之言亦不相关涉，一派杂乱无章，荒诞不经。王弼扫象谈《易》，虽有廓清汉儒拘泥《易》象之功，但不能阐发《易》创化生生之大义，流为玄空之谈。周敦颐《太极图说》于"太极"之上妄加"无极"。程颐《易传》除拾取《系辞传》、《文言传》文字外，就一卦一爻之辞，务为揣测想象之谈，而归于修心、养性、道德、人伦，实开宋以来易学晦涩之先路。朱熹直认"《易》为卜筮之书"，津津于恢复古《易》

成卦与卜筮之法。纵观宋儒所务性命理气之学及先天后天、天理人欲、虚静材情之辩，但见其门户森严，意气用事，智慧去孔孟老庄远甚。且又志大言夸，喜谈"圣贤气象"，有如矫情饰非之乡愿者流。欧阳修作《易童子问》，并非无可嘉许之处，如论"十翼"非孔子作等。但持论偏颇，说理不精，以至引发疑窦，贻误后学。尤其自民初以来，疑古及考据之风步欧阳修后尘而起，影响民族思想文化之发展甚大甚深。近几十年来，台湾学界，考据风盛，有人从事于《易经》之版本、章句、校勘训诂，有人以《易》八卦图式比附龟甲灼兆之方位，有人坚持朱熹"《易》为卜筮之书"以卜命运，有人急求经世致用，以"《易》以道阴阳"比附医学、军事、音乐、地理、星相。凡此种种其用意虽可嘉，但大多流于形而下傅会之说，于形而上之哲学相去何止千里。学《易》而不得见其形上之理，且斤斤于以之比附西方科技以自豪，此项出诸"古已有之"自我陶醉之心理，殊为可悯。就医学而言，若只建立在阴阳五行相互关系过分简单之理论基础之上，而无生理及药理之实验证明，惟凭空泛的想象，设计中医学的发展，亦复可悲。

第六，关于《易经》中某些较具体问题的看法。自宋易学家开始，《易》中以阴代表小人，阳代表君子。或者以阳代表天理，阴代表人欲。程先生谓此皆属无稽之谈，非《周易》经传所含之本义也。《易》重生生，而乾坤乃《易》之蕴也。阴阳交配，男女化生。乾坤婚媾，万物化生。是故阴所求者阳也，阳所求者阴也。《易》无定例，阴可为君子，如坤之六五。而阳未必为君子也。诚如《系辞传》有谓："易之为道也屡迁，变动不居，周流六虚。上下无常，刚柔相易，不可为典要，唯变所适。"

总之，程先生《易》学，独识通裁，融会贯通，自成体系。不计较象数，不理睬图书，不留意训诂，甚至义理方法也在所不顾. 既认定《周易》是蕴含形上之理的哲学著作，又主张藉文王囚羑里的史实诠释卦爻辞。程先生易学，象数派、图书派、训诂派、古史派都不是，严格地说，也不属于义理派，程先生易学就是程先生易学，它有自己的个性，这一点至为珍贵，我投它的赞成票。程先生敢于批评朱熹易学，敢于对易学疑古风、考据风表示疑义，尤令我心折。只有否定"十翼"孔子作和批评程颐《易传》两点，似可从长计议。我愿意把程先生的《易》著推荐给上海古籍出版社出版，并乐为之序。

儒学与中国传统文化之新世纪展望

中国文化源远流长，从尧舜时代算起，至少有4500年的历史没有中断过。春秋末期，孔子创立儒家学派，至今又有2500年。孔子是2500年儒学和4500年中国传统文化的标识。新世纪里，国家统一、经济强盛的中国，其文化必然成为世界多元文化中举足轻重的一元。未来的中国文化，应当是传统文化和外来文化融合而形成的一种综合文化。它的主体是传统文化，传统文化的基础是儒学。儒学的标识是孔子。孔子学说具有超时空的意义，振兴中国传统文化，最可行的路径是振兴孔子学说。

一　中国传统文化始于尧舜

中国文化史开始于何时呢？这个问题其实孔子早已解决了。孔子是个全才，是思想家也是历史学家。孔子把中国文化史断在尧舜时代。司马迁说："学者多称五帝，尚矣。然《尚书》独载尧以来，百家言黄帝，其文不雅驯，荐绅先生难言之。"（司马迁《史记·五帝本纪》）孔子编次《尚书》，第一篇是《尧典》，不收尧以前。《礼记·礼运》记孔子讲述原始社会到文明社会的历史，讲到"选贤与能，各子其子"的小康社会时，却讲到禹汤文武成王周公六位代表人物。那么，不言而喻，"天下为公"那段历史的代表人物必是尧舜了。孔子不讲尧舜以前的历史，是因为他认为尧舜以前的历史讲不清楚。《周易·系辞下》言及中国文化起源时是从伏羲、神农、黄帝讲起的，显然与孔子的看法不符合，很可能是孔子以后的什么人抄写时窜入的。

还有一个伏羲作八卦的问题。《系辞传》说八卦伏羲作。以后许多古书以至今日研究《周易》的人，都毫不怀疑这一说法。我则不相信。八卦代表天地山泽水火雷风等八种自然物。而自然之天的天概念到尧舜时代有了以日月运行为主的历法时才可能出现。据说孔子作《春秋》是"祖述尧舜，宪章文武，上律天时，下袭水土"（《礼记·中庸》）的。意谓孔子讲历史从尧舜讲起，效法文王武王。上边记载年时月日（天时），下边因袭诸夏各国之事（水土）。这件事有两方面的意义。第一，表明孔子是讲尧舜之道的，尧舜之前不讲。第二，孔子关于年时月日的天时概念是从尧舜那里得到的。可知反映"自然之天"的"天"概念的"乾"，不会早于尧舜产生。

中国传统文化从尧舜时代开始。它包括哪些内容呢？包括宗教的、哲学的和政治的三方面。

中国的宗教，在母系氏族时代处在原始宗教阶段。这一阶段宗教表现为图腾主义、万物有灵及自然崇拜，大体到颛顼为止。颛顼及其以后进入父系氏族时期，父系氏族时期起始于尧舜之前，而一些显著特征至尧舜时表现出来。中国父系氏族时期的宗教有三项内容：一宗庙，二社稷，三郊天。三项内容都与祭祀有关，都与父系家庭和国家的孕育有关。

关于宗庙。宗庙是祖先崇拜的产物。它是象征性的东西，象征一个有血缘关系的家庭之祖先。祖先已死去，真正起作用的是代表祖先统制一个家庭的宗庙主即主祭的人。宗庙主等于祖先的继续存在。古代天子或诸侯决定大事，都要在庙堂之上，意谓他是代表祖先办事的。宗庙祭祀只在天子诸侯卿大夫中进行，显然与国家政治活动相联系。普通百姓没有宗庙和宗庙祭祀。

宗庙产生于尧舜时期，直到清代。它总是按左祖右社的原则建设。这在现存的沈阳故宫和北京故宫看的极清楚。

关于社稷。社稷是地方神，在宗庙之后产生。《论语·八佾》记哀公问社于宰我，宰我对曰："夏后氏以松，殷人以柏，周人以栗。"《淮南子·齐俗训》在提到夏后以松、殷人以柏、周人以栗之外，提到"有虞氏以土"。这说明社产生在虞舜时代，以后夏商周三代都有社稷。

社稷是土神和谷神，实际是一个地方之神。一地方之神，保佑一地方之土，所以诸侯国君代表国家祭祀社稷，也称社稷主。诸侯率领臣民抵御外侮，保卫国家，叫做"卫社稷"。诸侯为保卫国家而献身，叫做"死社稷"。国家灭亡，叫做"社稷不血食"。天子也有社稷，因为天子另有更高的郊天，所以社稷显得不重要。

关于郊天。郊天就是祭祀天。周祭祀天的地点在城南郊，所以叫郊天，有时也单称郊。据文献记载，郊天始于尧舜时代。郊天为什么产生在尧时，与当时的历法变革有关。在尧以前，重黎为火正。火正司天，使用火历。火历即观察大火（二十八宿之心宿二）的变化，以确定春秋季节。一年四季只知春秋，不知冬夏。年时月日全然不知道，干支概念也没有。真正是糊里糊涂度春秋。《尚书·洪范》说："庶民惟星"，所言是尧时情况。尧之前，所有的人都是看星星过日子。日月的事情当然不能不知道，但是不了解。

到了尧时，羲和当天官时，情况发生根本变化。据《尚书·尧典》，羲和实行太阳历，办法是"历象日月星辰"。日月成了天象的主角，代替了大火的地位。干支的概念同时产生。这样，尧时在人们的头脑中展现了一个以太阳为中心的自然之天的广阔世界。苍苍茫茫的自然之天成为至高无上的自然力。它是人们伟大无比的崇拜物件，实际上具有超自然力。《论语·泰伯》说："唯天为大，唯尧则之。"《尚书·皋陶谟》说："天工人其代之。"这两句话反映天是最伟大的，只有尧能够则天。人是代天行事的。自然的天成了超自然的天。人之所为是代天行事。能够代天行事的人是国家最高领导人。这人成为天的儿子，称为天子。从尧开始，直至三代国家领导人都是天子。郊天是天子权力的象征。从此，中国人把得到全国政权叫做有天下。尧时天子还有"敬授人时"的事情，即天子把一年当中按年时月日的活动安排发给全天下照办。这事发展下去就是朔政制度。谁掌握朔政，谁就有天下。

产生于父系氏族社会的宗庙、社稷、郊天是中国古代的宗教。这种宗教都采取祭祀的形式。宗庙与父系氏族及家族关系密切相关。社稷、郊天则是天子、诸侯两级政权并存的反映。中国古代宗教一开始就具有国家宗教的性质，与外国的基督教、佛教、伊斯兰教不同。外国的宗教重信仰，靠发展教徒扩大影响；中国古代的宗教重教化，用神道设教[1]的办法影响民众。扩大影响的途径在家庭和国家政权中。

中国古代的宗教同国家政权紧密结合在一起。有所谓"国之大事，在祀与戎"（《左传·成公十三年》）的说法。说国家大事有两件，一是祀，二是戎。戎是养兵打仗，当然是国家大事。祀是祭祀，即宗庙、社稷、郊天等宗教活动。宗教活动被定在国家大事的位置上。中国宗教没有教会，国家政权直接执掌宗教活动。

中国古代的哲学，也萌发于尧舜时代。从文献记载看，不会比这更早或更晚。中国最早的哲学要到孔子和儒家承传的六经中寻找。孔子编次整理六经成书，但孔子自称"述而不作"，他整理编纂的六经，是古人积累的东西，不是孔子个人的著作。[2]萌发于尧舜时代的中国最古老哲学蕴藏在六经之中。《礼》、《乐》、《诗》、《春秋》产生较晚，《尚书》、《周易》偏早。《尚书·虞夏书》数篇记载尧舜禹事。《周易》卦爻辞虽作于商周之际，但是八卦是在尧舜时就产生了的。方东美先生说中国哲学的源头在《尚书》、《周易》，实在是高见。方先生附带批评了胡适研究中国哲学史竟无能力读古书，说什么《尚书》不是历史是神话，把中国古史斩头去尾，缩短时间。这批评大快吾心。其实持疑古派主张研究中国历史和哲学的人，多着呢，胡适不过是代表人物之一。方先生说胡适一类的浅薄学者，只知大胆假设，不知小心求证。"可见在学问上要害人，方法很多，一方面自己浅薄，二方面有书不看而瞎说。"[3]方先生的批评可谓一针见血，切中要害。方先生早已走出疑古时代。这一点，对于搞古代历史、古代哲学来说，至关重要。若照着古史古书皆不可信的疑古观点搞古代哲学，是永远搞不出头绪的。

《尚书》中最有深义的是周书的《洪范》篇。《洪范》篇是商遗臣箕子向周武王陈述的治国大法。所谓"九畴"无异于一部系统、完整的，具有高度理论水平的政治哲学著作。据箕子说，这是自尧舜以来相传的施政纲领，不是他的发明，也不是商代的东西。它是自大禹传下来的，到箕子时已有千余年历史。《尚书》里属于尧舜禹时代具有哲学含义的东西，还有《尧典》、《皋陶谟》等。而以周书之《洪范》篇最为典型。《洪范》讲治理国家的九畴。其中以第五畴"皇极"最具哲学意味，也最难理解。

"皇极"，古今罕有讲明白的。我看方东美先生讲的最为透彻。他从本义到引申义，从宗教到政治到哲学，上下贯穿，左右融汇，旁搜博引，展转论证，把一个"皇极"彻底弄明白了。这没有相当深厚的文献底蕴，办不到；没有一个深沉的哲学头脑，办不到；于中国古代历史了解不深，办不到。方先生不愧是哲学大师、国学大师。

汉儒和宋儒把"皇极"释作"大中"。大中的含义，《汉书·谷永传》"建大中以承天心"和《左传》"民受天地之中以生"（《左传·成公十三年》）以及《论语·尧曰》

"允执其中"，三句话就是重要的解释。"中"又是什么呢？据《洪范》"皇极"以下有"无偏无党，无偏无陂"的话看，这"中"显然是道德精神上的所谓"正义原则"。又据下文有"惟辟作福，惟辟作威，惟辟玉食"[4]的话看，"皇极"还含有"民本主义"的意义。

从正面看，"大中"（皇极）有道德意义（正义原则），也有政治意义（民本主义）。这都是世俗层面的事情，比较容易理会。问题是"大中"它还有宗教的层面。大中（皇极）其实是一个象征式的符号，依方先生意见，这个符号转换成本体论的体系和价值论的体系，使它代表本体论上真相的标准和价值标准。然后再转换成为另一个世界——行为的世界和生命的世界。这样一来，不仅形成普通的哲学，还形成了特殊的道德哲学和美感哲学。这样，从尧舜禹到西周，从西周到春秋这一段，即诸子百家出现之前。中国宗教的、哲学的、伦理的等各方面集中到一个符号——"皇极"上。"皇极"展开来，就是西周时代的道德理想、艺术理念和哲学的推论，推衍下去就形成了早期儒家、早期道家和早期墨家的思想体系。这就是中国传统文化的根源。

所以我认为唐宋人讲的道统说，不可简单地否定。但须指明三点：第一，道统不是儒家的道统，而是整个中国传统文化的道统。第二，道统的内容是《论语·尧曰》讲的"允执其中"，亦即《洪范》里讲的"皇极"，任何其他说法都不对。第三，道统必须有代表人物做为标识（禹汤文武周公孔子）。下文将详谈。

《尚书·洪范》讲的"皇极"与《论语·尧曰》讲的"允执其中"是一个意思。关于"中"的哲学，在儒家传承的另一部经书——《周易》中有更深刻更全面的表现。《周易》和《尚书》所反映的中国古代哲学思想是一致的。但两书是两个系统，各有特点。《庄子·天下篇》说"书以道事"，"易以道阴阳"。《史记》也说"书以道事"，"易以道化"（《史记·太史公自序》）。"道事"是说《尚书》是记事的，亦即讲历史。"道阴阳"、"道化"，是说《周易》是讲变化的。《史记》还说"《春秋》推见至隐，《易》本隐以之显。"（《史记·司马相如传》）《周易》和《春秋》对比，《周易》的特点是让人先看到的是象，象里隐藏着理。理由隐处达到明处。《春秋》则让人先看到辞，然后由明显的辞里发现隐藏的微言大义。

这就说明，古代最聪明的哲学家庄子和最深刻的历史学家司马迁都视《周易》是一部讲变化讲哲学的书。讲变化就是讲时间。其他古代思想大家也都说《周易》是讲变化的书。《易·系辞传》说："穷则变，变则通，通则久。"郑玄《易赞》与《易论》云："易一名而含三义：易简一也，变易二也，不易三也。"[5]王弼说："卦者时也，爻者适时之变者也。"孔颖达《周易正义》云："易者变化之总名，改换之殊称。"[6]程颐说"易变易也，随时变易以从道也。"[7]看《周易》这书的实际内容，知古人的认识是正确的。

《周易》这书包括三层内容。第一层，卦画符号系统，亦即《易传》所说的"象"。八卦和六十四卦三百八十四爻是也。这符号系统产生于尧舜时代。有人说它没有哲学，因为它没有概念和命题。我说有哲学。符号就是"象"，"象"是表意的，不表意，"象"也就不必要存在。八卦六十四卦由阴阳两种符号组成，阴阳怎能说没有哲学意义！六十四卦的排序更有一定意义。《连山》首艮，《归藏》首坤，《周易》首乾，各反映一定的时代精神。《归藏》是殷易，殷代重母统，故《归藏》首坤次乾。周代重父统，故《周易》首乾次坤。六十四卦排序本身就有哲学意义。

《周易》的第二层内容是给卦画符号填上相应的语言文字，即卦名、卦辞和爻辞。有人说卦爻辞是古代筮人使用过的筮辞，它没有哲学意义。这当然不对。如果说卦爻辞只是筮辞，没有思想含义，那么《系辞传》讲"八卦成列，象在其中矣，因而重之，爻在其中矣，刚柔相推，变在其中矣"，然后"系辞焉而命之，动在其中矣"。又讲"圣人立象以尽意，设卦以尽情伪，系辞以尽其言"，多次言为卦爻系辞的意义，就成为无的放矢的空言了。又，有的卦爻辞哲学含义是明摆着的，例如乾九三"君子终日乾乾夕惕若厉无咎"，明言"君子"如何如何，下文所言乃一道德涵义无疑。帛书《易传》上孔子讲这条辞，突出一个"时"字。谓动静作息依时而行，时当动则动，时当静则静，方可无咎。孔颖达则以为白天自强不息地干，到晚上仍自强不息地干，方可无咎。把重点放在忧患意识上，也不是无道理。但是帛书《易传》的解释以君子务时为重点更切中肯綮。两种说法，前提都是认定卦爻辞有哲学意义。

《周易》的第三层内容是《易传》。《易传》和《易经》的关系问题，须弄清楚。目前，两岸流行的意见，强调《周易》经与传是两个时代的作品，是内容不同的两部书。《易传》是哲学著作，《易经》不是。其实，《传》因《经》而生，《经》因《传》而明。从汉费直魏王弼以来，已把《经》《传》合成一部书。人们已形成一定的观念：一提起《周易》，就自然包括经与传两部分。引书引到《易传》，也与引《易经》一样，一概称《易》云云。

儒家哲学承受《尚书》与《周易》两部经书的不同影响。《尚书》着重在古代文化中，暗示永恒的一面，注重传统，倾向保守。《周易》注重时间生灭变化中的创造过程。它把宇宙秘密、人生历程展开在时间的变化、发展、创造中。它注重时间，盯住变化，因而它势必追求创造、创新。孔子信而好古，不得不在文化上找一个前进的据点，凭藉之以将其思想展开在时间之流中，向前推进。两种传统的影响，儒家都有，但《周易》的影响是重要的。《尚书》和《周易》两种传统合起来，形成中国传统文化的一个统系。唐宋人把这个统系叫做道统。更早讲道统的人是孟子。儒家视为儒家的道统，其实是整个中国传统文化的道统，由于孔子是道统的传承人，乃被误认为儒家的道统。

孟子说："由尧舜至于汤，五百有余岁，若禹、皋陶则见而知之，若汤则闻而知之。由汤至于文王，五百有余岁。若伊尹、莱朱则见而知之，若文王则闻而知之。由文王至于孔子，五百有余岁。若太公望、散宜生则见而知之，若孔子则闻而知之。由孔子而来至于今，百有余岁，去圣人之世若此其未远也，近圣人之居若此其甚也，然而无有乎尔，则亦无有乎尔。"孟子这话有三点是重要的。第一自尧舜开始，有一个道统存在。第二，道统必有大人物传承。第三，孔子是最重要的传承人。

道统是什么，孟子未明言。但是我们由别处可以推测而知之。道统必与《尚书》、《周易》有关。《尚书·洪范》九畴之第五畴"皇极"，贯穿《周易》全书的"时中"精神，二者是一致的。《论语·尧曰》所记"允执其中"一语，是《尚书》和《周易》二书精神的综合。《尧曰》是《尚书·虞夏书》的残缺不全的遗篇，记载尧舜禹的言行。它有一段话极有意义。它说："咨尔舜，天之历数在尔躬，允执其中，四海困穷，天禄永终。舜亦以命禹。"尧传位给舜，舜传位给禹，都交代了治国平天下的基本经验——"允执其中"。它明确地告知人们，在一切情况下都要千方百计把握"中"的原则。与《洪范》皇极相比，"允执其中"的"中"显然已经不是符号，而是语言文字的直接表达。但是二者意义是一致的。尧舜禹以来道德的、哲学的、政治的最高价值标准都概括在这里，都是决定能否将天之历数永远保住的关键。中国传统文化的基本精神蕴藏在这里，这也就是唐宋人所谓的道统。道统是整个中国传统文化的，不是儒家一家的。

中国传统文化自尧舜时起始，在公元前第三个千年和第二个千年，经历了神权时代，宗教意味很浓。自文武周公起，经历了公元前第一个千年的前半，神权转入德治时代，道德的威权代替了神权。这是文武周公开启的时代。自孔子、老子开始，即春秋末期，产生两大思想体系。孔子开创的儒家，特别承继和发扬了《周易》的哲学精神，从天地说到人，人成为宇宙的主体。宇宙充满创造力，人也承受了宇宙的创造精神。孔子与儒家有守旧的一面，而创新的另一面是主要的，根本的。

孔子、子思、孟子等早期儒家人物对"允执其中"的"中"，有所发挥，形成完备的"中"的哲学。孟子评价孔子为"圣之时者"，实非一般。孔子成为中国传统文化之道统最举足轻重的标识人物。惟其如此，后世多误认道统是儒家的，更有甚者，错将董仲舒的"天不变，道亦不变"视为道统的道。

二　孔子是儒家和中国传统文化的标识

各国文化无不以某位文化名人为标识。中国传统文化的标识人物，无论在中国人自己的眼中，还是在外国人的眼中，都是孔子。这是毫无疑义的。

孔子在古代中国人心目中的地位至高无上。弟子颜渊说："仰之弥高，钻之弥坚，瞻之在前，忽焉在后。"（《论语·子罕》）孟子更说伯夷是圣之清者，伊尹是圣之任者，柳下惠是圣之和者，而孔子是圣之时者，是集大成者（《孟子·万章下》）。"自有生民以来未有孔子也。"（《孟子·公孙丑上》）孔子当时人评价孔子如此。汉代司马迁对孔子的评价就更客观可信。司马迁说"孔子布衣，传十余世，学者宗之。自天子王侯，中国言六艺者折中于孔子，可谓至圣矣"（《史记·孔子世家》）。孟子说孔子作为圣人，比他以前的往圣都更伟大。那些圣人只是偏执一方面，孔子是时者，一切依时为准，可仕则仕，可处则处，宜迟则迟，宜速则速，即所谓时中，正与"允执其中"之义吻合。因道统与孔子关系密切，孔子的东西自汉以后被曲解、扭曲得面目全非，且道统本身自宋以后被人误解为另外的样子,便有人以为"道统"本来子虚乌有。

道统是存在的。它是中国传统文化的道统,后来也是儒家的道统。孔子是道统的重要传人。自尧舜传下来的"允执其中",至孔子扩展、提升为"中"的哲学。孔子的时变思想卓然特立。《论语》说:子在川上曰:"逝者如斯夫,不舍昼夜。"(《论语·子罕》)在西方古代,只有希腊赫拉克里特有变易观。他曾说:一个人不能两次踏入同一条河流,语意与孔子同。这与当代西方自黑格尔起的历代哲学家,包括法国生机论者柏格森以及美国实用哲学家,用时变的观点看世界相同。

在中国早期儒家那里,已经发展为完备的"中"哲学。孔子本人有两点他不但看到而且做到,即"我则异于是,无可无不可"(《论语·微子》)。他对待任何事情要依客观条件的变动为转移,这当然是"中"。另一点,孔子还强调"过犹不及"(《论语·先进》)。事情做过了头,和没做到位一样不好。孔子的"中"哲学到子思的《中庸》又发展一步。《中庸》用喜怒哀乐做比喻,藏而未发,是谓"中";发而皆中节,谓之和。和,也是中。喜怒哀乐发与不发都要适度,中是未发而适度,和是发而适度,未发之中是天下之大本,已发之和是天下之达道。大本者,本体也。达道者,最高之价值也。达到中和地步,则天地位,万物育。人呢? 君子中庸而时中,可以赞天地育万物,达到与天地合一的境界。小人则反是。子思以后,至孟子于"中"更有扩展,在和的问题上强调权的概念。孔子曾说一个人做到"权",最难。"人可与共学,未可与适道。可与适道,未可与立。可与立,未可与权。"(《论语·子罕》)孟子对"权"解释说"执中无权,犹执一也"(《孟子·尽心上》)。"嫂溺援之以手者,权也"(《孟子·离娄上》)。孔孟的中,即原则性,权即灵活性,原则性寓于灵活性之中,原则性总是表现在灵活性上。灵活性最难把握。权,即灵活性,就是子思《中庸》讲的"和"。

权,和,实质都是中。孔子"中"的哲学是自尧舜时继承下来的"允执其中"。亦即中国传统文化和儒家的道统。这道统其实就是孔子思想的一个核心。孔子思想还有另一个核心,即仁。孔子思想的两个核心,亦即孔子哲学智慧之根本之所在。孔子的智慧是超越时代和地域的。在现代世界进入和平发展时期,孔子的智慧更形重要。1988年各国诺贝尔奖得主聚集巴黎,一致同意:"人类如果要在21世纪继续存在发展下去,必须向2500年前,汲取孔子的智慧。"可见孔子的智慧已成为现代人类共同追寻的财富。

可是在中国学术界对孔子智慧至今仍有诸多有待端正的看法。有人对孔子耿耿于怀,咬定孔子是复古主义者,是老保守,不知道孔子是最讲求时变的人。有人以为孔子思想的核心是礼不是仁,不知道仁义是实质,礼是表面形式。有人说中国古代有一门和合学,不恰当地把传统文化和早期儒家的道统即"中"哲学夸大了。有人把董仲舒的"天不变,道亦不变"说成是儒家的道统,进而说中国古代有一种所谓"官文化","官文化"就是儒家文化,甚至宣称"官文化"就是道统。不明白文化是民族的,犹如语言。一个民族,语言是统一不可分的。

"五四"反封建运动,反尊孔读经的浪潮席卷全国。孔子受攻击是因为他在人们心目中是封建文化的代表。这是一个很大的历史误会。孔子思想不是封建社会的产物。孔子仁的思想恰恰以人为本。孔子的言论大多至今仍是真理。"五四"本应打倒董仲舒的儒学和以朱子为代表的宋明理学，但是矛头指向了孔子。因为孔子名气太大，一切坏东西都栽到孔子头上。在随后的数十年中孔子一再遭遇批判，成为过街老鼠，人人喊打。至十年"文革"，孔子更遭遇灭顶之灾。但是奇怪得很，孔子非但没被搞臭，反而成了香饽饽。这一现象值得深思。属于民族的东西，本是民族向心的黏合剂，任何力量也抹不掉。我们回顾孔子、儒家两千多年的历史，会发现一个有趣的现象。凡是天下大乱，革命变革之时，孔子思想就受到批评甚至贬斥，凡是社会由乱转治，进入和平建设时期，孔子的东西就受重视。汉初陆贾说刘邦马上得天下岂可马上治天下。贾谊《过秦论》说秦胜亦速，亡亦速，"何也？仁义不施，而攻守之势异也。"意谓秦始皇因反对孔子一套得天下也因拒绝孔子的一套而失天下。历来异族入主中原无不如此，马上得天下在先，尊重孔子保天下在后。近现代亦复如此。何以如此？孔子是中国传统文化的标识，它藏在中国人心的深处。

中国传统文化和儒家的精神藏在孔子和早期儒家传承的六经之中。六经是中国传统文化的宝库，它是孔子以前中国文化长期积累的结果。对六经起承上启下，整理编纂，集大成作用的是孔子。六经与孔子、儒家紧密结合在一起。儒家离不开六经，是古人公认的。《史记·太史公自序》载司马谈《论六家要指》云："夫儒者以六艺为法。"司马迁说："孔子以诗书礼乐教，弟子盖三千焉，身通六艺者七十有二人。"（《史记·孔子世家》）司马迁又说："故孔子悯王路废而邪道兴，于是论次诗书，修起礼乐。"（《史记·儒林列传》）诗、书、礼、乐孔子都加过工。《春秋》据《史记》说，是孔子作的，应当不成问题。《易传》虽然许多人不承认孔子作，但是70年代马王堆汉墓帛书《易传》出土，《易传》孔子作的古说，可以笃定了。有人说《易传》出于战国道家人物之手，难以成立。如果不说《易传》出自孔子一个人之手，像方东美先生所说那样，是孔子及孔门弟子们逐步完成，属于集体著作，是可以接受的。

孔子、早期儒家整理、传承的六经，在先秦即已成书定名，而且肯定已有人研究六经，经学不待汉代，先秦已有。但是先秦文献中六经连言的很少，仅见于《庄子》之《天运》、《天下》、《礼记·经解》。《孟子》一书五经多次称引，独不及《周易》。这原因可能与孔子一生先后对《周易》态度有所不同有关。孔子早年于《易》认识不深，以为《易》只是巫史用的书，因此早年极少言及天道与人性的问题。[8]据近年出土帛书《易传》之《要》篇，"孔子晚而好易"，与《史记·孔子世家》"孔子晚而喜易"，"读易韦编三绝"，恰相符合。与《论语·述而》记孔子晚年自卫返鲁后叹曰："加我数年，五十以学易，可以无大过矣。"意义亦相吻合。帛书《易传》之《要》篇说："夫子老而好易，居则在席，行则在橐。子曰：夫子它日教此弟子曰：'德行亡者，神灵之趋，智谋远者，卜筮之蔡。'赐以此为然矣。"又说："子贡曰：夫子亦信其筮乎？子曰：易，我后其祝卜矣，我观其德义耳也。"又说："史巫之筮，乡之而未也，好之而非也。后世之士疑丘者，或以易乎？吾求其德而已，吾与史巫同途而殊归者也。"这些记载表明孔子晚年好《易》，与早年不同。早年视《易》为卜筮之书，晚年则从《易》中发现义理，做为哲学著作研究，因此引起高足子贡的惊诧与不满。孔子68岁自卫返鲁，思想学问发生根本的变化。以前是述而不作，信而好古，于古代典籍论次诗书，修起礼乐而已，性与天道几乎不谈。返鲁后的最后几年赞《易》，修《春秋》，由天道推及人事。古代典籍除《诗》《书》《礼》《乐》外又有《易》与《春秋》。尤其对《易》的重视超过其他。这从出土文献帛书《周易》看的极清楚。后世汉人把《易》列为六经之首，很可能是由于孔子最重视《易》的缘故，旧说出于经古文学者的故意，是不对的。

五经（乐经已不存在）是中国传统文化的宝库。孔子是五经的整理承传者。孔子思想学说蕴含在五经之中。《易》主要反映哲学思想，《春秋》主要反映政治思想，《尚书》主要反映历史观，《礼》主要反映人伦道德。但不绝对，五经反映孔子思想是综合交叉的。今日研究五经离不开孔子，研究孔子离不开五经。五经是中国传统文化的宝库，孔子则是中国传统文化的标识。

现在，由于疑古思潮的影响，五经几乎全被列为后世伪托之作。《易传》作于战国道家，与孔子无关。《尚书》许多篇如《尧典》、《禹贡》是战国人作，三部《礼》书都是晚出之作，甚至出自刘歆之手。于是研究孔子可用的材料只有《论语》，宋人"半部《论语》治天下"的谬说，竟有人信以为真。研究孔子应如方东美先生所说，不可只据一部《论语》。须知《论语》非孔子亲著，也不是孔子一生全部言行录。如果当真只凭《论语》研究孔子，那么孔子便成为一极单纯的空夫子了。

中国人自尧舜禹以来就有一个"大中国"的概念。说是政治概念也罢，说是地理概念也罢。反正这个概念根深蒂固，几千年不动摇。在每个中国人的心里什么都可以变，"我是中国人"这个概念不能变。这也是传统和传统文化。这个文化早在《尚书》里就有。《尚书·禹贡》说："禹敷土，随山刊木，奠高山大川。"《诗·商颂·长发》说："洪水茫茫，禹敷下土方，外大国是疆，幅陨既长，有娀方将。"《荀子·成相》说"禹敷土，平天下。"可见"禹敷土"多种书均见载，绝非虚构。问题是"禹敷土"三字意义为何。众说纷纭，郑说为长。依郑注之意："禹敷土"是广大其境界之谓。亦即禹藉治洪水的机会，凭借自己部落联盟的强大力量，使用武力的或和平的办法把冀州以外的其他兖、青、徐、扬、荆、豫、梁、雍八州很多自然长成的互相不通的大大小小血缘共同体发动起来参加治水的共同活动。治水成功之后，这些大大小小的共同体与禹所在的部落联盟关系加强，由于时代的局限，他们不可能成为统一的大帝国，如后世那样。但是它们确实有纳贡的关系，领导被领导的关系。《左传》哀公七年说："禹合诸侯于涂山，执玉帛者万国。"所述当是这种情况。从这个时候起始中国人就有了自觉的自己是中国人的观念。而中国的"疆域"在禹时已至于"东渐于海，西被于流沙。朔南暨声教，讫于四海。"《中庸》所言："是以声名洋溢乎中国，施及蛮貊，舟车所至，人力所通，天之所覆，地之所载，日月所照，霜露所坠，凡有血气者，莫不尊亲，故曰配天……"意义与此正同。这就是中国人对自己的估计。后世中国人一直自称大中国、大九州等等，绝非无稽之谈。疑古派学者极力加以否认。郭沫若《中国古代社会研究》一口咬定"中国古代的疆域只是黄河的中部,就是河南直隶山西陕西一部分的地方。"把四周的蛮夷戎狄全不算中国。顾颉刚《禹贡注释》序说:"九州制是战国时开始酝酿的,到汉末而实现。"

根据《尚书》等文献记载,尧舜禹时代中国已进入国家产生的前夜,一切文明社会应具备的条件已具备。国家即将出现。恩格斯《家庭、私有制和国家的起源》把它叫作部落联盟。[9]现代西方学者塞尔维斯的《文化进化论》提出酋邦说。[10]其实部落联盟和酋邦说都不符合中国国家产生前夕的状况。中国的情况很特殊。中国尧舜禹时代应当属于一种天下大国家式的准国家状态。

中国的传统文化的主要部分,即一直影响后世几千年的那些重要的东西,如以祭祀为核心的国家宗教,与政权相联系的道统说——"允执其中"以及永远把中国人凝聚在一起的叫做大中国的政治观念。这些传统的东西在早期儒家手里得到发展和传承。而最重要的标识人物就是孔子。

今日讲传统文化,无疑不应只讲孔孟早期儒家,还应包括早期道家,中国式佛学和宋明理学。不过这些是中国传统文化的构成,是学术研究的物件。若讲现实意义,现代价值,则应以早期儒家为主,以孔子为主。

三 儒家与中国传统文化的新世纪展望

这一问题须从两面说。一面:说新世纪里儒家与中国传统文化前景可能怎么样。另一面:说我们中国人应该怎么样。

先说可能怎么样。

首先,中国传统文化将成为与西方文化抗衡的一支重要力量。欧洲中心论,无论从哪方面讲都要画上句号。西方学者已经有人预言未来的冲突是文化冲突。以往的意识形态斗争,乃至经济、政治领域的斗争都将隐入后面。文化问题将浮出水面。我想这有一定的道理。未来世界必是多种文化万岩竞秀,百舸争流的局面,欧洲中心、西方第一的局面必将改变。

但是西方无须提防中国。中国虽然已成为发展中国家中最强大的一个,然而中国文化本身的特点决定它无论何时何地都不会伤害别国。中国几千年历史一向没有侵略别国的记录。它对自己境内少数民族的态度也一直以防御、和亲、合和为主,少数民族曾多次入主中原。对待别国,只有成吉思汗的骑兵横扫过欧亚大陆,然而当时的成吉思汗是与中国文化无关的蒙古人领袖。中国传统文化按其本性而言,是和平的,和谐的,它从来没有侵犯别国的事情。这一点西方人有目共睹。但是未来世界在文化问题上凸显之后,人们会思考是不是素有包容精神的中国文化会担当起统一世界的任务。英国历史学家汤因比过早地设想过这个问题。[11]日本学者池田大作则根据近代中国的特点和中国体制上的缺欠,认为世界如果走向统一的话,也是必走欧洲统一的方式。他并且正确地指出,中国人的文化本性决定它在可以预见的未来,仍然要走民族主义的道路而不是世界主义。中国在很长的时间内，还是要全力解决自己的问题。在我看来，考虑世界统一的问题，为时太早，世界历史一再地证明，政治经济上的统一，也许短期内可以办到，而全人类文化的融合，究竟能否最终实现，还是问题。可以预言，21世纪以及后21世纪，人类仍然是几大重要文化系统的多元发展。唯一可以现在就看到的，是西方文化的独霸状况必将削弱甚至消失。中国文化的强劲力量将相对地呈现出来。

其次，中国传统文化自身21世纪发展趋势，最明显的特点是作为儒学和中国传统文化标识的孔子思想学说将逐步占上风。从以下几点已见端倪。一、孔子及其思想学说近来已成为而且越来越成为人们争执的焦点。极左已成习惯的人，视孔子为历史倒退势力的代表。这不但未引起人们对孔子的厌恶，反倒引起几乎全民族对孔子的兴趣。人们越来越发现孔子不是复古倒退的人。孔子的时中、仁、和谐主张具有超时空的意义，至今仍有价值。孔子的智慧是21世纪人类生存发展所需要的。二、孔子是儒学的创始人，但是孔子和儒学早已有很大区别。儒学是儒学，孔学是孔学。一部中国儒学发展史就是一部孔子表面受尊重实际不断被扭曲被湮没的历史。儒学自汉至清陆续形成许多思想体系，各有不同，而在悖离孔子这一点上则几乎是一致的。孔子思想是中国传统文化的精华所在。后世封建社会发展起来的儒学在其主要之点上与封建专制和封建礼教相一致。西汉的董仲舒鼓吹"罢黜百家，独尊儒术"和"道之大原出于天，天不变道亦不变"，与孔子精神大异其趣，自不待言。其后大多数儒家思想家标榜孔子，实则悖离孔子。宋明道学家鼓吹"饿死事小，失节事大"。且制造出一个理的概念，以为理创造一切，统率一切。要求"革尽人欲，复尽天理"，人成为理的奴隶。汉及汉以后的儒学大悖孔学，古人已有察觉，王渔洋说："今之学者偶有所窥，则欲尽废先儒之说而出其上。不学则借一贯之言以文其陋，无行则逃性命之乡，以使人不可诘。"（《日知录》卷18引）顾炎武说，"窃叹大百余年以来之为学者往往言心言性，而茫乎不得其解也。"孔门"自曾子而下，笃实无若子夏，而其言仁也，则曰博学而笃行，切问而近思，今之君子则不然，聚宾客门人之学者数十百人，譬诸草木，区以别矣，而一皆与之言心言性。舍多学而识以求一贯之方，置四海之困穷不言，而终日讲危微精一之说。""性也命也天也，夫子之所罕言，而今之君子所恒言也。出处去就辞受取与之辨，孔子孟子之所恒言，而今之君子所罕言也。"（顾炎武《亭林诗文集（第3卷）》）颜习斋说："程朱与孔孟体用皆殊。"（颜习斋《习斋记余》）他南游"见人人禅子，家家虚文，直与孔门敌对。必破一分程朱，始入一分孔孟，乃定以为孔孟、程朱两途。"（《颜习斋先生年谱（卷下）》）戴震更掘程朱陆王的老根。周敦颐《通书》说"无欲则静虚动直"，朱熹屡言"人欲所蔽"，戴氏说它们皆出自老庄，孔孟绝非如此。孔孟提倡寡欲，不言无欲。《礼运》"饮食男女，人之大欲存焉"，言人欲实属自然天赋。儒学最后一个大思想体系王阳明的心学，对明朝后期社会和学界风气影响极坏，顾炎武早已尖锐地批评过。但顾氏批王而捧朱，理由是朱学毕竟不忘六经，重视读书，不似王氏那样信口开河。然而自今日看来程朱陆王不过五十步笑百步而已，

"五四"所反对的吃人的封建礼教就是出自他们之手。

代表中国传统文化的只有孔子和孔学。孔子与孔学必然成为未来中国传统文化的重要组成部分。其他如早期道家老庄、唐宋以来的中国式佛学以及宋明理学，可以是学术研究的物件，影响到现实生活中来的，必然微乎其微。

再说，我们中国人应当怎样做。

海内外十几亿中国人在中国传统文化及其标识孔子思想学说之下凝聚起来。可是想在孔子学说上取得共识，必须与宋明理学划清界限。要认清理学家的面目，如戴东原指斥的，他们拿出一个"理"来禁锢人生，造成"人死于法，犹有怜之者，死于理其谁怜之"的局面，与孔子背道而驰。孔子的学问自汉以后没有得到正确的传承和诠释，一代一代兴起的儒学大师大多借用孔子的名牌构思、宣扬自己的东西而背离孔子甚乃与孔子对立。今日展望新世纪儒学与传统文化的前景，首先必须弄清楚这个问题，划清孔子与后世儒学的界限，认清孔学自孔学，儒学自儒学。

后世大多数有影响的儒学思想家空谈性命天理，鼓吹纲常名教，这是应该予以批判的。如果从思想传承的角度看，程朱陆王当然并非一无可取之处，有些甚至是珍贵的文化遗产。如程颐的易学成果，朱熹对四书五经的研究，等等，其中不乏真理性的东西，有借鉴的价值。然而，从严肃的学术研究角度看，作为思想体系，它们是糟粕，不可以拿过来就用。

提到传统文化中的思想体系，哪一个体系也不可以囫囵地拿来治理现代国家。几十年来港台有些学者倡言复兴儒学，标榜做现代新儒家，结果如何呢？现代新儒家们连同他们的宣言并未受到人们足够的重视。什么原因呢？谁都明白，若真正按照现代新儒家的一套修身齐家治国平天下，则身不能修，家不能齐，国不能治，天下更不能平。不要说现代新儒家，就是宋明新儒家再世也无济于事。现代新儒家不行，从古代儒道法墨兵各家中选择一个，作为思想体系整个地加以继承也不行。过去曾决心用法家思想治国，儒家一概打倒，结果行不通。现在又有人提倡以道家治国，道家也不行。古代的任何学派，作为思想体系来说，哪一个都不能当作精华整个地继承。这是为历史所证明的道理。连汉宣帝也说汉家的政策是"霸王道杂之"，不专用那一家。现代中国当然更不可能用一家治国。不过要论到复兴文化传统，必然还须用孔子、早期儒家的东西。孔子和早期的儒家才是中国传统文化的代表和传承人。至于传统文化的理想如何实现于现代国家，则是新世纪我辈应努力探索的课题。

注释：

[1]《周易·观·彖传》："观天之神道而四时不忒，圣人以神道设教，而天下服矣。"

[2]六经中只有《春秋》是孔子据鲁史修的。

[3]方东美：《原始儒家道家哲学》，台北：黎明文化事业公司1993年，第45、51页。

[4]"辟"字，方先生以为是"僻"假借字，全句意谓"只有邪僻的人才作威作福，才玉食。"纠正了古人把"辟"字释作言。

[5][6]孔颖达:《周易正义》,十三经注疏本,中华书局1980年。

[7]程颐:《易传序》(第3册),中华书局1981年,第689页。

[8]《论语·公冶长》子贡曰:"夫子之文章可得而闻也。夫子之言性与天道不可得而闻也。"

[9]恩格斯:《家庭、私有制和国家的起源》,载《马克思恩格斯选集》,人民出版社1972年。

[10]塞尔维斯:《文化进化论》,华夏出版社1991年。

[11]汤因比:《历史研究》,上海人民出版社1966年。

＊此文为与关晓丽合作

（原刊《史学集刊》2001年第4期）

《老子》思想源自《周易》古经吗？

　　《老子》五千言的思想源自何处，我看是源自殷易《坤乾》（即《归藏》）。不是源自《周易》。理由有三。

　　第一，《老子》书中不见首乾次坤的思想，倒是首坤的思想明显居多。这就说明，《老子》思想与《周易》古经不是一路，而与《坤乾》相近。

　　古代有三部易书，一曰《连山》，二曰《归藏》，三曰《周易》。三部易书当然有不同的思想。前两部已不存在，经文是什么内容不可知晓。但是它们和现存的《周易》一个样，都有八卦和六十四卦。有六十四卦，就有卦序问题。有卦序，必然有思想。据古人说，夏易《连山》首艮。首艮有何意义，我们暂且不管。殷易《归藏》，《礼记·礼运》记孔子一段话值得重视。孔子说："我欲观夏道，是故之杞，而不足征也，吾得《夏时》焉。我欲观殷道，是故之宋，而不足征也，吾得《坤乾》焉。《坤乾》之义，《夏时》之等，吾以是观之。"体会孔子语意，知《坤乾》反映殷道。据汉人说，《坤乾》就是《归藏》。

　　孔子所谓殷道是与周道相对而言的。据《史记·梁孝王世家》说，殷道亲亲，周道尊尊。自君位继承制度而言，殷道亲亲者立弟，周道尊尊者立子。周道太子死立嫡孙，殷道太子死立其弟。从父亲的统系看，应当父死子继，从母亲方面看，应当兄终弟及（《礼记·表记》）。"母亲而不尊，父尊而不亲。"（《礼记·表记》）可见，殷道亲亲是以母统为重，周道尊尊是以父统为重。《周易》古经首乾次坤，显然以父统为重。《坤乾》，顾名思义，无疑以母统为重。两部易书，一个重父统，一个重母统，《老子》五千言的思想接近哪一个呢？显然接近《坤乾》。有人强调《老子》五千言重母、牝、雌，与《周易》古经之坤卦思想一致，所以《老子》接受的是《周易》古经的思想。这样说，我以为不对。应当看坤卦在六十四卦中占怎样的地位。犹如看中国封建社会对待女人的态度，不可因为中国当时除男人之外还有女人而且有些女人很优秀，就以为中国封建社会是女权社会。只看有女人不行，重要的是看女人的处境和地位。看《周易》重视什么不重视什么，道理也是一样。说坤卦，就要看坤卦在整个六十四卦中的地位。坤卦与乾卦并列，共同居首，坤则处乾之后。乾卦辞讲"元亨利贞"。不管怎么训释这四个字，这四个字简单明确是显然的。而坤卦辞则复杂得多，讲"利牝马之贞"，讲"先迷后得主"等等。都是说坤与乾比，好象牝马，牝马在马群中要受未骟牡马的管制和呵护。而且一切都居于未骟牡马之后，一定不要抢到它的前面去。总之，《周易》古经，乾坤两卦是彼此相对而言的，不可以分开理解。有人因此说乾坤看上去似两卦，实是一卦，是有道理的。

《周易》古经这乾先坤后的思想，与《老子》不同。《老子》是"我有三宝……三曰不为天下先。"（第67章），"人皆取先，己独取后。"（《庄子·天下》）。《老子》讲的居后是有普遍意义的。它主张居全天下之后，不管别人如何，自己绝不争先。《周易》坤卦讲居后不争先有针对性，它不说不为天下先，仅仅说不为乾先。它对乾而言，绝对居后。此一不同。《老子》五千言中明显有贵母、守雌的思想，《周易》古经六十四卦哪里有贵母的意思！它讲"利牝马之贞"（坤卦辞）、"畜牝牛吉"（离卦辞），只是言及而已。根本没有《老子》所言"谷神不死，是谓玄牝，玄牝之门，是谓天地根"（第6章）的意思。此二不同。

高怀民先生《先秦易学史》说："孔子的一生表现了乾之健，老子的一生表现了坤之顺。"[1]这话就孔、老二人一生的实践而言，可以说有一定道理。但如果就二人思想而言，则似可商榷。孔子乾之健、坤之顺都一样地强调，不分轻重而且言行一致。《老子》强调"柔弱胜刚强"，乍看，好象强调坤顺，然而仔细一想则又不然。如果《老子》以为坤应该顺乾，则"柔弱胜刚强"一语就该说成"柔弱顺刚强"。既然说"柔弱胜刚强"，就是认为柔弱作为一方，应该也能够战胜刚强之另一方。这哪里是《周易》古经六十四卦的思想！六十四卦之乾坤两卦，两条卦辞，十二条爻辞，一条用九一条用六，都是在讲乾与坤的关系，告诫人们乾坤两种精神都要有。绝不讲谁战胜谁的问题。还多少有一点崇乾抑坤的意向。《老子》强调柔弱、谦卑、居后，与乾坤两卦的思想根本不同。所以我觉得高先生说孔子一生乾健，老子一生坤顺，不甚妥当。若说孔子一生乾坤，老子一生坤乾，庶几近之。

第二，《老子》的辩证思维模式属于与《周易》古经不同的另一类。中国古代辩证思想模式是只有一种，还是有多种？我看不是一种，而是两种。一种在六经尤其《周易》古经中，后来由孔子及早期儒家继承、发扬下来。另一种就是《老子》五千言中的。前者，说一千道一万，归根结底就是孔子和子思、孟子发挥的"中"的哲学。"中"哲学最早始于尧舜时代的"允执其中"（《论语·尧曰》），然后是殷周之际完成的《周易》古经六十四卦。然后是孔子道中庸，子思讲中和，孟子说权，完成"中"哲学体系。"中"哲学，说穿了就是辩证思想的一种中国模式。它的特点有二，一是对立统一，包括一分为二，合二而一，物极必反三个意思。二是时中。前一个特点是《易》、《老》共同的。后一个特点，却只见于儒家承传的六经，特别是《周易》古经之中。时中，以承认变化为前提。时就是变化，有变化才有中与不中的问题。《周易》是讲变化的书。这是古今人所公认的，不须证明。《系辞传》不论是什么人作的，它说"易之为道也屡迁，变动不居，周流六虚，上下无常，刚柔相易，不可为典要，唯变所适"一段话，谁也不能说它讲的不是《周易》六十四卦的实际情况。

《老子》五千言恰好相反。它虽然也讲变化，但是它反对时中。强调在任何时空条件下都要守柔、居后，即在事物对立的两个方面中死丁丁地坚守一个方面。例如《老子》说："我有三宝，持而保之。一曰慈，二曰俭，三曰不敢为天下先。"（第67章）

"强大处下，柔弱处上。"（第76章）"见小曰明，守柔曰强。"（第52章）"重为轻根，静为躁君。"（第26章）"清静为天下正"（第45章），"致虚极，守静笃。"（第16章）"知其雄，守其雌，为天下溪。"（第28章）"众人昭昭，我独昏昏。众人察察，我独闷闷。"（第20章）乃至力主"抱一"（第22章）、"抱朴"（第19章）、"守柔"（第52章）。《老子》五千言最反映他辩证思维特点的是第40章的两句话："反者道之动，弱者道之用"。前一句讲事物一分为二之两面相反相成，是变化的动力，这当然是对的。后一句则暴露了老子与人不同之处：强调弱是对立两面之有意义的一面。《吕氏春秋·不仁》说："老聃贵柔"，柔与刚是对立的，既言"贵柔"，就必轻刚。《吕氏春秋》对老子的概括，再恰当不过。《老子》思维正处于"不可为典要，唯变所适"的反面。正如金景芳先生所说，老子是半截子辩证法。[2]

这样一来，则不能说《老子》五千言的辩证思维方式源自《周易》古经六十四卦。如果按《老子》的思想，以柔为好，则《周易》古经八卦六十四卦也就无从谈起。若一定想说《老子》五千言的辩证思维模式与《周易》古经一个样，就一定要想办法把《老子》贵柔、守雌、居后、抱一的主张消融掉，或者给《周易》六十四卦卦爻辞加入类似的内容。而这是无法实现的。所以，《老子》五千言的辩证思维模式与《周易》六十四卦不是同一类。除此，我们得不出另外的结论。

第三，关于宇宙生成问题，《老子》的主张也与《周易》古经不是一路。《老子》是这样说的："道生一，一生二，二生三，三生万物。"（第42章）又说："天下万物生于有，有生于无。"（第40章）《老子》认为宇宙间一切自"无"产生。"无"是什么？依《老子》的意见，"无"就是"道"。道是什么呢？《老子》说："道可道，非常道。名可名，非常名。无名，天地之始。有名，万物之母，此两者同出而异名。"（第1章）《老子》说，道有两种，同出而异名。一种叫做"非常道"，一种叫做"常道"。非常道是可以名状，有物有形，看得见，摸得到的。如《庄子·知北游》里讲的"在蝼蚁"、"在稊稗"、"在瓦甓"、"在屎尿"的道。这种道在万物之中。"常道"是不可以名状、无影无踪，看不见，摸不到的。这种道在天地之先。

《老子》对于"常道"是这样描述的：

> 有物混成，先天地生。寂兮寥兮，独立而不改，周行而不殆，可以为天下母。吾不知其名，强字之曰道。（第25章）

> 其上不皦，其下不昧，绳绳兮不可名，复归于无物。是谓无状之状，无物之象，是谓惚恍。迎之不见其首，随之不见其后。（第14章）

《老子》想象的这个无名的"常道"，说来说去就是"天下万物生于有，有生于无"的"无"。由此看来，《老子》的宇宙论就是：宇宙天地是被创造出来的。是"无"中生"有"。

《周易》古经六十四卦的宇宙论又是怎样的呢？按照一些人的意见，《老子》思想在《周易》古经影响下形成，则在宇宙论问题上，二者应当大体一致。然而实际上二者大体不一致。《周易》六十四卦卦爻辞不曾涉及宇宙论问题。可以这样说，《老子》

五千言的宇宙论出于它自身，并非受《周易》古经的影响所致。

六十四卦卦爻辞不见宇宙论，但从六十四卦排列看出一些端倪来。它只是从乾、坤开始，一卦接一卦地讲，就是说，《周易》古经只讲"有"。"有"之前是怎样的，它不讲。根本搭不上"道生一，一生二，二生三，三生万物"、"天下万物生于有，有生于无"的边。有人说《老子》五千言思想受《周易》古经影响而成，这在宇宙论上是无法讲通的。

有人说《周易》古经影响《老子》、《老子》影响《易传》。画出《周易》古经—《老子》—《易传》一条线。如果事实如此，则《老子》的宇宙论一定影响到《易传》。可是《易传》的宇宙论完全是另一样。《系辞传》说："易有太极，是生两仪，两仪生四象，四象生八卦"。这话既是讲八卦生成的过程，也是讲万物生成的过程。《系辞传》讲万物生成始于太极。太极之前是什么，它不讲。太极相当于《老子》讲"一生二"的"一"，"有生于无"的"有"。如果《老子》没说"道生一"，没说"有生于无"，就与《系辞传》讲的"易有太极，是生两仪，两仪生四象，四象生八卦"一段话一致了。那样，说《易传》受《老子》影响，还可以成立。

《序卦传》的宇宙论和《老子》也明显不同，更加证明《周易》经传与《老子》实非一路。《序卦传》说：

> 有天地，然后万物生焉。盈天地之间者唯万物。
>
> 有天地然后有万物，有万物然后有男女……

这两句话与《系辞传》"易有太极，是生两仪"意思相同，都说天地不是无中生有出来的。它根本不符合《老子》"道生一，一生二，二生三，三生万物"之意。《周易》经传宇宙论讲"有"不讲"无"，《老子》讲"有"又讲"无"。后世学者有人早已注意到这一明显差别。宋人张载说："大易不言有无。言有无，诸子之陋也。"(《正蒙·大易》)意谓《周易》经传宇宙论与《老子》是不一样的。

但是，也有人把不同的二者混同起来。周敦颐画《太极图》，作《太极图说》，给《周易》太极之上画出一个无极来，《太极图说》曰："无极而太极"。《系辞传》本来是说："易有太极，是生两仪"，而周氏平添一个"无极"。于是就和《老子》"有生于无"、"道生一"合流了。朱熹赞成周敦颐，作《太极图说解》，为周敦颐打圆场。而程颐取另一种态度。程颐是周的弟子辈，可是从来不言《太极图》与《太极图说》之事，仿佛不知道。想必是不赞成周氏"太极"之上架"无极"的作法。

可见，古人已经注意《易》、《老》不同。有人想把《易》、《老》混合为一的努力一直未曾取得成功，却也一直不曾歇息，20世纪以来《易》、《老》合流的势头愈演愈劲，至90年代孔子、儒家几乎要被赶出易学领域，以至于竟有人一步步把《周易》划归道家，第一步把孔子与《易传》剥离开来，第二步把《易传》划归道家，第三步把《易经》也划归道家，建构所谓道家易。目前正进行第三步，[3]其方法大体有三，一是置《易传》于不顾，解《经》另起炉灶。二是肢解卦爻辞的整体意义，一词一句地与《老子》挂钩。三是对待《易传》的态度，很象乾卦的"龙"，变化无定。先说"以传解经"

不对, 要严分经传。一边断定《易传》的思维方式就是道家思维方式, 一边大讲《彖传》的"大哉乾元, 万物资始, 乃统天"和"至哉坤元, 万物资生, 乃顺承天"。且夸奖说这样讲"元"字是对《周易》古经"元"字的创造性诠释。于是"元亨利贞"到底该不该讲成"大顺通, 有利于占问", 经传到底该不该严分, 就是问题了。

把《周易》经传思想体系主要划归道家, 还有一道障碍, 就是《庄子·天运》记孔、老的一段话:

> 孔子谓老聃曰: "丘治《诗》、《书》、《礼》、《乐》、《易》、《春秋》六经, 自以为久矣……"

> 老子曰: "……夫六经, 先王之陈迹也, 岂其所以迹也! 今子之所言, 犹迹也……"

孔子对老子当面说, 他治《易》经已经很久了, 不见效果, 老子当面承认《易》是孔子研究的东西。《庄子》书寓言居多, 但是说孔子治《易》经的事不至于是假。连老、庄自己都承认《易经》是孔子研究的东西。这条材料对于把《周易》古经六十四卦对孔子的影响改归对老子的影响, 十分不利。

今之学者有思考周全者也提出与此有关的想法, 也构成持《周易》古经影响《老子》、《老子》影响《易传》主张的一道障碍。

台大教授黄沛荣先生说:

> 吾人研究《易》、《老》关系, 于《老子》与《易传》间确实存在之某种关系, 亦不可径行认定, 而须再作另一层面之考察。《易传》为说《易》之作, 对于卦爻辞之义蕴, 自应予以阐发; 换言之, 影响《易传》最大者当为卦爻辞矣。是以若将某些《老子》、《易传》同受卦爻辞影响之处, 误认为《易传》受《老子》所影响, 势必似是而非。

黄先生接着又说:

> 以谦卦为例, 其谦道思想一方面为《老子》所吸收而成为其哲学之一环, 另一方面, 谦《彖》既为谦卦之传, 则其申明谦卦之义乃理所当然, 自不必由《老子》转化, 且谦《彖》之用语亦无承袭《老子》之迹象。[4]

黄先生书原则上是赞同《老子》思想与《周易》古经有关联的, 但他考虑周全, 不把话说绝。他承认《易传》有直接受《周易》古经影响的合理性与必然性。在这一点上我赞成黄先生。读黄先生书, 我更加坚信, 《老子》思想并非源自《周易》古经。《老子》必不是《周易》古经与《易传》之间一座必经的桥梁。

注释:

[1]高怀民:《先秦易学史》, 台北: 商务印书馆1975年。

[2]金景芳:《知止老人论学》, 东北师大出版社1998年, 第114页。

[3]陈鼓应:《乾坤道家易诠释》,《中国哲学史》2000年第1期。

[4]黄沛荣:《易学乾坤》, 台北: 大安出版社1998年, 第299—230页。

(原刊《周易研究》2001年第2期)

《〈周易〉经传与易学史新论》序

　　廖君名春是当今著名的青年易学家。天资聪颖，读书勤奋，是他的突出特点，但不是他的专利。他的长处在于方法高明。他治易善于独立思考，认准的东西不放弃，可疑的观点不苟同，凡属学问的事情一概较真，是朋友也不例外。往往因此惹人，惹人不免生隙。生隙也无妨，时间一久，友情会更深更淳。这很像金师景芳先生。他跟金先生念博士，金先生为人治学的精神给他耳濡目染学到手，是他最重要的收获。我最佩服他的也是这一点。

　　廖君易学底子打得很宽。先是易学史，然后是经、传；先是传世文献，然后是出土简帛；先是音韵、训诂、文字、考据、文献，然后是史学、哲学。几方面融汇起来，形成他坚实的学问根基。根基之上突出简帛易学。简帛易学重点在经、传。简帛只是他研究易学的手段，他的目标是解决问题。他认为《周易》的问题既不是早已解决完毕，也不是根本不能解决。他想的做的，和金先生一样：《周易》的问题只能一个个地一层层地逐步接近全部解决。廖君把这叫做"逼近法"，"逼近法"是正确的，这部《〈周易〉经传与易学史新论》就是按"逼近法"解决问题的书。书分经、传、史、外四编，计17章。每章都有新见解。你可以不同意他的观点，却不能不赞成他的研究方法和学术精神。在今年5月《中国孔子基金会文库》审稿会上，十几位专家异口同声肯定这书写得好，有学术价值，一致通过纳入《文库》出版。

　　廖君这书看不出有"主角"、"配角"之分，章章都有足够分量。开宗第一章就令我叫绝。章题叫《〈周易〉乾坤两卦卦爻辞新解》。敢给乾坤两卦经文作新解，这就不简单。古今解释《周易》经文的书数以千计，敢称"新解"者绝少。廖君敢称"新解"，是不是讲大话呢？看了书就知道，真是新解。而且不但新，还正。没有标新立异之嫌。

　　乾九三爻辞："君子终日乾乾，夕惕若，厉无咎。"王弼注说："故终日乾乾，至于夕惕犹若厉也。"孔颖达疏说："故'终日乾乾'，言每恒终竟此日，健健自强，勉力不有止息。'夕惕'者，谓终竟此日后至向夕之时，犹怀忧惕……言寻常忧惕恒如倾危，乃得无咎。"后之学者大体因循注疏讲，即上句下句都讲成忧患意识。上句"终日乾乾"，是说白天自强不息，拼命干。下句"夕惕若厉无咎"，是说到晚上仍然心怀忧虑，提心吊胆，不敢休息。白天晚上都干，如此则有危也无咎。至现代，人们仍然顺着古人立的竿往上爬，不管竿立得住立不住。我也这样。廖君则望竿止步问究竟。《文言传》："故乾乾因其时而惕，虽危无咎矣。"帛书《易传·二三子》："孔子曰：此言君子务时，时至而动……君子之务时犹驰驱也，故曰'君子终日键键'。时尽而止之以置身，置身而静。故曰'夕沂若，厉无咎'。"帛书《易传·衷》："子曰'君子冬日键键'，用也。夕沂若，厉无咎，息也。《易》曰'君子冬日键键。夕沂若，厉无咎'。子曰：'知息也。'"廖君仔细推敲这三段话的意思，指出九三爻辞原来是强调君子要因时行止。该动、作时动、作，该静、息时静、息。动静作息依时而定。其中压根儿没有讲忧患意识。《淮南子·人间训》说："终日乾乾，以阳动也。夕惕若厉，以阴息也。因日而动，因夜以息，唯有道者能行之。"廖君用这条材料作佐证。证明他对《文言传》和帛书《易传》的理解，正确有力。

"夕惕若"的"惕"字怎么讲很关键。旧解讲作戒惕。"夕惕若"因此必讲成到晚上仍小心戒惕。廖君注意到"惕"字帛书《易传》作"沂"。"沂"本应作"析"。沂、析二字音义皆同，实为一字的异写。帛本"沂"字，今本写成"惕"。其实惕、沂、析其义一也。析，本义为解除，引申有安闲休息义。"惕"字训诂解决了，今本《易传》、帛本《易传》对乾九三爻辞的解释就一目了然了。

廖君讲对了这条经文，给人们两点启示：一、经文中本有义理。说经文是筮辞，只为卜筮用，没有哲学内容，是不对的。二、传因经生，经以传明。解经必依传，解传必据经。所谓以经解经，以传解传，经传两不涉的说法，是荒唐的。

此外，对乾坤用九用六、坤卦卦名卦辞、坤六二爻辞"直方大不习无不利"、上六爻辞"龙战于野，其血玄黄"等经文的解释，根据上海博物馆藏两枚《周易》楚简对豫、大畜两卦卦辞与部分爻辞的解释，以及对丰卦卦爻辞的解释，都是体现依传解经原则的范例，见解新且正。

以下各章新意迭出，且不乏精彩之笔。第七章《帛书〈二三子〉、〈要〉校释五题》对《要》篇的"《尚书》多仒矣"一语作出了新解释。指出"仒"乃"於"之省文，"於"当通"疏"。《尚书》多仒矣，与《礼记·经解》"疏通知远，书教也"语意近似。意谓《尚书》记事过于简略，多有疏漏。而"《周易》未失也"是说《周易》精密。意与《礼记·经解》"絜静精微，易教也"相近。"《尚书》多仒矣"、"《周易》未失也"两句话是孔子对《尚书》、《周易》二书特点的基本概括。廖君的理解是正确的。《尚书》具体记事，当然不免有所疏漏。《周易》抽象言理，势必概括无遗。

第八章《帛书〈要〉篇与孔学研究》对《论语·学而》"加我数年，五十以学易，可以无大过矣"一段话的理解，颇有新意。首先断定孔子为此言时是在68岁返鲁后的晚年，不是在50岁之前。孔子晚年好易而深有所得，觉今是而昨非，又深感来日无多，故云"加我数年，五十以学易"。这样理解，无论从什么角度说都有道理，足以推倒孔子当时不足五十岁，故云"加我数年，五十以学易"的传统说法。其次，"五十以学易"之"学"字，廖君指出就是《孔子世家》孔子"晚而喜易"之"喜"、帛书《要》篇孔子"老而好易"之"好"；"喜易"、"好易"是别人的据实描述，"学易"是孔子自己的谦辞。如此解释，可谓精至妙极。

第八章论及研究孔子《论语》不是唯一根据，还要参证其他文献。又说至少在战国中期儒家已将《周易》与其他五经并列。经学不待两汉，先秦早已存在。汉人将《周易》列六经之首，根本原因是孔子晚年好易，不是古文经学家们的派性所致。这些观点大快我心，我心折矣。

第十一章《从语言的比较论〈周易〉本经的成书年代》，运用上古汉语研究的新成果，采取准确的语言标尺，给《周易》经文断代，论定《周易》卦爻辞成书于殷末周初。证据之确凿，使《系辞传》透露出的这一信息，终成铁定，疑无可疑。他把《周易》经文同先秦其他各经各书在基本词汇、实词附加成分和虚词的使用上作比较，使他的结论你无法推倒。例如也、矣、已、焉、乎等句尾语气词，《尚书》极少见，《诗经》少见，先秦子书大量见，而《周易》经文不见。这样，你怎么可以说《周易》经文成书在上述文献之后呢？用语言比较法给古文献断代，不是廖君首创，20世纪前期，中外学者早就用过。廖君的进步之处在于所用语言标准之准确度大大提高，从而所得结论更加可信。

此书基于研究写成，绝非凑合之作。问题皆属前沿，方法得当，结论平允，态度亦复平和，颇具吸引力。读过两遍仍觉不够，还想读。

书将刻版，廖君来求。唠叨许多，聊以为序。

《〈诗经〉婚恋诗与婚恋风俗研究》序

　　杨军这本《〈诗经〉婚恋诗与婚恋风俗研究》，是他1997年完成并通过答辩的博士论文。论文是我指导的。我指导博士论文，采取"无为而治"的方法，即我不设定任何框框，鼓励他自己思考，让他接着我说，乃至同我对着说，而不是照着我说。这种方法用于杨军身上有效、适合。杨军极聪明，知识积累十分丰富，想问题深、透，善于联想、多想，在我的"无为而治"的方法指导下，杨军这篇博士论文写得很好，它把《诗经》研究向前推进了一步。

　　杨军论《诗》是接着闻一多先生往下说。闻先生彻底摆脱汉儒、清儒美刺说的影响，肯定《诗》中有相当一部分抒情的婚恋诗，《国风》中有许多民间流传的民歌，从而开创了以民俗学方法研究《诗经》的新途径。就是说，闻一多彻底摆脱经学的束缚，把《诗经》作为文学作品来研究，从民俗学的方法切入。杨军更用《诗经》这部文学作品透视历史，观察西周和春秋的社会。除民俗学方法以外，还运用民族学、社会学、文化人类学的方法，做多角度多层面的综合研究。

　　杨军此文重点研究《诗经》91首婚恋诗，而不是研究《诗经》全部。高亨《诗经今注》确定《诗经》88首婚恋诗。杨军增加《王风·丘中有麻》、《陈风·东门之枌》、《月出》3首，计91首。透过91首婚恋诗看婚恋习俗；透过婚恋习俗看婚姻史；透过婚姻史看文化的融合、变化；透过文化的融合、变化看社会历史的演进。

　　91首婚恋诗，杨军只研究它的婚姻史含义，进而探讨其历史文化背景，而不做文学分析。91首婚恋诗其实是周代婚姻史的真实记录。婚姻史又是不同文化融合、发展的标志。杨军此文注意到91首婚恋诗反映的西周时代专偶婚与对偶婚两种婚俗并存的实际。婚恋诗中既有仲春之会、奔及试婚等婚前性自由现象，也有与之不同的媒妁婚习俗。两种不同的习俗反映两种不同的文化。诗主要产生于西周时代。91首婚恋诗反映在西周时代和西周范围内，有四个文化圈：周文化圈、商文化圈、东夷文化圈、江汉文化圈。江汉文化圈接受周文化影响，二者可视作西部文化系统。这个文化系统的主流是行媒妁婚。商文化圈本是东夷文化的一支，二者可视作东部文化系统，这个文化系统的主流是行非媒妁婚，即男女自由恋爱。《诗经》婚恋诗的产生，里边夹杂着媒妁婚的痕迹。这反映东西两种文化长期交流与融合的格局。然后逐渐转化为南方楚文化与北方商周文化的对峙。到春秋战国，又形成为统一的华夏文明。

　　按照杨军的研究，具体地说，西周时期文化变迁大体有四种类型：周人殷人一起进入东夷文化圈，周人进入殷人文化圈，周人殷人一起进入江汉文化圈和殷人进入周人文化圈。结果，在原商人文化圈内盛行起周人的媒妁婚，而周人也渐渐接受了东夷文化、商文化男女婚前性自由的观念。这就是《诗经》婚恋诗产生的历史文化背景。《诗经》中不符合周人旧俗的婚恋诗的存在，表明春秋初期《诗经》的结集者已经视四种文化为一个文化统一体了，也表明周文化已经发展为中国境内各部族一致认同的华夏文明了。

《诗经》结集的春秋初期，华夏文化共同体已经形成，华夏族与非华夏族的区分十分明显。《诗经》中包含多种文化因素。反映周文化的男女隔绝风俗与媒妁婚和反映东夷文化、商文化的婚恋诗的存在，相互抵触。恋情诗的存在阻碍着周人婚俗的推广。而恋情诗早已无可改变地结集在《诗经》之中，受到广泛地认同。于是便产生《诗经》恋情诗诠释上的变异。想尽办法把恋情诗解释成政治美刺诗。汉代出现的毛诗序传笺，是典型的代表。

把《诗经》从经学束缚下解脱出来，还其文学作品的本来面目，是宋人、清人和今人中不少学者做过的事情。杨军的创新，令人耳目一新之处，在于他在前人已有成就的基础之上，进一步从文化人类学、民族学的角度分析《诗经》婚恋诗产生的历史文化背景，起点是文学和文学史，落脚点却是婚姻和与婚姻相关联的文化史。

杨军此文还有另一处令人耳目一新。这就是在孔子与《诗经》的关系上，其说法有新意。至少有两点是重要的，第一，《诗经》的结集早在春秋之初就已完成，因此与孔子无关。但是孔子对《诗经》的确做出了贡献：一是如《史记》所说"去其重"，即所谓孔子删诗。孔子删诗，其实就是孔子删去各国不同《诗经》版本中重复的诗篇，从中整理出一个理想的新版本。二是重新编排《诗经》三百篇的先后次序，《史记》所言孔子"论次诗书"者是也。三是订正演唱诗歌的乐曲。《史记》"三百五篇，孔子皆弦歌之，以求合韶武雅颂之音"，所言即此事。四是校正诗句的读音。《论语》说"子所雅言，《诗》、《书》执礼，皆雅言也"，"雅言"颇类后世民族文学语言，作用亦相当于今天的普通话。杨军正确地指出后两点是孔子对《诗经》的重要贡献。后世学者大多强调孔子删诗如何如何，那是误会了《史记》话语的真义。

第二，孔子对《诗经》婚恋诗的诠释，基本保持原味，至少没做批评。《诗经》中明明存在那么多婚恋诗，描述男女恋情的，孔子却说："诗三百篇，一言以蔽之，曰思无邪。"《诗经》第一篇《关雎》是典型的婚恋诗，孔子不做批评，反而评价说："乐而不淫，哀而不伤。"不认为男女恋情之事有什么不正当。至战国孟子，才明确肯定男女隔离的媒妁婚，而对非媒妁婚采取绝不容忍的态度。自此，至汉代，直到清代，把《诗经》婚恋诗讲成政治美刺诗，便成为《诗经》诠释的主流。

以上这些具有创新意义的成果，是杨军对《诗经》研究的贡献。而我的贡献则是对杨军的论文实行"无为而治"的指导，给他以自由驰骋的空间。我无为，他才能无不为。我虽不免蒙偷懒之嫌，但是我偷懒，他就偷不得懒。

杨军出书找我作序，我责无旁贷，胡乱说了以上的话，算作序。

分析透辟　见解不凡

——评《中国文化精神》

　　青年哲学学者邵汉明先生牵头、多人合著的《中国文化精神》一书, 由商务印书馆刊行问世, 这是2000年中国文化研究的一项重要成果。中国文化精神, 是个意义重大且又十分难缠的题目。但是, 这本书写得不错, 分析透辟, 语言流畅, 论点平允, 有极强的可读性。若缕述它的长处, 则最突出的总体印象, 是全书章节虽多而细, 却论述浑然贯通。中国古代的儒道墨法兵佛各家都讲, 当代各家关于文化问题的诸多说法亦一一言及, 为了比较中西, 西方古今哲学流派适当涉及。一切都是要言不烦, 疏而不漏。在古今中西全面辨析融通的基础上概括出中国文化的七条精神来。人本、和谐、道德、理想、实践、宽容、整体思维这七条, 正合适, 中国文化的精髓全含在这里。再多一条, 不必要; 少一条, 不可以。也许有人会说, 若用"自强不息"、"厚德载物"揭示中国文化精神, 不是更简练吗! 诚然简练, 但是不全。如果人本精神与和谐意识排除在外, 中国文化精神就漏掉了两项重要内容。

　　《精神》给读者留下另一个突出印象是论述特精细, 往往在不为人注意处"出彩", 只要你仔细读, 就会发现这样的地方很多。例如, 一般都认为人本主义是文艺复兴时期欧人的专利, 中国人没有份。《精神》说不是, 先秦儒家不但没有抹煞个体人的独立性, 还很强调人的社会价值和类主体意识。所以, 说中国没有人本主义是不对的。这个见解不一般。

　　《论语·微子》记孔子"鸟兽不可与同群"一语, 非常重要, 但不为人重视。人们受宋人"仁者与万物同体"说法的影响, 以为孔子这句话有悖于"天人合一"的精神。其实宋人讲"仁者与万物同体", 是误解了"天人合一"。"天人合一"并非说天和人是一回事。孔孟的"天人合一"是以严分人与禽兽的界限、人为万物中心为前提的。《精神》强调孔子这句话的意义, 实属高见。

　　关于中国文化中的民本意识问题, 《精神》讲出了新意。一般都强调民本不是民主。中国有民本, 西方有民主。《精神》说中国先秦儒家的民本思想包含着民主萌芽。中国的民主思想其实不比希腊逊色, 只是中国有民主思想, 没有民主制度而已。

　　新儒学作为中国现代的重要文化现象, 业已影响着中国文化的发展。《精神》把现代新儒学的文化精神归结为民族意识、文化本位、辨析融通、内圣外王四点, 并以此为中心对梁漱溟、熊十力、冯友兰、牟宗三等四家三代人物进行了扼要的品评。品评是中肯、允当的。

　　总之,《精神》是一部成功的著作。如果必须吹毛求疵,不足之处也是有的。孔子是中国文化的标志,他在世界上几乎与中国齐名,《精神》对孔子着墨显然太淡。中国文化上下几千年还有个道德问题该讲,然而未讲,也是个漏洞。

（原刊《长春日报》2001年7月20日）

记金老最后三年半

5月1日，金老走了，走得从容坦然。《史学集刊》希望我写一点关于金老学术的文字，以为纪念。我做金老助手22年，天天跟金老学习，金老的学术特点吃得比较透。我在金老95岁寿庆时写过一篇专门介绍金老学术的文章，以《我的老师金景芳先生的学术精神》的题目发表在《社会科学战线》1996年第3期上。要说的话那里都说了，这里只须说说96年7月95大寿以后的事。从95大寿到2000年春节最后住院，是三年半时间。金老最后这三年半，该休闲却一点没休闲，抢着干了许多事情。

1996年7月办完95大寿之后，金老自己曾表示学术研究到此为止，以后不干了。1997年东北师大出版社给他出第三本论文集，金老自命书名曰《知止老人论学》，意谓学术的事情止于此。大家当然赞同。但是，这只是主观愿望。依金老的性情，是想闲也闲不住的。只要脑子能转动，他绝不会停止思考。

果然不出所料，金老最后三年半，不但没休息，工作反而"变本加厉"了。1998年秋，东方国际易经研究院在西安开《周易》国际研讨会，金老在给会议的贺信中表白了心迹："我研易七十多年，有些问题还没有解决，我要继续研究下去。"其实早在1996年对《周易》的继续研究就开始了。有段时间，我们几乎每次见面都讨论《周易》。金老写了一篇文章，题目《谈谈周易辩证法》。1997年做为一门课给博士生专门讲了这篇文章。这篇文章后来在《社会科学战线》发表了。还和我合写一篇文章，题目《周易辩证法的突出特点及其对中国传统的影响》。这个阶段金老认识到《周易》辩证法的突出特点是强调和谐，即合二而一。与欧洲辩证法过分强调一分为二，对立斗争者不同。

金老不到此为止，继续深入研究。取得丰硕成果，认识上有许多突破。第一，认识到《周易》一书是用辩证法理论写成的。《史记》说文王"囚羑里，演《周易》"，是可信的。文王为推翻殷商王权的指导思想，改造《归藏》易为《周易》，不知不觉中事实上创造了辩证法。第二，发现并认定《周易》与《连山》、《归藏》二易根本不同。二《易》重六子，《周易》重乾坤。《周易》哲学就是乾坤哲学。《周易》讲的对立统一，表现在乾坤的对立统一上。所以《系辞传》说："易与天地准。"《屯彖》说："刚柔始交而难生。"第三，读明白了《说卦传》，认为《说卦传》是孔子有意保存下来的《连山》、《归藏》二易的遗说。第四，整理《系辞传》并重新作了编排。解决了《系辞传》固有的问题：错简、阙文、误增、误改、脱字、疑惑、移入等。

金老是急性子人，什么事情说干就干，现在老了，紧迫感更强。有了新想法，急欲写成书。1998年春节,因眼睛看不见,请张全民、朱弘林两位博士生协助,开始了撰写《周易系辞传新编详解》的工作。每天上午金老口述,张全民记录。下午张全民把记录整理出来,朱弘林誊清。第二天上午先把整理好的昨天的记录念给金老听。满意后再接着往下口述。这样进行了三个月,书稿完成。辽海出版社立即进入印制操作过程。1998年10月出版面世。写作、出版之迅速,是罕见的。

这本书出版引起反响。金老对此书十分看重,认为它是自己的一部代表作。的确,这本书是易学精品,金老的重要遗产,代表金老最高、最后的水平。它可以传世。

同时,金老对先秦历史问题也进行了深入思考。对《中国奴隶社会史》中尧舜禹时代是部落联盟的提法做了修正。认为部落联盟的概念不妥当,近几十年西方学者酋邦的提法也不适用于中国的情况。乃用"部族联合体"的概念取代部落联盟。这个问题是与吕文郁教授合作研究的,撰写成一篇题为《论尧舜禹时代是中国原始社会向国家过渡的中间环节》的文章,发表在黑龙江《学习与探索》1999年第3期上。

金老最后三年半还进行一次对台学术活动,成功地接待了台湾学者施纯德先生的访学。施先生留学美国学经济管理,回台后办了一个传统式的书院,研究国学。虽受过洋教育,但有一颗中国心。对五经四书有相当修养,对宋明理学极有兴趣。我1995年夏赴台开两岸《周易》研讨会,认识了施先生。施先生因崇拜马一浮而崇拜金先生。他得知金先生是马一浮唯一在世的弟子,立生前来面谒的念头。大约1996年春,专程来长面见金老一次。1996年7月来参加金老95岁寿庆活动,执弟子礼。1997、1998年又来两次。每次二人都促膝长谈。问者诚心,答者热心。几乎成了校外师生,忘年朋友。2000年金老住院期间,施先生夫妇专程自台北和美国(时施夫人在美国)前来探望,这是金老对两岸学术交流做的一大贡献。

金老从1996年95岁寿庆起到逝世,整整五年。去掉最后住院的15个月,还有三年半工作时间。三年半里,金老抓紧做了不少事情。上述几点是主要的。这很重要,想干的事情都干了,为一生画了完满的句号。最后心中无悔无憾,所以走得从容坦然。或许有人会说,假设金老不写那部《周易系辞传新编详解》,也许不至于最后一病不起。但是我想,人生没有假设。

(原刊《史学集刊》2001年第3期)

程朱解《易》比较

经学与理学是中国学术史上的绝大题目,二者一旦发生碰撞,往往重大的学术问题寓焉。本文对程、朱的解《易》观点试作比较,以期探明一段学术公案,庶于今日国学研究不无小补。

一

《周易程氏传》是伊川留给后世惟一的著作,临终前方传授给弟子。程门高第尹和靖谓:"先生平生用意惟在《易传》,求先生之学者,观此足矣。"[1]伊川一生的理学践履心得大多萃于此书,非泛泛解经之作可比。[2]惟如此后世才有"先生之《易传》,更为万世经术斗杓"之誉(《宋元学案·伊川学案下》黄百家按语)。近代马一浮先生亦尝谓"伊川《易传》不可不备,患难中尤当常读之。"[3]其为后学推重如此。众所周知,宋儒理学别具新义,非先秦以来儒家的简单继承和翻版。然而,《周易程氏传》是否即是理学家横空出世、独辟新径之作,则不可不辨。事实上,伊川尝以王辅嗣、胡翼之、王介甫三家《易传》教弟子,"令贯通,然后却有用心处。"(李简《学易纪学》,转引《宋元学案·伊川学案下》)并且,特别强调王弼解《易》的重要。[4]对于王弼,学者多知其以老子解《易》,一扫汉易象数的烦琐,而其解《易》风格本于费直以来儒门家法则并非人人皆知。此理惟陈澧《东塾读书记》(卷四)所言最为明晰:

> 《汉书·儒林传》云:"费直以彖象系辞文言十篇解说上下经,此千古治《易》之准的也。孔子作十篇,为经注之祖;费氏以十篇解说上下经,乃义疏之祖。费氏之书已佚,而郑康成、荀慈明、王辅嗣皆传费氏学,此后诸儒之说,凡据十篇以解经者,皆得费氏家法者也,其自为说者,皆非费氏家法也,说易者当以此为断。"

解《易》不必亦步亦趋于占卜本义,是儒门经说的本来特点。近代章太炎《检论》中《易论》亦云:

> 卜筮尚占,其道异于执辞,是故筮史占繇,不可用于经说。……昔丁宽作《子夏传》,其言平易,迩于物情。刘向考校诸家《易》说"皆祖田何、杨叔、丁将军,大谊略同,唯京氏为异"。疑"焦延寿独得隐士之说,托之孟氏,不与同也。"孟氏得《易》家候阴阳灾变书,诈言师田生独传己。……大氐汉世博士,喜道五行阴阳秘书,学者从风化之,虽主费氏者弗能坚,……《易》亦不为一

代作也。周孔既殁，诸儒诚不能与辅嗣比肩。

既然辅嗣解《易》为儒门旧法，而"宋世程叔子所作《易传》，亦辅嗣一流，征引人事，弥又广博"[5]，则谓伊川解《易》一本儒门传统，亦非牵强之词。实际上，儒家心性之学的复兴固有待于佛道两家的修养工夫的激发因而邃密深沉，但宋儒力倡的践履工夫正是先秦儒家的根本传统深入后世人心的体现。故谓理学非先秦儒学简单再现则可，谓其非先秦儒学的深化与发展则不可。从这个角度上说，宋儒直接孔孟的自信和担当亦非虚妄，伊川之作《周易程氏传》十分强调占辞的重要，至有"推辞考卦，可以知变，象与占在其中矣"，"得于辞，不达其意者有矣；未有不得于辞而能通其意者也"，"予所传者辞也，由辞以得其意，则在乎人焉"[6]。伊川当时所推见的圣人解《易》之道，多据十翼而言，今所见的出土文献《马王堆汉墓周易帛书·要》的内容有：

> 夫子曰：……《尚书》多勿矣，《周易》未失也，且又古之遗言焉。予非安其用也，而乐其辞也。
>
> 夫子今不安其用，而乐其辞，则是用倚于人也。
>
> 子曰：《易》，我后其祝人矣，我观其德义耳也。幽赞而达乎数，明数而达乎德。……赞而不达乎数，则其为之巫；数而不达于德，则其为之史。[7]

益可证明伊川识见之精，完全符合一千数百年前孔子据辞解《易》的传统，而《易传序》所谓"圣人之忧患后世，可谓至矣。去古虽远，遗经尚存。然而前儒失意以传言，后学诵言而忘味。自秦以下，盖无传矣。予生千载之后，悼斯文之湮晦，将俾后人沿流而求源，此《传》所以作也"的自信诚非虚言。故谓《周易程氏传》直接孔子，亦未尝不可。

朱子是公认的理学集大成者，亦是古今罕匹的学术大师，而其解《易》的方法却与伊川大不相同。二者最根本的分歧是：

> 故圣人为象辞象辞文言，节节推去，无限道理，此程《易》所以推说无穷。然非《易》本义也。先通得《易》本指后，道理近无穷，推说不妨。便以所推说者去解《易》，则失《易》之本指矣。（《朱子语类》六八）

虽为伊川的再传弟子，朱子却对伊川《易传》的解释方法深致不满：

> 伊川只将一部《易》来作譬喻说了，恐圣人亦不肯作一部譬喻之书。（《朱子语类》六七）
>
> 伊川要立议论教人，可向别处说，不可硬配在《易》上说。（《朱子语类》六九）
>
> 近世言《易》者，直弃卜筮而虚谈义理，致文义牵强无归宿，此弊久矣。要须先以卜筮占决之意求经文本义，而复以传释之，则其命词之意，与其所自来之故，皆可渐次以见矣。（《朱子文集·别集》卷三答孙季和）

谓解《易》必须紧扣《周易》原来的占卜功能。朱子又从历史发生角度证明这个观点：

周官惟太卜掌三易之法。而司徒、司乐、师氏、保氏诸子之教国子庶民，只是教以《诗》、《书》，教以《礼》、《乐》，未尝以《易》为教也。（《朱子语类》六六）

对于孔子的解《易》方法，朱子亦自有自己的看法：

熹尝以谓《易经》本为卜筮而作，皆因吉凶以示训戒，故其言虽约，而所包甚广，夫子作传，亦略举其一端以见凡例而已。然自诸儒分经合传之后，学者便文取义，往往未及玩心全经，而遽执传之一端以为定说，于是一卦一爻，仅为一事，而《易》之为用反有所局，而无以通乎天下之故。（《朱子文集》卷八二《书临漳所刊四经后》）

认为"夫子作传，亦略举其一端以见凡例而已"，并不能穷尽本义。又谓：

读伏羲之《易》，如未有许多象象文言说话，方见得《易》之本意，只是要作卜筮用。及文王周公分为六十四卦，添入乾元亨利贞坤元亨利牝马之贞，早不是伏羲之意，已是文王周公自说他一般道理了。然犹是就人占处说。及孔子系《易》，作《彖》、《象》、《文言》，则以元亨利贞为乾之四德，又非文王之《易》矣。到得孔子，尽是说道理，然犹就卜筮上发出许多道理，欲人晓得所以吉所以凶。文王之心已自不如伏羲宽阔，急要说出来。孔子之心不如文王之心宽大，又急要说出道理来。所以本意浸失，只认各人自说一副当道理。及至伊川，又自说他一样，微似孔子之易而又甚焉。（《朱子语类》六六）

指出伊川解《易》的方法与孔子类似，而孔子解《易》尚有使《易》本意浸失之处，而伊川则更甚焉，显露了朱子力图回到孔子解《易》的起点，从卜筮入手，直探本源的绝大雄心。平心而论，从学理上讲，朱子越孔子而上的思路未必没有道理，这也是朱子对待经学的一贯立场[8]。问题在于，这样的解《易》努力是否能够实现。事实上，孔子以义理解《易》并非偶然，王弼扫象，使天下后世学者入其范围也绝非幸致，一直发展到伊川的解《易》思路都有其历史的必然性。忽略这一点，单纯从逻辑上谈学理的合理性，是徒劳的。另外，学者也不能真的回到乾坤未判时的起点，重塑传统。以伊川而言，其理学即经学；以朱子而言，经学可以还原为史学，理学与经学常有不同。二人对待经学的根本不同在此。然朱子的经学终不能不受理学的影响。朱子整个的理学思想承伊川学脉而来，是依孔门而再树的新义，对其学术实践的影响终究是决定性的。因此，在完成了《易本义》两年后，朱子说：

《易》之为书，更历三圣，而制作不同。若庖羲氏之象，文王之辞，皆依卜筮以为教，而其法则易。至于孔子之赞，则又一以义理为教，而不专于卜筮。秦汉以来，考象辞者泥于象数，而不得其弘通简易之法。谈义理者沦于空寂，而不适乎仁义中正之归。求其因时立教，以承三圣，不同于法而同于道者，则惟伊川先生程氏之书而已。（《朱子文集》八一《书伊川先生〈易传〉版本后》）

观其末后一句，辞气已经不复如前时之严峻。在朱子70岁时，又谓：

大凡有人解经，虽一时有与经义稍违，然其说底自是一说，自有用处，不可废也。不特后人，古来已如此。如元亨利贞，文王重卦只是大亨利于守正而已。到夫子却自解分作四德。看文王卦辞，当看文王意思。到孔子文言，当看孔子意思。岂可以一说为是，一说为非。（《朱子语类》七六）

指出每个时代都有各自的学术演变面貌，自古皆然，不可执此而非彼。此说最为通达，足见朱子晚年人生、学术已臻化境。

二

朱子既然认定从卜筮的角度解《易》方可推见《易》之本指，则其注意力自然就转移到了《周易》的象数上，焦点就是邵康节。

康节一生为隐士，其《易》学实践颇具前知的传奇色彩。康节先天《易》学辗转得于五代道士陈抟，加上他的深造自得，终于别开生面，创造出了一个独特的《易》学体系，为时人所重。朱子一直对康节其人其学有着浓厚的兴趣，由衷赞叹：

某看康节《易》了，都看别人底不得。（《朱子语类》一〇〇）

邵子这道理岂易及哉！他胸襟中这个学，能包括宇宙，始终古今，如何不做得大，放得下！今人却恃个甚，敢复如此！（《宋元学案·百源学案上》）

康节为人，须极会处置事。为他神闲气定，不动声色，须处置得别。盖他气质本来清明，又养得来纯厚，又不曾枉用了心，他用心都在紧要上。为他静极了，看得天下之事理精明。（《宋元学案·百源学案下》）

又对伊川不取康节《易》学，甚有微辞：

《伊川易传》亦有未尽处，当时康节传得数甚佳，却轻之不问。（《朱子语类》六七）

从朱子传世的《易》学著作来看，所谓象数解《易》，就是继承康节的象数。朱子志在复《易》之本指，按理应当注重汉人的象数才是，今反取康节，以至于将河图、洛书、先后天之说引入著作，引起后世莫大争议，亦足堪玩味。这一点不能不归于朱子的学术趣味。实际上，从天性上讲，朱子治学广博，对神秘文化一直怀有浓厚的兴趣。从研究《周易参同契》、《麻衣解》、火珠林法、灵棋课到生活中以卜卦决定进退，都可以见到这位理学大师性格的另一面。这一点，朱子同时代人看得最为真切。叶适《序阴阳精义》曰："朱公元晦听蔡季通豫卜藏穴，门人裹糗行绋，六日始至。乃知好奇者固通人大儒之常患也"（转引自《宋元学案·晦翁学案下》），其论在怨怼之间。朱子这一性格与伊川绝不相类。[9]

朱子虽然对康节《易》学也不乏理性上的认识：

伊川之学，于大体上莹彻，于小小节目上犹有疏处；康节能尽得事物之变，却于大体上有未莹处。（转引自《宋元学案·百源学案下》）

《先天图》传自希夷，希夷又自有所传，盖方士技术，用以修炼。（《朱子语类》一〇〇）

但终于好之不已。在与论敌的论辨中竟索性将康节得于道士的象数之学干脆归结到了孔子身上：

> 以上……此非熹之说，乃康节之说；非康节之说，乃希夷之说；非希夷之说，乃孔子之说。但当日诸儒既失其传，而方外之流阴相付受，以为丹灶之术。至于希夷、康节，乃反之于《易》，而后其说始得复明于世。（《朱子文集》卷三七《答林黄中》书三）

惟如此，朱子绍接康节才名正言顺，可杜群儒之口。然而，事实并非如此。稍后，朱子的再传弟子黄东发即有议论：

> 伊川言理，而理者人心之所同，今读其传，挚然即与妙合；康节言数，而数者康节之所独，今得其图，若何而可推验？此宜审所当务者也。明理者虽不知数，自能避凶而从吉；学数者傥不明理，必至舍人而言天。此宜审所当务者也。伊川之言理，本之文王、孔子；康节之言数，得之李挺之、穆伯长、陈希夷。此宜审所当务者也。穷理而精，则可修己治人，有补当世；言数而精，不过寻流逐末，流为技术。此宜审所当务者也。故学比如康节，而后可创言先天之易；学比如晦庵，而后可兼释先天之图。《易》虽古以卜筮，而未尝闻以推步，汉世纳甲、飞伏、卦气、凡推步之术，无一不倚《易》为说，而《易》皆实无之。康节大儒，以《易》言数，虽超出汉人之上，然学者亦未易躐等。若以《易》言理，则日用常行，无往非易，此宜审所当务者也。（《东发日钞·读〈易〉》，转引自《宋元学案·东发学案》）

尽管辞气尚委婉，未明斥朱子之非，然推重伊川《易传》的用意则确然可见。相比之下，顾炎武的话则显得严厉得多：

> 希夷之图，康节之书，道家之《易》也。自二子之学兴，而空疏之人，迂怪之士，举窜迹于其中以为《易》。而其《易》为方术之书，于圣人寡过反身之学去之远矣。（顾炎武《日知录·孔子论〈易〉》卷之一）

后世学者对此论断绝少异议[10]。章太炎谓："邵康节本为阴阳家，不能说是儒家"，"邵子迷于五行"[11]，进一步指出了康节《易》学的学术实质。有人说，没有朱子的张扬，二程理学未必在后世有那么大的名声，此说确否，姑置不论；但没有朱子的推挽，康节《易》学不会对后世学术有这么大的影响，倒是千真万确的。

值得一提的是，朱子对《周易》的形上意义的认识在当时也是十分突出的，但这一认识并不是从象数上得到的启发，而是出于对周濂溪《太极图说》和《通书》的研习。对于濂溪，黄百家尝谓："孔孟以后，汉儒止有传经之学，性道微言之绝久矣。元公崛起，二程嗣之，有复横渠诸大儒辈出，圣学大昌。故安定、徂徕卓乎有儒者之矩范，然谨可谓有开之必先，若论阐发心性义理之精微，端数元公之破暗也"（《宋元学案·濂溪学案上》），指出宋儒"阐发心性义理之精微"肇端于濂溪。朱子一生极重视理学的授受渊源，尝著《伊洛渊源录》以明道统。惟如此，于濂溪之学不能不三致意焉，而极为推崇：

濂溪清和。孔经甫祭其文曰:"公年壮盛,玉色金声;从容和毅,一府皆倾。"墓碑亦谓其"精密严恕",气象可想矣。(《朱子语类》九三)

周子看得这理熟,纵横妙用,只是这数个字都括尽了。(《朱子语类》九三)

濂溪也精密,不知其他书如何,但今所说这些子,无一字差错。(《朱子语类》九三)

对于濂溪的《太极图说》,朱子结合《周易》着重发挥他的"无极而太极"的义蕴。谓:

"《易》有太极,是生两仪。"四象八卦,皆有形状,至于太极,又何形状?故周子曰:"无极而太极。"盖云无此形状,而有此道理耳。(《朱子语类》九四)

对于濂溪"无极而太极"的理解和评价,朱子当时和陆象山即有激烈论争,后世学者亦因之聚讼不已,皆涉及到理学的见地而非单纯论《易》,此中曲直,兹不深论。

对伊川而言,少时尝从父命与明道问学于濂溪,后来则绝少提及此事,为明道作《行状》,致有:"先生生千四百年之后,得不传之学于遗经"之言(《二程集·河南程氏文集》),不谓学出于濂溪明矣。其解《易》亦从不及濂溪"无极而太极"之义,于朱子的态度适成鲜明对比。究其原因,与其说是二人《易》学观点的不同,不如说是理学趋向的差异。

<h2 style="text-align:center">三</h2>

伊川与朱子解《易》的不同,一方面表现在对解《易》系统的认识上;一方面表现在对康节《易》学的态度上。伊川的《周易程氏传》直接孔子的解《易》传统,是以理学解《易》的代表之作,如果没有哪个解释体系超过理学,则伊川斯作必为义理解《易》传统笼罩下难以逾越的高峰。立志本诸《易经》的原始卜筮功能重新生发义理与对康节《易》学的偏好二者互为因果造就了朱子解《易》的风格。今人以为朱子解《易》目的在于调和,实是浅测朱子。[12]这种探索之所以收效甚微的原因是,朱子之学虽然泛滥群经,但其大者仍在《四书》体系上,舍此而外,从《易》本义出发终难再发新义,而只能止步于对卜筮方法的考证、梳理之上。

谈到程、朱二家《易》学的命运,钱宾四先生谓:

程门虽极尊《易传》,然终不足以光大程学。朱子于《易传》虽多持异议,而程学之光大则终赖焉。(《朱子新学案·朱子之易学》)

所言极是,《周易程氏传》的流传亦端赖朱子对理学的发扬光大。故朱子的解《易》尝试虽然颇为后人议论,却无伤根本,反而觉其学术区宇混茫阔大。朱子的这种从史学意义上的原始功能出发诠释经典的方法为后来汉学家所坚执,而竟据之以非朱子,实非真知朱子者。宋儒为学目的在于"修身齐家治国平天下",在于张横渠的四句教,朱子亦莫能外,只不过较多学术气质而已,然亦绝非为学术而学术者。有清一代无真理学,故清人之《易》学研究黜康节而趋汉《易》,抉择于两误之间,弥转弥远。或曰:理学已矣,当还学术以本来面目。此言固有一定道理,然前人之所以从事国学研究是因心中有一个景仰的精神体系在,若无此精神系于人心,则所谓学术研究,果何谓也? 其分量亦可预知。

治学不可有门户,然不可无门径。60年前,马一浮先生教弟子读《易》的一番话今日仍觉有其价值,转录如下,以结此篇:

> 伊川作《易传》,重在玩辞,切近人事,而后本隐之显之旨明,深得孔子赞《易》之志,故读《易》当主伊川。诸家说《易》,不可殚举……至宗归义理,必以伊川为法也。(《马一浮集·复性书院演讲录》)

注释:

[1]《二程集·河南程氏遗书》《伊川先生年谱》,中华书局1981年,第345页。

[2]《二程集·河南程氏遗书》卷第十七:某于《易传》,今却已自成书,但逐旋修改,期以七十,其书可出。韩退之称"聪明不及于前时,道德日负于初心",然某于《易传》,后来所改者无几,不知如何? 故且更期之以十年之功,看如何。尹和靖曰:先生践履尽《易》,其作《传》只是因而写成。熟读玩味,即可见矣。

[3]《马一浮集》第一册,浙江古籍出版社、浙江教育出版社1996年。

[4]王应麟《困学纪闻》卷一:"程子谓学《易》先看王弼,余谓辅嗣之注,学者不可忽也。"

[5]章太炎:《检论·易论》,《章太炎全集》(三),上海人民出版社1984年。

[6]《二程集·河南程氏遗书》《伊川先生年谱》,中华书局1981年。

[7]《国际易学研究》第一辑,华夏出版社1995年。

[8]同样的用意也表现在解《诗》上:摆脱《毛传》束缚,恢复一些篇目乃"淫奔之诗"的本来面目。

[9]伊川不满康节之学的话极多,例如:"尧夫之学,先从理上推意,言象数言天下之理,须出于四者,推到理处,曰:'我得此大者,则万事由我,无有不定。'然未必有术,要之亦难以治天下国家。其为人则直是无礼不恭,惟是侮玩,虽天理亦为之侮玩。"(《二程集·河南程氏遗书》卷第二)"邵尧夫犹空中楼阁。"(《二程集·河南程氏遗书》卷第七)

[10]吕思勉是少数同意朱子说的学者,见氏著《经子解题》,华东师范大学出版社1995年,第204—205页。

[11]章太炎:《国学概论》,上海古籍出版社1997年,第38页。

[12]周予同谓:"在熹本意,或以为程颐《易传》偏于义理,故济以象数,以维持其哲学上之调和统一的态度;殊不知学术上绝不能调和统一者,于是程朱之易学陷于敌派之嫌,此实非朱熹初意所及料也","欲调和程、邵之间,以实现宋易之大一统"。《周予同经学史论著选集》,上海人民出版社1983年,第151、152页。

(原刊《海峡两岸易学与中国哲学研讨会论文集(易学卷)》,2002年)

记与李衡眉的最后一面

　　3月28日晚饭之后，烟台程奇立教授打来电话，以缓慢低沉的语调报告我一个不幸的消息：李衡眉昨天上午走了，走在北京飞机场。

　　这个情况既在意料中，也在意料外。说是意料中，程奇立前几天已经来过几次电话：报告李衡眉癌症严重恶化，毒瘤由胃扩散到其他脏器，已赴北京301医院诊治；医院告知，内脏大量腹水，治疗无术；决定等待与自美国飞回的女儿在北京见面后回烟台弥留。程奇立还说，他将随时向我通报病情。最后的坏消息，本是意料中事，接受它我是有充分思想准备的。但也出乎意料之外，我对程奇立先前报告的消息总以为或许不是真的，诊断失误的事情也是常见的。这是第一。第二，不到10个月之前我见过李衡眉，好端端一个人，怎么说走就走了呢，而且走得这么急，竟走在北京飞机场。这个坏消息无论如何也难以接受。

　　得知最后的坏消息时，我脑中立刻浮现出与李衡眉相处的日子。我与衡眉的关系不一般。他在吉林大学前后8年，跟金景芳先生念硕士、博士。我是金先生助手，8年间我们在一起厮混，没少下棋聊天，讨论学术，烟酒共享。他遇到难心事，必与我商量。我们交流不须多语，彼此灵犀相通，一句幽默一声笑就足够了。他总是客气地称我老师，而其实呢，我们是朋友是兄弟。20年间，我们或聚或散，联系是不断的。

　　近几年大家都为事业奔忙，通问少了。联系多通过金景芳先生的博士程奇立中转。他的情形一般都能知道。我听说他去了美国，到耶鲁做高级访问学者，和大女儿在同一所学校，很是高兴。接着又听说他在美国发现胃癌，开了刀，很为他担心。不过我当时认为美国医疗水平高，癌既已割除，定无大碍，只担心他访问耶鲁的计划会因病中断，怪可惜的。

　　这些情况，从他一封亲笔信得到证实。1999年2月我从国外回来，看到他先期寄达的来信。信写于1月4日，发自烟台。信中得知他在美得癌治癌的经过。已开刀切除，情况很好。1998年12月初已回国，正在逐渐康复中，料想三五年内无事。字里行间浸透一种乐观与豪爽。当时我想，就凭这点精神，十年八年没问题。可是没想到，这封信竟成了他写给我的绝笔信。我回信发挥一通放下负担，照常生活的"高"论。鼓励他不要把病放在心上，该吃该喝，照旧。

　　2000年5月下旬我到济南参加《中国孔子基金会文库》第二次审稿会，住英雄山路新华宾馆。恰巧李衡眉从上海参加华东五省市师范院校历史系主任协作会议归来路过济南，特意下车来宾馆看我。这是他得病后我第一次见到他。我有意观察他的变化。烟是照抽，酒由于我的原因那天没喝。话语依然很多很快，但极简练，重复的不多。详细地告诉我在美国得病治病的过程。概括起来有三点意思：一虽是癌症，但发现及时，还在萌芽状态就开刀了。二手术干净彻底。三他想得开，没有精神压力。和信中讲的一个样。看样子，状态真的很好，人是瘦了一些，精神头儿却一点没减。我暗自高兴，李衡眉毕竟是李衡眉，不愧山东汉子，没被癌症压倒。他说："美国医术先进，开刀又及时彻底，三五年无大碍。"和信中说的一致。他遇大变故镇定不慌我很佩服，可是癌症手术后应该进行化疗，而他根本没往心里去。不但不检查不化疗，且烟酒不变，乒乓照打，整个儿一个好人。

显然，对癌症他藐视有余，重视不足。我本该泼点冷水，告诫精神固然重要，治疗决不可忽视。但我没泼冷水却鼓了热气，重弹一番精神第一的老调。说什么越不把病放在心上，病越会悄悄离你而去。还举不少所谓身边实例做证明。

在这种想法的指引下，他有意对病不管不顾。等到出了问题跑到北京大医院诊治时，发现一切都为时已晚。最终竟在北京飞机场闭上了眼睛。

这是我与衡眉的最后一面，也是留下无限遗憾的一面。我肠子都悔青了。如果当时我劝他勿忘抓紧治疗，压一下他的"豪爽大度"，情形也许就不至于如此糟糕。

他得病误病，实与性格有关。他生性正直倔强而豪爽大度。遇事认准了，一条道走到黑，不吃硬，不就弯，不随俗。这样的人，生大气得大病有其必然性。大病上身，又豪爽大度，漫不经心，两三年下来必然归于不治。其实，癌症是可以治的，但须注意两条，一不怕，二敢治。李衡眉抓住了一松了二，结果铸成大恨。他的失误中有我的一份助力。我深感歉疚。衡眉若地下有知，现在应当明白，对癌症的任何治疗都不可能一步到位，更不会一劳永逸。所谓手术高明、精神第一的想法，不是犯傻就是自欺欺人。

安息吧，衡眉老弟。让我为你最后斟上一杯美酒，点上一支香烟。

（原刊《李衡眉先生纪念文集》，泰山出版社2002年）

再论退溪易学

　　1998年夏季，在汉城国际易学学术讨论会上，我发表了题为《退溪易学初论》[1]的论文，重点探讨退溪易学与朱子的关系问题。我的结论是：退溪易学既承继朱子又与朱子有所不同。最近看到台湾大学陈鼓应教授的《乾坤道家易诠释》[2]一文，感到退溪易学观点有一点在那篇《初论》中没说透，现在有必要再讨论一下。

　　陈先生文章指出在中国易学史上有二次扫雾的工作。雾是什么呢？雾就是指在易学史上出现的迷惑人的东西。它遮障人们的眼睛，必须予以扫除。据陈先生说，第一次雾，是"长久以来，易学界不仅以战国易来解古经，甚而以宋明易来附会古经经义，结果反而把一部原本简朴的典籍，弄得面目全非。"[3]站出来扫雾的是朱熹。朱熹认为"《易》本卜筮之书"、"《易》之作，本只是为卜筮"，"极力主张有关易学的研究应回归《周易》的本义来进行了解。""他在扫除历来旧《易》的迷雾，主张回归本义的立场，应给予高度肯定。"[4]第二次雾是在朱熹之后，人们继续"以传解经"。这第二次扫雾工作是当代易学专家高亨、李镜池等人完成的。他们的办法是严分经传。看情形，还有第三次扫雾，陈先生未明言。我体会陈文的意思，这第三次雾是人们未能把《周易》与道家联系起来，从而建立道家易。第三次扫雾的人，不言而喻，就是陈先生等道家易专家。他们扫的办法是，在严分经传的立场上，"一方面探索古易筮书中有关人生哲理的经验智慧；二方面则在古筮语言之外，探讨《易传》哲学思想的形成；再试图理清它和道家思想的渊源关系，从而试图重建道家易学"。

　　陈先生指出的易学史上三次扫雾工作的意义，如果我理解不误的话，那就是三句话：恢复《易经》卜筮之本来面目；把《易传》与《易经》划分开来，经是经，传是传；把整个《周易》划归道家。陈先生这三次扫雾的说法，在此我无意品评。第二次、第三次发生在退溪身后，与退溪无关，此不赘述，现在单说朱子第一次扫雾及其对退溪易学的影响。

　　朱子于《易》，最基本的观点是："孔子之《易》，非文王之《易》。文王之《易》，非伏牺之易。《伊川易传》又自是程氏之《易》也。"[5]但是朱子只是说伏牺、文王、孔子之《易》各有不同，伏牺、文王重在卜筮，孔子重在义理，并不曾说经是经，传是传，经传不相干。朱子说："若伏牺氏之象，文王之辞，皆依卜筮以为教，而其法则异。至于孔子之赞，则又一以义理为教，而不专于卜筮。"[6]朱子的意思，很明显，《易》本为卜筮而作，到孔子作《易传》，才从卜筮中推说出义理来。他告诫学《易》的人先读经文即卦爻及卦爻辞，懂得《易》的本指后，然后节节推去，道理尽可以无穷。可是朱子并没说读《易》懂本义之后就不必知推说义了。他只是强调读《易》要先明本义，然后知推说义。就是说，读《易》不可只读孔子《易传》而置伏牺《易》、文王《易》于不顾，颠倒经传轻重。朱子强调读《易》宜分清前后次序，首先读伏牺之《易》，只有卦爻之画，《彖》、《象》、《文言》一概没有。这才能见得易之本义——卜筮。然后读文王周公之卦爻辞，这还是就占筮说。再后是读孔子《易传》。孔子《易传》全是讲道理，可是道理还是从卜筮上发出来的，告诉人们此为什么吉，彼为什么凶。可见，朱子虽然将易分为三个不同层次，各有特点，但是他并不以为孔子之《易传》是与伏牺、文王之《易》断然分开的。如他告诫说："要须先以卜筮占决之意求经文本义，而复以传解之，则其命词之意，其所自来之故，皆可渐次而见矣。旧读此书，尝有私记未定，然循此求之，庶不为凿空强说。"[7]意谓读《易》首先以卜筮占决之意求经文本义，然后要用孔子《易传》加以解释。舍弃《易传》而只读经文是不行的。朱子认为"《系辞》自大衍数以下，皆是说卜筮事，若不晓他尽是说爻变中道理，则如所谓'动静不居，周流六虚'之类，有何凭着。今人说易，所以不将卜筮为主者，只是怕少却这道理，故凭虚失实，茫昧度臆而已。"[8]

不过，朱子对待经传关系问题，态度是矛盾的，一会儿说读《易》先经后传，经传并读，一会儿又强调读《易》要分经分传，各自推求。如他说，"元亨利贞，文王重卦只是大亨利于守正而已。到夫子却自解分作四德。看文王卦辞，当看文王意思。到孔子《文言》，当看孔子意思。岂可以一说为是，一说为非。"[9]显然经传分开对待。但是有一点，是确切无疑的。那就是，朱子认为《易》为卜筮而作。前人论《易》，皆从义理上探求，惟朱子一由卜筮而推。所以朱子虽然采取吕祖谦编的经传分开的古易版本，可是对待程颐《易传》，二人根本不同。吕氏笃信程传，朱子则于程传颇多微辞。朱子说程颐用自己的道理说《易》，不是《易》中原有的道理。

退溪于《易》承继了朱子的观点，却未曾全部接受。对于程传的态度问题，退溪意见与朱子有分歧。《易》本是卜筮之书，《易》本为卜筮而作这一观点，退溪没有接受。这两点，1998年我在《退溪易学初论》一文已有论述。退溪学问一尊朱子，而在易学方面退溪却有自己的思考。退溪未曾人云亦云地讲过《易》为卜筮而作的话，也不曾批评过程传。更重要的是，退溪不像朱子那样犹疑不定，一会儿说经传分开，一会儿又主张先经后传，经传并读。退溪非常明确，无论说《易》还是解《易》，都是经与传合观，以传解经。陈先生所说发生在朱子身上的给易学扫雾的事情，退溪似乎没有受到影响。中国易学一直到传播至韩国的时候，好象尚无人感觉到被蒙上一层雾。朱子之《易》本为卜筮而作的观点，至少据我接触到的材料，退溪没有那样的想法。退溪一直到死都对占卜不感兴趣。至于经传关系问题，退溪心中根本没有经传分观的想法。他都是依传解经，在他的言论中找不出相反的例证。依传解经的例子倒不少见。例如退溪69岁那年乙卯入侍朝讲，"因讲《论语集注》至学《易》，则明乎吉凶消长之理，进退存亡之道"，退溪推衍其道，讲"六十四卦《易》理皆具"。这一句话就申明了他以为六十四卦并非单纯卜筮之书。并且讲乾之六爻由初九到上九，是用"贵而无位，高而无民"和"穷之灾也"这几句《文言传》的话来解释上九爻辞"亢龙有悔"的。至于怎样避免"亢龙之灾",退溪又自然而然地举了《系辞传》"危者安其位者也,亡者保其存者也,乱者有其治者也"三句应之。又引了否卦九五爻辞"其亡其亡,系于苞桑",说明人君而知此"可以无大过矣"的道理[10]。可见退溪不认为经文都是无哲学意义的占筮之辞,更不认为《易传》不能用以解释卦爻辞。

另外,退溪对于时中、屈伸、谦虚、利,这些《易》之道的理解,显然都是由《易传》中体会出来的。关于时中,退溪说:"凡吾之显晦语默不可不随时消息以善身也。"[11]又说:"尧舜君民虽君子之志,岂有不度时不量力而可以有为者乎!"[12]这一思想无疑得自《象传》、《系辞传》。

关于往来屈伸,退溪说:"凡阴阳往来消息莫不有渐,至而伸反而屈皆然也。"[13]他认识到往与来、屈与伸,相互转化,但不能一刀断。退溪这一卓见也是来自《系辞传》。

关于谦虚,《易》贵谦。退溪对谦卦六爻及《象传》理解至为深刻,而且身体力行。认为为学为官都以谦为上。

关于利。《易》经言"利"者极多,几乎无卦不言"利"。退溪亦根据《文言传》理解"利"字之意义。退溪说:"自利之本而言之,利者义之和,非有不善,如《易》言利不利、《书》言利用之类是也。自人之为利而言之,在君子则为心有所为之害,在众人则私己贪欲之坑堑,天下之恶皆生于此。利之为言随处不同如此。"[14]又说:"盖利字之义,循其本而言,只是顺遂便益之名。君子之处事以义,未尝不顺遂便益。故曰'利者义之和'。"[15]退溪完全依据《文言传》释利之义,与"利者义之和也"之《文言传》之义正相符合。

以上诸例表明退溪先生治《易》从来是经传相合的。依传解经,从未将经传分开看。但这些是散在各处的零星言论。若从它的诠《易》专著《周易释义》看,则更知退溪是经传合观的。他根本没有以经观经,以传观传的意思。态度极为坚定。朱子那样一会儿经传分观,一会儿又依传释经的模棱意味,退溪是没有的。朱子释《易》,既用文王之本意,又用孔子《易传》之推说义。强调文王经文之本义是为了证明《易》本为卜筮而作,又不忘说孔子《易传》的说法,两者兼顾而实质是重点突出《易》的初始用意卜筮。朱子《周易本义》对于乾卦辞"元、亨、利、贞"四字的解释,是典型的例证。在卦辞"元亨利贞"下,朱子说:"元亨利贞,文王所系之辞,以断一卦之吉凶,所谓彖辞者也。元,大也。亨,通也。利,宜也。贞,正而固也。文王以为乾道大通而至正,故于筮得此卦而六爻皆不变者,言其占当得大通而必在正固,然后可以保其终也。此圣人所以作《易》教人卜筮而可以开物成务之精意。余卦仿此。"这里讲卦辞采用了文王教人卜筮之本义,后来讲到孔子《文言》,又采取四德的说法。说:"其以圣人而言,则孔子之意,盖以此卦为圣人得天位,行大道,而行太平之占也。虽其文义有非文王之旧者,然读者各以其意求之,则并行而不悖也。坤卦仿此。"钱穆先生评论说:"二程解经不合经意者多矣,朱子不尽废。惟朱子自解经,则务求其合本义。其论

《易》,分别文王卦辞与孔子十翼不同。十翼亦是解经,然《易》之本义有不如此。此等分别,实是太堪玩味。"[16]我同意钱先生的看法,朱子实际上肯定文王作卦辞的卜筮本义,不赞成孔子、程颐解《易》与本义不同之处,然而他又一概取而不废。

退溪的《周易释义》与朱子异。退溪不强调孔子十翼与文王卦辞之不同。[17]退溪卦爻辞与《彖传》、《象传》、《文言传》混到一起讲。干脆不讲乾卦卦辞,对朱子大通利于正固的解释,也不予注意,而对孔子《文言传》四德说则极重视。于其余各卦之《彖传》、《象传》以及六十四卦后之《系辞传》都特别重视。就是说,退溪不曾像朱子那样把经文与传文截然分开。

朱子易为卜筮而作的观点,当时或以后未得很多人认同。他自己也承认,例如朱子晚年70岁说:

> 如易,某便说道圣人只是为卜筮而作,不解有许多说话。但是此说难向人道,人不肯信。向来诸公力来与某辨,某煞费力气与他分析。而今思之,只好不说,只做放那里,信也得,不信也得,无许多力气分疏。[18]

同时他又说:

> 某尝说,如有人问《易》不当为卜筮书,《诗》不当去小序,不当叶韵,皆在所不答。[19]

《语类》又云:

> 先生意不甚满于《易本义》。盖先生之意,只欲作卜筮用,而为先儒说道理太多,终是翻这窠臼未尽,故不能不致遗恨云。[20]

朱子又说:

> 《易》且看程先生传亦佳,某谬说不足观。然欲观之,须破开肚肠,洗却五辛渣滓,乃能信得及耳。[21]

钱穆先生说:

> 朱子《易本义》,在当时未得人信受。[22]

钱说恰合当时实情。从后世的观点看,比较而言,程传之影响要比朱子《本义》不知大多少。元明清人读易多信程传。李光地主编《周易折中》虽然列《本义》于首位,但涉及具体意见,于《本义》却不乏指点批评之处。这对韩国易学的影响较大,韩国从中国引入易学,首先是朱子的《本义》和《启蒙》。但随后程传亦引入。在韩国至今流传程朱二书的合刊本,叫做《传义大全》。可见,无论在中国在韩国,《本义》并未把程颐《易传》打倒。这可能与朱子对程传抱着既批评又肯定的态度有关。陈鼓应先生说朱子在易学史上的第一次扫雾工作,实未成功。如果说迷雾确实存在的话,那么,朱子扫了之后依旧存在。

韩国人治《易》,对待朱子的态度,退溪可谓最具有代表性。概言之,大致是这样的:崇敬朱子,在理学方面以朱子是非为是非。而在易学方面,则不完全如此。朱子说《易》为卜筮作,退溪没完全相信。朱子说孔子《易传》有不合经文本义之处,退溪不以为然。朱子不希望学者读程传,退溪则主张读《易》把程传放在第一位。更为重要的, 朱子在经传关系上, 态度犹疑不定, 而退溪则坚定地实行经传合观。我综观退溪全集, 未发现退溪有离开《易传》解释《易经》的说法和做法。

注释:

[1]吕绍纲:《退溪易学初论》,《国际易学研究》第5辑, 华夏出版社1999年。

[2][3][4]陈鼓应:《乾坤道家易诠释》,《中国哲学史》2001年第1期。

[5][6][7][8][9][16][18][19][20][21][22]钱穆:《朱子新学案》第4册, 台北: 三民书局1989年, 第17、16、21、11、25、25、19、20、20、22、20页。

[10]《退陶先生言行通录》, 韩国启明汉文学研究会编:《退溪先生文献全集》第17册, 第546页。

[11][12]《李子粹语》卷三, 韩国启明汉文学研究会编:《退溪先生文献全集》第7册, 第338、33页。

[13]《退溪先生书节要》卷三, 韩国启明汉文学研究会编:《退溪先生文献全集》第4册, 第96页。

[14][15]《退溪先生自省录》卷一, 韩国启明汉文学研究会编:《退溪先生文献全集》第4册, 第96、108页。

[17]《周易释义》, 韩国启明汉文学研究会编:《退溪先生文献全集》第16册。

（原刊《周易研究》2003年第1期）

再议道德建设

我一直感到道德建设是个很大的问题。1997年写过一篇题为《道德建设刍议》的小文登在《史学集刊》1998年第2期上，似乎没有引起注意。我继续思考，经过4年，现在又有三点补充：一、道德继承问题，二、道德建设问题，三、道德范畴问题。

第一、道德继承问题。这在过去是个极敏感的问题，沾火就犯。60年代学术界有过激烈讨论。占上风的意见是新阶级新时代对旧道德不应该也不可能继承。阶级之间和时代之间都是割断的。最后导致与传统彻底决裂的结论。结果给全社会造成多大的伤害，不说大家也心中都有数。

实践说明，道德必然代代继承，决不可隔断。这是社会自身运动的客观规律，是不可随意改变的。一个民族的文化基因（道德是文化的一部分）和它的血缘生理基因大体一样，是代代遗传的。两种遗传都是无意识的，而且都是民族的，某人或某些人的意识不能改变。

这个道理，孔孟都看得十分清楚。孔子有一段著名的话讲继承问题。孔子说："殷因于夏礼，所损益可知也。周因于殷礼，所损益可知也。其或继周者，虽百世可知也。"（《论语·为政》）言语虽不难懂，我却好久才悟解它的意义。乍看，觉得只是讲夏殷周三代一代继承一代。再读，看出孔子强调继承有损益。近日又读，方悟出孔子此话深意在损益有客观规律，故损益可知。也就是说，孔子看到了历史发展的继承有着客观的必然性，人的意识不能左右。《礼记·大传》讲治天下有可与民变革者有不可与民变革者，所言也是这个意思。

讲继承，当然包括道德问题。孔子所言还在议论层面，至孟子就涉及实际了。《孟子·滕文公上》讲人伦道德有所谓"父子有亲，君臣有义，夫妇有别，长幼有叙，朋友有信"的"五教"，可是尧舜时代的"五教"是"父义、母慈、兄友、弟共、子孝"。父、母、兄、弟、子，纯系个体家庭的血缘关系，家庭血缘关系以外没有讲到。到孟子的战国时代，家庭伦理关系缩为三种关系：父子关系、夫妇关系、长幼关系。表明战国时代已明确形成父系的一夫一妻制的个体家庭。除家庭伦理关系以外，增加了君臣关系和朋友关系。社会发生变化，社会关系发生变化，道德价值观和道德范畴也跟着变化。父子关系、夫妇关系、君臣关系确定下来，至汉代就形成了"三纲"的道德价值观。

从孔孟到现在，两千多年来中国社会一再发生变化，人们的人生观、价值观与先秦相较，已经根本不同。与汉宋比较亦相差何啻霄壤。但是社会仍以个体家庭为细胞，基本的人伦关系还是父子、夫妇、君臣、朋友五项。价值观彻底地变了，父为子纲、君为臣纲、夫为妻纲的"三纲"观念今已根本抛弃。君臣关系转为一般上下级关系，朋友有信一项被血缘亲属关系以外的各式各样关系所取代。

现代中国人道德系统大体上应由三种因素构成。一是几千年积淀下来的旧道德，即人们常说的优秀传统文化中的传统道德，它的核心是孔孟提倡的仁义礼智信。一是近百年来人民革命历程中形成的新道德，即人们常说的革命道德，它的核心是毛泽东提倡的"为人民服务"。革命道德也已成为传统。新的传统道德对旧的传统道德不是排斥、否定，而是扬弃、融合。两种传统道德已经融合为一体，应当说，后者是主体部分。就个体的人而言，两者都重要。一个有道德的人，必然合乎新的传统道德，也合乎旧的传统道德，不能设想，一个完全、彻底为人民服务的人，却做不到仁义礼智信。除此，中国人的道德系统还应有第三种因素，即与社会主义市场经济相谐调的体现当代精神的道德取向和道德范畴，然而道德与政治、法律不同，道德需要一段较长的时间逐渐形成。时下还看不出有什么超出上述两类传统道德之外的新的道德范畴出现。

道德是一条历史长河，是一个长期形成的文化传统，因而必然是继承的。就一个民族而言，继承就是遗传，和血缘生理的遗传一样，是无意识的。任何企图拦腰断流，从头开始的想法和做法，都是不可能实现的妄想。

第二、道德建设问题。对于国家、社会来说，这是个难办的问题。例如，与法律建设相比，就复杂得多，麻烦得多。法律建设是自外而内，虽也要靠公民自觉，而主要靠国家管理。国家立法，制定法律条文，公民知晓不违犯就是了，一切依法条为准绳，谁犯法谁受惩办。在我们的社会主义国家虽然也须重视公民法律教育，使公民自觉遵纪守法，但是毕竟国家的管理是主要的，不直接涉及公民道德修养问题。道德建设是自内而外，也要靠国家管理，但公民自觉是根本的，尽管国家可以通过种种渠道，采取不同的办法，进行公民道德建设的管理，但是最终解决道德问题还是要靠公民自觉的修养。道德问题不可以强制解决，即使有良好环境、正确舆论、适当氛围的影响熏陶，也绝对少不了个人自觉。离开个人自觉，任何外力都将徒劳无功。白发老母控诉不尽抚养义务的不肖子，纵然胜诉，也是可悲的事情。

说千道万，道德建设，根本的问题是人人靠自觉。国家两手都要抓，两手都要硬。外因必须有，但是外因必须通过内因起作用，道德建设尤其应该如此。

这一道理古人讲得很清楚。孔子、孟子都这样说也这样做。孔子答颜渊问仁说："克己复礼为仁，一日克己复礼，天下归仁焉。为仁由己，而由人乎哉！"（《论语·颜渊》）马融、朱熹的注释全不合孔子本意。宜依清人俞樾《群经平议》作解[1]，训"克"为能，"己复礼"三字连续。全段意谓能自己回复到礼上，就做到仁了。下句所以接着说，"为仁由己，而由人乎哉！"清清楚楚地指明为仁是由己，不可以假人之手。礼是当时仁的表现形式。一个人能自己视听言动都不违礼，仁就实现了。孔子认为仁本非难事，"吾欲仁，斯仁至矣"（《论语·述而》）。只要自己想到仁，仁就到了，仁是最高的道德范畴，说仁其实是说道德，孔子这句话的要害正在于指明一个人的道德修养成功与否，全在自己不在别人。孔子还特别强调一个人学习的目的是解决自己的问题，而不是解决别人的问题。孔子说："古之学者为己，今之学者为人。"（《论语·宪问》）所谓古今者，是非也。为己者是，为人者非也。

实际上孔子在各方面都体现了这一思想。例如论及学习，孔子说："不愤不启，不悱不发，举一隅不以三隅反，则不复也。"（《论语·述而》）学生启而能发，举一能反三，能自己进行思考，教师的教才能奏效。知识是自己学得的，不是别人灌输的，教师教，也须因材施教。同一问题，孔子回答必因人而异。孔子认为，一个人知识获得和道德的修养，都要靠自己，做学问干事业，首先是解决自己的问题，把自己造就成为有道德有修养的君子人。活着，管好自己，是人生第一要务。

梁漱溟先生说："孔子的学问，概括一句话就是反躬修己。"[2]梁先生说得不错。我们都说孔子思想在一个仁字。仁是什么？孔子说"仁者人也"（《中庸》），仁就是人。反之也可以说人者仁也。人就是仁。"克己复礼为仁"能自己做到礼就是仁。礼是什么？礼是仁的表现形式，其实也就是人与人的关系问题。人与人的关系不过两个层面，一是人与己，一是义与利。这两个关系处理妥当，也就成为君子。而处理妥当，关键在自己。孔子说他自己"学而不厌"，强调如何把自己修养成君子。又说他"诲人不倦"，告诫人们如何使自己成为君子。孔子想问题，重点在人人立足自身，反观自身，修养自身——反躬修己。梁先生的话切中肯綮。

反躬修己思想的理论根据是性善论。人能够自己解决自己的问题，自觉向仁人君子方向发展，就是因为人性是善的。孔子未明讲人性善。我曾经以为性善论是孟子发明，孔子仅仅说过相近相远的话，[3]仔细考虑一番，孔子虽未明言人性善，但实际上是性善论。"仁者人也"（《中庸》）一句话足以表明孔子认定人性是善的。

孟子提出仁义礼智之四端说，求放心说，明确讲出人性善的理论，从而形成一套完整的心性学说。[4]除此，孟子更加直接细密地论述了反躬修己的思想。孟子说："万物皆备于我，反身而诚，乐莫大焉。强恕而行，求仁莫近焉。"（《孟子·尽心上》）"反身而诚"就是孔子的忠恕之道。忠恕二者都是讲行仁由自身做起。曾子说："夫子之道，忠恕而已矣。"（《论语·里仁》）子思说："忠恕违道不远"（《礼记·中庸》），皆与孟子所说"强恕而行，求仁莫近焉"语意一致。而孔子说："能近取譬，可谓仁之方也矣"（《论语·雍也》），则是思孟说法之根源。忠恕还不是仁，但离仁不远。一个人如果能从自身做起，把忠恕做到极致，便达到了仁。可见孟子讲"反身而诚，乐莫大焉，强恕而行，求仁莫近焉"，是发挥了孔子反躬修己的思想，而更加细密透彻。

反躬修己思想的理论前提显然是性善论。孔曾思孟都相信人性是善的，人通过反躬修己的途径成为仁人君子，除此别无他途。孔孟思想之可贵在此，之可悲亦在此。至战国，事实上恶人恶事很多，尤其王侯将相杀人盈城盈野者屡见不鲜。人们并不像孟子想象那样"强恕而行，求仁莫近焉"。难怪东汉赵歧说他"迂远而阔于事情"[5]。这顶帽子扣到孔子头上也是可以的。然而这不说明孔孟反躬修己的主张不对。问题出在时上。孔孟的主张治世有效，乱世不管用。所以与孟子同时而稍后出现了荀子的性恶论。性恶论与孟子大唱反调。荀子说："人之性恶。其善者伪也"，"故古者圣人以人之性恶，以为偏险而不正，悖乱而不治，故为之立君上之势以临之，明礼义以化之，起法正以治之，重刑罚以禁之，使天下皆出于治合于善也，是圣王之治而礼义之化也"（《荀子·性恶》）。荀子认为人性恶，若一依情性，必为恶无疑。欲使人背恶向善，非用礼义教化、法度整治、刑罚禁止不可。荀子力诋孟子，斥孟子"略法先王而不知其统"（《荀子·非十二子》）。实际上成为儒家一支别派。韩非承继乃师荀子，而成为法家后劲。法家不迂远不阔于事情，却走向另一极端，道德不讲，反躬修己不讲，一切以整人治人为能事。

自秦汉以来两千多年间，孔孟反躬修己的理想并未真正得以实现。反躬修己既要有一个良好的德治环境也要有一个良好的法治环境。封建社会法治根本没有，只有严刑峻罚，良好的德治环境未见形成。只有在现今的中国。法治社会逐渐成熟，以德治国已成为国家的政策。在这种情形下，公民的道德修养才有可能走上反躬修己的主航道。新中国成立以来，自我批评一直是人们改正错误提高道德修养的有力武器。"马列主义尖朝外"已成为对某些厚责于人的人之尖锐嘲讽。可见，人们的价值观已在反躬修己上定了格。但是经验告诉我们，几十年来"吾日三省吾身"的人比较少而目光紧紧盯住别人的人则比比皆是。该强调一下反躬修己了。虽然道德建设根本在于自律自修，但是国家的管理仍然是十分重要的。所谓两手都要抓，两手都要硬，就是这个意思。国家不去抓，不去引导，道德自律自修也就要落空。孔子不是学而不厌，诲人不倦，两条都说吗！

第三、道德范畴问题。在任何时代的道德建设中道德范畴一项都极端重要。道德范畴总要后代继承前代。一个道德范畴往往流传一两千年不变，而内涵要有损益。往古代看，仁这个范畴是最重要的，它最早出现在《书》《诗》中。今文《尚书》之《金縢》有"予仁若考"，《诗》之《郑风·叔于田》中有"洵美且仁"句，《齐风·卢令》有"其人美且仁"句。三句话中"仁"的意义不过说人好，是形容词，还不是道德范畴，到了《周礼》，仁便具有道德范畴的意义。《周礼·大司徒》"乡三物"有所谓六德、六行、六艺。六德是：知仁圣义忠和，六行是：孝友睦姻任恤。六德显然是道德范畴，下文未说违反六德者如何处罚。六行则不然，违反者有乡八刑处置，可见是硬性规定，不是道德范畴。仁在六德之中，是重要的道德范畴，郑玄注云："仁，爱人以及物"。分明是要求人应具有的品德。仁字在《周礼》中正式成为道德范畴，比《书》、《诗》大进一步。

到了《春秋》三传，仁字成为各国政界的常用词。三传"仁"字共42见，"仁人"共9见，"仁者"共5见，仁义连用者一见。仁字且用以评价国君和六卿，因而与政治发生关系。《左传》宣公四年郑公子归生在子公胁迫下违心地参与子公弑灵公的行动，成为弑君的首恶。《左传》"君子曰"评他是："仁而不武，无能达也"。《谷梁传》僖公二年记"城楚丘"，而曰"仁不胜道"。齐桓公封卫，是仁的举动，但他非天子无专封诸侯之权,封卫是违道行为,故"虽通其仁,以义而不与也"。说明在春秋时代,仁是有条件的。郑公子归生有仁无勇。结果仁未达到,反成了弑君贼。齐桓公行仁而违道,也受到《谷梁传》的批评。

至孔子,仁成为纯正的道德范畴有三层含义。第一层含义是揭示人的本质,这是以前不曾有的。孔子说:"仁者人也,亲亲为大。义者宜也,尊贤为大。亲亲之杀,尊贤之等,礼所生也。"(《礼记·中庸》)仁表现人的血缘关系,义表现人的非血缘关系。礼是这两种关系的外部表现。马克思说过:"人的本质并不是单个人所固有的抽象物。在其现实性上,它是一切社会关系的总和。"[6]孔子的话跟马克思的话意思相同,可以说是关于人的本质的中国式的古老表述,仁的这一层含义是孔子的发明,是前所未有的。

孔子仁范畴的第二层含义是一种理想的人格,即仁者。做个仁者不容易。仁者不必是君子,但仁者必不是小人。故孔子说:"君子而不仁者有矣夫,未有小人而仁者也。"(《论语·宪问》)仁者必勇,故仁者无畏,必要时,可以杀身成仁。但仁者不必死,只要能够维护正义原则,不死也是仁者。

孔子仁范畴的第三层含义是指示为仁方法。为仁贵在自觉,贵在坚持,贵在推己及人,正确对待人与己的关系。

总之,仁到了孔子那里发展成为一个内容丰富的道德范畴,一个体系。它的主干和基点是关于人的本质的规定。仁义礼三者的统一构成人的本质。不存在抽象的、超社会的人。仁义是人的本质内容即两种社会关系的总合。礼是人的本质内容的表现形式。仁义的内容和礼的形式的统一,就是人。孔子的过人之处在于他把仁义礼三者作为整体考察,揭示了人的本质。并据以给人们指出一条仁义礼三位一体的反躬修己的修养目标。

孟子把仁范畴向前推进一大步。第一,孟子明确提出性善论的学说,为孔子的反躬修己主张的实现奠定了理论基础。第二,孟子更加强调仁、义、礼不可分的关系。第三,将仁义连言。第四,将仁的意义推衍至政治层面,要求国君要做仁人,还要行仁政。孟子说:"君仁莫不仁,君义莫不义,君正莫不正,一正君而国定矣。"(《孟子·离娄上》)又说:"乐以天下,忧以天下。"在孟子这里,仁义由个人的反躬修己行为扩展成为治国平天下的大事。

一个民族有一个民族的道德范畴。它在历史长河中逐渐形成,它既有继承性又有时代性,它既是稳定的又是变化的。近百年来,孔孟传下来的道德范畴仁义礼智逐渐转化为"为人民服务"。"为人民服务"是革命战争年代毛泽东正式提出的。它的精神集中体现在《纪念白求恩》、《为人民服务》和《愚公移山》中。"为人民服务"已成为人民大众口头常用语,它涵盖着仁义礼智的全部内容。它和孔子的仁一样,也有三层意义。第一,它也揭示人的本质。人的本质仍然是血缘和非血缘关系的总合。不过在革命战争年代由于政治斗争的缘故,同志关系和群众关系居于凸显地位,血缘家庭关系相对冲淡。但是个体家庭仍然是社会的细胞,血缘家庭关系仍然是人们的基本关系。第二，它指出做人的标准，是对人民极端的负责任，对同志极端的热忱，有益于人民。这样的人岂不就是孔子要求的仁人！岂不就是己欲立而立人，己欲达而达人。对人民极端的不负责任，对同志麻木不仁，漠不关心，遇事先己后人，拈轻怕重，这样的人不符合新人的标准，也不符合旧人的标准，岂不就是孔子所一再反对的小人！第三，它指明做个有益于人民的人的途径：为人民服务完全、彻底。自大处说，为人民利益而生，为人民利益而死。自细处说，由关爱自己的父母兄弟姊妹而及单位同事，左邻右舍以及相识不相识的同胞，在一切方面发扬集体主义精神，互相关心，互相爱护，互相帮助。

近年来中央提出"三个代表"的学说。共产党代表先进文化，代表先进生产力，代表人民的根本利益。这"三个代表"具有明显的政治涵义，它针对党内而言，并不要求每个社会成员做到，但是希望所有的人都朝这一方向努力。它是政治范畴，也是道德范畴。江泽民提出的"三个代表"和毛泽东提出的"为人民服务"，本质相同，差别是时代背景不同。"为人民服务"出自革命战争年代，"三个代表"出自和平建设年代，各具不同时代精神，又都属于新社会的道德范畴。

它们对于孔孟的道德范畴仁义礼智都有所继承又有所损益。"为人民服务"和孔子讲的仁是一致的。差别在于政治环境不一样，"为人民服务"出自革命战争年代，当时阶级的矛盾突出地表现为敌我对抗，所提倡的"为人民服务"要有鲜明的敌我分界。就是说，爱要首先分清敌我。孔子提倡的仁爱也不是博爱，爱的对象是有区别、有差等的。爱所当爱，恨所当恨，就是义。"义者宜也"，这一点，"为人民服务"与孔子的仁义基本上一致。

江泽民"三个代表"的"代表人民的根本利益"与毛泽东的"为人民服务"的精神完全一致。"三个代表"出自和平建设年代，所代表之人民具有广泛的意义。所有参加社会主义和平建设的社会成员都是人民。因而共产党"代表人民的根本利益"就与孟子提倡的仁政意义相同。而孟子在手中无权情况下劝梁惠王行仁政，无异于纸上谈兵。共产党讲"代表人民的根本利益"，则不简单是道德说教，而是说干就干的政治行为了。当年孟子讲"乐以天下，忧以天下"，不过自吹自诩而已，后世范仲淹推衍的"先天下之忧而忧，后天下之乐而乐"也是照着孟子讲大话，真正把吃苦在前、享乐在后付诸行动的，是近世诸多共产党人士。

道德建设中的道德继承主要是个认识问题。我们必须认识到，后代继承前代，有损有益是道德发展的必然规律。任何拦腰截断，一切从头做起的想法都是愚蠢的，不可行的。记住并且不再犯"文革"的错误，是我们这一代人的天职。道德建设的具体措施定在立足于反躬修己，人人都先管好自己，然后管别人。反躬修己也须国家来管来抓，放任自流也就没有反躬修己。道德范畴目前尚不健全，亟须抓这方面的建设。孔孟的道德范畴仁义礼智以及孝弟勤俭等等不妨试着使用，至少不能搁置，更不可反对。近百年来形成的"为人民服务"的革命传统道德必须发扬光大。近年提出的"三个代表"的说法既是政治范畴也是道德范畴，把它作为道德范畴对待，更有意义。

注释:

[1] 《论语·颜渊》:"克己复礼为仁,一日克己复礼,天下归仁焉。为仁由己,而由人乎哉。"汉人马融注:"克己,约身。"克己与复礼分开各二字连续,朱熹《论语集注》说:"克,胜也。己,谓身之私欲也。复,反也。礼者,天理之节文也。为仁者,所以全其心之德也。盖心之全德,莫非天理,而亦不能不坏于人欲。故为仁者必有以胜私欲而复于礼,则事皆天理,而本心之德必全于人矣。"孔安国《论语》注:"复,反也。身能反礼,则为仁矣。"俞樾《群经平议》:"按孔注训克为能,是也。此当以'己复礼'三字连文,'己复礼'者,身复礼也,谓身归复于礼也,身复礼即为仁矣,故曰'克己复礼为仁',下文曰:一日克己复礼天下归仁焉。为仁由己,而由人乎哉! 必如孔注,然后文义一贯。孔子之意以己与人对,不以己与礼对也。"俞氏据孔注指出"己复礼"三字连文,这一点至关重要。只有这样,才有可能把"克己复礼为仁"这句话讲明白。"己复礼"当然就是自我复礼,不是要别人复礼或要别人为我复礼。俞氏不足之处是明知朱熹把礼释作天理,把己释为私欲不对,也不敢碰。

[2] 1984年秋季中国孔子研究会成立,在北京孔庙举行纪念孔子大会。梁漱溟先生应邀到会,做十分钟即席发言。梁先生发言简短有力,至今言犹在耳。梁先生说:"孔子的学问,概括地说不过反躬修己四字而已。"梁先生这句话笔者当时不以为然。然而反复推敲了18年,仍推不倒。

[3] 孔子说:"性相近也,习相远也。"见《论语·阳货》。我据此曾认为孔说性相近而已,未道性善。性善是孟子首先提出的。见拙文《性命说》,刊于《孔子研究》1999年第3期。

[4] 《孟子·滕文公上》:"滕文公为世子,将之楚,过宋而见孟子。孟子道性善,言必称尧舜。"《孟子·告子上》孟子与告子辨人性。告子曰:"人性之无分于善不善也,犹水无分于东西也。"孟子曰:"水信无分于东西,无分于上下乎? 人性之善也犹水之就下也。人无有不善,水无有不下。"1998年文物出版社出版《郭店楚墓竹简》。郭店简有《性自命出》篇,一般认为时代早于《孟子》,思想当属于子思。关于人性方面的观点大体与《孟子》同,但有所差异。证明孟子的性善论是从孔子、子思那里一步步发展来的。

[5] 见东汉赵岐《孟子题辞》。

[6] 《马克思恩格斯选集》第1卷,人民出版社1972年版,第18页。

＊此文为与关晓丽合作
(原刊《吉林师范大学学报》2003年第1期)

《周易》——辩证法的源头

在人类辩证法发展史上,希腊哲学一向特别受重视,在欧洲人看来,希腊哲学是辩证法的源头。恩格斯在言及只有较高发展阶段上的人才能具有辩证思维时,所指是佛教徒和希腊人。[1]还说希腊人"无所不包的才能和活动,给他们保证了在人类发展史上其他任何民族所不能企求的地位……在希腊哲学的多种多样的形式中,差不多可以找到以后各种观点的胚胎、萌芽"。[2]列宁明确地说:"如果恰如其分地阐述赫拉克里特,把他作为辩证法的奠基人之一,那是非常有益的。"[3]马克思主义经典作家们这一论断是就欧洲情况讲的,如果就全人类而言,则这一问题有必要进一步探讨。实际上,中国《周易》的辩证法无论论产生之早晚还是论思维水平之高低,与希腊人相比,都有过之而无不及。应当说,《周易》才是人类辩证法的源头。本文拟就此问题发表一点粗浅看法,当与不当,有请方家批评指正。

一 《周易》的辩证法建立在朴素唯物论的基础之上

《周易》的辩证法是以唯物论为前提的,它的对象是人类通过感觉可以认知的客观存在的具体世界,连而及之也包括人的价值世界。它通过感觉和理性从两个世界抽象出规律来。这规律即《周易》"一阴一阳之谓道"的道。它与希腊赫拉克里特提出的"逻各斯"概念相似,是客观的,存在于两个世界之中,不在两个世界之外。《周易》说:"形而上者谓之道,形而下者谓之器。"[4]道与器在一起,不须臾离。与柏拉图的绝对理念、黑格尔的绝对精神、基督教神学的造物主、上帝不同。

《周易》肯定感觉作用,认为知识由感觉获得。所以它说:"仰则观象于天,俯则观法于地。观鸟兽之文与地之宜。近取诸身,远取诸物。于是始作八卦。"[5]《周易》也肯定理性的作用。《系辞传》里有"河出图,洛出书,圣人则之"的话,后人附会说河图洛书来自龙马神龟,圣人则之以作八卦。这与《周易》本身的观点相抵触,不足信据。《系辞传》反复强调《周易》是圣人作的,仰观俯察,极深研几,立象设卦,非聪明睿知的圣人不能为,圣人在中国古人的心目中是最高智慧和理性的象征。通过仰观俯察,远取近取,即感觉获知的,是个别实例。把实例抽象为规律,由个别达到一般,形成八卦、六十四卦的辩证法系统,则是圣人——智慧、理性的功劳。

《周易》的辩证法建立在唯物论的基础之上,在古代世界是无与伦比的。早孟子30多年出生的古希腊哲学巨匠柏拉图,发现了对立统一规律,例如他说"困难而又真实的工作在于揭示出另一物就是这同一物,而这同一物也就是另一物,并且是在同样的观点之下。"[6]这当然是很辩证的思想,但是柏拉图的辩证法建立在错误的基础之上,当他讲对立统一的时候,讲的是概念之间的关系,而他的概念独立于具体世界之外,永固不变,带有先天的性质。他认为概念(也叫理念),是真实的,而全体世界为虚幻不实,是理念的摹本,是造物主按理念的模型造出来的。

《周易》则相反,它的本体是宇宙万物,而八卦、六十四卦才是摹本,它摹拟具体世界,不用语言表述而用一种举世无双的"象",这"象"的妙用在于它不是死的绘画、雕塑、摄影,而是活的动的符号体系,能够不用语言就把变动不居、千变万化的具体世界直接显示出来。

《周易》未能抽象出"物质"、"存在"的概念,但是它说:"有天地然后万物生焉,盈天地之间者唯万物。"[7]用"万物"这一概念概括自然界,并且肯定"万物"是天地间唯一的存在,它又说:"有天地然后有万物,有万物然后有男女,有男女然后有夫妇,有夫妇然后有父子,有父子然后有君臣,有君臣然后有上下,有上下然后礼义有所错。"[8]天地万物出于自然,人类社会是自然的产物。上帝或任何造物主在此没有立足之地。

从宇宙论上说,它说"易有太极,是生两仪,两仪生四象,四象生八卦。"[9]讲的是八卦生成的原理,而八卦的生成恰是对宇宙生成的摹拟。此句中易字指世界的变化,当然也指变化中的世界。两仪即阴阳亦即乾坤。两仪、太极虽两言,其实一事。两仪是二也是一,故也是太极。太极是一也是二,故也是两仪。两仪者,太极之两仪也。太极者,两仪之太极也。两仪互根,阴至极而生阳,阳至极而生阴。阳由阴极来,阴由阳极来。阴阳究竟谁为先,不能定亦不须定。

《周易》讲"有天地然后有万物",只讲到天地,天地之前不讲。没有先有太极而后生出天地的意思。天地像阴阳(乾坤),不等于阴阳。天地是实例,阴阳则是实例之抽象。阴阳因太极而互根互生互动,太极就在阴阳之间,离开阴阳便无所谓太极。宇宙天地万物之本质不是别的,就是阴阳。不是说阴阳之先之外另有太极,太极为一物,阴阳为一物。阴阳本没有,由太极所生。阴阳,是古人说的气,今人说的物质。

在中国古代,许多思想家与《周易》有不同的观点。道家老子说"万物负阴而抱阳,冲气以为和"[10],看到了阴阳的普遍意义,但是一旦触及本原问题他又说,"道生一,一生二,二生三,三生万物"[11],"天下万物生于有,有生于无"[12],把宇宙万物的本质、本体归于道归于无。不管道、无做何解释,它们不是阴阳不是气,是肯定的。庄子更把道架在太极之上描述说:"自本自根,未有天地,自古以固存"[13]。庄子描述的道,与柏拉图的绝对理念大同小异。宋代理学家们明里标榜《周易》,实则接着老庄说。周敦颐画太极图又作《太极图说》,说"无极而太极,太极动而生阳,动极而静,静而生阴"[14]。在太极之上加个无极,已入道家窠臼,又讲太极生阳,阳生阴,动专属阳,静专属阴,更离《周易》远甚。朱熹一生对周氏《太极图说》讨论至多,基本的意思是"太极,形而上之道也;阴阳,形而下之器也"[15],"太极生阴阳,理生气也"[16],

明确认定阴阳(气)是被太极(道、理)创生出来的。这思想不属于《周易》。

我们必须承认,《周易》的辩证法建立在朴素唯物论的基础之上,与柏拉图不同。

二 《周易》展示的是一个永恒变化、生成、消逝着的世界

古人给八卦、六十四卦、三百八十四爻这书取名叫"易",可谓名副其实。后世不少思想家对"易"字作过解释。司马迁说:"易以道化。"[17]郑玄说:"易一名而含三义:易简一也,变易二也,不易三也。"[18]王弼说:"卦者时也,爻者适时之变者也。"[19]孔颖达说:"易者变化之总名,改换之殊称。"[20]程颐说:"易变易也,随时变易以从道也。"[21]都明确地指出《易》是讲变化的书。他们的正确认识得自《周易》本身,《易传》"生生之谓易"[22]一语概括了《易》及其反映的世界只是生生的过程。生生,生而又生,生生不息。凡物有生亦有灭,此一物灭,另一物又生。大者天地人类,小者一石一粟,全在亦生亦灭的过程中。生即意味着灭,灭即意味着生。万物"各正性命",同时开始亦生亦灭的过程。所谓"日新之谓盛德"[23],所谓"易穷则变,变则通,通则久"[24],即是此意。"日新",一切物事,此时是它又不是它。然而变而通之则久,在相当一段时间内还是它。有人因此说《周易》哲学是生命哲学或生成哲学,是有道理的。

荀爽、虞翻、朱熹并谓生生是阳生阴,阴生阳,阴阳相易相生,乃似是而非之见。阳生阴,阴生阳,阴阳相易相生,等于一阴一阳之道,是生生的动力、原因,不是生生本身。清人胡煦说:"生生者非阴生阳,阳生阴也。乃消息盈虚,相续不穷之义。如四象由阴阳而生,却已易为四象;八卦由四象而生,却已易为八卦。又如祖、父之生子、孙,而代已易矣,时之与物莫不有然。易者变易不居,相循不息,故曰生生之谓易。"[25]抓住了"生生"的要领。《易传》在说了"一阴一阳之谓道"后紧接着说"继之者善也,成之者性也"[26],意谓一乾一坤,交互作用,经过元亨利贞的历程。万物得以继善成性,各正性命。一物既臻成熟,将贞下起元,生成另一物。如此继续不断,永无尽头,就是"生生"。胡氏之说正同此义。

《易传》"生生之谓易",反映八卦六十四卦三百八十四爻的实际情形。八卦表征宇宙万物的八种性质,相对是静态的。六十四卦才反映永恒变化、生成、消逝着的世界,它是动态的。赫拉克里特说的"人们不能两次踏入同一条河流"的话,纵然精彩无比,不过是个实例,而《周易》六十四卦三百八十四爻是无所不包的动态系统(这系统之产生经历至少两千多年时间,经过几位聪明睿智的"圣人"逐渐完成,是中华民族传统智慧的集中代表)。它由具体到抽象,又由抽象到具体,既看到世界变化的总面貌,又指出各个细节。它给我们的不是几个概念和命题,而是一个整体和部分兼俱的宇宙模型。它不但帮助你认识世界,又指导你如何适应世界,把握人生。

《周易》六十四卦的卦序是有意义的。传世本《周易》六十四卦以乾坤居首,以既

济未济殿后。乾元亨利贞，坤元亨利牝马之贞，乾健坤顺，二者交融合德，化生万物，标志一过程的开始。既济未济殿后，标志一过程的结束。既济离下坎上，六爻皆当位皆正应，矛盾已消除，仿佛大川已济，天下太平，本应放在六十四卦最后，表示过程结束，但是最后一卦是未济不是既济。未济坎下离上，六爻阴居阳，阳居阴，皆不当位，本应列既济之前，而今放在最后。这含有一个深刻的思想：一切事物的发展过程，有终必有始，旧过程终结与新过程开始是同一件事。既济是终结却不似终结，故置前，未济不是终结却似终结，故居后。这表示新旧过程是连接着的，不能隔断。乾坤既未四卦卦辞以及《易传》的思想与乾坤居首、既济未济在后的卦序正相符合。马王堆汉墓出土的帛书《周易》，卦辞、《易传》与传世本《周易》基本相同，而卦序是另外一种，它乾坤不相接，最后两卦不是既济未济。说明帛书卦序的排列者不是卦辞作者，也不是《易传》作者，一定在孔子之后，他或者根本不理解《周易》之哲理，或者出于另外的目的。

六十四卦是一个完整的序列，反映大的发展过程。例如天地自然、人类社会、一个物种、一个物类、一个民族、一个时代，或者一个重大事件，都是一个个有乾坤有既济未济，即有始有终，终而复始的过程。六十四卦中的每一卦代表一大过程中的一个小过程。

与卦相对而言，爻是一个小过程中的更小过程，故更具动态。爻勿宁说是事物变化过程中一个个时空的点。爻用初上九六二三四五八字表示。九六显示阴阳，其余六字显示时位。时位有六，各有阴阳，故爻名共有十二。三百八十四爻仅十二名，因所在卦各异，其义遂有不同。初字表示时之开始，二三四五表示位在移动中。初是时也是位，上是位也是时，初上互文见义。初二三四五上或阴或阳，都兼时位而言。时是时间，位是空间。一爻无异于一个时空统一的点。一卦自初至上六爻实质上是时空点的移动。事实上一个阶段要由无数时空点组成，可以无穷细微，乃至于无内。但是易是规范化、形式化、抽象化了的符号系统，所以一卦只有六爻。

《周易》的对象是变化的世界，世界的变化。变化表现为大小不同，有始有终，终而又始，继续不断的过程。在《周易》这里，自然界、人类社会、人类思维都处在永恒的变化、生成、消逝状态中。

《周易》这一卓越的理论对中国人的思想、文化、心态影响至深至广。孔子受《周易》影响最深。《礼记·礼运》记孔子把人类社会历史划分为大同小康两个相连过程的思想，和《论语》"殷因于夏礼，所损益可知也。周因于殷礼，所损益可知也"[27]的认为大过程包含小过程的言论，当渊源于《周易》。

《诗·十月之交》有"高岸为谷，深谷为陵"句，春秋赵简子、战国荀子，在论及人世沧桑时都郑重引用过。[28]这两句话都是讲变化也讲过程，讲自然也讲社会。显然与《周易》有关。

《周易》作于距今2500—4500年的时间段上[29]，竟有了自然界与人类社会变化不居，变化表现为过程的思想，使我们不得不承认它自然、纯朴的辩证法具有早熟性、超前性。在欧洲，到了近代的黑格尔，才"第一次（这是他的巨大功绩）把整个自然的、历史和精神的世界描写为一个过程，即把它描写为处在不断的运动、变化、转变和发展中"[30]，而《周易》在遥远古代已经这样做了。

三 《周易》视对立统一规律为宇宙的根本规律

今日具有初步哲学常识的人都知道对立统一规律是宇宙根本规律。毛泽东说："对立统一规律是宇宙的根本规律。"[31]列宁也有这一思想，他说："可以把辩证法简要地确定为对立面的统一的学说。这样就会抓住辩证法的核心。"[32]但是没有像毛泽东这样明确地表述出来并加以说明和发挥。毛泽东作为中国的哲学家、革命家，理所当然地要受包括《周易》在内的中国传统的影响。

关于黑格尔辩证法的一般规律，恩格斯概括说：

辩证法规律是从自然界和人类社会的历史中抽象出来的。辩证法的规律不是别的，正是历史发展的这两方面和思维本身的最一般的规律。实质上它们归结为下面三个规律：

量转化为质和质转化为量的规律；

对立的相互渗透的规律；

否定的否定的规律。

所有这三个规律都曾经被黑格尔以其唯心主义的方式只当作思维规律而加以阐明……错误在于，这些规律是作为思维规律强加于自然界和历史的而不是从它们当中抽引出来的[33]。

《周易》的辩证法与黑格尔相比（如果可以相比的话），有两点是十分突出的。黑格尔辩证法是本末倒置的，《周易》辩证法则真真切切出自然界、人类社会。《周易》知道对立统一是宇宙的根本规律，而黑格尔强调的是否定之否定。

《周易》有质量互变和否定之否定的观念，前者如坤初六"履霜坚冰至"，后者如泰九三"无平不陂，无往不复"，上六"城复于隍"，都是实例，未能抽引出一般的规律。

《周易》辩证法最突出的一点是它从自然界和人类社会的历史中抽引出了对立统一规律，并且作为宇宙之根本规律对待。兹就三方面阐述之：

1. "一阴一阳之谓道"[34]。这是对立的相互渗透即对立统一规律的中国式表述。这种表述方式与西方相比有三点长处。第一，"一阴一阳"不需解释，自身就表明是一个对子组成的矛盾，是事物的一分为二。第二，同样不需解释，一看就明白，一阴和一阳既有殊异性又有同一性。第三，按中国古人的思维特点，道只有一个（道家有所谓常道与非常道之分，可视为例外），既言"一阴一阳"是道，就等于说道就是一阴一阳，不是别的，别的都不是道。所以，"一阴一阳之谓道"一语本身已经表明它是宇宙之根本规律。黑格尔辩证法一般规律平列有三，孰为根本，须另作说明。

把《周易》八卦、六十四卦、三百八十四爻中存在的对立统一的观点抽引出来，概括为"一阴一阳之谓道"，是孔子的功劳。

《周易》卦爻符号系统，其基本构件唯——、——而已。阴阳二者互根互生互动，互为前提。阴中有阳，阳中有阴，对立着，统一着，渗透着。所谓"刚柔相摩"[35]、"刚柔相推"[36]、"屈伸相易"[37]、"日月相推"[38]、"寒暑相推"[39]、"屈伸相感"[40]，以及《说卦传》说的"立天之道曰阴与阳，立地之道曰柔与刚，立人之道曰仁与义"、"分阴分阳，迭用柔刚，故易六位而成章"等等，都是对"一阴一阳之谓道"的实例说明。

《庄子·天下》说"易以道阴阳"，一语破的，一下子指明《周易》所云无它，阴阳（对子、矛盾）而已。一阴一阳就是《周易》从而也是自然界、人类社会及人类思维的根本规律。有人说《易经》无阴阳概念，阴阳连言作为一个概念是《易传》作者（他们认定《易传》是战国人作）于战国时代写入的。此说之谬不驳自破，《周易》思维本用象，不用语言文字，试问——、——两符号不叫阴阳叫什么！

把事物普遍存在的对立统一的两方面形象地画作——、——，称作阴阳，是《周易》也是中国哲学一大特色。"一阴一阳之谓道"的说法，等于西方辩证法讲的对立之相互渗透或对立统一规律，却又有不同。西方讲的事物一分为二为两个对立面，此一面在一定时空条件下转化为彼一面，彼一面在一定时空条件下转化为此一面。此一面为矛盾的主要方面，彼一面为次，反之亦然。两面没有不同的规定性。《周易》则把一分为二的两面取名为阴与阳。阴与阳各有不同的规定，即阴有阴的规定，阳有阳的规定。阴阳之地位可以变，而各自的性质不变。故《周易》虽主张"刚柔相易，不可为典要，唯变所适"[41]，却有崇阳抑阴的意向，常常以阳代表君子，而阴大多指为小人。这一点对中国传统思想文化影响之深，是西方所没有的。

2. "乾阳物也，坤阴物也"[42]。《周易》"一阴一阳之谓道"，其认识有一个由个别到一般，由具体到抽象的过程。同时又有一个由一般到个别，由抽象到具体的过程。乾是阳，坤是阴，乾坤是"一阴一阳之谓道"由抽象上升到具体的体现。"一阴一阳之谓道"是最一般的规律，乾坤两卦是这最一般规律上升到具体的典型例证。乾是阳物，坤是阴物，阴阳不能两立，应统一在一起。故乾坤应当是一卦。如果也视既济未济为一卦，则六十四卦本该只有六十二卦。《周易》实际上乾坤各为一卦，乾是乾坤是坤，不相混淆。这样，更能体现它们各有不同的规定，不同的作用，不同的特点，从而更能说明它们是事物对立统一着的两方面，是一分为二。同时，乾坤越是分为两卦，越能表现乾坤是同一的，互补的，互为前提的，越能看出它们是事物两个方面的统一，是合二为一。

乾坤两卦的规定、作用是相互对应的，相互依赖的。如乾卦辞说"元亨利贞"，坤卦辞就说"元亨利牝马之贞"，乾《彖传》说"乾元，万物资始"，坤《彖传》就说"坤元，万物资生"，乾《大象》说"天行健，君子以自强不息"，坤《大象》就说"地势坤，君子以厚德载物"。《系辞传》说"夫乾其静也专，其动也直，是以大生焉"，接着就说

"夫坤其静也翕,其动也辟,是以广生焉"。《说卦传》说"乾健也,坤顺也",《杂卦传》说"乾刚坤柔",等等,无不在说乾坤两卦是一对矛盾,它们体现的恰是"一阴一阳之谓道"的道。从这个意义上说,乾坤其实是一卦。

八卦之乾坤亦如此。据《说卦传》,乾坤两卦好比父母,其余六卦好比六子,六子是父母阴阳交错,互为体用而生。则八卦之乾坤是一阴一阳的关系。

八卦六十四卦既体现"一阴一阳之谓道"的道,那么《周易》视这道为宇宙的根本规律,是不言而喻的。

3. "易简"是"一阴一阳之谓道"的另一种叫法。《易纬·乾凿度》有"易一名而含三义,所谓易也,变易也,不易也"之说。郑玄照抄过来,把"易"改为"易简"。三义之说非臆造,在《系辞传》中可找到根据。"不易"是说不改变,"变易"是说变化。"变易",易懂,上文已经说过,《周易》是讲变化之书,故"易"字有"变易"之义。"不易"则难明,有人说"不易"是指什么都变化,只有什么都变化这一点是永恒不变的。看来有理,可惜不是"不易"之本义。《系辞传》开头就说:"天尊地卑,乾坤定矣。""不易"应当就是这个"乾坤定"。定什么? 定他们各自的规定性、作用。无论在什么时空条件下,乾都是乾,坤都是坤。乾坤即阴阳。"易简"最难理解,也最重要。从《系辞传》反复讲的"易简"看,易是乾的特点,简是坤的特点。合言"易简",一定是合言乾与坤合二而一共有的特点。《系辞传》特别强调乾易与坤简大不相同,又视"易简"为天下之至德。这至德可能是什么呢? 只能是"一阴一阳之谓道"的道。

《礼记·乐记》说:"大乐必易,大礼必简。"李道平说:"观乎礼乐而乾坤之易简思过半矣。"[43]可知乾之与坤犹似乐之与礼,本初或平易或简省,近乎自然。"易简"不外乎言乾坤既殊异又互依互补,终归是一阴一阳,阴阳合德而万物化生。郑玄以"易简"为易名三义第一,想必视之为《周易》的最重要规律。严灵峰先生建议中国人应当用"易简原理"取代"辩证法"的称呼[44],是有道理的。

四 结论: 辩证法的源头在中国《周易》, 不在希腊

辩证思维,只有人类智慧发展到较高的阶段上才有可能。一般认为辩证思维最早产生于希腊,希腊诸哲是辩证法的源头。单就欧洲而言,这是正确的。若从全人类辩证法发展史的角度看,辩证法的源头不在欧洲,而在中国的《周易》。《周易》是一部讲辩证法的书,产生的时间早于希腊,水平比希腊高。它虽然不能不带有自然、纯朴、早期的性质,却在认识的许多方面有所超前、突破。它的一切认识都以唯物论为前提,与柏拉图以及黑格尔的本末倒置的辩证法根本不同。展现在它视野之内的,是永恒变化、生成、消逝着的世界。在欧洲,至近代黑格尔才第一次把整个自然的、历史的和精神的世界描写为一个过程,而《周易》在遥远的古代就达到了这一步。《周易》从对立统一的实例中抽象出"一阴一阳之谓道"的一般规律来,并且视之为宇宙的根本规律,更为可贵。中国古代有作为人类辩证法源头的《周易》这般深刻的理论

思维，其科技发展居于当时世界一流水平，是不足为奇的。

注释：

[1][2]恩格斯：《自然辩证法》，《马克思恩格斯选集》第3卷，人民出版社1972年，第545、468页。

[3]列宁：《哲学笔记》，《列宁全集》第38卷，人民出版社1963年，第390页。

[4][5][9][22][23][24][26][34][35][36]《周易·系辞传上》。

[6]柏拉图：《智者篇》，见黑格尔《哲学史讲演录》第2卷，商务印书馆1978年，第209页。

[7][8]《周易·序卦传》。

[10][11]《老子》第42章。

[12]《老子》第40章。

[13]《庄子·大宗师》。

[14]《周子全书》上卷，商务印书馆《万有文库》本，1937年，第4—6页。

[15][16][17]《史记·太史公自序》，中华书局1959年，第3297页。

[18]郑玄《易赞》及《易论》，《十三经注疏》上卷，中华书局1980年，第7页。

[19]王弼：《周易略例·明卦适变通爻》，《王弼集校释》下卷，中华书局1980年，第604页。

[20]郑玄《易赞》及《易论》。

[21]程颐：《易传序》，《二程集》第3卷，中华书局1981年，第689页。

[25]胡煦：《周易函书约注》第2卷，台湾文海出版社《国学集要》丛书本，第849页。

[27]《论语·为政》。

[28]《左传》昭公二十二年。

[29]笔者认为八卦产生于尧时，《易传》系孔子所作。

[30]恩格斯：《反杜林论》，《马克思恩格斯选集》第3卷，第63页。

[31]毛泽东：《关于正确处理人民内部矛盾的问题》，《毛泽东选集》第5卷，人民出版社1977年，第372页。

[32]《黑格尔〈逻辑学〉一书摘要》，《列宁选集》第2卷，人民出版社1960年，第608页。

[33]恩格斯：《自然辩证法》，《马克思恩格斯选集》第3卷，第484页。

[37][38][39][40][41][42]《周易·系辞传下》。

[43]《周易集解纂疏》第8卷，商务印书馆1936年，第368页。

[44]《易简原理和辩证法》，《无求备斋易学论集》，中国社会科学出版社1995年，第201页。

（原刊新加坡国立大学《儒学与世界文明论文集》，八方文化企业公司2003年）

《易学新探》序

读《易》难，读易学家尤难。本书作者台湾资深哲学教授程石泉博士治《易》，今已逾70年，于《易》深切著明，纵横通透，是国际知名的易学大师。你想真正把程博士的书读懂读透，亦易亦难。程先生20世纪70年代自国外回到台湾，20年时间完成三部书：一曰《易学新探》、二曰《易辞新诠》、三曰《易学新论》。在台湾称之为"程氏易学三书"。2000年上海古籍出版社将后两书合为一书，名曰《易辞新诠》出版。这是程先生在大陆出版的第一部书。今上海古籍给他出第二部书，即"程氏易学三书"之第一本《易学新探》。

初读程先生书，你会觉得自己于《易》尚在皮毛之间。因为他把《易》搞得太通、太透、太深，你总有落后之感。我这话是亲有体验，绝非故意捧场。程先生2000年在上海古籍出版《易辞新诠》时，我作为程先生的同乡小子给书作序，当时自以为读懂了他，竟不知深浅地给"程《易》"归纳出六条优点。这六条后来我逐渐发现讲得极肤浅，大体未入里。这次程先生又出《易学新探》一书，我又作序，我再仔细体味"程氏易学三书"，经过反复探索，才对程氏易学有些许了解，算得上进入了皮毛之内。这里就三点说明之。

一、程氏易学的学派定性问题。《易辞新诠》的序中我说"程氏易学"不是"义理派"，也不是象数派，现在看过《易学新探》各篇之后，认定程氏易学确确实实是义理派，不是象数派。先前我觉得他对王弼、程颐颇有微词，对清人焦循易学多有赞许，难以归入义理派。现在看来，程氏易学是宽容的义理派：治《易》，既将义理置于第一位，又不排斥象数，甚至对象数有一定必要的研究。我现在觉得，这样的义理派立场是完备的、可取的。我越来越欣赏程先生概括《易》形上之学有十玄之门的提法。他说十玄之门是一纵通横通、通体圆融的体系。十玄是通贯的，举一玄，则其余九玄连带其中。《易》之为书在阐述形上之理，与今日西方物理学、天文学无关，亦非一数学书。《易》乃三代以来唯一汇集民族智能之哲学著作。中国古代儒、释、道三家各有其形上之学。儒家形上之学就在《易经》，朱熹倡导的"四书"则不在其内。《易》之为书，阐发《易》之广大悉备，絜静精微，蔚为一博大精深之形上体系。明明白白看清楚《易》之此一特点，如此，怎能怀疑程氏不是易之义理派呢！

我说程氏是位宽容的义理派，还因为他不是空洞地说道理，他对于《易经》固有的东西如成卦的问题、筮法的问题，都十分的重视，且相当着力地进行研究，取得成果。程氏1973年在《美国东方学会季刊》发表《〈周易〉成卦及春秋筮法》一文（英文原作，后译成中文），文章首先批评了朱熹在《易学启蒙》中的所谓《周易》成卦法及筮法，说朱熹企图把《周易》还原为卜筮之书，可是他采用了道家的筮法，与《系辞传》说的不一样。程氏据《系辞传》"凡天地之数五十有五，此所以成变化而行鬼神也"一语的启示，对《左传》、《国语》计23个筮例进行了深入研究。令人信服地解决了其中关于"之卦"如观之否、泰之需等等和"艮之八"、"泰之八"、"屯之八"、"贞屯悔豫皆八"的"之八"这两个古人从未讲清楚的问题（详见本书该篇）。

这件事很能说明问题，程氏不仅仅重视《易》之哲学内涵，还重视《易》之卦和《易》之筮。他认为哲学的东西是从"卦"、"筮"而来的。他说："约略言之，《周易》必曾经若干阶段：由包牺氏之'结绳八卦'，演变为周王室的'占筮八卦'。由周王室的'占筮八卦'演变成后世中国人（儒家和道家）的宇宙论及形而上学基型理念之源泉。"（《〈周易〉成卦及春秋筮法》）可见程先生是义理与象数兼顾的。孔子也如此，《易传》里除形上之理外，还讲了不少卦、筮问题。既然孔子是义理派，那么程先生必也是。

二、程先生治《易》，对易学史上千百易学人物，一向不存成见。批评人物总是是非两分，权威不怕，情面不讲，古人今人，此岸彼岸，一律对待。在"程氏易学三书"中，我看到了一位当代易学大师的风范。易学史上最具影响最受重视的人物莫过朱熹。朱熹学问做得最大，故瑕疵也不少。近百年言《易》者捧朱熹的多，真正敢讲实话，派朱熹一个"不"字的罕见。程先生则实话实说，朱熹他也敢碰。他说："朱熹所传的《周易》筮法不是《周易》原来的筮法，而是宋儒杜撰的筮法，用来表达他的宇宙观。严格说来，宋的筮法与《周易》筮法无关。"又说："实际上朱熹不曾把《周易》恢复其作为卜筮之用的原来真面目，因为他无法解说那记载于《左传》和《国语》中的若干筮例。朱熹对于古代史臣所用的筮法迷惘不清，于是他采用了后世道家的筮法。那道家的筮法显然和《系辞传》中'大衍之数'那一章所说的不一样。于是朱熹曲解经传的文字来凑合他的筮法。这因为宋儒的宇宙观须要把道家的宇宙论掺杂《易经》里去，所以宋儒不得不如此。我们不必怀疑朱子在知识上的诚信。"（《〈周易〉成卦及春秋筮法》）敢如此直白、具体、尖锐地派朱熹的"不是"，在易学界是不多见的。程氏批判汉《易》可谓不遗余力。他概要地指出秦汉凡治《易》者莫不崇尚骈衍，阐扬孔子易学思想者几无一人。前四史所载以《易》名家者，如京房、孟喜、梁丘贺、费直、高相、郑玄、马融、陆绩、虞翻、荀爽诸人无一人足称为治孔子之易学者，即使留下著作（经清人整理）的虞翻，言"易象"则支离破碎，言"易例"则混乱无条理，对于孔子易学之"微言大义"且"不得其门而入"矣。对三国王弼之易学有三点评论，至为公允。一、扫象之说，非必其失；二、引导道家之玄理破除灾异迷信，其功至伟；三、使《易》沦为三玄之一，远离实际人生。与对汉《易》一样，程氏对宋《易》也持批评态度。朱熹之易学常在程先生批评之中。对程颐之《易传》亦有不留情面之批评。说"《程传》只是综合《彖传》、《象传》、王弼《易注》、孔颖达《周易正义》而成之美文而已。读来似乎其中有物，究实尽是似是而非之论，腐儒之言也"。宋《易》中他另一看重的人物是欧阳修，著专文《评欧阳修〈易童子问〉》，说《易童子问》论"十翼"非孔子作等等，并非无可嘉许，但持经偏颇，说理不透，以致引发疑窦，贻误后学。至于明人来知德《易注》与程颐《易传》同样不足取。清代开《易》汉学与《易》宋学门户之见，易学方面成就可观者尤少。程先生唯一称道的只有焦循。程氏认为焦氏治易自成体系。所言"旁通交易"、"当位失道"、"变通趣时"之理有足多者。唯"比例"之条例，虽开纵通横通之门径，终嫌泛滥。焦循是最引当代人注目的清代易学家。可是20世纪以来系统深入研究焦循的，程先生是第一人。程先生当年在南京写作《雕菰楼易义》一文时，大学刚毕业，只有31岁。程先生对清人治《易》的批评至为尖锐。谓清人治《易》囿于考据学风，从事于校勘版本章句，旁及文字训诂音韵，或旁及于典章文物制度之研究，如王念孙父子、俞樾、胡渭、张惠言、惠栋、孙星衍、方申之皆标榜以《易》汉学为宗，以恢复汉学为职志，于是补苴辑逸，为荀、刘、马、郑、孟、方、虞建立权威，虽一字一象，尊奉之为拱璧。进入民国的易学，程氏批评益加尖锐，端木国瑚著有《周易指》，杭辛斋刊有《易学丛刊》，皆享大名，程氏说皆不脱前人窠臼，了无新意。余如死守汉学余绪，或专从考据文字训诂治《易》者，如于省吾之《易经新证》，或专从古代典章文物制度治《易》者，如高亨之《周易古经今注》及《周易古经道论》，或专从某一汉《易》书中探索《易》象者，如尚秉和的《焦氏易诂》。程氏还概括指出，自东汉以降治《易》学者通病在视《易》为卜筮之书。又有人认为易学无他，不过"象数之学"而已。刻意求象，宣扬术数。汉易学家之愚昧导致清易学家之愚昧，而清易学家之愚昧导致今之古文字学家兼易学家之愚昧。读了这些见解，觉得挺痛快，至少以为对劲儿。如今易学界像程先生这样敢实话实说的并不多见。

三、程氏大学毕业后开始系统治易，至今70多年，大体上走着一条正确的道路。回台最后二十几年完成"易学三书"。《易辞新诠》2000年由上海古籍出版。这一本《易学新探》今又在上海出版，这真是中国两岸易学界的大好事。我读"程氏易学三书"，尤其读此《易学新探》，启悟良多。最快吾心者：第一，在《易这个观念》一文中，我知道了《易纬·乾凿度》"易"一名含易、变易、不易三义之说，原来不误。程氏解第一义之易字，言"创化"，包括旁通之"交易"。第二义之"不易"者即言不因时间、空间、意愿而有所改变的观念、理想、原理、原则、价值、意义。郑玄将第一义之易字改为"易简"，且引《系辞传》"夫乾确然示人易矣，夫坤隤然示人简矣"以为证明。殊不知乾之"确然"是言时间之功效，坤之"隤然"是言究竟之功效。郑玄解释为容易之易、简单之简，显然出于误解。后之孔颖达说"易"之名可谓最为完备通达，然而他也受郑玄误解的影响，把"容易"、"简单"作为"易"的注解，于"易"这个概念的本义大相悖谬。我以为，其所以如此，自根本而言，乃受道家的影响所致。

第二，程先生书助我深入了解了清代易学家焦循。先前我因读书不多，常常浅薄自用，表面看焦氏治《易》的独创性。当年王引之、阮元评以"精锐凿破混沌"和"石破天惊"，实非过誉。程先生文章指示我"无论其为旁通、时行、比例，盖所以示明卦爻之变动，藉此以通辞而已。夫辞者'各指其所之'者也。焦氏于此颇多发明。"按焦氏意,卦爻辞本身无意义,不过符号而已。比如"密云不雨,自我西郊"之辞,《小畜》(旁通《豫》)、《小过》(旁通《中孚》)都有,其实只是符号而已,犹如画勾股割圆,用甲乙丙丁等字指示其比例之状,按而求之——不爽。意义存在于甲乙丙丁等字之中,而甲乙丙丁等字,则无义理可说。卦爻辞自身无意义可言,作《易》者籍此以表情寄意而已。于"易"因爻之变动,而有种种价值等差之呈现,乃以辞表达之。辞之组织虽各成文理,但其自身不限于文字所表之义。数千年来,说《易》者囿于世俗之见,于卦爻之辞喜自字面求解。对《易》中涉及之历史故事,直接求解。但易辞实受一根本原则所支配,其所称引之故事,乃卜筮上起影射、比喻的作用。《易》中之历史故事已失去历史的具体性,转变为抽象的符号了。焦氏于其《易通释》论之至详。夫辞者乃各指其所之,此为治《易》者应体认之第一要义。前此,我未曾仔细研究焦氏书,今反复读程先生文章乃幡然大悟,知道了了解《易》辞的基本途径。

第三,《系辞传》是"十翼"中的大头儿,孔子的诸多想法尽含其中。但是存在问题不少,难以理解。程先生《〈易·系辞传〉哲理探》一文却分析透辟,难点多有突破,可谓纵通横通上下皆通。有启于我者多多,例如关于"三才之道"(《说卦传》亦有此言),说天地人三才之道虽为常语,但实为中国哲学精义之所在。中国先哲对于"天人之际"的看法最为正确。又如讲到乾坤时,总是强调"乾之所言者为时间之功能","坤之所言者为究竟之功能"。释"天地氤氲,万物化醇",说"天地者时间、空间也,氤氲者,原始化生之质料也"。讲"乾坤成列"一语说:"乾坤乃宇宙创化之基本时场。乾坤安排有序则易行乎其中,无乾坤则创化(易)无由生。"讲"是以广生焉"句,说《易》中言乾皆指"时间",言坤皆指"空间"。讲"广大配天地"句,说乾为大生,配天,天者时间也;坤为广生,配地,地者空间也。讲"夫乾确然示人易矣"句,说"乾者时间也,古往今来也。确然,准时也"。讲"爻也者,效此者也"句,说"六十四卦三百八十四爻皆不外乾坤之两爻,效此者,效乾坤。乾坤实时空,即宇宙"。又如讲"夫易开物成务"句时,说"开物者,创化生生,'成务'者,发乎事业也"。简明扼要,切中肯綮。总之,先前《系辞传》里不少语词似懂非懂,很多话较不了真。读了程氏文,可以说明白了。

《易》确实难读懂,但《易》毕竟只有一个。易学家则数以千计,各有特点,正是横看成岭侧成峰,远近高低各不同。程先生论《易》就是这样,纵通横通,千姿百态。因为太丰富了,读起来不容易一下子明白。可是只要用心深入下去,纵然千丝万缕,也总有一线穿。

我跟程先生1997年开始交往,通信虽多,晤面不过三次,而彼此友情十分深厚,这不是因为我们祖籍是小同乡(我祖籍旌德,他祖籍歙县),而是因为我们易学观点相近。他的易学论著我读来有亲切感,仿佛灵犀相通。乍读有难度,可是一旦深入,便有一通百通、海阔天空感。这本《易学新探》,我读了一遍又一遍,还想再读。程先生出书,是为序。

楚竹书《孔子诗论》"类序"辨析

今传本《毛诗》类序为:《国风》、《小雅》、《大雅》、《颂》,从未有人置疑,但自从上博简《孔子诗论》面世以来,有关《诗》类序问题引发争议。这个问题很重要,并不简单地只是一个诗集的"编序"问题,它关系到《诗》学系统中的一系列重要方面。澄清《诗》类序问题也有利于对楚竹书《孔子诗论》的解读,本文试从历史文献学角度,结合楚竹书《孔子诗论》的简文,对该问题予以探讨。

一 《诗》类序问题之提出

自有关上博馆藏战国楚竹书消息见诸报端,记者们就透露出《诗》之类序问题,一时震惊学术界[1]。如《上海新发现〈孔子诗论〉战国竹简》报道:"在排列顺序上《诗经》是风、雅、颂,而《竹书孔子诗论》中却是颂、夏、风,倒了个头。究何原因,值得史学家研究考证。"[2]2000年8月在北京达园宾馆召开的"新出简帛国际学术研讨会"上,马承源先生介绍《孔子诗论》简文,提出了《诗》之类序问题,其成熟看法反映在其主编的《上海博物馆藏战国楚竹书(一)》一书中,于简文考释《说明》言:"其中《诗》各编的排列是前所未见的新的重要资料……《诗论》二十九支简就可能存在着不同于《毛诗》的《国风》、《小雅》、《大雅》、《颂》的编排次序,本文采用了序中所提供的新排列。"[3]时人亦有认定此种《诗》之类序者,如"留白简文,告诉了我们非常重要的事实,四类诗的当时序列为:《颂》、《大雅》、《小雅》、《邦风》,这与传统的……说法有异。"[4]持此论者认为,今本所传承的类序并非是孔子所整理的《诗》之类序,我们今天所看到的《诗》的面貌并非孔子真传。

但也有人存有异议,仍旧维护今传"毛诗"之类序,否定《孔子诗论》存有另一种《诗》之类序。诸如李学勤、李零、廖名春、范毓周、姜广辉等先生先后表示了不同于马承源先生的看法,他们觉得《孔子诗论》引用的古本《诗》是不是包含某种与今本不同的类序也值得商榷[5]。廖名春从竹简形制分析入手,认为"孔子与弟子问对,是从《邦风》到《小雅》,再到《大雅》,再到《颂》,与今本《诗经》之序全同。"[6]范毓周认为:"《说明》却忽略了原书第4、5两简在论述《风》、《雅》、《颂》各部分的总体特点时,仍然是按照今本《毛诗》的《国风》、《小雅》、《大雅》和《颂》的编排次序。而且根据我们对《诗论》内在文章逻辑关系的理解,是很难得出《上海博物馆藏战国楚竹书(一)》一书《诗论》部分的《释文》前所作的《说明》所提出的看法的。"[7]李学勤在《国际简帛研究通讯》第2卷第2期上也发表了大体合乎传统的风、雅、颂顺序的重排简序,姜广辉还为李氏之编排的合理性进行了必要的解释[8]。

讨论仍在继续,研究的方法主要采用"内证",即集中在于讨论竹简文本的形制、编连方法、文意揣测,而产生争讼的症结在于对第2、3留白简的编连与解读,其简文为:

> 寺也,文王受命矣。《颂》,平德也,多言后。其乐安而迟,其歌伸而引,其思深而远,至矣。《大雅》,盛德也,多言02[……《小雅》,]□[德]也,多言难而怨湛者也,衰也,小也。《邦风》其纳物也,博观人俗焉,大敛材焉,其言文其生善。孔子曰:唯能夫03[9]

马承源《说明》着意指出:"第二简辞文先概论《颂》,再论《大夏》,前后次序非常明确,论《少夏》的简仅存末句,最后是概论《邦风》,这些情况说明诗各编的名称,在孔子论诗之前已经存在了。"[10]但是,第4、5留白简简文又存在另一种类序,其简文为:

> 曰:"诗其犹广闻欤?善民而裕之,其用心也,将何如?"曰:"《邦风》是也。""民之有戚患也,上下之不和者,其用心也,将何如?"04[曰:"《小雅》是也。""……将何如?"曰"《大雅》]是也。""侑成功者何如?"曰:《颂》是也。《清庙》,王德也,至矣。敬宗庙之礼,以为其本。"秉文之德",以为其业。"肃雍05[显相",以为其]……[11]

廖名春把这种现象解释为"顺数"与"倒数"的问题,并以《周易》之《彖传》、《说卦》为例,说明古代文献中存在同一文献中记事"顺数"与"倒数"并存现象。《说卦》第三章"顺数"为:"天地定位,山泽通气,水火相射,雷风相薄。"第四章则逆推为:"雷以动之,风以散之;雨以润之,日以烜之;艮以止之,兑以说之;乾以君之,坤以藏之。"并言:"《风》、《雅》、《颂》即可顺数,也可倒数,不能一看到简文有倒数《颂》、《雅》、《风》就说《风》、《雅》、《颂》之序错了。"[12]

双方释读各执一辞,孰是孰非,折中为难,因为双方仅采用"内证"之方式,而忽略"外证"。我们应将"内证"与"外证"相结合,研究出土之资料也应结合传世文献,真正走出疑古时代的阴影。倘若忽视已存的文献,只阈限于出土资料,结果只能使研究缺乏更为宽广的视野,治丝而愈棼。

二 历史上《诗》文本形态"类序"之讨论

《诗》的结集是一个动态过程。自诗产生时起,就有诗之记录,记录多了就有了诗集,有了诗集,就有了文本之说。《诗》之文本在历史上可分为四种主要存在形态:一为"康王"文本形态;二为"前孔子"文本形态;三为"孔子"文本形态;四为"汉代"文本形态,"毛传"文本为其代表。四种文本形态在诗"类序"上表现出一种什么样的关系呢?

（一）"康王"文本形态《诗》类序

今本《竹书纪年》记载："（康王）三年，定乐歌。"从周代礼制发展状况来看，这一记载是可信的。"诗"为当时"乐歌"的主要内容与形式之一。康王时代，官方政府第一次为"诗"结集，显然乃周公"制礼作乐"之余绪。结集之目的也就是为了"定乐歌"。在乐歌之中，《颂》当然尤其重要，如果需要对"诗"结集，西周官府肯定首先考虑结集《颂》。这是合乎情理的，因为"国之大事，在祀与戎"。故穆王之世祭公谋父进谏穆王引诗云"《颂》曰"。其次应"定《雅》"，这是当时最大之政治需要[13]。至于"风"，为"邦风"，故无须王作钦"定"，再者《风》诗几为康王之后所作。《颂》和《雅》为"正声"，而相对的非"正声"只有《风》，所以，康王时代第一次官方结集的《诗》仅含有《颂》和《雅》两个部类。当然，在此之前由于现实需要可能会存在《雅》、《颂》单独成集的本子。故古人多连言《雅》、《颂》，而非《风》、《雅》、《颂》。从《左传》、《国语》的记载看，春秋早期以前的赋诗与引诗，皆未超出《雅》、《颂》范围，只是从公元前642年齐桓公女姜氏引述《郑风·将仲子》开始，《风》方成为人们赋诗的对象，可知时人对《雅》、《颂》的认同与重视。总之，康王三年"定乐歌"的活动中出现的乐歌文本成为后世《诗》文本进一步编辑与扩充的基础，或者说，《诗经》之祖本可追溯到康王三年的乐歌文本。

（二）"前孔子"文本形态《诗》类序

所谓"前孔子"文本形态就是指孔子在未对《诗》作整理之前《诗》之存在的文本状况。明确记载《诗》已结集的文献有：《史记·秦本纪》载秦穆公问由余曰："中国以《诗》、《书》、《礼》、《乐》法度为政，然尚时乱。今戎夷无此，何以治，不亦难乎？"秦穆公在位时间是公元前659年至前620年。《管子·山权数》引管子曰："《诗》者所以记物也。"管子卒于公元前645年。《左传·僖公二十七年》载晋国大臣赵衰曰："说《礼》、《乐》而敦《诗》、《书》。《诗》、《书》义之府也，《礼》、《乐》德之则也。"可证在公元前633年之前，《诗》已被公认为"义之府也"。《国语·楚语上》载楚国贤大夫申叔时对楚庄王曰："教之《诗》，而为之导广显德，以耀明其志。"楚庄王在位时间为公元前613年至前591年。《庄子》记载孔子问礼于老聃，老聃认为六经尽为"先王之陈迹"。这些足以证明在孔子诞生百年之前，早已有《诗经》的定本[14]。孔子未整理《诗》之前，《诗》总集中的分类肯定已经完备，现存文献亦可证明。《左传》明确以《风》、《雅》、《颂》为序的两见：《左传·隐公三年》载："《风》有《采蘩》、《采蘋》，《雅》有《行苇》、《泂酌》，昭忠信也。"其顺序为《风》、《雅》；《左传·襄公二十九年》载吴公子季札至鲁观乐，鲁使乐工为之歌的总体部类顺序为《风》、《小雅》、《大雅》、《颂》。隐公三年，即公元前720年，孔子未出世；襄公二十九年，即公元前544年，孔子7岁，断无删《诗》之力，可见在孔子之前，《诗》就存在文本。

西周时期，《风》之地位肯定不及《雅》、《颂》。《风》入《诗》集可能晚于《雅》、《颂》。《风》诗产生的时间较晚，大多采自东迁以后。《风》为后进，故一方面喜新者衷爱，一方面守旧者厌弃。《白虎通·礼乐》云："乐尚雅，雅者古正也，所以远郑声也。"《风》是各地新声，其与《雅》、《颂》的区别是显然的。若仍按时间由近及远、按政治由边缘及中心作诗类排列，那就是风、雅、颂。文献已证明此时《诗》类序即如此。《风》、《雅》、《颂》来源方式亦不同。《风》诗主要来源于采诗，《雅》、《颂》可能主要来源于陈诗与献诗。由此看来，《诗》之文本的形成经过了一个很长的过程。西周康王时代诗文本可能《颂》、《雅》分立，倘《颂》结集在先，后出《雅》竹简连接于《颂》卷轴外接口上，则形成竹简读序为《雅颂》之结集，若《风》最后出，其简再连接于《雅颂》卷轴外接口上，最后形成读序为《风》、《雅》、《颂》的《诗经》结集。

（三）"孔子"文本形态《诗》类序

孔子与《诗》之间建立关系主要有两条：一是讲《诗》，二是删《诗》。历史上最有歧义的发生在后者，即孔子是否"删诗"。孔子"删诗"说始作俑者为司马迁，后世拥护与反对者甚多。崔述极力否认孔子删诗说，其言："孔子删诗，孰言之？孔子未尝自言之也，《史记》言之耳。孔子曰'郑声淫'，是郑多淫诗也。孔子曰'诵诗三百'，是诗止有三百，孔子未尝删也。学者不信孔子所自言，而信他人之言。甚矣，其可怪也。"[15]后来学界基本已形成一个结论，即孔子未尝"删诗"，但是整理过《诗》。今上博简《孔子诗论》一公布，学界就再次掀起了对孔子"删诗"之讨论。

现存有孔子及其弟子、再传弟子谈到《诗》类序文献，如《论语·子罕》云："吾自卫反鲁，然后乐正，《雅》、《颂》各得其所。"孔门七十二弟子公孙尼子所撰《乐记》云："先王耻其乱，故制《雅》、《颂》之声以道之"；"故听其《雅》、《颂》之声，志意得广焉"。《荀子·儒效》篇云："故《风》之所以为不逐者，取是以节之也；《小雅》之所以为《小雅》者，取是而文之也；《大雅》之所以为《大雅》者，取是而光之也；《颂》之所以为至者，取是而通之也。"由此可知孔子所传的《诗经》文本类序应为风、雅、颂。

孔子之前，也有人对《诗》进行过整理，如《国语》云："正考父校商之名颂十二篇于周大师，以《那》为首。"郑司农云："自考父至孔子又亡其七篇。"正考父"校"《商颂》，而非《史记》所说的"作"。孔子对《诗》之整理是合乎情理的，其方式应如汉刘向校书，尽力维护所校书之原貌而非自作主张另起新意。倘若如此，则《诗经》类序就不会改变，一如传统之旧。

从传统文献角度，基本可以推知"孔子"文本形态《诗》类序为风、雅、颂，但这只是"外证"，我们还需作楚竹简《诗论》类序之"内证"。《孔子诗论·综论》中竹简类序排列在各简之间编连次序问题上存在着分歧，这样就会影响对《诗》整体排序的看法。但是，在同一简上，诗篇之排序就不可能存在分歧意见，因为这是简之原貌。下面对具有不同类诗在同一简上的简进行分析：

第18简：1.《木瓜》（卫风）；2.《杕杜》（小雅）。其顺序为：风、小雅。

第21简：1.《无将大车》（小雅）；2.《湛露》（小雅）；3.《宛秋》（陈风）；4.《猗嗟》（齐风）；5.《鸤鸠》（曹风）；6.《文王》（大雅）；7.《清庙》（颂）。其顺序为：小雅、风、大雅、颂。

第22简：1.《宛秋》（陈风）；2.《猗嗟》（齐风）；3.《鸤鸠》（曹风）；4.《文王》（大雅）。其顺序为：风、大雅。

第23简：1.《鹿鸣》（小雅）；2.《兔罝》（周南）。其顺序为：小雅、风。

第25简：1.《荡荡》（大雅）；2.《有兔》（逸诗）；3.《大田》（小雅）；4.《小明》（小雅）。其顺序为：大雅、小雅。

第26简：1.《邶·柏舟》（邶风）；2.《谷风》（邶风或小雅）；4.《蓼莪》（小雅）；5.《隰有苌楚》（桧风）。其顺序为：风、小雅、风。

第27简：1.《殷其雷》（召南）；2.《蟋蟀》（唐风）；3.《仲氏》（逸诗）；4.《北风》（邶风）；5.《子立》（逸诗）。

第28简：1.《墙有茨》（鄘风）；2.《清蝇》（小雅）。其顺序为：风、小雅。

第29简：1.《卷耳》（周南）；2.《褰裳》（郑风）；3.《角幡》（逸诗）；4.《河水》（可能《沔水》，小雅）。其顺序为：风、小雅。

我们归纳各简排序。依照风、小雅顺序有：第18简、第28简、第29简；依照风、大雅顺序为第22简；依照风、小雅、风顺序为第26简；依照小雅、风、大雅、颂顺序为第21简。依照风雅排序有6简，其中第26简显然是孔子在授诗时先讲风后讲雅，再反过来讲风；第21简授诗之主序仍是风、雅、颂。而依照雅、风顺序的仅为一例：第23简。由此《综论》部分各竹简可知，孔子在授诗的类序意识中还是存有风、雅、颂这一主导顺序的。

《孔子诗论》第2、3简所论诗类序恰与传统《诗经》类序相反又该作何解释呢？实际上，竹简《诗论》同时出现了相反的两种类序叙述，我们又为什么偏要执其一端呢？在传统文献《乐记》中亦有"倒序"情况，历来没有人觉得不正常，该篇记载师乙论乐，"师乙曰：'乙，贱工也，何足以问所宜？请诵其所闻，而吾子自执焉。……宽而静、柔而正者，宜歌《颂》。广大而静、疏达而信者，宜歌《大雅》。恭俭而好礼者，宜歌《小雅》。正直而静、廉而谦者，宜歌《风》。"师乙所论类序为《颂》、《大雅》、《小雅》、《风》，与《孔子诗论》第2、3简所论类序相同，而且恰巧同样是论述《诗经》的乐理，而非《诗经》的诗义。何以至此？这也许是由那时人们的乐理观念所致，但《诗》文本的编排顺序和人们论诗乐的顺序并不一定需要保持一致，同时也不可能强求人们在论及诗乐时一定要按照传统《诗经》文本之顺序而无自由之余地，倘若如此，那也未免太为苛刻与牵强了。明代的宗祠演剧也有以"颂类"、"大雅类"、"小雅类"、"风类"为上演顺序的[16]，这也同样可以说明人们在使用《诗经》类序上是自由的。

（四）"汉代"文本形态《诗》类序

汉代《诗经》文本形态有鲁、齐、韩、毛四家。毛诗流传至今，其类序为《风》、《小雅》、《大雅》、《颂》。《齐诗》以《国风》为《诗》类序之始[17]。《鲁诗》有"四始"说，《关雎》为国风始，《鹿鸣》为小雅始，《文王》为大雅始，《清庙》为颂始。可见，《鲁诗》类序亦为《风》、《小雅》、《大雅》、《颂》。郑玄初学《韩诗》，后就《毛传》作《笺》，间用韩义，仍未改《毛诗》之类序。王先谦《汉书·艺文志补注》谈到鲁、齐、韩三家诗时言："此三家全经，并以序各冠其篇首，故皆二十八卷。十五《国风》十三卷，《小雅》七十四篇为七卷，《大雅》三十一篇为三卷，《周颂》三十一篇为三卷，鲁、商《颂》各为一卷，共二十八也。"可知鲁、齐、韩三家诗类序与毛诗同。

上博简《孔子诗论》存有逸诗多篇，正如《论语》一样有逸诗存在。朱彝尊《经义考》云："由是观之，诗之逸也，非孔子删之可信已。然则诗何以逸也？曰：一则秦火之后，竹帛无存，而日诵者偶遗忘也；一则作者章句长短不齐，而后之为章句之学者必比而齐之，于句之从出者去之故也；一则乐师矇瞍止记其音节而忘其辞，窦公之于乐，惟记《周官大司乐》一篇，而其余不知。"既然《孔子诗论》及《论语》中皆有逸诗存在，战国其他文献中亦引有逸诗[18]，我们就可以断定《毛诗》同孔子所传的《诗经》文本有出入，但我们不能由此完全否定《毛诗》继承孔子所传《诗经》文本的可能性，也许《毛诗》就是孔子所整理的《诗经》的精神与形式的遗留文本形态之一，其类序一脉相承，仅是缺逸诗篇而已。

三 讨论《孔子诗论》"类序"的结论

《诗经》的分类由来已久，大抵分为《风》、《小雅》、《大雅》、《颂》四类，不可随意更改，其排列类序亦历来如此，孔子未曾作类序方面的变动。至于出土文献《孔子诗论》中偶尔出现的颠倒《诗》类序的论述亦属正常，并不能说明孔子曾编有与传统《诗》类序相反的文本，也不能否定《毛诗》文本具有一定的历史延续性，更不能由此说明《孔子诗论》中出现"类序颠倒"具有更为不可测知的寓意。

《诗经》结集经历了一个过程。《诗》"类序"的形成也具有一定的历史性，是在《诗》文本编辑过程中自然形成的，孔子在整理《诗经》的过程中并不存在一个前提性的"编序"原则，诸如按时间顺序、按意识形态或观念要求、按诗之艺术性等等，所谓孔子"删诗"只是对诗篇做些必要的一般性古籍整理而已，正如孔子所言"述而不作"、"郁郁乎文哉，吾从周"，不可能作很大的"类序"变动，但这并不影响孔子对《诗》之评价与传授。

《诗》文本的发展存在着一定的继承性。《诗》在传承过程中历经百折，由散乱的自由状态到结集的规范状态，再到散乱，再到结集，由不完善到完善，再由完善到不完善，由少到多，再由多到少，但其文本的主体精神与"类序"没有变动。

对于出土文献，我们应该持有一个正确的态度，既不能视而不见，也不能听风就是雨；对于传统文献，我们也应该有一个清醒的认识，既不能泥古不化，也不能怀疑一切。我们在作历史"翻案"时，一定要取慎重态度，"二重之证据"兼顾，不可偏废。顾炎武云："今人以为圣人作书，必有惊世绝俗之见，此是以私心待圣人。世人读书如介甫，才入贡院，而一院之事皆欲纷更。"（《日知录》卷三《鲁颂商颂》）而今我们对楚竹书《孔子诗论》解读时，一样应持慎重态度，不可轻下结论。

注释：

[1]参见记者张立行《战国竹简露真容》，1999年1月5日《文汇报》第一版；记者郑重《"上博"看楚简》，1999年1月14日《文汇报》；记者施宣圆《上海战国竹简解密》，2000年8月16日《文汇报》头版。

[2]《光明日报》和《中国青年报》发表新华社上海8月20日电讯。

[3]马承源主编：《上海博物馆藏战国楚竹书（一）》，上海古籍出版社2001年版，第122页。

[4]濮茅左：《〈孔子诗论〉简序解析》，载廖名春等主编《上海博物馆藏战国楚竹书研究》，上海书店2002年版，另见简帛研究网站：www.bamboosilk.org。

[5]李零：《上博楚简校读记（之一）——〈子羔〉篇"孔子诗论"部分》，见简帛网站：www.bamboosilk.org。

[6]王葆铉：《今古文经学新论》，中国社会科学出版社1997年版，第44页。

[7]范毓周：《关于上海博物馆所藏楚简〈诗论〉文献学的几个问题》，见www.bamboosilk.org。

[8]姜广辉：《古〈诗序〉留白简的意含暨改换简文排序思路》，见www.bamboosilk.org。

[9]"伸"、"引"、"湛"三字采用廖名春释读。02、03为简顺号。

[10]马承源主编：《上海博物馆藏战国楚竹书（一）》，第122页。

[11]依照廖名春释文，参见廖名春《上海博物馆藏诗论简校释》，《中国哲学史》2002年第1期。

[12]濮茅左：《〈孔子诗论〉简序解析》，载廖名春等主编《上海博物馆藏战国楚竹书研究》，另见简帛研究网站：www.bamboosilk.org。

[13]马银琴在《西周早期的仪式乐歌与周康王时代诗文本的第一次结集》一文中说："康王时代，无论从重农息民的统治思想来看，还是就具体礼制、乐制的转变而言，都表现出了一种由周公、成王时代向昭王、穆王时代过渡的特点；'三年定乐歌'的活动，则是在礼制、乐制上承接上代的直接举措。因此，从周代礼制的发展状况来看，今本《竹书纪年》关于康王三年定乐歌的记载是可信的。"（中国诗经学会编《诗经研究丛刊》第2辑，学苑出版社2000年版，第51页。）

[14]张启成：《对孔子〈诗论〉报导的再思考》，载中国诗经学会编《诗经研究丛刊》第1辑，学苑出版社2001年版，第284页。

[15]《读风偶识》卷三《郑风》。《论语·卫灵公》云："放郑声，远佞人，郑声淫，佞人殆。"《阳货》云："恶郑声之乱雅乐也"。拥护"删诗"说，如吕思勉："太师采《诗》而为乐，则只有太师采之之意；孔子删《诗》而为经，则只有孔子取之之意耳。"（《经子题解》，华东师范大学出版社1995年版，第23页。）

[16]田仲一成的《明清戏曲》中关于明代宗祠戏剧的二系五类有如下论述。风俗教化系列：1.颂类；2.大雅类；3.小雅类；4.风类。（参见石川三佐男：《战国中期诸王国古籍整备及上博竹简〈诗论〉》，载中国诗经学会编《诗经研究丛刊》第2辑，学苑出版社2000年版，第290页。）

[17]治《齐诗》的匡衡云："史家之道修，则天下之理得，故《诗》始《国风》，礼本冠婚。始乎《国风》，原情性而明人伦也；本乎冠婚，正基兆而防未然也。"

[18]据董治安《战国文献论〈诗〉引〈诗〉综录》，《论语》引〈诗〉8次，其中逸诗1篇，为孔子所论；逸句1例，为子夏所引。《荀子》引〈诗〉86次，其中逸诗7篇。《墨子》引〈诗〉12次，其中逸诗3篇，《晏子春秋》引〈诗〉20次，其中逸诗1篇。《管子》引〈诗〉3次，逸诗1篇，《吕氏春秋》引〈诗〉20次，逸诗4篇。

＊此文为与蔡先金合作

（原刊《孔子研究》2004年第2期）

《周易参伍筮法》序

  本书作者卢泰，酷爱《周易》，擅长思考，退休后研易更加专心致志，于古人今人虽有继承，却绝不依草附木，颇有体会，成果不少，而人很谦和，常来与我聊易，来往多了便成为易友。他有一股子孜孜不懈的钻研精神，精力也充沛。这本《参伍筮法》已是他的第二本易著。前此已有《周易信息库》一书问世，那也是一本很好的书。里边关于"理数不二"的阐述，关于"周易静态信息库"、"动态信息库"的论证以及关于"遁甲筮法"的探讨，大多有新意，给人以启迪。"理数不二"说虽与宋人程颐"体用一源，显微无间"思想大致相同，但是他的"理数不二"提法，毕竟另有一番思考。

  卢泰的这本书是专讲周易筮法的。周易筮法古今人都认为留传下来的只有一种，就是《系辞传》中通过分二、挂一、揲四、归奇四个步骤求爻成卦的"大衍筮法"。"大衍筮法"的具体操作细节，朱熹在《易学启蒙》中有详细说明。但是古今人谁也没想到，除了"大衍筮法"以外，《系辞传》中还有另一种筮法。卢泰论证《系辞传》"参伍以变，错综其数"讲的就是《周易》的另一筮法。固然早在南宋，朱熹就说《系辞传》这两句话是讲筮法的。但是他不过说一说而已，未作任何证明。真正、确实讲明《系辞传》里除"大衍筮法"之外还有另一种可以叫做"参伍筮法"的《周易》筮法的，是卢泰的这本书。

  "参伍筮法"与"大衍筮法"有所不同。大衍筮法是一爻一爻地求卦。"参伍筮法"则是以"八卦"为单位求出上体下体组成一个六画卦。"参伍筮法"这是刚刚开个头，究竟如何，尚须继续研究，但是我敢说这是卢泰的一项发明，一大贡献。有了这个发明，《左传》、《国语》上22条筮例可以得到说明了。

  我还要指出一点，"参伍筮法"之说无论人们认同到什么程度，必须承认卢泰的思路是对的。《周易》经的部分，除了卦就是筮，而筮先于卦。卦和筮都有象数与义理两方面内容。两相比较，筮包含的义理比卦更丰富。研易当然必须解卦，而筮法尤须研究。知卦不知筮，等于不知易，卢泰劲儿往筮上使，是对的。况且筮法据《周礼·春官·筮人》记载，有九种。后世人以为筮法只有《系辞传》讲的"大衍筮法"一种，其余八种都失传了。是否都失传了呢？这问题不是值得研究吗？卢泰在这个问题上动脑筋，思路当然是对的。

  我也喜易，曾与我的老师金景芳先生合作写过《周易全解》一书。卢泰很谦虚，一定要说他的这项发明是受《全解》启发的结果。其实我们在《全解》中对《系辞传》"参伍以变，错综其数"两句话不过说说而已，实未曾深入研究。我和金先生属于义理派，研究《周易》筮法本是分内应做之事，而我们没做，卢泰做了。做了却又把功劳归于别人。这种谦卑自牧的气度着实令我感动。

既孜孜不倦，勇于"打破砂锅问到底"，又谦卑自牧，这样的作者来求序，我觉得荣幸，当然不能推脱。

守先待后，薪火常传

——金景芳与马一浮的学术渊源

历史学家金景芳是国学大师马一浮的弟子。回顾他们的薪火因缘并分析各自学术趋向的异同，对研究20世纪中国学术史、探索如何更好地继承和发展传统文化，均有重要意义。

一

在普遍实行西方学术制度的近代教育史上，由政府资助，继承理学遗风，独立办学、原原本本讲求儒家大义的复性书院的出现，不能不说是个异数。尽管由于种种原因，书院真正开课不到两年的时间，但因为担任主讲的是被誉为"千年国粹，一代儒宗"的马一浮先生，这段历史遂成为近代学术史、近代教育史上不可滑过的一笔。1940年，即书院成立第二年，金景芳"谒见复性书院主讲马一浮先生，欣承允予收留"[1]。同年9月，作为马一浮的弟子，开始了正式学习。

在金景芳就学复性书院期间，马一浮在他的学业上倾注了大量的心血。收在《尔雅台答问续编》卷三里面的《示金晓邨》38则示语，就集中地反映了马一浮对金景芳的教诲[2]。这些函件多涉经学，亦及理学、佛学。经学之中，最多论及《春秋》三传，而这正是当时金景芳致力最勤的经典。半年以后，金景芳不负师望，写出了《春秋释要》，马一浮予以高度评价，并亲笔题词：

> 晓邨以半年之力，尽读《三传》，约其掌录，以为是书。其于先儒之说，取舍颇为不苟。而据《史记》主鲁亲周，以纠何氏黜周王鲁之误，谓三世内特以远近详略为异，不可并为一谈，皆其所自得，岂所谓"箴膏肓，起废疾"者邪？治经之法，亦各因其所好自以为方，异执相非，从来为甚。不观其异，亦何由以会其同？《春秋》之义，即圣人之心也。得其心，斯得其义而不疑于其言。言之微隐而难明，义之乖异而或失者，皆未有以得圣人之心耳。过此以往，引而申之，触类而长之，将有进于是者在，未可遂谓已尽其能事也。晓邨勉之！何独治《春秋》，治他经亦如是矣[3]。

题词的前半部（即"岂所谓'箴膏肓，起废疾'者邪"以前），谓作者对《公羊传》何休注的纠正颇有价值，是其深造自得之言，非剿袭他说的浮泛之论，并赞扬了金景芳"取舍不苟"的严谨治学态度。后半部谓"未可遂谓已尽其能事也"，指出过此以往，大有事在，学者治经需心知其意，得圣人之心，如此，方算明晓儒门大义。此法不仅适用于治《春秋》，也是治一切儒家经典所应遵循的门径。

整个题词前半部意在褒奖，后半部提出进一步的期望。金景芳对此极为珍视，曾谓"我在复性书院读《春秋》三传，为了纠正何休的错误，写成《春秋释要》一书。喜得先师马一浮先生表扬，为亲笔题词。"[4] "如此褒奖，我视为是一种殊荣，永久珍藏，不敢失坠。"[5]

金景芳治学重思辨的特长在求学期间就突出地显露了出来。对于这一治学长处，马一浮屡有表扬。1940年12月4日第三次考试马一浮对金景芳的评语有："亦自分梳得有义类"，"以文字论却甚有思致、能分晰。"[6]但马一浮也敏锐地指出了由此导致的偏差："作者颇能致思，而每好为一往之谈，主张太过，遂不免堕于封执。"[7]凡事过犹不及，相信这个提示一定使金景芳后来的治学生涯少走了不少弯路。

成名以后的金景芳学术观点以理性见长，但在求学期间，似乎与之尚有距离，因此才有了马一浮这番教诲："律历皆本阴阳五行所立，在古人是常识，有何神秘？今人于其所不知，则悍然非之，乃妄也。贤者欲明古义，奈何为俗见所围邪？"金景芳原文今不可见，但分析马一浮的评语，应当是当时金景芳认为古人律历本诸阴阳五行，属于神秘范畴。此论遭到马一浮所呵，谓古代律历本于古人的常识，归于神秘，是未能真正了解古人，并告诫金景芳不要沾染于所不见则悍然非之的虚妄学风。这则评语表现了马一浮少有的严厉，也可见他对厚诬古人的轻薄作风的深恶痛绝。相信这个棒喝对金景芳震动非同小可，后来金景芳在撰写《中国奴隶社会史》时，特辟专题谈到了阴阳和五行，认为"前者代表古代的朴素辩证法思想，后者代表古代的原始的唯物论思想"[8]。向时所论的痕迹已经无影无踪了。由此，益见半个世纪以前马一浮识断之精卓。

对于金景芳，马一浮不仅是经师，更是人师。示语针对金景芳的论学措辞，提示道："故欲精于论辨，必当择以玄言，否则词近诟厉，有似担夫争道、醉汉骂街，未能远于鄙倍矣。"意在学人养成远于鄙倍的儒雅之风。20世纪90年代，金景芳在评论某一易学作品时，指出其学术上的不足后，谓其"语言大部分尖酸刻薄，带有侮辱性，不似客观地讨论问题的文章"[9]。依稀可见半个世纪以前复性书院的遗风。

应当说，对金景芳这段时间的学业情况，马一浮是相当满意的。1941年6月25日马一浮向书院全体传示，认为书院"虽不与学校毕业试验同科，诸生中读书孟晋及文理较优者，亦宜分别予以奖励"，"今据迭次课试及平日札记，衡其进处，张德钧、张国铨、王紫东三人，应各奖国币贰佰圆；金景芳、杨焕升二人，应各奖国币一佰圆；少资笔札，以为勤学者劝。"[10]金景芳在俊彦群集的复性书院，能得到马一浮的公开奖励，不能不说是一项殊荣。

1941年6月底，书院主要由于经济原因，难以为继[11]，遂发布通告，谓住院学生可以住到当年12月底，届时书院将辍讲，而以刻书为务[12]。而这个时候，金景芳已因读书用功太过, 营养不济, 开始咯血了[13]。1941年11月, 金景芳辞别了复性书院, 到东北大学任教。这以后, 犹念念不忘培育了自己的复性书院和业师马一浮。1943年捐资300元给书院刻书。马一浮回信谓: "自山中诸友星散, 而犹倦倦不忘一日之旧如贤者, 尤今日所难能矣。" [14]1944年, 金景芳汇款贺马先生寿, 并汇报自己学术心得及心性修养的收获, 马一浮回信道: "向示研经方法讲稿, 辞义并茂, 信不为苟作。兼知临事进于宽裕, 躯体益腴, 良为欣慰" [15]。

1962年金景芳致函马先生谓东北文史研究所欲延请曾为复性书院讲师的钟泰先生讲学[16], 请业师劝驾, 马一浮欣然同意[17]。回信道: "此甚盛事, 嘱为劝驾, 固当不吝一词" [18], 并对金景芳做事严谨大加称赞, 谓 "贤者谨于去就, 于此见其不苟。礼重就问而薄往教, 良有以也。" 其时马先生已经体衰多病了, "浮近年患白内障, 已邻于瞽, 下笔不辨点画, 步行需人, 不唯绝学捐书, 寻常亦不亲笔札, 余年殆无久理", 不能读书、写作, 对于一生以继绝传道为志业的马一浮来说, 其痛苦是可想而知的。故信尾对金景芳嘱咐殷殷, "贤辈及此精力未衰, 益勤讲习, 助隆教化, 诚衰朽之所乐闻也。" 以讲学传道附嘱弟子。这是目前我们能够看到的金景芳与马一浮的最后联系。5年以后, 即1967年, 马一浮溘然长逝, 而金景芳的学术生命还没有充分的展开。

金景芳可谓不负嘱托, 94岁之时, 仍舌耕不辍, 对全校学生作关于《大学》、《中庸》的学术讲座, 为孔子思想的原义辩护。

马一浮的思想博大精深, 固非一端可以概言。晚年的金景芳不时地对学生们回忆起恩师马一浮先生, 常常自豪地说 "我老师诗写的最好, 字写的最好……" [19], 又说, "你们都是大学生, 我不是啊, 我的老师是一代儒宗马一浮先生, 可我不是个好学生" [20]。越是思念、景仰宗师学术境界的博大精深, 越是觉得自己的成就与之差距甚大。以至于金景芳说: "我在书院从马先生年余, 并未学得道真。不但不足语升堂入室, 简直是还在数仞夫子之墙之外。" [21]耄耋宿学的谦抑一如当年书院拜师之时。

二

离开复性书院, 金景芳由著名史学家金毓黻先生介绍, 到东北大学任教, 任文书组主任。新中国成立后, 金景芳被重新分配工作, 经在东北文物管理处、东北图书馆短暂任职后, 1954年在吉林大学(当时的东北人民大学)历史系任教, 从此再没有离开过吉林大学。3年后, 任历史系主任。"文革" 以前, 在《周易》、孔子思想研究以外, 金景芳还写了一系列针对当时名家如郭沫若、冯友兰、关锋等人学术观点的争鸣文章。"文革" 后, 发表了大量的学术作品, 除对先秦史关键问题的研究, 多集中在对《周易》、《尚书》等经典的阐释上。有学者统计, 金景芳 "在新中国建立后发表的论著、专著8部, 论文50余篇, 数百万字, 其中80%以上是在 "文革" 结束以后刊出的; 绝大部分是在八十左右高龄时写的。" [22]

金景芳的学术作品如同他自己在一部作品的序言中所说的: "我没有依草附木,

随波逐流。我说的是自己的话，走的是自己的道路。"[23]体现了独立思考、不徇俗见的鲜明特点。有学者认为金景芳晚年之作"思想凝练，笔触凝练，一出语即异于凡侪"[24]。惟如此，金景芳的学术成就才受到了学林的关注，在先秦史研究领域具有相当的地位。

这期间，源于复性书院的通儒家数何以一变成为专家之学，是值得后来者深入分析、思索的问题。

作为学者，金景芳的专业意识是很突出的。曾言"先秦史就是我的学术，先秦史而外，不存在我的学术"[25]。这番话是其现实职业环境的真实反映。个人和时代的双重原因使得金景芳选择了体制内的学术生涯。在近代，马一浮的复性书院的出现是个异数，也如昙花一现，转瞬即逝。绝大多数服膺儒学的学者，要么默默无闻沉沦于民间，要么就只能投入体制的怀抱，走专家之路，而这往往是以丧失儒学的本位立场为代价的。尽管金景芳不情愿（我们最后会谈到这一点），他也只能以一个体制内的历史学家的身份来谈论传统文化。从个性上看，我们通过上文对金景芳求学复性书院期间学业的考察，发现金景芳的学术思想的主要根基是经学，更接近乾嘉余绪，讲求实事求是的学风，这个治学态度与近代学术体制下对历史学科的要求十分吻合。新中国成立前去东北大学任教；新中国成立后，上级领导将重新分配工作，金景芳填表希望从事先秦古籍研究工作以及1954年他主动离开东北图书馆，申请到历史系任教，都是他自觉的选择，绝非偶然。

研究儒学最主要的是对孔子的认识和评价。金景芳始终是以尊崇的态度对待孔子的，这和一些宣称研究孔子是为了更好的认识、批驳孔子的反动面目的人是迥然不同的。在金景芳的整个学术生涯中，包括那个风雨如磐的年代，这个底线始终不曾动摇[26]。不仅如此，金景芳还以那个时代特有的方式力图为孔子研究争得一席之地。1957年，东北人民大学召开科学研讨会，金景芳的《论孔子思想》一文交大会讨论，直谓孔子思想"基本上是辩证唯物主义"。关锋在《光明日报》上批驳了这个提法。由于这个提法，虽然金景芳在东北人民大学《人文科学学报》已经公开发表了"自我批判"，"文革"开始，仍被打成了"反党、反社会主义、反毛泽东思想"的"三反分子"[27]。这一事件，究其实，包含了金景芳为了能在特定历史条件下，坦然弘扬孔子思想的良苦用心。

如果说在1939年写作《易通》的时候，金景芳对辩证法的认识是自发的、志在探索新义，那么在新中国成立后的多数时间里，力主孔子是完整的辩证法，则是为了使孔子思想在当日不至沉理荒弃的一个特殊的做法。这个做法早为当时的主政者识破，一针见血地指出"历史系是孔教徒挂帅"，在以后批斗时，写有"孔教徒"字样的牌子总是挂在金景芳的胸前。对此，金景芳本人也算是求仁得仁，得其所哉[28]。金景芳对孔子的研究固然很多出于创见，但也有直接复性书院传承的宛然痕迹。如金景芳认为孔子思想有两个核心。一个是时，另一个是仁义[29]。认为孔子思想中一个基本要点就是时，就是变化。并以此证明韩愈所谓道统的不虚[30]。其实，早在1940年6月20日复性书院第二次考试试题即有"圣之时解"[31]。虽然金景芳是这一年9月开始入复性书院学习的，但在以后的日子里，是极有可能知晓此事的。或谓，探讨"圣之时解"，固为复性书院讨论之义，亦无不可。

金景芳的学术作品里面有很多涉及马克思主义经典的地方，也许一般看来这是一个时期以来意识形态对学者不可避免的影响，但对金景芳来说，事情却不那么简单。金景芳是早在1939年马克思主义并没有成为中国主流思想的时候，接受其观点启发的。那是在东北中学由湖南桃花坪向四川静宁寺迁校途中，金景芳购得傅子东译的列宁的《唯物论与经验批判论》，在书的附录中有《谈谈辩证法问题》，金景芳读后，深受启发，月余即写就《易通》。1942年获国民政府教育部著作发明及美术奖励三等奖。1945年由重庆商务印书馆出版。同时解决了在学校任教的资格问题。复性书院的讲师谢无量曾给《易通》题词，谓：

> 易道广大，无所不包，善读者乃能观其通耳。此编综孔、老之绪言，并合以当世新学之变，可谓得易之时义者，由是进而不已，易道不难大明于今日也[32]。

谢无量的这篇题词，肯定了金景芳借助辩证法来探索易理的做法，称此举是"合以当世新学之变"，是符合"易之时义"的。在他看来，易道无所不包，融汇新学，为其应有之义，体现了他的圆融开明。

其实，那个时代很多有识之士都接触过马克思主义。马一浮就是这方面的先驱。早在1904年1月6日，马一浮就在日记中写道："昨获陶逊氏《日耳曼社会主义史》、爱维雪氏《学生之马克士》、英吉士《理想的及科学的社会主义》各一册"，"晚来揽《社会主义原论》"[33]；1904年1月17日，"下午读哲学书，译社会主义书"[34]；1904年3月17日，"下午得英译本马格士《资本论》一册，此书求之半年矣，今始得之，大快，大快！胜服仙药十剂！予病若失矣"[35]。1905年，马一浮归国，带回了德文版的《资本论》，是为第一部进入中国的马克思主义著作[36]。由此可以得到这样的启发，就是复性书院期间马一浮的学术思想并不是仅仅出于对儒家的感情投入而作的一往之谈，而是融汇中西、平章华梵而后形成的大智慧。而金景芳在晚年最后的一部书里，就直接提出孔子已经认识到了哲学上最高的根本性理论[37]。于是，我们可以发现金景芳这种站在易道无所不包的境界上，兼畜后世新义，正是复性书院倡导的一贯风格。

谈到金景芳的学术成就的时候，不应回避的一个问题是他对理学的态度。无庸讳言，金景芳对理学的认识是存在隔膜的。金景芳毕生推崇孔子学说，而不及宋儒本身。略有涉及，亦多称宋儒对孔子思想的误解，因之而忽略宋儒本身的价值。作为理学大师马一浮的弟子，这不能不说是一件尴尬的事。

究实而论，金景芳的这一认识是受时代影响所致。清初，宋明理学的真精神受到清廷的压抑。出于统治考虑，清廷千方百计地限制儒者精神的振扬[38]。清末民初，随着西方列强的入侵，当时呈畸形发展状态的国学难以应对西方文明的渗透，于是，整个体系被冲垮，剩下的只有零星的民间资源。在这个大背景下，就是后来被尊为理学大师的马一浮，早年对理学甚至整个儒学亦相当反感。其1904年3月12日日记，谓"宋明以来，腐儒满国"[39]，1904年4月22日日记，谓"中国经数千年来，被君权与儒教之轭，于是天赋高尚纯美勇猛之性，都消失无余，遂成奴隶种姓，岂不哀哉！"[40]平心而论，理学本身就是融汇了佛道的综合体系。如果没有回国后在广化寺、永福寺多年的参佛经历，马一浮恐怕很难契入学脉中断已久的宋明理学。后来，柳诒徵在看到马一浮的《泰和宜山会语》后，谓其"语语切理餍心，惜未能亲叩其证道之方。据寄示其讲义则由儒家居敬之功，然颇疑其实在禅学开眼之后。"可谓知言[41]。其实，一时名家如章太炎、熊十力、梁漱溟等，皆有援佛入儒的经历，而入佛的深浅亦往往决定其理学心性功夫的造诣。这是学术史上一个极可注意的现象。

相比之下，金景芳就没有这么幸运了。他接受了更多的所谓新思想的影响，与马一浮相比，传统文化对其的影响更为微弱。这一点金景芳早有清醒的认识。1924年，金景芳任教辽宁义县文昌宫小学，同事中有老秀才，金景芳认为，"我与老秀才比较，在新科学、新思想方面略有所长；在精熟'四书'及作旧体诗、作对联等，则不如远甚。"[42]当时的金景芳对传统文化知识、技能层面的修养尚且缺乏，与需体悟默识的理学境界的距离就可想而知了。难怪，他最初以清华研究院望复性书院，来函申请，马一浮谓之"拟不同科"[43]。后来，金景芳入复性书院，对书架上的木刻大字正续《清经解》，倾全力研读，关注的也是经学。虽然他也曾遵师命读过宋明理学著作，但似乎都未能深入三昧。这里至少有两方面原因。首先和书院的教学方法有一定的关系。盖理学的践履功夫本来在文字之外，而离开文字，书院似乎接引后学的方法并不多；同时也和金景芳自身偏重理性思辨的个性有关。客观上说，由于金景芳对理学的疏远，为其在一段相当长时间里，省去了很多不必要的麻烦，也是后来他的学术作品能比较为主流认可、得以传播的一个原因。这也是不该算作幸事的幸事。

当然，这不等于说金景芳没有受到理学的熏染。无论是1962年邀请擅长理学的钟泰去长春讲学，还是在晚年对后学脱口而出"大处难处看担当，逆境顺境看襟度，临喜临怒看涵养，群行群止看识见"的明儒语录[44]，均可以看出其对待理学的实际态度。在《周易》研究上，程伊川的《易传》为义理派代表作，亦是一部理学名著。马一浮十分重视伊川《易传》，尝谓："传《易》应推伊川"，"故读《易》当从伊川入"、"伊川《易传》不可不备，患难中尤当常读之"[45]。金景芳后来在研究、讲授《周易》的时候，走的就是义理派的路子，并将伊川《易传》列为最重要的必读著作。这些都可以说明理学对金景芳的影响。

金景芳晚年在回顾中国20世纪时说，"生活在这一时期的人们，大体上可区分为三类。第一类是革命派。第二类是反动派。第三类是中间派。他们（中间派）没有明确目标，一贯被动。虽然也说得上辛辛苦苦地做事，清清白白地做人，然而如不入流的演员一样，只能在剧中扮演群众或配角，不能当主角。又如渔夫下海遇飓风，奋力在惊涛骇浪中挣扎。不饱鱼腹，已是幸事，谈不上什么英雄好汉"，金景芳认为自己"正确地说，属于中间派"[46]。这也许不是金景芳一个人的心境，而是相当多知识分子的感受。金景芳正是以中间派的身份置身在世纪的惊涛骇浪中的，以他的所志所求，不饱鱼腹，实属幸事。而其能不依草附木，一生以弘扬孔子思想为己任，揭示儒家经义，守先待后，使劫后之余，后学尚知有所谓孔子思想、六经奥义，而先哲声光复白于天下，亦可谓无愧于平生所志，无愧于当年复性书院的一段师生因缘。

三

回顾是为了展望。金景芳和马一浮60年前的薪火之缘，以及在学术史上揭示出的种种问题值得我们深入思考。

马一浮尝言所学直接孔孟。金景芳一生尊孔，被人恶意地称为"孔教徒"，亦坦然受之。然而，除了尊孔，马一浮学无涯岸，尤以理学造诣闻名于世。而金景芳以宋明理学多不符孔学原义而疏远之。实则，宋明理学是否符合孔学原义是一回事，是否有存在价值是另一回事。如果以不符孔学原义彻底否定理学，恐未为通达之论。近两千年来，孔学演化为理学，有其不得不然的深刻历史原因。简言之，宋明大师走的是立足本位立场，汇通域外文明的道路。经历代大师的努力，理学已成为高度发达、成熟的文明体系。今对此视而不见，一概抹煞，于心于义，均有未安。

然而，近代学绝道丧之际，理学的传承的确面临严峻的挑战。马一浮在复性书院接引学人的方法还是宋明大师的传统办法，于学人往往不能契机。或谓，马一浮谨守先儒旧辙，原汁原味，为的是不枉道徇俗。此义当辨。从整个理学的发展史上看，北宋诸师立其大者，南宋朱子集大成而光大之。然尚有详于道问学而略尊德性之嫌。在当时或为矫枉而发的有为之举，但奉之为学者典则，则不能无弊。自明代王阳明出，方力矫此弊。一时心学勃然大兴，而末流又起蹈入空虚、束书不观之病。方此时，正需要总结北宋以来的理学发展历史、进行一番通盘彻底的批判与重建。无奈清人入主，明室遂屋。从此，真理学绝矣。一言以蔽之，理学的发展缺乏一个总结的阶段，而更为适合学人、更为灵活、成熟的理学修养方法，就需从此生出。此理不明，虽不得不谓之原汁原味，亦难免劳而少功。究其原因，仍是以静止的观点看待理学，不悟理学也须在发展中继承、光大[47]。前人的探索化为后人的智慧，今后儒学的延续和发展恐怕难以回避这个问题。

至于儒学传承的方式，马一浮为了学术的独立自由，始终坚持民间讲学立场，坚持不隶属通行的教育体制。直待最高当局答应始终以宾礼待之[48]，方答应主持书院。金景芳则使儒学进入体制内，走专家之路，实乃时事使然。回首前尘，得失相较，未易轻言。然而，在"文革"期间，一则小事显露了金景芳内心深处的某种东西。在刚刚为了建筑毛泽东纪念堂，完成拉砂子、装火车的劳动任务以后，金景芳被分配到教改工作队，在吉林省舒兰县与农民一道同吃、同住、同劳动。当时工作队征求对教改的建议，据同是工作队成员的张松如教授回忆，轮到金景芳发言，他郑重的表示教改的出路在"办书院"[49]。而这时正是最高指示成为口头禅的岁月。今日思之，金景芳此语绝非泛泛之言。因为在其一生中对于书院的印象只有马一浮主讲的复性书院。由此，益知金景芳此时虽履冰霜，其志仍在此而不在彼也。

注释：

[1][13][21]《我与中国二十世纪》，河南人民出版社1994年，转引自《知止老人论学》，东北师范大学出版社1998年，第36、37、37页。

[2]《尔雅台答问续编》，收入《马一浮集》（第一册），浙江古籍出版社、浙江教育出版社1996年。另，金景芳，字晓邨。

[3]《马一浮集》（第一册），第636—637页。题词墨迹原件一直为金景芳珍藏，临终前夕，传给助手吕绍纲。

[4]金景芳：《我的学术思想》，《吉林大学建校五十周年纪念文集》，吉林大学出版社1996年。

[5]《我与中国二十世纪》，转引自《知止老人论学》，第37页。

[6]《试卷评语》之《评金景芳经术经学辨》、《评金景芳申说明道答横渠书》，《马一浮集》（第一册），第948页。

[7]此段不另加注的引文，皆出于《尔雅台答问续编》卷三《示金晓邨》38则示语，《马一浮集》（第一册），第630—637页。

[8]金景芳：《中国奴隶社会史》，上海人民出版社1983年，第183页。

[9]《传统文化与现代化》，1995年第1期。

[10][12][14][15][33][34][35][39][40]《马一浮集》（第二册），第1193、1082、929、930、283、288、307、305、317页。

[11]书院辍讲的原因，一般的观点认为是书院自由讲学的宗旨遭到了官方的干涉，滕复则认为主要是出于经济的原因。今从后者。详见滕复：《马一浮思想研究》，中华书局2001年，第41—42页。

[16]钟泰，号钟山，代表作为《中国哲学史》，以义理涵泳见长，金松岑谓："钟山之择术焉醇，其观古焉涵泳反复，久而得其通儒者经世之体也"，（钟泰《中国哲学史》序，辽宁教育出版社1998年）马一浮引为同调，曾聘其为复性书院讲师。应东北文史研究所邀请于1962年到1966年在长春讲学。

[17]马一浮对钟泰去长春讲学倍感欣慰，赋诗为其饯行。《钟山将如长春讲学，见枉湖上，喜而赋此，即以赠行》，"善俗居贤义始敦，礼亡求野事犹存。喜闻太学尊三老，何异鸿都辟四门。北气南来终望治，齐风再变定淳。心斋一脉庄生旨，穷巷回车与细论。"见《蠲戏斋诗编年集·壬寅》，《马一浮集》（第三册），第678—679页。

[18]以下引文不另注者俱见《马一浮集》（第二册），第930—931页。

[19]马一浮曾谓："后世有欲知某之为人者，求之吾诗足矣。"《马一浮集》（第三册），第1019页。曾为复性书院讲师的贺麟尝言："马先生兼有中国正统儒者所应具备之诗教、礼教、理学三种修养，可谓代表传统中国文化的仅存硕果。"（贺麟：《五十年来的中国哲学》，商务印书馆2002年，第16页）。

[20]金景芳在1996年4月9日面向吉林大学全校作的"我对朱熹《〈大学〉章句》的看法"讲座和1999年底在家里接待博士生等不同场合均说过类似的话。

[22]朱日耀：《自强不息，不知老之将至》，载吕绍纲编：《金景芳九五诞辰纪念文集》，吉林

文史出版社1996年。

[23]金景芳:《中国奴隶社会史·序》。

[24]赵俪生:《我看儒学·后记》,载《金景芳九五诞辰纪念文集》。

[25]金景芳:《我的学术思想》,《吉林大学建校50周年纪念文集》。

[26]历经了多次的批孔运动,助手吕绍纲私下里举《论语》里"公认"的孔子歧视底层人民的话问金景芳如何评价,金景芳正色回答,其实孔子这些话也没什么错,是后人在曲解孔子。

[27]金景芳等:《史学家自述》,武汉出版社1994年。

[28]金景芳当时是吉林大学历史系主任,因省委宣传部长在政治理论课教师会上宣布"吉林大学历史系是孔教徒挂帅"而靠边站,时为1965年,文革尚未爆发。见《我与中国二十世纪》,转自《知止老人论学》,第42页。

[29]详见金景芳:《孔子的思想有两个核心》,《历史研究》1990年第5期。

[30]金景芳、吕绍纲、吕文郁合著:《孔子新传》,湖南出版社1991年。

[31]见《马一浮集》(第一册),第939页。

[32]引文据谢无量墨迹整理。墨迹影印件见金景芳《〈周易·系辞传〉新编详解》扉页,辽海出版社1998年。

[36]前此,马一浮日记中记载所读的《资本论》是英文版。携之回国的是德文版。后来,马一浮讲学浙大,便将此书赠给了浙大。目前,这部德文版的《资本论》仍保存在浙大图书馆。据滕复:《马一浮思想研究》,第15页。

[37]金景芳:《〈周易·系辞传〉新编详解》自序。

[38]柳诒徵尝谓:"明季学校中人,结社立盟,其权势往往足以劫制官史。清初以卧碑禁止,而后官权日尊,惟所欲为,为士者一言建白,即以违制论,无知小民,更不敢自陈其利病矣。故吾国国无民治,自清始,清之摧挫民治,自士始。今日束身自好之士,漠视地方利病不敢一谋公益之事者,其风皆卧碑养成。论者不察,动以学者不知社会国家之事,归咎于古代之圣贤,岂知言哉!"(柳诒徵:《中国文化史》,上海古籍书店2001年,第751页)所论"明季学校中人,结社立盟",即是以宋明理学为宗主的儒生自由结社,以衡制官府。

[41]陈训慈:《劬堂师从游賸记》,载《劬堂学记》,上海书店出版社2002年,第81页。

[42][46]金景芳:《知止老人论学》,第24、17-18页。

[43]见马一浮1939年9月10日答金景芳函,《马一浮集》(第二册),第929页。

[44](明)吕坤著,王国轩、王秀梅注:《呻吟语》序言,学苑出版社1993年。

[45]《马一浮集》(第三册)《语录类编·六艺篇》,第937、943、946页。

[47]马一浮的"六艺统摄一切学术论",体现了立足传统本位、开放涵容的学术区宇。但和本文探讨的理学修养方法不是一个问题,兹不深论。

[48]马一浮:《为董事会代拟与教育部陈部长书》,有言"书院凤叨宾遇"之语。见《马一浮集》(第二册),第1068页。

[49]公木(张松如):《在金景芳老师启导下》,《金景芳九五诞辰纪念文集》,第3页。

*此文为与朱翔非合作

(原刊《儒学与当代文明——纪念孔子诞生2555周年
国际学术研讨会论文集(第三卷)》,九州出版社2005年)

《周易郑氏学阐微》序

　　林忠军出书让我写序,我高高兴兴地写了,这岂不怪哉!其实不怪。山东大学刘大钧那一拨人和吉林大学金景芳这一拨人,虽然象数义理两派分明,但是我们的关系一向和谐,犹如水乳交融。金老在世时,大钧先生常来信问寒问暖。金老对他们也很赞赏,多次私下对我说:"山东大学易学搞得很好。论综合实力,人家比我们强。刘大钧这人人品文章都不错,至少不比我们差。"后来我把金老的意思,在公开场合由衷地表达了出去。况且忠军兄这人我很佩服。论年龄他是后生,论学问我们是比肩。这位刚过不惑之年的齐鲁小子,10年前就当了《周易研究》的重要负责人,挑了大梁,而后出了一部两卷本的大部头著作《象数易学发展史》,为人所称道。而人又是那样谦和恭谨,彬彬有礼。他出书让我写序,我感到荣耀。

　　但是想到他写的是郑玄易学,我又有点儿发怵。怕这序我写不到当处。多年来郑玄这个人物一直在我头脑里打转转。金老生前一再嘱咐把郑玄研究明白。南京大学的匡校长当年主持百名中国思想家评传时,郑玄评传当场指名叫我搞。我拖了两年没搞出来,后来推给别人,听说别人至今也没交卷。因为郑玄真正博大精深、群经注遍,无经不通,是个重量级人物,把郑玄研究明白,尤其郑玄易学,谈何容易!

　　接到忠军兄的书稿,我第一感觉是惊讶,看完书稿两遍后,感觉是舒服。我暗自思忖,这书若调整一下角度,不就是郑玄评传吗!南京大学思想家中心到处寻人不得,如今人就在郑玄老家山东冒了出来。真是应了那句话:踏破铁鞋无觅处,得来全不费功夫。我决心把忠军兄推荐给他们。

　　忠军兄这书写得很好。好处很多,它把一个博大精深、千头万绪的郑玄写得全面透彻。在易学这一块,则方方面面,条分缕析,清楚、到位。这些无须我细讲,读者看书自然明白。

　　但是,我必须指出以下几点,提请读者诸君特别注意。

　　第一,本书消除了对郑玄的一大误解,还郑玄一个公平的评价。李鼎祚《周易集解·序》说:"郑则多参天象,王乃全释人事。"这句话千年来促使人们形成对郑玄的一大误解,以为郑玄治《易》只讲象数不及义理。其实不然,忠军兄准确地解开了这个疙瘩。他说:"郑则多参天象,是指与王弼易学比较而言,郑玄治《易》偏重于参天象的象数。据此人们认为郑玄治《易》偏于象数而疏于人事,这是一种误解。其实郑玄易学既注重参天象的象数,又注重含人事的义理。一方面他不能摆脱当时学术思潮的影响,由《易传》之'观象系辞'推导出以象数治《易》的方法,进而夸大之,在《易传》取象不足的情况下，极力借助于爻辰、互体、爻体、五行等，参杂以天文历法数学知识注《易》。另一方面，他看到专以象数治《易》存在的问题。《周易》系辞除了观象以外，还与文字、社会、历史等人事相关，单用象数的方法揭示其意义是不可能的。必须借助人文方法加以诠释。"这样判断郑玄易学，才是公允的。

由全书的论述看，论对后世影响，郑玄的义理方法与其象数方法相比，毫不逊色。同时，我们还看到了郑玄的义理方法与后世的义理学有本质的区别。郑玄的义理方法，义理是在训诂学的视野下，关注的是《周易》经传固有的人事，旨在诠释《周易》本义。魏晋以后义理之学则是以笺注为形式，通过解读《周易》经传，体悟圣人之意，阐发具有哲学意义的义理。

过去我们一味地批评郑玄易学只用象数不顾义理，是因为我们误解了郑玄。忠军兄讲明白了这一点很重要。

第二，它告诉我们，郑玄解《易》方法与众不同，他不是仅用一两种方法，而是象数、义理、训诂多种方法综合使用。易学史证明，没有任何一种方法能够单独完成解释易学的全部任务。而做到多种方法综合使用，对于易学家来说，几乎不可能。因为一个人的学力和时间不足以支持他做到这一点。而郑玄特殊，他有渊博的学问，有博览群书的毅力，有整齐百家之志向，有不守师法家法，广采众说的胆量。还有更重要的一点，郑玄是个天才。不然的话，短短70多岁的一生，又多次遭遇战火、政治动乱，怎么会遍注群经，经经都有出类拔萃的建树呢？

天分是无法学习的。但是天分之外的东西则人人可为。最重要一点，对于我们今日之学者来说，如何不守门户之见，不以己之长比人之短，如何"同人于郊"、"同人于野"，是应该能够办到的。

第三，这本书对于时下的学风，能起到镇静剂的作用，可能压一压浮躁的势头。当今易学界急功近利，崇尚虚华，追求时尚名词，滔滔讲述大道理的，渐多，能够沉下心来老老实实读几本书，抠一抠原典字词句的，越来越少。这绝对不是好现象，长此以往，我们的易学是要断代的。忠军兄此书把一个活生生的郑玄端给我们看了。郑玄易学旁征博引，一言一事，必参伍考订，辨析异同，这种严谨学风，尤其值得今人借鉴。多一点朴实，少一点浮躁，正是当今应该大力提倡的。

第四，本书讲郑玄易学，长处短处分明，读者借鉴容易。郑玄易学的长处所讲是清楚的，概括起来主要有三点：（一）融象数、义理、训诂为一体综合解《易》的正确方法；（二）不拘家法师法，广采博取的宽厚态度；（三）严谨朴实的好学风。至于短处，讲得也很清楚。郑玄遵循《易传》"观象系辞"、"观象玩辞"的原则，但是和汉代其他易学家一样，实行起来未免过头，他坚信《周易》经传每一字词，非圣人随意而作，皆源于象，极力张扬象数的作用。象不足，则象外生象，因此其《易》注往往有附会曲解，不符合作《易》者原意的毛病。这个问题本书已明确点到，读者留意就是了。

忠军兄作《周易郑氏学阐微》，我唠叨了以上杂言碎语，共勉之。是为序。

《二十世纪古史研究反思录》序

常金仓教授与我有17年的学术交往历程，我充分了解他的史学思想，我愿意为他的论文集做评审推荐。

常金仓先生为自己选择了一个重大的研究课题，那就在对当代史学的自我反思、自我批判的基础上探索新世纪史学的发展方向，他以区区私家之力，面对强大的习惯势力，引导人们接受一种新的历史思维，需要足够的勇气和耐心。据我所知，这个意义重大的课题一开始就碰了钉子，作者曾连续两年以"自选课题"为本书申请过国家和教育部社会科学的年度项目，然而均未获准立项，我虽然不知道这些项目的评审过程，但根据他的资质、他的前期成果，他的选题意义远胜某些已经立项的课题，当读者打开本书时就会发现，作者在指出20世纪历史研究中种种非科学乃至反科学的思想和行为的同时，也发展出一套系统的、独特的新史学理论来，我们可以从以下几点看出他的思想与传统史学的区别。

一、本书为中国历史学确定了新的使命。常金仓先生认为在中国史学史上曾先后为历史学确立过两种使命，第一种是做政治家的助手，第二种是修补残破的历史，"复原"历史面貌。他用大量前人研究的事例论证了这两种史学职能在当前已丧失了效用，而且它们自身也是缺乏科学性的。他指出研究历史的最终目的是为了正确认识自己的文化，因为人一生下来就落在一个前人已经编织好的文化之网中，这张文化网既给封建社会建立了秩序，也给社会带来了痛苦，历史学家的责任在于弄清那张自己置身其中的文化之网的构造，以便人们根据自己的意愿重新创造自己的文化。他在《论现象史学》一文中说，服从于旧史学使命的历史研究在表现形式上都是以事件为单元的叙述史，他坚信，无论你把故事的细节考证得多么逼真，无论你把事件的原因结果说得如何头头是道，永远从历史上找不出科学道理来，他建议我们把历史研究的重心从关注事件转移到观察分析历史和文化现象上来。他的思想在历史研究上发生了一个很大的飞跃，这一跳跃也许会使丧失人们欢心的历史学更加贴近人们的需要。

二、本书在科学思想和形而上学之间划出了一道明确的界限。对不可记数的历史事实加以归纳概括，从历史事实背后寻找社会意义，是西学东渐以后中国史学上出现的新现象。经过一个世纪的史学研究实践，他发现被我们接受的那些西方理论大多是在它们本土已过时了的形而上学学说，根本配不上科学的称号，这种学说总是追求放之四海而皆准的普遍原理，总是构建世界文化的统一模式，而无视世界历史文化的多样性，本书作者在《历史分期讨论与发现真理的两种方法》一文中仔细区分了科学概括与形而上学理论在思想方法上的不同，并在多篇专题讨论中力排形而上学的思想，提倡实事求是的科学方法。这个问题在欧美历史学中虽然已是家喻户晓，但在我国史学界仍然是个需要相当长时间才能解决的问题。

三、本书在对旧史学反思基础上形成的文化要素分析方法严格了历史学的规范，提高了历史科学的门槛，开通了探索历史规律之路。以往我们在自然科学感召下口口声声说要发现历史规律，一个世纪过去了，我们不但一个规律也没有发现，甚至什么是历史规律也未弄清，常金仓先生在《论现象史学》一文中从文化现象的确定、分解一直说到历史规律的主要特征，顺着这条思路探索下去，在历史中发现规律的崇高理想的实现也许不会太远了。

四、常金仓先生关于20世纪古史研究的反思已涉及史学领域的好几个方面，从这些专题分析中使我们领悟到史学思维上的幼稚和肤浅，使我们意识到历史学的规范与真正科学还有很大距离。在他已经涉足的那些研究领域，他都重新梳理了各种历史因素的关系并赋予了这些研究新的意义，他在《中国古代国家的产生及其影响》中指出，研究早期国家的起源的重点是他产生的途径或条件，因为那个途径和条件至今还深刻影响着这个国家的政治生活；他的《中国神话学的基本问题——神话的历史化还是历史的神话化》、《〈山海经〉与战国时期的造神运动》、《〈穆天子传〉的时代和文献性质》等文章从根本上否定了自茅盾以来形成的进化论神话学，指出中国神话大多数创始于战国秦汉，它们是方式思想的一部分，而不是来自史前的记忆；中国学者进行了一个世纪的热烈的历史分期讨论，他认为那是一个意识形态问题，而不是一个历史学问题，科学历史学应该排斥这种讨论，他的《进化论人类学的终结与中国社会形态研究》用人类学思想史上的事实论证了这一研究的暗淡前景。我在这里只想稍加提示，读者可以仔细阅读他的论证过程。

常金仓先生历经十余年的努力在历史学中开辟出一个崭新的世界，这个世界对于大多数人来说可能还很陌生，然而我相信它将为刷新中国史学面貌做出重大贡献，我愿将这本书推荐给那些有理想和探索精神的人，庶使21世纪中国史学焕发出新的活力。

《周易筮解》序

　　《易经》有卦和筮两部分。卦重要，筮也重要，二者缺一不可。卦的实质是象，筮的实质是数，卦和筮当中都包含着义。所以，孔子作《易传》象和数都重视，当然更重视义。卦和筮比较，后世学者多把注意力放在卦上，而忽视了筮。尤其最近一百年，解释六十四卦的书比比皆是，而说筮的书凤毛麟角。从当前实际情况来看，筮的问题亟待研究，须要把它一步一步地弄明白。

　　长春的易学家卢泰先生看准了筮的问题，近十年来做了很多工作，把筮的研究工作步步推向深入，并写了三部专著。第一部是《周易信息库》。该书依奇门遁甲的时空盘整理出了遁甲筮法。第二部是《周易参伍筮法》。这是卢泰先生的一大贡献，使《左传》、《国语》中22则筮例可以得到确切的说明。现在卢泰先生又完成了第三部专著《周易筮解》。它对《周易》研究中从无确解的许多问题（如"河出图"，"洛出书"，"圣人则之"，"易"，"变易"，"不易"，"连山"，"归藏"，"周易"，"太极"，《太极图》等）作了前所未有的新解释，给人以耳目一新之感。读者接不接受，那是另一问题，卢泰提供的是一家之言，有利于学术讨论和学术进步是肯定的。

　　卢泰，人极聪明，精于术数和筮占，本来可以出去赚大钱，但他从不。他把精力全用在学术研究上，在六年间写出了三部著作，为社会和国家作出了贡献。他这种孜孜求索、甘于清贫的精神十分可贵，不知各位读者作何感想，我是愿意拿他做榜样的。他做学问有一种勇于开拓，不断进取的精神，发前人所未发，想今人所未想，而这才正是《周易》的精神。研《周易》就当有《周易》的精神，他正是这样。所以我说，卢泰是一位真正的易学家。

　　第二部书《周易参伍筮法》我作了序，第三部书《周易筮解》又要我作序，我甚感荣幸，乃写了以上拉杂的话，聊以为序。

《尚书·盘庚》新解（续）

　　盘庚作，惟涉河以民迁。乃话民之弗率，诞告用亶。其有众咸造，勿亵在王庭。盘庚乃登进厥民。

　　自此开始全篇第三大段。上文是一般性讨论迁移的问题，现在要付诸行动，势必遇到阻碍。盘庚不得不进行细致的思想教育工作。

　　怎样理解"盘庚作，惟涉河以民迁"这两句话，很重要。郑玄注释"盘庚作"之"作"为"作渡河之工具"（《尚书》孔疏引），既增字解经，不足取，也与下句"涉河"相抵牾。"盘庚作"是无宾语句。"作"的意思是作为、动作，《尔雅·释言》："作，为也。"《尚书》凡言作，《史记》俱训为。作也有始的意思，《诗·鲁颂·駉》"思马斯作"，毛传："作，始也。"是"盘庚作"是说盘庚迁殷，现在开始行动了。

　　"惟涉河以民迁"，如何训释"涉"字，至关重要。《说文》水部："涉，徒行厉水也。"厉或作沥。段玉裁注："许云'徒行'者，以别于以车及方之舟之也。"《广韵》："涉，徒行渡水也。"《广雅》："涉，渡也。"《方言》："过渡谓之涉济。"《尔雅·释水》："由膝以上为涉。"《诗·邶风·匏有苦叶》"济有深涉"，毛传亦云："济，渡也。由膝以上为涉。"是知涉之为义是徒行渡深水，不用舟楫。河，黄河。惟，《尔雅·释诂》训思也训谋。《方言》："谋，思也。"是惟字是谋划、打算的意思。以，《广雅》："以，与也。"《仪礼·乡射》"主人以宾揖"、"各以其耦还"，郑玄注并云："以犹与也。""以民迁"与"以宾揖"句式相同，以当训与，"以民迁"即与民迁。盘庚"惟涉河以民迁"，打算采取徒行渡河的办法与民迁移。

　　"乃话民之弗率"，此语关键在"弗率"。民本来"不适有居"，希望迁移，可是盘庚要徒行渡河，便引起民的恐慌。民"弗率"的是"涉河"，不是迁移。《左传》宣公十二年有"今郑不率"句，杜预注："率，遵也。"《说文》辵部："遵，循也。"彳部："循，行顺也。"是率的意思是遵循，照办。竹添光鸿《左氏会笺》曰："以不帅王命言之也。""民之弗率"与"今郑不率"意义略同。"弗率"谓不遵循盘庚的意图，即不赞成"涉河"。话，在本句中是作谓语的动词，含有两层意义，一是善言，一是合会，二者不可分。《诗·大雅》之《板》"出话不然"、《抑》"慎尔出话"，毛传并云："话，善言也。"指出了话的一个义训。《说文》言部："话，合会善言也。"指出了话的两个义训。经此文话字应具有两个义训，即进行善意的对话。

　　"诞告用亶"，《尔雅·释诂》诞训大，亶训诚。《经典释文》谓马融本亶作单，训诚。以，王引之《经传释词》引《一切经音义》引《仓颉篇》曰："用，以也。"谓以、用一声之转。经此文之"用亶"当与《皋陶谟》"书用识哉"之"用识"一例。全句谓盘庚对民大告以诚。

"其有众咸造"，造，伪孔传训至，《经典释文》引马融训为。按此造字训至是，训为非。蔡沈《书集传》谓"咸造，皆至也"，是对的。

"勿亵在王庭"，勿亵二字训解多歧义。蔡沈《书集传》释"勿亵"为"戒其毋得亵慢也"。孙星衍《尚书今古文注疏》据《楚语》韦昭注释亵为近。"勿亵在王庭"，谓"未近在王庭"。屈万里《尚书释义》云："勿，无。亵，狎慢也。言在王庭无狎慢不恭者。"三人皆分"勿亵"为二词，释为两个意思。吴闿生《尚书大义》"勿亵"作一词解，谓"勿，忽之坏字。亵、媟同。勿媟者，轻慢也。"按"勿亵"作二词解，非；作一词解，是。但是，吴氏释"勿亵"为轻慢，于经义犹有未安。《说文》出部："魝，㮇魝，不安也。从出，臬声。《易》曰：'㮇魝'。""㮇魝"即《秦誓》"邦之杌陧"之"杌陧"。杨筠如《尚书覈诂》谓"杌陧"一作"出执"，如《召诰》"徂厥亡出执"。勿、出古同部，故又转作"勿亵"也。是杨谓"勿亵"即"杌陧"，不安貌。按杨说与经义吻合，可从。

"盘庚乃登进厥民"，登进，江声《尚书集注音疏》谓"延之使前。王庭无堂，则经言'登进'，不得解为登堂。但招来之使前进耳"。

此段经文大意言盘庚开始行动，打算采取徒行渡河的办法与民众迁移。民众（恐惧徒行渡河）不愿意照盘庚的意图办。盘庚就与他们对话，好言相劝。盘庚大讲一番肺腑之言。民众都来了，集聚在王庭，显出不安的样子。盘庚于是招呼民众到跟前来，（发表讲话）。

　　　　曰：明听朕言，无荒失朕命。呜呼，古我前后，罔不惟民之承。保后胥慼，鲜以不浮于天时。

这是盘庚对民众的讲话。主要意思是用先王的言行教育大家，也是为自己的主张找出根据。"罔不惟民之承保后胥慼鲜以不浮于天时"一段文字，诸家断句不同。江声《尚书集注音疏》保属上读，"罔不惟民之承保"为句。鲜属上读，"后胥慼鲜"为句。俞樾《群经平议》同意江氏保属上读，但认为鲜当属下读，"后胥慼"独为句。屈万里《尚书释义》从之。孙诒让《尚书骈枝》从朱彬《经传考证》读"后胥慼鲜"为句，亦与江声同。孙氏又时字属下，以"以不浮于天"为句。今皆不从，断句一仍伪孔传之旧。

"明听朕言"，《尔雅·释诂》："明，勉也。"王引之《经义述闻》云："孟与明古同声而通用。故勉谓之孟，亦谓之明。《盘庚》曰：'明听朕言，无荒失朕命。'言当勉从朕言，无荒失也。"按王说是。"无荒失朕命"，荒，伪古文《蔡仲之命》"无荒弃朕命"，伪孔传谓"无废弃朕命"。是荒有废训。失，古通佚，经典多以失为佚。《说文》人部："佚，忽也。"心部："忽，忘也。"是荒失即废弃，亦即忽而不记，根本不放在心上。

"呜呼"，感叹之词，亦作於戏。前后，先王。"罔不惟民之承"，罔，无也。惟，独也。之，是也。之承，犹言是承。承，《说文》与奉字互训。又云："承，受也。"段玉裁注："凡言承受、承顺、承继。"全句言（我先王）无不惟民意是从。

"保后胥慼"，主语不明，较难说清楚。后，先王。胥，《尔雅·释诂》："相也。"相有相视、相与二义。此文之胥应如《诗·大雅·桑柔》"载胥及溺"句，取相与之义。慼，段玉裁《古文尚书撰异》以为应作戚，作慼乃卫包所改。戚，《说文》训戉，引申之义为促迫，又引申为忧。《诗·小雅·小明》"自诒伊戚"，毛传："戚，忧也。"胥慼，相与忧戚。保后胥慼，无论保字训解为何，都难理解。故前人未能真正讲明白，现在仍然难讲明白。伪孔传保训安，以民为主语。蔡沈《书集传》从之，全句释为"民亦保后相与忧其忧"。按以民为主语，有道理。民字虽未出现，但民的意思是存在的。问题是"保后"何义，没有讲。江声《尚书集注音疏》保属上读，训安。孙星衍《尚书今古文注疏》、孙诒让《尚书骈枝》从之。按保属上读，后胥戚为句，则后为主语，后相与忧戚，意思亦难明。吴闿生《尚书大义》保训附，戚训亲，谓"保后胥慼"，"附于君而相亲"也。按保训附，可从；戚训亲似不如训忧为顺。合而观之，蔡传之说为允，"保后胥慼"，意谓民亦"依附于君，与君相与忧慼"。蔡传引林氏说曰："忧民之忧者，民亦忧其忧。'罔不惟民之承'，忧民之忧也。'保后胥慼'，民亦忧其忧也。"甚是。

"鲜以不浮于天时"，鲜与浮二字是关键词。古今各家说多歧异。鲜，伪孔传训少。江声《尚书集注音疏》以为鲜为小山。俞樾《群经平议》读为斯，谓鲜、斯声近义通，曾运乾《尚书正读》、吴闿生《尚书大义》从之。于经义并未为安，今皆不取。于省吾《尚书新证》据金文鲜、卢形相近，谓鲜乃卢之讹。古吴卢吾音同。金文卢读吾。又《无逸》"惠鲜鳏寡"，汉石经鲜作于。于鱼卢音同。是鲜当作卢，读吾。今从之。浮，伪孔传训行。蔡沈《书集传》训胜。江声《尚书集注音疏》训过（脸过）。孙星衍《尚书今古文注疏》训孚。孙诒让《尚书骈枝》训罪过。曾运乾《尚书正读》训罚，谓浮、罚，声之转。吴闿生《尚书大义》训覆，覆败。诸训于经义均所难通。俞樾《群经平议》据《后汉书·襄楷传》注曰："浮屠即佛陀，但声转耳。"浮读为佛。又《说文》口部："咈，违也。"古书每以佛为之，《法言·寡见》"佛乎正"李轨注曰："佛，违也。"《文选·非有先生论》"夫谈者有悖于目而佛于耳。"李善注引字书曰："佛，违也。"俞氏据之训佛为违。释"不浮于天时"为于天时无所违失。

此段经文大意言你们要勉力听我的话，不要把我的话不放在心上。哎，从前我的先王们，无不惟民意是承，民也依附于先王，与先王同忧。我亦不有违于天时。

> 殷降大虐，先王不怀厥攸作，视民利用迁。汝曷弗念我古后之闻。承汝俾汝，惟喜康共。非汝有咎，比于罚。

盘庚迁殷前称商，迁殷后称殷。此时尚未迁殷而称殷，说明此篇文乃后世追记，非当时写定。郑玄注："殷者，将迁于殷，先正其号名。"（孔疏引）非是。"殷降大虐"，天降大虐于我殷国之谓。大虐为何，伪孔传解为大灾，孙星衍《尚书今古文注疏》从之。蔡沈《书集传》、江声《尚书集注音疏》并无解，盖从伪孔传为说也。伪孔传以大灾释大虐，虽解犹未解。牟庭《同文尚书》疑大虐是火灾。曾运乾《尚书正读》谓大虐为河患。按火灾、河患均不确。孔广森《经学卮言》说为近之。孔氏云："'殷降大虐'即下所云'高后丕乃崇降罪疾'，盖疾疫之灾欤！""殷降大虐"，有个时间问题。伪孔传、蔡沈《书集传》、江声《尚书集注音疏》、孙星衍《尚书今古文注疏》、牟庭《同文尚书》、曾运乾《尚书正读》等等并以为先王时事。说"殷降大虐"是先王时旧事，于经义有所不顺。孔广森《经学卮言》独以为"殷降大虐"是盘庚欲迁未迁之当时事。按孔说是。"先王不怀厥攸作"，伪孔传"先王不怀"读断，"厥攸作"属下。孙星衍《尚书今古文注疏》"先王不怀厥攸作"连读。今从孙读。怀，安。厥，其，指代先王。攸，所。作，为。孔广森《经学卮言》释全句云："宗社宫室皆先王来居此土时之所作也。今天降大虐，先王不加庇焉，是不怀安其自所作之居矣。"按孔说甚得经意。"视民利用迁"，视，江声《尚书集注音疏》："视，古示字。视乃正字，今人以视为瞻视，古直以视为垂示之谊。"全句意谓垂示民众当以迁为利。

"汝曷弗念我古后之闻"，曷，何。弗，不。念，《方言》："思也。"《说文》心部："念，常思也。"古后，犹先王。闻，伪孔传："古后之闻谓迁事。"孙星衍《尚书今古文注疏》谓"古后之闻"为古后之"旧闻"。皆不解。屈万里《尚书释义》释闻为《诗·葛藟》"亦莫我闻"之闻，恤问也。陈奂《诗毛氏传疏》引《诗述闻》云："闻犹问也。谓相恤问也。"谓"古字闻与问通"。按屈氏释闻为恤问，甚得经义。全句意谓你们为什么不顾念我先王（对你们的）体恤、关怀。"承汝俾汝"，伪孔传释为"承汝使汝徙"。俞樾《群经平议》驳之云："俾之训使，盖本《释诂》文。然如《传》义，则'俾女'下必增'徙'字，于文方足矣。《说文》人部：'俾，益也。字亦作鞞。会部曰：'鞞，益也。'又通作埤。《广雅·释诂》曰：'埤，益也。'俾与鞞、埤声义皆同。'承汝俾汝'者，承引汝俾益汝也。"按俞说是。

"惟喜康共"，伪孔传："惟与汝共喜安。"共读如字。蔡沈《书集传》："惟喜与汝同安尔。"江声《尚书集注音疏》："惟乐康安与女共之。"亦共读如字，并与伪孔传同。孙星衍《尚书今古文注疏》："惟喜安居以供尔事。"共读为供，与伪孔传异。共读如字或读为供，皆不合经义。俞樾《群经平议》共训拱，为得之。俞氏云："如《传》义则当云'惟喜共康'，于义方明，不当云'惟喜康共'也。《传》义盖失之矣。《广雅·释诂》：'拱，固也。'共拱古通用。《论语·为政》篇'居其所而众星共之'，《释文》'共，郑作拱'是也。'惟喜康共'者，惟喜安固也。康之义为安，共之义为固。康共二字平列。"按俞说是，可从。

"非汝有咎，比于罚"，咎，过。《诗·伐木》"微我有咎"，毛传："咎，过也。"比，本义为密，引申义很多。经此文之比宜取例义、类义。吴闿生《尚书大义》训为同，可从。罚，罚罪。江声《尚书集注音疏》据《尧典》"流共工于幽州，放欢兜于崇山"和迁徙有似放流，谓"比于罚"是比于放流之罚。

此段经文大意言现在天降大疾疫给我们殷国，（先王在天之灵不保护我们），不怀安他们所建设的居住地。这等于暗示：民众迁徙是有利的，对的。你们为什么不顾念不理解我先王的（这种）体恤、关爱呢！（我之所以要迁徙），是顺承你们助益你们，只是希望（你们）过上安康稳定的生活，不是你们有过错，用放流惩罚你们。

予若籲怀兹新邑，亦惟汝故以，丕从厥志。今予将试以汝迁，安定厥邦。

"予若籲怀兹新邑"，伪孔传若训顺，籲训和。按若固有顺义，籲亦有和训，但于此不妥。宜从俞樾《群经平议》说。俞氏据《说文》页部"籲，呼也。"和《小尔雅·广诂》"若，女也"谓："'予若籲'者，予呼女也，犹言'予呼女'也。"俞氏又据《诗·匪风》"怀之好音"、《诗·皇矣》"予怀明德"毛传并曰"怀，归也"，谓"怀兹新邑"者，归此新邑也。按俞说是。新邑，将迁之殷。

"亦惟汝故以"，以字伪孔传属下读。今从江声《尚书集注音疏》属上读。江氏据《左传》昭公十三年"莒人恳于晋曰：'我之不共鲁故之以'"和十八年"侈故之以"两句例，"亦惟汝故以"，也是为了你们的缘故。

"丕从厥志"，丕，江声《尚书集注音疏》训不，孙星衍《尚书今古文注疏》谓"丕，词也。"今皆不从。伪孔传、蔡沈《书集传》丕训大，是对的。厥，屈万里《尚书释义》以为指古后言，非是。按厥当指民言。"厥志"谓民之志。何以言迁徙是民之志？蔡沈《书集传》引苏氏曰："古之所谓从众者，非从其口之所不乐，而从其心之所不言而同然者。夫趋利而避害，舍危而就安，民心同然也。"意谓迁殷从根本上符合民之心愿。按苏说甚的。

"今予将试以汝迁"，此句盘庚表白要把带领民众迁徙付诸实施的决心，甚关重要。试，《尔雅·释言》、《说文》皆训用，郑玄注《论语·子罕》"吾不试"和《礼记·乐记》"兵革不试"，试亦训用。以，当训与。以汝，犹与汝。全句说现在我要付诸行动，与你们一起迁徙。"安定厥邦"，指出迁殷的目的和效果。厥，其，指代盘庚和民。邦，蔡邕石经作国。厥邦，指殷国。

此段经文大意言，我吁请你们归于此新邑，也只是为了你们的缘故，从根本上服从你们的志愿。现在我将要付诸行动，带领你们迁徙，安定我们的国家。

汝不忧朕心之攸困，乃咸大不宣乃心，钦念以忱，动予一人。尔惟自鞠自苦。若乘舟，汝弗济，臭厥载，尔忱不属，惟胥以沈。不其或稽，自怒曷瘳！

前此恳述迁殷符合民众的根本利益，至此再告诫倘不一往直前、义无反顾地迁徙，将如乘舟弗济，只有死路一条。"汝不忧朕心之攸困"，谓你们不忧虑困扰我心的问题，亦即你们不以吾之忧为忧。"乃咸大不宣乃心"，乃，王引之《经传释词》："异之之词也。"谓"女不忧朕心之攸困，乃咸大不宣乃心"与《诗·山有扶苏》"不见子都，乃见狂且"句式同。咸，《尔雅·释诂》："皆也。"宣，孙星衍《尚书今古文注疏》读为和，江声《尚书集注音疏》谓"显白也"。今从江说。"汝不忧朕心之攸困，乃咸大不宣乃心"，意谓你们不忧吾心之所困，却也都完全不表露你们的心。

"钦念以忱，动予一人"，此两句接上句贯下来，等于说乃咸大不"钦念以忱，动予一人"。钦，《尔雅·释诂》训敬。忱，《说文》心部："诚也。"念，《说文》心部："常思也。"《尔雅·释诂》："思也。"动，在此应是及物动词。《楚辞·抽思》"悲夫秋风之动容兮"，王逸注："动，摇也。"《吕氏春秋·论威》"动莫之能动"，高诱注："动，移也。"按摇、移义同。及物动词的动既训摇训移，则必包变义。予一人，盘庚自称，我。"动予一人"，动摇我，改变我。"钦念以忱，动予一人"，用诚挚、认真的思考改变我。

"尔惟自鞠自苦"，惟，句中助语，无义。鞠，《说文》㚔部："鞫，穷治罪人也。从㚔、人、言，竹声。"《汉书·张汤传》"讯鞫论报"，鞫作鞠。段玉裁《说文注》云："按鞠者，俗鞫字，讹作鞠。鞫与穷一语之转，故以穷治罪人释鞫，引申为凡穷之称。"全句意谓你们自濒绝境，自寻苦吃。

"若乘舟，汝弗济，臭厥载"，若，《广韵》："若，如也。"刘淇《助字辨略》："如、若，并象似之辞也。"济，《尔雅·释言》："渡也。"臭，伪孔传训败，诸家多从之。臭固有腐、败义，然于经义有所未顺。牟庭《同文尚书》谓"臭，当为具。字形之误。具，俱也，皆也"。于经义似亦不顺。吴闿生《尚书大义》以为"臭作臮。臮，及也"。今从吴说。载，伪孔传："所载物。"释作名词，诸家亦多从之。吴闿生《尚书大义》作动词解，释"臭厥载"为"及其既载"，为近。此三语是比喻之词，意谓你们现在的情况好像乘舟，乘而不渡，等到坐满了人……

"尔忱不属，惟胥以沈"，此言乘舟弗济的必然后果。忱，《说文》心部："诚也。"属，繁体作屬，《说文》尾部："屬，连也。"段玉裁注："凡异而同者曰屬。"胥，《尔雅·释诂》："相也。"又云："皆也。"郝懿行《尔雅义疏》："胥，相也。相与皆义近。相胥又一声之转也。"又："胥，皆也。皆，有相连及之义。"以，《广雅》："以，与也。"伪孔传训以为与，云："相与沈溺。"《诗·大雅·桑柔》"不胥以谷"，郑玄笺："以，犹与也。""惟胥以沈"句式与"不胥以谷"正同。沈，《广雅·释诂》、《小尔雅·广诂》并云："没也。"《诗·小雅·菁菁者莪》："载沈载浮。"沈与浮对言。《战国策·赵策一》："城不没者三版。"诸祖耿《战国策集注汇考》："没，原作沈。"是沈有没义。"尔忱不属，惟胥以沈"，言你们的心思不放在渡河上，结果只有大家一起沉没。

"不其或稽，自怒曷瘳"，比喻言毕，更陈利害。不，《玉篇》："词也。"发声词，与训弗者义不同。《逸周书·芮良夫》"不其乱而"孔曰："必作乱矣。"《左传》："若敖氏之鬼，不其馁而"，杜注："言必馁"。是"不其"是肯定语意。"不其或稽"之"不其"亦当如此。伪孔传："不考之先王。"失之。或，江声《尚书集注音疏》据《微子》"殷其不或乱正四方"，《史记·宋世家》录其文或作有，谓"是或之言有"。稽，《说文》稽部："稽，留止也。"怒，蔡邕石经作恕。曷，何。瘳，《说文》疒部："瘳，疾瘉也。"又："瘉，病瘳也。"瘳、瘉互训。"不其或稽，自怒曷瘳"，言（你们）一定留止

（不迁徙），自怨自艾，怎能治好你们的病呢！此语正与上文"殷降大虐"相呼应。

此段经文大意言你们不忧我心之所困苦，却又都根本不表露你们的心意，用真诚的思虑动摇、改变我（的主意）。你们自入绝境，自讨苦吃。好像乘舟弗渡，及至舟已载满，你们的心思不系属在渡河上，只有大家一起沉没。一定留止（不迁徙），自怨自艾怎能治瘉（天降的大疫病）。

> 汝不谋长，以思乃灾，汝诞劝忧。今其有今罔后，汝何生在上！今予命汝，一无起秽以自臭，恐人倚乃身，迁乃心。予迓续乃命于天，予岂汝威，用奉畜汝众。

盘庚进一步批评民众看近不看远的心理，剖白自己惟民是承的心迹。

"汝不谋长，以思乃灾，汝诞劝忧。今其有今罔后，汝何生在上！"不，弗。谋训虑，《说文》言部："虑难回谋。"思部："虑，谋思也。"《尔雅·释诂》："虑，谋也。"乃，语中助词，不为义。灾，上文"殷降大虐"之大虐是也，即大疾疫。诞，蔡邕石经作永。段玉裁《古文尚书撰异》："诞从延声，延永双声，皆训长。"助，《广雅·释诂》："助也。"今，假设连词，犹若也。罔，《尔雅·释诂》："无也。"上，伪孔传谓民上，蔡沈《书集传》谓天，江声《尚书集注音疏》谓地上。按江说是，孔、蔡说非。盘庚讲话的对象是"民之弗率"，是"登进厥民"的"厥民"，不是官员，何以言生在民上！人死才有升天与否的问题；既言生，便必不可说在天上。上，必指地上无疑。生在上，言生在地上，犹今语说生在世上。这几句话扼要地批评"民之弗率"者只顾眼前，不考虑长远的心理状态。

"今予命汝，一无起秽以自臭，恐人倚乃身，迁乃心"，盘庚剖白自己惟民是承的良苦用心。前人断句不同，伪孔传一字上属，读为"今予命汝一"，解为"我一心命汝"，不通。今从俞樾《群经平议》一字属下，读为"今予命汝，一无起秽以自臭"。俞氏曰："读《大戴记·文子》篇'则一诸侯之相也'，《荀子·劝学》篇'一可以为法则'，卢辩、杨倞注并曰：'一，皆也。''一无起秽以自臭'者，皆无起秽以自臭也。"俞氏训一为皆，下读，是。但是无字作戒词解，则非。无字在此应是发声词，不为义。"一无起秽以自臭"者，一起秽以自臭也。此语与《微子》"今尔无指告"同例。王引之《经义述闻》云："无，发声。无指告，指告也。"起，犹作。秽当作薉。《说文》无秽字。《说文》艸部："薉，芜也。"引申为污薉之义。以，古文作㠯，《说文》巳部："㠯，用也。"段玉裁注："用者，可施行也。凡㠯字皆此训。"自，古鼻字。《说文》自部："自，鼻也，象鼻形。"臭，同齅。《说文》鼻部："齅，以鼻就臭也。"恐，《尔雅·释诂》恐、惊同训惧。《说文》马部："惊，马骇也。"郝懿行《尔雅义疏》云："惊之言犹警也。警训敬戒，与恐惧义近。故《文选·叹逝赋》云：'节循虚而警立。'李善注：'警犹惊也。'"是恐有惊义，惊犹警，警训敬戒，则经此文之恐字宜作警戒、警惕解。倚，江声《尚书集注音疏》、孙星衍《尚书今古文注疏》并云同掎。《说文》手部："掎，偏引也。"《左传》襄公十四年："譬如捕鹿，晋人角之，诸戎掎之。"杜注："掎其足也。"孔疏："角之谓执其角也，掎之言戾其足也。"乃，你。人称代名词，用于领格。乃身，你的身。乃心，你的心。下文"乃命"与此义同。迁，《说文》辵部："避也。"又："避，回也。"段注："迁曲回避，其义一也。"《管子·君臣下》："民迁则流之，民流则迁之。"尹如章注："人太迁曲不行，则流通之。人太流荡，则迁曲之。"是迁是迁曲，迁曲是流通的反义。

"予迓续乃命于天，予岂汝威，用奉畜汝众"，盘庚继续阐述自己主张迁徙是出于利民的考虑。迓，颜师古《匡谬正俗》引经文作御。《周礼》御皆作驭。《天官·大宰》"以八柄诏王驭群臣"，郑注："凡言驭者，所以歧之内之于善。"续，《尔雅·释诂》："继也。"迓续，可理解为积极主动地延续。前人多解作迎续，颇迂曲难明。乃命，与上文乃身、乃心同例。威，通畏。畏，犹惩罚也。《皋陶谟》"天明畏自我民明威"，段玉裁《古文尚书撰异》谓"古威畏二字同音通用，不分平去也"。曾运乾据《吕刑》"德威惟畏，德明惟明"，释"明畏"为赏罚。明谓赏，因为赏须明；畏为罚，因为罚必畏。经此文之"威"亦当作如是解。伪孔传止于字面意义释威为威胁，蔡沈《书集传》、江声《尚书集注音疏》、孙星衍《尚书今古文注疏》并从之，其实不得要领。"予岂汝威"，是说我岂是惩罚你们，我是"用奉畜汝众"。"畜汝众"必是"汝威"的反面意义。畜字作何训，很要紧。伪孔传畜训养，注疏家大多从之，畜固有养训，于上下文义亦可通，但是不如训好，更合上下语意。《孟子·梁惠王下》"畜君何尤，畜君者，好君也"，赵岐注云："言臣悦君谓之好君。"焦循《孟子正义》云："好畜古声相近。畜君何尤，即好君何尤。"《礼记·祭统》："孝者畜也。"《释名·释言语》："孝，好也。爱好父母，如所悦好也。"阮元《揅经室集·毛诗王欲玉女解》云："诗言'玉女'者，畜女也。畜女者，好女也。好女者，臣悦君也。《孟子》之'畜君'与《毛诗》之'玉女'无异也。盖玉畜好古音皆同部相假借。"《管子·君臣》："然则上之畜下不妄。"陈奂云："畜与好同义。《孟子》曰'畜君者，好君也'，此畜亦当训好。"是上畜下之畜亦当训好。经上句"予岂汝威"，谓我岂是惩罚你们。下句"用奉畜汝众"，言我是以此（迁徙）奉献对你们的爱。文义颇顺。若训畜为养，下句释为"用助养汝众民而已"（孙星衍语），则未免太绕。

此段经文大意言你们不考虑长远以不忘（天降的这场）灾难（大疾疫），你们助长了（我的）忧患。如果（你们）有今日无明日，你们怎能在世上生存！现在我命令你们，有了污秽之物，都用鼻子嗅一嗅，警惕有人扯倒你们的人，堵塞你们的心。我在天那里积极延续你们的命。我哪里是惩罚你们，我是以此爱护你们民众啊！

> 予念我先神后之劳尔先，予丕克羞尔，用怀尔然。失于政，陈于兹。高后
> 丕乃崇降罪疾，曰：曷虐朕民？汝万民乃不生生，暨予一人猷同心，先后丕降与
> 汝罪疾，曰：曷不暨朕幼孙有比？故有爽德，自上其罚汝，汝罔能迪。

神后，《正义》谓"殷之先世，神明之君惟有汤耳，故知'神后'谓汤也。下'高后'、'先后'与此'神后'一也。"前注已指出"古我先王"，成汤及其以下至南庚、阳甲诸王都在其内。同理，此处的"神后"、"高后"亦非专指成汤，乃泛指殷之先王。

丕，才。克，《尔雅·释言》："能也。"羞，《尔雅·释诂》："进也。"羞尔，曾运乾《尚书正读》谓："羞，进也，献也。羞尔，犹今言贡献意见于你也。"怀，《尔雅·释诂》："安也。"崇，《尔雅·释诂》："重也。"

陈，《尔雅·释诂》："延也。"怀，《尔雅·释诂》："安也。"乃，王引之谓犹若也。

生生，裴学海谓犹屑屑也。《广韵》"寄生一名寄屑。"今从之。《方言》："屑，劳也。"《左传》昭公五年："屑屑焉习仪以亟。"因此"生生"就是勤劳的意思。猷，即下文"有此"之"有"，古猷、以通用。

比，犹同，《释文》："事类相似，谓之比。"幼孙，盘庚自称。爽，《尔雅·释言》："差也，忒也。"爽德即是品德有差池。迪，攸也。《尚书·多方》"不克终日劝于帝之迪"，马本作"攸"，可证。凡从"攸"字，俱有长意，如悠，《国语》贾注："悠悠，长也。"修，《尔雅·释诂》："长也。"脩，《方言》："长也"。故此处"迪"通"攸"，是长久的意思。

这一段经文大意是，我念及我的先王曾经烦劳过你们的祖先，我才把使你们安定的意见贡献给你们。由于政事失误，才长期迟滞在这里，先王于是降下重罪，责问道：为什么虐待我的臣民？你们这些民众如果不勤勉求生，和我同心同德，先王也一定要降大罪给你们，说：为什么不和我的小孙子同心协力？所以，如果有了过错，上天会惩罚你们，你们活不长久。

　　古我先后既劳乃祖乃父，汝共作我畜民。汝有戕则在乃心，我先后绥乃
　　祖乃父，乃祖乃父乃断弃汝，不救而死。兹予有乱政同位，具乃贝玉。乃祖乃
　　父丕乃告我高后曰：作丕刑于朕孙迪高后，丕乃崇降弗详。

作，《尔雅·释诂》："为也。"畜，《礼记·祭统》："顺于礼，不逆于伦，是之谓畜。"注谓："畜谓顺于道教。"戕，《诗》笺："残也。"绥，《尔雅·释诂》："安也。"旧注多从之。然《周书·大诰》有"义尔邦君，越尔多士尹氏御事，绥予曰"，杨筠如《尚书覈诂》谓："则绥者，告也。下文'绥爰有众'，亦谓告于有众也。"今从之。政，与"正"通。《尔雅·释诂》："正，长也。"乱政，即是贪人在位为官长。

贝，古时以贝为钱币。《说文》："古者货贝而宝龟，至周而有泉。"《诗》笺："五贝为朋"，《汉书·食货志》："两贝为朋"，皆言用贝之制。迪，《尔雅·释诂》："道也。"道，犹导也。弗祥，《熹平石经》作"不永"。段玉裁谓"祥"、"永"古音相同。弗祥，即是不久长，亦是上文"罔能迪"之意。

这一段的经文大意是，从前我的先王烦劳了你们的祖先，你们同样也作了我养育的臣民。你们的内心如果怀有恶念，我的先王就会告知你们的先祖，他们就会断弃和你们的联系，不会挽救你们的死亡。现在我国有昏乱的官长在位，只知道聚敛财物。你们的祖先于是告诉我的先王，说：要降下大的惩罚给我们的子孙。劝导先王降下重灾使你们活不长久。

呜呼！今予告汝不易，永敬大恤，无胥绝远！汝分猷念以相从，各设中于乃心。乃有不吉不迪，颠越不恭，暂遇奸宄，我乃劓殄灭之，无遗育，无俾易种于兹新邑。往哉，生生！今予将试以汝迁，永建乃家。

"告汝不易"与前文"告汝于难"相同。郑注以"不变易"解之，今不从。恤，《尔雅·释诂》"忧也。"分，《熹平石经》作"比"。《诗传》云："择善而从曰比。"猷，《广雅·释诂》："猷，顺也。"设，《熹平石经》作"翕"。《尔雅·释诂》："合也。"意谓，你们应当恭顺相从，内心合于中道。

吉，《说文》："善也。"迪，《尔雅·释诂》："道也。"颠，《史记集解》引服虔说"颠，殒也。"越，《说文》："踬也。"颠越反义连文，偏指堕落。暂遇，王引之谓："暂，读曰渐。渐，诈也。遇，读偶。睊智故谓之偶，人不正谓之遇。"《荀子·正论》："上幽险，则下渐诈矣。"《淮南子·原道篇》："偶睊智故，曲巧伪诈。"可知，暂、偶都是奸邪之称。宄，《说文》："奸也。"劓，《说文》"劓"，或作"劓"《广雅》："劓，断也。"杨筠如谓劓当读为俾。古卑、畀通用。且与下文"不俾"相对成义。可从。育，当读为胄。《说文》"胄作育"，可知二字相通。俾，《尔雅·释诂》："使也。"易，当读为"施"。《诗经·何人斯》"我心易也"，《韩诗》作"我心施也"，可证。生生，犹屑屑，勤劳之意，见上解。建，《广雅》："立也。"

这一段的经文大意是，啊！现在我告诉你们，不要疏忽！要永远警惕大的祸患，彼此不要疏远。你们应当恭顺相从，合于内心的中道。若有心存不善、不走正路、堕落违法、狡诈奸邪的人，我会将他们灭绝，不让他们留有后代，以免他们在这个新国家里传下种子。去吧，勤勉从事！我将带领你们迁徙，建立你们永久的家园。

盘庚既迁，奠厥攸居。乃正厥位，绥爰有众，曰：无戏怠，懋建大命！今予其敷心腹肾肠，历告尔百姓于朕志。罔罪尔众，尔无共怒，协比谗言予一人。

奠，定也。攸，所也。"正厥位"，郑注谓"正宗庙朝廷之位"。绥，告也。从杨筠如说。爰，《尔雅·释诂》："于也。"戏，《尔雅·释诂》："谑也。"怠，《尔雅·释言》："懈，怠也。"

"懋建大命"，《熹平石经》作"勖建大命"。《尔雅·释训》："懋懋，勉也。"建，布告。《周礼·天官·小宰》"掌建邦之官刑"，郑注："建，明布告之。""敷心腹肾肠"，敷，《诗》传："布也。"《左传》宣公十年郑伯曰"敢布腹心"，同此义也。百姓，百官。于，以也。志，《广雅·释诂》："意也。"协比，和同之意。《诗经·正月》"洽比其邻"，《左传》僖公十五年引作"协比其邻"。可证。

这一段的经文大意是，盘庚迁都以后，选定了居住的地方，定下了宗庙、朝廷的位置，向大众宣布了决定。他说，不要戏乐、懈怠，要勤勉地宣达我的命令。现在我要把我的真心告诉你们这些官员。我不会惩罚你们，你们也不要联合起来诽谤我。

古我先王将多于前功，适于山，用降我凶，德嘉绩于朕邦。今我民用荡析离居，罔有定极。而谓朕曷震动万民以迁？肆上帝将复我高祖之德，乱越我家。朕及笃敬，恭承民命，用永地于新邑。肆予冲人，非废厥谋，吊由灵各。非敢违卜，用宏兹贲。

先王，谓成汤。将，《尔雅·释诂》："大也。"适，《尔雅·释诂》："往也。"相传商人自契父帝喾始居亳，其屡次迁徙，形成传统。至汤时，缅怀前王的功绩，又迁回亳。郑注《周书·立政》"三亳"云："东成皋，南轘辕，西降谷"，故云"适于山"。"用降我凶，德嘉绩于朕邦"，旧读"德"字属上句。按：降，《尔雅·释言》："下也。"德，《说文》："升也。"下、升相对成义，故不从旧读。嘉，《尔雅·释诂》："美也。"

用，当读为"已"。古以、已、用并通。荡，《说文》："决水所荡洗也。"析，《广雅》："分也。"极，《诗》传："止也。"肆，《尔雅·释诂》："今也。"乱，《尔雅·释诂》："治也。"越，同粤（从孙星衍说），《尔雅·释诂》："于也。"意思是现在上帝要兴复我高祖之德，使我的邦家得以大治。

及，与"宜"通。《吕刑》"何度非及"，《史记》作"何度非宜"，可证。笃，《尔雅·释诂》："厚也。"恭，《尔雅·释诂》："敬也。"承，拯（孙星衍说）。永，《尔雅·释诂》："长也。"

冲，《后汉书·冲帝纪》引《谥法》曰："幼少在位曰冲。""吊由灵各。非敢违卜"，旧读"咎"属下句。按：吊，《尔雅·释诂》："至也。"一说古"淑"字。《左传》哀公十六年"旻天不吊"，《周礼·大祝》郑众注作"闵天不淑"，可证。由，《广雅》："用也。"灵，《尔雅·释诂》："善也。"今不从，按："灵"在此处当指龟而言。《易·颐》"舍尔灵龟"，《礼记·礼运》"麟凤龟龙，谓之四灵"，皆其证。且与下文"非敢违卜"语意能够衔接。各，古"格"字，来也。宏，与"洪"同，《尔雅·释诂》："大也。"贲，《广雅》："美也。"意谓光大上帝的美意。

这一段的经文大意是，从前我们的先王想光大祖先的功业，迁国于山地。取得了值得赞美的佳绩。现在我们的民众生计困窘，四散分离，居无定所。你们却问我为什么要强行迁国骚扰万民！现在上帝要大大地复兴我先祖的美德，要我国得到治理。我应该笃实、恭敬，拯救民众的性命，将新建的都城作为我们永久的居住地。我虽然年轻，但不敢废弃你们的意见，一切善政都要由龟卜来引导。我不敢违背占卜的结果，要因此光大上帝的美意。

呜呼！邦伯、师长、百执事之人：尚皆隐哉！予其懋简相尔念敬我众。朕不肩好货，敢恭生生鞠人，谋人之保居，叙钦。今我既羞告尔于朕志若否，罔有弗钦！无总于货宝，生生自庸。式敷民德，永肩一心。

邦伯，犹言邦长，实指诸侯。《酒诰》"侯甸男卫邦伯"、《立政》"立民长伯"，皆其证。孙星衍《尚书今古文注疏》以《礼记·王制》为证，引郑注"殷之州长曰伯"，不可从。师，《尔雅·释诂》："众也。"《正义》谓为"众官之长"。百执事，《正义》谓：

"大夫以下，诸有职事之官皆是也。"

尚，《尔雅·释言》："庶几，尚也。"表祈望语气。隐，《熹平石经》作"乘"。《周礼·宰夫》"乘其财用之出入"，郑众注谓："乘，犹计也。"因此，可知"隐"当训为审度。懋，《熹平石经》作"勖"。《尔雅·释诂》："勉也。"简，《广雅》："阅也。"相，《说文》："视也。""简"、"相"连文，即视察之意。

肩，《尔雅·释诂》："胜也。"《说文》："胜，任也。"《诗》笺："肩，任也。"故"肩"当训为"任"。敢，犹能。古敢、能通用。恭，奉。生生，勤劳之意。解见上注。鞠，《说文》："马曲脊也。"鞠人，穷困之人。上文有"汝惟自鞠自苦"，同此用法。意谓我能够奉用勤劳于困苦者的人为官。

保居，安居。《诗经·天保》"以保尔居"，《毛传》："保，安也。"叙钦，郑注："次序而敬之。"意思是会将称职出色的官员都记录下来。次序，语意指没有遗漏。"敢恭生生鞠人，谋人之保居"，旧读"鞠人"属下句。鞠训为养。养人、谋人，语意相近连用，不可通。

羞，与"献"同，用法同《大诰》之"献告"，《诗》之"告献"。若，《尔雅·释言》："顺也。"总，《说文》："聚束也。"庸，《尔雅·释诂》："用也。"式，《尔雅·释诂》："用也。"敷，《诗》传："布也。"肩，《尔雅·释诂》："克也。"

这一段的经文大意是：啊！各位诸侯国的国君、各位官长及全体官员，希望你们都要认真考虑！我将视察你们敬爱百姓的情况。我不会任用那些好利之人，我只能任用勤劳地为穷困者服务的人，还有那些为百姓安居而操劳的人。我会毫无遗漏地记住他们，表达我的钦敬之情。现在我把自己内心的好恶告诉了你们，不要有不恭敬的！不要聚敛财富，要把精力用在百姓的生计上！要把德惠广布给民众，永远和他们一条心！

＊此文为与朱翔飞合作
（原刊《社会科学战线》2007年第3期）

中和与道统

"中和"是儒家哲学的核心范畴，也是中国哲学的核心范畴。更进一步说，中和哲学是儒家哲学乃至中国文化的核心，是中华民族精神和智慧的高度体现。换言之，中国哲学和中国文化的一切方面和一切规律都体现着"中和"精神，都是以"中和"为前提的。古代自孟子起，就有一个"道统"说。"道统"说后来经过韩愈、朱熹正式明确提出。"道统"说是儒家承认的，现在看起来，"道统"确实存在。"道统"的"道"就是"五四"以来的"中和"之"道"，"中和"哲学。"道统"是儒家的，也是中华民族的。

一、"中和"哲学的渊源

我们要讲"中和"哲学，就不能不讲道统。因为我们讲"中"、讲"中和"，就必然讲到尧舜禹汤乃至文武周公，乃至孔子以下，甚至还能与当代联系起来。

我们讲"中"，最早的材料可以找到《论语·尧曰》篇讲尧让位给舜时说："尧曰：'咨尔舜，天之历数在尔躬，允执其中，四海困穷，天禄永终。'舜亦以命禹。"尧舜让位是当时最大的事，他们都只说一句话作为交代，说你只要"允执其中"，天下才能保住。可见"允执其中"这句话多么重要。允是信的意思，执是执行、掌握。"允执其中"就是诚心诚意地把握、执行一个"中"字。《论语》把这句话记录下来，看得出孔子是同意这个事实和这句话的含义的。

到了南宋，朱熹为了理学的需要，把《论语》尧舜禹禅让传授的话给加上了三句。朱熹在《中庸章句序》中，把伪古文尚书《大禹谟》的几句话加了进来。他说，舜让位给禹又加上三句话，说："人心惟危，道心惟微，惟精惟一，允执厥中。"这就把人心分成两面：一面即所谓人心，指人欲；一面即所谓道心，指理性的心，亦即天理。于是把孔子的中和哲学发挥成为心性中和哲学。可以说是对孔子思想的发挥发展，但必须承认朱熹的说法与孔子不一样。

孔子的"中和"思想，源自尧舜。这是当然的事情，一点也不奇怪，因为孔子思想是"祖述尧舜，宪章文武"的。孔子中和思想源自尧舜，这在《论语·尧曰》篇已有记载。孔子中和思想的另一来源是经孔子整理的"六经"。"六经"不是孔子作的，是孔子整理的。整理"六经"，则必须接受"六经"的影响。而我们知道，"六经"中都有"中"的，核心思想是"中"。"六经"里边原来也有中哲学，经过孔子的折中、提升，

更发扬光大了。具体地说:

《诗经》的中心思想是思无邪,即中正无邪。《论语》记孔子说:"《关雎》乐而不淫,哀而不伤。"说明《诗》原有"中"的精神。《尚书》的"中"哲学更明显,它是孔子中哲学的重要源头。它里面尚中、尚和的思想都有。《礼经》有三部书,即所谓三礼,即《周礼》、《仪礼》和《礼记》。三礼之中哪部是礼经呢? 古代各家都有不同的说法。我的意思,不必固定一本,三礼可以综合起来看。孔子说"礼所以制中"。"礼"是用以制"中"的。"礼"与"中"分不开。《乐经》早已不存在,但它涵盖的精神,谁都清楚。与礼相比较,"乐道极和,礼道极中","乐和同,礼别异",乐"以中和为纪"。孔子的"中和"哲学与《乐经》的"中和"思想明显有渊源关系。《易经》六十四卦的中心思想就是"中",或者说"时中"。孔子所作《易传》的中心思想也是"中"或者"时中"。特别应当指出,"六经"之中《易》是唯一的哲学著作。孔子的哲学思想主要是从《易经》来的。"中"的哲学更主要源自《易》。《春秋》是孔子根据鲁国历史写作的。史实照原样写,只是特别使用一些辞,鞭笞乱臣贼子,目的是要正名。正名实质是"中"的问题。所以说,《春秋》的中心思想也是一个"中"字。

"六经"是孔子"中"哲学的重要来源。

二、孔子"中和"哲学的基本涵义

"中和"这两个字人们往往讲错。"中"字错,"和"字也错。与所有的概念范畴一样,"中和"也是发展变化的,它总是因时而异,不可以一成不变。但是基本涵义不能变,或者说不能大变。

先说"和"字的基本涵义。"和"字在孔子以前就成为哲学范畴,但是涵义不同。《国语·郑语》记公元前9世纪史伯讲"和同",所谓"和实生物,同则不继","以同裨同,尽乃弃矣",故先王以水木金火土杂,以成百物。《左传》昭公二十年记公元前6世纪晏婴说:"和,如羹焉。水火、醯、盐、梅以烹鱼肉。"如果不是用水、火和多种佐料,是做不出味美的肉羹来的。又《国语·周语下》记公元前6世纪晋周(即晋悼公)事单襄公,"言惠必及和","慈和能惠"。记公元前6世纪,太子晋说古黎、苗之王和夏桀、殷纣"上不象天而下不仪地,中不和民"。《周礼·大司徒》六德有:"知、仁、圣、义、忠、和。"韦昭注《郑语》:"和,睦也。"郑玄注《周礼》:"和,不刚不柔。"这些"和"字,史伯和晏婴讲的是方法论的意义。后两个是和谐、和睦的意思,具有伦理道德的意义。孔子也这样使用过"和"字。他说:"君子和而不同,小人同而不和。"孔子这里用的"和"字,很明显是同异的意思。君子能够容纳与自己不同的意见,而且相处甚和,小人则只能与自己意见相同的人苟合,扯成一伙,甚至排斥异己。

在孔子之前,"和"字尚未与"中"字连用。至孔子,第一次讲到"中庸"这个词儿。孔子在《论语·雍也》里讲:"中庸之为德也,其矣乎,民鲜久矣。""君子中庸,小人反中庸。"(《中庸》引孔子曰)"中庸"两字是什么意思呢? 郑玄讲庸为用,中庸就是用"中"，亦即实行"中"。程颐讲："不偏之谓中，不易之谓庸。中者天下之正道，庸者天下之定理。"朱熹讲："中者，不偏不倚，无过不及之名。庸，常也。"郑、程、朱三人的讲法，郑训庸为用，我以为是对的。程、朱训庸为常，为不易，在这里是不对的。至于"中"字的讲法，郑玄是对的，程、朱的讲法宜仔细分析，下面再做分析。

孔子好像没连用过"中和"二字。中庸其实就等于中和。为什么这样说呢？用"中"，用对了，用好了，用恰当了，就是"和"。所以我说，中庸即中和。《中庸》说："喜怒哀乐之未发谓之中，发而皆中节谓之和。中也者，天下之大本也，和也者，天下之达道也，致中和，天地位焉，万物育焉。"什么事物自然有个"中"存在，没表现出来，叫"中"，表现出来，叫"和"。你看，"中"与"和"说的不是一个东西吗！再说，"大本"、"达道"，其实也不是两个东西。所以我说，"中和"的"中"是"中"，"和"也是"中"。这个"和"字，就不是"君子和而不同，小人同而不和"以及"和实生物，同则不继"那个"和"了。前不久，中国孔子基金会举办了一个学术研讨会，题目叫"儒家中和思想与21世纪世界和平"。这个题目就把"中和"的"和"字，理解为和平，也就是和睦、和谐了。我看不合适。孔子的另一思想，忠恕与和平有关系。

现在讲"中"字。"中"字极其重要。孔子的"中"字也极不好讲。孔子以前"中"字已广为使用。最早使用"中"是《论语·尧曰》篇讲尧舜禹禅让交代的一句话："允执其中。"尧舜最早使用这个"中"字。以后在"六经"里，"中"字是常见的。"中"字在甲骨文金文中也有，其意义是一个旗帜，据说古代氏族酋长用以集合部众的标志。酋长站在中央，建立旗帜，部众集合起来站在左右前后。部众看见"中"（旗帜）之所在，就知道酋长在那里，酋长所在之处就是中央。这是"中"字的本始意义。此"中"字与天有关系，因为它标志着尊长的地位与权威有天保佑。尧舜禹禅让时讲"允执其中"，总是与"天之历数"、"天禄"等联系起来。《论语·尧曰》讲"允执其中"的"中"，只是代表天所给予的一种权威，还没有后来孔子所说"无可无不可"和"过犹不及"的意思，更没有宋人讲的所谓十六字心传的内容。

后来，"中"的意义逐渐由具体事物向抽象的道理步步转变。孟子讲"汤执中，立贤无方"，说到了商汤之时，汤选择提拔贤能之人，已经以"中"为标准，而不偏向某一方了。到了《尚书·洪范》，箕子向周武王提出九条治国方略，即所谓的"九畴"。九畴之第五畴叫做"皇极"，"皇极"汉人释为"大中"，认为"皇极"是洪范"九畴"的核心一畴。九畴之另外八畴，意义都是求得中，"皇极"就是房子的最高处，最高处也就是中央，就是君王。所以"皇极"其实是天下之大法。于是，中字的意义就上升为政治意义的范畴，到了周初，《尚书·酒诰》中提出"中德"的概念。这样，中就成为伦理概念了。

到了孔子，中国人的辩证思维大大发展一步，孔子提出"中庸"概念，"中"的涵义就与以前大不一样了。尧舜禹"允执其中"的中，涵义与孔子"中庸"的"中"是不同的。孔子"中庸"思想重点在于强调一个用字。用是实行的意思。孔子强调实际去干，即把"中"字贯彻到实践中去。

先师景芳先生有一个与众不同的想法。他说,孔子思想有两个核心,一个是时,一个是仁义。时是基本的,仁义是第二位的。说孔子思想的核心是"时",是完全正确的。孟子当年就已经说过,伊尹是圣之任者,伯夷是圣之清者,柳下惠是圣之和者。这几位圣人优点都侧重一个方面,而孔子则是圣之时者(《孟子·万章下》),表明孔子比他们都高明。孔子不偏于一方面,一切依时而定,孔子没有死规矩。用列宁的话说,就是具体情况具体分析,就是一切依时间、地点、条件做事、依时看问题,才能做得对,看得准。孔子把这个叫做"时中"。孔子说:"君子之中庸也,君子而时中。"(《中庸》)孔子还具体地说他做事"无可无不可"。他主张做事也罢做人也罢都不要过,也不要不及。"过"就是过火,"不及"就是不到位。一般人都认为过火一点总比不到位好。孔子说"过犹不及",过火和不到位一样不好。

这样说来,孔子对"中"的解释可分为两个层次,一个是无可无不可,一个是勿过勿不及。孔子不是从文字训诂方面讲"中",他是从哲学方面讲"中"。至于"无可无不可",他说:逸民伯夷、叔齐、虞仲、夷逸、朱张、柳下惠、少连云云,"我则异于是,无可无不可"(《论语·微子》)。意思是,什么事情无所谓"可"也无所谓"不可"。今时"可"的事情,彼时可能"不可"。此地"不可"的事情,彼地可能"可"。一切当依时、地条件而定,不可以事先确定。又如老子主张人要隐退无争,而孔子则主张:"天下有道则见,无道则隐。"(《论语·泰伯》)老子主张柔弱胜刚强,孔子主张:"分阴与阳,迭用柔刚。"(《说卦传》)有人说老子也主张"中",我看不是。老子看问题好走极端,和孔子不同。孟子最了解孔子:"孔子之去齐,接淅而行。去鲁曰迟迟吾行也,去父母国之道也。可以速而速,可以久而久,可以处而处,可以仕而仕。"(《孟子·万章下》)孔子真正做到了"无可无不可"。

"无可无不可"就是孔子"中"哲学的第一层含义。也就是人做事首先要根据"时"来选择一端。这一点孔子也叫"时中"。北宋程颐说中字有二义,一是在"中",一是"时中"。"时中"与孔子的意思一样。孔子对"时中"还有更多的说法。《中庸》引孔子话说:"舜其大知也与……执其两端,用其中于民。"这执两用中就是"中"之义。执其两端,用其中,不是取两端之中间一个点,而是根据时的不同情况,选择最合时宜的一端。这要极高的智慧才能办到。所以孔子说舜是大智的人。其实这就是"中庸",极难做到。所以孔子说:"天下国家可均也,爵禄可辞也,白刃可蹈也,中庸不可能也。"(《中庸》)

"中庸"就是用中,就是做事看问题从两方面中选择正确的一面,这也就是主观辩证法。客观事物还有个自然存在的"中"。程颐叫做"在中",亦即《中庸》讲的喜怒哀乐未发之中。发而皆中节,叫做"和"。"和"也就是"时中"。

孟子对孔子理解最为深透,对孔子的中庸、中和哲学理解也最为深透。孟子善用比喻讲道理。关于"中",孟子打了两个比喻。一个说:"杨子为我,拔一毛而利天下,不为也。墨子兼爱,摩顶放踵,利天下,为之。子莫执中,执中为近之。执中无权,犹执一也,为其贼道也,执一而废百也。"(《孟子·尽心上》)杨墨两人的极端做法,孟子是坚决反对的, 故不可以把二者的做法看作孔子说的 "执其两端, 用其中于民" 的两端。杨墨的主张与孔子的 "可以仕而仕, 可以处而处" 者不同。这一点首先要明白。其次, 子莫执中, 孟子认为也不对。子莫既不拔一毛而利天下不为, 也不摩顶放踵利天下为之, 而取两者的中间状态。这个 "执中", 孟子认为与孔子讲的 "执两用中" 不同。这样的执中, 与执一废百是一样的。通过这个比喻, 我们知道孔子讲的 "执中", 不是采取两端之中间的意思。

另一个比喻, 孟子讲到行权的问题。儒家一贯有个经权问题。"经" 就是原则性, "权" 就是灵活性。一个人做事情、看事情, 要达到 "中" 的效果, 既要坚持原则, 又要有灵活性。只讲灵活, 不坚持原则, 乱来, 就达不到 "中"。死守原则, 不讲灵活性, 也不是 "中"。孟子对这个问题又讲一个比喻, 讲得最好, 最典型, 最能说明问题。《孟子·离娄上》记这样一段话: 淳于髡问: "男女授受不亲, 礼与?" 孟子曰: "礼也。" 曰: "嫂溺则援之以手乎?" 曰: "嫂溺不援, 是豺狼也。男女授受不亲, 礼也。嫂溺援之以手, 权也。" "礼" 是制 "中" 的, 按礼的规定, 就能做到 "中"。可是实行起来必须有灵活性。什么事情又有原则性又有灵活性, 就做到 "中" 了。

讲孔子的 "中和" 哲学, 还必须提到《中庸》。《中庸》是孔子之孙子思所作, 必然反映孔子的思想。《中庸》说: "喜怒哀乐之未发谓之中, 发而皆中节谓之和。" 这是用人的性情比喻 "中和"。发与未发只是个比喻。不是说 "中" 就是喜怒哀乐未表现出来, "和" 不是喜怒哀乐表现出来又很适度。发与未发不过说人的性情, 未发就是客观存在的 "中", 发就是主观表现的 "中"。发与未发都是包罗万事万物的, 不单指人的性情。所以《中庸》还说: "中也者, 天下之大本也, 和也者, 天下之达道也。致中和, 天地位焉, 万物育焉。" 如果说, "大本" 是客观辩证法, 那么, "达道" 就是主观辩证法。

总而言之, 孔子的中和哲学, 其涵义基本上就是 "中", "和" 其实也是 "中"。"中和" 连在一起, "中" 是基本的, "和" 是第二位的, 所以孔子把 "中和" 也称作中庸、中道。叫中庸, 是强调一个用字, 即用中, 如何实现这个 "中"。在这里, "和" 是附带说的。讲 "中和" 的时候, "和" 也是 "中"。"中" 表现得恰到好处, 就是 "和"。反之, 表现得失度, 就是乖戾。"中和" 的 "和", 不是求同存异的 "和", 不是 "君子和而不同, 小人同而不和" 的 "和"。所以我认为, 把 "中和" 与和谐、和睦直接挂钩, 不对, 把 "中和" 与和平问题联系起来尤其不对, "中和" 既然是天下之 "大本", 之 "达道", 那么和平有 "中和" 的问题, 战争也有 "中和" 的问题。孔子思想中与和平相关的是忠恕。忠恕的问题在这里不讲。

孔子讲中庸, 讲执两用中, 孟子讲权, 权也是用中。孔子在《论语》里讲中有两个层次, 一个是无可无不可, 一个是过犹不及。孔子把用中过程分两个步骤: 一个是事先做选择, 依时而定, 无所谓可无所谓不可。犹如冬裘夏葛, 时令不同, 衣着也不同。第二步选定一端之后, 实行起来要把握分寸。犹如厨师炒菜, 火大了不可, 火小了也不可, 适度最好。孔子叫做 "过犹不及", 什么事情都是做过了头和做不到位一样不可取。做到了这两点，就是"中"。

程颐讲"中"有二义。一曰"在中"之义，一曰"时中"之义。我看符合孔孟的原义。但是有人说，"时中"是随时而"中"，事事而"中"，那就错了。"时中"就是孟子讲的"权"。古礼讲男女授受不亲，即男女之大防，不可身体接触，不接触就是"中"。但这是在平时，一旦一个女人（嫂子）要淹死了，这时候，你伸手拉了嫂子一把，救她一命，这也是"中"。这两种时间条件下的"中"，就是"时中"。如果说，时时刻刻、事事物物都要做到"中"就是"时中"，那岂不等于说了一句废话！？

三、"道统"问题

以前中国有个"道统"，大家意见很不一致。主要的问题是到底有没有个"道统"存在。其次，什么是"道统"？"道统"由什么人承传？现在还有没有"道统"？

第一个问题。我认为中国历史上确有个"道统"问题。这个"道统"的存在，第一个提出者是孟子。孟子是这么说的："由尧舜至于汤五百有余岁……由汤至于文王五百有余岁……由孔子而来至于今百有余岁。去圣人之世若此其未远也，近圣人之居若此其甚也，然而无有乎尔，则亦无有乎尔。"孟子的意思是说，第一，从尧舜开始，有个道统存在，一直传到孔子。孔子以后孟子没明说，实际孟子就是继承人。第二，孟子之前每五百年间有一个圣贤是道统的传人，他们是尧舜禹汤、文王、孔子。第三，每五百年出一个代表人物，到他孟子，不足五百年，但也算一个代表人物。到了唐代韩愈，作《原道》，他说："尧以是传之舜，……文武周公传之孔子，孔子传之孟轲，轲之死不得其传焉。荀与杨也，择焉而不精，语焉而不详。"（《唐宋文举要》上册第153页，上海古籍出版社）韩愈第一个提出道统传至孟子为止的观点，又排除了荀子和扬雄。至宋代，程颐又为其兄程颢作《明道先生行状》，谓"孟子殁而圣学不传，以兴起斯文为己任"，意谓程明道继承孟子已中断了的道统。这在南宋已成定论。

南宋人李元纲有传道正统图：尧舜禹—汤文武—周公—孔子—颜子—曾子—子思—孟子—程颢程颐。南宋集大成者朱熹承认二程是"道统"的传人。朱熹对"道统"问题有几点新意：第一，朱子第一个使用"道统"这个词儿，在《中庸章句序》里。孟子、韩愈都未使用过。第二，把"道统"的内容由"允执其中"，加上了三句，"人心惟危，道心惟微，惟精惟一，允执厥中"，即出自伪古文尚书《大禹谟》的所谓十六字心传，从此，"道统"正式成为一个哲学范畴。这该说是朱子的一大贡献。第三，把"道统"上溯至伏羲。《朱子文集》云："先生（二程）之道，即伏羲尧舜禹汤文武周公孔孟之道。"又云："道统远自羲轩，集厥大成。"第四，特推周子周敦颐。认为周子在哲学上是孟子至二程之间的一座中介。道统没有周敦颐便不完备，朱子是这样认为的。

因此，朱子也被认为是在二程之后"道统"的传人。朱子之后，元代人都以为许衡是传承人。至明清，有人攻击程朱，清人有戴震、颜元，明代王阳明攻击最烈，他只承认孔孟到二程的传统。之后，王阳明说陆象山有资格接续道统，其实他认为自己才能是"道统"的传人。

"道统"是存在的，"道统"不单单是儒门一家的，而是整个中华民族的。但是我认为儒家是主要的。因为古代主要真正提倡"中和"的只有儒家。道家老庄、墨家墨子、法家韩非、商鞅等都走极端。虽表面也讲"中"字，而实际行动、实际主张，并不讲"中"。

中华民族的"道统"，古代以儒家为代表，现在我看就是共产党继承了。共产党不是儒家，它也没有继承"中和"这个道统。儒家历来讲的中和、中庸，实际上就是辩证法。马克思主义讲的辩证法与中国儒家讲的"中和"本质上一致。"中和"把客观辩证法和主观辩证法都包括了。

江泽民同志近来提出的"与时俱进"与古人讲"中和"是一个意思。"与时俱进"是变通《周易》的语句而来，也就是"时中"。时间变化了，我们也要变化。列宁当年在实行军事共产主义时，不是讲进也要讲退吗？当然进字有前进、发展的意思，是积极进取的。不过有时候退也是为了进。总之进是变化的意思。时变了我们也要跟着变。事情做到切合时宜、恰到好处。若把"与时俱进"讲成时时都进，事事都进，是不妥的。

邓小平提出的一国两制原则、求同存异原则，也是中和哲学的一种表现。邓小平、江泽民都不是儒家，但他们都是与中国儒家中和哲学在前进路上的巧遇。

总之，我认为"中和"是中华民族传统文化的灵魂，是中国哲学的基本范畴。如果说中国自古以来有"道统"的话，那么，"中和"就是"道统"。中国古代"道统"的代表人物是儒家圣贤，现代就是中国共产党人。

第二个问题，"道统"的"道"究竟是什么？

"道统"是存在的。"道统"的传人也有一个系列。虽然各家有争议，但是几个主要代表人物是可以确定的。例如尧舜禹汤文武周公孔子孟子以及周敦颐二程朱熹王阳明许衡等人，大体上儒家都承认是"道统"的传人。那么，"道统"的"道"究竟是什么呢？"道统"的"道"先于儒家就有。《论语》之《尧曰》篇记载尧舜禹禅让时交代说的一句"允执其中"，就是"道统"的"道"。其实就是一个"中"字。这个"中"字后来成为中华民族共同遵循的"道统"。传授"道统"的虽然主要是儒家一方，但是"中"是全民族认同的，诸子百家都接受。换言之，在儒家产生之前，中国就已经有了"道统"。韩愈把儒家的仁义视作"道统"的"道"，是不对的。朱熹则说，尧传位给舜时交代一句话："允执厥中。"舜传位给禹时，就变成了四句话："人心惟危，道心惟微，惟精惟一，允执厥中。"朱熹加上这三句话的用意是为宋代新兴的理学思想找根据。朱熹的说法得自伪古文尚书《大禹谟》。可是《大禹谟》不大可信。《论语·尧曰》篇的记载与《大禹谟》不大相同。《尧曰》载："尧曰：'咨尔舜，天之历数在尔躬，允执其中，四海困穷，天禄永终。'舜亦以命禹。"讲得明明白白，尧让位给舜，舜让位给禹，所言是相同一句话，就是"允执其中"。就此，关于"道统"的"道"究竟是什么的问题，有三点我们是可以肯定的。第一，"道统"先于儒家就有。故"道统"的"道"不是儒家所专有。第二，韩愈说"道统"的"道"是仁义，朱熹扩展为十六字心传，都是不符合实际的。第三，"道统"的"道"就是尧舜禹禅让时所交代的那句话"允执其中"，也就是一个"中"字。这一"中"字，孔子称作"中庸"，子思在《中庸》篇里叫做"中和"。孟子则进一步用权作比喻。到了宋代程颐提出"中"有"在中"、"时中"二义。这些，都符合尧舜禹时代"中"字的原义。现在我们解释"中"的意义，我以为"中和"二字极为妥当。江泽民提出"与时俱进"的号召，十分贴近古代人中和的含义。所以我以为，"道统"至今在中国人的理念中仍然存在着。

（原刊《春风讲席 李锦全教授八十寿辰纪念文集》，中山大学出版社2008年）

后　记

　　倏忽之间，吕师离开我们已经9年了。吕师早年的学生王彪先生发愿出资，为吕师出版文集，经吕师的另一位学生黎朝斌先生多方协调，最终约我编辑，既责无旁贷，也是我的心愿。

　　此次文集整理，仅限于吕师生前发表过的文章，我仅搜集到这么多，应该是不全，亦无如之何矣。文章内容一仍其旧，只是统一了一下注释的格式，改正了一些明显的错别字而已。为保持全书体例统一，原文发表时有内容摘要、关键词一类内容的，则一律删去。吕师有的文章发表在不同期刊，本书文后标注的是我们依据的版本。未标出处的"序"，皆出自吕师为之作序之书。吕师晚年出版过两部论文集，《庚辰存稿》（上海古籍出版社2000年）、《〈周易〉的哲学精神——吕绍纲易学文选》（上海古籍出版社2005年），是我们这次整理的重要参考书。

　　一般来说，文集中的文章应该按类编排，但吕师的论文涉及孔学、易学、经学、史学、诸子、理学等诸多方面，还有序、评、杂文，如何分类排比才恰当，实不学如我者力所不及，故仅按公开发表年代之先后为序。也许这样能使读者更清楚地看出吕师前后期文风的变化，以及吕师在不同时期的不同研究侧重点，更容易理解吕师治学的心路历程，也是一种排序上的特色，亦未可知。《继承与攀登》一文，是吉林大学50年校庆之际，约请校内一些名家学者总结自己的学术思想，最终出版的《我的学术思想》一书中，吕师所撰总结自己学术思想的文章，是先生自道，故放在本书的最前边，代替序言吧。

　　参加吕师文章整理的还有我的学生陈俊达、孙大坤、鞠贺、陈佳美思。

杨　军

2016年9月27日於闲置斋